Johannes Adolf Overbeck

Pompeji in seinen Gebäuden, Altertümern und Kunstwerken

Johannes Adolf Overbeck

Pompeji in seinen Gebäuden, Altertümern und Kunstwerken

ISBN/EAN: 9783742854841

Hergestellt in Europa, USA, Kanada, Australien, Japan

Cover: Foto ©ninafisch / pixelio.de

Manufactured and distributed by brebook publishing software
(www.brebook.com)

Johannes Adolf Overbeck

Pompeji in seinen Gebäuden, Altertümern und Kunstwerken

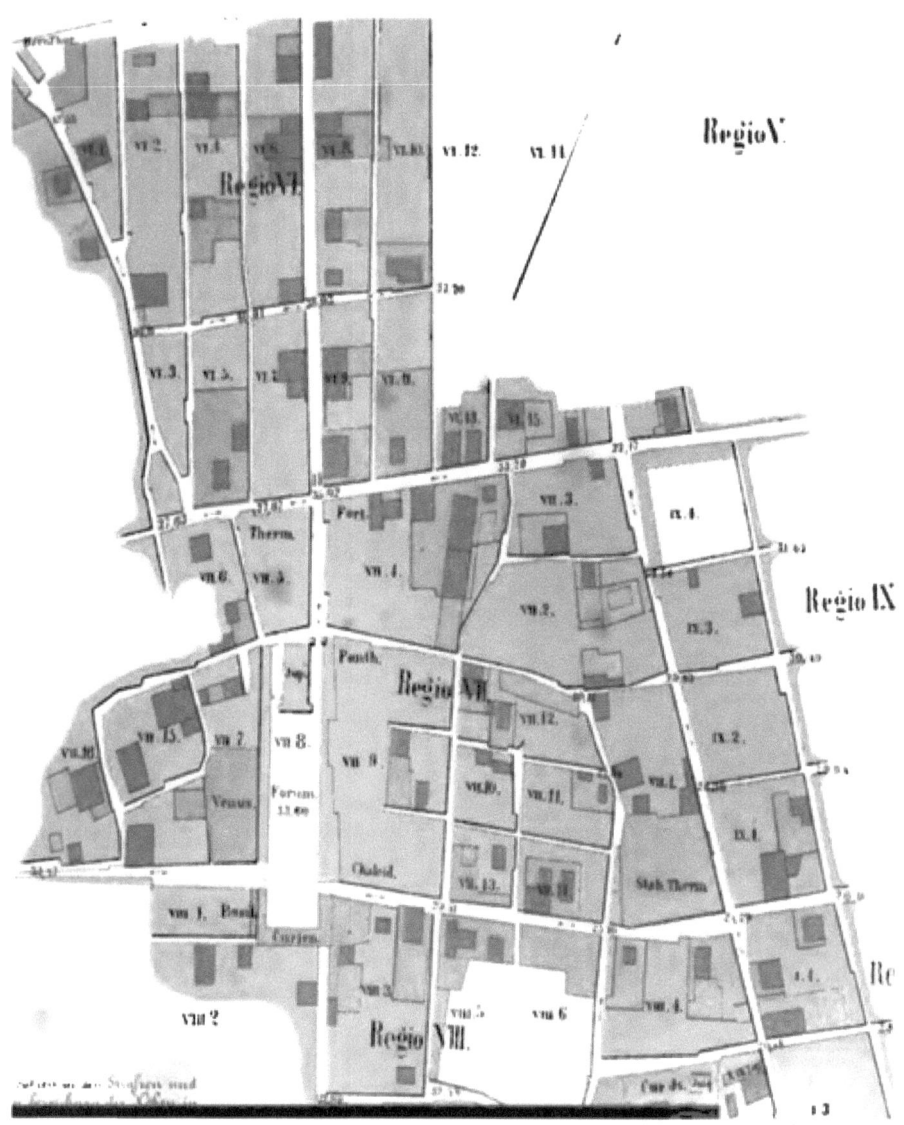

POMPEJI

IN SEINEN

GEBÄUDEN, ALTERTHÜMERN UND KUNSTWERKEN

FÜR

KUNST- UND ALTERTHUMSFREUNDE

DARGESTELLT

VON

J. OVERBECK.

DRITTE, ABERMALS DURCHGEARBEITETE UND VERMEHRTE AUFLAGE

MIT 27 GRÖSSEREN, ZUM THEIL FARBIGEN ANSICHTEN
UND 315 HOLZSCHNITTEN IM TEXTE, SOWIE EINEM GROSSEN PLANE.

———— • ————

LEIPZIG,

VERLAG VON WILHELM ENGELMANN.

1875.

HERRN

JOSEPH FIORELLI

SENATOR DES KÖNIGREICHS ITALIEN, DIRECTOR DER AUSGRABUNGEN VON POMPEJI
UND DES MUSEUMS IN NEAPEL U. S. W.

BLEIBT AUCH DIESE DRITTE AUFLAGE

IN VEREHRUNG UND FREUNDSCHAFT

ZUGEEIGNET.

Vorwort.

Nachdem ich mich im Vorworte zur zweiten Auflage dieses Buches über meine Stellung zu demselben unumwunden ausgesprochen habe, brauche ich die hier vorliegende dritte mit nur sehr wenigen Bemerkungen zu begleiten. Der Umstand, daß die Gunst des gebildeten Publicums dieser Arbeit in einem meine Erwartungen weit übertreffenden Maße bewahrt geblieben und die zweite Auflage von nicht etwa einigen hundert, sondern wie die erste von dritthalbtausend Exemplaren im Laufe von neun Jahren vergriffen ist, hat dem Verfasser wie dem Verleger Pflichten auferlegt, denen Beide zu entsprechen versucht haben. Der Verfasser, obwohl mit anderen Arbeiten vollauf und mehr als genügend beschäftigt, hat nach einem abermaligen mehrwöchentlichen Aufenthalt an Ort und Stelle im Frühjahr 1873 das Buch von Anfang bis zu Ende durchgearbeitet, bestrebt, nicht blos die mancherlei kleineren Mängel und Versehn der zweiten Auflage zu tilgen, über welche mehr als nöthiger Lärm geschlagen worden ist, sondern auch die neueren monographischen Forschungen in Beziehung auf die verschiedenen Seiten des so äußerst mannigfaltigen Gegenstandes nach Kräften auszubeuten und deren Resultate, soweit er sich von der Richtigkeit derselben zu überzeugen vermocht hat, für seine Gesammtdarstellung zu gewinnen. Da die benutzten Schriften ihres Ortes überall citirt sind, ist es unnöthig, ihre Titel hier zu wiederholen, nur das Eine sei bemerkt, daß Helbigs Wandgemälde der vom Vesuv verschütteten Städte Campaniens, auf welche bei jedem einzelnen Bilde verwiesen worden ist, mit der Formel Hlb. No. x. angeführt worden sind. Daneben für die edirten Gemälde die Abbildungen oder eine derselben zu citiren ist überflüssig erschienen und hätte zu viel Raum in Anspruch genommen. Einige nach dem Erscheinen von Helbigs Buche ausgegrabene Bilder sind aus Fiorellis *Relazione degli scavi di Pompei dal 1861 al 1872* mit der Formel Fiorelli No. x. angeführt.

Dasselbe Werk liegt auch den neu aufgenommenen Häuserbeschrei-
bungen zum Grunde, doch ist keine Beschreibung aufgenommen,
welche nicht auf eigener Nachprüfung und, wie jede Vergleichung
zeigt, wesentlicher Ergänzung derjenigen Fiorellis beruht, dessen
Pläne, ebenfalls hier und da berichtigt und ergänzt, sowohl den
Holzschnitten im Texte wie den in den großen Plan neu einge-
tragenen Stücken zum Grunde liegen.

Für das Technische der Malerei konnten selbstverständlich
Donners vortreffliche Untersuchungen in der Einleitung zu Helbigs
Wandgemälden, von deren Richtigkeit und bewunderungswürdiger
Feinheit man sich bei der Nachprüfung an Ort und Stelle, je
genauer man eine solche anstellt um so mehr überzeugt, nur mit
völliger Hingebung angenommen werden. Wie früher „mit Lust
nach Wahrheit jämmerlich geirrt" worden, davon legt die zweite
Auflage dieses Buches in dem einschlagenden Capitel Zeugniß ab.
Wie viel auf mancherlei Punkten auch in der gegenwärtigen Auf-
lage noch geirrt sein mag, wird die Zeit erweisen; auf eigene
Forschungen über Pompeji mache ich so wenig jetzt wie je zuvor
Anspruch; zu Untersuchungen über einzelne Fragen und Gegenstände gehört ein jahrelanger oder oft wiederholter Aufenthalt in
Pompeji und ist ein solcher von den Gelehrten verwendet worden,
welche über den einen und den andern Punkt monographisch ge-
arbeitet haben, während mir zur Grundlage der Schilderung und
Behandlung des ganzen Stoffes drei nach Wochen zu bemessende
Besuche der Stadt ausreichen mußten. Billig Denkende werden dies
berücksichtigen.

Der Verleger hat seinerseits durch erneute Sorgfalt für die
Ausstattung des Buches nach Kräften dazu gethan, demselben sein
Publicum zu erhalten und zu erweitern. Namentlich ist in Betreff
der Illustrationen das in dem Vorworte zur zweiten Auflage gegebene Versprechen eingelöst worden, indem abermals eine große
Zahl derselben, zum Theil auf Grund eigens für diesen Zweck ge-
machter photographischer Aufnahmen erneuert und die Zahl der
vorhandene Abbildungen wiederholenden Holzschnitte auf eine geringe beschränkt worden ist, und zwar wesentlich auf solche, die
als Erläuterungsfiguren im engern Sinne gelten können.

Leipzig im October 1874.

Inhaltsverzeichniß.

I. Einleitender Theil.

Seite

Einleitung 1

Erstes Capitel. Campania felix; der Golf von Neapel, der Vesuv, Pompejis
Lage, Heerstraßen in Campanien 6

Zweites Capitel. Geschichtliche Notizen über Pompeji bis zur Verschüttung 12

Drittes Capitel. Die Verschüttung Pompejis 21

Viertes Capitel. Andeutungen über die Geschichte der Wiederentdeckung
und der Ausgrabungen Pompejis 31

Fünftes Capitel. Übersicht über den Plan und die Monumente Pompejis . 36

II. Erster oder antiquarischer Haupttheil.

Erstes Capitel. Die Befestigungswerke, Mauern, Thürme und Thore . . . 45

    Mauern S. 45, Thürme S. 48, das herculaner Thor S. 50, das nolaner Thor S. 52, das stabianer Thor S. 53, das Seethor S. 53.

Zweites Capitel. Die Straßen und Plätze Pompejs 54

    Straßen und Straßenpflaster S. 54, Trottoirs S. 57, Gossen und Emissare S. 57, das Forum civile S. 58, die Ehrenbögen S. 60, Normalmaße S. 65, die Leache S. 67, das s. g. Forum triangulare S. 68, die Propylaeen S. 69, die Gladiatorencaserne S. 72, das s. g. Forum boarium S. 72.

Drittes Capitel. Die öffentlichen Gebäude 73

    Erster Abschnitt. Die Tempel und Capellen 73

        Einleitung S. 73, der Tempel auf dem Forum triangulare S. 79, der Jupitertempel S. 81, der Tempel der Fortuna Augusta S. 87, der s. g. Tempel des Jupiter Milichius S. 89, der s. g. Tempel des Mercur oder Quirinus S. 91, der s. g. Tempel der Venus S. 93, der Tempel der Isis S. 100.

    Zweiter Abschnitt. Municipalgebäude 105

        S. g. Pantheon (Augusteum) S. 105, das Sitzungslocal der Decurionen S. 112, das Gebäude der Eumachia S. 111, die s. g. Curien oder Tribunalien S. 118, die Basilika S. 121, ein räthselhaftes Gebäude, s. g. Curia isiaca S. 125, das s. g. Zollhaus S. 129.

    Dritter Abschnitt. Die Theater 130

        Einleitung S. 130, das große Theater S. 134, das kleine Theater S. 147.

    Vierter Abschnitt. 1. Das Amphitheater 151

        Einleitung S. 151, das Amphitheater von Pompeji S. 153, seine Spiele und Kämpfe S. 162.

        2. Die Gladiatorencaserne 169

    Fünfter Abschnitt. Die Thermen 174

        Einleitung S. 171, a. die kleineren Thermen S. 176, b. die größeren Thermen S. 190.

    Sechster Abschnitt. Brunnen, Altäre und sonstige kleine Bauwerke 207

Seite

Viertes Capitel. Die Privatgebäude   212
    Erster Abschnitt. Die Wohnhäuser   212
        Einleitung S. 212, ursprünglicher Plan des röm. Hauses S. 216, Normalplan des römischen
        Hauses S. 218, Hausthüren und Hausthüren S. 220, Atrium S. 221, Dächer S. 221, Normale Ge-
        mächer im röm. Hause S. 228, Xyston und Viridarium S. 231, conacula, pergulae, maeniana
        S. 232, Sacella und Sacraria S. 235, Keller S. 235, die Nomenclatur der pompejaner Häuser
        S. 236, fünf der kleinsten Häuser in Pompeji S. 236, No. 6 Casa di Modesto S. 239, No. 7 Casa
        della toletta dell' Ermafrodito S. 240, No. 8 Casa della caccia antica S. 242, No. 9 Casa del
        chirurgo S. 243, No. 10 ein zweites mittelgroßes Haus S. 245, No. 11 Haus des M Nonius S. 246,
        No. 12 Casa del poeta tragico S. 248, No. 13 Haus des Holconius S. 252, No. 14 Haus des
        M. Epidius Rufus S. 259, No. 15 Casa di Sallustio S. 262, No. 16 Casa di Meleagro S. 269,
        No. 17 Haus des M. Lucretius S. 277, No. 18 Haus des Siricus S. 283, No. 19 Casa di Panse S. 287,
        No. 20 Casa del Centauro S. 293, No. 21 Casa del Dioscuri S. 297, No. 22 Casa del Laberinto
        S. 304, No. 23 Casa del Fauno S. 308, No. 24 Haus des Pupidius Secundus S. 315, No. 25 drei-
        stöckig terrassirtes Haus S. 321, No. 26 a. g. Villa di Diomede S. 325.

    Zweiter Abschnitt. Läden, geschäftliche und gewerbliche Wohnungen . .   331
        Einleitung S. 331, Ladeneinrichtung S. 332, Ladenverschlüsse S. 333, Aushängeschilder
        S. 334, die einzelnen Geschäftszweige in Pompeji S. 335—339, Bäckerei S. 339, Tuchwalkerei
        (Fullonica) S. 341.

    Dritter Abschnitt. Die Gräber und Grabdenkmäler   349
        Einleitung, Sitten der Bestattung S. 349, Plan der Gräberstraße S. 352, Grabstätte der Fa-
        milie des M. Arrius Diomedes S. 351, Grab des L. Ceius Labeo S. 354, Grabmal der beiden Libella
        S. 354, das Grab mit der Marmorthür S. 356, das Triclinium funebre S. 357, das Grab der Nae-
        voleia Tyche S. 358, das Grab der Familia Istacidia S. 360, der Grabaltar des C Calventius
        Quietus S. 361, rundes Grabmal S. 361, das Grab mit den Gladiatorenreliefs S. 365, Ustrinum ?
        S. 366, halbkreisförmige Grabnische S. 366, das Grab der blauen Glasgefäße S. 368, das Grab
        mit den Guirlanden S. 368, Grabnische des M. Cerrinius Restitutus S. 369, Grabmäler des A.
        Veius, des M. Porcius und der Corenpriesterin Mamia S. 370, gemeinsames Grabmal S. 371.

Fünftes Capitel. Die monumentalen Zeugnisse des Verkehrs und des Lebens   373
    Erster Abschnitt. Mobilien, Geräthe und Gefäße   373
        Allgemeines S. 373, Betten und Bettschirm S. 374, Sitze, Stühle, Sessel, lectus triclinaris
        S. 376, Tische S. 379, Lampen S. 382, Lampenständer S. 386, Feuerbecken und
        Kohlenpfannen S. 391, Wasserbecken S. 392, Ofen und Heerde S. 393, Gefäß zur Bereitung der
        Calda S. 394, Kochgeschirre und Küchengeräthe S. 395, Siebe S. 396, Kannen S. 397, Schneil-
        wagen S. 398, Laternen S. 399, Pruchleimer S. 400, Krater S. 401, Thongeschirre S. 402, Thon-
        und Glasgefäße S. 402, Badegeräthschaften S. 403, Toilettegeräthschaften S. 404.

    Zweiter Abschnitt. Waffen und sonstige Instrumente   405
        Kriegswaffen S. 405, Gladiatorenwaffen S. 408, Pferdegeschirr S. 410, Opfergeräthschaften
        S. 410, Sonnenuhren S. 411, Meßgeräthe S. 412, chirurgische Instrumente S. 413.

Sechstes Capitel. Zeugnisse des Verkehrs und des Lebens nach Inschriften   414
        Dipinti und Graffiti S. 414, Alphabete, grammatische Übungen, griechische Inschriften
        S. 415, Alter und Masse der Inschriften S. 416, Unterschied der Dipinti und Graffiti S. 417, Dipinti
        S. 418—427, Wahlempfehlungen S. 419—422, Gewerbe und Zünfte in Pompeji S. 419, Besonder-
        heiten der Wahlempfehlungen S. 420, Gladiatorenprogramme S. 422, Miethanzeigen S. 425,
        Diebstahlanzeige S. 426, Graffiti S. 427—436, Metrisches S. 427—439, Graffiti in Prosa, Zurufe
        S. 431, Glückwünsche S. 431 f., Verwünschungen S. 432, Briefe S. 432, Denuncialionen, Spott
        S. 433, Karrikaturen S. 433, Gladiatorenschißli S. 433, häusliches und geselliges Leben S. 434,
        Schenkeninschriften S. 435, Jüdisches und Christliches S. 436.

III. Zweiter oder artistischer Haupttheil.

Einleitung und Allgemeines   438
Erstes Capitel. Die Architektur und das Bauhandwerk   443
    Erster Abschnitt. Material und Technik   443
        Steinarten S. 443, Mörtel, Ziegel S. 446, Zimmerhandwerk S. 448, Mosaik in den geringeren
        Sorten S. 449, Holzwerk, Dächer, Thüren S. 450.
    Zweiter Abschnitt. Stil und künstlerischer Werth der Bauwerke in Pompeji   451
        Fehler und schlechte Motive S. 452, dorische Ordnung S. 453, ionische Ordnung S. 458, ko-
        rinthisch-römische Ordnung S. 460, Mischgattung S. 461.

Seite

Dritter Abschnitt. Die Decoration und Ornamentik 463

Die älteste Art der Wanddecoration S. 463, die zweite Art derselben S. 464, die dritte Art derselben S. 465, die jüngste Decorationsweise S. 466, die ältere Ornamentik S. 466, die spätere Ornamentik S. 467. Marmor 467. Stucco S. 468. Thon S. 469.

Zweites Capitel. Die Plastik 470

Einleitung. Menge der Sculpturwerke S. 471. Bestimmung und Aufstellung S. 472. Technisches S. 472. Kunstformen: Statuen, Hermen S. 475, Reliefs S. 476. Gegenstände: Tempelbilder S. 478, Götterbilder in Privathäusern S. 479, Brunnenfiguren S. 482, sonstige mythologische Bildwerke von Marmor S. 486, Idealbildwerke aus Bronze S. 487, Büsten von Marmor und Bronze S. 491, Porträtstatuen S. 492, Genrebilder S. 493, kunstgeschichtliche Würdigung S. 494, die späten Monumente S. 495, Archaistisches S. 495 f., pasitelische Schule S. 496, Bildwerke aus der Blüthezeit S. 497.

Drittes Capitel. Die Malerei 499

Werth im Allgemeinen, das Malerische S. 499. Gesammtcharakter als Decorationsmalerei S. 501, die Bilder an Ort und Stelle, im Museum und in Nachbildungen S. 503. Technisches, Fresco S. 503, die Malweise S. 506. Classen der Gemälde S. 507. Landschaftsmalerei S. 507. Genrebilder, Stillleben S. 511, Thierstücke S. 512, Genrebilder S. 513, Theaterscenen S. 517, mythologische Einzelfiguren S. 518, größere mythologische Compositionen S. 520. Quellen und Vorbilder S. 521, künstlerischer Werth, das Malerische S. 529, Landschaftsmalerei S. 536.

Viertes Capitel. Die Mosaiken 539

Allgemeines S. 539, die Alexanderschlacht S. 541.

Fünftes Capitel. Die untergeordneten Kunstarten und das Kunsthandwerk 545

Metallarbeit, Toreutik und Empaestik S. 545, die Toreutik S. 546, die Empaestik S. 549, Goldschmiedekunst S. 549, Glasarbeit S. 552.

Anhang. Anmerkungen 555

Register 570

Verzeichniß der größeren Ansichten und Pläne.

Titelbild: Der s. g. Narkissos (vgl. S. 489).

Abguß einer 1873 gefundenen Leiche . . . . nach Seite 30
Ansicht der Ausgrabungen in Pompeji im Mai 1873 . . . . vor » 35
Gesammtplan der Stadt Pompeji mit dem Ergebniß der Ausgrabungen bis 1872 vor » 39
Plan der ausgegrabenen Theile Pompejis zur Übersicht der Hauptbauperioden
 · und der Nivellirung . . . . nach » 40
Ansicht des Modells eines Theiles der Stadt . . . . nach » 44
Restaurirte Ansicht des herculaner Thores . . . . vor » 45
Außenansicht des herculaner Thores . . . . nach » 50
Innenansicht des herculaner Thores . . . . vor » 51
Außenansicht des nolaner Thores . . . . nach » 54
Ansicht der Ruinen des Isistempels . . . . vor » 73
Ansicht der Ruinen des Fortunatempels und der Straße der Fortuna . . . nach » 86
Ansicht der Ruinen des s. g. Quirinustempels . . . . vor » 91
Ansicht der Ruinen des s. g. Venustempels . . . . vor » 95
Ansicht der Ruinen des großen Theaters . . . . nach » 130
Außenansicht der Ruinen des Amphitheaters . . . . vor » 151
Ansicht des Hofes der größeren Thermen gegen Nord-West . . .* . . . . . nach » 198
Ansicht des Apodyterium der größeren Thermen . . . . vor » 201
Ansicht des Sacrarium im Hause des M. Epidius Rufus . . . . vor » 261
Ansicht der Villa suburbana vom Garten aus . . . . vor » 325
Ansicht der Gräberstraße von außen her . . . . vor » 349
Zwei Marmortische . . . . vor » 373
Ansicht der Façade der Casa del chirurgo . . . . vor » 445
Ansicht der Façadenmauer eines Hauses der zweiten Periode . . . . . . nach » 446
Muster von Arbeiten in getriebenem Silber . . . . nach » 552
Das große Mosaik der Alexanderschlacht . . . . vor » 541
Angehängt ist ein großer Plan der Stadt Pompeji mit dem Resultat der
 Ausgrabungen von 1748 — 1872.

Verzeichniß der Holzschnitte im Text.

Fig.		Seite
1.	Karte von Campanien	6
2.	Profil des Stadthügels von Pompeji	10
3.	Auffindung eines Gerippes	28
4.	Leichenabguß. Mann	29
5.	Leichenabgüsse. Frau und Mädchen	—
6.	Grundriß der Mauern	46
7.	Durchschnitt der Mauern	47
8.	Ansicht eines Ausgußrohres der Mauern	.
9.	Brustwehren der Mauern	48
10.	Ansicht der Mauer	—
11.	Ansicht eines Thurmes	49
12.	Grundriß der Thürme in drei Geschossen	.
13.	Durchschnitt eines Thurmes	50
14.	Plan des herculaner Thores	.
15.	Grundriß des nolaner Thores	51
16.	Innenansicht des nolaner Thores	52
17.	Oskische Inschrift am nolaner Thore	53
18.	Pflaster mit Ausbesserungen	55
19.	Pflaster mit Trittsteinen	56
20.	Versperrter Fahrweg	—
21.	Plan eines Emissars	57
22.	Gasse am Forum	59
23.	Treppe am Forum	—
24.	Colonnade des Forum	60
25.	Ansicht der nördlichen Seite des Forum (Jupitertempel)	61
26.	Äußere Ansicht des s. g. Triumphbogens	62
27.	Restauration der nördlichen Seite des Forum	63
28.	Öffentliche Normalmaße	65
29.	Ansicht und Durchschnitt des Maßtisches	66
30.	Plan des Forum triangulare	68
31.	Propyläen des Forum triangulare	69
32.	Puteal oder Bidental auf dem Forum triangulare	71
33.	Geison Sima des Puteal	.
34—41.	Demonstration der Entwickelung des Tempels	74—76
42.	Ruinen des griechischen Tempels auf dem Forum triangulare	80
43.	Plan des Jupitertempels	83
44.	Wand aus dem Jupitertempel	85
45 u. 46.	Seitenansicht und Durchschnitt des Jupitertempels	86
47.	Plan des Fortunatempels	87
48.	Restaurirte Ansicht des Fortunatempels	88
49.	Ansicht des s. g. Tempels des Jupiter Milichius	89
50.	Plan des s. g. Tempels des Jupiter Milichius	—
51.	Altar des s. g. Tempels des Jupiter Milichius	90
52.	Capitell aus demselben Tempel	—
53.	Statue des Jupiter oder Aesculap	.
54.	Plan des s. g. Quirinustempels	91
55.	Altar des s. g. Quirinustempels Vorderseite	92
56.	Altar des s. g. Quirinustempels Rückseite und Nebenseiten	93
57.	Plan des s. g. Venustempels	94
58.	Peribolos im s. g. Venustempel	.
59.	Restaurirte Ansicht des s. g. Venustempels	95
60.	Fußboden der Cella des s. g. Venustempels	96
61.	Herme im Peribolos des s. g. Venustempels	97
62.	Wand aus den Gemachern im Peribolos des s. g. Venustempels	98
63.	Gemälde aus einem dieser Gemacher	99
64.	Haupteingang des Isistempels	100
65.	Plan des Isistempels	101
66.	S. g. Purgatorium des Isistempels	102
67.	Stuccoreliefs am Purgatorium des Isistempels	104
68.	Ansicht der Ruinen des s. g. Pantheon	106
69.	Plan des s. g. Pantheon	107
70.	Cellen im s. g. Pantheon	108
71.	Hintergrund des s. g. Pantheon	—
72.	Sacellum im s. g. Pantheon	109
73.	Plan des Sitzungssaales der Decurionen	113
74.	Plan des Gebäudes der Eumachia	115
75.	Statue der Eumachia und blinde Thür	116
76.	Album am Gebäude der Eumachia	117

Fig.		Seite
77.	Plan der s. g. Curien oder Tribu-	
	nalien	118
78.	Ansicht der Ruinen der Basilika .	121
79.	Plan der Basilika	122
80.	Raum unter der Tribüne der Basi-	
	lika	123
81.	Profil des Architravs der Basilika	125
82.	Restaurirter Durchschnitt der Ba-	
	silika	126
83.	Ansicht der Ruinen der s. g. Curia	
	isiaca	127
84.	Plan der s. g. Curia isiaca . . .	128
85.	Eine Reihe Masken	130
86.	Plan des großen Theaters	134
87.	Steinring und Balken im großen	
	Theater	137
88.	Äußere Ansicht der Ruinen des	
	großen Theaters	138
89.	Vorrichtung zum Heben des Vor-	
	hangs	140
90.	Durchschnitt des großen Theaters	141
91.	Seitenansicht der Ruinen des gro-	
	ßen Theaters	142
92.	Restaurirte Ansicht der scena sta-	
	bilis des Theaters von Hercula-	
	neum . . . . '.	143
93.	Eine Versura	144
94.	Ansicht des kleinen Theaters . .	146
95.	Plan des kleinen Theaters . . .	147
96 u. 97.	Löwentatze und Atlant an	
	den Sitzreihen des kleinen Thea-	
	ters.	—
98.	Sitzstufen im kleinen Theater . .	148
99.	Tesserae	150
100.	Ansicht der Ruinen des Amphi-	
	theaters von innen	152
101.	Plan des Amphitheaters	155
102.	Querdurchschnitt des Amphithea-	
	ters	156
103.	Gemälde an der Brüstungsmauer,	
	Thierkampf.	157
104.	Gemälde an derselben, Gladiatur-	
	kampf.	158
105.	Gemälde an derselben, Waffnung	—
106—112.	Gladiatorenkämpfe von einem	
	Grabrelief . . . . 165—168	
113.	Plan der Gladiatorencaserne. . .	170
-114.	Ansicht der Gladiatorencaserne in	
	theilweiser Restauration . . .	173
115.	Plan der kleineren Thermen . . .	177
116.	Ansicht des Apodyterium der-	
	selben.	180
117.	Ansicht des Frigidarium derselben	181
118.	Ansicht des Tepidarium derselben	183
119.	Deckenwölbung des Tepidarium .	184
120.	Durchschnitt des Caldarium der-	
	selben.	186
121.	Ansicht des Caldarium derselben	186
122.	Ansicht des Frauenbades derselben	189
123.	Plan der größeren Thermen . . .	193
124.	Hof derselben, die Palaestra ge-	
	gen SO.	195
125.	Plan eines öffentlichen Brunnens	208
126.	Ansicht desselben	209
127.	Hahn einer Wasserleitung . . .	—
128.	Ansicht eines zweiten Brunnens .	—
129.	Durchschnitt eines Brunnens . .	210

Fig.		Seite
130.	Ansicht eines dritten Brunnens .	210
131.	Altar an einer Straße.	211
132.	Ursprünglicher Plan des römischen	
	Hauses	216
133.	Plan des römischen Normalhauses	219
134.	Plan und Durchschnitt des Haus-	
	flurs in der Casa di Pansa . .	221
135.	Gypsabguß des Fragmentes einer	
	Hausthür	222
136.	Mosaikhund	
137 u. 138.	Plan und Durchschnitt eines	
	toscanischen Atrium	224
139.	Dach im Peristyl der Casa di Sirico	225
140.	Dach im Peristyl der domus C.	
	Vibii	226
141.	Elegante Traufrinne eines Privat-	
	hauses	228
142.	Beetanlage in den Xysten zweier	
	pompejaner Häuser	232
143.	Maenianum der Casa del balcone	
	pensile	233
144.	Sacrarium in dem Hause No. 117.	
	im Plane	234
145.	Plan eines kleinen Hauses No. 1.	236
146.	Plan eines kleinen Hauses No. 2.	237
147.	Restaurirter Durchschnitt des-	
	selben	
148.	Plan eines kleinen Hauses No. 3.	238
149.	Plan eines kleinen Hauses No. 4.	
	mit Atrium	—
150.	Plan eines kleinen Hauses No. 5.	
	mit tetrastylem Atrium	—
151.	Plan der Casa di Modesto No. 6.	239
152.	Restaurirter Durchschnitt der-	
	selben.	240
153.	Plan der Casa della toletta dell'	
	Ermafrodito No. 7.	241
154.	Plan der Casa della caccia antica	
	No. 8.	242
155.	Plan der Casa del chirurgo No.9.	244
156.	Plan eines mittelgroßen Hauses	
	No. 10.	245
157.	Restaurirter Durchschnitt desselben	246
158.	Plan des Hauses des M. Nonius	
	No. 11.	247
159.	Restaurirte Ansicht der Casa del	
	poeta tragico No. 12.	249
160.	Plan der Casa del poeta tragico .	250
161.	Plan des Hauses des Holconius	
	Rufus No. 13.	253
162.	Plan des Hauses des M. Epidius	
	Rufus No. 14.	260
163.	Fenster in diesem Hause	261
164.	Restaurirte Ansicht der Casa di	
	Sallustio No. 15.	263
165.	Plan der Casa di Sallustio . . .	264
166.	Restaurirte Ansicht des Gartens	
	derselben	266
167.	Plan der Casa di Meleagro No. 16.	270
168.	Gemälde im Hause des M. Lucre-	
	tius No. 17.	277
169.	Plan des Hauses des Lucretius .	—
170.	Plan des Hauses des Siricus No. 18.	284
171.	Plan der Casa di Pansa No. 19.	288
172.	Restaurirter Durchschnitt der-	
	selben	290

Fig		Seite
173.	Plan der Casa del Centauro No. 20. und der Casa dei Dioscuri No. 21.	293
174.	Plan der Casa del Laberinto No. 22.	304
175.	Fensterverschluß in derselben.	306
176.	Plan der Casa del Fauno No 23.	308
177.	Plan des Hauses des Popidius Secundus No. 24.	316
178.	Plan eines dreistöckig terrassirten Hauses No 25.	322
179.	Plan der Villa suburbana No. 26.	325
180.	Plan eines Ladens.	332
181.	Restaurirte Ansicht eines Ladens	333
182.	Plan eines Ladeneinganges.	—
183.	Ladenverschluß.	334
184.	Reliefdarstellung an einem Bäckerladen.	—
185.	Ofenkuppel aus Töpfen.	336
186.	Dreifacher Heerd mit Kesseln.	337
187.	Ansicht einer Bäckerei und Mühle	340
188.	Plan einer Bäckerei.	341
189.	Mühle.	342
190.	Zapfen.	—
191.	Durchschnitt des Backofens.	343
192.	Plan der Fullonica.	344
193.	Gemälde aus der Fullonica.	346
194.	Desgleichen.	—
195.	Zeugpresse.	347
196.	Plan der Gräberstraße.	352
197.	Grabstätte des M. Arrius Diomedes	353
198.	Grab des L. Ceius Labeo.	354
199.	Grabmal der beiden Libella.	355
200.	Grab mit der Marmorthür.	356
201.	Marmorthür.	—
202.	Grabkammer desselben Grabes.	357
203.	Triclinium funebre.	358
204.	Grab der Naevoleia Tyche.	—
205.	Inschrift und Relief am Grabe der Naevoleia Tyche.	359
206.	Aschenurne.	—
207.	Reliefe am Grabe der Naevoleia Tyche.	360
208.	Grab der Familie Istacidia.	361
209.	Grabaltar des C. Calventius Quietus	—
210.	Reliefe vom Grabe des C. Calventius Quietus.	362
211.	Relief ebendaher.	363
212.	Rundes Grabmal.	—
213.	Grabkammer desselben.	364
214.	Relief von demselben.	—
215.	Grab mit den Gladiatorenreliefs	365
216.	Hermencippus.	366
217.	Halbkreisförmige Grabnische.	367
218.	Grabmal der Guirlanden.	368
219.	Grabnische des M. Cerrinius Restitutus.	369
220.	Grabmäler des A. Veius, M. Porcius und der Mamia.	370
221.	Großes Grabmal an der Nebenstraße.	372
222.	Durchschnitt und Restauration desselben.	373
223.	Bettschirm.	375
224.	Kopfende eines hölzernen Bettes	376
225.	Zwei Sessel von Bronze.	377
226.	Zwei Bisellien.	—
227.	Lectus tricliniaris.	378
228.	Marmortisch und Tischfuß.	380

Fig		Seite
229.	Dreifuße und Vierfuß von Bronze	381
230.	Lampen.	383
231.	Lampenfuße von Bronze.	386
232.	Kleine Candelaber.	387
233.	Große Candelaber.	388
234.	Bronzene Feuerbecken.	391
235.	Marmornes Wasserbecken.	392
236.	Ofen.	392
237.	Heerde von Bronze.	393
238.	Heerd von Bronze.	394
239.	Gefäß zur Bereitung der Cahla	—
240.	Küchengeschirre.	395
241.	Siebe.	397
242.	Kannen von Bronze.	—
243.	Kannen von Bronze.	398
244.	Schnellwagen.	399
245.	Laterne.	400
246.	Fruchteimer.	401
247.	Krater.	—
248.	Trinkgefäß und Schüssel von Thon	402
249.	Gefäße aus Glas und gebranntem Thon.	—
250.	Badegeräthschaften.	403
251.	Toilettegeräthschaften.	404
252.	Kriegerwaffen.	406
253.	Gladiatorenhelme.	409
254.	Beinschiene, Armberge und Galerus.	410
255.	Sonnenuhr.	411
256.	Meßgeräthe.	412
257.	Chirurgische Instrumente.	413
258.	Inschrift; Wahlempfehlung.	414
259.	Karrikatur.	433
260.	Graffito mit Bild.	434
261.	Übertünchtes Gebälk vom Venustempel.	440
262.	Probe einer innern Mauer aus der ältesten Periode.	444
263.	Probe des Gesteins und der Bauweise der ersten und zweiten Periode.	445
264.	Durchschnitt eines Balkens.	449
265.	Fragment einer Zimmerthür.	450
266.	Giebel mit abgeschrägten Kragsteinen.	453
267.	Proben der dorischen Ordnung in Pompeji.	454
268.	Probestück der ältern Forumscolonnade.	456
269.	Probestück der restaurirten Forumcolonnade.	457
270.	Proben der ionischen Ordnung in Pompeji.	459
271.	Ionisches Capitell von den Propylaeen des Forum triangulare.	459
272.	Proben der korinthischen Ordnung in Pompeji.	461
273.	Phantasiecapitelle.	462
274.	Thüreinfassung von Marmor aus dem Gebäude der Eumachia.	463
275.	Herme des C. Cornelius Rufus.	475
276.	Oscillen von Marmor.	477
277.	Tempel- und Weihebilder.	478
278.	Archaistische Artemisstatue.	479
279.	Apollonstatue von Bronze.	480
280.	Bronzene Götterbilder aus Privathäusern.	481

Fig.		Seite
281.	Brunnenfiguren Silen und Nymphe	483
282.	Knabe mit Ente, Brunnenfigur . .	484
283.	Herakles mit dem Hirsch, Bronze- gruppe	484
284.	Tanzender Faun, Bronzestatue aus der Casa del Fauno	485
285.	Idealbildwerke aus Marmor . . .	486
286.	Idealbildwerke aus Bronze	487
287.	Silen, von Bronze	488
288.	Hermenbüsten von Marmor . . .	491
289.	Doppelkopf von Bronze	492
290.	Ehrenstatue der Livia und des s. g. Drusus aus dem Pantheon . .	493
291.	Fischer, Genrebild von Bronze .	494
292.	Kleine Landschaft	507
293.	Vedute. Felseninsel	508
294.	Beispiel einer ausgedehntern Land- schaft	509
295.	Historische Landschaft	510
296.	Stillleben	511

Fig.		Seite
297.	Thierstück	513
298.	Weinwagen, Genrebild	514
299.	Erotenverkauf	515
300.	Tänzerinnen	516
301.	Mythologische Genrebilder . . .	517
302.	Komoedienscene	518
303.	Demeter	519
304.	Herakles im Löwenkampfe . . .	521
305.	Achills Erziehung	522
306.	Briseïs' Wegführung	523
307.	Odysseus und Penelope	524
308.	Medea nach Timomachos	526
309.	Iphigenienopferung	527
310.	Mosaikschwelle	539
311.	Muster toreutischer Arbeiten . .	547
312.	Steigefäß mit Reliefen	548
313.	Großes Armband von Gold . . .	550
314.	Verschiedene Schmucksachen von Gold	551
315.	Glasgefäß mit Relief	553

I.

Einleitender Theil.

Einleitung.

Wenn Goethe in seiner italienischen Reise unter dem 13. März 1787 von der Zerstörung Pompejis schreibt: »Es ist viel Unheil in der Welt geschehn, aber wenig das den Nachkommen so viel Freude gemacht hätte. Ich weiß nicht leicht etwas Interessanteres«, so leiht er damit einer Empfindung Ausdruck, welche wohl so ziemlich Jeder theilen wird, dem es vergönnt war, durch die Ruinen der uns durch ein wunderbares Schicksal überkommenen antiken Stadt zu wandern. Allerdings mag der erhaltene Eindruck bei Verschiedenen verschieden, auch bald stärker, bald schwächer sein; möglich daß der eine und der andere Besucher, der mit wer weiß welchen Erwartungen nach Pompeji gekommen ist, sich enttäuscht gefunden hat, spricht doch Goethe selbst in einem Briefe vom 11. März des genannten Jahres von dem »wunderlichen, halb unangenehmen Eindrucke dieser mumisirten Stadt«, den er und Genossen sich »in der Laube zunächst am Meer in einem geringen Gasthofe bei einem frugalen Mahle aus den Gemüthern gewaschen haben« und gewiß ist, daß man den ganzen Zauber dieser Stätte erst bei einem längern Aufenthalt und gründlichem Studium empfindet. Dennoch wird man gewiß Wenige finden, welche nicht in Pompeji selbst mehr oder weniger enthusiasmirt gewesen wären, Wenige, denen die stundenlange Wanderung durch Pompeji, selbst unter dem Strahle der in den schattenlosen Ruinen besonders heiß brennenden Sommersonne Süditaliens, dem Geschauten gegenüber zu mühsam erschienen wäre, ja Wenige, denen selbst fern von Pompeji und ohne es mit leiblichem Auge sehn zu können, nicht Schilderungen und Abbildungen der antiken Stadt ein lebhafteres Interesse erregen, als gar mancher andere Gegenstand.

Der Zauber aber, den Pompeji auf den Besucher ausübt, das Interesse, welches seine Ruinen und Überreste dem Gelehrten wie dem Laien erregen, be-

ruht darauf, daß gegenüber dem Zustande der Vereinzelung der antiken Monumente und ihrer modernen Umgebung fast im ganzen Bereiche der antiken
Cultur, es hauptsächlich nur Pompeji ist, wo das Alterthum uns, wenn auch
nicht in ungestörter Ganzheit und Unverletztheit, so doch in einem Zustande
der Erhaltung entgegentritt, welcher durch verhältnißmäßig geringe Anstrengung in der geistigen Anschauung zur Ganzheit erhoben werden kann, wo
uns also am vollkommensten und klarsten ein Stück der antiken Welt mitten
in unsere moderne gestellt und dennoch in sich abgeschlossen entgegentritt.
Denn selbst von der Schwesterstadt Herculaneum kann man Gleiches nicht
sagen. Herculaneum nämlich ist nicht allein ungleich tiefer verschüttet,
als Pompeji, es ist in seinen wichtigsten Theilen von einem mächtigen
Lavastrome überfluthet, der zu einer felsenfesten Rinde erstarrt ist, und auf
dem großentheils die modernen Städte Portici und Resina erbaut sind;
demnach kann Herculaneum nur zum kleinsten Theil aufgedeckt werden, und
zu Tage liegen von ihm nur ein paar einzelne Häuser, während manches
früher in der Art eines Bergwerks, gleichsam durch Stollen und Schachte
aufgegrabene und nach Kunstwerken durchsuchte Gebäude, wie die Basilika
u. a. wieder verschüttet worden ist, und das Theater, zu dessen über den
Sitzstufen umlaufendem gewölbtem Corridor man auf einer 112 Stufen
tiefen Treppe hinabsteigt und dessen Orchestra 26,69 M. unter dem Niveau
der Stadt Resina liegt, nur bei dem zweifelhaften Lichte von Kerzen be-
sichtigt werden kann. Pompeji dagegen liegt wieder offen unter dem freundlichen Lichte des campanischen Himmels, der ihm einst gelächelt hat,
wir können, die leichte Luft des Lebens athmend, durch seine Straßen
wandern, in seine Häuser eintreten, und seine Monumente im Strahle der
glänzenden Sonne betrachten, die, Leben und Freude weckend, die Gedanken
an Tod und Zerstörung aus unserer Seele verscheucht. Herculaneum ist
eine dunkele Gruft, in der ein ganzes Geschlecht begraben liegt, Pompeji
ist wie eine Stadt, die etwa nach einem Brande von den Einwohnern verlassen ist, welche sich die Phantasie als wiederkehrend denken mag. Ein
wunderbares Walten des Schicksals hat uns diese Stätte des Alterthums in
ihrer Ganzheit bewahrt. Hier pulsirte das Leben in frischester Fülle und
Kraft, hier schuf und wirkte dasselbe nach allen Richtungen mit ganzer,
reger Geschäftigkeit, hier trieb sich der lebhafte Verkehr eines sorglosen
Völkchens durch die Straßen und Gassen, als plötzlich die Parze den Faden
abschnitt, ungeahnt und daher um so furchtbarer das Verhängniß über die
Stadt hereinbrach, als der für erloschen gehaltene Vesuv in seiner ersten
historisch bekannten und zugleich gewaltigsten Eruption vom Jahre 79 Massen
von Bimstein- und anderen Steinbrocken, dann von Asche auswarf, die, von

gewaltigen Wassergüssen zusammengeschlämmt, mit einer gleichmäßigen
Decke die ganze Stätte dieses Lebens einhüllten, sie beschützend vor den
langsam aber sicher wirkenden Zerstörungen kommender Zeiten, und Alles,
was sie trug, geheimnißvoll bewahrend bis auf späte Jahrhunderte.

Diese Jahrhunderte sind gekommen; uns war es vorbehalten die be-
deckende Hülle hinwegzuheben. Ohne große Mühe kann die höchstens sieben
bis acht Meter starke, dabei weiche und lockere Masse vulcanischer Asche
und Rapilli hinweggeräumt werden, bis man auf das Pflaster der alten Straßen
gelangt, zu deren Seiten die Gebäude sich erheben. Und wenngleich die
Ausgrabungen während der fünf Viertel Jahrhunderte, die seit der Entdeckung
verstrichen sind, meistens, und auch bis in die neueren, besseren Zeiten mit
einer Säumigkeit und Lässigkeit betrieben worden sind, die gegenüber den
wissenschaftlichen und künstlerischen Interessen der Funde nur aus einer
gründlich schlechten Verwaltung erklärbar ist, so ist doch ein ungefähres
Drittel der verschütteten Stadt wieder an den Tag gebracht, und zwar dasjenige Drittel, welches neben dem Forum und noch ein paar Plätzen die
Hauptstraßen, die bedeutendsten öffentlichen Gebäude, Tempel, Basilika,
Bäder, Theater und Amphitheater umfaßt und daneben eine Fülle von Wohnhäusern, Läden, industriellen Anlagen, so daß kaum eine Seite des alten
Lebens in seinen monumentalen Resten nicht vor unseren Blicken offen läge.

Freilich sind auch diese Gebäude Trümmer; theils die Verschüttung
selbst, theils die langsamer, aber unaufhaltsam wirkenden Einflüsse der Zeit
während der 1800 jährigen Bedeckung, theils endlich die Thätigkeit der
Menschen, welche, nachweisbarer Weise bald nach der Verschüttung beginnend, vielleicht Jahrhunderte lang eine Art von Raubbau in Pompeji getrieben
und Alles was sie brauchen und fortschleppen konnten, herausgewühlt haben ;
sodann die weiterhin näher zu schildernde Art, wie die Ausgrabungen bis in
die neuern Zeiten betrieben worden sind, und endlich die aller Vorsichtsmaßregeln spottende Macht der Jahre und der atmosphärischen Einflüsse auf
die ausgegrabenen Gebäude [1], dies Alles hat uns auch von Pompeji nur Ruinen, in den am frühesten ausgegrabenen Theilen mehrfach recht kahle und
verfallene Ruinen übrig gelassen. Aber dennoch lassen sich diese Ruinen
im Ganzen betrachtet kaum mit irgend welchen anderen an Erhaltung vergleichen, und außerdem fand man in ihnen eine solche Masse der beweglichen Reste des Lebens, welches in ihnen kreiste, wie an keinem anderen
Orte der Welt. Des Erhaltenen ist mit einem Worte so viel, daß es kaum
möglich ist, dasselbe in Gedanken nicht zu ergänzen, zu verbinden, zu beleben, und dies Erhaltene ist nicht zerstreut, wie an anderen Orten, es steht
oder liegt (lag wenigstens bei der Auffindung an dem Orte seiner Bestim-

mung, begrenzt, nachbarlich umgeben von Gleichartigem, nicht von unserer modernen Welt, nicht zusammengetragen und classificirt in einem Museum. Kein Ort der Welt ist daher geeigneter, dem Liebhaber eine Übersicht über das antike Leben zu gewähren, als Pompeji, kein Monumentenkreis läßt sich so leicht und völlig zum Ganzen verbinden, an keinen die Belehrung über Zweck und Bestimmung alles Einzelnen so leicht anknüpfen, und bei keinem Anlaß ist die Gefahr der Monotonie des Vortrags über die Sitten und das Wesen einer vergangenen Zeit zo gering, wie bei einer Beschreibung Pompejis.

Dies ist die eine Seite der Bedeutung, welche die alte wieder aufgegrabene Stadt für uns hat, man kann sie die antiquarische nennen; eine andere ist künstlerischer Art. Die Bauwerke Pompejis, welche, zum größten Theile wenigstens, einer von den tiefen und durchgreifenden Principien altgriechischer Architektonik bereits vielfach abweichenden Zeit angehören, bieten freilich nur einen Anhaltepunkt von zweifelhaftem Werth, um den Liebhaber über das Wesen der alten Architektur zu belehren; auch die verhältnißmäßig wenigen Sculpturwerke Pompejis (deren Herculaneum eine ungleich bedeutendere Reihe bietet) sind, obgleich sie einige vorzügliche Stücke enthalten, sehr wenig geeignet, einen Begriff von dem Wesen, namentlich von dem Umfange antiker Plastik zu geben oder selbst nur zu unterstützen. Um so wichtiger sind dagegen die Malereien, sowohl die eigentlichen wie die Mosaiken. Auch die Malereien Pompejis sind freilich nur geringe Vertreter der alten Malerkunst, sie sind, selbst in ihren Vorbildern, aus sinkender Kunstzeit wie die Mehrzahl der Bauwerke, sind nicht die Arbeiten namhafter Meister selbst dieser Zeit; dennoch aber und trotz allen diesen Mängeln sind die Gemälde von Herculaneum und Pompeji die Grundlage unserer monumentalen Vorstellung von der antiken Malerei, da außer ein paar ganz vereinzelten Tafelgemälden und einigen nicht wesentlich verschiedenen, zum Theil noch späteren Wandgemälden von der Art der pompejanischen und außer den Vasenbildern, die in ihrer Einfarbigkeit kaum Schattenbilder der alten Gemälde sind, Alles von alter Malerei unwiederbringlich verloren ist. So vertreten uns die herculanischen und pompejanischen Wandgemälde fast allein die ganze alte Malerkunst, und zwar nach einer sehr bedeutenden Seite ihrer Technik, nach dem Wesen der Form- und Farbgebung wenigstens dieser Technik, nach der Composition, nach dem der Gegenstände. Und mögen auch die besten dieser Bilder, hätten wir die Werke der Meister, als sehr schwache Nachklänge der eigentlichen Herrlichkeit der Kunst erscheinen, mögen sie einen großen Theil der Schuld tragen, daß über die antike Malerei als Ganzes schwer ausrottbare falsche Vorstellungen und Vorurteile sich festgesetzt haben, dennoch können wir

uns ihrer Erhaltung nicht genug freuen, dennoch werden wir immer anerkennen müssen, daß sich vortreffliche, reizvolle, anmuthige, in jedem Betracht interessante Kunstwerke in grosser Zahl unter ihnen befinden.

So tritt neben die antiquarische Bedeutung Pompejis eine künstlerische,
und so wird neben die Abtheilung dieser Beschreibung, welche es mit den
Resten des Lebens und mit deren Erklärung und Neubelebung zu thun hat,
eine zweite künstlerischen Interesses zu stellen sein, deren Gegenstände
besonders die Gemälde Pompejis und die durch sie vertretene antike Malerei
bilden.

Sowie aber der Hervorhebung der Bedeutung der pompejanischen Gemälde gleich eine Einschränkung hinzuzufügen war, so muß eine ähnliche
für die oben angedeutete antiquarische Wichtigkeit der alten Stadt und eine
Warnung vor Überschätzung hier zum Schlusse nachgetragen werden. Pompeji ist, wenngleich eine reiche, handeltreibende Stadt mit lebhaftem Verkehr,
dennoch nur eine kleine und eine Landstadt ohne politische Bedeutung
gewesen; allen ihren Resten ist nicht der Stempel des Wesens einer Haupt-
und Weltstadt aufgeprägt, und wenn man Pompeji ein Miniaturbild Roms
genannt hat, so kann das, abgesehn von den unrömischen Elementen, denen
man in ihr begegnet, nur in Beziehung auf die Denkmäler des communalen
und privaten Lebens gelten. Was Rom darüber hinaus besaß, was die ewige
Stadt zur Hauptstadt nicht allein Italiens, sondern der Welt machte, was
von den Monumenten, welche diese weltbeherrschende Stellung geschaffen,
in Rom geblieben ist, das fehlt nicht allein in Pompeji, das läßt sich an
den Monumenten von Pompeji auch nicht nachweisen, so wenig wir Jemandem
an Städten wie Bonn oder Zwickau die Einrichtungen und das Eigenthümliche von Städten wie London und Paris oder Berlin und Dresden klar machen
können. Mit der bloßen Vergrößerung durch die Phantasie ist's hier eben
nicht gethan. Vergleichende Blicke auf das Leben der Welthauptstadt können
wir wohl von dem vor uns befindlichen Monumentenkreise des Landstädtchens
werfen, aber nur dagegen muß gleich hier Verwahrung eingelegt werden,
daß es nicht die Absicht dieses Buches sein kann, die Beschreibung Pompejis zum Anlaß einer encyclopädischen Darstellung der römischen Anti-
quitäten zu machen, daß vielmehr Pompeji der wirkliche und eigentliche
Gegenstand der Beschreibung, Darstellung und Erklärung ist, und, wenn
der Zweck nicht verfehlt werden soll, sein muß.

Erstes Capitel.

Campania felix, der Golf von Neapel, der Vesuv, Pompejis Lage, Heerstraßen in Campanien.

Fig. 1. Karte von Campanien.

Die ganze Küstenlandschaft, in der Pompeji liegt, zwischen den Flüssen Liris und Silarus, welche in der augusteischen Zeit unter dem Namen Campania begriffen wurde und seit dem 5. Jahrhundert n. Chr. Campagna di Roma (*Campania Romae*) heißt, gehört zu den glücklichsten und reichsten Strecken der ganzen Erde, so daß ihr der antike Beiname der glücklichen (*Campania felix*) mit Recht beigelegt ist. Besonders ist die Strecke am Meeresufer selbst, zwischen den beiden Vorgebirgen, welche den heutigen Golf von Neapel, im Alterthum der Krater genannt, umschließen, dem von

Misenum mit den vorliegenden Inseln Procida und Ischia und dem der Minerva mit der Insel Capri von einer Fruchtbarkeit und von einer landschaftlichen Schönheit zugleich, welche ihr im Munde aller Reisenden den Namen eines Paradieses verschafft und sie zum unzählige Male wiederholten Gegenstand unserer Landschaftsmalerei gemacht haben. Die Gegend ist eine Ebene, aber keineswegs eine weit ausgedehnte flache, sondern eine fast ganz von Bergen umgrenzte, nur westlich nach dem Meere hin offene und deshalb den feuchten und kühlenden Seewinden zugängliche. In ihrer Mitte steigt nicht fern vom Meeresstrande der Kegel des Vesuv großartig und anmuthig zugleich empor, der damals vor dem ersten geschichtlich bekannten Ausbruche, der Pompeji verwüstete, bis hoch an seinen Gipfel vom herrlichsten Laubwalde bedeckt war. Die Vulcanität des Bodens, welche bekanntlich überall die Quelle großer Fruchtbarkeit ist, erkannte für unsere Gegenden um den Vesuv, obgleich man diesen für längst erloschen und ausgebrannt hielt, bereits der unter August schreibende Geograph Strabon als den Grund des Reichthums an den edelsten Producten der Vegetation, Getraide, Wein und Öl an; Olivenwälder bedeckten namentlich die ansteigenden Höhen der südlichen und mittleren Gegend, während aus der nördlichen zwischen dem Liris und Vulturnus, aus dem Gebiete von Teanum, dem ager Falernus der bekannte Falernerwein und der kaum minder edle Massiker stammte. Wir brauchen übrigens nur an die heutigen Tages an den Abhängen des Vesuv producirten Weine zu erinnern, um es wahrscheinlich zu machen, daß auch im Alterthum der uns zunächst interessirenden südlichen Gegend manch edeles Gewächs nicht gefehlt haben wird, obgleich Plinius angiebt, der Wein Pompejis sei erst in beträchtlichem Alter ohne unangenehme Folgen genießbar gewesen. Reben vielleicht weniger vorzüglicher Gattung haben sich aber unstreitig damals, wie heute, fast wild, bis hoch in die Bäume emporgerankt und wie Festons von Stamm zu Stamm, von Wipfel zu Wipfel geschlungen. Zu der Fruchtbarkeit der Gegend gesellt sich deren hohe landschaftliche Schönheit, welche in dem bekannten »vedere Napoli e poi morir« sprichwörtlich geworden, aber keineswegs auf Neapels Aussichten allein beschränkt ist.

Wenngleich nun Pompejis Lage in dem weiten Thale des Sarnus und mit nur theilweiser Aussicht auf das etwa $\frac{1}{4}$ Meile entfernte Meer sich auch nicht mit der Neapels messen kann, so ist doch die Aussicht von den freien Höhepunkten der Stadt, von dem Podium des Jupitertempels, von dem Steinsitze auf dem Forum triangulare, der offenbar dort der Aussicht zu Liebe gegründet wurde, endlich von den oberen Rängen des Theaters, sowie von mehren Privathäusern des südlichen und westlichen, jetzt freilich durch die Aufschüttungen der Ausgrabungen zum Theil bedeckten, Abhangs aus eine überaus entzückende. Stellen wir uns auf dem letzteren Punkte so, daß wir den leichte graue Wolken ausstoßenden, nur $\frac{3}{4}$ Meile entfernten Vesuv zur Rechten haben, so schweifen unsere Blicke über die schöne, gewellte, reich bebaute, von Baumgruppen und Alleen unterbrochene, mit Dörfern und Städtchen reich übersäete Ebene hinaus auf den klarblauen Golf von Neapel, den rechts die vorspringenden Abhänge des Vesuv und einzelne kleinere

Vorgebirge begrenzen, welche uns den Blick auf Neapel, Procida und Ischia
verhüllen, während sich links, auslaufend von den bedeutenden Höhenzügen
des Hirpiner Gebirgs die bergige Landzunge vorstreckt, von deren Fuß und
ansteigenden Seiten uns Castellamare und Sorrent entgegenschimmern, und
welche endend in dem Cap der Minerva uns vor demselben das wundervoll
gestaltete Capri, freilich, durch die perspectivische Verschiebung ungetrennt
von dem Vorgebirge der Minerva (Capo della campanella) und nicht in
seinem interessantesten Profile, mit dem es sich Neapel darstellt, sehen lassen.
Voll imposanter Pracht ziehen sich, wenn wir uns links wenden, die Hirpiner Berge in das Land hinein und erheben sich in mannigfachen und
schöngeformten Umrissen zu der Masse des Apennin. der weit hinten das Bild
dieser glanzvollen und gesegneten Ebene des Sarnd begrenzt, der in der
geringen Entfernung von etwa 20 Minuten von Pompeji, hier und da sichtbar werdend, dem Meere zustrebt, noch heute ein immer strömender, ja
wasserreicher, im Alterthum ein weit landeinwärts schiffbarer Fluß. Wie
aber um Pompeji, so ist Campanien in allen Theilen wasserreich, selbst im
höchsten Sommer, weshalb, sowie wegen der Seewinde die Hitze dort lange
nicht die dörrende Wirkung hat, wie im nachbarlichen aber trockenen La-
tium und wie namentlich in der nähern Umgebung Roms.

Daß ein in jeder Weise so gesegneter Landstrich wie Campanien von
alter Zeit her reich bevölkert war, ist leicht begreiflich. Die Namen vieler
Städte sind uns bekannt, beträchtliche Ruinen mancher derselben nachweisbar, und zwar gehören diese Städte, wenn wir von den Pelasgern, Tyrrhe-
nern und Ausonen absehn, die dort gebaust haben sollen, ohne daß wir diese
Nachrichten als historisch aufnehmen können, theils der einheimischen
oskisch-sabellischen Bevölkerung, theils griechischen, namentlich ionischen
Colonieen an. Absolut sichere Merkmale, um nachzuweisen, ob eine Stadt
der einen oder der anderen Art, einheimischer Gründung oder griechischer
Colonisirung angehöre, besitzen wir allerdings nicht, da uns die Namen der
Städte aus doppeltem Grunde nicht sicher leiten können. Denn einmal kann
ein ältester einheimischer Name durch einen späteren griechischen verdrängt
worden und vergessen sein, andererseits gehören die griechische und die
oskische Sprache einem Stamme an, so daß es schwer ist, zu entscheiden,
aus welcher Wurzel ein in späterer Umgestaltung uns überlieferter Name
entsprungen sei. Als ein Merkmal zur Unterscheidung ursprünglich oskischer
von ursprünglich griechischen, später von den oskisch redenden Samniten
eroberten Orten hat Mommsen in seinen »Unteritalischen Dialecten« S. 106
den Grundsatz aufgestellt, daß diejenigen samnitischen Städte, welche auf
ältere griechische basirt waren, oder solche, deren Philhellenismus schon die
Alten bemerkten, Münzen und damit zugleich immer bemalte Vasen auf-
zeigen, während rein samnitische Städte 'oskisch-einheimischer Gründung)
stets ohne Münzen wie ohne Vasen sind. Denn schon das Münzprägen an
sich ist Annahme griechischer Sitte, die Vasenmalerei aber ist eine so durchaus rein griechische Kunstübung, daß das Vorhandensein von gemalten Thongefäßen griechische Elemente in der Bevölkerung voraussetzt. Nach diesem
Grundsatze und zum Theil nach verbürgter Überlieferung haben z. B. Capua,

Dikaearchia (Puteoli), Sorrent, Cumae u. A. Griechen ihren Ursprung zu verdanken und kamen erst später in die Gewalt der Samniten, während Abella, Herculaneum und unser Pompeji einheimischer Gründung anzugehören scheinen, wodurch jedoch nicht ausgeschlossen sein soll, daß in einer frühen Periode der Stadt eine Colonie von Griechen, die jedenfalls aber nur in dem untergeordneten Verhältniß von Beisassen (μέτοικοι) standen, der oskischen Bevölkerung beigemischt gewesen sei. Die meisten der einheimischen Städte liegen im Binnenlande, Herculaneum ist fast die einzige am Meer erbaute; auf die Frage, in wie fern auch Pompeji einst dem Meere näher gelegen als jetzt, und ob der Sarno seinen Lauf verändert habe, muß weiterhin zurückgekommen werden; nahe dem Sarno liegt Pompeji, wie oben bemerkt, auch heutzutage, und diese Lage hat seiner regsamen Bevölkerung jenen Reichthum gesichert, der für Pompeji aus dem Alterthum bezeugt ist, und der uns in der Stadt überall entgegen treten wird.

Pompeji war nämlich (nach Strabon V. p. 247) der gemeinsame Hafen für Nuceria (Nocera), Nola und Acerrae, welche ihre Waaren und Producte, namentlich Getraide und Öl, theils auf dem Sarnus, theils über Land dorthin zur Verladung in die Seeschiffe brachten. An diese Thatsache anknüpfend wollte Garrucci im Bull. Napol. N. S. I. S. 167 den Namen der Stadt Pompeji (osk. Pūmpaiia) ohne Zweifel mit Unrecht von den öffentlichen Gebäuden ableiten, welche behufs der Aufnahme der Waaren dieser Städte an dem Orte der späteren Stadt gegründet worden wären, indem er sich auf eine Glosse πομπεῖον· οἴκημα κοινόν beruft. Mommsen nahm dagegen (Unterital. Diall. S. 259) eine dem lateinischen *populus* und dem in Pompeji zahlreichen Geschlechte der Popidier gemeinsame einheimische Wurzel an, die vielleicht auch mit dem griechischen πέμπω (senden) zusammenhängt, und versteht unter Pompeji demnach die Stadt der von den genannten oskischen Landstädten ausgesendeten Colonisten. Hieran anknüpfend ist von anderer Seite Nissen, Templum S. 67 u. 74) die Meinung aufgestellt worden, die Urbevölkerung Pompejis sei in die drei Tribus der Acerraner, Nolaner und Nuceriner, analog den drei Tribus der Ramnes, Tities und Luceres in Rom zerfallen, welche sogar örtlich in drei von N. nach S. auf einander folgenden Abschnitten der Stadt, entsprechend der Lage der genannten Städte, angesetzt werden. Doch wird sich das wohl kaum halten, noch aus Strabons Zeugniß ableiten lassen. Wie aber auch der Name Pompejis herzuleiten sei, jedenfalls scheint dasselbe dem Handel seine Entstehung zu verdanken und verdankt es demselben seine Blüthe.

Für eine Hafenstadt scheint die Lage unmittelbar am Meere so natürlich, fast so nothwendig, daß man beinahe ganz allgemein eine solche Lage auch für Pompeji angenommen hat. Heutigen Tages freilich ist das Meeresufer eine starke Viertelmeile von Pompeji entfernt, aber man glaubt, daß dies Verhältniß erst ein Erfolg desselben vulcanischen Ausbruches sei, welcher die Stadt verschüttete und durch Hebung des Ufers das Meer entfernte und dem Sarnus eine neue weiter südlich gelegene Mündung gab. Die Thatsachen, welche man hierfür aus älterer Zeit angeführt findet, nämlich, daß man Schalen von Seemuscheln nahe bei Pompeji finde, sowie daß man

große eiserne Ringe am Fuße des westlichen Abhangs des Hügels gefunden haben will, die zur Befestigung der Schiffe gedient haben sollen, die
aber jetzt wenigstens gewiß nicht mehr nachweisbar sind, sind keineswegs
durchschlagend, und andere Umstände, welche eine etwas nähere Beleuchtung verdienen und erheischen, sprechen gegen die erwähnte Annahme, die
schon Winckelmann in seinen Sendschreiben v. d. hercul. Entdeckungen § 17.
bezweifelte. Die Behauptung freilich, es finde sich, abgesehn von sicher
vorhandenen Gräbern in ostsüdöstlicher Richtung (außerhalb des stabianer
Thores) vor Pompeji, die hier Nichts beweisen können, im Südwesten,
vor dem sogenannten Seethore, grade da, wo der Hafen hätte sein müssen,
die Andeutung einer zweiten Gräberstraße, ist bestimmt irrig; eine hier
angestellte Grabung hat vielmehr auf Meeressand geführt, wohl aber, und
dies möchte für die antike Configuration des Terrains und des Meeresufers
bezeichnend sein, existiren etwa $\frac{1}{2}$ Miglie südwestlich von Pompeji
neben der Sarnobrücke und der Einmündung des nach Torre führenden Ca-
nals neben der heutigen Mühle ziemlich bedeutende antike Gebäudereste,
Fundamente, Cisternen, eingemauerte große Amphoren, und zwar unter
weißen Rapilli verschüttet, wie sie einzig und allein die Eruption des
Vesuv vom Jahre 79 n. Chr. geliefert haben soll. Verbürgen diese unzweifelhaft, daß hier in alter Zeit fester Boden war, so muß das Meeresufer, wenn es sich wirklich jemals bis an die Mauern Pompejis erstreckt hat,
dies in einer ganz scharfen und schmalen Einbuchtung gethan haben, die
allerdings, besonders wenn in sie der Sarnus mündete, einen vortrefflichen
Hafen abgegeben haben würde. Ob eine solche Terraingestaltung dieser
Gegend wahrscheinlich sei oder nicht, würde nur ein Geolog entscheiden
können. Zu dem Allem kommt, daß ein eigenthümliches Verhältniß der
Bodengestaltung, welches auch für Pompejis Erhaltung in der Verschüttung
wichtig werden sollte, für die Anlage der Stadt $\frac{1}{4}$ Meile vom Meer entscheidend sein mußte, falls die Configuration des Landes vor dem Ausbruch
des Vulcans so war, wie sie jetzt erscheint. Pompeji nämlich ist auf einem
ganz isolirt in der Ebene liegenden, freilich sehr mäßigen, aber doch markirten oblongen Hügel erbaut, dessen Abhänge außerhalb der Stadtmauer
liegen. Dieser Hügel ist in neuester Zeit genau triangulirt und nivellirt

Fig. 2. Skizze vom Profil des pompejanischen Stadthügels.
a. Schatthalden; b. Zweistöckiges modernes Wirthshaus; c. Forum; d. Höchster Punkt; e. Forum triangulare;
f. Grosses Theater; g. Amphitheater.

worden, mit dem Ergebniß, daß sein höchster Punkt, ganz nahe bei dem
herculaner Thor 42,53 M., der niedrigste innerhalb des ausgegrabenen Theiles
(östlich neben dem kleinen Theater) 15,06 M., die Area des Forum 33,60 M.
und die Arena des Amphitheaters 12,60 M. über der mittlern Höhe des
Meeresspiegels liegt. Von seinem Profile und den Niveauverhältnissen
verschiedener Hauptpunkte der Stadt wird die Skizze Fig. 2, aufgenommen

von dem eben daher bezeichneten Punkt am Sarno eine wenigstens allgemeine Vorstellung vermitteln können. Dieser Hügel ist nichts Anderes, als
ein uralter Lavastrom des Vesuv, der lange vor Menschengedenken sich in
dieser südwestlichen Richtung dem Meere zuwälzte, ohne dasselbe zu erreichen.
Er erstarrte auf seinem Laufe, indem er sich gegen den Endpunkt desselben
aufstauete und so den zur Gründung einer antiken Stadt wünschenswerthen
Platz darbot. Denn eine Hügellage wurde für antike Städte jeder anderen
vorgezogen, und zwar aus naheliegenden fortificatorischen Rücksichten,
deren Bedeutung wir bei der Betrachtung der Mauern Pompejis kennen
lernen werden. War das Terrain bei Pompejis Gründung so wie es heute
vorliegt, so durfte man doch die Stadt nicht unmittelbar an das Meer bauen,
indem man einen leicht zu befestigenden Hügel in nächster Nähe hinter sich
ließ, von dem aus jede feindliche Macht die Unabhängigkeit der Stadt in
jedem Augenblicke hätte vernichten können. Hier blieb keine Wahl, und
es ist kaum anzunehmen, daß der Sarnus nicht bis auf die Höhe von Pompeji auch für größere Schiffe Wasser genug gehabt hat, daß er folglich nicht
den ausgesuchtesten Hafen, wenn auch in geringer Entfernung bot. Die
Hügellage Pompejis war aber auch bei dem Ausbruch des Vesuv im Jahre
79 von entscheidender Wichtigkeit, denn vermöge dieser war Pompeji gegen
das Schicksal Herculaneums gesichert, ein Lavastrom konnte die Stadt nicht
überfluthen, ähnlich wie bekanntermaßen das Camaldulenserkloster Camal-
doli della Torre am westlichen Abhange des Vesuv vermöge seiner Lage
auf einer durch einen alten Lavastrom gebildeten Erhöhung vor der Über-
fluthung durch einen späteren gesichert ist.

Sowie die natürliche Wasserstraße des Sarnus Pompeji mit den Binnen-
landstädten verband, war dasselbe, freilich erst später, erst als die römische
Herrschaft sich über diese Gegend verbreitet hatte, durch die via Campana,
eine jener gewaltigen Heerstraßen, welche man mit Recht die Adern des
römischen Reiches genannt hat, und durch deren municipale Fortsetzungen
mit mehren der umliegenden Städte und schließlich über Herculaneum, Neapel,
Puteoli, Capua und die via Appia mit Rom verbunden. Diese großen römischen Heerstraßen, welche die Hauptstadt mit den entferntesten Grenzen
des unermeßlichen Reiches verbanden, über Berge und Thäler und Ströme
wegliefen, an vielen Orten, selbst in entfernten Provinzen nicht allein erkennbar erhalten, sondern fahrbar und wirklich befahren sind, waren der
Gegenstand der eifrigsten Sorge der Machthaber Roms sowohl in den Zeiten
der Republik wie in denen des Kaiserreichs, und sind diejenigen Monumente, welche uns neben den gewaltigen, oft viele Meilen langen Aquaeducten den stärksten Begriff von der Größe des römischen Reichs und seiner
Verwaltung zu geben geeignet sind. Diese Heerstraßen haben die sorgfältigste Construction, welche man für den Straßenbau überhaupt anwenden
kann. Sie besteht aus drei Lagen, das Fundament (statumen) wurde gebildet durch eine mächtige Lage größerer durch Mörtel verbundener Steine;
die mittlere Lage (rudera) besteht aus Kies oder kleineren Steinen, auch
Scherben und Sand, bestimmt, ein völlig ebenes Niveau zu bilden und, in
einander gearbeitet und festgewalzt wie unsere Chausseen, die oberste Lage,

die eigentliche Fahrstraße zu tragen, welche aus großen, wohl in einander
gefugten Steinplatten gebildet ist. Die so hergestellte Fahrstraße (agger)
wurde in der Nähe von Städten zu beiden Seiten mit Fußwegen (Trottoirs,
margines) eingefaßt, welche sich bis zu 10″ über das Niveau des agger erheben und durch Prellsteine, die in mäßigen Entfernungen von einander
angebracht sind, geschützt werden. Die Erhebung und glatte Einfassung
der Fußwege durch behauene Steine bildet gegen den flachgewölbten Rücken
des agger die Rinnsteine oder Gossen, in welche das Wasser von der Fahrstraße abfließt, um durch eigene in mäßigen Zwischenräumen angebrachte
Abzugsröhren unter den Trottoirs hindurch von der Straße ganz entfernt zu
werden. In der Nähe Pompejis zeigt die Heerstraße nicht drei, sondern nur
zwei Lagen, die zweite und dritte, indem der felsige Untergrund die Errichtung eigener Substructionen (statumina) unnöthig machte. An der ganzen
Länge der Hauptstraßen hin standen Meilenzeiger (milliaria), sowie seit
Augustus stationes und mansiones, Stationen und Einkehre für die von ihm
organisirten Postanstalten, während in der Nähe der Städte die Straßen zu
beiden Seiten mit Tempeln oder kleineren Heiligthümern, mit Villen und
mit Grabmälern eingefaßt waren, welche letztere man unmittelbar vor dem
Thor anzubringen liebte, seitdem das Zwölftafelgesetz die Bestattung innerhalb der Stadtmauern verboten hatte. An den Seiten der Hauptstraßen vor
dem Thor schienen die Ruhestätten der Verstorbenen von dem Leben nicht
abgetrennt, und der lebhafte Verkehr, der sich hier bewegte, mußte diesen
Ort als den wünschenswerthesten für die Denkmäler verdienter Bürger erscheinen lassen. Wie reich und anmuthig diese Einfassung der Hauptstraßen
war, werden wir bei der Gräberstraße Pompejis kennen lernen, obgleich
auch diese nur ein schwaches Abbild des Glanzes und Geschmacks der
Hauptstadt bietet.

Zweites Capitel.
Geschichtliche Notizen über Pompeji bis zur Verschüttung.

Von einer Geschichte Pompejis im eigentlichen Sinne kann nicht die
Rede sein, denn kaum ein halbes Dutzend kurzer Notizen über die Schicksale
der Stadt sind auf uns gekommen; Pompeji hat offenbar das glücklichste
Loos gehabt, welches kleinen Landstädten fallen kann, die zu großen Rollen
in der Geschichte nicht berufen sind, das Loos unbeachteten und ungestörten
Daseins, bei dem Handel und Wandel blühen, und bei dem unter Campaniens glücklichem Himmel die Pompejaner es sich gewiß eben so wohl sein
ließen wie ihre Nachbarn in den größern, wegen ihres Luxus und ihrer
Üppigkeit bekannten Städten. Wohl aber lassen die Monumente noch heute
wenigstens das Gerippe einer Baugeschichte der Stadt erkennen, welche uns
schließlich beinahe wichtiger ist, als diejenige ihres politischen und bürgerlichen Lebens, und in welcher mit der allergrößten Wahrscheinlichkeit drei

Hauptperioden unterschieden werden können und müssen, auf welche weiterhin näher zurückgekommen werden soll. Die älteste ist schon nach dem, was im vorigen Capitel über die Gründung Pompejis bemerkt worden ist, die oskische. Die Zeit der Gründung läßt sich mit Gewißheit nicht feststellen, aber auf ein beträchtliches Alter weist die einheimischen Baumeistern angehörende Construction der Mauer in ihren ältesten Partieen und weisen die Ruinen des sogenannten Herculestempels hin, welcher von griechischen Künstlern in einer Zeit erbaut sein wird, die bis in das 6. Jahrhundert hinaufreicht. Auf die oskische ist, nach einer von Strabon (V. p. 247) angedeuteten, aber schwerlich in den Monumenten noch nachweisbaren etruskischen Herrschaft, eine wesentlich samnitische Periode der Stadt gefolgt, deren Anfänge mit der samnitischen Invasion Campaniens im Jahre 424 v. u. Z. zusammenfallen werden und welche sich in einer neuen Bauweise und in der Anwendung eines neuen Baumaterials (Stein von Nocera) auf das bestimmteste in den heute noch stehenden Monumenten erkennen läßt. Die dritte Periode endlich ist die römische, deren Beginn mit der weiterhin zu erwähnenden sullanischen Colonisirung Pompejis gegeben ist und welcher der ganze Rest der Baulichkeiten angehört, deren übrigens nicht wenige den letzten Jahren der Stadt zwischen dem großen Erdbeben vom Jahre 63 und der Verschüttung im Jahre 79 angehören und deren mehre um die Zeit der Verschüttung noch unfertig, im Neubau oder in der Reparatur begriffen waren.

Über die Verfassung, unter welcher Pompeji stand, so lange es eine freie, zuerst oskische, dann eine wesentlich samnitische Stadt war, müssen wir uns auch mit wenigen Andeutungen genügen lassen. Zunächst ist es bemerkenswerth, daß, so wenig wir jemals von einem einheitlichen Volke der Campaner lesen und so wenig die nach und nach alle Städte Campaniens erobernden Samniten daheim eine staatliche Einheit bildeten, was ihr endliches Unterliegen gegen Rom bedingte, dieselben eben so wenig in Campanien zu einer Gesammtverfassung oder selbst zu einer dauernden Eidgenossenschaft, die sich über den Heerbann im Momente der Noth erhoben hätte, zusammentraten. In den Inschriften ist wenigstens keine Spur von einer Centralgewalt, welche gemeinsame Anordnungen für mehre Städte getroffen hätte, und in ihnen sowohl wie in den Schriftstellern werden immer nur städtische Localbehörden genannt. Der gemeinsame oskische Name dieser ist Meddix oder in der Grundform médix von dem Stamm des lat. Verbums méderi, welchen wir mit »walten« übersetzen können; die oskischen Behörden hießen also »Walter« im Sinne von »Herrscher«, aber mit dem Nebenbegriff der vom Volke eingesetzten und einer republikanischen Gemeinde gegenüber ausgeübten Gewalt, im Gegensatze der im Worte »Herrscher« ausgedrückten königlichen. Zu dieser Bezeichnung medix tritt dann ein den Amtskreis bezeichnendes Beiwort, und der höchste Magistrat wird durch médix-tutikus (meddiss-toutikus) als öffentlicher oder »Staatswalter« bezeichnet. Neben diesem fungirten andere niedere Beamten in bestimmten Amtskreisen, wie z. B. zwei etwa den Aedilen entsprechende Decetasii in Nola (Mommsen, Unterit. Diall. S. 254, 279.) und in Pompeji ein in zwei

Inschriften genannter »Kvaistur« d. i. Quaestor (das. S. 153) sowie ein »Kûmbenneieis« d. i. conventus oder auch »senateis«, senatus genannter Senat, in dessen Händen die Wahl der Magistrate und die oberste Staatsgewalt gelegen zu haben scheint. Die schon berührte erste geschichtliche Erwähnung Pompejis bei Livius IX. 38. fällt in das Jahr 310 v. u. Z. Im zweiten Samnitenkriege landete, während der Consul C. Marius Rutilus den Samniten die Bergfeste Allifae und die Herrschaft im Vulturnusthal entriß, der Flottenführer P. Cornelius mit seinen Kriegsschiffen in der Mündung des Sarnus, von wo die Bemannung, ohne Widerstand zu finden, den Fluß hinauf bis nach Nuceria drang, wo Cornelius durch einen kühnen Handstreich die Herrschaft der beiden Meerbusen nördlich und südlich vom Hirpinergebirg an sich zu bringen hoffte. Die Bewohner des schluchtenreichen Gebirgs aber und die Bewohner der Städte des Sarnusthals rotteten sich zusammen, griffen die Römer an, entrissen ihnen das Gewonnene, hieben die Meisten derselben nieder und jagten die Übrigen mit ihrem Führer in ihre Schiffe, mit denen sie schleunig den Ort ihrer Niederlage verließen. Von den Städten betheiligte sich neben Stabiae wahrscheinlich das ausdrücklich erwähnte Pompeji am meisten an diesem kühnen und wohlgelungenen Anfstande. Aber so wenig dieser locale Sieg über eine römische Heerabtheilung wie die vielen und glänzenden Erfolge der Samniten über die römischen Eroberer im ersten und zweiten samnitischen Kriege (343—304) konnte das endliche Schicksal Samniums und der von Samniten abhängigen und besetzten Landstriche entfernen. Der sechs Jahre nach dem Ende des zweiten, 298 ansbrechende dritte samnitische Krieg wurde von den Römern in der richtigen Erkenntniß, daß sich die kühnen, kriegsgeübten und freiheitliebenden Samniten nicht demüthigen lassen würden, als ein Vernichtungskrieg geführt. Der Ausgang ist bekannt; ein Ort und ein Gau nach dem anderen wurde nach langem Widerstande von den Römern erobert, verwüstet, die Städte und Dörfer verbrannt, die Bevölkerung größtentheils vernichtet, bis im Jahre 290 der überlebende Theil der Samniten unter verschiedenen Bedingungen unter das römische Joch sich beugte. Die von Samnium abhängig gewesenen Landstriche, unter ihnen Campanien, erhielten Municipalverfassung und das römische Bürgerrecht, jedoch ohne Stimmrecht in den Comitien Roms. Auch Pompeji trat in dieses Verhältniß zu Rom und mußte römischer Sitte und römischem Recht die Thore öffnen, obgleich nach freilich vereinzelten, aber ziemlich sicheren Spuren, von denen wir weiter unten reden werden, oskische Sprache und mit ihr wohl auch manches Element altoskischer Sitte sich noch lange in dem mehr und mehr romanisirten Städtchen erhielt. Bei der großen Mannigfaltigkeit der den einzelnen Municipien ertheilten Rechte ist es unmöglich, das nirgends ausdrücklich angebene Verhältniß Pompejis zu der herrschenden Hauptstadt genau zu bezeichnen. Gewiß ist es, daß Pompeji, wie alle Municipien, seine communale Selbständigkeit, mit Volksversammlung und Senat und von diesem gewählten Behörden, als deren oberste die Quatuorviri fungirten, behielt; ob die Stadt ihr eigenes Recht bewahrte oder dasselbe gegen das römische vertauschte, ist nicht zu sagen. Von Abgaben

an Rom war Pompeji frei, dagegen zum Kriegsdienste im römischen Heere
genöthigt.

Diese Zustände dauerten, bis im zweiten punischen Kriege nach Hanni-
bals glänzendem Siege bei Cannae die Samniten und fast alle anderen Stämme
und Städte Unteritaliens von den Römern abfielen und sich dem karthagi-
schen Sieger zuwandten. Auch Pompeji suchte, Capuas Beispiele folgend,
wo die Volkspartei Hannibal die Thore geöffnet hatte, mit Hilfe karthagi-
scher Waffen seine Unabhängigkeit von Rom zu begründen. Vergebens.
M. Marcellus' Sieg über Hannibal bei Nola im Jahre 215 nöthigte den
Letztern, sich weiter südlich zu ziehn und die campanischen Städte sich
selbst zu überlassen. Bekannt ist, daß Capua nach hartnäckigem Widerstande
im Jahre 211 wiedererobert und streng bestraft wurde, und daß trotz des
im Einzelnen zwischen Römern und Puniern wechselnden Kriegsglückes
in Unteritalien vor Ablauf des Jahrhunderts Roms neue Herrschaft in diesen
Gegenden begründet war und dieselben fester umschloß, als zuvor.

Noch einmal erhob sich Pompeji nebst den andern italischen Städten
im Jahr 91 v. u. Z., als in Folge der harten Gesetze wider das Einschleichen
in das römische Bürgerrecht und der Verweigerung und Entziehung desselben,
nach den unglücklichen Ausgleichungsversuchen des Tribuns M. Livius
Drusus und seiner Ermordung die seit einigen Jahren vorbereitete Rebellion
der italischen Stämme gegen Rom zum offenen Kampfe ausbrach, an dessen
Spitze die Samniten und die Marser standen. Es galt bekanntlich die Gründung eines von Roms Hoheit unabhängigen Bundesstaates und war bis zur
Verabredung einer Verfassung und zur Bestimmung des Sitzes einer Central-
gewalt gekommen, als Rom sich entschloß, einem Theil der Italiker das volle
Bürgerrecht zu ertheilen und durch diesen Schritt außer den Latinern die
Umbrer und Etrusker gewann, aus denen es seine Heere gegen die südlichen
Stämme bildete. In dem ausgebrochenen s. g. Bundesgenossenkriege kämpf-
ten die Pompejaner unter der Anführung des Samniten Pontius von Telesia,
dem jedoch der furchtbare Sulla gegenüberstand, welcher jenen kaum zwei
Stunden von Pompeji bei Stabiae schlug und diese Stadt verwüstete. Die
Pompejaner kämpften für ihre Stadt unter Cluentius so wacker, daß sie die
Römer zweimal von ihren Thoren zurückwarfen; zuletzt mußten sie aber
doch der überlegenen Kriegskunst weichen und Cluentius erlag vor Nola,
wohin ihm Sulla gefolgt war, indem er sich bei dem kleinen Pompeji aufzu-
halten nicht für nöthig fand. Der Kriegssturm mit den Schrecken der Ein-
nahme, Plünderung und Zerstörung war freilich so vor Pompejis Mauern,
deren theilweise zerstörter Zustand übrigens ohne Zweifel nicht sowohl auf
Rechnung des Erdbebens vom Jahre 63 n. Chr., als auf die der sullanischen
Angriffe zu stellen ist, vorübergegangen, aber die Unabhängigkeit von Rom
war für unsere Stadt wie für alle anderen Städte und Stämme des Bundes
für immer verloren. Nachdem mit wechselndem Glücke von beiden Seiten
gekämpft war, ertheilte Rom den meisten sich unterwerfenden Städten das
Bürgerrecht, so daß nur die Samniten und Lukaner unter den Waffen blieben, bis Sulla im J. 82 v. u. Z. die letzten Reste ihrer Scharen vernichtete.
Geschont hatte Sulla Pompeji, aber nicht vergessen. Nachdem vom Jahre 89

an die empörten Völker mit Rom Frieden geschlossen hatten, der auch Pompeji mit begriff, sandte Sulla, damals Dictator, eine Soldatenabtheilung nach Pompeji, der er mittels Decrets den dritten Theil der pompejanischen Flur anwies. Diese unerwünschte Besatzung von Eindringlingen war den Pompejanern begreiflicher Weise wenig willkommen und lebte mit den Bürgern in mancherlei Reibereien und Streitigkeiten. Einen Vortheil hatten die Pompejaner aber doch von dieser sullanischen Besatzung, Sicherheit nämlich gegen die Plünderungen, mit welchen während des ersten Bürgerkrieges (zwischen Marius und Sulla. Pontius von Telesia, der alte Feldherr der Pompejaner, der, wie die meisten italischen Neubürger, auf der marianischen Partei und im Jahre 82 an der Spitze eines aus Samniten, Campanern und Lukanern gebildeten Heeres stand, bei der Recrutirung die Landschaften Campaniens heimsuchte, sowie gegen die Streifereien der Bande des Spartacus, welcher (nach Florus 3. 20, 21.) in dem damals noch nicht gefürchteten Krater des Vesuv sein Lager aufgeschlagen hatte.

Der Zustand des Unfriedens mit der Besatzung dauerte jedoch in Pompeji nicht lange. Im Jahre 64 wurde P. Sulla, ein Neffe des Dictators, Präfect der römischen Truppen in Pompeji, ein Mann, welcher die Pompejaner so begünstigte und in dem Grade bei ihnen beliebt war, daß er in Rom beschuldigt werden konnte, die Pompejaner gegen Rom aufzuwiegeln. Es ist bekannt, daß gegen diese Anklage Sulla von Cicero vertheidigt und in Folge dieser Vertheidigung im Jahre 62 freigesprochen wurde.

Pompeji, welches seit der sullanischen Colonisirung den Namen Colonia Veneria Cornelia führte, erscheint seit dieser Zeit ganz romanisirt und blieb bis zu seinem Untergang ohne bemerkenswerthe Ereignisse im ruhigen Besitze seiner von Roms Oberhoheit wenig behelligten städtischen Verwaltung und eines wachsenden Wohlstandes, welcher auf dem Handel und auf mannigfaltiger Industrie beruhte und nicht wenig dadurch erhöht wurde, daß Pompeji in die Zahl derjenigen Landstädte eintrat, in welche, wie nach Bajae, Neapel, Puteoli, vornehme Römer sich zurückzogen, wenn sie des Staatslebens und des Geräusches der Hauptstadt müde geworden waren, oder wenn sie aus anderen Gründen Erholung und Ruhe unter dem schönen Himmel Süditaliens und inmitten griechischer Kunst und Sitte aufsuchten.

Die erste namhafte Person, von der wir eine solche Ansiedelung in Pompeji wissen, ist Cicero, welcher, obgleich nicht unbeträchtlich verschuldet, sich neben seinem Landsitze in Puteoli noch einen solchen in Pompeji kaufte, von dem er in seinen Briefen (epp. ad. div. 7. 1.) zu erzählen weiß. Daß freilich die jetzt unter dem Namen der Villa des Cicero bekannten, dicht vor dem herculaner Thor gelegenen, 1763 aufgegrabenen und zum größten Theile bald wieder zugeschütteten Ruinen einer Villa wirklich dem Pompeianum des großen Redners gehören, wie fast allgemein angenommen wird, ist schon deshalb zweifelhaft, weil Cicero in seinen Briefen ganz besonders die stille Zurückgezogenheit seines Landsitzes rühmt, was sich mit der Lage der in Rede stehenden Villa an der Heerstraße kaum verträgt. Ebenso wenig ist es erweislich oder selbst nur wahrscheinlich, daß ein Standbild in der Toga praetexta, welches in dem vielleicht von einem Ver-

wandten Ciceros erbauten Fortunentempel gefunden wurde, trotz einer ober-
flächlichen Ähnlichkeit das Porträt des Redners sei, der als Feind der neuen
Staatsordnung starb, ganz zu schweigen von der natürlich durchaus ver-
kehrten Annahme, daß Cicero selbst der Gründer jenes Tempels, Duumvir
Pompejis und aus der Bürgerschaft der Stadt (a populo) erwählter Tribunus
militum gewesen sei, als welcher der Erbauer des Fortunentempels in der
Weihinschrift am Architrav der Bildnische genannt wird.

Auch Augustus hegte große Vorliebe für Pompeji und sandte (7 v. Chr.)
römische Ansiedler dahin, welche eine rasch erblühende Vorstadt nördlich
von der Stadt an der heute so genannten Gräberstraße unter dem Namen
pagus Augustus felix suburbanus mit eigener Verwaltung unter einem magister pagi gründeten. Kaiser Claudius besaß in Pompeji eine eigene Villa,
in der ihm sein Söhnchen Drusus an einer Birne erstickte, die der Knabe
in die Höhe geworfen und mit dem Munde aufgefangen hatte, ein Kunst-
stück, welches man noch heute bei der neapolitaner Straßenjugend geübt
sieht. Winckelmann glaubt in seinen Nachrichten v. d. neuesten hercul.
Entdeckungen § 55 in einer der beiden Villen links an der Gräberstraße,
der s. g. des Arrius Diomedes und der eben besprochenen, für diejenige
Ciceros gehaltenen, die Villa des Claudius annehmen zu dürfen, worin allerdings keine Gewähr liegt. Auch Personen weniger hohen Ranges und Hof-
leute der Kaiser scheinen der Mode, sich in Pompeji anzusiedeln, gefolgt zu
sein, doch bietet das einzige bestimmt nachweisbare Beispiel der römische
Senator Livineius Regulus, auf welchen wir demnächst zurückkommen; denn
wenn man den oben schon genannten M. Arrius Diomedes als ein zweites
nennt, so geschieht das nur, indem man ihn nach einer mißverstandenen
Sigle in seiner Grabschrift (O. L. = Arriae Libertus) zum Freigelassenen
der Julia, Augustus' Tochter, gemacht, und ihm die seinem und seiner
Familie Grabmälern gegenüberliegende Villa ohne irgend genügenden Grund
zugeeignet hat.

Als römische Colonie, *Colonia Veneria Cornelia*, wie Pompeji einerseits,
nach seiner Hauptgöttin, der *Venus Pompeiana*, andererseits nach Sulla oder
dessen Neffen hieß, hatte dasselbe eine nur in der höhern Instanz von dem
römischen Kaiser und Senat abhängende Verwaltung bei einer der römischen
nachgebildeten Communalverfassung. Durch den Sieg der Römer und die
Ertheilung der Civität an alle Italiker nach dem Bundesgenossenkrieg wurde
die oskische Sprache officiell durch die lateinische, wurden zugleich die
oskisch-samnitischen Behörden durch römisch benannte ersetzt. Die eingeborenen oder von eingeborenen Pompejanern adoptirten Bewohner waren
Bürger, und als solche römische Vollbürger mit Stimmrecht in den Comitien
des römischen Volkes. Durch Eingehung dieses Verhältnisses erkannte eine
Stadt Rom als Oberhaupt und Vaterland an, übernahm die Lasten, welche
römischen Bürgern auflagen, z. B. den Kriegsdienst in den Legionen, und
führte das römische Recht bei sich ein, oder modelte das alte Stadtrecht
nach den Normen und Principien des römischen Civilrechts um. Die Bürger
zerfielen, wie die römischen, nach Rang und Stand in verschiedene Classen,
decuriones, welche dem römischen Senat, *augustales*, welche den Rittern

entsprachen, und *populus* oder *plebs*, das gemeine Volk; sie wählten in ihren Comitien ihre eigenen Magistrate, sowie sie auch ihre eigenen Culte und selbstgewählten Priesterschaften hatten, erließen Verordnungen und Gesetze *leges municipales*, Belohnungen und Auszeichnungen. Auch der Census wie die Aushebung zum Kriegsdienste wurde in den Municipien von den höchsten Magistraten gehalten. An der Spitze der Verwaltung standen richterliche Zweimänner, *duumviri iuri dicundo*, ähnlich den römischen Consuln oder Praetoren und Vorsitzer des Senats, der *decuriones*, neben ihnen Aedilen, die Quinquennalen Censoren, ein Quästor und andere geringere Beamte. Als Vertreter der kaiserlichen Centralgewalt finden wir außerordentliche Commissare *curatores*, und einem solchen, der unter Vespasian in Pompeji fungirte, begegnen wir in dem in mehren Inschriften genannten Tribunen T. Suedius Clemens. So bildete denn Pompeji wie andere Städte nach Vermögen ein Kleinrom *parva Romae imago*, und zwar, trotz den sich einzeln erhaltenden oskischen und trotz den beigemischten griechischen Elementen, begreiflicher Weise auch in Gebräuchen, Einrichtungen und Moden.

Während, so viel wir wissen, das Verhältniß Pompejis zu Rom durchaus ein freundliches war, und durch keinen Ungehorsam einerseits, keine Bedrückung andererseits getrübt wurde, sollten die Pompejaner im J. 59 n. Chr. noch kurz vor dem großen Erdbeben vom Jahre 63 n. Chr., welches die Stadt zum ersten Male verwüstete, auf empfindliche Weise ihre rechtliche Abhängigkeit von der Hauptstadt fühlen (siehe Tacitus Ann. XIV. 17.). Der aus Rom verstoßene Senator Livineius Regulus hatte in Pompeji, wohin er sich zurückgezogen, Gladiatorenkämpfe im Amphitheater veranstaltet. Das pompejanische Amphitheater, zu groß für die Zahl der Einwohner der Stadt allein, wie noch genauer dargethan werden soll, war auf Besuch von den Nachbarstädten berechnet und pflegte auf diese Weise stark gefüllt zu sein. Auch bei dieser Gelegenheit waren zahlreiche Nuceriner nach Pompeji gekommen, zwischen denen und den Pompejauern es, wie schon früher, zu Sticheleien, Reibereien, dann zu Steinwürfen und zum Gebrauch der blanken Waffe gekommen war. Die Pompejaner waren zahlreicher und stärker und siegten in dem ausgebrochenen Kampfe, aber die Nuceriner wandten sich klagend nach Rom, gaben ihre zahlreichen Verwundungen und den Tod von Kindern oder Eltern an. Der Kaiser schob die Sache dem Senat, dieser den Consuln zu, und nachdem sie von diesen wieder an den Senat gelangt war, lautete der Urteilsspruch, alle ähnliche Schau sei in Pompeji auf 10 Jahre zu verbieten, die gegen das Gesetz gebildeten Collegien aufzulösen, Livineius und die Theilhaber an dem Crawall zu verbannen. Bedenkt man die unendliche Lust, ja Sucht namentlich für die Spiele und Kämpfe des Circus und des Amphitheaters, nach denen das Volk bekanntlich gleich nächst dem Brode rief *panem et circenses*, so begreift man die Härte dieses freilich nicht ungerechten Spruches für Pompeji.

Um so weniger kann es daher auch überraschen, wenn man in Pompeji selbst localen Erinnerungen an dieses wichtige Erlebniß der Stadt begegnet.

In wiefern eine solche in einer seit langer Zeit bekannten Griffelzeichnung mit Inschrift, auf welche an einem andern Orte zurückgekommen werden soll, der Fall ist, ist streitig, ganz unzweifelhaft aber ist die Kampfscene im Amphitheater selbst in einem freilich rohen, aber sehr interessanten Bilde dargestellt, welches im Jahre 1869 in einem geringen Hause in der *Strada del Anfiteatro* entdeckt und von de Petra in dem Giornale degli scavi di Pompei, nuova serie Vol. I. tav. S. p. 185 ff. publicirt und erläutert worden ist, hier aber leider des kleinen Maßstabes seiner Einzelheiten wegen nicht wiederholt werden kann.

Lange bevor die Zeit der Strafe für Pompeji abgelaufen war, im Jahre 63 n. Chr. und zwar am 5. Februar, betraf Pompeji das erste große Unglück und eine entsetzliche Zerstörung durch ein von tödtlichen Erdausbauchungen begleitetes Erdbeben, welches die wiedererwachten Kräfte des seit Jahrhunderten, vielleicht seit Jahrtausenden schlummernden und für erloschen geltenden Vesuvs ankündigte und in allen umliegenden Städten, in Neapel, Herculaneum, Nuceria mehr oder minder bedeutende Verheerungen anrichtete, am schwersten aber Pompeji heimsuchte. Zahlreiche Gebäude stürzten ganz oder theilweise zusammen, Statuen wurden von ihren berstenden Piedestalen herabgestürzt und zerbrochen und manches Privathaus und Grabmal beschädigt. Wie groß der Schade im Ganzen gewesen sei, können wir nicht angeben, daß aber die Stadt bedeutend gelitten habe, zeigt die Berathung des römischen Senats, ob man den Wiederaufbau Pompejis gestatten oder das Verlassen der Stätte befehlen sollte, sowie der Umstand, daß mehre Familien das Werthvollste ihrer beweglichen Habe, darunter auch Gemälde und Marmorstücke mit sich nehmend Pompeji verließen und den campanischen Boden verschworen (Winckelmann, Nachrichten § 7 und Gesch. d. Kunst VII. 3. § 15—18.).

Diese Zerstörung Pompejis ist für uns in mehr als einem Betracht wichtig. Denn wenngleich man gewiß sehr fehlgehn würde, wenn man sämmtliche der römischen Periode angehörigen Neubauten oder Umbauten den alten oskischen und samnitischen Baulichkeiten der Zeit nach dem Erdbeben zuschreiben wollte, während eine nicht geringe Zahl von Veränderungen in den ältesten Häusern schon der samnitischen Periode und der Umbau nicht weniger Häuser der beiden autonomen Perioden der Zeit der römischen Besitzergreifung angehört, so kann doch darüber kein Zweifel bestehn, daß nicht allein das eine und das andere Gebäude, wie z. B. der Isistempel, von dem es inschriftlich beglaubigt ist, sondern daß, und dies ist das Wichtigere, der überwiegende Charakter der gesammten Decoration der Restauration des ersten nachchristlichen Jahrhunderts zuzuschreiben ist. Nachdem nämlich von Rom die Erlaubniß zum Wiederaufbau der Stadt ertheilt war, und bei weitem die Mehrzahl der Pompejaner sich bei derselben betheiligte, während man allerdings auch, namentlich bei den neuesten Ausgrabungen auch verwüstete Häuser gefunden hat, die gänzlich aufgegeben worden sind, so z. B. Reg. IX. Ins. 3., beschlossen die Decurionen diese Gelegenheit nach Möglichkeit zu einer durchgreifenden Verjüngung der Stadt zu benutzen. Der alte Baustil wurde durch den modernen ersetzt. Das Forum

erhielt an seiner Westseite einen neudorischen Säulenumgang, der korinthisch-
römische Stil wurde als der überwiegende bei öffentlichen und Privatgebäuden in Anwendung gebracht, wenngleich hier und da auf die barbarischeste
Manier, indem man die alten structiven Glieder durch Tünche in die neue
Ordnung brachte; an den meisten Orten wurde ein nicht unbeträchtlicher
Luxus in den Materialien entfaltet, obwohl die leidige Tünche, diese Ver-
derberin aller echten Kunst da wo sie nicht lediglich dienend auftritt, nur
zu häufig in Verwendung kam. Auch einige Änderungen im Plane der
Stadt, namentlich in der Gegend des Forum sind wahrnehmbar, und zugleich wurde ein guter Theil der Reste und Monumente der frühern Autonomie, die oskischen Inschriften an manchen Monumenten entfernt und
nebst anderen Werkstücken der älteren Gebäude zu den Neubauten verwendet. Auf der einen Seite ist dies gewiß zu beklagen, denn ohne Zweifel
ist manches ehrwürdige Denkmal altitalischer oder griechischer Kunst und
Sitte bei dieser Gelegenheit beseitigt, verschleppt oder vergraben worden
und so auch uns verloren gegangen. Auf der andern Seite läßt sich wieder
nicht läugnen, daß wir durch diese Restauration und Renovation Pompejis
gewonnen haben, und zwar indem wir durch sie jetzt in dieser Stadt das
vollständige und fast ungetrübte Bild einer römischen Colonie oder Municipalstadt besitzen, anstatt des Bildes eines eigentlich nichtrömischen, dem römischen Wesen nur nach und nach accommodirten Ortes.

Der Neubau Pompejis schritt mit großer Raschheit vorwärts. Der,
älterer Gründung angehörende, aber stark restaurirte Tempel der Venus,
diejenigen der Fortuna, der Isis, der s. g. des Quirinus waren, zum Theil
durch die Freigebigkeit von Privaten, vollendet und dem gottesdienstlichen
Gebrauche zurückgegeben, fast vollendet waren auch die Theater, jedoch
nimmt man an, daß sie noch nicht wieder gebraucht worden waren, fast
vollendet der elegante Säulenumgang des Forum, dem noch der Statuen-
schmuck gefehlt zu haben scheint, wenn nicht das Fehlen der Statuen auf
eine andere, unten zu erwähnende Ursache zurückgeht, auch an dem Chalci-
dium der Eumachia sowie an mehren Privathäusern, deren Wände hier und
da offene Stellen für noch zu malende Bilder zeigen, wurde noch gearbeitet,
aber schon bewegte sich von neuem ein reges und unbesorgtes Leben durch
die Straßen der verjüngten Stadt, schon waren Handel und Gewerbe wieder
in schwunghaftem Betrieb, schon hatte der Luxus und die Üppigkeit sich
auf's neue mannigfach entfaltet, auch die Zeit des Verbotes theatralischer
und gladiatorischer Spiele war seit fast 10 Jahren abgelaufen, und schon
manches Mal war das Volk der Stadt und der Umgegend voll Eifer zu der
alten heißgeliebten Schau der Kämpfe des Amphitheaters zurückgekehrt;
da plötzlich schlug Pompejis zwölfte Stunde. Es war nach unserer Zeitrechnung der 24. August des Jahres 79 n. Chr., eben war das Amphitheater
Pompejis mit einer schaulustigen Menge gefüllt, da erfolgte der Ausbruch
des Vesuv. Dunkele Nacht, nur von den zuckenden vulkanischen Blitzen
grauenvoll erhellt, hüllte die Gegend ein, über welche das Verderben sich
dahinwälzte; und als nach drei langen fürchterlichen Tagen die Aschen-
und Rauchwolken die Sonne durchbrechen ließen, waren die Reste des im

Bürgerkriege zerstörten Stabiae, waren die blühenden Städte Herculaneum und Pompeji nebst den umliegenden Orten Oplontis und Teglana vom Erdboden verschwunden, versenkt in das dunkele Grab für mehr als anderthalb Jahrtausende.

Drittes Capitel.

Die Verschüttung Pompejis.

Mit der größten Lebhaftigkeit hat Bulwer in seinem Roman »Die letzten Tage von Pompeji« die Scenen der Verschüttung, das nicht Überlieferte durch Phantasie ergänzend, geschildert. Ein Gleiches zu versuchen, liegt außer der Aufgabe dieser Schrift, nur das muß hier eine Stelle finden, was aus alten Schriftstellern über das furchtbare Ereigniß entnommen und aus Spuren desselben an Ort und Stelle geschlossen werden kann. Wie unvorbereitet die Pompejaner ihr Schicksal treffen mußte, sehen wir daraus, daß man den Vesuv, wie bereits erwähnt, für völlig erloschen hielt, so daß Strabon unter Augustus Folgendes schrieb: »Oberhalb dieser Orte liegt der Berg Vesuvius, bis an den Gipfel von herrlich angebauten Feldern umgeben. Dieser aber ist größtentheils flach und ganz unfruchtbar, dem Ansehn nach aschig, und man sieht daselbst Höhlungen in den porösen Steinen von rußiger Farbe, als wären sie vom Feuer zerfressen, so daß man schließen möchte, der ganze Ort habe einmal gebrannt, enthalte Feuerkrater, und sei erloschen, nachdem ihm der Stoff ausgegangen. Vielleicht ist grade das der Grund der ihn umgebenden Fruchtbarkeit, wie man sagt, daß bei Katana die Gegend so vorzüglichen Wein hervorbringe, seitdem ein Theil derselben mit der vom Aetna ausgeworfenen Asche bedeckt ist.« —

Über den Ausbruch des Vesuv ist es von Interesse, wenigstens die auf dies Naturereigniß bezüglichen Stellen der Briefe des jüngern Plinius zu lesen, welche freilich nicht Pompejis Untergang, sondern den Tod des ältern Plinius und die Begebenheiten in und um Misenum zum Hauptgegenstande haben. Ohne die in allen Sprachen oft abgedruckten Briefe (Plin. Epist. VI. 16. 20.) hier nochmals ganz zu wiederholen, ziehen wir die den Vesuvausbruch betreffenden Stellen aus. »Am 24. August gegen 1 Uhr Nachmittags (nach unserer Tagesrechnung) machte meine Mutter ihn, meinen Oheim, den ältern Plinius, auf eine Wolke aufmerksam, welche von sehr eigenthümlicher Gestalt und Größe erschien.... Er stand alsbald auf und begab sich auf eine Höhe, von der man die sehr außerordentliche Erscheinung genauer übersehen konnte. Es war damals in dieser Entfernung nicht möglich, zu entscheiden, von welchem Berge diese Wolke aufsteige, später fand es sich, daß sie sich vom Vesuv erhebe. Ich kann keine genauere Beschreibung ihrer Gestalt geben, als indem ich sie mit der eines Pinienbaums vergleiche, denn sie schoß zu einer bedeutenden Höhe gerade und glatt empor wie ein Stamm, welcher sich an der Spitze in Zweige auszu-

breiten schien. Entweder wurde, meiner Ansicht nach, die Wolke durch
einen plötzlichen Windstoß emporgetrieben, der nach oben hin abnahm, oder
das Gewicht der Wolke selbst drückte sie wieder abwärts, so daß sie sich
in der angegebenen Weise ausbreitete. Sie erschien bald glänzend, bald dunkel
und gefleckt, so wie sie mehr oder weniger mit Erde und Asche erfüllt war.«
Darauf folgen die Angaben über das, was der ältere Plinius zur Rettung
seiner Freunde unternahm, welche nahe am Fuße des Vesuv wohnend, der
dringendsten Gefahr ausgesetzt waren, und welche er zur See zu retten hoffte,
wobei der dicker werdende und mit Bimsteinstücken und glühenden Steinen
untermischte Aschenregen in sein Schiff stürzte, während ein Schwanken
der See, welche sich von den Ufern zurückzuziehen drohte, und mächtige
Felsblöcke, die vom Vesuv herabrollten, seine Gefahr vergrößerten. »Mittlerweile«, fährt der Briefsteller fort, »flammte der Ausbruch des Vesuv an
verschiedenen Orten mit vermehrter Heftigkeit empor, und die eingetretene
nachtgleiche Finsterniß trug dazu bei, alle Schrecken sichtbarer zu machen
und zu erhöhen.« In dem zweiten Briefe wird noch Folgendes erwähnt, was
für uns Interesse bietet. »Schon mehre Tage vor dem Ausbruch hatten
verschiedene Erdstöße stattgefunden, die aber wenig beachtet wurden, da
sie in Campanien äußerst gewöhnlich sind; in der Nacht aber nach dem
Ausbruch waren sie so besonders heftig, daß sie nicht allein Alles um uns
her erschütterten, sondern wirklich gänzliche Zerstörungen zu drohen schienen.«
Am nächsten Morgen war das Licht äußerst matt und unbestimmt und die
Gebäude zitterten und schwankten noch immer; ebenso wurden die Wagen,
in denen Plinius mit seiner Mutter die Stadt verließen, von den dauernden
Erdstößen vorwärts und rückwärts geworfen, so daß sie nur durch die Unterstützung mit großen Steinen stehend gehalten werden konnten. Die See
schien sich von den Ufern zurückzuziehen, getrieben von den krampfhaften
Bewegungen der Erde; gewiß ist es, daß das Ufer beträchtlich erweitert
wurde, und daß man Seethiere auf demselben liegend fand.« Jeder sieht ein,
daß dieser Umstand für die Ansicht derer in die Wagschale fällt, welche
annehmen, auch von Pompeji sei damals das Meer weiter entfernt worden,
als es früher war. »Auf der andern Seite warf eine furchtbare schwarze
Wolke, die mit Brandgeruch hervorbrach, große Flammen aus, die Blitzen
glichen, aber viel größer waren. Bald darauf schien sich die Wolke zu
senken und das ganze Meer zu bedecken, und wirklich entzog sie die Insel
Capreae sowie das Vorgebirg Misenum unseren Blicken. Aschenregen, obgleich
nicht sonderlich dick, begann auf uns herabzufallen, und als ich mich um-
wendete, bemerkte ich hinter uns einen dicken Rauch, der hinter uns her-
rollte wie ein reißender Strom.« Das war der auf Herculaneum fließende
Lavastrom! »Wir wichen von der Straße auf die Felder aus, um nicht im
Gewühl der Menschen erdrückt zu werden, aber kaum hatten wir den Weg
verlassen, so umgab uns eine Finsterniß, die nicht mit der einer mondlosen
Wolkennacht im Freien, sondern nur mit der in einem verschlossenen Zimmer
ohne Licht verglichen werden kann. Man hörte Nichts, als das Geschrei
von Kindern, das Jammern von Weibern und die Rufe von Männern, indem
die einen nach ihren Kindern, die andern nach ihren Eltern riefen und sich

nur an der Stimme erkennen konnten; Einige beklagten ihr eigenes Schicksal, Andere das der Ihrigen, Einige wünschten aus Todesfurcht zu sterben, Andere erhoben ihre Hände zu den Göttern, aber die Meisten glaubten, die letzte und ewige Nacht sei gekommen, welche die Welt und die Götter zusammen vernichten würde. Unter diesen waren Einige, welche die wirklichen Schrecknisse durch eingebildete vermehrten und die entsetzte Menge glauben machten, Misenum stehe in Flammen.« Wir haben die Schilderung dieser Scenen beigefügt, weil sie uns ein Bild dessen geben, was, und wahrscheinlich in erhöhtem Maße, unter der unglücklichen Bevölkerung Pompejis vorging. »Nach langer Zeit erschien ein glimmendes Licht, welches wir eher für den Vorboten eines neuen Flammenausbruchs hielten, wie es auch wirklich war, als für das Nahen des Tages; das wieder ausbrechende Feuer stürzte sich aber in einiger Entfernung von uns nieder und ein schwerer Schauer des Aschenregens bedeckte uns, den wir von Zeit zu Zeit abschütteln mußten, um nicht in dessen Anhäufungen erdrückt und begraben zu werden .... Endlich lichtete sich diese fürchterliche Finsterniß nach und nach, wie sich eine Rauchwolke lichtet, der Tag kehrte zurück und selbst die Sonne erschien wieder am Himmel, obgleich nur sehr blaß, so als solle eine Sonnenfinsterniß beginnen. Jeder Gegenstand, der sich unseren Blicken bot, war verändert, indem er mit weißer Asche wie mit einem tiefen Schnee bedeckt war.« —

Ergänzend tritt diesem Berichte zur Seite, was der Historiker Cassius Dio lib. 66, c. 21, sq.) um 200 n. Chr. unter Commodus offenbar aus guten Quellen erzählt wie folgt: »In Campanien folgten schreckliche und seltsame Ereignisse. Nämlich gegen den Herbst desselben Jahres brach auf ein Mal ein großes Feuer aus. Der Berg Vesuvius liegt nah am Meere bei Neapolis, und hat reichliche Feuerquellen. Früher war er überall gleich hoch und das Feuer stieg mitten aus ihm empor. Denn nur hier ist er in Brand gekommen, die ganze Außenseite aber ist auch bis jetzt feuerlos geblieben. Darum weil sich diese nie entzündet hat, der innere Theil aber am Feuer verdorrt und zu Asche wird, so haben die Gipfelwände rings umher noch jetzt die ursprüngliche Höhe, die ganze Brandstätte aber ist von der Zeit verzehrt und durch das Zusammenfallen hohl geworden, dergestalt, daß der ganze Berg, wenn man Kleines mit Großem vergleichen darf, einem Schauplatze für Thiergefechte ähnlich ist. Und zwar enthält seine Höhe viele Baum- und Weinpflanzungen, der Kreis aber ist dem Feuer überlassen und giebt am Tage Rauch von sich, bei Nacht aber eine Flamme, so daß es aussieht, als würde in ihm viel Räucherwerk aller Art angezündet. Und das geschieht immer so, bald stärker bald wieder schwächer; oft stößt er auch Asche aus, wenn viel auf einmal eingesunken ist, und wirft Steine empor, wenn er vom Dampfe überwältigt wird, dann tost und brüllt er, weil er nicht feste, sondern schmale und verborgene Luftöffnungen hat. Das ist die Beschaffenheit des Vesuvius und solches geschicht auf ihm fast jedes Jahr. Alles andere aber, was sich in früherer Zeit zugetragen hat, mag es auch denen, die es täglich sehn, ungewöhnlich groß erschienen sein: dennoch möchte es alles zusammengenommen, in Vergleich mit dem, was sich in

dem Jahre begab, von dem wir sprechen, gering zu achten sein. Es geschah
nämlich Folgendes. Man glaubte viele große übermenschliche gewaltige
Männer, wie man die Riesen malt, bald auf dem Berge, bald in dem umliegenden Lande und in den Städten, bei Tag und bei Nacht auf der Erde
herumwandeln und in der Luft einherschweben zu sehen. Darauf folgte
eine furchtbare Dürre und plötzliche heftige Erdstöße, so daß dort der ganze
Boden aufgeschüttelt wurde und die Höhen emporsprangen. Und Töne
vernahm man, theils unter der Erde donnerähnlich, theils über derselben
wie Gebrülle; und zu gleicher Zeit brauste das Meer auf und hallte der
Himmel wieder. Nach diesem hörte man plötzlich einen ungeheuern Knall,
als ob auch die Berge zusammenstürzten, und es fuhren zuerst übergroße
Steine empor, so daß sie bis zum Gipfel selbst gelangten, dann vieles Feuer
und entsetzlicher Rauch, so daß die Luft ganz verdunkelt und die Sonne
ganz verhüllt wurde, als wenn sie sich verfinsterte. So verwandelte sich
der Tag in Nacht und das Licht in Schatten, und Manche wähnten, die
Giganten stünden auf; denn es erschienen wiederum allerlei riesige Gestalten
im Rauch, und man vernahm Schall wie von einer Posaune. Andere aber,
die ganze Welt vergehe in Nichts oder in Feuer. Darum floh Alles, die
Einen aus den Häusern auf die Straße, Andere von draußen in die Häuser,
noch Andere von der See auf's Land und von diesem auf's Meer, bestürzt
und jede Entfernung sicherer wähnend als die Nähe. Während dies geschah,
stürmte ungeheurer Aschenregen einher, welcher Land und Meer und die
ganze Luft erfüllte. Dieser that an vielen Orten Schaden, wie und wo es
sich grade traf, an Menschen, Land und Vieh, tödtete sämmtliche Fische
und Vögel und verschüttete sogar zwei ganze Städte, Herculaneum und
Pompeji, da eben die Bevölkerung der letzteren im (Amphi-) Theater saß.
Denn die Menge der Asche war überhaupt so groß, daß ein Theil davon
bis nach Afrika, Syrien und Aegypten gelangte, sogar bis nach Rom kam
und hier die Luft erfüllte und die Sonne verdunkelte. Daher entstand denn
auch in dieser Stadt eine nicht geringe, viele Tage anhaltende Furcht, denn
keiner wußte, was geschehen war, und keiner konnte es vermuthen; vielmehr meinte man auch hier, die ganze Welt kehre sich um und die Sonne
sinke in die Erde und erlösche, die Erde aber erhebe sich in den Himmel.
Damals that indeß diese Asche dort keinen großen Schaden, später aber
brach in Folge dessen eine furchtbare Pest aus.«

Untersuchen wir aber die localen Spuren über den Act der Verschüttung
Pompejis, so klärt uns zunächst die Natur des Materials, welches der Vesuv
über die Stadt ausschüttete, über Manches auf. Eine Prüfung der 7 bis
8 Meter starken Decke Pompejis ergiebt zuerst, entgegen der Ansicht,
die von manchen Anderen ausgesprochen worden ist, daß dieselbe wesentlich einer Eruption des Vesuv, derjenigen vom Jahre 79 angehört,
welche durch die weiße oder weißgraue Farbe der von ihr gelieferten
Rapilli sich von allen späteren unterscheidet. Damit soll nicht gesagt sein,
daß in späterer Zeit keinerlei Aschenregen mehr auf Pompeji gefallen sei,
es ist vielmehr an vielen Stellen das Vorhandensein schwarzgrauer Rapilli
Zeugniß späterer Eruptionen und die Überlagerung des Materials der Erup-

tion von 79 durch späteres sehr bestimmt nachweisbar. Allein zu der Stärke
und Tiefe der Verschüttung hat das nichts Wesentliches beigetragen, im
Mittel 7 Meter tief ist Pompeji im Jahre 79 verschüttet worden. Und zwar
besteht die Verschüttung ihrer Hauptmasse nach etwa zur Hälfte ihrer ganzen
Tiefe aus Rapilli, d. h. unregelmäßig gestalteten aber abgeschliffenen Bim-
steinbröckchen von der Größe einer Erbse bis zu 6, auch 9 Cm. Durchmesser, unter welche sich gelegentlich, aber doch nur einzeln ansehnliche
Stücke von 30 und mehr Centimeter Durchmesser gemischt finden. Diese
Rapillimasse, als lockere, Feuchtigkeit durchlassende und daher selbst feuchte
Decke liegt zu unterst auf dem Pflaster der Straße und den Fußböden der
Zimmer; von einer noch unter derselben befindlichen dünnen Schicht feinerer Asche, die angeblich »papunoste« heißen soll, habe ich weder irgendwo
eine Spur gefunden, noch war den Beamten in Pompeji dergleichen oder
jener Name bekannt. Wohl aber liegt über der dicken Rapillimasse eine
im Allgemeinen ebenfalls 2–3 Meter dicke, fest zusammengeklebte und mit
reichlichem Puzzolanstaube gemischte Aschenschicht, welche nach den un-
trüglichsten Kennzeichen mit gewaltigen Wassermassen zusammenfiel und
im breiartig flüssigen Zustande ausgebreitet und in die obere Rapillischicht
eingesickert ist. In dieser Aschenschicht und von ihr abgeformt sind etwa
3½ Meter vom Boden die unten näher zu besprechenden Leichen, sowie
früher manche andere gefunden worden. Die vereinzelten Massen meist
dunkler Rapilli, welche hie und da über der Aschenschicht liegen und
namentlich muldenförmige Vertiefungen in derselben ausgefüllt haben, welche
durch das Einsinken der oberen Verschüttungslagen beim Zusammenbrechen
der verdeckten Gebäude oder ihrer Fußböden entstanden sind, diese kommen
kaum in Betracht. Nach außen zu ist die Asche nach und nach in frucht-
baren Boden übergegangen und seine dünne Humusschicht ist mit flach-
wurzelnden Pappeln und Maulbeerbäumen sowie mit Korn- und Lupinenfeldern
bestellt[2]. Aus der Beschaffenheit der verschüttenden Massen läßt sich nun
Mancherlei für die Geschichte der Verschüttung schließen. Zunächst muß
der oft wiederholten Annahme widersprochen werden, als wären die Aus-
würflinge des Vesuv im eigentlichen Sinne glühend auf Pompeji gefallen,
so daß sie das Holzwerk entzündet oder verkohlt hätten. Das ist gewiß nicht
der Fall gewesen; die Verkohlung des Holzwerkes, des Brodes, der Früchte,
des Kornes u. dgl. ist freilich Thatsache, aber sie ist sicherlich nicht das
Resultat entstandener Brände bei der Verschüttung, sondern dasjenige des
Verschüttetgewesenseins während 18 Jahrhunderten. Allerdings sind stellenweise, aber auch nur stellenweise die Rapilli heiß genug gewesen, um die
gelbe Ockerfarbe der Wände, gegen welche sie sich aufhäuften, roth oder
röthlich zu brennen, auch hie und da einer blauen Farbe eine grüne Nüance
zu geben; aber verbrannt im eigentlichen Sinne haben sie Nichts, und das
Feuer darf man nicht als einen der Factoren der Zerstörung Pompejis nennen,
womit natürlich das nachweisbare Vorkommen einzelner localer Brände,
welches aber dem Feuer von Heerden, Lampen u. dgl. zugeschrieben werden
muß, nicht ausgeschlossen sein soll. Wohl aber ist dem Wasser eine bedeutende Rolle bei der Verschüttung zuzuschreiben, dem Wasser jener gewal-

tigen Regengüsse, welche jede mächtigere vulkanische Eruption begleiten. Große Wassermassen haben, wie aus den unzweifelhaftesten Merkmalen hervorgeht, bei der Ausbreitung der Rapilli, dieselben fortschwemmend an Orte, wohin der Berg sie nicht werfen konnte, mitgewirkt, und nur dem Wasser ist, wie schon gesagt, die Beschaffenheit der obern Aschenschicht zuzuschreiben. Die Art der Verschüttung zusammengehalten mit den Notizen des Plinius läßt uns nun auch nicht zweifeln, daß die Katastrophe über Pompeji nicht mit einer solchen Heftigkeit ausgebrochen sei, daß es den Bewohnern nicht möglich gewesen wäre, das nackte Leben zu retten, wenn sie es hierauf angelegt und dazu die rechten Mittel ergriffen hätten. So scheinen aus dem gefüllten Amphitheater die Meisten, vielleicht auch Alle entkommen zu sein; die wenigen Gerippe, welche man daselbst gefunden haben soll, können vor der Katastrophe getödteten Gladiatoren gehören. Die meisten Bewohner Pompejis sind nach Ausweis der Fundorte ihrer Gerippe und sonstiger Umstände entweder, jedoch in der Minderzahl dadurch umgekommen, daß sie sich Schutz suchend in das Innere ihrer Gebäude, nicht selten in die Keller geflüchtet haben, wo sie dann allerdings durch die nachfallenden Massen verrammelt worden und erstickt oder verhungert sind[2]. Andere, und zwar scheint dies die Mehrzahl gewesen zu sein, haben von ihren Habseligkeiten, zum Theil, wie das zu gehen pflegt, Schnurrpfeifereien zu retten versucht, und sind dann zu spät fliehend und durch die lockeren Rapillimassen in der Flucht gehemmt, umgekommen. Über die Zahl der im Ganzen gefundenen Gerippe schwanken die aus älterer Zeit sehr unzuverlässigen Angaben so sehr, daß keine derselben hier wiederholt werden kann; einen ungefähren Maßstab für das Ganze giebt uns aber die Thatsache, daß in dem kleinen von 1861 bis 1872 unter Fiorellis Leitung ausgegrabenen Stück 87 menschliche Gerippe außer den 6 abgeformten Leichen und außer den Gerippen von 7 Pferden, 14 Schweinen, 10 Rindern, 3 Hunden u. dgl. m. gefunden worden sind. Danach zu schließen ist die Katastrophe eine in der That entsetzliche gewesen. Über die Situationen, in denen man die Gerippe fand, in denen also der alten Pompejaner gestorben wären, sind eine Masse romantischer aber unbewährter und zum Theil sicher falscher Erzählungen im Schwange[1]. Ein paar Beispiele mögen hier Platz finden. Da will man in der ersten kleinen Grabnische links vor dem herculaner Thor einen Soldaten, den Speer in der Rechten, die Linke vor den Mund gehalten gefunden haben. Das soll nun die Schildwacht gewesen sein; die kleine Nische macht man trotz ihrer deutlichen Grabinschrift zum Schilderhaus und ergeht sich in sentimentalen Lobpreisungen des wackern Mannes, der auf seinem Posten ausharrend, gestorben sei; als ob er gegen Eruptionen des Vesuv geschildert hätte! Vielleicht noch rührender ist die Geschichte eines jungen liebenden Paares, dessen Gerippe man in der innigsten Umarmung in der Straße von den Theatern zum Forum gefunden haben will[b]. In der überwölbten Halbkreisnische rechts an der Gräberstraße soll eine Mutter mit drei Kindern gefunden worden sein, die vielleicht einen Augenblick auf ihrer Flucht dort rastend, daselbst erstickt und begraben wäre; gleiches Schicksal hätte nicht weit davon mehre Männer ereilt, welche einen kurz zuvor verstorbenen Freund oder Verwandten zu seiner letzten Ruhestatt geleitet und im triclinium funebre sein Leichenmahl, auch das ihrige, gefeiert haben sollen. Von einigen Isispriestern erzählt man, sie seien länger als rathsam in den Nebengebäuden des Tempels zurückgeblieben; den einen habe man unfern eines Tisches mit Speiseresten (Hühnerknochen) gefunden und er scheine plötzlich erstickt zu sein, den andern hätte die Verzweiflung der Todesangst zu einem gewaltsamen Rettungsversuch getrieben; mit einer Axt hätte er, da die Thür versperrt war, bereits zwei Wände durchhauen, um sich einen Ausweg zu bahnen, vor der dritten wäre er ebenfalls erschöpft oder erstickt zusammengesunken. Ein dritter hätte allerlei Tempelkostbarkeiten zusammengerafft und wäre mit ihnen geflohen, aber er hätte nur das Forum triangulare erreicht, wo man das Gerippe mit allerlei Gegenständen des Isiscultus fand. Es würde übrigens eine bemerkenswerthe Thatsache sein, wenn sie verbürgt wäre, daß Isis die einzige Gottheit gewesen zu sein scheint, an welche man sich in den letzten Augenblicken mit religiösem Vertrauen wendete; auf den Altären des Isistempels wie auf keinem andern will man halbverbrannte Opfer gefunden haben *). Das kann freilich auch Zufall sein, und berechtigt wenigstens nicht zu dem vielfach mit großer Sicherheit gemachten Schluße, daß der neueste, fremdeste und abstruseste Aberglauben des sinkenden Heidenthums der zäheste gewesen sei. Ähnlich wie der erwähnte Isispriester sind die meisten übrigen Bewohner Pompejis, mit Kostbarkeiten beladen umgekommen; aus den Dieterichen in den Schlüsselbunden Einiger hat man schließen wollen, daß unter den Rettern auch unberufene gewesen seien (Finati: Musée Bourbon, Naples 1843. 2. S. 117.). Die Kryptoporticus des am Ende der Gräberstraße gelegenen Landhauses des s. g. des M. Arrjus Diomedes zeigt uns das Bild eines jener vergeblichen Rettungsversuche im Innern der Häuser ²). Am Eingang und am Fuße der Treppe der als Keller dienenden Krypta, in der viele Amphoren an den Wänden standen, fand man 18 Personen, Frauen und Mädchen. Ihre Gebeine waren unter mehre Fuß hoch liegender feiner Asche begraben, welche durch die eingedrungene Feuchtigkeit verbunden eine gypsartig feste Masse bildete, in der die bedeckten Gegenstände abgeformt waren. Leider war es nur möglich, einen solchen Abdruck von dem Halse, den Schultern und der Brust eines jungen, nach dem Zeugniß des Abdrucks tadellos schönen, mit ganz feinem Gewande bekleideten Mädchens zu gewinnen, welcher im Museum bewahrt und in Gyps ausgegossen wird. Sie hatte sich im ersten Schrecken mit ihrer Mutter, welche ein Kind auf dem Arme, ein größeres neben sich hatte, und vielen andern Familiengliedern in diese bedeckte Gallerie zurückgezogen und war dort von der fallenden Asche und den Rapilli verrammelt worden. Sie scheinen in ihr Schicksal ergeben gestorben zu sein, man fand sie mit verhülltem Haupte. Der Hausherr dagegen, von einem Sclaven begleitet, hatte die Flucht für sicherer gehalten, und in Hoffnung auf Rettung im Freien die Seinen verlassen. Aber nicht einmal den Umkreis seiner Besitzung erreichte er, man fand sein Gerippe, den Schlüssel zur Gartenthür in der Hand und einen schlangenförmigen Ring amphisbaena) am Finger, nahe bei dem hintern Ausgang aus dem Garten, neben ihm den Sclaven, der allerlei in Leinen gewickelte Münzen mitgenommen hatte. Die allermeisten dieser und manche andere derartige Berichte, ausgenommen den letzterwähnten, sind unverbürgt, obgleich ihrer einige an und für sich nicht unglaublich klingen und sowohl mit dem übereinstimmen, was z. B. ein Mazois als sicher überliefert, wie mit dem was heutzutage sich bei den meisten Auffindungen von Gerippen wiederholt. Die Lagen, in denen die armen Verschütteten starben, sind meistens erkennbar, und eben so erkennbar ist, daß die meisten den Erstickungstod. Andere durch Hunger gestorben sind. So z. B. derjenige, von der Auffindung von dessen Gerippe in dem Keller eines Hauses nahe am Forum triangulare die nebenstehende aus Mazois' großem Werke entlehnte Abbildung eine Vorstellung giebt.

Fig. 3. Auffindung eines Gerippes.

Ein ungleich höheres Interesse als die Gerippe nehmen sieben ziemlich vollständig erhaltene Leichenabgüsse in Anspruch, welche, in dem neuen Localmuseum im Flügel des s. g. Seethores gleich neben dem gewöhnlichsten Eingang in die Stadt aufbewahrt, ein Hauptaugenmerk aller Besucher Pompejis ausmachen, und von denen unzählbare Photographien verbreitet sind. Mit diesen Abgüssen, von deren dreien, einem riesig großen Manne (Fig. 4.), einer Frau und eines neben denselben liegenden sehr jungen Mädchens hiernächst (Fig. 5.) nach Photographien gefertigte Abbildungen mitgetheilt werden, verhält es sich folgendermaßen. Die vier Personen, um die es sich zunächst handelt, hatten auf ihrer Flucht, offenbar dem Forum und weiterhin einem Thore zustrebend die Masse der an der Fundstelle 3½ Meter dick gefallenen Rapilli überwunden, und suchten durch dieselben watend weiter zu kommen, als der Aschen- und Wasserregen begann*). Dieser hemmte ihre weitere Flucht, sie sanken auf die Unterlage der Rapilli nieder und wurden von der Aschenschicht eingehüllt und begraben, und zwar so, daß diese feine, schlammartige, durch die beigemischte Puzzolanerde bündig gemachte Materie sie allerseits dicht umgab und erhartend ihre Körper nebst der Bekleidung abformte, ungefähr so wie in ähnlicher Materie das oben erwähnte Mädchen in der Villa des Diomedes abgeformt und theilweise erhalten ist. Indem nun die Körper und Gewänder im Laufe der 1800 Jahre bis zur Auffindung in Staub zerfielen, wurden durch die Natur gleichsam fertige Hohlformen hergestellt, in deren Innerem nur die Gerippe vollständig erhalten sind. Als nun die Arbeiter bei der Ausgrabung an der auf dem großen Plane mit ✛ bezeichneten Stelle in dem s. g.

vicolo del tempio di Augusto oder vico degli scheletri am 5. Febr. 1863 auf die erste dieser Hohlformen mit darin steckenden Knochen stießen, wurde Fiorelli herbeigeholt, dessen kluger und vorsichtiger Gewandtheit wir den seltenen und werthvollen Anblick verdanken. Derselbe ließ nämlich die gefundene Hohlform und nach einander die später gefundenen mit Gyps ausgießen und dann die Form zerstören. Und so feierten zuerst diese vier unglücklichen Pompejaner, später noch drei andere, ihre Auferstehung — im Gypsabguß, der freilich an Feinheit und Schärfe gegen einen aus künstlicher Hohlform gemachten weit zurücksteht, der aber dennoch hinlänglich genau ist. um nicht allein die Situation des Todes, und die wesentlichen Formen der Körper, sondern selbst manche Einzelheit dieser Formen, der Gewänder und des übrigens sehr geringfügigen Schmuckes

erkennen zu lassen. Der — wie das Maß des in unserer Abbildung daneben stehenden pompejaner Führers in der Tracht der sechsziger Jahre zeigt — riesig große Mann liegt auf dem Rücken, auf den er sich im Todeskampfe gewälzt zu haben scheint, wobei er sein kurzes Gewand krampfhaft emporgezogen hat. Er soll nach der Ansicht Sachverständiger am Schlag gestorben sein. Eine nähere Beschreibung desselben scheint der Abbildung gegenüber unnöthig. Ein ungleich rührenderes Bild bieten die beiden Frauen und in der That wahrhaft erschütternd wirkt im Original der Anblick des jungen Mädchens dieser Gruppe (rechts in der Abbildung), eines zarten Wesens von 13—14 Jahren, welche sich, offenbar ermattet und in der sichtbaren Unmöglichkeit zu entkommen, in ihr hartes Schicksal ergeben und sich vorwärts und halb

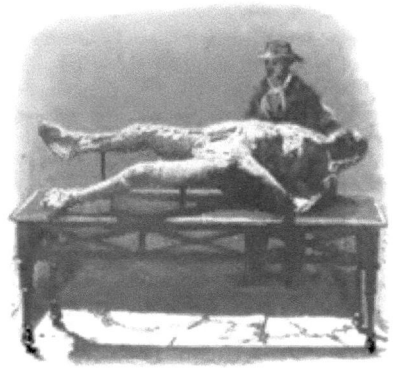

Fig. 4. Leichenabguß, Mann.

Fig. 5. Leichenabgüsse. Frau und Mädchen.

seitwärts mit unter dem Kopf gekreuzten Armen niedergelegt hat. So ist sie, die Ruhe ihrer Lage bezeugt es, verhältnißmäßig sanft gestorben, und so liegt sie mehr wie schlafend als wie todt vor uns, während die sie begleitende Frau aus der Lage auf dem Gesicht, aus der Haltung des

linken Armes, der geballten Faust und der Stellung der Beine zu schließen,
sich nicht gleicherweise niedergelegt hat, sondern hingestürzt und in schwe-
rerem Todeskampfe durch Erstickung gestorben ist. Die Bekleidung aller
dieser Gestalten ist sehr geringfügig; natürlich haben die Fliehenden ihre
weiten Gewänder von sich geworfen und im hemdartigen Unterkleide zu
entkommen gesucht. Dieses erkennt man mit hinlänglicher Deutlichkeit;
um Studien über die Einzelheiten der antiken Gewandung anzustellen, sind
aber diese Abgüsse doch zu roh. Es ist jedoch keinem Zweifel unterworfen,
daß man nach und nach eine größere Anzahl von so abformbaren Leichen
finden und die Ausgüsse in immer vollkommenerer Weise herzustellen lernen
wird. Am besten, ja fast wunderbar erhalten und trefflich abgeformt ist die
im Juni 1873 gefundene fast ganz nackte Leiche eines Mannes, welche die hier
beigegebene lithographische Nachbildung einer Photographie vergegenwärtigt.
Und so werden diese Abgüsse voraussichtlich dem antiquarisch-wissenschaft-
lichen Interesse noch manche interessante Einzelheiten darbieten, mehr, als
die ersten es vermögen. Sentimentale Betrachtungen und Beschreibungen,
zu denen die gegenwärtigen Leichenformen hinlänglichen Anhalt bieten,
müssen Jedem überlassen bleiben, welcher an dergleichen Gefallen findet.

Über das Schicksal der überlebenden Bevölkerung der verschütteten
Stadt sind wir nicht genauer unterrichtet. Sichere Spuren an mehr als
einem Orte der Stadt weisen darauf hin, daß, vielleicht bald nach der Verschüttung beginnend und wer kann sagen wie lange fortgesetzt, nicht unbeträchtliche Nachgrabungen gemacht worden sind, um dem Grabe der Stadt
an Schätzen und an kostbaren Werkstücken zu entziehen, was etwa noch
zu erlangen war. An sehr vielen Orten sind auch wirklich Baumaterialien,
namentlich Marmorstücke und Marmortafeln, ja ganze Säulen und Reihen
von Säulen und Gebälk gehoben worden, und die verhältnißmäßig immerhin geringe Zahl nicht allein von Werken der Sculptur, sondern auch von
Kostbarkeiten, sowie das wenige Geld, welches in Pompeji gefunden ist,
zeigt, daß die Ausbeute dieser früheren Grabungen nicht gering war. Bei
der Lockerheit der Verschüttung ist dies auch recht wohl begreiflich, besonders da wir, wie gesagt, gar nicht bestimmen können, wie lange dort
gewühlt worden sein mag. Sind doch selbst in dem tief verschütteten und
lavaüberflossenen Herculaneum Ausgrabungen vorgenommen worden. Man
hat dort mühsam gehauene Gänge unter der festen Lavarinde gefunden,
durch welche manches schätzbare Kunstwerk entfernt worden sein mag[9].

Der Kaiser Titus faßte den Plan, die zerstörten Städte wieder herstellen
zu lassen, und beauftragte zwei römische Senatoren mit einer Rundreise und
Durchmusterung der verwüsteten Plätze. Was für Pompeji das Ergebniß
gewesen sei, ist unbekannt. Der Name Pompejis soll auf ein in der Gegend der alten Stadt gegründetes Dorf übergegangen sein, welches aber im
Jahre 472 n. Chr. das Schicksal des ältern Pompeji erlitt[10], und dessen
Trümmer unter dem Landvolke den Namen la Cività erhielten, wie Altpompeji noch viele Jahre lang (den 27. November 1756 kommt der Name
Pompeji zuerst vor, aber la Cività kehrt noch in den 60er Jahren wieder in
den Ausgrabungstagebüchern heißt. Jedenfalls blieb das alte Pompeji ver-

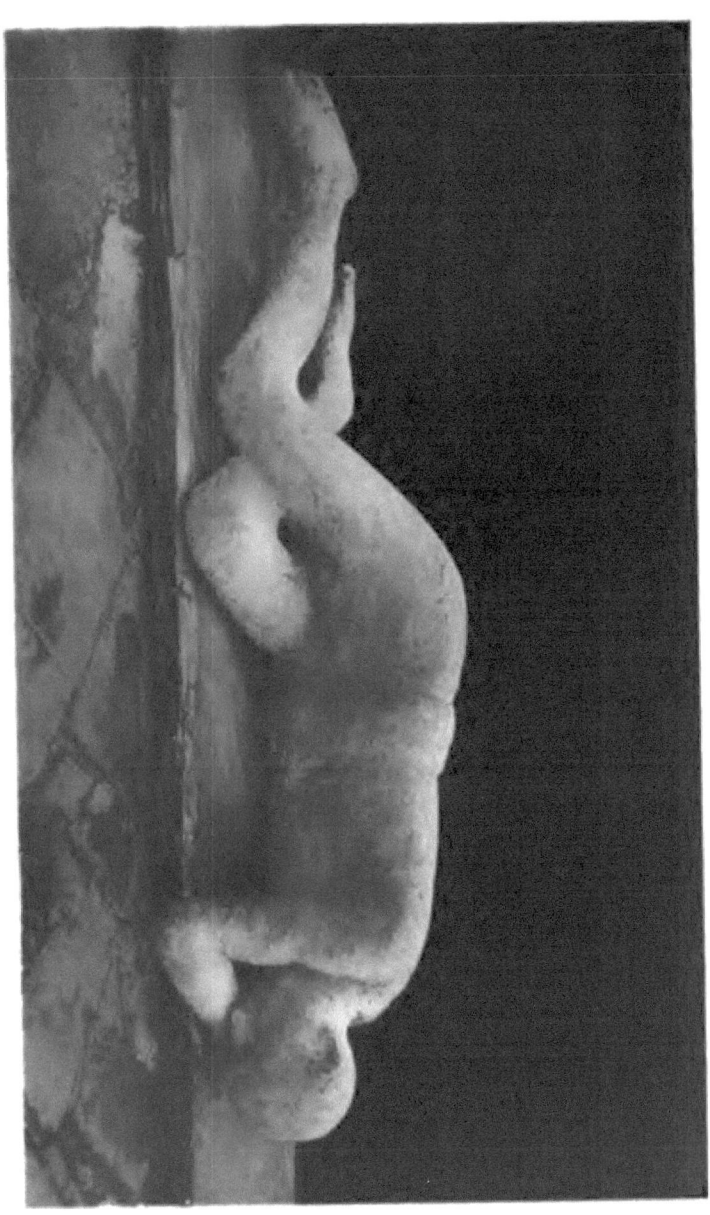

Abguss einer 1873 gefundenen Leiche.

schwunden, der größte Theil der Bewohner mag sich zerstreut oder nach
der Hauptstadt gezogen haben; Alles was der Boden und die bald auf demselben wuchernde Vegetation deckte, gerieth nach und nach mit Pompeji's
Namen in völlige Vergessenheit.

Viertes Capitel.

Andeutungen über die Geschichte der Wiederentdeckung und der Ausgrabungen Pompeji's.

Diese Vergessenheit dauerte bis zum Jahre 1748, wo, 30 Jahre nach
der ersten, unbenutzten Entdeckung Herculaneums, und zehn Jahre, nachdem man dort zu graben angefangen hatte, ein Zufall auf Pompeji's Wieder-
auffindung leitete. Dies ist um so bemerkenswerther, als die verschüttete
Stadt als solche eigentlich nie ganz unkenntlich gewesen sein kann, und
da namentlich das Amphitheater deutlich genug als eine kraterförmige Vertiefung im Boden sich zu erkennen gab. Wenn wir aber die Nichtbeach-
tung dieser Anzeichen daraus erklären können, daß der Name und die Existenz Pompeji's in den früheren Jahrhunderten eben ganz vergessen war,
daß ferner weder die Zeit der rohen Longobardenherrschaft, noch die glückliche, mit ihrer Gegenwart allein beschäftigte Zeit der Herrschaft der schwäbi-
schen Kaiser Interessen antiquarischer Forschung geneigt sein konnte, so
bleibt es immerhin auffallend genug, daß man in den späteren Jahrhunderten, in denen mancher zufällige Fund gemacht wurde, nicht zu einer weitern
Nachforschung sich anschickte, zumal da seit dem Anfange des 16. Jahrhunderts Pompeji's Name in der Litteratur wieder auftaucht, und man im
17. auf Karten die Orte der verschütteten Städte freilich unrichtig ansetzte [11].
Am unbegreiflichsten aber ist es, daß die Entdeckungen des Architekten
Domenico Fontana so ganz ohne Folgen blieben. Dieser baute nämlich
in den Jahren 1591—1600 einen unterirdischen Canal, um das Wasser des
Sarno nach Torre dell' Annunziata zu schaffen, und zwar führt dieser noch
heute fließende Canal mitten durch die Stadt Pompeji in der auf dem großen
Plane durch punktirte Linien angegebenen Richtung. Fontana stieß auf Mauerwerk, ja zwei Inschriften Mommsen 2253. 2300.) wurden zu Tage gefördert,
deren erstere sogar den freilich falsch gelesenen Namen der Venus Pompeiana
enthalten zu haben scheint [12], aber dennoch ließ man diesen seltsamen Umstand ohne Beachtung. Fernere Spuren von Bauwerken wurden, wiederum
nebst zwei Inschriften, die abermals Pompeji's Namen enthielten, 1689 entdeckt,
aber, indem man den Namen auf eine Stadt des Pompejus bezog [13], ebenfalls nicht weiter verfolgt. Endlich im Jahre 1748 unter der Herrschaft
Karls von Bourbon (später Karl III. von Spanien) stießen Bauern bei der
Bearbeitung eines Weinbergs an der auf dem großen Plane bezeichneten
Stelle auf altes Gemäuer und, weitergrabend, auf eine Anzahl werthvoller

Gegenstände, welche die durch die Auffindung des herculanischen Theaters erregte Aufmerksamkeit auf diese Entdeckungen wendete.

Man sollte nun glauben, daß die Ausgrabungen, welche gleich im Anfang mancherlei Ausbeute lieferten, mit großem Eifer betrieben worden seien, allein dem ist, obgleich der König selbst sich mehrfach bei denselben als Augenzeuge betheiligte, nicht so. Vielmehr ging die Ausgrabung mit der größten Langsamkeit und Nachlässigkeit vor sich, wurde gelegentlich Jahre lang (1751 bis November 1751!) ganz aufgegeben, dann mit 4 Arbeitern unter einem Corporal fortgesetzt (1756), und kam erst gegen die 60er Jahre und in diesen einigermaßen in Zug. Dazu kommt, daß weder der Plan der Ausgrabungen ein wohldurchdachter, noch die Verfahrungsart eine zu billigende, vielmehr eine Art von Raubbau war, der sehr Vieles zerstörte und unheilbar verdarb und beinahe wieder so viel verschüttete, wie man ausgegraben hatte [14]. Denn es wurde sprungweise bald hier bald dort gegraben, und zwar namentlich da, wo man Kostbarkeiten, Geld und Geldeswerth zu finden hoffte; von solchen Funden ist in den Tagebüchern der ersten Jahrzehnte viel die Rede, auch etwa noch von denen von Statuen und besonders merkwürdigen Gemälden; die antiken Gebäude als solche dagegen scheinen äußerst wenig Interesse eingeflößt zu haben, und viele Jahre hindurch kehrt in den Tagebüchern der Ausdruck wieder: es ist das und das Gebäude ausgegraben worden ohne irgendwelche Neuigkeit oder ohne irgend etwas Bemerkenswerthes zu finden. Damit hangt nun auch das Wiederzuschütten der ausgegrabenen Baulichkeiten zusammen, nachdem man sie ausgeraubt und die Gemälde von ihren Wänden gesägt hatte. So ist Manches noch jetzt zum zweiten Male auszugraben, das Meiste aber, das seit jener Zeit bloßliegt, ist in einem traurigen Zustande und bietet einen Anblick der Verwüstung dar, welcher gegen die Art, wie das Gefundene heutzutage geschont und bewahrt wird, in der grellsten Weise absticht.

Man begann mit den Punkten, die sich äußerlich durch die Hülle auszeichneten, und die errathen ließen, was hier begraben sei; so wurde gleich 1748 die Ausgrabung des Amphitheaters begonnen, aber erst nach langer Pause in der Arbeit 1813—1816 vollendet; bald nach der Entdeckung 1754 und 55 legte man das kleine Quartier nordwestlich vom Amphitheater, das s. g. Forum boarium und das große Haus der Julia Felix bloß, welches letztere aber z. B. wieder verschüttet wurde. Das ähnlich wie das Amphitheater äußerlich erkennbare größere Theater wurde 1764 in Angriff genommen, aber die Ausgrabung erst 1793 ganz vollendet, nächst diesem in dem um dasselbe belegenen Quartier, zunächst 1765 und 66 der Isistempel, 1766 der s. g. Aesculapstempel, in den folgenden Jahren das Forum triangulare und die Gladiatorencaserne nebst mehren Privatwohnungen ausgegraben, von 1769 an das kleine Theater begonnen, also in fünf Jahren eine ganze Reihe der wichtigsten Gebäude wiedergewonnen, deren vollständige Ausgrabung aber bis in die 90er Jahre, natürlich oftmals unterbrochen, dauerte. Gleichzeitig von 1763 an begann man am entgegengesetzten Ende der Stadt bei der in ihrer Längenerstreckung erkennbaren Gräberstraße. Man grub zuerst in der Nähe des herculaner Thors, fand 1763 die s. g. Villa Ciceros, die ebenfalls wieder

verschüttet wurde, und bis 1770 eine Reihe der zunächst an der Stadt gelegenen Grabdenkmäler. Die folgenden Jahre 1771–1774 brachten die s. g.
Villa des M. Arrius Diomedes nebst den gegenüberliegenden Grabmälern
seiner Familie an's Tageslicht. Dennoch aber war der Eifer bereits wieder
so erkaltet, daß im Jahre 1762 Winckelmann nur acht Arbeiter in der ganzen
Stadt in Thätigkeit fand Sendschreiben § 31. , deren Zahl freilich 1764 wieder
auf dreißig, meistens Sträflinge und tuniser Sclaven gestiegen war, welche
aber das Werk so langsam förderten, daß Winckelmann behauptet, man
würde in Rom in einem Monat mehr ausgraben, als in Pompeji in Jahres-
frist, und bei gleicher Schläfrigkeit werde für die Nachkommen im vierten
Gliede noch zu graben und zu finden übrig sein Sendschreiben § 36. [15].
Wahrhaftig, das sind wir, und wir könnten diese Voraussagung getrost wiederholen, wenn nicht die neueste Aera, auf welche zurück zu kommen ist, hier
Wandel geschafft hätte. Von dem um den Anfang der sechsziger Jahre
gewonnenen Thor von Herculaneum drang man langsam in die Stadt südöstlich
vorwärts, aber die Mitte der siebziger Jahre fand die Arbeit noch nicht über
den ersten Brunnen am Kreuzwege fortgeschritten und zwar nur an den
Häusern zur rechten Hand des in die Stadt Schreitenden, während das kleine
Quartier, welches von der Hauptstraße und der ersten, zu der Stadtmauer
führenden Nebengasse eingefaßt ist, erst im Anfang der 90er Jahre ausgegraben wurde. Gleichzeitig grub man an einigen anderen Stellen, von
denen namentlich das Theaterquartier schon erwähnt wurde, aber nur einzelne Entdeckungen kann man aus diesem Zeitraum anführen. So wurde
1767—69 in der genannten Gegend das nach dem Kaiser Joseph II. von
Oesterreich genannte Haus 106 im großen Plan aufgegraben, und 1795—98
räumte man abermals in demselben Quartier und fand die sogenannte Bildhauerwerkstatt Plan 107 ; so brachte das Jahr 1799 durch die Bemühungen des
französischen Generals Championnet zur Zeit der »parthenopeïschen Republik«
die nach ihm benannten Häuser südlich am Forum Plan 92 zu Tage. Das ist
aber auch fast Alles, was in dieser ganzen Periode gethan wurde, und von 1800
bis 1802 während der blutigen Reaction unter den wieder in's Land gekommenen Bourbonen stockte die Arbeit vollständig, 1803 ist sehr wenig und
1804—6 wiederum gar nicht gearbeitet worden, wenigstens wissen die Tagebücher, sofern solche überhaupt vorhanden sind, nur von eingestürzten oder
ruinirten Gebäuden und von etlichen Maßregeln zu berichten, welche man
gegen den totalen Zerfall ergriff. Reger wurde der Eifer seit Joseph Bona-
partes (1806 und Joachim Murats 1808) Thronbesteigung, und in dem
Zeitraum von 1806—1815 wurde Bedeutendes geschafft. Man arbeitete nicht
allein mit sehr verstärkter Mannschaft, welche sich 1809 96 Köpfe stark,
1812 eine Zeit lang ca. 150, 1813 aber bis zu 674 Personen mit 26 Karren
und 7 Saumthieren verzeichnet findet, sondern man arbeitete, was viel
mehr sagt, seit 1807 zuerst nach einem bestimmten Plane, dessen Entwurf
von Michael Arditi in den Tagebüchern abgedruckt ist und manches
sehr Interessante enthält. Den Hauptschauplatz bildete das Quartier vom
herculaner Thor bis zum Forum und die Gräberstraße von außen her, aber
auch das Amphitheater, dessen Ausgrabung früher in den ersten Anfängen

stecken geblieben war, wurde in den Jahren 1813—16 gänzlich an's Licht
gebracht, ebenso erreichte man schon 1806 die (bis 1813 ganz ausgegrabene)
Basilika, 1813 das Forum an seinen beiden Enden, und eine Reihe der
interessanteren Privathäuser verdankt man dieser Periode des Eifers. Allerdings ermattete der Impuls nach der glorreichen zweiten Wiederkehr der
Bourbonen, dennoch war bis 1823, außer einer bedeutenden Zahl von Privathäusern das ganze Herz der Stadt, das Forum civile mit allen umliegenden
Gebäuden, sowie der größte Theil des Umfanges der Stadtmauern und die
ganze Erstreckung der Gräberstraße zu Tage gefördert. Leider war auch
in dieser Periode seit dem Beginn der planmäßigen Ausgrabungen das Verfahren ein verkehrtes. Man räumte nämlich, dem Niveau der Straßen und
der Fußböden der Gebäude folgend die Verschüttungsmasse in vertikalen
Abschnitten fort, wobei dieselbe, welche, wie schon früher bemerkt worden,
zur Hälfte aus lockeren und unverbundenen Rapilli mit der darüber liegenden
schweren, verschlämmten Asche besteht, nothwendig nachstürzen und eben
so natürlich die von ihr getragenen und gestützten Theile der Baulichkeiten in ihren Sturz mit hineinziehen mußte. Wie viele Dächer, Erker, Balcone, obere Fußböden u. dgl. auf diese Weise zusammengebrochen und dann
als werthloser und unförmlicher Schutt weggeworfen sind, kann Niemand
sagen, obgleich uns die neuesten Ausgrabungen schließen lassen, daß Vieles
und Bedeutendes früher zu Grunde gerichtet worden sein muß. Dazu kommt,
daß man den ausgegrabenen Schutt theils innerhalb der Stadt selbst, z. B.
in der Gegend der jetzigen Ausgrabungen am stabianer Thor wieder abllud,
theils unmittelbar vor der Stadt aufwarf und damit jene Schutthügel herstellte, welche jetzt den Anblick der Stadt von außen verhüllen, und die
wegzuschaffen, was geschehen muß und wird, neue Arbeit, Zeit und Geld
kostet. Jetzt schafft man den ausgegrabenen Schutt auf einer eigens angelegten kleinen Eisenbahn, die natürliche Bodensenkung benutzend, vor die
Stadt in die Gegend zwischen der Landstraße und der Eisenbahn hinaus,
wo er einen niedrigen und in jeder Beziehung unschädlichen Wall bildet,
auf welchem die neue Landstraße angelegt und hierdurch die Möglichkeit
zu Ausgrabungen im Süden der Stadt geschaffen werden soll, wo man die
Spuren einer Gräberstraße bereits kennt. Wie wenig sorgfältig man früher
die Sache behandelte, zeigt unter Anderem der Umstand, daß noch vor wenigen Jahren in dem weggeworfenen Schutt eine der schönsten Gemmen,
welche das Museum von Neapel besitzt, hat gefunden werden können. Mit
abnehmender Anstrengung arbeitete man in dieser Weise bis um die Mitte
der dreißiger Jahre fort, und brachte außer den kleineren Thermen (1824)
und dem Tempel der Fortuna (1825) wesentlich nur Privathäuser zum Vorschein. Seit der Zeit bis auf die unsere erkaltete der Eifer immer mehr,
und obwohl in der zweiten Hälfte der dreißiger und in den vierziger
Jahren mancher hochwichtige Fund gemacht, manche Aufklärung über
den Gesammtplan der Stadt gewonnen wurde, obgleich ferner jährlich
7000 Ducati = 5200 Thaler angewiesen waren, so waren die Ausgrabungen
in neuester Zeit fast nur zu Festlichkeiten geworden, mit denen man die
Anwesenheit vornehmer Gäste zu feiern pflegte, so daß Reisende in den

in Pompeji im Mai 1875.

Ansicht der Ausgrabungen

30er bis 40er Jahren meistens nicht eine Hacke oder Schaufel in Thätigkeit fanden.

In neuester Zeit ist dies anders und unendlich besser geworden, und namentlich seit 1861 und seitdem Fiorelli an der Spitze der Ausgrabungen steht, ein Mann, der besser gar nicht gewählt werden konnte, datirt eine neue Epoche der Ausgrabungen, von denen in ihrem gegenwärtigen Betriebe die hier beigegebene, am 5. Mai 1873 eigens für diesen Zweck photographisch aufgenommene Ansicht auch demjenigen, der nie an Ort und Stelle war, eine in der Hauptsache klare und vollständige Anschauung wird vermitteln können. Nicht etwa als würden dieselben nun in Hast und Eile betrieben und gingen mit Riesenschritten vorwärts; im Gegentheil, sie werden mit eben so viel Besonnenheit und Vorsicht wie warmem Eifer fortgesetzt. Was die jetzige, in der Hauptsache übrigens schon[14] seit 1852, unbekannt durch wen[16] eingeführte Methode vor der frühern auszeichnet, ist, daß durch sie möglichst Weniges zerstört, möglichst Vieles gewonnen und erhalten wird. Man gräbt nicht mehr in verticalen, sondern, wie das auch in der Ansicht erkennbar ist, von der Oberfläche aus in horizontalen Schichten, und der Erfolg davon ist, daß Alles was man findet seine Unterlage und Unterstützung behält bis man zu seiner Erhaltung oder Erneuerung bei Holzwerk, Dächern, Balconen u. s. w. gethan hat, was nöthig und möglich ist. So und nur so haben jene Balcone oder Erker conservirt werden können, auf die wir zurückkommen, so Treppen und anderes Holzwerk, Hausbedachungen, Fußböden u. s. w. So hat man schon 1852 einen Theil eines Daches wenigstens auf so lange Zeit zu erhalten vermocht, daß es hat gezeichnet werden können (s. unten Cap. IV.), während es den Ausgrabungen des Jahres 1866 gelungen ist die Eckpartie der Bedachung eines Peristyls (in der domus C. Vibii, Plan 72 s. unten a. a. O.) vollkommen zu retten und sein gesammtes Balkenwerk zu restauriren. Bei der frühern Verfahrungsart sind so und so viele ähnliche zusammengebrochen und besten Falls als Ziegeltrümmer und Stücken verkohlter Balken in die Protocolle aufgenommen worden. Schnell geht nun solche vorsichtige und conservative Ausgrabung nicht von Statten, und wir müssen uns resigniren, die Vollendung der Aufdeckung Pompejis nicht zu erleben; aber das ist in mehr als einer Hinsicht sehr gut, es erhält das Interesse noch auf lange hin wach, und wird auch unseren Enkeln noch den Anblick frischer Monumente Pompejis gewährleisten, während die Methoden zur Conservirung des Ausgegrabenen von Jahr zu Jahr verbessert werden und die fortschreitende Wissenschaft Zeit behält, das allmählich Gewonnene immer gründlicher zu verarbeiten.

Durch diese kurze Vergegenwärtigung der Geschichte der Ausgrabungen wird es begreiflich, wie bisher nicht viel mehr geschehen ist, als wirklich geschah. Thatsache ist, daß wir schon ein mäßiges Dritttheil der Stadt kennen[17], abzusehen von der Vorstadt Augustas felix, mit deren Ausgrabung eigentlich erst der Anfang gemacht worden ist. Trotzdem dürfen wir annehmen, daß theils oben erwähnte Umstände, theils der mit ihnen in Verbindung stehende günstige Zufall uns die hauptsächlichsten und wichtigsten Theile der Stadt hat finden lassen, was von den öffentlichen Gebäuden, abgesehn etwa von Tempeln, Capellen und möglicherweise Bädern, mit großer Wahrscheinlichkeit gesagt werden kann. Was freilich von Privathäusern, was in ihnen von Gemälden, Utensilien, Sculpturen und Kostbarkeiten noch für besten Falls ein halbes Jahrhundert unter der mit Maulbeer- und Weinpflanzungen und Feldern bestandenen Decke des Restes der Stadt liegt, wer könnte das errathen oder voraussagen.

Wenden wir uns, ehe wir zur Einzelbetrachtung übergehn, zu einer allgemeinen Übersicht über die bisher aufgegrabenen Theile der Stadt.

Fünftes Capitel.

Übersicht über den Plan und die Monumente Pompejis.

Auch hier sind noch ein paar vorgängige Worte über den Zustand der pompejanischen Monumente im Allgemeinen zu sagen.

So reich die Funde sind, und so vollständig sich die aufgegrabenen Theile im Grundriß zeigen, so darf doch nicht übersehn werden, daß nur ein verhältnißmäßig geringer Theil der beweglichen Habe wirklich auf uns gekommen ist, wovon die Gründe oben angegeben sind, und daß diese fast ohne Ausnahme sich nicht mehr an Ort und Stelle befindet, sondern in dem größtentheils aus den Ausgrabungen der verschütteten Städte gebildeten Museum, welches 1758 in Portici gegründet wurde, und seit dem Anfang unsers Jahrhunderts in Neapel im frühern Museo Borbonico, jetzt Museo Nazionale ist. Die beweglichen Monumente aus Pompeji fortzuschaffen und sie in einem Museum zu vereinigen, gab es verschiedene sehr triftige Gründe. Einerseits erforderte der Schutz der Denkmäler, namentlich der Gemälde gegen die Unbilden des Wetters und verschiedener Aschenregen des Vesuv ihre Verpflanzung, andererseits hatte man sehr dringende Veranlassung, sie gegen unberufene Liebhaber, besonders auch gegen die Custoden selbst und ihre Vorgesetzten 'denn der organisirte Diebstahl soll sich unter dem Bourbonenregime in sehr vornehme Kreise erstreckt haben, in Sicherheit zu bringen, durch deren Hände manches kleinere Stück in Besitz von Vornehmen und Gelehrten anderer Länder, manches größere und werthvolle in die Sammlungen von allerlei vornehmen Leuten in Neapel selbst gekommen ist. Endlich glaubte man der Wissenschaft mehr durch eine systematische Zusammenstellung, als durch ein Belassen der Gegenstände an ihrem Fundorte zu nützen, worüber sich allerdings streiten läßt. Ob nicht der an sich ganz natürliche Wunsch, der Hauptstadt auch noch den Glanz dieser Monumente zuzuführen, zu der Übersiedelung von den Fundorten nach Neapel mitgewirkt habe, kann hier unerörtert bleiben. Genug, es ist Thatsache, daß Pompeji in den älter ausgegrabenen Theilen gründlich ausgeräumt ist, und daß abgesehn von unbedeutenden Decorationsmalereien fast nur die kahlen Häuser- und Tempelmauern zurückgeblieben sind. Neuerdings, und zwar schon seit etwa der Mitte der 50er Jahre ist dies anders geworden; man läßt von den gefundenen Gegenständen, namentlich Decorationsstatuen und Gemälden, an

Ort und Stelle so viel man kann, und sucht es daselbst so gut es gehn will gegen Zerstörung zu sichern, während man nach Neapel in das Museum nur das schafft, was in Pompeji zu lassen Unverstand wäre, wie z. B. Kunstwerke ersten Ranges, leicht bewegliche und dem Verderb ausgesetzte Gegenstände u. s. w. Mag der endliche Erfolg dieser Methode sein welcher er will, wir jetzt Lebenden gewinnen durch dieselbe unendlich und können mit derselben nur höchst zufrieden sein. Zum Glück sind die Fundorte fast aller Gemälde und der meisten übrigen Gegenstände auch in älterer Zeit amtlich protocollirt und könnten genau genug bekannt sein, um sie in unserer Phantasie aus dem Museo Nazionale wieder an ihre alten Stellen zu schaffen, — was in den folgenden Theilen dieser Darstellung hie und da geschehn soll —, wenn die Angaben über die Fundorte in den alten Protocollen genauer und besonders wenn sie wissenschaftlicher wären, als sie es sind. Daß hiedurch einer durchgreifenden Arbeit der angedeuteten Art große Schwierigkeiten entgegenstehn, soll nicht geläugnet werden; daß die Schwierigkeiten unüberwindlich seien, kann nicht zugegeben werden, auch gehört eine solche Arbeit, die freilich nur ein in Neapel Angesiedelter oder längere Zeit daselbst Lebender machen kann, mit zu Fiorellis Plänen, während sie zum Theil wenigstens durch W. Helbigs Buch über die Wandgemälde der vom Vesuv verschütteten Städte Campaniens und namentlich durch dessen topographischen Index bereits gelöst ist. Durch Eintragung der Notizen über die in den verschiedenen Zimmern und sonstigen Räumen gefundenen Gemälde, Sculpturen, wichtigeren Geräthe, Gerippe u. s. w. in die leeren, jetzt nur die kahlen Mauern zeigenden Räume würde Fiorellis riesiger Stadtplan von Pompeji erst seinen vollen wissenschaftlichen Werth und ein unsäglich erhöhtes Interesse erhalten.

Was aber die unbeweglichen Monumente, die Bauwerke und Anlagen betrifft, so dürfen wir uns diese insgesammt nur als Ruinen denken. Zum kleinern Theile sind sie durch die Verschüttung und in gewissem, aber bisher nicht genau festgestelltem Maße durch das Erdbeben während der Eruption des Vesuv, von dem Plinius redet, zertrümmert, zum größern durch die antiken und modernen Ausgrabungen und vor und nach ihrer Wiedergeburt durch den nagenden Zahn der Zeit beschädigt, dem die verschleppende Habsucht nur zu sehr zu Hülfe gekommen ist. Von allen Privathäusern Pompejis mit wenigen Ausnahmen stehn ungefähr nur die Erdgeschosse, welche in den beiden älteren Perioden der Stadt theils aus Quadern, theils aus opus incertum mit reichlichem Mörtel, in der römischen Zeit aus dem letztern, seltener aus Ziegeln oder aus gemischtem Material erbaut sind, während die leichter und dünner gebauten, zum Theil mit Fachwerk durchzogenen oberen Geschosse fast durchweg, sowie die aus Holz construirten Dachstühle fehlen, und entweder unter der Wucht der Verschüttung zusammengestürzt, oder, aus der Verschüttung hervorragend, im Laufe der Jahrhunderte sei es durch Menschenhand, sei es durch natürliche Einflüsse verschwunden sind. Diese oberen Geschosse, von denen erst den neuesten Ausgrabungen gelungen ist wenigstens einige Fußböden und die unteren Theile der Wände zu retten, diese Obergeschosse zu restauriren, würde sehr schwer sein, da sich begreiflich von den Holzbauten der Alten

so gut wie Nichts erhalten hat, wenn uns hier nicht einerseits Herculaneums Ruinen zu Hilfe kämen, welche uns wenigstens einige Muster des
Zimmerhandwerks erhalten haben, und zwar zum Theil in verkohlten Balken
und Streben, zum Theil in Abdrücken der Holzconstruction in den umgebenden und jetzt erharteten Schlammströmen, und wenn nicht andererseits
die neuesten Ausgrabungen in Pompeji diese Muster in der überraschendsten
Weise vermehrt hätten. So wie seit dem Anfang der 50er Jahre gegraben
wird, wird ziemlich alles Holzwerk, wenngleich natürlich verkohlt, gefunden;
es wird gemessen und durch neu eingesetzte Stücken ersetzt, so daß wir es
an Ort und Stelle wie am Original studiren können. Und da, wo dies nicht
möglich, ist häufig ein Anderes möglich, der Ausguß in Gyps nämlich,
in welchem eine ganze Reihe von Gegenständen, Haus- und Zimmerthüren,
Ladenverschlüsse, Bettstellen, ja eine spanische Wand von Holz und ge-
webtem Stoff und ein Korb von feinem Weidengeflecht in dem Localmuseum,
wo sich auch die Leichenabgüsse und die Menschen- und Thiergerippe finden, aufbewahrt und dem genauesten Studium zugänglich ist. Durch diese
Muster, auf welche später zurückgekommen werden soll, sind wir in den
Stand gesetzt, die fehlenden, an sich einfachen Gallerien, Dächer und
sonstigen Theile der oberen Geschosse mit Sicherheit zu reconstruiren, und
in gezeichneter, wenn auch nicht ausgeführter Ergänzung die bedeutenderen
Häuser uns vorzuführen. Es ist übrigens hiebei nicht zu vergessen, daß
bei weitem die wichtigsten Räumlichkeiten des antiken Hauses im Erdgeschosse liegen, während das obere Stockwerk meistens nur kleine Schlaf-
oder Eßzimmer oder Miethswohnungen enthält, die nicht selten zu den
ebenfalls vermietheten Läden im Erdgeschoß gehören. Da nun auch die
Ornamente von Marmor oder Stucco größtentheils auch wo sie nicht mehr
vorhanden, doch bekannt sind, so vermögen wir uns ein ziemlich vollständiges Bild von dem architektonischen Gesammteindruck der pompejanischen Gebäude zu entwerfen. Von den öffentlichen Gebäuden stehn ebenfalls meistens
nur noch die zerbrochenen Säulen und Mauern bis zu der durchschnittlichen
Höhe der Erdgeschosse der Privathäuser. Aber auch für die öffentlichen Gebäude
sind die Werkstücke noch bekannt oder am Platz, so daß wir fast überall die Reconstruction mit größerer oder geringerer Sicherheit vornehmen können. Und so
werden wir es nicht versäumen, neben dem Bilde der Denkmäler in ihrem heutigen Zustand uns dasjenige ihres ursprünglichen Ansehens zu vergegenwärtigen.
　　　Nach dieser Einleitung beginnen wir mit einer Übersicht über die Anlage der Stadt.
　　　Der beigegebene kleine Gesammtplan der Stadt Pompeji zeigt uns, daß
dieselbe, im Allgemeinen der Form des von ihr besetzten Hügels folgend,
ein etwas verschobenes Oval bildet. Nach der 1859 von Fiorelli geleiteten
Vermessung beträgt dessen großer Durchmesser 3154 Fuß, der kleine 1992
Fuß und der Umfang 8767 Fuß, doch kann insbesondere diese letzte Zahl
nicht als absolut genau gelten, da sich der ursprüngliche Zug der Mauerlinie vom Forum triangulare bis gegen das herculaner Thor nicht mehr
feststellen läßt. Da bloße Zahlen eine Anschauung von Größen weniger
leicht vermitteln, als andere Angaben, sei beiläufig bemerkt, daß der Um-

Gesammtplan der Stadt Pompeji mit dem Ergebniß der Ausgrabungen bis 1872.

fang Pompejis einer reichlichen Drittelmeile oder ⅔ Wegstunden ungefähr gleich kommt. An die Thatsache, daß der Umfang von 8767', welcher demjenigen von einer ganzen Reihe italischer Städte u. o. w. genau entspricht, mit demjenigen des republicanischen römischen Lagers (8600') bis auf eine Kleinigkeit übereinkommt, hat H. Nissen in seinem Buch über das Templum (Berlin 1869 in Betreff der Anlage und der Baugeschichte der Stadt die Annahme geknüpft, daß wenn auch die lange und wechselvolle Geschichte Pompejis die alten Bauten verdrängt und den Charakter derselben immer mehr modernisirt habe, doch »der Grundplan, von unerheblichen Modificationen abgesehn, noch jetzt gerade so vorliegt, wie er bei der Gründung festgesetzt wurde« (S. 63.), daß dieser Grundplan, nach italischem Limitationssystem entworfen, von denjenigen Linien und Eintheilungen beherrscht werde, welche die Anlage des Lagers und die entsprechende der normalen Stadt bestimmen. Diese Annahme ist von dem Verf. bis in ihre letzten Consequenzen so fein und geistreich aus- und durchgeführt worden, ihr scheinen sich alle Einzelheiten des Planes in so ungezwungener Weise unterzuordnen, daß es schwer ist, nicht an ihre vollkommene Richtigkeit zu glauben. Dennoch ist es fraglich, ob es Nissen gelingen wird, in einer baugeschichtlichen Untersuchung, welche er in Aussicht gestellt hat, diejenigen Thatsachen zu beseitigen, welche Fiorelli (Relazione degli scavi dal 1861 al 1872) seiner Hypothese entgegengestellt hat und welche auf eine ganz verschiedene Ansicht über die erste Anlage und die Baugeschichte der Stadt hinführen. Das Vorhandensein von Gebäuden, welche, wie schon oben S. 13 kurz bemerkt worden ist, nach Material und Technik auf's bestimmteste drei verschiedenen und auf einander gefolgten Hauptbauperioden angehören, läßt sich nämlich mit der Annahme, die Stadt sei von Anfang an nach einem einheitlichen, dem jetzigen entsprechenden Grundplan angelegt worden, nur unter der Voraussetzung vereinigen, daß es sich bei den Bauwerken der beiden jüngeren Perioden um Umbauten handele, durch welche und zu deren Gunsten ältere, an demselben Platze gestandene Gebäude beseitigt worden seien. Bei solchen Umbauten aber ist es wenig wahrscheinlich, daß durchweg auch die aus massiven Quadern bestehenden Fundamente der älteren Gebäude beseitigt worden seien um durch neue, zum Theil, namentlich in der dritten Periode, ungleich weniger solide Fundamente ersetzt zu werden. Bei einer Reihe von erweislichen Umbauten der zweiten Periode, welche in der letzten nochmals erweitert worden sind, ist dies nachweislich nicht der Fall, bei diesen Gebäuden ist vielmehr Material und Technik der verschiedenen Perioden, gelegentlich aller drei, wohl erkennbar, man kann die allmählichen Veränderungen und Erweiterungen eines Hauses der ältesten Periode nicht selten deutlich verfolgen. Bei vielen anderen Gebäuden dagegen ist von einer solchen Verschiedenheit von Material und Technik in verschiedenen Theilen nicht die Rede, sie gehören, die Fundamente einbegriffen, entweder ganz der zweiten oder dieser und in Erweiterung der dritten oder auch ganz und gar der dritten (römischen) Periode an. Hält man an dieser Thatsache fest und verfolgt sie in ihre Consequenzen, so ergiebt sich ein ganz anderes Bild der ersten Anlage der

Stadt und Nichts weniger als ein einheitlicher, in dem jetzigen noch erkennbarer Plan. Vielmehr scheint es, daß die ältesten Häuser, welche in dem hier beigegebenen chromolithographischen Plane des ausgegrabenen Stückes mit violetter Farbe bezeichnet sind wie die Bauwerke der samnitischen Periode blau und die der römischen rosa, es scheint, daß diese ältesten Häuser ohne bestimmten, wenigstens ohne durchgreifenden Plan einzeln oder in kleinen Gruppen über das ganze Areal der Stadt zerstreut gewesen sind, erbaut ohne vorgängige Nivellirung des Grundes auf den natürlichen Hebungen und Senkungen des Terrains und verbunden nur durch Feldwege, welche ebenfalls, nur dem Verkehre zwischen den einzelnen Gehöften dienend, über die natürlichen Terrainwellen geführt waren. Diese ältesten Feldwege werden uns jetzt durch die Trottoirs vergegenwätigt, welche, als die Nivellirung und Pflasterung der Straßen, inschriftlich bezeugtermaßen in der samnitischen Periode der Stadt, begonnen wurde, nebst den damals schon an ihnen stehenden Gebäuden in ihrem ursprünglichen Niveau liegen blieben und eben deshalb sich an einigen Orten kaum über den Damm der Fahrstraße erheben, während sie an anderen Stellen so hoch über denselben erhoben oder vielmehr der nivellirte Fahrdamm so tief zwischen ihnen eingeschnitten ist, daß man eigene Stufen in und neben ihnen hat anbringen müssen, um zwischen ihnen und der Fahrstraße eine gangbare Verbindung herzustellen. Von öffentlichen Gebänden gehört der ältesten Periode nachweislich außer den unteren Theilen der Mauer mit dem stabianer und dem nolaner Thor in seinen ältesten Stücken nur der griechische Tempel auf dem Forum triangulare an. Die einzelnen Wohnhäuser aber scheinen von Gärten umgeben gewesen zu sein, und eine von Fiorelli aufgestellte Berechnung des Flächenraumes, welche diese Gärten einnahmen, führt vielleicht nicht zufällig zu dem Ergebniß, daß jedem der Gehöfte der ältesten Anlage fast genau dieselbe Grundfläche, nämlich 2 Joch *iugera* zukam, welche im ältesten Rom jedem Familienhaupte zugetheilt war [18]. Ob der Platz des jetzigen Forum in der Urzeit ebenfalls bebaut oder schon damals als freier Platz (Markt) liegen gelassen war, ist eine für jetzt nicht zu entscheidende Frage.

Erst die samnitische Periode, welcher, wie gesagt, der Beginn der Nivellirung der Straßen gehört und welche mit ihrem Straßenzuge nachweislich den hauptsächlichen alten Feldwegen gefolgt ist, scheint die Vereinzelung der Gehöfte und Gehöftegruppen aufgehoben, die Gebäude in größere Complexe neben einander liegender Häuser zusammengefaßt und ein System der Anlage eingeführt zu haben, welches dann endlich die römische Periode theils festgehalten, theils auch, so z. B. an der Ostseite des Forums, wo mehre Gassen verbaut wurden, abgeändert und durchbrochen hat.

Ist dem so, so wird man den Gesammtplan der Stadt Pompeji, wie er uns jetzt vorliegt, als allmählich entstanden und auch nicht, wie in der Nissen'schen Hypothese von den beiden als *cardo* und *decumanus maximus* geltenden Hauptstraßen der *via Stabiana* vom stabianer nach dem Vesuvthor, und der *via Nolana* von einem jetzt verschwundenen Westthor nach dem nolaner Thore) beherrscht und in vier Regionen getheilt betrachten dürfen, sondern als von zweien Hauptstraßen in der wesentlichen Süd-Nord-

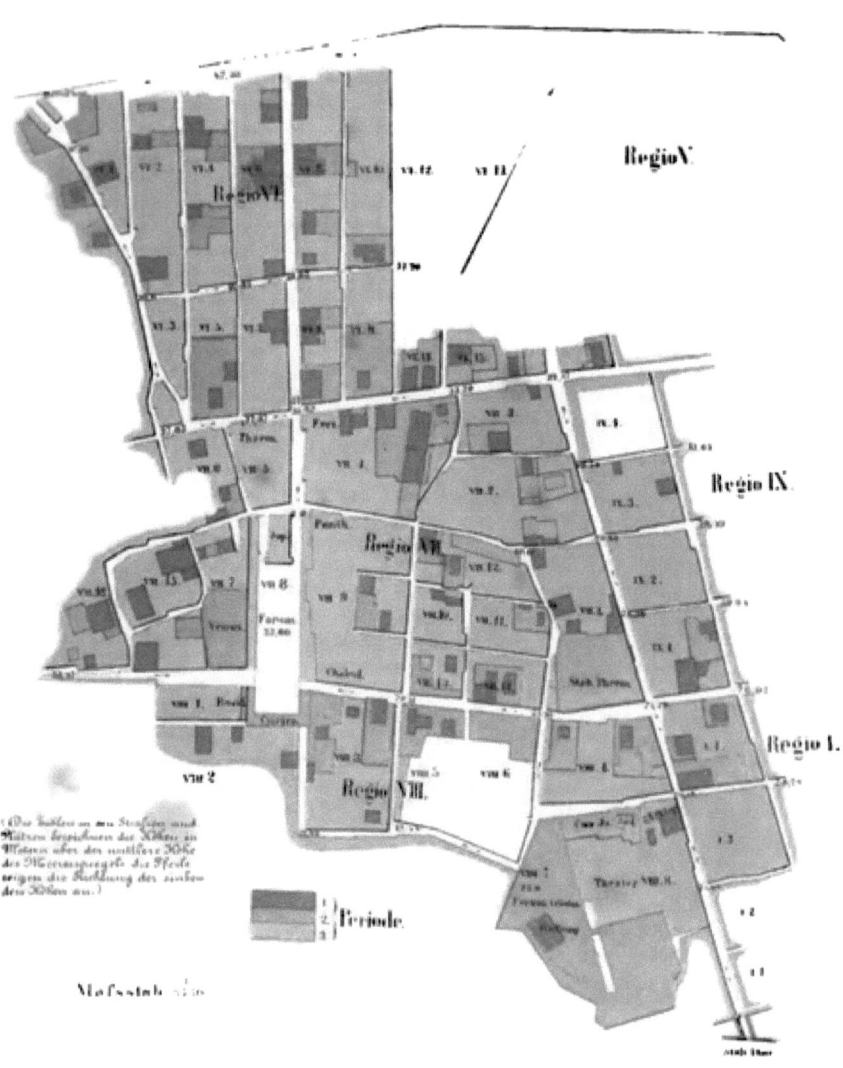

Plan der ausgegrabenen Theile Pompeji's zur Übersicht der Hauptbauperioden
und der Nivellirung.

linie *via Stabiana* und die noch nicht ausgegrabene Verbindung der *porta Nucerina* mit der *porta Capuana* oder *Campana*; und von zweien dergleichen in der wesentlichen Ost-Westlinie (*via Nolana* und die Verbindung der *porta della marina* mit der *porta del Sarno*) durchsetzt und folglich in neun Regionen getheilt anzusehn haben, welche in den chromolithographirten Plan nebst der Bezifferung der s. g. *insulae* d. h. Häusercomplexe nach der Fiorelli'-schen Bezeichnung schon aus dem Grund eingetragen sind, um die topographische Bestimmung und die Auffindung der verschiedenen Punkte namentlich in den neuer ausgegrabenen Stadttheilen zu erleichtern, in denen die Häuser nicht so durchgängig weil nicht so willkürlich wie in den älteren getauft worden sind.

Wegen einer topographischen Beschreibung der Stadt selbst aber muß der Leser auf den großen Plan der bisher ausgegrabenen Theile Pompejis verwiesen werden, welcher diesem Werke am Schlusse beigegeben ist; hier soll nur versucht werden, vorweg auf die bedeutendsten und interessantesten Punkte hinzuweisen, welche in den folgenden Theilen in systematischer Ordnung behandelt werden, und welche aufzufinden der kleine Gesammtplan vor S. 39 genügen wird, auf welchem die Massen der Privathäuser durchschraffirt und nur die öffentlichen Gebäude einzeln ausgezeichnet sind. Der heutige Reisende, welcher auf der Eisenbahn von Neapel nach Salerno nach Pompeji gelangt, betritt die Stadt gewöhnlich durch das s. g. Seethor und das Forum an der südlichen Ecke neben der Basilika; wir wählen zu dem raschen Gange durch die Straßen, welche wir mit nach verschiedenen Anlässen erfundenen Namen bezeichnet finden, einen andern Ausgangspunkt, nämlich die antike Hauptstraße von Neapel über Herculaneum, die heute so genannte Gräberstraße, welche mit Unrecht in manchen neuen Büchern als die Vorstadt Augustus felix bezeichnet wird, während sie doch nur die an dieser hin oder durch diese hindurch führende Heerstraße und die Vorstadt selbst noch so gut wie ganz verschüttet ist. Mehre Straßen, deren Anfänge aufgedeckt sind, zweigen sich nördlich von der Hauptstraße in die Vorstadt ab, über den Grad von deren Erhaltung unter bedeckendem Erdreich wir noch nicht mit Sicherheit urteilen können. Die Gräberstraße führt in einer nicht ganz unbeträchtlichen, wenn auch sanften Steigung, bedingt durch die Hügellage Pompejis, zu dem bedeutendsten, wenn auch jüngsten Thore, dem von Herculaneum. Der erste Gegenstand von Interesse, der uns auf unserer Wanderung begegnet, ist die rechts an der Gräberstraße, etwa 300 Schritte vom Thore belegene s. g. Villa des M. Arrius Diomedes, welche, wie sich das bei der Betrachtung der Privathäuser zeigen wird, weder die Norm eines großen Wohnhauses, noch selbst die einer ländlichen oder pseudourbanen Villa, wohl aber ein interessantes Beispiel der Anwendung normaler Anlage auf local gegebene Verhältnisse bietet. Gegenüber beginnen die Grabmonumente, welche sich zu beiden Seiten der Straße fortsetzen und einer eigenen Sonderbetrachtung vorbehalten bleiben. Sind wir etwa halbwegs zur Stadt gelangt, so finden wir links ein ausgedehntes Gebäude, das erste vollständig ausgegrabene der Vorstadt. Es ist dies eine mit einer Reihe von Kramläden verbundene Schenke, welche den gewöhnlichen Bedürfnissen der Reisenden entsprach, und die wir vielleicht am treffendsten mit dem modernen Ausdruck als eine Fuhrmannseinkehr bezeichnen könnten. Zunächst an der Straße liegt ein 1513 ausgegrabener Bogengang, der den Gästen und Käufern Schutz gegen Sonne und Regen bot, hinter diesem die Kramläden, deren geringe Bauart und rohe Malereien den wenig vornehmen Zweck der Anlage darthun. Innerhalb des Gebäudes, welches Ställe nebst einer steinernen Tränke einschließt, fand man außer dem Gerippe eines Maulesels und den Fragmenten eines Karrens eine Fülle von Hausrath aller Art: bronzene Eimer, Mörser aus Kalktuff, Flaschen, Gläser, Schüsseln von Thon, Spindeln, Würfel, Wagen, Töpfe und Kasserolen. Zwei kleine Heerde an der Straße, auf denen, wie noch heute in Neapel, für das gemeine Volk gekocht wurde, vollenden das Bild dieser antiken Kneipe, welche im obern Geschoß Schlafzimmer enthielt. Neben diesem ersten sind die Anfänge eines zweiten Gebäudes der Vorstadt ausgegraben, welches ebenfalls Läden, aber viel sorgfältiger bemalte, an der Straßenfront zeigt. Auch gegenüber rechts an der Straße sind die Reste eines Bogenganges und hinter demselben Läden. Vor dem Bogengang stehn steinerne Bänke, und viereckige Löcher im Trottoir weisen darauf hin, daß man diese Sitze durch ein Holz- oder Zeltdach zu beschatten suchte. Diese Läden liegen an der Straßenfront der 1763 ausgegrabenen und wieder verschütteten s. g. Villa Ciceros, deren Einfahrtsthor sich etwas weiter nach der Stadt hin findet. Gegenüber hat man 1837 und 1838 ebenfalls eine Villa auszugraben begonnen, die von 4 Mosaiksäulen oder richtiger Pfeilern den Namen der *Villa alle quattro colonne a musaico* erhalten hat, und welche auch heutzutage noch nicht ganz offen liegt. Indem wir sodann rechts und links noch an einer Reihe von Grabmonumenten vorbeigeschritten sind, stehn wir am herculaner Thore. Die erste Straße der Stadt, welche wir durch dies Thor betreten, trägt die augenscheinlichsten Spuren lebhaften Verkehrs und des Handels, der sich hier bewegte. Sie ist nicht allein ausgezeichnet durch eine beträchtliche Zahl von Wirthshäusern und Schenken (Thermopolien), deren Gäste aus Inschriften an den Wänden als Sackträger, Kärner und Maulthiertreiber erscheinen, sondern an ihr liegt auch das Gebäude, welches man für die Poststation (*mansio*) hält, und dasjenige, in welchem man das Zollhaus (*ponderarium*) erkannt haben will. An ihrer rechten Seite beginnen die größten, am Hügelabhange und auf der hier eingerissenen Stadtmauer erbauten, zum Theil dreistöckigen Häuser, welche große Lagerräume enthalten und nicht mit Unrecht für Kaufmannshäuser gelten. In den kleinen Straßen, welche links im spitzen Winkel von der Hauptstraße abzweigen und bis an die Stadtmauer führen, sowie in dem ganzen Stadtviertel nördlich von dieser Hauptstraße, welche, die ganze Stadt durchschneidend, das Thor von Herculaneum und das von Nola verbindet, stehn nur Wohnhäuser, die hier nicht aufgezählt werden können; an den Ecken finden wir öffentliche Brunnen, welche man an Straßenscheiden und Dreiwegen (*in triviis*) anzulegen liebte. Die vierte dieser nördlich abzweigenden Straßen giebt sich als die vornehmste Pompejis zu erkennen, einmal durch ihre Breite, sodann durch den Umstand, daß die in ihr stehenden Häuser im Erdgeschoß nicht von Läden umgeben sind, endlich dadurch, daß an ihrem Anfang ein eigner Thorbogen steht, der allerdings seinem Hauptzwecke nach der Wasserleitung diente, aber nichts desto weniger in seiner Form etwas die Straße Auszeichnendes hat. Diese Straße, welche den Namen *Strada di Mercurio* trägt, ist es denn auch, welche, wenngleich nicht durchaus gradlinig, auf das Forum leitet, dessen Ruinen wir durch einen zweiten Bogen südlich vor uns liegen sehen. Indem wir auf diesen zuschreiten, lassen wir rechts die seit älterer Zeit bekannten Bäder Pompejis, weder die einzigen, noch die größten und schönsten, welche die Stadt besaß, links das Tempelchen der Fortuna liegen. Das Forum, welches die bedeutendsten öffentlichen Gebäude umgeben, wird uns noch zu einem wiederholten Besuche nöthigen, und so durchschreiten wir die zertrümmerte Säulenhalle dieses in der That prächtigen Platzes ohne Aufenthalt in südlicher Richtung, um an der südöstlichen Ecke eine mit dem Namen der *Strada dell' Abondanza* bezeichnete Straße und durch sie das am wenigsten regelmäßig gebaute Quartier Pompejis zu betreten, welches sich so um das Forum triangulare gruppirt wie die neueren Stadttheile um das neue Forum oder Forum civile. In die vielen Wohnhäuser dieses Quartiers einzutreten, haben wir jetzt keine Zeit, wir begeben uns durch eine südlich abzweigende Straße auf den dreieckigen Platz am Südrande des Stadthügels, wo die Ruinen des griechischen Tempels stehn, und nachdem wir auf der halbkreisförmigen Bank an seiner westlichen Ecke ausruhend, die köstliche Aussicht genossen haben, betreten wir durch den Haupteingang der antiken Zuschauer von diesem Forum aus den mittlern Rang des größern Theaters. Vor uns liegen die Ruinen des Bühnengebäudes und hinter denselben sehen wir den viereckigen säulenumgebenen Hof der Gladiatorencaserne, welche irrthümlich für den Wochenmarkt (*Forum. nundinarium*) gehalten wird. Neben dem großen haben wir die Ruinen des kleinern Theaters und hinter den Theatern die Tempel, deren kleinerer an der Ecke dieses Viertels belegene nicht bestimmt zu benennen, deren größerer der Isis geweiht ist. In dem Quartier östlich vom Forum und nördlich vom Theaterviertel stehn an verschiedenen Straßen soviel wir bis jetzt mit Sicherheit sagen können außer den in neuerer Zeit ausgegrabenen Thermen wieder nur Privathäuser. Getrennt von allen bisher genannten Gebäuden liegt im südöstlichen Winkel der Stadt an die Mauer gelehnt das Amphitheater, zu dem uns der Weg über unausgegrabene Stadttheile durch Kornfelder, Maulbeer- und Weinpflanzungen führt. Nördlich vom Amphitheater liegt ein freier, jetzt wieder verschütteter Platz, den man für den Viehmarkt (*Forum boarium*) hält, und neben diesem endlich die ebenfalls wieder verschütteten Ruinen eines großen, der Julia Felix gehörenden Hauses, welche wir mit denen der beiden Villen vor dem herculaner Thor zu vergleichen haben werden.

Nach dieser kurzen orientirenden Wanderung beginnen wir unsere Einzelbetrachtung der Monumente Pompejis in systematischer Ordnung, durch welche freilich der Reiz der Mannigfaltigkeit verloren, jedoch Übersicht und Verständniß gewonnen wird. Zuvor mag aber der Leser sich aus der der folgenden Seite beigegebenen Zeichnung eine Gesammtanschauung von dem heutigen Zustande der Ruinen von Pompeji verschaffen, welche in keiner andern Weise besser vermittelt werden kann."

Diese Zeichnung ist die »skrupulös genaue Wiedergabe einer besonders für diesen Zweck gemachten Photographie von einem Modell der Stadt Pompeji, dessen Herstellung im Maßstabe von 1 : 100 zu den rühmenswerthesten Unternehmungen der neuen Aera gehört, wie Jeder zugeben wird, der da weiß, wie sehr die Ruinen selbst allmählichem Verderb entgegengehn. Schon deswegen ist die Herstellung eines Modells, welches die sämmtlichen Baulichkeiten so darstellt, wie sie sind oder wie man sie bei der Ausgrabung findet, nicht blos wünschenswerth, sondern nothwendig. Dazu kommt, daß man sich an einem Modell viel leichter, als am Original eine Übersicht über den Zusammenhang und die gegenseitige Lage aller einzelnen Räume und Gebäude, über den Lauf der Straßen, die Niveauverhältnisse u. dgl. m. verschaffen kann; und endlich ist dieses mit der höchsten Sauberkeit und Genauigkeit aus Kork, Gyps und Papier hergestellte Modell, in welchem auch die Malereien an den Wänden und die Mosaiken der Fußböden in feinster Malerei eingetragen werden, an sich ein höchst erfreuliches, ja bewunderungswürdiges Kunstwerk. Unsere Zeichnung stellt dessen bisher vollendete Theile, das Stadtviertel um das Forum civile dar, ein kleines Stück, es ist wahr, aber ein sehr wichtiges, und giebt über dieses eine Übersicht, wie sie keine s. g. Totalansicht der Stadt selbst, dergleichen mehre in Photographien unter dem Namen: »Panorama von Pompeji« existiren, geben kann, weil es in der Stadt und in ihrer unmittelbaren Umgebung an freien Höhepunkten fehlt, von denen herab man eine Ansicht in einer Art von Vogelperspective gewinnen könnte, wie sie sich für das Modell hat gewinnen lassen. Die photographischen Panoramen von Pompeji, aufgenommen, wo es allein möglich ist, von einem Thurme der Stadtmauer in der Verlängerung der *Strada di Mercurio*, zeigen Nichts als die oberen Enden zerbrochener Mauern und die Stümpfe von Säulen, die über jene emporragen, nebst einer Anzahl moderner Dächer, welche über wichtigeren Malereien und Mosaiken angebracht sind, während unsere Zeichnung uns in das Innere der Gebäude wenigstens zum Theil hineinblicken läßt, so wie wir in das Modell selbst hineinschauen können. Der Standpunkt ist ebenfalls in der Verlängerung der *Strada di Mercurio*. Im Vordergrunde haben wir von links nach rechts die Häuser: des großen Mosaiks oder des Faun (Plan 16), sodann den Complex der zusammen eine Insula bildenden Häuser des Ankers und des Schiffes, des Pomponius und der fünf Gerippe (41—44), ferner rechts von der Mercursstraße die Häuser des tragischen Dichters, des großen und des kleinen Mosaikbrunnens und die Fullonica (32—35), endlich rechts das Haus des Pansa (25); im Mittelgrunde, jenseits der Straße der Fortuna sehn wir links von der Mercursstraße den Complex folgender Häuser: das der Jagd, dasjenige der bemalten Capitelle, des Großherzogs von Toscana, der Figurencapitelle, der Bronzen, der Gypsformen und des Bacchus 57—64), sowie den Fortunatempel (V), rechts die alten Thermen (XV). Im dritten Plane liegt das Forum mit seinen s. g. Triumphbögen und den dasselbe umgebenden öffentlichen Gebäuden, links dem s. g. Pantheon, dem Senaculum, dem Mercurstempel und dem Gebäude der Eumachia (XXII, XXII, VIII, XXI), rechts der Lesche, den s. g. Gefängnissen, dem Venustempel und der Basilika (XVII, XVI, IX, XVIII). In der Mitte des Vordergrundes des Forum zwischen den Triumphbögen steht der Jupitertempel XII und seinen Hintergrund bilden die Façadenmauern der 3 Curien (XIX).

der 8

Restaurirte Ansicht des herculaner Thores.

II.

Erster oder antiquarischer Haupttheil.

Erstes Capitel.

Die Befestigungswerke, Mauern, Thürme und Thore.

Der erste Gegenstand von Bedeutung und Interesse, den wir in's Auge zu fassen haben, sind die Befestigungswerke, die Mauern nebst den Thürmen und den Thoren der Stadt. Die vollständig aufgegrabene aber zum Theil von außen her wieder verschüttete Mauer Pompejis umgiebt die Stadt nicht in ihrem ganzen Umfange, sie reicht nur vom herculaner Thor nördlich und westlich, dann südlich fortlaufend bis an die Theater; auf dem Stücke vom Forum triangulare bis zu dem herculaner Thor ist die Mauer in antiker Zeit eingerissen und ihre Stelle nehmen die am Abhange des Stadthügels erbauten, großen terrassenförmig dreistöckigen Häuser ein. Pompeji war also in der letzten Zeit seiner Existenz eine offene Stadt, was zur Erklärung eines lange bemerkten, aber für räthselhaft geltenden Umstandes, dessen bei der Beschreibung des herculaner Thores gedacht werden soll, wichtig ist. Die Mauern gehören, wenn man von bedeutenden Reparaturen, welche sich als Flickwerk ohne Weiteres kennzeichnen, ganz absieht, den beiden älteren Perioden der Baugeschichte Pompejis an, denen sie nach Material und Technik entsprechen. Der ältesten Periode der Stadt gehören jene Theile der Mauer am stabianer, nolaner und s. g. Seethor, welche aus Sarnostein bestehend, die Unterlage für die aus dem Kalkstein von Nocera bestehenden Quadern bilden, aus denen in der zweiten Periode der Stadt die sämmtlichen höheren Stücke der Mauer hergestellt worden sind. Denn in der ersten Periode scheint sich die Außenmauer des ganzen Walles *agger,* nicht über 4 Meter erhoben zu haben, während die zweite Periode dieselbe bis zu 8 und 10 Metern emporführte. Die Werkstücke beider Perioden sind große, wohlbehauene Steine, welche ohne Mörtel auf einander geschichtet sind, jedoch zeichnen sich die älteren vor den jüngeren durch beträchtlich größere Dimensionen aus, ohne daß jedoch auch diese von der Art sind, daß ein Grund vorhanden wäre, sie mit den riesigen Werkstücken der kyklopischen Mauern Griechenlands, Latiums und Etruriens zu vergleichen. In den

Quadern der zweiten, nicht in denen der ersten Periode finden sich vielfach buchstabenähnliche Steinmetzzeichen eingehauen, welche in vielen Fällen, aber nicht immer mit Buchstaben der altitalischen Alphabete in der That übereinstimmen. Die beträchtlichen Reparaturen der wahrscheinlich durch Sulla im Bundesgenossenkriege beschädigten und ihrer äußern Steinlage entkleideten Mauern bestehn aus *opus incertum*, kleineren Bruchsteinen, meistens Tuff und Lava, welche mit Mörtel verbunden und nach außen mit an einzelnen Stellen noch bemerkbarem Stucco überkleidet sind, in welchem man die ursprünglichen Hausteine nachzubilden suchte.

Die Construction der Mauern Pompejis, so wie wir sie nach allen ihren Umwandelungen jetzt sehn, entspricht in den wesentlichen Theilen den Vorschriften, welche Vitruv (I. 5.) für den Befestigungsbau giebt. Zunächst warnt er, nirgend die Mauerlinie im spitzen Winkel zu brechen, weil diese spitzen Winkel durch Sturmböcke und andere Belagerungsmaschinen am leichtesten zu zerstören seien. Demgemäß finden wir wirklich im Umkreise der Mauern Pompejis alle spitzen Winkel vermieden, falls wir nicht die linke Seite am Eingange des Thores von Nola ausnehmen wollen, wo übrigens durch vorgelegte mächtige Strebepfeiler für Verstärkung des schwachen Punktes gesorgt ist. Ähnliches finden wir an der rechten Seite des Thores von Capua, aber auch hier ist durch vorgelegte Strebepfeiler für Verstärkung gesorgt.

Ferner verordnet Vitruv für den Aufbau der stärksten Mauern: zuerst ziehe man außerhalb der zu errichtenden Werke einen möglichst tiefen und breiten Graben und häufe die aus demselben gewonnene Erde als Wall (agger) zwischen zwei außen und innen aufzuführenden Mauern auf. Ist dieser Wall fest genug gestampft, um auch, falls in die äußere Mauer Bresche gelegt ist, für sich zu stehn, so hat man die stärksten Mauern, gegen die weder mit Sturmböcken noch mit anderen Maschinen, noch endlich durch Minen erfolgreich operirt werden kann. Pompejis Werke sind fast ganz in dieser Weise erbaut; freilich fehlt der äußere Wallgraben, und es

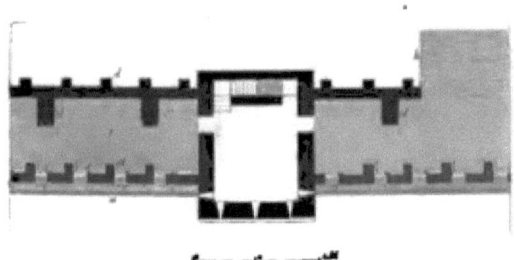

Fig. 6. Grundriß der Mauern.

kann zweifelhaft sein, ob derselbe nur in späterer Zeit ausgefüllt und planirt worden, oder wirklich nie vorhanden gewesen ist, wie er es in der letzten

Periode der Geschichte Pompejis sicher nicht war. Denn unmittelbar an der äußern Fluchtlinie der Mauern hin zweigt sich jetzt eine Straße der Vorstadt ab. — Betrachten wir den Grundriß der Mauer Fig. 6., so finden

wir zwischen der äußern Mauer (Escarpe) *a* und der innern (Contrescarpe) *c*, welche beide durch nach innen gelegte Strebepfeiler *d* verstärkt sind, den aufgeschütteten Wall (agger) *b*. Beide Mauern sind in ihren Fundamenten etwa 3 Meter dick und verjüngen sich nach oben so, daß sie auf der Höhe des Bodens etwa 2,30 M., auf der Höhe des Walles 1,75 M. stark sind. Die Contrescarpe hat außer den nach der innern Seite des Agger vorspringenden Strebepfeilern *d* in größeren Intervallen auch noch solche, welche in den Agger eingreifen *d₁*, und welche auch diesem einen größern Halt gegeben haben mögen.

Fig. 7. Durchschnitt der Mauern.

Die äußere Mauer steht nach außen hin nicht ganz senkrecht, sondern ist nach oben um ein Geringes (etwa 0,50 M.) eingezogen. Diese äußere Mauer und der Erdwall in der Mitte ist, einige Abweichungen durch Unebenheiten des Terrains abgerechnet, im Mittel etwa 5 bis 5,50 M. hoch, letzterer zwischen der Brustwehr der vordern und der höhern hintern Mauer gemessen 5,20 M. dick, so daß die Mauer in ihrer Gesammtheit am Boden 7,50 M., unter der Brustwehr rund 7 M. dick ist. Der Wall ist auf seiner obern Fläche ein wenig nach vorn geneigt, um dem Regenwasser einen Abfluß durch unter dem Zinnenkranz in Abständen von etwa 2,7 M. angebrachte Ausguß-rohre von Stein und von der in Fig. 8. ge-zeichneten Gestalt zu gewähren. Über dies Pla-teau des Walles steigen die Brustwehren der vordern Mauer um 1,3 M. empor, indem sie zwischen sich 0,50 M. breite und ebenso tiefe Schießscharten zum Abschleudern der Wurf-geschosse lassen, von welchen aber mehre ver-mauert oder nicht geöffnet sind. Diese Brust-

Fig. 8. Ausgußrohr.

wehren, welche auf den Strebepfeilern der Mauer sich von 3 zu 3 M. er-heben, sind zum Schutze des hinter ihnen aufgestellten Vertheidigers sinn-reich construirt.

Dieselben springen nämlich, wie die Abbildung einer Innenansicht

und der kleine Grundriß Fig. 9. zeigt, auf der Höhe der Brustwehr im
rechten Winkel nach innen um 0,95 M.

Fig. 9. Brustwehren der Mauer.

vor und bilden auf diese Weise
von zwei Seiten einen festen steinernen Schild
des hinter ihnen stehenden Postens, der zum
Wurfe seines Speeres sich nur auf einen
Augenblick nach rechts vor die Öffnung
Schießscharte zu bewegen hatte, und gleich
darauf wieder seinen Platz hinter der schützenden Wehr einnehmen konnte, die ihm grade
einen freien Blick auf die Angreifer gestattete. Über das Plateau des Walles erhebt sich nun die innere Mauer noch um
5,30 M., so daß diese die Gesammthöhe von
im Mittel 13 M. erreichte, genügend, um
jeden Wurf aus Balisten oder anderen Maschinen abzuwehren. Breite, aber ziemlich
steile Treppen (h Fig. 6. führten in der
Nähe des herculaner Thores aus der Stadt
auf die Wälle, sind aber im weitern Verlaufe der Mauer nicht nachweisbar.

Alles bisher Gesagte wird durch die nebenstehende Abbildung Fig. 10 klar
werden. a äußere Mauer, c innere Mauer, e Brustwehr mit den Öffnungen
zum Wurfe, f Ausgußrohre für das vom Walle
abfließende Regenwasser, g Zinnen der obern
Mauer.

Fig. 10.   Ansicht der Mauer.

Was nun die Thürme betrifft, so schreibt
Vitruv vor, dieselben nicht mehr als einen Pfeilschuß von einander zu entfernen, damit sie bei
einer Erstürmung der Mauer sich gegenseitig
vertheidigen können. Dies an sich sehr ein-
leuchtende Princip ist in Pompeji nicht streng
eingehalten worden, wenigstens sind die Thürme
in sehr ungleichen Entfernungen von einander
angebracht. An der nördlichen Mauer stehn
die ersten drei Thürme allerdings nur etwa
85 M. von einander entfernt, beim Amphitheater
etwa 100—135 M., Entfernungen, welche durch
einen Pfeilschuß gewiß erreichbar waren. Der
Thurm aber zwischen dem nolaner und capuaner Thor ist von beiden 275 M.
entfernt, ebenso der nächste zwischen dem nolanischen Thor und dem des
Sarnus. Diese Entfernungen sind für wirksame Pfeilschüsse offenbar zu
groß und erklären sich nur möglicherweise aus der Natur des Terrains,
welche wir allerdings, wie heute die Sachen liegen, nicht zu controliren
vermögen. Die Thürme Pompejis, deren in zwei gemalten oskischen Inschriften gedacht wird, müssen der samnitischen Periode und werden wahrscheinlich der Zeit des Bundesgenossenkriegs angehören; es ist daher leicht

erklärbar, daß sie auch in ihrer Anlage von Vitruvs Rath und Vorschrift abweichen, nach welcher Thürme entweder rund oder polygonal aus Hausteinen zu bauen sind, weil durch den von außen auf die keilförmig gebauenen Steine wirkenden Sturmbock diese schwer oder gar nicht aus ihrer Fügung zu treiben sind. Die Thürme Pompejis dagegen sind viereckig und bestehn aus mörtelgebundenen und mit Stucco überkleideten kleinen Tuff- und Lavastücken in s. g. *opus incertum* (s. Fig. 11.).

Fig. 11. Ansicht eines Thurmes.

Die innere Einrichtung dieser 8 M. ins Geviert haltenden und etwa 14 M. hohen Thürme ist die folgende, wobei zu bemerken sein dürfte, daß das unterste Geschoß jetzt bei allen Thürmen wieder verschüttet liegt, so daß man dasselbe nicht untersuchen kann, sondern sich auf Mazois' für die oberen Stockwerke genau mit den jetzt noch zu machenden Beobachtungen übereinstimmende Angaben verlassen muß.

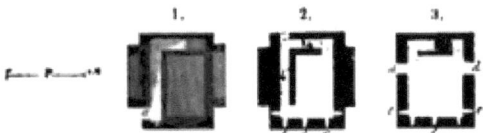

Fig. 12. Grundriß der Thürme in drei Geschossen.

Sie bestehn aus drei bedeckten Stockwerken, 1, 2, 3 Fig. 12.; das unterste 1. hat an der einen Seite in der Flucht der Mauer ein Ausfallsthor *a*, welches durch ein Fallgatter geschlossen wurde. Der Fußboden des Thurmes ist geneigt und zwar nach hinten erhoben, wie der Durchschnitt zeigt. Über diesen geneigten Boden und durch den Gang *b* (Figg. 12. und 13.) gelangte man in den zweiten, 2,50 M. höhern Stock des Thurmes (2 Fig. 12.), welcher mit Schießscharten *c* (Figg. 12. u. 13.) versehn ist, und ebenfalls einen geneigten Boden hat, über den und durch den gewölbten und von der Stadtseite durch gewölbte Fenster erleuchteten Gang und die Treppe *b'* (Figg. 12. u. 13.) man in das dritte (3 Fig. 12.) Geschoß emporstieg, das im Niveau des Walles liegt und dessen grader Fußboden auf dem Tonnengewölbe des untern Stockwerks (siehe Fig. 11.) ruht. Hier hat der Thurm nach drei Seiten Schießscharten *c* (Fig. 12. und 13.) und nach

den beiden Seiten des anstoßenden Walles hin Thüren *d* (Figg. 12. u. 13.),
durch welche eine freie Communication mit allen Theilen der Wälle auf-

recht erhalten wurde. Endlich erhebt sich
über diesem ebenfalls überwölbten casematt-
tirten Stockwerk noch ein oberstes offenes,
mit einem Zinnenkranz umgebenes, zu dem
man auf der Treppe *b''* (Figg. 12. u. 13.)
emporstieg.

Durch den Umfang der Mauern führen
acht bekannte Thore, deren Zahl für die ältere
Zeit wahrscheinlich um eines nach der Seite
der See hin vermehrt gedacht werden muß,
wenngleich dasselbe mit der Mauer an dieser
Seite der Stadt verschwunden sein mag, denn
es ist schwer glaublich, daß man den Verkehr
nach und von außen auf der ganzen Strecke
von den Theatern bis an das herculaner Thor
auf einen Eingang, das s. g. Seethor beschränkt
haben sollte. Die übrigen sieben Thore hat

Fig. 13. Durchschnitt eines Thurms.

man (im NW. beginnend mit folgenden Namen belegt s. den kleinen
Plan : 1 herculanisches, 2 vesuvisches, 3 capanisches, 4 nolanisches Thor,

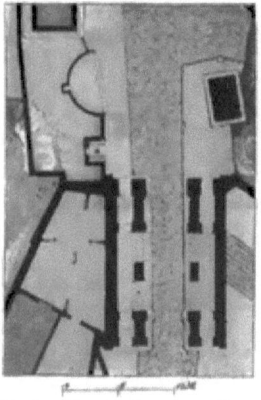

Fig. 14.   Plan des herculaner Thors.

5 Sarnusthor, 6 nucerinisches und 7 stabia-
nisches Thor. Sie sind bis auf das nola-
nische, das stabianische und das s. g. Seethor *porta della marina* von römischer
Construction, aus Tuffbruchstücken mit
Mörtel aufgeführt und mit einem Bewurfe
bekleidet, der sich durch seine Feinheit
und Glätte auszeichnet. Von diesen Thoren bieten nur das herculanische, das no-
lanische, das stabianer und das Seethor
bemerkenswerthe Besonderheiten dar, indem
die anderen einfache Schwibbögen darstellen. Das herculanische Thor ist das
relativ größte und schönste, obwohl an sich
weder sehr groß, noch sehr schön. Es ist
11 M. breit, mit einer 4,70 M. breiten
Einfahrt und zwei nur 1,30 M. breiten und
4,70 M. hohen Nebeneingängen für Fußgänger versehen.

Seine gesammte Tiefe beträgt 16,50 M., jedoch ist der mittlere große
Thorweg, dessen Wölbung eingestürzt ist, nicht als bedeckter Gang durch-
geführt wie die Nebeneingänge, sondern er bildet vielmehr eine Art von
Doppelthor, welches einen innern von beiden Seiten der Wälle zu be-
streichenden Hof einschließt, in welchem die Feinde, falls sie das äußere
Thor forcirt hatten, vor dem innern den allseitigen Angriffen der Ver-

Außenansicht des herculaner Thores.

Innenansicht des herculaner Thores.

theidiger ausgesetzt waren. Auf diesen innern Hof haben auch die Neben-
wege für Fußgänger seitliche Ausgänge. Das doppelte Thor wurde durch
Fallgatter geschlossen, deren vorderstes 2,35 M. von der vordern Front
entfernt war, während die Nebeneingänge durch gewöhnliche Thüren, deren
Zapfenlöcher noch vorhanden sind, geschlossen wurden. Erhalten ist auch
der Falz, in welchem das Fallgatter herabgelassen wurde; dieser Falz aber
ist sorgfältig mit weißem Stucco ausgestrichen, ein Umstand, der seit Winckelmann Vielen als ein Räthsel erschienen ist. Denn dieser Stucco mußte doch
bei der ersten Bewegung des Fallgatters abgestoßen werden. Doch löst sich
dieses Räthsel sehr einfach, wenn man nicht vergißt, daß Pompeji, wie oben
bemerkt, in seinen letzten Jahren eine offene Stadt war, deren Thore wie
die gebrauchter Festungswerke zu verschließen kein Anlaß vorlag. Offenbar
war in den Zeiten, von denen wir reden, gar kein Fallgatterverschluß mehr
im herculaner Thor, und so konnte man die Falze, wie das ganze übrige

Fig. 15. Grundriß des nolaner Thors.

Thor ruhig übertünchen und überweißen. — Den heutigen Zustand dieses
offenbaren Hauptthores von Pompeji, durch welches die beiderseits mit
Gräbern geschmückte Heerstraße in die Stadt einmündete, stellt die Abbildung nach Seite 50 in der Außenansicht dar. Die kleine Nische rechts
ist es, in der man das Skelett eines Soldaten gefunden haben will; sie
heißt danach gewöhnlich ein Schilderhaus, obgleich sie, wie wir unten
sehn werden, ein unzweifelhaftes Grabmal ist. Links steht ein großes
Postament, das wahrscheinlich eine Reiterstatue oder auch eine Statuen-
gruppe trug. Die zweite hierneben stehende Abbildung giebt die innere
Ansicht, auf welcher die Seiteneingänge von den Nebenthoren in den
innern Hof deutlich sichtbar sind. Das Gebäude gleich rechts ist ein
Thermopolium, eine Schenke.

Die dritte Ansicht endlich, welche diesem Capitel vorgeheftet ist,
giebt die einfachste und deshalb wahrscheinlichste Restauration der äußern
Ansicht. Die breiten Pfeiler zwischen dem Haupteingange nach außen

4 *

und den Nebengängen dienten als Album, d. h. als der für Placate und
Anzeigen dienende Ort. Sie waren mit weißem Stucco überkleidet, auf dem
man die Anzeigen mit schwarzer oder rother Farbe malte; war das Album
voll, so wurde es nur überweißt und auf's neue beschrieben. Früher halb-
verstandene Nachrichten der Alten über diese Einrichtung sind durch die
Auffindung dieses pompejanischen Album, übrigens nicht des einzigen in
der Stadt, plötzlich ins klarste Licht gesetzt.

Fig. 16. Innenansicht des nolaner Thors.

Hiernächst wenden wir uns zu dem nolaner Thor. Zuerst ist zu bemerken, daß dies Thor die Mauer nicht rechtwinkelig, sondern spitzwinkelig
durchschneidet, um der Linie der auf dasselbe ausmündenden Hauptstraße
zu entsprechen. Sodann sehen wir, daß dasselbe nicht wie das herculanische bis an die äußere Flucht der Mauerlinie vortritt, sondern im Hintergrunde eines zwischen vorspringenden Mauerwinkeln liegenden Ganges angebracht ist, der nur wenig mehr Breite bietet, als der Thorweg selbst, wie

dies auch die Außenansicht am Schlusse dieses Capitels darstellt. Durch diese Anlage, welche, wie die Construction des linken, weit vorspringenden Mauerstücks aus *opus incertum* beweist, erst in späterer Periode vollendet ist, wurde den Vertheidigern ein bedeutender Vortheil gegen die Angreifer geboten, welche nur in verhältnißmäßig schmaler Colonne gegen das Thor anrücken konnten und von beiden Seiten den Speeren und Pfeilen der Mauerbesatzung preisgegeben waren. Wir finden Ähnliches in griechischen Befestigungswerken, und zwar bereits den ältesten, wieder. Auch dies Thor ward durch ein Fallgatter geschlossen.

Auf der nebenstehenden Innenansicht (Fig. 16.) bemerkt man zunächst verschiedene Constructionen, theils aus Quadern von Sarnostein, welche der ältesten Periode, theils aus Ziegeln, welche, als Flickwerk, der römischen Restaurationsperiode angehören. Ferner, daß der Schlußstein der Wölbung mit einem ziemlich verwitterten Kopf in Hochrelief geschmückt ist, was vielfach bezeugter italischer Sitte entspricht. Es kann kein wesentliches Bedenken der Annahme entgegenstehn, daß dieser verzierte Schlußstein ursprünglich diesem neben dem stabianer ältesten Thor Pompeji angehört. Neben demselben befindet sich die oskische Inschrift Fig. 17., von der es allerdings wahrscheinlich ist, daß sie erst bei der Restauration des Thores an diesen ihr eigentlich nicht gebührenden Platz gekommen ist. Diese Inschrift, auf der man in früheren Zeiten zwei Worte völlig mißverstand, hat damals zu einer zweiten, seltsamen Bezeichnung dieses Thores geführt. Man übersetzte nämlich in der Inschrift, deren richtiger Wortlaut ist: »Vibius Popidius, Sohn des Vibius, Meddix tuticus, hat

Fig. 17.
Oskische Inschrift.

(dieses Gebäude) errichten lassen und derselbe hat es gebilligt (oder: dem öffentlichen Gebrauch übergeben)«, die beiden letzten Worte *isidu pruphatted* (lateinisch *idem probavit* oder *profatus est* mit »der Isis Prophet« und nannte das Thor das der Isis, deren Bild man in dem Kopfe des Schlußsteins erkannte. Glücklicher Weise ist diese Annahme schon seit längerer Zeit als ein ziemlich lächerlicher Irrthum erkannt und damit auch die Geschichte von einem so bedeutungsvollen Falsum befreit, wie der volleingebürgerte Dienst der aegyptischen Isis im oskischen Pompeji sein würde.

Von sehr bemerkenswerther alter Construction ist ferner auch das erst in neuerer Zeit ausgeräumte Thor zunächst den Theatern, das stabianische. Es ist ganz aus starken Quadern gebaut, wurde nicht mit einem Fallgatter, sondern mit einem starken Doppelthor, dessen Zapfenlöcher vorhanden sind, geschlossen, ist aber im ganzen Zusammenhange seiner Einrichtung und Bauweise noch nicht hinlänglich klar gelegt, um hier ohne Weitläufigkeit erörtert werden zu können. Es soll jedoch nicht unbemerkt bleiben, daß auf einem innerhalb dieses Thores aufgerichteten Steine eine sehr merkwürdige oskische Inschrift [19] gefunden wurde, welche sich auf den Bau verschiedener Straßen von Pompeji durch oskische Aedilen der Stadt bezieht und einige noch nicht sicher nachgewiesene topographisch wichtige Punkte von Pompeji nennt.

Endlich noch ein Wort über das sogenannte Seethor, dasjenige, durch welches man heutzutage gewöhnlich die Stadt betritt. Dasselbe bildet einen langen überwölbten Gang, innerhalb dessen die Straße ziemlich steil und bei ihrer Pflasterung schlecht gangbar ansteigt. Es ist deshalb an der einen Seite (links vom Hineingehenden) ein viel weniger geneigter Fußweg neben die Fahrstraße gelegt, welcher oben in deren Niveau ausläuft, während er unten über Stufen erstiegen werden muß. Diesem Fußweg gegenüber öffnet sich in der Mitte der Thorwand eine Thür, welche uns in sehr merkwürdige antike weite und überwölbte, von oben her durch einzelne Lichtöffnungen erleuchtete Räume führt, welche jetzt zu dem schon erwähnten Localmuseum hergerichtet sind und deren ursprüngliche Bedeutung nicht ganz sicher ist, obwohl man kaum weit von der Wahrheit abweichen wird, wenn man sie als Magazine, sei es öffentliche, sei es an Private vermiethete betrachtet. In jedem Falle gehören sie ihrer Größe und ihrer trefflichen Construction wegen zu den bemerkenswertheren Räumen in Pompeji. Die Fenster in der Wand dem Eingange gegenüber sind modern. Höchst eigenthümlicher Weise springt die Fluchtlinie der Straßenfront links innerhalb des Thores bis auf mehr als ein Drittheil der Öffnung der Thorwölbung vor, so daß diese zum Theil verbaut ist, ein Zeichen mehr der veränderten Bauanlage in den letzten, d. h. den römischen Zeiten Pompejis.

Zweites Capitel.

Die Straßen und Plätze Pompejis.

Wenn wir nach der Betrachtung der Befestigungswerke die Stadt Pompeji betreten, so wird der Habitus der Straßen im Allgemeinen unsere Aufmerksamkeit fesseln und auch die Einrichtung derselben als Wege bald unser Interesse erregen. Eine Schilderung des Aussehns der Straßen und der Art ihrer Herstellung und Pflasterung, an welche sich eine Darstellung der öffentlichen Plätze naturgemäß anlehnt, möge deshalb weiteren Betrachtungen vorangestellt werden.

Die Straßen Pompejis bieten keineswegs einen besonders mannigfaltigen oder schönen Anblick dar, indem die Façaden der Häuser, weit entfernt von dem Reichthum und der Abwechselung des mittelalterlichen oder modernen Façadenbaus, fast nur glatte Wände bilden, welche nur von der meistens wenig verzierten Eingangsthür und von kleinen Fenstern durchbrochen werden, die bei den neueren Häusern meistens nur im obern, hie und da als Erker vorspringenden Geschosse und nur selten im Erdgeschosse liegen, was bei denen der älteren Perioden allerdings fast regelmäßig der Fall ist, aber stets, als bloße Lichtöffnungen hoch über dem Boden angebracht sind und die Façade so gut wie gar nicht beleben. Es hangt dies mit der bezeichnendsten Eigenthümlichkeit des antiken Hauses zusammen, welches wir als einen Innenbau kennen lernen werden, der mit dem Verkehr der Straße wesentlich nur durch die Ein-

Aussenansicht des nolaner Thores.

gangsthür zusammenhing, während unsere Wohnhäuser mit ihren nach Möglichkeit zahlreichen Fensterreihen den steten Bezug zur Straße darstellen. Am meisten Mannigfaltigkeit gewähren den pompejanischen Häuserfronten außer manchen schön geschnittenen und mit Pfeilern und Simsen geschmückten Thüren die zahlreichen Läden, welche die Häuser gewöhnlich im Erdgeschoß umgeben und, indem sie zu Kauf und Verkauf allezeit weit geöffnet sind, die Einförmigkeit der kahlen Façaden unterbrechen und Abwechselung von Licht und Schatten in denselben hervorrufen. Zu einer Belebung der Straßen und Gassen tragen ferner die zahlreichen Brunnen und sonstige kleinere Monumente, von denen unten insbesondere zu handeln sein wird, bei, während das Ganze durch die helle Tünche und vielerlei Malerei auf den Außenwänden wenn auch nicht einen schönen und großen, so doch einen überaus heitern Eindruck gemacht haben muß, der jetzt, wo es fast keinen Schatten in Pompeji giebt, wesentlich von seiner Mannigfaltigkeit verloren hat.

Es ist schon oben (S. 40.) bemerkt worden, daß die Nivellirung und Pflasterung der Straßen in samnitischer Zeit begonnen worden ist. Die ebenfalls schon (S. 53.) erwähnte oskische Wegebauinschrift im stabianer Thore lehrt uns, daß der Bau von vier Straßen, der stabiauer, der pompejauer, der jovischen und einer vierten mit unaufgeklärter Bezeichnung (*dekeiarim* = *decempedalis?*) unter den Aedilen Publius (Maius?) Sittius und Numerius Pontius beschafft worden sei; ob wir diese Straßen nachweisen können ist eine offene Frage, ebenso wie die andere, welche Ausdehnung der Wegebau vor Sulla's Zeit erreicht hatte; allein die Thatsache seines Beginns in der Periode der samnitischen Autonomie steht eben so fest, wie die andere seiner Fortsetzung in der römischen Periode vor dem Jahre Roms 709 = 45 v. u. Z. sich aus zwei in die Kantsteine des Trottoirs in der stabiauer Straße eingehauenen Daten ergiebt, in denen der Monat Juli noch als Quintilis bezeichnet ist (Giorn. d. scavi, N. S. II. p. 44, Note). An der Art der Technik werden sich früher und später gebaute Straßen wohl kaum unterscheiden lassen, man kann also nur im Allgemeinen von ihnen sagen, daß die überwiegend gradlinig verlaufenden Straßen und Gassen von verschiedener aber niemals von bedeutender Breite sind, indem man enge Straßen des reichlichern Schattens wegen für gesünder hielt (Tacit. Ann. XV. 43.). Die größte Breite einer Straße beträgt mit Einschluß der Trottoirs nicht mehr

als 7,7 Meter, viele haben
nur 1 und mehre nur 2,50
bis 3 Meter Gesammtbreite,
von der noch ein nicht Un-
beträchtliches für die Trottoirs (*margines*) abgeht, so daß
die Fahrstraße (*agger*) sehr
eng erscheint. Überall aber,
mit Ausnahme ganz einzel-
ner, ungepflastert gebliebener

Eisen.
Granit.
Marmor.
Kies.

Fig. 18.　Pflaster mit Ausbesserungen.

Seitengassen in dem Quartiere nördlich vom Forum sind die Fahrstraßen sanft gewölbt und mit großen Lavablöcken auf's sorgfältigste gepflastert. Die

56 Zweites Capitel.

Platten, in welche die darüber gegangenen Wagen bei einer Spurbreite von 0,90 M. Rillen von zum Theil beträchtlicher Tiefe eingeschliffen haben, sind mit großer Genauigkeit in einander gefugt und nur hier und da durch zwischengetriebene Eisenkeile und kleine Steine an schadhaft gewordenen Stellen einigermaßen roh ausgebessert, durchweg aber stark vernutzt, so daß sie heutzutage einen ziemlich holperigen Eindruck machen.

Für die Bequemlichkeit der Fußgänger, welche von einem Trottoir auf das andere überkreuzen wollten, ist durch große oben flache Steinblöcke gesorgt, welche sich über das Niveau des Pflasters bis zu dem des Trottoirs erheben und es so ermöglichten ohne Beschmutzung der Füße und ohne den Fußgänger zu nöthigen von dem z. Thl. recht hoch über der Fahrbahn, d. h. im Niveau des ursprünglichen Terrains liegenden Trottoir herabzusteigen, die Straße quer zu überschreiten. Es giebt kaum eine Straße ohne

Fig. 19. Pflaster mit Trittsteinen.

diese Bequemlichkeit, welche zur Zeit der heftigen Winterregen mehr als nur dies sein mochte. In breiteren Straßen wurden mehre Steine, drei oder auch fünf angebracht, welche jedoch immer so liegen, daß ihre Zwischenräume den richtigen Platz für die Wagenräder und die Zugthiere bieten, in den engen Gäßchen liegt nur ein Stein in der Mitte, und es fragt sich ob diese nach dessen Anbringung noch fahrbar geblieben sind. Allerdings finden sich auch hier vielfach die von den Rädern eingeschliffenen Rillen, diese aber können aus früherer Zeit stammen, und gewiß ist, daß einige Gäßchen durch später angebrachte Trittsteine gesperrt worden sind, während z. B. die Straße vom Forum nach den stabianer Thermen [*Strada dell' abbondanza*] wenigstens in den letzten Zeiten Pompejis gar nicht mehr befahren worden sein kann. Denn am Forum war sie vergittert, an den Thermen aber zieht sich quer über den Fahrdamm eine hohe Stufe, welche kein Wagen, weder auf- noch abwärts überschritten haben kann. Wurden die von den Rädern eingeschliffenen Rillen zu tief, so besserte man,

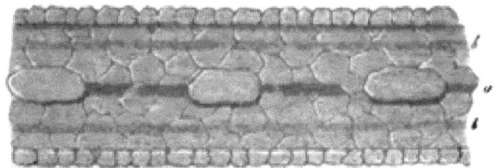

Fig. 20. Versperrter Fahrweg.

wie es scheint, das Pflaster in einfacher und sparsamer Weise dadurch aus, daß man dasselbe umlegte, so daß die von den Rädern ausgeschliffenen Steine nach der Mitte, die früher in der Mitte gelegenen nach den Seiten kamen. Ein schlagendes Beispiel dieser Verfahrungsart und zugleich von der Straßensperrung sehn wir in vorstehender Probe (Fig. 20.) aus der sogenannten *Strada del tempio di Augusto* (F. e. im Plan), einer schmalen, nur für einen Wagen zugleich passirbaren Gasse. Hier liegt ein tief eingeschliffenes nicht ganz regelmäßiges Geleise *a* zwischen den Trittsteinen, während sich zu beiden Seiten in *b* zwei andere, regelmäßigere aber weniger tiefe Geleise befinden. Da wo das erstere liegt kann es nie durch Fahren entstanden sein, die Steine also, in denen wir es finden, lagen früher an den Seiten. Aber auch die flacheren Seitengeleise können nicht eingefahren sein seitdem die Trittsteine gelegt waren, diese müssen also früher gefehlt haben, und die Straße muß später für Wagen gesperrt worden sein. An ein rasches Fahren war begreiflich auch in den Hauptstraßen nicht zu denken, ohnehin fuhr man im Alterthum lange nicht so viel wie bei uns; schwere Lastwagen durften in Rom die Straßen bei Tage nicht passiren und der persönliche Verkehr zu Wagen war auf eine geringe Anzahl bevorzugter Personen der höheren Stände gesetzlich beschränkt. In Pompeji war die Station der *cisarii* (Cabrioletkutscher, wie eine Inschrift zeigt, vor der Stadt.

Zu beiden Seiten wird der Fahrweg durch ein Trottoir (*margo, margines*) von sehr verschiedener Breite eingefaßt. Dieses besteht nach der Gosse zu aus 0,30—0,40 M. breiten Haussteinen, welche oftmals, namentlich vor Läden, schräge durchbohrt sind. Man hat diese Löcher daraus erklären wollen, daß man Pferde und anderes Vieh durch dieselben festgebunden habe; eine eben so wahrscheinliche Bestimmung derselben aber war zur Befestigung von Zeltdächern, die man vor den Läden wie noch jetzt in Neapel ausspannte. Innerhalb der Haussteine besteht das bald bis zu fast einem Meter hoch über, bald fast im Niveau der Fahrstraße liegende Trottoir aus festgestampfter Erde, welche verschieden, bald mit Sand, bald mit Ziegeln, mit Steinplatten, mit Asphalt, mit der *opus signinum* genannten rohen Art von Ziegelmosaik, gelegentlich auch mit Marmorplatten bedeckt ist, jenachdem ein Hauseigenthümer, dem die Sorge für das Trottoir in der Breite seines Grundstückes oblag, ein geringeres oder besseres Material zu wählen für gut fand. An den Trottoirs entlang stehn in mehren Straßen noch eigene Prellsteine und führen die Gossen, in welche das Regenwasser der Fahrstraße zusammenfloß, das dann durch Abzugsöffnungen, die an verschiedenen Orten im Trottoir angebracht sind, in größere Canäle und durch diese

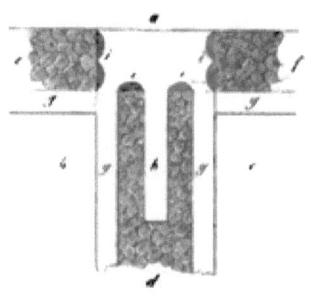

Fig. 21. Plan eines Emissars.

a Haus nach der Straßseite unter dem hindurch der Abfluß ist, *b* und *c* zwei andere Häuser an der Verlängerung der Straße der Fortuna *d* und zwei kleineren Straßen *e* u. *f*; *g* Trottoirs, *h* sanft ansteigende Rampe von dem Pflaster zu der Höhe der Platform des Emissars, welche unterwölbt ist, und durch sechs Bogen *i* sich dem von den drei Straßen dem Emissar zufließenden Wasser öffnet. Die schraffirten Bogen schneiden nicht in die Platform ein, sondern erheben sich vertical aber dem Pflaster, es sollte nur ihre Lage durch die Zeichnung deutlich gemacht werden.

unterirdisch und unter den Häusern durch aus der Stadt entfernt wurde. Die obenstehende Figur zeigt uns den Plan eines dieser Emissare (F. G. b.

im großen Plan, welcher das Wasser dreier Gassen aufnahm und daher ziemlich complicirt ist.

Der ausgegrabene Theil Pompejis hat drei größere öffentliche Plätze, das *Forum civile*, das s. g. *Forum triangulare*, innerhalb dessen die Ruinen des griechischen Tempels stehn, und das s. g. *Forum boarium*, den Ochsenmarkt, nahe beim Amphitheater. Von diesen Plätzen war das Forum civile mit Platten weißen Travertins belegt, welche aber, ausgenommen auf dem Stück östlich neben dem Jupitertempel, bis auf einzelne noch vorhandene schon im Alterthum ausgehoben und weggeschafft worden sind, außerdem hatte es eine umlaufende bedeckte Gosse. Über die Art, wie die beiden anderen Plätze gedeckt oder gepflastert waren, ist jetzt kein Urteil mehr möglich, das Forum triangulare zeigt das natürliche, von dichter Vegetation überwucherte Erdreich, das Forum boarium ist, wie schon gesagt, wieder verschüttet.

Das ungleich größte Interesse nimmt das Forum civile als das eigentliche politische Centrum der römisch gewordenen Stadt in Anspruch, und zwar sowohl durch die Bedeutsamkeit der um dasselbe vereinigten öffentlichen Gebäude, wie auch durch die architektonisch schöne Gesammtansicht, welche dieser nur von öffentlichen Gebäuden umgebene, wenn auch vielleicht nicht ursprünglich nach einheitlichem Plan angelegte, so doch jedenfalls nach einem solchen umgemodelte Platz vor seiner Zerstörung dargeboten haben muß. So wenig wie einer mittelalterlichen fehlt einer antiken Stadt ihr Marktplatz, denn das ist die ursprüngliche Bedeutung des Forum; es ist der Platz für Handel und Wandel und für den ganzen bürgerlichen Verkehr sowie für die Gerichte, wie ja auch in unseren Städten die Gebäude der städtischen Verwaltung und Gerichte am Marktplatze zu liegen pflegen. In Italien gesellte sich zu dieser Bestimmung des Forum noch diejenige für die Gladiatorenkämpfe, nachdem diese zu allgemeinen Volksfesten geworden waren, und deshalb sind die Fora meistens mit einer durch Gitterwerk abtrennbaren Colonnade umgeben, welche häufig eine obere Gallerie für die den Kämpfen zuschauenden Frauen trug. Später wurden Handel und bürgerlicher Verkehr getrennt und für erstern eigene Marktplätze, die *Fora venalia* geschaffen, so daß das ursprüngliche Hauptforum wesentlich den politischen Angelegenheiten vorbehalten blieb und demgemäß den Namen des *Forum civile* erhielt. Denn auch die Gladiatorenkämpfe wichen von demselben in die eigens für dieselben erbauten Amphitheater. Die *Fora venalia*, die Marktplätze für Kauf und Verkauf, wurden nun je nach der Größe der Städte und den Bedürfnissen des Verkehrs den Hauptgegenständen des Handels nach vervielfältigt, so daß sie als Viehmärkte, Gemüse-, Fisch-, Kranmärkte u. s. w. unterschieden wurden. Die politischen oder communalen Angelegenheiten aber erschufen wieder um das Forum civile eine Reihe von Gebäuden, welche den verschiedenen Interessen der Verwaltung und der Rechtspflege gewidmet waren.

So auch in Pompeji, wo wir außer einer Reihe von Tempeln fast alle die öffentlichen Gebäude wiederfinden, denen Vitruv am Forum ihren Platz anweist. Wir fassen zunächst das Forum in seiner Gesammtheit in's Auge

und werden auf die einzelnen jetzt zu nennenden Gebäude gehörigen Ortes
zurückkommen.

Vitruv schreibt für das römische Forum eine länglich viereckige Gestalt vor, welche unser pompejanisches Forum uns zeigt. Dasselbe ist innerhalb der Colonnade von der Frontlinie des Basaments des Jupitertempels an
gerechnet 111 M. lang, 29 M. breit, dagegen mit Einrechnung der Colonnade
vor den Curien bis an das Eingangsthor 157 M. lang und hat mit dem Säulenumgang 42 M., ohne diesen 33 M. mittlere Breite. Dieser Säulenumgang ist
dorischer Ordnung und die 0,63 M. dicken, 3,96 M. hohen und 2,36 M.
von einander entfernten Säulen sind theils, und zwar an der westlichen Langseite, aus weißem Travertin, theils, und zwar an der ältern südlichen Seite,
aus dem in der samnitischen Periode verwendeten Kalkstein von Nocera,
theils, aber nur einzeln, aus stuccobekleideten Ziegeln erbaut und stehn auf
zwei Stufen über das Niveau des mittlern
Platzes erhoben, deren untere 2,6 M. breite
die Gosse verbirgt, durch welche das Regenwasser durch von 3 zu 3 M. angebrachte Löcher, die man nur noch an der
Südseite und an den anstoßenden Ecken
der Langseiten findet, abfloß (Fig. 22.).
Die Colonnade bildete auf der ganzen westlichen Langseite, sodann auf der südlichen

Fig. 22. Gosse am Forum.

Schmalseite und dem Anfange der östlichen Langseite einen ununterbrochenen
Gang, der an allen Straßeneinmündungen, jedoch nur für Fußgänger zugänglich war. Nicht auf gleiche Weise ununterbrochen war der Umgang
auf der östlichen Langseite. Hier steht nur am Anfang vor dem im großen
Plan mit xx bezeichneten Gebäude eine doppelte Säulenreihe (je 10 und 9
Säulen), welche diejenige der südlichen Schmalseite
fortsetzt; vor dem Gebäude der Eumachia (xxi im
großen Plan) sind dieselben durch viereckige Postamente ersetzt, von denen es noch zweifelhaft ist,
welchem Zwecke sie gedient, d. h. ob sie Pfeiler zur
Fortsetzung des Umgangs getragen haben. Vor dem
s. g. Tempel des Mercur (im großen Plan xii) hören
auch diese vollkommen auf, um vor dem Senaculum
(im Plan xxii) wieder zu beginnen, während endlich
vor dem s. g. Pantheon (xxiii) wiederum Säulen auftreten, hinter denen abermals eine Reihe viereckiger,
gemauerter und mit Marmorstücken verkleideter Postamente steht, welche hier augenscheinlich nicht Reste
oder Füße von Pfeilern waren. Ob man nun, wie das
mehrfach geschehn ist, aus den hier mitgetheilten
Thatsachen, Gell folgend schließen dürfe, die Forumcolonnade habe eine ältere Pfeilerstellung ersetzt, ist

Fig. 23. Treppe am Forum.

aus mehr als einem Grunde sehr zweifelhaft, um so mehr, da gar kein Anlaß
vorliegt, das Gebäude der Eumachia und das Senaculum für älter zu halten,

als den Rest der das Forum umgebenden Gebäude, von denen nur der Venustempel, die Façade der Basilika und der Säulengang vor den s. g. Curien
der zweiten, samnitischen Periode der Stadt angehören, während der ganze
Rest römisch ist. Jedenfalls steht fest, daß der Umgang um das Forum kein
ununterbrochener war, wofür freilich die Gründe anzugeben schwer fallen
würde, wenn nicht der unfertige Zustand bei der Verschüttung ganz augenscheinlich wäre und neben anderen Umständen auch dadurch erwiesen würde,
daß man rechts (vom Beschauer aus) neben dem Jupitertempel die bisher
allgemein übersehenen Fundamente, aber auch Nichts mehr, für einen zweiten, demjenigen links entsprechenden Bogen findet. Über die in sich zusammenhangenden Theile des untern Umgangs erstreckte sich, ob in der
ganzen Ausdehnung können wir nicht sagen, ein oberes Stockwerk, welches freilich ganz verschwunden, aber mit Sicherheit anzunehmen ist, und
zwar, theils weil Vitruv ein solches oberes Geschoß für die Colonnade des

Forum vorschreibt, theils und besonders weil an mehren Stellen Treppen erhalten sind, welche, wenngleich eng und steil, wie die Abbildung Fig. 23. zeigt, doch nur
die Aufgänge zu der obern Colonnade bilden können, indem sie außen
an öffentliche Gebäude, in dem in
unserer Abbildung dargestellten Falle
an eine der drei Curien (XIX im
großen Plane) angelehnt sind. Zweifelhaft kann es scheinen, ob wir
uns den Säulenumgang in seinen
zwei Geschossen so zu denken haben, wie ihn nach Mazois' Recon-

Fig. 24.   Colonnade des Forum.

struction mit ionischen Säulen über den erhaltenen dorischen die Abbildung
Fig. 24. zeigt, unwahrscheinlich aber ist die elegante Reconstruction wegen
der häufig vorkommenden Verbindung der genannten beiden Ordnungen in
zweistöckigen Säulenstellungen nicht, wohl aber sehr geeignet, uns einen
Begriff von der heitern und anmuthigen Pracht dieser das Forum an zwei
Seiten umgebenden Colonnade zu verschaffen. Es mag dabei nicht unbemerkt bleiben, daß das Zwischengebälk nur an der Südseite den Triglyphen-
sinus hat, den die Abbildung zeigt, während dieser sowie die Canellur der
Säulen der jüngern Langseite fehlt, worauf später zurückgekommen werden soll.

     Um eine Übersicht über die das Forum umgebenden öffentlichen Ge-
bäude zu gewinnen, wenden wir unsere Blicke zunächst auf die nördliche
Schmalseite (vgl. Fig. 25.).

     Ganz links unter dem Säulenumgange ist in der Mauer, welche zwischen
dem Jupitertempel und dem Gebäude den Platz abschließt, welches gewöhnlich die Poekile heißt, und welches wahrscheinlich eine Lesche gewesen ist,
eine kleine viereckige Thür, durch welche über fünf Stufen von der höher

gelegenen Straße ein
der Colonnade ent-
sprechender Nebenein-
gang des Forum ist,
aber außerhalb Fig. 25.
liegt (vgl. Fig. 27.).
Unmittelbar daneben
finden wir einen auf
den mittlern Theil des
Forum selbst führen-
den größern und ge-
wölbten Eingang durch
dieselbe Mauer, durch
welchen man ebenfalls
auf Stufen und zwar
zuerst ihrer zwei, in
deren oberer, im Thor
selbst liegender die Re-
ste starker metallener
Thorangeln erhalten
sind, dann nach einer
sanft geneigten Ebene
über zwei andere von
der Straße herabsteigt.
Vor diesem Eingange
erhebt sich auf gleicher
Linie mit der Säulen-
flucht des Jupitertem-
pels noch ein gewölbtes
Thor, welches, durch
eine niedrige Mauer
mit dem Basament des
Jupitertempels verbun-
den, jetzt anscheinend,
aber auch nur dies, die
Symmetrie der archi-
tektonischen Anlage
dieser Seite des Forum
auf seltsame Weise
unterbricht; denn im
Plane hat das nicht
gelegen, da man viel-
mehr, wie schon oben
bemerkt, gegenüber an
der rechten Seite des
Tempels dem Bogen

Fig. 26. Ansicht der nördlichen Seite des Forum.

links symmetrisch entsprechend, bisher gänzlich übersehn, die Fundamente eines zweiten findet, der nur nicht zum Aufbau gelangt ist. In der Mitte dieser Schmalseite, den ganzen Platz beherrschend und seine Hauptansicht bietend, erhebt sich das prächtige Basament des Jupitertempels mit seiner schönen breiten Freitreppe, der mächtigen Balustrade und den zur Aufnahme von Statuengruppen bestimmten Treppenwangen, den unteren Enden der schlanken korinthischen Säulen seiner Vorhalle und den unteren Theilen der Cellamauern. Rechts von ihm steht an der Ausmündung der *Strada di Mercurio* das ohne Zweifel fälschlich s. g. Triumphthor, welches ungleich wahrscheinlicher nur ein *castellum* der Wasserleitung war

Fig. 26. Äußere Ansicht des s. g. Triumphbogens.

und zu dem Forum eigentlich keine andere Beziehung hat, als daß es den Eingang auf dasselbe bildete. Aber auch dieser war nur für Fußgänger möglich, da ihn zwei flache und breite Stufen, welche innerhalb des Bogens selbst eine geneigte Ebene umfassen, und außerdem erst neuerdings wieder aufgerichtete, in seiner Öffnung stehende Steine für den Fuhrverkehr ebenfalls versperrten. Seine größere Höhe und Breite gegenüber dem zuerst besprochenen Thore hangt von der größern Breite der Mercursstraße ab. Jetzt nur in seinem Ziegelkern erhalten, wie es Fig. 26. darstellt, war dies Thor einst reicher verziert. Seitwärts angebrachte Nischen, welche zur Aufnahme von Springbrunnen oder fließendem Wasser herge-

richtet und unterwärts als Bassins ausgetieft sind, ferner Reste von Marmorbekleidung, die besonders in der linken Nische der äußern Seite erhalten
sind, und von Halb-
säulen, welche nach
innen vorsprangen,
bieten die nöthigen
Elemente zur Recon-
struction, welche in der
nebenstehenden An-
sicht Fig. 27. gewiß
mit Glück versucht ist,
wobei bemerkt werden
muß, daß die nach
dieser innern Seite we-
niger tiefen Nischen
wohl unzweifelhaft zur
Aufnahme von Sta-
tuen bestimmt gewesen
sind, welche die Zeich-
nung zeigt. Endlich
sehn wir rechts inner-
halb der Colonnade
noch einen durch seine
Höhe und die, jetzt
fast ganz eingestürzte,
Wölbung vor dem ge-
genüberliegenden aus-
gezeichneten Eingang,
welcher der rechten
Umgangscolonnade
entspricht.

Von dem ursprüng-
lichen Totaleindruck,
welchen diese Seite des
Forum gemacht haben
muß, können wir uns
aus der nebenstehenden
von Mazois rĕconstruir-
ten Gesammtansicht
(Fig. 27.), in welcher
nur der Bogen rechts am
Podium des Jupitertem-
pels nicht fehlen sollte,
eineVorstellung bilden.

Fig. 27. Restauration der nördlichen Seite des Forum.

Weniger ansehnlich erscheint in ihren Ruinen die anstoßende Ost-seite,
obgleich sie wichtige Gebäude enthält und in ihrer ursprünglichen Gestalt

einen sehr bedeutenden Anblick gewährt haben muß. Die Gebäude dieser Seite, welche später einzeln aufzusuchen sein werden, sind: das s. g. Pantheon mit den vorliegenden Wechslerbuden, *tabernae argentariae*, denen dieser Name nicht allein deshalb zuzukommen scheint, weil ihnen Vitruv einen Platz am Forum anweist, sondern mehr noch deshalb, weil eigentliche Verkaufsläden, denen sie ihrer Einrichtung nach ähneln, hier sehr unwahrscheinlich sind. Sodann das Sitzungsgebäude der Decurionen, welches man *Senaculum* genannt hat, ein Tempelchen, welches die Namen des Mercur und des Quirinus wohl mit gleich großem Unrechte trägt, und das Chalcidicum der Eumachia. Auf dieses folgt eine Straße, welche durch eine, freilich nur flache, Stufe und ein in dieser angebrachtes Gitter, von dessen Thürflügeln die Angellöcher erhalten sind, gesperrt werden konnte. Diese Straße senkt sich vom Forum abwärts so, daß der hintere Ausgang aus dem Gebäude der Eumachia abwärts geführt werden mußte; ein Stück ihres Trottoirs aber vor der s. g. öffentlichen Schule geht wagrecht fort und endet mit drei auf das Niveau der Fahrstraße hinabführenden Stufen. An seinem Rande hin sind bis an das Forum anfangs die Kantsteine und nach deren Aufhören eigene viereckige Steinblöcke auf 6 Sch itt Distanz, deren letzter in der Schwelle des Forum liegt, mit eingehauenen viereckigen Löchern versehn, in die offenbar Pfähle gesteckt wurden, auf denen ein Schattendach ruhte. Das Ganze bildete also eine *pergula*. Eine zweite zwischen dem s. g. Pantheon und dem Senaculum, sowie eine dritte zwischen dem s. g. Quirinustempel und dem Chalcidicum auf das Forum hinführende Straße sind durch diese Gebäude durchaus verbaut und in Sackgassen verwandelt, ein Beweis, daß diese Seite des Forum auch seiner Anlage nach jüngern Datums ist, als die hinter ihr liegenden Theile der Stadt, und in seiner jetzigen, wie bereits bemerkt, ganz Vitruvs Vorschriften entsprechenden Gestalt, jedenfalls erst aus der Zeit der römischen Colonisation, vielleicht sogar wie in seinem jetzigen Aufbau erst aus derjenigen nach dem Erdbeben vom Jahr 63 stammt.

Jenseits der gesperrten Straße macht ein Gebäude den Schluß dieser Seite, welches man einestheils nach der Anleitung zweier Inschriften, welche sich auf dem Album des gegenüberliegenden Chalcidicum befunden haben, andererseits nach der Analogie orientalischer Schulen für eine öffentliche Schule gehalten, welches aber wahrscheinlich eine bedeutendere, wenngleich nicht mehr nachweisbare Bestimmung gehabt hat. Dasselbe, welches in seiner ursprünglichen Anlage der samnitischen Periode angehört, bildet einen ziemlich geräumigen viereckigen Saal, der sich gegen die Straße und gegen das Forum mit zwei großen Thüren, gegen das letztere auch noch mit einem gleich breiten Fenster öffnet, einem Fenster weil zwischen den Pfeilern Mauerreste erkennbar sind. Der Saal enthält mehre Nischen, denen man verschiedene Schulzwecke ohne jegliche Gewähr zugewiesen hat. Im Hintergrunde seiner gegen die Straße Front machenden Wand ist in eigener Nische ein breites durch eine Treppe zugängliches Podium von 1,25 M. Höhe, ähnlich dem im Senaculum und den beiden in dem Chalcidicum, welches die Bestimmung zur Schule fast gewiß widerlegt. Auch hier kann nur an einen

Bau für commercielle oder, noch wahrscheinlicher, gerichtliche Zwecke gedacht werden.

Jenseits dieses Gebäudes mündet eine zweite vergitterte Straße von
Süden her auf den Säulenumgang, in deren Mitte sich ein öffentlicher
Brunnen befindet. Von dieser Straße bestieg man auf einer oben Fig. 23.
abgebildeten Treppe die obere Gallerie der Forumscolonnade.

Auch die südliche Schmalseite des Forum bietet einen lange nicht so
bedeutenden Anblick wie die nördliche. Vor dem Säulenumgange finden
wir zunächst in der Mitte einen isolirt stehenden ziemlich engen und niedrigen Schwibbogen, der vermuthlich einmal eine Quadriga oder ein sonstiges
größeres Denkmal trug. Zu seinen Seiten erheben sich gewaltige Fußgestelle
für Reiterstatuen, jetzt rohe Ziegelmassen, einst mit Marmorplatten zierlich
bekleidet. Solche Fußgestelle für Reiterstatuen sind wohl auch die beiden bedeutenden Ziegelbauten auf der Mitte des Forums, dem genannten Schwibbogen und der Façade des Jupitertempels gegenüber, während die kleineren
Basen, deren eine auf der östlichen Seite steht, und deren sich vier auf der
südlichen und elf auf der westlichen Seite befinden, für gewöhnliche Ehrenstatuen verdienter Bürger bestimmt waren, von denen freilich nur noch die
Inschriften zum Theil erhalten und jetzt im Museum in Neapel aufzusuchen
sind. Die Statuen selbst sind nicht gefunden und scheinen, da die Inschriften
darauf schließen lassen, daß sie aufgestellt waren, bei den antiken Nachgrabungen herausgehoben und entfernt worden zu sein.

Hinter der auf der südlichen Seite doppelten Säulenreihe des Umgangs
sehn wir drei neben einander liegende Gebäude, welche, fast gleich, je
einen großen Saal mit einer geräumigen Nische im Hintergrunde bilden,
und nicht ohne Wahrscheinlichkeit für drei Gerichtshöfe oder Curien erklärt
werden. An der südwestlichen Ecke des Forum mündet eine dritte mit

einem Gitter verschließbare
Straße, an welcher einerseits
die Basilika, andererseits die
vom General Championnet ausgegrabenen und nach ihm benannten Häuser liegen. Das
erste Hauptgebäude der westlichen Langseite ist die Basilika, das Hauptgerichtsgebäude
Pompejis. Neben demselben
mündet, jedoch ebenfalls und
zwar zwischen Säulen vergittert, eine breite Hauptstraße
auf das Forum, auf welcher
heutigen Tags der Reisende
von der hier zunächst liegenden
Eisenbahnstation aus die Stadt

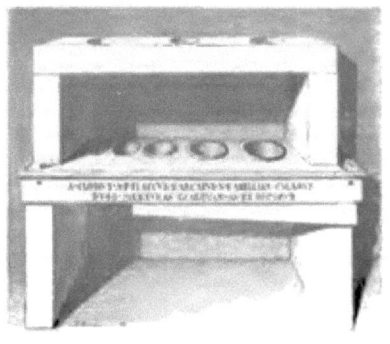

Fig. 28   Öffentliche Normalmaße.

Pompeji betritt. Von dieser Straße aus ist der Haupteingang in den mit
einem großen Säulenumgang   prächtig geschmückten Tempel der Venus,

welcher, wie die s. g. Schule, der samnitischen Periode der Stadt angehörend, mit seiner Langseite den größten Theil des Forum begrenzt, von
diesem aus jedoch nur durch eine Thür zu betreten war.   Dicht neben
dieser Thür findet sich in einer eigenen Nische eines der interessantesten
Monumente Pompejis, oder, genauer gesprochen, dessen rohe Nachbildung,
denn das Original ist im Museum in Neapel, der Aichungsblock nämlich
oder das öffentliche Normalmaß (s. Fig. 28. . Dasselbe bildet einen schweren
steinernen Tisch auf zwei durchgehenden und hinten verbundenen Füßen,
dessen 2,25 M. zu 0,55 M. große Travertinplatte nach vorn die Inschrift
(Mommsen. Inscr. R. N. No. 2195.):

A·CLODIVS·A·F·FLACCVS·N·ARCAEVS·N·F·ARELLIAN·CALEDVS·
D·V·I·D·MENSVRAS·EXAEQVANDAS·EX·DEC·DECR

trägt, nach deren Aussage die richterlichen Zweimänner Aulus Clodius
Flaccus und Numerius Arcaeus Arellianus Caledus nach Decurionendecret die
Aichung der Maße besorgt haben.   Eine neuere und genaue Untersuchung dieses
Aichungstisches (von Mancini in dem Giorn. degli scavi, N. S. II. p. 141. sq.),
von der hier nur das Hauptergebniß mitgetheilt werden kann, hat heraus-
gestellt, daß es sich bei dieser Aichung um eine Umwandelung. und zwar
um eine Erweiterung der aus älterer Zeit stammenden Maßhöhlungen (s.
Fig. 29.) handelt.   Diese auf der Mittellinie der Steinplatte angebrachten

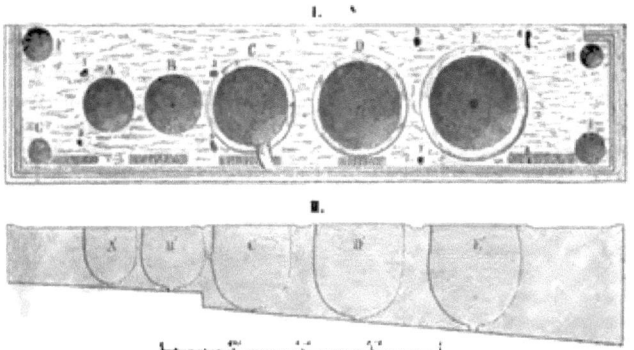

Fig. 29.   Ansicht und Durchschnitt des Maßtisches.

Maßhöhlungen, von denen die 2. und 5. nach Ausweis des größern Loches im
Grunde zum Messen trockener, die 1., 3. und 4. nach Maßgabe des kleinern
Loches zum Messen von Flüssigkeiten gedient haben, waren mit den Namen
ihrer Maße in samnitischer Schrift bezeichnet, welche bei der Umwandelung und
Neubenennung der Maße ungiltig wurden und deshalb ausgemeißelt worden
sind, jedoch nicht so, daß es nicht möglich wäre, dieselben mit größerer oder
geringerer Sicherheit noch zu erkennen und zu entziffern.   Am unbezweifel-
haftesten ist der Name der zweiten Höhlung von links her als ?XIMIVX, d. i.
das griech. χοῖνξ (Choinix) zu erkennen, welcher allein schon, noch mehr

in Verbindung mit einigen anderen, auch kaum anfechtbaren Entzifferungen zeigt, daß es sich um ein griechisches von den Samniten Pompejis adoptirtes und mit den samnitisch ungemodelten griechischen Namen bezeichnetes Maßsystem handelt, welches bei der von den genannten Duumvirn vorgenommenen Aichung dem römischen unter Augustus durch das ganze römische Reich verbreiteten Maßsystem zu weichen hatte.

Nach ein paar kleinen überwölbten Zimmern, deren Bestimmung nicht festzustellen ist, folgt dann ein großes, freilich nur etwa 10 M. tiefes, aber fast volle 34 M. breites, mit eigener Pfeilerstellung auf die Arkaden geöffnetes Gebäude, welches einen langen, vorn offenen Saal bildet. Nachdem dasselbe in älterer Zeit den seiner Beschaffenheit nach ganz unpassenden Namen eines öffentlichen Getreidemagazins getragen hatte, hat man es neuerdings mit dem einer Gemäldegallerie *stoa poekile* belegt, für den man mit voller Bestimmtheit den einer Lesche zu substituiren haben wird, d. h. eines öffentlichen Versammlungsortes zu jeglicher Art von Unterhaltung und Gespräch. Die Lage konnte nicht besser gewählt sein; geöffnet nach Osten, also nur der Morgensonne ausgesetzt, bot der luftige Raum hinter der Colonnade fast den ganzen Tag kühlen Schatten und zugleich die Aussicht auf das bewegte Leben des Forum, von dem er jedoch vermöge seiner Lage in einem Winkel wieder so weit abgetrennt war, wie dies für ruhige Unterhaltung wünschenswerth scheinen mochte. Daß die Wand dieser Lesche bemalt gewesen sein mag, soll gewiß nicht in Abrede gestellt werden, namentlich nicht in Pompeji, wo fast Alles bemalt war; bot sich ja doch der Raum wie von selbst dar. Daß aber die Aufnahme von Malereien aus der Geschichte der Vorzeit den Hauptzweck dieses Gebäudes gebildet habe, ist in keiner Weise wahrscheinlich. Neben der Lesche schließt die Gebäude um Forum eine Baulichkeit, welche, obgleich man sonst in guter Gesellschaft von dergleichen nicht zu reden pflegt, hier dennoch, als in mehrfacher Hinsicht interessant, erwähnt werden muß. Es ist, um es ganz grade heraus zu sagen, ein öffentlicher Abtritt, dergleichen hier am Forum am wenigsten entbehrt werden konnte, und der für den Anstands- und Reinlichkeitssinn der alten Pompejaner ein rühmliches Zeugniß ablegt. Derselbe besteht aus zwei Abtheilungen, einem schmalen Vor- und dem geräumigen Hauptzimmer, deren Thüren nicht in einer Achse liegen, so daß die Vorbeigehenden in den Hauptraum nicht hineinsehen konnten. Dieser ist an drei Seiten mit einem nach hinten unter der Mauer durch ausmündenden, gewölbten Canal versehn, durch welchen Wasser floß, und über welchem die steinernen Träger des überdeckenden Holzwerkes erhalten sind, während eine kleinere Öffnung in der linken hintern Ecke zur Zuleitung fließenden Wassers diente. Einer ganz ähnlichen, wenn auch weniger großen Anlage von einer praktischen Vortrefflichkeit, welche es bedauern läßt, daß man nicht näher auf diesen Gegenstand eingehen kann, begegnen wir in den neuen Thermen, während — denn auch das muß erwähnt werden — beschränkte Einrichtungen, welche demselben oder ähnlichem Zwecke dienten, überall an den Straßen nicht selten und meistens viel discreter eingerichtet sind, als in unseren modernen Städten.

Hinter diesem Gebäude endlich, jedoch mit dem Ausgange auf die Straße hinter dem Forum, liegt die Baulichkeit, in der man die Gefängnisse erkennt, welchen Vitruv gemäß eine Stelle am Forum gebührt. Die Auffindung einiger gewölbter Zimmer ohne Fenster und einiger Skelette in denselben hat diese Annahme wesentlich bestärkt, ohne sie freilich beweisen zu können; im Übrigen ist dies Gebäude ohne alles Interesse und sehr schlecht erhalten.

Der zweite Hauptplatz der Stadt ist das nach seiner dreieckigen Gestalt so genannte *Forum triangulare* neben dem großen Theater, welches er mit seiner westlichen Langseite begrenzt. Derselbe liegt am südwestlichen Rande des Stadthügels, dessen Niveau jedoch hier bereits bedeutend niedriger ist, als am Forum civile (dieses hat 33,50, jenes nur 25 M. mittlere Höhe; sein Boden ist jetzt bloße Erde, der Platz aber mit der größten Sorgfalt geebnet, den Abhang bekleidete nach Mazois eine starke und aus Quadern gebaute Mauer von 11 M. Höhe, von der jetzt aber kaum noch eine Spur

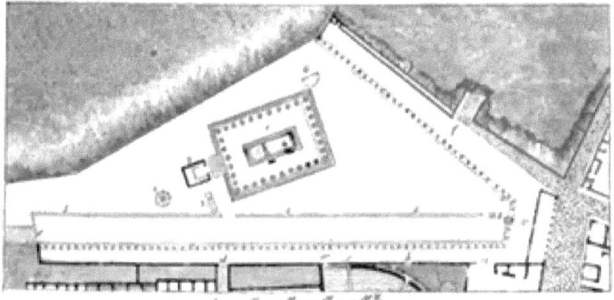

Fig. 30. Plan des Forum triangulare.

zu sehn ist, indem reichlich von Vegetation bekleideter Schutt den ganzen Abhang bis an die Chaussée hinunter bedeckt. An den anderen Seiten ist der bis auf den der ältesten Periode angehörenden Tempel ganz aus der samnitischen Zeit stammende Platz durch Mauern abgeschlossen, so daß er nur durch die in diesen Mauern gelassenen Thüren betreten werden kann.

Fragen wir zunächst nach der Bedeutung und Bestimmung dieses Platzes, so sind zwei verschiedene Ansichten über dieselbe zu erwägen. Nach der einen hätten wir in ihm das älteste Forum des freien Pompeji zu erkennen, wofür sich seine samnitische Bauweise, aber doch kaum mit durchschlagendem Gewicht, anführen läßt. Nach der andern, ohne Zweifel richtigen Ansicht ist dieser Platz, wie die Akropolis von Athen, wesentlich nur die geheiligte Stätte des ältesten Tempels und auf der Heiligkeit des Platzes, der auch in römischer Zeit, so viel wir wissen, kein Profangebäude trug, ist die Verschließbarkeit seiner Thore begründet. Nur gegen die Anwendung des Namens einer »Akropolis« oder auch »Arx« auf diese Stätte muß man sich erklären, denn die Lage ist nicht hoch, wie man gesagt hat.

sondern, wie schon bemerkt, beträchtlich (nämlich volle 6,50 M. = 27 Fuß, also um das Viertel der Gesammthöhe des Forum civile über dem mittlern Meeresspiegel) niedriger als die des Forum civile[20], und daß sich seitwärts an diesen Platz das große Theater anlehnt, wie das Dionysostheater an die Akropolis von Athen, kann Nichts entscheiden. Wenn übrigens im Folgenden der Name »Forum triangulare« beibehalten wird, so geschieht das ohne Praejudiz der Kürze wegen.

Der Haupteingang dieses Platzes ist an dem abgestumpften spitzen Winkel seiner beiden langen Schenkel. Vor diesem Haupteingang, der aus zwei verschließbaren Thüren besteht, liegt eine Säulenhalle von sechs ionischen Säulen und zwei an die Anten gelehnten Dreiviertelsäulen, welche zu den besten Monumenten Pompejis gehört und von der die folgende Abbildung Fig. 31.) eine aus sicheren Elementen gemachte Restauration bietet.

Die durch Gitterthüren verschließbaren, übrigens von Ziegelmauerwerk der letzten römischen Periode eingefaßten Eingänge dieser Säulenhalle liegen seltsamer Weise sowohl zu den Säulen wie zu den Hauptdimensionen des Platzes unsymmetrisch. Ob man in den gleich näher zu erwähnenden Säulenhallen des Forum triangulare jene *ambulatio* Promenade) zu erkennen habe, von der Cicero pro Sulla 21, 61. sagt, daß über sie und die Suffragien die Pompejaner mit den Colonisten in Streit gerathen seien, oder ob man unter »*ambulatio et suffragia*«, wie Garrucci Bull. Nap. N. S. 1. p. 118 f.) annimmt, etwas ganz Anderes, nämlich die Discussion der städtischen Wahlangelegenheiten auf den Straßen und Plätzen der Stadt zu verstehn habe, ist eine unentschiedene Frage, die mit der Ansicht zusammenhangt, welche man sich von der Bestimmung des Forum triangulare und von der demnächst zu erwähnenden Schranke 5 in Fig. 30.) gebildet hat.

Tritt man durch die Thüren ein, so befindet man sich nämlich unter einem Säulengange, welcher sich an den beiden langen Schenkeln des Platzes hinzieht und aus 100 fast insgesammt in mehr oder we-

Fig. 31. Propyläen des Forum triangulare.

niger hohen Stümpfen nachweisbaren dorischen Säulen (von denen nur eine ganz erhalten) mit leichtem Gebälk besteht. An der Seite des Theaters hat der Säulengang 117,60 M. Länge, an dem andern Schenkel 65 M., so daß er, die kleine Seite des Einganges von 16,60 M. eingerechnet, bei 5 M. Breite fast genau 200 M. Gesammtlänge hatte. An der dritten Seite des Dreiecks nach dem Abhang zu ist diese Säulenhalle nicht durchgeführt, vielmehr ist hier die Aussicht ganz frei gelassen. Auf den längern Schenkel der Säulenhalle öffnen sich mehre Eingänge. Der erste (a) führt in die,

ebenfalls der samnitischen Periode angehörende, sogenannte *Curia isiaca*,
von deren zweifelhafter Bedeutung unten gehandelt werden soll, der zweite
und dritte *b. c)* führen durch eine der römischen Zeit angehörende Mauer
zu ebener Erde in die zweite Cavea des Theaters und zu den Treppen-
systemen der Platform und der *summa carea*, auf welche der kleine vierte
Eingang *c'* direct über eine unmittelbar hinter der Thür beginnende Treppe
leitet. Der fünfte *d)* führt über eine breite wohlerhaltene Treppe hinter
dem Bühnengebäude des Theaters in das seiner Anlage nach wiederum samnitische s. g. *Forum nundinarium*, von dem als der Gladiatorencaserne ebenfalls später zu reden sein wird. Eine ähnliche, aber nur in geringen Spuren erhaltene, ja jetzt kaum noch in diesen erkennbare noch breitere Treppe
e) führt am Ende des Säulenumganges den Abhang des Stadthügels hinunter. Ein sechster Eingang mag an dem gegenüberliegenden Schenkel
bei *f)* gewesen sein; die höher gelegene gepflasterte Straße macht hier allerdings den Winkel, den der Plan zeigt, allein die Mauer scheint hier aufzu-
hören, so daß der Platz von hier aus zu Fuße betretbar sein mochte. Mehr
kann man jetzt kaum noch constatiren.

Die auf der Mitte des Forum triangulare gelegenen Denkmäler sind
leicht zur Übersicht zu bringen und es werden wenige Worte zu ihrer Erklärung genügen. Den Hauptplatz nimmt der griechische Tempel 1) ein,
der mit den anderen Tempeln besprochen werden soll; vor demselben steht
eine niedrige Umfassungsmauer 2) von zweifelhafter Bestimmung, in der
die Einen einen Verschluß für Opferthiere vor dem Opfer, Andere den Aufbewahrungsort für die Asche der Opfer erkennen wollen 21). Wahrscheinlich
trifft weder die eine noch die andere Ansicht das Richtige, vielmehr wird
die nach Art der Ustrinen Verbrennungsstätten) bei Gräbern erbaute Umfassungsmauer des Brandaltars zu erkennen sein. Gegen die früheren Ansichten spricht schon die Lage des fraglichen Monuments grade vor der
Mitte der Tempelfront, wo einzig und allein der Platz für den Altar ist,
während man den Verschluß für die Opferthiere und den Aschenbehälter
schwerlich hier und sicher zweckmäßiger abseit angebracht haben würde.
Und da der Platz, auf dem sich der Tempel findet, ein im Übrigen ganz
offener ist, so läßt sich eine Umhegung der Brandstätte als wohl motivirt*
denken. Zur Seite stehn drei Altäre 3). Hinter dieser Umfassungsmauer
des Hauptaltars stehn die Ruinen (4) eines nach inschriftlichem Zeugniß von
dem Meddix tuticus Numerius Trebius errichteten Gebäudes, welche Fig. 32.
darstellt, dessen Bestimmung und Bedeutung jedoch nicht ganz klar ist. Es
besteht aus einem brunnenförmigen, auf einer runden Stufe erhöhten Mittel-
theil, welcher von acht dorischen Säulen auf kreisförmigem Unterbau von
3,70 M. Durchmesser umgeben wird. Zweifelhaft aber ist, ob es sich um
einen wirklichen Brunnen handelt, nicht sowohl deshalb, weil das 0,67 M.
weite und ziemlich glatt ausgebohrte Rohr in dem altarförmigen Mitteltheile
jetzt nur bis auf das Niveau des Bodens hinabführt; denn seine größere Tiefe
bis auf einen Wasserspiegel oder eine Quelle könnte füglich von unausge-
grabener Verschüttungsmasse erfüllt sein, als vielmehr deshalb, weil der
Rand dieses Rohres keinerlei Spur von Ausschleifung durch die Seile der

Schöpfeimer zeigt, welche an keiner der gebrauchten, ganz ähnlich gestalteten Brunnenmündungen in den Privathäusern Pompejis fehlt.   Hiernach
würde es nahe liegen, an eines jener Bauwerke zu denken, welche man in
Rom unter dem Namen *puteal* 'Brunnenmündung', und in der That brun-

Fig. 32.   Puteal oder Bidental.

nenförmig auf Stätten zu errichten pflegte, welche durch das Einschlagen
eines Blitzes geheiligt waren und an denen man die vom Blitzschlag ge-
troffene Erde unter bestimmten Caeremonien eingrub. Allein dem steht
wieder entgegen, daß solche Puteale als geweihte Stätten unbetretbar und
gegen außen abgeschlossen und daß sie unbedacht waren, während das pompejauer Gebäude in allen seinen Theilen frei zugänglich, in den Intercolumnien nicht einmal vergittert gewesen ist und daß das in Stücken umherliegende Epistylium (Sims) 's. Fig. 32. in der Ansicht das Stück rechts
und vgl. Fig. 33.', auf welchem die erwähnte Bauinschrift steht, durchaus
für die Aufnahme weitern Gebälks hergerichtet zu sein scheint, was fast
entscheidend für eine Kuppelbedachung spricht.

An den zuletzt genannten Monumenten vorbei zieht sich parallel mit
der Säulenhalle des längern Schenkels über den ganzen Platz eine niedrige Mauer (5', von der man ein
Stück in Fig. 32. sieht und welche
von einem vergittert gewesenen Durchgange bei der Façade des Tempels
durchbrochen ist. Dieselbe, jetzt nur
in ihrem Kern erhalten, soll mit

Fig. 33.   Geison (Sims) des Puteal.

schwarzem Stucco überzogen gewesen sein, in welchen in ziemlich weiten
Zwischenräumen weiße Marmorstücke incrustirt waren.   Wahrscheinlich ist
diese niedrige Mauer ursprünglich eine Schranke gewesen, welche den geweihten Boden des Platzes um den Tempel und seine Altäre von dem Pro-
fanterrain längs der Säulenhalle abgrenzte, ohne zugleich ihn abzuschließen
und die Aussicht zu rauben, und gewiß ist, daß alle geheiligten Gegenstände
jenseits, westlich, von dieser Schranke liegen und daß die Öffnung in der-

selben sich grade der Ecke des Tempels gegenüber befindet. Daß diese
Mauer zugleich, wie man gemeint hat, als eine Bank zum Sitzen gedient
haben mag, ist vielleicht möglich, nur ist sie gewißlich nicht zu diesem
Zwecke auf den freien Platz hingebaut, wo keinerlei Schutz gegen die Sonnengluth ist oder war, und wo zu der Zeit, als der Tempel noch aufrecht
stand, nicht viel von der Aussicht auf die Gebirge und das Meer zu genießen gewesen sein kann. Die damit zusammenhangende Ansicht, welche
in den abgegrenzten Stücken zugleich eine Art von Stadium, eine Bahn für
gymnastische Übungen erkennt, denen man auf der Bank sitzend zugeschaut
hätte, läßt sich auch in keiner Beziehung erweisen.

Durchaus der von hier aus wahrhaft köstlichen Aussicht zu Liebe ist
dagegen ein von zwei geflügelten Löwentatzen eingefaßter halbrunder Sitz
schola, 6) an der nordwestlichen Ecke des Tempels erbaut und zwar sammt
der Sonnenuhr *horologium*, welche auf seiner Lehne steht, nach der jetzt
ausgehobenen und in das Museum geschafften jedoch an Ort und Stelle
copirten Inschrift auf eben dieser Lehne Mommsen, Inscr. No. 2227. von den
richterlichen Zweimännern Sepunius Sandalianus und Herennius Epidianus
auf eigene Kosten. Ähnliche Sitze finden sich in der Gräberstraße wieder;
an diesem, welcher der bezauberndsten Aussicht auf Meer und Gebirge gegenüber sich öffnet, die nur jetzt leidiger Weise durch die Pappeln der
Chaussée großentheils verdeckt wird, ist die Sonnenuhr das Merkwürdigste,
welche später genauer besprochen werden wird. Von einer Schranke, welche
nach Anderen von diesem Sitze gegen die vordere Ecke des Tempelfunda-
ments laufen soll, ist jetzt keine Spur mehr aufzufinden.

An der Säulenhalle entlang finden sich mehre Cisternen zur Aufbewahrung des Regenwassers, während eine größere Rinne in der Mauer des
kürzern Schenkels 7) das überflüssige Wasser aufzunehmen und abfließen
zu lassen bestimmt war. Die Säule *r* dem Eingang gegenüber ist von einer
Brunnenröhre durchbohrt, wie eine ähnliche den Brunnen an der Vorhalle
dieses Platzes (Fig. 31.) speiste. Von diesen Brunnen wird weiter unten
insbesondere zu reden sein. Endlich sehn wir an dem Ende der langen
Schranke dem Eingange gegenüber in *s* die Basis einer Ehrenstatue,
welche nach ihrer Inschrift Mommsen u. a. O. No. 2228. dem Patron der
Colonie M. Claudius Marcellus gewidmet war.

Da das Bauwerk hinter dem Bühnengebäude, auf welches die Treppe
d vom Forum triangulare hinabführt, nach der neuesten Arbeit über dasselbe vom P. Garrucci im Januarheft des Bulletino arch. Napolitano von
1853, gegen welche bisher keine stichhaltigen Argumente vorgetragen sind,
nur für die Gladiatorenschule oder Gladiatorencaserne *ludus gladiatorius*
gelten kann, nicht aber für das Forum nundinarium noch auch für das
Soldatenquartier, wie es gewöhnlich heißt, so kann dasselbe erst unter den
öffentlichen Gebäuden, nicht unter den öffentlichen Plätzen besprochen werden, so sehr auch beim ersten Blick auf den Plan für diesen weiten Hof
mit der Säulenhalle umher der Name eines Platzes geeignet scheinen mag.
Casernenhöfe aber wird Niemand zu den öffentlichen Plätzen der Stadt rechnen, seien sie so groß sie mögen.

Ansicht der Ruinen des Isistempels.

Vgl S. 75.

Über den nördlich vom Amphitheater belegenen, *Forum boarium*, Ochsen- oder Viehmarkt benannten wieder verschütteten Platz ist so wenig Einzelnes bekannt, daß derselbe nach dieser Erwähnung mit Stillschweigen übergangen werden kann.

Wir wenden deshalb unsere Aufmerksamkeit den einzelnen öffentlichen Gebäuden Pompejis zu und beginnen mit den Tempeln, welche in mannigfachem Betracht ein überwiegendes Interesse in Anspruch nehmen.

Drittes Capitel.
Die öffentlichen Gebäude.

Erster Abschnitt
Die Tempel und Capellen.

Der Betrachtung der pompejanischen Tempel und Capellen werden wenigstens einige allgemeine Bemerkungen über Zweck und Bedeutung. Anlage, Raumvertheilung und bauliche Construction in den verschiedenen Erscheinungsformen der Tempel, sowie über den an sie geknüpften Cultus voranzusenden sein, durch welche der Betrachtung der einzelnen Monumente größeres Interesse und Leben verliehen werden wird. Und zwar ist hier von der griechischen wie von der italischen Tempelanlage zu reden, weil wir neben der in allen übrigen Tempeln von Pompeji hervortretenden italischen Bauform in dem s. g. Tempel des Hercules, dessen Ruinen auf dem Forum triangulare stehn, ein Beispiel des griechischen Tempelbaus haben.

Der antike Tempel, ausgenommen etwa den Weihetempel, in welchem die Mysterien gefeiert wurden, war nicht, wie die christliche Kirche, Versammlungsort für die Gemeine, Bethaus für eine Menge Menschen, welche gemeinsamer Gottesdienst vereinigte, sondern seiner Grundbestimmung nach das Haus des in seinem Bilde persönlich anwesend geglaubten Gottes und daher sein Name im Griechischen »Naos« 'das Haus', im Lateinischen *aedis*, gleich dem griechischen Naos.

Aus dieser seiner Bestimmung folgt erstens, daß der eigentliche Tempel der Naos oder die Cella selbst in den größten Gebäuden nie von einer solchen Bedeutung im Maßstabe oder von einer solchen Anordnung der Räumlichkeiten war, daß sie viele Menschen fassen sollte oder konnte; denn es gab bei Griechen und Römern keinen Cultusact, welcher für die Theilnahme und gleichzeitige Anwesenheit einer großen Menschenmenge im Tempel berechnet gewesen wäre; auch da wo an großen Festtagen der Tempel offen stand, und von vielen tausend Menschen besucht wurde, geschah doch der Besuch nur im Zu- und Abgang. Die großen Festopfer und Festschmäuse, an denen das Volk gemeinsam Theil nahm, wurden nicht im Tempel, sondern vor demselben gehalten, wo, wie dies auch die pompejaner Tempel zeigen, mit noch nicht genau übersehbaren und bestimmbaren Aus-

nahmen, die Brandopferaltäre standen, während in der Cella sich nur Speise-
opfertische oder Altäre für unblutige Opfer, Früchte, Kuchen und Räucherwerk befanden.

Aus demselben Grundprincip folgt zweitens, daß bei einer Erweiterung
und Vergrößerung des Heiligthums es nicht sowohl auf ein weites Hinaus-
rücken der Wände ankam, als vielmehr darauf, die zum äußern Schmuck
der Cella bestimmten Bautheile zu erweitern und zu vermannigfachen.

Und drittens ergiebt sich aus demselben Grundprincip, was schon in
dem eben Gesagten mitenthalten ist, daß bei dem antiken Tempel der nach
außen gewendete Schmuck der Architektonik und der mit ihr verbundenen
Schwesterkünste den innern Schmuck des Tempels in demselben Maße
überwiegt, wie umgekehrt bei der christlichen Kirche das Innere über das
Äußere.

Es ist nicht dieses Ortes, auf die verschiedenen Formen und auf die
allmählichen Erweiterungen des Tempelbaues in nähere Erörterungen einzugehn, vielmehr wird nur das hervorzuheben sein, was zum Verständniß
der demnächst im Einzelnen zu durchmusternden pompejanischen Ruinen
nothwendig erscheint.

Demgemäß sei in Beziehung auf die griechische Tempelanlage erwähnt,
daß der einfachen Cella, welche den ursprünglichen Kern bildet und welche

Fig. 34.

a. Cella. b. Cultusbild. c. Raucheraltar.

Nichts enthielt, als das Cultusbild und den Speiseopfertisch oder den Räucher-
altar, zuerst eine offene Vorhalle (Pronaos) vorgelegt wurde, welche durch
die verlängerten und mit einem Stirnpfeiler Ante, Parastas abgeschlossenen
Seitenwände und zwei zwischen den Anten stehende Säulen gebildet wird,
wie Fig. 35. zeigt:

Fig. 35.

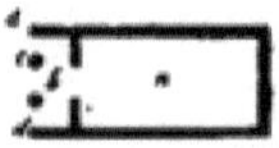

a. Cella (Naos), b. Vorhaus (Pronaos), c. Säulen, d. Anten.

So entsteht das *templum in antis*. Der Vorhalle folgt dann, um die hintere Façade des Tempels ähnlich zu gestalten, eine entsprechende Hinter-
halle (Opisthodom, e),

Fig. 36.

welche wie der Pronaos hauptsächlich zur Aufstellung von Weihgeschenken diente und durch diese ihren bedeutsamen Schmuck erhielt.

Die Cella selbst aber wurde durch die Aufnahme des Cultusbildes ein
geheiligter Raum, der nur von demjenigen betreten werden durfte, der sich
einer symbolischen Reinigung durch Besprengung mit dem ähnlich wie in
der katholischen Kirche vor dem Eingang aufgestellten Weihwasser, fließen-

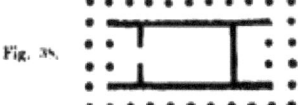

dem Quell- oder Salzwasser unterzogen hatte. Der Antentempel erweitert sich auf der nächsten Entwickelungsstufe durch eine vor die Flucht der Anten gestellte, freistehende Säulenreihe unter Beibehaltung oder Unterdrückung der zwischen den Anten stehenden Säulen zum »Prostylos«

Fig. 37.

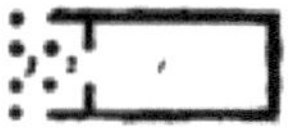

und durch die Wiederholung dieser offenen Säulenhalle auch an der Hinterseite zum »Amphiprostylos«, während durch die Herumführung der Säulenhalle rings um die ganze Cella die Form des »Peripteros«

Fig. 38.

gewonnen wurde, dessen Name von der Bezeichnung der seitlichen Säulenhallen als »Pteron« Flügel herstammt. Es ist von selbst einleuchtend, daß der Peripteraltempel mindestens sechs Säulen in der Front haben mußte, während die gestreckte Figur der Cella es mit sich bringt, daß an den Langseiten die doppelte Zahl der Säulen die Ecksäulen mitgezählt stehn mußte, was indessen dahin abgewandelt erscheint, daß dieselben der Regel nach in ungrader Zahl errichtet wurden, daß ihrer also, abgesehn von manchen bedeutenderen Schwankungen, an den Langseiten entweder eine mehr oder seltener eine weniger, als die Doppelzahl der Frontsäulen standen. Die so gewonnene Säulenhalle diente aber nicht, wie man nach Vitruv annehmen könnte, als Umgang für Menschen oder gar als Zufluchtsort bei plötzlichem Regen; einen so äußerlichen Zweck verband man nicht mit der Anlage der Heiligthümer; vielmehr diente die ringsumlaufende Säulenhalle wie die Vorhalle des Prostylos hauptsächlich zur Aufstellung von Weihgeschenken, weswegen die Intercolumnien (der Raum zwischen den Säulen) vergittert und nicht selten auch die Säulen mit der Langwand der Cella wie folgt:

Fig. 39.

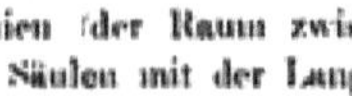

durch leichte und niedrige Schranken verbunden wurden, wodurch ein Kranz von Capellen um den Haupttempel entstand. Noch sei bemerkt, daß das von der Säulenhalle umgebene Tempelhaus entweder die Form des einfachen oder (wie in Fig. 38) doppelten Antentempels oder auch den Prostylos und Amphiprostylos haben konnte. Diese letzte Form stellt die höchste Vollendung des Peripteros dar; wenn in ihr aber, wie das bei dem Parthenon der Fall ist, die Vorhalle anstatt von nur 4 von 6 Säulen in der Front gebildet wurde, so mußte der äußere Säulenumgang auf die Zahl von 8 Säulen anwachsen, denen 17 an den Langseiten entsprachen. Eine in Griechenland höchst seltene Nebenform ist die des »Pseudoperipteros« (scheinbaren

Peripteros, bei der die thatsächlich den Tempel umgebende Säulenhalle an den Langseiten nur durch Halbsäulen vertreten wurde, welche aus der Cellamauer vorsprangen. Wurde dagegen der freie Säulenumgang verdoppelt

Fig. 40. Dipteros.

so entstand als größte Form des griechischen Tempels der »Dipteros«, welcher selbstverständlich wenigstens 8 wie der Peripteros 6 Säulen in der Front haben mußte, aber auch zehnsäulig wie der Peripteros achtsäulig vorkommt, während, wenn die innere Säulenreihe des Dipteros unterdrückt, die äußere aber in dem Abstande zweier Intercolumnialweiten um das Tempelhaus geführt wurde, die Form des »Pseudodipteros«

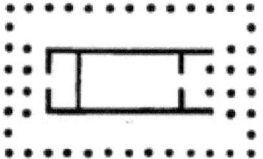

Fig. 41. Pseudodipteros.

entstand, welche uns in dem griechischen Tempel auf dem Forum triangulare Pompejis, wenn auch in nicht ganz normaler Anlage begegnen wird.

Ehe nun der im Vorstehenden skizzirten Gestaltung des griechischen Tempels diejenige des italischen gegenübergestellt wird, sei, um diese wichtige Bauform nicht ganz mit Stillschweigen zu übergehn, mit einem Worte der Hypaethraltempel gedacht. Während nämlich in der Regel der Cultus eine Abschließung des Heiligen vom Profanen gebot, war bei bestimmten Gottheiten ein Cultus unter freiem Himmel erfordert. Um jedoch das Tempelbild und was sonst im Innern der Cella aufgestellt war, nicht schutzlos den Unbilden des Wetters preiszugeben, wurde nicht die ganze Cella, sondern nur ein mittlerer Theil derselben unbedacht gelassen, das Tempelbild aber im Grunde der Cella und ein Umgang um diese überdacht. Bei kleineren Tempeln konnte die hypaethrale Öffnung des Daches und der Decke einfach mit Hilfe der querüber geführten Balken, ähnlich wie bei dem toscanischen Atrium (s. S. 224.) geschaffen werden, bei größeren aber nur vermittels einer innern Säulenstellung, ähnlich wie bei dem tetrastylen oder korinthischen Atrium des Hauses (s. S. 226.). Die innere Säulenstellung aber wurde, um leichtere Säulen anwenden zu können, in zwei Geschossen über einander mit einem Zwischengebälk construirt, mit welchem zugleich der Regel nach eine obere, an den Langseiten der Cella hinlaufende Gallerie verbunden war, zu welcher Treppen vorn oder hinten in die Cella emporführten. In Pompeji bot der Jupitertempel ein Beispiel einer solchen doppelten innern Säulenstellung, ohne daß er jedoch hypaethral gewesen wäre. Daß die Anordnung der hypaethralen Öffnung zugleich die einfachste und wirksamste Methode war, um dem Innern auch der größten Tempelcella volles und günstiges Licht zuzuführen, braucht kaum gesagt zu werden; ihre Anwendung aber war deshalb nothwendig, weil Fenster in den Cellawänden höchstens in ganz einzelnen Ausnahmefällen vorkamen und die Beleuchtung durch die Thür nur bei ganz kleinen Cellen genügen konnte.

Endlich ist noch hervorzuheben, daß der griechische Tempel vom gemeinen Boden stets nur durch einen flachen Unterbau abgehoben wurde, welche als eine ungrade Zahl von Stufen profilirt wurde, die allerdings für die Beschreitung von Menschen nicht bestimmt und deswegen, namentlich bei großen Tempeln hierzu auch viel zu hoch waren; dem Bedürfniß der Besucher des Tempels dienten dem Eingange gegenüber in die großen eingelegte niedere Stufen[22].

Orientirt aber war der griechische Tempel der Regel nach, wenn auch nicht ausnahmslos und keineswegs stets genau von West nach Ost, d. h. sein Tempelbild stand im Westen und sein Eingang war im Osten, was bekanntlich bei der christlichen Kirche umgekehrt ist, wo der Eingang im Westen und der Hauptaltar im Osten liegt. Die Gründe der Abweichung von der im Allgemeinen giltigen West-Ostrichtung der Orientirung sind für die griechischen Tempel noch nicht erforscht.

Anders verhält es sich in diesem Punkte mit den römischen italischen Tempeln, von denen man bisher gewöhnlich lehrte, sie seien von Nord nach Süd orientirt gewesen. Eine Durchmusterung der erhaltenen römischen Tempel aber lehrt und eine Betrachtung auch nur derer in Pompeji genügt, um zu zeigen, daß diese Annahme unbegründet, die römischen Tempel fast nach allen Richtungen der Windrose und auch die pompejanischen ganz verschieden orientirt sind. Hiermit verhält es sich kurz folgendermaßen.

Behufs der Beobachtung der Augurien theilte man das als Halbkugel oder Kuppel betrachtete Himmelsgewölbe in vier Hauptregionen, welche durch die Linien des Meridians als Weltaxe cardo) und die rechtwinkelig den Meridian durchschneidende Ost-Westlinie decumanus) bestimmt wurden. Jede dieser vier Hauptregionen zerfiel wiederum in vier Theile oder Regionen, deren jede 22½° des Horizontes umfaßte und als die Wohnung bestimmter Gottheiten galt. Diese als Wohnung der Gottheit betrachtete Himmelsregion nun bestimmte die Orientirung des Tempels als des irdischen Abbildes des himmlischen Götterhauses, so, daß der Tempel mit seiner Längsaxe und seinem Eingange derjenigen Region zugewendet erbaut wurde, in welcher die in ihm verehrte Gottheit hauste. Es ist klar, daß diese Thatsache diejenige der nach allen möglichen Richtungen gewendeten Orientirung der römischen Tempel erklärt, nicht minder aber, daß sich aus der Orientirung eines Tempels auf die in ihm verehrte Gottheit schließen läßt. Doch kommen hier, da in jeder Region mehre Gottheiten wohnend gedacht wurden, noch größere Feinheiten in's Spiel, über welche die Forschung bisher nicht

zu einem durchaus abschließenden Ergebnisse gelangt ist, auf welche daher
auch hier nicht eingegangen werden kann [21].

Ein wichtigerer Unterschied zwischen dem griechischen und dem römischen Tempel betrifft die Plananlage. Die griechische Tempelcella stellt
ein m. o. w. langgestrecktes Viereck dar und dies Oblongum wird in allen
Tempelformen von der kleinsten bis zur größten beibehalten. Der römische
Tempel dagegen wird ursprünglich von einem Quadrat eingeschlossen, dessen
eine Hälfte von der Cella und dessen andere von einer dieser vorgebauten
Säulenhalle eingenommen wird. Dies hängt mit der Orientirung und Limi-
tation des Tempels zusammen. Der weihende Priester zog die Axenlinie
des Baues in der Richtung der Götterwohnung in der bestimmten Himmelsregion, den *decumanus* rechtwinkelig hindurch und gründete die Schwelle
der Cella im Schneidungspunkte beider Linien, so daß der hintere Theil
der Cella, dem Hause des Gottes, der vordere der zur Beobachtung des
Himmels offen gelassenen Vorhalle zufiel. Bei diesem Verhältniß blieb es
auch dann, wenn Erweiterungen der Anlage durch Vergrößerung der Vorhalle vorgenommen wurden, wie sie mehre der pompejaner Tempel zeigen;
in demselben Maße wie die Vorhalle durch Vermehrung der vor den Anten
stehenden Säulen und Vorlegung einer den Altar tragenden Platform wuchs,
wurde auch die Cella vertieft, doch stets so, daß die Schwelle der Eingangsthür die ganze, nun oblong gewordene Anlage halbirte. Nur die so angelegten Heiligthümer führten den Namen »templum«, die nach griechischer
Weise angelegten hießen *aedes sacrae*.

Ein letzter Unterschied zwischen griechischen und römischen Tempeln
betrifft den Unterbau, welcher wie oben gesagt bei den griechischen Tempeln als eine ringsumlaufende Stufenreihe behandelt wurde, während er bei
den römischen Tempeln als ein mehr oder weniger hohes Podium erscheint,
dem nur an der Frontseite eine sei es einfache, sei es doppelte Treppe vorgelegt wurde, deren verschiedene Gestaltungen uns die pompejaner Tempel zeigen.

Ein Wort muß endlich noch über die Umgebung des Tempels gesagt
werden. Da der Tempel in seiner Gesammtheit ein Heiliges, also eigentlich Unbetretbares ist, dem nur derjenige nahen durfte, der ohne Sünde und
Makel war, und sich durch ein Bad physisch, durch die Besprengung mit
Weihwasser symbolisch gereinigt hatte, da ferner der ebenfalls geweihte und
deshalb unbetretbare Altar vor dem Tempel stand, so mußte man streben,
die ganze heilige Anlage durch irgend ein Mittel gegen die Außenwelt abzuschließen. In der Regel geschah dies durch eine Umzäunung oder Ummauerung eines größern Stückes Landes um den Tempel; dies nannte man
den Peribolos (die Umfassung) des Tempels, und dieses zum Theil 'wie z. B.
in Olympia) sehr beträchtliche Stück Land, welches selbst von einer solchen
Ausdehnung sein konnte, daß es mehre Nebenheiligthümer und Cultus-
gebäude mit umfaßte, war profanem Gebrauche entzogen und diente höchstens um außer den heiligen Bauwerken die Priesterwohnungen aufzunehmen.
Wir finden diesen heiligen Peribolos bei mehren pompejaner Tempeln, als
hohe Mauer z. B. beim Tempel der Venus und dem der Isis, als niedere
Schranke, wie bereits angedeutet wurde, bei dem griechischen Tempel auf

dem Forum triangulare. Bei denjenigen Tempeln aber, welche wie z. B. derjenige der Fortuna Augusta in Pompeji unmittelbar an Straßen standen, die also keinen Peribolos haben konnten, wurde die Unzugänglichkeit durch Vergitterung der Treppen hergestellt.

Nach diesen allgemeinen einleitenden Betrachtungen wenden wir uns unserem Hauptgegenstande, den Tempeln und Capellen von Pompeji zu. Wir beginnen billig mit dem ältesten dieser Gebäude, dem einzigen von rein griechischer Anlage.

1. Der Tempel auf dem Forum triangulare.

Von diesem Tempel ist Nichts erhalten als der Unterbau, der im Profil als fünf große Stufen behandelt ist, drei Säulenstümpfe, die Spuren anderer Säulen, die Ansätze der Cellamauer, die 0,55 M. hohe, 1 M. im Durchmesser starke, runde Basis für das Tempelbild und vier Capitelle. Diese dürftigen Reste zeigt die Ansicht Fig. 12. zum größten Theile. Der Boden zwischen der Säulenstellung und der Cella ist etwas erhöht und scheint mit Ziegelmosaik, wie viele Trottoirs belegt gewesen zu sein.

Offenbar ist dieser solide steinerne Tempel nicht durch die Verschüttung in diesen Zustand versetzt, er muß entweder schon vor derselben eine Ruine gewesen sein und im Erdbeben vom Jahre 63 n. Chr. am meisten gelitten haben, oder er ist im Laufe der Jahrhunderte nach der Verschüttung allmählich von den Bauern, welche hier ihre Pflanzungen machen wollten, zerstört. Dies letztere ist die Annahme der Fundberichte vom Jahre 1767, welche auch hervorheben, daß auf diesem Punkte nur sehr wenig Erde die antiken Monumente bedeckt habe. Nur daraus und indem man annimmt, daß die zu Tage stehenden Werkstücke nach und nach entfernt worden sind, erklärt es sich, daß man nicht mehre seiner Materialien umher gefunden hat.

So geringfügig nun auch die Reste dieses Bauwerks erscheinen, so genügen sie doch, um über seine Anlage und Construction sowie über seinen Stil wenigstens einigermaßen bündig zu urteilen, sowie den Plan festzustellen, den Figur 30. innerhalb der ganzen Umgebung des Forum triangulare darstellt. Denn indem wir das Fundament des Tempels mit seinen fünf 0,33 M. hohen Stufen haben, auf ihm die Spuren der Säulenstellung und der Cella, ferner die beiden Säulenstümpfe und die Capitelle, können wir schließen, daß der Tempel ein oktastyler Pseudodipteros dorischer Ordnung war.

Er ist von Nordwest nach Südost 300° orientirt, bedeckt in seiner Gesammtheit einen Flächenraum von 20 × 31 M., die Cella ist 5,50 × 13,50 M. groß. Die Entfernung der Säulen von der Cellawand um ganze 3 vordere Intercolumnialweiten und die Zahl seiner acht Frontsäulen, die freilich jetzt nur aus der Intercolumnialweite der beiden erhaltenen Stümpfe 1,46 M. zu berechnen ist, bezeichnet ihn als Pseudodipteros. Sehr bemerkenswerth ist die starke Abweichung von der gewöhnlichen Regel im Verhältniß der Säulenzahl seiner Langseite von der der Fronte, denn anstatt der doppelten Zahl + oder − 1, also anstatt 15 oder 17, hat unser Tempel nur 11 Säulen an der Langseite gehabt. Die Veranlassung zu dieser Abweichung können wir

Fig. 42. Ruinen des griechischen Tempels auf dem Forum triangulare.

nicht ermessen, inter-
essant aber ist es zu be-
merken, daß der Bau-
meister das normale Ver-
hältniß der Länge zur
Breite des Tempels un-
gefähr 2 : 1 dadurch
herzustellen gesucht
hat, daß er die Säulen
an den Langseiten weit-
läufiger stellte als in den
Fronten. Das Interco-
lumnium vorn beträgt
nur einen Säulendurch-
messer an den Ecken
nur $^1/_4$, wie in vielen
griechischen Tempeln
die letzten Intercolum-
nien enger waren, das
Intercolumnium an den
Seiten aber $1^1/_4$, so daß
im Ganzen bei 10 Inter-
columnien $10\frac{1}{4} = 2^1/_2$
Intercolumnien an Aus-
dehnung gewonnen
sind, welche der Länge
des Gebäudes im Ver-
hältniß zu seiner Breite
zu Gute kommen. Die
Gesammtcella ist durch
eine Quermauer in zwei
ungleiche Hälften 4 zu
9,50 M.) getheilt, also
in einen Pronaos, in
welchem der Altar, und
eine eigentliche Cella,
in welcher das Tempel-
bild stand. Grade auf
der Scheidung findet sich
auch rechts ein vor-
springender Ausbau von
1,02 M. $\times$ 2,42 M.,
dessen innere Flucht-
linie vor der äußern der
Cellamauer freilich nur
0,30 M. vorspringt,

welcher aber sehr bestimmt markirt und an seinen Enden gegen außen durch
große Quadern begrenzt ist, die bis zu 0,81 M. Höhe erhalten, fast gewiß
noch obere Lagen trugen. Dieser Ausbau ist wegen seiner Stellung auf der
Scheide von Pronaos und Cella und weil er sich links nicht wiederholt doppelt merkwürdig, aber in seiner Bestimmung bisher ein ungelöstes Räthsel.
Die meßbaren Verhältnisse der Säulen (unten 1,21, oben 0,95 M.),
die schwere Profillinie des Capitells Echinos; und die Mächtigkeit seines
Plinthos (1,56 M. breit) in Verbindung mit der engen Stellung der Säulen
lassen uns nicht zweifeln, daß wir es mit einem beträchtlich alten Monumente zu thun haben, das in seiner Gesammtheit etwa den Stil des großen
Tempels von Paestum zeigen würde. Das Podium ist aus einem Stein voll
von versteinerten Pflanzenresten, das Material der Säulen ist angeblich vulkanischen Ursprungs, die Capitelle sind aus grobem aber sehr hartem Kalktuff gehauen. Das Ganze war, wie bei anderen griechischen Tempeln von
weniger edelem Material als Marmor, mit feinem und hartem Stucco leicht
überzogen, jedoch nicht so bekleidet, daß der Stucco irgendwo zum Träger
auch nur des geringsten Gliedes benutzt wäre, und der Tempel muß ursprünglich in seinen feineren Gliedern bemalt gedacht werden.

Von der Umhegung vor der in der Front des Tempels angebrachten
Treppe von neun Stufen, und über ihre wahrscheinliche Bestimmung, den
Brandopferaltar gegen außen abzuschließen, ist oben (S. 70.) gesprochen worden.

Über den Namen der Gottheit, der dieser Tempel geweiht gewesen sein
mag, sind vielerlei Vermuthungen aufgestellt worden, welche hier nicht vermehrt werden sollen. Was sich für den gewöhnlichen Namen, Tempel des
Hercules, etwa sagen läßt, ist neuestens von Fiorelli erörtert worden; daß
es überzeugende Kraft hätte, wird man schwerlich behaupten wollen und
ebenso beruhen die Benennungen, welche ihn bald dem Jupiter, bald dem
Neptun, bald dem Bacchus zuschreiben, auf keinen stichhaltigen Gründen.
Nach Maßgabe seiner Orientirung glaubt Nissen (Templum S. 204) ihn einer
der Juno verwandten Göttin zuweisen zu müssen, welche er *Juno Populona*
getauft hat und als möglicherweise mit der später *Venus Pompeiana* genannten Göttin identisch betrachtet. Da nur e i n Tempel griechischer Anlage in
Pompeji steht oder stand, so genügt diese Bezeichnung zur Verständigung
über denselben, und wird beizubehalten sein, bis sich einmal bestimmtere
Argumente für eine nähere Benennung finden.

Die übrigen Tempel Pompejis tragen den Gesammtcharakter der eigentlich italisch-römischen Anlage, innerhalb dessen sie jedoch Verschiedenheiten darbieten, welche sie einer Einzelbetrachtung durchaus würdig machen.
Voran sei bemerkt, daß sie sämmtlich in korinthischer Ordnung oder in
jenem korinthisirenden Stil gebaut oder umgebaut sind, welcher die römische
Mischgattung charakterisirt.

2. Der Tempel des Jupiter.

Die richtige Benennung dieses Gebäudes, über welche eine Zeit lang
die Meinungen ziemlich weit aus einander gingen, gründet sich auf eine
Inschrift (No. 1203 im Museo Nazionale), von deren zwei Stücken das eine

vor nicht sehr langer Zeit in der Cella dieses Tempels gefunden worden ist
und welche eine Weihung an Jupiter den Höchsten und Besten d. i. den
Jupiter Capitolinus zum Inhalte hat. Aber auch vor der Auffindung dieser
Inschrift hätte man an der Bezeichnung des Bauwerkes als Tempel nicht
zweifeln und, wie achtbare Forscher gethan haben, den Namen einer Curie
oder eines Senaculums für dasselbe vorziehn sollen, denn für seine, ihm
jetzt sicher zugewiesene Bedeutung als Tempel spricht sowohl seine Lage
auf dem schönsten (nicht aber auch dem höchsten, wie gesagt worden ist)
Bauplatze der Stadt, wie seine gesammte, sehr charakteristische Anlage, die
Säulenhalle mit der hinter ihr liegenden Cella und das Vorhandensein der
gewölbten *favissae* Kellerräume zur Aufbewahrung des Tempelgeräths,
welche sich unter dem ganzen Gebäude erstrecken und durch zwei im Boden des Pronaos befindliche 0,86 M. lange und 0,8 M. breite, mit viereckig
abgeschnittenen Marmorkanten eingefaßte Öffnungen und sechs dergleichen
im Boden der Cella, zwei in dessen Mittelraum und je zwei seitwärts zwischen den Säulen (*a* im Plan und im Durchschnitt Fig. 43. und 46.) Licht
erhalten. Nur die Zuschreibung dieses Tempels grade an Jupiter konnte,
so wahrscheinlich sie sein mochte, bisher nicht als bewiesen gelten. Denn
die Angabe, daß die im Nationalmuseum in Neapel, jetzt in dem Zimmer
des kolossalen Zeusfragments aus Cumae aufbewahrte sehr schöne Büste
dieses Gottes, eines der vorzüglichsten Bilder, welche wir von demselben besitzen, sei in Pompeji, ja in der Cella unseres Tempels gefunden worden,
ist, wie die meisten ähnlichen, sehr unsicher, jedenfalls zu unsicher, um mit
Bestimmtheit auf dieselbe bauen zu können[20]. Und nicht minder unsicher
ist ein anderer Umstand, der, wenn bewährt, von kaum minder entscheidender Bedeutung sein würde. Man sagt nämlich, es sei in diesem Tempel
eine Reihe von Votivgliedmaßen von Stein und Erz gefunden worden. Die
Alten pflegten als Dank für die Heilung eines kranken Gliedes durch die
Hilfe eines Gottes dessen Abbild in den Tempel zu weihen, ein Gebrauch,
dessen Fortsetzung in der katholischen Kirche bekannt genug ist. Diese
angeblich im Jupitertempel von Pompeji gefundenen Votivglieder sollen sich
von den Fragmenten von Statuen auf's bestimmteste dadurch unterscheiden,
daß sie an ihrem Ende nicht einen Bruch, sondern einen glatten Abschnitt
zeigen und meistens mit einer Vorrichtung zum Aufhängen versehen sind;
leider aber sind sie jetzt gänzlich unnachweisbar und ihre Existenz wird von
competentester Seite stark in Zweifel gezogen. Wenn demnach erst die
erwähnte Inschrift die Zuschreibung dieses Tempels an Jupiter gerechtfertigt
hat, so kann damit nicht ausgeschlossen sein, daß er nicht dem Jupiter
allein, sondern der Trias der capitolinischen Götter (Jupiter, Juno, Minerva)
gewidmet war, wofür sich außer allgemeinen Gründen ein weiterhin zu er-
wähnender localer Umstand geltend machen läßt. Hier dürfte es aber am
Platze sein einer Ansicht zu gedenken, welche diesem Tempel unter Anerkennung seiner sacralen Hauptbestimmung noch einen profanen Nebenzweck
zuweist. In den drei überwölbten Kammern im Hintergrunde der Cella
hat man nämlich die Stadtcasse erkennen zu dürfen geglaubt, indem man
sich der Thatsache erinnert, daß die Tempel zu solchen Nebenzwecken im

griechischen wie im römischen Alterthum verwendet wurden, wie denn der
Tempel des Saturn in Rom das Aerarium umschloß. Ähnliches glaubt man
auch für diesen Tempel annehmen zu können, und so abgeschmackt wie man
sie genannt hat ist diese Ansicht auf keinen Fall, ohne daß man sich deshalb für deren Richtigkeit gradezu verbürgen könnte. Daß kostbares Gut
vielleicht Tempelgut hier geborgen wurde, dürfte aus der überaus festen
Construction dieser Kammern hervorgehn, und ob dieselben, die man stark
übertreibend dunkle Löcher genannt hat, in denen man sich kaum umwenden könne, bei ihrer Grundfläche von 1,82 M. Tiefe zu 1,73 M. Breite zu
klein für die Unterbringung des Stadtschatzes Pompejis gewesen seien, muß
dahin gestellt bleiben. Eiserne Geldkisten, größer als man sie sonst in Pompeji gefunden hat, haben an ihrer Hinterwand bequem Platz. Verwirft man
diesen Gedanken oder einen ähnlichen gänzlich, so wird man gestehn müssen,
die Existenz der kleinen Kammern nicht erklären zu können, welche sich
durch die Einrichtung ihrer Schwellen und die in diesen erhaltenen Angeln
und Riegellöcher sehr bestimmt als mit 0,88 M. breiten Thüren verschließbar erweisen und folglich nicht etwa nur als aus Rücksicht auf Material-
ersparung entstandene Höhlungen in dem Basamente der Tempelstatuen, als
welches der ganze Bau außer seiner problematischen Zweckbestimmung erscheint, erklären lassen.

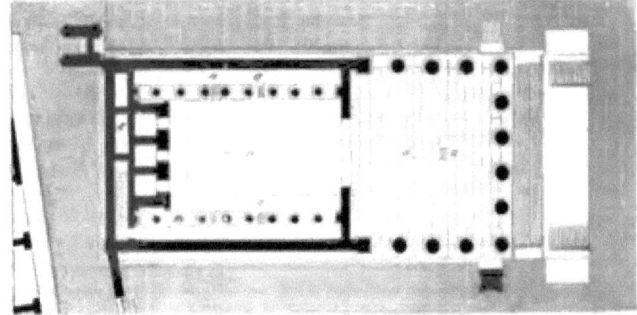

Fig. 13. Plan des Jupitertempels.

Der Jupitertempel bildet im Plan ein Rechteck von 14,45 × 35,796 M.
Grundfläche und ist fast genau nach Süden 337° orientirt. Von der Länge
kommen 5,966 M. auf die Treppe, 11,932 M. auf die Vorhalle und 17,898 M.
auf die Cella, so daß offenbar die Schwelle der Cella nach dem oben mitgetheilten Gesetze die ganze Area des Tempels genau halbirt. Die Treppe
besteht aus zwei Abtheilungen, die untere hat zwischen zwei großen, als
Piedestale für Gruppen oder Reiterstatuen behandelten Treppenwangen zwei
specielle Stufenaufgänge, welche eine große und breite Platform einfassen,
die von der letzten Stufe der Seitentreppen aus betreten werden kann. Man
hat, unter der Voraussetzung unser Gebäude sei das Senaculum, diese Platform zum Pulpitum, zur Bühne für die Redner gemacht, welche zur Volks-

versammlung sprachen, indem man hiebei die Sitte der Hauptstadt viel zu unbedingt auf die Municipalstadt übertrug, und dabei den wahrscheinlich nächsten Zweck der großen Platform ganz übersah, welcher der gewesen sein wird, den Opferaltar zu tragen. Wenigstens finden wir an der entsprechenden Stelle den Altar bei dem benachbarten Fortunatempel, der unter ganz ähnlichen Verhältnissen der Lage unmittelbar an der Straße erbaut ist und von allen pompejaner Tempeln mit dem Jupitertempel die größte Ähnlichkeit hat. Es darf dabei aber nicht verschwiegen werden, daß nach einer wohl begründeten Ansicht das ganze Forum als Peribolos des Jupitertempels betrachtet werden kann, auf dem unter den Augen des höchsten Gottes und auf seinem Grund und Boden sich der Verkehr des Staates bewegte. Sieht man hiervon aus, so erscheint es gar nicht unwahrscheinlich, daß in dem großen gemauerten Postament auf der Mitte des nördlichen Drittels des Forums s. den angehängten Plan, welches man bisher als dasjenige einer Kolossalen Reiterstatue oder einer Gruppe verstanden hat, der Hauptaltar des Jupitertempels zu erkennen sei, wodurch es zweifelhaft werden würde, ob auf der Platform zwischen den Treppen noch ein Altar gestanden hat. Daß man von demselben jetzt keine Spur mehr sieht, spricht indessen bei dem stark ruinirten Zustande des ganzen Baues nicht gegen seine einstige Existenz. Auf diese Platform folgt die zweite Abtheilung des ganzen Tempelbaus, eine von zwei kleineren Wangen flankirte Freitreppe von sieben Stufen.

Über diese Treppe gelangt man durch die Frontsäulen hindurch in den Pronaos oder die Vorhalle des Tempels. Die Pracht dieses Platzes ist fast ganz verschwunden, es stehn nur die kurzen Stümpfe der zwölf Säulen, welche ihn einst umgaben, aus Mauerwerk gearbeitet und mit Stucco überkleidet s. Fig. 25.), nur in der Phantasie können wir diese 1,09 M. dicken korinthischen Säulen etwa 12 M. emporschießen lassen s. Fig. 45. und 16.) und nur in der Phantasie sehn wir die von ihnen getragene leichte und farbig strahlende Decke über unseren Häuptern schweben.

Aber einen andern prachtvollen Anblick genießen wir mit leiblichem Auge, ehe wir die heilige Schwelle der Cella überschreiten; noch einmal umgewandt sehen wir das Forum mit allen seinen bedeutenden Ruinen vor uns, dann weiter hinaus die herrliche Gegend, in der über Stabiae und Castellamare das Schloß Quisisana liegt und als Abschluß das kühne Profil des Monte S. Angelo, der sich als mannigfaltig gestaltete Bergwand vor unseren Augen lang hinstreckt und sich allmählich für unsere Blicke bis etwa in die Gegend von Sorrent verfolgbar zum Meere hinabsenkt.

Jetzt betreten wir die Cella, deren Boden mit weißem Marmor geplattet gewesen zu sein scheint. An beiden Seitenwänden und zwar nur 1,14 M. von denselben entfernt bemerken wir zwei Reihen von Resten von je acht ionischen Säulen, welche ursprünglich etwa 5 M. hoch eine Gallerie getragen zu haben scheinen, zu der die jetzt nicht mehr nachweisbare Fortsetzung der Treppe in der Hinterwand empor geführt haben müßte und welche an den beiden Seitenwänden, aber auch nur an ihnen hingelaufen sein würde. Über den ionischen Säulen würden dann etwa 4 M. hohe korinthische gestanden haben, deren Capitelle gefunden sind. Diese würden die auch hier leicht aus Holz

construirte und farbenstrahlende Felderdecke getragen haben. Denn die
Annahme, daß der Tempel hypaethral gewesen sei, ist aus nahe liegenden
Gründen durchaus unhaltbar. Wenn man nun vor den drei kleinen Kammern steht und sie in ihrer Gesammtheit überblickt, wird man gewahr,
daß sie neben ihrem oben vermutheten Zweck als Aufbewahrungsräume zu
dienen noch einen zweiten auf sinnreiche Weise erfüllen, welcher zugleich
der hauptsächliche gewesen sein wird und auch architektonisch betrachtet,
als der oberste erscheint. Sie bilden nämlich offenbar in ihrer Gesammtheit
die passendste Basis für ein kolossales sitzendes Tempelbild oder noch ungleich wahrscheinlicher, worauf schon oben hingedeutet wurde, für drei
Tempelbilder, etwa die der capitolinischen Gottheiten, Jupiter, Juno und
Minerva, welche man sich vorstellen kann. Auf eine Mehrzahl hier in eine
Gruppe aufgestellt gewesener Bilder könnten mehre der gefundenen Fragmente wohl hinweisen. Es würde eine leichte
Mühe sein, das allein übrige Mauerwerk der
drei Kammern so mit Ornament in Stucco zu
überkleiden, daß sie die prächtigste Statuenbasis
abgäben, ohne an ihrem Nebenzweck als Kammern das Geringste einzubüßen. Von einer
architektonisch bestimmten Dreitheiligkeit der
Cella aber kann so wenig die Rede sein wie die
Bezeichnung des Tempels als eines »dreicelligen«
irgendwie gerechtfertigt ist, man müßte denn
die drei kleinen Kammern für die Cellen halten, in denen die Götterbilder gestanden hätten,
was natürlich albern wäre. Durch die im Plan
angegebene von vorn nicht sichtbare Treppe
ist die Platform dieser Kammern betretbar und
mag in antiker Zeit zu gottesdienstlichen Zwecken, Bekränzung der Bilder u. s. w. betreten
worden sein.

Fig. 44.
Wand aus dem Jupitertempel.

Die Wände der Tempelcella waren, so
weit sie in früheren Zeiten besser als jetzt
erhalten, geschmackvoll auf feinstem Stucco
bemalt. Die untere Abtheilung, welche die aus
Mazois' Werk entlehnte Fig. 44. zeigt, hatte
einen schwarzen Sockel, war darüber felderweise roth mit gelben Zwischen-
gliedern, die obersten Theile waren grün und violett gefärbt und den Schluß
des Ganzen bildete bei der Ausgrabung ein perspectivisch und mit Schlagschatten gemalter, aus phantastischen Krugsteinen gebildeter Carnies, vielleicht
das einzige Beispiel in Pompeji, von dem übrigens jetzt Nichts mehr erhalten ist.

Die folgenden Abbildungen geben den Tempel nach Mazois' Restauration im wahrscheinlichen Aufriß von der Seite, wobei die durchgehende
Linie Erhaltenes und Ergänztes trennt (s. Fig. 45.); und im Längendurchschnitt, welcher die doppelte Säulenstellung im Innern zu vergegenwärtigen
bestimmt ist (s. Fig. 46.). In letzterer Abbildung sehn wir zugleich, wie

das 3,80 M. hohe Basament als Kellergeschoß *farissae* benutzt ist, dessen Eingang auf den Langseiten des Tempels liegt, und welches sich, wie schon erwähnt, unter dem ganzen Gebäude, nicht blos, wie angegeben worden, unter

Fig 15 Seitenansicht des Jupitertempels.

Fig 16 Durchschnitt des Jupitertempels

dem Pronaos hin erstreckt. Die Hauptfrontansicht des Tempels in gegenwärtigem Zustand und in der Restauration ist bereits oben Fig. 25, u. 27. gegeben. Diesem Jupitertempel in jeder Weise am ähnlichsten ist wie schon erwähnt

3. Der Tempel der Fortuna.

Wir brauchen nicht weit zu gehn, um den Vergleich anzustellen; haben wir den Triumphbogen des Forum durchschritten, so sehn wir uns vor jenem zweiten an der Ecke der Straße des Mercur und der Fortuna; rechts ihm gegenüber liegt mit der Façade gegen die Straße gegen Südwest, 59° 15') unser Tempel, dessen 1823 ausgegrabene Ruinen in ihrem heutigen Zustande die beiliegende Ansicht darstellt. Je größer, wie ein Blick auf den Plan zeigt, die Übereinstimmung dieses Tempels mit dem Jupitertempel ist, um so

Abb. 8 d.

Ansicht der Ruinen des Fortunatempels und der Straße der Fortuna.

weniger Veranlassung liegt vor, ihn im Einzelnen zu beschreiben. *A* ist die
Platform mit dem Opferaltar, auf der man noch die Reste eines nur auf die
halbe Breite der Treppen unterbrochenen, hier
ohne Zweifel mit Pforten versehenen Gitters sieht,
welches die heilige Stätte gegen das Treiben der
Straße abgrenzte; *B* Freitreppe, *b* Treppenwangen als
Piedestale für Statuen behandelt, *C* Pronaos von acht
römisch-korinthischen Säulen umgeben, *c* Schwelle,
D Cella, *E* Nische für das aufgefundene, und jetzt
im Museum in Neapel bewahrte Bild der Göttin
eingefaßt von zwei korinthischen Säulen, von denen
jetzt nur noch die Capitelle vorhanden sind. Die
Größe des Tempels giebt der beigefügte Maßstab. —
Einen Augenblick müssen wir noch bei dem Fundberichte dieses Tempels verweilen. Der erste Gegenstand von Bedeutung und Interesse, den wir zu
erwähnen haben, sind die in ihm gefundenen Inschriften. Auf dem jetzt in der Cella liegenden Architravbalken der Nische des Götterbildes liest man:

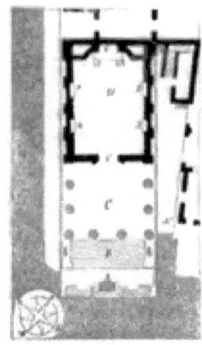

Fig. 47.
Plan des Fortunatempels

M · TVLLIVS · M · F · D · V · I · D · TER · QVINQ · AVGVR · TR · MIL ·
A · POP · ALDEM · FORTVNAE · AVGVST · SOLO · ET · PEC · SVA ·

(Mommsen, Inscriptt. No. 2219.) zu Deutsch: »Marcus Tullius, des Marcus
Sohn, zum dritten Male richterlicher Zweimann, Quinquennal, Augur und
aus der Bürgerschaft erwählter Militärtribun, hat den Tempel der *Fortuna*
Augusta auf seinem Grund und Boden und von seinem Gelde erbaut.«
Hierdurch ist der Name des Tempels bestimmt, den vier andere Inschriften
(Mommsen a. a. O. No. 2223—6.) bestätigen, welche man in seinem Innern
fand, und welche der Priester der Fortuna Augusta Erwähnung thun; hieran
wird Nichts geändert, wenn sich die Inschrift auch nur auf die Nische an
der Hinterwand bezieht, auf deren Gebälk sie steht, während das Alter des
Tempels über die Kaiserzeit hinaufreicht. Eine andere Frage von Interesse
ist, ob man in dem Erbauer oder Erweiterer Marcus Tullius ein Mitglied
der Familie des Redners M. Tullius Cicero zu erkennen habe, was jedoch
trotz der Auffindung einer mit der Toga bekleideten und angeblich, aber
nicht nachweislich mit reichlichen Farbspuren versehenen Statue jetzt im
Museum in Neapel, mit No. 562. bezeichnet), welche eine gewisse Familien-
ähnlichkeit mit Cicero hat, in Nische 1 des Heiligthums aus mancherlei Gründen verneint werden muß, namentlich weil außer dem Redner nur Vater
und Großvater desselben die Namen Marcus Tullius trugen, in denen man
wegen des Beinamens Augusta der Fortuna die Gründer nicht erkennen
darf. In der Nische 2 will man eine ebenfalls mit Farbspuren versehene
weibliche Gewandstatue gefunden haben, deren Gesicht jedoch angeblich
abgesägt gewesen wäre, etwa um dasselbe durch das einer andern Person
zu ersetzen; doch ist von dieser Statue jetzt Nichts mehr bekannt oder nachweisbar. Die Statuen, welche in den Nischen 3 u. 4 gestanden hatten, fand
man nicht mehr vor. Neben dem Tempel fand man eine Inschrift (Momm-

sen No. 2221), durch welche das schmale Stück Land *x* neben dem Tempel als M. Tullius' Privateigenthum (*M. Tullii area privata*, bezeichnet wird.

Schließlich ist, zur Vermittelung einer Anschauung von dem Gebäude vor seiner Zerstörung noch in Fig. 48. eine Ansicht des Tempels nach der

Fig. 48.   Restaurirte Ansicht des Fortunatempels.

so viel wie thunlich corrigirten Reconstruction Gells gegeben, ohne daß jedoch für alle Einzelheiten derselben eingestanden werden soll; nur der Totaleindruck mag ungefähr richtig sein.

4. Der s. g. Tempel des Jupiter Milichius.
.T. des Jupiter und der Juno, T. des Aesculap, T. des Neptun.

Dies Tempelchen liegt in dem Viertel der Theater, unmittelbar vor dem Isistempel. Sein ganzes Areal beträgt nur 7 × 21 M., von welchen letztern 9 auf den Tempelhof, 12 auf den eigentlichen Tempel, 5 auf die Cella kommen. Die ganze Baulichkeit liegt an der Ecke der stabianer und der Isisstraße nach NO. (230° 15') orientirt, und hat ihren Eingang von der *Strada di Stabia* aus. Tritt man durch diesen ein, so befindet man sich unter einer kleinen bedeckt gewesenen Halle (1, welche sich vorn auf zwei Säulen stützte, von denen nur die rohen, und zwar aus Mauerwerk hergestellten Basen am Platze sind, und hinterwärts wie an den Seiten sich an die Umfassungsmauer lehnt und auf welche rechts ein kleines Gemach des *aedituus*) mündet. Auf dem Tempelhof 2, unmittelbar vor der in der ganzen Breite des Raums zum Heiligthum hinaufführenden Treppe steht, mit seiner Schmal-

seite dem Tempel zugewandt, der Hauptaltar 3), welchen als ein gut gearbeitetes Stück, von dem im artistischen Theile noch ein Mal die Rede sein
wird, die Abbildung Fig. 51. zeigt. Die Treppe besteht aus neun Stufen,
die Vorhalle 1 wird vier Säulen in der Front, eine zu jeder Seite gehabt

Fig. 49. Ansicht des s. g. Tempels des Jupiter Milichius.

haben, der Boden der Cella (5) war mit jetzt verschwundenem oder aus-
gehobenem Mosaik belegt, das Piedestal für das Tempelbild oder die Tempelbilder (6) steht in geringen Resten erhalten an der Hinterwand.

Der Name des Tempels läßt sich nur annähernd feststellen. Der Name
eines Neptunstempels gründet sich in sehr unzuverlässiger Weise auf die

Eigenthümlichkeit der
Antencapitelle. In dem
in der Mitte dieses phan-
tastisch korinthisirenden
Capitells (Fig. 52.) mit
einem Blätterschmuck
nach einer Kohlart anstatt
nach dem gewöhnlichen
Akanthus angebrachten
jetzt bis zur Unkennt-
lichkeit zerstörten Gesicht

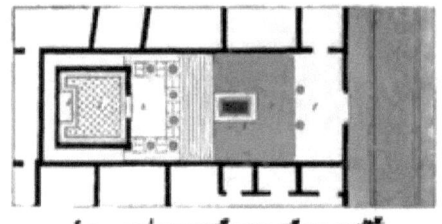

Fig. 50. Plan des s. g. Tempels des Jupiter Milichius.

hat man einen Neptun erkennen wollen. Anders verhält es sich mit den
Namen »Tempel des Jupiter und der Juno« und »Tempel des Aesculap«.
Die mehrerwähnte oskische Wegebauinschrift im stabianer Thor erwähnt eine
cella Jovis Milichii (kaela Júveis meelikiieis), mit welcher das hier in Rede
stehende Tempelchen mit Wahrscheinlichkeit identificirt worden ist. Jupiter

Milichius ist eine der Griechen zu(?)kleinen Gottheit *Ζεὺς Μειλίχιος*, während, wenn man die Orientirung des Tempels nach der Nissen'schen Theorie als maßgebend betrachtet, diese mit Jupiter Secundanus, Jovis Opulentus und

Fig. .... Altar aus Tempel des Jupiter Milichius.

Minerva anführt. Außerdem kommen bei der Nachgrabung des Tempels die ......

Milichius ist eine den Griechen entlehnte Gottheit *Zεὺς Μειλίχιος*, während,
wenn man die Orientirung des Tempels nach der Nissen'schen Theorie als
maßgebend betrachtet, diese auf Jupiter Secundanus, Jovis Opulentia und

Fig. 51. Altar des Tempels des Jupiter Milichius.

Minerva hinführt.   Außerdem kommen bei der Namengebung des Tempels die
in demselben 1766, 27. September gefundenen Bildwerke in Betracht. Es
sind dies zwei Statuen von Thon und eine Büste der Minerva. Die Statuen
sind eine lebensgroße männliche und eine ziemlich beträchtlich größere weibliche, welche sich jetzt in der Terracottasammlung des Nationalmuseums in
Neapel befinden und von denen Figur 53, die erstere darstellt. Benannt sind
sie, ehe man die Wegebauinschrift kannte und auf den in
ihr genannten Namen Rücksicht nehmen konnte, von den
Einen, so von Winckelmann, Aesculap und Hygiea,
von Anderen Jupiter und Juno. Nun sind Jupiter und
Aesculap einander in vielen
Statuen zum Verwechseln
ähnlich und nur durch die
Attribute zu unterscheiden,
welche hier fehlen. Allein
da die männliche Statue
bei allerdings nur sehr be-
dingtem Kunstwerth etwas
Grandioses und Imposantes
in der Haltung hat, welches
sich freilich mit dem Wesen

Fig. 52. Capitell.

Fig. 53. Jupiter oder
Aesculap.

grade eines Zeus Meilichios den man wenigstens ungefähr
zutreffend den Milden, Sanften nennen kann nicht sonderlich verträgt, aber von demjenigen des milden Arzt-
gottes noch weiter entfernt ist, als von dem des Zeus
überhaupt, da anderseits auch die weibliche Statue, ohne bekannten Typen
der Juno zu entsprechen, von demjenigen der Hygiea ebenfalls wohl noch
stärker abweicht, und da endlich die Inschrift den Aesculap gar nicht er-

Ansicht der Ruinen des sogenannten Quirinustempels.

wähnt, so wird man von dessen Namen und von dem der Hygiea doch
wohl am besten absehn und die Frage unerörtert lassen können, ob Aesculap
in Pompeji unter dem Namen eines milden, gnädigen Jupiter eingebürgert
worden sei. Als die in dieser Cella verehrten Bilder werden die in Rede
stehenden Statuen ohne Frage zu betrachten sein; nach dem Ausgrabungsbericht wurden sie auf der Basis im Hintergrunde gefunden, welche schon
durch ihre Breite sich als für mehre Statuen bestimmt erweist. Merkwürdig
genug ist es, daß von der Minerva nicht ebenfalls eine Statue, sondern nur
die Büste mit Helm, Aegis und Schild gefunden worden. Die erhaltenen
Statuen zeigen noch jetzt und zeigten sehr deutlich bei der Auffindung
Spuren von rother Farbe, mit der ihre Gewänder bemalt waren. Den Tempel aber wird man einstweilen wohl relativ am correctesten als denjenigen
oder als die Cella des Jupiter Milichius zu bezeichnen haben.

5. Der s. g. Tempel des Mercur oder des Quirinus.

Bei seiner Aufgrabung erhielt dies kleine Heiligthum den durch Nichts
motivirten Namen eines Tempels des Mercur, unter dem es jetzt an Ort und
Stelle wieder bekannt ist. Eine andere Bezeichnung erkannte einen Tempel
oder eine Capelle (sacellum) des Quirinus (Romulus, welche Benennung
sich auf eine Inschrift stützt
(Mommsen No. 2189.), in der
ein kurzer Abriß des Lebens-
laufes und der Thaten des
Romulus gegeben ist. Da man
aber diese Inschrift keineswegs
innerhalb des in Rede stehenden Heiligthums fand und auch
das nicht feststeht, daß sie in
der Porticus des Forum vor denselben gefunden wurde, vielmehr, nach einer Angabe unter
einer Nische im Vorbau des
s. g. Chalcidicum der Eumachia, da, wo heutzutage eine

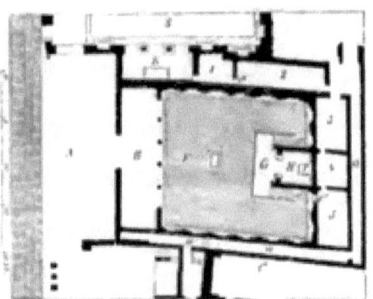

Fig 31.   Plan des s. g. Quirinus-tempels.

Copie derselben angebracht ist, während sie der Katalog der Inschriften
in Neapel einfach als »rinvenuta nel foro«, unbestimmt wo, bezeichnet, da
ferner mit ihr zusammen eine ganz ähnlich abgefaßte, auf Aeneas bezügliche
(Mommsen No. 2188. gefunden wurde und da endlich beide Inschriften ihrer
Abfassung nach Tempelaufschriften nicht sind, sondern sich eher für die
Fußgestelle von Statuen eignen würden, so ist es zweifelhaft ob sie mit dem
Tempel überhaupt Etwas zu thun haben und ob der zweite Name desselben
sich auf die Romulusinschrift irgendwie wird stützen lassen. Eine andere
Frage ist, ob man den Namen eines Heiligthums des Quirinus oder des
Divus Julius auf die Nissen'sche Theorie der Orientirung (W.S.W., 71° 15')
gründen oder mit Garrucci (Quest. Pomp.' aus den Reliefen am Altar (Stier-

opfer, s. Fig. 55., Rückseite Eichenkranz zwischen Lorbeern, seitwärts priester-
liche und Opfergeräthe, s. Fig. 56., eine Beziehung auf Augustus ableiten
und das Heiligthum ein Augusteum benennen will.

Das schiefwinkelig oblonge Areal der Umfassungsmauern von 23 × 30 M.
Flächenraum (s. Fig. 54.) stößt mit seiner Hauptfront an das Forum *A*, dessen
Colonnade, wie früher schon erwähnt, vor diesem Gebäude unterbrochen ist.
Links ist es von dem Seuaculum *S* begrenzt, aus dessen rechter Seitennische *E*
durch *e* ein Verbindungsweg in unser Gebäude, durch 5 Zimmer desselben
(1—5), die wahrscheinlich der Priesterschaft gehörten, bei *e'* in den Hof
des Heiligthums gelangt. An dreien dieser Zimmer (3—5) vorbei kommt
man durch einen wie geheimen zweiten Ausgang *a a'*, in das Gebäude
der Eumachia *C*. Der Haupteingang ist vom Forum aus durch eine Mauer,
welche, nach schwachen Resten zu schließen, ganz mit Marmor bekleidet

Fig. 55.   Altar des s. g. Quirinustempels.   Vorderseite.

gewesen zu sein scheint. Man gelangt zunächst in eine vom Hofraum
durch vorspringende Mauerpfeiler und durch vier Säulen getragene Vorhalle *B*, aus der die Ansicht der Ruinen vor S. 91 aufgenommen ist,
sodann auf den Hof *F*, in dessen Mitte der merkwürdigste Theil des ganzen Gebäudes, der schon erwähnte, wohlerhaltene Marmoraltar mit reichlichem Reliefschmuck sich befindet. Unter diesem nimmt die Darstellung
der Vorderseite (Fig. 55.) das Stieropfer, auch abgesehn von seinem Gegenstand, als eines der früheren Reliefe mit malerischer Anordnung der Figuren
in verschiedenen Plänen Vorder- und Hintergrund ein besonders Interesse
in Anspruch.

Im Hintergrunde des Tempelhofs findet sich die Cella *H* erhoben auf
einem breit vorliegenden Unterbau *G*, auf den zu beiden Seiten von hinten
Treppen *g g* führen. Dies, die Platform vor dem Pronaos und die Lage der
Treppen ist die bemerkenswertheste Abweichung von der Anlage des vorigen
Tempels. Sodann muß auch bemerkt werden, daß die Platform unbedeckt

ist und daß Halbsäulen an der Cellawand die Säulenstellung vertreten. In *i*
sehn wir die Basis für das Tempelbild. Mit Geschick hat der Architekt die
Schiefheit der Grundfläche seines Gebäudes auszugleichen und zu verbergen
verstanden, dagegen hat er in der Decoration der Umfassungsmauern des
Hofes durch abwechselnd mit flachen Giebeln und flachen Wölbungen abgeschlossene Mauerfelder (s. die Ansicht) einen geringen Geschmack bewiesen,
obgleich wir diese Art von Ornamentirung in Pompeji noch einige Male und
an vielen modernen Häuserfaçaden wiederzufinden Gelegenheit haben. Unerwähnt soll schließlich nicht bleiben, daß der Tempelhof, wie die Ansicht
zeigt, neuerdings zur Aufbewahrung von mancherlei Fundstücken der
Ausgrabungen, namentlich Architekturtheilen benutzt wird und daher verschlossen gehalten wird.

Fig. 56. Altar des s. g. Quirinustempels.   Rückseite und Nebenseiten.

Die beiden Tempel endlich, welche der Betrachtung die meisten und
interessantesten Einzelheiten bieten, sind der s. g. Tempel der Venus am
Forum und der Tempel der Isis hinter den Theatern.

6. Der s. g. Tempel der Venus.

Nachdem man, gestützt auf ein paar Gemälde bacchischen Inhalts in
den Nebenräumen dieses reichbemalten Tempels, denselben dem Bacchus
zugeeignet hatte, zog man nach der Entdeckung einer Inschrift (Mommsen
No. 2201.), deren falsch verstandener Wortlaut auf einen hier angrenzenden
Privatbesitz des Collegiums der Venusverehrer hinzuweisen schien, in den
Ruinen dieses Tempels, den seitdem ständig gewordenen eines Venustempels
vor. Nach einer andern daselbst gefundenen Inschrift (Mommsen No. 2199.)

T·D·V·S, welche M. frageweise *Terrae deae rotum solvit* auflöst, wollte
Garrucci u. a. O. S. 7. den Tempel vielmehr als denjenigen des Mercur

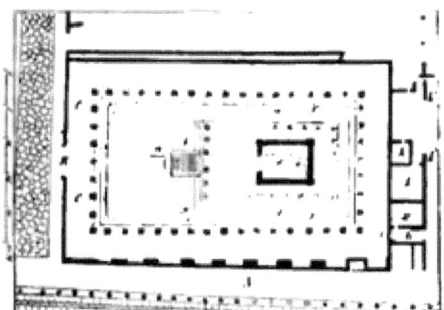

Fig. 57. Plan des s g. Venustempels.

Fig. 58.   Peribolos im Venustempel

und der Maia benennen, deren Priester in anderen Inschriften vorkommen.
Allein diese Hypothese beruht, obgleich sich auch Nissen ihr angeschlossen
hat, auf sehr unsicheren Combinationen, und vielleicht kommt neben der

Ansicht der Ruinen des sogenannten Venustempels.

Thatsache, daß Venus die Hauptgöttin von Pompeji war, der den prächtig-
sten und nächst demjenigen auf dem Forum triangulare und der Cella des
Milichius ältesten, allein aus sam-
nitischer Zeit stammenden Tempel
geweiht zu sehn uns nicht wundern
könnte, die Auffindung einer marmornen Statue der Venus ungefähr
in der Art der mediceischen, und
eines Kopfes derselben Göttin der
gangbaren Nomenclatur wieder
einigermaßen zu Hilfe, obgleich
auch die bronzene Halbfigur einer
bogenschießenden Diana abgeb.
Mus. Borb. VIII. 59. und ein angeblich ziegenohriger Hermaphrodit
hier gefunden worden sind.

Es ist schon oben in der allgemeinen Beschreibung des Forum
bemerkt, daß dieser nach Südost
331° orientirte Tempel den größten Theil seiner Westseite begrenzt.
Auf dem Plan Fig. 57. ist die Colonnade des Forum, welche sich an
die Umfassungsmauer des Tempelhofs anlehnt, mit A bezeichnet.
Der Eingang in den Tempelhof B
ist jedoch nicht vom Forum, sondern von der vergitterten Straße
aus, welche zwischen der Basilika
und dem Tempel auf das Forum
mündet. Tritt man durch diesen
Eingang B in den Peribolos C, so
steht man unter einem im Durchschnitt 4 M. breiten ringsumlaufen-
den, bedeckten Säulenumgang von
48 Säulen, von dessen östlicher
Seite Fig. 58. ein Stück darstellt.
Ein paar Schritte vorwärts und nach
rechts bringen uns auf den Standpunkt, von dem aus die beiliegende
Ansicht aufgenommen ist. Vor
uns haben wir zunächst den aus
Piperin mit Marmorkrönung erbauten und oben mit Blöcken vulkanischen Steines gedeckten Hauptaltar a, welcher seiner Form nach

Fig. 59. Restaurirte Ansicht des Venustempels.

recht für Schlägc oder Brandopfer, sondern nur für Spenden von Früchten,
Kuchen und Weihrauch geeignet ist, was die Bezeichnung als Venustempel
unterstützt. Denn auch an anderen Orten waren und zwar gewöhnlich die
Opfer der Venus unblutig. An seinen beiden Langseiten trägt derselbe
folgende gleichlautende Inschrift:

M · PORCIVS · M · F · L · SEXTILIVS · L · F · CN · CORNELIVS · CN · F ·
A · CORNELIVS · A · F · IIII · VIR · D · D · S · P · LOCAR ·

Dahinter erhebt sich mit vorliegender zerstört gewesener und zu verschiedenen Zeiten verschieden restaurirter Freitreppe *b* die bedeutende Basis des
Tempelhauses *c*. In seinem erhaltenen Zustande muß dieser Tempel einen
überaus prächtigen und eleganten Anblick gewährt haben, den die vorstehende Restauration (Fig. 59.) nicht völlig wiedergeben kann, da die Ansicht geometrisch anstatt perspectivisch ist, so daß die Säulen des Pronaos
einander decken.

Dies ist unbedingt der prächtigste Tempel Pompejis, denn er ist der
einzige periptere; 28 Säulen, von denen, wie die beiliegende Ansicht zeigt,
zwei neuerdings ganz wieder aufgerichtet und die Stümpfe anderer an ihre
Stelle gebracht sind, umgaben die Cella, die Decke der Vorhalle wurde von
6 Säulen in der Front und außerdem von 4 zu beiden Seiten getragen.
Überschreiten wir die Schwelle der Cella, in welcher nach hinten die Löcher
der Angeln einer wahrscheinlich hölzernen doppelten Flügelthür, nach vorn
aber diejenigen einer vermuthlich bronzenen ebenfalls doppelten Gitterthür
nebst den mit Bronze eingefaßten Löchern der Riegel erhalten sind, mit

Fig. 60.   Fußboden der Cella.

denen diese verschlossen wurde, und
zwar so, daß das mittlere Drittheil allein,
oder daß sie ganz geöffnet werden konnte,
so finden wir die Cella *d* ebenfalls geräumiger, als die eines der bisher besuch-
ten Tempel mit Ausnahme des Jupitertempels. Der Standort für das Tempelbild
e ist nicht ganz an der Hinterwand, so
daß ein Umgang um dasselbe frei bleibt.
Der von diesem Umgang eingeschlossene
mittlere Theil des Fußbodens ist mit einem
farbigen Marmormosaik bedeckt, von dem

Fig. 60. eine Probe bietet. Die Wände der Cella sind in einfachen durch Stucco-
pilasterchen getrennten Feldern hell gelb bemalt. Links in der Cella liegt,
gänzlich unsymmetrisch und gewiß nicht an seinem Orte, ein omphalos-
förmiger Stein von 0,50 M. Höhe und 2,12 M. unterem Umfang, an welchen
weitgehende Vermuthungen über den Namen des Tempels geknüpft worden
sind, indem man diesen Omphalos als das älteste (anikonische) Cultusobjcct
betrachtete. Allein bei der Lüderlichkeit der früheren Ausgrabungen und
Berichte über dieselben ist die Zugehörigkeit dieses seltsamen Gegenstandes
zu unserm Tempel unerwiesen. Indem wir die Cella wieder verlassen und
die Treppe hinuntersteigen, sehn wir links neben derselben das Fundament

eines kleinen Nebenaltars nebst einer Art von etwas erhöhter Platform vor
demselben und seitwärts von der Treppe und dem Podium breite Steinbänke
von ungewisser Bestimmung, vor deren linker (s. die Ansicht) eine Säule mit
ionischem Capitell neuerdings wieder aufgerichtet worden ist, welche einst
eine Sonnenuhr trug und deren Inschrift

L · SEPVNIVS · L · F

SANDALIANVS

M · HERENNIVS · A · F

EPIDIANVS

DVO · VIR · I · D ·

D · S · P · F · C ·

aussagt, daß die genannten Rechtsduumvirn die Säule aus eigenen Mitteln
haben herstellen lassen. Sodann bemerken wir, daß rund um den Hof eine
Regenrinne f läuft, deren Wasser an mehren Orten in viereckigen Vertiefungen g aufgefangen wurde. Diese Einrichtung, die sich mehrfach in Pompeji
wiederholt, hat man mit Wahrscheinlichkeit dahin zu erklären gesucht, daß
in den Vertiefungen sich die Unreinigkeiten des Wassers niederschlagen
sollten; die Rinne führt ihr Wasser in eine Cisterne ab, aus der man es
zur Reinigung des Tempels schöpfte. Ehe wir uns durch den rechten Flügel
des Säulenumgangs in die kleinen Gemächer be-
geben, welche hinter dem Peribolos gelegen sind
und die wohl den Versammlungen der Bruderschaften (collegia) der Venusverehrer oder auch
als Wohnungen der Tempelwächter gedient haben
mögen, werfen wir noch einen Blick auf die an
einer Säule dieser Seite aufgestellte Herme, welche
schon Fig. 58. an ihrer Stelle und die nebenstehende nach einer Photographie gezeichnete Abbildung in etwas größerem Maßstabe in der Vorderansicht zeigt. Sie hat die in Pompeji für Hermen
gewöhnliche Form, ihre Bedeutung steht aber nicht
durchaus fest. Sie ist ohne Zweifel männlich mit
kurzem Athletenhaar und jugendlich heroischen,
obwohl sehr milden und fast etwas wehmüthigen
Zügen, übrigens von vortrefflicher Arbeit, die
einen griechischen Meißel verräth, und läßt am
ehesten an Herakles denken. Ihr gegenüber haben
wir eine ähnliche anzunehmen, aber unbegründet

Fig. 61.
Herme im Peribolos.

ist die Annahme Einiger, daß ähnliche Bilder an allen Säulen oder an
mehren derselben gestanden haben, denn nur an der entsprechenden Säule
der andern Seite ist ein gleiches Piedestal und an den beiden zweiten Säulen
sowie an denen der Eingangsseite sind höhere Basen für Statuen erhalten.
Sehr reich sind die malerischen Decorationen dieses Tempels. Schon die
Säulen zeigen an ihrem untern Theile die Reste von rother Bemalung. Die
Art, wie diese ursprünglich ionischen Säulen mit dorischem Gebälk mittels
Tünche in korinthische verwandelt worden sind, um mit den Säulen des

Tempels zu harmoniren, werden wir unten besonders zu betrachten haben.
Die Wände des bedeckten Umgangs, welche nach der Seite des Forum hin
Nischen von verschiedener Tiefe bilden, sind mit geschmackvollen architektonischen Perspectiven bemalt, von denen Fig. 62. eine Probe aus der Zeit
besserer Erhaltung von dem letzten Pfeiler rechts bietet. Dieselbe ist deswegen nicht ohne Interesse, weil die grade Ansicht architektonischer Perspectiven, wie sie sich uns hier darstellt, in Pompeji selten ist. Eine

Fig. 62. Wand aus den Gemächern im Peribolos des Venustempels

ungleich höhere Bedeutung würde diese Malerei in Anspruch nehmen, wenn
eine in Betreff derselben bei Mazois gemachte Angabe sich bewährte. Es
wird nämlich behauptet, in das in unserer Zeichnung leer erscheinende
Viereck sei vor Alters ein Tafelgemälde auf Holz eingelassen gewesen, welches bei der Verschüttung, angeblich durch Feuer, zerstört worden wäre.
Allein diese Angabe ist falsch, das Viereck ist nicht leer, sondern zeigt ein
geringes und noch wenigstens zum Theil erhaltenes Frescogemälde (Hbg.

No. 1306,., in dem man den gegen Agamemnon losstürmenden, von Athena zurückgehaltenen Achill erkennt. Andere Gemälde aus eben diesem Umgange, jetzt alle fast völlig zu Grunde gegangen (s. Illbg. No. 1321. 1325. und die Nachträge S. 461 f.), haben ebenfalls heroische Scenen aus dem troischen Kreise zum Gegenstande gehabt; man erkennt mit größerer oder geringerer Sicherheit in älteren Publicationen Hektors Schleifung (?), den vor Achill um die Leiche seines Sohnes bittenden Priamos, die Gesandtschaft der Griechen zu Achill ?) und den Raub des troischen Palladiums, welcher in der römischen Welt durch Vergils Aeneis populär war.

Andere, und wie es scheint sorgfältigere, aber jetzt fast alle zu Grunde gegangene und auch in älteren Publicationen nicht überlieferte Malereien finden wir in den außerhalb des Tempelhofs befindlichen Gemächern, welche auf dem Plane Fig. 57. mit *h* bezeichnet und, durch die Thür *i* zugänglich, als Wohnung des *aedituus* Küsters) zu betrachten sind. Zu bemerken ist, daß auf dieser Stelle in älterer Zeit eine Colonnade gewesen ist, deren Säulen bei der Erbauung der erwähnten Zimmer wahrscheinlich bei der Restauration nach dem Erdbeben in die Wände eingemauert sind (s. d. Plan Fig. 57. bei *h*').

Von den erwähnten Ge-
mälden ist nur eins (Illbg.
No. 395.), an der Wand des
zweiten Zimmers *x* noch leidlich
erhalten, welches nach einer
ältern Publication in Fig. 63.
mitgetheilt wird. Es stellt den
auf Silen gestützten jugendschönen Bakchos dar; während
dieser auf seinen Panther den
Weinbecher ausgießt, spielt
Silen die Leier, so daß musikalische Begeisterung mit der
bacchischen verbunden ist. Von
diesem Bild ist vielfach angegeben worden, es sei auf einer
eigenen, in die Wand eingesetzten und in derselben durch
geschickt verborgene Eisen be-

Fig. 63. Gemälde aus dem Zimmer *x*.

festigten Tafel gemalt, doch beruht dies, wie Donner (Einleitung zu Helbigs Wandg. S. LXIX. f.) genau und vollkommen richtig erwiesen hat, auf Täuschung; die tiefe und an mehren Stellen ziemlich klaffende Fuge, welche das Bild umgiebt, ist keine Einsatz- sondern eine Einputzfuge, wie sie sich auch bei manchen anderen Bildern wiederfindet, und die Nägel, deren Köpfe man außerhalb dieser Fuge sieht, dienen nicht zur Befestigung des Bildes, sondern großer Thonplatten, mit denen die Wand in einiger Entfernung vom Mauerwerke bekleidet ist, wie dies in Baderäumen geschah, um Wärme durchstreichen zu lassen, und in anderen Räumen, wo man sich gegen die Feuchtigkeit einer Mauer schützen wollte.

7*

7. Der Tempel der Isis.

Nördlich vom Theater finden wir diesen letzten der bis jetzt bekannten
Tempel von Pompeji, der 1765 ausgegraben und nach der unten anzuführenden Inschrift mit Sicherheit als Tempel der Isis erkannt ist, als welchen
ihn außerdem eine Reihe von anderen Umständen bezeichnet. Der Haupteingang in den Tempelhof Fig. 64., *B* im Plan, Fig. 65., ist von der *Strada
d' Iside* aus. Die Säulen rechts bilden den Umgang des Tempelhofs; der
Tempelfronte gegenüber ist ein breiteres Intercolumnium mit Pfeilern und
Halbsäulen, hinter diesem in der Wand eine Nische, in welcher sich ein jetzt

Fig. 64. Der Tempel der Isis. Haupteingang.

ausgehobenes und in das Museum von Neapel gebrachtes Harpokratesbild
(Illbg. No. 1) befand. Über dem Eingange war die jetzt daselbst in einer
Copie befindliche Weihinschrift (Mommsen No. 2243.) angebracht, des Inhalts:
»Numerius Popidius Celsinus, Numerius Sohn, hat den durch ein Erdbeben
[ohne Zweifel dasjenige von 63 n. Chr.] eingestürzten Tempel der Isis
von Grund aus auf eigene Kosten wieder hergestellt; ihn haben die Decurionen wegen seiner Freigebigkeit a l s e r s e c h s J a h r e a l t w a r kostenfrei
ihrem Collegium zugewählt.« Die Altersbezeichnung des Gründers hat
Schwierigkeiten gemacht und mehre Schriftsteller veranlaßt, dieselbe als
abgekürzt zu betrachten und für 60 statt 6 Jahre zu erklären. Nicht sowohl

wegen der Ehrenaufnahme eines Sechsjährigen unter die Decurionen, zu
der nicht wenige Inschriften Parallelen bieten, als vielmehr weil man be-
hauptete, ein Knabe von 6 Jahren habe so lange sein Vater lebte kein eigenes
Vermögen (*pecunia sua*) und nach des Vaters Tode keine freie Verfügung
über dasselbe gehabt, und ebenso wenig sein Vormund, auch sei für einen
Knaben kein Motiv zu einer Tempelgründung abzusehn. Allein jene Annahme über die Mündelverhältnisse ist irrig; erweislich konnte in dieser
Zeit, wo der Decurionat noch gesucht war, ein Vormund eines reichen
Mündels aus einer angesehenen Familie bei einer Calamität der Vaterstadt

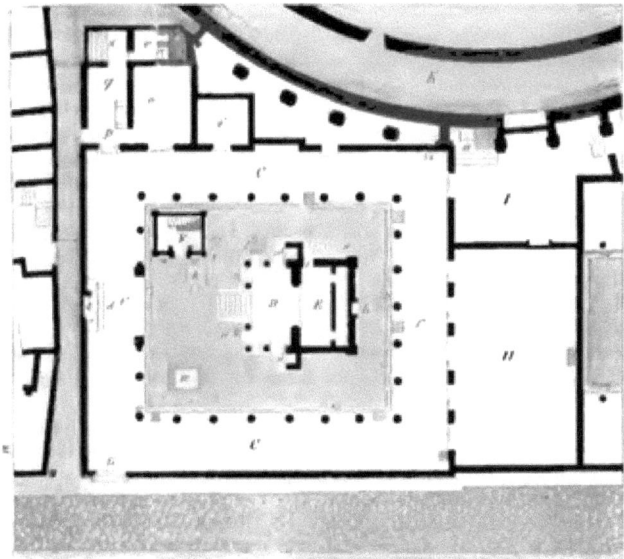

Fig. 65 Plan des Isistempels.

und um seinem Pupillen eine Ehrenauszeichnung zu verschaffen die Mündel-
gelder zur Errichtung eines öffentlichen Gebäudes verwenden. Indem nun
alle diese Voraussetzungen in der That hier bei einem Mitgliede der in
Pompeji zahlreichen und angesehenen Familie der Popidier zutreffen, fallen
die erhobenen Schwierigkeiten weg, denen gegenüber die epigraphische
Unmöglichkeit der Abkürzung von *sexaginta* in *sex* in voller Kraft bleibt,
zu deren Beseitigung man sich vergeblich darauf berufen hat, daß man der
Regel nach nur zwischen dem 25. und 50. Jahre in das Collegium der Decurionen gewählt werden konnte, so daß hier eine Ausnahme stattfand und
hervorgehoben ist.

Über den Plan des Gebäudes (Fig. 65.) genügen wenige Worte. *A* Straße,

B der besprochene Eingang, *C* Säulenumgang um den Tempelhof, *e* Harpokratesnische, vor derselben befand sich eine halbverkohlt aufgefundene Bank *d*. Eine Treppe von sieben Stufen und der Schwelle führt aus dem Tempelhof in den Pronaos *D*, welcher durch sechs korinthische im Steinkern glatte, nur im Stuccoüberzug canellirte Säulen gebildet wird. Rechts und links neben dem Eingang in die Cella sehn wir eine Nische für ein Weihebild *d*. *d* außerhalb der Ante angebaut, hinter dem linken Anbau finden wir eine Nebentreppe *e'*, über welche die Priester durch den Seiteneingang *e* den Tempel betraten. Im Hintergrunde der Cella *E* findet man das über die ganze Breite der Cella reichende Postament der Statue ganz ähnlich behandelt wie dasjenige im Jupitertempel, als einen Hohlraum nämlich, der indessen hier von nur geringer Höhe, gewölbt und mit zwei niedrigen Öffnungen nach vorn versehn, wohl unzweifelhaft als Aufbewahrungsort heiliger Geräthschaften gedient hat, während das auf demselben erhaltene Piedestal dasselbe als Basis des Tempelbildes charakterisirt. Daß dies Postament als Apparat des Priestertruges gebraucht worden wäre, indem sich derjenige in demselben verbarg, der im Namen der Gottheit Orakel verkündigte, ist schon der Niedrigkeit wegen und deshalb ganz unwahrscheinlich, weil Alles so ganz offen vor den Blicken Aller darliegt. Nach einigen soll vor diesem Postament eine Isisstatue gefunden sein, als deren Fundort Andere das mit einer Inschrift (Mommsen No. 2246.) versehene Piedestal in der rechten Vorderecke des Tempelhofs angeben.

In der Hinterwand der Cella nach außen ist noch eine Nische *h*, in welcher eine von N. Popidius Ampliatus dem Vater geweihte marmorne Bacchusstatue (abgeb. Mus. Borb. IX. 11.) stand, was manche Schriftsteller natürlich benutzt haben, um über Identität des Osiris mit Bacchus zu schwärmen.

Fast alle Räume des Isistempels waren mit jetzt entweder zerstörten oder in das Museum von Neapel geschafften Gemälden geschmückt, welche sich auf den Mythus der Isis oder auf Aegypten als das Land von dessen Herkunft bezogen. Auf den Wänden des Peribolos waren Figuren von Isispriestern, Isispriesterinnen und aegyptischen Gottheiten gemalt Hbg. No. 1096. 1097. 1099. 5. Stück, 1103.), in einem Saale Landschaften aegyptischen Charakters, ein großes Bild, das Ios Ankunft bei Isis (No. 138. und ein anderes, welches dieselbe Heroine von Argos bewacht darstellt (No. 135.). Ferner eine Reihe von Sacralbildern an der Wand gegenüber dem Eingange (No. 2.) und an derjenigen rechts vom Eingange (No. 3. u. 4.) u. s. w.

Von den übrigen im Tempelhof befindlichen Gegenständen sind folgende die interessantesten. Zumeist das kleine Gebäude, welches auf dem Plan mit *F* bezeichnet ist und dessen Ansicht in Fig. 66. folgt. Dasselbe bildet einen ungetrennten Raum, in dessen Hintergrunde eine Treppe angeblich zu einem unterirdischen Wasserbehälter führt, dessen jetzt auch nicht in der geringsten Spur auffindbare und daher ein wenig zweifelhafte Brunnenöffnung auf dem Plane mit *i* bezeichnet und dessen Umfang durch eine punktirte Linie angedeutet ist. Da der Brunnen unter diesem Bauwerke durchaus nicht sicher verbürgt ist, so läßt sich auch über dessen Bestimmung kaum

absprechen und ist der ihm gegebene Name eines Purgatoriums, das wäre
ein Waschungs- und Reinigungsort den der Cultus bedingt hätte, nur problematisch. Vor der Façade des
Gebäudes befindet sich der große
Hauptaltar *k*, auf dessen mit
einem starken Rande eingefaßter
vertiefter Fläche die Reste und
Spuren von Brandopfern gefunden
sein sollen. (Hist. Ant. Pomp.
1765. 8. Juni p. 172). Er bezieht sich ohne Zweifel auf die
Cella des Hauptgebäudes, ist aber,
um in dem nicht sehr weiten
Tempelhofe Raum zu geben, zur
Seite gerückt und vielleicht auch
in Folge dessen nicht dem Gebäude gegenüber, sondern von
der Seite zugänglich, wo ein er-

Fig. 66. S g. Purgatorium

höhter Stein im Boden den Standort des Priesters bezeichnet, und wohin
der die Oberfläche umgebende Rand unterbrochen ist, um die Hantierung
beim Opfer zu erleichtern und die Reinigung durch einen geneigten Abfluß
zu ermöglichen.

Ein anderer Altar *l* scheint sich auf das Bild in dem linken Nischen-
bau der Cella zu beziehen. Auf dem mit *a* bezeichneten Postament rechts
neben der Treppe, dem ein gleiches links entspricht, fand man eine Tafel
mit Hieroglyphen, die sich im Museo Nazionale befindet, aber mit dem Isis-
cult weder im Allgemeinen, noch im Besonderen mit dem pompejanischen
zu thun haben soll. Also ein echtes Scheinstück und Blendwerk. Bei *s* ist
ein von einer viereckig und zur Zeit als die Photographie aufgenommen wurde,
welche der diesem Abschnitte S. 73.) vorgehefteten Ansicht zum Grunde liegt,
nach zwei Seiten giebelförmig abgeschrägten jetzt grade abschließenden Ummauerung eingefaßter Brunnen, unter dem jetzt Fontanas Canal fließt; zum
Brunnen aber ist dieser Raum erst durch moderne Hand gemacht worden, denn
nach den Ausgrabungsberichten (Hist. Ant. Pomp. I. p. 182 u. 189, 1765 14.
Decbr. u. 1766 21. Juni wurde derselbe bei der Ausgrabung angefüllt gefunden
von einer Menge schwarzer Asche und von Resten verbrannter Früchte, unter
denen man Feigen, Pinienkerne, Kastanien, Baum- und Haselnüsse und Datteln
unterschied und für das Museum aushob. Nach dieser Thatsache hat man
den in Rede stehenden Gegenstand einen Aschenbehälter genannt, wobei,
so sehr derselbe auch in seiner Form einer modernen Aschengrube gleicht,
allerdings sehr fraglich bleibt ob dergleichen zum antiken Tempelinventar
gehört hat. Die Räume *o, o', p, q* sind wahrscheinlich Gemächer der Wohnung des Aedituus, d. h. des Tempelsclaven, welcher ungefähr die Stellung
des Küsters unserer Kirchen einnahm, von denen *o'* mit einem überwölbten
Heerde versehen ist. Irrig hat man diesen Raum als den Stall für die Opferthiere bezeichnet, es ist, von dem Heerde ganz abgesehn, ein gemaltes Zim-

mer wie alle anderen. In dem Zimmer *o* will man das Gerippe des Priesters,
der sich, wie bereits früher erwähnt, mittels eines Beiles einen Ausgang
durch die Wand zu öffnen versucht hatte, gefunden haben, allein davon ist
jetzt Nichts mehr bemerklich, und da anderweitige Durchbrechungen von
Wänden sehr deutlich sind, muß der erwähnte Versuch des Priesters, wenn
er angestellt wurde, in seinen Anfängen stecken geblieben sein. Der große
nach vorn durch Bogen offene Saal *II* im Hintergrunde des Tempelhofes
muß zu Cultuszwecken, die wir bestimmt nicht mehr nachweisen können,
am wahrscheinlichsten aber als Versammlungsort des Collegiums der *Isiaci*
gedient haben, auf dem Piedestal im Hintergrunde fand man zwei Granit-
statuen. Der Saal *I* neben dem großen wird zur Aufbewahrung von Tem-
pelgeräth bestimmt gewesen sein, dessen man mancherlei in demselben fand,
hat aber in *i* eine überwölbte Nische mit einem Opfertisch davor, in der
offenbar ein Cultgegenstand, wenn auch nur ein Bild, angebracht war. Gleich
links neben seiner Thür vom Tempelhof her ist ein Wasserbehälter *u*, zu
dem man auf drei Stufen emporsteigt. *K* ist die oberste Cavea des großen
Theaters, zu der in dem mit *a* bezeichneten Raum eine Treppe von der
Straße aus emporführt. Den Raum unter dieser Treppe, in welchen eine
Thür aus *g* hineinführt, hat sich die Priesterschaft des Isistempels auch noch
zu nutze gemacht, zu welchem Zwecke, ist aber nicht sicher nachweisbar,
denn die Angabe, welche man bei anderen Schriftstellern findet, in *e* sei
die Küche gewesen, ist mehr als zweifelhaft, da erstens der Raum *g* durch
den wohlerhaltenen Heerd als Küche bezeichnet ist, und da zweitens die
Anlage der Küche in *e* eine große Seltsamkeit gewesen wäre. Denn einmal
ist ja die Thür von *g* nach *a* durch die Theatertreppe durchschnitten und
sodann ist die Verbindung von *a* und *e* ein sehr niedriges gewölbtes Thür-

Fig. 67.   Stuccoreliefe an den Außenwänden des s. g. Purgatorium.

chen, so daß *e* wesentlich dunkel gewesen sein muß. Das Mauerwerk, welches dieser Raum in seinem Grunde enthält und das als Heerd gegolten hat,
scheint am ersten ein Abfluß für schmutziges Wasser gewesen zu sein, welcher der Küche zweckmäßig nahe liegt. Die diesem Abschnitt vorgeheftete
Tafel Seite 73. bietet eine Ansicht der Ruinen im gegenwärtigen Zustande;
der Standpunkt ist gleich innerhalb des Haupteinganges; die vorstehende
Abbildung (Fig. 67.) ist eine Probe der etwas schwerfälligen und jetzt stark

beschädigten Stuccoreliefe von den Außenwänden des s. g. Purgatorium, welche weiß auf blauem Grunde standen; dies Relief befindet sich an der rechten Nebenseite, ein ähnliches, in dem nur der Mars voran ist, links; vorn neben dem Eingange sind aegyptisirende Figuren angebracht. Auf den Stil des Tempels sowohl im Architektonischen wie im Decorativen wird im artistischen Theil zurückzukommen sein.

Zweiter Abschnitt.

Municipalgebäude.

Der folgende Abschnitt umfaßt diejenigen öffentlichen Gebäude, welche der Verwaltung und Rechtspflege, dem Handel und Verkehr in Pompeji dienten; die ihnen gegebene Bezeichnung ist deshalb nicht im strengsten Wortsinne zu fassen, und ist nur gewählt, weil sich schwer eine andere finden läßt, welche erschöpfend und doch gleich kurz diese Classe öffentlicher Bauwerke von den anderer Classen unterscheidet.

Wir haben unsere Betrachtung mit einem Gebäude zu eröffnen, dessen Name und Bestimmung noch immer nicht mit Sicherheit hat festgestellt werden können, dessen einzelne Theile auch noch keineswegs alle erklärt sind und von dem nur das Eine höchst wahrscheinlich ist, daß es theils religiösen, theils weltlichen Zwecken diente, so daß es gleichsam auf der Grenze der heiligen und der im strengen Sinne profanen Bauwerke steht.

1. Das s. g. Pantheon.

(Augusteum, Prytaneum, Serapeum, Hospitium, Macellum)

Dies seiner Bauweise nach ganz der römischen Kaiserzeit angehörende, merkwürdige Gebäude, von dessen Ruinen in ihrem gegenwärtigen Zustande Fig. 68. eine Anschauung giebt, und welches sowohl wegen seiner Größe wie wegen seines eigenthümlichen Planes und seines überreichen Bilderschmuckes zu den bedeutendsten Monumenten Pompejis gehört, wurde 1818 entdeckt aber erst 1821 und 1822 vollständig ausgegraben. Um diejenigen Bilder, welche nicht entfernt werden konnten, gegen die Einflüsse der Witterung thunlichst zu schützen, hat man hier wie sonst in Pompeji die Wände mit der kleinen Ziegelbedachung versehn, welche unsere Abbildung erkennen läßt, jedoch den Zweck nur sehr unvollkommen erreicht, so daß die glänzenden Farben der Gemälde bereits stark verblichen sind. Nur diejenigen an der Wand gegen das Forum sind durch ein breites Dach hinlänglich geschützt und meistens in trefflich erhaltenem Zustande. Bevor über die mögliche Bestimmung dieses Gebäudes gesprochen wird, muß dessen Plan im Ganzen überblickt und die Bedeutung der einzelnen Räumlichkeiten so viel wie möglich festgestellt werden.

Das Gebäude steht, wie schon oben bemerkt, an der Nordostecke des Forum, unmittelbar am s. g. Triumphbogen, dessen einen Pfeiler der Plan Fig. 69. neben dem gewölbten Eingang für Fußgänger 1 zeigt. Es liegt nicht ganz rechtwinkelig gegen das Forum, wie die wenigsten Gebäude

Pompejis in rechten Winkeln gegen einander orientirt sind. In seiner Front begrenzt es die Colonnade des Forum, von deren Säulen hier besonders eine vortrefflich erhalten ist. Hinter denselben, welche sich durch ihr Material (Marmor) und durch die Ordnung zu der sie, auf Basen stehend, gehören, von den übrigen Säulen der Forumscolonnade unterscheiden, sowie hinter

Fig. 45. Das s. g. Pantheon.

den Stellen, wo sie standen, finden sich 15 mit an einander gekitteten Marmorstücken bekleidete viereckige Pfeiler von 1,11 M. Höhe, deren Krönungsplatten jedoch modern sind (2 im Plan). Ob man dieselben als Statuenbasen wird betrachten dürfen, oder was sie sonst gewesen sein mögen, ist jetzt schwer zu entscheiden, irrig aber die Ansicht, die Forumscolonnade sei hier durch viereckige Pfeiler ersetzt gewesen. Auf zweien dieser Pfeilerstümpfe liegen jetzt marmorne Architravstücken ionischer Ordnung, welche nach beiden Seiten behauen sind, also zu einer zweifrontigen Colonnade gehören, ob aber zu derjenigen des Forum, muß dahin stehn, obgleich es nicht unwahrscheinlich ist. Anscheinend hat die vorspringende Façade den obern Umgang der Colonnade unterbrochen, daß dies jedoch nicht wirklich der Fall war, zeigt die Treppe 3, welche nicht zum Innern des Gebäudes in Beziehung steht, sondern einen der früher erwähnten Aufgänge zur Gallerie des Forum bildet. Links führt die s. g. *Strada degli Augustali* (früher Straße der getrockneten Früchte) vorüber, und mit 4 sind jene Läden bezeichnet, von deren reichem Inhalt an allerlei Früchten die Straße den früher üblichen Namen erhalten hat. Von dieser Straße her führt ein mit zwei Erotenbildern (Hlbg. No. 777. 800.) geschmückter Nebeneingang 6 auf den Hof unseres Gebäudes. Ein zweiter *c* führt aus der durch das angrenzende s. g. Senaculum zur Sackgasse verbauten kleinen Straße, jetzt *Vicolo del balcone pensile* durch ein kurzes Vestibül und über fünf Stufen in das s. g. Pantheon. Nach hinten stößt dasselbe an Privathäuser, unter denen das- jenige des Königs von Preussen 65 im Plan namhaft zu machen ist.

Vor seiner Front unter der Colonnade liegen die mit 5 be- zeichneten, als Wechslerbuden, *tabernae argentariae*, benannten kleinen Läden, welche ihren Namen theils der Paßlichkeit der Lage theils dem Umstande verdanken, daß man in einem dieser Läden 1428 silberne und bronzene Münzen in einem fast ganz zerstörten Kasten gefunden hat[2]. Durch die verschiedene Tiefe dieser Läden ist für das Hauptgebäude die Rechtwinke- ligkeit hergestellt. In der Mitte derselben ist der Haupteingang *a*, eine Doppelthür, zwischen der sich eine von zwei korinthi- schen Säulen eingefaßte Nische für eine verlorene Statue be- findet. Die jetzt nicht mehr an Ort und Stelle befindlichen Capitelle dieser Säulen sollen in ihrem Ornament einen Ad- ler gezeigt haben, was für die

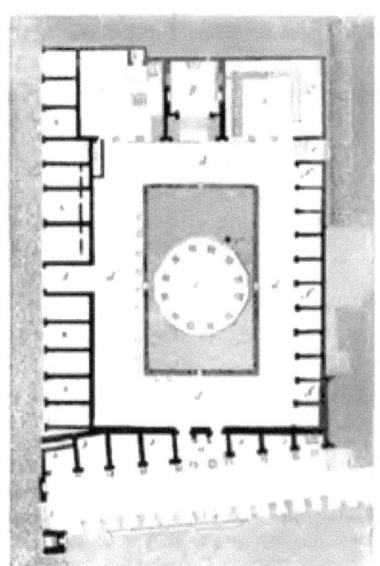

Fig. 69　Plan des s. g. Pantheon.

Ansicht in's Gewicht fällt, daß das ganze Gebäude zum Cultus des ver- gotterten Kaisers Augustus in Beziehung stehe. Tritt man durch den Haupteingang ein, so befindet man sich unter einer breiten bedeckten Porticus *d*, welche wahrscheinlich den ganzen Hof umgab oder umgeben sollte, deren Pfeilerstellung jedoch nur bei *d* in den jetzt auch verschwun- denen Fundamenten sicher zu erkennen gewesen ist. Die Vermuthung, daß diese Porticus erst begonnen und der Bau durch die Verschüttung unter- brochen worden ist, hat hiernach viel Wahrscheinliches. Im Innern dieser Porticus bleibt also ein offener, nach viereckigen Löchern in der umlaufen- den Stufe zu schließen wahrscheinlich ringsum vergittert gewesener Hofraum von 16 × 25 M., in dessen Mitte sich auf einem zwölfeckigen etwas erhöh- ten Fußboden von 12,50 M. Durchmesser zwölf jetzt ganz restaurirte und mit modernem Stucco überzogene Fußgestelle von Stein erheben, die zu der augenscheinlich unrichtigen populären Benennung des Gebäudes als Pantheon den Anlaß gegeben haben, indem man sich auf ihnen die Statuen der zwölf großen Götter errichtet dachte. Nach der wahrscheinlich richtigen Ansicht

trugen diese zwölf Fußgestelle, welche man schon ihrer Gliederung nach
nicht für Postamente halten kann, einen mit einer leichten Kuppel gedeckten
Centralbau von Holzconstruction, welcher auf unbekannte aber leicht be-
greifliche Weise zerstört und verschwunden ist. Unmittelbar bei diesem
Centralbau, aber nicht in seiner Mitte, ist eine Senke *e'*, in der man Fischgräten aufgefunden haben soll[25]. Rechts dem Nebeneingang *b* gegenüber
lehnen sich elf kleine Cellen *f* von 2,75 $\times$ 3,12 M. an die Mauer des Ge-

Fig. 70.   Cellen im s. g. Pantheon.

bäudes. Die beiden Abbildungen Fig. 70. zeigen deren Hinter- und Seitenwand; man bemerkt den nach vorn leise geneigten Fußboden und die Löcher
zur Aufnahme der Deckenbalken. Daß sich die Mauer über diese Löcher
nicht unbeträchtlich erhebt, zeigt deutlich, daß die Cellen zweistockig waren.
Der Eingang in das obere Stockwerk kann nur durch eine äußere Gallerie
vermittelt gewesen sein, wie eine solche in der unten zu besprechenden
Gladiatorenschule (dem s. g. Soldatenquartier) zum Theil erhalten ist. Diese,
sowie die Treppe ist, als von Holz, gänzlich verschwunden, aber man kann
viereckige Löcher in der Front der die Cellen trennenden Wände auf die
hier eingefügten Balken der Gallerie wahrscheinlich genug beziehen. Auf
diese Zweistöckigkeit und auf die wenngleich bescheidenen Malereien an
den Wänden dieser Cellen ist besonders deshalb aufmerksam zu machen,
weil durch sie ohne Weiteres die Ansicht widerlegt wird, welche in diesen
Cellen Ochsenställe des vermeintlichen Schlachthauses (*macellum*) erkennen
wollte.

   Im Hintergrunde des Gebäudes, dem Haupteingang gegenüber, sind
drei größere Räumlichkeiten *g*, *h*, *i*, von denen Fig. 71. eine Gesammtansicht

Fig. 71. Hintergrund des s. g. Pantheon.

bietet. Das mittlere dieser Zimmer von 6,50 $\Box$ M. ist ein ganz unzweifelhaftes Heiligthum. Dasselbe ist auf fünf Stufen, die in einer eigenen Vor-

halle liegen, über den Boden des Gesammtbaus erhoben, hat im Hintergrunde
eine große Basis für das geweihte Bild und in seinen Seitenwänden je zwei
Nischen für andere Statuen.   Zwei derselben fand man, wie Fig. 72, zeigt,

Fig 72   Sacellum im s g Pantheon

an Ort und Stelle und erkennt in ihnen, die jetzt im Museum zu Neapel
stehn, Livia, Augustus Gemahlin, und Drusus. Jetzt stehn zwei Gypsabgüsse
dieser Statuen in den beiden hinteren Nischen, rechts und links, ob genau
an ihrem richtigen Platze muß dahinstehn, nach älteren Angaben standen
beide, wie es die Abbildung zeigt, rechts und gegenüber werden demnach
die Statuen zweier anderen Glieder der Kaiserfamilie gestanden haben. Von
dem Hauptbilde fand man nur einen die Weltkugel haltenden Arm, aus
dem man wohl mit Recht auf eine Kaiserstatue, und zwar die des Augustus
schließt, welchem dies Sacellum geweiht gewesen.

Auch das mit einer Stellung von zwei Pfeilern, deren Basen erhalten
sind, gegen den Hof geöffnete Gemach links *i*, welches im Hintergrunde
eine erhöhte und überwölbte Nische für ein Weihebild und vor derselben
zunächst ein breites, mit Marmor belegtes und durch eine seitliche Treppe
von fünf Stufen zugängliches Podium sowie vor diesem einen niedrigen Opferaltar enthielt, diente wahrscheinlich Cultuszwecken, welche aber nach ihrem
Wesen durchaus nicht zu errathen sind.   Zwei hier gefundene Erotenbilder
(Hlb. No. 758. 772.) sind heute fast ganz zerstört.

Weniger klar ist die Bedeutung des Gemaches rechts *h*, welches sich
grade wie dasjenige *i* gegen den Hof mit einer Pfeilerstellung öffnet. Dasselbe enthält eine an drei Wänden hinlaufende steinerne Bank, die, 1,18 M.
von der linken, 1,13 M. von der hintern, 2,71 M. von der rechten Wand entfernt, 1 M. breit und in der Mitte ihrer Hinterseite mit einem Durchgange
versehn ist.   Man würde in derselben eines jener mehrfach in Pompeji vorkommenden gemauerten Triclinien erkennen, wenn die Fläche derselben
nicht von außen nach innen geneigt und die Breite zu gering wäre. Beide
Umstände verbieten jeden Gedanken an ein Speisesophа, auf dem die Gäste
entweder mit dem Gesicht gegen die Wand oder mit den Füßen höher als
mit dem Kopf gelegen hätten.   Auch spricht gegen diese Bedeutung ferner

noch das Vorhandensein einer im Innern der Bank über den Fußboden erhobenen, links erhaltenen marmornen Rinne, die offenbar bestimmt ist, etwa
vom Tische rinnende Flüssigkeiten aufzufangen und durch eine Öffnung
hinten abzuführen. Aber welche Flüssigkeiten? Unter der Annahme, welche
in dem Gebäude das Schlachthaus erkennt, hat man an das Blut der hier
geschlachteten Thiere gedacht, unter anderen Annahmen ein Büffet erkannt.
Am wahrscheinlichsten ist es, daß wir eine Küche vor uns haben, deren
Heerd beweglich und von Eisen war, wie manche andere Heerde in Pompeji, und daß die geneigte Steinbank zum Anrichten der Speisen und Getränke, die Rinne zum Abführen des zur Reinigung gebrauchten Wassers
diente.

    Nachdem so die einzelnen Räumlichkeiten des räthselhaften Ge-
bäudes genannt sind, handelt es sich um einen möglichen Gesammtnamen.
Zuvor aber ist noch des Gemäldeschmuckes nach den Gegenständen der
Bilder Erwähnung zu thun. Unter ihnen finden wir freilich eine beträchtliche Zahl bedeutender mythologischer Stoffe behandelt, so an der Eingangswand gut erhalten : Io und Argos (Hlbg. No. 131.), an der Nordwand ebenfalls gut erhalten : Odysseus und Penelope (No. 1332.), Medea auf den
Mord ihrer Kinder sinnend (noch ziemlich erkennbar, No. 1263.), Thetis,
welche Achill die Waffen bringt (sehr zerstört, No. 1322.), Phrixos auf dem
Widder (ziemlich zerstört, No. 1257.), in dem Raume h an der Hinterwand
ein größeres Bild unerklärten Gegenstandes (pompejanische Localgottheiten?
No. 1019.), ferner in den Architekturen und schwebend auf der Mitte der
Wandflächen mehr oder weniger interessante Einzelfiguren und Gruppen
(No. 886. 940. 1860. 1952. u. 1957. u. a. m.). Daneben an untergeordneten
Stellen, wie mehrfach sonst, Landschaften, Seestücke, Thierkämpfe, Jagden
u. dgl. m. Auffallend aber ist es, daß fast durch das ganze Gebäude hin,
namentlich aber an den Eingängen Bilder angebracht sind, welche sich auf
Nahrung, Speise und Gastmahl beziehen und von denen mehre im artistischen Theile näher zu betrachten sein werden. So ist, wie schon erwähnt,
im nördlichen Eingange auf der einen Wand ein anmuthiges, leider jetzt
ganz zerstörtes Bildchen (Hlbg. No. 777.), in welchem das Mühlenfest
Vestalia durch Liebesgötter gefeiert wird, gegenüber ein ganz ähnliches,
das ebenfalls stark gelitten hat (Hlbg. No. 800.), in welchem Amoretten
für den Schmuck des Speisezimmers Kränze winden. An den Wänden des
südlichen Nebeneingangs (hier jetzt vollkommen zerstört) und noch reichlicher an denen des Haupteingangs ist hoch oben, aber in großen, wenngleich schlecht erhaltenen Bildern sogenanntes Stillleben angebracht (abgeb.
Mus. Borb. VI, 38. VIII, 26. u. 57.), allerlei Geflügel, Kalkuten, Enten,
Gänse, Rebhühner, bestens gerupft und gereinigt, ein Hahn mit gebundenen
Füßen, Wild, Fische, Früchte in verschiedenen Gefäßen, Eier in Glasscha-
len, Amphoren für Wein, allerlei Fleisch, Schinken, Schweinsköpfe, Brod
und Kuchen, verschiedene Geräthe, z. B. Vorlegemesser und dergleichen
mehr.

    Die Benennung unseres Gebäudes als Pantheon bedarf keiner Wider-
legung; sie ist allgemein als grundfalsch erkannt; ebenso wird es nach dem,

was bereits gesagt ist, unnöthig sein, gegen die Bezeichnung des Baues als
Schlachthaus, *macellum*, Einsprache zu erheben; für dieselbe spricht eigentlich Nichts. Auch die von Bechi aufgestellte Erklärung, welche sich auf
die scheinbare Ähnlichkeit des bekannten s. g. Serapisheiligthums in Puzzuoli
stützt, und demnach ein Serapeum erkennen will, ist hinfällig. Denn das
Serapeum von Puzzuoli ist ein Gebäude für eine Heilquelle, welche unter
dem Centralbau sprudelte, während die hinteren Räume dem Cult, die kleinen
Cellen zur Incubation Traumorakel dienten. Eine solche Heilquelle ist
aber in Pompeji nicht nachzuweisen, denn wenn wir die erwähnte Senke,
in der die Fischgräten zufällig liegen konnten, als Fassung der bei der Eruption des Vesuv versiegten Quelle betrachten sollten, so müßte sie in der
Mitte des Centralbaus liegen. Auch weisen die Malereien, namentlich die
vielen Eßwaren in denselben, eher auf Alles hin als auf ein Brunnenhaus.

Das Eine und das Andere läßt sich für die Annahme sagen, unser Gebäude sei ein Hospitium, ein unter Götterschutz stehendes Gebäude zur
gastlichen Aufnahme angesehener Reisender. Aber auch hiebei bleiben
wesentliche Schwierigkeiten übrig; namentlich wird der Centralbau nicht
erklärt, und die kleinen Cellen erhalten als *cubicula* Schlafzimmer schwerlich eine richtige Bestimmung, da sie weit offen und völlig unverschließbar
sind; eher kann man den Raum *h* als Küche angemessen benannt finden.

Größere Wahrscheinlichkeit hat die von Pyl in der Archäolog. Zeitung
von 1861 vorgeschlagene Benennung eines Vestaheiligthums und Prytaneums
für sich. Die Form der griechischen Hestia- wie des römischen Vestaheiligthums war eine runde, es ist aber ferner nachgewiesen, daß die griechischen
Prytaneen aus größeren Bauanlagen bestanden, deren Mittelpunkt das eigentliche Heiligthum der Hestia bildete. Hält man hieran fest, so wird man
in den 12 Fußgestellen der Mitte die Pfeilerbasen des hier zwölfeckigen statt
kreisrunden Centralbaus zu erkennen haben, in welchem unter gewölbter
und oben offener Decke der Altar der Göttin stand. Im Prytaneum griechischer Städte wurden verdiente Bürger auf Staatskosten gespeist, außerdem aber dienten die Heiligthümer der Vesta zu Festmahlen, wodurch das
Vorhandensein des näher beschriebenen Raumes *h* sich erklären würde.
Vesta aber ist als Göttin des Heerdes Beschützerin der Ernährung, und
damit sowie mit den hier gefeierten Festmahlen scheint auch nicht nur die
Masse von Eßwaren, welche an den Wänden ringsum abgebildet ist, sondern ganz insbesondere die Darstellung des, wie schon erwähnt, *Vestalia*
heißenden, von Eroten begangenen Müllerfestes zusammenzustimmen. Über
die Bedeutung des Sacellum *i* giebt auch diese Vermuthung keine Entscheidung und die kleinen ganz offenen Cellen *f* können nicht ohne Zwang als
die Schlafzellen der hier nothwendigen zahlreichen Dienerschaft erklärt
werden. Endlich begünstigt allerdings die centrale Lage unseres Gebäudes
am Forum und neben dem Sitzungslocal der Decurionen die neueste Benennung, denn diese Lage ist die für das Prytaneum und das Heiligthum
der Vesta gewöhnliche. Aber wenn man auch zugeben mag, daß ein Vestaheiligthum Pompeji kaum gefehlt haben wird, so ist es dennoch bedenklich,
dessen Charakterisirung als Prytaneum den griechischen Einflüssen zu-

zuschreiben, die sich ja allerdings in Pompeji geltend machen, aber in der römischen Kaiserzeit kaum so mächtig gedacht werden können, daß sie die Anlage eines so bedeutenden Bauwerkes bestimmt hätten. Und ebenso wenig läßt sich das Augustusheiligthum in der Mitte des Hintergrundes, welches gewiß ein solches ist und nicht etwa ein Sacellum des Jupiter erklärt werden kann, mit dieser Annahme vereinigen. Geht man von diesem am unzweifelhaftesten bestimmten Raum aus, so wird man für das ganze Gebäude kaum zu einer andern Benennung gelangen als zu der zuerst von Bonucci (Pompei descritta 1826) ausgesprochenen eines Augusteums, welches neben der Verehrung des vergötterten Kaisers der Brüderschaft der Augustalen zu ihren Festen und Schmäusen diente, bei denen auch das niedere Volk durch Austheilung von Fleisch und Brod bedacht zu werden pflegte. Nur muß man sich bescheiden, unter dieser Voraussetzung weder den Centralbau, in welchem Bonucci ganz verkehrt die Küche erkannte, noch das Sacellum i, noch endlich die kleinen Cellen f erklären zu können, während sich das Zimmer h als Büffet und die auf Speise und Trank bezügliche Malerei unter diesem Gesichtspunkte wohl verstehn läßt.

2. Das Sitzungslocal der Decurionen (Senaculum).

Dieses neben dem eben besprochenen am Forum stehende Gebäude, von dem Nichts als die aus kleinen Bruchsteinen in dem s. g. opus reticulatum, einem netzförmigen Mauerwerk, erbauten Umfassungsmauern und die in schönem Ziegelwerk aufgeführten Pfeiler und Halbpfeiler stehn, welche früher mit Marmor und Stucco bekleidet waren, ist freilich seiner Bestimmung nach nicht durchaus sicher, jedoch ist es wahrscheinlich, daß wir in ihm das Sitzungslocal der Decurionen (des Municipalsenats) zu erkennen haben, für welches kein antiker Ausdruck bekannt ist, wie für das Sitzungslocal des Senats in Rom der Name senaculum. Zu einem solchen Versammlungslocal eines Collegiums eignet sich dies Gebäude vortrefflich, indem es hinter einer 3,40 M. vor die Flucht der nebenstehenden Gebäude gegen das Forum vorspringenden Vorhalle a einen großen viereckigen Saal b von 20 × 18 M. bildet, an welchen sich hinten eine halbkreisförmige Nische oder Apsis c von 11 M. Öffnung und 6,50 M. Tiefe anschließt. In dieser steht eine breite 2 M. hohe Basis d, welche entweder selbst die Sitze der Präsides der Versammlung (die duumviri auf zwei Bisellien sitzend) trug, oder zu deren Fuße die Sitze derselben gestanden haben werden, während die Basis etwa die Bilder schützender Gottheiten trug. Sicher läßt sich hierüber nicht absprechen; für den erstern der angegebenen Zwecke erscheint die Basis reichlich hoch, auch sind keine Treppen vorhanden, die aber freilich von Holz gewesen sein können, für den letztern Zweck ist sie wohl zu breit, auch liegt hinter ihr in der viereckigen Nische eine zweite, 0,90 M. höhere Basis, die eher für eine Statue geeignet scheint. Zu beiden Seiten des Saales finden wir zwei andere große viereckige Nischen e von 7,50 × 4 M., in denen ebenfalls Basen, wohl auch für Götterbilder stehn; an denselben Wänden sind noch je drei viel kleinere Nischen f, h, dergleichen

sich an den Seiten der Apsis in *g* wiederholen. Diese werden entweder
für Ehrenstatuen verdienter Bürger oder für Kaiserbilder gedient haben,
und so finden wir in diesem Saale eine reiche Decoration bedeutsamer geheiligter und profaner Sculptur.

In der Mitte des ganzen Raumes steht das Fundament eines Altars *i*,
auf dem wahrscheinlich vor Beginn der Berathungen geopfert wurde, vielleicht nach dem Muster der römischen Curie ein Altar der Victoria. Der
Fußboden ist mit verschiedenfarbigen Steinplatten, wie der Plan angiebt,

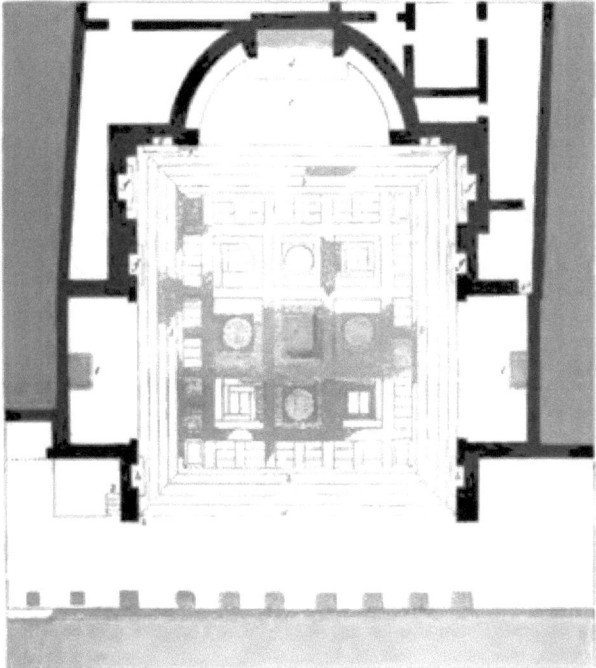

Fig. 73. Plan des Sitzungssaales der Decurionen.

bedeckt gewesen, von denen nur ein Stück in der Mitte erhalten ist, wie
sich auch von dem Marmorschmuck der Wände nur eine Halbsäule und
eine Pfeilerbasis erhalten haben. Die Decke muß aus Holzbalken bestanden
haben, welche ein Getäfel trugen, denn eine steinerne Decke ist nicht anzunehmen, weil jede Spur einer innern Säulenstellung fehlt, und eine Wölbung ist unmöglich, weil die Wände viel zu schwach sind, um deren Druck
und Seitenschub auszuhalten. Doch ist auch so die Art der Bedeckung
schwer begreiflich. Über den kleinen Verbindungsgang *e'* aus der Nische *e*

rechts in den s. g. Quirinustempel ist oben bei Gelegenheit dieses gesprochen. Noch sei bemerkt, daß die Steinblöcke, durch welche wir im Plan die Vorhalle gegen die Linie des Forum abgegrenzt sehen, nicht etwa Pfeiler oder Pfeilerstümpfe sind, sondern bloße Fundamentsteine, welche im Niveau des Trottoirs des Forum liegen, und von denen sich jetzt in keiner Weise ausmachen läßt, was sie einstmals etwa getragen haben.

3. Das Gebäude der Eumachia.

Dieses nächst der grade gegenüberliegenden Basilika größte und bedeutendste, ganz der letzten römischen Bauperiode der Stadt angehörende Gebäude am Forum wurde von 1817—1821 ausgegraben. Über dem Nebeneingang von der Straße der Abundantia steht eine Inschrift, welche über dem Haupteingang auf dem Architravbalken der Forumcolonnade wiederholt war und auf dessen Blöcken in Fragmenten erhalten ist Mommsen No. 2201. u. No. 2205., aus der wir lernen, daß die Cerespriesterin Eumachia in ihrem Namen und demjenigen ihres Sohnes M. Numistrius Fronto das Chalcidicum, die Porticus und die Crypta auf eigene Kosten gebaut und der Pietas und Concordia Augusta geweiht hat. Dazu kommt eine andere auf dem Fußgestell der Statue der Stifterin 2205., welche aussagt, daß die Zeugwalker (fullones) die Statue geweiht hatten. Obgleich wir aber aus der erstern Inschrift die Namen für Theile des Gebäudes kennen und aus der zweiten ersehen, daß die Zeugwalker bei der Errichtung derselben ein ganz besonderes Interesse haben, so dürfen wir doch nicht behaupten, über die' Bedeutung und Bestimmung des ganzen Gebäudes oder über alle Einzelheiten seiner Ruinen zweifellos aufgeklärt zu sein. Selbst die Zurückführung der in der Weihinschrift genannten drei Theile des Bauwerks auf die Räumlichkeiten der Ruinen hat ihre Schwierigkeiten; denn wenngleich die Worte Porticus und Crypta in ihrer Bedeutung feststehen, und danach wohl in dem offenen Säulengange B (Porticus) und dem bedeckten, äußern Umgange C (Crypta) wieder zu erkennen sind, so ist doch die Bedeutung des an sich unbezeichnenden Wortes Chalcidicum allerlei Zweifeln und verschiedenen Erklärungen unterworfen. Deswegen hat man demselben auch in der Anwendung auf dies Gebäude eine dreifache Deutung gegeben. Nach der ersten wäre unter Chalcidicum die dem ganzen Gebäude vorgelegte Halle A des Planes Fig. 74. zu verstehen, nach der zweiten hätte man das Chalcidicum vielmehr in der Porticus B und die Porticus in der Halle A zu suchen, während die dritte und wahrscheinlichste das Wort Chalcidicum auf das ganze Gebäude bezieht, dessen einzelne Theile in der Inschrift neben dem Gesammtnamen aufgeführt werden, ähnlich wie in der Theaterinschrift M. 2229. neben dem Theater noch Theile derselben, Crypta und Tribunalien genannt sind.

Auch über die Bestimmung des Gebäudes steht die Ansicht keineswegs fest, jedoch scheint die Annahme, dasselbe sei eine Art Börse, ein Gebäude für Handel und Verkehr, vielleicht ganz besonders für den Zeughandel gewesen, in Ermangelung einer beweisbaren andern nicht verwerflich. Unter dieser Voraussetzung erklären sich die Einzelheiten ziemlich genügend. Die große Vorhalle *A* von 39,50 M. Breite und 12,30 M. Tiefe mag für Besprechungen der Handelsleute bestimmt gewesen sein. Sie scheint nach den Seiten hin durch Gitterthüren verschließbar gewesen zu sein, welche freilich mit Sicherheit nur nach der Seite der Straße hin nachweisbar sind. Hier steht in der Mitte eine aus der Zeit des Gebäudes stammende Säule auf einer Base hinter einer alten aus samnitischer Zeit, und in den erhaltenen Marmorplatten des Fußbodens sieht man die Zapfenlöcher für zwei zweiflügelige Gitterthüren. Nach der Seite des Quirinustempels hin sind die letzten Spuren einer ähnlichen Vergitterung verschwunden. In den durch eine kleine Treppe *d* und zwei Thüren betretbaren Nischen *a a* mit einem 1,36 M. über dem Boden erhöhten Podium und einem noch erhaltenen Rest von Marmorbekleidung vermuthet man den Platz für Ausrufer von Bekannt-

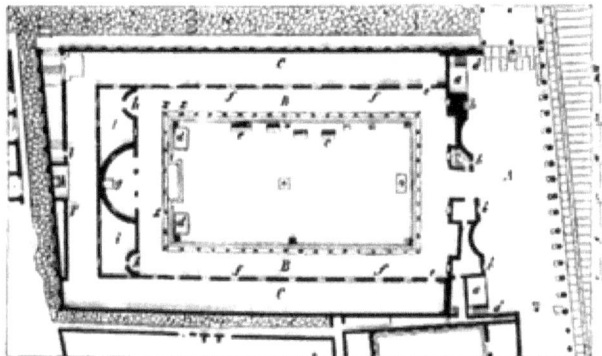

Fig. 51. Plan des Gebäudes der Eumachia.

machungen oder auch bei Auctionen, was freilich nicht zu erweisen, obwohl nicht unwahrscheinlich ist. Auch für Sitze obrigkeitlicher oder richterlicher Personen würden sie geeignet erscheinen, und ihre Entfernung von einander ist groß genug, um die Annahme zweier gleichzeitig vor denselben zu behandelnden Processe zuzulassen. Die kleinen Nischen *b* in der Hinterwand dieser Halle sind für Statuen bestimmt gewesen. Diese Hinterwand ist doppelt und zwar, wie man sieht, um die mangelnde Rechtwinkeligkeit des Gebäudes gegen das Forum herzustellen. Der Zwischenraum zwischen den beiden Mauern links wurde als Magazin benutzt, in demjenigen rechts liegt eine Treppe und finden sich ganz niedrige gewölbte Räumchen, welche als Abtritt gedient haben werden. In dem kleinen Raume links vom Eingange fand man viele Marmortafeln, mit denen die Wände bekleidet werden sollten, aufgespeichert, ein Zeichen, daß auch dies Gebäude bei der Katastrophe Pompejis noch unvollendet war. Zu diesem gesellt sich das andere, daß man im Innern einen Marmorblock gefunden hat, auf dem mit Kohle

8*

eine Linie für die Steinsäge oder den Meißel vorgezogen war. Der mit
einer großen Flügelthür verschließbar gewesene Eingang in der Mitte der
Vorderwand führt in die Porticus, einen 4,40 M. breiten Säulenumgang
von, wie man berechnet hat, 58 Säulen, von denen nur bei *s* einige marmorne Basen und Stümpfe erhalten sind. Dieser Säulengang umfaßt einen
in der Mitte offenen Hof von 37,70 M. Tiefe und 19,16 M. Breite. Unter
dem Boden dieses Hofes befindet sich eine große Cisterne, zu welcher man
durch eine aufzuhebende Steinplatte in der Mitte, deren Ring noch beweglich ist, sowie eine dergleichen an der Vorderseite, gelangte. An der rechten Seite dieses Hofes will man bei *r* eine Reihe gemauerter, länglich viereckiger, aber jetzt vollkommen verschwundener Fundamente gefunden haben,
deren zwei viel größere am hintern Umgange bei *d d* noch erkennbar sind.
Man hält sie für die Füße steinerner Tische, auf deren Platten die feilge-
botenen Waaren (Wollenstoffe) zum Verkauf ausgelegt worden seien. Andere

Fig. 75.   Statue der Eumachia und blinde Thür.

haben hiemit die Cisterne verbunden, und unter Hinweis darauf, daß noch
heute in Italien vielfach, wie auch anderswo, die Wäsche durch Ausklopfen
auf flachen Steinen gereinigt wird, unser Gebäude zum öffentlichen Waschhaus gemacht, was mit dem benachbarten Schlachthaus prächtig stimmt, und
gewiß eine äußerst würdige Begrenzung des Forum abgiebt, jedoch durch
die Betrachtung der Apparate in dem wirklichen Wasch- und Walkhause
Pompejis, der Fullonica, widerlegt wird. In diesem offenen Säulengange
und dem von ihm umschlossenen Hofraum wird sich bei gutem Sommer-
wetter der Zeughandel bewegt haben, vielleicht nebst anderen Geschäften,
bei schlechtem und bei Winterwetter zog man sich in die Crypta *C* zurück,
in die man durch die Eingänge *e e* gelangt, und welche durch Fenster *f* von
dem Hofe aus ihr Licht empfing. Diese Fenster waren an den Seiten der
Brüstung, wo an einigen derselben viereckige Zapfenlöcher erhalten sind,
eingezapft. Aus dem Hofe gelangt man über zwei niedrige rings umlaufende,
aber nur hinten und zum Anfang der Langseiten erhaltene Stufen vor die

große Nische im Hintergrunde des Säulenumgangs, in welcher eine große Statuenbasis *g* steht, und in der man 1818 eine Statue, leider ohne Kopf, im bemalten Gewande mit vergoldeter Verbrämung fand, in welcher man die Pietas oder die Concordia, der das Gebäude geweiht war, vermuthet und zwar nach Maßgabe des Fragmentes eines sehr elegant verzierten Füllhorns, welches sie im linken Arme hält [27], wohl ziemlich unzweifelhaft mit Recht. Vor der Basis mag der Platz für den Sitz einer richterlichen Person gewesen sein, welche aus dieser Apsis heraus den Verkehr überwachte und bei demselben entstandene Streitigkeiten schlichtete. Die Bestimmung der kleineren Nischen zu beiden Seiten *h h* ist so wenig auszumachen, wie die Verwendung bestimmt werden kann, welche die beiden unregelmäßigen, durch zwei Fenster aus dem Säulenumgang erleuchteten Räume *i i* zu den Seiten der großen Nische gefunden haben, falls man nicht annehmen will, daß darin die Waaren gespeichert gewesen sind, was aber deshalb sehr problematisch ist, weil keine Thüröffnung mit Sicherheit nachgewiesen werden kann. Hinter der großen Nische, also im Hintergrunde der Crypte und des ganzen Baus; steht jetzt in einem Gypsabguß die Statue der Stifterin in einer viereckigen Nische *k*. Rechts von derselben ist eine Thür *l*, welche sich auf einen über Stufen und eine geneigte Ebene abwärts auf die Straße führenden Gang öffnet. Um mit dieser die Symmetrie herzustellen, ist links auf die Wand eine blinde Thür *l*, gelb, also in Holzfarbe gemalt, welche uns in Verbindung mit den neuerdings gewonnenen Gypsabgüssen des verkohlten Holzwerkes bei der Reconstruction der Producte des pompejanischen Zimmerergewerkes wesentliche Dienste zu leisten im Stande ist. Sie zeigt drei lange und schmale Pannele (Spiegel) neben einander, und in der Mitte ist der kleine Ring zum Anziehn nicht vergessen.

Die Decoration des Gebäudes ist, wie aus wenigen erhaltenen Resten hervorgeht, ziemlich einfach; die Wände der Crypte sind in abwechselnden gelben und rothen in nicht mehr als Spuren erhaltenen Feldern gemalt, in deren Mitte ein kleines, meist landschaftliches Bild angebracht gewesen ist. Der Sockelstreif ist schwarz und auf ihm sind Pflanzen dargestellt. Die Wände der Porticus waren mit zum Theil noch erhaltenen bunten Marmortafeln bekleidet, deren Eindruck im Stucco man an anderen Stellen sieht.

Fig. 76. Album am Gebäude der Eumachia.

Die fehlenden sind wahrscheinlich von den Pompejanern bald nach der Verschüttung oder im Laufe der auf diese folgenden Jahrhunderte ausgegraben. Bei dieser Nachgrabung sind denn auch wohl die korinthischen Marmorsäulen der Porticus entfernt worden, von denen man nur einzelne Reste an

Ort und Stelle gefunden hat. Die Hauptthüre hatte eine schöne Einfassung von Marmor in geistreicher Arabeskenmanier, von der noch unten die Rede sein wird, ebenso wie von dem Giebel der Nische, bei dem die Geschmacklosigkeit von Kragsteinen unter der Giebelschräge hervorgehoben werden muss.

Die äußere Mauer nach der Straße der Abundantia zu ist durch flache Pfeiler in eine Reihe von Mauerfeldern zerlegt, die wie die gleichen im s. g. Quirinustempel abwechselnd flachdreieckig und flachgewölbt gekrönt sind. Diese Mauerfelder dienten als Album (s. Fig. 76.), und es sind auf diesen Alben viele interessante Inschriften gefunden worden, welche mit anderen später zu besprechen sein werden.

Über die angebliche Schule gegenüber dem Chalcidicum an der Straße der Abundantia und an der Ecke des Forum ist oben bei der allgemeinen Beschreibung des Forum das Nöthige gesagt.

4. Die s. g. drei Curien oder Tribunalien.

Die Namen Curien oder Tribunalien, welche man den hauptsächlich 1812 ausgegrabenen, unverbunden neben einander liegenden und ebenfalls bis auf ihre Façaden durchaus der römischen Periode angehörenden Gebäuden südlich am Forum gegeben hat, sind problematisch und wir dürfen nicht behaupten, die

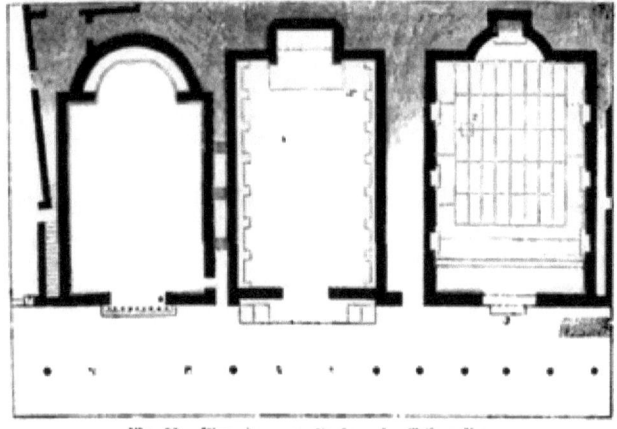

Fig. 77. Plan der s. g. Curien oder Tribunalien.

Bestimmung dieser Gebäude zu kennen; auch ist in denselben keine Inschrift noch sonst ein charakteristischer Gegenstand gefunden worden, welcher unsere Erklärung leiten könnte. Nur negativ kann man mit ziemlicher Sicherheit sagen, zunächst, daß man Heiligthümer nicht zu erkennen hat, da sie von allen Tempeln Pompejis vollkommen verschieden sind. Sie stellen

nämlich mäßig große oblonge Säle mit runder oder polygonaler Nische im
Hintergrunde dar, ohne namhafte Erhebung über den Boden. Allerdings
hatten sie, jetzt verschwundene, Vorhallen, denn mit Recht hat man die hintere Säulenreihe der hier doppelten Forumscolonnade als zu ihnen gehörig
betrachtet, da diese, so weit man sie überhaupt mit diesem Namen bezeichnen kann, mit den in Frage stehenden Gebäuden von einer Construction
ist, während die vordere, ununterbrochene Säulenreihe, wie schon bemerkt,
der samnitischen Zeit angehört. Genauer gesprochen aber handelt es sich
gar nicht um eine Säulenreihe; vor dem ersten Gebäude links im Plan
steht nur an der linken Ecke eine Backsteinsäule, vor der Façade liegen
im Boden drei Steine mit viereckig eingehauenen Löchern, in welche nur
Balken gestellt worden sein können, um das Dach der Halle zu tragen;
vor dem mittlern Gebäude finden wir rechts und links zwei von Säulen flankirte Pfeiler (derjenige rechts ist zerstört), zwischen denen eine Vergitterung
mit Eingangsthüren gewesen ist, und endlich vor dem dritten, aber nur bis
zur rechten Seite seines Einganges, in der Flucht der Forumssäulen zwei
mit Stucco verkleidete Säulen. Alle diese Stützen trugen ein Dach, für
dessen Balken sich die Löcher in den Façadenmauern der drei Bauwerke
finden. Für Basiliken scheinen die Gebäude zu klein; die Bezeichnung zweier
derselben als Curie und Senaculum läßt sich schwerlich mit positiven Gründen vertheidigen; die Annahme, es seien die drei Curien, welche den drei
Tribus der pompejaner Bevölkerung als Versammlungsorte dienten, steht
und fällt mit der Annahme eben dieser drei Tribus (oben S. 9.); die Benennung des mittelsten Saales als Schatzhaus (*aerarium*) deswegen, weil man
in ihm ein paar hundert lose Münzen gefunden hat, ist offenbar eine starke
Naïvetät, und der Eingang über eine erhöhte Rampe für eine solche Bestimmung des Saales schwerlich geeignet. Bleibt endlich noch die Ansicht,
welche hier Gerichtshöfe für Bagatellsachen oder Privatstreitigkeiten erkennt,
und sich auf Vitruvs Vorschrift beruft, daß die Gerichtsstätte am Markte
und doch von seinem Treiben so viel wie möglich abgetrennt sein solle.
Beide Momente sieht man hier erfüllt und erkennt in den Nischen im Hintergrunde die Plätze für die Richter. Vielleicht ist daran etwas Wahres,
nur ist der Name Tribunalien unantik, da Tribunal nur die Erhöhung für
den Sitz des Richters, nicht den Gerichtshof bezeichnet. Übrigens haben
diese Säle bei ihrer Übereinstimmung im Ganzen genug Verschiedenheit im
Einzelnen, um die Annahme möglich zu machen, daß sie verschiedenen
Zwecken gedient haben. — In dem ersten 12,20 M. tiefen und 9,35 M.
breiten Saale, in dessen vorgelegter Steinschwelle man die Löcher einer ehemaligen Vergitterung, sowie die Angeln einer dahinterliegenden Thür erkennt, sind noch, gleich rechts vom Eingange die schwachen Reste einer
Marmorplattung des Fußbodens und einer ebenfalls marmornen Wandtäfelung
erhalten. Das Gebäude ist demnach stattlich genug decorirt gewesen. Eine
halbkreisförmige Nische oder Apsis von 5,10 M. Öffnung schließt dasselbe
im Hintergrunde ab. Merkwürdig ist in demselben eine kleine und niedrige
Thür nahe an der Ecke der rechten Langseite, in deren Schwelle die Reste
der Angeln stecken und welche in den schmalen Gang zwischen dem ersten

und zweiten dieser Gebäude führt, der auch nach der Façade des Gebäudes offen und mit einer Thür verschließbar war. Derselbe ist mit Strebebogen theilweise überdeckt und in seinen Wänden sieht man zahlreiche kleine viereckige Löcher, die jedoch, wie sie in mehren Reihen über einander liegen, schwerlich zur Aufnahme von Balken bestimmt gewesen, sondern wahrscheinlicher als ein Zeichen der Unfertigkeit des Wiederaufbaues der Stadt zu betrachten sind. Man kann sich bei dem Anblick dieser Löcher, die sich übrigens ähnlich an und in mehren anderen Gebäuden wiederholen, der Erklärung kaum entziehn, daß sie zur Aufnahme der Balken der Gerüste dienen sollten, welche man bei dem Bewerfen der Mauern mit Stucco gebrauchte, und daß sie nach Erfüllung ihres vorübergehenden Zweckes zugesetzt worden sein würden, wenn man eben mit dem Abputz fertig geworden wäre. Wozu übrigensdi eser schmale Gang gedient hat, ist ein unlösbares Räthsel, da derselbe an seinem dem Ende des Saales entsprechenden Ende vermauert ist. Fast noch reicher als der erste war der mittlere 14,40 M. tiefe und 9,60 M. breite Saal verziert, in welchem sich an den beiden Langseiten eine 1,60 M. hohe Mauer mit einer Reihe vorliegender Pfeiler findet, welche als Fußgestelle für Statuen doch wohl kaum, eher als solche für Halbsäulen betrachtet werden können, während in seinem Hintergrunde ein über 2 Meter hohes Podium steht, hinter dem sich eine wiederum 1 Meter erhöhte Nische von 3,70 M. Öffnung befindet, die vielleicht für eine Hauptstatue, wenn nicht für ein Bild bestimmt gewesen ist. Das Podium davor, welches durch eine hölzerne Treppe zugänglich gewesen sein muß, wird für den Sitz eines richterlichen Beamten gedient haben. Von der Bedeckung des Fußbodens mit bunten Marmorplatten sind bei *e* einige unbedeutende Reste erhalten.

Zwischen dem zweiten und dritten Gebäude wiederholt sich der in seiner Bestimmung unerklärliche Gang, den wir zwischen dem ersten und zweiten gefunden haben, auch er, wie jener, gegen das Forum durch eine Thür mit einer Oberschwelle geöffnet und, wiederum wie jener, mit Reihen von viereckigen Löchern in seinen Wänden ihrer 5 über einander bei 1 Fuß Distanz versehen, dagegen ansehnlich breiter als der erstere, aber noch jetzt an seinem Ende verschüttet, so daß man nicht sehn kann, wohin er etwa geführt haben mag.

Das dritte Gebäude zeigt den am meisten complicirten Plan. Man betritt dasselbe über eine seiner Thür vorgelegte und eine zweite, seine Schwelle bildende erhöhte Stufe und steht dann zunächst in einer Art von Vorraum mit etwas tiefer liegendem Fußboden. Von diesem führen zwei über fast die ganze Breite des Gebäudes reichende Stufen in den 14,90 M. tiefen und 9,95 M. breiten Hauptraum, dessen Wände rechts und links je drei Nischen für Statuen zeigen, während sich auch auf seinem marmorgeplatteten Fußboden noch mehre, als solche wenigstens mögliche Statuenbasen finden, von denen jedoch nur eine, welche der Plan zeigt, an ihrem richtigen Orte zu stehn scheint. Die 5,20 M. weite halbkreisförmige aber im Grunde viereckig ausgebaute Nische im Hintergrunde, in der ein großes Postament steht, ist zu beiden Seiten hoch oben in der Wand von Fenstern

eingefaßt, welche um so merkwürdiger sind, als das Gebäude nach hinten
durch das Peristyl eines „wenigstens theilweise ausgegrabenen Privathauses
begrenzt ist, wobei freilich rechts und links von der Nische ein kleiner,
nicht zu dem Areal dieses Hauses gehöriger Lichthof übrig bleibt. Neben
diesem dritten Gebäude an der Südseite des Forum führt eine Thür in die
Straße neben der Basilika, an der gleich zur rechten Hand dessen, der sie
betritt, sich eine Treppe auf dem obern Umgang der Colonnade des Forums
befindet.

5. Die Basilika.

Die Basiliken, wie auch der Name *basilike stoa* d. i. königliche Halle
zeigt, griechischen Ursprungs, wurden in Rom erst nach der genauern Be-
kanntschaft mit Griechenland eingeführt. Die erste Basilika in Rom baute
M. Porcius Cato im Jahre 570 d. Stadt 184 v. Chr.), später wurden die Basiliken zu den ausgedehntesten selbst fünfschiffigen Prachtbauten, deren mehre
hochberühmte (B. Aemilia, B. Julia am Forum in Rom standen. Ihrem Grund-

Fig. 78. Ansicht der Basilika.

princip nach waren sie nur bedeckte Hallen, welche Schutz gegen Sonne
und Regen boten und dem Handel und Verkehr bestimmt waren; später
verband man mit diesen antiken Börsen sehr zweckmäßig eine Gerichtsstätte Tribunal, welche am hintern Ende irgendwie erhöht und abgetrennt
angebracht wurde, häufig in einer eigenen herausgebauten Nische, der Apsis,
in welcher der Sitz des Prätors mit seinem Personal war, der von hier aus
das ganze Treiben des Verkehrs überblicken konnte. Die so eingerichtete
Basilika erschien den Christen zur Zeit der ersten öffentlichen Anerkennung
ihrer Religion mit Recht als das geeignetste Gebäude für ihre Kirche; die

mehrfachen Schiffe faßten eine bedeutende Menschenmenge und die Nische
oder Apsis erschien in ihrer Auszeichnung und Abtrennung, welche die
Christen durch Vorsetzung des s. g. Triumphbogens noch vermehrten, als
ein natürlicher Platz für den Hochaltar. Demnach wurden mehre antike
Basiliken in Rom zu christlichen Kirchen, das Christenthum erbaute ähnliche neue Gebäude mit einigen Veränderungen, namentlich der Erweiterung
der Apsis und der Durchlegung eines Kreuzschiffes, und dieser Plan ist das
Grundschema aller originell abendländischen kirchlichen Architektur bis auf
unsere Zeit geblieben.

Unsere Kenntniß des Basilikenbaues beruht wesentlich auf den Regeln
Vitruvs V. 1. und seiner Beschreibung der von ihm in Fanum errichteten

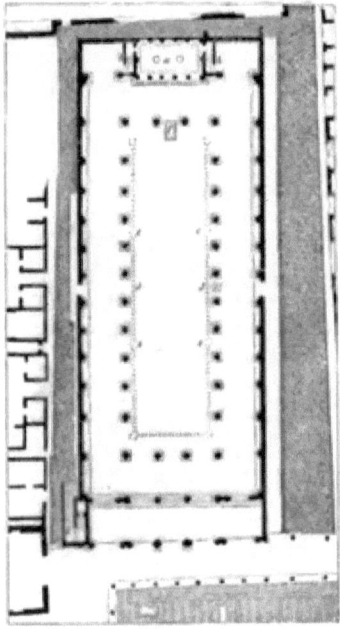

Basilika, sodann auf der Basilika
in der umbrischen Stadt Oericulum,
auf den ältesten christlichen Basiliken und endlich auf dem pompejanischen Gebäude, von dessen
Ruinen wir Fig. 78. eine Ansicht
vor uns haben, vorausgesetzt nämlich, daß dies Gebäude wirklich
eine Basilika sei. Die Übereinstimmung der meisten Schriftsteller,
die allgemeine Disposition des hie-
neben stehenden Planes und die
fast zur Identität aller Theile gesteigerte Ähnlichkeit eines Gebäudes in Herculaneum, das nur die
Basilika gewesen sein kann, stimmt
gewiß dafür, mancherlei Einzelnes
macht Schwierigkeiten, während
andererseits der Bezeichnung als
Basilika noch der Umstand zur
Unterstützung gereicht, daß unter
den mancherlei von müßigen Händen in die Wände eingekratzten
Inschriften sich zweimal das Wort
BASSILICA *Basilica* fand, was
doch ein seltsames Spiel des Zufalls
genannt werden müßte, wenn das
Gebäude einen andern Zweck und
Namen gehabt hätte.

Fig. 79. Plan der Basilika.

Vitruv schreibt vor, daß die Basiliken am Forum und zwar in der wärm-
sten Lage errichtet werden sollen, Bedingungen, welche unser an der südwestlichen Ecke des Forum liegendes Gebäude so gut wie möglich erfüllt,
sowie es auch die von Vitruv geforderte Grundform des oblongen Vierecks
von einer Breite von nicht unter $\frac{1}{3}$ und nicht über $\frac{1}{2}$ der Länge in seinem
Areal von 27,35 $\times$ 67 M. $= 1 : 2\frac{9}{15}$ bestens einhält. Das im Hinter-

grunde anzubringende erhöhte Tribunal sehn wir in unserem Gebäude in *a*; vor demselben war bis zur Säulenstellung ein freilich nicht großer, aber immerhin genügender Raum für das Auftreten der Parteien, so daß eine Apsis nicht angebaut zu werden brauchte, welche schwerlich so wesentlich ist, daß man ihr Vorhandensein zum Kriterium der Basilika zu machen hätte. Auf die 2 M. hohe Tribüne müssen hölzerne Treppen geführt haben, die kleinen im Plan bei *b b* sichtbaren leiten hinab in einen kellerartigen Raum unter der Tribüne, von dem sogleich zu reden sein wird. Zu beiden Seiten ist die Tribüne durch Mauern abgeschlossen, durch welche hinten Thüren gebrochen sind, deren Zugang von außen und unten jetzt aber gänzlich unnachweisbar ist, nach vorn trugen ihr Dach sechs korinthische, in ihren Basen und in zerstreuten Theilen erhaltene Säulen, deren mittelstes Intercolumnium etwas weiter ist, als die zur Seite, offenbar um auf den Sitz des Duumvirs eine freiere Aussicht zu gewähren.

Die Bestimmung des durch zwei kleine Lichtöffnungen *a* von außen her schwach erleuchteten Raumes unter dem Tribunal (Fig. 80) ist unsicher; derselbe mag als Aufbewahrungsort verschiedenen Geräths gedient haben, bei welcher Annahme freilich der Zweck der beiden runden Öffnungen in seiner Wölbung 6 im Plan unerklärt bleibt. Jedenfalls ist die Ansicht, welche in diesem Raum ein Untersuchungshaftlocal erkennt, durchaus unhaltbar.

Fig. 80. Raum unter der Tribüne.

Die Basilika gehört zu den älteren Bauwerken in Pompeji, wie dies aus einer Reihe von Merkmalen sich mit Sicherheit ergiebt. Ihre sogleich näher zu beschreibende Vorhalle ist von Kalkstein von Nocera erbaut gewesen, gehört demnach noch in die Zeit der Autonomie und wird wahrscheinlich mit der Porticus vor den Curien gleichzeitig sein, von der es inschriftlich feststeht, daß sie vor dem Ausbruche des Bundesgenossenkrieges (661 Roms, 93 v. u. Z.) vollendet worden ist. Die Hauptmasse des Gebäudes ist allerdings von anderem Material und wahrscheinlich erst in römischer Zeit gebaut worden, gehört aber unter den römischen Bauten zu den ältesten, wie schon daraus hervorgeht, daß unter den vielfachen eingekratzten Inschriften auf ihren Wänden sich eine solche findet, welche durch das in ihr genannte Consulat das Datum 676 Roms (78 v. u. Z.) trägt. Mit diesem hohen Alter stimmt denn auch der Charakter der Decoration überein, der sich nur noch in zwei Privathäusern wiederholt und auf den zurückgekommen werden soll. Nach dem Erdbeben von 63 scheint auch die Basilika

einer Restauration unterworfen worden zu sein, über deren Umfang jedoch
Nichts feststeht; nur das scheint gewiß, daß derselbe Architekt, welcher das
große Theater restaurirte, M. Artorius Primus, auch an der Basilika thätig
gewesen ist, und zwar speciell am Tribunal. Eine Inschrift mit seinem
Name auf einem Stück eines Architravs von Marmor, welches neuerdings
in dem westlich unmittelbar an die Basilika grenzenden Hause gefunden
worden, ist als ein Rest des auf den Säulen des Tribunal gelegenen Architravs erkannt [26].

Der Haupteingang in die von 1806 bis 1816 ausgegrabene Basilika ist
vom Forum aus durch fünf weite durch Fallgatter verschließbare Thorwege
zwischen sechs Pfeilern hindurch, in denen die Falze für die Thore erhalten
sind. Zuerst gelangt man in eine zur Herstellung der Rechtwinkeligkeit
des ganzen Baus gegen das Forum um ein Geringes schiefwinkelige offene
Vorhalle, eine Art von Chalcidicum. Gegen das Innere öffnen sich wieder
fünf Thorwege zwischen zwei Eckpfeilern, zwei an Pfeilern angelehnten und
zwei freien Säulen in der Mitte, und über vier Stufen von der ganzen
Breite des Gebäudes tritt man in die eigentliche Basilika ein, in welche
auch noch zwei Seiteneingänge in den Langwänden führen. Im Innern steht
eine um alle vier Seiten umlaufende hohe Säulenreihe von 28 aus Ziegeln
nach einem eigenthümlichen System erbauten und mit Stucco überkleideten
Säulen, welche den ganzen Raum in drei Schiffe zerlegt. Diese Einrichtung
scheint nicht ganz mit der Vorschrift Vitruvs zu stimmen, welcher im Innern
der Basilika zwei Säulenstellungen über einander anzubringen räth, deren
untere zugleich einer über den Seitenschiffen fortlaufenden Gallerie zur
Stütze zu dienen habe. Es ist nun aus manchen Gründen nicht leicht anzunehmen, daß unsere Basilika eine obere Gallerie hatte; die großen Säulen
des Umgangs, das zeigt die Dicke der erhaltenen Stümpfe, erhoben sich gewiß bis zur Decke und es scheint undenkbar, daß man ihre freie aufstrebende Linie durch eine unorganisch zwischen ihnen angebrachte Gallerie
unterbrochen habe. Auch ist nirgend eine Treppe zu einer solchen Em-
pore vorhanden, denn die Treppe bei *e* liegt außerhalb des Gebäudes und
gehört zur Gallerie des Forum. Und dennoch wird man sich vielleicht mit
einer ganzen Reihe zum Theil bedeutender Schriftsteller (s. Mazois Ruines
de Pomp. vol. 3. p. 37. N. 1. zu der Annahme bequemen müssen, daß
eine obere Gallerie in der Basilika von Pompeji vorhanden gewesen sei.
Es spricht für diese Annahme erstens das Vorhandensein von Halbsäulen
in den Wänden, welche bedeutend dünner sind, als die Säulen, welche die
Schiffe trennen, und welche kaum mehr als die halbe Höhe jener gehabt
haben können, zweitens das Vorkommen von zahlreichen noch dünneren
Säulenstümpfen, die nur der obern Gallerie angehört haben können, da
sie nach Ausweis der Fundberichte [27] in dem Gebäude selbst gefunden und
nicht etwa in dasselbe vom Forum her verschleppt worden sind. Vorhanden
sind auch die Capitelle zu allen diesen Säulen, große ionische von Stein
mit feinstem Stuccoüberzug, welche zu den großen Säulen, und kleine korin-
thisch-römische, welche zu den kleinen Säulen passen, endlich Halbsäulen-
capitelle römisch-korinthischer Ordnung, welche zu den Halbsäulen an den

Wänden gehören. Ferner finden sich außer den Fragmenten eines korinthischen Simses, welcher die Säulenstellung zu oberst bekrönt haben muß, solche eines Architravs (Fig. 81.), dessen Profil genau wie dasjenige eines wohlgegliederten Zwischengebälks aussieht. Was man nun mit allen diesen Stücken, wenn man sie zusammenfaßt, anfangen will, ohne eine obere Gallerie der Basilika anzunehmen, ist nicht recht einzusehn, so gern man zugeben wird, daß Mazois diese Stücke in seiner Reconstruction (s. Fig. 82.) sehr geistreich untergebracht hat, und wenngleich man ferner zugesteht, die Gallerie nicht reconstruiren zu können, da namentlich nicht einleuchtet, wie die dünnsten Säulen anzubringen wären, wenn die dicksten, woran nicht zu zweifeln ist, sich bis zur Decke erhoben. In die oben berührte Ge-

Fig. 81. Profil des Architravs.

schmacklosigkeit, zwischen diese großen Säulen eine unorganische Gallerie einzuklemmen, würde man sich in Pompeji, wo der Geschmack keineswegs rein und der Baustil alles andere als mustergiltig ist, vielleicht eher finden, wenn das Gebäude nicht, wie gesagt, der frühern, also bessern Periode angehörte, aber dann bleiben immer noch die eben hervorgehobenen Schwierigkeiten. Merkwürdig in nicht geringem Grade ist auch noch das Vorkommen von gekoppelten Halbsäulen in den Ecken des Gebäudes, welche uns zugleich das älteste Beispiel der in romanischer und gothischer Architektur durchgehenden Säulen- oder Pfeilerkoppelung darbieten.

Eine andere nicht mit völliger Sicherheit zu entscheidende Frage ist die, ob das Gebäude ganz bedeckt oder in dem Mittelraum unbedeckt gewesen ist. Für das Erstere spricht die an und für sich größere Wahrscheinlichkeit, für das Letztere aber scheint der Umstand entscheidend in die Wagschale zu fallen, daß unmittelbar innerhalb der großen Säulen eine Wasserrinne um das Gebäude führt und daß der Fußboden innerhalb der Säulen tiefer liegt als derjenige des Umgangs, was in der Restauration Fig. 82. nicht richtig dargestellt ist. Diese Rinne, die jetzt, wo neuerlich in der Basilika aufgeräumt worden, freilich nur in Spuren an der südlichen Langseite und zwar mit Ziegeln bedeckt auffindbar ist, die allerdings auch der Zufall oder eine moderne Hand hieher gelegt haben kann, da sie Dachflachziegeln durchaus gleichen, diese das Gebäude umgebende Rinne scheint allerdings nur zur Abführung des in den mittlern offenen Raum hineinfallenden Regenwassers gedient zu haben. Wäre freilich diese Rinne antiker Weise bedeckt und nur hier und da mit kleinen Öffnungen e im Plan Fig. 79. versehen gewesen, wie Mazois annimmt, von dem schwer glaublich ist, daß er sich über einen solchen Hauptumstand nicht völlige Klarheit verschafft haben sollte, so müßte sich ein anderer Zweck als der, Regenwasser aufzusaugen, für diese Rinne als wahrscheinlich ergeben. Vielleicht war sie in diesem Falle zur Reinigung des Gebäudes um so zweckmäßiger angebracht, als das Niveau des Hauptsaales eine Stufe niedriger als dasjenige der Eingangsstufen und die Mitte, wie bemerkt, tiefer als der Umgang liegt. Zum Zwecke der Reinigung würden dann auch die Wasserbehälter unter einigen der Öffnungen *e* angebracht sein. Daß man im Innern der Basilika Löwenköpfe und andere Antefixe gefunden hat, welche gewöhnlich den Rand (die Traufe) des Daches umgeben, spricht nicht mit Sicherheit dafür, daß das Dach nach innen geneigt und folglich in der Mitte offen war, denn leicht konnten Stücke von so geringem Gewicht von ihrer ursprünglichen Stelle verrückt worden sein, namentlich bei einem Gebäude, welches durch das Erdbeben in dem Grade gelitten hat, wie die Basilika von Pompeji, allein als ein Merkmal der Unbedachtheit der Mitte müssen auch diese Antefixe gelten. Bei der Annahme völliger Bedachung werden wir zu vermuthen haben, daß die Mauer in ihrem nicht erhaltenen obern Theile von einer Reihe Fenster durchbrochen war, von denen die Restauration Mazois' (Fig. 82.) eine Anschauung giebt. — Die Basilika war reich decorirt, in *f*

Fig. 82.   Restaurirter Durchschnitt der Basilika nach Mazois.

sehen wir ein großes Fußgestell für eine Reiterstatue, von der man nicht unbeträchtliche Fragmente gefunden hat[36], drei andere Statuenbasen sind an die Pfeiler der Eingangshalle gelehnt, ihrer zwei an den mittelsten, die dritte an den links an der Ecke, und im Innern der Basilika hat man außer den schon genannten noch mehre andere Fragmente von Statuen gefunden, deren ursprünglicher Aufstellungsort aber nicht mehr zu bestimmen ist. Der Fußboden war mit Marmor geplattet, die Wände zeigen nach innen eine Nachahmung farbiger Marmorbekleidung in Stucco, eine Decorationsart, auf welche später zurückgekommen werden soll, nach außen sollen sie mit Grotesk-architekturen bemalt gewesen sein, wenn man dies dem Bericht in den Ausgrabungstagebüchern von 1814 glauben will, der von dem Untergang dieser Gemälde erzählt. Von den Griffelinschriften, welche sich, wie schon bemerkt, zahlreich auf den Wänden der Basilika fanden, von denen aber heutigen Tags außer den in das Museum gebrachten Stücken wenig mehr erkennbar ist, wird neben anderen Inschriften in einem spätern Capitel die Rede sein.

Unter Hinweis auf das, was oben in der Beschreibung des Forum über die vermuthliche Lesche wie über das Gefängniß gesagt worden ist, bleibt nur noch

6. Ein räthselhaftes Gebäude
(s. g. *Curia isiaca*, s. g. Tribunal, s. g. Markthalle, s. g. Schule)

zu betrachten, welches wahrscheinlich dem Abschnitt angehört, in dem wir stehen, welches aber allein von allen bisher bekannten Municipalgebäuden nicht am Forum, sondern am Forum triangulare hinter dem großen Theater und dem Isistempel gelegen ist und ganz der samnitischen Periode der Stadt angehört.

Fig. 83. Ansicht der s. g. *Curia isiaca.*

Der Plan dieses Gebäudes Fig. 84. ist äußerst einfach und mit sehr wenig Worten zu erläutern. Zwei Eingänge führen durch seine nach außen glatten vier Wände, der eine *a* vom Forum triangulare, der andere *b* von der Straße des Isistempels aus. Der erstere bildet eine Art von kleinem Vestibül zwischen den auf dem Plane sichtbaren Mauern, welches gegen die Straße und wiederum oberhalb dreier Stufen, welche in die Area des Gebäudes hinabführen, verschließbare Thüren hatte, wie dies eine doppelte Schwelle mit den Resten der metallenen Thürangeln beweist. Tritt man ein, so befindet man sich unter einer um drei Seiten eines offenen Hofes von 23,60 × 17,10 M. umlaufenden, 3,50 M. breiten Colonnade von 19 dorischen Säulen, die größtentheils heutigen Tags noch in der Höhe von 3,36 M. unverletzt aufrecht stehn.

An der einen Schmalseite nach dem Isistempel zu fehlt der Säulenumgang, was sich daraus erklärt, daß von diesem Gebäude etwa ein Drittheil abgeschnitten und sein Areal zum Isistempel gezogen worden ist.
Auf der entgegengesetzten liegen hinter den Säulen einige Zimmer, über
denen sich, wie die Reste einer Treppe zeigen, wohl ein zweites Geschoß
befand, über deren etwaige Bestimmung aber abzuurteilen, ehe wir über die
Gesammtheit des Gebäudes eine Ansicht gefaßt haben, nicht wohl möglich
ist. Erwähnung verdient besonders noch, daß die eine der Säulen zunächst

am Eingange *b* als Brunnen durchbohrt ist,
und daß man beobachtet haben will, die Platten des Bodens umher seien durch den vielfachen Gebrauch dieses Brunnens stark aus-
genutzt. Der merkwürdigste Gegenstand in
diesem Gebäude aber befindet sich dem genannten Eingange gegenüber bei *e* im Plane.
Es ist dies ein mit einfachem, aber wohlge-
gliedertem Carnies bekröntes 1,12 M. hohes
Fußgestell von 1,09 M. oberer Fläche, in welcher sich jetzt eine 0,14 M. tiefe, 0,55 M.
breite und 0,60 M. lange Vertiefung eingehauen
findet. Hinten an diese Basis ist eine aus drei
Steinblöcken bestehende, sechs Stufen hohe,
aber nur 0,38 M. breite Treppe angebaut und
vor derselben steht eine niedrigere Basis oder
auch ein Altar von 1,20 M. Höhe, dessen
Oberfläche nach einigen Berichterstattern in
auffallender Weise abgeschliffen erscheinen soll,
was jedoch sehr zweifelhaft ist. Aus dem höhern
Fußgestell haben nun einige Schriftsteller,
z. B. Bonucci, eine Rednerbühne, andere, z. B.

Fig. 34.

Plan der s. g. *Curia isiaca*.

Breton, den Platz für den Sitz eines Magistrats oder Richters gemacht,
welcher von hinten über die schmale Treppe erstiegen worden sei. Es ist
nicht nöthig gegen diese höchst wundersamen Ansichten zu streiten, noch
auch die aus ihr gezogenen Consequenzen zu widerlegen, da aus den Ausgrabungsberichten von 1797 (Hist. ant. Pomp. vol. I. fasc. 2. p. 66 ff.)
mit voller Gewißheit hervorgeht, daß auf dieser Basis eine jugendliche
männliche Statue gestanden hat, welche man von derselben herabgestürzt
fand, während ihre Füße an Ort und Stelle geblieben waren und erst später
mit dem in die erwähnte Vertiefung eingelassenen Plinthos entfernt worden
sind. Leider wird die Statue nicht näher beschrieben und ist auch im
Museum nicht aufzufinden gewesen, so daß ihre Bedeutung nicht angegeben
werden kann. War aber das höhere Fußgestell eine Statuenbasis, so wird
das niedrigere davor vergleichsweise am wahrscheinlichsten als Altar zu erklären sein. Schwieriger zu verstehn ist die schmale Treppe; denn wenn
von einer so gewichtigen Autorität wie Mommsen (Unterital. Diall. S. 183.)
angenommen wird, die Treppe habe gedient, um die Statue von hinten zu

bekränzen, so mag dies als möglich gelten, ohne jedoch besondere Wahrscheinlichkeit zu haben. — Auf alle Fälle wird durch den Nachweis, was
die beiden Basen gewesen sind, für die Deutung des ganzen Gebäudes Nichts
gewonnen, und auch Inschriften, welche man zu dessen Bestimmung heran
gezogen hat, bieten nur sehr zweifelhaften Anhalt. Eine lateinische (Mommsen, I. R. N. No. 2247.): M. Faccius Suavis, M. Faccius Primogenes scho-
lam de suo, kann schon deswegen nur sehr bedingterweise in Frage kommen,
weil es nach dem Bericht ihrer Auffindung 1754, 12. Febr. .H. a. P. I. II.
p. 19. f. keineswegs feststeht, daß sie zu unserem Gebäude irgend welche
Beziehung hat. Dies ist anders mit einer oskischen Inschrift (Mommsen,
Unterit. Diall. u. s. O., welche sich in dem Gebäude an der Mauer fand,
welche dasselbe vom Isistempel trennt. In derselben scheint die s. g. Curia
isiaca mit dem Worte trîbûs bezeichnet zu werden, allein die Bedeutung
dieses Wortes steht nicht fest, und die an dasselbe angeschlossenen Combinationen von Garucci (Bull. Napol. n. s. 2. p. 7.) scheinen mehr geistreich
und gelehrt als überzeugend. Nach denselben wäre trîbûs der Ort der
Versammlung für eine Tribus des republicanischen oskischen Pompeji, und
auch er macht die Statuenbasis zur Rednerbühne, von der aus der Vor-
sitzende der Versammlung deren Verhandlungen geleitet hätte. Daß er
hierin bestimmt irre geht, ergiebt sich aus dem oben Gesagten. Diejenigen,
welche den populären Namen einer curia isiaca aufgebracht haben, glaubten
in diesem Gebäude ein für isischen Geheimdienst oder Einweihungen in
Mysterien bestimmtes erkennen zu dürfen, was, abgesehn von dem wunderlichen Namen und von dem Alter des Gebäudes, welches die Einführung des
Isisdienstes in Pompeji ohne Zweifel weit übertrifft, schon dadurch widerlegt
wird, daß das Gebäude zum Isistempel nicht die entfernteste Beziehung hat
und eben so wenig etwas Geheimes und Abgeschlossenes. — Wenn Andere
in demselben eine Markthalle erkannt haben, so läßt sich dagegen nur ein-
wenden, daß durch diesen Namen das Eigenthümlichste nicht erklärt wird.
In einem der an den Hofraum grenzenden Zimmer wurde ein Dépot von
Ziegeln gefunden, in anderen unter verschiedenen Geräthen und Gefäßen
mehre Amulette, was eben so wenig Aufschluß gewährt, so daß es auch
jetzt noch am gerathensten erscheint, auf die Benennung zu verzichten.

7. Das s. g. Zollhaus.

Als solches gilt ein in der Straße des herculaner Thores, also in der leb-
haftesten Geschäftslage Pompejis belegenes Gebäude (xiv im großen Plane),
welches nur einen geräumigen Saal mit sehr breitem und unverschlossenem
Eingange von der Straße enthält [3]. Im Hintergrunde des Saales ist die
mit Marmor bekleidet gewesene Basis für eine Statue angebracht, während
sein Fußboden mit weißem, schwarzumrändertem Mosaik belegt ist. Nach
der Angabe mehrer neueren Schriftsteller hätte man in diesem Saale eine
große Zahl von meistens marmornen, aber auch aus Serpentinstein gefer-
tigten Gewichten nebst einigen Maßen aus Basalt ferner Wagen verschiedener Art, namentlich Schnellwagen nach dem System der Decimalwagen,

dergleichen später genauer betrachtet werden sollen, gefunden. Es wird
sogar angegeben, eine dieser Wagen, welche aber gar nicht in Pompeji, sondern
in Herculaneum gefunden worden ist (s. Mommsen, Inser. R. N. No. 6393, 3.),
habe auf dem langen Schenkel des Wagebalkens in punktirten Buchstaben
die Inschrift:

IMP·VESP·AVG·IIX·T·IMP·AVG·F·COS·EXACTA·IN·CAPITO·

getragen, durch welche sie sich als eine auf dem römischen Capitol officiell
geaichte Normalwage zu erkennen giebt, für die ein öffentlicher Gebrauch
wahrscheinlicher ist, als ein privater. Gestützt auf diese angeblichen aber
offenbar sehr unzuverlässigen Thatsachen, und da keine Spur von Verkaufs-
gegenständen oder Waaren in diesem Gebäude gefunden worden ist, hat
man das fragliche Gebäude zum Zollhause (telonium) von Pompeji gestem-
pelt, in welchem die durch das herculaner Thor kommenden Händler, Bauern
und Höken ihre Waaren zu veraccisen gehabt hätten. Das wäre an sich
gewiß nicht unmöglich noch auch grade unwahrscheinlich, allein von dem
Funde aller jener Gegenstände, welche als charakteristisch gelten (Gewichte
und Wagen), wissen die Tagebücher der Ausgrabung Nichts. Wohl aber
geben dieselben ganz richtig an, daß hinter diesem Saale und mit ihm durch
eine Thür verbunden ein zweiter etwa eben so großer Raum, mit dem Haupteingange von der ersten kleinen Querstraße (Vicolo di Narcisso) aus liegt,
ein Raum, welcher durch die vollkommene Schmucklosigkeit seiner nicht
einmal mit Bewurf versehenen Wände und seines Fußbodens von gestampfter
Erde, den Eindruck eines Stalles macht. Mit diesem Eindruck stimmt es
denn auch vollkommen überein, daß in demselben zwei Pferdegerippe und
ein freilich sehr fragmentirter zweirädriger Karren gefunden worden ist,
um andere, weniger bestimmt charakteristische Gegenstände zu übergehen.
Ob nun dieser Stall zu dem Zollhause stimmt, mag dahinstehn. Nur das
Eine muß hervorgehoben werden, daß es sich hier in der That wahrscheinlich nicht um eine Privatbehausung, sondern um ein öffentliches Gebäude
handelt, über dessen wirkliche Bedeutung indessen nach den wirklich verbürgten Thatsachen der Ausgrabung nicht abzusprechen ist.

Dritter Abschnitt.

Die Theater.

Fig. 85.   Eine Reihe Masken.

Pompeji besitzt zwei neben einander am südlichen Abhang des Stadthügels gelegene Theater, ein größeres für dramatische Aufführungen und ein
kleineres bedeckt gewesenes (theatrum tectum) für musikalische und kleinere

Ansicht der Ruinen

des grossen Theaters.

dramatische Productionen, aber keineswegs, wie auch gesagt worden ist, für Komoediendarstellungen wie das größere für die Tragoedienaufführungen. Beide Gebäude gehören zu den besterhaltenen Theatern des Alterthums und sind vollkommen geeignet, als Grundlage des Nachweises der baulichen und scenischen Eigenthümlichkeiten, und als Anknüpfungspunkte einer gedrängten Darstellung der wesentlichen Eigenthümlichkeiten theatralischer Aufführungen bei den Alten zu dienen, obwohl wir besonders die Einrichtung des größern Theaters nicht als ganz normal betrachten können, und obwohl noch mancherlei Fragen in Bezug auf dasselbe ihrer Erledigung harren. So gleich voran die wichtige Frage, ob wir ein griechisches oder ein römisches Theater vor uns haben, mit der die zweite nach dem muthmaßlichen Alter dieser Baulichkeiten zusammenhangt. Sowohl für die eine Ansicht wie für die andere sind theils architektonische, theils selbst technische, aus dem Material entnommene, theils endlich historische Gründe geltend gemacht worden. Gehen wir von diesen aus, so muß denjenigen beigestimmt werden, welche die Wahrscheinlichkeit bezweifeln, daß die oskische Stadt Pompeji in der Zeit vor der römischen Colonie bereits zwei steinerne Theater der Art besaß, denn, mögen die Spuren griechischer Bildung namentlich aber griechischer bildender Kunst zahlreich in Pompeji sein, immerhin ist ihr über die römische Besitzergreifung hinaufreichendes Alter unerweislich, wenn wir von den Ruinen des Tempels auf dem Forum triangulare absehn, und schwerlich läßt sich auf Grund aller Spuren des Griechenthums darthun, daß die griechische Bildung in dem oskischen Pompeji mächtig genug gewesen sei, um das Bedürfniß zweier Theater für dramatische und musikalische Aufführungen zu erzeugen. Hiergegen sind nun freilich verschiedene architektonische Bedenken laut geworden, welche dem Theater von Pompeji das Schema und die Einrichtung des griechischen Theaters mehr als des römischen zuschreiben. So namentlich die Anlehnung an einen Hügelabhang, welche allerdings griechischem Brauch entspricht, während die Theater in Rom sich frei vom Boden erhoben. Diejenigen, welche diese Ansicht vertreten, müssen nach dem gegenwärtigen Zustande des Theaters einen Umbau in römischer Zeit und nach römischen Principien annehmen, weil offenbar, um ein Geringes zu übergehn, die unten zu besprechende Beschaffenheit der Orchestra wie auch die geringe Höhe der Bühne über diesem Parterre dafür spricht, daß das Theater zuletzt in römischer Weise construirt war und zu Aufführungen nach römischem Brauche verwendet wurde. Dazu kommt, daß in der Bauinschrift des kleinern Theaters (Mommsen a. a. O. No. 2241.), die sich wohl ohne Zweifel auf den ersten Aufbau bezieht, dieselben Duumvirn genannt werden, deren Namen auch die Bauinschrift des Amphitheaters enthält und daß es aus epigraphischen Gründen, denen sich solche gesellen, die aus dem architektonischen Material und aus der Bauweise entnommen sind, so gut wie gewiß ist, daß die Erbauung des kleinern Theaters, des Amphitheaters und der kleineren Thermen (s. u.) gleichzeitig, und zwar in den ersten Zeiten der römischen Colonie stattgefunden hat. Die in dem größern Theater gefundenen, auf dessen Bau

9 *

bezüglichen Inschriften a. a. O. No. 2229. 2230. 2238.) gehn nicht die
ursprüngliche Erbauung, sondern eine Restauration nach dem Erdbeben von
63 an, mit welcher derselbe M. Artorius Primus betraut gewesen ist, dessen
Name sich auch an dem Epistylbalken des Tribunal der Basilika (s. oben
S. 124. gefunden hat. Über die erste Erbauung liegt keine inschriftliche
Urkunde vor. Hat aber, wie aus anderen Gründen wahrscheinlich, auch
seine Gründung erst in römischer Zeit und wahrscheinlich nach der des
kleinern Theaters stattgefunden, so wird die Vermischung der Schemata
des griechischen und des römischen Theaters localen Einflüssen zuzuschreiben sein.

Wenn die engen Grenzen, welche der Darstellung jedes einzelnen Gegenstandes in einem Buche mannigfaltig gemischten Inhalts gezogen sind,
nicht gar zu sehr überschritten werden sollen, so müssen gewisse Grund-
verhältnisse des antiken Drama und Theaterwesens als bekannt vorausgesetzt
oder doch mit Hinweglassung alles dessen, was nicht zum nächsten Zwecke,
der Erklärung der pompejanischen Theater gehört, in der gedrängtesten Kürze
nur angedeutet werden.

Das griechische Drama, Tragoedie sowohl wie Komoedie, ist aus einer
religiösen Festfeier im Culte des Dionysos hervorgegangen und hat durch
die ganze Zeit seiner Entwickelung diese Entstehung und den Charakter
einer religiösen Festlichkeit bewahrt. Der Träger dieser ursprünglich ländlichen Festlichkeit war ein beim Weinlesefest umherschweifender Chor, der
tanzbegleitete Chorlieder zu Ehren des Gottes sang, welche wir uns nach
der wechselnden Stimmung der Weinlese bald ernster in Bezug auf den
Segen des Gottes, bald heiter und ausgelassen denken dürfen, wenn es galt
der berauschten Lust Ausdruck zu leihen und dieselbe an allen Unbethei-
ligten auszulassen. Erst in späterer Folge trat dem Chor ein Einzelner als
Redner gegenüber, indem er von den Thaten und Erlebnissen des Dionysos
erzählte, welche der Chor in seinen die Erzählungen unterbrechenden Tanz-
liedern feierte. Schon wenn man diesen ersten Keim des Drama betrachtet,
kann man sich vorstellen, wie seine Bedürfnisse einen Raum schufen, der
etwa ebenso die Elemente des spätern Theaterbaus enthielt, wie jene von
Reste unterbrochenen Tanzlieder eines bakchisch schwärmenden Chores die
Elemente einer vollendeten Tragoedie. Den Redenden, Erzählenden auf ein
Gerüst, die Urbühne, zu stellen, damit er besser gesehn und gehört werden
möge, lag zu nahe, als daß nicht anzunehmen wäre, dies sei fast von Anfang
an gethan worden. Der Chor dagegen brauchte weder einen erhöhten Standort, noch wäre derselbe für eine irgendwie zahlreiche Menge von Choreuten
so leicht zu beschaffen gewesen, für ihn ist der natürliche Boden der zu-
reichende Tanzplatz. Daß sich die Tänze des Chores, sobald sie zu der Er-
zählung des Redenden in der leisesten Beziehung standen, wie von selbst
in einem Verhältniß zu der Urbühne bewegten, begreift sich; denkt man
sich aber die zuschauende Menge in der natürlichen Kreisstellung um Redenden und Chor versammelt und diesen Menschenkreis auf der einen Seite
durch das Bühnengerüst abgeschnitten, so hat man das Grundschema des
griechischen Theaters in seinen drei Theilen, der Skene (Bühne), der Or-

chestra Tanzplatz des Chores und dem um diesen Halbkreis geschlossenen
Theatron (Zuschauerraum) vor sich und sieht, wie diese Form des Raumes
mit den Bedürfnissen der Darstellung zusammen entstanden ist. Man braucht
eigentlich nur das Bühnengerüst für die Aufnahme mehrer Schauspieler, welche
nach und nach dem ursprünglich einen Redner gegenüber oder zur Seite
traten, erweitert, den Tanzplatz des Chores, um seine Bewegungen zu erleichtern, gedielt oder mit einer niedrigen Bühne, der Thymele, ausgestattet
und den Zuschauerraum, wie wir zu sagen pflegen, amphitheatralisch erhoben
zu denken, und das Theatergebäude ist in seinen bestimmenden Elementen
und Formen bis auf die Decorationen fertig, die nie eine so große Rolle im
Alterthum gespielt haben wie bei uns.

Als öffentliche religiöse Festlichkeiten fanden die Theateraufführungen
keineswegs allabendlich wie bei uns statt, sondern in Griechenland nur an
den Festen des Gottes, dem sie ursprünglich galten, in Rom an unbestimm-
ten Festen, welche meistens beim Amtsantritt oder um sich zu einer Wahl
zu empfehlen, aber auch bei Leichenfeiern reiche und ehrgeizige Bürger dem
Volke gaben. An den Bakchosfesten aber füllten dafür auch die dramatischen Aufführungen nicht ein paar Abendstunden, sondern den ganzen
Tag, eine ganze Reihe von Dramen wurde nach einander aufgeführt und
zwar im Wettkampf mit einander um drei Ehrenpreise, welche eigens ver-
ordnete obrigkeitliche Preisrichter zuerkannten. Dieser Umstände und besonders auch der Tagesaufführungen, die aus anderen Gründen auch in Rom
Sitte waren, mußte hier gedacht werden, weil ihre Consequenzen viel weiter
in das ganze Theaterwesen und auch das Theaterbauwesen eingreifen, als man
auf den ersten Blick glauben sollte. Aus dem religiösen und festlich-öffent-
lichen Charakter der dramatischen Aufführungen erklärt sich zunächst, um
nur dies vorweg zu erwähnen, das Bedürfniß weit größerer Theater als wir
sie kennen. Griechenland hat Theater, welche 60—50,000 Menschen faßten,
und selbst das Theater eines Städtchens wie Pompeji faßte 5000 Zuschauer,
was sich genau angeben läßt, da im kleinern Theater die nur 0,31—0,35 M.
breiten Sitze, denen diejenigen im großen Theater wahrscheinlich entsprochen
haben werden, erhalten sind und als Grundlage der Raumberechnung dienen
können. Aus dieser Größe der Theater und aus den Tagesaufführungen ergiebt sich aber weiter wieder die Unthunlichkeit der Bedeckung der Theatergebäude, dieselben waren also offen oder doch nur, nach einer in Campanien
gemachten Erfindung, durch ein an aufgerichteten Masten übergespanntes
Zeltdach (velum, vela) gegen der Brand der Sonne und einen plötzlichen
nicht zu starken Regenguß geschützt. Es soll unten über diese Einrichtung,
deren Reste deutlich an dem größern Theater (Fig. 90. und 91.) erhalten
sind und die man trotz der immensen Größe der Gebäude selbst auf Amphitheater wie das Colosseum in Rom anzuwenden wußte, einiges Nähere nachgetragen werden, während die vorstehenden wenigen Bemerkungen als allgemeine Einleitung in die Betrachtung der pompejaner Theatergebäude
genügen werden, an welche sich manches Einzelne, das zum Verständniß
nöthig ist, im Folgenden wird anknüpfen lassen.

a. Das große Theater.

Es sind, den einleitenden Bemerkungen gemäß, drei Haupttheile des
Theaters zu unterscheiden: 1. der Zuschauerraum, das Theatron im engern
Sinne, griechisch auch das Koilon, römisch die *cavea*, 2. der Platz des Chores,
die Orchestra, und 3. der Platz der Schauspieler, die Bühne, *scena*.

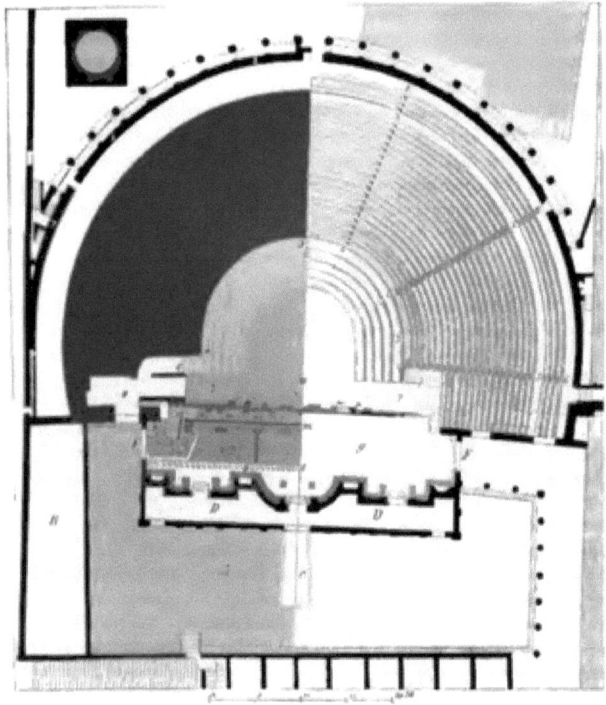

Fig. 86. Plan des großen Theaters.

(Der Plan ist in zwei Hälften getheilt, diejenige rechts zeigt alle Sitzreihen und die Bühne mit dem Fußboden bedeckt, diejenige links durch Hinwegnahme der zweiten und der summa cavea die Gänge und Treppen
im Innern und die Substructionen der Bühne.)

Der Zuschauerraum, um mit diesem zu beginnen, bildet in der Regel
einen Halbkreis oder einen etwas größern Kreisabschnitt, dessen Schenkel
aber bei unserem Theater hufeisenförmig in einer fast graden Linie gegen
die Bühne verlängert sind. Derselbe ist in eine Folge ganz umlaufender
Sitzstufen zerfällt, welche, wie schon bemerkt, bei griechischen Theatern an
den Abhang eines Hügels angelehnt werden, während das römische Theater

dieselben auf mächtigen Bogen und Gewölbconstructionen, wie wir sie bei
dem Amphitheater kennen lernen werden, über den ebenen Boden zu erheben pflegt. Im pompejanischen Theater finden wir beide Bauweisen vereinigt; so weit die linke Seite des Planes Fig. 88. schraffirt ist, lehnen
sich die Sitzstufen an den Abhang des Stadthügels, während die obersten
vier Sitzreihen, welche auf dem Plane links fehlen, auf einem daselbst mit
1 bezeichneten gewölbten Corridor ruhen und nach hinten durch eine doppelte Mauer, die wieder einen gewölbten Gang 2 zwischen sich faßt, abgeschlossen erscheinen (vgl. auch die beiliegende Ansicht und den Durchschnitt
Fig. 90.). Die sämmtlichen Sitzstufen werden nun in doppelter Weise
eingetheilt und zerfällt. Erstens durch eine Anzahl breiterer Umgänge
(*diazomata, praecinctiones*) im Sinne unserer Ränge, und zweitens durch eine
Anzahl kleiner Treppen, welche von der Orchestra bis zu der Höhe der
Sitzreihen emporlaufend dieselben in Keile (*kerkides, cunei*) zerfällen. Das
pompejanische Theater wird durch eine Praecinction 3 hinter den ersten vier
Sitzreihen und durch den gewölbten Gang 1 in drei Ränge (*caveae*) und
durch sechs Treppen 4 in sieben Keile (*cunei*) getheilt. Der Zweck dieser
Eintheilung ist ein doppelter. Zunächst und hauptsächlich diente sie, um
die Zuschauer zu ihren Plätzen zu leiten und die versammelte Menge selbst
bei eiligem Verlassen des Theaters, z. B. bei plötzlichem Regen, ohne zu
starkes Gedränge rasch hinauszuführen. Jede der erwähnten sechs Treppen
entspricht nämlich einer Ausgangsthür (*vomitorium*) 5 auf den gewölbten
Umgang 1 (vgl. Figur 90. und 91.), so daß die mittleren Sitzreihen von
der ersten Praecinction bis zu der Hintermauer sechs Ausgänge haben, während diesen für den obersten Rang eine gleiche Anzahl in den Corridor 2
ausmündender Ausgänge 6 entsprechen, und der unterste Rang sich theils
in die Orchestra und durch deren Ausgänge (*Parodos*) 7, theils durch zwei
eigene an den Enden der Sitzreihen angebrachte Thüren 8 (vgl. Fig. 90. u. 91.)
entleerte, welche ebenfalls auf den gewölbten Ausgang der Orchestra (9 im
Plane links) führten, in dessen Wölbung mit dem Schlußstein links über
dem Thore nach *F* ein kolossaler. leider jetzt sehr verstoßener männlicher
Kopf mit reichlichem Haar eingelassen ist, der für einen Apollonkopf mit
onkosartigem Haarputz gelten kann, während gegenüber rechts an der Wand
zwischen den hier befindlichen zwei Ausgängen nach *F* die schon S. 132.
erwähnte Inschrift (jetzt deren Copie):

M · ARTORIVS · PRIMVS
ARCHITECTVS

den Baumeister der Restauration nennt. Der zweite Zweck der Eintheilung
der Sitzplätze entspricht dem der Rangtheilung in unseren Theatern. Die
untersten Reihen, der Bühne am nächsten gelegen, sind natürlich die vorzüglichsten, und schon in Griechenland waren diese für die Preisrichter und
die Behörden vorbehalten, ohne daß über eine andere bestimmte Abtrennung
dieser reservirten Reihen von den übrigen als durch die inschriftlich bezeichneten Lehnsessel, welche wir aus dem athenischen Theater kennen, Etwas
überliefert wäre. In Rom war anfangs keine derartige Unterscheidung vor-

hauden, nach und nach aber wurde sie ein- und von Augustus mit der größten Strenge durchgeführt. Nach der kaiserlichen Theaterordnung in Rom, die ihrem Wesen nach für das Theater der Provinzen galt, waren die untersten Reihen für die Senatoren, die folgenden vierzehn für die Ritter bestimmt, während die *media carea*, der mittelste Rang, den Bürgern vorbehalten war, und dem gemeinen Volke sowie den Frauen die *summa carea*, die Gallerie, übrig blieb. In unserem Theater können wir sehr deutlich die drei Ränge unterscheiden. Der unterste, die *infima carea*, hat vier Stufen. Diese sind jedoch nicht Sitzstufen der Art wie die weiterhin zu besprechenden der *media carea*, sondern sie sind nicht unbeträchtlich breiter und nur von der halben Höhe dieser, dienten also offenbar nur, um die Ehrensessel, die Bisellien der Behörden und der vornehmen Begünstigten zu tragen. Abgeschlossen wurden sie nach hinten durch eine niedrige Mauer (s. 3' Fig. 90. und auf ihr durch eine dünne Schranke oder Brüstung von Marmor, welche, wie die meisten Stufen, die ebenfalls von Marmor waren, verschwunden, aber ihrem Platze nach sicher zu erkennen ist. Auf diesen Plätzen werden wir uns in Pompeji die Duumvirn, die anderen Beamten, die Decurionen und die Augustalen sitzend zu denken haben. Drei kleine Treppen von je drei Stufen führten durch Öffnungen in der Brüstung auf die erste Praecinction, welcher der erwähnte gewölbte Ausgang b entsprach. Der zweite Rang, die *media carea*, für die Bürgerschaft bestimmt, enthält zwanzig Sitzreihen. Von der Einrichtung der Sitzstufen soll bei der Besprechung des kleinen Theaters, in dem sie besser erhalten sind, die Rede sein; hier sei nur bemerkt, daß die Stufen der Treppe in die Sitzstufen der Art eingehauen sind, daß sie deren halbe Höhe haben; es müßten ihrer also bei zwanzig Sitzstufen vierzig sein, von denen aber vier in Abzug kommen, da die beiden obersten Sitzreihen vgl. Fig. 90.) höher liegen als der Fußboden des Corridors 1 und deshalb, anstatt in Treppenstufen zerlegt zu sein, den Vomitorien gegenüber ganz durchbrochen sind. Auf den Sitzreihen der *media carea* waren die einzelnen Plätze durch leichte Linien von einander geschieden, auf den Einlaßmarken *tesserae* war nun *carea*, *cuneus* und Platz für jeden Zuschauer angegeben und nach dieser Anweisung nahmen die Zuschauer ihre Plätze ein, oder wurden sie von den Billeteuren *locarii*) auf dieselben geführt. In der Mitte der untersten Stufe der *media carea* stand eine Statue, welche auf Decret der Decurionen dem M. Holconius Rufus, Rechtsduumvir, Militärtribunen und Patron der Colonie, errichtet war. Die vier Löcher, in denen das Postament der Erzstatue befestigt war, sind erhalten und neben ihnen steht die durch die Statue unterbrochene in Erzbuchstaben eingelegt gewesene Dedicationsinschrift Mommsen No. 2232.). Etwas links von diesen vier Löchern auf der erhöhten nächsten Stufe will man vier andere gefunden haben, deren Bestimmung jedoch nicht mehr auszumachen ist, am wenigsten heutigen Tages, wo die ganze in Frage kommende Stufe fehlt. Endlich der dritte Rang, die *summa carea*, hatte vier Sitzreihen hinter einem schmalen Umgang auf der Vordermauer des gewölbten Ganges, der gegen die *media carea* abgegittert war, um das Herabstürzen der diesen Gang Betretenden zu verhindern. Vielleicht befand sich auf der Platform über dem

Corridor 2 noch ein Rang, auf dem jedoch nur zwei hölzerne Bänke gestanden haben könnten. Wahrscheinlicher aber war diese Platform frei und
bot den Raum für diejenigen Arbeiter, welche das *velum*, das Zeltdach, aufzuziehn hatten. In der Hinterwand der *summa cavea* nämlich sind die kräftigen Steinringe erhalten, durch welche die in der obersten Sitzstufe befestigten Balken (denn die Ringe sind viereckig, nicht rund durchlöchert) gesteckt
waren, an denen das Zeltdach hing. Diese Steinringe und ein beispielsweise in einem derselben aufgerichteter Balken ist schon aus der Ansicht
Fig. 91. und dem Durchschnitt Fig. 90. bei *d* ersichtlich, zur nähern
Betrachtung bietet Fig. 87. die besondere Abbildung eines dieser Steinringe mit dem in ihm steckenden Balken. Über die Art, wie an diesen
Balken das Zeltdach aufgezogen wurde, sind wir nicht
unterrichtet, und, wenngleich man sich wohl ungefähr
vorstellen mag, wie dies beschafft wurde, so bleibt es
doch immerhin ein Räthsel, wie es möglich war, ohne
mittlere Stützen, die sicher nicht vorhanden waren, Zeltdächer von der Größe auszuspannen, wie sie schon das
Theater in Pompeji, das Amphitheater daselbst oder gar
ein Amphitheater wie das Colosseum in Rom erforderte.
Übrigens ist nur noch zu bemerken, daß, nachdem man
in Rom anfangs den Gebrauch der von den weichlichen
Campanern erfundenen Zeltdächer verschmähte, die-

Fig. 87. Steinring
und Balken darin.

selben später dort nicht allein aufgenommen, sondern mit dem fabelhaftesten Luxus hergestellt wurden, z. B. aus Seide, die damals mit Gold aufgewogen wurde, oder von Nero aus purpurnem Zeuge, in welches der Sonnengott auf seinem Gespann eingestickt war. Das Aufziehn und Ausspannen
des Zeltdaches über dem Amphitheater in Rom besorgten Matrosen, und daß
auch in Pompeji Seeleute hiezu angewendet wurden, darf man als natürlich
ebenfalls annehmen.

Gegen die Bühne zu bildete eine schräg herablaufende Mauer (*β* Fig.
90.) den Abschnitt der Sitzplätze, während die Umfassungsmauer auf gleicher
Höhe mit der Platform des Zuschauerraums bis an die ebenfalls gleich erhobene Hinterwand der Bühne fortgeführt wurde (Fig. 88. u. 90.). Auf
diese Weise war das Theater rings von einer starken Mauer eingeschlossen,
durch welche die Vomitorien führten, und die nach außen von einer durch
Bogen verbundenen Pfeilerstellung zum Tragen der Corridore verstärkt wurde,
wie die folgende Abbildung (Fig. 88.), eine äußere Ansicht des Theaters von
der Seite des Forum triangulare her, deutlich machen wird.

Den Vordergrund bilden die Propyläen des Forum triangulare sowie
ein Theil von diesem selbst, im Mittelgrunde sieht man das starke Wasserreservoir, welches auch auf dem Plan Fig. 86. angegeben ist, rechts davon erheben sich die beiden oberen Ränge des Theaters mit ihrem durch
Arkaden geöffneten äußern Corridor, durch dessen Bogen sich einige Vomitorien zeigen. Das Haus links im weitern Mittelgrunde ist ein modernes,
dicht vor dem stabianer Thor stehendes, und zwar das empfehlenswerthe
»Albergo del Sole«, weiter hinaus sieht man in die Landschaft, durch welche

der Sarno fließt, und die Profillinie des Monte S. Angelo schließt den Hintergrund ab.

Nächst dem Platze der Zuschauer muß der Orchestra eine kurze Besprechung zugewendet werden. Die der Lage nach unserem Parterre entsprechende Orchestra ist, wie schon bemerkt, der den Tänzen des Chores
bestimmte Ort, der eben daher seinen Namen hat. Begrenzt einerseits von
den Sitzstufen und andererseits von der Bühne, stellt die Orchestra vermöge
der verlängerten Schenkel der Sitzreihen im Theater von Pompeji die Huf-

Fig. 88. Äußere Ansicht des Theaters.

eisenform dar, und ist ein durchaus ebener mit Marmorplatten gedeckt gewesener Raum, in welchem in griechischen Theatern die Thymele genannte
niedrige Bühne für den Chor errichtet wurde. Der römischen Tragoedie
fehlten die Chortänze in der Orchestra und deshalb wurde in Rom zuerst
wie bei uns die Orchestra zu Sitzplätzen für Zuschauer und zwar zu Sitzplätzen für die ausgezeichnetsten Personen, namentlich für den Kaiser verwendet. Mit dieser Veränderung in der Bestimmung der Orchestra hangt
eine Veränderung in der Anlage der eigentlichen Bühne zusammen, welche

in griechischen Theatern 7—8 Fuß über die Orchestra sich erhob. Diese Höhe mußte natürlich gemindert werden, wenn das Schauspiel aus der Orchestra ungehindert gesehn werden sollte. Nun finden wir die Bühne in Pompeji, soweit sich aus dem allein übrig gebliebenen steinernen Unterbau mit ziemlicher Gewißheit abnehmen läßt, nur 1,50 M. über den Boden der Orchestra erhoben. Es scheint hieraus hervorzugehn, daß im Theater von Pompeji wenigstens in der Zeit, aus der seine letzte Gestalt herrührt, nicht griechische Tragoedien mit Chören, sondern römische ohne dieselben gegeben wurden, daß folglich die Orchestra wesentlich bereits als Parterre und Parket benutzt wurde, womit natürlich die Möglichkeit nicht bestritten werden soll, daß auch griechische Stücke aufgeführt und bei diesen Chöre in die geräumte Orchestra geführt wurden. In diesem Falle dienten die Eingänge, welche auf dem Plane mit 7 bezeichnet sind, zum Einmarsch des Chores, und zwar aus einem hinter der Bühne gelegenen offenen Hofe A oder aus dem mit B bezeichneten großen Saale, den man als Garderobe betrachten kann. Hier muß gleich eines Umstandes Erwähnung gethan werden, der anscheinend erst bei der Besprechung der eigentlichen Bühne berücksichtigt werden sollte. Aus dem Hofe A führt eine sanftgeneigte Rampe C von 3 M. Breite bei 8 M. Länge durch ein breites Thor in der Hinterwand des Bühnengebäudes auf die Bühne. Diese Rampe kann unmöglich nur dazu gedient haben, um dem einzelnen Schauspieler zur Bühne Zugang zu schaffen. Selbst wenn wir nicht annehmen wollten, was gewiß anzunehmen ist, daß die Schauspieler vor und nach ihrem Auftreten sich in dem mit D bezeichneten Raume unmittelbar hinter der Scenenwand aufhielten, würde eine einfache Treppe genügen, um denselben vom Saale B aus Zugang auf die Bühne zu verschaffen. Die Rampe aber, welche eine solche Treppe ersetzt, kann nur den Zweck haben, allerlei chorartigen Aufzügen ein wohlgeordnetes und effectvolles Auftreten zu ermöglichen. Solche Aufzüge kennt auch das griechische Theater; es braucht nur an den Siegeszug Agamemnons in Aeschylos' gleichnamigem Stücke erinnert zu werden; aber sie hatten hier ihren Platz in der Orchestra, in welche sie durch die Parodos des Chores einzogen. Das Vorhandensein der Rampe C also ist ein Argument mehr für die Annahme, daß das pompejanische Theater wesentlich zu Aufführungen nach römischer Sitte benutzt wurde.

Was nun endlich drittens die Bühne selbst anlangt, so gilt es hier die stärksten Abweichungen von den Vorstellungen zu bemerken, welche uns geläufig sind. Der erste Blick auf den Plan zeigt eine starke Verschiedenheit; die Bühne ist ungleich weniger tief und im Verhältniß viel breiter als unsere Bühnen. Bei der geringen Zahl von Schauspielern, welche im antiken Drama zugleich auftraten, und bei der Gemessenheit der Handlung wäre eine große Tiefe der Bühne durchaus überflüssig, und sie wäre bei dem Mangel der Decke zugleich akustisch schädlich gewesen. Die Bühne in Pompeji von 33 × 6,60 M. Größe erscheint als ein schmaler Streifen, und doch hat sie, mit anderen Bühnen des Alterthums verglichen, noch eine verhältnißmäßig nicht unbedeutende Tiefe, wohl um den erwähnten Aufzügen Raum zu gewähren. Die bei der Ausgrabung vollständig erhaltenen Sub-

structionen, von denen freilich jetzt Nichts mehr zu sehn ist, da die ganze
Bühne bis zur Mauer *m* voll Erde liegt und eine ebene Fläche bildet, diese
Substructionen zeigt die linke Hälfte unseres Planes unbedeckt, so wie
sie Mazois mittheilt und wie dieser ausgezeichnete und genaue Forscher sie
unzweifelhaft wirklich gesehn hat. Der Fußboden ruhte hinten auf einem
Vorsprung der Scenenwand *s*, in welcher die Öffnungen für die Aufnahme
der Balken vorhanden sind, vorn auf einer mit dem Proscenium *p* parallel
laufenden niedrigen Mauer *m* und auf den das Proscenium stützenden Strebepfeilern *p'*, und wurde in der Mitte seiner großen Länge wegen durch kleine
querlaufende Verbindungsmauern *r* getragen. Der Raum zwischen *m* und *s*
ist in der Mitte zwischen den Verbindungsmauern *r* ganz leer; man hat
angenommen, daß aus ihm durch Versenkungen die Geistererscheinungen
aufstiegen, was aber wegen der sehr geringen Tiefe des Raumes 's. Fig. 90.
und wegen der Trennung durch die Mauern *r* unstatthaft ist. In den
Räumen rechts und links von der Mitte hat man auf dem Plane mit *t*
bezeichnete starke Steinblöcke gefunden, in welche ein großes mit Eisen

Fig. 89. Vorrichtung zum Heben des
Vorhanges.

ausgeschlagenes Loch gehauen ist. In
diesem Loch will man bei der Entdeckung die mit einem eisernen Zapfen
endenden Reste starker Balken aufrecht
stehend, gefunden haben[32]. Ist dieser
Fundbericht authentisch, so kann über
die Bestimmung jener Steinblöcke kein
Zweifel sein, sie müssen gedient haben,
um die unten bei Besprechung der Decoration näher zu erwähnenden, unseren
Coulissen entsprechenden prismatischen
Trigonen zu tragen, welche auf jenem
Zapfen gedreht den Decorationswechsel
bewirkten. Zu diesen Maschinen gelangte man auf der kleinen Treppe *x*,
welche der Plan zeigt. In dem ebenfalls leeren Raum zwischen *p* und *m*,
in den von beiden Seiten Treppen hinabführen und der durch eine
namentlich in Fig. 90. in *p* deutlich erkennbare gewölbte Rinne nicht
unbedeutend vertieft ist, steht eine Reihe von gemauerten viereckigen Behältern *e*, deren Zweck nur durch die Annahme erklärt werden kann, daß
in ihnen die Maschinen zum Aufziehn des Vorhanges angebracht waren.
Da nämlich, wie schon vielfach erwähnt, die Bühne unbedeckt war, konnte
der Vorhang nicht wie bei uns von oben herabgelassen und nach oben
emporgezogen werden, er mußte also bei beginnendem Spiel sich senken,
wie dies männiglich aus den Aufführungen der Antigone auf unseren Bühnen
bekannt ist. Um ihn aber zu heben, mußte eine von unseren Vorrichtungen
ganz verschiedene Maschinerie erdacht werden. Nun nimmt Mazois an, daß
eben die erwähnten gemauerten Behältnisse den Apparat enthielten und daß
dieser etwa folgendermaßen eingerichtet war. In dem gegen 4 M. tiefen
gemauerten Behältniß *a* (Fig. 89.), meint der genannte Architekt, habe ein fast
gleich hohes hölzernes Rohr *b*, in diesem ein zweites *c* und in diesem letztern ein

dünner, gleich langer Balken *d* gesteckt. Durch einen nicht näher zu
bestimmenden Windeapparat seien nun der Balken und die hölzernen Rohre
fernrohrartig aus einander
emporgezogen worden.
An der Spitze des Bal-
kens, der also vermöge
der angegebenen Winde-
vorrichtung etwa 10 M.
emporgehoben werden
konnte, sei an einer über
die ganze Breite der
Bühne reichenden Stange
e, die nach der Zahl der
gemauerten Behälter von
acht Balken unterstützt
worden wäre, der Vor-
hang *f* befestigt worden.
Indem nun auf ein ge-
gebenes Zeichen alle acht
Maschinen zugleich aus
einander geschoben wor-
den seien, habe sich mit
ihnen der Vorhang lang-
sam gehoben, der, nach-
dem er durch die umge-
kehrte Bewegung wieder
gesenkt war, von einer
zufallenden Klappe des
Bühnenfußbodens *g*, ähn-
lich der Klappe, durch
welche wir die Lampen
des Proscenium empor-
heben, völlig bedeckt
worden wäre, so daß eine
Communication zwischen
der Bühne und der Or-
chestra über die Treppen
(*e* im Plan) hergestellt
war.

   Um das über den
Zuschauerraum, die Or-
chestra und das Bühnen-
gebäude Gesagte und noch
zu Sagende zu recht klarer

Fig. 90. Durchschnitt des großen Theaters.

Anschauung zu bringen, stellt Figur 90. einen wesentlich architektonisch gezeichneten Durchschnitt des großen Theaters dar, auf welchem die Buchstaben

und Zahlen den im Plane gebrauchten größtentheils entsprechen, während
Fig. 91. wesentlich dieselbe Ansicht der Ruinen in ihrem heutigen Zustande, nach einer Photographie gezeichnet wiederholt. Es ist demnach
bezeichnet mit *A* die *infima*, *B* die *media*, *C* die *summa carea*, mit 1 der
gewölbte Corridor hinter der *media carea*, auf dem die vier Sitzreihen der
summa carea ruhen, mit 2 der gewölbte Umgang hinter der *summa carea*,

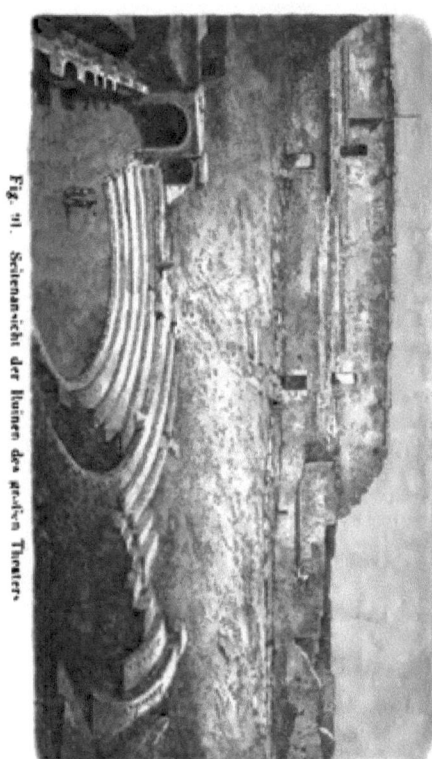

Fig. 91. Seitenansicht der Ruinen des großen Theaters.

mit 3 die erste Praecinc-
tion hinter der *infima
carea*, mit 3' die Mauer
hinter derselben; mit 4
sind die Treppen, welche
die *cunei* trennen, mit 5
die Vomitorien der *media
carea* bezeichnet, welche
in den Corridor 1 führen;
6 sind die Vomitorien der
summa carea, 7 ist die
Parodos der Orchestra,
bei 8 sieht man eine der
Thüren der *infima carea*,
welche der ersten Prae-
cinction entspricht; mit *g*
ist die schräge herab-
laufende Mauer, welche
den Zuschauerraum von
der Bühne trennt, be-
zeichnet und *d* steht
neben dem ersten Stein-
ring (s. Fig. 87.) nebst
dem in ihm steckenden
Balken für das Velum,
weiter rechts sieht man
auf gleicher Höhe eine
Reihe dieser Steinringe.
An dem Bühnengebäude
ist mit *p* der Raum be-
zeichnet, in den sich der
Vorhang zusammenlegte.
Die übrigen Einzelheiten
mit Buchstaben zu bezeichnen und dadurch die Ansicht zu entstellen, ist
überflüssig erschienen; Jeder kann sich nach dem Plan leicht selbst orientiren.

Drittens ist die Bühne und ihre Decoration in's Auge zu fassen. Daß
die Alten schon zu Aeschylus' Zeit ein ziemlich entwickeltes Decorations-
und Maschinenwesen hatten, und daß die Decorationsmalerei der Bühne
namhafte Künstler beschäftigte, ist freilich eine sichere Thatsache. Aber
trotzdem unterscheidet sich ihr Decorationswesen nicht unbeträchtlich von

dem unsern. Da zunächst in der überwiegenden Mehrzahl aller Tragoedien, deren handelnde Personen der Regel nach heroische Fürsten waren, der Ort der Handlung der Platz vor der königlichen Burg oder dem Palast des Fürsten war, so gestaltete man diese überwiegend häufige Hauptdecoration der Hinterwand nicht durch Malerei, sondern man bildete die Hinterwand der Bühne selbst, welche, wie oben bemerkt, die Höhe der *summa cavea* hatte, realer Weise als Façade des Königspalastes. Im römischen Theater hieß diese als Palastfaçade gestaltete Hinterwand die *scena stabilis*, die »ständige Decoration«. Diese reale Decoration aus Stein und Marmor finden wir auch in Pompeji, und die Ansicht vor S. 135. zeigt die Ruinen derselben. Ein vergleichender Blick auf den Plan läßt die Schönheit und den Reichthum dieser Façade ahnen. Dieselbe ist gedacht als ein Mittelgebäude mit zwei Seitenflügeln. Das Mittelgebäude ist der eigentliche Palast, in ihn führt die Hauptthür, die *porta regia*, durch welche diejenigen Personen des Stückes die Bühne betraten, welche zu der fürstlichen Familie gehörten. Der rechte Flügel stellt die Räume der Frauenwohnung und der Wirthschaft dar, und demgemäß pflegten Weiber und dienende Personen aus der rechten Nebenthür aufzutreten, während der linke Flügel die Gastwohnung darstellte und deshalb fremde Personen durch dessen Thür die Bühne betraten. Alle drei Eingänge liegen im Hintergrunde von Nischen, die *porta regia* in einer großen halbrunden Nische, in der links und rechts von der Thür eine Statuenbasis erhalten ist, die Nebeneingänge sind in viereckigen Nischen angebracht. Die Mauerflächen zwischen den Eingängen waren mit Statuen geziert. Einen vollständigern Eindruck von der Pracht einer derartigen *scena stabilis*, als man sich durch Phantasieergänzung der Ruinen Pompejis machen kann, gewährt die nebenstehende restaurirte Ansicht der *scena stabilis* von Herculaneum s. Fig. 92..

So überwiegend häufig nun aber auch der Schauplatz der Tragoedien vor dem Königspalast war, so sind doch auch, vom Satyrspiel ganz abzu-

Fig. 92. Restaurirte Ansicht der *scena stabilis* von Herculaneum

sehn, zahlreiche Fälle vorhanden, in denen der Schauplatz ein anderer war
und in denen folglich zunächst besonders für die Hinterwand andere Decorationen gefordert wurden. Diese anderen Decorationen konnten nur
gemalte sein, und wir werden sie unter dem zu verstehn haben, was
lateinisch die *scena ductilis* genannt wird, d. h. eine von beiden Seiten
durch eine nicht nachweisbare Vorrichtung über die *scena stabilis* vor-
zuschiebende Decoration, welche natürlich in der Mehrzahl vorhanden sein
konnte und durch Wegziehn der vordersten nach beiden Seiten verwandelt
wurde. Die Möglichkeit des Decorationswechsels selbst innerhalb des Stückes bei offenem Vorhang ist damit gegeben, und daß ein solcher Decorationswechsel wirklich vorkam, dafür zeugt, um nur ein Beispiel anzuführen,
ziemlich sicher Sophokles' Aias, dessen Schauplatz im Anfang das Griechen-
lager, am Ende der einsame Meeresstrand des Hellespont ist. Hier wird
aller Wahrscheinlichkeit nach eine doppelte gemalte Hauptdecoration vorhanden gewesen sein. So viel von der Decoration der Hinterwand, welche
im Alterthum noch mehr als bei uns von der überwiegendsten Wichtigkeit
war. Was aber nun die Seitendecorationen betrifft, so leuchtet von selbst
ein, daß diese bei der geringen Tiefe der Bühne bei Weitem nicht die
Bedeutung hatten, welche sie auf dem modernen Theater haben. Es
wurde schon bei Besprechung der Substructionen auf die Vorrichtung zur
Herstellung der Seitendecoration hingewiesen, und es werden hier wenige
Worte genügen, um den sinnreich einfachen Apparat zur Anschauung zu
bringen. Derselbe bestand aus prismatischen Maschinen Fig. 93., auf
deren drei Flächen *a b c* drei coulissenartige Decorationen gemalt waren
und welche, mit dem Balken *d* in die oben beschriebenen Steinblöcke eingezapft, in ihnen durch eine Kurbel gedreht werden konnten, so daß man
auf die einfachste und schnellste Art, durch eine Umdrehung von 120°, die
Fläche *a* oder *b* oder *c* den Blicken der Zuschauer darbietend, den Decorationswechsel bewerkstelligte, während die *scena ductilis* eben so rasch zur
Seite gezogen wurde. Diese Coulissenprismen hießen
Trigonoi (Dreiecke) oder lateinisch *versurae*, und die
ganze Seitendecoration wegen ihrer Drehbarkeit die
scena versilis. Es versteht sich wohl von selbst, daß
die Malereien auf den drei Flächen des Prisma so gut
nach dem Bedürfniß des darzustellenden Schauplatzes
wechselten, wie die *scena ductilis* nach demselben gestaltet wurde, und daß daher die Annahme, die Fläche
a habe die Decoration der Tragoedie, *b* die der Komoedie,

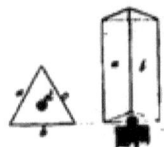

Fig. 93   Eine Versura.

c die des Satyrspiels enthalten, unrichtig sein muß. Ob die *versurae* in der
Mehrzahl vorhanden waren, ist eine schwebende Frage; die Mehrzahl der
Steinblöcke in den Substructionen unseres pompejanischen Theaters scheint
dafür zu sprechen, doch bleibt es immerhin möglich, zwei derselben für
andere Maschinerien bestimmt zu denken, da der Maschinenapparat des
Alterthums nicht wenig entwickelt war.

Nach Besprechung der Decorationen bleiben nur noch wenige Punkte
zu erledigen. Daß der Verkehr zwischen der Bühne und der Orchestra

durch die kleinen fünfstufigen Treppen *te* im Plane ermöglicht wurde, ist schon bemerkt. Während manches Andere uns zu der Annahme gedrängt hat, daß wesentlich Aufführungen nach römischer Sitte im Theater von Pompeji stattfanden, weisen diese Treppen wiederum auf Chöre und damit auf griechische Aufführungen hin; denn wozu einen Verkehr zwischen der Bühne und der Orchestra herstellen, wenn die letztere nur Zuschauersitze enthielt? Die viereckigen Nischen in der Proscceniumsmauer waren nicht sowohl, wie man angenommen hat, für Statuen als zum Aufenthalt der Theaterpolizei bestimmt, welche an diesen Orten sitzend, wie sie uns eine bildliche Darstellung zeigt, die ganze Zuschauermasse auf's bequemste überblicken konnte. Zur Seite der Bühne (des Proscenium, Pulpitum oder Logeion nach antikem Ausdruck) sind zwei große Fenster *F* angebracht, deren Zweck dahinsteht. Während in der Mehrzahl der Fälle die handelnden Personen durch die drei Thüren der *scena stabilis* auftraten, konnten doch auch manche Fälle vorkommen, in denen ein Schauspieler oder auch ein Aufzug als von außen, sei es aus der Stadt, sei es aus der Fremde kommend gedacht wurde; für diese waren die Gänge und Thüren *9* an der Seite des Proscenium angebracht, durch welche man, wie bemerkt wurde, auch auf den gewölbten Gang *S* von dem Hofe hinter der Bühne gelangte. — Durch die drei Thüren der *scena stabilis* betritt man über zwei Stufen das Postscenium *D*, den Raum, in welchem die Schauspieler ihren Auftritt erwarteten. Im Plane sehn wir außer der Mittelthür, in welche die Rampe leitet, zu den Seiten in der Hinterwand noch zwei Thüren angebracht, welche jedoch vermauert sind, so daß heute der einzige Eingang durch die Mittelthür und über die Rampe ist.

b. Das kleine Theater.

Das kleinere Theater links vom großen, wenn man aus dem Hofe hinter der Bühne tritt, war ein bedecktes, ein *theatrum tectum*, wie uns dies eine über der in der Ansicht Fig. 91. dargestellten Thür angebrachte Inschrift (Mommsen No. 2241.) bezeugt, die von der schon erwähnten Erbauung dieses Theaters auf Stadtkosten durch zwei Zweimänner (*Duumviri*) C. Quinctius Valgus und M. Porcius erzählt. Diese Bedachung des Theaters kann jedoch nur von Holzconstruction gewesen sein, indem die Umfassungsmauern für eine Wölbung viel zu schwach sind, und weil sich schwer begreifen läßt, wie man, falls das Theater überwölbt gewesen wäre, demselben das nöthige Licht verschafft hätte. Man hat mit Rücksicht hierauf angenommen, daß auf den Umfassungsmauern eine Reihe von Säulen sich erhoben habe, deren Plätze bei der Ausgrabung noch erkennbar gewesen sein sollen, auf denen der Dachstuhl ruhte, und welche das nöthige Licht einließen; ob dem wirklich so gewesen ist, muß dahingestellt bleiben. Diese das ganze Gebäude viereckig einschließenden Mauern, welche die Bedachung bedingt, bieten die erste und auffallendste Abweichung von der gewöhnlichen Form der Theater, welche nach hinten mit der Rundung der Sitzreihen abschlossen,

und diese Mauern schneiden zugleich die Hörner der Sitzreihen dergestalt
ab, daß nur die vier Stufen der *infima carea* und die neun untersten der
media carea einen vollen Halbkreis bilden.

Zur Erläuterung des Planes werden unter Verweisung auf die Beschreibung des großen Theaters wenige Worte genügen. Die Straße rechts führt von
dem s. g. Tempel des Jupiter Milichius auf ein Thor hin, welches man früher
wegen der Nachbarschaft der Theater das Theaterthor, neuerdings aber das
stabianer Thor genannt hat. Von dieser Straße, an der viele Läden, zum
Theil Thermopolien (Schenken) liegen, wie sich das aus der Nähe des

Fig. 94. Ansicht des kleinen Theaters.

Theaters leicht begreift, führen die Eingänge in das kleine Theater, zunächst
der in der Ansicht Fig. 94. dargestellte, auf dem Plane mit *A* bezeichnete in
die Orchestra, zu den Stufen der *infima carea* und zu der ersten Praecinction
nebst den beiden zur Seite auf dieselbe mündenden Treppen, denen nach
oben keine Vomitorien entsprechen; sodann der im Plan mit *B* bezeichnete
Eingang in einen gewölbten Gang *C*[23], aus dem zwei neben einander liegende Thüren *c c* in den Corridor *d* hinter den Sitzen und durch diesen
zu beiden Seiten zu zwei Treppen *e e* führen, auf welchen man zu einem
obern Corridor über *d* und zu den beiden Vomitorien der zweiten Cavea *ff*
gelangt.

Den beiden genannten Eingängen in das kleine Theater entsprechen
zwei gegenüberliegende Ausgänge *A'* und *B'*, deren ersteren man in Fig. 94,
im Hintergrunde sieht; durch diese gelangt man in das große Theater und
zwar durch *A'* in den Säulenhof hinter der Bühne, durch *B'* in die gewölbte
Parodos der Orchestra und zu den Sitzen der *infima cavea*. Die Einrichtung
des Zuschauerraums entspricht bis auf die bemerkten Abweichungen und

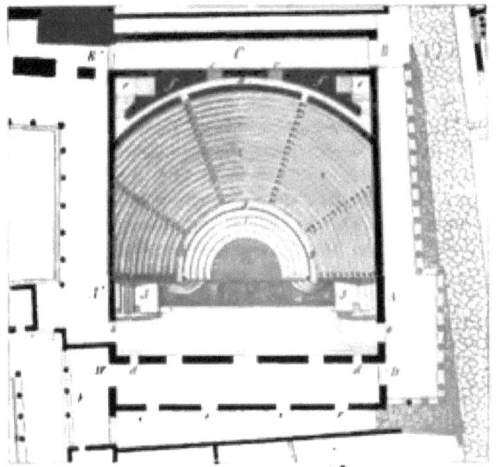

Fig. 95. Plan des kleinen Theaters.

bis auf den Umstand, daß eine dritte Cavea nicht vorhanden war, derjenigen
des großen Theaters. Auch hier finden wir eine *infima cavea* 1 von vier
breiteren Sitzstufen für die Honoratioren. Dieselben sind an ihren Enden
schmaler über den Halbkreis hinausgebaut und hakenförmig zurückgebogen 2,
und dienten so zugleich als ansehnliche Treppe
zur Praecinction 3, welche durch eine hier auf
der linken Seite von der Bühne aus erhaltene
Brüstung mit drei Durchgängen von der *infima
cavea* abgetrennt ist. Diese Brüstung wird an
ihren Enden von den kräftig gehauenen geflügelten Löwenfüßen Fig. 96. gestützt und abgeschlossen, während die an den Sitzreihen
gegen die Bühne herablaufende Mauer an ihrer
Stirn durch eine knieende Atlantenfigur abge-

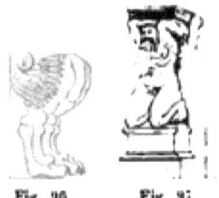

Fig. 96.   Fig. 97.

schlossen wird, welche auf den Ellenbogen eine Platte trägt, auf der eine
Vase oder eine sonstige Decoration, vielleicht auch ein Candelaber gestanden
haben mag ¡Fig. 97.. Die Arbeit an dieser Figur, die mit der Erbauung

des Theaters gleichzeitig zu setzen ist, gehört zum Bessern, wenigstens
zum Kräftigsten, was Pompeji an derartigen nur ornamentalen Sculpturen
aufzuweisen hat, und stimmt, worauf zurückzukommen sein wird, im Stile
mit den Atlanten im Tepidarium der kleineren Thermen überein. Außer
den durch sechs Treppen zu besteigenden Sitzreihen der zweiten Cavea
4 zeigt uns das kleine Theater Pompejis noch einige, links von der Bühne
besser erhaltene Zuschauerplätze, welche unseren Prosceniumslogen verglichen werden können, die s. g. Tribunalien über den Eingängen in
die Orchestra, 5 5 auf dem Plan, zu denen man auf eigenen Treppen vom
Proscenium aus gelangte. Der Eingang kann nur durch die Thür D von
der Straße aus gewesen sein, so daß der Weg für die Zuschauer, denen
diese Sitze reservirt waren, über die Bühne führte und durchaus von den
Wegen der übrigen Zuschauer getrennt ist. Dieser Umstand in Verbindung
mit dem, daß in Rom diese Plätze den vestalischen Jungfrauen bestimmt
waren, läßt uns annehmen, daß sie in Pompeji für die Priesterinnen vorbehalten waren, deren wir zwei oberste (sacerdos publica,, Eumachia aus der
Inschrift an ihrem Gebäude am Forum und Mammia aus ihrem Grabmal,
sowie eine Priesterin der Diana ebenfalls aus einer Grabschrift kennen,
während wir ihrer eine größere Zahl unzweifelhaft voraussetzen dürfen.

Bevor der Zuschauerraum verlassen wird, müssen
noch die Sitzstufen genauer betrachtet werden, welche,
in diesem kleinern Theater in der Mitte, einige auch
nach links von der Bühne fast vollständig erhalten,
allein hier nur von Travertin und wohl eben deshalb

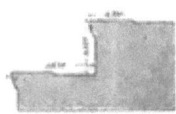

Fig 98   Sitzstufen

an Ort und Stelle sind, während die marmornen im
großen Theater bis auf wenige wahrscheinlich in der
Zeit der alten Raubbauten ausgehoben wurden. Die nebenstehende Abbildung
zeigt einen Querdurchschnitt zweier Stufen, bei dem die Maße angegeben
sind. Man sieht, wie die Sitzstufe nach vorn etwas höher, als nach hinten
ist, oder wie hinten eine um die ganze Sitzreihe eingehauene Vertiefung
läuft. Diese diente den Füßen derer zur Unterstützung, welche auf der
zweiten Stufe saßen, während der eigentliche Sitz auf der vordern Hälfte
der Stufe erhöht ist, um die Kleider der unten Sitzenden vor Beschmutzung
durch die Füße der oben Sitzenden zu bewahren, was um so nothwendiger
war, da man das Theater im durchaus weißen Anzug zu besuchen pflegte,
wovon allein das gemeine Volk der summa cavea, welches im Werktags-
anzuge ging, eine Ausnahme machte. Übrigens brachte man sich entweder
Sitzkissen mit, oder man faltete seinen Mantel als Polster zusammen, denn
pure Steinstufen würden bei der Dauer der Aufführungen dem eifrigsten
Theaterbesucher die Lust verdorben haben. Daß die einzelnen nur 0,34—0,35 M.
breiten also sehr knappen Sitze durch leicht eingehauene Linien getrennt
waren, ist schon bemerkt. Die Zahl derselben, die hier durch unmittelbares
Zählen auf dem besser erhaltenen Stücke der cavea und darauf gegründete
Berechnung ermittelt werden konnte, ist 1500.

Die sorgfältig mit wohlerhaltenen mehrfarbigen Marmorplatten belegte
Orchestra bietet kaum einen andern besonders zu bemerkenden Umstand,

als daß in den Streifen, welcher die Sehne der untersten Cavea bildet, der ganzen Breite nach mit großen bronzenen Buchstaben die Inschrift (Mommsen No. 2242.) eingelegt ist, welche jetzt so aussieht:

M · OLCONIVS · M · F · VERVS · IIVIR · PRO · LVDIS

einst aber anders lautete (s. d. Anm. 1 im Anhang, am Ende) und damals aussagte, daß der Duumvir Marcus Oculatius Verus anstatt der von ihm zu veranstaltenden Spiele diesen Theil des Baues ausgeführt hat. Ähnliche Inschriften im Amphitheater werden ihres Ortes berührt werden. Daß der halbkreisförmige Theil der Orchestra E bis zu der Inschrift zu Sitzplätzen gedient habe, ist wenig wahrscheinlich, dazu ist das Ganze offenbar zu eng.

Die Substructionen des Bühnengebäudes sind einfacher und weniger gut im Einzelnen erhalten aufgefunden worden, als bei dem großen Theater. Gegen die Orchestra schneidet eine glatte Mauer ohne Nischen ab; diese, eine Mittelmauer, kleine Verbindungsmauern und die Mauer der *scena stabilis* trugen hier wie im großen Theater den Fußboden der Bühne. Von den Maschinen für Vorhang und Versuren ist nichts vorgefunden. Die Scenenwand zeigt die bekannten drei Thüren nebst zweien kleinen, jetzt moderner Weise vermauerten, *d*, welche nur als Durchgänge zu den Tribunalien gelten können und hinter die vorauszusetzende Seitendecoration fallen. Das Vorhandensein der drei Thüren in der Scenawand wie im großen Theater macht es fast gewiß, daß man in diesem Gebäude nicht ein reines Odeum für musikalische Aufführungen zu erkennen hat, sondern ein Theater, in dem dramatische Spiele gegeben wurden, sei dies nun bei schlechtem Wetter, sei es vor einem beschränktem Publicum. Auf dramatische Aufführungen würden auch die Reste von Decoration der Scenenwand hinweisen, welche freilich nicht durch Architektur und Sculptur, sondern älterer Überlieferung nach durch Malerei hergestellt gewesen sein sollen, wenn diesen Angaben zu trauen ist. Beleuchtet wurde die Bühne durch die großen Thüröffnungen *b b*, deren eine vergittert auf der Ansicht Fig. 94. wahrzunehmen ist. Daß diese Öffnungen von so ansehnlicher Größe sind, erklärt sich aus der viel Licht wegnehmenden Bedachung des Theaters. Das Postscenium erhält durch vier andere Thüren in der Hinterwand *e* Licht und hat seinen Eingang in *D* aus der Gladiatorencaserne, und zwar zunächst aus einem offenen von drei ionischen Säulen getragenen und drei Stufen über den Boden des Casernenumgangs erhobenen Saal *F*, welcher durchaus nur den Charakter einer offenen Vorhalle ohne bestimmt nachweisbaren Zweck hat. Erwähnt werde schließlich noch die Säulenhalle vor den Eingängen *B*, *A*, *D* über dem sehr verbreiterten Trottoir der Straße. Mazois allein hat diese Säulenhalle, aber nicht nur giebt er dieselbe auf's bestimmteste an, und beschreibt dieselbe so ausführlich, daß an einen Irrthum nicht zu denken ist, sondern ihre einstmalige Existenz wird auch dem heutigen Besucher von Pompeji freilich nicht sowohl durch die eine von Mazois dunkel gezeichnete Säule, welche jetzt auch fehlt, als vielmehr dadurch bewiesen, daß sich in der Mauer *B A D* eine Reihe von viereckigen Löchern findet, in welche nur die Balken der

Decke dieser Vorhalle eingegriffen haben können. Und daß der Raum eine Säulenhalle beinahe fordert, leuchtet ohne Weiteres ein.

Nachdem die wesentlichen und erhaltenen Theile der beiden Theater Pompejis betrachtet und erläutert sind, bleibt noch übrig, einen Blick auf den Fundbericht zu werfen. Im Allgemeinen wird nur von den offenbaren Spuren antiker Nachgrabungen im großen Theater und von den deutlichsten Anzeichen gesprochen, daß die Theater, welche im Erdbeben vom Jahre 63 stark gelitten hatten, bei der Verschüttung noch nicht wieder so weit hergestellt waren, daß sie zu Vorstellungen benutzt werden konnten. Schon hieraus ergiebt sich die Unwahrscheinlichkeit, daß in dem Theater Einlaßmarken (*tesserae*) gefunden worden wären; diese Unwahrscheinlichkeit wird aber zur Unmöglichkeit einmal durch den Umstand, daß Winckelmann dieselben Einlaßmarken schon vor der Ausgrabung der Theater kannte, und ferner dadurch, daß die Ausgrabungsberichte die Auffindung der erstern der beiden hier abgebildeten unter dem 11. October 1760 verzeichnen, also 4 Jahre früher als an die Ausgrabung des großen Theaters die erste Hand gelegt wurde. Nichtsdestoweniger bleiben dieselben, die jedenfalls in Pompeji gefunden sind, interessant genug um mit wenigen Worten erläutert zu

Fig. 99. *Tesserae.*

werden [24]. Beide hier abgebildete Marken, denen andere, neuerlich gefundene in der Hauptsache entsprechen, zeigen auf ihrer Vorderseite eingekratzte Zeichnungen, von denen besonders die zweite deutlich genug die mißglückte Darstellung der *cavea* eines Theaters, vielleicht auch des Amphitheaters mit einem Thurme der Stadtmauer im Hintergrunde erkennen läßt. Die Inschriften ihrer Kehrzeiten aber bieten einen der Belege, daß die griechische Sprache in Pompeji in Gebrauch war, wenngleich keineswegs einen Beweis für die Aufführung griechischer Tragoedien, welche man namentlich aus der erstern Tessera hatte entnehmen wollen, auf der außer dem auf die Sitzreihe bezüglichen griechisch und lateinisch wiederholten Zahlzeichen 12 der Name des Aeschylos im Genetiv enthalten ist. Man hat diesen Namen, besonders verleitet durch eine unechte Tessera, auf der die Casina des Plautus genannt ist, auf eine Aufführung einer aeschyleïschen Tragoedie oder Trilogie bezogen, ohne sich an das Wunderliche, um nicht zu sagen Absurde der Ausdrucksweise zu stoßen. Die richtige Erklärung erkennt in dem Namen des Aeschylos auf der hier in Rede stehenden und einer zweiten pompejaner Tessera sowie in demjenigen des Eurylochos (geschrieben steht Eurolochu) auf einer dritten den Hinweis auf den Cuneus, in der beigefügten Zahl denjenigen auf den Sitzplatz innerhalb desselben, eine Bezeichnungsweise, welche besonders durch

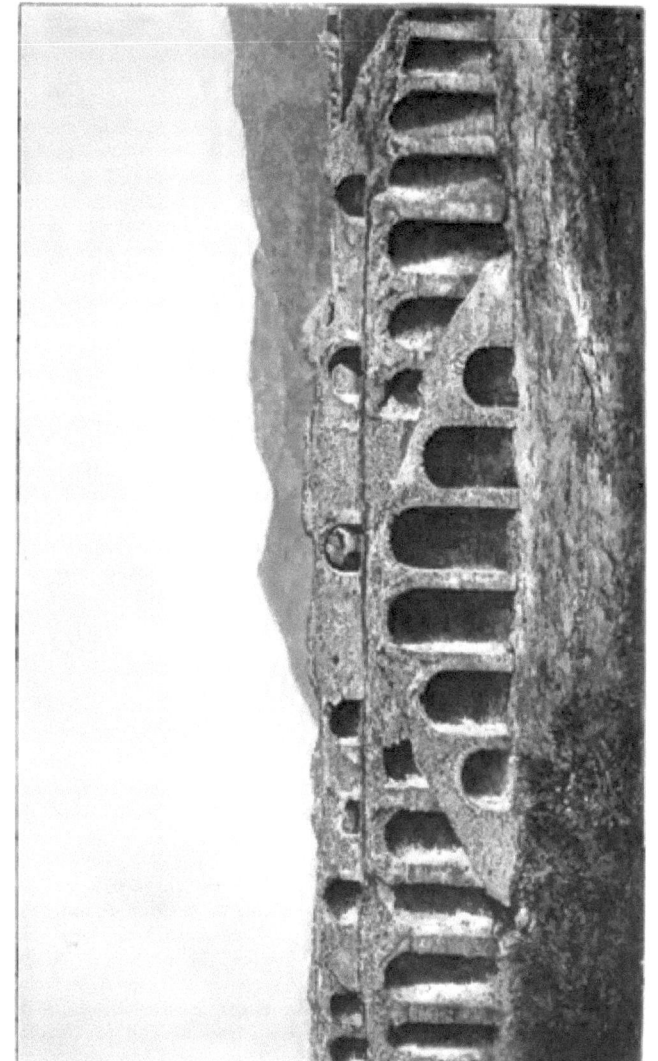

Aussenansicht der Ruinen des Amphitheaters.

die Einrichtung des Theaters in Syrakus erläutert wird, in welchem die
Cunei an der Brüstungsmauer hinter der zweiten Praecinction mit den Namen
verschiedener realen und mythischen Personen [Königin Nereïs, Königin
Philistis, Zeus Olympios, Herakles] bezeichnet sind. Es werden also durch
die pompejaner Tesseren zwei Cunei genannt (der des Aeschylos und der
des Eurylochos), welche ähnlich wie in Syrakus bezeichnet zu denken sind,
obgleich sich die Namen an Ort und Stelle nicht nachweisen lassen, und
innerhalb der Cunei der Sitzplatz, auf welchen der Inhaber der Tessera
Anspruch hatte. Während sich diese Marken auf Plätze innerhalb der in
Cunei zerlegten *media cavea* beziehn, gilt die zweite der oben abgebildeten
mit der Bezeichnung Hemikyklia XI. IA, also: »Halbkreise. elfter Platz« offenbar nicht in Cunei zerlegten Sitzreihen, unter welchen, da die *infima cavea* die
reservirten Plätze für die Vornehmen und Bevorzugten enthielt, zu denen schwerlich Tesseren ausgegeben wurden, offenbar nur diejenigen der *summa cavea*
verstanden werden können, wo das gemeine Volk Platz fand und für welche die
Ausgabe von Tesseren mindestens eben so geboten war, wie für die *media
cavea*. — Schließlich sei noch erwähnt, daß fast auf allen Wänden eingekratzte
heutzutage aber größtentheils unleserliche Inschriften gefunden worden sind,
die meisten in dem gewölbten Gange *C* des kleinern Theaters. Die für die
Baugeschichte wichtigste derselben ist diejenige, welche das Datum 717 der
Stadt Rom [35 v. u. Z.] enthält, da sie beweist, daß wenigstens damals
aller Wahrscheinlichkeit nach der Bau vollendet und wohl im Gebrauche
war. — Zwei Thonstatuen, einen Schauspieler und eine Flötenspielerin dar-
tellend, welche im kleinern Theater gefunden worden sein sollen, stammen
nicht aus diesem, sondern aus einem benachbarten Hause.

Vierter Abschnitt.

I. Das Amphitheater[35].

Von den Schauplätzen edler musischer Kunst führt unser Weg zu dem
Schauplatze jener blutigen und grausamen Spiele, vor denen selbst das
abgehärtetste moderne Gemüth schaudernd zurückbebt, und welche uns in
ihrer Ausbildung eine der dunkelsten Nachtseiten des sinkenden Heidenthums zeigen, zum Amphitheater, in welchem die Thierhetzen und die
Gladiatorenkämpfe stattfanden. Auch diese sind nicht in Rom heimisch;
sowie die dramatischen Spiele größtentheils aus Griechenland, kamen die
Gladiatorenkämpfe den Römern aus Etrurien zu, in welchem Lande des
finstern Aberglaubens und blutiger Cultusübung sie in ihrem Keime, aber
auch nur in diesem mit religiösen Anschauungen zusammenhingen, deren
Analoga wir freilich auch bei anderen Völkern, namentlich bei den Griechen
wiederfinden. Aus Menschenopfern auf dem Grabe der Edeln zur Verherr-
lichung des Todten und zur Sühnung der Manen gingen die Gladiatorenkämpfe hervor, indem man die Schlachtopfer, zunächst gefangene Feinde,
anstatt sie von Priesterhand erwürgen zu lassen, paarweise mit einander um

Tod und Leben kämpfen ließ. Daß diese Kämpfe zu einem Schauspiel
wurden, welches sich den übrigen Schauspielen zur Ehre des Bestatteten
einreihte, begreift sich, und ebenso leicht verständlich ist es, daß dieses
einer weiten Entwickelung Thür und Thor öffnete, in der das anfängliche
religiöse Element mehr und mehr zurück, das des Schauspiels mehr und
mehr in den Vordergrund trat. Natürlich hangt hiemit ein Wechsel des
Locals zusammen, und es ist schon oben bemerkt, daß zunächst das Forum
der Schauplatz der Gladiatorenkämpfe wurde, bis deren häufige Wiederholung und der massenhafte Zudrang des Volkes, welches in den Säulengängen und auf der Gallerie des Forum nicht mehr Platz fand, zur Errich-

Fig. 100. Das Amphitheater, innere Ansicht.

tung eigener Gebäude für diese Kämpfe nöthigte. — Aus Rom werden die
ersten Gladiatorenkämpfe vom Jahre 490 d. Stadt (264 v. u. Z.) gemeldet,
Marcus und Decius Brutus gaben sie zu Ehren der Manen ihres Vaters, indem sie drei Paare mit einander kämpfen ließen. Aber schon im Jahre 538
d. St. (216 v. u. Z.) gaben die drei Söhne des M. Aemilius Lepidus zu
Ehren ihres Vaters dem Volke das Schauspiel von 22 Einzelkämpfen, welche
drei Tage auf dem Forum dauerten, und bald darauf 554 d. St. (200 v. u. Z.)
ließen die Söhne des Valerius Laevinus bereits 25 Paare gegen einander
kämpfen. Seit dieser Zeit war der Geschmack an diesen blutigen Spielen
so allgemein geworden, daß nach und nach ziemlich jede Verbindung mit
der ursprünglichen Veranlassung zerrissen ward, und man dieselben wie

andere Volksbelustigungen mit Triumphen, Gebäudeeinweihungen und anderen Gelegenheiten verband, und daß ehrgeizige und reiche Männer dem
Volke diese Schauspiele wie andere gaben, um sich für eine Wahl zu
empfehlen oder um für eine solche ihre Dankbarkeit zu bezeigen. Ja in
Campanien ging man so weit, bei Gastmählern wie Tänzer und andere
Kunststückmacher auch Gladiatoren einzuführen, die auf Tod und Leben
kämpften, während die Gäste schmausten, und deren Blut nach des Dichters
Silius Italicus Ausdruck die Tische besudelte. Trotz der wachsenden Lust
an diesen Kämpfen blieb Rom lange ohne Amphitheater; erst Julius Caesar
ließ ein eigenes hölzernes Gebäude auf dem *campus Martius* errichten und
zwar nicht sowohl für Gladiatorenspiele, als für die früh mit denselben in
Verbindung gebrachten Thierhetzen, die s. g. Jagden (*cenationes*), welche
eine Zeit lang im Circus (in der Rennbahn) veranstaltet waren, aber etwa
vom Ende der römischen Republik an mit den Gladiatorenkämpfen zusammen
als Ergänzung blutiger Schau im Amphitheater stattfanden. Zu dieser Zeit
fixirte sich auch der Name, welcher daher abzuleiten ist, daß, wie ein Blick
auf den untenstehenden Plan zeigt, das Amphitheater gleichsam aus zwei
mit der Öffnung der Halbkreise gegen einander gestellten Caveen besteht,
denen das Scenengebäude fehlt. Da aber, wie bereits früher bemerkt, im
engern Sinne die Zuschauerräume allein den Namen Theatron führten, so
heißt Amphitheatron wörtlich Ringsumtheater, bezeichnet also ein Gebäude,
welches rings von Zuschauerplätzen umgeben ist. Um aber für die Bewegung der Kämpfe und Jagden mehr Raum zu gewinnen, baute man die
Amphitheater anstatt kreisrund als ziemlich gedehnte Ovale. Das erste
bleibende, zum Theil aus Stein, zum Theil aus Holz bestehende Amphitheater baute in Rom unter August Statilius Taurus; dasselbe brannte unter
Nero ab und wurde von diesem restaurirt. Der Folgezeit aber erschien
dasselbe nicht groß und prachtvoll genug, Vespasian unternahm und Titus
vollendete das *Amphitheatrum Flavium*, das heute Colosseum oder Coliseo
genannte gewaltige Gebäude, welches über 80,000 Zuschauer faßte. Die
auf dasselbe verwendete Summe soll so enorm gewesen sein, daß sie zum
Bau einer ansehnlichen Stadt genügt haben würde, 12,000 Juden arbeiteten
an demselben und bei seiner Einweihung sollen nach der geringsten
Angabe 5000 wilde Thiere getödtet worden sein, worauf der Schauplatz durch hineingeleitetes Wasser in einen See verwandelt wurde,
auf welchem man ein Schiffsgefecht, eine sogenannte Naumachie veranstaltete.

Die Municipalstädte und Colonien folgten dem Beispiele der Hauptstadt,
wenn sie nicht, wie dies grade in Pompeji der Fall gewesen zu sein scheint
(s. u.), in der Erbauung stehender Amphitheater der Hauptstadt voran-
gegangen waren. Wenngleich in einem zum Theil sehr verjüngten Maßstab im Vergleich zum Colosseum, sind daher an vielen Orten Amphitheater
erbaut worden, deren Ruinen vielfach noch vorhanden sind [36], unter denen
aber an Größe unser pompejanisches Amphitheater mit seinen Durchmessern
von 130 resp. 102 M. einen nicht geringen, an Erhaltung einen ziemlich
hohen Rang einnimmt. Es ist schon früher bemerkt, daß dasselbe, wie es

sich äußerlich am leichtesten erkennen ließ, zu den ersten Entdeckungen in Pompeji gehört; schon 1748 vom 26. October bis zum 16. November deckte man mit 12 Arbeitern die *summa cavea* so weit auf, daß man deren 40 Vomitorien zählen konnte, aber auch Nichts mehr; nachdem man die Maße genommen und berechnet hatte, daß wenigstens 12,000 Menschen in demselben Platz gefunden haben mochten, verließ man diese viel versprechende Ausgrabung gänzlich und erst in den Jahren 1813 bis 1816 wurde dieselbe vollendet, welche das Gebäude in zum Theil wenigstens ziemlich unversehrtem Zustande wieder an das Tageslicht brachte. Ein Blick auf den kleinen Stadtplan vor S. 39. genügt, um über dessen Lage sich zu orientiren. Wir finden es im östlichen Winkel der Stadt und zwar so hart an die Stadtmauer gelehnt, daß die äußere Platform auf der Höhe der mittlern Cavea nur um ⅔ des Gebäudes umlaufen kann, und auf dem Reste seines Umfangs von der Stadtmauer unterbrochen wird. Wenn man auf der Straße von den Theatern her dem Amphitheater naht, so zeigt sich dasselbe in der Ansicht, welche diesem Abschnitt vorgeheftet ist, nach außen von einer Reihe Bogen getragen, deren mehre als Vomitorien der mittlern Cavea durchbrochen sind, während wir in der Mitte eine der vier Treppen sehn, auf denen man zu der auf der Höhe der mittlern Cavea umlaufenden Gallerie oder Platform gelangt. Über diese erhebt sich die oberste Cavea auf einer zweiten Bogenstellung, innerhalb deren eine Anzahl von Treppen auf die oberste Platform und die Höhe der *summa cavea* führt. In dieser Ansicht erscheint das Gebäude, obwohl von bedeutendem Umfang, so doch von verhältnißmäßig geringer Höhe. Der Grund hievon ist, daß dasselbe fast eben so tief in die Erde hineingegraben wie über den Boden erhoben ist. Erst wenn wir durch einen der beiden stark geneigten Haupteingänge das Innere betreten, sehn wir das Gebäude in seiner ganzen Höhe vor uns, wie es die zweite Ansicht (Fig. 100.) zeigt; und da zugleich die geringere Weite des Innern die Höhendimensionen scheinbar wachsen läßt, macht das Amphitheater einen wirklich imposanten Eindruck, selbst auf den, welcher das Colosseum kennt. Das Auge überfliegt den weiten ebenen Platz der Arena, auf welchem jene grausen Kämpfe ausgefochten wurden, jene wilden Thierhetzen und Thiergefechte stattfanden; an den zahlreichen wohlerhaltenen, nur ihrer Marmorbekleidung zum größten Theile beraubten Sitzreihen steigt es empor, auf denen Tausende in blutdürstiger Neugier den Scenen wilder Tapferkeit und Geschicklichkeit, den Scenen blutiger Niederlagen und resignirten Todes zuschauten. Über die Platform der obersten Cavea aber erblicken wir endlich den Vesuv, der jetzt leichte schwarze Rauchwolken emporwirbelt, und der am letzten Tage Pompejis mit den ersten Anzeichen seines Ausbruchs das Volk von Pompeji fortscheuchte, das auf diesen Sitzen dichtgeschaart von den Vorboten der Katastrophe überrascht wurde, welches aber grade von hier (wie schon bemerkt, sich so gut wie vollständig retten konnte. Wenigstens werden in den Ausgrabungs-berichten so gut wie keine Skelettfunde im Amphitheater aufgeführt, welcher Thatsache gegenüber es nicht uninteressant ist, unter dem 2. December 1815 die, allerdings merkwürdig unbestimmt lautende Notiz zu lesen, es sei im Amphitheater in der

letzten Thür des großen Corridors ein Schädel gefunden worden, welcher
derjenige eines Löwen zu sein scheint.

Die beiden Haupttheile sind hier die Arena, der Kampfplatz 1 — 1 Fig.
102., und die Cavea, der Zuschauerraum 1 — 2 Fig. 102. Betrachten wir
uns zuerst die 69 × 37 M. große Arena in ihren Einzelheiten. Über den
Kampfplatz an sich, der seinen Namen von der Sanddecke hatte, mit welcher man ihn belegte, und welche die Blutströme aufsog, wie das heute
noch bei spanischen Stiergefechten bekannt ist, ist freilich Nichts zu sagen,
als daß in Pompeji, so weit die Untersuchung bisher gediehen ist, der Arena
jene tiefen und weitläufigen Substructionen fehlen, die in manchen anderen
Amphitheatern nachgewiesen, in denjenigen von Puzzuoli und Capua von

Fig. 101. Plan des Amphitheaters.
(Obere Hälfte alle Sitzreihen, untere Hälfte die Substructionen.)

ganz besonderem Interesse, aber nach Zweck und Bedeutung noch nicht
in allen Einzelheiten erklärt sind, obgleich ihr Zusammenhang mit den Vorrichtungen für die Naumachien einerseits und für mancherlei Maschinerie
andererseits viel Wahrscheinliches hat [37]. In Pompeji ist, wie gesagt, hiervon
nicht die Rede, die Arena wird, so viel wir wissen, von dem natürlichen
Boden der gewachsenen Erde gebildet und es scheinen theils daher, theils
aus anderen Gründen die s. g. Naumachien von den hier gegebenen Spielen
ausgeschlossen gewesen zu sein. Auch würde man nicht leicht begreifen,
wie man nach Pompeji die nöthige Wassermasse zur Verwandlung der Arena
in einen See hätte schaffen wollen ohne überaus großartige Wasserleitungs-
anlagen, von denen bisher nicht die leiseste Spur entdeckt ist. Auch die

Fig. 102. Querdurchschnitt des Amphitheaters.

Unverschlossenheit und so viel wir wissen Unverschließbarkeit der Brüstungsmauer der pompejaner Arena spricht gegen die Annahme, es sei in dieselbe
Wasser eingelassen worden, und endlich würden
sich damit auch die gleich zu erwähnenden Gemälde
an eben dieser Brüstungsmauer schlecht vertragen.
Kehren wir also zu dem Vorhandenen zurück,
so bemerken wir zunächst die beiden großen Eingänge in die Arena von Nordwest und von Südost
in der Längenachse des Gebäudes, deren die Ansicht Fig. 100. den letztern 3 Fig. 102. im Hintergrunde der Arena zeigt. Beide Eingänge sind
gewölbt und ihr stark geneigter Boden ist gepflastert, an den Seiten nimmt eine Gosse das
etwa hineinlaufende Regenwasser auf. — Der nord-
westliche Eingang 1 im Plane Fig. 101. führt in
grader Linie in die Arena, der südöstliche 2 mußte
im rechten Winkel gebrochen werden, weil er sonst
außerhalb der Stadtmauer ausgemündet sein würde.
Die Wölbung dieses Ganges wird auf seinem langen
Schenkel von fünf, diejenige des andern von vier
Bogen verstärkt, welche der Plan bei a zeigt, um
die Last der Sitzreihen, welche auf der Wölbung
ruhen, sicherer zu tragen. Die beiden ersten Bogen
des graden Eingangs sind durch Einbau einer Basis
und Decke zu Nischen gemacht, in denen, und
zwar durch Gitter geschützt, die Statuen des
C. Cuspius Pansa und seines gleichnamigen Sohnes
standen, deren Inschriften sich noch an Ort und
Stelle befinden. Diese Eingänge führten, wie gesagt, in die Arena, freilich erst nachdem sie den
Corridor 3 durchschnitten haben, welche der Durchschnitt Figur 102. bei 4 zeigt. Durch diese 5 M.
weiten Thore zogen zu Anfang der Spiele die
Gladiatoren, zum Theil beritten, zum Theil zu Fuß
in ihrem vollen und mannigfaltigen Waffenschmuck
in geschaarten Gliedern unter kriegerischer Musik
feierlich in die Arena ein, oft in bedeutender Zahl,
wie z. B. ein Anschlag am Album des Gebäudes
der Eumachia dreißig Paare Gladiatoren anzeigt.
Nach vollendetem Umzug zogen sie sich wieder
zurück, um dann nach der Kampfordnung in einzelnen Paaren oder in größerer Anzahl den Kampfplatz wieder zu betreten, der mittlerweile gegen
die Eingangsthore mit Gitterthüren abgeschlossen
war. In dem Plane Fig. 101. bemerkt man rechts
neben dem nordwestlichen und links neben dem

südöstlichen Eingange noch je eine Thür nahe an der Arena. Diese öffnet sich auf kleine viereckige Zimmer (4, ihrer zwei am südöstlichen, eins am nordwestlichen Eingange, welche keinen andern Zweck gehabt haben konnen, als die wilden Bestien eingeschlossen zu halten, bis man sie in die Arena losließ. Endlich sehn wir auf dem Plane noch einen Eingang in die Arena bei 5; er ist eng und führt auf einen langen Gang, an dem links ein kleines subscalares Kämmerchen 6 mit ganz niedrigem Eingange liegt. Möglicherweise haben wir in dem Eingange 5 die *porta libitinensis* zu erkennen, und in dem Kämmerchen 6 die Leichenkammer; doch ist dies nichts weniger als gewiß.

Die Arena ist gegen die Sitzplätze durch eine etwa 2 Meter hohe Brüstungsmauer 5 Fig. 102. abgeschlossen, auf deren oberer Kante ein Gitter oder ein Netzwerk von starkem Draht errichtet war, welches die Zuschauer gegen das etwaige Überspringen der Tiger oder Panther schützte. In mehren großen Amphitheatern befand sich innerhalb der Brüstungsmauer ein Wassergraben, Euripus genannt, besonders bestimmt, die wilden Thiere abzuhalten; in Pompeji ist derselbe nicht vorhanden oder wenigstens (denn Mazois' Fortsetzer Gau spricht von demselben: heutzutage nicht

Fig. 103. Gemälde an der Brüstungsmauer. Thierkampf.

mehr sichtbar; die Brüstungsmauer der Arena ist mit Gemälden (Hlb. No. 1514. 1515. 1519.) bedeckt gewesen, die freilich jetzt vollständig verschwunden aber sicher verbürgt und vor ihrer Zerstörung wenigstens zum Theil, wenn auch vielleicht nicht all zu genau copirt worden sind. Eine Probe giebt Fig. 103.; es ist die Darstellung eines der Kämpfe von Thieren gegen einander, hier eines Stieres mit einer gewaltigen Molosserdogge oder (nach Hlb. No. 1519. einer Löwin. Dergleichen Bilder von Thierkämpfen sind noch einige vorhanden; diese Bilder werden durch Zwischenfelder getrennt, auf denen umkränzte Hermen zwischen Säulen gemalt sind, dann folgen Felder, welche die Gitter der Käfige erkennen lassen und welche von schmalen Zwischenfeldern mit verschiedenen Ornamenten, besonders aus dem Pflanzenreich begrenzt werden. In den Hauptfeldern sind aber Thierkämpfe nicht die einzigen Darstellungen, auch Scenen der Gladiatorenkämpfe, von denen Figur 104. eine Probe bietet, treten für jene ein. Hier sehn wir den Augenblick der grausen Entscheidung. Dem rechts

stehenden Gladiator ist das Schwert krumm gebogen *) und deshalb un-
brauchbar geworden, er ist im linken Arm verwundet, besiegt, sein Leben
hängt von der Gnade des Volkes ab; aber nur dann darf er hoffen dasselbe
zu retten, wenn es ihm gleichgiltig und er bei dem drohenden Tode ganz

Fig. 104. Gemälde an der Brüstungsmauer. Gladiatorenkampf.

unbewegt erscheint. Deshalb hat er seine Schutzwaffe, seinen Schild hin-
geworfen und steht ruhig da, indem er mit erhobenem Daumen der linken
Hand die Menge stumm um Gnade anfleht, denn der emporgerichtete
Daumen war das Gnaden-, der gesenkte das Verdammungszeichen. Seine

Fig 105. Gemälde an der Brüstungsmauer. Waffnung.

Bitte scheint nicht erhört zu werden, wir dürfen uns das Volk mit der
Geberde der Verurteilung sitzend denken; denn der siegreiche Gegner tritt
heran, um seinem wehrlosen Schlachtopfer das Schwert durch die Gurgel
zu stoßen.

Fig. 105. Hlb. No. 1515.) zeigt uns eine andere Scene, die, wenngleich sie in Einzelheiten dunkel ist, doch offenbar dem Beginne des Kampfes, der Waffnung der Gladiatoren angehört. In der Mitte der Kampfordner, mit langem Stabe den Kreis des Kampfes bezeichnend, rechts ein Gladiator, der halb gerüstet dasteht, und dem zwei andere Schwert und Helm bringen, gegenüber ein ebenfalls halb gerüsteter, der das Schlachthorn bläst (nicht der bei den Kämpfen unbetheiligte Tubicen, der wie der Kampfordner ungerüstet sein würde, während zwei hinter ihm an einem der Victorienbilder, die die Scene einfassen, lockende Genossen auch für ihn Helm und Schild bereit halten.

Auch Inschriften hat diese Brüstungsmauer der Arena aufzuweisen, und zwar solche, die sich auf die Erbauung oder Renovation des Amphitheaters oder von Theilen desselben beziehen. Diese Inschriften, ihrer acht an der Zahl (Mommsen No. 2252 a—e', wurden auf der Bekrönung der Brüstungsmauer, und zwar mit einer Ausnahme der Arena zugewendet, unterhalb der Cunei (Keile der Sitzplätze zwischen zwei Treppen), deren Erbauung sie angehn, gefunden (1815, 29. Januar u. folgende Tage) und sagen aus, daß der und der zu einem obrigkeitlichen Amte Erwählte einen Cuneus oder deren mehre (bis zu dreien auf Decurionendecret habe erbauen lassen, und zwar, wie in diesen Inschriften abgekürzt geschrieben ist PRO LVD (oder LV, auch L) LVM (oder LV, oder L' oder auch blos PRO LVD). Diese Abkürzungen sind verschieden erklärt worden; Garrucci (Bull. Nap. n. s. 1. p. 146. No. 1' verstand pro ludorum luminibus, d. h. statt Beleuchtung der Spiele, Léon Rénier bei Breton, Pompeja décrite 3. Ausg. Par. 1870. p. 227 f. wollte pro ludis et luminatione verstehn, d. h. statt der zu gebenden Spiele und einer Illumination der Stadt, indem er läugnete, daß in Pompeji Gladiatorenspiele bei Abend und künstlicher Beleuchtung gegeben worden seien. Dies nimmt dagegen Mommsen an, welcher die Abkürzung pro ludis luminibus erklärt, d. h. statt der zu gebenden Spiele und der dazu gehörigen Beleuchtung. Es zeigen uns also diese Inschriften, wie die entsprechende im kleinen Theater (oben S. 149.', daß man praktisch genug war, das für einmaliges Schauspiel aufzuwendende Geld zum Bau oder Umbau resp. zur Restauration des Amphitheaters nach dem Erdbeben zweckmäßig anzulegen. Neben diesen Inschriften, die sich auf den Erneuerungsbau des Amphitheaters zum Theil durch Vorsteher der Vorstadt Augustus Felix, also frühestens in augusteischer Zeit beziehn, darf eine solche nicht unerwähnt bleiben, welche (Mommsen No. 2249.) die Gründung angeht. Sie war doppelt auf zwei Tafeln eingehauen, welche rechts und links vom südöstlichen Haupteingange angelehnt, nicht eingemauert gefunden sind und deren eine noch an Ort und Stelle ist, während die andere sich im Museum in Neapel befindet. Die Inschrift sagt mit bemerkenswerthen Archaïsmen der Sprache aus, daß Cinius Quinctius Valgus und Marcus Porcius, Rechtsdumnvirn, zu Ehren der Colonie auf ihre Kosten den Schauplatz oder die Zuschauersitze (spectacula' haben erbauen lassen und den Bau auf ewige Zeiten der Colonie zu eigen gegeben haben. Das sind dieselben Rechtsdumnvirn, welche die Erbauungsinschrift des kleinen Theaters (oben S. 146.' nennt, und somit

ergiebt sich aus dieser Inschrift wenigstens mit der allergrößten Wahrscheinlichkeit, daß die Erbauung des steinernen Amphitheaters so gut wie diejenige des kleinern Theaters bis in die ersten Zeiten der sullanischen Colonie
hinaufzudatiren ist. Gegen einen so frühen Ansatz, mit welchem auch Material und Bauweise des Amphitheaters in vollkommenem Einklange stehn,
kann der allerdings auffallend erscheinende Umstand, daß die Colonien früher
als die Hauptstadt (durch Statilius Taurus 725 a. u.) steinerne Amphitheater
gehabt haben, nicht entscheidend in's Gewicht fallen [20].

Was nun den Zuschauerraum, das eigentliche Amphitheatrum anlangt,
so sieht Jeder bei einem Blick auf den Plan wie auf den Durchschnitt
Fig. 102., daß derselbe durch zwei Praecinctionen a b Fig. 102. in drei
Ränge oder Caveen getheilt ist, welche wieder durch Treppen in Cunei
zerfällt werden. Der Sitzreihen sind im Ganzen 35, nämlich *infima carea*
ausgenommen zwei große Mittellogen an den Langseiten mit nur vier breiten
Stufen für bewegliche Ehrensitze der Vornehmsten; 5 6 Fig. 102.), *media
carea* 12 (7 Fig. 102.), *summa carea* 18 (8 Figur 102.'); die unterste Cavea
ist nicht in eigentliche Cunei getheilt, doch können wir auch bei ihr vermöge der Eingänge und kleinen Treppen aus dem großen Corridor eine
Zerfällung in 18 Logen von verschiedener Breite (7 auf dem Plan) wahrnehmen, außerdem trennen Brüstungsmauern die beiden großen Mittellogen
mit den breiten Stufen von den seitlichen mit den gewöhnlichen Steinsitzen
ab. Der mittlere Rang ist durch 20 Treppen in Cunei zerlegt, der oberste
durch ihrer 40, welche offenbar hier in der doppelten Zahl angebracht sind,
um das Auffinden der nach oben immer zahlreicheren Sitzplätze zu erleichtern und alles Gedränge beim Aus- und Eingange der Menge zu vermeiden.
Die Einrichtung der Sitzstufen ist durchaus die, welche bei dem kleinen
Theater beschrieben worden ist. Hinter der obersten Cavea läuft eine von
überwölbten Vomitorien durchbrochene doppelte, durch Wölbung verbundene
Umfassungsmauer um das ganze Amphitheater; sie bildet eine Platform von
5 M. Breite, auf welche eine Anzahl von Treppen (8 im Plan, 9 im Durchschnitt Fig. 102.) führen, und welche folgendermaßen eingerichtet ist. Ringsum läuft zu äußerst ein 1,80 M. breiter Umgang, an den sich nach innen
eine Reihe kleiner viereckiger Cellen von 1,30 M. Tiefe anreiht, von denen
je drei zwischen zwei Vomitorien liegen, aber nur je die dritte von dem
äußern Umgang aus zugänglich ist. Die beiden anderen öffnen sich lediglich
gegen einen nur 1 M. breiten innern Umgang, der steil gegen die *summa
carea* abfällt und nur gebraucht worden sein kann, wenn er, was jetzt nicht
mehr nachweislich, gegen die *summa carea* vergittert gewesen ist. Es muß
daher hier, wie bei dem großen Theater dahingestellt bleiben, ob die kleinen
Cellen, mit beweglichen hölzernen Bänken versehn, als Sitze (*cathedrae*) für
die Proletarier oder ob sie nur zur Aufnahme der Mannschaft gedient haben,
welche mit dem Manövriren des Zeltdaches betraut war. Das einstige Vorhandensein eines solchen wird außer durch das oben S. 19. erwähnte Bild,
in welchem es dargestellt ist, erwiesen durch hier und da im Boden des
äußersten Umganges, also außerhalb der kleinen Cellen an der innern Wand
angebrachte durchlöcherte Steine, welche die Balkenenden des Zeltdaches

aufzunehmen bestimmt waren und durch einzeln zerstreut umherliegende
Steinringe, durch welche die Balken wie bei dem großen Theater gehalten
wurden. Die ganze Einrichtung kann nur an der südlichen Ecke studirt
werden, auf dem größten Theile des Umfanges des Amphitheaters ist Nichts
mehr von ihr erhalten.

Von besonderem Interesse ist die Einrichtung der Eingänge und der
Zugänge zu den verschiedenen Rängen. Es ist schon bemerkt, daß die
infima und der größte Theil der *media carea* unter dem Niveau des äußern
Bodens liegen (s. Figur 102.) und daß die Eingänge in den untersten Rang
theils mit den großen Eingängen in die Arena zusammenfallen, theils in
vier eigenen gewölbten und stark geneigten, von Stufen unterbrochenen
Gängen bestehn, deren die untere Hälfte des Planes zwei darstellt. Diese
Eingänge münden auf einen weiten gewölbten Umgang oder Corridor (3 im
Plan), der mit Ausnahme eines kleinen Stückes an beiden Langseiten das
ganze Amphitheater im Niveau der Arena umgiebt (siehe Fig. 102. bei 4).
Dieser Corridor, an dessen Wand man eine Reihe von gemalten und eingekratzten Inschriften gefunden hat, die sich zum großen Theil auf Scenen
der Schauspiele beziehn, ist gegen die Cavea durch eine Reihe von Bogen
(6 im Plan) geöffnet, durch welche er sein Licht empfängt, und durch welche
die Zugänge zur ersten und zweiten Cavea sind. In die erste gelangt man
auf den im Plan mit *e* bezeichneten kleinen Treppen, welche, da das Niveau
nicht ganz gleich ist, bald 9, bald 10 Stufen hoch, auf die Höhe der zweiten
Sitzreihe führen. Zwischen diesen Treppen zur ersten Cavea liegen die zur
zweiten (6 auf dem Plan); man schreitet über zwei Stufen durch den Bogen
und findet sowohl rechts wie links eine Treppe von elf Stufen, welche auf
die Höhe der ersten Praecinction also an die unterste Sitzstufe der *media
carea*, hinter die Brüstung führt, welche sie von der untersten trennt. Ist
man oben angelangt, so steht man auf einer quadraten Platte (e im obern
Theile des Planes) und hat vor sich die Treppe, welche an den Sitzstufen bis
zur Brüstung der zweiten Praecinction und durch diese hindurch zur zweiten
Praecinction sowie grade aus zur Hälfte der Treppen der *summa carea* emporführt. Auf der Höhe der *summa carea* läuft außen um das Gebäude bis
auf den Theil desselben, der an die Stadtmauer stößt, die erwähnte breite
Gallerie, 9 im Plan (vgl. Figur 102. 10.), von der aus die Eingänge in
die *summa carea* sind. Man gelangt, wie auch bereits erwähnt ist, auf diese
Gallerie vermöge zweier Doppeltreppen (11 Figur 102., deren eine die Ansicht vor S. 151. zeigt, und zweier einfachen an den Punkten, wo die Stadtmauer angrenzt, 10 auf dem Plan, der zugleich bei 11 einen der Thürme
der Stadtmauer und in 12 die äußere und innere Linie dieser selbst zeigt.
Auf diese Gallerie münden die 40, den 40 Treppen der *summa carea* entsprechenden Vomitorien, 13 im Plan, zwischen denen die Treppen 8 zur
obersten Platform mit ihren kleinen Cellen angebracht sind. — Man wird
bei genauer Erwägung dieser ganzen Einrichtung begreifen, wie vortrefflich
für freie Bewegung gesorgt ist, selbst wenn das Volk zu Tausenden heran-
fluthete oder wenn es nach Schluß des Schauspiels in grausamer Aufregung

wogend das Amphitheater verließ; und zugleich wird man es hieraus um so
leichter erklärbar finden, daß sich die Zuschauermasse am Tage der Zerstörung Pompeji's so vollständig hat retten können.

Über die Kämpfe und Spiele des Amphitheaters ist Viel und Vielerlei
geschrieben, die schriftlichen Quellen sind reichlich genug, und auch nicht
wenige Kunstdenkmäler, freilich an Kunstwerth gering, sind auf uns gekommen, welche uns die schriftlichen Überlieferungen erläutern und manche
Einzelheit der Kämpfe und der Rüstungen der Gladiatoren auf's klarste
anschaulich machen. Je ausgedehnter aber hier der Stoff ist, um so mehr
muß sich die gegenwärtige Darstellung auf das Nöthigste und Nächste beschränken, wobei das eigentliche Thema, die Erklärung der pompejanischen
Monumente, den Anhalt bietet und zugleich die Grenze weist. Eine der
wichtigsten bildlichen Darstellungen von Gladiatoren- und Thierkämpfen
findet sich in den Reliefen eines pompejanischen Grabmals, welches freilich
jetzt größtentheils zu Grunde gegangen, aber in der Zeit der Auffindung
fast unverletzt von Mazois und von Millin gezeichnet worden ist [40]. Der
Erklärung dieser Reliefe sind nur einige allgemeine Bemerkungen voraus-
zustellen.

Kriegsgefangene und nach antiker Sitte in Sclaverei gefallene Feinde
waren die ersten Opfer auf den Gräbern und in Folge dessen die ersten
gezwungenen Gladiatoren. Aus Kriegsgefangenen, Sclaven und verurteilten
Verbrechern bestand auch in der Folgezeit die eine Hälfte der Kämpfer des
Amphitheaters, nämlich die gezwungenen, denen durch ausgezeichnete Tapferkeit und Geschicklichkeit die Möglichkeit gegeben wurde, Entlassung von
den Kämpfen und selbst die Freilassung zu erringen. Es wird überflüssig
sein, ausführlicher über die tiefe Barbarei zu reden, welche sich darin ausspricht, daß man den Verbrecher dem strafenden Arme der Gerechtigkeit
entzog, um ihn zur Lust des Volkes für sein verwirktes Leben kämpfen zu
lassen, oder daß man den im ehrlichen Kampfe Gefangenen und den schuld-
losen Sclaven jenem gleich behandelte. Ist doch hiermit die Grenze der
Infamie nicht erreicht, wissen wir doch, daß man Verurteilte, unter denen
mancher der ersten Christen gewesen ist, der für seinen Glauben dulden
mußte, in der Arena den reißenden Thieren entweder schwach oder gar nicht
gewaffnet entgegenstellte, oder sie selbst gefesselt und an Pfähle gebunden
von den Bestien zur Lust des Pöbels zerfleischen ließ, wissen wir doch, daß
schon vor der Zeit der Kaiser römische Schlemmer ihre Fische mit Menschen-
fleisch, dem Fleische geschlachteter Sclaven fütterten, um sie zarter und
wohlschmeckender zu machen. Wo dergleichen bestand, mußte es ja als
ein Geringes erscheinen, Verbrecher, Gefangene, Sclaven wohlgerüstet mit
einander kämpfen zu lassen. Und wie sollte sich hiergegen das Gewissen
eines Volkes empört haben, aus dessen Mitte freiwillige Klopffechter in
großer Zahl hervorgingen, und zwar nicht allein aus den niedersten Classen,
die Mangel und Habsucht und ein bestialischer Ehrgeiz treiben mochte, —
denn die Gladiatoren wurden gut bezahlt, konnten in schönen Kleidern und
Rüstungen prangen, und es fehlte ihnen, obgleich ihr Stand als unehrlich

galt, nicht an mancherlei Auszeichnungen und Gunst — sondern aus dem
Ritter- und Senatorenstande, ja bei dem selbst Frauen in der Arena erschienen. So finden wir neben den gezwungenen freiwillige Gladiatoren,
welche ihre Kunst gewerbmäßig trieben und ihr Leben um Geld und um
den Beifall des Pöbels feilboten, und wohl verdient es besonders hervorgehoben zu werden, daß während einerseits Gesetze nöthig wurden, welche
dem Senatorenstande Roms die Arena verboten, andererseits ein Gesetz, das
petronische, erlassen wurde, und zwar unter Neros Regierung, welches verbot, den Sclaven ohne richterlichen Spruch zum Kampfe zu zwingen. Auch
Pompeji bezeugt uns das Vorhandensein dieses Gesetzes; von den schon oben
S. 156. erwähnten Inschriften zu den jetzt verschwundenen Statuen der beiden
Pansa im Haupteingange der Arena nennt die eine (Mommsen No. 2250.)
den Rechtsduumvir C. Cuspius Pansa als Aufseher über die Spiele des Amphitheaters nach dem petronischen Gesetz (lege Petronia).

Die zunftmäßigen Gladiatoren lebten in Truppen (familia) zusammen,
vielfach, wie auch in Pompeji, in eigenen Casernen, und erlernten die Hand-
und Kunstgriffe der Klopffechterei in eigenen Gladiatorenschulen unter einem
Vogt (lanista). Sie gehörten Vornehmen und Reichen, die sie vermietheten
und nach denen sie genannt wurden, wie z. B. in einer pompejanischen
Mauerinschrift, der Anzeige von Kämpfen im Amphitheater, A. Suettii Certi
familia gladiatoria erscheint, in einer andern die Truppe des N. Festus
Ampliatus[1]. Die Kämpfe selbst waren sehr verschieden, theils indem die
Gladiatoren entweder paarweise oder indem sie in größerer Zahl gegen
einander fochten, theils durch die Verschiedenartigkeit der Bewaffnung und
die dadurch bedingte Verschiedenartigkeit der Kampfweisen. Das pompejanische Grabrelief wird uns Gelegenheit geben, eine Reihe der verschiedenen Rüstungen und Kämpfe kennen zu lernen, obwohl immerhin nur
eine beschränkte Zahl derselben. Man focht zu Ross und zu Fuß, mit
Lanzen und mit Schwertern, in schwerer und in leichter Rüstung, deren
manche nationaler Sitte unterworfener Völker entsprach und demgemäß bezeichnet wurde, so daß z. B. eine Art von Gladiatoren (die schwergerüsteten)
den Namen der Samniten trugen, eine andere als Gallier, wieder eine andere
als Thraker bezeichnet wurde; zu den Waffen, welche aus der Kriegführung
civilisirter Völker entnommen wurden, gesellten sich andere, welche man
fernen, halbbarbarischen Stämmen entlehnte, so namentlich das Fangnetz,
welches der Schlinge des amerikanischen Gaucho, der Kirgisen und mancher Kosakenstämme ungefähr entspricht, und das nach vielfachen Spuren
auch unter die auf dem Schlachtfelde gebrauchten Waffen aufgenommen
wurde. Im Amphitheater handhabte es der außerdem mit einem Dolche
und einem der Harpune nachgebildeten Dreizack bewaffnete Retiarius (Netz-
mann) gegenüber dem Mirmillo oder dem Gallier, auf dessen Helme ein
Fisch gebildet war. Wenn der Retiarius den Mirmillo verfolgte, so rief
er ihm zu: ich will ja dich nicht, ich will nur deinen Fisch, was fliehst
du mich! — Genug um wenigstens angedeutet zu haben, wie mannigfaltiger
Art die Kämpfe der Arena waren, die mit stumpfen Waffen eröffnet und,
nachdem die Kämpfer sich erhitzt hatten, mit schneidenden ausgefochten

wurden, und zwar entweder bis zum ersten Blut, oder, und zwar meistens, bis zum vollständigen Unterliegen der einen Partei, deren Leben von der Gnade des Volks abhing. Schon aus dem wenigen hier Gesagten wird man sich eine Vorstellung davon bilden können, welche Fülle von Kraft und Muth und Gewandtheit sich in der Arena entwickelte, welcher Reichthum der verschiedensten Scenen und Stadien der Kämpfe von dem Scheingefecht am Anfange bis zum Unterliegen und zu der Tödtung des Besiegten vor den Augen der Menge sich entfaltete, wie tief alle die verschiedenen Momente kunstvoller Kampfführung, wilden Muthes, verzweifelter Gegenwehr, gefaßten Sterbens die Herzen des blutdürstigen Pöbels bewegen mußten. Vergegenwärtigen wir uns einige dieser Scenen nach der Anleitung unseres Grabreliefs, welches die Kämpfe darstellt, die zu Ehren des hier Bestatteten die Gladiatorenfamilie des N. Festus Ampliatus gefochten hat, dieselbe, deren abermaliges Auftreten in Verbindung mit Thierhetzen bei ausgespanntem Zeltdach eine Maurinschrift an der Basilika ankündigt, die also lautet: *N. Festi Ampliati familia gladiatoria pugnabit iterum, pugnabit* 17 *Kal. Iunias. venatio, vela.*

Die erste Gruppe Fig. 106. links stellt den noch nicht entschiedenen Kampf zweier berittenen Gladiatoren *equites* dar, welche, wie alle Übrigen bis auf die Netzkämpfer, mit dem geschlossenen Visirhelm, mit der Lanze *hasta*, und dem runden Schilde *parma* bewaffnet, im Übrigen leicht gerüstet sind, so daß besonders nur der rechte Arm, der die Lanze führt, mit Binden oder glatten Metallringen umgeben ist. Die Namen *Bebrix* und *Nobilior* sind den Kämpfern mit rohen schwarzen Buchstaben beigeschrieben und auf die Namen folgt nach vier, TVL. V. d. h. *tulit* mit abgekürztem *victorias* zu lesenden Buchstaben, eine Ziffer, welche die Zahl der Siege angiebt, die ein jeder derselben davon trug. *Bebrix*, ein barbarischer Sklavenname, der an die Bebryker erinnert, mit denen die Argonauten kämpften, hat nach der Zeichnung Millins 15 Siege erfochten, jetzt erscheint er im Nachtheil gegen Nobilior mit 11 Siegen, wenigstens ist dieser offenbar der Angreifer und es ist fraglich, ob Bebrix sich seiner wird erwehren können. Alle folgenden Gruppen zeigen die Kämpfe verschiedener Paare in dem Stadium der Entscheidung, den einen Gladiator so oder so besiegt im Augenblick, wo er sich an das Volk um Gnade wendet, seinen Gegner in Erwartung des gegebenen Befehls ihn zu tödten. Die erste Gruppe stellt zwei ungefähr, wenn auch nicht ganz gleich Gerüstete dar, wahrscheinlich Samniten; der Besiegte, dessen Namen verloren ist, der aber 16 frühere Siege zählt, ist etwas leichter gerüstet als sein Gegner, dagegen mit einem größern Schilde versehn, hinter den sich der Mann ganz zusammen kauern kann; er ist entwaffnet und blutet aus einer Brustwunde, aber mit der äußersten Ruhe auf den Rand seines Schildes gestützt, erwartet er den Entscheid der Menge über sein Leben, so ruhig, daß andere Erklärer, die Wunde übersehend, ihn für einen Zuschauer des Reitergefechts ausgaben. Die Zahl der Siege seines Gegners, der mit gleicher Ruhe den Executionsbefehl erwartet, ist unsicher. Binden oder Metallringe um die Oberschenkel und Beinschienen *ocreae* zeichnen seine Rüstung aus.

Bewegter ist die folgende Gruppe. Ein wahrscheinlich als Thraker zu bezeichnender Kämpfer, dessen Namen verwischt ist, der aber 15 frühere Siege zählt, hat gegen seinen schwergerüsteten Gegner, den man wohl wiederum als Samniten bezeichnen darf, Lanze und Schild verloren, er scheint gestürzt zu sein, und hat von dem Gegner einen breiten Schwerthieb über die Brust erhalten. Auf dem Knie liegend, richtet er weniger ruhig als der erste Besiegte seine Bitte an das Volk, indem er zugleich an seine schmerzende Wunde zu greifen scheint, und ziemlich ängstlich auf den Sieger zurückblickt, der freilich auch schon zum Todesstreiche ausholt. Dieser scheint ein alter ausgedienter Fechter zu sein, denn 34 Siege sind neben seinem Kopfe verzeichnet. Hinter der Siegeszahl des hier Besiegten stehn noch zwei Buchstaben, ein *M* und ein griechisches *Θ*; wahrscheinlich ist der erstere die Initiale von *Mors* und der zweite der Anfangsbuchstab von *Θάνατος*, so daß beide den Besiegten als dem Tode verfallen bezeichnen.

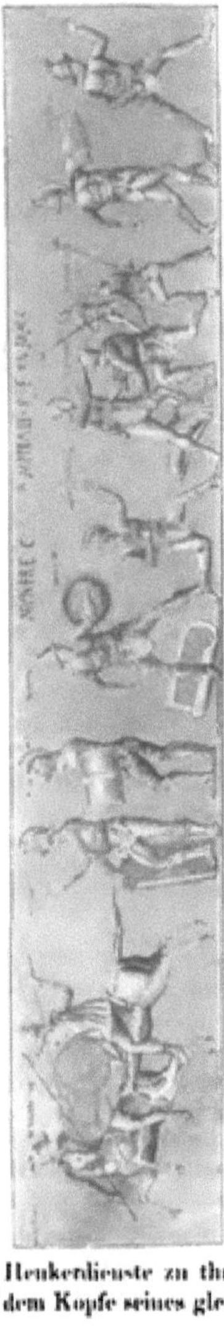

Fig. 100. Gladiatorenkämpfe von einem Grabrelief.

Die folgende Gruppe von vier Personen ist etwas complicirter. Sie bezieht sich auf die Kämpfe der *retiarii* und *secutores*. Der Netzfechter, Retiarius, war ganz leicht gerüstet, seine Waffen bestanden in dem Netze, in das er seinen Gegner zu verwickeln suchte und in einem leichten Dreizack; der *secutor*, mit glattem Helm, kleinem Schild und dem Schwert bewaffnet, hat seinen Namen daher, daß er den Retiarius, der sein Netz fehl geworfen hatte, verfolgte. In der Gruppe unseres Reliefs scheint der Retiarius *Nepimus*, der 5 Siege zählt, allerdings sein Netz vergebens geworfen zu haben, denn sein *secutor*, dessen Name fragmentirt ist, der aber 6 Siege zählt, ist nicht in ein solches verstrickt, bei der Verfolgung aber hat ihm sein gewandterer und durch keine Rüstung gehemmter Gegner verschiedene Wunden beigebracht, er blutet aus zweien am Bein und einer am Unterarm, und der Blutverlust mag ihn ermattet auf's Knie gestürzt haben. In dieser Lage hält ihn Nepimus fest, indem er ihm auf den Fuß tritt und ihn in der Leibbinde ergriffen hat; das Verdammungszeichen des Volkes ist erfolgt, aber der leichte Trident ist keine tödtliche Waffe, deshalb ist ein zweiter *secutor* Hippolytus, fünf Mal Sieger, herbeigeeilt, Henkerdienste zu thun, sein Schwert ruht auf dem Halse, seine Hand auf dem Kopfe seines gleich

gerüsteten Cameraden, der in vergeblicher Bitte sein Knie umfaßt. Im
Hintergrunde erwartet den Hippolytus der Retiarius, der mit ihm kämpfen
und ihm vielleicht ein gleiches Schicksal bereiten wird. Bei den Kämpfen
der fünften Gruppe wiederholt sich die Bewaffnung derer der zweiten, das
Motiv der Handlung aber ist nicht durchaus klar, es ist möglich, daß der
Besiegte, der seinen Schild verloren hat, flieht, warum und wonach aber
sein siegreicher Gegner umblickt, ob nach der Execution in der vorigen
Gruppe oder etwa nach einem Zuruf des Volks oder des Festgebers ist nicht
zu entscheiden. Die bisher beschriebenen Gruppen befinden sich auf der
Umfassungsmauer des Grabmals, ihre Fortsetzung ist über der Thür dieser
Umfassungsmauer eingelassen, zum Theil erhalten, und enthält Einzelheiten,
um derentwillen auch diese noch kurz zu betrachten ist.

Die Darstellung umfaßt zwei Paare ziemlich gleich gerüsteter, nur durch
die Verschiedenheit der Helme unterschiedener Gladiatoren in zwei Gruppen,
in deren ersterer der Gladiator mit dem Buschhelm der Sieger, derjenige
mit dem glatten Flügelhelm der Überwundene ist, was sich in der zweiten
Gruppe umkehrt. Buschhelme haben nämlich nach der vorliegenden Zeich-

Fig. 107   Fortsetzung des vorigen Reliefs.

nung Mazois', der den Helm noch groß eigens abbildet, der erste Sieger
und der zweite Besiegte [4], doch soll nicht verschwiegen werden, daß diese
Kämpfer von mehren Gelehrten als Mirmillonen bezeichnet werden, wonach
der Busch ihres Helmes nur scheinbar ein solcher, in der That aber ein von
Mazois verkannter Fisch sein müßte. Dem ist jedoch nicht so, und überhaupt sind die Mirmillonen in Monumenten bis jetzt nicht sicher nachzuweisen gewesen. Der erste Besiegte scheint tapfer gestritten zu haben, obwohl
er entwaffnet ist, ruhig wendet er sich an das Volk, während sein Gegner
so erbittert scheint, daß er die Entscheidung nicht abwarten will. Ehe er
jedoch gegen die Kampfordnung den Todesstreich führen kann, ist ein
Lanista oder Herold (praeco) ihm in den Arm gefallen. Wir dürfen annehmen, daß hier ein Gnadenact sich vorbereitete. Bei dem Besiegten der
letzten Gruppe würde Gnade zu spät kommen, er ist im Kampfe tödtlich
getroffen und es bleibt ihm Nichts, als mit Anstand zu sterben, wie das in
jener ergreifenden Scene des »Fechters von Ravenna« der Vogt dem Thume-
licus empfiehlt. Unser Gladiator hält seinen Schild hinter sich, um auf denselben zurückzufallen.

Den zweiten Theil der Spiele des Amphitheaters bildeten die sogenannten Jagden, *venationes*, Thierhetzen und Kämpfe entweder von Thieren unter einander oder mit mehr oder weniger bewaffneten Menschen *bestiarii*.

Fig. 108. Fortsetzung desselben Reliefs. Übung eines Bestiarius

Dergleichen liegt unserm Verständniß vermöge der spanischen Stiergefechte näher, und in der That werden wir sogleich durch einzelne Umstände in der Darstellung der Reliefe von demselben Grabmal, welche *venationes* darstellen, an Gebräuche des Stiergefechts erinnert werden. Freilich, so begeistert der Spanier für Stiergefechte sein, einen so großen Aufwand er an Schlachtopfern, Stieren und Pferden machen mag, dem alten Römer muß er in der einen wie in der

Fig. 109. Fortsetzung.
Kampf mit dem Bären.

andern Rücksicht weichen. Namentlich ist die Mannigfaltigkeit der Jagden und Kämpfe hervorzuheben, denn nicht blos Stiere wurden getödtet, sondern alles jagdbare Wild wurde gehetzt, und mit allen streitbaren Thieren, selbst

Fig. 110. Fortsetzung Thierkampf.

mit Elephanten wurde gekämpft. So weit wird man nun wohl in Pompeji mit dem Luxus nicht gegangen sein, und auch die Reliefe, die wir zu betrachten haben, und welche sich zum Theil an der Umfassungsmauer des

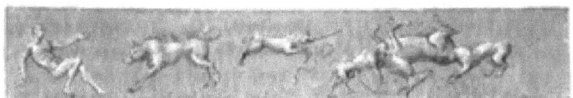

Fig. 111. Fortsetzung Thierkampf.

besprochenen Grabmals, zum Theil an dem Stufenuntersatz befanden, der den Inschriftstein trägt, wie wir es bei Betrachtung der Gräberstraße sehn werden, bieten uns eine verhältnißmäßig beschränkte Auswahl von Scenen der Venationen, aber auch diese haben Mannigfaltigkeit genug.

Der erste Reliefstreifen Fig. 108. scheint die Einübung eines Bestiarius zu enthalten. Es gilt einen Panther oder ein sonstiges katzenartiges Raub- thier zu bekämpfen, dem der leicht aufgeschürzte Lehrling, mit zwei Wurf-

Fig. 112. Schluß desselben Reliefs. Jagdscenen.

spießen bewaffnet, zu Leibe geht. Der Panther ist an einen Strick, aber dieser nicht an einen festen Gegenstand befestigt, was alle Gefahr des Bestiarius aufheben würde, sondern an den Gurt, der einem frei laufenden Stier um den Leib befestigt ist. Ihre gefährlichsten Sprünge kann so die wilde Katze nicht machen, aber der Bestiarius kann eben so wenig berechnen, wie schnell der Stier dieser nachgeben oder selbst gegen ihn heranstürmen wird. Er muß also bestens auf der Hut sein, und seine Übung ist keineswegs gefahrlos. Hinter dem Stier, der nicht recht vorwärts zu wollen scheint, sehn wir einen Treiber, der aber nicht mit einer bloßen Gerte oder einem Knittel, sondern für alle Fälle ebenfalls mit einer Lanze be- waffnet ist, mit der er den Stier antreibt vor- zugehn und dem wild anrennenden Panther Raum zu geben.

Das zweite kleine Relief (Fig. 109.) zeigt einen ernstlichen Kampf eines Menschen gegen einen Bären [1]. Der Bestiarius bekämpft das Thier wie der spanische Matador mit vorge- haltenem Tuch. In diesem Umstand liegt zu- gleich ein ungefähres Datum unserer Reliefs, denn nach Plinius VIII. 16. wurden die Kämpfe mit dem Tuch erst unter Claudius eingeführt; da nun die Spiele in Pompeji von 59—69 u. Z. verboten waren (s. Einleitung S. 18.), und da das Grabmal deutliche Spuren der Restaura- tion nach dem Erdbeben vom Jahre 63 trägt [2], so können diese Reliefs nur zwischen 41 Clau- dius' Regierungsantritt und 59 gemacht sein.

Das Relief Fig. 110. zeigt uns einen ganz nackten und wehrlosen Mann zwischen einem Löwen und einem Tiger, doch ist die darge- stellte Scene sehr unklar, da beide Thiere in größter Eile zu entfliehn scheinen, wovon man das Motiv nicht einzusehn vermag.

In dem Relief Fig. 111. sieht man wieder einen Nackten, der seinen Speer gegen einen fliehenden Wolf verschossen zu haben scheint, und der jetzt, gestürzt, von einem Eber angegriffen und hart bedrängt wird. Weiter rechts ist eine Scene aus den Kämpfen von Thieren gegen einander

oder von einer Jagd. Ein Hirsch oder vielleicht richtiger eine Antilope ist
von zwei wolfsartigen Hunden ereilt und niedergeworfen, ein Strick an den
Hörnern des gejagten Thieres zeigt, daß dasselbe gegen seine Angreifer in
Nachtheil gesetzt gewesen war, und sich erst losreißen mußte, um jene
zu fliehn.

Am reichhaltigsten ist das Relief an der Umfassungsmauer des Grabes
Fig. 112. Zunächst bemerkt man in seinen oberen Theilen ein Zeugniß,
daß man die blutigen Kämpfe auch mit heiteren Zwischenscenen zu unterbrechen liebte. Schon die Jagd eines Rehes durch Hunde könnte man dazu
rechnen, sicher aber muß es sehr komisch gewirkt haben, wenn man in die
Arena, in der sich Löwen, Tiger, Panther, Bären, Eber, Stiere tummelten,
ein paar Hasen losließ, von welchen der eine auf unserm Bilde nicht übel
Lust zu haben scheint, Männchen zu machen. Im Übrigen geht es ernster
zu, links wird ein Eber von Hunden gejagt, in der Mitte hat ein Bestiarius
einen Bären niedergestreckt, und rechts ein anderer, ein wahrer Matador,
einem Stier seine Lanze durch den Hals gerannt, so daß es um diesen
gethan ist, mag er auch im gesprengten Galopp an dem verwunderten
Kämpfer vorüber geeilt sein.

Die betrachteten Bildwerke werden und müssen hier genügen, uns einen
Begriff der Kämpfe und Jagden zu geben, welche in Pompeji stattfanden.

2. Die Gladiatorencaserne *(ludus gladiatorius)*.

Das Gebäude, welches hier, der jetzt wohl allgemein [1] angenommenen
Benennung Garruccis im *Nuovo Bullettino Napolitano* gemäß, als Gladiatorencaserne bezeichnet wird, wurde 1766 entdeckt, 1794 ganz ausgegraben und
wie das große und das Amphitheater zum Theil restaurirt. Bei der Ausgrabung erhielt dasselbe den Namen Soldatenquartier oder Caserne, und
obgleich zu dieser Nomenclatur wesentlich ein nur halbwegs richtig beob-
achteter Umstand, nämlich die Auffindung zahlreicher Waffen, den Anlaß
gegeben hat, so wird sich doch ergeben, daß dieselbe begründeter war, als
diejenige, welche man sich längere Zeit hindurch gewöhnt hatte an die
Stelle zu setzen. In neuerer Zeit nämlich betrachtete man dieses neben
dem Forum triangulare und hinter dem großen Theater belegene Gebäude
als einen Marktplatz, als das Forum nundinarium, den Wochen- oder Kram-
markt, ohne freilich im Grunde nur ein einziges wirklich durchschlagendes
Argument hiefür aufzustellen oder aufstellen zu können, so daß es überflüssig ist, diese falsche Bezeichnung jetzt noch direct zu bestreiten, und
genügt, die Momente hervorzuheben, welche die richtige augenscheinlich
machen. Zu diesen gehört eine genauere Betrachtung der aufgefundenen
Waffen und der an mehren Wänden befindlichen Malereien, sowie die schär-
fere Prüfung der ganzen Baulichkeit an sich, welche Garrucci auf den neuen
Namen geführt, den die Überschrift angiebt und welcher trotz den gegen
denselben erhobenen in der That sehr unerheblichen Bedenken für den
allein richtigen erklärt werden muß. Die aufgefundenen Waffenstücke sind
nämlich ohne Ausnahme die augenscheinlichsten Gladiatorenwaffen, es ist kein

einziges Soldatenwaffenstück unter denselben, die erwähnten Malereien beziehn sich wie mancherlei gemalte und eingekratzte Inschriften auf das
Amphitheater und eine genauere Betrachtung des Gebäudes selbst wird
lehren, daß dasselbe alle Zeichen einer Caserne und keines von einem
Marktplatz an sich trägt; ist es aber eine Caserne, so kann es nach den
angegebenen Umständen nicht die der pompejanischen Besatzung, sondern
nur die der Gladiatoren gewesen sein.

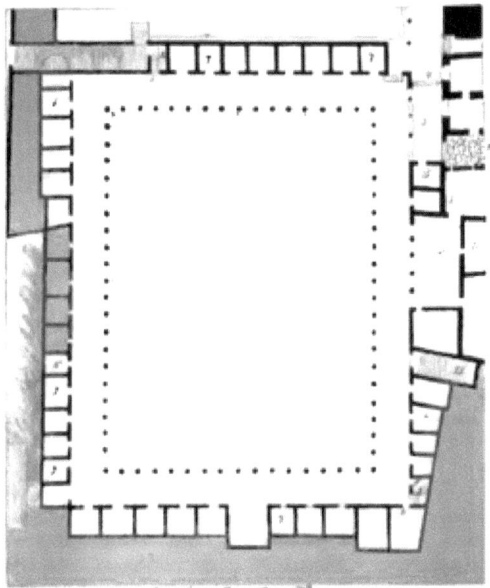

Fig. 113. Plan der Gladiatorencaserne.

Das fragliche Gebäude ist ein großer offener, von Säulengängen um-
gebener Hof von 55 × 41,10 M. mit Einrechnung der 4,30 M. breiten Säulengänge, hinter denen eine Reihe von Cellen in zwei Stockwerken und einige
größere Räumlichkeiten liegen, von denen im Einzelnen zu handeln sein
wird. Im Westen begrenzt dasselbe das Forum triangulare, von dem eine
breite Treppe 1 herabführt, die zugleich auf den offenen Hof hinter dem
das Gebäude im Norden begrenzenden großen Theater einen Zugang bietet,
während ein zweiter zum großen, und, wenn man sich nach seiner Durch-
schreitung rechts wendet, zum kleinen Theater führender Durchgang an der
rechten Ecke dieser Seite angebracht ist. Östlich liegt ein Complex von
Privatgebäuden an der Straße, die am kleinen Theater vorüber nach dem

Thor von Stabiae führt. Von dieser Straße zweigt sich eine Gasse in unser Gebäude ab, und durch diese ist in 2 der um drei Stufen und hinter der Säulenhalle wieder eine Stufe über den Boden des Umgangs erhobene Haupteingang in dasselbe, und zwar unter einer von drei ionischen Säulen gebildeten Säulenhalle 3, aus welcher der oben erwähnte Ausgang auf das Postscenium des kleinen Theaters 4 führt. Im Süden endlich lief die Stadtmauer an unserem Gebäude vorbei, doch ist die Beschaffenheit dieser Stelle in den letzten Zeiten Pompejis gegenwärtig, unvollendeter Ausgrabung wegen nicht sicher festzustellen. Um den Säulengang liegt, wie gesagt, eine zweistöckige Reihe von gleichgroßen Cellen 7, und zwar sind auf der nördlichen Seite' außer zwei großen überwölbten Nischen unter der großen Treppe, die auch für Casernenzwecke benutzt worden sein mögen, ihrer $2 \times 8 = 16$ (in beiden Geschossen und eine Treppencella 8, in der neben der vom Forum herabführenden Treppe 1 eine noch schmalere, welche durch eine dünne Mauer von jener getrennt war, emporführt; auf der westlichen Seite finden wir außer einer zweiten Treppencella 8' und einer Cella unter der großen Treppe, die wie die andere bewohnt gewesen ist, zu ebener Erde zehn Cellen, in deren Mitte ein breiter, von fester Erde erfüllter Raum sich befindet, dessen Zweck unklar ist. Im obern Geschoß gehn die Cellen auch über diesen und den Treppenraum hinweg, so daß hier 21 sind; auf der südlichen Seite sind zu ebener Erde zehn Cellen zu beiden Seiten eines größern jetzt zu einer Capelle eingerichteten Mittelraums 9, während im obern Geschoß eine gleiche Anzahl sich befand. Endlich finden wir auf der östlichen Seite im Erdgeschoß außer einem Treppenraum 8'' an der Ecke, dessen Treppe recht augenscheinlich auf die gleich zu besprechende Gallerie führte, und außer mehren größeren Räumen noch vier Cellen, die sich im obern Geschoß wiederholen. Dieser Cellen sind also im Ganzen, die subscalaren ungerechnet, 68, welche alle unter einander keine Verbindung, sondern nur einen Eingang nach vorn haben, welcher im obern Geschoß auf eine rings umlaufende Gallerie führte, deren Balkenlager in den Wänden unverkennbar, und welche zum Theil aus antiken Elementen, im Übrigen nach Maßgabe solcher auf der einen Ecke, welche die unten stehende Abbildung Fig. 114. zeigt, reconstruirt ist. Diese Cellen von durchschnittlich 1 M. Größe können nur einen Zweck gehabt haben; zu Verkaufsbuden sind sie, sind namentlich diejenigen im obern Geschoß nicht geeignet, wohl aber auf's beste zu Schlafzimmern für die Bewohner der Caserne. Daß man keine festen Betten in ihnen gefunden hat, widerspricht nicht im geringsten, denn Soldaten wie Gladiatoren genügte ein Strohlager mit etlichen Decken. Wahrscheinlich haben wir uns jede Celle von zwei Mann bewohnt zu denken, was bei gänzlicher Besetzung eine Zahl von 136 bis 140 Bewohnern dieses Gebäudes ohne die etwaigen Vorgesetzten ergeben würde. Und diese 140 Mann sollten Gladiatoren gewesen sein! so viel Gladiatoren in einem Städtchen wie Pompeji! und ein solches Städtchen wie Pompeji sollte eine eigene Gladiatorencaserne gehabt haben! Das sind die Einwürfe, die man gegen Garrucci erhoben hat. Und warum dies Alles nicht! muß man dagegen fragen. Hatte Pompeji ein Amphitheater für 12—13,000 Zuschauer [46], also, wie schon mehr-

mals bemerkt und allseitig anerkannt ist, für jedenfalls mehr Menschen, als
Pompeji selbst in dasselbe senden konnte, war Pompeji also der Ort, welcher
die Centralanstalt der Amphitheaterkämpfe für die ganze Umgegend bis
Nocera und vielleicht noch weiter hinaus besaß, warum soll es nicht stehende Gladiatorenbanden gehabt haben? und wenn es diese hatte, warum
für sie nicht eine Caserne, in der sie gehörig unter der Fuchtel gehalten
und an Revolten verhindert werden konnten, wie sie Rom unter Spartacus
und Catilina erlebte. Aber die Zahl! Die Antwort liegt einfach in der
Ankündigung von Gladiatorenkämpfen, welche am Album des Gebäudes der
Eumachia gefunden worden ist, und in welcher dem Volke 30 Paar Gladiatoren verheißen werden, welche von Sonnenaufgang an kämpfen würden.
Also 30 Paare Gladiatoren, d. h. 60 Mann sollen an einem Tage in Pompeji kämpfen, vielleicht Alle bis zum Tode des einen Gegners, so daß hiebei
allein die Hälfte auf dem Platze blieb, ungerechnet die etwa an empfangenen
Wunden Sterbenden und ungerechnet die *bestiarii* in den Thierkämpfen.
Die Antwort liegt ferner in einer schon früher erwähnten Grabschrift Mommsen No. 2578,.. in der es bezeugt ist, daß ein zum dritten Male zum Duumvir Erwählter dem Volke 35, sage fünfunddreißig Paar Gladiatoren vorführte,
abzusehn von anderen zugleich gestellten Kämpfern ziemlich verwandter
Art. Hienach wird die Zahl von 110 Gladiatoren, die in unserer Caserne
hausten, wahrlich nicht zu groß erscheinen, da wir ja gar nicht berechnen
können, wie oft man Kämpfe vielleicht einer gleich großen und größern
Zahl von Gladiatoren veranstaltete. Jene zweifelnden Fragen sind nun wohl
beseitigt. Zurück also zum Plane des Gebäudes selbst, welches sich als
Caserne noch weiter deutlich erweisen wird. Die bezeichnendsten Räumlichkeiten liegen auf der östlichen Seite. Hier ist namentlich das Vorhandensein einer großen Küche (10) hervorzuheben, die jetzt wie 11 mit Citronen-
bäumen bepflanzt und geschlossen, vermöge der noch existirenden gemauerten Heerde ganz unverkennbar bezeichnet und von Magazinräumen 11
und 12 jetzt verbaut) begrenzt ist. Daß eine solche große Küche an einem
Markte gar keinen Zweck hatte, während sie in einer Caserne nothwendig
war, ergiebt sich von selbst. Neben derselben führt bei 13 eine Treppe,
breiter als die Treppen zur Gallerie, in einige größere Zimmer über den
entsprechenden größeren Räumen im Erdgeschoß, in denen wir die Wohnung des Lanista oder der Lanisten füglich erkennen können. Neben der
Treppe ist in 14 ein Gefängniß jetzt auch als Gärtchen benutzt, in welchem
man ein für zehn gleichzeitig zu fesselnde Personen eingerichtetes Fußeisen
auffand, welches in das Museo nazionale geschafft und daselbst im obern
Geschoß im Bronzezimmer zu sehn ist; die Einrichtung dieses Eisens ist
der Art, daß der Gefangene nur liegen oder sitzen, nicht aber sich erheben
konnte [15]. Auch ein solches Gefängniß, eine solche Strafkammer paßt nicht
an einen Markt, aber wohl in eine Caserne, zumal eine Gladiatorencaserne.
Die übrigen Räume sind nicht entscheidend und zum Theil ihrem Zwecke
nach nicht zu benennen. In 15 ist das Kämmerchen des Thürhüters oder
des Wachpostens, 16 bildet einen geräumigen Vorsaal der Küche, vielleicht
und sogar wahrscheinlich den Eßsaal, 9, die jetzige Capelle, ist ein großes

Zimmer in Form des Tablinums von Privathäusern, in dem man die Wände mit Tropäen aus Gladiatorenwaffen verziert [8] und derselben viele, zum Theil kostbare in Natura fand, welche in einem spätern Theile dieses Werkes besprochen und in einer Auswahl abgebildet werden sollen.

Die vier und siebenzig, 3,60 M. hohen Säulen der umlaufenden Porticus von stuccobekleidetem Tuff sind dorisch und zwar bei der Restauration nach in Pompeji beliebter Schlämmbesserung mit neuen Capitellen von Stucco versehen. Sie sind nur in den oberen zwei Drittheilen cannellirt und sind roth bemalt [9]. In der Mitte des offenen Hofes steht ein steinerner Tisch von unbekannter Bestimmung und um den Hofraum läuft eine Regenrinne mit mehrfachen im Plan angegebenen Cisternen und kleineren Vertiefungen, in denen sich der Schmutz aus dem Wasser niederschlag.

Fig. 114.   Ansicht der Gladiatorencaserne in theilweiser Restauration.

Nachdem durch das Bisherige hoffentlich die Bezeichnung des Gebäudes als Caserne gerechtfertigt ist, muß noch einmal betont werden, warum sie nicht als eine Soldaten-, sondern eine Gladiatorencaserne betrachtet werden darf. Daß man nur Gladiatorenwaffen in derselben gefunden hat, ist erwähnt; ebenso daß die Decoration des Tablinums aus Tropäen von Gladiatorenwaffen bestand; hier muß noch bemerkt werden, daß die zahlreiche Kritzeleien im jetzt fast ganz abgefallenen Stucco der Wände und Säulen Gladiatoren, nicht Krieger darstellen. Wenn aber gesagt worden ist, daß unsere Caserne mit derjenigen Ähnlichkeit bietet, welche für seine praetorianische Leibwache Hadrian in seiner Villa bei Tivoli baute, so ist darauf zu antworten, daß ähnliche Bedürfnisse ähnliche Formen von Gebäuden erzeugen, das Bedürfniß aber war dasselbe bei der Casernirung einer Soldatenabtheilung und einer Gladiatorenbande; wenn man ferner zur Erklärung der aufgefundenen Gladiatorenwaffen in der angeblichen Soldatencaserne gesagt hat, wandernde

Gladiatorenbanden mögen zeitweilig in derselben casernirt worden sein, so hat das nur den Werth einer verzweifelten Conjectur; und endlich, wenn man eine Soldatencaserne in Pompeji vermißt, die allerdings schwerlich gefehlt haben wird [50], so ist auf die noch nicht ausgegrabenen zwei Drittheile der Stadt und ganz besonders auf die Vorstadt Augustus Felix hinzuweisen. Die umstehende Ansicht stellt die östliche Porticus der Gladiatorencaserne mit der factisch ausgeführten Restauration der Gallerie oder des Balkons der oberen Cellen dar; der Standpunkt ist vor 3 auf dem Plane. Die Cellen dienen heutigen Tages als Wohnungen der Wächter.

Aber genug von dem Amphitheater und dem Gladiatorenwesen, wir verlassen die für dasselbe errichteten Gebäude, um Ruinen aufzusuchen, in denen friedlichere Scenen römischer Üppigkeit spielten, und welche von nicht geringerem Interesse sind, als irgend welche andere in den Mauern Pompejis, nämlich:

Fünfter Abschnitt.

Die Thermen

oder öffentlichen Badehäuser, deren man bis jetzt zwei, ein älteres, 1824 ausgegrabenes und ein neueres und größeres kennt, welches den Ausgrabungen der 50er Jahre unseres Jahrhunderts verdankt wird. Beide Thermen gehören zu den am besten erhaltenen, in ihrer Ausschmückung reichsten und schönsten, in ihrer Bestimmung unzweifelhaftesten und zu den lehrreichsten aller Ruinen der antiken Stadt, welche an dieser Stelle eine ganz besondere Aufmerksamkeit wie im Original einen eingehend prüfenden Besuch in besonderem Maße verdienen.

Häufige Waschungen und Bäder sind ein Bedürfniß aller Völker in südlichen Climaten, und so finden wir denn auch bei den verschiedenen Völkern des Alterthums mehr oder weniger bedeutende Einrichtungen, welche diesem Bedürfniß entsprachen; aber bei keinem Volke des Alterthums oder der Neuzeit ist das Baden so sehr zu einer förmlichen Leidenschaft geworden, wie, aber freilich erst in der spätern Periode, bei den Römern, und kein Volk hat so Viel gethan, so Großes geschaffen und gebaut, um diese Leidenschaft zu befriedigen, wie eben die Römer. In Rom badete in der Kaiserzeit Jeder, arm und reich, vornehm und gering, alt und jung wenigstens einmal täglich, oft auch mehrmals, ja wir wissen daß ein guter Theil der feinen Welt in den Bädern, wo sie freilich außer den Waschungen noch sonst allerlei Nennbares und Unnennbares suchte und fand, fast den ganzen Tag und einen Theil der Nacht zubrachte. Flußbäder sind natürlich das Anfängliche, eigene Badeanlagen in geschlossenen Räumen folgten, und sollen aus Griechenland entlehnt sein; aber bis zum Ende der Republik waren derartige öffentliche und private Einrichtungen noch keineswegs zahlreich in Rom und von allem Luxus und aller Großartigkeit weit entfernt. Luxus und Großartigkeit brachte auch hier die Kaiserzeit; an Zahl wie an Umfang nahmen die öffentlichen Badehäuser, welche man, weil sie neben kalten auch warme und Dampf- oder Schwitzbäder enthielten, mit dem Namen Thermen, d. h. Warmbäder bezeichnete, schnell zu, so daß im vierten Jahrhundert

ihrer 856 in Rom gezählt wurden. Agrippa baute unter August die ersten
ausgedehnten Thermen, welche aber an Glanz und Größe von den Thermen
der Kaiser in späterer Zeit vollkommen in Schatten gestellt wurden. Diese
Kaiserbäder, eigentlich für die ärmere Classe bestimmt, da Wohlhabendere
eigene Bäder in ihren Häusern besaßen, aber doch auch von den höheren
Classen der Gesellschaft als allgemeine Sammelplätze der feinen und geistreichen Welt stark besucht, waren von einer derartigen Größe, daß z. B.
in den Thermen des Caracalla 3000 Menschen zugleich baden konnten,
waren von einer solchen Ausdehnung, daß sie außer den eigentlichen Baderäumen nicht allein Bibliotheks- und Conversationszimmer, sondern Ring-
plätze, Spaziergänge, Parks, kleine Theater, Schauplätze für Gladiatorenkämpfe und dergleichen mehr umschlossen, waren dabei endlich von der
fabelhaftesten Pracht und mit den enormsten Luxus ausgestattet. Stammt
doch eine Reihe der berühmtesten Bildhauerwerke, der Laokoon, der Farnesische Stier, der Farnesische Hercules, die s. g. Flora (Hebe) in Neapel,
der Torso von Belvedere und vieles Andere aus den Thermen des Titus und
denen des Caracalla.

Es begreift sich, daß bei der Wichtigkeit des Badewesens sehr Vieles
überliefert und daß dieses in mannigfachen Schriften behandelt worden ist [50];
da aber die Einrichtung der öffentlichen Bäder in der römischen Welt selbst
in ihren eigentlichen und wesentlichen Theilen eine ziemlich mannigfaltige
und von derjenigen der modernen Welt abweichende ist, so mußte in den
Überlieferungen ohne monumentalen Anhalt, ohne die Anschauung der Denkmäler selbst Manches unklar bleiben. Die monumentale Anschauung hat
nun freilich schon lange vor der Entdeckung Pompejis keineswegs gefehlt,
stehn doch, um nur das Bekannteste zu erwähnen, von den fünfzehn großen
Badehäusern, die Rom unter Constantin zählte, die Ruinen der Thermen
des Caracalla in imposantester Großartigkeit da, während das große Schwimmbassin der Thermen des Diocletian in die Kirche Sta. Maria degli angeli
umgebaut ist, um von Anderem zu schweigen. Aber vermöge der gewaltigen Ausdehnung dieser Gebäude und vermöge der überschwänglichen Fülle
der accessorischen Räumlichkeiten, welche sie umschlossen, war es keineswegs leicht, sich in ihnen zu orientiren und die einzelnen, namentlich die
wesentlichen Theile zu bestimmen. Auf der andern Seite haben wir freilich
auch von kleinen mehr oder weniger grade auf die nothwendigsten Theile
beschränkten Badeanlagen Ruinen in verschiedenen Theilen des weiten Römerreichs. Und endlich wurde die monumentale Grundlage unserer Anschauung
noch durch ein angeblich aus den Thermen des Titus stammendes Gemälde
vollendet (abgebildet u. a. in Winckelmanns Werken Taf. 9 No. 19 und
mehrmals in anderen Werken wiederholt), welches ein römisches Bad in
seinen wesentlichen Räumen selbst mit Namensbeischrift darstellt, welches
jedoch nicht antik, sondern von dem Architekten Giovanni Antonio Rusconi
1553 erfunden ist, um einem Compendium über Bäder als Titelkupfer zu
dienen [51]. Mögen aber die Grundlagen unserer Kenntniß antiker Bäder
sein welche sie wollen, immer stehn die beiden Thermen von Pompeji an
Erhaltung und Klarheit der Bestimmung aller Räume, die weder auf das

allernächste Bedürfniß beschränkt, noch mit Accessorischem überladen sind, in der allerersten Linie und bilden eine durchaus sichere Grundlage für das Verständniß aller derartigen Anlagen, welches auch bereits nicht unwesentlich durch sie gefördert worden ist. Wir können also nicht besser thun, als dieselben nach Anlage und Einrichtung des Ganzen wie des Einzelnen zu erläutern, indem wir die weitergehenden Bemerkungen an diesen Stamm anlehnen.

a. Die kleineren Thermen.

Beginnen wir mit den kleineren, 1824 ausgegrabenen Thermen, welche allerdings ihrer Erbauungszeit nach die jüngeren sind, deren Plan sich aber als der einfachere leichter zum Verständniß bringen läßt. Dieselben bilden einen von vier Straßen umgebnen Gebäudecomplex (*insula*) für sich, sie liegen unmittelbar hinter (nördlich von) dem Forum, einerseits an der nach ihnen benannten *Strada delle Terme* im Norden, andererseits an der Verlängerung der Straße des Mercur (*Strada del Foro*) im Osten, von welchen beiden Straßen die Haupteingänge sind, während die dritte Straße mit einem dritten Eingang und die vierte westlich und südlich (*Vicolo delle Terme* und *Vico dei soprastanti* genannt) nur unbedeutend erscheinen. Diese Thermen bedecken in ihrer Gesammtheit ein unregelmäßig viereckiges Areal von 49,50 M. Breite an der *Strada delle Terme*, 28,30 M. Breite an der kleinen südlichen Straße und 53 M. mittlerer Tiefe.

Bevor auf den Plan dieses Gebäudes eingegangen wird, muß wenigstens mit ein paar Worten von Inschriften gesprochen werden, welche sich wirklich und welche sich angeblich und scheinbar auf diese Thermen beziehn. Die in der That auf diese Thermen bezügliche Inschrift, welche in zwei Exemplaren (Corp. Inser. Lat. I. No. 1250, in der Nähe derselben gefunden worden ist, nennt diejenigen pompejanischen Duumvirn, unter denen dieselben aus öffentlichen Mitteln, also von vorn herein als öffentliche Anlage gebaut und der Benutzung anheim gegeben worden sind. Eine andere Inschrift dagegen, welche schon 1749 in der s. g. Villa Ciceros vor dem herculaner Thore gefunden worden ist und eine private Badeanstalt (*thermae M. Crassi Frugi* von See- und Süßwasser erwähnt, ist nur nach einer offenbar irrigen oder falschen Angabe über ein angeblich in der *Strada delle Terme* gefundenes Exemplar auf die in Rede stehenden Thermen bezogen worden und hat mehr als eine Schwierigkeit gemacht, um welche wir uns, so wie jetzt die Sache festgestellt ist [52], nicht weiter zu kümmern haben. Es sei deshalb vorweg noch erwähnt, daß ihrer Bauart nach die demnächst näher zu bezeichnende Männerabtheilung die frühere, und zwar, aller Wahrscheinlichkeit nach, mit dem kleinern Theater und dem Amphitheater gleichzeitig in den ersten Zeiten der sullanischen Colonie erbaute, die Frauenabtheilung dagegen erst später, wahrscheinlich unter Augustus oder Tiberius hinzugefügt worden ist.

Sieht man sich nun den Plan an, so mag auf den ersten Blick die nicht unbeträchtliche Zahl von einzelnen Räumlichkeiten auf demselben verwirren, aber die Orientirung wird sehr leicht, wenn wir uns alles Accessorische weg-

denken. Es sind dies besonders die vielen Läden, welche ohne jede Verbindung mit dem Innern des Gebäudes, wie dies auch bei Privathäusern
das Gewöhnliche ist, bald aus einem Zimmer, bald aus mehren bestehend,
fast das ganze Erdgeschoß der Thermen umgeben. Sie sind zur leichten
Absonderung auf dem Plane hell durchschraffirt. Sodann vereinfachen wir
uns die Übersicht, wenn wir die beiden Abtheilungen der Thermen, das
Männerbad und das Frauenbad getrennt betrachten, wie sie denn thatsächlich

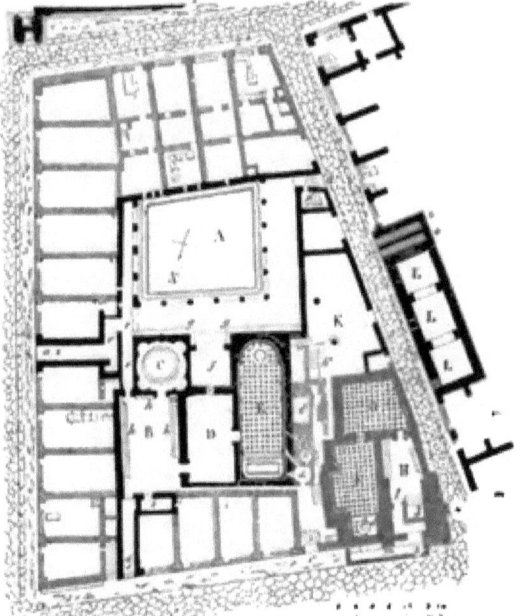

Fig. 115. Plan der kleineren Bäder.

getrennt und auch auf dem Plane Fig. 115. unterschieden sind, indem die
Mauern der Frauenabtheilung (F—J) nur dunkel schraffirt, die Mauern des
Männerbades (A—E) ganz schwarz erscheinen.

Wie schon bemerkt, haben die Thermen drei Eingänge, abgesehn von
denjenigen in die Frauenabtheilung b und dem zu den Heerden führenden
c, welcher übrigens erst später aus einem Laden gleich den anstoßenden in
einen Zugang verwandelt worden ist. Die Eingänge zum Männerbade sind
mit a 1, 2, 3 bezeichnet. Der Eingang a 1 liegt an der westlichen Gasse
(vicolo delle Terme) und führt unmittelbar auf den innern Hofraum A; ein
kleines Gemach links an demselben d ließ sich früher, denn jetzt ist es unzugänglich, auf das bestimmteste als Abtritt erkennen, und muß im Kleinen

gezeigt haben, was wir größer in den größeren Thermen wiederfinden werden,
und noch größer am Forum neben der Lesche getroffen haben. Der Eingang *a* 2 von der Straße des Forum aus ist überwölbt wie die umliegenden
Läden, um dem obern Stockwerk und den großen Wölbungen der eigentlichen Baderäume einen festen Halt entgegen zu setzen. Auch dieser Eingang führt durch einen Corridor *e* links in den Hofraum, rechts in das
Auskleidezimmer *B*. Der dritte Eingang *a* 3 dagegen an der Thermenstraße,
der einzige heute zugängliche, leitet mittels eines zweiten gewölbten Corridors,
direct in das Auskleidezimmer *B*. Der Hofraum *A*, der jetzt anmuthig genug
in einen kleinen Garten verwandelt ist, wird an zwei Seiten von einem
der spätern Zeit angehörenden dorischen Säulengange, an der dritten, im
Osten von einer Crypte, einem durch ein Gewölbe bedeckten Gange mit
Bogenfenstern umgeben und lehnt sich mit der vierten an die Hinterwand
der Läden. Eine Gosse ist rings herumgeführt, um das Regenwasser aufzufangen und fortzuführen. Über der eingestürzten Wölbung der Crypte
sind die Ruinen eines obern Geschosses deutlich sichtbar. Diesen Hof von
21,50 M. Breite und 16,30 M. Tiefe mit Einschluß des Umganges kann
man als die *ambulatio*, den Ort betrachten, an welchem sich die Badenden
versammelten, um das Bad abzuwarten, wo man Unterhaltungen pflegte und
vielleicht auch körperliche Übungen und Spiele vornahm. Er würde also
freilich sehr im Kleinen jene großen Anlagen der Kaiserbäder vertreten,
welche ähnlichen Zwecken dienten, den Ambulationen, Xysten u. s. w.,
und wir dürften ihn uns in diesem Falle mit schattigen Bäumen bepflanzt
als einen anmuthigen Aufenthaltsort für müßige Stunden denken, falls er
nicht, entsprechend der ausdrücklich so genannten Palaestra der größeren Thermen, mit der er im Ganzen und Einzelnen die größte Ähnlichkeit hat, als
wesentlich zu Leibesübungen bestimmt und folglich als offener Hof aufzu-
fassen ist. Da hier täglich viele Menschen ihre müßigen Stunden zubrachten,
so mußte der Ort für Bekanntmachungen aller Art als sehr geeignet erscheinen, auch hat man solche in nicht unbedeutender Zahl, aber kaum
noch lesbar, auf den Wänden der Porticus gefunden, unter Anderen auf der
Südwand eine allerdings ebenfalls fragmentirte Anzeige von Amphitheater-
spielen, welche dadurch vor anderen interessant wird, daß sie aller Wahrscheinlichkeit nach die Spiele und Kämpfe mit der Einweihung der Thermen
selbst in Verbindung setzt, und auf die Zeit dieser Einweihung, d. h. der
Frauenabtheilung, mit welcher der Hofbau gleichzeitig ist, d. i., wie gesagt,
die Zeit des Augustus oder Tiberius schließen läßt. In dem Umgange dieses
Hofes fand man auch ein Schwert und die Büchse, in welche der thür-
hütende Badewärter das für die Bäder empfangene Geld sammelte. Es war
dies ein äußerst geringer Betrag, ein *quadrans* nämlich, d. h. ¼ As oder
¹⁄₆₄, und nachdem man 16 As auf den Denar rechnete ¹⁄₆₄ Denarius, nach
unserem Gelde ungefähr 5 Pfennige. Für einen Quadrans gebadet, gehst
du wie ein König einher, sagt der Dichter; in den großen öffentlichen Bade-
anstalten Roms wurden aber oft genug der ärmern Classe aus Schenkungen
Großer und Reicher Gratisbäder gegeben.

An diesen Hof stößt das offene überwölbte Gemach *f*, die Exedra mit

Sitzen, das eigentliche 4,75 × 5,90 M. große Conversationszimmer für die, welche ausruhen und sich zum Gebrauche des kalten Bades abkühlen wollten. Auch zu beiden Seiten der Exedra finden wir an den Wänden des Umgangs steinerne Sitze, *scholae*, *g*; bei der Lage des Gebäudes wird in diesem Theile des Ganges, der sich nach Südost öffnet, eine angenehm gemäßigte Temperatur geherrscht haben, die man in der Exedra selbst noch kühler fand. — Hatte man sich nun in diesem Hofe, seinen Gängen und der Exedra gehörig vorbereitet, so begab man sich durch den erwähnten Corridor *e*, dessen Wölbung blau mit goldenen Sternen gemalt gewesen sein soll, in das Apodyterium, das Auskleidezimmer *B*, in welches man, wie bemerkt, durch den Eingang *a* 3 direct gelangt. Man sieht aus dieser Einrichtung recht deutlich, wie für das Bedürfniß derer, welche nur die physische Erquickung des Bades suchten, durch einen kürzern Weg, auf dem sie, ohne die Revue der Versammlung im Hofe zu passiren, zu ihrem Ziele gelangten, ebenso gesorgt war, wie für die Bequemlichkeit derer, welchen das Bad selbst vielleicht als Nebensache, ein angenehm verbrachtes Plauderstündchen, Austausch von Stadtneuigkeiten oder geistreichere Unterhaltung die Hauptsache sein mochte. Denn das Bad war die *réunion du beau monde*, und in der Exedra producirten die Poëten die jüngsten Kinder ihrer Laune. In diesem kleinen Corridor fand man nicht weniger als 500 Lampen in diesen Thermen überhaupt über 1000, die meisten von gewöhnlichem gebrannten Thon. Man sieht also, wie bedacht die Pompejaner auf eine genügende Erleuchtung der an und für sich nicht gar zu hellen Baderäume waren. Die besten dieser Lampen hat man für das Museum in Neapel ausgesucht, die übrigen in lächerlicher Eifersucht zerschlagen und vernichtet; die erhaltenen besseren Lampen zeigen sehr mäßig ausgeführte Reliefe meist mythologischen Inhalts.

Durch diesen Corridor also gelangte man in das erste eigentliche Badegemach, das *Apodyterium*, d. h. das Auskleidezimmer, *B* auf dem Plan. Dieses 11,50 × 6,80 M. große Gemach ist wie die nebenliegenden Zimmer mit einem Tonnengewölbe bedeckt, welches aus einem ziemlich schwerfälligen, mit Greifen, Amphoren und Lyren in bunten Stuccoreliefen und dazwischen liegenden gemalten Arabesken verzierten Carnies entspringt. Auf diesem Carnies werden die Lampen zur Erleuchtung des Gemaches in langer Reihe gestanden haben. Die Wände sind gelb bemalt, die gewölbte Decke mit weißen Feldern in rother Umsäumung, so viel sich hat finden lassen, ohne innere Figurenmalereien. Der Fußboden besteht aus einem groben weißen Mosaik mit schwarzem Rande. Steinerne Bänke, *h* im Plan, auf einer niedrigen steinernen Stufe laufen rings an den Wänden hin, in welchen man Löcher sieht, die von hölzernen, zum Theil verkohlt aufgefundenen Pflöcken herrühren, an welchen man wahrscheinlich die abgelegten Kleidungsstücke aufhängte, oder an denen ein Bordgestell befestigt war, bestimmt, die abgelegten Kleider aufzunehmen. Diese blieben unter der Obhut eines *capsarius* genannten Badesclaven, der in einer *capsa* (einem Schrein) die Werthsachen der Badenden gegen ein kleines Trinkgeld verwahrte. Als den Aufenthaltsort des Capsarius wird man wahrscheinlich das kleine jetzt durch

12*

Aufführung einer neuen Schlußmauer ganz verschwundene Zimmer *i* am
Ende des Apodyterium zu betrachten haben, in welchem zugleich allerlei
Badegeräthe nebst Salben und Ölen aufbewahrt worden sein mögen, dem
man also den antiken Namen des *Elaeothesium* beilegen kann, während
er als *tonstrina*, d. h. als Barbierstube, wie man auch gemeint hat, schon
deshalb nicht gedient haben kann, weil er fast ganz dunkel war. Sein Licht
erhält das Apodyterium durch ein großes Fenster an der Südwand hart unter
der Wölbung, die es sogar etwas unterbricht (s. Figur 116.), dem ein ähnliches an der zerstörten Nordwand entsprochen haben wird. Das erhaltene
Fenster auf der Südseite von 1 M. Breite und 0,70 M. Höhe öffnet sich über
der Kuppel des anstoßenden Schwimmbassins *C*, es war nicht allein mit Glas
geschlossen, sondern mit e i n e r großen, 0,013 M. dicken, guten, flachen
Fensterscheibe, welche in einem ehernen Rahmen haftete und sich in demselben um zwei Zapfen in der Mitte drehend bewegte. Die bei der Aus-

Fig. 116.   Ansicht des Apodyterium.

grabung in Fragmenten gefundene und in das Museum in Neapel gebrachte
Scheibe gilt als auf der einen Seite matt geschliffen, und dafür giebt man
als Grund an, es solle dadurch das Hereinsehn in das Apodyterium von dem
Dache des Schwimmbassins verhindert werden. Allein dies Alles ist höchst
zweifelhaft, schon deswegen, weil die Erklimmung des Daches des Schwimmbassins bei seiner Steilheit ziemlich halsbrechend sein mußte, und weil die
Lust, Badende zu belauschen sehr wenig antik ist. Bemerkenswerth aber
ist diese Fensterscheibe deswegen, weil sie nebst mehren ganz ähnlichen in
der Villa suburbana gefundenen diejenigen widerlegt, welche den Gebrauch
von Fensterscheiben in dieser Zeit bezweifelt haben. Das Relief zu beiden
Seiten des Fensters, welches bei der Reparatur der Wölbung stark gelitten
hat, stellt Tritonen mit großen Gefäßen auf den Schultern umgeben von
Delphinen dar; in der Fensternische selbst sieht man eine colossale Okeanos-
oder Flußgottmaske. Unter diesem Fenster ist in der Wand noch eine kleine

Öffnung, welche, wie der Ölruß zeigt, mit dem man bei der Ausgrabung ihr Inneres bedeckt fand, diente um durch hineingestellte Lampen das Apodyterium bei Nacht zu erhellen.

Das Einzige, was auf den ersten Blick ein Bedenken gegen die Benennung dieses Saales erweckt, ist der Umstand, daß er außer der Thür der Kammer *i* fünf Thüren hat, deren die Abbildung Fig. 116. drei zeigt; man denkt dabei leicht, namentlich wenn man ein Nordländer ist, an Zugluft, die für ein Auskleidezimmer besonders nach unseren Begriffen, — denn in Italien denkt man über Zug sehr anders — wenig passend ist. Allein bei genauerer Betrachtung fällt dieses Bedenken ganz weg, indem nur zwei Thüren

nach außen, die dritte in die Natatio, die vierte in das Tepidarium, die fünfte zu der Feuerstelle führt. und da nun für ein Apodyterium in diesem Thermengebäude absolut kein Raum außer diesem an sich hierzu sehr passenden nachweisbar ist, so muß jeder Zweifel über die Benennung dieses Raumes aufgegeben werden.

Aus dem Apodyterium betritt man am zweckmäßigsten zuerst das Frigidarium oder die Natatio, d. h. das kalte Bad oder das Schwimmbassin *C*, welches diesen letztern Namen allerdings im vorliegenden Falle nur in sehr uneigentlichem Sinne tragen kann. Dies Gemach ist vollständig erhalten, es fehlt nur das Wasser in dem Bassin, welches durch die 1,17 M. vom Boden des Umganges der Eingangsthür gegenüber angebrachte flach

Fig. 117. Ansicht des Frigidarium.

gedrückte, 0,15 M. breite Mündung einer kupfernen Röhre sich in einem Strahle von oben her in die Piscina ergoß; das Gemach ist nach außen viereckig, innen kreisrund von 5,70 M. Durchmesser; den vier Ecken nach außen entsprechend sind im Innern vier halbrunde Nischen von 1,68 M. Durchmesser und 2,20 M. Höhe, die s. g. *scholae*, Ruheplätze, angebracht; in der Mitte befindet sich die *piscina*, die Wanne oder das Bassin, von 4,50 M. oberem Durchmesser, umgeben von einem 0,47 M. unter der Fläche des Bodens befindlichen 0,29 M. breiten Sitz, innerhalb dessen an der einen

Seite links auf der Ansicht Figur 117., noch ein niedriger Tritt angebracht ist, um das Heraussteigen aus dem Wasser zu erleichtern. Dicht
neben diesem Tritt ist auf dem Grunde die viereckige Öffnung des Abzugs-
rohres, das natürlich verschließbar gewesen ist und nur zu Reinigungs-
zwecken geöffnet wurde, während eine zweite, nahe dem Rand angebrachte
Öffnung das Wasser im Maße seines Zuflusses ablaufen ließ. Das wohlerhaltene und wie die Plattung des Umgangs und der Nischen aus weißem
Marmor bestehende Bassin ist im Ganzen nur 1,17 M. tief, so daß man
wohl nur hockend oder sitzend in demselben baden konnte. Die Bedeckung
des Gemachs besteht in einer uneigentlichen Kuppel, d. h. in einer solchen
in Form eines abgestumpften Kegels, und ist jetzt im Gipfel offen; daß
dies ursprünglich so gewesen sei, ist nicht glaublich, vielmehr rührt es von
der Zerstörung her, die hier eintreten mußte, weil die Spitze über die ver-
schüttende Asche herausragte; den Beweis für den ursprünglich vollständigen
Gipfelschluß der innen blau gemalten Kuppel liefert eine durch dieselbe
nach Südwest gebrochene Fensteröffnung, welche die Ansicht Fig. 117.
zeigt, und die überflüssig gewesen wäre, wenn der Gipfel nicht verschlossen
war. Sie scheint ohne Scheiben gewesen zu sein, weil es für dies Gemach
zum Kaltbaden nicht auf einen Abschluß gegen die freie Luft ankam. Die
Wände waren hier mit grünen Pflanzen auf gelbem Grunde gemalt, die
Nischen sind hellblau, wieder mit Pflanzenornamenten, ihre Wölbungen
roth gemalt und mit einem hübschen Stuccorahmen eingefaßt. Die Orna-
mentation, welche ähnlich in der Natatio der größeren Thermen wiederkehrt,
sollte offenbar an die freie Natur erinnern. Auch der etwa 3 M. vom Boden
umlaufende Carnies, aus der die Kuppel entspringt, ist mit Stuccoreliefen
geziert, welche gut gearbeitete Rennen von Eroten zu Roß und zu Wagen
darstellen, die auf rothen Grund aufgesetzt sind.

Kehrt man aus diesem Frigidarium zurück und schreitet durch die auf
der Abbildung Fig. 116. sichtbare Thür in der rechten Wand des Apodyterium, so befindet man sich in dem 10 × 5,60 M. großen Tepidarium
D auf dem Plane, dem Gemach für die Entkleidung derer, welche die heißen
Bäder in dem Caldarium E gebrauchen wollten und zur Abkühlung derer,
welche diese gebraucht hatten, sowie für die mit dem Gebrauche der
Schwitzbäder in Verbindung stehenden Reibungen und Salbungen und alle
die anderen Operationen nach dem Schwitzbad, für welche eigene Sclaven,
unctores, Salber, angestellt waren. Zu diesem Zwecke wurde das Gemach
durch einen beweglichen Heerd von Bronze mäßig erwärmt, während es sehr
zweifelhaft ist, ob es einen unterhöhlten Fußboden, wie das benachbarte
Caldarium gehabt hat. Aus der folgenden Abbildung Fig. 115. ist ersichtlich,
daß dies Gemach sehr reich decorirt ist, und in der That übertrifft es in
dieser Beziehung alle anderen Abtheilungen dieser Thermen. Der Fußboden
mit grobem weißen, schwarzumrandeten Marmormosaik geplattet, die Wölbung
der Decke reich mit Stuccaturarbeit und mit Malerei auf farbigem Grunde
verziert, die Wände roth gefärbt, der Carnies von Statuen getragen: Alles
dies wirkt zusammen, um das Gemach sehr elegant und prachtvoll erscheinen
zu lassen. Die Statuen, welche den Carnies der Deckenwölbung tragen und

die mit dem technischen Ausdruck als Atlanten oder Telamonen zu bezeichnen sind, stehn auf einer rings um das Gemach auf 1,70 M. Höhe aus der Wand allerdings ziemlich unorganisch und schwer vorspringenden Platte auf kleinen Basen und vor flachen Pfeilerchen, die Nischen *loculi* zwischen sich lassen, von denen nur diejenigen zwischen dem 2. und 3. und dem 7. und 8. Atlanten der linken Seite aus einem uns nicht verständlichen Grunde ausgefüllt und mit rothbemaltem Stucco geschlossen sind. Diese Nischen haben als Aufbewahrungsorte der, wenn man sich zum Gebrauche des Schwitzbades eben hier im Tepidarium vollständig entkleidete, gesondert abgelegten Kleider gedient, und wiederholen sich mit gleicher Bestimmung in den beiden Apodyterien der größeren Thermen. Die Telamonen selbst, 0,61 M. hoch und aus gebranntem, mit feinem Stucco überzogenem und bemaltem Thon, welche nach einem guten Motiv die Last des Carnieses

Fig. 118.   Ansicht des Tepidarium

mit den über das Haupt erhobenen Ellenbogen zu stützen scheinen, sind zum Theil ganz nackt, zum Theil mit einem schuppigen Schurz bekleidet, in kräftiger Naturwahrheit, jedoch etwas schwerfällig modellirt, und ähneln den knienden Atlanten im kleinen Theater, mit welchen sie die Entstehungszeit theilen.

Die überaus reiche Stuccaturarbeit und Malerei der Deckenwölbung wird sich am besten aus der Probe Fig. 119. beurteilen lassen, obgleich in dieser, dem Werke Gells entlehnten Abbildung, die Anordnung der einzelnen Felder nicht ganz die richtige ist. Der Grund ist theils roth, theils blau, die Figuren der äußern Reihe, unter denen der vom Adler geraubte Ganymedes, Eros Amor in Jünglingsgestalt auf seinen Bogen gestützt, der von einem Greifen getragene Apollo beispielsweise hervorgehoben werden mögen, sind weiße Reliefe, die kleineren Figuren der Mitte leicht weiß gemalt.   Den Rand bildet eine reiche und geschmackvolle Stuccoarabeske, ebenfalls weiß auf rothem Grunde.

Das Tageslicht empfing das Tepidarium auf dieselbe Weise wie das Apodyterium. Das große Fenster an der Südseite, dessen Scheiben in einem bronzenen Rahmen gefaßt waren, ist erhalten und auf der Abbildung Fig. 118. sichtbar, nebst der kleinern Öffnung für die Lampen, welche hinterwärts zugleich die Exedra erhellten.

Im Tepidarium sind drei Bänke von Bronze und ein ehernes Kohlen-

becken gefunden worden, welche die Abbildung Fig. 118. an Ort und Stelle zeigt. Auf den Sitzen fand man den Namen des Schenkgebers M·NIGIDIVS·VACCVLA· P·S· (pecunia sua) »M. Nigidius Vaccula aus eigenen Mitteln«, und eine Anspielung auf seinen Namen Kühlein, kleine Kuh wird man in den Ornamenten der von ihm geschenkten Gegenstände nicht verkennen dürfen. Die Füße der 1,60 M. langen Bänke sind Kuhfüße, welche oben in einen Kuhkopf enden, und an dem 2,12 × 0,77 M. großen Kohlenbecken ist an der Vorderseite das Thier als redendes Emblem in der Mitte des obern Randes in ganzer Gestalt und in Hochrelief angebracht. Dieses im Wesentlichen den noch heutzutage in Neapel gebräuchlichen entsprechende

Fig. 119. Deckenwölbung des Tepidarium.

Kohlenbecken ruht vorn auf zwei in geflügelte Sphinxe endenden Löwentatzen, hinten auf drei graden Beinen und hat außer der Kuh ein umlaufendes zacken- oder zinnenförmiges Ornament, welches an den Ecken in ein Blatt endet und ähnlich an anderen Kohlenbecken in Pompeji, von denen später zu reden sein wird, sich wiederholt. Innerhalb des Zackenornaments ist ein eiserner Rand eingeschoben, den Boden bildet ein Rost von bronzenen Stangen, auf dem Ziegel lagen, die ihrerseits Bimstein trugen, auf welchen erst die glühenden Holzkohlen geschüttet wurden.

Aus dem Tepidarium gelangt man in das Caldarium E auf dem Plane von 16,25 × 5,35 M. Grundfläche. Die Pfosten der Thüren, welche aus

dem Apodyterium in das Tepidarium und aus diesem in das Caldarium
führen, sind geneigt, so daß die an ihnen hangenden Thürflügel sich durch
ihr eigenes Gewicht schlossen, und daß nicht durch nachlässiges Offenlassen
der Thüren Zugluft entstehen oder Hitze entweichen konnte. Caldarium
nennen wir zunächst das ganze Gemach nach seinem Hauptzweck, dem
warmen Bade, wir können aber in dem Durchschnitt drei Theile unterscheiden, *a* die *schola labri*, eine große halbrunde Nische mit der großen

Fig. 120.   Durchschnitt des Caldarium.

Wanne (*labrum*) für kalte Abwaschungen nach dem Schwitzbade, *b* in der
Mitte das eigentliche Caldarium, den Raum für das trockene Schwitzbad
mit unterhöhltem Fußboden (*suspensura* und hohlen Wänden, durch welche
die heiße Luft strich, endlich rechts am Ende *c* die viereckige Wanne für
das warme Wasserbad (*lavatio calda*), Alles dies in wesentlicher Übereinstimmung mit den Vorschriften Vitruvs (V. 10.). Nach einer sehr ungenauen
Auslegung eben dieses Capitels des Vitruv ist vielfach behauptet worden,
nach seinen Vorschriften sei mit dem Caldarium das »Laconicum« verbunden
gewesen, während er doch nur sagt, ein solches solle neben dem Tepidarium
angelegt werden. Und weiter hat man demgemäß eben dies »Laconicum«
in der Nische mit dem Labrum gesucht. Nach der einzig richtigen Ansicht
über die Natur dieses Baderaumes ist es jedoch gewiß, daß in den kleineren
Thermen überhaupt gar kein Laconicum gewesen ist und daß am wenigsten
die Nische mit dem Labrum als solches gelten könne, deren sehr verschiedenen Zweck wir demnächst kennen lernen werden. Denn das Laconicum
war ohne Zweifel ein eigenes, zur Hervorbringung einer besonders starken
Hitze eingerichtetes, von den gewöhnlichen drei Baderäumen gänzlich ab-
getrenntes, mit dem Tepidarium als Vorraum auf's natürlichste verbundenes
und mit einer Kuppel überwölbtes Gemach. Dagegen dient die halbrunde
Nische am einen Ende des Caldarium nur als architektonisch höchst angemessen gestalteter Ort zur Aufnahme des runden Labrum, um welches sie
einen überall gleich 1,30 M. weiten Umgang herstellt. Unmittelbar vor
dem Bogen, der die Nische von dem Caldarium sondert, findet man in der
Ansicht Fig. 121. das größte Fenster in der Mitte der Deckenwölbung, zu

beiden Seiten sind kleinere angebracht, so daß man sieht, wie eifrig bedacht die Pompejaner waren, in diesen heißen Räumen volles Licht und zugleich die nöthigen Öffnungen zum Ablassen des Dampfes und zum Einlassen frischer Luft herzustellen. Diese Fenster sind übrigens in so auffallendem Maße unorganisch durch die Wölbung gebrochen, daß man sie für modern halten könnte, und erst darauf aufmerksam werden muß, daß die Ornamentirung durch die Öffnungen nicht unterbrochen wird, sondern sich bis in dieselben hineinzieht, um sich von dem Alterthum dieser Fenster zu überzeugen. Die Ornamentirung besteht in Stuccoreliefen, welche in den Hauptfeldern

schwebende weibliche Figuren darstellen. Grade über dem Labrum befindet sich ein rundes Fenster in der Wölbung der Nische, auch dies nach Vitruvs Vorschrift, der als Grund dieser Stellung angiebt, daß die Schatten der sich waschenden Personen nicht in die Wanne fallen sollen. Das Labrum in Pompeji ist eine große flache Kumme von 2,31 M. Durchmesser, 0,21 M. Tiefe und 1 M. Erhebung über den Boden, in der Mitte nabelförmig erhoben. Hier ist eine bronzene Röhre durchgetrieben, durch welche das Wasser emporstieg. Dies war aller Wahrscheinlichkeit nach kalt, d. h. kalt im Vergleich zu der heißen Luft des Caldarium, und diente, um den Kopf des Badenden zu begießen, ehe er aus der Hitze fortging; für diese Procedur sind neuerlich antike Zeugnisse nachgewiesen, so daß wir nicht mehr auf die Analogie türki-

Fig. 121   Ansicht des Caldarium.

scher Bäder und allgemeine Gründe beschränkt sind. Die Wanne ruht auf einem nicht eben zierlichen Fuße von Lava, welcher aber aus dem besondern Grunde so schwerfällig genommen scheint, um einigen kleinen Rissen im Marmor eine um so festere Unterstützung des Ganzen entgegen zu setzen. Diese Wanne war nach Decurionendecret von den Rechtsdumuviri Cneius Melissaeus Aper und Marcus Staius Rufus aus öffentlichen Mitteln besorgt worden, wie uns die folgende mit Bronzebuchstaben in den Rand eingelegte Inschrift (Mommsen No. 2217.) lehrt:

CN · MELISSAEO · CN · F · APRO · M · STAIO · M · F · RVFO · II · VIR · ITER · ID · LABRVM ·
EX · D · D · EX · P · P · F · C · CONSTAT · HS · MCCL ·

aus der wir zugleich den Preis erfahren, der für dieselbe bezahlt wurde und der sich auf 5250 Sesterzien, nach unserem Gelde 245 Thaler, belief, eine Summe, die jetzt wohl ungenügend sein würde, um eine solche Marmorwanne zu bezahlen. Manche Schriftsteller über Pompeji haben die Summe irrig für 750 Sesterzen = 35 Thlr. gelesen und daraus auf die außerordentliche Wohlfeilheit der Materialien und der Arbeit zu der damaligen Zeit geschlossen.

Am entgegengesetzten Ende des Caldarium (s Figur 120, im Vordergrunde Fig. 121.) ist die viereckige Wanne (alveus) für das warme Bad. Auf zwei Stufen stieg man zu derselben hinauf und setzte sich auf die dritte oder die Wand der Wanne von weißem Marmor und 0,34 M. Breite. Die Füße ruhten auf einer innern Stufe von halber Höhe der Wanne, vermittels deren man sich allmählig in das warme Wasser tauchen konnte. Die ganze Länge der Wanne ist 5,05 M., die Breite 1,59 M. und die Tiefe beträgt nur 0,60 M. Zehn Personen können neben einander auf dem Boden des Bassins gesessen haben, denn sitzend wird man, nach der geringen Tiefe der Wanne zu schließen, das Bad genommen haben, weshalb auch die hintere Wand der Wanne wie die Lehne eines Stuhles geneigt ist. Das heiße Wasser floß durch eine Öffnung in der einen Ecke unmittelbar aus dem daneben liegenden, gleich zu besprechenden Kessel in die Wanne und muß durch eine Öffnung im Boden, welche mit einem beweglichen Stein geschlossen wurde, abgeflossen sein.

Zwischen dem Labrum und diesem Alveus ist nun endlich das eigentliche Caldarium, das trockene d. h. nicht durch Dampf, wie in unseren russischen Bädern vermittelte Schwitzbad, dessen Sitze von Holz gewesen sein werden, weil außer diesem Material nur Stein der dauernden warmen Feuchtigkeit widerstanden haben würde. Der Boden ist nach dem Alveus hin leise geneigt, so daß in seiner Nähe ein Abfluß für das niedergeschlagene Wasser gewesen sein muß. Aus Rücksicht auf die in diesem Gemach stätig aus dem Alveus aufsteigenden warmen Dämpfe sind seine Decorationen ungleich einfacher als die des Tepidarium; Malerei fehlt ganz, weil sie nicht Stand gehalten hätte, die Wölbung ist nach einem sehr guten Motiv querüber von Carnies zu Carnies gleichsam canellirt, wodurch die Form des Tonnengewölbes nachdrücklich hervorgehoben und zugleich dem an der Decke in Tropfen condensirten Dampf eine Reihe von Rinnen zum Abfluß geschaffen wird, im ganzen Raume treten flach canellirte Wandpfeiler hervor und die Kuppel über dem Labrum enthält die auf der Ansicht Figur 121. erkennbaren, schon erwähnten Stuccoornamente. Unterhalb der Kuppel ist eine Öffnung für die Lampen angebracht, die ihr Licht in die Porticus warfen, sie muß durch eine Glasscheibe geschlossen gewesen sein und Glasscheiben werden wir auch in den Fenstern der Decke anzunehmen haben, nicht geöltes Leinen, welches sonst in derartigen Räumen auch verwandt wurde; denn das Bestreben, viel Licht zu schaffen, ist hier augenfällig. Der Fußboden ist von Mosaik und durch kleine Thonpfeiler, suspensurae, unter den Ecken der einzelnen das Mosaik tragenden großen Thonplatten unterhöhlt. In ähnlicher Weise ist die Höhlung der Wände her-

gestellt. Dieselben sind nämlich nicht wie in manchen anderen Beispielen
solcher Anlagen, von denen dasjenige des Caldarium der stabianer Thermen
s. unten, am nächsten liegt, von einem System von Thonröhren durchsetzt,
durch welche die heiße Luft circulirte, sondern sie bilden gleichsam e i n e
große Röhre, indem vier Zoll von der Mauer eine Verkleidung von Thonplatten gebildet ist, welche mit jener durch an ihren Ecken angebrachte
thönerne Zapfen verbunden sind [34].

Unmittelbar neben dem Caldarium liegt der Heizapparat, zu dem ein
eigener, jedoch, wie schon bemerkt, erst nach Hinzufügung des Frauenbades durchgebrochener Eingang *e* von der *Strada delle Terme*, ferner der
Corridor vom Apodyterium und dem Garderobenzimmer und ein zweiter
Corridor aus dem Hofe *K* führt, in welchem wahrscheinlich das Brenn-
material aufbewahrt wurde. Dieser muß, nach den zwei noch stehenden
Säulen zu schließen, wenigstens theilweise bedeckt gewesen sein. Der ganze
Heizapparat ist in ein sehr solides Mauerwerk, auf dem Plane hell schraf-
firt, eingeschlossen. Nur wenig über dem Boden befindet sich der runde
Heerd α *fornax* von 2,20 M. Durchmesser, von dem aus ein gemauertes
Rohr, im Plane mit punktirten Linien angegeben, die heiße Luft unter den
Fußboden des Caldarium und hinter dessen hohle Wände leitete. Auf einer
kleinen Treppe gelangt man zu den höher und seitwärts eingemauerten
Kesseln, von denen der erste β das kochende oder fast kochende Wasser
in die Wanne des Caldarium ergoß, während er neuen Zufluß aus einem
wieder etwas höher eingelassenen Kessel γ erhielt, in dem das Wasser nur
erwärmt wurde, und der mit dem Labrum des Laconicum in Verbindung
stehn soll. In diesen endlich floß kaltes Wasser aus dem viereckigen Reservoir δ, welches in den Kesseln β und γ allmählig bis gegen die Siedehitze
erwärmt wurde. Über die Speisung des Reservoirs δ soll demnächst gesprochen
werden. In dem Vorraume des Heerdes, dem *praefurnium*, in welchem sich
der Heizer, *furnacarius* oder *fornacator*, aufhielt, fand man eine beträchtliche Menge Pech, welches zur lebhaften Anfachung des Feuers gedient haben
mag. Die Treppen bei *k* führen in das obere Geschoß und auf das flache
Dach der Thermen.

Getrennt von dem beschriebenen Männerbad liegt das jetzt in der Regel
verschlossene und als Magazin benutzte, bei wachsendem Raumbedürfniß an-
gebaute Frauenbad, welches, im Plane durch dunkle Schraffirung unterschieden, dieselben Räumlichkeiten wie das Männerbad, nur in größerer
Beschränkung und weniger eleganter Ausstattung enthält. *F* ist das Caldarium mit unterhöhltem Fußboden, mit Labrum β. Derselbe Heerd und
Kessel, welcher das Caldarium des Männerbades versorgte, brachte auch in
das Caldarium der Frauen heiße Luft und heißes Wasser, der Canal ist
auf dem Plane punktirt. Vor dem Caldarium liegt das Tepidarium *G*,
ebenfalls mit hohlem Fußboden, unter den sich die Luft aus der *suspensura*
des Caldarium verbreitete, so daß hier eine eigene Feuerpfanne bei der
geringern Dimension und Entfernung vom Heerde überflüssig wurde. Der
Umstand, daß das Tepidarium in der Frauenabtheilung mit einer *suspensura*
versehn ist, während diese in demjenigen der Männerabtheilung fehlt, ent-

spricht dem Ergebniß neuerer Untersuchungen über die Entwickelung der Bäder[55]), wonach die, überhaupt erst am Anfange des letzten Jahrhunderts v. u. Z. erfundene *suspensura* zunächst nur auf die Caldarien und erst später auch auf die Tepidarien angewandt worden ist. Das Männerbad gehört der erstern, das Frauenbad der zweiten Entwickelungsperiode an. *H* ist das Apodyterium, in dem das Frigidarium mit der Piscina *J* gleichsam als ein Alkoven eingebaut ist. Von diesem Raume giebt Fig. 122. eine Ansicht.

Rechts am Frigidarium vorbei führt der Ausgang durch die Thür *l* zunächst in ein Vorzimmer *m* mit steinernen Bänken, gleich denen im Apodyterium, und dann durch den Eingang *b* auf die *Strada delle Terme*. Der schon erwähnte Umstand, daß alle genannten Räumlichkeiten dieser streng abgetrennten Abtheilung der Thermen von ungleich einfacherer Ornamentirung als die der größern Abtheilung sind, hat auf den Gedanken geführt, in dieser Abtheilung, welche als die Frauenabtheilung bezeichnet worden ist, die Badezimmer für die ärmere Classe zu finden. Nun ist es allerdings richtig, daß in Rom beim Beginn der Erbauung öffentlicher Bäder nicht zwei Abtheilungen für Männer und Weiber unterschieden wurden, daß vielmehr beide Geschlechter zu verschiedenen Zeiten dieselben Räume be-

Fig. 122. Ansicht des Frauenbades.

nutzten, was offenbar in Pompeji ebenso gewesen ist. Erst in der Zeit der großen Sittenverderbniß unter Nero wurde das gemeinsame Baden Gebrauch und führte zu den widerwärtigsten Ausschweifungen, denen Hadrian durch das Gebot räumlicher Trennung des Männer- und Frauenbades ein Ziel setzte; jemehr dies Alles jedoch mit der wüsten Sittenlosigkeit der Hauptstadt zusammenhangt, um so weniger beweist es für gleiche Verhältnisse in Pompeji. Dazu kommt, daß ja die Thermen überhaupt nicht für die Reichen erbaut waren, die eigene Bäder im Hause besaßen, deren wir mehre auch in Pompeji kennen, so daß aller Grund wegfällt, in den beiden Abtheilungen dieser Thermen so gut wie der stabianer zwei Classen von Bädern für Reiche und Arme zu erkennen. Bei der Zurücksetzung der Frauen aber ist die geringe Ausschmückung der für sie bestimmten Baderäume erklärbar genug. Eine neue Hypothese von Breton in seinem schon einmal genannten Buche *Pompeia décrite* 3. Ausg. Paris 1870, nach der die Frauenabtheilung das ältere Badehaus, die Männerabtheilung ein neues und erweitertes wäre, stellt die im Eingang erwähnte baugeschichtliche Thatsache genau auf den Kopf.

Was endlich die Zuleitung des für diese Thermen nöthigen Wassers anlangt, so kann dasselbe nur durch die städtische Wasserleitung geliefert worden sein. Ein Pfeiler derselben findet sich in *n* auf dem Plane und hinter diesem Pfeiler, welcher ohne Zweifel, grade so wie die übrigen, ein offenes Bassin getragen hat (s. unten) ist eine überwölbte Öffnung schräge durch die Mauer in den Raum *J* des Planes gebrochen, und zwar in einer Richtung, daß ihre Verlängerung auf das kleinere Reservoir *δ* über den Kesseln trifft. Dagegen hat die große Cisterne *I. I. I.* auf dem Plane, welche erst in der allerjüngsten Zeit völlig ausgeräumt und dabei als in der Ausbesserung (Abputzen der Wände) begriffen gefunden worden ist, mit den Thermen keinen Zusammenhang. Diese Cisterne bildet einen, durch nach innen vorspringende Pfeiler in drei Abtheilungen getrennten, von starken, nur hoch oben von einigen zum Theil modernen, Licht- und Luftöffnungen durchbrochenen Mauern umgebenen, überwölbten Raum, der gegen zwei Stockwerke über die Straße erhoben und tief unter ihr Niveau hinabgehend, eine große Wassermasse zu enthalten bestimmt gewesen ist. Dieses Wasser wurde durch ein rundes Rohr weiter geleitet, welches etwa 1 M. vom Boden die Wand gegen *o*, eine zu einem Fenster emporführende Treppe, durchsetzt, während eine in derselben Wand dicht am Boden angebrachte viereckige und mit Bronze verkleidete Öffnung, offenbar zur Reinigung der Cisterne gedient hat und den am Grund angesammelten Rückständen des Wassers von Zeit zu Zeit einen unterirdischen Abfluß verschaffte. Diese Öffnung ist nämlich in dem Raume, zu welchem die Treppe *o'* hinabführt, mit einer bronzenen Schiebeklappe verschlossen gewesen; wurde diese gezogen, so floß der unreine Rest des Wassers ab und man konnte, über die Treppe *o* empor und durch das Fenster über eine Leiter, wie sie heute wieder dasteht, hinabsteigend, die Reinigung gründlich bewerkstelligen. Dadurch, daß die Leitungsöffnung höher lag, ist durch diese offenbar stets nur reines Wasser abgeflossen, während sich der Bodensatz unterhalb derselben sammelte.

b. Die größeren Thermen[16].

Schon seit langer Zeit hatte man aus der Kleinheit der älter bekannten Thermen in ihrer Gesammtheit und ihren einzelnen Räumen geschlossen, daß sie schwerlich das einzige öffentliche Badehaus Pompejis gewesen seien. Es konnte daher die Auffindung eines zweiten Badehauses im Jahr 1857, dessen Ausgrabung bis 1860 im Wesentlichen vollendet wurde, nicht unerwartet sein, wohl aber gehört trotzdem und obgleich die neuen Thermen in manchem Betracht als eine Wiederholung der älter bekannten gelten müssen, diese Entdeckung zu den bedeutendsten und erfreulichsten der Neuzeit. Denn die neuentdeckten Thermen sind nicht allein größer als die alten, sondern sie zeigen auch eine ganze Reihe neuer und interessanter Räume und bieten starke und lehrreiche Eigenthümlichkeiten, welche zu einer nähern Betrachtung auch dann auffordern würden, wenn es sich nicht zugleich um reichen, merkwürdigen und schönen künstlerischen Schmuck handelte. Indem nun diejenigen Stücke, in welchen die neuen Thermen die alten wesentlich wiederholen, so kurz wie möglich behandelt werden, wird die Aufmerksamkeit besonders auf dasjenige zu lenken sein, was sie Neues und Eigenthümliches darbieten.

Wurde die Betrachtung der alten Thermen mit der Besprechung einer Inschrift begonnen, so muß gleicherweise eine Inschrift an die Spitze der Beschreibung des neuen Bades gestellt werden. Diese Inschrift wurde, angelehnt an die Mauer, also nicht an Ort und Stelle, in dem kleinen Flur *g* im Plane Fig. 123. gefunden, wohin sie, beim Umbau der nach dem Erdbeben vom Jahre 63 einer erneuten Restauration unterworfenen Thermen von ihrem Platze entfernt, einstweilen abseit gestellt worden sein muß, um vielleicht nach vollendeter Wiederherstellung neuerdings eingemauert zu werden. Diese Inschrift, die ihrem Wortlaute nach mitgetheilt werden muß, besagt:

C · VVLIVS · C · F · P · ANINIVS · C · F · H · V · I · D
LACONICVM · ET · DESTRICTARIVM
FACIVND·ET·PORTICVS·ET·PALAESR
REFICIVNDA · LOCARVNT · EX · D · D · EX
EA · PEQVNIA · QVOD · EOS · E · LEGE
IN · LVDOS · AVT · IN MONVMENTO
CONSVMERE · OPORTVIT · FACIVN
COERARVNT · EIDEMQVE · PROBARV

also nach dem wesentlichen Inhalte, daß die Rechtsduumvirn C. Ulius und P. Aninius nach Decret der Decurionen die Herstellung eines *Laconicum* und *Destrictarium* und die Wiederherstellung einer *Palaestra* und einer *Porticus* in Accord gegeben und zwar aus dem Gelde, welches ihnen nach dem Gesetze auf Spiele oder ein Monument zu verwenden zustand, und daß dieselben den Bau genehmigt d. h. nach der Vollendung geprüft und gebilligt haben.

Wichtig ist die Inschrift besonders dadurch, daß sie (ähnlich wie diejenige am Gebäude der Eumachia, s. oben S. 114.) vier Theile des zu betrachtenden Gebäudes, *Laconicum*, *Destrictarium*, *Palaestra* und *Porticus* bestimmt nennt, welche in den zu durchwandernden Räumen aufzusuchen sein werden, wobei jedoch gleich hier mit Nachdruck hervorgehoben werden muß, daß die Inschrift aus entscheidenden sprachlichen und epigraphischen Gründen trotz einigen entgegenstehenden Schwierigkeiten etwa in das Jahr 70 vor u. Z. zu setzen ist, daß folglich die in ihr erwähnte Wiederherstellung von Porticus und Palaestra sich nicht auf die Restauration des im Erdbeben von 63 n. Chr. zerstörten Gebäudes beziehn kann, und daß es demgemäß von vorn herein sehr fraglich ist, ob sich die in dieser Inschrift genannten Räume alle in den Ruinen unserer Thermen werden auffinden und nachweisen lassen,

oder ob ihrer einige nicht durch die neueste Restauration beseitigt oder in
ihrer Bestimmung geändert worden sind. Zugleich aber weist die Inschrift
der ersten Anlage dieses Bades, an dem schon im Jahre 70 einzelne Theile
wiederhergestellt, denen andere beigefügt wurden, ein für Pompeji relativ
hohes Alter an, was sich vortrefflich damit verträgt, daß das Gebäude zu
den ursprünglich aus Nocerastein erbauten, folglich aus der zweiten Periode
der Stadt stammenden gehört und daß man in ihm eine Sonnenuhr mit oskischer Inschrift gefunden hat. Ist dies aber der Fall, so bietet die in der
Inschrift erwähnte Wiederherstellung einer Palaestra in so fern eine Schwierigkeit, als Palaestren in der römischen Welt erst unter Augustus gewöhnlich wurden, womit freilich nicht gesagt ist, daß sie nicht einzeln früher
vorhanden waren. Allein diese Schwierigkeit wird sich heben lassen. Denn
sind die Palaestren ihrem Ursprunge wie ihrem Namen nach griechisch,
so kann die Auffindung dieser wesentlich griechischen Anlage unfern von
dem Tempel auf dem Forum triangulare, der ebenfalls griechischen Einflüssen
zuzuschreiben ist, nur einen neuen Beleg für die Anwesenheit eines griechischen Bevölkerungsbestandtheils in dem vorrömischen Pompeji abgeben, an
der ohnehin nicht wohl gezweifelt werden kann. — Doch gehn wir zur Betrachtung des Gebäudes selbst über, welches, nördlich von dem Theaterquartier zwischen den Straßen: der Holconii d. i. die verlängerte Straße
dell' Abondanza im S., der Theaterstraße im W. und der stabianer im O.,
nur nördlich von einem Privathause, demjenigen des Siricus, begrenzt, fast
eine vollständige Insula von nicht ganz regelmäßiger Gestalt bildet und die
im Westen angrenzenden Läden mitgerechnet einen Flächenraum von etwa
65 M. mittlerer Breite (v. O. n. W.) und gleicher Tiefe (v. S. n. N.) bedeckt. Der Plan (Fig. 123.) ist in ähnlicher Weise wie derjenige der älter
gefundenen Thermen behandelt, um dem Leser die Übersicht über dessen
einzelne Theile und eine schnelle Orientirung in denselben zu erleichtern.
Und zwar finden sich die Mauern der Haupträumlichkeiten, welche sich als
das Männerbad erweisen werden, schwarz gezeichnet, diejenigen einer zweiten
Abtheilung, die wahrscheinlich das Frauenbad darstellt, dunkel schraffirt, der
Hof, wie sich zeigen wird die Palaestra, und Alles was zu dieser zu gehören
scheint, heller schraffirt, eine eigene im Norden hinter diesem Hofe und
den ihn begrenzenden Räumen, sowie einem eigenen gewölbten Gange
liegende Abtheilung mit ganz feiner Strichlage bezeichnet, während die
Mauern der umgebenden Läden, welche nicht zu den Thermen selbst gehören,
weiß gelassen sind. Für die erste Abtheilung sind zugleich zur Bezeichnung
der einzelnen Räume römische Ziffern, für die zweite arabische Ziffern, für
die dritte große Buchstaben, für die vierte kleine Buchstaben und zur Bezeichnung von Einzelheiten und besonders bemerkenswerthen Punkten das
griechische Alphabet angewendet.

Nicht weniger als 6 Eingänge führen von den drei dieselben begrenzenden Straßen in die Thermen, und von diesen zwei, A der Haupteingang
des ganzen Gebäudes von der Straße der Holconii und L von der Theaterstraße in den großen Hof C, einer XII von der Straße von Stabiae in die
Hauptbadeabtheilung, zwei, I von derselben und 5 von der Theaterstraße

in die zweite Abtheilung der Bäder und endlich einer *a'* von der Theaterstraße in die hinter dem Hofe gelegene Separatabtheilung.

Betreten wir das Gebäude durch den Haupteingang *A*, in dessen an
der Straße gelegener Schwelle die Reste eines frühern Thürverschlusses
sichtbar sind, so stehn wir in einer Art von Vestibulum *A*, welches erst bei

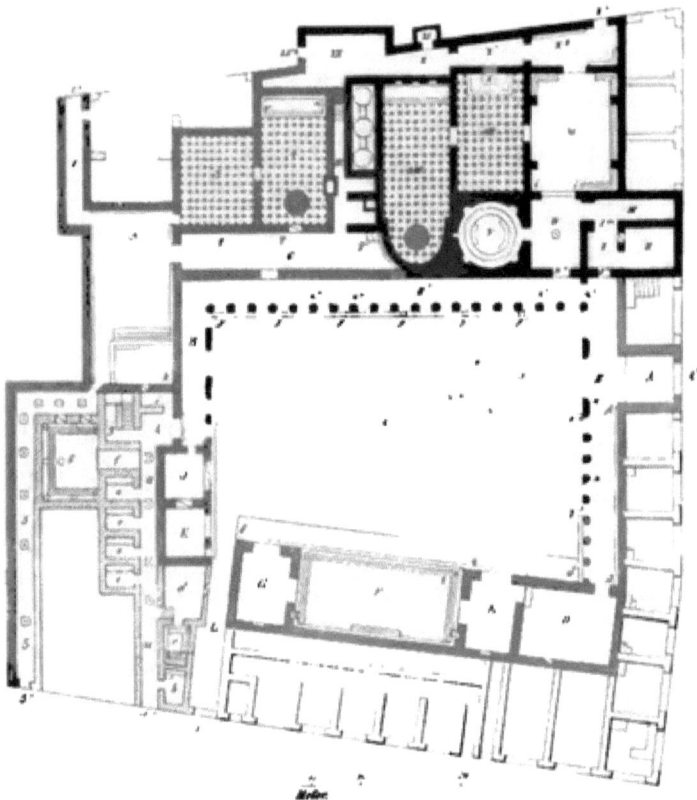

Fig. 123. Plan der größeren Thermen.

der in der Inschrift erwähnten Restauration aus einem Laden in das verwandelt worden ist, was es jetzt darstellt. Sein Fußboden ist mit weißen
Travertinplatten belegt und seine Wände sind über schwarzem Sockel roth
bemalt und mit unbedeutenden kleinen Malereien verziert. Aus diesem
Vestibulum gelangt man in den großen Hof *C* und in den ihn umgebenden

Umgang *B*, *B'*, *B''*. Dieser 3 M. breite Umgang, welcher den Hof an der Süd- und Ostseite ganz, an der Nordseite zur Hälfte begrenzt, wird allerdings zum größten Theile von Säulen gebildet, deren auf dem südlichen Flügel *B* außer der Ecksäule zu *B'* sieben und eine Halbsäule, auf dem östlichen *B'* 19 stehn, während wir auf der nördlichen *B''* nur eine finden, zum Theil aber sind die Säulen durch breite von Halbsäulen eingefaßte und am Haupteingange höher als die Säulen sich erhebende Pfeiler ersetzt, welche in Pompeji in öffentlichen und Privatbauten nicht selten wiederkehren, und welche wir hier auf der Südseite zunächst dem Eingang begrenzend (s. Fig. 123.) und dann wiederum auf der Nordseite *B''* finden, wo sie sich in den Pfeilern fortsetzen, zwischen denen die Räume *J* und *K* gegen den Hof geöffnet sind. Hier also geht der Säulengang in eine Art von Crypte über, welche sich in den Loggien *J* und *K* noch mehr schließt.

Die ursprünglich aus Noceratuff hergestellten, bei der letzten Restauration nach dem Erdbeben von 63 dick mit Stucco überzogenen Säulen vgl. Fig. 124.) sind, wie oft in Pompeji unten, soweit sie zugleich etwas stärker gehalten sind, roth, darüber weiß bemalt, mit canellurartigen Streifen bedeckt, aber nicht wirklich canellirt und mit einem Blättercapitell versehn, das eher ein Pfeiler als ein Säulencapitell heißen sollte. Dorisch kann man diese kurzen, nicht geschwellten und wenig verjüngten Säulen nicht nennen, welche ihre jetzige Gestalt und Tünche, lebhaft an Ähnliches im Isistempel erinnernd, wahrscheinlich der letzten, so viel mit dicker Tünche allein wirthschaftenden Restauration Pompejis verdanken, während sie in ihrem Kern und Grundschema ohne Zweifel viel älter sind. An der Südseite bei *a a* vgl. Fig. 124. liegt auf ihnen ein Stück der Mauer eines obern Geschosses und an der Ostseite bei *a' a'* und *a'' a''* tragen sie noch ein beträchtliches Stück eines schwerfälligen Architravs mit Stuccoornamenten und rother und blauer Malerei auf weißem Grunde, und über demselben an der letztern Stelle ein Stück des nach innen geneigten Daches, welches bei der Ausgrabung fast ganz erhalten gefunden wurde, aber bald bis auf einzelne Reste zusammenstürzte. Die Pfeiler sind mit den Säulen übereinstimmend bemalt. Der Umgang selbst ist, ausgenommen das Stück am Eingange, wo sich das Travertinpflaster fortsetzt, mit *opus signinum* geplattet, seine Wände sind wie die des Vestibuls bemalt. In dem Umgange befindet sich an der Südseite hinter den Säulen eine Steinbank *β β*, welche, solange hier die Decke des obern Geschosses vorhanden war, den ganzen Tag im Schatten lag und offenbar für diejenigen bestimmt war, welche hier in Muße dem Leben und Treiben auf dem Hofe zuschn wollten. In dem Boden des Umgangs *B'* liegen mehre Bleiröhren, welche sich in die Wände der angrenzenden Baderäume ziehn und zu der diesen das Wasser zuführenden Wasserleitung gehören. Innerhalb der Säulen umgiebt den ganzen Hof eine Rinne, dergleichen wir schon aus dem Venustempel und anderen Gebäuden kennen, bestimmt, das vom Dach abfließende Regenwasser aufzufangen. Bei *γ γ* hat diese Rinne zwei Abflüsse, auf der langen Seite *B'* dagegen sechs viereckige Vertiefungen ohne Abfluß *γ'*, wie wir dergleichen ebenfalls schon gefunden haben, und welche ohne Zweifel dazu dienten die schwereren Beimischungen

des Wassers, Erde und Sand des Hofes aufzufangen und so den Abfluß des
Wassers zu erleichtern. An den Säulen und Wänden des Umganges sind
viele eingekritzelte und angemalte Inschriften, auch etliche rohe Griffel-
zeichnungen gefunden worden, auf die hier nicht näher eingegangen werden kann.

Der im Mittel 12 M. breite und 19 M. tiefe Hofplatz C hat einen Boden
von gestampfter Erde; nur an der Westseite zieht sich ein etwa 1,30 M.

Fig. 124. Hof der größeren Thermen, die Palaestra gegen Südost.

breiter Streifen δ δ von glattem grauem Tuffpflaster mit erhöhter Kante hin.
Auf diesem lagen bei der Ausgrabung zwei große und schwere steinerne
Kugeln, welche gewiß nicht zum Ballspiel, sondern, auf der gepflasterten
Bahn gerollt, zur Erprobung der Kräfte dienten, wofür eine schriftliche
Analogie beigebracht worden ist. Ob man nun hiernach die in Rede ste-
hende Bahn mit Recht ein Sphaeristerium genannt hat (was einen Raum
zum Ballspiel bezeichnet), mag dahingestellt bleiben, ohne allen Zweifel
aber führen uns diese Geräthschaften gymnastischer Übung darauf, in dem

13*

Hofe die Palaestra der an die Spitze unserer Besprechung gestellten Inschrift
zu finden, welche zu auch noch anderen Leibesübungen bestimmt war und
zu solchen hinlänglichen Raum darbietet. Ist dem aber so, so werden wir
mit Sicherheit die in der Inschrift mit der Palaestra zusammen genannte
Porticus in dem schon besprochenen Säulenumgange des Hofes, der mit
diesem ja eigentlich ein Ganzes ausmacht, erkennen, also jedenfalls einen
der seiner Anlage nach ältesten Theile des ganzen Gebäudes, womit die
ursprünglichen architektonischen Verhältnisse der Säulen vor ihrer, der letzten
Periode zuzuschreibenden Überziehung mit einer 0,065 M. dicken Stucco-
kruste übereinstimmen und wozu es bestens paßt, daß man bei a' a' die
schon erwähnte, von ihrem Standorte herabgestürzte, im Übrigen gut erhaltene
Sonnenuhr fand, welche augenscheinlich zu der Palaestra gehörte und die,
mit einer oskischen Inschrift versehn, auf eine viel frühere Periode der
Stadtgeschichte Pompejis hinweist, und uns in ihrem Wortlaute, dessen
Sinn ist: »der Quaestor Maras Atinius hat sie aus Strafgeldern nach Be-
schluß des Convents machen lassen«, nicht allein die alten autonomen oskischen Behörden, Quaestor und Convent ›s. oben S. 14.‹ in Function zeigt,
sondern uns in der Erwähnung der Strafgelder auf die in dieser Palaestra
giltigen Regeln und Gesetze der Übungen und gymnastischen Kämpfe
hinweist.

In directer Verbindung mit der Palaestra stehn zunächst diejenigen
Räume, welche im Plane mit D, E, F, G bezeichnet sind. Von diesen ist
ganz unzweifelhafter Bestimmung der Raum F; derselbe ist ein offenes
Bade- oder Schwimmbassin von beträchtlicher Größe ›16,5 × 5 M. und ansehnlicher Tiefe ›fast 2 M.‹, ohne Zweifel zu kalten Bädern unter freiem
Himmel und in Verbindung mit den Leibesübungen der Palaestra bestimmt.
Dieses unbedeckt gewesene Bassin öffnet sich in seiner ganzen Breite gegen
den Hof, gegen welchen dasselbe eine niedrige, stufenförmige Brüstungsmauer abschließt. Innerhalb dieser führen vorn drei über die ganze Breite
fortlaufende Stufen sowie an beiden Seiten von E und G ihrer je vier in
die Tiefe hinab, während an der Rückseite und in der Mitte zwei Stufen
angebracht sind, die sicher nur zum Sitzen gebraucht wurden. Die ganze
Piscina oder Natatio war im Alterthum mit weißen Marmorplatten belegt
und ausgekleidet, von denen jetzt nur einige noch vorhanden sind, und
muß in der That ein verlockend schönes Badebassin gewesen sein, welchem
das Wasser durch eine große Öffnung in der einen Ecke bei ε zugeführt
wurde. Rechts und links in der Wand über diesem Bassin sind Nischen ζζ
angebracht, welche in sehr eigenthümlicher Weise mit Stalaktiten ausgekleidet
sind und einstmals Statuen enthalten haben mögen. Begrenzt wird das Bassin
zu beiden Seiten von den ganz gleichen Räumen E und G, welche sich
gegen dasselbe mit zwei weiten, im Bogen geschlossenen Thüren öffnen,
während sie durch eben solche Thüren mit der Palaestra in Verbindung
stehn ›s. die Ansicht nach S. 198.‹. Die Bestimmung dieser, sicher bedeckt
gewesenen, aber luftigen Räume steht nicht fest; Viridarien, wie man vermuthet hat, sind sie sicherlich nicht gewesen und eben so wenig haben
sie Nebenbassins enthalten, vielmehr ist ihr Boden von gestampfter Erde ihr

echter antiker. Am einfachsten und weitaus am wahrscheinlichsten ist die
Annahme, daß in diesen Zimmern die Räume zu erkennen seien, in welchen
man sich nach den Übungen der Palaestra zum Genusse des Bades in der
anstoßenden Piscina vorbereitete; zu dieser wie zum Hofraum der Palaestra
stehn sie in derselben gleich nahen Beziehung, und wer sagen würde, es
habe nach den palaestrischen Übungen keiner weiteren Vorbereitungen auf
ein Bad bedurft, wie ja auch die Piscina gegen den Hof weit geöffnet ist
und Stufen aus jenem in sie hinabführen, der möchte, ohne daß damit geläugnet werden soll, daß mancher pompejaner Jüngling sich direct von der
Palaestra in's Bad begeben haben mag, daran zu erinnern sein, daß man
sich zu den Leibesübungen im Alterthum einzuölen und mit feinem Sande
einzustäuben pflegte, daß man nach vollendeter Übung dies Öl und diesen
Staub zunächst mittels des Schabeisens (*stlengis, strigilis*) entfernte, was
ἀποξίεσθαι oder *destringere se* hieß, und daß es wünschenswerth genug
scheinen mochte, für solche, welche diese vorgängige Reinigung mit sich
vornahmen, einen eigenen Raum zu schaffen, wo sie den sich in der verschiedensten Weise Übenden nicht im Wege standen noch in Gefahr geriethen
von diesen gestoßen oder geworfen zu werden. Zu solchen Zwecken scheinen
nun die in Rede stehenden Zimmer vollkommen geeignet, ja man möchte
fragen, ob man nicht in ihnen oder wenigstens in einem derselben, etwa in
G das *destrictarium* der Inschrift zu erkennen habe, das man wenigstens
noch nicht mit Sicherheit in irgend einem andern Raume unserer Thermen
hat unterbringen können. Möglich, daß dann das zweite dieser Zimmer
noch besonders als der Raum zu betrachten ist, wo man sich durch Einölen
und Einstäuben auf die Übungen der Palaestra vorbereitete, und daß wir
dasselbe also etwa *E*, mit dem Namen einer Konistra oder eines Konisterium
(Staubzimmer) zu belegen hätten. Es scheint wenigstens hiermit zu stimmen,
daß in dem angrenzenden und von ihm aus über eine Stufe abwärts zu betretenden, durch eine zweite Thür gegen die Porticus *B* geöffneten Zimmer
D mit ziemlicher Sicherheit ein Apodyterium, d. h. ein Auskleidezimmer
nachgewiesen ist, in welchem an noch in den Wänden vorhandenen eisernen
Haken wahrscheinlich hölzerne Schränke zur Aufbewahrung der abgelegten
Kleider befestigt waren. Beweisbar sind diese Vermuthungen allerdings
nicht, und so mag nur noch das Eine für dieselben angeführt werden, daß
durch sie das *destrictarium* in dieselbe nähere Verbindung mit der Palaestra
gesetzt wird, in der wir es in der Inschrift finden. Das Laconicum bleibt
uns freilich noch zu suchen.

Bevor aber weiter gegangen wird, ist noch ein Wort über die Decoration
der besprochenen Räume zu sagen. Die beiden correspondirenden Zimmer
E und *G* haben im Hintergrunde, dem Eingange von der Palaestra gegenüber in der Wand eine viereckige flache Nische, welche mit einer Mosaikborde umgeben und mit Muscheln verziert ist. Zu den Seiten dieser Nischen
sind auf Postamenten stehende Nymphen weiß, also Marmorstatuen nachahmend, gemalt, welche eine große Muschel in beiden Händen vor sich
halten, aus der Wasser zu sprudeln scheint (Hlb. No. 1057.). Ebenso sind in
der den Rest der Wand bedeckenden Landschaft (Hlb. No. 1545.) auf Piedestalen

ruhende Sphinxe und ein tanzender Satyr (Hlb. No. 432, gemalt; das Ganze
sollte also einen mit Statuen verzierten Garten nachahmen. Unter dem
Hauptgemälde läuft ein schmaler Sockelstreifen hin, in welchem karrikatur-
hafte Zwerge, sodann Krokodile und andere Flußthiere zum Theil mit einander kämpfend dargestellt sind. Unter diesem Sockel ist auf etwa 1 M. Höhe
die Wand nicht bemalt, sondern war mit jetzt fehlenden Marmorplatten bekleidet, ähnlich wie dies auch bei der untern Abtheilung der Wand dieser
Zimmer nach außen der Fall ist, wo einige Marmorplatten erhalten sind
(s. die dieser Seite gegenüberstehende Ansicht). Die Wände des Apodyterium *D* sind höchst einfach mehr gefärbt als bemalt. Desto reicher verziert
zeigen sich dagegen die Mauern aller dieser Räume gegen den Hof, wie dies
aus der Nachbildung der einen Hälfte derselben in der eben erwähnten Ansicht
ersichtlich ist. Hier ist die ganze Wandfläche mit einer jener phantastischen
Architekturen bedeckt, welche wir aus so vielen anderen Beispielen von
öffentlichen, besonders aber von Privatgebäuden kennen. Über gemeinsame
Sockel erheben sich schlanke Säulchen mit Simsen verbunden, welche hier
runde, da viereckige, bald offene, bald gradlinig oder mit flachen Wölbungen
gedeckte Räume einfassen; zweistöckig bauen sich diese über einander, Treppen führen hinein, Thüren weisen auf dahinterliegende Gemächer hin, Dra-
perien hangen von den Simsen, Balcönchen springen vor, Guirlanden
schweben von Säule zu Säule; das Ganze ist überaus luftig, leicht, zierlich,
perspectivisch symmetrisch gegliedert und doch überaus reich und bunig zu
gleicher Zeit, sehr wenig classisch und sehr heiter. Diese gesammten architektonischen Glieder und Ornamente sind aber nicht, wie in anderen Fällen
gemalt, sondern in Stucco sauber ausgeführt und durch Stuccoreliefe weiter
belebt und bereichert; nur die Gründe sind farbig, roth und blau, und an
untergeordneten Stellen sind kleine Bilder in die Stuccoornamente eingefaßt;
in Relief ist auf der einen Treppe ein Jüngling mit einem Tambourin, auf
der andern ein kleiner Satyr mit einer Fackel, der gegen einen Silen mit
Trinkhorn und Stab die Hand ausstreckt und was dergleichen meist dem
bakchischen Kreise entnommene Gegenstände mehr sind. Über der Wölbung
aber des Eingangs zum Zimmer *E* sitzt, nach einem auch sonst noch nachweisbaren Motive [83], gut ausgeführt und trefflich erhalten Zeus unterwärts
bekleidet auf einem glattbehauenen Steine, auf den er auch die Linke auf-
stützt, während er in hoch erhobener Rechten sein Scepter hält und sein
Adler seitwärts auf einem Pfeiler sitzt. Auch die breiteren Wandflächen
zwischen den Stuccosäulchen sind theils mit Reliefen bedeckt, theils mit
Gemälden, meist Landschaften und einer jetzt fast unkenntlich gewordenen
Darstellung des Hylasraubes (Hlb. No. 1260. b.) geschmückt, so daß, wenn man
Alles nennen und beschreiben wollte, kaum ein Ende abzusehen sein würde.
Ganz ähnlich ist die Wand von *G* verziert, wo unter den, freilich viel
schlechter erhaltenen und vielfach ganz abgefallenen, nur in den Umrissen
erkennbaren Reliefen zwei als besonders interessant hervorzuheben sind,
welche sich auf die Geschichte von Daedalos und Ikaros beziehn. Die ganze
Decoration aber ist so reich und schmuck wie man sich nur Etwas denken
kann, ein Abbild des üppigen und heitern Treibens, das sich durch diese

Ansicht des Hofes der größeren Thermen gegen Nord-West.

Räume bewegt hat. Doch kann auf das Einzelne hier nicht näher eingegangen werden.

Es ist schon oben erwähnt worden, daß der Säulenumgang der Palaestra
auf deren Nordseite in eine Art von Cryptoporticus und dieser in mehre
loggienartige Gemächer übergeht. Diese Gemächer *J* und *K* im Plane stehn
nun zu der Palaestra ebenfalls in unzweifelhafter Beziehung, obwohl ihre
Bedeutung nicht gleicherweise klar ist. In das erstere dieser Zimmer führt
nur ein nicht breiter Eingang aus dem Flügel *B''* der Porticus, während es mit
einem sehr breiten aber verschließbar gewesenen Fenster über einer niedrigen
Brüstungsmauer gegen den Hof und mit einem gleichen gegen das Zimmer
K geöffnet ist. Seine Decoration ist überaus einfach, der Boden nur von
gestampfter Erde, die Wand weiß über schwarzem Sockel bemalt. In diesem
Zimmer fand man ein elegantes Kohlenbecken von Bronze, demjenigen im
Tepidarium der kleineren Thermen (oben S. 164.) genau entsprechend und
wie jenes mit der Inschrift M · NIGIDIVS · P · S · und dem redenden Symbol
der kleinen Kuh verziert. Daß dieser Heerd nicht ursprünglich für dieses
durch die zwei großen Fenster weit offene Zimmer bestimmt gewesen sein
kann, ist fast augenscheinlich, aus ihm also dürfen wir für die Bestimmung
dieses Raumes keine Schlüsse ziehn; aber auch sonst fehlt es an jedem Anhalt, um die Bedeutung dieses Zimmers festzustellen. Unmittelbar ergiebt
sich, daß man aus demselben in aller Ruhe eine vortreffliche Aussicht auf
das Leben und Treiben der Palaestra hatte, allein ob wir darin den Zweck
der Herstellung dieses Locales erkennen sollen, ist doch zweifelhaft. Möglich
wäre es, daß wir es hier mit einem im eigentlichen Sinne zur Palaestra
gehörenden Raume zu thun und diesen etwa als das *coryceum* zu bezeichnen
haben, d. h. als dasjenige in den antiken Gymnasien und Palaestren befindliche Zimmer, in welchem sich die Faustkämpfer gegen einen aufgehängten Sandsack in Schlag und Stoß übten; dem widerspricht allerdings
schwerlich irgend Etwas, allein verbürgen kann sich doch Niemand für eine
solche Namengebung, und man wird am besten thun, die Sache auf sich
beruhen zu lassen. Der angrenzende Raum *K* wird eher mit Wahrscheinlichkeit zu benennen sein. Er bildet eine nach vorn ganz offene Loggia, in
deren Öffnung nur eine Säule zwischen zwei Halbsäulen steht. Die Wände
sind einfach weiß bemalt, jedoch fehlt der Bewurf am untern Drittheil, so daß
man auf eine hier vorhanden gewesene Bekleidung mit anderem Materiale
zu schließen hat, möge dies Holz oder Marmor gewesen sein. Wahrscheinlich haben wir hier eine Exedra zu erkennen, über deren Bestimmung bei
der Beschreibung der kleinen Thermen gesprochen wurde, und vielleicht
sollten in dieser bei der unvollendeten Restauration Bänke an den Wänden
entlang angebracht werden. — Die links auf dem Plane anstoßenden Gemächer stehn mit der Palaestra in keiner Verbindung, und auch den Raum
rechts 6, obwohl in ihn eine Thür aus der Palaestra führt, werden wir nicht
zu dieser, sondern zu der Abtheilung der Frauenbäder zu rechnen haben.
Lassen wir diese zweite Badeabtheilung einstweilen bei Seite und wenden
uns derjenigen zu, welche im Plan mit römischen Ziffern bezeichnet ist,
als derjenigen, deren Beschreibung sich wegen ihrer großen Übereinstimmung

mit den kleineren Thermen am schnellsten wird erledigen lassen. Vier Eingänge führen jetzt und führten in der letzten Periode der antiken Existenz
dieser Bäder in diese Abtheilung, zwei XII° und X° aus der Straße von
Stabiae (durch die jetzt mit No. 75. und 85. bezeichneten Thüren), der
dritte I° und vierte IV° von der Palaestra aus, der letztere erst bei der
Restauration hergestellt. In älterer Zeit hatte das Bad noch einen fünften
und sechsten Eingang, den einen von der Straße der Holconii in den
Gang III, doch ist dieser in der letzten Periode vor der Verschüttung vermauert und Gleiches gilt von dem fünften, wiederum an der Straße von
Stabiae belegen gewesenen, für welchen das kleine Gemach XI ursprünglich
eine Art Windfang bildete, während es in der letzten Periode vielleicht als
die Cella des Capsarius diente (vgl. das Zimmerchen i im Plane der kleinen
Thermen Fig. 115.). Betreten wir die Baderäume durch den Eingang I° von
dem südlichen Säulenumgange der Palaestra aus, so befinden wir uns in einem
zierlich bemalten Gange I, in welchem zu unserer linken Hand wie in
einer Nische zwischen den Pfeilern der Thüren I° und I°° eine steinerne
Bank angebracht ist. Ein zweiter Arm dieses Ganges III führte zu der
schon erwähnten jetzt vermauerten Eingangsthür von der Straße der Holconii. Diese beiden Gänge umgeben das schmucklose Gemach II, welches,
aus einem ursprünglichen Laden in seine jetzige Gestalt gebracht, sich gegen
den erstern Gang mit einem ziemlich großen Fenster öffnet und von demselben aus seinen Eingang hat. Die Bestimmung dieses Zimmers für die
Wächter und Capsarii ist ungleich wahrscheinlicher als die ebenfalls vermuthete eines Elaeothesium, d. h. der Kammer für das Salböl, welche wir
mit den Räumen der Bäder im engern Sinne in näherer Verbindung denken
müssen. Denn aus dem Gange I und III, auf welchen dies Zimmer sich
öffnet, betreten wir nicht etwa unmittelbar das Apodyterium, sondern in IV
ein, wie wir gesehn haben, auch direct von der Palaestra her zugängliches
Zimmer, welches freilich zu der Natatio oder der Cella frigidaria V, aber
auch zu dem Apodyterium VI im Verhältniß eines Vorzimmers steht. Freilich eines überaus eleganten, welches eine selbständige Bedeutung, etwa
die einer Exedra gewiß in Anspruch nimmt, aber desto stärker trennend
zwischen das vermeintliche Elaeothesium und das Apodyterium tritt.

Das Gemach IV ist das am reichsten und prachtvollsten decorirte von
allen in den größeren Thermen und übertrifft selbst das angrenzende Apodyterium an Schmuck. Dasselbe ist überwölbt, aber etwas niedriger als das
Apodyterium, während sein Boden über denjenigen dieses um eine Stufe
erhöht ist. Die Wände sind roth mit bunten Verzierungen bemalt, das vollkommen erhaltene Tonnengewölbe der Decke dagegen mit der reichsten
Stuccaturarbeit bedeckt. Das Ornament gliedert sich hauptsächlich in theils
runden, theils achteckigen Cassetten, in denen wieder buntfarbige Stuccoreliefe angebracht sind, und zwar in den runden Feldern auf blauem, in
den achteckigen auf schwarzem Grunde. In vier größeren Feldern sind halb-
nackte weibliche Figuren gebildet, deren drei Blumen in Füllhörnern, die
vierte ein rundes Bild trägt; in den kleineren Feldern finden wir theils Thiere,
namentlich Seethiere, theils Amoretten. In dem großen Halbkreisbogen der

Ansicht des Apodyterium der größeren Thermen.

Eingangswand unter dem Ansatz der Wölbung ist ein kreisförmiges Fenster in die Palaestra hinausgebrochen (welches man in Fig. 124. sieht), durch welches namentlich die Wölbung Licht erhält, unter diesem Fenster ist der Stichbogen mit einem Relief geschmückt, welches eine auf einem Meerungeheuer von Amoretten umgebene durch die Wellen schwimmende Nymphe, Galatea etwa, darstellt.

Ehe wir von diesem Zimmer aus weiterschreitend das Apodyterium VI betreten, wenden wir uns auf einen Augenblick zu der *Cella frigidaria* oder *Natatio* V, um uns zu überzeugen, daß diese in allen Stücken, in der Einrichtung der *piscina*, der *scholae*, der Zu- und Ableitung des Wassers, — jener durch eine Röhre in einer kleinen Nische, welche dem Eingange gegenüber sich hoch in der Wand befindet, dieser durch eine Öffnung am Boden des Baptisterium auf der Seite der Thür, — vollkommen der *Cella frigidaria* der kleineren Thermen entspricht. Und nicht minder in der hier allerdings etwas reichern aber schlecht erhaltenen Decoration der Wände, welche in den Nischen zu den Seiten einer Vase mit sprudelndem Wasser, Büsche und Sträucher mit Vögeln zeigt, während auf die Wandflächen zwischen den Nischen unter Guirlanden Bäume und Sträucher gemalt sind, welche über eine Mauer emporragen ; auch hier fehlt es an wassersprudelnden candelaberartig gestalteten Fontänen nicht. Der Grundgedanke ist also auch hier wie in der entsprechenden Örtlichkeit der kleinen Thermen die Nachahmung der freien Natur, und mit diesem stimmt es überein, daß die hier allerdings fast ganz eingestürzte kegelförmige Bedachung blau gefärbt und mit Sternen verziert war.

Das Apodyterium VI, ein Saal von 11,50 M. zu 9 M. Größe ist der nächst dem Vorzimmer IV am elegantesten und reichsten geschmückte Raum dieser Thermen, welcher das Apodyterium der kleinen Thermen in diesem Betracht weit übertrifft (s. die beiliegende Ansicht). Vier starke Pfeiler, welche aus seinen Langwänden vorspringen, und auf welche zwei Gurtbogen des Gewölbes aufsetzen, theilen ihn in drei, wenn auch ungleiche Abtheilungen. Zur rechten Hand des Eintretenden beginnen von der Thür an den Wänden fortlaufende steinerne Bänke mit einer vor ihnen liegenden Stufe, welche sich rechts zwischen den Pfeilern und auch an der Wand des Ausgangs, links nur an dieser und bis zum ersten Pfeiler der Langwand fortsetzen. Über derselben sind, aber ebenfalls nicht den ganzen Saal umgebend, zwischen den Pfeilern und diesen und der Eingangswand jene Nischen zur Kleideraufbewahrung angebracht, welche wir aus dem Tepidarium der kleinen Thermen schon kennen, und welche hier wie dort auf einem schwer aus der Wand vorspringenden Abacus stehn und den Carnies tragen, nur daß hier die Telamonen fehlen, welche sich in den kleinen Thermen finden. Der Boden ist mit grauem Marmor gedeckt, in dem hie und da, wohl von einer Restauration herrührend eine weiße Platte eingelassen ist, und wird von einer Borde von Lava umgeben; in den beiden Ecken der Eingangswand sind bei *a a* Löcher angebracht, welche ohne Zweifel zum Abfluß des Wassers dienten, mit welchem man den Boden reinigte. Die Wände sind nur einfach, unten roth, oben weiß abgestrichen, dagegen ist das, freilich zum großen Theil

eingestürzte Gewölbe nebst den Gurtbogen sehr reich und geschmackvoll
mit Stuccoornamenten verziert. Das Ornament besteht aus theils viereckigen,
theils sechseckigen Cassetten, in denen in der erstern Abtheilung zwischen
schwebenden Figuren bakchischen Charakters Waffentropaeen, in der zweiten
Rosetten und schwebende Eroten angebracht sind. Die Gurtbogen sind auf
ihrer untern Fläche mit phantastischen Ornamenten verziert, dagegen zeigen
sie auf ihren Seitenflächen schwebende fast nackte weibliche Figuren, welche
in Arabesken übergehende Delphine in den Händen halten. Nicht minder
reich sind die oberen, durch die Wölbung halbkreisförmig abgeschnittenen
Theile der Eingangs- und Ausgangswand in Stucco ornamentirt; phantastische Architekturen der Art, welche wir als Decoration der breiten Wandflächen im Hofe kennen gelernt haben, bedecken, theilen und beleben auch
diese Flächen und auf den innerhalb der Säulchen dieser Architektur ent-
stehenden Feldern sind theils auf Delphinen dahin schwimmende Amoretten,
theils auf leichten Postamenten stehende fast nackte Figuren bakchischen
Charakters angebracht. — Eine Thür in der Langwand zu unserer Linken
führt uns in ein Gemach VII, welches mit Sicherheit als Tepidarium bezeichnet werden kann, obgleich es namentlich in einem Punkte von der
Einrichtung des Tepidarium der kleinen Thermen abweicht und uns hierin
etwas Neues kennen lehrt. An seiner kurzen Wand rechts von der Thür,
durch welche man eintritt, enthält es nämlich eine große Badewanne, welche
einst mit Marmor ausgekleidet gewesen ist, und zwar mit Platten, unter
denen sich einige befanden, auf denen eine Inschrift aus der Regierungszeit
des Augustus eingehauen war. Die Tafeln selbst sind verschwunden, aber
da sie mit der Inschriftseite in den Mörtel eingelegt waren, sind die Buchstaben in diesem abgedrückt, und aus diesen Abdrücken hat wenigstens der
für die Zeitbestimmung (= 2 n. Chr.) wichtige Anfang der Inschrift zusam-
mengelesen werden können. In dieser Wanne, welche als ein Zusatz der
letzten Restauration der Thermen nach dem Erdbeben zu betrachten ist,
wurden lauwarme Bäder genommen und zu diesem Zwecke das Wasser in
derselben durch einen eigenen kleinen unter ihrem Boden befindlichen Ofen k
erwärmt, der von dem Gange X' aus geheizt wurde. Die Thatsache, daß
in diesem Tepidarium, allerdings ungewöhnlicher Weise gebadet wurde, während, wie wir gesehn haben, die Tepidarien sonst nur den auf den Genuß
des Schwitzbades vorbereitenden Operationen dienten, diese Thatsache erklärt
auch, warum unser Tepidarium weniger reich als dasjenige der kleinen Thermen, obgleich nach Maßgabe der wenigen erhaltenen Reste immerhin reich
genug in Stuccoreliefs ornamentirt war; denn die in allen Baderäumen
herrschenden feuchten Dämpfe konnten der Ornamentirung nur nachtheilig
sein. Die Verzierungen stellen in dem rings umlaufenden Friese Schiffe
dar, sind aber in den Stichbogen zu schlecht erhalten um mit Sicherheit
gedeutet werden zu können. Die Wölbung ist fast gänzlich eingestürzt und
die Wände sind stark beschädigt; der ebenfalls fast gänzlich eingestürzte
Fußboden ruhte, wie derjenige im Caldarium der kleinen Thermen auf Ziegel-
pfeilerchen, war also hohl um die heiße Luft aufzunehmen, welche ihm aus
dem ebenfalls hohlen Raume unter dem Fußboden des angrenzenden Cal-

darium VIII durch eine unter der Schwelle der Thür, welche beide Räume verbindet, befindliche Öffnung zuströmte. Die Wände sind mit Thonplatten doppelt, zum Durchstreichen heißer Luft, hergestellt, doch gehört diese Einrichtung erst einer Restauration an und die ursprünglichen Wände zeigen eine doppelte Reihe jener kleinen Nischen, welche in den Apodyterien gewöhnlich zu sein pflegen.

Das sehr ruinirte Caldarium VIII entspricht fast genau demjenigen der kleinen Thermen, so daß wir uns in seiner Beschreibung sehr kurz fassen können. Es zeigt dieselben drei Abtheilungen, also erstens die Nische mit dem Labrum, von dessen Schale hier Nichts mehr vorhanden ist, während der ebenfalls zum Theil zerstörte Fuß in der Mitte durchbohrt ist, um das Wasser zuzuleiten. In der Mitte zweitens das eigentliche Sudatorium mit Suspensurae, aber nicht mit hohlen (doppelten), sondern, nach einer ältern Weise, mit von thönernen Rohren durchzogenen Wänden, welche ursprünglich ebenfalls eine Reihe der umlaufenden kleinen Nischen trugen, und drittens am andern Ende der Alveus für das heiße Bad, über welchem in der Wand drei, ohne Zweifel für Statuen bestimmt gewesene Nischen angebracht sind. Die Decoration der Wände ist gänzlich verschwunden, die Wand über dem Alveus zeigt jetzt nur einfachen Abstrich, das Gewölbe fehlt fast ganz. Nach sicheren Merkmalen aber gehört die Suspensur des Fußbodens nicht dem ursprünglichen Bau, sondern einer, wahrscheinlich der ältern Restauration, deren die Inschrift gedenkt. Die Beleuchtung wird ähnlich wie in dem Caldarium der kleineren Thermen hergestellt worden sein und ebenso entspricht die Einrichtung der Wanne soweit man nach den dürftigen Resten urteilen kann demjenigen, was wir bereits aus den kleinen Thermen kennen.

Ganz dasselbe gilt von dem mit IX bezeichneten Heizapparat in seiner Gesammtheit. Das Praefurnium bildet einen schmalen Gang, der in den Vorplatz 6 sowie in den Eingangscorridor XII mündet und den man außerdem über eine hohe, jederseits mit einer Stufe versehene Schwelle aus dem Caldarium 4 der zweiten Badeabtheilung betreten kann. An diesem Gange liegen zwei kammerartige Räumlichkeiten, eine größere von einer niedrigen viereckigen Mauer eingefaßte, welche etwa zur Aufbewahrung des Brennmaterials gedient hat, und eine kleinere unmittelbar neben dem Heerde gelegene, deren Bestimmung sich nicht nachweisen läßt. Den Heerd mit seinen drei in verschiedener Höhe angebrachten und unter einander in Verbindung stehenden Kesseln brauchen wir mit Verweisung auf die Beschreibung des in den kleinen Thermen befindlichen hier nicht näher zu erörtern. Neben dem Heerde steigt der Gang beträchtlich an, und zwar über das Zuleitungsrohr für die heiße Luft zum Caldarium 4 hinweg, führt aber dann über sieben steile Stufen in den Corridor XII hinab und zwar unter einer Bogenwölbung hindurch, welche wahrscheinlich dazu diente, die Wölbung des anstoßenden Caldarium 4 zu stützen. Es sei noch bemerkt, daß in dem ersten Zimmerchen an dem Gange ein ziemlich starkes Bleirohr, das zu den Kesseln führt, nur halb im Boden liegt. Wie schon gesagt, gelangt man über sieben Stufen am Ende des Praefurnialganges in den Eingangscorridor XII der besprochenen Badeabtheilung, der durch einen Ausbau auf die

Straße von Stabiae ziemlich beträchtlich erweitert ist und durch Fenster von dieser Straße aus erleuchtet wird. Dieser Corridor setzt sich als gewölbter Gang in zwei Abtheilungen X fort, an deren erster sich der schon früher erwähnte Windfang XI einer früher vorhandenen Thür befindet. Von der zweiten etwas erweiterten Abtheilung dieses Ganges X' aus wurde der kleine Heerd *k* im Tepidarium VII geheizt; sie endet in eine dritte, abermals etwas erweiterte Abtheilung X", in welche eine zweite, bereits früher erwähnte Thür von der Straße von Stabiae führt, und in welcher eine steinerne Bank angebracht ist. Sehr ansprechend und wahrscheinlich ist im Anschluß an diese vermuthet worden, daß dieser übrigens sehr einfach verzierte Raum nicht nur als *cella ostiarii*, sondern als Wartezimmer für die ihre Herren in das Bad begleitenden Sclaven gedient habe.

Größeres Interesse als diese accessorischen Räumlichkeiten der ersten Abtheilung der neuentdeckten Thermen nimmt eine vollständige zweite Abtheilung dieser Bäder in Anspruch, welche gleich bei dem ersten Anblick und in nicht wenigen Einzelheiten bei genauerer Betrachtung an die Frauenabtheilung der kleinen Thermen erinnert, und auch, nachdem einige, dieser Annahme scheinbar entgegenstehende Thatsachen richtiger, als dies früher geschehn war, beleuchtet worden sind, mit ziemlicher Gewißheit als solche betrachtet werden darf. Außer der Thür von dem Vorplatz 6, der lediglich ein Verbindungsgang zwischen dem Praefurnium und dem Apodyterium 2 gewesen zu sein scheint und dessen Thür in das Apodyterium auch erst nachträglich eingebrochen worden ist, führen zwei eigentliche Eingänge von außen in diese Abtheilung. Diese Eingänge 1 * und 5 * führen durch die Corridore 1 u. 5 in das Apodyterium. Sie waren beide gewölbt, doch ist die Wölbung desjenigen, der von der Straße von Stabiae herkommt 1, eingestürzt, während diejenige des ungleich längern 5, welcher winkelig gebrochen von der Theaterstraße herkommt, vollkommen erhalten ist. Derselbe erhält auf seinem längern Schenkel durch sechs, auf dem kürzern durch drei viereckige Öffnungen im Scheitel seiner Wölbung, welche im Plane angegeben sind, sein Licht. Er trifft nicht auf irgend eine der Wände des Apodyterium, sondern durchbricht dessen Ecke, was darauf hinzuweisen scheint, daß er erst später geöffnet worden ist, nicht aber zur ersten Anlage gehört. Das Apodyterium 2, an dessen Wänden gemauerte Bänke und über denselben die bekannten aber hier — zur Bequemlichkeit der kleiner gewachsenen Frauen? — etwas niedriger (1,50 statt 1,75 M. vom Boden) als in der Männerabtheilung angebrachten Nischen *loculi* sich hinziehn, ist merkwürdig nur dadurch, daß sich in ihm, wie übrigens auch in der Frauenabtheilung der kleinen Thermen an einem Ende eine große, hier über den Boden erhobene Wanne für das kalte Bad befindet, in welche drei Stufen von der Langseite hinaufführen, während ihr das Wasser durch einen Canal in ihrer einen Ecke bei *λ* zufloß. Eben so einfach wie diese Zusammenziehung der *Natatio* mit dem Apodyterium ist die Decoration des übrigens sehr gut erhaltenen Saales, welcher durch zwei runde Öffnungen in seiner einfach weißen gewölbten Decke und eine dritte im Halbkreisbogen seiner kurzen Wand über der Wanne mäßig erleuchtet wird. Sein Fußboden ist mit *opus* *signinum* gedeckt, und seine Wände sind nebst den Bänken bis zum Abacus der Nischen roth bemalt, während diese und der über ihnen liegende Stuccosims weiß sind wie die Decke.

Aus diesem Apodyterium führt eine Thür neben der mit Unterdrückung zweier Nischen nachträglich eingebrochenen zu dem Vorplatz 6 in ein eben so einfach geschmücktes Tepidarium 3, dessen mit grobem weißem Mosaik bedeckter Fußboden auf *suspensurae* ruht, während auch seine Wände hohl sind und sogar sein Gewölbe eine querübercanellirte Stuccobekleidung gehabt hat, welche einen Hohlraum hinter sich ließ, aber jetzt fast ganz herabgestürzt ist.   Auch hier, wie in dem ganzen Gebäude stammt die Herstellung der hohlen Wände aus der Periode einer, und zwar, abgesehn von derjenigen im Caldarium der Männerabtheilung, wahrscheinlich der spätern Restauration, während sich über die ursprüngliche Bestimmung und Verwendung der Räume nicht mit Sicherheit absprechen läßt.

Das angrenzende Caldarium 4 entspricht den Caldarien in der andern Abtheilung und in den kleinen Thermen wiederum genau bis auf den einen Umstand, daß ihm an seinem einen Ende dem *alveus* der *lavatio calida* gegenüber die halbrunde Nische für das Labrum fehlt, welches hier einfach der Wanne gegenüber aufgestellt, vollkommen erhalten, aber grade nicht elegant ist.   Auch in diesem Caldarium sind der Fußboden, die Wände und die zum größten Theil eingestürzte wiederum querüber canellirte Decke hohl, und die Decoration ist weit eleganter als diejenige der beiden bisher betrachteten Säle.   Aus den Wänden springen über einem schmalen weißen Marmorsockel flache, gelb bemalte und canellirte Pfeiler vor, welche die roth bemalten Wandflächen einfassen und einen Stuccofries mit einfachen Ornamenten tragen.   In dem halbrunden Wandabschnitt über dem Labrum ist ein reicheres Ornament von Stucco angebracht und hier ist das Fenster durchgebrochen, welches dem Saale von dem Vorplatz 6 aus Licht zuführt. Die ganze südliche Wand mit der gewaltigen Thür und dem Fenster ist modern. Der Fußboden ist wie in dem vorigen Saale von weißem Mosaik gebildet und die *piscina* sowie die Stufe vor derselben überaus schön und elegant mit vollkommen erhaltenen und ganz wie neu erscheinenden weißen Marmorplatten bekleidet.   Einer großen halbkreisförmigen Öffnung in seiner rechten hintern Ecke bei μ fehlt entweder der Verschluß durch einen bronzenen Schieber, oder diese Öffnung, welche die Wanne mit einem der Kessel in IX in Verbindung setzt, diente zur Erwärmung des durch dieselbe mit dem Kessel in Berührung gelangenden Wassers[59]).   Unverschlossen ist jetzt auch ein kleineres Loch in der entgegengesetzten Ecke bei ν, welches von der Wanne nach dem Boden des Saales durchgetrieben ist, durch welches also das Wasser der Wanne sich in diesen ergießen würde, so daß es im Alterthum verschlossen gewesen sein muß, ohne daß jetzt von dem Verschluß irgend eine Spur nachweisbar wäre.   In der Ecke neben der Abflußöffnung ist eine kupferne Röhre zum Zufluß des Wassers angebracht.

Der unbedeckte Vorplatz 6, welcher trotz seiner Verbindungsthür mit der Palaestra zu dieser Abtheilung und nur zu ihr zu rechnen ist, und außerdem bei $\zeta\eta$ und η' die Reste mehrer Treppen in obere Räume enthält,

ist völlig schmucklos, ja roh mit mehr berappten als abgeputzten Wänden.
Gleichwohl ist auf seiner östlichen Wand über einer Öffnung, durch welche
dem Labrum des Caldarium sein Wasser zugeführt wurde, wenn auch nur
höchst roh ein Tempelchen mit Giebeldach gemalt, innerhalb dessen sich
eine große Schlange auf einen Altar mit Früchten zu ringelt (Hlb. S. 11.).
In ihr wird entweder einfach der *Genius loci* oder der *custos fontis*, genauer
der die Wasserleitung schützende Genius zu erkennen sein.

Ehe wir die Thermen verlassen, haben wir noch eine ganze Abtheilung
zu betrachten, welche allerdings unscheinbar in ihren Räumen, aber deswegen nicht uninteressant und zugleich die älteste, am meisten noch in
ihrem Urzustande befindliche des ganzen Gebäudes ist. Es ist die mit
kleinen Buchstaben von *a — k* bezeichnete. Ihren äußern Eingang hat sie
in *a'* von der Theaterstraße, derselbe führt in einen gewölbten Gang *a*
mit Lichtöffnungen gleich denen im Gange 5 der zweiten Badeabtheilung.
Allein auch mit der Palaestra steht diese Abtheilung durch die verschließbar
gewesene Thür aus *h* mit erhöhter, über eine Stufe zu betretender Schwelle
in Verbindung. Lassen wir die Räume *b c d* rechts am Gange *a* zunächst
bei Seite, so finden wir links etwas weiterhin an demselben in *e* vier ganz
gleiche kleine und schmucklose von ihrer Wölbung aus nothdürftig erleuchtete Zellen von 2 × 2,05 M. Größe, jede mit einer aus Ziegeln gemauerten
Wanne, die aber ohne Zufluß- oder Abflußrohre für das Wasser und in
sehr ruinirtem Zustande aufgefunden worden sind. Es sind dies Einzelbade-
zellen, für welche der antike Name *solia* mit Glück aufgefunden ist. An
diesen und dem Gange *f*, der von Haus aus auch nur eine Cella gewesen
ist, den man durch Niederbrechung seiner Vorder- und Hinterwand zu
einem Durchgange gemacht hat, an diesem vorbei gelangt man auf das
in die Palaestra ausmündende Vorzimmer *h*, an dem ein kleines schmuckloses Cabinet *i* liegt, welches keinen andern Eindruck als den einer Rumpel-
kammer oder eines Aufbewahrungsortes für uns unnachweisbare Gegenstände
macht. Vor demselben biegt der Gang links ab in den Zweig *g*, der ursprünglich zu einer steilen Treppe in das obere Geschoß führte, etwas
ansteigt, auch an seinem Ende noch eine Stufe hat, über dieser aber bei
der Anlage des Apodyterium 2 vermauert ist. An der linken Wand erhebt
sich in diesem Gange eine starke Bleiröhre aus dem Boden, welche etliche
Fuß hoch durch die Mauer in das Zimmer *k* mündet. Hier wurde auch
die mehrerwähnte Inschrift an die Wand gelehnt, d. h. offenbar einstweilen
bei Seite gestellt aufgefunden. Kehren wir hier um, so führt uns der abzweigende Gang *f* in das ziemlich geräumige und überwölbte Zimmer *k*,
in welchem Michaelis mit überzeugender Genauigkeit die Latrina mit rings-
umlaufendem Canal nachgewiesen hat[39], dergleichen wir eine kleinere in
den kleinen Thermen in *d* und eine ungleich größere am Forum neben der
Lesche gefunden haben. Da hier die nöthigsten Andeutungen über die Beschaffenheit solcher durch fließendes Wasser stets rein erhaltenen überaus
sinnreich angelegten Räume gegeben ist, mag es mit einer Verweisung auf
die genaue und correcte Beschreibung von Michaelis hier sein Bewenden
haben, nur sei bemerkt, daß diejenigen, welche in diesem Raum ein Waschhaus

erkennen wollten, sowie diejenigen, welche hier das in der Inschrift erwähnte *destrictarium* suchten, sich im augenscheinlichsten Irrthum befanden und daß die Anlage dieser Latrine später ist, als die der ursprünglichen kleinen Badezellen.

Mit wenigen Worten ist noch die Bedeutung der am Anfange des Ganges *a* von der Theaterstraße her befindlichen Räume *b*, *c* und *d* festzustellen, von denen *b* als die *cella ostiarii* durch eine gemauerte Lagerstätte an ihrem linken Ende bezeichnet wird. In *c* führt eine Treppe in einen jetzt wegen starker Kohlensäureausdünstung unbetretbaren Keller hinab, *d* endlich, in welchem Gemach der Anfang der aus Ziegeln erbauten Treppe in *c* liegt, ist Nichts als ein Vorzimmer zu *c*.

Die auch diese wie die kleinen Thermen an drei Seiten umgebenden Läden verdienen keine nähere Beschreibung, nur wird anzuführen sein, daß dieselben zum Theil mit der Errichtung des Gebäudes gleichzeitig und bei dessen Veränderungen, wie seines Ortes bemerkt, zum Theil einer neuen Bestimmung als Eingänge zugeführt, daß sie anderntheils besonders an der Westseite jünger und gleichzeitig mit den Umbauten entstanden sind, welche mit den Thermen vorgenommen wurden.

Sechster Abschnitt.

Brunnen, Altäre und sonstige kleine Bauwerke.

Gutes Trinkwasser galt im Alterthum für ebenso wichtig wie bei uns, ja, wenn wir von den ungeheuren Bauten, welche die Römer in viele Meilen langen riesigen Aquaeducten anlegten, um sich dasselbe zu verschaffen, auf den Werth schließen, den das Wasser hatte, für noch ungleich wichtiger. Für den Bedarf des Haushaltes, für Küche und Wäsche hatte man das in den Impluvien gesammelte, in tiefgegrabene Brunnen geleitete und in ihnen geklärte Regenwasser in jedem Hause bei der Hand, zum Trinken aber zog man, obgleich das Wasser der Cisternen namentlich in älterer Zeit gebraucht wurde, Quellwasser begreiflicher Weise vor, welches oft sehr weither geschafft werden mußte.

So auch in Pompeji. Denn die Stadt hatte vermöge ihrer schon früher dargestellten Lage auf einem Lavahügel im Alterthum jedenfalls nur sehr wenige lebendige Quellen oder Brunnen von Quellwasser, deren ein sehr merkwürdiger von 28 M. Tiefe in dem Keller der s. g. *casa dei marmi*, jetzt *domus N. Popidii Prisci* genannt, erst bei den neueren Ausgrabungen gefunden wurde, und das Wasser des Sarnus, sollte er selbst im Alterthum unmittelbar an der Stadt vorbeigeflossen sein, in Eimern oder Hydrien (Wasserkannen) herbeizuschaffen, konnte natürlich besten Falls für die nächsten Häuser am Flußufer und für sehr primitive Culturzustände genügen. Pumpwerke aber, durch welche man das Flußwasser hätte heben können, sind dem Alterthume fremd gewesen. Pompeji war also für seinen Bedarf an Trinkwasser auf eine Wasserleitung angewiesen, an deren einstmaliger Existenz man schon gegenüber den an nicht wenigen Stellen der Stadt noch jetzt sichtbaren Pfeilern, sowie den zahlreichen Brunnen nie hat zweifeln

können, welche sich nicht allein in den Straßen und an fast allen Straßenecken (*in biciis* oder *triciis*) finden, sondern auch in nicht wenigen Häusern,
zum Theil sehr reich und eigenthümlich verziert wiederkehren. Aber erst
der allerneuesten Zeit und den Forschungen des dirigirenden Architekten
Ruggiero ist es gelungen, das System der Wasserleitung in Pompeji und
den Ausgangspunkt der Leitung durch einen scharfsinnigen Schluß nachzuweisen. Hiernach stammt das fließende Wasser in Pompeji aus dem Sarnus,
der allein so kalkhaltig ist, daß seine Benutzung die Ablagerungen von Kalk-
sinter erklärt, welche sich in der Leitung finden. Den Ausgangspunkt der
Zuleitung sucht Ruggiero höher hinauf als den Anfangspunkt von Fontanas
Canal (oben S. 31.) und meint, der Aquaeduct sei außerhalb der Stadt
oberirdisch und wie bei den Wasserleitungen Roms über Bogen geführt
gewesen, von denen freilich noch Nichts hat nachgewiesen werden können.
Innerhalb der Stadt dagegen war die Leitung unterirdisch, und die schon
erwähnten Pfeiler bildeten ihre Knotenpunkte. Sie bargen in den beiden
Vertiefungen, die sie charakterisiren, zwei Röhren, in deren ersterer das
zugeleitete Wasser in auf der Höhe des Pfeilers befindliche offene Bassins
stieg, welche, obgleich selbst zerstört, doch sicher nachgewiesen sind, und
aus denen es durch die zweite, auch mehrfach sich verzweigende Röhre,
an seine Bestimmungsorte weiter geleitet wurde. Der Zweck dieser localen
Erhebungen ist ohne Zweifel, den gar zu großen Fall und Druck des Wassers
auf die Röhren abzuschwächen, während andere Knotenpunkte der Leitung
unter dem Niveau der Straßen lagen und durch s. g. *castella aquae*, deren
eines die Fig. 126. hinter dem Brunnen zeigt, geborgen wurden, ohne gleichwohl unzugänglich zu sein. So ist das Wasser dieser Leitung durch alle
Quartiere und wohl fast alle Häuser in Pompeji vertheilt gewesen, und
zwar allen Anzeichen nach reichliches Wasser.

Von den sichtbaren Monumenten der pompejaner Wasserleitung fassen
wir zunächst die Brunnen in den Straßen und an den Straßenecken ins Auge.

In den beiden Abbildungen Fig. 125.
und 126. finden wir den Plan und die Ansicht einer Straßenecke, eines *bicium* mit
dem eben erwähnten *castellum a* und einem
Brunnen *b*; es ist der erste an der Hauptstraße vom herculaner Thor, welche man mit
ihrem Pflaster und ihren Trottoirs ebenfalls
auf dem Plane erkennt. Die Gestalt des Brunnens selbst ist, wie die der meisten Brunnen in
Pompeji, die einfachste, die man sich denken
kann. Aus einem kleinen massiven Pfeiler
von Haustein, welcher zur Aufnahme des Rohres der Leitung durchbohrt und in den meisten
Fällen mit einem Figurenornament am Ausguß

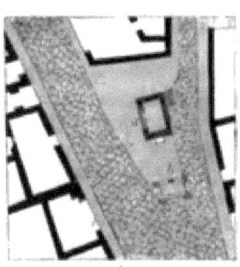

Fig. 125. Plan eines Brunnens.

verziert ist, welches in diesem Beispiel verloren gegangen, fällt das Wasser in
einen s. g. Cantharus oder ein viereckiges Bassin, welches aus mit eisernen
Klammern verbundenen Hausteinen erbaut ist, um der Lust des Wassers

sicher zu widerstehn. Hinter dem Brunnen sieht man das s. g. *castellum*, mit gewölbter Decke und durch eine Thür geschlossen. Der Hahn der Leitung ist an diesem Orte nicht gefunden worden, wohl aber zeigen diejenigen von anderen Knotenpunkten wesentlich die Einrichtung, welche uns der Hahn

aus dem Palast des Tiberius auf Capri im Museum von Neapel vergegenwärtigen kann, den die folgende Figur 127. zeigt. Jeder sieht, dass der Theil *b* sich in demjenigen *a* drehte und so die Rohre *c* öffnete oder schloß, welche nach beiden Seiten führen. Jetzt sind diese Stücke ganz fest in einander gerostet und sollen, so zu sagen, antikes Wasser eingeschlossen enthalten, welches man, wenn der Hahn geschüttelt wird — versucht habe ich es nicht — in

Fig. 126. Ansicht eines Brunnens.

dessen Innerem deutlich plätschern hören soll. Die Façade dieses kleinen Bauwerks nach dem Brunnen hin war mit einem jetzt ganz verschwundenen, vielleicht den Larendarstellungen angehörenden Gemälde (IIb. No. 88.) geschmückt, und vor demselben steht ein kleiner, wohl den *lares compitales*, den Schutzgöttern der Straßen, deren Cult Augustus erneuerte, geweihter Altar. Die meisten Brunnen sind dem hier beschriebenen und abgebildeten sehr ähnlich, nur daß der Cippus, aus welchem das Wasser in das Reservoir floß, wie schon gesagt, bei den meisten auf eine verschiedenartige Weise mit Reliefen geschmückt ist.

Fig. 127.
Hahn einer Wasserleitung.

Beispielsweise bringen wir die Abbildung eines ebenfalls an einer Straßenecke belegenen Brunnens (Fig. 128.). Der Cippus ist mit einem an das Gepräge der Münzen von Agrigent oberflächlich erinnernden Relief geschmückt, darstellend einen Adler, der einen Hasen im Schnabel hält, aus dessen Maul das Wasser floß. In dem Laden, in dessen Thür hinter dem Brunnen wir hineinsehn, wurden Eßwaaren verkauft, von denen man Reste in dem-

Fig. 128. Ansicht eines zweiten Brunnens.

selben gefunden haben soll. Der Reliefschmuck der meisten, stets in
gleicher Weise eingerichteten Brunnen ist zu wenig bedeutend, um hier

einzeln erwähnt zu werden, Auszeichnung verdient
nur ein solches Relief an einem in der Nähe des Venustempels und des Seethors (Reg. VII. Ins. 15) neuerdings ausgegrabenen Brunnens von schönem weißem
Marmor, da dasselbe nicht ohne Laune ist. Es stellt
nämlich einen schönen Haushahn vor, der in eiligem
Lauf ein Gefäß umgeworfen hat, dem nun der Wasser-

Fig. 129. Durchschnitt
eines Brunnens.

strahl entquillt. An eben diesem Brunnen sieht man
besonders deutlich die Spuren der Abnutzung durch
den Gebrauch; neben dem Cippus ist der Brunnenrand

durch die aufgestützten Hände und in dem Relief ist die Mündung des
Gefäßes durch die darangelegten Lippen der Trinkenden ziemlich beträchtlich ausgeschliffen. Noch stärker ist diese, an allen Brunnen wahrnehmbare

Abnutzung an demjenigen an der
Strada dell' abbondanza an der hintern
Ecke des Gebäudes der Eumachia.
Der Durchschnitt eines derartigen an
den Propylaeen des Forum triangulare
belegenen Brunnens Fig. 129.) mag
die Art verdeutlichen, wie das Wasser durch ein Rohr in dem durch-
bohrten Cippus bis zum Ausfluß geleitet wurde, die Ansicht noch eines
Brunnens (Fig. 130. eine Besonderheit vergegenwärtigen. Derselbe,
dessen Cippus mit einem Stierkopf
in Relief geschmückt ist, ist in das
Trottoir der ziemlich engen Straße
hineingebaut, und augenscheinlich
deshalb an zwei Seiten mit einem

Fig. 130. Ansicht eines dritten Brunnens.

eisernen Geländer umgeben gewesen,
um Fußgänger vor dem Hineinstürzen

zu bewahren. Dies bereits bei der Entdeckung ganz verrostete Geländer
ist bis auf ein paar Stümpfe im Stein verschwunden.

Andere Brunnen in Pompeji bieten nun allerdings abweichende, aber
nicht minder einfache Formen. So ist schon früher bei der Beschreibung
des Forum triangulare sowie der s. g. *Curia isiaca* durchbohrter Säulen Erwähnung gethan worden, welche als Brunnen dienten; ein Brunnen in demselben Stadtquartier hat ungefähr die Form eines Sitzes mit sehr niedriger
Lehne, aus der aus vier kleinen Löwenköpfen die Wasserstrahlen in den
das Bassin bildenden Sitz fielen.

Diese Beispiele mögen genügen, um das immer gleichbleibende Princip
der antiken Brunnen an den Straßen zu vergegenwärtigen. Diese Gleichheit
des Princips schließt übrigens eine größere Mannigfaltigkeit der Erschei-

nungen, als sie uns Pompeji in seinen öffentlichen Brunnen bietet, keineswegs aus, wie dies, ganz abgesehn von den Monumenten anderer Orte die Brunnen in den Privathäusern Pompejis beweisen; hier finden wir die Cippen, wenn diese überhaupt beibehalten wurden, was nur ausnahmsweise der Fall ist, ungleich reicher decorirt, noch häufiger sind sie durch ganze Marmor- oder Bronzestatuen ersetzt, durch welche das Brunnenrohr bis zu irgend einem mehr oder weniger sinnreich construirten Ausguß geführt wurde. Diese Brunnenfiguren, deren Herculaneum eine ganze Reihe und auch Pompeji nicht ganz wenige aufzuweisen hat, boten der Plastik ein fruchtbares Feld und gehören zu den anmuthigsten Erfindungen derselben, von denen im artistischen Theile ausführlicher gesprochen werden soll.

Von öffentlichen Monumenten sind außer den Brunnen besonders noch die, wie in katholischen Ländern die Heiligenhäuschen, vielfach in den Straßen aufgestellten Altäre der Schutzgottheiten der Wege und Straßen zu erwähnen. Ein dergleichen kleines Heiligthum haben wir bereits an dem Brunnenhause bei dem ersten Brunnen kennen gelernt, bestehend aus einem Altar vor dem Bilde der Straßenlaren, auf welchen diesen Daemonen von den Vorübergehenden ein wohlfeiles Opfer und ein flüchtiges Gebet dargebracht wurde. Ganz ähnlich ist ein zweites derartiges Heiligthum in der *Strada Stabiana* ebenfalls mit einem Brunnen verbunden. Ohne Verbindung mit einem Brunnen ist ein Altar in der Straße hinter dem s. g. Gefängniß am Forum, angelehnt an eine Wand; hinter demselben erscheint auf einem von Pilastern eingefaßten und von einem Giebel gekrönten Felde die bekannte Opferceremonie anstatt gemalt in Stuc-

corelief. In dem Giebel ist ein Adler in Relief gebildet, welcher zu der unrichtigen Annahme den Anlaß gegeben hat, dieser Altar sei dem Jupiter geweiht gewesen; er erscheint vielmehr nur als ein sehr passender Schmuck des flachen Giebeldreiecks, welches er mit seinen ausgebreiteten Schwingen erfüllt, und welches eben der Ähnlichkeit seiner allgemeinen Form mit den ausgebreiteten Flügeln eines Adlers in Griechenland den Namen »Adler« (ἀετός) erhalten hat. Ein anderes Beispiel Fig. 131.) wird genügen, um nebst dem zuerst betrachteten den durchschnittlichen Charakter dieser Cultusstätten der *dii populares* oder *patellarii* uns zu vergegenwärtigen. Es ist dies ein ziemlich ansehnlicher Altar,

Fig. 131. Altar an einer Straße.

welcher, um den Verkehr auf dem ohnehin nicht allzu breiten Trottoir nicht zu versperren oder zu beengen, bescheidentlich in einer Mauernische steht, in welcher über demselben eine Opferdarstellung, ähnlich den besprochenen, gemalt oder in Relief angebracht gewesen sein wird, welche uns verloren gegangen ist.

Als verwandt mit diesen volksthümlichen Straßenheiligthümern müssen
endlich die mehrfach an Ecken und Mauern vorkommenden religiösen Malereien hier erwähnt werden, die, weil kein Altar vor denselben angebracht
ist, mehr einen talismanischen als einen Cultcharakter tragen. Sie sind, wie
man sich aus der Zusammenstellung in Helbigs Wandgemälden No. 7—91.
überzeugen kann, zahlreich genug, bieten aber nur in einzelnen Fällen ein
hinlängliches Interesse, um auf ihren Gegenstand auch nur flüchtig einzugehn. Dies ist besonders der Fall bei einem Gemälde an der Ecke der kleinen Straße (Vicolo dei dodici di), welche von der Strada dell' abbondanza nach
dem Vicolo dei teatri führt (Plan CD—de), welches (IIIb. No. 7.) die zwölf
großen Götter darstellt, unter denen, beiläufig bemerkt, der Jupiter doch
auch heute noch ziemlich unzweifelhaft als jugendlich dargestellt erkennbar
ist. Andere dieser Bilder zeigen uns einzelne der griechisch-römischen Gottheiten (IIIb. No. 8—26.), wieder andere den Genius familiaris (31 ff.),
die Laren und Larenopfer (35—45.) oder den Genius und die Laren verbunden (46—59.) oder Laren und Penaten (60—66.) u. dgl. m. Endlich müssen
noch die vielfältigen Schlangenbilder (29 f.) erwähnt werden, darstellend
meistens zwei gewaltige Schlangen, welche sich auf einen mit Früchten,
meistens Pinienzapfen und daneben mit Eiern belegten Altar zu ringeln und
dazu dienten, den Ort religiös zu weihen, gelegentlich nur, um ihn vor
Verunreinigung zu schützen. Eines der gewaltigsten und interessantesten
dieser Schlangenpaare ist dasjenige an der Wand gegenüber der domus Sirici
(Plan 91. DE—fg) welchem die Inschrift otiosis hic locus non est, discede
morator (vgl. Cap. 6.) beigefügt ist.

Viertes Capitel.

Die Privatgebäude.

Erster Abschnitt.

Die Wohnhäuser[20]).

So groß in manchem Betracht das Interesse der öffentlichen Gebäude
Pompejis für den Alterthumsfreund theils durch ihre Erhaltung, theils und
besonders durch ihre gegenseitige Lage, welche sie als ein Gesammtes erscheinen läßt, sein mag, so läßt sich doch nicht läugnen, daß die Privatgebäude ein bei Weitem größeres Interesse für sich in Anspruch nehmen
und von höherer Bedeutung für unser Studium des Alterthums sind, als jene.
Denn so wie überhaupt das öffentliche Leben der Alten, welches gewissermaßen als der Geschichte angehörend betrachtet werden kann, uns ungleich
bekannter und in zahlreicheren und zusammenhangenderen Zeugnissen überliefert ist, als ihr Privatleben, so sind auch die Monumente des öffentlichen

Lebens, Tempel und Hallen, Basiliken, Theater und Amphitheater, Straßen, Wasserleitungen und Bäder u. s. w. aus fast allen Theilen der alten Welt in viel größerer Zahl auf uns gekommen, sie sind in ihren mehr oder weniger erhaltenen Ruinen lange bekannt, gemessen, gezeichnet und studirt worden, ehe der erste Spatenstich zu Pompejis Ausgrabung gethan wurde, und zugleich sind gegen viele dieser Reste alter Tempel, Theater und sonstiger Bauten die pompejanischen öffentlichen Gebäude klein, unbedeutend und stehn namentlich in küntlerischem Betracht mit wenigen Ausnahmen auf einer nicht allzu hohen Stufe. Von den Privathäusern der Alten aber war vor Pompejis und Herculaneums Entdeckung monumental sehr Weniges vorhanden; denn die Trümmer einiger Paläste und Villen der Großen und Gewaltigen, welche wir außer den beiden verschütteten Städten haben, können hier nicht mitzählen, weil sie von der Norm bürgerlicher Wohnhäuser weiter entfernt sind, als irgend ein Privatgebäude Pompejis. Und auch die einzeln erhaltenen Fundamentruinen und die allerdings in der antiken Litteratur vorhandenen Beschreibungen ländlicher Villen bringen uns der Kenntniß des gewöhnlichen bürgerlichen Wohnhauses etwa und kaum so nahe, wie die Ruinen der s. g. Villa des Diomedes in Pompeji. Von dem Normalhause, namentlich von dem Hause in der Stadt ist kaum anderswo die Rede, als in Vitruvs Architektur, wenigstens nirgend im Zusammenhang und anders als in gelegentlicher Erwähnung einzelner Räumlichkeiten. Abgesehn aber davon, daß Vitruvs Beschreibungen durch die Bank nicht die klarsten und für uns doppelt schwierig zu verstehn sind, weil sie sich auf Abbildungen beziehn, die uns verloren gegangen, abgesehn ferner von der Unklarheit, welche mit dem Mangel monumentaler Anschauung unausbleiblich verbunden ist, haben wir bei Vitruv Nichts, als die starre mittlere Norm, das absolute Gesetz, und zwar für das, was er bei seinen Lesern als bekannt voraussetzen mußte. Diese Norm aber ist nach hundert verschiedenen Umständen hundertfach verschieden angewendet worden, und erst die Kenntniß dieser Variationen der Norm, dieser verschiedenen Anwendungen des Gesetzes verschafft uns ein lebendiges und anschauliches Bild von der Stätte, in welcher sich das nach den Umständen und Verhältnissen mannigfaltig gestaltete Privatleben der Alten bewegte. Eine solche Kenntniß ist aber und ist nur durch Pompejis Häuser und die wenigen vermittelt, die man in Herculaneum hat bloßlegen können, und welches der Gewinn dieser Anschauung sei, das lernen wir recht würdigen, wenn wir unsere auf die Wohnungen Pompejis gegründete Kenntniß des römischen Hauses mit der Kenntniß von dem griechischen Hause vergleichen, die nur auf einer unklaren Normalbeschreibung Vitruvs und auf zerstreuten Stellen der alten Schriftsteller beruht.

Wir haben den pompejaner Wohnhäusern gegenüber eine doppelte und nicht leichte Aufgabe zu lösen. Einerseits nämlich sind die unsäglich reichen Einzelheiten der uns vorliegenden Monumente, wenn auch natürlich nur in einer Auswahl zu beschreiben und zu erklären, wir müssen die Mannigfaltigkeit der Pläne einer Reihe von kleineren, mittleren und großen Wohnungen, d. h. von relativ großen, denn wirklich große Häuser, wie sie in Rom

die Nobilität hatte, bietet uns Pompeji nicht, und zwar in ihrer bald durch
locale, bald durch anderweitige Verhältnisse begründeten Modification zu verstehn suchen, haben uns vorzuführen, was man in diesen verschiedenen
Wohnungen an Resten baulicher und decorativer Einzelheiten und an Spuren
des täglichen Lebens vorfand, und zu versuchen, nach der Anleitung dieser
die Häuser in ihrer Gesammtheit zu reconstruiren und aus den Spuren des
Lebens ein Bild desselben zu entwerfen; andererseits darf nicht versäumt
werden zu untersuchen, was in dieser Verschiedenheit das Gemeinsame, was
in den Variationen und Modificationen das Gesetz und die Norm sei. Ein
solches Gemeinsame, eine Norm und ein Gesetz aber ist wirklich vorhanden
und ist durch die sorgfältige Erforschung der gegebenen Mannigfaltigkeit
als ein Maßstab zur Beurteilung und als eine Leuchte der Erklärung gewonnen und festgestellt worden, weshalb wir damit zu beginnen haben, uns
diese Norm klar zu machen.

Fragen wir uns zuerst, worin wohl der durchschlagende Unterschied
des antiken Hauses und des modernen gelegen sein möge, so werden wir
nach einer ziemlich allgemein verbreiteten Anschauung zu antworten geneigt
sein: in der Ausdehnung des Grundrisses im antiken und der Beschränkung
desselben im modernen Hause, ferner darin, daß in Verbindung mit dieser
Ausdehnung in der Längen- und Breitendimension des antiken Hauses eine
Beschränkung in seiner Höhe, in der Beschränkung des Grundareals im
modernen Hause eine größere Erhebung vom Boden, eine größere Zahl von
Stockwerken verbunden ist. Diese Antwort ist in gewissem Betracht richtig,
aber in einem andern ist sie es nicht. Richtig ist die Anschauung von der
Ausdehnung des Grundareals beim antiken Hause in so fern, als sich in
demselben im Erdgeschoß eine viel größere Zahl von Räumlichkeiten befindet, als im modernen Hause, unrichtig aber ist diese Ansicht, wenn von
absoluter Maßvergleichung die Rede ist. Eines der größten Häuser Pompejis
z. B., das s. g. Haus des Pansa, enthält im Erdgeschoß, Alles in Allem gerechnet, etwa 60 verschiedene Räumlichkeiten. Um diese Zahl von Zimmern,
Kammern, Gängen u. s. w. anzulegen, gebrauchte aber der antike Baumeister
nicht mehr als 100 Fuß Front und gegen 200 Fuß Tiefe des Areals. Fragen
wir uns doch einmal, wie viele Höfe, Säle, Zimmer, Kammern, Gänge, Vor-
plätze und andere Räumlichkeiten des wohnlichen Bedürfnisses wir auf dies
Areal bauen würden, und wir werden etwa den vierten bis höchstens den
dritten Theil nennen müssen. Der Grund liegt darin, daß der Alte sein
Areal viel stärker parcellirte, daß er seine einzelnen Wohnräumlichkeiten
im Allgemeinen viel kleiner machte, als wir es thun können. Ein Unterschied wäre also allerdings hierin gefunden, daß dieser aber ein durchgreifender, für das Ganze charakteristischer sei, kann man kaum behaupten, und
zugleich sehn wir, daß es mit der bequem breiten Ausdehnung des antiken
Hauses nicht so weit her ist, wie wir gewöhnlich glauben. In einer ganzen
Zahl kleiner ja selbst mittlerer Häuser Pompejis würden wir uns thatsächlich nicht zu bewegen, noch den nothdürftigsten modernen Hausrath unterzubringen wissen. Auch die Annahme der mit der größern Flächenausdehnung in Verbindung stehenden geringern Höhendimension des antiken

Hauses ist nur zum Theil richtig. Es ist wahr, daß der Alte nicht so thurm-
artig baute wie wir in einigen unserer größten Städte mit unseren sechs bis
sieben Stockwerken und himmelanstrebenden Dächern, es ist richtig, daß
die ältesten Häuser in Rom, die nur 1½ füßige Mauern haben durften, die
Last hoher Geschosse nicht zu tragen vermochten, aber es ist auch bekannt,
daß August verbot, über 70 Fuß römisch = 66 Fuß unseres Maßes hoch
zu bauen, was Hadrian auf 60 Fuß (= etwa 56 F.) herabsetzte, eine Höhe,
die sich mit der gewöhnlichen moderner Häuser messen kann, welche ja
selten die Höhe von 70 Fuß übersteigen. Einen durchschlagenden Gegensatz können wir also in den Dimensionen antiker und moderner Häuser
nicht finden. In ähnlicher Weise könnte man eine ganze Reihe von Unterschieden anführen, welche alle ihr Richtiges haben, ohne jedoch den bestimmenden Gesammtcharakter zu treffen. Einen solchen durchschlagenden
Gegensatz und bestimmenden Gesammtcharakter, und zwar den mit dem
innersten Wesen und Bedürfniß des Lebens zusammenhangenden, finden wir
in einem Umstande der Anlage, welcher die ganze Anlage beherrscht und
bedingt.

Wir haben für den antiken Tempel im Gegensatz gegen unsere Kirchen,
welche ihrem Wesen nach durchaus Innenbauten sind, den Charakter des
Außenbaues in Anspruch genommen; der entgegengesetzte Charakter ist der
des antiken Hauses, dies ist von außen im Princip so gut wie völlig abgeschlossen und ganz nach innen gewendet. Hierin liegt der charakteristische
Unterschied zwischen ihm und unserem, auch dem südlichen, modernen
Hause, welches sich nach außen in vielen und breiten Fenstern öffnet, und
in seiner ganzen Anlage eine entschiedene Beziehung zur Straße zeigt. Für
das antike Haus in seiner wesentlichen Anlage aber ist die Straße Nichts
als der Weg, der am Eingang vorüberführt, weder in der Öffnung der Fenster, deren Vorhandensein als bloße Lichtöffnungen hiemit natürlich nicht
geläugnet werden soll, noch in der Decoration der Façade ist auf die Straße
Rücksicht genommen; das Parterre, der ursprüngliche Theil des Hauses,
bildet nach außen wesentlich nur vier abschließende, vom Eingang durchbrochene Umfassungsmauern, die ganze Anlage wendet sich nach innen,
und gruppirt sich um den innern Hof, auf den oder, in späterer Entwickelung auf deren zwei hinter einander liegende, die Zimmer ausgehn und von
dem sie ihr Licht empfangen.

Dies ist bei verschiedener Benennung, modificirten Zwecken und danach veränderter baulicher Beschaffenheit der Theile zugleich das Gemeinsame des griechischen und des römischen Hauses. Eine weitere Ähnlichkeit
findet sich darin, daß das normale, wenn auch nicht das ursprüngliche römische wie das normale griechische Haus aus zwei hinter einander liegenden
Hälften besteht, die sich in dem Wesentlichen ihrer Anlage wiederholen,
die aber freilich im griechischen und im römischen Hause eine verschiedene,
wenngleich im letzten Grunde verwandte Bestimmung haben. Im griechischen Hause gehört die vordere Hälfte dem Manne und dem Verkehr mit
der Außenwelt, die hintere Hälfte der Frau und der Wirthschaft des Hauses;
auch im römischen Hause ist der vordere und ursprünglich einzige Theil

der Öffentlichkeit, der hintere dem Familienleben bestimmt. Wir können·
hier, um unsern Zweck, für das Verständniß der Häuser in Pompeji die
Norm zu gewinnen, nicht aus den Augen zu verlieren, auf eine Erörterung
des griechischen Hauses und seine Vergleichung mit dem römischen nicht
näher eingehn, sondern wenden uns gleich zu dem, diesem Zwecke gemäß
etwas näher zu betrachtenden, römischen Hause. Dasselbe bildete in seiner
ursprünglichen Gestalt, welche Fig. 132.

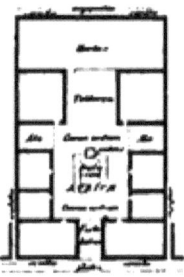

Fig. 132. Ursprünglicher
Plan des röm. Hauses.

veranschaulicht und welche sich
in den ältesten Bestandtheilen mancher, später durch
Um- und Anbauten erweiterten Häuser in Pompeji
gar wohl erkennen läßt, ein Rechteck, dessen Breite
sich zur Länge etwa wie 1 zu 5 verhält. Es stand
gänzlich isolirt, indem es auch da wo es nicht an
allen vier Seiten von Straßen begrenzt wurde, von
den Nachbarhäusern durch einen, freilich nur $2\frac{1}{2}$
Fuß breiten Raum (umbitus) getrennt war. Nach
hinten stößt ein offener Hofraum hortus) an dasselbe,
während die Mitte seiner Wohnräume das saalartige,
nur zum Theil gedeckte Atrium oder Cavaedium
cavum aedium, einnimmt, dessen in der Mitte offenes
Dach das Compluvium (s. Näheres unten einnimmt,
dem im Fußboden das Impluvium entspricht, in
welchem sich das Regenwasser sammelte, um aus ihm in eine darunter befindliche Cisterne gesammelt zu werden. In dem Atrium war der Sammel-
platz der Familie, hier oder im Tablinum stand der Heerd, dessen Rauch
durch die Dachöffnung abzog, hier der Geldkasten und in ältester Zeit auch
das Bett des Familienvaters, hier verrichtete die Frau ihre häuslichen Ge-
schäfte des Spinnens und Webens, während die zwölf das Atrium umgebenden und von ihm in der Hauptsache ihr Licht empfangenden Zimmer, ihrer
drei an jeder Seite, von denen aber eines den Eingang darstellte, den Zwecken
der Familie als Schlafzimmer cubicula), Vorrathskammern (cellae und penu-
ariae), Speisezimmer cenacula) dienten, ohne daß über die Lage und Bestimmung jedes einzelnen dieser Räume sich Genaueres feststellen läßt. Nur
drei derselben, welche, nach vorn unverschlossen wie der Eingangsraum,
eigentlich nur Erweiterungen des Atrium darstellen, die beiden Alae und
das Tablinum haben ihren festen Platz und eine nachweisbare Bedeutung
(s. unten). Die Wohnungen dieser Art haben wir uns in der ältesten Zeit
in Anlage und Decoration äußerst einfach zu denken, so wie sie auch nur
klein, sehr leicht gebaut und mit Holz, Brettern oder Schindeln gedeckt
waren. Das Material war mit Stroh gemischter Thon, welcher, in Ziegel
geformt, nicht gebrannt, sondern an der Sonne getrocknet, und mit dem das
Fachwerk von Holz ausgefüllt wurde; erst später traten gebrannte Ziegel an
die Stelle. Da nun das Gesetz verbot, die Mauern mehr als $1\frac{1}{2}$ Fuß stark
zu bauen, so ist es klar, daß die Häuser nur einstöckig sein konnten. Bei
wachsender Bevölkerung stellte sich freilich das Bedürfniß oberer Geschosse
als unabweislich heraus, und man mußte die Mauern, um ihnen die nöthige
Stärke zu geben, entweder aus Haustein construiren, wie wir sie in den

ältesten Häusern Pompejis großentheils finden, oder, falls man die Ziegel
beibehielt, diese durch sorgfältige Bearbeitung und Brennen, kleinere Bruch-
steine aber durch vortrefflich bereiteten Mörtel.in solides Baumaterial ver-
wandeln. Das als Terrasse gestaltete flache Dach des untern Geschosses
nannte man *solarium*, indem man dort in der kühlern Jahreszeit den Sonnenschein aufsuchte, und aus den Solarien gingen durch Bedachung luftige
obere Gemächer (*pergulae*) hervor. Da man nun auch häufig das obere Stockwerk für die Mahlzeiten benutzte, erhielten seine Gemächer den Namen
cenacula, im Allgemeinen aber dienten die oberen Etagen *tabulata*) zu
Miethwohnungen. Nachdem durch Einrichtung oberer Geschosse einmal
ein zweckmäßiger Weg zur Gewinnung von Raum auf beschränktem Areal
gezeigt war, fuhr man — wofür Vitruv (II. S. 17. ausdrücklich als Grund
angiebt, daß bei wachsendem Raumbedarf das Areal des Erdgeschosses nicht
ausreichte, so daß man die Höhendimension zu Hilfe nehmen mußte, — mit
der Hinzufügung von Stockwerken fort, bis allmälig die Häuser eine solche
Höhe erreichten, daß sie die Straßen dunkel machten, bei Erdbeben, Feuers-
brünsten und den Überschwemmungen, von denen Rom viel zu leiden
hatte, die Gefahr vermehrten, und jene Beschränkungen der Höhe durch
kaiserliche Gesetze hervorriefen, von denen oben gesprochen wurde.

Eine neue Periode der römischen häuslichen Architektur können wir
vom letzten Jahrhundert der Republik an datiren, als Rom den Einflüssen
Griechenlands in Kunst und Sitte sich öffnete. Dieser Periode gehört die
Erweiterung des römischen Hauses durch vom griechischen Hause entlehnte
Räumlichkeiten mit griechischen Namen, sowie der Beginn einer reichern
architektonischen und decorativen Gestaltung der alten Theile an. Der hierdurch angebahnte Luxus, der sich mehr und mehr geltend machte, leitet
bald in die letzte Periode hinüber, welche mit dem Ende der Republik beginnt, und deren wesentlicher Charakter der des Luxusbaus ist. Die Häuser
wuchsen zu Palästen nach und nach von fabelhaften Dimensionen und gleichzeitig nahm die Pracht und Kostbarkeit des Materials und der Ausschmük-
kung zu, obgleich das Grundschema des Planes der vorigen Periode auch
in dieser und bis an das Ende des römischen Reiches festgehalten wurde.
Wie rasch Luxus und Pracht zunahmen, können ein paar sehr bekannte
Beispiele klar machen. Lucius Crassus war der Erste, welcher in seinem
Hause Säulen von fremdem Marmor anwendete, aber es waren ihrer nur
sechs von zwölf Fuß Höhe. Aber schon Marcus Scaurus zierte das Atrium
seiner Wohnung mit monolithen schwarzen Marmorsäulen von 38 Fuß Höhe,
während Mamurra, Zeitgenoß Julius Caesars, sich nicht mehr mit Marmor-
säulen allein begnügte, sondern der Erste war, welcher die Wände seines
Hauses mit Marmortafeln bekleidete. Den besten Maßstab für die reißende
Zunahme des Luxus finden wir in der Angabe des Plinius, daß Lepidus'
Haus, im Jahre 676 der Stadt 78 v. Chr.) in jeder Weise das schönste in
Rom, fünfunddreißig Jahre später kaum das hundertste an Pracht und Glanz
war. In dieser Zeit wurde das Angebot der Kaufsumme von nach unserem
Gelde 330,000 Thalern, welches Ahenobarbus dem Crassus für sein Haus
that, als zu gering abgelehnt. Von ähnlicher Pracht und Größe wie die

Häuser in der Stadt waren die Villen und Landhäuser der Großen und Begüterten; wir brauchen nur die Nachrichten über Ciceros Tusculanum, über die Häuser und Gärten des Sallust und Varros Ausspruch, »sonst baute man dem Zwecke gemäß, jetzt baut man, um allen erdenklichen ausschweifenden Launen zu genügen«, zu vergleichen, um uns hiervon zu überzeugen. Augustus' Reaction gegen den übertriebenen Luxus blieb wirkungslos, obwohl er selbst immer in einem verhältnißmäßig sehr einfachen Hause lebte, und gar zu üppige Bauten seiner Tochter Iulia einreißen ließ. Nach Augustus' Tode schritt der Luxus um so gewaltiger fort, und zwar in dem Grade, daß unter Claudius ein reich gewordener freigelassener Sclave seinen Speisesaal mit 32 Onyxsäulen zierte und, um gleich das höchste Beispiel zu nennen, Neros sogenanntes goldenes Haus, dessen Porticus von 1000 Schritten Länge von drei Säulenreihen umgeben war, den Umfang einer mehr als mäßigen Stadt hatte, während gleichzeitig nach dem famosen Brande Rom nach einem gemeinsamen Plan mit der größten Herrlichkeit wieder aufgebaut wurde. Dies war der Gipfelpunkt der Pracht und des Luxus der Privatbauten, von dieser Zeit an beginnt der Verfall, der zuerst allmälig, dann immer rascher fortschreitet, aber den weiter zu verfolgen über unsere Zwecke hinausgehn würde; wir kehren deshalb zu einer Betrachtung der normalen Anlage eines bürgerlichen römischen Wohnhauses mittlerer Größe aus der Zeit zurück, welche schon die oben erwähnte Erweiterung aus dem griechischen Hause aufgenommen hatte, wobei wir bemerken, daß natürlich manche Modification im Einzelnen des Planes, z. B. in der Zahl der Zimmer durch die Größe der ganzen Wohnung bedingt wird, ohne daß der Grundplan im Wesentlichen geändert erscheint.

Es ist schon erwähnt, daß das römische Haus auf dieser Entwickelungsstufe wie das griechische von vorn herein in zwei Haupthälften zerfällt, welche übrigens mit Unrecht aus dem Verhältniß des Patronats und der Clientel abgeleitet werden, während dieses dem vorgefundenen oder von außen übernommenen Grundplan und den in demselben hervortretenden beiden Theilen bei den Römern nur eine andere Bedeutung verlieh. Ebenso wurde schon gesagt, daß die vordere Hälfte die der Öffentlichkeit, die hintere die für die Familie vorbehaltene eigentliche Wohnung war. In den vordern Theil hatte Jeder Zutritt, hier versammelten sich die Clienten, um dem Patron aufzuwarten und um seine Unterstützung oder seinen Beistand zu bitten, und in diesen Theil verlegte der Römer diejenigen Gemächer und Gegenstände, durch welche er seinen Rang oder Reichthum vor den Blicken der Welt zur Schau stellen wollte. Es begreift sich, daß bei kleinen Häusern armer Leute auch jetzt die Unterscheidung der beiden Theile fortfiel, was hätten sie auch mit einem öffentlichen Vorhause anfangen sollen, sie, denen Niemand aufwartete, die Niemand, als Freunde, besuchte; und die froh sein mußten, auf ihrem kleinen Areal die nöthigen Räumlichkeiten für die Familie und etwa für ihr Geschäft unterzubringen. Wir werden einige charakteristische Beispiele solcher kleinsten Häuser in Pompeji kennen lernen, und sehn, daß dieselben nicht einmal die Einrichtung des Atrium festhalten konnten, während wir zugleich bemerken werden, daß bei nur einiger-

maßen wachsendem Wohlstand und Raum eben dieses Atrium der erste Theil
der Anlage ist, für den man Sorge trägt. Von diesen kleinen Wohnungen
sehn wir ab und construiren uns den Normalplan eines gewöhnlichen Mittelhauses, in welchen wir aber nur die wesentlichen Räumlichkeiten aufnehmen.
Vor großen Häusern und Palästen befand sich zunächst eine s. g. *area*
oder *area privata*, welche bei Mittelwohnungen wegfällt. Diese Area wurde

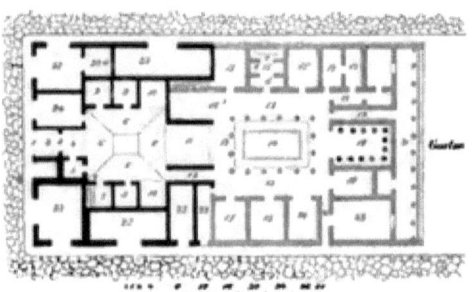

Fig. 133. Plan des römischen Normalhauses.

mit einer Porticus umgeben oder mit einer Säulenreihe geziert oder auch
mit Bäumen bepflanzt. Derartiges ist in Pompeji nicht zu suchen, aber als
eine Art von *area privata* werden wir die nach vorn vergittert gewesene,
von zwei Treppen flankirte breite Rampe vor dem Hause des Epidius Rufus
(Plan No. 116. s. unten zu betrachten haben. Hinter derselben beginnt die
Wohnung mit einem Raume, dem Vestibulum*), der auch seinerseits noch
nicht zu den eigentlichen Theilen des Hauses gerechnet werden darf, auch
von Einigen gradezu von denselben ausgeschlossen wird, was jedoch nur in
so fern mit Recht geschieht, als er außerhalb der Hausthür lag, in so fern
aber mit entschiedenem Unrecht, als das Vestibulum in den Bereich der
Umfassungsmauern des Hauses fällt. Das Vestibulum ist nämlich, um es
mit einem Worte zu sagen, ein gegen die Straße unverschlossener Flur, in
dessen Grunde die Hausthür *ianua* sich befindet, begrenzt zu beiden Seiten
von den vorspringenden Flügeln des Gebäudes, 2 in dem Plane Fig. 133.
Dieser Flur kann nun von sehr verschiedener Größe und Ausstattung sein;
er schrumpft in ganz kleinen Häusern armer Leute fast auf ein Nichts zusammen, oder fehlt gradezu und davon sind die Beispiele in Pompeji keineswegs selten, dehnt sich dann bei wachsenden Verhältnissen der Häuser
mehr und mehr aus, wird zu einem Gange von verschiedener Tiefe, wächst
auch in die Breite und kann die Größe eines Gemaches annehmen, wie wir
dieses auch, wenngleich in bescheidenem Maßstab, in einigen Häuserplänen
Pompejis finden werden. In ganz großen Privathäusern und in Palästen
kann das Vestibulum zu einem weiten, saalartigen, mit Säulenhallen umgebenen Raum anwachsen, der mit Statuen, auch Reiterstatuen und Vier-
gespannen geschmückt wird, große Wasserbassins einschließt, wie dies z. B.

in Neros Palaste der Fall war, Verhältnisse, die uns nicht berühren. Immer
aber ist das Vestibulum eingeschlossen von den Flügeln des Hauses, mögen
diese groß oder klein sein und enthalten was es sein mag, Läden oder Wohnräume, Hallen oder was immer, und stets liegt das Vestibulum hinter der
Straßenflucht des Hauses. Ob dasselbe bedacht war oder nicht, steht dahin;
in einigen Fällen, die uns angeführt werden, war es unbedacht, und das
mag auch in Pompeji der Fall gewesen sein, worüber sich bis jetzt im
weitern Umfange nicht absprechen läßt[62], in anderen Fällen, und auch
solchen in Pompeji, ist es sicher mit unter das Dach des Hauses gefaßt
worden. In einigen Fällen ist das Vestibulum einer Angabe Vitruvs VI. 5.)
entsprechend von zum Hause gehörigen Läden begrenzt, in anderen durch
Gemächer unnachweisbarer Bestimmung, deren verschließbare Thüren vor
der Hausthür auf dasselbe hinausführen, erweitert; in noch anderen Fällen
liegt neben demselben und wiederum außerhalb der Hausthür auf das Vestibulum geöffnet der Raum für die Treppe in das, in diesem Falle wohl
immer als getrennte Miethwohnung zu betrachtende Obergeschoß. Gegen
die Straße wird das Vestibulum in manchen Fällen gar nicht, in anderen
durch eine einfache Schwelle, in noch anderen durch eine oder auch ein
paar flache Stufen begrenzt und öffnet sich gegen dieselbe meistens zwischen
zwei antenartig gegliederten Mauerpfeilern, welche auch durch ein paar
Säulen ersetzt werden konnten[63]. So ist das Vestibulum innerhalb des
Hauses und dennoch als unverschließbar und unverschlossen kein eigentlicher Theil desselben, diente, außer zu gewerblichen Zwecken, hauptsächlich
als Antichambre für ungeladene Besucher, aufwartende Clienten u. dgl.,
welche hier abwarteten, ob sie vorgelassen werden sollten oder nicht.
Im Grunde des mehr oder weniger tiefen Vestibulum, wo ein solches vorhanden, sonst — und dies ist in Pompeji die Regel — unmittelbar an der
Straße liegt die meistens zweiflügelige Hausthür (ianua) 3, welche sich so
überwiegend häufig nach innen öffnete, daß man in ganz Pompeji bis jetzt
ein Beispiel nach außen schlagenden Hausthür gefunden hat, und
zwar in der *Casa del gran musaico*, was auf eine sehr angesehene Stellung
des einstigen Besitzers schließen läßt, da es ein selten zugestandenes Vor-
recht war, die Hausthür nach außen öffnen zu dürfen.

Die Thüren befanden sich zwischen zweien aus den Wänden des Flurs
vorspringenden Mauerpfeilern oder Pfosten (postes), welche, wie die Oberschwelle, mit in der Regel hölzernen, in einigen Fällen aber unzweifelhaft
bronzenen Verschalungen (antepagmenta) bekleidet wurden; die zu ihrer
Aufnahme bestimmten in die Schwelle eingehauenen Vertiefungen findet
man noch heut in Pompeji fast überall. Die Flügel der Thüren hingen nicht
wie bei uns in Angeln, welche an die Thürpfosten befestigt sind, sondern
waren in die Unter- und Oberschwelle (Schwelle und Sturz) mit Zapfen
(cardines) eingelassen und zwar meistens in bronzenen Kapseln, welche fast
regelmäßig erhalten sind, und wurden am häufigsten durch in die Schwelle
sich senkende und in den Sturz emporzuschiebende Riegel *pessuli*) geschlossen. Nicht ganz selten ist jedoch der Verschluß verstärkt, und zwar
entweder durch einen innerhalb der Thür quer vorgelegten Balken (sera),

zu dessen Aufnahme rechts und links in die Pfosten eingehauene, nicht
selten mit vier Thonplatten ausgesetzte Löcher sich finden, oder durch eine
schräge Stütze, welche von der Mitte der Thür hinterwärts auf den Fußboden des Hausganges hinabging, wo durch einen eigenen über den Boden
etwas erhobenen viereckigen Stein für die Aufnahme ihres untern Endes
gesorgt ist. Endlich finden sich in Pompeji auch eigentliche Schlösser, und
zwar nicht selten von beträchtlicher Größe, aber meistens, da sie von Eisen
sind, in durch den Rost sehr zerstörtem Zustande, der es erst neuerdings
möglich gemacht hat, ihre Construction näher zu ergründen, welche, eben
so einfach wie sinnreich, an dem Modell einer pompejaner Thür, welche der
dirigirende Architekt M. Ruggiero genau nach antiken Resten in dem Localmuseum an der *Porta della marina* hat aufstellen lassen, genau nachgewiesen
werden kann, sich aber mit Worten und selbst mit Hilfe einer Abbildung
nur schwer recht verständlich machen läßt[66]. Eine Beibringung dessen,
was wir sonst her über die antike Schlosserarbeit wissen, liegt dem Zwecke
dieses Buches fern. Was über die Pfosten und ihre Verkleidung, über die
Thürangeln und Riegel gesagt ist, wird durch die folgende Figur 134. klar
werden. Sie stellt in Grundriß und Durchschnitt den Eingang des s. g.

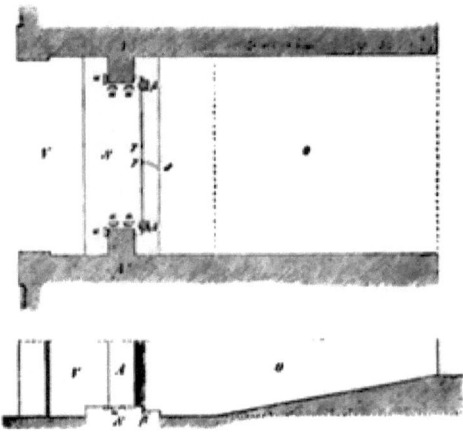

Fig. 134.   Hausflur der *Casa di Pansa*.

Hauses des Pansa dar und es bezeichnet in ihr *V* das Vestibulum, *O* das
Ostium, auf welches wir gleich kommen werden, *A* die Postes, *S* die
Schwelle und in ihr *a* die Vertiefungen für die Verkleidung derselben, *β* die
Thürangellöcher, *γ* die Riegellöcher und *δ* endlich eine flache Rille, welche
der eine mangelhaft emporgezogene Riegel bei vielmaligem Öffnen der Thür
in die Schwelle und den Fußboden des Ostium eingeschliffen hat. Auch von
einer pompejaner Flügelthür mit ihren Angelzapfen und einem mächtigen,
aber sehr verrosteten Schlosse kann Fig. 135. wenigstens einigermaßen

eine Vorstellung geben. Dieselbe stellt in einer von dem Verf. selbst so gut es gehn wollte gemachten Zeichnung einen der schon früher erwähnten im kleinen Localmuseum von Pompeji aufbewahrten Gypsabgüsse einer hölzernen, verkohlt gefundenen Thür, und zwar deren innere Ansicht dar. Zierlicher gestaltete Thüren werden an einem andern Orte beigebracht werden. Vergessen sei aber nicht, der freundlichen Sitte Erwähnung zu thun, nach welcher die Schwelle der Hausthür oft, auch in Pompeji einige Male, mit dem Bewillkommnungsgruß SALVE in Mosaik geschmückt war. Auf die Hausthür folgt der innere Hausflur,

Fig. 135. Fragment einer Hausthur.

ostium, 4 auf dem Plane Fig. 133., zur Seite dessen sich, in Pompeji freilich keineswegs in der Regel, ein Kämmerchen 5 für den ostiarius, den Portier, befindet, neben welchem man oft einen Hund ankettete, oder ihn nur malte oder von Mosaik in den Fußboden einlegte, wie dies in Pompeji in der Casa del poeta der Fall ist. Eine Inschrift »Cave canem!« nimm dich vor dem Hunde in Acht! warnte vor der allzu großen Annäherung an den vierfüßigen Wächter und findet sich auch neben dem erwähnten Mosaikhund, den unsere Abbildung darstellt. Das Ostium,

Fig. 136. Mosaikhund.

welches in ganz einzelnen Fällen so gut wie das Vestibulum gänzlich fehlt, so daß man durch die Hausthür unmittelbar das Atrium betritt (s. z. B. unten Fig. 156. und Reg. I. Ins. 3, Eing. 23), steigt in der Regel nach einer kurzen Strecke, welche der einwärts schlagenden Thüren wegen horizontal liegt (s. Fig. 134.), gegen das Atrium etwas an, um den Abfluß des etwa in's Atrium eingedrungenen Regenwassers und doch wahrscheinlich auch des beim Reinigen gebrauchten Wassers zu erleichtern; deswegen finden sich in diesem Gange auch Abzugslöcher für die Nässe, oder die Schwelle ist horizontal von solchen durchbohrt, sodaß ein weiterer Abfluß in das Vestibulum und so auf die Straße stattfand. Es sei noch bemerkt, daß der Name ostium für den Hausflur hinter der Thür zweifelhaft sein mag, aber nicht minder zweifelhaft ist der von Mazois gebrauchte Ausdruck prothyrum; vollends ihn mit der Bezeichnung fauces zu vertauschen ist unstatthaft, und eben so wenig ist der Zweifel an der Existenz dieses innern Flurs im römischen Hause gestattet, welcher durch zahlreiche Beispiele in Pompeji beseitigt wird. Eine zweite Thür, und zwar am Ende des Ostium gegen das Atrium zu gelegen, ist ungewöhnlich; dennoch haben die neueren Ausgrabungen in Pompeji auch von dieser Einrichtung einige Beispiele geliefert, das eine in dem Hause des Epidius Rufus (Plan 116.), auf welches auch noch aus einem andern Grunde zurückzukommen sein wird, das andere in dem Hause des

Popidius Secundus Plan 118.3. In beiden Fällen waren die inneren Thüren s. g. *portae clostratae*, Schiebethüren, wie sie zum Ladenverschlusse gewöhnlich sind. Wo sich keine solche zweite Thür fand, also in der Regel, wurde das Ostium gegen das Atrium entweder durch einen Vorhang *velum*) oder auch gar nicht abgeschlossen.

Auf das Ostium folgt unmittelbar das *Atrium*, der, wie schon zu Fig. 132. bemerkt, bei weitem am meisten charakteristische Theil des römischen Hauses. Über die Frage, ob der Ausdruck *cavum aedium* oder *cavaedium* nur ein zweiter Name für das Atrium, oder ob das Cavaedium ein eigener, von dem Atrium gänzlich zu trennender Raum, d. h. der innere Hof, das Peristylium sei, herrscht eine große Meinungsverschiedenheit, deren Acten auch nach den neuesten Untersuchungen von Rein in der 3. Ausgabe von Beckers Gallus noch nicht für geschlossen zu erachten sind. Es ist nicht dieses Ortes auf den erwähnten, auf der Auslegung einer Reihe von Stellen antiker Autoren beruhenden Streit näher einzugehu; nach der Auffassung der Einen unterscheiden diese Atrium und Cavaedium, nach derjenigen der Anderen, welche wahrscheinlich die richtigere ist, identificiren sie dieselben; glücklicher Weise hat aber auch der Streit durch die neuesten Erörterungen seine eigentliche Bedeutung verloren, welche nur so lange vorhanden war, wie die Vertreter der Ansicht, welche Atrium und Cavaedium trennt, behaupteten, das **A t r i u m** sei ein wesentlich ganz **b e d e c k t e r** Saal mit höchstens einem kleinen Oberlicht, aber ohne Compluvium und Impluvium u. s. w. gewesen, das **C a v a e d i u m** dagegen der **i n n e r e** Hof mit dem Impluvium u. s. w., und so lange an diese Behauptung die weitere sich knüpfte, die Häuser in Pompeji haben keine Atrien und seien folglich mehr nach griechischem als nach römischem Plane gebaut. Seitdem dieses aber als ein fundamentaler Irrthum anerkannt ist, seitdem die Verfechter der Ansicht, daß Atrium und Cavaedium zu trennen seien, ihre Behauptung über das Wesen und die Beschaffenheit der Atrien als bedeckter Säle auf die ältere Zeit beschränken, die weit hinter dem Bau der meisten pompejaner Häuser zurückliegt, so daß nur für die ältesten die Frage aufgeworfen werden kann, ob ihre Atrien von Haus aus ohne Compluvium sowie ihre Fußböden ohne Impluvium gewesen seien, und seitdem man allgemein zugesteht, in der neuern Zeit, um die es sich hier doch im Wesentlichen handelt, seien die Atrien zu cavaedienartigen Höfen geworden und die Cavaedien zu Peristylien, würden wir durch die Trennung beider Ausdrücke höchstens das Eine gewinnen, daß wir den Peristylium genannten innern Hof mit einem römischen Namen als Cavaedium bezeichnen könnten. Dasjenige, worauf es in der That ankommt, ist, daß man im normalen Hause das Atrium nicht als bedeckten Saal, sondern als ;mit einer Ausnahme, siehe unten) nur zum Theil überdachten Hof mit dem Compluvium und Impluvium anerkennt, um welchen außer einzelnen Wohn- und Schlafzimmern, Vorrathskammern und dgl. besonders die für den öffentlichen Theil des römischen Hauses charakteristischen Gemächer, die Alae und das Tablinum gruppirt sind. Und da dies erkannt und zugestanden ist, da ferner anerkannt ist, daß die Häuser in Pompeji nach römischem Plane gebaut sind, was man nie hätte be-

zweifeln sollen, und was entscheidend schon dadurch bewiesen wird, daß
die Privathäuser in den Fragmenten des antiken Planes Roms, welche im
capitolinischen Museum in die Wände der großen Treppe eingemauert sind,
abgeb. u. A. in Mazois Ruines de Pompéi Tome 2. Pl. 1., mehr oder weniger
deutlich dieselbe Anlage wie die Häuser in Pompeji zeigen, so mag man den
Rest der Streitfrage auf sich beruhen lassen. Das Atrium also 6 auf dem
Plane Fig. 133. ist, das muß festgehalten werden, der Hof in der Mitte des
vordern Theiles des Hauses, entsprechend der Aulé der Andronitis (Männer-
wohnung) im griechischen Hause. In diesem Atrium hatte ein zweiter,
atriensis genannter Sclave den Dienst und die Wache, der sich in dem Gemache 7, der *cella atriensis* neben der Treppe 8 aufhielt.

Vitruv unterscheidet fünf Arten von Atrien, das toscanische, das tetrastyle, das korinthische, das *displuviatum* und das *testudinatum*. Wenige
Worte werden genügen, um diese Benennungen, die wir fast alle in Pompeji mit Beispielen belegen können, klar zu machen. Die ersten vier Arten
waren theilweise, das *testudinatum* allein war ganz bedeckt. Das *Atrium
tuscanicum* ist das einfachste von allen. Es ist ein viereckiger Hof, dessen
nach innen geneigtes Dach von zwei Hauptbalken und zwei in dieselben
eingebundenen Nebenbalken getragen wurde. Die Enden der Hauptbalken
lagen in den Wänden, in denen in Pompeji noch meistens die Löcher für
die Balken erhalten sind. Die folgenden beiden Abbildungen, ideale Recon-
structionen Mazois', im Ganzen und so weit es sich um kleinere Atrien
handelt, wahrscheinlich richtig, wenn auch in Einzelheiten von neu entdeckten Monumenten abweichend und vielleicht auf größere Atrien mit weiter Balkenspannung ohne Weiteres nicht anwendbar, werden Alles leicht

Fig. 137.   Fig. 138.
Plan und Durchschnitt eines toscanischen Atrium.

verständlich machen. *a* sind die Mauern, *b* die Hauptbalken (*trabes*), *c* die
in die Hauptbalken eingefügten Nebenbalken (*tigilli* oder *trabeculae*), durch
welche die viereckige innere Öffnung hergestellt wird, *d* die Zwischenbal-
ken (*interpensivae*), durch welche die gleiche Höhe dieses ganzen Balken-
werks hergestellt wird, *e* die geneigten Streben (*ligni colliciarum*), *f* die Latten (*cuprcoli*). Gedeckt wurde das Dach durch zweierlei Ziegel, Plattziegel
(*imbrices* 1) und Hohlziegel (*tegulae* 2), welche über die zusammenstoßenden

Plattziegel gelegt wurden, um die Fugen zu schließen; von ihnen unterscheidet man noch die Hohlziegel, welche den Zusammenstoß der Dachseiten bedecken, 3, unter dem Namen der *tegulae colliciarum*. Die richtige Anschauung der Gestalt und Anwendung der verschiedenen Ziegel und die

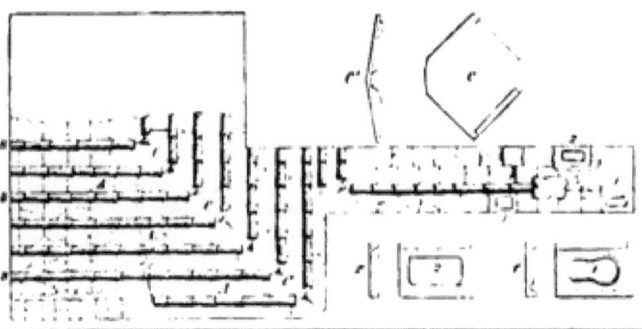

Fig. 139 Dach im Peristyl der *Casa di Sirico*.

Art der Dachbedeckung verdanken wir schon früher erwähnten neueren Ausgrabungen in Pompeji. Ein Beispiel bietet das nur theilweise und auch nur eine Zeit lang erhaltene jetzt zusammengebrochene und verschwundene Dach des Peristyls in der *Casa di Sirico*, ausgegraben 1552 (s. Fig. 139.), welches aber hinreichen wird, um die Arten der Ziegel und ihre Verwendung klar zu machen. *A* sind die Plattziegel, *B* die über ihre Fugen gestürzten Hohlziegel, *C* sind die eigenthümlichen, bisher nicht bekannt gewesenen Flachziegel, mit denen die zusammenstoßenden Kanten zweier nach innen gegen einander geneigten Dachschrägen gedeckt wurden, eine offenbar vortreffliche Erfindung, um sowohl den raschen Ablauf des Wassers wie auch die Dichtigkeit der Bedachung an dem Punkte zu sichern, welchem das Wasser von beiden Dachschrägen zulief. Einige der gewöhnlichen Plattziegel 1, 2, 3 sind mit eigenen Lichtöffnungen von etwas verschiedener Gestalt versehn, die möglicher Weise, obgleich nichts dergleichen aufgefunden worden, mit irgend einem durchsichtigen Material geschlossen gewesen sind, um ihren Zweck, den Regen abzuhalten, zu erfüllen, und dennoch Licht in den unter ihnen belegenen Raum zu lassen. Ganz sicher sind wir übrigens über diese Einzelheit noch nicht. Beigegeben sind der Figur 139. Abbildungen der einzelnen Ziegel in größerem Maßstabe, mit denselben Buchstaben und Zahlen wie in der Gesammtzeichnung versehen; *C* ist eine Profilansicht der neuentdeckten Eckziegel, welche deren Biegung und aufstehende Ränder zeigt, über welche die Hohlziegel gelegt wurden.

Die in Fig. 137. und 135. wohl etwas zu klein angegebene viereckige Öffnung in der Mitte des vierseitig nach ihr abfallenden Daches, der natürlich das Regenwasser zufloß, heißt das *compluvium g*, und eine im Boden

unter derselben angebrachte ausgemauerte Vertiefung, in welcher das Regenwasser sich sammelte, *h* Fig. 138., das *impluvium*. Aus diesem wurde das
Wasser durch Röhren in eine Cisterne geleitet, aus der man es zum häuslichen Gebrauche schöpfte, und welche sich oft unter einen großen Theil
des Atrium erstreckt.

Ein zweites, besser erhaltenes und jetzt vollständig restaurirtes Dach
findet sich im Peristyl des Hauses des C. Vibius Plan No. 72. in der rechten hintern Ecke. Dasselbe stellt Fig. 140. nach einer photographischen
Aufnahme dar. Bemerkenswerth ist an ihm die Art, wie die Streben von

Fig. 140. Dach im Peristyl der *domus C. Vibii*.

der Wand in einer Richtung schräg herab auf das Epistyl der Säulen und
an der Ecke selbst auf einen in dies eingelassenen Balken gelegt und wie
auf ihnen, mit den Enden über einander greifend, die großen Flachziegel
ohne Latten durch Nägel befestigt sind.

Das *Atrium tetrastylum* oder das viersäulige Atrium ist ganz wie das
tuscanicum, mit der einzigen Ausnahme, daß die Hauptbalken an den vier
Punkten, wo die Nebenbalken aufliegen, von vier Säulen unterstützt werden.
Ein Beispiel hierfür bietet unter anderen die s. g. *Casa di Championnet* südlich vom Forum in Pompeji Plan No. 92., ein zweites das Haus des Ebers
del cignale Plan No. 98., ein drittes die *domus Cornelia* Plan No. 105. u. m. A.
Offenbar wurde diese Einrichtung getroffen, um das Atrium erweitern zu

können, da die Hauptbalken nur in mäßiger Länge die Last des Daches zu tragen vermögen.

Auch das *Atrium corinthium* ist ganz verwandt, und unterscheidet sich wesentlich nur durch eine größere Öffnung des Compluvium und eine größere Zahl von Säulen um dasselbe, sowie durch die Lage der Balken, welche nur von der Wand bis zum Epistyl der Säulen reichten. Zugleich stellt dasselbe fast ganz das Peristyl der griechischen Andronitis dar, wie denn sein Name offenbar genug auf seine griechische Herkunft hinweist. Ein Beispiel ist in der *Casa dei Dioscuri* Plan No. 39.), ein zweites daneben in der *Casa del centauro* (Plan No. 38.), ein weiteres in dem Hause des P. Paquius Proculus (Plan No. 75.), ein viertes in dem Hause des Epidius Rufus (Plan No. 116.) theils mit 12, theils mit 16 Säulen um das Compluvium, u. m. A.

Abweichender ist das *Atrium displuviatum*, obwohl es noch zu den mit innerer Öffnung versehenen gehört, dadurch, daß bei ihm das Dach nicht nach innen, sondern nach außen geneigt ist, so daß der Regen nicht in das Impluvium zusammenfloß, sondern in Rinnen gesammelt wurde, welche, an der äußern Dachkante angebracht, ihren Inhalt in Röhren ergossen, die das Wasser in die Cisterne führten. Vitruv nennt diese Art der Bedachung bequem für die Aufstellung von Triclinien, für welche der Raum nicht durch das Impluvium beschränkt wurde, hebt aber den Nachtheil für die umgebenden Wände hervor, der durch minder raschen Ablauf des Wassers herbeigeführt werde. Auch hiervon ist in Pompeji in der s. g. *Casa di Modesto*, Plan No. 24, s. unten S. 239) ein Beispiel.

Endlich war das *Atrium testudinatum* mit dem *displuviatum* in so fern verwandt, daß auch bei ihm das Dach sich nach außen neigte, unterschied sich aber von allen anderen Atrien dadurch, daß es, ganz bedeckt, keine Compluvialöffnung hatte. Der Name stammt von dem Vergleich des Daches mit der Schale einer Schildkröte (*testudo*), aber irrig ist es, anzunehmen, die *Atria testudinata* seien gewölbt gewesen; vielmehr hat man sie sich als mit einem vierseitig abfallenden und in der Mitte in eine Spitze zusammenlaufenden Dache gedeckt zu denken. Offenbar mußte in Atrien dieser Art durch Fenster nach außen für die Erleuchtung des sonst ganz finstern Raumes gesorgt werden; wie diese Erleuchtung aber eingerichtet gewesen sein mag ist unaufgeklärt, denn ein Beispiel ist unter den Häusern in Pompeji, wie sie jetzt, nach dem römischen Umbau beschaffen sind, nicht vorhanden. Es ist aber nicht unwahrscheinlich, daß die Atrien in den ältesten Häusern diese Construction hatten oder *Atria displuviata* waren, wenigstens findet sich nirgend eine Impluvialwanne aus dem Material der erhaltenen ältesten Theile, die doch irgend einmal erhalten sein würde, wenn sie von Alters her vorhanden war.

Bei den ersten drei Arten des Atrium, deren Dach nach innen geneigt ist, wurde dasselbe am Saume des Compluvium mit aufrechtstehenden verzierten Schlußziegeln, Antefixen in Palmettenform versehen, hinter denen die Regenrinne lag oder die dieselbe bildeten, während häufig in den Ecken Löwenköpfe oder ein ähnliches Ornament angebracht war, durch welches der

Wasserguß in das Impluvium erfolgte. Ein sehr schönes Beispiel einer solchen
Vorrichtung zum Wasserausguß, welches aus einem der Häuser neben dem
Venustempel (Reg. VII. Ins. 15.) stammt und der *Casa dei soprastanti* gegenüber aufgestellt ist, giebt Fig. 141. wieder. Hier sind die bloßen Köpfe von
Thieren (Löwen und Hunden) durch deren ganzen Vorderkörper ersetzt,
während das Wasser durch ein halbes Rohr unter ihren Füßen abfloß, welches mit einem Akanthusblatt ornamentirt ist. Nicht festgestellt ist bisher

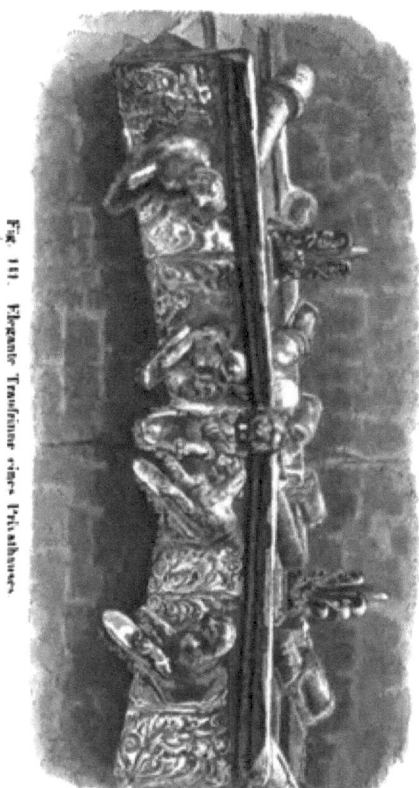

Fig. 141. Elegante Traufrinne eines Privathauses.

durch ein Beispiel in
Pompeji, ob die untere
Kante der Hauptbalken
mit Latten benagelt und
so zur Aufnahme einer
durch Stucco oder Male-
rei felderweise verzierten
Decke hergerichtet wur-
den, oder ob sie offen blieben, wie dies bei dem Dach
im Hause des C. Vibius
(Fig. 140.) der Fall gewesen zu sein scheint. Doch
ist das für elegantere
Atrien kaum glaublich.
Die Größe des Complu-
vium variirt nach Vitruv
zwischen $\frac{1}{4}$ u. $\frac{1}{3}$ der Breitendimension des Atrium,
von welchen Maßen sich
das erstere nur in weni-
gen Fällen, das letztere
als Regel in Pompeji fin-
det. Über die Öffnung des
Compluvium wurde ein,
oft gefärbtes oder bunt
gewirktes, Zeltdach aus-
gespannt, um die Strah-
len der heißen Sonne zu
brechen und im Atrium
ein angenehmes, schatti-
ges und kühles Helldun-
kel zu erzeugen.

Über die Gemächer,
welche sich um diesen
Hauptraum des vordern Theiles des Hauses gruppirten und von ihm ihr Licht
empfingen, 9 auf dem Plane Fig. 133., ist schon oben gesprochen worden;
hier ist nur auf diejenigen zurückzukommen, welche ihren festen Platz
und ihre nachweisbare Bedeutung haben, die drei Erweiterungen des

Atrium, die *alae* und das *tablinum*. *Alae*, Flügel, heißen die beiden letzten, der Regel nach in ihrer ganzen Breite offen gelassenen Gemächer der Langseiten 10 im Plan Fig. 133., welche zwischen Mauerpfeilern eingefaßt oder in prächtigeren Wohnungen mit Säulen zwischen den Anten verziert wurden und in Pompeji fast immer durch sorgfältigere und schönere Bedeckung des Fußbodens, seltener durch reichern Schmuck der Wände ausgezeichnet sind, während sie zugleich hier nicht ganz selten aus ihrer Lage am Ende in die Mitte der Langseiten des Atrium verrückt sind und sich in kleinen oder mittleren Häusern nur eine Ala rechts oder links findet. Die Alae, in welchen in Rom die Nobilität ihre Ahnenbilder in eigenen Schränken verwahrte, haben als die Empfangs- und Sprechzimmer des Hausherrn zu gelten, scheinen aber in Pompeji nicht ganz selten auch anderen, mehr häuslichen Zwecken gedient zu haben, worauf bei den einzelnen Häusern zurückzukommen sein wird. Ihnen entspricht im Hintergrunde des Atrium das *tablinum* 11 im Plane Fig. 133., ein in der Regel größeres, wie die Alae nach dem Atrium zu ganz offenes, nur durch ein *velum* zu schließendes Gemach, welches nach hinten entweder durch eine gemauerte Brüstung oder gar nicht von dem Peristyl geschieden war. Der Name des Tablinum oder Tabulinum wird von *tabula* oder *tabella* abgeleitet d. h. von den dort aufbewahrten Documenten der Magistratspersonen; richtiger aber jedenfalls von den Bretterverschlägen, mit welchen es, wie auch in Pompeji an einzelnen Beispielen nachgewiesen werden kann, nach hinten gegen den Garten oder das Peristyl geschlossen werden konnte oder wohl regelmäßig geschlossen wurde, wenn es sich nicht darum handelte, einen freien Durchblick durch die ganze Tiefe des Hauses zu eröffnen. Das Tablinum ist das Hauptgemach des Hauses und scheint dem Hausherrn als das eigentliche Geschäftszimmer gedient zu haben. Da es also, auch wo es nach hinten nicht durch eine Brüstungsmauer gesperrt war, nicht die Bestimmung eines Durchganges von dem öffentlichen Theile des Hauses in dessen privaten hatte, wurden zur Vermittelung des Verkehrs zwischen den beiden Theilen des Hauses entweder zu seinen beiden Seiten Durchgänge, die *fauces*, angebracht, oder es fand sich, namentlich in weniger geräumigen Häusern, wenigstens ein solcher Gang, wie bei 12 auf dem Plane Fig. 133., an der einen Seite des Tablinum, während seinem Eingang entsprechend andererseits hie und da eine falsche oder blinde Thür angebracht wurde. Die Unterdrückung der Fauces auf der einen Seite geschah, um für das an das Tablinum grenzende, nach hinten geöffnete Gemach der Privatwohnung einen größern Raum zu gewinnen. Wenn nach Vitruv VI. 4.) die Fauces bei kleinen Atrien d. h. Häusern den dritten Theil, bei großen die Hälfte der Breite des Tablinum haben sollen, so trifft das für Pompeji nur dann zu, wenn man es auf die Breite beider Fauces zusammen bezieht, nicht aber, wenn man es von jedem Gange einzeln versteht, wodurch man sich auch noch in andere Schwierigkeiten verwickelt. Die Fauces sind stets sehr enge Gänge oder Corridore, was auch allein ihrem Namen entspricht. Durch die Fauces also betreten wir den privaten Theil des Hauses, dessen Mittelpunkt wiederum ein dem Atrium entsprechender offener, säulenumgebener Hof, 13 auf dem Plane Fig. 133.

bildet, welcher den Namen des entsprechenden Theiles des griechischen
Hauses, Peristylium, lateinisch Porticus erhalten hat, während ihn diejenigen, welche Atrium und Cavaedium unterscheiden, mit dem letztern Namen
belegen. Das Peristylium ist jedoch bedeutend weiter offen, als das Atrium,
immer von Säulen umgeben, welche oft einen obern Umgang tragen, und
häufig in der mittlern Öffnung unter freiem Himmel als Garten, *xystus*,
behandelt, falls die Häuser nicht einen eigenen Garten hinter sich hatten;
häufig auch ist im Innern des Säulenumgangs ein Wasserbassin mit Springbrunnen oder einer Nische mit Wasserwerk im Hintergrunde, die *piscina* 14,
angebracht und diese wiederum nicht selten mit Blumenbeeten umgeben,
welche in anderen Fällen zwischen zwei niedrigen Mauern in den Intercolumnien angebracht werden. Heiterkeit und Luftigkeit war hier der Hauptzweck der Anlage, weshalb wir auch die Säulen von leichter, meist korinthischer Ordnung und weit gestellt finden. Um diesen Hof des Peristyls
und seinen bedeckten Säulengang gruppiren sich nun die Privatgemächer
der Familie, ähnlich wie die Zimmer des Vorderhauses um das Atrium.
Hier finden wir zunächst die Schlafzimmer *cubicula* 15, in größeren Häusern dreifach durch vorspringende Mauerpfeiler abgetheilt, indem sie aus
einem Vorzimmer (*procoeton* 15 a, dem eigentlichen Schlafzimmer oder An-
kleidezimmer β und einem Alkoven γ bestehn, welcher letztere entweder
ganz oder größtentheils von der meistens gemauerten oder auch hölzernen,
bronzenen oder mit Bronze verzierten s. unten, und elfenbeingeschmückten
Bettstelle eingenommen wird. Die Zahl der *cubicula* ändert sich natürlich
nach dem Bedürfniß der Familie. Ferner begegnen wir den Speisezimmern,
triclinia 16, so genannt von den drei Speisesophas oder Bänken, welche
das Zimmer an drei Seiten umgeben, während die vordere vierte frei blieb,
um der aufwartenden Dienerschaft Zugang zu dem in die Mitte gestellten
Speisetisch zu gewähren. Gewöhnlich unterscheidet man ein Sommer- und ein
Wintertriclinium 16 u. 16′ auf dem Plane Fig. 133., deren ersteres in einer
möglichst wenig sonnigen Lage angebracht wurde und gegen das Peristyl
ganz offen war, wie die Alae und das Tablinum gegen das Atrium, um frische
Luft einzulassen und die Aussicht auf das Peristyl mit seinen Blumen,
Springbrunnen und sonstigen Decorationen zu gestatten. Das Wintertriclinium dagegen legte man an den sonnigsten Ort und öffnete es weniger weit,
um den Zutritt der Luft abzuhalten. In großen Häusern steigt übrigens die
Zahl der Speisezimmer auf eine bedeutende Höhe, und dieselben unterscheiden sich nicht allein in der angegebenen Art nach den Jahreszeiten, sondern
sowohl nach der Größe wie nach der Pracht der Decoration, welche dem
Aufwand der in ihnen gefeierten Mahle sich anpaßte und noch sonst in
mancherlei Art. In kleinen Häusern lag das Wintertriclinium, wenn überhaupt ein solches vorhanden war, im ersten Stock. Die gewöhnlichen Triclinien faßten neun Personen nach dem Grundsatze der Alten, die beste
Zahl der Gäste zu Tisch sei die: nicht unter der Zahl der Gratien 3 und
nicht über der Zahl der Musen 9.; ganz große Gastmähler gab man im
Atrium oder im Oecus. Näheres über die Einrichtung der Triclinien wird
sich bei der Beschreibung einiger Häuser in Pompeji beibringen lassen.

Ferner verdienen als das Peristylium umgebende Gemächer außer der Küche nebst Vorrathskammer, 17 auf dem Plane Fig. 133., besonders noch Erwähnung die *oeci* und *exedrae*, indem sie mehr als die später anzuführenden der Norm eines Mittelhauses angehören. Die *oeci*, von οἶκος, waren weite Säle, die größten Gemächer des Privathauses, die eigentlichen Gesellschaftszimmer und deshalb so groß genommen, daß man zwei Triclinien in ihnen stellen konnte. Ihre Lage ist nicht fest bestimmt, doch finden sie sich am meisten dem Tablinum des Vorhauses entsprechend an der hintern Seite des Peristyls, 18 auf dem Plane Fig. 133. ; neben ihnen ein Durchgang in den Garten nach der Art der Fauces 19, weil die Oeci, obgleich offen, doch eben so wenig wie die Tablinen als Gang dienten. Unterschieden werden tetrastyle Oeci mit vier Säulen zum Tragen der Decke, korinthische mit doppelter Säulenreihe unbestimmter Zahl und aegyptische mit einer eigenen Einrichtung. In ihnen sind nämlich die Säulen über einander verdoppelt, wie wir dies im Jupitertempel kennen gelernt haben; die untere Reihe trug einen äußern Umgang, einen erweiterten Balcon, von dem man die Aussicht genießen konnte, die obere Reihe war mit Wänden geschlossen, welche Fenster durchbrachen, so daß wir also eine dreischiffige Einrichtung mit erhöhtem Mittelschiff finden. Endlich werden noch kyzikenische Oeci erwähnt, welche seltener im Gebrauch und speciell für den Sommer bestimmt waren, deshalb nach Norden sich öffneten und die Aussicht auf den Garten boten. Verwandt mit den Oeci waren die *exedrae*, deren eine, der Vollständigkeit wegen, mit 20 bezeichnet, in den Plan Fig. 133. aufgenommen ist, nur waren es kleinere, namentlich weniger tiefe, nach vorn ganz oder fast ganz offene Zimmer mit der Aussicht auf das Peristylium, welche zur Conversation dienten.

Dies sind die Gemächer des normalen Mittelhauses. Das obere Geschoß enthielt außer den *cenacula* die Zimmer für die Sclaven, *ergastula*, Arbeitszimmer genannt. Manche Häuser haben hinter der Wohnung, andere seitlich neben den Wohnräumen einen Garten, auf den sich bei der erstern Anlage an der hintern Façade des Hauses ein Säulengang, *porticus*, 21 öffnet und der eine Piscina, Brunnen und Springbrunnen und eine künstliche Gruppirung von Bäumen und Sträuchern, Büschen und Blumen enthielt, falls er nicht, wie in Pompeji z. B. der Garten im Hause des Pansa und ganz ähnlich derjenige im Hause des Epidius Rufus (Plan No. 116. sowie derjenige in einem dritten, namenlosen Privathause (Plan No. 56.), bei denen noch heute die Art der antiken Bestellung völlig erkennbar ist, zu Gemüsebau verwendet wurde. Manche Häuser mit sehr kleinem Gartenraum helfen durch auf die Hinterwand gemalte Bäume, Sträucher und Blumen aus, und hatten den Xystus im Peristyl. In mehren Fällen, deren zwei als Beispiele ausgehoben werden mögen (Fig. 142.), kann man die durchaus architektonisch symmetrische Anlage der Beete noch erkennen, indem dieselben mit hochkantig gestellten Ziegeln eingefaßt sind. Der Geschmack solcher Anlagen ist in der modernen italienischen Gartenkunst ein ganz ähnlicher geblieben, so sehr die Anlagen selbst gewachsen sein mögen. Das erste Beispiel (*a*) ist aus dem hintern Peristyl der *Casa dei capitelli colorati*, das zweite (*b*) aus derjenigen der *capitelli figurati*, welche beide (Plan

No. 63. u. 61.) dicht bei einander unter No. 6. u. 11. in der Fortunastraße liegen. In einem Falle, soviel bisher bekannt, ist ein von jeder Wohnung

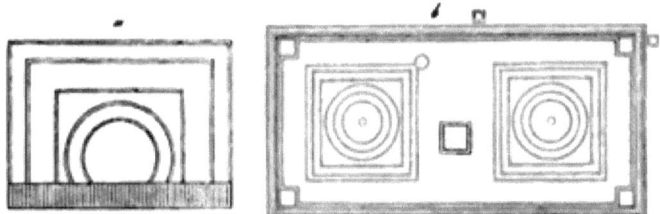

Fig. 142. Beetanlage in den Xysten zweier pompejaner Häuser.

abgesonderter, offenbarer Gemüsegarten mit gut erhaltener Beetanlage, eine Handelsgärtnerei, gefunden worden, in welchem nur in der einen Ecke eine Zelle als Wohnung des Gärtners angebracht ist (Plan No. 84.; vergl. unten im 2. Abschnitte dieses Capitels).

Grenzte ein Haus mit mehren Seiten an Straßen, wie in dem Plane Fig. 133. angenommen ist, so sorgte man für eigene Ausgänge aus dem Hinterhause 22, welche den Namen *posticum* führen und dem Wirthschaftsverkehr einen kürzern oder zweckmäßigern Weg öffneten, als derjenige durch das Vorderhaus war, und zugleich dem Hausherrn gestatteten, den im Vorderhause wartenden Clienten auszuweichen, *postico fallere clientem*. Endlich ist noch zu erwähnen, daß meistens und so auch in dem Plane Fig. 133. die Häuser von einer Reihe von Läden 23 umgeben sind, die aus einem oder ein paar größeren oder kleineren Räumen bestehen, und von denen oft einer (24 im Plane Fig. 133.) mit dem Innern des Hauses in Verbindung stand, so daß in ihm offenbar der Besitzer des Hauses sein Gewerbe trieb und seine Waaren feil hatte oder durch Sclaven feil halten ließ. Die übrigen Läden wurden vermiethet, oft mit Beigabe eines kleinen Zimmers im ersten Stock, einem *cenaculum*, *maenianum* oder einer *pergula*, wie dies in einer unten beizubringenden Vermiethungsanzeige ausdrücklich gesagt ist. Auch wurden *cenacula*, *maeniana* und *pergulae* allein vermiethet, und es sind außer vielfachen Eingängen und Treppen zu isolirten Miethwohnungen seit den neueren vorsichtigen und conservativen Ausgrabungen mehre solche kleine Miethwohnungen im obern Stockwerk, zum Theil mit vorspringenden Erkern, aufgefunden worden. Namentlich ist dies der Fall in der kleinen Gasse *del balcone pensile*, in welcher mehre Häuser neben einander, wie dies die verkohlt aufgefundenen und jetzt renovirten Balken beweisen, ziemlich weit über die Straße vorspringende Erker (*maeniana*) gehabt haben. Von diesen ist einer, von dem Fig. 143. eine Ansicht bietet, vollkommen erhalten oder nach Maßgabe des in seinen Formen, wenn auch nicht in seinem Material erhaltenen Aufgefundenen durchaus restaurirt. Er findet sich in dem nach ihm benannten Hause *del balcone pensile* (Plan No. 79.), einem an sich weder großen, noch besonders ausgezeichneten oder merkwürdigen Hause,

obgleich dasselbe in seinen privaten Theilen anmuthig genug erscheint.
Von diesen sticht das vermiethete Maenianum gewaltig ab. An dem ziemlich

Fig. 143. Maenianum der *Casa del balcone pensile*.

tiefen aber wenig breiten Hausflur liegt rechts ein von der Wohnung wahrscheinlich unabhängiges ganz schmuckloses und von der Straße aus durch
zwei vergitterte Fenster nothdürftig erleuchtetes Zimmer, wenn es ein solches und nicht vielmehr ein Stall war; links ist ein ähnlicher noch man-
schnlicherer, wüster Raum. Unmittelbar hinter der Thür, die vom Hausflur
in diese Räume führt, liegt die, jetzt wiederhergestellte hölzerne Treppe,
über die man in die kleine Miethwohnung hinaufsteigt. Dieselbe besteht
aus drei wenig geräumigen durch Thüren verbundenen Zimmern, welche
zum größten Theile freilich über dem Hausflur und dem stallartigen Zimmer
liegen, zum Theil aber als Erker über die Straße vorspringen, auf welche
sie sich mit nicht allzu kleinen Fenstern öffnen. Ihr Fußboden ist von
opus Signinum hergestellt, die Wände sind ganz einfach decorirt. Der Umstand, daß man in einem dieser Zimmer einen Gladiatorenhelm fand, legt
den Gedanken nahe, daß sie von einem', wahrscheinlich ausgedienten und
deshalb aus der Caserne entlassenen Gladiator bewohnt gewesen sind. Die
Thür des Privathauses, zu dem diese kleine Miethwohnung gehört, lag im
Hintergrunde des Ostium; schloß sie der Hausherr, so war er von der Miethwohnung abgetrennt, mit der er freilich einen gemeinsamen Hauseingang
zu benutzen hatte.

Das Vermiethen solcher überflüssigen Räumlichkeiten der Häuser war
ein nicht unbedeutender Erwerbszweig, und andererseits kann uns die Masse
der Läden dieser Art in Pompeji, deren in jener Vermiethungsanzeige allein

mehre Hundert einer Besitzerin gehörende angeboten werden, auf die Lebhaftigkeit des Verkehrs schließen lassen.

Außer den genannten Gemächern enthalten große Häuser deren noch
eine ganze Reihe zu den verschiedensten Zwecken als ein Bibliothekzimmer, ein Gemäldezimmer (*pinacotheca*), Badezimmer, *sphaeristerium* zum
Ballspiel, ein *aleatorium* für sonstige Spiele, dazu *cenereum*, *hibernaculum*
und viele andere, welche der Luxus dem Bedürfniß hinzufügte, die uns
aber größtentheils für Pompeji nicht interessiren oder, wo sie sich finden,
gelegentlich besprochen werden können. Vielfach findet man auch noch

Fig. 144. Sacrarium in dem Hause No. 117. im Plane.

eine kleine Hauscapelle *sacellum, sacrarium*, gewöhnlich im innersten Winkel der Privatabtheilung des Hauses, an deren Stelle aber in vielen Häusern
ein bloßer kleiner Altar vor einer Nische mit dem Bilde der Hausgötter in
Sculptur oder Malerei tritt. In anderen Fällen, welche gelegentlich der Beschreibung der einzelnen Häuser berührt werden sollen, befindet sich das
häusliche Heiligthum im Atrium und ist mehr oder weniger reich und
künstlerisch behandelt. Das bedeutendste und schmuckste Beispiel, welches
Fig. 144. nach photographischer Aufnahme darstellt, befindet sich in dem
im großen Plane mit No. 117. bezeichneten Hause neben demjenigen des
Epidius Rufus an der *Strada della casina dell' aquila*, einer Wohnung, welche
im Übrigen weder in ihrem Plane noch in ihrer Decoration besonders Bemerkenswerthes bietet, weswegen das Sacrarium hier allein ausgehoben wird.

Keller *hypogaea* oder *apogaea* im eigentlichen Sinne, wie wir sie bauen,
sind in Pompeji wenigstens nicht häufig, denn weder die Cryptoportiken,
welchen wir z. B. in der *Casa dell' ancora* und in der *Villa suburbana* begegnen, noch die nur halb unterirdischen Souterrains der großen Kaufmannshäuser am südlichen Abhange des Stadthügels, auf welche wir ihres Ortes
zurückkommen, können eigentliche Keller genannt werden. Nichtsdestoweniger sind deren einige vorhanden. So grenzt ein solcher an die Cryptoporticus der *Casa dell' ancora*, ein zweiter findet sich in dem kleinen Hause
Plan No. 103 a. an der *Strada Stabiana* (s. Fig. 157.), ein dritter in der
Casa del centauro (Plan No. 38.), ein vierter, sehr geräumiger mit einer
eigenen gepflasterten Einfahrt zieht sich unter der neuerdings ausgegrabenen
Casa di Marte e Venere (Plan No. 66.) am *Vico delle terme Stabiane* hin; einen
fünften hat eines der neuerdings entdeckten Häuser neben dem Venustempel (Plan No. 52.); der merkwürdigste aber ist derjenige in dem ebenfalls vor einigen Jahren ausgegrabenen Hause des N. Popidius Priscus, früher
Casa dei marmi am *Vicolo del panatiere* (Plan No. 71.), welcher sich seitwärts am Peristyl und zum Theil unterhalb desselben befindet. Aus diesem
steigt man auf einer gradeaus geführten Treppe von 12 Stufen in denselben
hinab und befindet sich dann zunächst der Hauscapelle oder dem *sacellum*
des *custos fontis* gegenüber, d. h. zwei Nischen mit davorstehendem Altar.
Links erstreckt sich der Keller in zwei Abtheilungen, in deren erster sich
der früher schon erwähnte tiefe Brunnen befindet. Der Keller ist mit einem
spitzbogigen Tonnengewölbe bedeckt, durch welches Lichtöffnungen nach
dem Peristyl hin gebrochen sind, während er sich gegen die Treppe mit
zwei rundbogigen Eingängen öffnet; in seinem Grunde ist eine wie eine
große Badewanne gestaltete Abtheilung, in welcher bei der Ausgrabung
Kalk gefunden wurde. Andere Beispiele ähnlicher eigentlicher und uneigentlicher Keller haben die neueren Ausgrabungen noch einige geliefert,
auf welche hier aber nicht im Einzelnen eingegangen werden kann.

Schließlich muß hier noch ein Wort über die gangbare Nomenclatur
der Häuser in Pompeji gesagt werden, der man, weil dies zur Verständigung
nothwendig ist, folgen muß, obgleich die Namen nur selten gut gewählt
sind. Einen Theil der Häuser hat man nach den Namen genannt, welche
in den auf die Wände gemalten Wahlempfehlungen vorkommen, und welche

man, abgesehn von wenigen Ausnahmen, mit Unrecht auf die Besitzer oder
Bewohner bezog; so sind getauft worden z. B. die Häuser des Modestus,
Pansa, Fuscus, Sallustius, Pomponius u. A. Zweitens entnahm man Häuser-
namen den Titeln der hohen Herrschaften, in deren Gegenwart und zu deren
Ehre die Häuser oder einige Räume derselben ausgegraben wurden; so sind
benannt die Häuser des Königs von Preußen, des Kaisers von Rußland,
der Königin von England, des Großherzogs von Toscana u. A. Drittens
benannte man die Häuser nach auffallenden Eigenthümlichkeiten der Decoration oder des Hausraths oder nach Hauptbildern oder irgend einem sonstigen
Merkmal; von der Art sind z. B. die Namen der Häuser der bemalten und
der Figurencapitelle, der schwarzen Wand, der Mosaikbrunnen, des Centauren,
des Apollo, der Jagd; ferner der Silbergeschirre, der Glasvasen, des eisernen
Heerdes, oder des Labyrinths, des Schiffes, des Ankers, des Bären, der fünf
Gerippe. Endlich viertens hat der erkennbare oder vermuthete Stand des
frühern Eigners zur Benennung der Häuser geführt, was z. B. von denen
des Bildhauers, des Chirurgen, des tragischen Dichters u. A. gilt. Erst in
der neuesten Zeit sind die Häuser, meistens nach sicheren Merkmalen und
Zeugnissen, mit den Namen ihrer einstmaligen letzten Besitzer belegt, und
sind diese Namen auf Marmortafeln eingehauen neben den Hauptthüren
angebracht worden, so bei den Häusern des Siricus, des L. Clodius Varus,
des P. Paquius Proculus, des M. Lucretius, des M. Gavius Rufus, des
N. Popidius Priscus u. m. a. — Nach diesen Bemerkungen wird jede Pole-
mik gegen die früher gangbare Nomenclatur und selbst das sogenannte
vor den älteren Namen überflüssig erscheinen. Die wenigen richtigen sollen
als solche bemerkt werden und sind in dem angehängten Verzeichniß und
auf dem Plane selbst dadurch kenntlich gemacht, daß ihre Bezeichnung in
lateinischer Sprache gegeben ist, so z. B. *domus M. Gavii Rufi*, *domus
M. Epidii Rufi* u. s. w.

Unsere Musterung einer Auswahl charakteristischer Häuser Pompejis
beginnen wir nach dieser Einleitung mit ein paar der kleinsten Häuser,
die eben nur dem nackten Bedürfniß eines wenig begüterten Einwohners
entsprechen.

No. 1. Das erste dieser Häuser am *Vico di Modesto*, 16 im Plan, enthält eben nur die Theile, die absolut nothwendig sind. Vor dem Hause
befindet sich eine Bank *a*, auf welcher die Familie die freie Luft genoß,
da das Haus weder Atrium noch Peristyl enthält. Durch die Hausthür gelangt man auf einen bedeckten Haus-
flur 1, von dem sogleich links die
Treppe 2 in das obere Geschoß führt
und von dem man ebenfalls links in
das Zimmer des Sclaven 3 gelangt.
Gradaus kommt man auf einen unbedeckten Gang 5, welcher auf der
Zeichnung schraffirt ist so weit er
sich unter freiem Himmel befindet,
und von dem aus das an ihm liegende Gemach 4, dessen Eingang vom

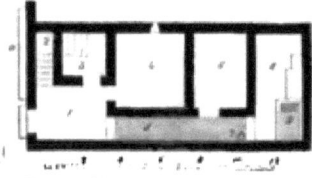

Fig. 145. Plan eines kleinen Hauses.

Hausflur ist, durch kleine Fenster Licht erhält. Man kann annehmen, es sei etwa die Werkstatt gewesen, falls man den Besitzer als Handwerker denkt, wogegen der Umstand kaum in's Gewicht fällt, daß das Haus keinen Laden hat, während die sorgfältige Beleuchtung, der zu Liebe der Gang 4 unbedeckt ist, dafür spricht, daß hier eine Werkstatt gewesen sei. Hinter derselben liegt das Eßzimmer 6, am Ende des Ganges die an ihrem Heerd erkennbare Küche 6 mit einem gemauerten Behälter für die Wäsche 9, während der Brunnen für das Regenwasser 7 am Ende des offenen Ganges liegt. Die Schlafzimmer werden wir uns im obern Geschoß zu denken haben.

No. 2.) Das zweite Haus an der *Strada consolare*, 2 im Plan, hat einen Laden an der Straße 2 neben dem Eingange 1, durch welchen man in eine Art von Atrium 3 gelangt, dessen Dach von zwei Säulen und zwei Halbsäulen getragen wird, übrigens Compluvium und Impluvium 4 zeigt. Man sieht, wie dieser Grundplan befolgt wird, wo es nur immer möglich ist, hier muß sich das Compluvium mit drei Dachschrägen und einer Lage an der Seite begnügen. Links vom Atrium liegt das einzige Gemach, wahrscheinlich das Cubiculum des Herrn 5 mit dem Alkoven für das Bett am Ende, während die in sicheren Spuren

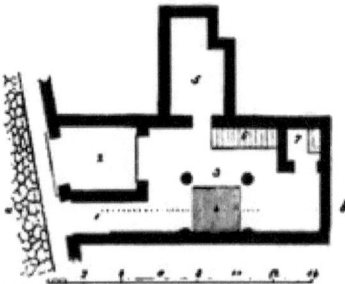

Fig. 146. Plan eines zweiten kleinen Hauses.

erhaltene Treppe 6 zu einem einzigen Gemach im obern Geschoß führte, in dem der Sclave schlief, und unter diesem sich die Küche 7 befindet. Die Figur 147. giebt einen restaurirten Durchschnitt dieses kleinen Hauses auf der Linie a—b im Plan.

Fig. 147. Restaurirter Durchschnitt desselben auf der Linie a—b.

(No. 3.) Endlich das dritte Beispiel dieser kleinsten Häuser liegt hinter dem Hause des M. Holconius 103. im Plan) an der Straße des Isistempels, ist allerdings ziemlich stark ruinirt, aber in der Bestimmung seiner Räume doch noch mit hinlänglicher Sicherheit zu erkennen. Ein ziemlich langer Hausflur 1 zwischen zwei nicht zum Hause gehörenden Läden führt in einen atrium-

artigen Hof 2, an welchem im Hintergrund eine Cella 3 und, von einem
kleinen Corridor 4 her zugänglich, ein ziemlich geräumiges Triclinium 5

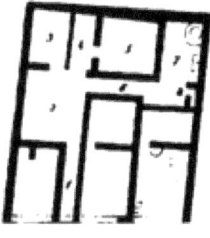

liegt, welches sich mit einem breiten Fenster
auf einen rechts abzweigenden Gang 6 öffnet.
Dieser führt gradaus in die Küche 7, in welcher neben dem Heerd in der linken Ecke sich
ein großer eingemauerter Kübel findet, während
rechts, aber von der Küche abgetrennt, der Abtritt 8 angebracht ist. Die Schlafzimmer werden,
wie bei No. 1., im Obergeschoß gelegen haben
und die Treppe, welche nicht mehr nachweisbar ist, wird ähnlich wie bei No. 2., in dem
atriumartigen Hofe 2 gewesen sein.

Fig. 148. Plan eines dritten
kleinen Hauses.

No. 4. Besuchen wir hiernach etwas mehr
der Norm mittlerer Wohnungen angenäherte
Häuser. Ein vollständiges Atrium zeigt uns
nach Mazois der Plan des nebenstehenden
(von mir nicht aufgefundenen) Hauses.

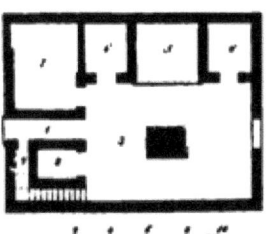

1 Eingang, 2 Abtritt unter der innen am
Hofe, nicht hier am Hausflur beginnenden
Treppe, 3 Atrium mit dem Impluvium 4;
der Raum 5 zeigt eine Art von Exedra oder
Ala, 6 sind Cubicula; Mazois' Bezeichnung
von 5 als Tablinum und von 6 als Alae
ist augenfällig verkehrt; 7 ist ein Speisezimmer für ein Triclinium eingerichtet,
8 die Cella für den Sclaven, wenn nicht

Fig. 149. Kleines Haus mit Atrium.

die Küche, die im letztern Falle einen transportabeln anstatt eines gemauerten Heerdes gehabt haben muß. Im obern Geschoß waren vier Zimmer.

No. 5. Bei nur wenig größerer Ausdehnung zeigt das folgende Haus,
welches neben dem unter No. 3. besprochenen an der Straße des Isistempels
liegt (Plan No. 104 a.), nicht allein ein tetrastyles Atrium, sondern in
einigen seiner wenigen Gemächer namhafte Bilder. Die Hausthür führt ohne

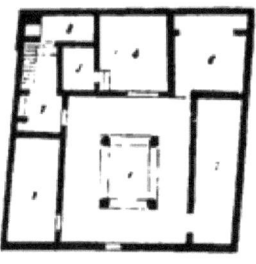

jede Art von Ostium unmittelbar in das,
wie schon gesagt, tetrastyle Atrium 1 mit
einem großen Impluvium in der Mitte. Rechts
und links umgeben dies Atrium zwei
schmucklose Räume 2, 3, die sich, wenn
man ihnen eine Bestimmung zuweisen soll,
am besten als Arbeitsräume (ergastula) werden verstehn lassen, während sich im Hintergrunde das Tablinum, oder ein wenigstens
ungefähr tablinumartiges Gemach 4 befindet.
Dasselbe ist stattlich geschmückt; es hat
rothe Wände mit reichen, phantastischen
Architekturen und in denselben als Mittel-

Fig. 150. Kleines Haus mit tetra-
stylem Atrium.

bilder auf der Hinterwand Herakles bei Omphale (Hlb. No. 1136.), rechts eine
der unerklärten Darstellungen aus dem Kreise der Lichtgottheiten Hlb. No.
971.], während dasjenige links zerstört ist. An den oberen Theilen der Wände
sind außerdem noch in schwebenden Figuren die Jahreszeiten (Hlb. No. 978.
952. 988. 1002.], Nike (910.) und Eroten (686. 675.) gemalt. In der vordern
linken Ecke dieses Tablinum führen drei Stufen zu der Thür eines angrenzenden Cubiculum 5, in dem wir an der Eingangswand eine Darstellung von
Phaedra und Hippolytos (Hlb. No. 1245.), gegenüber eine solche des Endymion (956.) finden, während auch hier das dritte Bild an der Wand rechts
vom Eingange zerstört ist. Die linke ist von einem Fenster durchbrochen,
welches diesem Gemache vom Atrium her Licht schafft. Rechts vom Tablinum liegt ein nach seinem Zwecke nicht zu bestimmender Raum 6, welcher
durch das Niederreißen einer früher in ihm stehenden Mauer erweitert worden ist, während links am Atrium die Küche 7 mit Heerd und Gußstein
und der Treppe zum Obergeschoß mit den Eß- und Schlafzimmern der Familie liegt. An dieser Treppe vorbei gelangt man endlich in die dunkele
Speisekammer (*cella penaria*) 8. Viel Kalk und mehre Thürschwellen, die
man in diesem Häuschen im Atrium niedergelegt fand, zeigen daß dasselbe
bei der Verschüttung der Stadt noch in der Wiederherstellung begriffen war.

No. 6.) Das Haus, dessen Plan die nebenstehende Fig. 151. zeigt, kaum
ausgedehnter, als das vorige, und bekannt unter dem Namen der *Casa di
Modesto,* Plan No. 24,
liegt an der Ecke des
Vicoletto di Mercurio
und dessen *di Modesto*
und ist durch zwei Um-
stände besonders inter-
essant. Erstens nämlich
enthielt es vorzügliche
Gemälde zum Theil
mythologischen Inhalts,
so namentlich nach ei-
nigen Angaben in dem
Gemache 6, nach ande-

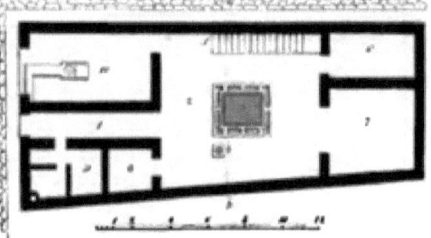

Fig. 151. Plan der *Casa di Modesto* mit *Atrium displuviatum.*

ren, weniger wahrscheinlich im Atrium, jetzt völlig zerstört und spurlos verschwunden (Hlb. No. 1329.) die bekannte Scene aus der Odyssee (X,
315 ff.], wo Kirke dem Odysseus das zauberische Weinmuß gemengt hat,
und eben ihm, auf dessen Verwandelung sie hofft, gebietet, zu den Genossen
in den Kofen zu wandern, als Odysseus

.... das Schwert von der Hüfte sich reißend.
Rannt' auf Kirke hinan wie voller Begier zu ermorden;
Doch laut schrie sie und eilte gebückt ihm die Knie zu fassen.

Das ist genau dem Dichter folgend und doch in trefflicher malerischer Auffassung wiedergegeben (abgeb. b. Mazois II. pl. 43.). Ein zweites Gemälde,
Achill auf Skyros darstellend (Hlb. No. 1299.) ist gleicherweise zerstört
und nur in älteren Zeichnungen überliefert. Zweitens ist dieses Haus be-

merkenswerth, weil es ein wenigstens nicht unwahrscheinliches Beispiel des *Atrium displuviatum* (vgl. oben S. 227.) bietet, welches der Durchschnitt auf der Linie *a—b* in der 152. Figur zeigt. Für die Behauptung, dies Atrium sei

ein *displuviatum* gewesen, wird, obwohl das Dach natürlich zerstört ist, geltend gemacht erstens die Art der Löcher in der Mauer für die Balkenlager, die jetzt wenigstens nicht mehr controlirbar ist und zweitens der Umstand, daß das Impluvium 3 auf dem Plan als Vertiefung fehlt, während der Platz unter der Dachöffnung mit einer kleinen Doppelmauer umzogen ist, welche höchst wahrscheinlich, man möchte sagen gewiß, diente, um Erde zur

Fig. 152. Restaurirter Durchschnitt auf der Linie *a—b*.

Zucht einiger Blumen aufzunehmen. Die Mündung der Cisterne, welche das nach außen geführte Regenwasser durch Röhren sammelte, sehn wir in 4 neben dem Pseudoimpluvium. Links im Atrium ist die Treppe 5, welche zu zwei Gemächern im obern Geschoß führt, deren allerdings lediglich vermuthete Fenster der Durchschnitt zeigt. Die Treppe ist aus ihren untersten Steinstufen und ihrer Spur in der Wand deutlich zu erkennen, und soll der Symmetrie wegen auf der entgegengesetzten Wand in Malerei wiederholt gewesen sein, was aber schwerlich in der That der Fall war. Die Gemächer 6 und 7, reichlich und schön geschmückt, sind ihrer Bestimmung nach nicht ganz klar, 7, an dessen Hinterwand eine Darstellung von Phrixos und Helle (Hlb. No. 1252.) gemalt und noch an Ort und Stelle wenngleich ziemlich zerstört ist, während ein Adonis Hlb. No. 343. an der Wand rechts jetzt gar nicht mehr erkennen werden kann, scheint eine Art Exedra, wie No. 5 in Fig. 119. oder auch ein Triclinium gewesen zu sein, dessen von Vitruv geforderter oblonger Gestalt sein Grundriß wenigstens ungefähr entspricht. 6 kann ein Schlafgemach gewesen sein, 8 ist das Zimmer des Sclaven, 9, jetzt ganz ruinirt und halb zugeschüttet, gilt als die Küche, 10 ist ein mit dem Innern des Hauses in Verbindung stehender Laden mit einer gemauerten Ladenbank.

Doch genug dieser kleinen Häuser; die gegebenen Beispiele, die sich bedeutend vermehren ließen, werden genügen, um klar zu machen, wie das Bedürfniß und der Raum die Norm der Grundlage festzuhalten strebte und wie dieselbe modificirt werden mußte. Wenden wir uns zu der Betrachtung einiger Häuser mittlerer Größe, um auch bei ihnen die Entfaltung und die oft geistreiche Modification des Princips zu beobachten.

No. 7.) Als ein erstes Beispiel wählen wir die nach Hauptbildern in derselben sogenannte *Casa della toletta dell' Ermafrodito* oder *di Adonide ferito* an der Straße des Mercur No. 25. 29. im Plan, ausgegraben 1835—1836.

Zur Verständigung über die Räumlichkeiten und deren Bestimmung werden hier wie bei den folgenden Plänen wenige Worte nebst dem Verweis auf die Zahlen des Planes genügen, denen andere Notizen hinzugefügt werden sollen, wo die aufgefundenen Gemälde, Sculpturen oder Mobilien dazu veranlassen. 1 Eingang oder Ostium mit der Thür unmittelbar an der Straße, 2 Atrium, 3 Impluvium, 4 Cubicula; durch dasjenige links an der Straße gelangt man an die Treppe 5 zum obern Geschoß, 6 Ala von ungewöhnlicher Gestalt, gegen das Atrium durch eine hohe Schwelle abgegrenzt und im Innern mit einer umlaufenden Steinbank versehn, aber

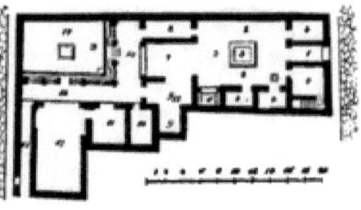

Fig. 153. Plan der *Casa della toletta dell' Ermafrodito.*

jetzt in zu sehr zerstörtem Zustand, um ein sicheres Urteil möglich zu machen; vielleicht war ein großer Schrank in diesem Gemach angebracht, das also als Vorrathskammer gedient hätte (vergl. das Haus No. 11. und die *Casa di Olconio*. Für eine zweite Ala gegenüber war bei dem beschränkten Areal kein Raum; 7 Tablinum (?), nach hinten durch eine Schwelle abgegrenzt, 8 Fauces; links am Tablinum, wo das Areal breiter zu werden beginnt, liegt ein Gemach 9, welches nebst seinem gangartigen Vorraum 9 *a* nur eine Exedra, oder, wenn die Vermuthung über die scheinbare Ala 6 zutrifft, die hierher verschobene Ala gewesen sein kann. 10 Cubiculum mit einigen weniger bedeutenden und schlecht erhaltenen Gemälden bakchischen Inhalts, deren eines ausgehoben ist (IIIb. No. 547. 545.), 11 Zimmer von ungewisser Bedeutung, aber wahrscheinlich ein *triclinium fenestratum*, gegen das Peristyl mit einer Thür und niedriger Brüstungsmauer geöffnet; in ihm befindet sich an der Wand links vom Eingange aus dem Peristyl das Bild der Toilette des Hermaphroditen (IIIb. No. 1369.), an der Hinterwand ein sehr zerstörtes und nicht sicher gedeutetes Gegenstück (IIIb. No. 1373.); 12 Triclinium oder, besser, Oecus mit der offenen Aussicht auf das Peristylium 13, welches nur an zwei Seiten den Hofraum 14 umgiebt, in dem wir den Brunnen oder die Cisterne und eine kleine viereckige Springbrunnenwanne bemerken, während die Intercolumnien bis auf zwei Eingänge mit niedrigen Brüstungsmauern geschlossen sind. Ein hinterer Ausgang, *posticum*, 15 neben dem Triclinium führt zunächst in das Nachbarhaus und durch dieses auf die hinten an beiden Häusern vorbeilaufende Straße der Fullonica. Auffallend ist es, daß man nicht mit Sicherheit die Küche nachweisen kann. An der Wand des Peristyls 14, dem Triclinium gegenüber, fand man das Gemälde, welches dem Hause den zweiten Namen der *Casa di Adonide ferito* gegeben hat, den verwundeten Adonis von Aphrodite und Liebesgöttern beklagt, eines der bedeutendsten und durch die an ihm besonders deutlich nachweisbare Frescotechnik (auf die zurückgekommen werden soll) interessantesten Bilder in Pompeji (IIIb. No. 340.); zu beiden Seiten ist zwei Mal mit hübschen Varianten, als Marmorgruppe weiß vor den rothen Pfeilern Achills Unterweisung im Lyraspiel durch Cheiron Hlb. No. 1295. gemalt links schlecht erhalten', rechts davon ungleich roher, ein über einem Brunnenbassin auf einer runden Marmorbank schlafend liegender Satyr, mit dem linken Arm auf einen Schlauch gestützt 'Hlb. No. 136.', im Hintergrund ein Garten.

'No. 8.' *Casa della caccia antica* oder *di Dedalo e Pasifae*, an der Straße der Fortuna No. 14. und am *Vico storto* 'im Plan No. 64.' gelegen, ausgegraben 1832 und die folgenden Jahre.

1 Eingang mit markirtem Vestibulum und Ostium, 2 Atrium, 3 Impluvium, hinter dem das Puteal steht, 4 und 5 Cubicula, 6 Ala, hier rechts,

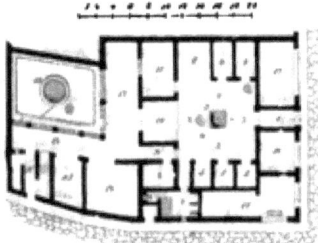

Fig. 151. Plan der *Casa della caccia antica.*

wie im vorigen Gebäude links, für eine zweite war auch hier kein Raum. 7 Küche mit erhaltenem gemauertem Heerde, hinter der, wie sehr häufig in Pompeji der Abtritt liegt, die Bestimmung des wenig erleuchteten Gemachs 8 zwischen der Küche und dem Durchgang 9 ist nicht klar, 10 Tablinum, 11 Winterspeisezimmer, 12 Peristylium, welches den Hofraum mit der 2,60 M. großen und 1,35 M. tiefen Piscina 13 nur an zwei Seiten mit dorischen, unten roth bemalten und mit einer Brüstungswand (*pluteus*) verbundenen Säulen umgiebt. Über einer dieser Säulen steht noch eine zweite leichterer Ordnung, zum Beweise, daß oben eine Gallerie um den Hof führte, auf welche die Zimmer des obern Geschosses ausmündeten. 14 Sommertriclinium, 15 Exedra, 16 Posticum, an dem die Treppe nach dem obern Stockwerk und eine kleine Kammer liegt. 17 Kaufläden ohne Zusammenhang mit dem Hause. Die malerische Decoration ist reich. Im Atrium finden wir rechts schwebende Figuren der Horen Hlb. No. 987. 998. ; das erste Cubiculum 4 zeigte auf seinen drei Wänden Danaë, auf welche Eros den goldenen Regen ausgießt 'Hlb. No. 116., ausgehoben', Leda Hlb. No. 145.' und ein angelndes Mädchen, nach gewöhnlicher Benennung Aphrodite 'Hlb. No. 346.', eine der in Pompeji oft wiederholten Darstellungen; in dem zweiten Zimmer 4 finden wir auf der Hinterwand eine reiche Architektur und in derselben sehr stark verletzt, in ungewöhnlicher Art mit der Architektur verbunden Achill auf Skyros unter den Töchtern des Lykomedes von Odysseus erkannt und entlarvt 'Hlb. No. 1301.', ein ebenfalls in Pompeji mehrfach wiederholter Gegenstand. Auf den Wänden des Tablinum war rechts Daedalos dargestellt, welcher der Pasiphaë die von ihm gefertigte Kuh bringt 'Hlb. No. 1206.', und links Theseus, der von Ariadne den Knäuel empfängt, vermöge dessen er den Ausgang aus dem Labyrinth finden wird Hlb. No. 1211., beide ausgehoben', außerdem zwei Mal Nike Hlb. No. 904. 918.' und schwebende Gruppen nicht sicherer Bedeutung 'Hlb. No. 1953.' ; schwebende Gruppen bakchischen Gegenstandes Hb, No. 519. 521. schmücken auch die Wände des Wintertriclinium 11. Die Hinterwand des Peristyls 13 ist ganz mit dem noch jetzt an Ort und Stelle befindlichen Bilde bemalt, von dem das Haus seinen gewöhnlichsten Namen trägt Hb. No. 1520., darstellend eine Jagd und Thierkämpfe, in Scenen, welche die Venationes im Amphitheater darbieten mochten, welche aber hier in die freie Natur und zwar in eine ziemlich bedeutend gehaltene wilde Gebirgsgegend verlegt sind, in der wir doch wohl schwerlich ein Muster der Decorationen der Arena erkennen dürfen; die Wand desselben Viridarium der Exedra gegenüber ist mit zwei Landschaften mit Staffage geziert, die Figuren der einen stellen, jetzt schwer erkennbar, Polyphem und Galatea Hb. No. 1013., die der andern eine Opferscene Hb. No. 1555.) dar. Die Wände der Exedra 15 haben oder hatten nur mittelmäßige Bilder; eines, welches angeblich Apollons Aufenthalt bei Admet, richtiger wohl den Gott mit einem nicht bestimmbaren Geliebten Hb. No. 221., und ein zweites, welches Artemis im Bade von Aktaeon belauscht Hb. No. 250. darstellt, sind, das letztere stark zerstört, an Ort und Stelle, während das dritte, seiner Obscönität wegen in ein besonderes Zimmer des Museums in Neapel versetzte, sich wahrscheinlich auf Polyphem und Galatea bezieht Hb. No. 1052., ein viertes endlich Hb. No. 1393. unerklärt ist. In dieses Gemach ist man bei Nachgrabungen wahrscheinlich bald nach der Verschüttung durch ein Loch in der rechten Wand gedrungen, welches man jetzt wie manche andere dergleichen an verschiedenen Stellen der Stadt als besondere Merkwürdigkeit zeigt; möglich, daß grade in diesem Hause mancherlei Kostbarkeiten begraben lagen, auf recht reichlichen Hausrath lassen wenigstens eine nicht unbeträchtliche Reihe von Gegenständen aus Bronze, Thon und Glas schließen, die man hier nebst Eßwaaren, namentlich vielen Eiern ausgegraben hat. In dem Fußboden des Atrium hinter dem Brunnen und vor dem Tablinum lag ein jetzt in das Museum geschafftes Mosaik, welches eine Maske darstellt und zu den besseren von Pompeji gehört.

Wir geben den umstehenden Plan eines dritten etwa gleich geräumigen Hauses und lassen den eines vierten und fünften folgen, um eine möglichst genaue Vorstellung von der Mannigfaltigkeit der Hausanlagen Pompejis zu geben, die immer nach dem Bedürfniß und dem Raum variiren, der zu bebauen war, und doch fast immer nach antiken Begriffen sehr bequeme Wohnungen darstellen.

No. 9.) Dieses Haus, das s. g. *del chirurgo* an der *Via consolare* (Nr. 7. im Plan), ausgegraben 1770 u. 71, gehört in seiner ersten Anlage zu den ältesten der Stadt und seine Façade s. unten) bietet eines der besten Muster der ersten Bauweise. Der wohl erhaltene alte Theil, die Räume 1—10, den letzten zur Hälfte, umfassend, ist wenig ausgedehnt, aber fast vollkommen regelmäßig und symmetrisch in der Anlage; die Unregelmäßigkeit des Gesammtplanes rührt von einer Restauration und, wenn auch nur mäßigen Erweiterung in der römischen Periode her. Das Ostium 1 mit der Thür unmittelbar an der Straße, ist von mehr als der gewöhnlichen Breite; der daneben links liegende Laden 2 steht im Zusammenhange mit dem Hause, in ihm

16*

wurden also die Waaren des Hausherrn feilgehalten, seien dies Producte des
Ackerbaus, seien es solche eines Gewerbes gewesen; denn warum sollte man
bei Häusern von so geringer Ausdehnung nicht annehmen, daß sie Gewerb-

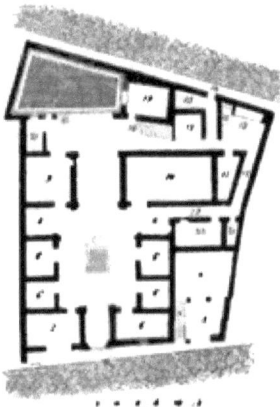

treibende bewohnten? Bei diesen mit dem
Innern der Häuser zusammenhangenden
Läden immer nur von den »Producten
der Güter des Hausherrn« zu reden, die
hier von dem *dispensator* genannten Sclaven verkauft worden wären, ist nicht
allein einseitig und an sich seltsam, sondern durch den aufgefundenen Inhalt
mehrer solcher Läden gradezu widerlegt;
so verkauft z. B. um nur dies eine Beispiel anzuführen der Besitzer der s. g.
Casa dei bronzi Bronzesachen, von denen
das Haus benannt ist. Sollte aber wirklich der Bewohner dieses Hauses ein Chirurg gewesen sein, wie man nach Maßgabe der Auffindung von allerlei chirurgischen Instrumenten in einem Zimmer
(wahrscheinlich No. 9 oder 10) im Innern
des Hauses annimmt[85]), so würde man

Fig. 155. Plan der *Casa del chirurgo*.

vielleicht sogar daran denken können, daß derselbe, wie mehr als einer seiner
Berufsgenossen im heutigen Neapel, in diesem Zimmer an der Straße manche
der weniger tief eingreifenden Verrichtungen seiner Kunst vorgenommen
habe, wenn damit die hier zerbrochen aufgefundenen thönernen Gefäße
(Hydrien nennt sie der Fundbericht übereinstimmten, was dahingestellt
bleiben muß. In dem zunächst anstoßenden Zimmer am Atrium fand man
79 Gewichte von Blei, zum Theil mit der auch sonst noch vorkommenden
Inschrift EME auf der einen und HABEBIS auf der andern Seite [d. h.
»kaufe« und »du wirst haben«, natürlich: die mit diesen Gewichten gewo-
genen Waaren). Im Übrigen ist unter dem Hausrath außer den chirurgischen Instrumenten nichts besonders Interessantes gefunden worden. Der
Laden 3 mit dem Hinterzimmer 4 an der rechten Ecke des Hauses hat
weder in älterer noch in späterer Zeit zu diesem gehört, sondern stellt mit
ein paar Oberzimmern, zu denen die Treppe in 3 führte, eine Miethwohnung
für sich dar. 5 Atrium mit dem Impluvium von Nocera- nicht von Sarnostein, also aus derselben Periode wie die Façade und die älteren Mauern; hinter demselben ist wieder die Mündung der Cisterne zum Ausschöpfen
des Wassers; 6 verschiedene Zimmer, von denen dasjenige an der Straße
noch von der ältesten Zeit her ein kleines Fenster hat. 7 Tablinum, 8 Alae,
9 Sommertriclinium (?, 10 Wintertriclinium, mit welchem oder genauer
mit dessen linker Hälfte, denn die rechte gehört schon dem Anbau, die
Räume des alten Hauses enden, das hinter diesen vielleicht noch einen
Hof oder seinen Garten gehabt haben mag. Der neuere Anbau beginnt
mit einem nach hinten geöffneten Zimmer 11 von ungewisser Bestimmung,

aber wahrscheinlich Nichts als einer Vorrathskammer (apotheca), wofür der Umstand spricht, daß es durch seine Thür nur ein Dämmerlicht empfängt und der Küche 13 gegenüber liegt. Denn an dem Wintertriclinium und diesem Raume vorbei führt der Gang (fauces) 12, den wir sonst neben dem Tablinum gradaus gehend zu sehn gewohnt sind, für den aber hier kein Platz war, mehrmals umbiegend in die an ihrem gemauerten Heerde wohl erkennbare Küche 13 nebst dem, wie gewöhnlich benachbarten Abtritt 13 a, und an ihr vorbei gelangt man zu einem hintern Ausgang 14, neben dem eine Sclavencella 15 liegt. Der Hof 16 hinter dem Tablinum und dem Triclinium ist bedeckt, an ihm sehn wir einen vorn offenen Raum unnachweisbarer Bestimmung 17, die Treppe in das obere Geschoß 18 und ein Zimmer 19 mit einem Fenster auf das kleine Viridarium 20, wahrscheinlich ein triclinium fenestratum, während ein ähnliches kleineres 21, durch einen säulenartigen Stumpf, möglicherweise dem Rest eines Altars, vielleicht als Hauscapelle bezeichnet wird, und die übrigen nöthigen Zimmer eine Treppe hoch lagen. 22 ist Nichts als ein kleiner verlorener Winkel, wenn nicht ein zweiter Abtritt, die Bestimmung des Raumes 23 mit geringem Licht unbekannt. Besonders hervorragenden Gemäldeschmuck hat dieses Haus nicht aufzuweisen; ein jetzt fast ganz zerstörtes Brustbild des Paris mit Eros in rundem Rahmen links im Atrium und ein Bild des epheubekränzten Bakchos daselbst sind ganz unbedeutend, interessant ist ein nicht sicher gedeutetes Bild in dem Triclinium 19; dasselbe (IIIb. No. 1459.) stellt einen Mann mit einem geöffneten Diptychon einen Dichter! und zwei mit ihm im Gespräche begriffene Mädchen dar; diesem Bilde entsprach die jetzt im Museum in Neapel befindliche Darstellung einer Malerin in ihrem Atelier (IIIb. No. 1443.).

(No. 10.) Der Baumeister des nebenstehenden, nahe am kleinern Theater in der Strada stabiana gelegenen, 1795 ausgegrabenen Hauses (No. 105. im Plane) fand eine andere Aufgabe. Der Baugrund ist ein sehr gestrecktes Viereck und an drei Seiten (oben, rechts und links im Plane) von anderen Gebäuden begrenzt,

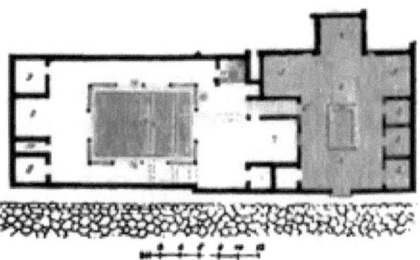

Fig. 156. Plan eines andern mittelgroßen Hauses.

so daß die Hausthür nicht, wie dies gewöhnlich geschah, an die Schmalseite verlegt werden konnte. Außerdem ist das Terrain ungleich, indem die Straße nach links in Figur 156. ziemlich stark fällt. Um nun diese Ungleichheit des Niveaus nutzbar auszugleichen, hat der Baumeister den in Figur 156. nicht schraffirt dargestellten Theil des Hauses an der tiefern Stelle der Straße unterkellert und um 2,10 M. über den schraffirten erhöht, während er den Rest der Bedingungen, welche ihm sein Areal vorschrieb, dadurch erfüllte, daß er die beiden durch eine Treppe verbundenen Theile der Wohnung neben einander anstatt hinter einander legte. Demnach finden wir in 1 die Eingangsthür ohne Vestibulum, in 2 das Atrium, in 3 Cubicula, in 4 das Tablinum, in 5 die Alae, in 6 die Treppe von fünfzehn Stufen in den privaten Theil der Wohnung, zunächst in das Peristyl, an dem ein vorn offenes Triclinium 7, gegenüber eine ebenfalls offene Exedra 8 und ihr zur Seite zwei Cubicula 9 liegen. In dem Raume 10 führte die Treppe zu einem

Fig. 157. Restaurirter Durchschnitt.

obern Geschoß, während wir in 11 die Treppe in den Keller finden. Der restaurirte Durchschnitt Fig. 157. macht sowohl die besprochene Einrichtung klar, wie er den heutzutage verschütteten Brunnen in der Mitte des Peristylhofes 12 und eine Andeutung der Kellergewölbe sehn läßt.

No. 11.] Auch das folgende kleine Haus, gelegen an der Ecke der *Strada degli Augustali* und des *Vico delle terme Stabiane* neben dem Hause des Siricus (No. 89. im Plane), besteht wie dasjenige des Chirurgen No. 9. aus einem ältern Theile mit einer Façade von Sarnostein und einer spätern Erweiterung und ist in dem erstern fast ganz regelmäßig und symmetrisch in seinem Plane. Das an der Straße verschlossen gewesene Ostium 2 liegt neben einem Laden mit Hinterzimmer 2, 2 a, in welchem man nach Maßgabe eines in demselben gefundenen Graffito die Schusterbude des M. Nonius Campanus, ehemaligen Soldaten der neunten praetorischen Cohorte des Caesius erkennt. Da dieser Laden mit dem Hause in Verbindung steht, müssen wir das letztere als die Wohnung eben dieses M. Nonius betrachten. Das toscanische Atrium 3 mit einem Impluvium von Travertin und einer Cisternenmündung, hat theils rothe, theils gelbe Wände, welche außer mit weiblichen schwebenden Figuren von nicht sicher bestimmbarem Charakter (Fior. No. 411—413.) mit einem doppelten Brustbilde geschmückt sind (Hlb. No. 1217., in welchem man Hippolytos mit Phaedra erkennen zu dürfen glaubt. An diesem Atrium liegen vier Cubicula, zwei rechts 4 und 5, von denen das erstere auf gelben Wänden mit leichten Architekturen schwebende Eroten, das zweite auf rothen Wänden kleine Darstellungen aus dem s. g. Stillleben zeigt, ein drittes 6 neben dem Ostium und ein viertes 7 links den beiden ersteren gegenüber. Von diesen hat 6 mit reichen Architekturen geschmückte Wände, deren Mittelbilder aber zerstört sind, 7 hat auf rothem Grunde leichte Architekturen und in den Mittelfeldern kleine Rundbilder, unter denen eins der nicht seltenen Brustbilder des von Eros begleiteten und umschmeichelten Paris (Hlb. No. 1271.) hervorzuheben ist. Die Wand links neben der Thür zu diesem Zimmer zeigt eine Einrichtung, welche bisher einzig in Pompeji und eben deswegen mit Sicherheit noch nicht er-

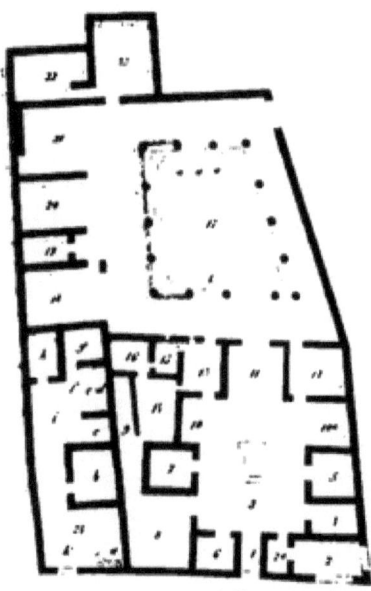

klärt ist. Es ist dies eine Höhlung oder Nische in der Wand, 0,10 M. über dem Boden, vorn durch eine Stuccoplatte geschlossen und nur zur Seite nach der Thür des Zimmers hin durch eine 0,175 M. breite Spalte geöffnet, in welche man grade bequem die Hand einführen kann; innen ist diese Nische mit einem Muster von kleinen bunten Quadern, wie Kacheln, bemalt. Eine Larennische kann dies nicht sein und auch für eine jener Wandnischen, welche zum Beiseitestellen der Lampen dienten, erscheint die hier in Rede stehende weder nach ihrer räumlichen Beschaffenheit noch nach ihrer Decoration passend; Fiorelli ist deshalb auf den Gedanken gekommen, diese Höhlung möchte gedient haben, um die Bücherrollen oder Wachstafeln dessen aufzuheben, welcher in dem Cu-

Fig. 158. Plan des Hauses des M. Nonius.

biculum 7 schlief, und unterstützt diesen Gedanken dadurch, daß wir wissen, daß, um die Wachstafeln gegen Fliegen zu schützen, s. g. *muscaria* angewendet wurden, entweder Schränke von Holz oder Wandschränke. Beweiskraft für die Bestimmung der fraglichen Höhlung haben aber diese Anführungen nicht. — Der Raum 8 zwischen den beiden zuletzt erwähnten Cubicula ist Nichts als ein Vorplatz zu dem Gange 9, welcher zu dem unter dem hintern Theile dieses Hauses befindlichen Keller führt. An ihrer richtigen Stelle finden wir die beiden Alae 10, 10 a, von welchen aber die erstere in jüngerer Zeit durch eine dünne Wand in zwei Theile getheilt und, ähnlich wie die eine Ala im Hause des Holconius (s. unten No. 13.) zur Aufbewahrung von Geräthen und Gefäßen der Haushaltung verwendet worden ist. Die rechte Ala 10 a, welche ihrer eigentlichen Bestimmung verblieb, hat weiße Wände mit leichten Architekturen und eine weiß und schwarze Mosaikschwelle mit einigen farbigen Zuthaten in ihren Arabeskenornamenten. Auch das Tablinum 11 finden wir an der gewöhnlichen Stelle; dasselbe hat in seinem hintern, erst später eingebrochenen Ausgang eine farbige Mosaikborte; dagegen fehlen die regelmäßigen *fauces*, offenbar deswegen, weil in älterer Zeit das Haus

hier zu Ende war. Den Durchgang nach dem hinzuerworbenen Peristyl
bildet jetzt ein mit zwei Thüren nach dem Atrium und dem Peristyl geöffnetes oecusartiges Gemach 12, welches reich bemalt ist. An seinen drei
Wänden, diejenige gegen das Tablinum ausgenommen, finden wir, an derjenigen rechts am besten erhalten, sechs hermenartig aus Blattkelchen empor-
steigende große geflügelte weibliche Gestalten, welche Guirlanden von Blumen
und Früchten in den Händen emporhalten (Fiorelli No. 466.); die Bilder
am obern Theile der Wand sind zerstört, in den Resten eines derselben
(Hlb. No. 571.) glaubt man einen orgiastischen Tanz vor einer Priapos-
herme zu erkennen. Auch links vom Tablinum ist der Faucesdurchgang
durch eine Art von Vorplatz 13 ersetzt, aus welchem man links in die
Küche 14 gelangt und in welchem eine steinerne Treppe liegt, die links, von
Holz fortgesetzt, in den Oberstock führte, in dem erhaltenen Stück aber den
Zugang zu einem kleinen Bade bildet, deren es in mehren pompejaner
Häusern ähnliche oder etwas ausgedehntere giebt. Das gegenwärtige besteht
aus zwei kleinen mit Tonnengewölben überdeckten Cellen, welche ein Tepidarium 15 und ein Caldarium 16 darstellen. Das letztere, welches seine Hitze
von der Küche durch heißes Wasser erhielt, welches in seine suspensurae
eingeführt wurde, hat mit farbiger Steinnachahmung decorirte Wände, während das Tepidarium, mit gelben Wänden, seine Wärme von dem Caldarium
aus durch ein 1,60 M. über dem Boden befindliches rundes Loch neben der
mit einem Bogen überspannten engen Thür erhielt, welche beide Räume
verbindet. Der weniger alte, später hinzuerworbene Theil dieser Wohnung
besteht aus dem Xystus 17 von nicht ganz regelmäßiger Form, den eine
Porticus von weißen, flach cannellirten Säulen umgiebt. Links sind diese
durch eine roth gemalte Brüstungsmauer verbunden, während der Xystus
im Hintergrunde mit drei Hermen bakchischen Charakters *a a a* geschmückt
ist und vorn ein marmorner Tisch *b* und eine dreieckige Basis von schwarzem
Granit steht, welche einen Candelaber oder auch eine Blumenvase getragen
haben mag. Von den Gemächern links in der Porticus bestimmt sich das
erste 18 als Exedra, das zweite 19 als ein Cubiculum mit Vorzimmerchen
'*procoeton*', das dritte 20 als Oecus und das vierte 21 als Sommertriclinium,
in dessen Hintergrunde eine nach oben stufenförmig ausgehende, gemauerte
Basis zum Aufstellen sei es der Speisen, sei es des Tischgeräths gedient
haben mag. Zwei weitere Gemächer 22, 23, welche im Hintergrund über
dem anstoßenden Hospitium »Zum Elephanten« lagen, sind so vollkommen
ruinirt, daß man nur ihre einstmalige Existenz behaupten kann. Die Thür
rechts hinten in der Porticus führt hinab in den auch durch 8, 9 zugäng-
lichen Keller, welcher sich unter dem ganzen Complex 17—21 hinzieht.
Der anstoßende Laden mit seinen Hinterzimmern 24 gehört nicht zum Hause;
er wird nach einigen, aber kaum entscheidenden Anzeichen einem Gemüse-
händler zugeschrieben, hat uns aber hier nicht zu beschäftigen.

(No. 12.) Die durchweg der römischen Periode angehörende und wohl
schon deshalb fast ganz regelmäßig angelegte *Casa del poeta tragico*
oder *Casa omerica*, gegenüber den älteren Thermen an der *Strada delle
terme* belegen und 1824—1825 ausgegraben (No. 35. im Plane) verdankt ihren

erstern Numen insbesondere einem Gemälde, in welchem man irrthümlich eine Leseprobe erkannte (s. unten), und einem Mosaik im Tablinum, welches auf das Theater Bezug hat, den letztern den zahlreichen Gemälden aus den homerischen Gedichten (namentlich der Ilias), mit denen fast alle Wände bedeckt sind. Durch diesen Bilderschmuck, der, wenigstens theilweise zu dem Vorzüglichsten zählt, was Pompeji aufzuweisen hat, und durch die edle Eleganz der Einrichtung ist dies Haus eines der berühmtesten der

Fig. 159. Restaurirte Ansicht der *Casa del poeta tragico.*

Stadt geworden und ist dasjenige, welches Bulwer in seinem Roman als die Wohnung seines feingebildeten Atheners Glaukos betrachtet. Diese Annahme läßt sich nun freilich so wenig rechtfertigen wie die andere, der Bewohner dieses Hauses sei ein tragischer Dichter gewesen, aber auch eine dritte Vermuthung über seinen Stand, nämlich er sei Goldschmied gewesen, welche von Gell ausgegangen ist, läßt sich nicht halten. Diese Vermuthung stützt sich auf die Behauptung, in den mit dem Hause zusammenhangenden Läden sei eine Menge Goldschmiedewaaren nebst Geräthen der Goldschmiedekunst gefunden worden, allein die Ausgrabungsberichte[86], zeigen, daß der allerdings nicht unbeträchtliche in diesem Hause ausgegrabene Goldschmuck zu den Läden in keiner nähern Beziehung stand, sondern vielmehr aus dem obern Stockwerk mit dessen Mosaikfußboden herabgestürzt, folglich weit eher als der Schmuck der Frau vom Hause, denn als die Waare des Hausherrn zu betrachten ist. Sei deswegen der Besitzer dieses Hauses gewesen wer oder was er gewesen ist, jedenfalls treten uns in diesem wenig ausgedehnten Domicil Spuren eines gebildeten Geistes reichlich entgegen und bezeugen, daß der Besitzer ein Mann von Geschmack und beiher von Wohlhabenheit war. Über den Plan nur ein paar Worte.

1 Ostium; die zweiflügelige Hausflur lag unmittelbar hinter der Schwelle, welche hier die Stelle des Vestibulum vertreten muß, und zwar noch außerhalb der kleinen Eingänge in die mit 2 bezeichneten Läden, welche also

zum Hause gehören. Unmittelbar hinter derselben lag im Ostium das oben
Fig. 136. mitgetheilte jetzt in das Museum geschaffte Mosaik mit dem an-
geketteten Hunde und der Inschrift *cave canem*. Das Ostium steigt nicht
unbeträchtlich gegen das Atrium an und ist auch an seinem obern Ende
mit einer, wenngleich sehr einfachen, Mosaikschwelle geziert, während sich
vor der untern ein Loch zum Abfluß des aus dem Atrium kommenden
Wassers befindet. 3 ist das Atrium mit seinem Impluvium, hinter dem

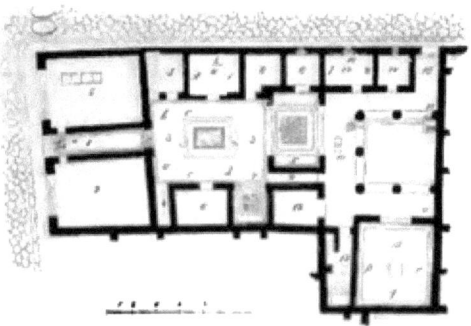

Fig. 160. Plan der *Casa del poeta tragico*.

schief gegen die Mitte ein hübsches Puteal der Cisterne steht, welche jetzt
freilich verschüttet ist, von deren einstmaligem Gebrauche aber die in den
innern Rand des Puteals eingeschliffenen Rillen Zeugniß ablegen, welche
von den Tauen herrühren, an denen man die Eimer emporzog. Eine in den
wesentlichen Theilen auf sicheren Elementen beruhende Restauration dieses
Atrium nebst dem Tablinum, der einen Ala und den Fauces bietet Fig. 159.
4 Latrina, 5 Zimmer des Atriensis, in dem zugleich die nur noch in geringen Resten erkennbare Treppe zum obern Geschoß des Hauses lag, 6
verschiedene Wohn- und Schlafzimmer für Gäste, 7 Ala, 8 Tablinum,
9 Fauces, 10 Peristylium mit Säulenumgang an drei Seiten und einer Hauscapelle 11 an der Hinterwand, in der man die Marmorstatuette eines Satyrn
fand, welcher Früchte im Bausche eines um den Hals geknüpften Felles
trägt, 12 wahrscheinlich Wintertriclinium, nicht Bibliothekzimmer, wie vielfach gesagt ist und zwar unter dem Eindruck, daß hier ein Dichter wohnte,
13 Küche, in deren Vorraum die Treppe zum obern Geschoß des Hinterhauses liegt, unter derselben der Abtritt. 14 Cubicula, 15 Sommertriclinium,
geräumig und heiter, mit der Aussicht auf das Viridarium im Peristylhofe, 16 Posticum auf die *Strada della fullonica*, welche seitwärts an dies
Haus grenzt.

Wir durchwandern die bezeichneten Räume noch einmal, um uns den
Bilderschmuck in seinem Reichthum und in seiner Anordnung zu vergegen-
wärtigen. Im Atrium finden wir jetzt freilich meistens ausgehoben und in das
Museum geschafft), abgesehn von decorativen Malereien, folgende Haupt-

bilder: bei *a* Zeus' und Heras heilige Hochzeit, denn so, nicht als die aus dieser abgeleitete Scene auf dem Ida nach dem 11. Gesange der Ilias, wird man nach den mannigfachen neueren Erörterungen über dasselbe dies schöne Gemälde (Hlb. No. 114.) benennen müssen, das jetzt im Museum ist. *b.* Hier befand sich ein schon bei der Ausgrabung stark beschädigtes Gemälde (Hlb. No. 294.), darstellend eine nackte Aphrodite wesentlich in der Stellung der bekannten Statue der s. g. Mediceïschen Venus in Florenz, zu ihren Füßen eine Taube oder ein Taubenpaar; Gell macht (N. Pomp. II. p. 148.) großes Wesen von demselben, ja vergleicht das Colorit mit dem Tizians. Jetzt ist nichts mehr von dem Bilde zu sehn, man kann also auch nicht sagen, wie weit dessen Lob übertrieben ist. *c.* Übergabe der Briseïs durch Achill an die Herolde des Agamemnon (Hlb. No. 1309.), vielleicht das berühmteste aller pompejanischen Gemälde, das im artistischen Theil abgebildet und besprochen werden soll (ausgehoben). *d.* Chryseïs' Einschiffung nach Ilias I, 310. oder nach neuerer, nicht unwahrscheinlicher Erklärung Helenas Entführung (Hlb. No. 1305. u. Nachtrag S. 461., ausgehoben); *e* an Ort und Stelle, Fragment, ein Triton, der, begleitet von einem Eros auf einem Delphin, ein Seepferd am Zügel zu führen scheint, auf welchem zwei Figuren gesessen haben, von denen nur noch die Füße erhalten sind, wahrscheinlich eine, näher nicht erklärbare Darstellung aus dem Leben (der Liebe) der Meergötter (Hlb. No. 1092.); *f* stark zerstörtes Bild, an Ort und Stelle, von dem nur die Füße mehrer Figuren erhalten sind. Von den Gemächern um das Atrium ist nur das größere links mit nennenswerthen Gemälden geziert, in ihm finden wir und zwar sämmtlich noch an Ort und Stelle: *g* Entführung der Europe (Hlb. No. 129., jetzt ganz zerstört), *h* Phrixos und Helle (Hlb. No. 1256., erhalten ist nur das Brustbild des Phrixos mit blauem Nimbus und *i* Apollon und Daphne, obscönes, jetzt ebenfalls stark zerstörtes Gemälde, dessen Gegenstand zu den häufigeren in Pompeji gehört (Hlb. No. 210.). Nach Helbig No. 296.) wäre auch noch eine Venus Pompeiana hier dargestellt gewesen, was zweifelhaft ist. Im Fries dieses Zimmers ist ein Kampf von Fußkämpfern gegen Amazonen auf Streitwagen und Rossen gemalt, (Hlb. No. 1250. . Im anstoßenden Zimmer sind, ebenfalls noch an Ort und Stelle, auf abwechselnd rothen und gelben Wandflächen Vögel gemalt, die übrigen Zimmer sind noch einfacher decorirt. Die Ala ist ebenfalls einfach mit architektonischen Decorationen über einem schwarzen Sockel mit Pflanzen bemalt, die jetzt sehr gelitten haben, hat aber einen hübschen Fußboden von schwarz und weißem Mosaik. Das Tablinum hatte außer niedlichen schwebenden Figürchen nur ein mittelmäßiges, ausgehobenes Gemälde auf der Wand *k* (Hlb. No. 1156., in welchem man bestimmt mit Unrecht Terenz hat erkennen wollen, welcher in Anwesenheit von Apollo und Diana mehren Personen ein Stück vorlese, nach der neuesten und sicher allein richtigen Erklärung bezieht sich dasselbe auf die Geschichte von Admetos und Alkestis. Der Fußboden zeigte ein merkwürdiges, jetzt ebenfalls in das Museum gebrachtes Mosaik, eine Theaterprobe oder die Vorbereitungen zur Aufführung darstellend abgeb. farbig bei Gell, N. Pompeiana pl. 15.. Der Chorag, umgeben von verschiedenen Masken, überhört zweien Choreuten, die als

Satyrn costumirt sind, ihre Rolle, während hinter ihm ein dritter sich mit
einem gelben Gewande mit Hilfe eines Theaterdieners bekleidet. In dem
ersten Gemache links am Peristylium finden wir bei *l* an Ort und Stelle
Ariadne vom Theseus verlassen, einen der häufigsten Gegenstände in Pompeji
(Hlb. No. 1225.), bei *m*, erloschen und durch hinabrinnendes Naß sowie den
Salpeter der Wand zerstört, Narkissos sich im Quell spiegelnd, ebenfalls vielfach wiederholt (Hlb. No. 1352.), bei *n* Aphrodite und Eros fischend nach der
gewöhnlichen Bezeichnung, wahrscheinlich aber ist nur eine schöne Frau
gemeint, die sich die Zeit mit Angeln vertreibt, und welche Eros auch
hierbei nicht verläßt, wie denn Anmuth und Liebreiz schönen Frauen überall
bleibt (Hlb. No. 349.), Außerdem in Kränzen schwebende Eroten Hlb.
No. 637. 638. 705. 731. 735. 736.), Das folgende kleine Gemach hat auf
den Seitenwänden Landschaften, auf der Hinterwand 'erloschen' eine Papy-
rusrolle und sonstiges Schreibzeug, wonach man dies Zimmer zum Studirzimmer gemacht hat. Am Ende des Peristylumganges rechts bei *o* war das
berühmte Gemälde der Opferung Iphigenias 'ausgehoben, Hlb. No. 1304.),
nicht grade hervorragend in seiner Technik, aber höchst interessant in Auffassung und Composition. In einem Hauptmotiv nämlich, dem Dastehn des
Agamemnon mit verhülltem Haupt, geht dasselbe auf ein hochberühmtes
Bild von Timanthes zurück, von dem noch später im artistischen Theil zu
reden sein wird. Endlich das Triclinium zeigt in gar anmuthigem Bilde
an Ort und Stelle bei *p* eine mehrfach wiederholte Composition, welche
man bisher auf Leda und Tyndareos mit dem Neste voll Kinder, welche aus
den Eiern gekrochen sind, die Leda von dem Zeusschwan empfangen hatte,
bezog, während zwei neuerdings aufgefundene Exemplare Hlb. No. 822. 823.)
gelehrt haben, daß es sich um ein Nest mit Eroten handelt, das ein junges
Paar gefunden hat (Hlb. No. 821.). An der Hinterwand ist bei *q* stark beschädigt die von Theseus verlassene Ariadne anders als im Zimmer 14 wiederholt (Hlb. No. 1218., und die Seitenwand enthält bei *r*, ebenfalls stark
fragmentirt, ein unerklärtes Bild aus dem Mythus der Artemis (Hlb. No. 234.).
Diese fein gemalten Bilder sind auf den Nebenfeldern der Wände von meistens schönen schwebenden Figuren umgeben, unter denen wieder vier
Tänzerinnen und vier Kämpfer oder Heroen hervorzuheben sind; der Mosaikfußboden ist in der Mitte mit schwarzen Ornamenten versehn, in welche
Fische und Enten eingefaßt sind. — Auch das obere Geschoß hatte reichern
Schmuck, als man gewöhnlich dort annehmen kann, wenigstens hat man
bei der Ausgrabung einen Mosaikfußboden in Fragmenten gefunden, der
von dort herabgestürzt war und der auf andere entsprechende Decorationen
schließen läßt.

(No. 13.) Einen sehr regelmäßigen Plan eines mittelgroßen Hauses
bietet das Haus des Holconius Rufus, das Eckhaus an der *Strada degli
Olconj* und derjenigen *dei teatri*, dessen Haupteingang an der erstgenannten
Straße unter No. 4. liegt (No. 103. im Plane). Einige der Läden, welche dieses
Haus umgeben, sind schon 1766 aufgegraben aber wieder verschüttet worden,
die Ausgrabung des ganzen Hauses gehört dem Jahre 1861, und wir haben
über dasselbe zwei genaue, einander vortrefflich ergänzende Beschreibungen

von Minervini und Fiorelli[87], auf welche für manche hier, wie bei anderen
neuen Ausgrabungen, reichlicher als bei älteren bekannte Einzelheiten verwiesen sein mag, obgleich die ausführlichere Beschreibung dieses wie einiger
anderen der genauer bekannten Häuser auch hier geboten erscheint.

Der Haupteingang 1 zwischen mannshoch roth, darüber weiß gemalten
Pfeilern, an welchen man die Spur der hölzernen Antepagmenta deutlich
wahrnimmt, war ohne Vestibulum unmittelbar an der Straße mit einer zwei-
flügeligen Thür versehn, deren Verschluß außer durch die gewöhnlichen in
die Schwelle eingreifenden Riegel durch einen innen vorgelegten, in zwei
Löcher in der Wand eingreifenden Querbalken 'sera' bewirkt wurde. Das
Ostium, dessen Wände über rothem Sockel mit gelber und grüner Eintheilung und kleinen Vögeln in den Feldern schwarz bemalt sind, war auf diesen

Fig. 161. Plan des Hauses des Holconius Rufus.

durch eine rothe Borde getrennten Feldern mit graziösen schwebenden weiblichen Figuren bakchischen Charakters (IIIb. No. 1909. 1913. 1920. 1942.)
geziert, welche schon 1855 gefunden und für das Museum ausgehoben worden
sind. Auf dem obersten, weiß gegründeten Theil der Mauern sind phantastische Architekturen gemalt, von Figuren, Eroten und Weibern, belebt.

Das toscanische Atrium 2, dessen Impluvium wohl schon bei antiken
Nachgrabungen seiner Marmorbekleidung beraubt ist, hat einen Fußboden
von gestampftem Ziegel mit regelmäßig in Linien eingelegten Marmorstückchen und in der Hauptsache über schwarzem Sockel mit grünen Pflanzen
roth bemalte Wände ohne grade hervorragenden Gemäldeschmuck; hervorzuheben ist nur auf der Wand links vom Eingang ein gelagerter, epheu-
bekränzter Silen 'IIIb. No. 375.', jetzt ziemlich zerstört, welcher das auf seinem
Beine sitzende Dionysoskind mit der Rechten umfaßt; schräge darunter ist
auf gelbem Grund als gelbes Monochrom eine großartig gedachte Okeanosmaske mit Krebsscheeren in den Haaren gemalt, deren fließender Bart seitlich in

emporgeschwungene Arabesken übergeht (Hlb. No. 1023. . Manche interessante
Stücke des Hausraths sind bei der Ausgrabung in diesem Atrium gefunden
worden, und zwar zum Theil auf dessen Fußboden selbst, zum Theil vier
Meter über demselben, woraus hervorgeht, daß sie den Zimmern im obern
Stockwerk angehört haben, von welchem sich beträchtliche Reste zeigen.
Es seien nur die interessantesten der hier gefundenen Gegenstände erwähnt.
Unter den aus dem Obergeschosse gefallenen sind vor allen die Gerippe zweier
seiner Bewohner nebst mancherlei Gefäßen von Thon und Glas hervorzuheben; unter denen, welche dem Erdgeschoß angehörten, verdient besonderes
Interesse das Gerippe der Frau vom Hause, welche mit ihrem in einer
Büchse verwahrten Schmuck zu fliehen versucht hatte, aber nahe beim
Tablinum niedergestürzt ist. Unter diesem Schmuck zeichnet sich ein Halsband besonders aus, welches aus einer Menge verschiedenartiger Amulette
zusammengesetzt ist, und auf das wir zurückkommen werden. Außerdem
sind besonders mehre kleine Schlösser bemerkenswerth, welche auf hier vorhanden gewesene Schränke und Truhen oder Kasten hinweisen.

Von den das Atrium umgebenden Zimmern 4, 5, 6, 7, welche alle gegen
jenes mit Thüren abschließbar waren, deren Angeln man in den Schwellen
sieht, war das erste rechts 4 die Cella des Sclaven, welcher den Verkauf
uns unbekannter Waaren des Hausherrn in dem neben dem Ostium belegenen und mit dem Atrium sowie mit dieser Cella in Verbindung stehenden
Laden 31 besorgte und vielleicht zugleich als Atriensis diente. Seiner
Bestimmung als Aufenthalt eines Sclaven gemäß ist dies Zimmerchen sehr
einfach auf weißen Wänden, die mit gelben und rothen Linien eingetheilt
sind, mit Darstellungen verschiedener Gefäße, Candelaber und Festons decorirt. Viel reicher ist dagegen das folgende Cubiculum 5 geschmückt,
welches durch eine Austiefung in der linken Wand zur Aufnahme der Bettstelle als Schlafzimmer bezeichnet ist. In der Decoration tritt abgesehen von
reichen Ornamenten, Candelabern u. dgl. eine Reihe kleiner viereckiger
Bilder hervor (Hlb. No. 372. 394. 417. 454. 455. 1274.), welche in Halbfiguren Wesen hauptsächlich des bakchischen Kreises, daneben Paris und
Eros darstellen, ohne große Kunst, aber flott gemalte Bildchen. Von dem
Bette, das hier gestanden, wurden einige Theile des bronzenen Beschlags
aufgefunden. Ganz schmucklos ist die Cella 6 links am Atrium, welche
mit dem Laden links am Ostium im Zusammenhange steht, also für den
hier verkaufenden Sclaven wie die gegenüberliegende für seinen Collegen
vom andern Laden bestimmt gewesen; bemerkenswerth sind in derselben
nur die Löcher in den Wänden, welche auf hier befestigt gewesene Bretter
hinweisen, auf denen Geräthe und Gefäße gestanden haben müssen, ähnlich
wie man dergleichen in einem andern gleich zu erwähnenden Beispiel besser
erhalten aufgefunden hat. In der Hinterwand sieht man die Löcher für die
Deckenbalken, und die linke Wand ist bis zur Höhe des ersten Stockwerks
erhalten und zeigt ein Fenster nach außen. Die Hinterwand und die linke
Seitenwand des anstoßenden Cubiculum 7 ist bei alten Nachgrabungen durch-
schlagen; dasselbe ist einfacher als das gegenüberliegende 5, aber gleichfalls
mit ähnlichen Bildern bakchischen Inhalts (darunter die Silensbüste Hlb.

No. 413, aber von ungleich roherer Malerei decorirt ist, von denen einige durch die Durchschlagung der Wand zerstört sind. An der linken Wand hat eine hölzerne Kiste gestanden, von der man nur die Spuren in der Wand gefunden hat, sowie außerdem nur noch verschiedene Exemplare vielfach vorkommender, eigenthümlicher Röhren von Knochen, deren Bedeutung, lange ein Räthsel, jetzt erklärt ist, und auf welche bei Besprechung des pompejanischen Hausgeräths zurückgekommen werden soll.

Von den beiden im Plane diesen Zimmern ganz ähnlich scheinenden Räumen 8 und 9 giebt sich No. 9 dadurch als Ala zu erkennen, daß es keinen Thürverschluß gehabt hat. Der Fußboden beider ist von *opus Signinum*, derjenige von 9 mit Marmorplatten und Mosaikborte in der Mitte ausgezeichnet; die Wände beider von antiken Nachgräbern durchbrochen, so daß der Gemäldeschmuck zum Theil zerstört ist. Dieser ist reichlicher und bedeutender in der linken Ala 9 als in der rechten; hier sind Bilder von Apollon mit Daphne (Hlb. No. 209.), Perseus und Andromeda links (Hlb. No. 1192.), und ein halbzerstörtes rechts (Hlb. No. 1149.) zu nennen, von dem man besonders noch einen Herakles erkennt. Anders verhält sich's mit dem gegenüber liegenden Zimmer 8, der Lage nach der zweiten Ala, von der es sehr zweifelhaft ist, ob dieselbe wenigstens in der letzten Zeit Pompejis als solche gedient hat. In ihr fand man nämlich, aufgestellt auf den Resten von hölzernen Brettern, welche in den Wänden befestigt waren, überaus reichliches Küchengeräth von Bronze, Eisen und Thon. Natürlich widerspricht dieser auch bei den entsprechenden Gemächern in anderen Häusern sich wiederholende Umstand der Bestimmung des Zimmers als Ala; wir werden es vielmehr als Gefäßkammer anzuerkennen haben. Die Lage dieser Gefäßkammer ist auffallend genug, um so mehr, da wir die Küche auf der andern Seite des Hauses finden werden. -- Vollkommen normal liegt dagegen das Tablinum 10; gänzlich unverschlossen gegen das Atrium, gegen das Peristylium jetzt ebenfalls ganz offen, ist dies Tablinum in antiker Zeit gegen dieses mit einer sich mehrfach zusammenlegenden Thür von Holz verschließbar gewesen, deren hölzerne Antepagmenta mit eisernen Krampen in die Wände befestigt waren. Der Fußboden ist von gestampftem Ziegel mit incrustirten Marmorstückchen, die Decoration der Wände ziemlich reich, obgleich zum Theil zerstört. Auf der Wand rechts sind in der Mitte die Reste einer der oft wiederholten Darstellungen von Selene und Endymion (Hlb. No. 961, mit Wahrscheinlichkeit erkennbar, zur Seite sind schwebende Figuren der Jahreszeiten (Hlb. No. 984, 993., schlecht erhalten) gemalt. Auf der Wand links finden wir, wiederum zwischen jenen der rechten Seite entsprechenden Figuren, einen Gegenstand, dem wir auch schon begegnet sind (s. oben S. 252.): das junge Paar nämlich, das ein Erotennest gefunden hat (Hlb. No. 822., hier mit manchen Besonderheiten behandelt. Das eine der Kinderchen hatte bei der Entdeckung des Bildes, jetzt nicht mehr, einen deutlich erhaltenen Flügel, welcher es als Eros charakterisirt. Die Umrahmung der genannten Bilder zeigt die bekannten Architekturen; in der Höhe der Wand läuft ein kleiner Carnies von Stucco.

In 11 und 12 würden wir die Fauces zu suchen haben; doch ist nur
12 in der That dieser Durchgang zwischen dem öffentlichen und privaten
Theile des Hauses, in 11 dagegen liegt oder lag die Treppe zum obern
Geschoß, deren erste steinerne Stufe erhalten ist, und unter welcher, vom
Peristyl aus zugänglich ein Tisch an die Wand angelehnt gestanden hat;
von Decoration ist nicht die Rede. Diese findet sich, wenn auch sehr bescheiden, in dem Gange 12, dessen Wände mit sehr rohen, jetzt zerstörten
Figürchen bemalt waren. Außerdem ist hier der Name PRIMI mit Farbe
angeschrieben und ein Distichon eingekratzt gewesen, von dem wir mit
anderen Graffiti später sprechen werden. Thürangeln zeigen, daß dieser
Gang an beiden Enden verschließbar gewesen ist. — Mit 13 ist das Peristylium bezeichnet, über welches nicht viel zu sagen ist. Dem Grundgedanken nach umgeben den Xystus mit seiner ganz kleinen Piscina 14 an
den Schmalseiten je vier Säulen (an der vordern deren zwei Reihen), an den
Langseiten je sechs Säulen, doch sind von diesen die Ecksäulen der ersten
Reihe an der Vorderseite durch Pfeiler ersetzt, die innere Ecksäule links
und die erste der Langseite mit einer Brüstungsmauer verbunden, welche
deren Intercolumnium schließt und aus der sie unten nur als Halbsäulen
vortreten; und endlich finden wir an der hintern Schmalseite an beiden
Ecken zwei winkelig gebrochene Mauern, aus denen die zweiten Säulen
beider Seiten als Halbsäulen vortreten, während die Ecksäulen unterdrückt
sind. Die Decke des Peristylumganges bildete zugleich eine breite von einer
obern Säulenstellung umgebene Gallerie, zu der die erwähnte Treppe 11
emporführte, und von der aus man die Zimmer des obern Geschosses betrat.
Links nach hinten bei 13 a nimmt der Peristylumgang mehr als doppelte
Breite ein und bildet hier eine Art von großem offenem Saale, welcher als
Sommertriclinium benutzt worden sein mag. Das Gärtchen in der Mitte
ist von einer großen Wasserrinne umgeben, in welche aus Röhren, die sich
bei mehren Säulen finden, aus der Höhe von 1,25 M. vom Boden verschiedene
Wasserstrahlen sich ergossen. Die kleine Piscina in der Mitte 14 ist 2 M.
tief; in ihr steht auf einer canellirten Säule, welche ein Wasserrohr um-
kleidet, ein runder marmorner Tisch, aus dessen Mittelpunkte sich der Wasserstrahl des Springbrunnens erhob. In den Wänden der Piscina sieht man
acht (vier erhaltene) eiserne Haken, an welchen man etwa Fleisch, Früchte
u. dgl. zum Abkühlen in dem zu- und abfließenden, also stets frischen
Wasser aufgehängt haben mag. Bei 15 ist ein kleiner Brunnen, gebildet
durch die ziemlich rohe Marmorstatue eines Knaben, der einen Wasservogel
und ein Gefäß in den Armen trägt und auf einer kleinen Marmortreppe
steht, über deren Stufen der aus dem Gefäß gegossene Wasserstrahl her-
unterplätscherte. Bei 16 steht noch ein runder marmorner Tisch, während
17 die Mündung einer Cisterne unter dem Peristylumgange bezeichnet. Die
Decoration des Peristyls ist im Ganzen einfach, die Säulen sind im untern
Drittheil bei ausgefüllten Canelluren gelb, oben bei offenen Canelluren weiß,
die Capitelle mit bunten Ornamenten bemalt; die Wände (verblichen) schwarz
gefärbt und mit verschiedenen kleinen Bildern, die namentlich Eßwaaren
darstellen (Hlb. No. 1665. 1671. 1713., zwischen Ornamenten, sowie am

Sockel mit Pflanzen und Vögeln bemalt, welche alle zum Wasser Bezug haben. Von den verschiedenen an den Wänden und Säulen des Peristyls gefundenen Graffiti (eingekratzten Inschriften) kann hier nur eine erwähnt werden, die auf einer Wand der rechten Seite gefunden wurde:

HX · HD · IVL · AXVNGIA · P · CC
ALIV · MANVPLOS · CCL ·

d. h. zu deutsch: »den 7. Juli Schweinefett 200 ℔., Knoblauch 250 Bündel«, eine Notiz über an diesem Tage gekaufte oder verkaufte Waare. Von den im Peristyl gefundenen Gegenständen sind besonders die Reste von zwei großen hölzernen, mit Metall beschlagen gewesenen Kisten zu nennen, deren die eine bei *b*, die andere bei *c* stand. Ehe von den das Peristyl umgebenden Zimmern gesprochen wird, ist dasjenige zu erwähnen, welches rechts neben dem Faucesdurchgange, auf diesen und auf das Peristylium geöffnet liegt und mit 15 bezeichnet ist. Da wir gegenüber links ein sicheres Triclinium finden werden, so dürfte auf das Gemach der Name eines Oecus in Anwendung gebracht werden. Von den nur ornamentalen Malereien seiner über rothem Sockel wieder schwarz gegründeten und mit rothen Pfeilern eingetheilten Wände ist Nichts zu sagen, es sei aber nicht vergessen, zu erwähnen, daß in ihm zwei Gerippe gefunden worden sind. Das größere gegenüber links gelegene Gemach 19 ist, wie schon gesagt, das Triclinium, dessen oblonge Gestalt ganz Vitruvs Vorschrift entspricht und welches in seiner Bestimmung auch noch durch die Nachbarlichkeit der Küche 22 bestätigt wird, gegen welche hin sich in der einen Seitenwand ein großes Fenster öffnet, durch welches das Gemach vom Peristyl aus Licht empfing. Der Fußboden liegt eine Stufe tiefer als dieses, ist mit *opus Signinum* gedeckt und nur an dem einen Ende mit einem Mosaikornament geschmückt. Die Wände sind abermals schwarz und außer mit Ornamenten verschiedener Art und schwebenden Eroten an den beiden Langseiten mit mythologischen Bildern von freilich nur geringer Ausdehnung geschmückt; und zwar finden wir links Phrixos auf dem Widder, von welchem Helle eben herabgestürzt ist (Hlb. No. 1254.), einen Gegenstand, dem wir z. B. schon im s. g. Pantheon und in der *Casa di Modesto* und *del porta tragico* begegnet sind, und rechts die unzählig oft wiederholte verlassene Ariadne Hlb. No. 1229.’. Mehr als drei Meter vom Boden fand sich in die Wand eingekratzt: SODALES AVETE »seid gegrüßt, Genossen!« was zu der Bestimmung des Gemachs bestens paßt, da wo es steht aber nur angeschrieben werden konnte von Jemand, der sei es auf eine Bank, sei es auf eine Leiter gestiegen war. Wer der Schreiber gewesen, läßt sich nicht sagen, aber Fiorellis Annahme, es sei der Sclave gewesen, der die Wände abzuputzen hatte, ist sehr annuthend; denn mag bei seiner Arbeit der vielleicht oft genug von seinem Herrn gehörte Anruf an seine Gäste eingefallen sein; der Herr selbst hätte dergleichen wohl anders und anderwärts, wenn überhaupt, angeschrieben. Von diesem Triclinium, welches wir als das für den Winter bestimmte werden auffassen dürfen, führt der Weg zunächst in die nachbarliche Küche. Man gelangt dahin, indem man jenen kleinen Gang 20 betritt, welcher gegen das Viridarium durch die schon früher erwähnte Brüstungsmauer abgeschlossen

ist und durch welchen man, rechts gewandt, in das Peristyl kommt. Neben
diesem Gange, dessen beide Eingänge verschließbar waren, befindet sich ein
viereckiges gemauertes Wasserbehältniß 21, das von der Küche aus durch
ein überwölbtes Loch in der Wand erreichbar ist. Geht man von dem zuerst
erwähnten Eingange an dem Fenster des Triclinium vorbei gradaus, so
kommt man in die eine Stufe tiefer liegende Küche 22, an welche hier
wiederum der Abtritt 23 grenzt. In der Küche finden wir den doppelten
Heerd, einen kleinen Backofen, ein gemauertes Wassergefäß und einen langen
Tisch mit weißer Marmorplatte, auf welchem die Speisen zugerichtet wurden
und welcher wie andere ähnliche Tische an seinem einen Ende eine flache
Aushöhlung zeigt, vielleicht bestimmt, um in derselben Salz und Gewürze
fein zu reiben. Die etwa einst vorhanden gewesene Decoration dieses Raumes
ist gänzlich zerstört, nur über dem Heerd ist eine rohe Larennische sichtbar.

Von den das Peristylium umgebenden Gemächern lassen die drei kleinen
auf der der Küche gegenüber gelegenen Seite, 24, 25, 26, welche mit ziemlich untergeordneten Decorationen versehn sind, keine nähere Bestimmung
zu, da sie ohne charakterisirende Eigenthümlichkeit sind. Neben dem ersten
derselben liegt ein Posticum, welches auf die Theaterstraße hinausführt.

Größer, reicher decorirt und bestimmter charakterisirt sind die drei Gemächer an der Hinterseite des Peristylium 27, 28 und 29. Das erste derselben, 27, ist freilich in seinen Decorationen auch von geringem Belang und
scheint ein Schlafzimmer gewesen zu sein; der Fußboden ist *opus Signinum*,
die Wände, hauptsächlich gelb und roth gegründet, zeigen, abgesehn von
den bekannten Architekturen rechts eine Nereïde auf einem Delphin (Hlb.
No. 1030.) und links entsprechend die an der Flanke des Zeusstieres durch die
Wellen getragene Europe Hlb. No. 125.); hinten, dem Eingange gegenüber
ein sehr zerstörtes und nicht sicher erklärtes, aber, wie es scheint auf Lichtgottheiten bezügliches Bild (Hlb. No. 964.). Eine Besonderheit findet sich in
eben dieser Wand; in ihrer Mitte unmittelbar über dem Boden ist eine
0,31 M. große viereckige Öffnung, welche einstmals ganz mit Holz ausgekleidet und nach vorn und hinten mit hölzernen Thüren versehn gewesen
ist; in ihr fand man acht Lampen. An sich betrachtet würde sich dieser
kleine Wandschrank also als zur Aufbewahrung der Lampen bestimmt sehr
wohl verstehn lassen; das Merkwürdigste aber ist, daß hinter ihm einer
jener unterirdischen Canäle sich hinzieht, durch welche in Pompeji das
Wasser von den Straßen und aus den Häusern ablief. Es scheint nun, daß
die besagte Öffnung auch die weitere Bestimmung hatte, diesen Abzugscanal,
vielleicht behufs gelegentlicher Reinigung zugänglich zu machen. Mehr kann
man hierüber bis jetzt nicht sagen, da die ganze Einrichtung bisher vereinzelt ist.

An dieses Schlafzimmer grenzt die schöne und große Exedra 28 mit
weiß und schwarzem Marmorfußboden und einem kleinen, jetzt halb zerstörten Impluvium in der Mitte, welches auf eine Öffnung in der Decke schließen
läßt. Die Wände sind mit schönen Gemälden von ansehnlicher Größe geschmückt; diejenige dem Eingange gegenüber zeigt, sehr zerstört, aber durch
die Art wie das Spiegelbild dargestellt ist, nicht uninteressant, eine der

vielen Wiederholungen des sich im Quell spiegelnden Narkissos (IIIb. No. 1356.); links finden wir einen auf die Schulter des Silen gelehnten Hermaphroditen (IIIb. No. 1372.), dessen schwermüthige Gedanken Silen mit Lautenspiel sowie ein daneben stehender Eros mit der Doppelflöte zu begleiten scheint, während ein Panisk ihn verwundert betrachtet und eine zur Seite stehende Bakchantin Thyrsos und Tamburin hält. Rechts endlich eine der ebenfalls oft wiederholten Darstellungen der von Dionysos in Begleitung seines Thiasos aufgefundenen, schlafenden Ariadne (IIb. No. 1240.). Außerdem tritt eine Reihe, nur zum Theil erhaltener weiblicher Figuren hervor, unter denen drei Musen, Urania (IIIb. No. 591.), Klio und Melpomene am sichersten erkennbar sind, sowie am obern Theile der Wand schwebende Figuren und Bilder erscheinen, deren Gegenstand (links Adonis? Hinterwand Danaë?) kaum mehr zu bestimmen ist. Eine Thür verbindet diese Exedra mit dem Triclinium 29, von dessen wiederum reicher Decoration wir nur die Hauptbilder, einen Achill auf Skyros (IIb. No. 1296.), ein sehr interessantes Parisurteil (IIIb. No. 1284.) und eine größtentheils zerstörte und nur nach dem besser erhaltenen Exemplar IIb. No. 1333.) bestimmbare Darstellung der Iphigenia in Tauris (IIIb. No. 1336. hervorheben wollen, ohne eine Reihe von sechs Medaillons mit Halbfiguren zu vergessen, welche, ähnlich denen, die wir in dem Zimmer 5 am Atrium gefunden haben, sich größtentheils auf die Kindheitspflege des Dionysos beziehn (IIIb. No. 1413. 1127. 1440.). Sämmtliche Gemächer um das Peristyl zeigen in ihren Schwellen die Reste von Thüren, mit denen sie verschlossen werden konnten.

Über die Läden, welche dieses Haus an zwei Seiten umgeben und die mit den Nummern 30—37 bezeichnet sind, ist nicht Viel zu sagen. Drei derselben, No. 30 mit 30 a, 31 mit 31 a und No. 34, 34 a neben den beiden Eingängen des Hauses stehn mit diesem in Verbindung, die übrigen vermiethet gewesenen bestehn meist nur aus dem Ladenlocal mit einem kleinen Hinterzimmer und bieten außer dem durch große in den Boden eingemauerte thönerne Dolien (Vorrathsgefäße) ausgezeichneten No. 33 nichts Charakteristisches. Nur der mit der Ziffer 32 bezeichnete Complex giebt sich ziemlich unzweifelhaft als Behausung und Werkstatt eines Färbers (offector) zu erkennen, und zwar durch die in dem Corridor 32 c aufgefundenen gemauerten und mit härtestem Stucco ausgekleideten Färberwannen, in denen Reste der zum Färben gebrauchten Materie erhalten sind. Bei der chemischen Analyse erwies sich diese als schwefelsaures Eisenoxyd Der hier arbeitende Färber hatte auch im Obergeschoß noch ein paar Cenacula inne, zu denen eine Treppe in eben diesem Corridor hinaufführte, der außerdem ein gemauertes Wasserreservoir enthält. Sein Laden ist nach beiden Straßen weit geöffnet und war in einer Weise verschlossen, auf welche im folgenden Capitel zurückgekommen werden soll. Erwähnen wollen wir schließlich noch, daß neben dem Laden 30 in 30 a eine Treppe in das obere Geschoß hinaufführte.

(No. 14.) Unter den einfachen Häusern mit mehr oder weniger regelmäßigem Plane nimmt einen hervorragenden Platz ein dasjenige des M. Epidius Rufus, in der letzten Zeit wie es scheint bewohnt von M. Epidius

17*

Sabinus, dem Sohn oder Bruder des Genannten, auf den sich auch mehre
in der Nähe an den Wänden befindliche Wahlprogramme beziehn. Dasselbe
liegt an der östlichen Verlängerung der *Strada degli Olconj*, der s. g. *Strada
della casina dell' aquila* (No. 116. im Plane) und wurde von 1866 an ausgegraben.

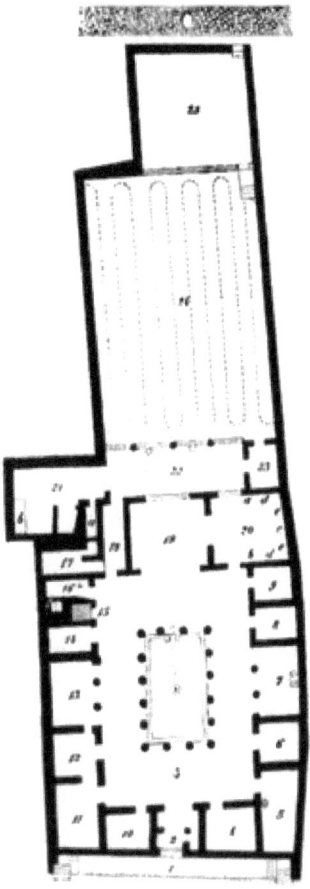

Fig. 162. Plan der domus M. Epidii Rufi.

Die Eigenthümlichkeit dieser Wohnung beginnt schon vor ihrer Hausthür mit einer in Pompeji bisher einzigen Einrichtung, welche beim Beginne der Ausgrabung den Gedanken
nahe legte, daß es sich nicht um ein
Privathaus, sondern um ein öffentliches Gebäude handele. An der Straße
liegt nämlich vor der Façade und zwischen rechts und links vorspringenden Anten eine fast 15 M. breite und
1,20 M. hohe rothbemalte Rampe
oder Platform 1, welche vorn in ihrer
ganzen Breite auf einer Hausteinkante
vergittert gewesen ist und zu der an
ihren beiden Enden verschließbar gewesene gebrochene Treppen von sechs
Stufen emporführen. Die Façadenwand
des Hauses, welche mit vielen, zum
Theil über einander gemalten, also
älteren und jüngeren Wahlprogrammen bedeckt ist, wird nur in der
Mitte von der sehr stattlichen Hausthür durchbrochen, durch welche man
ein wiederum eigenthümliches, wenngleich nicht einziges Vestibulum 2 betritt. Dasselbe hat nämlich eine Hauptthür gradaus im Grunde und daneben rechts zur Seite eine zweite, natürlich ebenfalls verschließbar gewesene kleinere, welche offenbar dem
alltäglichen Verkehre bestimmt war,
während die Hauptthür besonderen
Gelegenheiten vorbehalten blieb.
Durch ein kurzes aber weites Ostium
betritt man das sehr prächtige korinthische Atrium 3, dessen Porticus von
sechszehn ganz weißen und canellirten Säulen von Stein mit feinem, altem
Stuccoüberzug und kleinen dorischen Capitellen getragen wird. Dieselben
umgeben nicht ein eigentliches Impluvium, sondern eine die ganze offene
Area einnehmende flache Vertiefung mit einem Springbrunnen, dessen blei-

Ansicht des Sacrarium im Hause des M. Epidius Rufus.

ernes Zuleitungsrohr (im Plane punktirt erhalten ist, in der Mitte und
einem marmornen Tisch im Hintergrunde. Die Wände des Atrium ahmen
Quadern in farbigem Stucco nach und sind mit einem Stuccocarnies geschmückt. — Das erste Gemach rechts an diesem Atrium 4 ist ein Cubiculum
mit weißen Wänden und einem in halber Höhe umlaufenden Stuccocarnies;
über diesem ist die Wand nach der Straße von zwei schmalen Licht- und
Luftöffnungen (Fenster kann man sie kaum nennen) durchbrochen, von deren
eigenthümlicher und schöner Umrahmung die folgende Figur wenigstens eine
Vorstellung geben wird. Die äußerste Linie stellt
einen hochkantig stehenden Stuccorahmen dar,
die darauf folgende ist kräftig roth, die Licht-
öffnung selbst liegt im Spiegel vertieft. Das folgende Gemach 5 ist eine Vorrathskammer (*cella
penaria*) gewesen, in welcher sich eine Cisternenöffnung und der Fuß eines steinernen Tisches
findet, und das dann folgende Gemach 6 ein zweites Cubiculum mit gelben Wänden und ziemlich
prächtigen Architekturen ohne Bilder. Dann folgt
die rechte Ala 7, deren Gebälk oder Giebel von
zwei unten roth bemalten, oben weißen und canellirten ionischen Säulen getragen wird und
welches eben hierdurch einen überaus stattlichen
Anblick gewährt. Diese Ala ist, offenbar nach

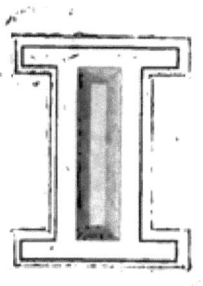

Fig. 163. Fenster.

dem Tode des vorletzten Besitzers, des M. Epidius Rufus, zum häuslichen
Heiligthum eingerichtet worden, und zwar von zwei Freigelassenen, welche
an der Hinterwand das Sacellum errichteten, welches die beiliegende An-
sicht nach photographischer Aufnahme darstellt. Die Inschrift auf der Mar-
mortafel lautet: GENIO · M · N · ET || LARIBVS || DVO · DIADVMENI || LI-
BERTI (also: Dem Genius unseres Marcus (M · N · = Marci nostri) und den
Laren geweiht von den beiden Freigelassenen Diadumenus. Die weißen
Wände dieser Ala, welche mit leichten Ornamenten und auf halber Höhe
mit einem Stuccocarnies geschmückt sind, zeigen seitwärts schwebende Figuren (Eroten), im Hintergrunde rechts und links neben der Aedicula
Opferscenen, ein Weihrauch- und ein Stieropfer IIIb. No. 59., welche
dem Genius und den Laren dargebracht werden. Die Statuetten, welche
offenbar in dem Tempelchen stehn sollten, sind nicht aufgefunden worden.
Daß die ganze Einrichtung dieser Ala als häusliches Heiligthum später
ist als der Bau des Hauses, geht besonders aus der Art hervor, wie, offenbar nach der Weihung, der Raum zwischen den Säulen und diesen und den
Wänden durch ein hölzernes Gitter abgesperrt wurde, von dessen etwas roher
Befestigung man in den Säulen die deutlichen Spuren sieht und auch in der
Abbildung erkennen kann; auch zeigen die erwähnten Opferscenen den Stil
der letzten Zeit der Malerei in Pompeji. Die beiden folgenden Gemächer
8, 9 sind einfache Cubicula, das erstere mit rothen und gelben Wänden
ohne Bilder, das zweite mit rohen Wänden. Gegenüber, an der linken Seite
finden wir ein ebenfalls rohes Zimmer 10, wahrscheinlich die Cella des

Atriensis, ein größeres Gemach 11 mit stuccobekleideten, aber schmucklosen Wänden, das vielleicht als Speisezimmer der Dienerschaft gebraucht wurde, und ein von ihm aus zugängliches Gemach ungewisser Bestimmung 12 mit weißen Wänden, leichten Ornamenten und Architekturen, von dem eine Thür in die linke Ala 13 führt. Diese, welche der gegenüberliegenden in Anlage und architektonischer Ornamentik entspricht, aber ihrer ursprünglichen Bestimmung erhalten blieb, zeigt auf ihren weißen Wänden außer leichten Ornamenten kleine Landschaften und auf den Mittelfeldern schwebende weibliche Figuren mit Füllhörnern. Folgt eine, an den Löchern, in denen die Bretter befestigt waren, erkennbare Vorrathskammer (apotheca) 14, die Treppe zum obern Stockwerk 15, welche sich nach rechts über 16, einer zweiten Vorrathskammer, fortsetzt, und ein überwölbter dunkler Raum 17, der ein Ergastulum, als das man ihn bezeichnet hat, des mangelnden Lichtes wegen schwerlich gewesen sein kann. Im Hintergrunde des Atrium liegen zunächst die Fauces 18, dann das Tablinum 19, welches nach hinten nur durch ein großes Fenster geöffnet ist und endlich ein, ebenfalls mit einem Fenster nach dem Garten versehenes Triclinium 20, welches mit einem Mosaikfußboden und reich bemalten Wänden geschmückt ist. Bei a finden wir den lyraspielenden Apollon, bei b gegenüber den flötenden Marsyas (IIb. No. 231., bei c eine unerklärte Darstellung von Lichtgottheiten (967 b., außerdem bei dd und ee Musen (863 b. 870 b. 874 b. 885 b. 892 b. und noch eine), welche mit dem Apollon und Marsyas offenbar in ideeller Verbindung stehn, obgleich sie mit diesen beiden Hauptpersonen nicht in eine Gesammtscene zusammencomponirt sind. Die Fauces durchschreitend gelangt man links in die geräumige, aber dunkele und nur von zwei Oberlichtern erleuchtete Küche 21 mit ihren Dependenzen, einer kleinen Vorrathskammer a und dem Heerde b. Ehe aber der Garten besprochen wird, muß hervorgehoben werden, daß an der schon erwähnten Treppe 15 ein Gemach des obern Stockwerks, wenn auch nicht ganz, erhalten ist und daß neben demselben rechts die Treppe sich fortsetzt, so daß hier also die Existenz eines zweiten Obergeschosses auf das unzweideutigste gewährleistet ist. — Im Garten 24, in welchen man durch eine Porticus 22 gelangt, an der am Ende die Cella des Gärtners (hortulanus) 23 liegt, ist die antike Beetanlage vollkommen erhalten und läßt keinen Zweifel übrig, daß es sich um einen Nutz- und Gemüsegarten, nicht um einen Ziergarten handelt; Blumen und Ziergewächse sind dagegen wenigstens nicht unwahrscheinlich auf dem erhöhten Stücke des Terrains im Hintergrunde des Gemüsegartens 25 gezogen worden, zu dem man über eine rechts gelegene Treppe gelangt und von dem aus sich ein hinterer Ausgang (posticum) auf eine noch unbenannte Straße öffnet.

(No. 15.) Nicht geräumiger als dies Haus, dagegen von einer viel eigenthümlichern Planeintheilung ist dasjenige, welches man unter dem nicht besser als viele andere begründeten Namen der *Casa di Sallustio* oder nach einem Hauptgemälde) *Casa di Attcone* kennt, No. 15. im Plane. Im Jahre 1806 aufgefunden und der Hauptsache nach ausgegraben, aber erst 1809 beendigt, zeichnet sich dies an der jetzt *Strada consolare* genannten Hauptstraße vom herculaner Thor schräge gegenüber dem ersten Brunnen gelegene Haus vor

manchen anderen durch treffliche Erhaltung, sinnige Benutzung des nicht
eben günstigen Bauplatzes, edlen Gemäldeschmuck und eine auffallende
Anmuth und Wohnlichkeit aus. Das Haus hat an der Hauptstraßenfronte
links auf dem Plane Fig. 165.) mehre Läden; der erste derselben, zu dem
die Räume 6, 7, 8 und 9 gehören, war an einen Bäcker vermiethet, der in
6 drei Mühlen *a* und den großen elliptischen Backofen mit Schornstein 7,
in 9 den eigentlichen Laden und seine Küche mit Heerd und Gußstein *b*
und in 8 einen Magazinraum hatte, während eine Treppe im Backhaus zu

Fig. 164. Restaurirte Ansicht der *Casa di Sallustio.*

Zimmern im obern Geschoß führte. Die Einrichtungen der Mühlen und
Bäckereien, deren wir noch mehre in verschiedenen Häusern finden werden,
sollen in einem folgenden Capitel erläutert werden. Der Laden 3 mit einer
kleinen Hintercella steht durch eine weite Thür mit dem Atrium in Verbindung und war auch gegen den Hausflur geöffnet, in ihm wurden also
Waaren des Hausherrn verkauft, und zwar scheinen diese in Wein und Öl
bestanden zu haben, da man in dem Laden, wie der Plan zeigt, eine gemauerte Ladenbank fand, in welche thönerne Amphoren zur Aufbewahrung
von Flüssigkeiten eingelassen sind; in der Cella hatte der verkaufende Sclave
dispensator oder *institor* seinen Sitz. Auch auf der andern Seite ist der
Hauseingang 1 durch ein ziemlich geräumiges Zimmer 2 erweitert, welches
gegen das Atrium und ein an dieses grenzendes Cabinet 16 durch eine eigene
verschließbare Thür abgegrenzt und nicht so bestimmt, wie dasjenige links
als Laden charakterisirt ist, dennoch aber wohl eher als ein solcher denn
als eine Art von Vestibulum oder Wartezimmer zu gelten haben wird. Denn
die Erweiterung des Hauseinganges durch Läden und verwandte Räume, wie
wir sie hier vorfinden, entspricht ganz Vitruvs (VI, 8.) Angabe, daß bei
solchen, die von dem Vertrieb ländlicher Producte lebten, sich in den Vesti-
bulis Ställe, Tabernen, sowie in den Häusern Crypten, Scheunen, Speicher
und andere Räume fanden, welche mehr dem Nutzen als dem Schmuck

dienten. Auch der zunächst angrenzende Raum 4 ist ein Laden, der aus
einem einzigen Gemach besteht, in welchem der Anfang einer Treppe zu
einem zugehörigen Zimmer im obern Stockwerk liegt, der aber im Übrigen
mit dem Hause in keiner Verbindung steht, und Gleiches gilt von einem
andern, 5 mit zwei Hinterzimmern an der Nebenstraße. Dieser Laden hat
eine gemauerte Ladenbank mit eingelassenen Amphoren wie der des Hausherrn, scheint also ähnliche oder gleiche Bestimmung gehabt zu haben, wenn
er nicht vielmehr eine Garküche und eine Schenkwirthschaft *thermopolium*
enthielt, wozu ihn seine Lage an der Geschäftsstraße und an einer Ecke
sehr geeignet erscheinen läßt. In der Mauer, welche die Läden 4 und 5
trennt, ist ein für beide brauchbarer Brunnen angebracht. In den leider in
Beziehung auf die Angabe der Lage der einzelnen Räume schwer verständlichen
Ausgrabungsberichten wird (Hist. Ant. Pomp. I. II. p. 81.) die Vermuthung
ausgesprochen, daß in einer der bisher besprochenen Localitäten ein Steinhauer gehaust habe, da man in derselben viele Stücke und Splitter Marmor
und Sand auffand, wie er beim Steinsägen gebraucht wird.

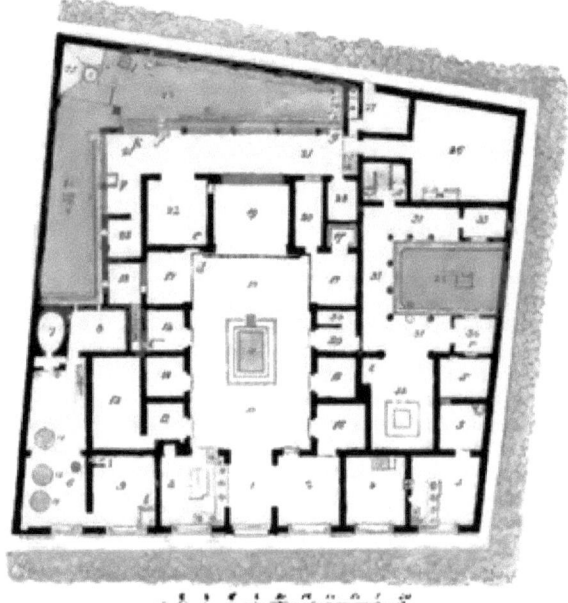

Fig. 165. Plan der *Casa di Sallustio*.

Betreten wir hiernach das Haus selbst, so wollen wir nicht unterlassen
zu bemerken, daß seine sämmtlichen Eingänge unmittelbar an der Straße

verschlossen waren, ohne irgend einen vestibulumartigen Raum zu zeigen, was sich aus der Bestimmung derselben als Läden leicht begreift. Der Eingang zu 6 war mit einer einfachen Thür, diejenigen zu 3, 2 und 1 waren mit Flügelthüren *valvae* geschlossen, während sich in 1 eine doppelte Flügelthür *dicalvae* fand. Das wohlerhaltene toscanische Atrium 10, von dem Fig. 161. eine anmuthige Restauration darstellt, in welcher nur die Malereien an den oberen Theilen der Wände besser weggeblieben wären, da dieser Theil des Hauses keine Gemälde hat, zeigt ein von Haustein erbautes Impluvium 11, auf dessen Rande, in der Mitte auf einer Basis eine der vortrefflichsten Bronzegruppen von Pompeji stand, welche jetzt im Museum von Palermo ist. Dieselbe wird im artistischen Theil abgebildet und besprochen werden, hier sei nur bemerkt, daß sie Herakles darstellt, welcher die kerynitische Hirschkuh ereilt und zu Boden geworfen hat, aus deren Maule ein Wasserstrahl in eine im Impluvium angebrachte marmorne Muschel floß. Hinter dem Impluvium stand ein Tisch von Cipollin mit Füßen von *rosso antico* in Form von Adlerfängen. In dem Zimmer 16 dürfen wir den Aufenthalt des Sclaven vermuthen, der vielleicht als *dispensator* in dem Laden 2 und als *atriensis* zugleich fungirte. Die drei mit 11, 14 und 15 bezeichneten Zimmer, von denen das erste und zweite einfach, das dritte reicher decorirt ist, waren Gastzimmer, 12 bildet ein Vorzimmer (*procoetum*) zu einem geräumigern Zimmer 13, das offenbar durch Oberlicht erleuchtet worden ist, und bei den meisten Schriftstellern für ein Wintertriclinium gilt. In jedem Falle ist dies wahrscheinlicher, als ein Schlafzimmer in ihm zu erkennen, wenngleich auf die Nachbarschaft des Backofens, durch welchen man dies Gemach behaglich erwärmen läßt, nicht zu viel Gewicht fallen möchte. Denn da der Backofen mit seinen ohnehin starken Mauern nicht unmittelbar an dies Zimmer grenzt, dürfte es mit seiner Erwärmung nicht so gar weit her gewesen sein. Etwas anderes ist es wohl um ein Zimmer im ersten Stock über dem Raum 8 gewesen, zu dem eine Treppe aus dem Hinterzimmer 18 der linken Ala 17 emporführt. Dieses ist dem Backofen und seinem Schornstein, denn er wie andere Backöfen in Pompeji hat einen solchen, nahe genug gewesen, um von ihm durchwärmt worden zu sein und als *hibernaculum*, Winterwohnzimmer, zu gelten.

An dem Atrium liegen ferner zwei bedeutend eleganter als die anderen Zimmer in farbiger Stucatur decorirte Alae 17. Neben derjenigen links und neben dem Tablinum ist ein durch seine jetzt entfernten Malereien (Hlb. No. 51.) kenntliches Lararium *d* als Nische in der Wand angebracht, wogegen dasjenige rechts durch ein Cabinet 17' erweitert ist, das keinen andern Zweck gehabt haben kann, als zum Privataudienzzimmer für solche Besuche, vielleicht auch Clienten zu dienen, mit denen der Hausherr Wichtiges zu verhandeln hatte. Hier die *cella atriensis* anzunehmen, wie das geschehn, ist in vielfacher Hinsicht verfehlt; konnte der wachthabende Sclav doch nicht einmal das Atrium übersehn, und ist doch die *cella atriensis* in 16 wahrscheinlich genug nachgewiesen. Neben dieser Ala liegen die Fauces 20 und neben diesen das Tablinum 19, welches nach vorn ganz offen, nach hinten durch eine niedrige Brüstungsmauer geschlossen und links zwei Stufen

aufwärts in ein größeres Gemach 22 geöffnet ist, in welchem man viel wahrscheinlicher das Sommer-speisezimmer, als eine Bibliothek oder Pinakothek
erkennt. In diesem Gemache ist an der Hinterwand bei e ohne jede erkennbare Symmetrie, eine blinde Thür gemalt, welche nächst der blinden
Thür im Gebäude der Eumachia mit als Grundlage zur Reconstruction der
verbrannten Holzthüren Pompejis dienen kann. Durch die Fauces gelangt
man in den Säulengang 21 des kleinen Gartens, von dem gleich die Rede
sein soll, nachdem die Gemächer kurz bezeichnet worden sind, welche von
diesem Säulengang ihren Eingang haben. Es sind dies außer dem Triclinium 22 ein kleines Studirzimmer 23, welches von dem freien Platze hinter
der Bäckerei durch ein Fenster sein Licht erhält, sodann hinter dem Cabinet
der rechten Ala ein Zimmer 28, wahrscheinlich für den Sclaven, gegenüber
der Abtritt a und neben demselben der hintere Ausgang, das *posticum*, durch
ein vielleicht zum *ergastulum* oder, des hier nachbarlich, wie meistens in
Pompeji, befindlichen Abtritts wegen, zur Küche bestimmt gewesenes Gemach
27, endlich hinter einem an 27 vorbeiführenden Gange ein großer, jetzt
ganz schmuckloser, aber nie besonders decorirt gewesener Raum 26, aus
welchem einige Schriftsteller augenscheinlich verkehrt ein Bad machen wollen,
während Andere, wie Mazois, hier die Küche erkennen. Diese berufen sich
auf das mit m bezeichnete Mauerwerk, welches zerstört aufgefunden, restaurirt
und wieder zerstört worden ist, und welches der Heerd sein soll. Nach
ihrer heutigen Beschaffenheit kann man einen solchen, aber auch allerlei
Anderes aus diesen Trümmern machen; ohne deshalb die angegebene Bedeutung und die Bestimmung des Raums zur Küche bestreiten zu wollen,

muß doch geltend gemacht
werden, daß Küchen von der
Ausdehnung in Pompeji un-
erhört sind, und daß man eine
solche grade in diesem Hause
am wenigsten anzunehmen
Ursache hat, da dasselbe in
seinem demnächst zu besprechenden privaten Theil noch
eine eigene Küche besitzt.
Sollten wir in 27 die Küche
dieser Abtheilung richtig erkannt haben, wogegen man
nur die unmittelbare Ver-
bindung mit der Straße geltend machen kann, so mag
in 26 der Arbeitssaal der Sclavinnen gewesen sein. Rechts
an dem Gange, der in diesen

Fig. 166. Restaurirte Ansicht des Gartens.

Saal führt, finden wir in o die Treppe in das obere Geschoß. Von dem
freilich sehr kleinen, aber allerliebst und interessant angelegten Garten kann
man sich durch die aus durchaus sicheren Elementen construirte Restauration

(Fig. 166.) leichter als durch eine Schilderung in Worten einen Eindruck verschaffen. Da zur Anpflanzung von Bäumen und Gesträuchen zu wenig Raum vorhanden war, hat man sich hier wie in einigen anderen Beispielen in Pompeji begnügt, einen unregelmäßigen und um ein paar Stufen über den Säulengang erhabenen Sandplatz 21 mit gemauerten Behältern für Erde zur Blumenzucht zu umgeben und die fehlenden Bäume auf die Hinterwand zu malen, wo sie (jetzt allerdings höchlich ruinirt) von zahlreichen bunten Vögeln belebt, die Aussicht zu erweitern und zu begrenzen schienen oder scheinen sollten. Zwei kleine Treppen f und g führen an den beiden Enden in diesen Garten, neben der einen derselben befindet sich am schmalen Ende der Cisternenbrunnen h, von dem aus eine Wasserrinne unmittelbar hinter den Säulen gefüllt wurde, welche zum Begießen der Blumen diente, und die sich am entgegengesetzten Ende unter den Stufen der Treppe durchgeführt in ein Bassin k erweiterte. Das breite Ende des Gartens nimmt ein gemauertes Triclinium 25 ein; dasselbe war von einer Weinlaube beschattet, wie die Restauration sie zeigt, was durch das Vorhandensein der Löcher für die Balken oder Latten der Decke unwidersprechlich erwiesen ist. In der Mitte dieser gemauerten und bemalt gewesenen Ruhebänke steht noch der Fuß eines steinernen Monopodium, eines einbeinigen Tisches, dessen Platte allerdings zertrümmert ist. Ganz nahe neben der einen Bank des Triclinium und auf der Grenze der Laube finden wir an der Wand einen Altar l, auf welchen man die Libationen ausgoß, etwas weiterhin bei n sprang aus der Wand ein lustiger Strahl Trinkwassers aus der städtischen Leitung, füllte ein jetzt fehlendes Becken, in dem man wohl den Wein kühlte, und aus diesem ein zweites Becken im Boden, welches das Wasser unterirdisch in das Bassin k abführte. Unter dem Säulengang und vor dem Zimmer 23 steht in der Nähe des Triclinium an der Wand ein kleiner Heerd p, dessen Bestimmung man in nichts Anderem zu suchen haben wird, als darin, die Speisen, die aus der Küche am andern Ende des Hauses gebracht wurden, und welche in freier Luft schnell abkühlen mußten, vor dem Auftragen auf den Tisch zu erwärmen und während des Essens zur zweiten Präsentation warm zu halten. Daß außerdem hier warme Getränke bereitet sein mögen, ist zuzugeben, aber solche können in einem Gartentriclinium doch nicht häufig genug gebraucht sein, um für sie allein einen solchen Heerd zu bauen. Auch das ist nicht wahrscheinlich, daß dieser Heerd gedient habe, um Wasser für das Bad in dem Bassin k zu erwärmen; denn wurde wirklich in dem Bassin gebadet, was kaum glaublich erscheint, so kann das unter freiem Himmel nicht warm gewesen sein, am wenigsten nach antikem Gebrauche. Erwähnen müssen wir endlich noch den offenen Hof 20', der allein mit dem Garten in Verbindung steht, wie dieser an der einen Seite eine Wasserrinne und in der Mitte bei q eine Cisternenmündung hat, mehren Gemächern (8, 18, 23) Licht giebt und etwa als ein Ort für körperliche Uebungen, z. B. ein Sphaeristerium (Ort zum Ballspielen) gelten kann.

Werfen wir nun noch einen Blick auf den Plan im Ganzen, so wird es uns auffallend sein, daß, während der vordere oder öffentliche Theil des

Hauses ausgedehnt und mit mannigfaltigen Gemächern versehn erscheint.
der private Theil hinter dem Tablinum auf's äußerste beschränkt ist, und
eigentlich außer der Küche und dem fraglichen Arbeitssale nur das einzige
Triclinium 22 als einen größern Raum enthält. Man könnte also beinahe
sagen, der private Theil des Hauses fehle ganz, wie er denn auch in der
ältern Periode wirklich gefehlt haben wird. Zugleich sehn wir aber, daß
für denselben bei einer spätern Erweiterung des Hauses kein Raum in der
regelmäßigen Lage hinter dem öffentlichen vorhanden, wohl aber seitwärts
ein solcher, wahrscheinlich durch Ankauf eines Nachbargrundstückes zu er-
werben war. Auf dieses hinzugekaufte Areal wurde also der private Theil des
Hauses, wie im Hause No. 10., seitwärts an das Atrium anstatt hinter dasselbe
angebaut. Als diesen muß man nämlich unbedingt die noch nicht besprochenen Räumlichkeiten rechts vom Atrium erklären. nicht für ein Venereum oder
Aphrodision, in dem geheime Orgien gefeiert worden wären. Den Eigensinn,
diese Räume so zu nennen, theilen fast alle Schriftsteller, aber die Beweise fehlen; in den Räumen selbst sind sie nicht gegeben, und wenn man sie in den
Gemälden sucht, so ist dieses fast eben so capriciös wie die Behauptung selbst.
Denn erstens ist es nicht wahr, daß die Bilder (Aktaeon bestraft, weil er
Artemis im Bade belauschte, die Entführung der Europe, Phrixos und Helle auf
dem goldenen Widder, Ares und Aphrodite und andere nebst Faunen und
Bakchantinnen), obscön, lasciv, sinnlich reizend wären, und zweitens, wären
sie das, so lassen sich ihnen hundert gleiche an die Seite stellen aus Räumen, die wohl Triclinien, Schlafzimmer, Tablina, Alae und sonst Etwas,
aber sicher nur nicht Venerea waren. Fort also mit dieser unbegründeten
Bezeichnung. die man mit Hartnäckigkeit festgehalten hat, zum Theil wohl
nur der Abwechselung wegen, zum Theil um eine Seite des antiken Lebens
besprechen zu können, zu deren Besprechung sonst keine Gelegenheit in
Pompeji war.

Ehe jedoch der zweite Theil des Hauses betreten wird, mag bemerkt
werden, daß er, d. h. der neue Anbau allein mit Gemäldeschmuck versehn
ist, während die ganze erste und ältere Abtheilung des Hauses, abgesehn
von dem Larenbilde bei d im Atrium und von der auch neuen Wanddecoration des Xystus nur Nachahmung von Marmorquadern in farbigem Stucco
zeigt, was sich in mehren Häusern aus der samnitischen Periode wiederholt,
der unzweifelhaft die größere Abtheilung dieses Hauses gehört.

Der Eingang in diese Privatabtheilung des Hauses ist aus dem Atrium
durch einen Gang 29, der, wie die erhaltenen Schwellen und Reste der
Thürangeln in ihnen beweisen, an beiden Enden durch Thüren geschlossen
werden konnte. Von dem Kämmerchen 30 neben diesem Gange kann man
nur vermuthen, daß es entweder als Vorrathskammer für Hausgeräthe oder,
was unwahrscheinlicher ist, als Wachtzimmer für einen Sclaven diente. Durch
den Gang also gelangt man in das Peristyl 31, welches von acht achteckigen
und rothbemalten Pfeilern gebildet wird, die einen offenen Hofraum 32 mit
einer umlaufenden Wasserrinne an drei Seiten umgeben. Da der Hofraum
nicht gepflastert oder mit sonst einem Fußboden bedeckt ist, darf man annehmen, daß er als Blumengarten diente. An der Hinterwand des Peristyls.

in welchem sich die von Helbig unter No. 373., 493. und 1943. verzeichneten, nicht eben bedeutenden Bilder finden, ist zu beiden Seiten des Hofraums je ein Zimmer 33 und 34, welches durch ein Fenster vom Hofraum Licht erhielt und die Aussicht auf die Blumen des Gärtchens hatte. Diese Zimmer sind mit Eleganz decorirt, ganz besonders aber dasjenige rechts 34 mit schönem marmorgetäfeltem Fußboden, in welchem man auch eine Bronzestatuette in einer Nische der Wand r, und neben mehren bronzenen ein goldenes Gefäß von 55 Grammen Gewicht und Münzen des Vespasian fand und welches an der Hinterwand das unter anderen schon erwähnte und noch an Ort und Stelle befindliche Gemälde: Ares und Aphrodite (Hlb. No. 319.), darunter Paris und Helena (Hlb. No. 1311.) und in den Nebenfeldern schwebende Eroten (Hlb. No. 746. 751.) enthält. Die Wände des Peristyls schmücken die anderen genannten Bilder in reicher architektonischer Umrahmung, die Hinterwand zwischen den Cabinetten das Bild des bestraften Aktaeon (Hlb. No. 249 b.), eines der größten Pompejis (4 × 3 M.), diejenige am Cabinet rechts Phrixos auf dem Widder, von welchem Helle hinten in das Meer gefallen ist (Hlb. No. 1255.) [86], die gegenüberliegende an dem Cabinet 33 Europe neben dem Stier durch die Wellen schwebend (Hlb. No. 124.), außerdem die von Helbig unter No. 1055., 429. u. 465. näher beschriebenen Bilder. Rechts von dem Eingange ist ein großes Triclinium 35 mit elegantem buntem Marmorfußboden, welcher die Stellung der Ruhebetten in seinen Figuren bezeichnete. Erkennbar ist als eine Nische in der rechten Wand s die Stelle für den Tisch, auf welchem die Sclaven die Speisen zerlegten, die bekanntlich ohne Hilfe von Gabeln genossen wurden. Gegenüber links am Ende des Peristylganges ist ein Raum 36, der die Küche, den Abtritt und die Treppe enthält. In der Küche wurde mancherlei ihrer Bestimmung entsprechendes Geräth von Bronze und Thon gefunden. Die Treppe führt zunächst auf die flache Decke des Peristyls, welche eine Art großen Balcons oder ein *solarium* abgab, von welchem aus man aller Wahrscheinlichkeit nach in die Gemächer des obern Geschosses gelangte, die über der Privatabtheilung des Hauses lagen. Es mögen dies die eigentlichen Zimmer der Familie gewesen sein, während wir diejenigen, zu welchen die Treppen aus 18 und 21 führen, vielleicht als für die Sclaven und zu Vorrathskammern bestimmt auffassen können. — Zum Schlusse sei noch bemerkt, daß nach sicheren Spuren in dem öffentlichen Theile auch dieses Hauses in alter Zeit, vielleicht von den ursprünglichen Bewohnern selbst nachgegraben und das Meiste der beweglichen Habe weggenommen worden ist. In den privaten Theil rechts, sind sie dagegen nicht eingedrungen und hier fand man außer einigem schon angeführten Hausrath und ein paar unbedeutenden Bronzefigürchen auch noch eine merkwürdige Lampe mit zwölf Schnauzen, eine Art antiken Kronleuchters.

(No. 16.) Ein gewisse Ähnlichkeit des Planes mit dieser *Casa di Sallustio* zeigt die *Casa di Meleagro*, welche deshalb zunächst folgen möge; denn auch in diesem Hause ist die ganze private Abtheilung neben anstatt hinter die öffentliche gelegt. Im Übrigen zeigt diese von 1529—1531 ausgegrabene, an der vornehmen Mercursstraße unter No. 15. belegene Wohnung No. 37, im

Plane: beträchtliche Unterschiede von der eben betrachteten und bietet, ohne
zu den größten zu gehören, in Anordnung und Schmuck der Gemächer eines
der reizendsten Bilder des behaglichen und heitern Luxus, denen wir auf
unserer Wanderung durch Pompeji begegnen. Und da nun auch die größte
Mehrzahl der hier gefundenen Bilder publicirt ist, so daß man sich auch
ohne an Ort und Stelle gewesen zu sein grade von der Decoration dieses
schönen Hauses eine Vorstellung machen kann, so ist an ihm am wenigsten
stillschweigend vorüberzugehn.

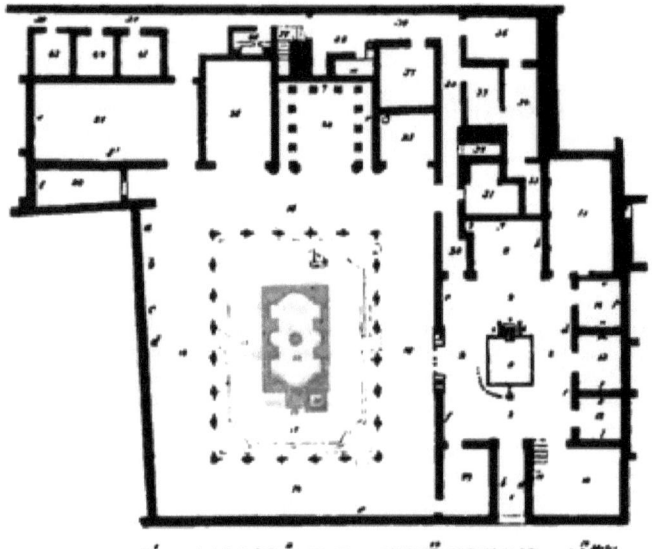

Fig. 167. Plan der *Casa di Meleagro*.

Wie die allermeisten Häuser der Mercurstraße, die man *Strada della
signoria* zu taufen sich versucht fühlt, ist auch die *Casa di Meleagro*
ohne Läden an der Straßenfront. Seine Außenwand, in der wie in einigen
Wänden in seinem Innern man die Reste der Bauart und des Gesteins der
ältesten Periode erkennt, ist ganz mit Stucco bekleidet, welcher Quadern
nachahmt, im untern Drittheil wie graugestreifter Marmor, oberhalb weiß
gefärbt; außer der Hausthür wird dieselbe nahe bei der letztern nur von
drei hoch angebrachten Fenstern, zwei kleineren und einem größern,
durchbrochen, welche den Zimmern rechts und links vom unmittelbar an
der Straße verschlossenen Ostium 1 Licht geben. Schon in diesem Ostium
beginnt der Gemäldeschmuck; in der Mitte der unten schwarz, darüber roth
und oben weiß gegründeten, mit reichen Grottesken geschmückten Wände

finden wir einerseits in bester Erhaltung *a* Demeter, der Hermes einen
Beutel in den Schoß zu legen im Begriff ist (IIIb. No. 362.), andererseits *b*
das Bild, von dem das Haus seinen Namen erhielt: Meleagros und Atalante
nach Erlegung des kalydonischen Ebers im Gespräche mit einander (IIIb.
No. 1163.). Zu den Seiten außerdem noch schwebende Figuren und im obersten Theile von Figuren belebte Grottesken. Betreten wir das geräumige toscä-
nische Atrium 2, so fällt unser Blick zunächst auf das mit Marmor aus-
gekleidete Impluvium 3, hinter dem ein marmorbekleidetes Postament 5
und über einer doppelten mit Marmor ausgekleideten viereckigen Vertiefung
zum Kühlen von Flaschen u. dgl., ein wohl erhaltener Marmortisch 6
steht, dessen Füße durch die oft wiederkehrenden geflügelten Löwen von
eleganter Sculptur (Mus. Borb. VII. 26. 2.) gebildet werden. Der Fußboden
des Atrium ist von *opus Signinum* mit reichlichen eingelegten Marmorstücken, aber stark beschädigt; die Wände sind über dunkelrothem Sockel
hauptsächlich schwarz gegründet und außer mit den gleich zu nennenden
Bildern mit reichen Architekturen bemalt; darüber lag, jetzt zu Grunde gegangen, ein Stuccosims mit farbigem Grunde und schönen Ornamenten. Von den
Hauptbildern nennen wir: bei *c* ein auf Paris und Helena bezogenes, aber
nicht sicher erklärtes und jetzt verschwundenes Gemälde IIIb. No. 1386 *b*.);
bei *d* eine allegorische Darstellung der drei Welttheile des Alterthums
(Europa, Asien und Afrika) (IIIb. No. 1113., zerstört), bei *e* folgt eine
größtentheils zerstört aufgefundene und jetzt vollends zu Grunde gegangene
Darstellung von Daedalos, welcher der Pasiphaë die hölzerne Kuh bringt
(IIIb. No. 1205.), und bei *f* Hephaestos, welcher der Thetis die für Achill
geschmiedeten Waffen zeigt (IIIb. No. 1317., ausgehoben). Am Sockel finden
wir, links noch jetzt erhalten, auf Meerthieren reitende Nereïden, dergleichen
an derselben Stelle auch noch in anderen Theilen dieses Hauses wiederkehren.

Das Tablinum *b* hat einen ähnlichen Fußboden wie das Atrium, mit
in regelmäßigen Figuren incrustirten Marmorstückchen. Von großem Interesse ist in demselben eine Besonderheit, die hier zum ersten Male in
Pompeji uns begegnet und so deutlich wie hier kaum noch ein Mal sich
wiederholt. In 9 nämlich sehn wir eine aus der linken Seitenwand des
Tablinum herausgebaute Nische; in derselben sind die noch jetzt wahrnehm-
baren Spuren eines hier angebracht gewesenen hölzernen Schrankes mit
mehren Brettern. Während wir nun in dem alaartigen Gemache rechts am
Atrium der *Casa di Olconio* einen ähnlichen Schrank oder dergleichen Bretter
voll Küchengeräth fanden (oben S. 255.), dürfen wir in dem eleganten Tablinum dieses vornehmen Hauses in diesem Schranke (*armarium*) wohl denjenigen erkennen, von dem mehre alte Autoren sagen, daß er zur Aufbewahrung der Ahnenbilder diente; auch die *tabellae*, Geschlechtstafeln und
Register obrigkeitlicher Ämter, von denen das Tablinum, wie in der Einleitung zu diesem Abschnitte gesagt ist, nach der Ansicht einiger Schriftsteller seinen Namen hatte, dürfen wir in diesem Armarium aufbewahrt denken.

Die Decoration des Tablinum, von welcher die Abbildung der hintern
Wand *g* im Mus. Borb. X. 37 eine Vorstellung geben kann, ist besonders

durch einen theils gemalten, theils aus Stuccorelief bestehenden, aber jetzt entfernten oder zu Grunde gegangenen Fries, das einzige Beispiel eines solchen in Pompeji, ausgezeichnet und trug außerdem auf der Wand rechts bei *h* eine Darstellung von Ares und Aphrodite (Hlb. No. 318., ausgehoben); das Gemälde der linken Wand enthielt wahrscheinlich die bei Helbig No. 132. verzeichnete, ebenfalls entfernte Darstellung von Argos mit Io; am Sockel setzen sich die Nereïden auf Seethieren fort. Von den übrigen das Atrium umgebenden Zimmern giebt sich dasjenige rechts neben dem Eingange 10 unzweifelhaft als Vorrathsraum zu erkennen, in welchem zugleich die Treppe 11 liegt; denn in seinen einfach weißen Wänden finden wir in zwei über einander liegenden Reihen von viereckigen Löchern die sicheren Spuren hier befestigt gewesener ringsumlaufender Regale, und von den hier bewahrt gewesenen Geräthen und Gefäßen sind wenigstens einige nach den Ausgrabungsberichten (Hist. ant. Pomp. II. II. p. 229. und III. I. p. 102.) aufgefunden worden. Eben so schmucklos wie dies Zimmer, eben so hübsch decorirt sind die drei kleinen Cubicula rechts am Atrium, 12, 13 und 14. Das erste derselben hat über schwarzem Sockel rothe Wände mit weißem Fries und außer reichen Grottesken mit mancherlei Figuren in seinen drei Wänden kleine aber hübsche Bilder gehabt, von denen die beiden auf den Seitenwänden ausgehoben sind, bei *i* die wohl kaum mythisch zu fassende Mahlzeit eines Mannes und einer Frau (Hlb. No. 1445 *b.*, gegenüber bei *k* den schlafenden Ganymedes, zu welchem Eros den in einen Adler verwandelten Zeus herauführt (Hlb. No. 154.); das Bild in der Hinterwand ist an Ort und Stelle geblieben, aber zerstört. No. 13 hat sehr schöne grüne Wände wiederum mit reichen Grottesken und schwebenden Eroten und trug auf seinen beiden Seitenwänden rechts bei *l* eine schöne auf einem Lehnstuhl sitzende Frau, der Eros ein geöffnetes Schmuckkästchen präsentirt, wohl nicht mythisch (Hlb. No. 1430., ausgehoben, gegenüber bei *m* ein obscönes, nicht publicirtes und ebenfalls entferntes Bild Hermaphrodit und Panisk, Hlb. No. 1371.). Endlich hat No. 14 auf rothen Wänden alle drei Bilder an Ort und Stelle, aber völlig ruinirt, bei *n* Leda mit dem Schwan (Hlb. No. 149.), bei *o* Herakles mit seinem Söhnchen Telephos auf dem Knie, welcher der Hirschkuh, die ihn gesäugt hat, einen grünen Zweig darbietet (Hlb. No. 1144. , endlich bei *p* eine der oft wiederholten Darstellungen einer angelnden Schönen (Hlb. No. 335.). Die Thürnägeln sind in den Schwellen aller dieser Zimmer erhalten.

Rechts neben dem Tablinum liegt ein geräumiges Wintertriclinium 15, welches gelbe Wände über rothem Sockel, aber keine Hauptbilder auf den großen Flächen hat. Berichtet wird, daß sich in seinen Wänden und seinem Fußboden deutliche Spuren hier angebrachter gewesener schräger hölzerner Stützen, der Mauern, wie man meint, gefunden haben, deren Existenz aber stark zweifelhaft ist, eben so wie die Annahme, daß dies Zimmer zuletzt vor dem Untergange der Stadt unbenutzt gewesen sei, womit sich auch das nicht recht zu vertragen scheint, daß man hier (s. Hist. ant. Pomp. III. I. p. 103. und 105.) ziemlich reichliches Bronzegeschirr, zwei Kessel, einen Candelaber, eine Schale, ein Ölgefäß, ein Sieb, ein kleines silberbeschla-

genes Altärchen wohl zum Verbrennen von Räucherwerk) u. dgl. m. gefunden hat; denn, weisen diese Sachen auch nicht grade bestimmt auf die
Benutzung des Saales als Triclinium hin, so ist doch auch kaum anzunehmen, daß man in ein in der Ausbesserung begriffenes Gemach, dessen Wände
man glaubte stützen zu müssen, solches Geräth zur Aufbewahrung gebracht
habe. Ein Fenster, welches dies Triclinium mit dem Zimmer No. 14 verbindet, mag, wie jenes, das wir in der *Casa di Olconio* kennen gelernt
haben, zum Hineinreichen der Speisen gedient haben, so daß die Thür während des Mahles geschlossen bleiben konnte.

Indem wir die Fauces 30) links neben dem Tablinum und alle jene Räume,
zu denen dieser sehr lange Gang in seinem Verlaufe führt, einstweilen übergehn, wenden wir uns der in der linken Wand des Atrium befindlichen
breiten Thür zu, durch welche wir das schöne und große Peristylium 16
und den privaten Theil des Hauses mit seinen zum Theil überaus prachtvollen Gemächern betreten. Die erwähnte Thür war eine vierflügelige, welche
in sich zusammengeschlagen fast nur die Dicke der Wand bedeckte und einen
sehr stattlichen Durchgang und Durchblick in das Peristyl gestattete. Dies luftige Peristyl bildet einen im Mittel 4,50 M. breiten Umgang um das Viridarium 17 mit der Piscina 18 in der Mitte; vier und zwanzig unten nicht canellirte
und roth bemalte, oben canellirte und weiße Säulen phantastischer Ordnung
auf Basen und mit flachem Capitell umgeben das Viridarium. Die Intercolumnien waren mit einem hölzernen Gitterwerk verschlossen, dessen Spuren an den Basen der Säulen und in dem Fußboden sichtbar sind, und
konnten außerdem mit Gardinen oder Rouleaux verhängt werden, welche
an den Architravbalken vermöge einer eisernen Stange befestigt gewesen
sein müssen; die Haken, an welchen man die Schnur befestigte, vermöge
deren diese Gardinen gezogen wurden, sind in dem Fußende einiger Säulen
an der linken und hintern Seite (vor 24 und 26) erhalten. Durch diesen
Apparat, dem man übrigens in mehren anderen großen Peristylien und Atrien
wieder begegnet, muß dieser weite, farbenglänzende, schattige und doch
lichte Peristylumgang zu einem wahrhaft reizenden Aufenthalte geworden
sein. Von den Pflanzungen im Viridarium sind die Wurzeln bei der Ausgrabung noch aufgefunden worden. Die Piscina in seiner Mitte ist 1,50 M.
tief, von mannigfaltigem Planschema, wie unsere Figur zeigt und innen
mit härtestem, lebhaft azurblauem Stucco bekleidet, welcher dem Wasser
eigenthümlich schöne Reflexe mitgetheilt haben muß; ein Springbrunnen in
der Mitte der Piscina ist fast genau so eingerichtet gewesen, wie derjenige
im Hause des Holconius und besteht aus einer Säule, welche eine jetzt
größtentheils zerstörte Tischplatte trägt, auf welche das aus einer darauf
liegenden Säulenbasis emporspringende Wasser plätschernd wieder herniederfiel. Ein zweiter Strahl rieselte von einem Brunnenuntersatz 19 mit acht Stufen
in die Piscina, eine Einrichtung der wir sehr oft in Pompeji begegnen.
Mit 20 ist ein neben dieser Brunnentreppe befindlicher, mit der Piscina
durch ein Rohr verbundener Wasserbehälter bezeichnet, der zur Aufbewahrung von Fischen oder auch zum Kühlen von Getränken gedient haben

mag; bei 21 befindet sich ein ähnlicher kleinerer, bei 22 das Puteal der
Cisterne und 23 bezeichnet ein großes thönernes Gefäß, welches nur zufällig da gestanden hat, wo wir es sehn, und in welchem ein reichlicher
Vorrath von Gypsstucco aufgefunden worden ist, worin man einen zweiten,
aber ebenfalls zweifelhaften Beweis dafür zu finden meint, daß dies Haus
bei der Verschüttung in Reparatur war. Nicht weniger als achtzehn Bilder
schmückten die sehr lebhaft gefärbten, durch gemalte Pilaster eingetheilten
Wände des Peristyls, natürlich außer mannigfachen Architekturen und Grottesken, von denen aber nur noch fünf an Ort und Stelle sind, nämlich bei
a Aphrodite, welche, einen Speer in der Linken haltend, eine Kette aus einem
ihr von Eros dargebotenen Kästchen nimmt IIIb. No. 303., beschädigt, aber
nicht zerstört', bei *b* Silen in felsiger Gegend gelagert, dem ein Knabe
'Satyr?) ein Trinkhorn bringt (IIIb. No. 319.) bei *c* Narkissos IIIb. No. 1344. .
bei *d* Dionysos und ein Knabe (IIIb. No. 401.', endlich an der westlichen
Wand bei *e* Silen sitzend, welcher in beiden Händen das fröhlich nach einer
ihm von einer Nymphe dargebotenen Traube greifende Dionysoskind emporhebt (IIIb. No. 377. . Von den entfernten Bildern, deren Ort sich nicht
genauer bestimmen läßt, seien in Kürze noch genannt: Adonis 'IIb.
No. 337.), Pan und Eros No. 106.', Satyr und Knabe No. 411.', Satyr
und Mädchen 'No. 545.), Hymenaeos No. 555. , Perseus und Andromeda
No. 1202. , Ariadne (No. 1227.), Thetis No. 1302.', und wahrscheinlich
noch Apollon und Daphne (No. 214.). Am Sockel treten außer Pflanzen
wiederum Nereïden auf Meerungeheuern reitend hervor.

Von den das Peristyl umgebenden Gemächern ist weitaus das bemerkenswertheste der schöne Oecus No. 24. Derselbe öffnet sich ohne jeden
Verschluß gegen das Peristyl zwischen zwei Halbsäulen und zwei mit seiner
innern Säulenstellung gekoppelten Säulen von der Stärke und Höhe derer
im Peristyl. In seinem Innern wird er an drei Seiten, die ersten gekoppelten mit gezählt, von zwölf dünneren und niedrigeren Säulen umgeben, welche
höchst wahrscheinlich eine Gallerie trugen, zu der die Treppe 39 hinaufgeführt hat. Diese Gallerie stützte sich auf flache Bogen, deren Ansätze
an den Capitellen nachweisbar sind und deren einer probeweise neuerdings
restaurirt worden ist. Dies schöne Speisezimmer entspricht weder in seinen
Dimensionen noch in seiner Anordnung einer der drei Arten von Oeci, welche
Vitruv VI. 5. und 6. beschreibt korinthische, aegyptische und kyzikenische ,
weshalb für dasselbe ein Mischname: aegyptisch-kyzikenischer Oecus vor-
geschlagen worden ist, bei dem wir indeß schwerlich Etwas gewinnen; richtiger
scheint es, auch hier wieder ein Beispiel zu registriren von der Thatsache,
daß das Leben und sein wechselndes Bedürfniß, daß Lust und Laune des
Bauherrn und Architekten sich an die starre Norm nicht band, was uns
ganz Pompeji wieder und immer wieder lehrt. Sehr merkwürdig ist ferner
die Thatsache, daß die gesammte Decoration in diesem Saale monochrom
gelb oder goldfarbig gemalt ist, was allerdings an den Goldschmuck der
Wände in dergleichen Prachtzimmern der Hauptstadt mag erinnern sollen.
Von den ebenfalls monochromen Hauptbildern sind zwei erhalten, bei *g*
Theseus, nach Erlegung des Minotauros mit Ariadne im Gespräch (IIIb.

No. 1215.) und bei *r* eine noch nicht genügend erklärte Vorstellung, in welcher ein Hirt ein Mädchen mit einer um einen Stab gewundenen Schlange zu schrecken scheint (Hlb. No. 541.). Der Fußboden ist von weißem Mosaik mit schwarzen eingelegten Ornamenten.

Von den beiden Exedren, welche diesen Oecus rechts und links umgeben, ist diejenige rechts No. 25 ohne allen malerischen Schmuck der Wände, hat jedoch einen reichen und schönen Stuccocarnies, ein Umstand, der allerdings den Gedanken an unvollendete Decoration fast unausweichlich nahe legt. Dennoch darf nicht unbemerkt bleiben, daß man hier s. Hist. Ant. Pomp. a. a. O. p. 197. außer einer Decimalwage, einem Kessel, einem Siebe und anderen Sachen die Fragmente des bronzenen Beschlages eines Ruhebettes (*lectus tricliniaris*) fand, was auf das Bewohntgewesensein dieses Gemaches hinweist. Die größere Exedra links No. 26 hat ihren vollständigen und sehr reichen Wandschmuck erhalten, welcher der Hauptsache nach aus phantastischen Architekturen mit schwebenden Figuren auf den blau gegründeten und wie aufgespannte Tücher behandelten Feldern besteht, aber auch wenigstens ein namhaftes Hauptbild aufzuweisen hat, welches Marsyas (Hlb. No. 227. darstellt. Am Sockel abermals Nereïden auf Meerthieren (Hlb. No. 1031. 1035. 1038. 1039.), dies Mal aber schön und in natürlichen Farben ausgeführt, außerdem nicht uninteressante Atlanten, welche stehend und kniend die Architektur der Wand zu tragen scheinen. Das größte Gemach dieses Hauses ist das Triclinium No. 27, welches sich sowohl gegen das Peristyl wie gegen den zur Küche führenden Gang öffnet. Im Plane scheint dieses Gemach gänzlich vom Lichte abgeschlossen zu sein, wir müssen deshalb annehmen, daß es im obern zerstörten Theile seiner Wände, da wo der moderne Bogen ist, Fenster gehabt habe und außerdem auf künstliche Beleuchtung angewiesen sei, was sich mit seiner wahrscheinlichen Bestimmung als Wintertriclinium bei der abendlichen Stunde der antiken Mahlzeit doppelt gut verträgt. Seine Decoration ist sehr reich, und auch hier haben wir bei der Zerstörung einiger anderen (außer schönen schwebenden Figuren) wenigstens einige mythologische Hauptbilder zu bemerken, bei *s* ein Parisurteil (Hlb. No. 1255.) und bei *s'* Paris sich rüstend, wie man meint (Hlb. No. 1313.). Am Sockel der Langwände liegende weibliche Figuren, an dem der Schmalseite wieder, aber leichter, die Architektur tragende Atlanten oder Telamonen.

Links an dieses Speisezimmer grenzt ein Cubiculum 28 mit seinem Procoeton, wir dürfen wohl vermuthen dasjenige des Hausherrn. Über die Art, wie dies Zimmer Luft und Licht empfing, kann man sich nicht leicht Rechenschaft geben, an bloße Lampenbeleuchtung ist schon der Decoration wegen nicht zu denken, welche auf rothen Wänden über schwarzem Sockel und weißem obern Theile zierliche Grottesken, auf seiner Hinterwand bei *t* ein anmuthiges Genrebild, eine schöne Dame zeigte, an deren Knie sich Eros schalkhaft plaudernd, vertraulich anlehnt (Hlb. No. 1429., ausgehoben), während die Bilder beider Langwände an Ort und Stelle zu Grunde gegangen sind. Endlich haben wir noch eines an der entgegengesetzten Ecke des

Peristyls gelegenen Zimmers 29 Erwähnung zu thun, welches sich freilich auch gegen das Atrium öffnet, allein zum Peristyl durch ein breites Fenster neben der Thür einen noch bestimmtern Bezug hat. Bei bloßer Einsicht des Planes möchte man in diesem Zimmer vielleicht eine Cella des Atriensis vermuthen, welcher auch über das Peristyl mit die Aufsicht geführt hätte; allein dem widerspricht denn doch wohl der überaus reiche Schmuck dieses Zimmers mit seinen hellblauen Wänden über rothem Sockel und mit weißem obern Theile, seinen reichen architektonischen Ornamenten, schwebenden Figuren und mythologischen Bildern, von welchen letzteren wir eine Vorstellung (Hb. No. 205., der sie irrig in das Peristyl setzt) hervorheben, welche Apollon mit einem nicht benennbaren Gelichten darstellt. Die wirkliche einstmalige Bestimmung dieses Zimmers muß dahinstehn, da es auch für ein *triclinium fenestratum* zu klein erscheint.

Es bleibt nur noch übrig, einen Blick in die Wirthschaftsräume dieses stattlichen Hauses zu werfen, die sämmtlich an dem Gange 30 liegen, welcher neben dem Tablinum 8 beginnt und rechtwinkelig umbiegend an der von mehren Fenstern durchbrochenen Hinterwand des Hauses hinläuft, durch welche er endlich auf die hintere Straße, den *Vico del Fauno* mündet. Verfolgen wir ihn in diesem seinem Verlaufe, so begegnen wir zuerst einem Sclavenzimmer 31 mit zwei überwölbten Bettalkoven. Hinter diesem liegt in 32 eine die Treppe ersetzende geneigte Rampe, welche in den obern Stock führte, dessen Zimmermauern zum Theil über denen des Erdgeschosses erhalten sind. In dem darauf folgenden Complex von vier Räumen 33—36 haben wir die Sclavenwohnung, Arbeitszimmer und Vorrathskammer anzuerkennen, die letztere, wenn nicht den Abtritt in dem ganz dunkeln Raume 35, das Ergastulum sehr wahrscheinlich in dem durch zwei hoch angebrachte Fenster von der Hintergasse aus erleuchteten, ziemlich geräumigen, aber wie alle anderen schmucklosen Zimmer 36. Auch das erste Zimmer links an dem zweiten Flügel des Ganges, No. 37 können wir nur als Sclavencubiculum betrachten, abgleich es einen, aber freilich sehr gewöhnlichen Mosaikfußboden hat. Nun folgt die Küche 38 mit leidlich erhaltenem gemauertem Heerd und einer Cisternenmündung. Über dem Heerde bei *w* fand sich noch ein Gemälde, welches (Hb. No. 37.), obwohl es in der Hauptsache nur die vielbekannten heerd- und hausbeschützenden Genienschlangen darstellt, dadurch sehr merkwürdig ist, daß es diese um einen nabelförmigen Stein gewunden zeigt, in welchem ein uraltes Symbol der Göttin des Hauses, Hestia oder Vesta nachgewiesen ist [66]. Von der Treppe 39 zur Gallerie des Oecus ist bei diesem bereits gesprochen; an dem oder einem zweiten Abtritt 40 's. 35 gehn wir stillschweigend vorüber, und von den kleinen und schmucklosen Zimmern 41, 42 und 43 ist Nichts zu sagen, als daß sie wahrscheinlich Sclavencubicula für die in einem so vornehmen Hause natürlich zahlreiche Dienerschaft gewesen sind. — Von den in diesem Hause bei der Ausgrabung gefundenen Gegenständen sind einige schon bei den einzelnen Gemächern genannt worden; der Rest, mannigfache Geräthe und Gefäße, Thürangeln, Thürbeschläge und Beschläge von allerlei Mobilien, Glas- und Thongefäße u. dgl., welche in den Tagebüchern Hist. Ant. Pomp.

Vol. II. n. p. 214 ff., III. i. a. d. a. O.' registrirt sind, verdienen eine Einzelerwähnung an dieser Stelle nicht.

No. 17.) Wenden wir nun unsere Aufmerksamkeit einem Hause zu, welches durch die Fülle der in demselben gefundenen Gegenstände zu den interessantesten der Stadt gehört. Es ist dies das 1847 vom März bis Juni ausgegrabene, an der *Strada stabiana* unter No. 33. belegene Haus des M. Lucretius (No. 109. im Plan), welches seinen Namen einem etwas verschiedenen Umstande verdankt, als andere Häuser in Pompeji; nicht an dem Hausthürpfeiler fand man nämlich den Namen Lucretius, sondern auf einem Gemälde in einem Cabinet 20 am Peristyl.

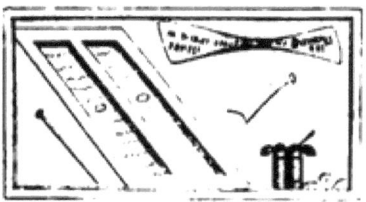

Fig. 168. Gemälde im Hause des Lucretius.

Dies Gemälde (Fig. 168.) stellt Schreibzeug dar, ein Tintefaß, Falzbein, eine offene Tafel, den Schreibstift und endlich einen Gegenstand, den man für einen geschlossenen und adressirten Brief hält. Die Adresse: M LVCRETIO FLAM · MARTIS DECVRIONI POMPEI s oder ano zu Deutsch: «An Marcus Lucretius, den Priester des Mars und Decurionen in oder von Pompeji» hat man auf den Hausbesitzer bezogen. In den Ausgrabungsberichten und einigen älteren Schriften führt dies Haus nach einem Gemälde in demselben den Namen der *Casa delle suonatrici*; was, um Irrthümer zu vermeiden, bemerkt werden muß[7a]. Der Plan bietet nicht viele, aber immerhin einige Besonderheiten, die es der Mühe werth machen, denselben im Einzelnen zu betrachten. Der Flächenraum des Areals ist unregelmäßig und umschließt auf der linken Seite ein kleines fremdes Haus, dessen Plan in Fig. 169. unterdrückt ist; zugleich aber hat dies Areal eine nicht unbeträchtliche Steigung von der Straße nach hinten, so daß das Atrium höher liegt als das Trottoir und

Fig. 169. Plan des Hauses des Lucretius.

der Garten oder Xystus wieder ganze sieben Stufen in den Fauces höher als das Atrium. Deswegen führt das 5,50 M. lange und mit weiß und schwarzem Mosaik gepflasterte Ostium 1 hinter einem nur sehr kleinen Vestibulum ziemlich rasch aufwärts in das toscanische Atrium 2. vorbei an einer *cella ostiarii* 3, welche zugleich eine Treppe in das obere Geschoß enthält. Schon

das Ostium ist mit Gemälden geziert und zwar, selbst abgesehn von den
rein decorativen Malereien, mit bedeutenderen als sich sonst gewöhnlich in
Pompeji an dieser Stelle finden; namentlich ist eine Comoedienscene (Hlb.
No. 1169.) hervorzuheben und sind die musicirenden Bakchantinnen (Hlb.
No. 182. 1919. 1915.) zu erwähnen, von welchen das Haus bei der Ausgrabung wie schon erwähnt den Namen *delle suonatrici* erhielt. Das mit
einem weißen Mosaikfußboden versehene $5,36 \times 9,7$ M. große Atrium ist
zunächst dadurch merkwürdig, daß es vielleicht gar kein Impluvium gehabt
hat, während eine gemauerte Wasserrinne durch dessen ganze Tiefe und
unter dem Fußboden des Ostium, sowie der Schwelle und dem Trottoir hindurch auf die Straße führt. Die Wände sind über einem Sockel, welcher
verschiedene Marmorarten nachahmt, blau gegründet und mit Grottesken
bedeckt, innerhalb deren Tritonen, Nereïden u. s. Seewesen gemalt sind;
der Fries bestand aus vergoldetem Stucco und ist bei der Ausgrabung in
vielen Stücken in der Verschüttungsmasse gefunden worden. An ungewöhnlicher Stelle und in ungewöhnlicher Gestalt, aber ähnlich der in dem Hause
No. 117. im Plane finden wir hier gleich rechts vom Eingange bei *a* die mit
farbigem Stucco reich verzierte Larennische, deren Giebel von zwei Säulen
getragen wurde, deren Stellen wenigstens noch erkennbar sind. Man fand
hier drei Figürchen von Bronze.

Vier Cubicula 4, 5, 6. 7 gruppiren sich zunächst um das Atrium alle
auf's reichste bemalt, und zwar alle vier auf weißem Grunde, der das nicht
besonders helle Licht in diesen Zimmern hebt, dem hier wie in der *Casa di
Meleagro* Fenster über den Thüren auch bei dem Verschlusse dieser Zugang
verschafften. Ähnlich sind einander in den vier Cubiculis auch die architektonischen leichten Umrahmungen der Haupt- und Nebenbilder, im Übrigen
ist die größte Mannigfaltigkeit vorhanden. Das Zimmer No. 4 hat auf jeder
Wand als Nebenbilder kleine Genien oder Eroten, die mit Waffen spielen
(Hlb. No. 624.), rechts als freilich sehr kleines, aber feingemaltes Mittelbild Selene und Endymion (Hlb. No. 950.), einen oft und in sinniger Weise
behandelten Gegenstand, an der Mittelwand Achill vom Kentauren Cheiron
im Leierspiel unterwiesen (Hlb. No. 1291., zehr zerstört), ebenfalls ein in
Pompeji und in Herculaneum wiederkehrender Gegenstand. Auf der dritten
Wand links stellt das Mittelbild eine Nereïde auf einem Seepferd dar
Hlb. No. 1029.). An dem obern Theile der rechten und linken Wand
sind noch die Musen Melpomene und Thalia gemalt (Hlb. No. 877. 880.). —
Eine Nereïde auf einem Delphin reitend (Hlb. No. 1037.) bildet auch den
ersten Hauptgegenstand rechts in dem Zimmer No. 5, dessen übrige Bilder,
ein Kyparissos (Hlb. No. 219.) und ein Polyphem mit Galatea (Hlb. No. 1051.)
stark gelitten haben, so daß ihre Deutung nicht ohne Bedenken ist und das
mit Sicherheit nur noch in den Nebenfeldern außer zwei schwebenden Satyr-
figuren vier Bildchen erkannt werden können, welche mit Thieren spielende
Genien darstellen (Hlb. No. 775. 779. 815.), in einer obern Reihe links ein,
wie es scheint, allegorisches Bild, in dem die Personification Afrikas mit
einer Elephantenexuvie auf dem Kopf (Hlb. No. 1116.) erkannt wird, rechts
eine Frau mit Fruchtschale, in der Mitte eine solche mit einem Füllhorne,

außerdem sechs Genien. In diesem Zimmer wurde ein 1 M. hoher Candelaber gefunden.

Auch in dem Zimmer No. 6 sind nur zwei Bilder außer den Decorationsmalereien vorhanden, das eine, an der Hinterwand, derb obscön, Faun und Nymphe darstellend (Hlb. No. 562.), das andere links (ausgehoben) den so vielfach wiederholten Narkissos, der sich im Quell bespiegelt (Hlb. No. 1351.), das dritte rechts stellt Aphrodite mit Eroten dar (Hlb. No. 520 b.). Unter den Decorationen in den obern Reihen kehren Mädchenfiguren mit verschiedenen Attributen wieder (Hlb. No. 932. 1793 b. 1520. 1917.). Endlich das Zimmer No. 7 enthält an der untern Abtheilung seiner Wände eine Reihe kleiner Gemälde bald in rundem, bald in viereckigem Rahmen, unter denen rechts ein Polyphem, der Galateas Brief empfängt (Hlb. No. 1049.), in der Mitte eine angelnde Frau (Hlb. No. 354.) und links (jetzt ausgehoben) eine Darstellung von Phrixos auf dem Widder, von dem Helle in's Meer stürzt (Hlb. No. 1253.), zu nennen ist, beides mehrfach wiederholte Gegenstände. Die Rundbilder zeigen die Brustbilder der Aphrodite mit Eros (Hlb. No. 277.) und diejenigen des Zeus (Hlb. No. 99., sehr zerstört und der Hera (Hlb. No. 159.), beide einander entsprechend an der Eingangswand. In der obern Abtheilung der Hinterwand ist eine Nike mit Kranz und Palme auf einem Zweigespann gemalt (Hlb. No. 939.), an den Seitenwänden finden wir Thierstücke (Hlb. No. 1521. 1568.). Darüber Mädchen auf Globen stehend (Hlb. No. 453. 471.), sowie an der Hinterwand seitwärts weibliche Genien (Psychen mit Schmetterlingsflügeln (Hlb. No. 530.).

An der gewöhnlichen Stelle liegen im Verfolge der Gemächer um das Atrium die Alae 8 und 9. In der Ala rechts No. 8 sind über einem Sockel, der weißen, leichtgeaderten Marmor nachbildet und einer rothen Borde mit Meerungethümen auf hauptsächlich gelbem Grunde, der hie und da durch die Hitze der Rapilli roth gebrannt ist, die Stellen von sieben ausgehobenen Bildern, die wir in Neapel zu suchen haben (Hlb. No. 1455. 1458. 617. 835. 839. 840.. Der eine Stufe über das Atrium erhobene Fußboden ist von weißem Mosaik mit schwarzen Linien. Bei der linken Ala No. 9, unter deren Bildern eine bessere und eine schlecht erhaltene Comoedienscene (Hlb. No. 1166. 1474.) hervorzuheben sind, und deren Fußboden nur aus *opus Signinum* besteht, kehrt ein Umstand der Anlage wieder, den wir im Hause des Sallust gefunden haben, daß nämlich dieselbe nach hinten nicht geschlossen ist, sondern einen Durchgang bildet, dort nur zur Treppe des obern Stockwerks, in dem vorliegenden Falle zu mehren Räumen, welche den Bedürfnissen des Haushalts dienten. Und zwar öffnet sich die Ala einerseits in ein dunkeles und durchaus ungeschmücktes Gemach 10, welches nur Vorrathskammer gewesen sein kann, andererseits nach hinten auf den gemeinsamen Vorplatz 11 des für zwei Personen eingerichteten Abtritts 13 und der durch Fenster aus dem Raume 39 dürftig, besser vielleicht durch Oberlicht erleuchteten Küche 14, in der man den Heerd und den Ausgußstein für das gebrauchte Wasser nebst verschiedenem Küchengeräth fand, und endlich der Speisekammer 12, welche nur durch ein Fenster von der Küche aus dürftig erleuchtet war.

Das Tablinum 15 im Hintergrunde des Atrium, über dessen Fußboden
sich auch dieses um eine Stufe erhebt, ist sowohl durch seine elegante Decoration wie durch einen besondern Umstand merkwürdig und bedeutend.
Der Fußboden besteht aus weißem, mit schwarzen Linien eingefaßten Marmormosaik, welches sich um ein Mittelstück von farbigen Marmorplatten und
eine dasselbe einfassende bunte Mosaikborde legt. Die Wände sind mit
reichen Architekturen verziert, die jederseits einen viereckigen, vertieften,
leeren Raum einrahmen, über dessen Bedeutung man bis auf den heutigen
Tag noch nicht ganz im Reinen ist. Nach der gewöhnlichen Ansicht waren
in diese leeren Räume Bilder auf Holz eingelassen, die man aber schon im
Alterthum entfernt hätte, und es gehört grade dies Beispiel zu den hauptsächlichen Beweisen für die Annahme, die Alten haben fertige Tempera-
bilder auf Holztafeln in die Wände eingelassen. Allein die genauere Untersuchung durch Donner (Einleitung zu Helbigs Wandgemälden S. CXXVI) ergiebt, daß obwohl ohne Zweifel Holz in diesen jetzt leeren Räumen befestigt
gewesen ist, dieses, von dessen Kohle sich noch Spuren im Verputz fanden,
weder von den Alten entfernt worden ist noch füglich als Bildtafel gedient
haben kann, so daß nur die, allerdings unsichere Vermuthung übrig bleibt,
es möchten hier ein paar flache Schränke angebracht gewesen sein. Die Decke
des Tablinum war von Stucco, und zwar zeigen die reichlich aufgefundenen
Fragmente derselben farbige Cassetten mit vergoldeten Rosetten im Centrum.

Das große Gemach 16 rechts vom Tablinum von 6,40 zu 5,70 M. Grundfläche, welches wiederum ungewöhnlicherweise mit einem weiten Eingange
gegen die rechte Ala geöffnet ist, scheint ein Wintertriclinium *triclinium fenestratum* gewesen zu sein, dessen Vorhandensein im Vorderhause durch das Vorhandensein der Küche in demselben in so fern bedingt wird, als zu dem einzigen
Gemach rechts vom Xystus, welches noch ein Triclinium gewesen sein kann,
der Weg von der Küche übermäßig weit erscheint, falls hier das alleinige Speisezimmer angenommen wird. Sein Licht empfängt es durch das große niedrig
anhebende Fenster in der linken Wand, welches auf den Garten hinausgeht,
und zwei höher an der rechten Wand angebrachte, welche sich über die
Dächer der angrenzenden Läden erheben. In ihm fand man die Reste einer
um seine drei Wände umlaufenden Ruhebank, eines überaus kostbaren
Möbels, da seine acht gedrechselten hölzernen, mit einer eisernen Stange
im Centrum in den Boden befestigten Füße mit getriebenem Silber überkleidet waren. Die Decoration dieses Zimmers ist, diesem Luxus entsprechend
überaus kostbar und vortrefflich, der Fußboden ist mit weiß und schwarzem
Mosaik im Maeandermuster bedeckt, die Wände enthielten außer dem hier
wie überall die Hauptbilder umrahmenden architektonischen Ornament und
sechs kleineren trefflichen aber ausgebogenen Bildern von Eroten und Psychen (Hlb. No. 757, 759, 760, 766, 767, 768.), drei große Bilder mit fast
lebensgroßen Figuren, von denen zwei in das Museo nazionale gebracht
sind. Das erste derselben stellt Herakles bei Omphale dar (Hlb. No. 1110.),
das zweite den Knaben Bakchos auf stierbespanntem Wagen von seinem
Gefolge umgeben Hlb. No. 379., und das dritte (Hlb. No. 565.) die Errichtung eines Tropaeon durch bakchische Figuren, aber nicht Dionysos

selbst, obgleich das Bild wohl auf den indischen Sieg des Gottes bezüglich ist. Diese drei Bilder, welche zu den bedeutendsten und schönsten von Pompeji gehören und uns im artistischen Theile noch beschäftigen werden, sind nicht, wie man wiederholt gesagt hat, fertig in die Wände eingelassen worden, sondern, wie das auch bei anderen Bildern in der Mitte von Wänden der Fall ist, geschickt eingeputzt und an Ort und Stelle *a fresco* gemalt.

Links vom Tablinum sind die Fauces 17, welche sich dadurch von sonstigen unterscheiden, daß sie, wie schon erwähnt, eine siebenstufige Treppe in das Peristyl enthalten. An dem Theile vor dem Beginn der Treppe sind die Wände dieses Ganges mit zwei erwähnenswerthen Bildern geschmückt (Hlb. No. 111. und 167., welche die Masken (links) des Zeus und (rechts) der Hera nebst Adler und Weltkugel bei diesem und dem Pfau bei jener darstellen. Auf der Treppe fand man ein Gerippe und neben ihr sieht man in der Wand das Bleirohr, welches dem Springbrunnen im Peristyl das Wasser zuführte. Das Peristyl 18 wird an zwei Seiten von Pfeilern umgeben, welche durch Brüstungsmauern mit ein paar Eingängen verbunden werden, während das Tablinum 15 an die dritte und eine Exedra oder ein Oecus 25 an die vierte Seite grenzt. Auf den Eckpfeiler links ist ein jetzt ausgehobenes Labyrinth nebst der Inschrift: *Labyrinthus. Hic habitat Minotaurus* (abgeb. M. B. XIV. tav. *a*) sehr roh mit einem scharfen Griffel in die Tünche eingeritzt gewesen. Auf den linken Peristylgang öffnen sich zwei kleine Zimmer oder Kämmerchen 19 und 20, deren ersteres durch ein Fenster vom Peristyl her erleuchtetes diesem gegenüber ein auf Paris und Helena bezügliches, schlecht erhaltenes Bild (Hlb. No. 1312.) zeigt, während in dem zweiten das oben Fig. 168. mitgetheilte Bild gefunden wurde. Der Peristylhof ist nicht, wie gewöhnlich, durch ein Viridarium geschmückt, sondern in einer ganz eigenthümlichen und im Ganzen herzlich geschmacklosen Weise eingerichtet und verziert. Im Hintergrunde zunächst an der Mauer steht auf fünfstufigem Untersatz eine mit Mosaik, Muschelwerk und Malerei verzierte Brunnennische, in derselben als Brunnenfigur ein kleiner Silen. Dergleichen Nischen, und zwar zum Theil noch geschmackloser mit Muscheln verzierte, kommen auch sonst noch vor, es brauchen nur die beiden nach ihren Brunnen benannten Häuser *della grande* oder *prima* und *della piccola* oder *seconda fontana a musaivo* in der Mercurstraße (Plan No. 32. und 33.) und die *Casa del granduca* in der Straße der Fortuna (Plan No. 62.) genannt zu werden; im Übrigen aber ist die Decoration des Hofes hier einzig. Das Wasser, welches die Brunnenfigur ausgoß, floß über die Stufen des Unterbaues der Nische herab, wurde unten durch eine flache Marmorrinne gesammelt und in eine runde Piscina in der Mitte des Hofes geleitet, in der ein Springbrunnen angebracht ist. Um diese Piscina herum sind nun zunächst allerlei Thiere von Marmor, aber von ganz verschiedener Größe aufgestellt, unter denen eine Ente, zwei liegende Kühe (auch diese von verschiedenem Maßstabe), zwei Kaninchen und zwei Ibisse genannt werden mögen. Weiter hinaus stehn dann zwei Reihen von Sculpturwerken; zunächst am Brunnen zwei Hermenpfeiler mit Doppelköpfen einerseits (*b* im Plan Fig. 169.) des

stierhörnigen, bärtigen und des ebenfalls stierhörnigen aber unbärtigen Dionysos, andererseits (e) wiederum des bärtigen, aber nicht gehörnten Dionysos
und eines wahrscheinlich weiblichen Wesens (Ariadne?). Diesen entsprechen
zwei gleiche Hermenpfeiler *d e* in den vorderen Ecken des Hofes, welche
beide einen bärtigen Backehos und ein weibliches Wesen darstellen. In einer
noch etwas vorgerückten Reihe stehn sodann zunächst den Hermenpfeilern
zwei seltsame Bildwerke *f g*, welche Eroten auf große Polypen verschlin-
genden Delphinen reitend darstellen, während in der Mitte eine sehr mittelmäßige Gruppe *h* einen bocksfüßigen Pan zeigt, dem ein kleiner Satyr einen
Dorn aus dem Fuße zieht. Endlich stehn links zwischen den Hermenpfeilern noch zwei Sculpturen, welche die übrigen übertreffen, nach hinten
ein junger Satyr *i*, welcher die Hand über den Kopf hebt, als wolle er sich
gegen die Sonnenstrahlen schützen, ein lebensvolles und auch nicht schlecht
ausgeführtes Bildchen, weiter nach vorn ein in Hermenform auslaufender
Satyr mit der Rohrflöte *k*, der ein Zicklein im Arm hält und an dem eine
Ziege nach ihrem Jungen emporspringt. Die ganze Sammlung von Sculpturen, die mit einander Nichts gemein haben, macht einen Nichts weniger
als künstlerischen Eindruck, wohl aber den eines heiterem Lebensgenusse dienenden Raumes. Das Wasser für den Brunnen und den Springbrunnen
wurde von der Straße her durch ein Bleirohr geleitet, welches zuerst in den
Fauces 17 und wieder hier links von der Nische vollkommen erhalten aufgefunden und noch heute nebst seinem Hahn und den zwei Zweigen, welche
den Brunnen (Silen) und einen Springbrunnen in der Piscina speisten, vorhanden ist. Die Brüstungsmauern des Peristylhofes sind zur Aufnahme von
Erde für Blumen ausgehöhlt.

Um das Peristyl liegen: 21 ein Zimmer mit zwei Eingängen, dessen
Bestimmung als geräumiges Schlafzimmer wenigstens in hohem Grade wahrscheinlich ist, indem man nur die rechte Hälfte seiner Wände, wo als Hauptbilder Narkissos (? oder Aphrodite, Hlb. No. 304.) und Apollon mit Daphne (Hlb.
No. 207.) hervortreten, bemalt fand, während die andere Hälfte links mit
dem eigenen schmalen Eingange, einfach abgeweißt ist, wie man glaubt,
um mit Teppichen oder Tapeten (aulaea) als der eigentliche Schlafraum be-
hangen zu werden. Als eine Art von Vorzimmer zu diesem vermuthlichen
Schlafzimmer des Hausherrn, und vielleicht für dessen Kammerdiener bestimmt, folgt das Cubiculum 22, daneben ein ungeschmücktes Vorrathszimmer 23; hierauf finden wir rechts einen Treppenraum 24, der in den
Keller führte, und den Oecus 25 mit hübschen, aber kleinen Bildern, welche
Eroten als Winzer (Hlb. No. 601.) und spielende Knaben (Hlb. No. 1477.)
darstellen. Auf der gegenüberliegenden linken Seite des Peristylganges kommt
man an der Treppe in das obere Geschoß 26 vorbei auf einen breiten Durch-
gangsplatz 27 in eine kleinere Nebenabtheilung des Hauses, ursprünglich
ein selbständiges kleines Haus, dessen Tablinum 33 jetzt den Durchgang
bildet, mit einem eigenen Eingang 28 von einer bisher namenlosen Seiten-
gasse, eigenem Atrium 29 ohne Impluvium, links mit einem nicht sicher
gedeuteten Bilde (Hlb. No. 78.), drei Cubiculis 30, 31, 32, dem schon erwähnten Tablinum und den Fauces 34, Alles mit geringen Decorationen,

so daß hier wieder der mehrfach ausgesprochene Gedanke an eine Sclavenwohnung nicht grade fern läge, wenn sich mit demselben das Vorhandensein eines Tablinum vertrüge und wenn nicht eine andere Erklärung, auf
welche bei den Doppelhäusern zurückzukommen ist, offenbar das Richtigere
träfe. Es ist einfach die, daß der ursprüngliche Grundbesitz eines Haus-
eigenthümers durch den Ankauf eines angrenzenden Hauses erweitert, der
Umbau bei der Vereinigung aber noch weniger durchgreifend behandelt wurde,
als in mehren der weiterhin zu besprechenden Doppelhäuser, wahrscheinlich
weil die vorhandene Anlage zweier Wohnungen sich, so wie sie war, den
Haushaltungszwecken der Familie so gut fügte, daß man einen kostspieligen
Umbau füglich vermeiden konnte. Ein dem hier vorliegenden Beispiel solcher lockern Verbindung zweier getrennter Häuser ganz analoger Fall findet sich in

No. 18.) dem Hause des Siricus, an welchem ohnehin nicht wohl
stillschweigend vorbeigegangen werden kann, weil es auch sonst manches
Interessante darbietet und eine nicht geringe Zahl bedeutender Malereien
enthält.

Dieses in der zweiten Hälfte der 50er und im Anfange der 60er Jahre
unseres Jahrhunderts ausgegrabene, anfänglich als *Casa dei principi Russi*
benannte und jetzt nach ziemlich sicheren Merkmalen, namentlich einem
aufgefundenen Petschaft als »*Domus Sirici*« bezeichnete Haus (Plan No. 91.),
liegt unmittelbar nördlich von den stabianer Thermen, mit dem Eingange
seines zunächst zu besprechenden Theiles in der *Strada delle terme Stabiane*,
während sein kleinerer Annex den Eingang von der *Strada Stabiana* aus
hat. Seinem Haupteingange 1 gegenüber steht an der Wand die Inschrift
otiosis hic locus non est, discede morator. auf welche zurückgekommen werden
soll; in die Schwelle der Hausthür sind in Mosaik die Worte SALVE
LVCRV m) sei gegrüßt, Gewinn! eingelegt, so daß man gewiß nicht fehl-
geht, wenn man dies Haus als dasjenige eines Kaufmanns betrachtet. Die
Hausthür, deren eine Hälfte aus der Form, welche sie in der Verschüttungsmasse zurückgelassen hat, abgeformt worden ist, war reich mit kupfernen
Nägeln beschlagen, von denen man 85 aufgefunden hat. An seinem ziemlich langen und am Ende wieder mit einer Schwelle versehenen Ostium 1 liegt
rechts ein Gemach 2 mit weißen Wänden, leichten Ornamenten, kleinen
Vögeln, welches als die Cella des Ostiarius gilt, für eine solche aber reichlich groß erscheint, vielleicht also als Geschäftsraum, allerdings aber nicht
als Laden des Hausbesitzers gedient hat. Sein Licht empfing es von der
Straße aus durch ein ziemlich großes, aber hoch angebrachtes, vergittertes
Fenster. Das Ostium führt auf das sehr geräumige toscanische Atrium 3,
dessen Wände erst roh berappt sind, dessen marmornes Impluvium dagegen
sehr schön ist; in ihm steht ein kleines Marmormonopodium (einfüßiger Tisch),
hinter dem sich die Basis des verlorenen Brunnenbildes und ein größeres
Marmormonopodium findet. Rechts vom Impluvium steht das Puteal von
weißem Travertin, welches geborsten war und von den Alten geflickt ist,
und an der vordern rechten Ecke des Atrium bei *a* sieht man die Spuren
eines hölzernen Schrankes, in dem nicht wenige Tischgeräthe und Gefäße

gefunden worden sind. Eine besondere Merkwürdigkeit in diesem Atrium
bilden zwei viereckige Höhlungen in seiner rechten Wand, in welchen, den
Ecken des Impluvium gegenüber einst zwei starke hölzerne Balken *antae*,
aufrecht standen, welche ohne Zweifel als Stützen der Hauptdeckenbalken
dienten und der Schwäche und schlechten Bauart der Mauer wegen nöthig

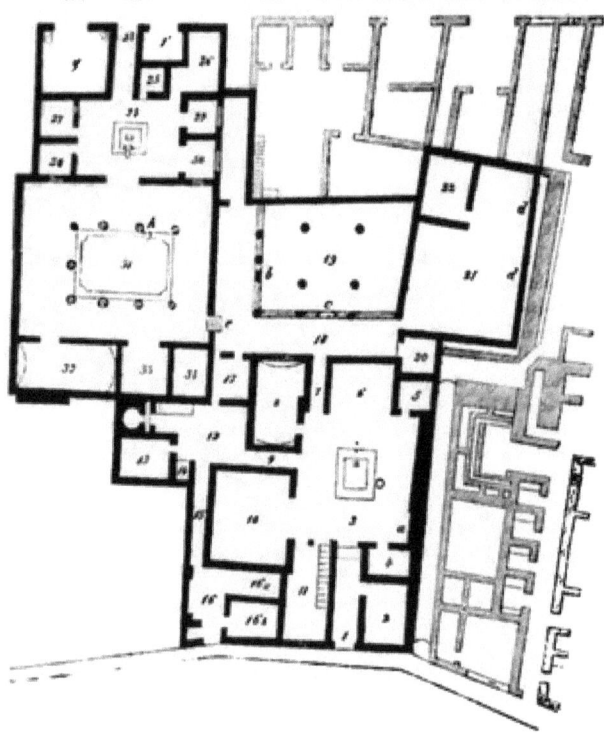

Fig. 170. Plan des Hauses des Siricus.

erscheinen mochten. Neben der rechten Ecke öffnet sich die Thür eines
sehr einfachen kleinen Cubiculum (4), vielleicht der *cella atriensis* mit einer
der Thür gegenüber befindlichen Bettstatt. Grade gegenüber befindet sich eine
ähnliche kleine Kammer 5, welche früher durch eine Thür mit dem Tablinum 6 verbunden war, zuletzt aber, nachdem diese Thür vermauert worden,
als Schrankzimmer gedient hat, in welchem man noch die Spuren von drei
Reihen Brettern in den Wänden erkennt. Das Tablinum 6 liegt an der

gewöhnlichen Stelle, ist aber ungewöhnlicherweise nach hinten geschlossen
und erscheint wie das Atrium in seiner Decoration unfertig, einfach roh abgetüncht. In diesem Tablinum fand man außer manchen anderen Gegenständen die Reste einer sehr großen hölzernen Kiste und in derselben Reste von
Geweben, welche möglicherweise die Waaren des Siricus waren. Neben ihm
führen die Fauces 7 in den hintern Theil des Hauses und neben ihnen liegt
ein großes und elegantes *triclinium fenestratum* 8. Dieses empfing sein Licht
aus dem Peristyl durch ein breites Fenster, an dem man nachweisen kann,
daß es mit doppelten Klappladen geschlossen werden konnte, welche sich
an einen in der Mitte stehenden hölzernen Pfeiler anlehnten. Das Gemach war, wie man an der Wand dem Fenster gegenüber sehn kann, gewölbt und über ihm lag ein Zimmer im Oberstocke, von dessen Wänden
Stücke erhalten sind. Das Triclinium war unter der Wölbung mit einem
eleganten Stuccocarnies geziert, welcher, ohne Zweifel nach dem Erdbeben,
in roher Weise restaurirt worden ist. Sehr elegant sind dagegen seine weiß-
gegründeten und durch gelbe und rothe Streifen eingetheilten Wände bemalt,
welche innerhalb reicher Architekturen eine Reihe interessanter Bilder tragen,
so (jetzt ausgehoben) eine Darstellung von Aeneas' Verwundung, eines der
sehr wenigen auf römische Poesie (hier Verg. Aen. XII. 398 ff.) zurück-
gehenden Bilder (Hlb. No. 1353.), die nicht näher zu erklärende Schmük-
kung eines Jünglings durch Mädchen (Hlb. No. 1366.) und ein mit Sicherheit noch gar nicht gedeutetes Bild (Hlb. No. 1396.); außerdem an den
untergeordneten Stellen schwebende weibliche Figuren (Hlb. No. 478. 455.
485. 491. 1915. 1963.). Neben diesem Triclinium führt der Gang 9 in die
Küche, während jenseits desselben am Atrium und weit gegen dasselbe geöffnet das größte und am glänzendsten decorirte, auch mit den interessantesten Bildern ausgestattete Gemach des Hauses, die große Exedra 10 liegt,
deren mit *opus Signinum* gedeckter Boden in der Mitte eine von einer
Mosaikborde umgebene Plattung von *giallo antico* und von violettem Marmor
zeigt. Auf der Wand dem Eingange gegenüber ist als Hauptbild Herakles
bei Omphale gemalt (Hlb. No. 1139., an der Wand links der troïsche
Mauerbau durch Poseidon und Apollon (Hlb. No. 1266.), auf derjenigen
rechts Thetis' Besuch bei Hephaestos, um die für Achill geschmiedeten Waffen
zu besichtigen (Hlb. No. 1361. Diese Bilder stehn auf rothem Grunde;
ringsum in den gelben Nebenfeldern sind Apollon und die Musen angebracht
(Hlb. No. 186. 860. 863. 866. 869. 872. 882. 888. 890., Apollon und
Kalliope auf der besonders reich geschmückten Hinterwand, die anderen
Musen rechts und links neben den Hauptbildern vertheilt, während über
einem umlaufenden Carnies von der Decoration des obern Theiles der Wand
außer Architekturen die bronzefarbig, also als Statue gemalte Figur des Ares
(Hlb. No. 273 b.) erhalten ist. An der vordern linken Ecke des Atrium
befinden sich zwei Thüren, von denen die eine, dem Ostium zunächst sich
auf eine ziemlich breite aus Holz construirt gewesene Treppe zum obern
Stockwerk öffnet, während die andere in ein sehr geräumiges, aber seinem
Zwecke nach schwer zu bestimmendes, wiederum von der Straße aus durch
ein vergittertes Fenster erleuchtetes Gemach 11 führt, das auf weißen Wänden

mit leichten Ornamenten und kleinen Landschaften und mit einer sehr interessanten Folge von Götterattributen (Adler, Blitz und Globus für Zeus,
Pfau und Wollkorb für Hera, Greif und Kithara für Apollon u. s. w.) decorirt ist (Hlb. No. 108. 166. 192. 241. 265. 364. 556. 1105.). Auch hier
wurden die Reste einer großen hölzernen Kiste und ein schöner Candelaber
gefunden, dessen Fuß mit scenischen Masken ornamentirt ist. — Der Gang
9 führt, wie schon erwähnt, in die Küche 12; diese enthält an der Wand
rechts vom Eintretenden den Heerd, über welchem in roher Ausführung
Vesta, Vulcan und Laren (Hlb. No. 63. gemalt sind, ferner einen Backofen sowie einen Ausgußstein mit weiter Öffnung zum Abflusse des gebrauchten
und einer Röhre der Wasserleitung zur Zuführung frischen Wassers, endlich
die Spuren einer, offenbar schon in antiker Zeit entfernten Mühle, für welche
der Hausbesitzer in der größern Bäckerei seines Nachbars in der *Via stabiana* Ersatz finden mochte. Neben der Küche liegt eine größere Vorrathskammer 13 und eine schrankartige kleine Kammer 14, neben welcher ein
langer Gang 15 auf die Straße hinausführt, und zwar durch einen Raum 16
hindurch, der einstmals ein Laden mit Hinterzimmer gewesen zu sein scheint,
zuletzt aber theils (16 *a* als Vorrathsraum und theils 16 *b* als Abtritt,
wahrscheinlich für die Sclaven diente. — Durch die Fauces 7 und durch
ein kleines, gänzlich schmuckloses Zimmer 17, welches für irgend einen
Sclaven bestimmt gewesen sein mag, gelangt man in das Peristyl, dessen
Porticus 18 an zwei Seiten von Säulen gebildet wird, die, achteckig, aus
Ziegeln aufgemauert und mit Stucco überkleidet, mit einander durch eine
Brüstungsmauer (*pluteus*) verbunden sind, während innerhalb des frei blei-
benden viereckigen Raumes 19 vier grün bemalte und nicht cannellirte Säulen
stehn, auf denen ein Schattendach von leichter Construction gelegen haben
wird. An der rechten Seite der Porticus wurde eines der vollständigsten Beispiele eines mit *imbrices* und *tegulae* gedeckten Daches gefunden, welches
indessen nicht hat erhalten werden können. Innerhalb der Brüstungsmauer
ist bei *b* eine Cisternenmündung und bei *c* ein thönernes Puteal angebracht.
In der vordern rechten Ecke der Porticus liegt ein kleines Gemach 20 mit
weißen Wänden und leichten Ornamenten, über dessen Thür eine Nische
angebracht ist, in welcher Hausrath aufbewahrt worden sein mag. Der
Raum 21 liegt unter freiem Himmel und ist ohne alle Decoration, auch an
sich ohne näheres Interesse, welches er aber dadurch gewinnt, daß man an
drei vermauerten Thüren *d* und verschiedenen niedergerissenen Mauern deutlich sieht, daß er früher zu den angrenzenden Thermen gehört hat, deren
zunächst benachbarte Räume (die Latrina, die Einzelzellen u. einen Theil
des Apodyterium der Frauenabtheilung s. oben S. 204 u. 6.) der Plan Fig. 170.
zeigt, um dies höchst auffallende Verhältniß, daß von einem öffentlichen
Gebäude Theile abgenommen und einem Privathause zugefügt wurden, topographisch klar zu machen. Innerhalb dieses freien Raumes ist nur ein
undecorirtes Zimmer 22, welches als Ergastulum gedient haben mag. —
Mit den in den Räumen 1—20 in ziemlich normaler Anlage ursprünglich
abgeschlossenen, dann durch 21 und 22 erweiterten Hause ist nun vermöge
einer durch die Wand der Porticus gebrochenen Thür *e* ein zweites Haus

verbunden, welches wiederum für sich betrachtet eine ziemlich normale Anlage zeigt. Sein Eingang 23 ist, wie schon gesagt, von der *Strada Stabiana* aus; das mit gelben Wänden geschmückte ziemlich tiefe Ostium, neben dem an der Straße zwei Läden *f g* liegen, führt in ein mäßig geräumiges toscanisches Atrium mit dem regelmäßigen Impluvium, hinter dem wie gewöhnlich ein Marmortisch und in welchem außerdem ein kleinerer Tisch steht. Von den das Atrium umgebenden, durchweg kleinen Zimmern wird das auf gelben Wänden nur roh ornamentirte 25 als Cella des Atriensis zu betrachten sein, 26, 27, 28, 29, mit wenig decorirten, weißen und rothen Wänden als Cubicula. Nur das alaartige Gemach 30 ist reicher mit Architekturen geschmückt und empfängt außer durch die Thür vom Atrium her, so wie auch das benachbarte Zimmer 29 Licht durch ein Fenster in seiner Hinterwand, welches auf einen am Ende vermauerten Gang des Nebenhauses hinausgeht. Jeder tablinumartige Raum fehlt diesem Hause, aus dem Atrium tritt man durch eine verschließbar gewesene Thür sofort in das geräumige und regelmäßige Peristylium 31, dessen Porticus von zehn unten gelb bemalten, oben weißen und canellirten Säulen getragen wird, innerhalb deren in der umlaufenden Rinne ein Puteal *b* steht. Die Wände sind gelb und roth bemalt und diejenige, welche gegen das Peristyl des vorher beschriebenen Haupthauses grenzt, ist mit interessanten Bildern bemalt, unter denen eine muthmaßliche Leto (Hlb. No. 170.) und als ihr Gegenstück eine Artemis (Hlb. No. 236.) hervorzuheben, außerdem schwebende Figuren, eine Bakchantin und Niken (Hlb. No. 490.; 907. 911. 911.), endlich im Friese ein Amazonenkampf (Hlb. No. 160 b.) zu bemerken sind. Im Hintergrunde des Peristyls liegen drei Gemächer, von denen das erste 32, welches überwölbt gewesen und auf gelben Wänden reich decorirt, jetzt aber sehr zerstört ist, seiner Bestimmung nach schwer zu benennen ist. Das mittlere 33 trägt exedraartigen Charakter und hat ebenfalls gelb bemalte Wände, auf denen es drei Hauptbilder trug; dasjenige der Hinterwand aber ist zerstört, während man links vom Eingang einen nicht ganz sicher erklärten musikalischen Wettstreit (Hlb. No. 1375.), rechts gegenüber ein noch ganz unerklärtes Bild findet, welches (Hlb. No. 1388 b.) einen Jüngling vor einem barbarischen (phrygischen) Könige darstellt. Das dritte, vielleicht als Triclinium zu bezeichnende Gemach 34 hat drei Hauptbilder aufzuweisen, links vom Eingange Aphrodite und Ares (Hlb. No. 317.), an der Hinterwand Endymion (Hlb. No. 957.) und rechts Achill auf Skyros (Hlb. No. 1300.); außerdem Büsten (Hlb. No. 356 c. 1270.).

No. 19. Obgleich in der durch die verschiedensten Verhältnisse bedingten Mannigfaltigkeit der bereits mitgetheilten Pläne das Streben nach der Normalanlage und das Festhalten an der charakteristischen Ordnung der wesentlichen Räume des römischen Hauses eben so wenig verkannt werden kann, wie in den in der Folge mitzutheilenden Plänen, so soll doch nicht versäumt werden, hier Plan und Durchschnitt desjenigen Hauses von Pompeji mitzutheilen, welches am meisten von allen die Regel darstellt und die charakteristischen Räumlichkeiten am vollständigsten enthält. Es ist dies, wie schon früher bemerkt, das unter dem Namen der *Casa di Pansa*

bekannte, 1811 entdeckte, aber eigentlich erst 1813 und 1814 ausgegrabene
Wohnhaus No. 25. im Plan), welches mit seiner Façade an der *Strada delle
terme* den alten Thermen gegenüber liegt, mit seinem Areal jedoch eine
ganze Insula, d. h. ein Quartier zwischen vier Straßen (*Strada delle terme.
Vico della fullonica, Vico di Mercurio* und *Vicolo di Modesto*) ausfüllt. Seine
Façade und manche inneren Mauern sind von Nocerastein, weisen also auf
die Gründung in samnitischer Zeit hin, doch ist Vieles in der letzten
Periode geändert und restaurirt.

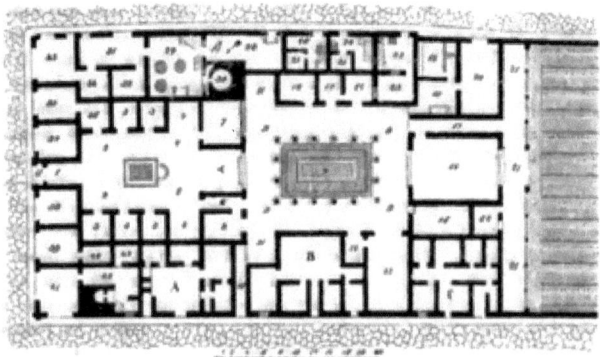

Fig. 171. Plan der *Casa di Pansa.*

a Vestibulum, dessen innere Schwelle mit einem SALVE in Mosaik
geschmückt gewesen und auf welches, ziemlich rasch ansteigend das Ostium 1
folgt, 2 Atrium mit dem Impluvium, 3 Cubicula, 4 Alae, durch Mosaikfußböden vor den anderen Zimmern ausgezeichnet, hier zu beiden Seiten
des Atriums vorhanden und zu keinem Nebenzweck benutzt, während wir
bereits in mehren Häusern des beschränktern Raumes wegen nur eine Ala
oder eine derselben, sei es als Vorrathskammer, sei es als Durchgang, benutzt gefunden haben, 5 Tablinum, dessen Boden, wie in vielen anderen
Häusern, mit weißem, schwarzgerandetem Mosaik bedeckt ist; dasselbe ist
ganz offen nach beiden Seiten, nur daß der Boden nach hinten um zwei
Stufen erhöht ist; 6 Fauces, auch hier nur auf einer Seite angebracht, während gegenüber ein mit weißem Mosaikboden geschmücktes nach hinten
gegen das Peristyl nur durch eine niedrige Brüstungsmauer geschlossenes
Zimmer 7 liegt, welches von Einigen nach den angeblich vorgefundenen
Resten von Manuscripten die Bibliothek oder das Archiv des angesehenen
und reichen Bewohners gewesen sein soll, welches aber viel eher den Eindruck eines *triclinium fenestratum*, kurz eines behaglichen, zum Peristyl in
Beziehung stehenden großen Wohn- oder Speisezimmers macht. Ungefähr
dasselbe gilt von dem Zimmer rechts *b*, neben den Fauces und mit einem
Eingang von ihnen, welcher auch gegen das Peristyl durch eine, dem Fenster

des Gemaches links entsprechende weite Thür geöffnet ist; dieses Zimmer
kann füglich nur den Namen einer Exedra führen, auf keinen Fall ist dasselbe als ein Schlafzimmer zu betrachten, denn wenn man in oder an diesem
Raume von einer Nische für die Bettstelle gesprochen hat, so muß deren
Existenz in Abrede gestellt werden; auch sind die Thüröffnungen für ein
Schlafzimmer viel zu weit. Aus dem Peristylium 9 führt gleich hinter diesem
vordern Theile des Hauses durch das rechte Gemach 11 ein mit eigenem
Verschluß versehen gewesenes Posticum 10 auf die Nebengasse. Das Peristylium ist eines der geräumigeren in Pompeji, 20,15 $\times$ 13,10 M. groß,
von sechszehn Säulen umgeben, die, von Nocerastein und ursprünglich ziemlich reiner ionischer Ordnung, bei einer Restauration, wahrscheinlich nach
dem Erdbeben von 63, mit Stucco bekleidet und im Capitell mit Blätterschmuck versehen, also in gemischte Ordnung gebracht und jetzt in ihrem
übertünchten Zustande am untersten dickern Drittheil mit nur ganz flachen
Canelluren gelb bemalt, in den oberen zwei Drittheilen dagegen tiefer
canellirt und weiß bemalt sind. Zwischen den beiden ersten Säulen jeder
Seite ist ein Puteal für das Wasser der Cisterne, von denen aber nur dasjenige der linken Seite erhalten ist. Das Innere des Peristyls bildet eine
Piscina von gegen 2 M. Tiefe, deren Wände mit Wasserpflanzen und Fischen
bemalt gewesen, aber jetzt völlig farblos sind. Von den Gemächern, welche
das Peristylium umgeben, bilden die ersten beiden rechts und links 11 eine
Art von Exedren, schattige offene Räume mit Ruhebänken, welche beim
Lustwandeln im Peristyl benutzt worden sein mögen. Auf der linken Seite
liegen drei Cubicula 12, von denen die beiden letzten ausnahmsweise durch
eine Zwischenthür verbunden sind. Rechts finden wir nur ein Triclinium 13
von ganz normaler Gestalt mit einem Nebenzimmer 14, in welchem wahrscheinlich die Tischgeräthe und sonstiger Hausrath aufbewahrt wurde, wenn
dies nicht das Zimmer war, in welchem sich die Musikanten, Tänzerinnen,
Gaukler und dergleichen Leute versammelten und vorbereiteten, welche man
gegen das Ende der Mahlzeit vor den Gästen ihre Künste produciren zu
lassen liebte. Der übrige Raum dieser Seite wird durch Läden ohne Verbindung mit dem Hause in Anspruch genommen, mit welchen der Besitzer
sein ganzes Haus umgeben hat. Im Hintergrunde des Peristyls liegt das
Hauptgemach des Hauses, ein prachtvoller Oecus 15 von 5 $\times$ 7,40 M., mit
breitem thorartigem Eingang vom Peristyl, nach dem Säulengang und Garten
hinter dem Hause durch eine Brüstungsmauer gesperrt, welche die ganze
Aussicht frei ließ, jedoch ohne die innere Säulenstellung, welche wir aus
dem Oecus der *Casa di Meleagro* kennen. Neben denselben ein um zwei
Stufen erhöhtes Zimmer 16 mit schmaler Thür, welches Einigen sehr wenig
wahrscheinlich als ein zweites Triclinium, Anderen freilich vollkommen unerweislich als Tabularium oder Archiv gilt; andererseits ein saueresartiger
Durchgang in den Garten 17 mit einem Eingang in den Oecus. Neben
diesem Gange sehn wir die Küche 19 mit einem Hintergemach 18, das als
Speisekammer gedient haben mag, und einem größern Nebenraum 20, der
als *ergastulum*, als Arbeitszimmer der Sclaven angesprochen worden ist, viel
eher aber als Stall betrachtet werden mag und einen breiten, auch für

Pferde und Wagen hinreichenden Ausgang auf die zweite Nebengasse hat.
In der Küche sind viele Geschirre von Thon außer dem gemauerten Heerde
gefunden worden, auf dem noch die Holzkohlen
gelegen haben sollen. Links vom Heerde ist ein
Larenbild mit den Schlangen darunter (Hlb.
No. 53.), zur Seite rechts ein aufgehängter Schinken, während das entsprechende Bild links zerstört ist. An der hintern Fronte des Gebäudes
erstreckt sich ein Säulengang 21, dessen mittelstes
Intercolumnium, wo die Säulen durch dickere Pfeiler ersetzt sind, wie sich das mehrfach in analogen
Fällen wiederholt (s. Isistempel, größere Thermen
u. s. w.), weiter ist als die übrigen, um eine freie
Aussicht aus dem Oecus zu gestatten. Das einzige an ihm liegende Zimmer 22 kann den Namen
einer Exedra deshalb nicht tragen, weil es nach
dem Garten nur durch eine Thür und ein Fenster
geöffnet ist, anstatt ganz unverschlossen zu sein,
und wird als die Wohnung (cella) des Gärtners
(hortulanus) zu betrachten sein, welche wir an der
entsprechenden Stelle im Hause des M. Epidius
Rufus wiederfinden.

Fig. 172. Durchschnitt der Casa di Pansa.

Was nun endlich diesen jetzt völlig wüst liegenden Garten anlangt, dessen Anfang der Plan Fig.
171. zeigt, so will man seine Beete bei vorsichtiger
Ausgrabung noch unter der Asche gefunden haben,
wie dies bei dem Garten in dem eben genannten
Hause des M. Epidius Rufus allerdings der Fall
ist; hier im Hause des Pansa ist davon jetzt Nichts
mehr zu sehn. Aus ihrer nach früheren Berichten
überlieferten und mit derjenigen im Hause des
Epidius Rufus übereinstimmenden Anordnung,
welche man im Plan erkennen kann, geht sehr
deutlich hervor, daß der Garten nicht als Zier-
und Blumen-, sondern als Nutz- und Küchengarten gedient hat. Interessant ist es, daß man in
demselben auch noch die Bleiröhren ausgegraben
hat, durch welche die Gemüsebeete mit Wasser
versehen wurden. Zwei große kupferne Kessel
können nur zufällig in diesen Garten gekommen
sein, so gut wie eine kleine Bronzegruppe, Bakchos und einen Satyrn darstellend (abgeb. unten
im artistischen Theil, die man in Leinen gewickelt in einem dieser Kessel fand, nur bei der
Flucht der Bewohner an diesen Ort gekommen sein kann.

Von der Einrichtung des obern Geschosses, dessen sichere Spuren vor-

handen sind, können wir nichts Bestimmtes mittheilen, nur in einigen wenigen
Zimmern des obern Stockwerks fand man den Fußboden bei der Ausgrabung
noch nicht eingestürzt, und daß man in diesen Räumen namentlich sehr viele
Gegenstände der Toilette und des weiblichen Putzes auf dem Boden liegend
fand, beweist, was ohnehin anzunehmen war, daß hier Schlafzimmer, namentlich solche für den weiblichen Theil der Familie waren. Es ist zweckmäßig erschienen, von diesem regelmäßigen Hause einen aus zuverlässigen
Elementen von Mazois restaurirten Durchschnitt (Fig. 172.) zu geben. Ehe
wir dasselbe jedoch verlassen, muß der Läden noch besonderer Erwähnung
geschehn, welche dasselbe rings umgeben und durch deren Miethe der Hausherr einen nicht unbeträchtlichen Theil seines Aufwandes bestritten hat.

Der erste Laden, wenn wir an der obern Seite unseres Planes beginnen,
22, hatte ein Hinterzimmer 23 und sein Inhaber muß noch wenigstens ein
Zimmer im obern Geschoß inne gehabt haben, wie dies die Treppe im Laden
selbst beweist. Auch die beiden folgenden 24 und 26 hatten ein Zimmer
im obern Stock, begnügten sich aber im Parterre mit einem sehr kleinen
und halbdunkeln Hinterzimmer 25 und 27 außer dem eigentlichen Laden.
Die Räume 28—34 gehören einer Bäckerei und Mühle an, deren Einrichtungen wir später an einem andern Beispiel genauer kennen lernen
werden. Es ist nicht möglich, die Bestimmung aller der einzelnen Gemächer nachzuweisen, nur das Mühlenhaus 29 mit drei Mühlen, dem Back-
tisch, dem Wasserreservoir und den Behältern für das Mehl, ferner der
Backofen 30 sind sicher bestimmt; in 33 mit dem Hinterzimmer 34 wird
man den Laden annehmen dürfen. — In dem Mühlen- und Backzimmer,
pistrinum, war ein talismanisches Bild an die Wand gemalt mit der Unter-
schrift: *Hic habitat Felicitas*, Hier wohnt das Glück.

Der folgende Laden 35 gehört zum Hause, in welches er sich öffnet,
und zwar durch ein am Atrium gelegenes Zimmer 36, in welchem der Sclave
sich aufhielt, der in diesem Laden für seinen Herrn feilbot. Welcherlei
Waare läßt sich nicht entscheiden, es ist aber in diesem Falle allerdings
anzunehmen, daß es die Erträge des Feld-, Wein- und Ölbaus des Haus-
sitzers gewesen seien. Der nächste Laden 37, sowie die beiden Läden an
der Hauptstraße jenseits des Einganges zum Hause 38 und 39 bilden einzelne Zimmer oder Gewölbe ohne Zusammenhang unter sich oder mit dem
Hause. Auch die Treppen fehlen ihnen, und nur der Laden 39 hat ein
Hinterzimmer 40. Größer ist die Einrichtung des gewerbtreibenden Ab-
miethers des Eckladens No. 41, welcher außer diesem Laden noch ein größeres, durch ein breites Fenster auf die Straße erleuchtetes Gemach 42 inne-
hatte, in welchem ein großer gemauerter und überwölbter Heerd nebst einem
Brunnen steht und an welches ein Hinterzimmer 43 anstößt. Trotz dieser
Funde hat es nicht gelingen wollen, das Geschäft sicher festzustellen, welches
der Inhaber dieses Ladens betrieb, obwohl es weitaus am wahrscheinlichsten
ist, daß er Töpfer war. Endlich bleiben uns noch drei Complexe von Gemächern zu erwähnen übrig, welche mit *A*, *B* und *C* bezeichnet, und
welche, daran kann kaum gezweifelt werden, Miethwohnungen für weniger
Wohlhabende *inquilini*, Miethwohner ohne Eigenthumsrecht gewesen sind.

Es ist unmöglich, die einzelnen Räume derselben ihrer Bestimmung nach
zu nennen, wir wollen nur bemerken, daß man in der Wohnung C vier
Frauengerippe gefunden hat, welche goldene Ohr- und Fingerringe mit geschnittenen Steinen trugen, etliche dreißig Stücke Silbergeld und noch sonst
allerlei Gegenstände bei sich hatten, und die also, falls es die Bewohnerinnen
dieser Abtheilung waren, was man wohl annehmen darf, beweisen, daß dergleichen zur Miethe Wohnende nicht als arme Leute zu denken sind, wenn
sie auch keinen Grundbesitz hatten.

Die folgende Abbildung Fig. 173. giebt den Plan eines Complexes
von vier Wohnhäusern aus der Straße des Mercur oder vielmehr von je zwei
und zwei verbundenen, welche 1828 und 1829 ausgegraben, unter dem
Namen der *Casa del centauro* und der *Casa dei Dioscuri* oder *del
questore* bekannt und durch manche Besonderheit merkwürdig sind No.
38. und 39. im Plan. Die Einrichtung der Verbindung zweier Wohnungen
durch eine Mittelthür, von der schon zwei Beispiele in der *Casa di Lucrezio*
und der *domus Sirici* (No. 17. und 18. betrachtet worden und von der hier
ein Doppelbeispiel vorliegt, kehrt noch oftmals in Pompeji wieder, nur, wie
aus den eben genannten Beispielen hervorgeht, nicht immer in der Regelmäßig-
keit des Planes wie hier und in einigen anderen Beispielen. Zur Erklärung
dieser Doppelhäuser hat man mancherlei Unhaltbares vorgetragen; so hat
man sie als die Wohnungen zweier verwandten oder nahe befreundeten
Familien angesprochen, oder, weil in der Regel, wie auch in den zunächst
zu behandelnden Beispielen, die eine der verbundenen Wohnungen ungleich
kleiner und weniger reich erscheint, als die andere, diese letztere als die
Sclavenhausung betrachtet. Daß sie dies in mehren Fällen gewesen sei,
mag nicht in Abrede gestellt werden, den eigentlichen Grund aber haben
wir anderswo zu suchen. Es sind uns schon mehrfach Wohnungen begegnet
(s. oben No. 9. 11. 15.), deren ältester, auf wenige Räume beschränkter Bestand
durch spätere Anbauten erweitert worden ist. Ganz Ähnliches liegt hier
vor; eine stärker anwachsende und reicher gewordene Familie kaufte das
nach irgend einer Seite an das ihrige anstoßende Grundstück, hier und da,
um es baulich mit dem frühern Besitze zu verbinden, in anderen Fällen,
und das sind diejenigen der eigentlichen Doppelhäuser, um das Hinzuerworbene so wie es stand und lag neben dem frühern Hause zu bewohnen.
In diesen Fällen genügte zum Theil und mußte, je nach der Lage (s. das
Haus des Siricus, oben No. 18., die Herstellung einer Verbindungsthür
genügen, während man, wo es sich thun ließ und das Bedürfniß vorlag,
mehre Verbindungen herstellte und so das Ganze in Eins zog, ohne die
ursprüngliche Anlage in der Hauptsache zu verändern. War nun das eine
der so verbundenen Häuser ein kleines, schmuckloses neben einem größern
und reichern, so ist es ganz natürlich, daß man das kleinere für die weniger
edeln Zwecke, als Sclavenwohnung, zu Haushaltungs- und Arbeitsräumen,
zur Unterbringung von Gästen u. s. w. benutzte und die größeren und
schöneren Räume dem Verkehr der Gesellschaft und ähnlichen Zwecken
vorbehielt. Die größte Mannigfaltigkeit der Pläne und der Benutzung der
Räume tritt uns auch hier entgegen.

No. 20. Wohnung *A. Casa del centauro, Strada di Mercurio* No. 13., von ältester Construction in seiner Anlage. 1 Ostium mit vorliegendem nicht ganz unbedeutendem, aber eigens gleich an der Straße verschließbarem Vestibulum, zu seinen Seiten zwei Zimmer 2, 3 mit Fenstern nach der Straße, die aber so hoch angebracht sind, daß sie sich recht deutlich als bloße Licht-öffnungen zu erkennen geben, ohne den Bewohnern irgend eine sonstige Beziehung zu dem Leben der Straße zu gewähren. Ganz Ähnliches ist uns schon in der *Casa di Meleagro* an derselben Straße begegnet. Das Zimmer rechts 3 ist deutlich ein Schlafzimmer mit einem angebauten und etwas er-höhten Alkoven α; beide Räume solid prächtig mit mehrfarbigen Quader-nachahmungen in Stucco und wohl erhaltenem, im größern Raume doppeltem Stuccocarnies mit feinsten Zahnschnitten decorirt. Es kann also nicht, wie man gesagt hat, die Cella des Atriensis und eben so wenig kann der kleine Raum neben α der Abtritt gewesen sein, sondern wird um so mehr als ein schrankartiger Behälter zu betrachten sein, als er seine eigene Thür gehabt hat. Der Fußboden des Zimmers wie des Alkovens ist mit *opus Signinum* gedeckt, in welches kleine weiße Marmorstückchen, einfache gradlinige Figuren bildend, eingelegt sind. In demselben fand man die Reste einer starken hölzernen, mit Bronze beschlagenen Kiste, in den Wänden von α sieht man die deutlichen Spuren von Schränken, und von den hier bewahrten Geräthen hat man dreizehn silberne Löffel, sechs kleinere und sieben größere, deren Stiel als Ziegenfuß gestaltet ist, aufgefunden. Das Zimmer links 2 zeigt auf abwechselnd gelben und rothen Wandflächen allerlei Thiere, zum

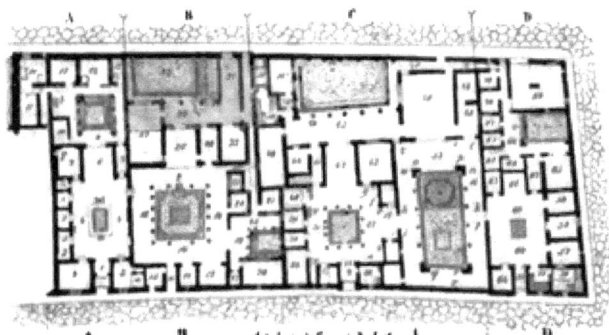

Fig. 173. Plan der *Casa del centauro* und der *Casa dei Dioscuri.*

Theil phantastische, außerdem kleine schwebende und sonstige Figuren, unter denen eine archaïsirende, welche auf einer Basis von vier Stufen steht, auffällt. Auch das Zimmer 2 hat einen doppelten Carnies von Stucco und war wie jenes gegenüber gewölbt. 1 tuscanisches Atrium, hinter dessen Impluvium von Nocerastein ein jetzt fehlender, nicht besonders eleganter Tisch von weißem Marmor stand. Links an demselben liegen verschiedene kleine Cellen 5, deren erste, wie die Löcher in der Wand zeigen, als *apotheca* diente und im Grunde eine erhöhte Stelle β, vielleicht für ein Bett, zeigt. Rechts liegen keine Zimmer am Atrium, in der Mauer dagegen befinden sich zwei Verbindungsthüren mit dem Nachbarhause, deren eine jedoch schon im Alterthum vermauert worden ist, obwohl man ihre Schwelle von weißem Marmor liegen ließ, während man durch die andere drei Stufen abwärts in das korinthische Atrium des Haupthauses gelangt. Neben dem Tablinum 6 liegt links ein größeres Zimmer 7 mit weißen Wänden und Stuccocarnies, in dem ein Wandschmuk χ angebracht ist, in diesem in der Wand ist ein Bleirohr der Wasserleitung sichtbar; rechts die Fauces 8, durch welche, wie durch das nach beiden Seiten ganz offene aber nach hinten um eine Stufe erhöhte Tablinum, man in das Peristylium 9 gelangt. Dasselbe ist in jeder Weise sehr beschränkt, der Säulenumgang schmal, der als Viridarium benutzte, von einer Wasserrinne umgebene Hofraum klein; die acht Säulen von Nocerastein mit späterer Stuccobekleidung, deren letzte links in einen starken Doppelpfeiler von römischen Ziegeln vermauert ist, sind durch einen *pluteus*, eine niedrige Brüstungsmauer, verbunden, welche ausgehöhlt ist, um Erde aufzunehmen, in welche Blumen gepflanzt wurden; in der Mitte liegt ein aufgemauertes Wasserbassin. Links ist der Säulenumgang durch ein hineingebautes Zimmer 10 verbaut, hinter dem sich derselbe zu einer Art Vorplatz dreier Zimmer 11 erweitert, deren hinterstes, durch ein Fenster von der Hintergasse erleuchtet und mit einem Ausgang auf diese versehn, die Küche mit dem Heerde nebst dem Abtritt gewesen ist, während die anderen entweder beide als Vorrathskammern gelten können oder wenigstens das eine diese Bestimmung gehabt hat, während das andere links von der Küche ein Sclavenschlafzimmer war. In diesem Vorplatz ist der Anfang der Treppe δ erhalten, welche vielleicht in einer Wendung nach links auf den Umgang des Peristyls, wenigstens sicher nicht gradaus führte. Im Hintergrunde des Peristyls liegt eine Exedra 12, auf deren linker Seitenwand ein mythologisches Bild sich befindet, welches (Hlb. No. 1382.) auf Aeneas bezogen wird, der von Venus die Waffen empfängt; ihm entsprachen andere, jetzt zerstörte, unter denen man die Auffindung Achills unter den Töchtern des Lykomedes (Hlb. No. 1303.) erkannt hat. Eigenthümlicherweise liegt hier eine Cisternenöffnung. Daneben 13 ein kleines Gemach ungewisser Bestimmung. Man sieht aus dem Überblick des Ganzen, daß dies ein völlig in sich abgeschlossenes und vollständiges Haus gewesen ist, welches einzig und allein durch die Thür im Atrium mit dem größern Nachbarhause verbunden worden.

Dieses, *B*, welches im engern Sinne den Namen »Haus des Centauren« nach einem Gemälde im Tablinum trägt, ist größer und reicher in seiner Decoration und bietet in seinem Plane einige nicht unwichtige Besonderheiten. Neben dem Eingang 14 liegt an der Straße links ein sowohl auf die Straße wie auf den Gang des Ostium geöffnetes Zimmer 15, welches eine steile Treppe zu einer obern, wahrscheinlich unabhängigen Miethwohnung enthalten zu haben scheint, von dem Haupthause aber zugleich (im *subscalare*, als *apotheca* benutzt wurde. Von der Decoration des Ostium ist nur ein kleines

Stück erhalten, welches einen im Rohr gehenden Storch erkennen läßt. Die Hausthür lag unmittelbar an der Straße. Das Atrium 16 ist ein korinthisches und nähert sich in seiner Ausdehnung fast ganz der Form der Peristyle; innerhalb der Säulen umgiebt eine Wasserrinne ein Viridarium, in dessen Mitte man eine ganz flache Piscina bemerkt. Im Hintergrunde steht eine Marmorbasis für eine Brunnenstatue *z*, die aber so wenig aufgefunden wurde, wie zwei Statuetten in Nischen des Tablinum, wahrscheinlich also von den Besitzern des Hauses nach der Katastrophe ausgegraben worden ist. Daß im Nachbarhause C Nachgrabungen angestellt sind, ist wenigstens sicher. Vor der Basis *z* ist noch ein flaches Bassin für Wasser mit zwei kleinen Löchern in die Rinne um das Viridarium. Die sechszehn gemauerten und mit weißem Stucco bekleideten Säulen dieses prachtvollen korinthischen Atrium haben bemalte Capitelle, von denen ein Exemplar bei Zahn II. 19. abgebildet ist. An dem breiten Säulenumgang liegen nur sehr wenige Zimmer und diese von anderer Art, als wir sie gewöhnlich finden. Gleich rechts neben dem Eingang ist ein weitoffenes Zimmer 17 wohl Nichts als die *cella atriensis*, daneben ein Gemach in Gestalt einer Exedra 18, in dem wohl auch eine solche zu erkennen sein wird. Die Wand des Atrium rechts ist von einem weiten Eingang nicht in ein Zimmer, sondern in eine eigene Abtheilung des Gebäudes durchbrochen, in der man, freilich ohne jegliche Gewähr, die Frauenwohnung hat erkennen wollen, welches aber richtiger als ein ursprünglich eigenes kleines Haus mit dem jetzt verbauten Eingang in 22 zu betrachten ist, wie dergleichen kleine, meistens aber nicht immer in späterer Zeit mit größeren Nachbarhäusern verbundene Wohnungen die Ausgrabungen der letzten Jahre mehre zu Tage gefördert haben. So wie andere dieser kleinen Häuser hat auch dieses kein Atrium, sondern sein Ostium führt gleich in das kleine Viridarium 19 mit dem Brunnen, von dessen Säulenumgang aus zwei Zimmer 20 und 21 durch breite Fenster Licht erhielten, durch welche man zugleich die Aussicht auf die grünenden Pflanzungen des allerdings kleinen Viridarium hatte. Die Hinterwand des Zimmers 20, eines *triclinium fenestratum*, ist bei Zahn II. 71. farbig abgebildet. Sie zeigt auf schwarzem Grunde ziemlich einfache architektonische, Pflanzen- und Thierornamente und macht einen wenig heitern Eindruck. Das verbaute Ostium diente später als *apotheca*. Aus dem Peristylium zweigt sich ein schmaler gewölbter Gang 23 ab, welcher allmählich geneigt zu den Kellerräumen dieser Wohnung führt, welche sich mit jetzt eingestürzten Wölbungen soweit der Plan schraffirt ist unter No. 27, 29, 30 und 31 befinden, und auf den man auch noch vom Atrium und vom Peristyl des Hinterhauses aus gelangen kann. Neben dem Eingang in die eben besprochene Abtheilung der Wohnung liegt am Atrium ein Cubiculum 24, welches außer durch die Thür noch durch ein Fenster Licht erhält, eine Einrichtung, welche wegen der Breite des Umganges im Atrium getroffen werden mußte, wenn das Zimmer nicht gar zu dunkel werden sollte. Unmittelbar an dieses Zimmer grenzt ein Raum 25, der einzig in seiner Art in Pompeji ist. Es ist dies nämlich ein vorn durch eine niedrige Brüstungsmauer, in dessen Marmorplatte die Spuren einer eisernen Vergitterung stecken, abgeschlossenes Gemach, über dessen Bestimmung wunderliche Vermuthungen aufgestellt worden sind. Dasselbe soll nämlich nach den Einen ein Behälter für wilde Thiere oder wenigstens für einen capitalen Löwen oder Tiger gewesen sein, nach Anderen ein Bad oder ein Zimmer für Blumen, was Alles schwerlich unpassender hätte ausgedacht werden können. Daß die Römer in ihren Villen außer Hühnerhöfen, Taubenschlägen, Wildgehegen unter Anderem auch Menagerien hatten, ist freilich bekannt, und es könnte deshalb auch ein wohlhabender Pompejaner, der für Thiere Liebhaberei hatte, allenfalls in seinem Hause in der Stadt einen geräumigen Käfig vielleicht für ein Prachtstück von einem Löwen oder Tiger gebaut haben, allein einen solchen könnte er hinter den weitläufigen und schwachen Gitterstäben des in Frage kommenden Raumes nun und nimmermehr aufbewahrt haben. Die beiden anderen Ansichten, welche hier ein Bad oder ein Blumenzimmer, dies letztere ohne Licht und gegenüber den Blumenpflanzungen des Viridarium erkennen wollen, verdienen keine ernstliche Widerlegung; wie Bäder in Pompeji aussehn, wissen wir zur Genüge, und wo sie in Privathäusern lagen nicht minder. Eine aufmerksame Prüfung der Thatsachen läßt aber auch über die wirkliche Bestimmung des kleinen Gemaches, so einzig in seiner Art es sein mag, keinen Zweifel. Die Brüstungsmauer ist 0,57 M. hoch; auf der Höhe ihres Randes laufen viereckige Balkenlöcher um alle drei Wände; die hier eingelassenen Balken trugen also wohl unzweifelhaft einen hölzernen Fußboden; in der Hinterwand finden wir über einander zwei weitere Reihen viereckiger Löcher, in welchen Balken für Bretter oder schrankartige Kasten befestigt waren. Das ganze Gemach erscheint demnach als Aufbewahrungskammer von Kostbarkeiten, die man zur Schau stellen wollte, und eben deshalb vergittert. Zugänglich konnte es nur durch die Thüren in beiden Seiten des Gitters, deren Riegellöcher erhalten sind, vermöge einer angesetzten hölzernen Treppe sein, aber auch das mag als wohlberechnet gelten.

Das Tablinum 26, nach vorn ganz offen, nach hinten halb geschlossen, war prächtig mit zwei großen ausgehobenen Gemälden geschmückt, von denen dasjenige rechts (IIIb. No. 1116. Herakles mit dem Kentauren Nessos in einer in Pompeji wiederholt vorkommenden Weise darstellend, dem Hause den Namen gegeben hat. Auf der Wand gegenüber sind Meleagros und Atalante, den getödteten kalydonischen Eber vor ihren Füßen, gemalt (IIIb. No. 1165.). An den Seiten des breiten Ausgangs nach hinten sieht man zwei blau gemalte Nischen für Statuetten, welche aber so wenig wie die Figur auf der Basis im Atrium aufgefunden worden sind. Dagegen war dieses Haus besonders reich an mancherlei, zum Theil sehr schönem Hausgeräth, Candelabern, Vasen, Wagen u. dgl. m.

Links neben dem Tablinum, dessen Boden mit weiß und schwarzem Mosaik und in dasselbe eingelegten bunten Marmorstückchen bedeckt ist, welche regelmäßige Figuren bilden, liegt ein geräumiges Triclinium 27 mit einem doppelten Eingang aus dem Tablinum und aus dem Peristyl des Hinterhauses, auf dessen Viridarium ein breites, jetzt mit dem hintern Theile der Mauern zusammengestürztes Fenster sich öffnete. Der Fußboden dieses

Saales enthielt eines der schätzbarsten Mosaike, welche wir aus Pompeji besitzen und auf das wir zurückkommen werden, jene bekannte Darstellung eines von Eroten gebändigten Löwen, abgeb. unter anderem bei Zahn II. 93. Das Gemälde, rund, von 2,30 M. Durchmesser, lag in der Mitte des Bodens, wurde 1829 in Gegenwart des Königs und der Königin von Sardinien entdeckt und ist in das Museum in Neapel gebracht worden. Rechts am Tablinum haben wir die Fauces 28, die breiter und reicher decorirt sind als gewöhnlich und vom Tablinum aus einen Eingang haben, der mit dem Eingang in das Triclinium die Symmetrie herstellt. Das in Folge des Einsturzes der Gewölbe des hier unterliegenden Kellers unbetretbare und nebst den angrenzenden Räumen bis fast zur Unkenntlichkeit zerstörte Peristyl 29 und Viridarium 30 sind sehr beschränkt. Nur eine Reihe von vier Säulen, deren beide äußerste noch vermauert sind, öffnet den Zugang zum Viridarium, neben dem rechts eine Piscina lag. In der Mitte der Hauptwand des Viridarium ist, jetzt kaum noch erkennbar, eine lebensgroße Nereïde auf einem Seepferd gemalt. Neben dieser führt der hintere Ausgang, *posticum*, 31 auf den *Vicolo del Fauno*. Diesem Ausgang gegenüber finden wir in 32 eine auch durch den Zugang neben 25 und oberhalb des Ganges 23 erreichbare Exedra, deren Decoration wieder keinen Gemähleschmuck, sondern die Stucconachahmung von Hausteinen zeigt, wie sie in der ältern Periode Pompejis üblich war, welche aber durch die Gliederung der Wände durch flache Pilaster mit eigenthümlichen, an diejenigen des Athenatempels von Priene erinnernden Capitellen, über denen ein freilich nicht ganz reiner dorischer Fries mit Triglyphen und Metopen liegt, wieder ihr ganz Besonderes hat. Eine ganze Abtheilung dieser Wand ist abgebildet im Mus. Borb. VI. tav. AB unter *E*.

No. 21.] Die Wohnung *C*, die *Casa del questore* oder *dei Dioscuri*, 1828 und 1829 ausgegraben, ist nicht allein die größte und reichste dieses Complexes, sondern nimmt nach der Schönheit und Pracht ihrer Decoration eine der ersten Stellen unter allen Häusern Pompejis ein. Den erstern Namen empfing das Haus von drei Geldkisten im Atrium, natürlich ohne jegliche Gewähr, besonders da sich dergleichen auch in mehren andern Häusern fanden und der Geldkasten im altrömischen Hause in das Atrium gehört; der zweite Name, welcher überwiegend im Gebrauche ist, bezieht sich auf ausgehobene Gemälde der Dioscuren rechts und links im Ostium (Hlb. No. 963.).

Die Façade des Hauses hat ein heitereres Aussehn, als die mancher anderen, wenngleich auch sie nur einförmig und durch die zwei kleinen Fenster der Zimmer an der Straßenfront wenig belebt ist; aber man hat durch Farbe zu helfen gesucht, den in Quaderform gearbeiteten Bewurf mit einem mannshohen rothen Sockel verziert und die darauf folgenden in Stucco nachgeahmten weißen Quadern der samnitischen Bauperiode mit zierlichen Rändern eingefaßt. Auf den rechten Thürpfeiler war ein jetzt ausgehobener Mercur Hlb. No. 18.] gemalt, der mit dem Beutel in der Hand von der Fortuna ausgesandt wird, um einem Günstling die Schätze der Göttin zu bringen, der also gewiß eher die Wohnung eines Kaufmanns als die des

Quaestors von Pompeji, bezeichnet. Die Schwelle des Hauses liegt zwischen
zwei Anten unmittelbar an der Straße. In der Mitte des lebhaft gelb und
roth mit schwebenden Figuren bemalten Ostium 33 befindet sich ein Stein
mit runder Öffnung, welcher zur Reinigung des unter dem Boden fortge-
führten Wasserabzugs diente und sich ebenso in manchen anderen Häusern
wiederfindet. Rechts öffnet sich eine Thür in die Cella des Ostiarius 34,
in der zugleich die Treppe in das obere Stockwerk und ein Abtritt sich
findet, links vom Eingange entspricht derselben ein nach dem Atrium geöffnetes kleines, elegant, für den Atriensis zu elegant bemaltes Gemach 35.
In ihm sieht man eine flache Nische, welche einen Schrank enthalten haben
wird, und links neben der Thür füllt den Hintergrund eine Erhöhung 0,09 M.}
wie für ein *cubile*. Die weißen Wände sind mit Architekturen geziert, von
denen Zahn II. 89. ein farbige Probe giebt, von den sie schmückenden Einzelfiguren sei in der obern Abtheilung ein Poseidon (IIIb. No. 171.) und eine
als Hera mit zweifelhaftem Rechte benannte Figur (IIIb. No. 169.) hervorgehoben. Neben diesem Zimmerchen ist eine kleine Geräth- oder Garderobe-
kammer 36, ähnlich der, welche wir in dem Hause A neben dem Alkoven
des ersten Zimmers rechts gefunden haben und wie jene mit eigener Thür
verschließbar. Das Atrium, dessen Eingang vom Ostium her wieder von zwei
Pilastern flankirt wird, 37 ist korinthisch und eines des geräumigsten und
schönsten in ganz Pompeji; zwölf Säulen mit unten rothen, oben weißen
und cannelirten Schäften und jetzt nicht mehr vorhandenen bemalten Capitellen umgeben das Impluvium, an welchem seitwärts das Puteal der Cisterne
und in der Mitte der hinteren Säulen ein Postament für eine nicht aufgefundene Statue steht. Der bedeckte Umgang des Atrium ist fast 3 Meter
breit und seine Wände sind ringsum mit Gemählden bedeckt gewesen, von
denen allerdings wenig zurückgeblieben ist. Jedoch rühren nicht alle leeren
Stellen der Wände, welche diese jetzt entstellen von modernen Aushebungen
vorgefundener Bilder her, ihrer mehre sind vielmehr bei der Ausgrabung
leer gefunden worden, waren also antiker Weise hergerichtet um in dieselben, so wie wir es in der Casa di Lucrezio gefunden haben, den Marmorstucco für die nach Vollendung der Wanddecoration zu malenden Wand-
bilder einzufügen. Auf der Wand a war Fortuna mit Füllhorn und Steuerruder
(IIIb. No. 912.), auf derjenigen b Bakchos mit einem Satyrknaben (IIIb.
No. 100.) gemalt; die Wand c zeigte Demeter (IIIb. No. 176.), diejenige d,
an der andern Seite des breiten Eingangs in das Peristylium, Apollon die
Leier spielend (IIIb. No. 161.); über der erwähnten Thür ist in der Mitte ein
Panisk mit einem Hermaphroditen (IIIb. No. 1370.), zu beiden Seiten sind
Landschaften gemalt; dies Alles ist bis auf die an Ort und Stelle zu Grunde
gegangenen Landschaften jetzt ausgehoben, weiter folgte, jetzt ebenfalls im
Museum zu suchen, bei e Kronos mit der Sichel in der Hand (IIIb. No. 96.),
bei f ist eine schwebende Siegesgöttin mit einem Kranz und einem Schilde,
auf dem die bekannten Buchstaben S. C. *senatus consultum, senatus consulto*
stehn (IIIb. No. 900.), noch heute vorhanden. Auch auf den schmalen
Wandflächen der gegenüberliegenden Seite fehlten ähnliche Einzelfiguren
nicht, von denen aber nur ein Ares (IIIb. No. 273.) erkennbar und am

Orte ist, während unter den hier ausgehobenen der sitzende von der Nike bekränzte Zeus IIIb. No. 102. als besonders großartig erfunden hervorgehoben werden muß. Den Grund dieser sämmtlichen Figuren bilden abwechselnd roth und gelb bemalte, aber nur von schmalen Ornamentrahmen nicht besonders reich umgebene Felder. Nichts desto weniger wird das ganze Atrium prächtig genug ausgesehn haben. Und doch stehn die Malereien des Atrium sowohl an Kunstwerth wie an Bedeutsamkeit des Gegenstandes gegen mehre Bilder der andern Gemächer dieses Hauses zurück. Bevor wir diese durchwandern, müssen wir uns noch die drei im Atrium bei *g g g* aufgestellten Geldkisten, von denen jetzt nur noch die gemauerten Fundamente vorhanden sind, etwas näher betrachten. Dieselben [1] waren von starkem und dickem Holze, im Innern mit Kupfer ausgeschlagen, äußerlich mit bronzenen Platten belegt, in welchen theils reine Ornamente, Maeander, Arabesken, Blätterwerk, theils figürliche Reliefe ausgetrieben, die aber, schon bald nach der Ausgrabung durch einander geworfen, bis jetzt nicht näher bekannt sind. In der größern, reicher decorirten fand man 45 Gold- und 5 Silbermünzen, in den kleineren kein Gold, sondern nur in einer derselben einen liegenden Hund in Relief von Bronze und eine Fortunenbüste von gleichem Material. Von den das Atrium umgebenden Gemächern ist dasjenige 38 an der Straße ein verhältnißmäßig großes, hübsch, mit dem Schlafzimmer 35 übereinstimmend decorirtes, selbst aber schwerlich zum Schlafzimmer bestimmtes Gemach. Seine hintere Hauptwand dem Eingange gegenüber war in der Mitte durch ein ausgehobenes Gemälde geschmückt, welches Selene und Endymion darstellt IIIb. No. 960.), während zu beiden Seiten desselben auf den Nebenfeldern des architektonischen Gesammtornaments sich schlecht erhaltene, schwebende Bakchantinnen finden und unter dem Fenster auf der Wand nach der Straße die Spuren eines sich im Quell beschauenden Narkissos IIIb. No. 1361.) noch erkennbar sind. Auf dies größere folgen zwei kleinere Zimmer 39, deren zweites in einer schmalen Nische rechts vom Eingange einen Wandschrank enthielt, während man im erstern in der Hinterwand die Vertiefung für die Bettstelle erkennen kann. Die Ala 40 zeichnet sich vor anderen durch gemauerte Bänke oder die Unterlage für solche aus, welche an ihren drei Seiten hinlaufen. Im Grunde des Atrium finden wir nach den Fauces 41, neben denen die Treppe liegt, ein schönes, nach beiden Seiten ganz offenes Tablinum 42 von 5,30 × 1,80 M., dessen Boden mit weißem, schwarzgerandetem Mosaik belegt ist und dessen beide Wände mit sehr reicher und prächtiger Malerei bedeutsamen Inhalts geschmückt waren. Die ganze Wand rechts ist bei Zahn II. 23. abgebildet, die einzelnen Ornamente farbig auf Tafel 75; das ausgehobene Mittelbild stellt die Entdeckung Achills durch Odysseus unter Lykomedes' Töchtern auf Skyros dar IIIb. No. 1297.) und ihm entsprach auf der in gleicher Weise decorirten Wand links als Hauptgemälde in der Mitte die fragmentirt ausgehobene Darstellung der bekannten Scene des ersten Buches der Ilias, wo Achill mit Agamemnon hadernd gegen den König sein Schwert ziehn will, von Pallas aber zurückgehalten wird (IIIb. No. 1307.. Daß diese beiden Gemälde beabsichtigte Gegenstücke sind, ist um so gewisser,

als dieselben beiden Gegenstände in der *Casa di Apolline* in merkwürdigen
Mossaikgemälden einander ebenso entgegengesetzt vorkommen, man darf
aber auch den tiefern Sinn nicht verkennen, der in ihrer Gegenüberstellung
liegt, dort der Augenblick, wo die Griechen mit Mühe und List den gewaltigen Peliden gewinnen, ohne den sie nicht hoffen, Ilion einzunehmen,
hier der Augenblick, der Achills Trennung von der gemeinsamen Sache der
Griechen bedingt, in jenem Groll, der

> »den Achaeern unnennbaren Jammer erregte
> Und viel tapfere Seelen der Helden sandte zum Hades.«

Die Seitenbilder beider großen und schönen Gemälde zeigen schwebende Gruppen eines Bakchanten und einer Bakchantin (Hb. No. 515. 522. 523. 529.),
diejenigen der linken Wand noch vorhanden, diejenigen rechts ausgehoben.

Rechts neben dem Tablinum ist das Triclinium 43, welches aus dem
Atrium betreten wird, aber aus dem Peristyl durch ein großes Fenster Licht
erhält. In diesem Saale ist namentlich ein Gemälde an der Wand gegen
das Tablinum bemerkenswerth, welches gewöhnlich als des Kindes Achill
Eintauchung in den Styx durch seine Mutter gedeutet wird, aber schwerlich
wirklich diesen Gegenstand darstellt (Hlb. No. 1390.). Auch Thetis mit
den Waffen für ihren Sohn auf einem Seeroß reitend (Hlb. No. 1321.) und
gegenüber Arion auf dem Delphin (Hlb. No. 1377.) kommt hier vor und
in kleinen Medaillons tanzende und verschiedene Instrumente spielende
Eroten. Auch an der Wand gegen das Atrium ist ein größeres Gemälde,
welches erst neuerlich seine richtige Deutung: Minos und Skylla (Hlb.
No. 1337.) erhalten hat, die gesammten Wände aber vom Sockel an bis
hoch hinauf sind sehr reich und prächtig decorirt. Weniger reich, wenn
auch elegant decorirt, ist ein auf der andern Seite neben den Fauces gelegenes und ebenfalls aus dem Peristyl beleuchtetes aber kleineres Zimmer 44,
an dessen Hinterwand, bestens erhalten, Apollon und Daphne Hlb. No. 208.)
gemalt sind, während rechts kaum in Spuren erhalten Adonis Hlb. No. 344.)
und links Silen mit dem Bakchosknaben Hlb. No. 378.) die Wand ziert [22].

Das Peristylium 45 ist ein nur unvollständiges, indem nur die vordere
Säulenreihe, einstmals in ihren Intercolumnien mit einem wahrscheinlich
hölzernen Gitter verschlossen, frei steht und die drei anderen als Halbsäulen
aus den Mauern vorspringen, welche das Viridarium umgeben. Vor dem
Säulengang ist eine Brunnenöffnung, um das Wasser aus der Cisterne zu
ziehn, auch steht hier ein Marmortisch mit Löwenklauenfüßen. Im Grunde
des Viridarium befindet sich ein kleines zweisäuliges Tempelchen mit der
Basis einer in Fragmenten gefundenen und nicht mehr vorhandenen Statuette, deren Kopf dem der Isis aus dem Tempel dieser Göttin gleichen
soll; vor dem kleinen Heiligthume stand ein niedriges Monopodium, auf
welches die Opfergaben niedergelegt wurden und von dessen Fuße noch ein
kleines Stück erhalten ist. Auch in diesem Raume fehlt die malerische
Decoration nicht; unter dem Säulengang an den Mauerpfeilern des Tablinum
entsprechen einander ein paar jetzt entfernte Lustspielscenen Hlb. No. 1165.
1170., außen an der Wand des großen Triclinium oder Oecus 46 rechts
vom Viridarium ist einerseits links neben dem großen Fenster eine Land-

schaft mit Staffage, ein Opfer darstellend Hlb. No. 1556., gemalt, andererseits die bekannte Geschichte von Phaedra und Hippolytos Hlb. No. 1242., während eine Io Hlb. No. 133., ausgehoben ist und auf der Hinterwand des Viridarium in Spuren erhalten, Bäume und Sträucher mit Blumen und flatternden Vögeln den beschränkten Raum des Viridarium scheinbar zu erweitern bestimmt sind, wie das in Pompeji noch mehrfach vorkommt.

Über die Gemächer, welche von der Porticus aus ihren Zugang haben und welche deshalb gleich hier genannt werden mögen, obgleich ihrer einige eigentlich zu der kleinern, weiterhin zu beschreibenden Abtheilung gehören, über diese Gemächer ist nicht viel zu sagen. Schon erwähnt wurde das Sommertriclinium oder der Oecus 46, neben dem der Gang zur Hinterthür 47 vorbeiführt, und welcher durch vielfache und bedeutende Lichtöffnungen nach allen Seiten, die man im Plan erkennen kann, und durch die Aussicht auf die beiden Viridarien des Hauses zu einem der heitersten und luftigsten Räume in Pompeji wird, indem er zugleich eins der am kostbarsten, wenn auch nur einfach decorirten Gemächer der Stadt war. Nicht Gemälde schmückten die Wände, keine Tünche ist überhaupt angewendet, sondern mit jetzt allerdings bis auf einzelne Spuren verschwundenen Platten vielfarbigen Marmors waren die Wände bekleidet, also in einer Weise, welche in Rom erst in Caesars Zeit durch Mamurra s. oben S. 217.) aufkam. Die daneben gelegenen Zimmer 48 können als Cubiculum mit einem Vorzimmer gelten. Auf der andern Seite des Säulenganges finden wir in 49 nach der Ansicht einiger Schriftsteller ein geräumiges Schlafzimmer, während dasselbe Anderen ungleich wahrscheinlicher für ein Triclinium und zwar das Wintertriclinium gilt, das sein Licht von oben empfangen haben muß; vom Gemäldeschmuck desselben sei nur ein Bild an der Wand links vom Eingange erwähnt, welches Narkissos Hlb. No. 1366., und ein anderes an der Wand rechts von der Thür, welches nach einer frühern Deutung Hektor und Paris, nach dem 6. Gesange der Ilias 325—341, nach richtiger Bestimmung dagegen Apollon mit einem hier so wenig wie in anderen Fällen benennbaren Geliebten darstellt, außerdem Ornamente, welche bei Zahn II. 19. farbig abgebildet sind. Neben diesem Zimmer liegt die Küche 50 mit wohlerhaltenem Feuerheerd und einer Treppe zum obern Geschoß; und in 51 ist ein Durchgang mit einer Wandschranknische links neben dem Eingange; hinter diesem befindet sich in 51′ noch ein geräumiges, einfach decorirtes Gemach mit einem Fenster in das Viridarium, und in 52 haben wir den hier, wie vielfach, neben der Küche angebrachten durch zwei kleine Lichtöffnungen und ein größeres Fenster von der Straße erleuchteten und mit unten rothen, oben weißen, roth getheilten Wänden merkwürdig stattlich decorirten Abtritt. In der Ecke der Treppe gegenüber in der Küche ist ein großes Wasserleitungsrohr und die Aufwaschwanne, vor der Kammer 51 in der Wand eine Cisternenöffnung.

Wenn für ein so großes und reiches Haus wie dieses das Viridarium mit der Hauscapellennische nur klein und unbedeutend erscheint, so ist diesem Mangel durch ein zweites Peristyl 53 mit Garten und Piscina, in der ein Springbrunnen plätscherte, abgeholfen, der ganz ähnlich wie in der

Casa di Meleagro (oben No. 16.) neben der Hauptabtheilung der Wohnung
liegt. Sehr ausgedehnt ist auch dieser Raum nicht, welchen man durch
eine breite Thür vom Atrium aus betreten kann und welcher einen zweiten dreifachen Ausgang auf die Porticus 45 und die anstoßenden Räume 46 und 48
bietet, aber derselbe ist sowohl durch seinen Umgang farbiger Säulen wie durch
das schöne tiefe Bassin des Fischteiches mit dem Springbrunnen, wie endlich
durch zahlreiche Malereien gar anmuthig und schmuckvoll und muß für die
im Triclinium zu Tafel gelagerten Gäste eine reizende und überaus erfreu-
liche Aussicht, für die Bewohner des Hauses einen ausgesuchten Spaziergang
geboten haben. Es ist das einer der Räume, in welchem uns die Bequemlichkeit und die Heiterkeit dieses antiken Lebens so recht fühlbar vor die
Seele tritt.

Der Gemäldeschmuck ist sehr interessant. Rechts und links vom Eingange aus dem Atrium setzen sich noch vorhanden jene Einzelfiguren
fort, welche wir im Atrium gefunden haben, dort (*h*) in einer Venus Pompeiana mit dem Genius (IIIb. No. 295.), hier *i* in einer schwebenden
Bakchantin mit Thyrsos und Tamburin (IIIb. No. 481.), einer der schönsten
und großartigsten dieser schwebenden Einzelfiguren. Als männliche Gegenstücke finden wir gegenüber rechts und links neben dem Durchgang in das
kleine Nebenhaus hier *k*) einen bewegt vorschreitenden bewaffneten Jüngling oder Heros ungewisser Deutung (IIIb. No. 1830.), dort (*l*), ausgehoben,
einen Krieger, der den Schild hoch erhebt und das Schwert zum Streiche
bereit hält, und der durch die kühne Verkürzung, in der sein Gesicht gemalt ist, besonders merkwürdig wird (IIIb. No. 1831.). Eine Einzelfigur
schmückt endlich noch einen jener Pfeiler, welche an den Ecken des Peristyls anstatt der Säulen die Decke tragen, bei *m* eine Priesterin mit einer
Schlange (IIIb. No. 1519.), während auf dem entsprechenden Pfeiler *n* ein
heiteres Bildchen gemalt ist, ein Knabe, der einen Affen tanzen läßt (IIIb.
No. 1117.). Auf der äußern Fläche der Pfeiler gegen das Triclinium befand sich (jetzt ausgehoben) rechts bei *o* Medea im Begriffe ihre Kinder
zu tödten, welche in kindlicher Unschuld unter der Aufsicht des Paedagogen Knöchel spielen (IIIb. No. 1262.), links bei *p* auch ausgehoben
eine der häufig wiederholten Darstellungen der Befreiung Andromedas durch
Perseus (IIIb. No. 1166.). Das meiste Interesse aber von den Gemälden
dieses Hauses nehmen zwei Gegenstücke auf der Fläche der beiden anderen
Eckpfeiler *q*, *r* in Anspruch. Beide stellen jetzt im Museum, IIIb. No.
1151. golden gemalte Dreifüße dar, auf deren Querstäben die Apollons und
Artemis' Pfeilen unterliegenden Kinder Niobes, links sieben Söhne, rechts
sieben Töchter angebracht sind. Endlich nennen wir noch (ebenfalls ausgehoben) einen Bakchos mit einem Satyrn (IIIb. No. 399.) auf der Wandfläche *s* neben dem breiten Eingang vom Triclinium, sowie eine weitere
Reihe von Compositionen und Einzelfiguren, von denen die folgenden noch
an Ort und Stelle, andere ausgehoben oder bis auf geringe Reste zerstört
sind, bei *t* eine Waffnung Achills (IIIb. No. 1323.), bei *u* ein Jüngling
neben einem Pferde (IIIb. No. 1511.), gegenüber bei *c* ein bewaffneter
Jüngling (IIIb. No. 1835.), endlich bei *z* ein sitzendes und wie aufmerksam

lauschendes Mädchen (Hlb. No. 1556. . Außerdem sind als Nebenbilder an den untergeordneten Stellen dieser Wände in dem Ornament eine Menge kleiner Bilder angebracht, welche sogenanntes Stillleben enthalten, eine Taube, welche eine Ähre aus einem Korbe zieht, zwei gebunden liegende Antilopen, Wasserhühner, ein todtes Rebhuhn neben einem Korb mit Feigen, einen Schwan, einen Korb mit Früchten, ein todtes Ferkel u. dgl. mehr.

Aus diesem Peristylium gelangt man endlich in das kleine Nebenhaus *D*, welches in seiner ganzen Einrichtung Manches enthält, was den Gedanken zu unterstützen scheint, den man zur Erklärung der Doppelhäuser unter anderen ausgesprochen hat, daß nämlich die kleineren Nebenwohnungen für die zahlreiche Dienerschaft der größeren Haupthäuser benutzt worden seien. Erweislich ist freilich eine solche Bestimmung auch hier nicht, und es darf nicht verschwiegen werden, daß, so erwünscht ihre Bestätigung wäre, der wenngleich verhältnißmäßig bescheidene Schmuck dieser Abtheilung für eine Diener- d. h. Sclavenwohnung zu bedeutend erscheint. Das ursprünglich ganz selbständige Haus hat seinen eigenen Eingang von der Straße 54 behalten, neben dem rechts die Küche 55 mit wohlerhaltenem gemauertem Heerd, über dem ein paar Schlangen, und der Treppenraum 56 liegt, in welchem sich auch ein Abfluß für das Wasser der Küche und der Abtritt befindet. Hierneben liegen drei Zimmer 57, 58, 59, deren erstes mit einem ganz kleinen Fenster auf die Nebengasse, den *Vicolo di Mercurio*, und mit sehr bescheidener Decoration, gelben, von dunkeln Pfeilern getrennten Wandfeldern ohne Bilder, ein Cubiculum gewesen zu sein scheint; hier fand man eine Fülle von wohl nur zufällig hierher gekommenen Geräthen und Gefäßen, Bronzevasen mit eingelegtem Silberornament, Candelaber, ein Räucherfaß *acerra*, bronzene Schüsseln, Badekratzen, ein Feuerfaß, eine Wage, eine kleine eiserne Hacke u. dgl. mehr. Etwas eleganter ist die Decoration des zweiten Zimmers mit einem größern, höher angebrachten Fenster nach der Straße, und das dritte, welches am 15. November 1825 in Gegenwart des Königs Friedrich Wilhelm III. von Preußen ausgegraben wurde, der auch die mancherlei in demselben gefundenen Geräthe vom Könige von Neapel zum Geschenk erhielt. Dies die Zimmer rechts an dem einfachen und schmucklosen toscanischen Atrium 60, in dessen Hintergrunde ein kleines mit *opus Signinum* geplattetes Tablinum 61 mit weißen Wänden und ruinirten kleinen Bildern ein als Fauces dienendes Gemach 62 und ein durch eine Bettnische charakterisirtes Cubiculum 63 mit gelben Wänden und leichten Architekturen liegen. Die linke Seite des Atriums ist nur von der Wand mit dem Durchgange in das größere Haus *C* begrenzt, während an der Vorderseite links vom Eingange ein einziges Cubiculum 64 liegt. Aus den Fauces gelangt man rechts in ein Triclinium 65 mit rothen und gelben Wandflächen und der Aussicht auf das kleine Viridarium, neben dem eine Cisternenöffnung liegt. Die Decke des Umganges um dies Viridarium 66 wird nicht von Säulen, sondern nur von ein paar Pfeilern getragen. Auf den Umgang öffnet sich eine Reihe kleiner Schlafzimmer 67, welche in ihrer Schmucklosigkeit und Gleichförmigkeit für die der Dienerschaft gelten mögen. Hinter dem Tablinum liegt eine Art von kleiner Exedra 68, fast nur eine

Nische oder Grotte mit einfach gemalten Wänden, kleinem Stuccocarnies
und niedriger Decke, deren Balkenlöcher erhalten sind; an den drei Schlafzimmern vorbei gelangt man in einen großen Raum 69, dessen Decke durch
einen Pfeiler in der Mitte gestützt wurde und welcher einen fahrbaren gepflasterten jetzt vermauerten Ausgang auf die hintere Straße, den *Vico del
Fauno* hatte und ohne Zweifel als Stall und Remise gedient hat. Links endlich
neben diesem Stall, doch ohne Verbindung mit demselben, sehn wir noch
zwei kleine Schlafzimmer 70, in welche man gradaus durch die jetzt verbaute Fortsetzung des Ganges nach 69 und durch einen Gang gelangt, der,
durch ein Hinterfenster erleuchtet, am Ende über eine Rampe 71 anstatt
der Treppe in das Posticum der Hauptwohnung *C* führt. Auch dies sind
offenbar Sclavenzimmer gewesen.

No. 22.) Hinter diesem vierfachen Hause, jedoch mit dem Eingang
nicht aus dem breitern *Vico del Fauno*, sondern von dem engen *Vicolo di
Mercurio* aus liegt ein anderes Haus, die 1834 gefundene aber besonders 1835
ausgegrabene sogenannte *Casa del Laberinto* (No. 45. im Plan), welches
zu den bekanntesten von Pompeji gezählt wird, und welches nach einem

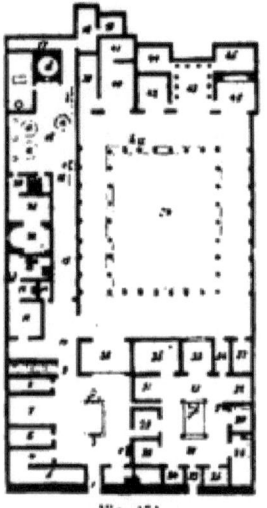

Fig. 174.
Plan der s. g. *Casa del Laberinto.*

sehr einfachen, scheinbar recht normalen,
aber dennoch mannigfach individuellen Plane
angelegt ist. Auch dies ist ein Doppelhaus,
welches sich von den besprochenen Doppelhäusern nur durch die größere Zahl der Verbindungen und durch den auffallenden Gegensatz in der Decoration der beiden Theile
unterscheidet und wahrscheinlich erst ganz
allmählich zu seiner jetzigen Ausdehnung gelangt ist, indem zwei kleine, ursprünglich
selbständige Häuser mit den Eingängen 1
und 23 verbunden, die auf dem großen Areal
hinter beiden gelegenen Häuser niedergerissen
wurden und der so gewonnene Raum zur Anlage nicht blos eines weiten Peristyles, sondern auch eines Bades und einer Bäckerei verwendet wurde. Die Orientirung ist leicht und
läßt sich kurz abthun. 1 Eingang, Ostium,
mit ursprünglich derselben doppelten Ein-
gangseinrichtung, wie sie in dem Hause des
M. Epidius Rufus (oben No. 14.) besser erhalten ist. An demselben liegt rechts der
Treppenraum 2, der, nach seiner Größe zu
urteilen, auch entweder als Vorrathskammer

oder als Schlafzimmer für Sclaven gedient hat. 3 toscanisches Atrium, hinter
dessen Impluvium der gemauerte Rest einer Statuenbasis steht. Am Atrium
liegen nur links Zimmer und zwar 5 ein großes von der Straße her erleuchtetes Gemach ungewisser Bestimmung, sorgfältig, wenn auch einfach decorirt,
zu welchem der Gang 4 führt, an dessen Ende rechts eine frühere Thür

nach 6 verbaut ist, ein kleineres dergleichen 6, welches, durch ein Fenster
von der Straße her erleuchtet, recht hübsche Bilder enthält, namentlich
links (halb zerstört an Ort und Stelle) eine Entführung der Europe (Hlb.
No. 125.) und gegenüber, noch mehr zerstört, eine verlassene Ariadne (Hlb.
No. 1230.), sodann eine Ala 7 mit einem weißen Mosaikfußboden und streng
architektonisch decorirten Wänden, eine rohe Sclavencella 8, in der die
Schlafstätte wohl unter der vortrefflich erhaltenen Treppe 9 von neunzehn
steilen Stufen bis zur Schwelle des Oberstockes sich befindet. Von einem
Vorplatze 10 gelangt man links in ein erst später hineingebautes ganz
wüstes Zimmer oder einen Verschlag ungewisser Bedeutung 11 mit einem
Nebenstübchen 12, in welchem sich ein kleiner Larenaltar befindet, und durch
dieses in die Küche 13, welche nicht allein (rechts) den Kochheerd und
(links) den Wasserausguß, sondern auch noch an der Hinterwand den Heerd
für das daran stoßende Bad enthält. Gradaus, vorbei an dem Abtritt 14
gelangen wir auf einem langen Gange 15 in eine Bäckerei 16 mit den
Mühlen *a*, vier großen Backtrögen von Thon *b*, einem Ausgußstein *c*, über
dem der Flußgott des Sarnus gemalt ist, wie oberhalb eine der symbolischen
Schlangen und Vesta von zwei Laren umgeben nebst der Venus Pompeiana
mit dem Genius (Hlb. No. 65.), endlich dem großen gewölbten Backofen *d*.
Links neben diesem Heerde sehn wir das eigentlich zur Brodbereitung bestimmte Zimmer mit einer Brunnenöffnung an der einen Seite, dem Fuße
des Backtisches in der Mitte und Balkenlöchern für Bretter in der Wand
des andern Endes. Da kein Laden mit dieser Bäckerei in Verbindung steht,
vielmehr der Zugang zu derselben nur durch die ganze Wohnung ist, so
darf man annehmen, daß das hier gebackene Brod nicht verkauft, sondern
nur für den Hausstand dieser Familie verbraucht wurde, auf dessen Ansehn-
lichkeit sich aus diesem Umstande schließen läßt. Hinter der Bäckerei sehn
wir noch zwei Zimmer 18 und 19, welche entweder als Vorrathsräume oder
als Cubicula der in der Bäckerei beschäftigten Sclaven gelten können. Links
von ihnen ist ein Gang 17 zu einem zweiten Abtritt. Das größte Interesse
in dieser Abtheilung des Hauses nehmen die Räume 20, 21, 22 in Anspruch,
welche ein vollständiges Bad bilden, und zwar so, daß das kleine Vorzimmer 20
das Apodyterium war, 21 das Tepidarium, welches mit Stuccatur und Malerei
in seiner Wölbung verziert war, und 22 das Caldarium mit der in Muschelform überwölbten Nische für das Labrum an dem einen, einer Vertiefung
für den Alveus an dem andern Ende. Die Hitze empfingen diese Räume
durch eine noch vorhandene Thonröhrenleitung und von dem schon erwähnten Heerde in der Küche 13. Am Anfang des langen Ganges 15 ist die
erste Verbindungsthür mit der Hauptabtheilung des Hauses, welche in das
Peristyl führt, eine zweite und eine dritte finden wir zwischen beiden Atrien.
Neben der letzten stand bei *e* im Nebenhause auf einer gemauerten Basis
eine starke Geldkiste ähnlich derjenigen im Hause des angeblichen Quaestors,
von der noch jetzt einige unförmliche Reste erkennbar sind.

Die Hauptabtheilung des Hauses hat natürlich ihren eigenen Eingang
von der Gasse 23 in ein ungewöhnlich breites, mehr zimmer- als gang-
artiges Ostium, neben dem links ein kleines Zimmer 24, füglich nur die

cella atriensis, rechts ein nicht größeres 25 liegt, welches als *apotheca* diente. Zweifelhaft ist, welchen Zwecken das ganz rohe größere Zimmer rechts 26 gedient hat, wenn es nicht eine an diesem Orte in ungewöhnlicher Lage angebrachte Küche war, auf welche uns ein in demselben befindlicher Ausgußstein hinweist. Ein gemauerter Heerd ist nicht in derselben, doch der könnte durch einen beweglichen von Eisen oder Bronze ersetzt gewesen sein, und der Platz dazu scheint in der Ecke erkennbar. Das Atrium 27 ist tetrastyl und von korinthischer Ordnung, geräumig, luftig, elegant, die Säulen von Stein ohne Stucco; hinter dem Impluvium steht ein Marmortisch *f* und hinter diesem sowie zwischen den anderen Säulen sind im Boden die Öffnungen der Cisterne. Von den das Atrium umgebenden Zimmern gelten die beiden links, das erste und zweite 28 und 29, und ein anderes rechts 30 für Cubicula, und es wird behauptet, sie seien als solche an der Bettnische oder dem gemauerten Grunde der Bettstelle erkennbar; doch ist das zweifelhaft und die angegebene Bestimmung für No. 28 um so mehr unmöglich, als durch dies Gemach ein Durchgang in das Nebenhaus sich findet, der auch an sich um so auffallender hier liegt, als der regelmäßige Durchgang unmittelbar neben diesem Zimmer angebracht ist. Da sich gleichwohl in 29 eine Vertiefung für das Bett in der Wand findet, müssen hier in der letzten Zeit der Stadt Veränderungen vorgegangen sein, die wir genauer nicht mehr nachzuweisen vermögen. Vor dem Zimmer 30 mit bestens erhaltener gemauerter Bettunterlage steht eine zweite angebliche Geldkiste *g*, die mit Rapilli angefüllt gefunden wurde, aber wenigstens in ihrem Eisenwerk noch ziemlich wohl erhalten ist. Nur in dem Zimmer 29 ist ein seines Gegenstandes wegen bemerkenswerthes, wenngleich nur mittelmäßig ausgeführtes Bild, darstellend Paris durch Eros, der ihm Helena verspricht, zur Untreue an seiner ersten Gemahlin, der Nymphe Oenone, verführt Hlb. No. 1257./. Das Motiv, nach welchem der verführerische Knabe Eros dem willig lauschenden Paris über die Schulter seine süßen Schmeichelreden zuraunt, kehrt in Vasen freien Stils und in Reliefen wieder.

Außer diesen Zimmern begrenzt das Atrium die beiden regelmäßigen Alae 31 und 32, deren Wände ganz roh sind. Die Hinterwand der linken ist von schmalen Luft- und Lichtöffnungen nach dem benachbarten Atrium durchbrochen; im Hintergrunde in der Mitte das weit offene, aber nach hinten durch eine Brüstungsmauer gesperrte Tablinum 33 mit einem Fußboden von weißem Mosaik mit farbigem Rande und einem bunten aus vier Maeandern gebildeten Labyrinth im Mittelpunkte. Daneben die Fauces 34, neben deren hinterer Thür eine viereckige Öffnung sich befindet, welche

Fig 175. Fensterverschluß.

durch eine von sechs gewölbten Öffnungen taubenschlagartig durchbrochene Thonplatte geschlossen ist, eine Füllung innerer Fenster zum Luftdurchzug, welche in Pompeji mehrfach vorkommt. Zur linken Seite des Tablinum sehn wir endlich in dieser vordern Abtheilung noch ein großes Triclinium 35, welches gegen die Ala wie gegen das Peristyl und gegen das Nebenhaus hin durch breite Fenster geöffnet ist.

Das Peristylium 36, dessen 23,20 × 26,50 M. großer Hofraum von einem 4 M.

breiten Säulengang umgeben ist, dürfte wohl eines der größten in Pompeji sein. Die dreißig dorischen Säulen, welche die Decke des Umgangs trugen, sind aus Ziegeln aufgebaut und mit feinem weißem Stucco überkleidet; ihnen entsprechen an den Wänden beider Seiten flache Wandpfeiler, welche die Wände in eine Zahl von getrennten Feldern eintheilen. Von farbiger Decoration dieses weiten Umgangs ist Nichts zu bemerken. Eine Piscina findet sich nicht im Peristylhofe, nur einen Brunnen für die Cisterne *h* sehn wir an der hintern Säulenreihe. Es ist nicht anders zu denken, als daß der Hofraum zum Garten benutzt war und deswegen so groß gemacht ist, weil das Haus keinen eigenen Garten hatte, noch nach der Beschaffenheit des Areals haben konnte. Man denke sich den Peristylhof mit schattigen Baumgruppen bepflanzt, zwischen denen üppige Weinstöcke sich, Festons bildend, dahinschlangen, und unter denen für glänzende Blumen, für welche man in Pompeji nach dem Zeugniß der Gemälde viel Sinn hatte, Raum und Licht genug bleiben mochte, man denke sich diesen Garten von der Pracht der dreißig Säulen eingefaßt, von dem schönen breiten und schattigen Umgang umgeben, man denke sich darüber den blauen Himmel und die glänzende Sonne Süditaliens, um sich die Anmuth und Schönheit eines solchen Peristyls vorzustellen, das wir nur durch ein paar armselige Linien im Plan anzugeben vermögen, und das auch in seinen Ruinen kaum den zehnten Theil des Eindrucks machen kann, den es in seinem unverletzten Zustande machte. An diesem Peristyl liegen nur vorn und hinten einige Zimmer, vorn ihrer zwei, nämlich eine kleine Exedra 37 rechts neben den Fauces, die Wände gelb und roth mit schwebenden Figuren, und ein größeres 38 links neben dem Triclinium, welches wie jenes einen breiten Eingang von dem Peristylgange und große Fenster gegen das Atrium des Nebenhauses 3 und das Gemach 35 hat, und seiner Form nach am wahrscheinlichsten als Triclinium zu bezeichnen ist. An der hintern Seite liegen neben einander zunächst zwei große gegen den Peristylhof weit geöffnete Zimmer 39 und 40, von denen das letztere, mit schönem farbigem Mosaikboden bei Zahn II. 99.) decorirt, sich wieder nur für die Bezeichnung eines Triclinium eignet, denn schwerlich darf man es als *procoeton* des kleinen dahinter gelegenen Zimmers 41 betrachten, welches letztere als *cubiculum* bezeichnet werden darf, da es die in solchen gewöhnliche Vertiefung für das Bett zeigt. Grade der Mitte des Peristylhofes gegenüber und in der Achse des großen Triclinium 35 liegt eine allerliebste Exedra 42 mit einem noch vorhandenen schönen Mosaikgemälde im Fußboden (abgeb. Zahn II. 50.), welches innerhalb eines den Rand bildenden Labyrinthes den Kampf des Theseus gegen den Minotauros darstellt und dem Hause seinen Namen gegeben hat. Sodann folgt der prachtvolle korinthische Oecus 43 von 6,70 × 6,50 M., dessen Fußboden von weißem, farbig umrandetem Mosaik ist, und dessen Decke, ähnlich wie in der *Casa di Meleagro* zehn von Backstein erbaute und mit weißem Stucco überkleidete Säulen tragen. Die Wände sind mit reichen Grotteskarchitekturen decorirt, haben aber sehr gelitten. Sehr eigenthümlich sind die beiden kleinen Cabinette 44 und 45, welche sich zu beiden Seiten im Hintergrunde in den Oecus öffnen. Über ihre Bestimmung kann man nur die ähnlichen

Räumen gegenüber schon hier und da ausgesprochene, natürlich nicht be-
weisbare Vermuthung aufstellen, daß ihrer eines als Zimmer zum Vorlegen
und Warmhalten der Speisen, das andere als Wartezimmer für die Jong-
leurs, Tänzer, Akrobaten, Mimen u. dgl. Künstler diente, die man nach
den Gastmählern sich produciren ließ. Den Schluß der Gemächerreihe bildet
ein schönes weit offenes Zimmer (exedra) 46 mit einer Nische für die Ruhebank im Hintergrunde. Hier wie in 44 und 45 ist an den Wänden farbiger
Marmor und Alabaster nachgeahmt und darüber liegt in der Nische ein Fries
mit monochrom gelb, grün und braun gemalten Brustbildern (Hlb. No. 601.
1526.) und kleinen scherzhaften Figuren (Hlb. No. 1527.). Der Fußboden besteht aus schachbrettartigem Mosaik.

(No. 23.) Als ein in mancher Hinsicht in seinem Plane verwandtes,
aber besonders durch die Eigenthümlichkeit seiner Decoration und durch
seine große Vornehmheit sich auszeichnendes Haus, welches zugleich zu den
berühmtesten und meistgenannten der Stadt gehört, möge hier auf die *Casa del
Laberinto* das Haus No. 46. im Plane folgen, welches man 1830 in Gegenwart
von Goethes Sohn auszugraben begann, und zu Ehren dieses und seines
großen Vaters eine Zeit lang *Casa di Goethe* nannte, ein Name, den
wir Deutsche nicht ganz in Vergessenheit gerathen zu lassen Ursache und
Recht haben, obgleich man sich seiner an Ort und Stelle nicht mehr erinnert. Denn jetzt sind zwei andere Namen für dies Haus im Schwange,
nämlich entweder *Casa del Fauno* nach einer kleinen Meisterstatue eines
tanzenden Fauns, oder *Casa del gran musaico* nach dem großen Mosaik

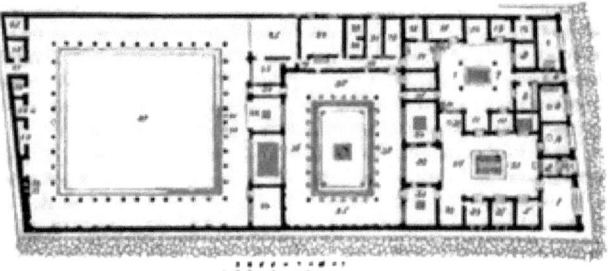

Fig. 176.   Plan der s. g. *Casa del Fauno* oder *del gran musaico.*

der Alexanderschlacht, auf welches wir zurückkommen. Aber nicht allein
dieses wundervolle Mosaikgemälde zierte die *Casa del gran musaico*, dieselbe
enthielt noch mehre andere ebenfalls namhafte Mosaiken, und ist eben durch
diesen vielfachen Mosaikschmuck und die einer frühern Periode der Stadt
angehörende Stuccoornamentik ihrer Wände bei geringfügiger Wandmalerei
von den meisten anderen Häusern Pompejis unterschieden. Zahlreiche Amphoren für Weinbewahrung, welche man in diesem Hause fand und noch
heutzutage an der linken Wand seines Peristyls sehn kann, machen es wahr-

scheinlich, daß sein Besitzer durch Weinhandel das Vermögen erwarb, welches ihn in den Stand setzte, ein so ansehnliches Haus an der Straße von Nola zu bauen, an der sein Haupteingang unter No. 55. liegt, und welches, wie das Haus des Pansa, eine ganze *insula* einnimmt, ohne wie jenes rings von Läden umgeben und durch vermiethete Räumlichkeiten beschränkt zu sein, so daß diese Wohnung von allen gleicher Art in Pompeji die größte ist.

Auch hier haben wir ein Doppelhaus vor uns, dessen beide Theile aber, obgleich ursprünglich ebenfalls zwei selbständige Häuser, in einem etwas andern Verhältniß zu einander stehn, als bei den bisher betrachteten Häusern, die Verbindung ist eine noch innigere, wie sich zeigen wird, und nicht auf das bloße Durchbrechen mehrer Verbindungsthüren beschränkt geblieben. Daß gleichwohl und trotz mehrfachen sonstigen Umbauten die beiden neben einander liegenden Atrien in ihrer ursprünglichen Gestalt neben einander liegen gelassen worden sind, scheint seinen Grund darin zu haben, daß die Atrien, selbst wenn man sie korinthisch machte, doch nicht die Ausdehnung gewinnen konnten, um in der Einzahl für so breite Areale auszureichen wie das des gegenwärtigen Planes und das der früher betrachteten. Wenn wir die Rundschau in der kleinern Abtheilung beginnen, soll doch zuvor noch kurz bemerkt werden, daß von den vier Läden 1, 2, 3, 4 ursprünglich zwei mit dem Innern des Hauses in Verbindung standen und zwar No. 1 durch eine Thür direct ins Atrium und eine zweite in ein kleines auf das Atrium ausgehendes Ladenzimmer 5. Der Laden gehörte also zum Hause, so gut wie No. 2, welcher sich nach hinten direct in das größere Atrium öffnet. Der Eingang der kleinern Abtheilung hat an der Straße nur ein um zwei Stufen erhöhtes, unverschlossenes Vestibulum, während seine Thür im Ostium 6 liegt. Durch dieses gelangen wir in das tetrastyle Atrium 7, dessen ursprünglich von Haustein errichtete Säulen später an ihrem untern Theile mit dickem Stucco überzogen, unten nicht canellirt und roth bemalt sind, während ihr oberes Stück, noch mit dem dünnen und harten Stucco der ältern Periode überzogen, canellirt ist. Der Unterschied der beiden Arten des pompejanischen Stucco und ihrer Verwendung kann hier besonders deutlich beobachtet werden. Die Impluvialwanne ist nur von Travertin, was mit der geringfügigen Decoration des ganzen Atrium übereinstimmt. Die Annahme, daß dieses ein Atrium displuviatum gewesen sei, ist irrig, weil das Impluvium unzweideutig zur Wasseraufnahme bestimmt und mit Abzugslöchern für die Cisterne versehn ist. Im Atrium wurde eine kleine Ara von Travertin mit einer oskischen Inschrift gefunden, welche den Namen der Göttin Flora enthält. Eine kleine Bronzestatuette, in der man eben diese Göttin erkennen will, findet sich ebenfalls in den Fundberichten dieses Atrium verzeichnet, doch kenne ich sie nicht. In Bezug auf die Flora-Inschrift äußert Mommsen (Unterital. Diall. S. 189.) frageweise die unzweifelhaft richtige Vermuthung, daß dies prächtigste aller Häuser in Pompeji einer alten Familie oskischer oder samnitischer Abkunft gehört habe, welche den nationalen Cult und sogar die nationale Sprache länger als die übrigen Bewohner bewahrt hätte. Das erste ganz schmucklose Zimmer 8 links am Ostium und Atrium mit doppelter Thür in jenes und dieses, scheint als *cella ostiarii* und *atriensis* und zugleich als *apotheca* gedient zu haben und enthielt außerdem eine vom Ostium aus betretbare Treppe zum Obergeschoß, dasjenige gegenüber 9 kann ein Gastzimmer aber auch die Zelle eines zweiten Sclaven gewesen sein. Auf der linken Seite des Atrium liegen nur noch zwei Zimmer 10 und 11, die man zu der einen wie zu der andern Abtheilung des Hauses rechnen kann, da sie eigentlich nur zwei breite Verbindungsgänge zwischen beiden Abtheilungen darstellen und somit auf den Namen von Zimmern kaum einen Anspruch haben, doch haben sie aller Wahrscheinlichkeit nach ursprünglich zu der größern Abtheilung gehört, und das Atrium der kleinern mag, wie dasjenige mehrer alter Häuser, nur an einer Seite Zimmer gehabt haben. No. 11 erscheint jetzt wie die eine Ala des ersten Atrium, entsprechend der vollständigen gegenüber 11, welche mit einem Fußboden von weißem Mosaik mit schwarzen und weißen Ornamenten in der Mitte geziert ist. Neben dieser Ala liegt ein Schlafzimmer 13 mit einem zweiten 12 hinter sich, welches, durch ein Fenster von der Straße erleuchtet, nur durch das erstere betretbar ist; man würde dieses also als *procoeton* betrachten, hätte man nicht in beiden Zimmern außer einigen bronzenen Vasen die Reste von Bettstellen und zwar von sehr kostbaren, elfenbeinerne Bettgestellfüße gefunden. Diese beiden Zimmer sind viel niedriger gestochen als die übrigen, so daß man über den Balkenlöchern der Decke den Anfang des zweiten Stockes sieht. An den Enden des Atrium befinden sich rechts und links Hausteinfundamente *a* und *b*, von denen dasjenige links einem in Fragmenten gefundenen Geldkasten zur Basis gedient haben mag, während das andere rechts, so viel man aus den bei der Ausgrabung gefundenen Resten zu schließen vermag, eine Presse zum Ausdrücken einer Flüssigkeit getragen zu haben scheint, welche sich durch ein Loch in der Mauer in das durchaus ungeschmückte Zimmer 15 ergoß. In der Mitte der Steinbasis rechts steckt noch ein Zapfen von Eisen. Die gewöhnlichen Gemächer der hintern Seite des Atrium, Tablinum, Triclinium u. dgl. fehlen hier, doch ist die Frage, wie viel von der jetzigen Gestaltung späterem Umbau zuzuschreiben ist; in der letzten Periode der Stadt scheint allerdings die kleinere Abtheilung für die Wirthschaft und das Geschäft des Hauses bestimmt gewesen zu sein. Anstatt der gewohnten Gemächer haben wir links nur die Fauces 16 in das beiden Abtheilungen gemeinsame Peristyl, während der größern Abtheilung die Fauces fehlen, rechts einen Vorplatz 17, an dem zwei Treppen und ein von der Straße her erleuchtetes Sclavenzimmer 18 liegen, und als dessen Verlängerung sich ein durch ein paar Fenster vom Peristyl 36 erleuchteter langer Gang 19 in den Garten darstellt, auf den rechts nach einem zweiten Sclaven- oder auch Vorrathszimmer 20 ein Waschzimmer 21 mit einem großen Ausgußstein und einem ansehnlichen Fenster nach der Straße, ein doppeltes Badezimmer 22 und 23 mit unterhöhltem Fußboden und den Resten von Bekleidung der Wände mit Thonplatten zum Durchzug der Hitze und eine von zwei Fenstern erhellte geräumige Küche 24 mit einem großen gemauerten Heerde, der Öffnung zur Heizung des Caldarium 23 und einer Larar/umnische sich öffnen, während unmittelbar neben dieser als das letzte Gemach dieser Seite ein weites Triclinium 25 liegt, welches sich mit zwei Thüren gegen den Gang öffnet und nach der hintern Seite und dem Säulengang des Gartens ganz offen ist. An der Mauer der Küche ist im Gange noch eine Treppe in das obere Geschoß angebracht. Von Decoration ist außer dem erwähnten bescheidenen Mosaikfußboden in der Ala 11 nichts Nennenswerthes in dieser Abtheilung vorhanden, ja alle zu ihr gehörigen Räume sind, wenn nicht ganz roh abgetüncht, wie geflissentlich einfach mit weißen Wänden über rothem Sockelstreifen gehalten. Dies ist ganz anders mit der großen Abtheilung, welche für die Decorationsweise der ältern Periode ein vorzügliches Muster darbietet; hier beginnt in gewissem Sinne der Schmuck schon vor dem Hause, indem in das Trottoir von opus Signinum vor der Thür des Vestibulum 26 das Wort HAVE *Ave*, sei gegrüßt!) mit großen Mosaikbuchstaben aus farbigen Marmorstücken eingelegt ist. In dem genannten Hausflur können wir sehr deutlich das verschließbare Vestibulum *e* vor der, wie schon früher bemerkt, nach außen sich öffnenden Hausthür, von deren Eisenwerk und Bronzebeschlag man bedeutende Reste aufgefunden hat, und das Ostium *d* unterscheiden. Dieser Gang hat eine nicht sehr beträchtliche Steigung bis in das Atrium und ist mit einer Zusammensetzung von kleinen Marmordreiecken von weißer, schwarzer, rother, gelber und grüner Farbe gepflastert und gegen das Atrium mit einem jetzt ausgehobenen Mosaiksaume abgeschlossen, welcher meisterhaft aus farbigen Marmorstückchen, nicht aus Pasten, gearbeitete Masken, durchschlungen von einer Guirlande von Früchten und Blumen *Mus. Borb.* XIV. 11., darstellt. Die Wände des Ganges sind mit Feldern in Stuck bis zur Höhe von 2,10 M. bekleidet, welche marmorartig bemalt sind. Darüber lag ein von in Hochrelief aus Gypsstucco gebildeten Sphinxen und Löwen getragener Carnies, über welchen zu beiden Seiten eine kleine Nische mit blinden Thüren in Stucco mit Stuccosäulen und Pfeilern, eine vollständige Tempelfaçade darstellend, angebracht ist. Getragen werden diese Säulchen und Pfeiler von einem mit vergoldet gewesenen Cassetten geschmückten, einst von Kragsteinen getragenen und nach innen mit schönem Geison abgeschlossenen Deckengliede. Von allen bisher entdeckten Hauseingängen Pompejis ist dieser weitaus der prächtigste.

Das toscanische Atrium dieser Wohnung 27 hat an sich nichts besonders Interessantes, ausgenommen eine merkwürdige, noch heute an der untern Ecke rechts deutlich erkennbare Vorrichtung, um die Wände trocken zu halten, welche übrigens in mehren Gemächern, namentlich in dem großen Triclinium 25, wiederkehrt. Das Mauerwerk ist nämlich mit durch zahlreiche Nägel aufgehefteten Bleiplatten überkleidet; der Nägel sind so viele, daß man ihrer auf einem Quadratmeter über 200 zählt, ihre vorspringenden Köpfe dienen als Haltepunkte der Stuccoverkleidung, welche natürlich auf dem Blei selbst nicht gehaftet haben würde. Das ungewöhnlicher Weise mit einem Springbrunnen versehen gewesene Impluvium in der Mitte des Atrium ist besonders deswegen merkwürdig, weil sich bis auf seinen Boden die in diesem Hause vorherrschende Lust am Mosaik ausgedehnt hat, und zwar so, daß dieser Boden aus wohl in einander gefugten Stücken bunten Marmors gebildet wird. Auf der Borde rechts vom Impluvium lag, also wohl nur zufällig an diesem Orte, der schon erwähnte meisterhafte kleine Faun, auf den wir später noch einmal zurückkommen werden. Die Bleiröhren der Leitung, welche den Springbrunnen speiste, sind im Fußboden des Atrium rechts noch jetzt an ihrer Thonbedeckung verfolgbar.

Das erste Zimmer rechts 28 ist ein Cubiculum mit zwei gemauerten Grundlagen für Betten, welche im rechten Winkel zusammenstoßen und deren Oberfläche so gut wie der Fußboden des Zimmers mit Mosaik belegt ist. Und zwar enthielt derselbe in der Mitte ein Bild, Faun und Nymphe, welches ausgehoben ist. Die Wände sind mit einem Stuccocarnies geschmückt und auf die Hinterwand ist in grader Perspective eine überwölbte Nische gemalt. Die beiden folgenden Zimmer 10 und 11 mit Durchgängen in das Atrium der andern Abtheilung sind schon bei dieser erwähnt worden; das erstere ist mit doppeltem Stuccocarnies aus der ältern Periode über weißen, roth eingetheilten Wänden aus der jüngern geschmückt. Links neben der Thür ist ein kleines, noch theilweise mit Glas geschlossenes Fenster angebracht, welches neben anderen Umständen Zeugniß dafür ablegt, daß dies Zimmer ursprünglich nach hinten geschlossen war. In den beiden Alae des Atrium, in dem wir stehn, 29 und 30, waren die Wände mit farbigen Quadernachahmungen ornamentirt, die Fußböden finden wir mit Mosaikbildern geschmückt und zwar denjenigen der Ala links 29 auf schwarzem Grunde mit einer Darstellung von weißen Tauben, deren zwei aus einem halbgeöffneten, buntfarbigen Kästchen eine Perlenschnur ziehn, während derjenige der gegenüberliegenden Ala 30 von ungleich feinerer Arbeit (abgeb. M. B. XIV. 14.), den wir aber jetzt im Museum in Neapel aufsuchen müssen, in der Mitte einer breiten Ornamentborde eine Katze darstellt, welche einen Vogel frißt, darunter zwei Enten, mehre kleine Vögel, Fische und Schalthiere. Die Hinterwand dieser Ala ist, ohne Zweifel erst in der spätern Periode, mit einer weiten Öffnung auf das Atrium des Nebenhauses durchbrochen worden. Die beiden durch je zwei hoch angebrachte Fensterchen von der Straße aus erhellten Schlafzimmer 31 und 32 enthalten nichts besonders Bemerkenswerthes, es sei denn im erstern die Decoration des Sockelstreifens wie mit einem aufgehängten gelben, roth gestickten Teppich, der in 28 ähnlich, aber schlecht erhalten ist, während 32 ganz die alte bunte Stucconachahmung von Quadern und einen feinen Zahnschnittcarnies zeigt. Das von mächtigen canellirten Anten eingefaßt gewesene Tablinum 33 in der Mitte des Hintergrundes ist nach vorn ganz offen und nach hinten nur durch eine niedrige Brüstungsmauer gegen das Peristyl gesperrt, während es nach beiden Seiten je zwei Fenster in die anstoßenden Säle hat. Seinen Fußboden schmückt ein buntes Mosaikpflaster, umgeben von einer weißen Borde. Hier fand man die Fragmente einer zweiten oskischen Inschrift auf einer marmornen Tafel (Mommsen, Unterital. Diall. S. 153. und 155.) und einen Hermenkopf des bärtigen Bakchos. Außerdem aber grub man hier das Gerippe einer Frau aus, in der wir die Hausfrau vermuthen dürfen, welche mit reichlichem Schmuck beladen zu fliehen versucht hatte, und als sie dies für un-

möglich erkannt haben mag, ihren Schmuck weggeworfen und sich unter
das Tablinum geflüchtet zu haben scheint. Der Fundbericht (Hist. Ant.
Pomp. II. u. p. 249.) giebt an, was aber kaum glaublich ist, man habe das
Skelett in einer Lage gefunden, aus der sich schließen lasse, die Unglückliche habe mit den Händen die sich senkende Decke des Tablinum zu stützen
versucht, sei aber endlich von dieser begraben worden. Von ihrem im
Atrium gefundenen Schmucke werden wir eines der zwei unter ihm ausgezeichneten großen goldenen Armbänder (*armillae*) in Schlangenform später
in Abbildung mittheilen, das ganze Verzeichniß dieses höchst reichen Gold-
und Silberschatzes mag man in den Fundberichten nachlesen, es umfaßt
verschiedene Ringe, Ohrringe, Haarnadeln u. dgl., eine silberne Vase und
einen Spiegel, sowie viele Münzen von demselben Metall, ein Glascorallen-
halsband und Anderes [76]. Auch andere Skelette sind in den benachbarten
Zimmern gefunden worden. Rechts neben dem Tablinum liegt ein vom
Atrium aus zugängliches und gegen das Peristyl durch eine Brüstungsmauer
geöffnetes, großes Sommertriclinium 34, in dessen Fußboden in der Mitte
eines der schönsten Mosaikgemälde des Alterthums eingelegt gewesen, aber
jetzt ausgehoben ist, darstellend den bakchischen Daemon Akratos, der auf
einem Panther, reitet (abgeb. Zahn II. 50.). Das Zimmer links vom Tablinum
35 ist von ungewisser Bestimmung, vielleicht ebenfalls ein Triclinium, wie
dasjenige 34 aus dem Atrium zugänglich, gegen das Peristyl mit einer Thür
und einem Fenster geöffnet und im Fußboden wieder mit einem abermals
ausgehobenen Mosaik geziert, welches zwar von gleich schöner Technik ist,
wie das von No. 34, aber einen weniger interessanten Gegenstand enthält,
nämlich ein Stück Meeresufer mit Fischen, Muscheln, Polypen und anderen
»frutti di mare« von natürlicher Größe (abgeb. M. B. XIV. 15.). Von dem
Speisesopha, welches hier stand, wurden die schönen bronzenen Füße aufgefunden. Der Stuccoquaderschmuck an der Wand links des Zimmers 35 ist
besonders gut erhalten und vermittelt am besten den Eindruck dieser ältern
Art der Wanddecoration. Hinter den drei zuletzt genannten Zimmern erstreckt sich das Peristyl 36 von 21 M. Breite und 19,20 M. Tiefe mit einem
3,80 M. breiten von 28 Säulen getragenen Umgang. Diese Säulen sind von
Nocerastein und mit feinstem, marmorhartem, weißem, aber dünnem Stucco
überzogen, unendlich verschieden von demjenigen der spätern Periode und
nur in den allerfeinsten Einzelheiten, wie in dem Perlenstabe der Capitelle
formbestimmend. Über den ionischen Capitellen lag, grade wie bei dem aus
derselben Periode stammenden Venustempel auf einem sehr schmalen Architrav ein mit Triglyphen ornamentirter dorischer Fries, von welchem ein paar
Stücke rechts an der hintern Seite des Peristyls liegen. Nicht ganz in
der Mitte ist ein sehr flaches Bassin ausgetieft, in dessen Mitte ein Monopodium von Marmor ein Becken gleichen Materials trug, aus dem sich, wie in
den Häusern des Holconius und des Meleager, ein Springbrunnen erhob.
Auf das Peristyl öffnet sich nur ein großes Gemach, die Exedra 37, ganz
offen gegen das Peristyl, jedoch mit zwei rothbemalten korinthischen Säulen
zwischen den Antenpfeilern, gegen den Garten mit einer Brüstungsmauer
gesperrt. Dies ist ein Heiligthum der Kunst; hier wurde am 24. October

1631 [73]) das wunderbare Mosaik der Alexanderschlacht gefunden, eines der
ersten, wenn nicht das erste Kunstwerk in seiner Art, welches uns das Alterthum überliefert hat, das nach dem Vorgange der größten Gelehrten und
Kunstkenner zu würdigen und zu erläutern in dem artistischen Theile dieser
Betrachtungen versucht werden soll. In der rechten Ecke des Peristyls führt
ein fauces-artiger Durchgang 35 in den säulenumgebenen Garten 39 von
32 $\times$ 35 M., mit dem Umgange von 4 M. Breite und 56·gemauerten und
mit feinem weißem Stucco bekleideten, flach canellirten dorischen Säulen,
zu deren Füßen eine Wasserrinne das Wasser in die Cisterne führte, aus
der man dasselbe durch zwei Puteale 10 und 41 schöpfte. Das erstere dieser
Puteale ist sehr einfach, das zweite dagegen von Marmor, verschließbar mit
einem Deckel, dessen Scharnier noch erkennbar ist. Neben diesem Puteal
hat vor Alters ein marmorner Tisch gestanden, von dem man leider nur
einen Fuß, eine hockende, geflügelte Sphinx gefunden hat, die zu den besten
Werken der Sculptur gerechnet werden kann (abgeb. im artistischen Theile).
Im Umgange links stehn noch an Ort und Stelle eine Masse von Weinamphoren. In den Säulen des Umgangs fand und sieht man zum Theil
noch heute eiserne Haken, auf denen die Stäbe von Gardinen ruhten, durch
welche man bei heißem Sonnenschein den Umgang gegen den Garten ab-
schließen und anmuthig beschatten konnte. Auch die Ringe, durch welche
die Schnüre zum Ziehen der Gardinen liefen, hat man in jeder Säule etwa
1 M. vom Boden, wo man jetzt die Löcher sieht, vorgefunden. Derselben
Einrichtung sind wir schon in der Casa di Meleagro begegnet, und auch
die dort besprochene Vergitterung der Intercolumnien wiederholt sich hier.
Über den Säulen des Gartens stand eine zweite Reihe von ionischen Säulen,
deren Fragmente man gefunden hat, so daß also um den ganzen Garten
auch im obern Geschoß ein bedeckter Umgang, ein colossaler Balkon um-
lief. Man vergegenwärtige sich eine solche Einrichtung recht lebhaft, um
den ganzen Comfort und Reichthum des Lebens in den vornehmen Häusern
Pompejis zu fühlen.

Neben der Exedra des Peristyls liegt links gegen den Garten geöffnet
ein Oecus 42, dessen Fußboden abermals ein bewunderungswürdiges Mosaik
enthält, das leider arg beschädigt ist und deshalb nicht hat in das Museum
geschafft werden können, abgeb. Mus. Borb. Vol. IX. 55. Dasselbe stellt
innerhalb einer reichen Maeanderborde einen von vorn gesehenen Löwen
dar, ein Meisterstück des Ausdrucks von Kraft und Feuer und ein eben so
großes Meisterstück der Verkürzung. Das neben diesem Oecus und am Ende
des langen Ganges 19 belegene kleinere Gemach 13 ist theils wegen seiner
geschmackvoll architektonisch gegliederten Decorationen theils deswegen bemerkenswerth, weil in ihm eine ähnliche Maßregel zum Trockenhalten der
Wände angebracht ist, wie die erwähnte, nur daß hier die Bleiplatten durch
solche von gebranntem Thon ersetzt sind. Der mit zwei Fenstern auf den
Peristylumgang geöffnete Saal 44 links vom Oecus enthält jetzt eine Anzahl
von zum Theil sehr interessanten Fragmenten der Stuccoornamentirung dieses
Hauses nebst Stücken von thönernen Traufrinnen, darunter eines ein vollständiges Löwenvordertheil mit einem Blatt als Ausguß darstellt, ähnlich

wie in der Trau'rinne oben Fig. 141. An der hintern Seite des Gartens liegen von rechts nach links zunächst zwei Zimmer ohne Schmuck 45 und 46, wohl für Sclaven und für Aufbewahrung von Geräthen, etwa Gartengeräthen bestimmt. Sodann das Posticum 47 auf den *Vicolo di Mercurio* neben dem in 48 eine Treppe zum obern Geschoß oder zu der Gallerie des großen Peristyls lag; ferner ein breit offenes, heute zur Aufbewahrung architektonischer Ornamente benutztes Sacellum 49, mit zwei offenen Cubinetten 48 *a* und 48 *b* zu den Seiten, welche durch hölzerne Treppen zugänglich gewesen sein müssen und von denen 48 *a*, wie die erhaltenen Bretteindrücke und Löcher zeigen, als Vorrathskammer diente. Endlich an der Hinterwand zwei kleine Lararien 50 und 51, Nischen von flachen Giebeln gekrönt. Von den in diesem Hause in sehr großer Zahl gefundenen Gegenständen verdienen einige ver silberte Thürschlösser, bronzene Thürbeschläge mit mannigfaltigen Reliefornamenten, sowie Ornamente verschiedener Mobilien von demselben Metall, silberne Casserolen und Schalen und dergl. hier zum Schlusse noch erwähnt zu werden, da auch diese Dinge von dem Reichthum, welcher in diesem Hause herrschte, Zeugniß ablegen.

Auf den vorhergehenden Blättern ist eine Auswahl der gewöhnlichen kleineren und größeren ein- oder zweistöckigen pompejanischen Wohnhäuser, und zwar eine Reihe der normalsten Pläne, sowie der durch besondere Eigenthümlichkeiten ausgezeichneten beschrieben worden, welche zur Vergegenwärtigung der Verschiedenheiten in Anlage und Decoration genügen müssen, da es unmöglich ist, wenn nicht dieser Band gar zu sehr anschwellen und die Geduld seiner Leser auf eine gar zu harte Probe stellen soll, eine noch größere Anzahl pompejanischer Häuser im Einzelnen zu besprechen. Nur noch eines derselben muß seines ganz besonders eigenthümlichen Planes wegen hier in Betracht gezogen werden, in so fern in ihm nicht blos zwei, sondern drei ursprünglich getrennte Häuser in Eins gezogen worden sind, und zwar ihrer zwei durch mancherlei Umbauten, ähnlich denen in mehren der schon besprochenen Wohnungen genauer verschmolzen, das dritte als ein loserer Annex ähnlich wie in der *Casa di Lucrezio* (No. 17.) hinzugefügt. Dies ist

(No. 24.) die *domus Popidii Secundi Augustiani* (Plan No. 118.), früher *Casa del citarista* genannt.

An der Front dieses Hauses an der *Strada Stabiana*, dessen Ausgrabung schon 1853 begann, aber nach langer Pause erst 1865 vollendet wurde, liegen drei Läden 1, 2 und 4, die ersteren beiden links, der letzte rechts vom Eingange 3. Zwei derselben 2 und 4 haben augenscheinlich bis in verhältnißmäßig späte Zeit mit dem Innern des Hauses in Verbindung gestanden, sind aber zuletzt durch neu aufgebaute Scheidemauern von ihm getrennt worden, wobei die ursprünglich aus 2 in das Atrium führende Thür als Fenster übrig geblieben ist. In diesem Laden, von dem im Hintergrunde durch ein ganz dünnes Mäuerchen eine Art Alkoven abgetrennt ist, liegt eine Treppe zu den im Oberstocke mit vermietheten Zimmern. Der Laden 4 hat ein geschlossenes und etwas geräumigeres Hinterzimmer *b*, von dem aber bei der Abtrennung vom Hause die Cella des Ostiarius und Atriensis 5

durch eine neue Scheidemauer abgetrennt worden ist. Der Laden 1 mit
seinen beiden Hinterräumen *b c* endlich mag von Anfang an von dem Hause
unabhängig und vermiethet gewesen sein; irgend Etwas von besonderem
Interesse bietet auch er nicht. In diesen Läden ward eine ziemlich bedeutende Anzahl Geräthe und Gefäße von Bronze gefunden. — Die Hausthür
liegt unmittelbar an der Straße, über drei Stufen erhöht; ob, wie Fiorelli
behauptet, eine zweite Thür weiter im Innern des Ostium vorhanden gewesen
sei, ist zweifelhaft. Von der auf das Ostium wie auf das Atrium geöffneten
Cella des wachthabenden Sclaven 5 ist schon gesprochen. In dem nicht

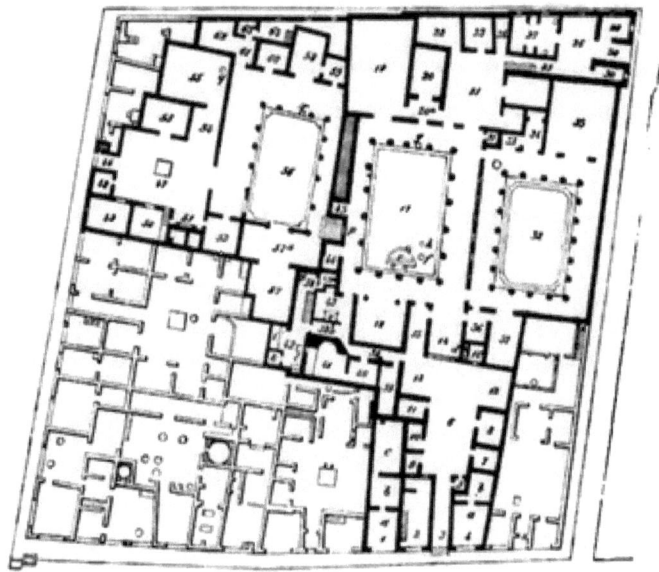

Fig. 177　Plan des Hauses des Popidius Secundus.

ebsonders geräumigen toscanischen Atrium 6 ist das Impluvium fast spurlos
verschwunden, aber vorhanden gewesen. In ihm fand man einen kleinen
marmornen Altar mit zwei eine Guirlande haltenden Eroten, zwei Vögeln,
zwei gekreuzten Palmen und einem Praefericulum verziert. Die fünf das
Atrium umgebenden Cubicula 7 und 8 rechts, 9, 10 und 11 links, von denen
8 und 10 mit verschließbaren Thüren versehn waren, sind unbedeutend und
auch ohne nennenswerthen Schmuck. Etwas reicher erscheinen die Alae 12,
13, mit lebhaft rothen Wänden; diese sind in der linken 13 besser erhalten
und hier ist das Brustbild eines jungen Satyrn mit einem Kantharos (Hlb.
No. 424.) gemalt. Bis hierher erscheint der Plan abgesehn von seiner Schief-

winkeligkeit und dem Umstande, daß der linken Ala ganz wie in den Häusern
des Sallust und des Lucretius (s. oben No. 15. und 17. der eine seitliche Abschluß fehlt, ziemlich normal, auch das Tablinum 11 liegt scheinbar so
ziemlich an seinem richtigen Platze, nur wieder nicht recht in der Mitte;
allein diese Verschiebung, eine Folge der an dieser Stelle vorgenommenen
Umbauten, ist nicht die einzige Unregelmäßigkeit, eine auffallendere besteht
darin, daß das Tablinum vom Atrium aus nicht betretbar, sondern durch
eine 0,50 M. hohe Brüstungsmauer, sowie nach hinten, gegen das Peristyl
mit einer Gitterthür abgeschlossen und nur von den in ihrem ersten Theile
ziemlich lebhaft ansteigenden Fauces 15 aus zugänglich ist.   Auch daß man
von eben diesem Tablinum aus nicht allein ein Zimmer (36) des zweiten
Theiles des Hauses betrat, sondern auch vermöge der Treppe d zum obern
Geschoß hinaufstieg, ist ein sehr ungewöhnliches Vorkommniß, durch dies
Alles aber der Charakter des Tablinum stärker alterirt, als vielleicht in irgend
einem pompejanischen Hause.   Von den um das Atrium gruppirten Räumen
ist nur noch die kleine, halb unter der eben erwähnten Treppe liegende
Vorrathskammer 16 zu erwähnen.   Die Fauces 15 führen in das erste Peristyl 17 mit rothen, leicht ornamentirten Wänden, welches wahrscheinlich
nicht ursprünglich zu diesem Hause gehört hat.   Seine Porticus besteht aus
achtzehn unten rothen, oben weißen canellirten Säulen mit Phantasiecapitellen,
während seine mittlere wahrscheinlich bepflanzt gewesene Area ein halb-
rundes marmornes Springbrunnenbassin e enthält, in dem eine Stufe liegt
und auf dessen Rande als Wasserspeier eine Anzahl von theils einzelnen,
theils unter einander kämpfenden Thieren von Erz, ein Eber, zwei Hunde,
ein Löwe, eine Hirchkuh und eine Schlange standen, welche jetzt entfernt,
in das Museum nach Neapel gebracht und dort in der Ordnung, in der
man sie fand, aufgestellt sind.   Nahe bei diesem Bassin fand man auch die
schöne Erzstatue eines kitharspielenden Apollon, von dem das Haus seinen
ersten Namen (del citarista) empfing und von der im artistischen Theile
näher gehandelt werden soll.   Zwei Puteale f g und eine geschlossene Cisternenmündung h finden sich ferner in diesem Peristyl, welches zunächst
den Fauces von einer glänzend decorirten Exedra 18 begrenzt wird.   Auf
ihrer Schwelle stehn zwei Säulen als Träger ihres Gebälkes oder Giebels,
ihr marmorner Fußboden ist von einer breiten Mosaikborde eingefaßt und
ihre lebhaft gelb gefärbten Wände trugen, aber nur in den Mittelfeldern drei
größere Bilder, von denen aber zwei ganz fehlen, das dritte unkenntlich
geworden ist.

Dieser Exedra gegenüber im Hintergrunde des Peristyls liegt ein großer
Occus 19 mit reicher Decoration großer, aber sehr zerstörter Architekturen,
neben ihm ein wahrscheinlich als Triclinium zu bezeichnender Raum 20
mit einem eigenen Vorplatze 20 a und zwei größeren Bildern auf seinen
Wänden, nämlich dem Eingange gegenüber einem unerklärten (Hlb. No.
1401.) und rechts einer auf Leda nicht ganz sicher bezogenen Composition
(Hlb. No. 152.); das dritte, welches sich links gegenüber befand, eine Darstellung von Ares' und Aphroditens Liebe (Hlb. No. 323.) ist jetzt zerstört.
In dem dritten der im Hintergrunde dieses Peristyls neben einander liegen-

den Gemächer, dem geräumigen Triclinium 21 ist nur ein interessantes
Parisurteil (IIb. No. 1286.) auf der linken Wand erhalten. Hinter diesem
Triclinium liegen die ihrem Zwecke nach nicht sicher bestimmbaren Ge-
mächer 22 und 23, von welchen das erstere auf unten rothen, oben weißen
Wänden nur leichte Ornamente zeigt, während das andere (23) auf den
weißen Mittelfeldern seiner rothen Wände drei Bilder aufzuweisen hat, dem
Eingange gegenüber Apollon vom Kitharspiele ruhend (IIb. No. 183.), rechts
einen musikalischen Wettstreit (IIb. No. 1378 b.), links einen unerklärten
Gegenstand (ein Jüngling vor einem barbarischen oder phrygischen Könige,
IIb. No. 1388.), welcher sich ganz ähnlich in der *domus Sirici* [s. oben
S. 257.] wiederholt findet. Der kleine Raum daneben 24 ist eine Vorrathskammer *apotheca* gewesen, in welcher die Wände die Löcher zur Befestigung ringsum laufender Bretter zeigen. Hier vorbei führt der Gang 25 in
eine Art von kleinem Atrium 26 des von der Dienerschaft bewohnten Theiles des Hauses und des Stalles 27, in welchem sich — das einzige so gut
erhaltene Beispiel in Pompeji — die gemauerten Abtheilungen für vier Pferde
befinden. Über diesem Stalle, dessen Decke eingestürzt ist, befand sich ein
niedriges Zwischenstockzimmer *mezzanino*) mit zwei größeren Fenstern nach
der Straße hinaus und darüber sieht man den Anfang des dritten Geschosses
mit rothen Wänden und einer Thür nach dem Raum über 24. Dem Stalle
gegenüber zu beiden Seiten der breiten Ausfahrt 28, in deren Schwelle man
die deutlichen Spuren von Wagenrädern sieht, liegen zwei Schlafzimmer der
Stallknechte 29 und 30, das eine mit zwei, das andere mit einem vergitterten Fenster nach den beiden Straßen hinaus, welche hier eine Ecke bilden.
Kehrt man durch den Gang 25 und das Triclinium 21 in das Peristyl 17
zurück, so findet man dasselbe an der östlichen Seite, wo zunächst beiläufig
eine kleine überwölbte Vorrathscella 31 bemerkt werden mag, von einer
Mauer begrenzt, welche von zwei Thüren an den beiden Enden und zwischen diesen von sechs Fenstern durchbrochen ist. Diese Thüren und Fenster verbinden mit dem ersten ein zweites, schönes und heiteres Peristyl 32,
dessen weiße Wände mit leichtem Ornament geschmückt sind, während
seine Porticus von zwanzig dünnen, unten rothen, oben weißen cannelirten Säulen mit Phantasiecapitellen gebildet wird, zwischen denen ein Mo-
saiksaum liegt. Die freie Area in der Mitte ist, von einer niedrigen
Mauer umgeben, erhöht und war ohne Zweifel als Xystus bepflanzt. Ein
Puteal steht neben der nördlichen Ecksäule des Umgangs. Dieser Ecke
gegenüber beginnen die Gemächer dieser Abtheilung mit einer kleinen, weit
und unverschließbar gegen das Peristyl und außerdem gegen das anstoßende
Cubiculum geöffneten Kammer ungewisser Bestimmung 33, mit weiß und
schwarzem Mosaikfußboden; folgt das eben erwähnte Cubiculum 34 mit
Alkoven im Hintergrunde und weißen, mit leichten Architekturen decorirten
Wänden und ein großer Oecus 35, an dessen Eingang zwei Pfeiler stehn,
welche den Deckenbalken trugen und zwischen denen Thüren angebracht
waren. Die Wände sind in gelbe und blaue Felder getheilt und mit schwebenden Figuren bemalt, doch haben die blauen Felder sehr gelitten. Ausgehoben und in das Museum zu Neapel geschafft sind aus diesem Gemach

außerdem die Bilder bei Helbig No. 1239. und 1333., ersteres Ariadnes Auffindung durch Dionysos, letzteres Orestes und Pylades in Tauris vor Thoas gefesselt und Iphigenia mit dem Götterbild im Arme darstellend, eines der schönsten und merkwürdigsten Bilder von allen in Pompeji. Am entgegengesetzten Ende des Peristyls liegt zunächst am Tablinum 11 der ersten Hausabtheilung das nicht sicher bestimmbare Zimmer 36, gegen das Peristyl und die beiden angrenzenden Räume geöffnet, mit Wänden, welche mehrfarbige Marmortäfelung nachahmen und in denen Bilderplätze ausgespart, aber nicht mit Bildern ausgefüllt sind; das Viereck an der Hinterwand zeigt als Füllung die Nachahmung einer bunten Marmortafel. Möglicherweise hat dies Zimmer als Anrichte- und Bedienungsraum zu dem neben ihm liegenden wahrscheinlichen Triclinium 37 gedient, dessen gelbe Wände mit Architekturen und schwebenden Gestalten (Hlb. No. 1951, und auf rothen Mittelfeldern mit drei namhaften Bildern geschmückt waren. Von diesen ist dasjenige rechts, die von Argos bewachte Io darstellend (Hlb. No. 137.), für das Museum ausgehoben, dasjenige hinten Hlb. No. 1400. unerklärt und dasjenige links, Aphrodite und Adonis (Hlb. No. 330.) stark fragmentirt.

So geräumig nun auch diese Wohnung in den bisher geschilderten Theilen sein mag, so wenig genügte sie dem offenbar wohlhabenden und vornehmen Besitzer. Kehrt man durch das erste Peristyl 17 und die Fauces 15 in das Atrium zurück, so findet man einen aus dessen linker Ala abzweigenden Gang 38, welcher, an einer tiefen aber roh gelassenen und dunkeln Cella 39 vorbei zu einem Bade führt, dessen Tepidarium 40 und Caldarium 41 unter sich verbunden sind. In seiner Fortsetzung 38a führt dieser Gang weiter links in die Küche 42, welche außer dem Heerde i und dem mit eigener Thüre verschließbaren Abtritt k einen zweiten kleinen Heerd l enthält, durch welchen das Bad geheizt wurde. Rechts zweigt dieser Gang zu einem Raume 38b ab, welcher, an seinem Ende durch ein Oberlicht m, wenn auch nur sehr mäßig erleuchtet, eine Treppe in den Oberstock und einen Brunnen n enthält. Ein zweites mit zwei Säulen und zwei Halbsäulen, welche ein Dach trugen, eingefaßtes Brunnenbassin o liegt in dem Raume 43, zu welchem man ebenfalls aus dem Gange 38a rechts gewendet gelangt und welcher weiter in das erste Peristyl 17 führt. Betritt man dieses, so gelangt man an seiner linken Seite zu noch einer Erweiterung dieser Wohnung, welche nicht blos ursprünglich ein eigenes Haus gewesen, sondern in seiner ganzen Einrichtung ziemlich unverändert geblieben ist, als Popidius Secundus oder sein Vorfahr es mit seiner Wohnung verband, während die zuletzt beschriebenen Räume 38—42 ziemlich augenscheinlich von dem Nachbarhause an der *Strada Stabiana* abgeschnitten und durch Umbau zu dem gemacht worden sind als was wir sie kennen gelernt haben. Die Verbindung zwischen dem ersten Peristyl und dem annectirten Hause, welches, da sich die *Strada Stabiana* an dieser Stelle bereits ziemlich rasch dem Thore zu senkt, höher liegt als die beschriebenen Theile, wird durch eine breite Treppe von elf aus Ziegelsteinen aufgemauerten Stufen p hergestellt, neben der rechts und links in dem theilweise mit Erde ausgefüllten Raume zwischen den Wänden des Peristyls 17 und des Nachbarhauses zwei

Kammern, eine geschlossene 44 und eine offene 45 mit einfachem Stein-
boden ausgespart oder gewonnen sind. Bei der vollkommenen Selbständigkeit des Planes dieses Nebenhauses wird dessen Beschreibung am besten
bei seinem eigenen Eingang an der namenlosen nördlichen Nebengasse beginnen. Das kurze, unmittelbar an der Straße geschlossene Ostium 46 führt
in das ziemlich geräumige toscanische Atrium 47, dessen Impluvium von
einer schönen farbigen Mosaikborde umgeben ist. Links neben dem Ostium
liegt eine Treppe zum Obergeschoß, zu welcher jedoch der überwölbte Eingang so eng ist, daß man sich nur von der Seite hindurchschieben kann.
Die neben dieser Treppe liegenden Räume gehören nicht zu diesem Hause,
sondern zu dem Laden neben seinem Eingange. Am Atrium liegt rechts
neben dem Ostium eine sehr niedrig gestochene Cella des Atriensis 48, auf
welche eine von der Straße aus durch ein enges Fenster dürftig beleuchtete
schmucklose Vorrathskammer *cella penaria* 49 folgt. An diese stößt das
Cubiculum 50, auf dessen rechter Seitenwand sich ein Bild IIIb. No. 542.
findet, darstellend einen jugendlichen Satyr, welcher vorsichtig eine schla-
fende Bakchantin beschleicht. In einer ganz einzigen Weise ist sodann der
Raum 51 umgestaltet, welcher einst die rechte Ala dieses Atrium bildete.
Zuerst liegt in ihm eine Treppe zum obern Stockwerk, unter welcher einige
Bretter zum Aufbewahren irgendwelcher Gegenstände angebracht waren. Den
Hintergrund der Ala aber füllt ein großes gemauertes Reservoir, durch eine
kleine Zwischenwand in zwei Theile getheilt und durch eine vor ihm liegende Stufe zugänglich gemacht, während es mit einem hölzernen Deckel
verschließbar gewesen ist. Was hierin aufbewahrt worden sein mag, ist wohl
kaum zu errathen, nur das Eine dürfte feststehn, daß es als Wasserbehälter
nicht diente, da es bis auf seinen Grund mit bemaltem Stucco ausgekleidet
ist. Ungewiß ist auch die Bestimmung der von dieser Ala und von der
Peristylporticus aus betretbaren schmucklosen Cella 52, welche das letzte
Gemach auf dieser Seite des Atrium bildet. Auf der andern Seite liegt zuerst ein Triclinium 53 mit gelben Wänden, leichten Architekturen und kleinen Bildern von Fischen; auf dieses folgt die ursprüngliche linke Ala 54,
welche aber ebenfalls ihrer Bestimmung entrückt und zu einem bloßen Durchgang in ein großes Gemach 55 verwandelt worden ist, das sich schwer bestimmen läßt und durch die in ihm liegende Cisternenmündung q auch nicht
hinlänglich charakterisirt wird. Ein Tablinum fehlt diesem Hause gänzlich,
das Atrium wird nach hinten durch eine glatte Wand abgeschlossen, in welche
nur die breite Thür in das Peristyl 56 gebrochen ist. Die sechzehn Säulen,
welche die Porticus bildeten, von denen aber die drei der rechten vordern
Ecke in eine von einem Fenster durchbrochene Wand verbaut und die zwei
der rechten hintern Ecke ebenfalls durch eine Mauer verbunden sind, diese
Säulen zeigen eine seltsame Eigenthümlichkeit; im Allgemeinen sind sie
ganz roth bemalt, nur diejenigen vier, welche dem Eingang nach dem
Atrium gegenüber stehn und die beiden mittleren an der linken Schmalseite
sind über einem kurzen untersten Stücke, welches roth und nicht cannellirt
ist, der Länge nach halb (nach außen) roth und nicht cannellirt, halb (nach
innen) weiß und cannellirt. An der linken Schmalseite steht zwischen den

Mittelsäulen ein Puteal r. An diesem Peristyl liegt rechts nur eine geräumige, aber ziemlich schmucklose Exedra 57 hinter einem eigenen Vorraume 57 a, links dagegen eine ganze Folge kleinerer Gemächer. Und zwar in der Mitte ein Triclinium 58 mit marmornem und Mosaikfußboden und gelben Wänden mit ursprünglich drei Bildern, von denen aber die beiden auf den Seitenwänden fehlen, während dasjenige auf der Hinterwand (Hlb. No. 333.), auch etwas fragmentirt, den verwundeten, von Eroten bedienten Adonis darstellt. Zu diesem Triclinium scheint das rechts von ihm liegende und mit ihm verbundene Gemach 59 als Anrichte- und Bedienungszimmer (vgl. oben 36 und 37) zu gehören, während dasjenige links 60, welches Bilder an den Wänden hatte, aber sehr ruinirt ist, als Cubiculum gilt. Neben ihm führt ein Durchgang 61 links in eine Vorrathskammer (cella penaria) 62, gradeaus in einen wahrscheinlich als Speisekammer zu bezeichnenden Raum 63, welcher zu der rechts und hinter dem Triclinium liegenden Küche 64 gehört, welche durch den Heerd charakterisirt wird. Sie ist durch drei sowie der Raum 62 durch ein Fenster von der Straße aus erleuchtet.

Es bleibt jetzt nur noch übrig, solche Leser, welche Pompeji selbst besuchen, auf einige der hier nicht beschriebenen Häuser aufmerksam zu machen, welche sei es der Eigenthümlichkeit ihrer Decoration oder der Besonderheit häuslicher Einrichtung wegen einen Besuch besonders lohnen. Als solche seien die beiden Häuser mit den Mosaikbrunnen in der Mercurstraße, die Häuser des Schiffes, der bemalten und der Figurencapitelle in der Fortunastraße und besonders die in den letzten Jahren ausgegrabenen Häuser der Cornelier, des Paquius Proculus, des N. Popidius Priscus, dasjenige mit dem Niobidenbilde (Reg. VII. Ins. 15, Plan No. 52.), sowie diejenigen in Reg. I. Ins. 3 und 2 besonders empfohlen, da in ihnen die meisten Bilder noch an Ort und Stelle sind. Denn aus den sonst in Hinsicht auf ihre schöne und zum Theil prachtvolle Decoration besonders hervorzuhebenden Häusern, z. B. der *Casa di Apolline*, *delle pareti nere*, *del cignale* u. A. sind die besten Bilder ausgehoben und im Museum zu Neapel aufzusuchen.

Es können nun aber die Privatgebäude der Stadt Pompeji nicht verlassen werden, ohne daß wenigstens von einem jener großen mehrstöckigen oder vielmehr terrassenartig angelegten Häuser, welche am südwestlichen Abhange des Stadthügels auf der hier niedergerissenen Mauer erbaut sind, der Plan mitgetheilt und kurz besprochen werde. Wie schon früher bemerkt wurde, bildete die Straße vom herculaner Thor, an welcher diese Häuser liegen, die Hauptverkehrsstraße und dem entsprechend scheinen die in Rede stehenden Häuser Kaufmannshäuser gewesen zu sein.

(No. 25.) Eine nähere Betrachtung des mitzutheilenden Planes eines der ausgedehntesten dieser Häuser No. 3 a. im Plane wird dies bestätigen, indem wir in demselben nur verhältnißmäßig wenige Wohnräumlichkeiten, dagegen eine beträchtliche Zahl solcher finden werden, die allem Anscheine nach als Lagerräume für verschiedene, natürlich jetzt nicht mehr zu errathende Waaren gedient haben. Vor der Analyse des Planes sei noch bemerkt, daß bei diesem Hause unsere Autopsie nur eine sehr theilweise hat sein können, da die meisten der sehr ruinirten Locale der unteren Geschosse

unzugänglich sind. Wir finden uns also hier fast ganz auf Mazois angewiesen, nach dessen Plänen die drei Geschosse oder Terrassenetagen neben
einander gestellt worden sind und zwar so, daß *A* das Geschoß zu ebener
Erde an der Straße enthält, dessen Räume durch Zahlen bezeichnet sind,
während in *B* das zweite, in *C* das dritte Geschoß d. h. tiefste im Niveau
des Bodens am Fuße des Stadthügels von Pompeji dargestellt wird, in welchen
die Räume mit lateinischen und griechischen Lettern versehn worden sind.

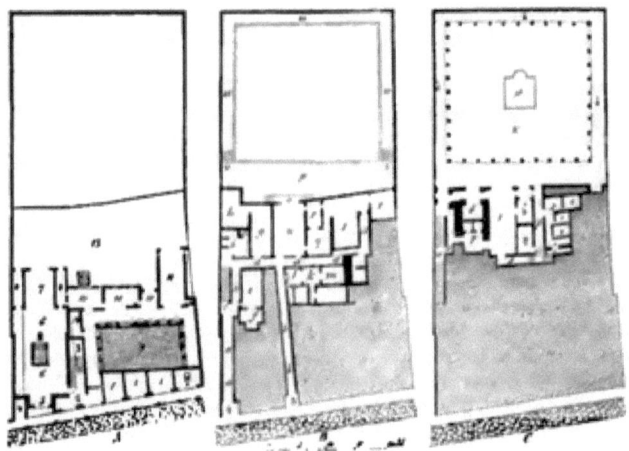

Fig. 178. Plan eines dreistöckigen Hauses.

Fassen wir zuerst das Erdgeschoß an der Straße *A* in das Auge. An
der Fronte der Straße liegen zunächst vier Läden 1 ohne Zusammenhang
mit dem Hause, welche mit ihrer Hinterwand den Umgang des Peristyls
begrenzen. Neben diesen weiter links ein weiter Doppelladen 2 mit zwei
Eingängen und in Verbindung mit dem Hause, und zwar sowohl mit dessen
Atrium und Peristyl wie auch vermöge eines geneigten Ganges (*b in B*) mit
den Magazinräumen des untern Geschosses. Es kann wenig Zweifel sein,
daß wir hier die Packräume des Kaufherrn vor uns haben, aus denen die
Waaren in die Magazine gebracht wurden, zu denen ein geneigter Gang
anstatt einer Treppe führt, weil dieser für Waarentransporte ungleich zweckmäßiger ist als jene. Die Treppe nämlich 3, welche in diesem Raume angegeben ist, führt aus dem Erdgeschoß in das obere Stockwerk an der Straße,
der geneigte Gang geht unter ihrer obern Wendung hindurch. Eine ähnliche, kleinere Packkammer als Vorraum eines zweiten geneigten Ganges
findet man jenseits des Hauseinganges in 4, der Gang, den wir in *B* bei *a*
wiederfinden, ist mit einer einfachen Linie angegeben. Zwischen diesen
dem Geschäft gewidmeten Localitäten liegt das eigentliche Wohnhaus, zu
dessen Verständniß auf dem Plane ein paar Winke genügen. In 5 ist der

Eingang, das Ostium, in 6 das toscanische Atrium, in dessen Hintergrunde das Tablinum 7 zwischen den beiden Fauces 8 leicht erkennbar ist. Tablinum und Fauces öffnen sich auf die eine große Terrasse 13, in welcher man die umgitterte Öffnung eines kleinen Hofes sieht, der in das untere Geschoß Licht bringt und welche als das flache Dach eben dieses untern Geschosses gelten kann. Für ein Peristyl im eigentlichen Sinne war hinter dem Tablinum kein Raum, dasselbe liegt also, ähnlich wie bereits aus anderen Beispielen zur Genüge bekannt ist, seitwärts in 9, mit dem Atrium durch einen Zugang aus den rechten Fauces verbunden und nach hinten durch drei kleinere mit einander zusammenhangende Zimmer 10 begrenzt, in denen nur Cubicula zu erkennen sein werden. Alle drei haben Fenster, aber nur das dritte rechts hat einen Ausgang auf die Terrasse. Neben diesem liegt das geräumige Triclinium oder der Oecus 11, an dessen Winkel in 12 das bereits in anderen Plänen gefundene, hier sehr kleine Anrichtecabinet wiederkehrt. Rechts sind keine Zimmer am Peristylumgang, links liegt nur eine kleine unregelmäßige Sclavencella 11.

Der Umgang und die denselben bildenden Säulen umgeben den Hof oder das Viridarium nur an drei Seiten, zwischen den Säulen ist ein hoher Pluteus (Brüstungsmauer), ob zur Aufnahme von Erde und Pflanzen oder von Wasser bestimmt, kann zweifelhaft sein.

Gehn wir zum Geschoß B über, welches grade unter dem Niveau der Straße liegt. Über die Eingänge in 2 und 4 des obern Geschosses ist das Nöthige gesagt, die beiden geneigten und überwölbten Gänge sind im Plane mit a und b bezeichnet. Folgen wir zuerst dem Gange a, so gelangen wir gradaus auf eine Treppe c, welche in das dritte Stockwerk hinunterführt, hier nur zum Theil, im Plane C ganz dargestellt ist. Mit einer kleinen Wendung rechts gelangt man in eine weitere Fortsetzung d des Ganges a, eine Fortsetzung, welche sich fast durch das ganze Geschoß als ein Corridor hinzieht, auf den die meisten Räume sich öffnen. Gleich zu Anfang liegt an demselben in e ein Saal unter dem Tablinum, an dem hinten ein Cabinet f angebaut ist. Man hält dies für ein Badezimmer, ohne daß die bestimmenden Merkmale dafür angegeben werden könnten. Am Ende des Saales macht der Gang eine Wendung im rechten Winkel und wird zur linken Hand von dem wirklichen Bade dieses Hauses begrenzt. In g nämlich ist das Apodyterium, in h das eigentliche Badezimmer und in i die Officin des Bades mit dem Feuerheerd zu erkennen. Unter diesem liegt in dem Stockwerke C noch ein Bad, welches möglicherweise für die Dienerschaft bestimmt war. An der Ecke des Saales e stößt der geneigte Gang b, von den Packkammern 2 herabkommend, mit dem Gange a zusammen, und unmittelbar im Winkel dieses Zusammentreffens liegt in k der kleine Hof, der, unbedeckt, die obere Terrasse unterbricht, und hier wahrscheinlich mit einem Geländer umgeben war. Er ist einzig der Erleuchtung des Ganges und der umliegenden Räume wegen angebracht. Diese sind auf der Seite des Hofes zwei kleinere Zimmer l und m, von denen das letztere nur sehr wenig Licht hat; dies scheinen sicher Lagerräume gewesen zu sein; zweifelhaft ist die gleiche Bestimmung des großen Saales n dem Höfchen gegenüber am Gange, indem dieser Saal

21 *

einen durch eine zweiflügelige Freitreppe *o* vermittelten Ausgang auf die
untere Terrasse *p* hat; möglich daher immerhin daß er zum Sommertriclinium
bestimmt gewesen ist; in den neben ihm befindlichen Räumen *q* und *r* dürfen wir wiederum Waarenlager vermuthen, während das auf diese folgende
größere Zimmer *s* als Triclinium gilt. Für das letzte Zimmer am Gange *t*
läßt sich die Bestimmung nicht nachweisen. Es kann und soll nicht unbedingt bestritten werden, daß einige Zimmer des zweiten Geschosses als
Wohnräumlichkeiten gedient haben, aber wenigstens eben so wahrscheinlich
waren diese gesammten Räume zu Waarenlagern bestimmt. Etwas niedriger als
der Fußboden dieses Geschosses liegt der mit *u* bezeichnete Umgang über den
Säulen, welche den Hof des untersten Stockwerks umgeben, auf welchen man
über die vier Stufen der Treppe *e* gelangt. Dieser obere Umgang um den Hof
des untersten Geschosses liegt wohl deshalb einige Stufen tiefer, als die Terrasse *p*, um die von dieser aus zu genießende Aussicht nicht zu beschränken.

Endlich das Stockwerk *C*, über das sich nur wenig Positives sagen läßt.
Um bei einem Punkte anzuknüpfen, der das obere Geschoß berührt, sei
zuerst die hier mit *a* bezeichnete und in ihrer ganzen Ausdehnung sichtbare
Treppe *e* in *B* genannt, welche in das untere Stockwerk und durch dies
hindurch in den Hofraum führt. Rechts vom ersten Absatz dieser Treppe
zweigt sich der Gang *β* ab, welcher in die als Bad für die Dienerschaft
geltenden Räume *γ* und sodann weiter führt. Der bestimmte Zweck des
hinter den Badezimmern gelegenen, auf den Hof geöffneten Zimmers *δ* ist
nicht bekannt. Durch das Apodyterium des Sclavenbades hindurch betritt
man auf dem Gange *β* ein geräumiges Zimmer *ε*, welches, wie der darüber
in *B* gelegene Saal *n*, als Triclinium für die heiße Jahreszeit gilt, in der
man die Kühlung der kellerartigen Luft dieses untersten Stockwerks suchen
mochte. Über die Bedeutung des Nebenzimmers *ζ* liegt keine Angabe vor,
war *ε* wirklich Triclinium, so mag *ζ* oder auch *δ* küchenartige Bestimmung
gehabt haben. Der Gang *β* führt mit einigen Niveaudifferenzen, welche
zum Anbringen von etlichen Stufen nöthigten, am Saale *ε* und an einem
Zimmer *η*, dessen Zweck nicht bekannt ist, vorüber und neben *ζ* auf den
Hof hinaus. Rechts an demselben finden wir einen Complex von Zimmern,
von denen nur das erste *ϑ* eine Thür auf den Gang hat, die anderen *ι*
sich in dieses öffnen. Diese Gemächer gelten Mazois für das Ergastulum,
die Arbeitszimmer der Sclaven, mit denen die Strafcellen verbunden waren,
die Mazois in den hintersten Räumen *ι* ohne Licht und Luft zu erkennen
meint. Ungleich wahrscheinlicher aber ist, daß wir hier Keller- und Vorrathsräume vor uns haben, als Arbeitszimmer mit obligaten Gefängnissen,
namentlich da uns Mazois' Plan, der einzige bekannte, über die Art der
Beleuchtung ganz im Unklaren läßt. Hinter diesem untersten Geschoß dehnt
sich der geräumige Hof *κ* aus, den an allen vier Seiten eine Säulenreihe
umgiebt, über der der Umgang *u* des Geschosses *B* liegt. Die Porticus *λ* unter
diesem Umgange muß eine der angenehmsten und kühlsten Ambulationen
gewesen sein, die es in Pompeji gab, während die geräumige Area des
Hofes *κ*, in deren Mitte eine Piscina *μ* sich befindet, den Gedanken an
Baumpflanzungen oder Blumenzucht keineswegs ausschließt.

Ansicht der Villa suburbana vom Garten aus.

(No. 26. Den Schluß unserer Betrachtungen pompejanischer Wohnhäuser machen wir mit der vorstädtischen Villa, der sogenannten des
M. Arrius Diomedes, welche nicht allein zu den größten, sondern auch zu
den am besten erhaltenen Wohnhäusern Pompejis gehört und seit ihrer Ausgrabung im Laufe der Jahre 1771—74 eine ganz besonders ausgedehnte Aufmerksamkeit auf sich gezogen hat. Sie mag uns zugleich als Muster ähnlicher Baulichkeiten in Pompeji, der leider wieder zugeschütteten Villen,
der sogenannten des Cicero und der *Villa urbana* der Iulia Felix beim
Amphitheater dienen, von denen nur mangelhafte Pläne überliefert sind[75],
so daß ein näheres Eingehn auf dieselben für die Zwecke dieses Buches
kaum hinreichendes Interesse bieten dürfte. Diese Villen, namentlich diejenige, welche der Kürze wegen als diejenige" des Diomedes bezeichnet

werden mag, obgleich
der Name durch Nichts
wirklich begründet ist,
verhalten sich zu der von
Vitruv VI. 8. gegebenen
Vorschrift der Normal-
anlage fast grade so, wie
die Wohnhäuser zu dem
vom alten Architekten
für solche angegebenen
Grundschema, überein-
stimmend im Vorhan-
densein und der Lage
der meisten wesentlichen
Theile, abweichend nach
dem Bedürfniß der Lo-
calität und dem Ge-
schmack des Eigners. Es
soll im Verlaufe der Dar-
stellung auf die Über-
einstimmungen mit der
Regel hingewiesen wer-
den und es darf daher
von einer vorgängigen
Darstellung dieser abge-
sehn werden, welche zu
vielen Wiederholungen
führen müßte. Der Ein-
zelbetrachtung des Pla-
nes ist nur die eine
Bemerkung voranzusen-
den, daß, da die Villa

Fig. 179. Plan der *Villa suburbana.*

mit ihrem Eingange an der gegen die Stadt ansteigenden Gräberstraße liegt,
dieselbe in derselben Art wie das eben vorher betrachtete Haus mehrstöckig

ist. Da aber diese Geschosse fast ganz terrassenförmig hinter, nicht unter
einander liegen, so ist ein Plan genügend erschienen, in welchem die im
Niveau der Straße liegenden Theile schwarz und mit Ziffern, die tiefer liegenden hell gehalten und mit kleinen Buchstaben bezeichnet sind.

Das Trottoir der Gräberstraße ist etwa 1 Meter zu beiden Seiten des
Eingangs als eine kaum merklich ansteigende Rampe behandelt, vermöge
deren man auf eine kleine Platform vor dem Eingange gelangt. Dieser ist
wie das ganze vordere Geschoß, welches die Wohnung umfaßt, etwa 1,50 M.
über das Niveau des Trottoirs erhoben, so daß man über eine Treppe 1
von sieben Stufen zur Hausthür emporzusteigen hat. Auf den Enden der
Treppenwangen stehn noch die fragmentirten Schäfte zweier Backsteinsäulen,
welche eine verschwundene Bedachung der Treppe stützten. Nach Durch-
schreitung der Hausthür steht man unmittelbar im Peristyl, oder, um genau
zu reden, auf einem kleinen dreieckigen Platze 2, den man mit Unrecht
Vestibulum getauft hat, und der nichts Anderes ist, als eine durch den Zusammenstoß des gegen die Straße spitzwinkelig orientirten Planes mit der
Fluchtlinie der Straßenfront entstandene Ecke. Will man überhaupt bei
diesem Landhause von einem Vestibulum reden, so kann als solches nur die
von der kleinen Säulenvorhalle bedeckte Treppe gelten. Wir stehn also im
Peristyl 3. Dies entspricht Vitruvs Angabe, daß in Landhäusern und derartigen suburbanen Villen das Peristyl anstatt des Atrium unmittelbar auf
den Eingang folgend angelegt werde. In der Mitte des Säulenumgangs ist
ein piscinnartiges Impluvium angelegt, aus dem das Wasser in eine darunter
befindliche Cisterne zusammenfloß. Aus dieser wurde es durch zwei Puteale α
geschöpft, deren eines von Travertin, das andere von Marmor, beide roth
bemalt waren. Roth gefärbt ist auch das untere nicht cannellirte Drittheil
der vierzehn die Porticus bildenden dorischen Säulen von Ziegeln mit Stuccobekleidung, deren obere zwei Drittheile weiß und mit nur eingeritzten Canelluren versehn erscheinen und deren Capitell, welches im artistischen
Theile noch einmal zu erwähnen sein wird, dasjenige Ornament plastisch
ausgeführt zeigt, welches bei den meisten Säulen nur gemalt war und verschwunden ist. Der ganze Peristylhof macht in seiner einfachen Eleganz
einen sehr heitern und freundlichen Eindruck.

Von den um das Peristyl gelegenen Räumen sind die meisten leicht
und mit wenigen Worten bezeichnet. Beginnt man rechts am Eingang, so
findet man in einem durch oben erwähnte Umstände wiederum dreieckigen
Raum 4 die Treppe zu den rechts tiefer gelegenen Theilen des Hauses, in
denen sich die Wirthschaftsräumlichkeiten befinden, und zu einem Gange α α α,
der in den Hof und Garten führt. Sodann folgen mehre als Cubicula an
den gemauerten Bettstellen deutlich erkennbare, mit weißem Mosaik ge-
plattete Zimmer 5 ohne sonderliches Interesse. An der Hinterseite des
Peristyls folgt nach einem engen Durchgange 6 mit einem offenen alsartigen
Vorplatz 6 α, und nach einem kleinen Zimmer 7, das sich auf die unten
zu besprechende Gallerie öffnet, ein nach beiden Seiten offenes Tablinum 8,
aus dem man die große Gallerie betritt. Entweder aus diesem Tablinum

oder aus dem Zimmer 25 stammen die bei Helbig unter No. 546 *b.* (Satyr und Bakchantin', 1222 *b.* oder 1223. (Ariadne) und 1351. (Narkissos) verzeichneten, zum Theil zerstörten, zum Theil im Museum in Neapel befindlichen Bilder. Neben dem Tablinum liegen zwei wiederum auf diese Gallerie geöffnete Zimmer 9 und 10, deren letzteres als Exedra gelten kann; hinter diesen am Peristyl zwei Treppenräume 11, in denen man zum obern Geschoß hinaufstieg. An der linken Peristylseite findet man zunächst nach einem geräumigen Triclinium 12 wieder zwei ziemlich unbedeutende Cubicula, die mit der Nummer 5, wie die gegenüberliegenden, bezeichnet sind. Zwischen diesen aber betritt man das interessanteste und schönste Schlafzimmer Pompejis 14 durch ein Procoeton 13, aus welchem die zwei bei Helbig No. 196. (Wagen des Apollon) und 207. (Wagen der Artemis) verzeichneten Gemälde stammen und neben dem ein Alkoven *β* mit gemauerter Bettstatt für den *cubicularis,* den Kammerdiener angebracht ist. Dieses Schlafzimmer ist halbrund mit gradlinig verlängerten Schenkeln; sein runder Abschluß ist von drei großen Fenstern durchbrochen, welche Luft und Sonne eindringen ließen, jedoch bei zu großer Hitze sowie bei Nacht mit Läden ganz verschlossen werden konnten, in welchem Falle ein über dem mittelsten derselben angebrachtes viereckiges Fensterchen das nöthige Dämmerlicht eindringen ließ. Unter den Fenstern dieses Schlafzimmers lag, jetzt wiederum vollkommen verschüttet, ein Garten im Niveau der Straße, auf welchen der Gang (*posticum*) 15 hinausführt. Im Hintergrunde des Schlafzimmers sieht man in *γ* den Bettalkoven, der mit einer Gardine verschlossen war, deren Ringe man noch gefunden hat, und in *δ* ein Mauerwerk mit einer Vertiefung, das wohl als Waschtisch gedient hat. Salb- und Ölgefäße hat man ebenfalls in diesem Gemach gefunden. Neben dem Ausgang in den Seitengarten 15 liegt ein von diesem Gange aus betretbares, ganz schmuckloses Zimmer 16, in welchem man die Reste mehrer Wandschränke fand, und das darum als Garderobezimmer gilt, eine Bestimmung, die nicht recht einleuchtend ist. Die übrigen Räume, welche diese Ecke des Gebäudes erfüllen, bilden ein vollständiges Bad, dessen meiste Theile ganz klar nachweisbar sind und fast unberührt vorgefunden wurden, während über die Zwecke zweier Räume (18 und 19) keineswegs Alles in dem Grade feststeht, wie man es erwarten sollte. Aus dem Peristyl gelangt man zuerst auf einen dreieckigen Hofraum 17, der an zwei Seiten von einem bedeckten Umgange begrenzt wird, dessen Decke sieben achteckige schlanke Pfeiler tragen, und der eine schattige Ambulatio bildete. Am einen Ende dieses Umganges steht bei *ε* ein kleiner gemauerter Heerd, wahrscheinlich zur Bereitung warmer Getränke, welche die Römer nach dem kalten Bade zu genießen liebten. Ein Kessel und mehre Töpfe wurden hier gefunden. An der dritten Seite des dreieckigen Hofes gegenüber dem Eingange ist angelehnt an die Mauer gegen die Straße das Bassin für das kalte Bad, die Piscina *ζ* von 2,17 × 2,55 M. Größe und 1,10 M. Tiefe, mit härtestem Stucco ausgekleidet und durch drei in der einen Ecke angebrachte Stufen zu betreten. Die Ränder sind mit Marmorplatten belegt und die Seitenwände um fast einen Meter über den Boden erhöht. Auf ihren Enden stehn zwei Säulen aus Back-

steinen, welche ein Dach trugen, dessen Spuren auch noch in der Wand
erkennbar sind, und welches die Badenden gegen die Strahlen der Sonne
schützte, ohne den Zutritt der freien Luft zu behindern. Die Hinterwand
war auf blauem Grunde mit Fischen, Muscheln und sonstigen Meerthieren
bemalt, während zunächst außerhalb der Badenische jederseits Bäume und
Gebüsche auf die gelbe Wand gemalt waren. Diese Decoration ist jetzt
fast völlig verschwunden, hat aber von Mazois, der sie Band II. Taf. 52.
Fig. 1. mittheilt, noch gezeichnet werden können. Der Boden des Hofes
und Umgangs war mit weiß und schwarzem Mosaik belegt. Das Wasser
wurde von der Straße her durch ein, wahrscheinlich mit der großen Leitung
der Stadt in Verbindung stehendes Bleirohr eingeführt und nach dem Gebrauch auf die Straße wieder abgeleitet. An diesen Hofraum grenzen zunächst die beiden Zimmer, über deren Zweck sich nicht absprechen läßt,
18 und 19. Das Zimmer 18 ist nicht eben geräumig und nur durch eine
schmale Thür vom Hofe aus erleuchtet, ohne weitere Communication mit
anderen Räumen. Es kann daher auch nur dann für das Auskleidezimmer
gelten, wenn man es auf das kalte Bad bezieht. In Bezug auf das warme
dürfte dieser Name eher für No. 19 passen, welches eine Art von Durchgang bildet, aus dem man in ein Zimmerchen 20, das Tepidarium gelangt.
Diesem wurde die warme Luft von dem angrenzenden Heerd aus durch eine
runde, 0,22 M. weite und mit Stucco bekleidete, wahrscheinlich verschließbar
gewesene Öffnung zugeführt. Ein Fenster in diesem Zimmer nach dem
Garten war mit vier 0,27 M. im Quadrat großen dicken Scheiben in hölzernen Rahmen, den ersten in Pompeji gefundenen, geschlossen, durch deren
Auffindung die Frage über den Gebrauch der Fensterscheiben bei den Alten
zuerst definitiv gelöst wurde. Neben diesem Tepidarium liegt das Caldarium 21, welches fast in allen Theilen und Stücken mit den Caldarien
der Thermen, auf deren genauere Beschreibung verwiesen werden muß,
übereinstimmt. In ihm liegt der Alveus, die Wanne für das heiße Wasser
in ζ, die halbrund herausgebaute eine Viertelkuppel in Muschelform
gedeckte und mit einem schmalen Stuccofriese geschmückte Nische für das
Labrum in ϑ, während der Boden in der Mitte durch eine suspensura unterhöhlt ist, um die heiße Luft durchstreichen zu lassen, zu welchem Ende
auch die Mauern mit jenem ein paar Zoll Spatium gebenden Plattenüberzug
bekleidet sind, von dem bei der Beschreibung der Thermen gesprochen ist.
An die schmale Seite dieses Caldarium lehnt sich das Zimmer für den Heerd
oder das Hypocaustum 22. So klein dies Zimmer ist, fand man doch in
ihm an der Wand des Caldariums in κ das Hypocaustum für die heiße
Luft, daneben in λ den Heerd mit eingemauertem Kessel für das laue
Wasser, während andererseits über dem Hypocaustum noch drei Basen für
die Kessel vorhanden sind, in denen das Wasser nach und nach bis zum
Kochen erhitzt wurde. An der zweiten Wand in μ ist eine Art gemauerter Wanne, wohl das Reservoir für das zu erhitzende Wasser, und gegenüber an der Straßenwand in ν ein steinerner Tisch angebracht. Neben der
Wanne ist in ξ der Treppenraum, in dem heutzutage die hölzerne Treppe
natürlich fehlt. Den Schluß der Räumlichkeiten dieses kleinen Bades bil-

det ein Zimmer 23 ohne jeden Zugang, welches das Hauptwasserreservoir enthielt.

Kehrt man in das Peristyl zurück und durchschreitet das Tablinum oder die Fauces, so steht man auf der großen Gallerie 26 oder dem breiten Gange, auf welchen, wie oben erwähnt, außer Fauces und Tablinum die Zimmer 7, 9, 10 ihren Ausgang haben. Geräumig, reichlich erleuchtet und doch durchaus schattig bildet dieser Gang eine der anmuthigsten Räumlichkeiten der Häuser in Pompeji, in welchem man sich trefflich ergehn konnte und welcher vielleicht auch als Sphaeristerium oder zu ähnlichen Zwecken verwendet wurde. An ihm liegen zu beiden Seiten kleine Gemächer 25 und 26 mit einer köstlichen Aussicht über den Garten und auf Meer und Gebirg, und nach dem Garten zu hinter dem Tablinum, nur freilich nicht in seiner Achse ein großes Triclinium oder ein Oecus 27 mit zwei Thüren auf den Gang und nach hinten einem gewaltigen, fast bis auf den Boden herabgeführten Fenster, das augenscheinlich wieder nur der herrlichen den ganzen Golf von Castellamare bis Torre dell' Annunziata nebst Capri, Ischia und Procida umfassenden Aussicht zu Liebe hier so groß gemacht ist. Zu beiden Seiten dieses Oecus liegen zwei weite unbedeckte Terrassen 28. Endlich sind noch zwei kleine Cabinette 29 und 30 zu erwähnen, welche hinter dem linken Flügelzimmer der Gallerie an einer Treppe *b* in das untere Geschoß, liegen und deren ersteres eine Celle für den die Treppe und das Posticum bewachenden Sclaven gewesen zu sein scheint, während das zweite zu sehr zerstört ist, um zu mehr als der Frage zu berechtigen, ob in ihm ein Cubiculum zu erkennen sei. Soweit die Wohnräumlichkeiten des Geschosses im Niveau der Gräberstraße, über denen sich ein fast ganz zerstörtes Stockwerk befand, von dem natürlich Näheres nicht angegeben werden kann. Die Decorationen der besprochenen Gemächer, deren sich eine Reihe bei Roux, Hercul. et Pomp. Bd. I. Taf. 63—90. findet, sind elegant, ohne daß jedoch irgendwo außer an den bereits bezeichneten Stellen namhafte Gemälde oder auszuzeichnende Mosaiken hervortreten.

Seitwärts vom Hauptgebäude und vermöge der schon mehrfach erwähnten Steigung der Gräberstraße gegen die Stadt etwas tiefer liegt ein im Plane dunkel schraffirter Complex von Räumlichkeiten mit eigenem Eingange 31 von der Straße, in welchen man die Wirthschafts- und Haushaltungsabtheilung erkennt, was durch die Auffindung reichlicher Acker- und Küchengeräthschaften in derselben bestätigt wird. Sie ist vom Wohnhaus durch einen schmalen, fast ganz durchgeführten Gang 32 abgeschieden, wahrscheinlich um einer Vitruv'schen Vorschrift gemäß die Feuersgefahr, welche Bäckerei und Küche mit sich bringt, zu verringern. Diese ganze Abtheilung wurde schon bei der Ausgrabung so arg zerstört vorgefunden, daß es unmöglich ist, die Bestimmung der einzelnen Gemächer nachzuweisen. Nur so viel ist aus den stehenden Mauern auch heute noch zu erkennen, daß ein atrienartiger Hof 33 die Mitte einnimmt, an den sich die Küche, die Bäckerei, die Waschzimmer anlehnen und der an der einen Seite durch eine fünfsäulige Porticus 34 begrenzt wird. Die Auffindung von Flaschen, Gläsern, Küchengeschirren, einer Amphora mit Getreide, einigen Spaten,

einer Harke u. dgl. mehr bezeugt im Allgemeinen die Bestimmung dieser
Abtheilung, in der auch noch das Skelett eines Mannes neben dem einer
Ziege gefunden wurde, die eine Glocke am Halse trug.

Was endlich das untere Geschoß im Niveau des Hofes und Gartens anlangt, die auf dem Plane heller schraffirt ist, so ist schon auf die beiden
Zugänge zu derselben aus dem Hause, nämlich den geneigten Gang *a a a*
und die Treppe *b* hingewiesen worden, welche letztere für die Herrschaft
bestimmt gewesen zu sein scheint, wie ihre Lage im Innern des Hauses
anzeigt. An dem geneigten und durch kleine Fenster erleuchteten Gange
liegt eine Folge ebenfalls durch kleine Fenster von dem Gange her freilich nothdürftig erleuchteter Kammern *c*, welche nur als Vorrathsräume
gedient haben können. Die Hauptgemächer des untern Geschosses liegen
an der Hinterfront des Hauses unter dem Oecus und den Terrassen, welche
diesen flankiren. Ein breiter Gang *d d d* bildet zu ihnen insgesammt den
Zutritt. Diesen Gang öffnet gegen den Hofraum eine Reihe von Bogen
und in gleicher Weise ist derselbe als eine Kryptoporticus um die übrigen drei
Seiten *e — f*, *f — g*, *g — h* des 33 Meter ins Geviert großen Gartens, vier
Stufen über dessen Niveau herumgeführt und zwar gewölbt und mit einem
obern Umgange versehn. Diese Kryptoporticus ist auf der einen Seite, links
vom Beschauer der S. 325. vorgehefteten Ansicht, bis auf die Fundamente
zerstört, rechts dagegen im untern Geschoß völlig, im obern so weit erhalten, daß die Existenz derselben sicher angegeben werden kann. Die Bestimmung der elegant, aber fast gleichmäßig decorirten Zimmer *i* unter den
Terrassen und dem Oecus ist nicht mehr nachzuweisen, nur dasjenige rechts
k scheint ein Sommertriclinium gewesen zu sein, aus welchem die bei Helbig
unter No. 533, 534. (schwebende Gruppen), 875. (Melpomene), 263. (Pallas
und Urania) und 1413. (Alter und Mädchen) verzeichneten Gemälde stammen.
Zwei Cabinette *l m* am Ende des Ganges *e — h* und in der Flucht der
Portiken *e — f* und *g — h* zeichnen sich durch reichere Decoration vor den
übrigen Gemächern aus; zwei andere Cabinette zu beiden Seiten des Porticus *f — g*, mit *n* und *o* bezeichnet, sind dagegen sehr einfach verziert, und
eines derselben scheint ein Lararium gewesen zu sein. Neben dem Triclinium *k* führt ein Gang *p* zu einer Treppe *q*, vermöge deren man in den
Keller hinabsteigt, der gewölbt und durch kleine Oberlichtfenster aus dem
Hofe erleuchtet, sich unter der ganzen Ausdehnung der drei Arme *e — f*,
f — g, *g — h* der Kryptoporticus erstreckt, deren Boden deshalb wie schon
erwähnt um vier Stufen über das Niveau des Gartens und der vierten Seite
h — e erhoben ist, um den Kellern die nöthige Höhe und das nöthige Licht
zu verschaffen. Zahlreiche Amphoren, die man hier an die Wände angelegt fand, zeigen, daß dieser Keller als *cella vinaria*, als Weinkeller diente.
In ihm fand man die früher S. 27.) erwähnten achtzehn Gerippe der hierher geflüchteten Familie des Eigners.

In der Mitte des Gartens, dessen Bäume man, wie der Ausgrabungsbericht vom 17. August 1771 angiebt, verkohlt, jedoch so auffand, daß man
die Anordnung ihrer Pflanzung erkennen konnte, befindet sich eine geräumige Piscina *r*, mit einem Springbrunnen in der Mitte, deren Bassin ähnlich

wie dasjenige in der *Casa di Meleagro* in Nischenform behandelt erscheint.
Hinter der Piscina liegt zwei Stufen über den Boden erhoben eine Säulenhalle *s* von sechs Säulen, deren Bestimmung nur die eines Gartenhauses,
eines Sommertricliniums oder eines Oecus gewesen sein kann. In ihrer Achse
führt in *t* die Hinterthür aus der Kryptoporticus in die Felder, neben der
man die Skelette vielleicht des Herrn und seines Sclaven fand. Das erstere
hatte einen Goldring am Finger, einen großen Schlüssel in der Hand und
neben ihm lagen 10 goldene und 88 silberne Münzen. Hinter der Porticus
links führt ein Gang *u* zu einer breiten Treppe *e*, über die man in den
Garten im Niveau der Straße gelangt. Auf der andern Seite, neben der
Kryptoporticus *g h* finden wir noch einen schmalen Gang, der grades Weges
in der Wirthschaftsabtheilung des Hauses ausgeht.

Die in diesem Hause aufgefundenen Gegenstände, deren einige schon
erwähnt wurden, sind unzählbar; Geld, Schmuck, Geräth aller Art, darunter
als die werthvollsten Stücke ein leider in viele Fragmente zerbrochenes
Glasgefäß mit Reliefen und ein ebenso zerstörter silberner Becher, mehre
Mobilientheile und sonstiger Hausrath, unter dem ein Bronzecandelaber, auf
den zurückzukommen ist, sich auszeichnet, und Anderes mehr, welches
aufzuzählen ermüden würde. Skelette wurden in den verschiedenen Räumen dieser Villa 33 Stück gefunden (vgl. Anmerkung 7.).

Zweiter Abschnitt.

Läden, geschäftliche und gewerbliche Wohnungen.

Nachdem wir eine ausgewählte Zahl von kleinen, mittleren und großen
Wohnungen Pompejis durchwandert und den Luxus und Aufwand in vielen
derselben kennen gelernt, sowie auch eine Reihe von Spuren und Zeugnissen über die Art des Lebens, welches sich in diesen Häusern bewegte,
aufgefunden haben, muß uns die Frage besonders interessiren, wovon denn
diese Alten lebten, womit sie die Bequemlichkeit und den Aufwand ihrer
Wohnungen bestritten. Es ist nun freilich unzweifelhaft, daß manche Einwohner von Pompeji als Rentiers ohne Geschäft lebten, daß reiche Römer
sich in die anmuthige Stadt Campaniens zurückzogen, daß mancher Bürger
von Pompeji seine Einnahmen aus dem Ertrag ländlicher Güter in der Umgegend der Stadt haben mochte; fanden wir doch mehre Häuser, namentlich
diejenigen in der Straße des Mercur, welche ohne Läden oder Geschäfts-
räume waren. Auf der andern Seite aber wissen wir, daß Pompeji einen
schwunghaften Handel selbst bis direct nach Aegypten betrieb, auch ist uns
die Hauptstraße vom herculaner Thor bereits früh im Charakter einer Ver-
kehrs- und Kaufmannsstraße mit großen Magazinen und anderen bezeichnenden Localen erschienen; ferner haben wir die große Zahl von Läden an
den Häusern und von Häusern, die mit Läden in Verbindung standen, nicht
übersehn und haben bemerkt, daß mancher wohlhabende Pompejaner es
nicht unter seiner Würde hielt, die Producte seiner Felder und Weinberge,

wohl auch die seines Handels, und warum nicht die seines Gewerkes in einem
mit seinem Hause verbundenen Laden durch einen Sclaven im Einzelnen
verkaufen zu lassen, während die zugleich zahlreicheren, von den Häusern
unabhängigen und mit ein paar Zimmern vermietheten Läden uns von großer
Regsamkeit in Handel und Wandel, Kauf und Verkauf, namentlich Klein-
handel und Gewerbebetrieb deutlich redende Zeugnisse waren.

Das Vorhandensein dieser allgemeinen Zeugnisse legt die Frage nahe,
ob sich denn etwas Specielles über die Arten und Mittel des Erwerbes, namentlich des kleinern Verkehrs, in Pompeji nachweisen lasse? Diese Frage läßt
sich mit Ja beantworten, und es sollen auf den folgenden Seiten die Läden
im Allgemeinen und die bedeutendsten und am besten verbürgten Geschäfts-
locale und Erwerbsanstalten der Stadt behandelt werden, während es für
einen spätern Abschnitt vorbehalten bleibt, die sonstigen Zeugnisse des Verkehrs und Erwerbs mit den übrigen Spuren des bürgerlichen Lebens in ein
Gesammtbild zu vereinigen.

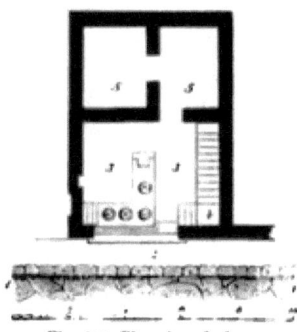

Über die Einrichtung der Läden ist
im Allgemeinen schon bei der Besprechung der Häuser gehandelt und es ist
gezeigt worden, daß sie entweder aus
dem einzigen Ladenlocal oder außerdem
aus einem oder ein paar Zimmerchen
hinter diesem bestehn, zu denen vielfach noch Schlafzimmer im obern Stockwerk sich gesellten, welche die Treppen
in den Läden verbürgen. Um noch ein
paar Bemerkungen im Einzelnen beizu-
fügen, knüpfen wir an einen kleinen
Laden mit zwei hinteren Zimmern an,
dessen Plan in der nebenstehenden Figur 180. mitgetheilt ist. Es ist dies der

Fig. 180 Plan eines Ladens.

Laden eines Garkochs und Delicatessenhändlers, der aber in den meisten
Dingen als Norm dienen kann. So wie unsere Detailhändler nach so breiten
und glänzenden Schaufenstern wie möglich streben, sorgten auch die pompejaner Krämer und Kaufleute dafür, ihre Waaren möglichst offen auszu-
legen und den Vorübergehenden bemerkbar zu machen. Deshalb sind die
Läden nach der Straßenfront, bei Eckhäusern nach beiden Straßenfronten
fast ganz offen, jedoch häufig im untern Theil durch einen gemauerten
Ladentisch, welcher gewöhnlich, wie auf dem Plane Fig. 180. bei 3, im rechten Winkel gebrochen ist, bis auf einen Eingang von gewöhnlicher Breite
gesperrt. Die gemauerten und mit Stucco oder Marmorscherben bekleideten,
hier und da auch bemalten Ladentische sind in der Regel mit einer Stein-
oder Marmorplatte oder mit Steinmosaik bedeckt und bei den Garküchen
und Thermopolien pflegen, wie in dem hier ausgehobenen Beispiel, verschiedene Gefäße, Amphoren von Thon, Pfannen und dergleichen in den
Ladentisch eingelassen zu sein, aus denen man den Inhalt mit einer Schöpfkelle entnahm. An den Wänden hinter dem Ladentisch sind häufig in Trep-

penform gemauerte Repositorien zum Aufstellen von Gefäßen und zum Auf-
legen trockener Waare angebracht, und in diese Repositorien sind ebenfalls
nicht selten Gefäße eingemauert. In der hier zu schildernden Garküche sehn
wir am Ende des Laden-
tisches einen kleinen
Heerd angebracht, was
sich so oder ähnlich in
vielen derartigen Läden
wiederholt; nur sind oft
diese kleinen Heerde trag-
bar und von Bronze ge-
wesen und daher nur in
Fragmenten aufgefunden
worden. In vielen Ther-
mopolien hat man auf der
Platte des Ladentisches
die Spuren der dort ge-
schenkten Getränke ge-
funden und zwar in auf-
getrockneten Ringen,
welche den Füßen der
Trinkgeschirre entspre-
chen. In den meisten dieser Getränke war Honig.

Fig. 181. Restaurirte Ansicht eines Ladens.

Gegenüber dem Ladentisch oder sonst irgendwo zur Seite, auch in einem der
Hinterzimmer pflegt die Treppe 4 angebracht zu sein, an der vorüber ein Eingang in die Ladenzimmer 5 führt, über die Näheres im Allgemeinen nicht zu
sagen ist. Auch die obenstehende hübsche Restauration unseres Ladens bedarf keiner Erklärung, nur darauf sei noch ein Mal aufmerksam gemacht,
daß diese weitoffenen Läden mit ihren bunten Façadenpfeilern, ihren mancherlei Waaren und ihrem tiefschattigen Innern den Hauptschmuck der kahlen Häuser und Straßenfronten abgegeben haben, was angesichts der Abbildung (Fig. 181.) einleuchten wird. — Über die Art des Verschlusses der
weitoffenen Läden haben erst die neueren Ausgrabungen vollständige Aufklärung gebracht. Die Schwellen nämlich vor der ganzen Breite der Öffnung

Fig. 182. Plan eines Ladeneingangs

sind so gestaltet, wie es vorstehende Fig. 182. zeigt. In die Schwelle ist
auf ¾—⅘ ihrer Breite an der einen Seite eine schmale Rille eingehauen *b*,
während man in dem übrigbleibenden Viertel oder Fünftel die Vorrichtung
eines gewöhnlichen Thürverschlusses *a* findet. Nun zeigen mehre während

des letzten Jahrzehnts ausgegrabene und in Gyps ausgegossene Ladenverschlüsse, deren einen Fig. 183. darstellt, daß in jene Rille schmale Bretter,
mit ihren Enden über einander greifend (Fig. 183. b) seitwärts hineingescho-
ben wurden, in deren letztes das Schloß der sich in regelmäßigen Angeln
drehenden Thür (Fig. 183. a) eingriff, und so dem ganzen Verschluß Halt

Fig. 183. Plan und Ansicht eines Ladenverschlusses.

und Festigkeit gewährte. Daß die Oberschwelle mit einer eben solchen
Rille versehn war, wie die Unterschwelle, versteht sich eigentlich von selbst,
wird aber außerdem durch ein vollkommen erhaltenes Beispiel, nicht in
Pompeji, sondern in Rom am Traiansforum bewiesen[36]. — Demnächst ist
auf die Pfeiler rechts und links neben den Thüren und Verschlüssen der
Läden zu achten. Es wurden nämlich diese Pfeiler dazu benutzt, um die
Aushängeschilder und Ladenzeichen aus Thon einzulassen oder häufiger noch
anzumalen. Diese angemalten oder plastischen Ladenzeichen bieten uns denn
auch die Möglichkeit, die ursprüngliche Bestimmung des einen und des andern Ladens in Pompeji nachzuweisen. Ein Milch-
händler z. B. in einem Laden der kleineren Thermen
hat eine Ziege an seinem Ladenpfeiler in Terracotta-
relief angebracht, ein Bäcker die Reliefdarstellung
einer von einem Maulthier getriebenen Mühle (s. Fig.
184.) von der unten zu erklärenden Art; an dem
Ladenpfeiler eines Weinhändlers fand man ebenfalls in Steinrelief zwei Männer, die eine Weinamphora
an einem Stock auf den Schultern tragen[37]), während
ein anderer, ungleich geschmackvoller als die meisten
übrigen Kleinhändler, einen recht leidlichen Bakchos,

Fig. 184. Reliefdarstel-
lung an einem Bäcker-
laden.

der eine Traube ausdrückt (Hlb. No. 25., jetzt zerstört), auf seinen Ladenpfeiler hatte malen lassen. Andere Zeichnungen auf den Pfeilern sind ihrer

Bedeutung nach nicht sicher, und so auch die Bedeutung der mehrfach an Schenken vorkommenden Schach- oder Damenbretter, da aber die Alten das Brettspiel kannten, so mag durch diese Aushängeschilder angezeigt worden sein, daß man in diesen Localen auch sein Spielchen machen konnte. Ein einzeln vorkommendes Schild eines Ladens an den kleineren Thermen neben dem des Milchhändlers, welches einen Gladiatorenkampf darstellt, dem Laden den Namen der Gladiatorenschule verschafft hat und an die Verse des Horaz Sat. II. 7. 71 ff. erinnert, erklärt sich vielleicht aus der Vergleichung der Sitte in modernen Matrosen- und Handwerkerkneipen, auf deren Schildern auch oft die Gäste gar anmuthig abconterfeit zu sehn sind. Der Laden wäre danach besonders von Gladiatoren besucht worden. Unter dem Bildchen steht in vorzüglicher und dem Stande der Gäste angemessener Orthographie, nämlich ABEAT VENERE BOMPEIIANAMA IRATAM QVI LAESERIT (d. i. habeat Venerem Pompeianam[38] iratam qui laeserit), eine Verwünschung dessen, welcher das schöne Gemälde beschädigen würde. Von ganz besonderem Interesse sind die Schilder einiger Hospitien (Wirthshäuser), indem sie wie viele der unseren ein Thier als Zeichen führen; so beispielsweise das Wirthshaus im Vico delle terme Stabiane No. 90. im Plane neben der Casa di Sirico, dessen Schild, dem Vicolo del balcone pensile grade gegenüber einen Elephanten darstellt, der von einer Schlange umringelt und von einem Zwerge gehütet wird[39]. Darunter steht mit großen rothen Buchstaben roth auf weißem Grunde HOSPITIVM · HIC · LOCATVR | TRICLI-NVM CVM TRIBVS LECTIS | HT COM (modis omnibus[40]) also: »Wirthshaus. Hier vermiethet man ein Speisezimmer mit drei Lagern und allen Bequemlichkeiten«, wie wahrscheinlich zu ergänzen sein wird. Der Gastgeber in diesem übrigens äußerst bescheidenen Elephantenwirthshaus scheint ein in einer kleinen Inschrift 'Sittius restituit elepantu(m' über dem Abzeichen als dessen Erneuerer genannter Sittius zu sein. Hospitien dieser Art kehren in nicht geringer Zahl in Pompeji wieder, von denen nur noch dasjenige im Vicolo di Eumachia No. 15. angeführt werden mag, auf dessen Wänden die hier einquartirt gewesenen Gäste mancherlei interessante Inschriften hinterlassen haben. Die verschiedenen Lupanare, die man in Pompeji aufgefunden haben will 'das neueste ist sicher ein solches', und die sich hier am besten anfügen lassen, können aus nahe liegenden Gründen nur erwähnt werden. Außer den Ladenzeichen und dem ihnen Verwandten wurden auf die Pfeiler der Läden vielfach noch die bekannten symbolischen Schlangen als talismanische Zeichen zur Abwehr von Unheil angemalt, hier und da wohl auch noch ein anderer Schutzgenius (genius loci', und dieselbe oder ähnliche Bedeutung werden auch die Phallen haben, welche mehrfach an den in Rede stehenden Stellen und neben Hauseingängen in Pompeji vorkommen.

Wenn man nun Alles zusammenfaßt, was man von Merkmalen geschäftlichen Betriebes in Pompeji aufgefunden hat oder auch aufgefunden zu haben meint, — denn man kann sich keineswegs für Alles verbürgen, — so können wir die folgende kleine Reihe von Handwerken und Gewerben in Pompeji nachweisen. Die Werkstatt eines Grobschmiedes oder eines Wagners

Plan No. 19.) liegt in der Straße vom herculaner Thor unfern des zweiten Brunnens an der Vorderseite eines geräumigen Hauses, welches jedoch außer einem ziemlich bedeutenden Keller nichts besonders Bemerkenswerthes bietet. Auch die Werkstatt an sich enthält von Nennenswerthem höchstens eine kleine Nische für den Schutzgenius, die charakteristischen und nicht uninteressanten Werkzeuge sind in das Museum geschafft. Man fand mehre Hebebäume, von denen einer am obern Ende in einen Schweinefuß ausgeht, Hammer, Zangen, eiserne Zirkel und andere Geräthe, Wagenachsen und die Felge eines Rades. Größeres Interesse gewährt eine Töpferei in einem der Läden links an der Gräberstraße namentlich durch den eigenthümlichen Ofen zum Brennen der Geschirre. Derselbe ist gemauert und zwar mit doppelter Höhlung, der untere Theil, in welchen die Feuerung gethan wurde, ist mit einer flachen, von vielen kleinen Löchern durchbrochenen Wölbung gedeckt, um die Hitze in den obern Raum, in den die Gefäße gestellt wurden, leicht durchdringen zu lassen. Dieser obere Raum ist mit einem Kuppelgewölbe gedeckt, bei dem zum ersten Male nachweisbar jene sinnreiche Construction vorkommt, welche bei der Kuppel von S. Vitale in Ravenna und bei der großen Sophienkirche in Constantinopel im Großen verwendet ist. Die Wölbung besteht nämlich aus eigen geformten Töpfen, welche in einander gesteckt und in einer regelmäßigen Spirale gewunden Dauer und Leichtigkeit vereinigen. In der 155. Figur, welche die Ofenkuppel zeigt, ist *a* eine Probe der Töpfe von S. Vitale, *b* die der pompejanischen. Hiernächst ist kurz die s. g. *Casa delle forme di creta*, das Haus der Gypsformen (No. 59. im Plane), zu nennen, welches seinen Namen der Auffindung ziemlich vieler Formen aus Gyps verdankt und wahrscheinlich von einem

Fig. 155.
Ofenkuppel aus Töpfen.

Stuccateur bewohnt wurde. Die Ausgrabungen von 1862 haben uns wenigstens mit Wahrscheinlichkeit an der Ecke des *Vico delle terme Stabiane* und desjenigen *degli Augustali* die Werkstatt eines Riemers und Schusters kennen gelehrt[51], bezeichnet als solche durch die Auffindung von mancherlei Handwerkszeug, unter welchem sich einige jener halbmondförmig gebogenen Messer mit in der Mitte befestigtem Griffe auszeichnen, welche noch heutzutage von den Lederarbeitern zum Verdünnen des Leders gebraucht werden.

Unfern des ersten Brunnens in der Straße vom herculaner Thor liegt eine Seifenfabrik[52]; so nennt man wenigstens diese Werkstatt, in deren einem Zimmer man einen Heerd und fünf muldenartig geformte, mit sehr hartem Stucco überzogene Gefäße von Stein in den Boden eingelassen fand, welche bei der Seifensiederei gebraucht wurden. Mehre andere Seifensiedereien glaubt man an verschiedenen Stellen der Stadt nachweisen zu können, die aber keine interessanten Einzelheiten bieten. Neben den angeblichen Seifenfabriken darf sodann der s. g. Laden eines Parfümeurs und Weihrauchhändlers *bottega del profumiere*, No. 31. im Plane nicht unerwähnt bleiben, um so weniger als er neben zu Grunde gegangenen, angeblich auf sein Geschäft bezüglichen Gemälden noch ein paar an seinen Eingangspfeilern zeigte, von denen (Hlb. No. 1207. Daedalos und Pasiphaë und No. 1480. Ferculum der Tischlerinnung) wenigstens genauere Kunde auf uns gekommen ist.

Als den Laden und die Werkstatt eines Färbers betrachtet man, und zwar aus besseren Gründen als sie für manches andere Geschäft geltend gemacht werden können, wie schon früher (S. 258.) bemerkt wurde, den einen Eckladen an der *Casa di Oleonio* mit seinen Dependenzen. Wahrscheinlich war auch nichts Anderes die sogenannte **Fabrik von Chemikalien** neben dem Hause des Lucretius an der *Strada Stabiana*,

Fig. 146.
Dreifacher Heerd mit Kesseln.

deren dreifachen Heerd mit eingemauerten Kesseln die beistehende Figur zeigt. Die Verkaufsläden liegen zu beiden Seiten des Eingangs in das Haus, welches kein besonderes Interesse bietet. Die Wohnung eines dritten Färbers glaubt man im *Vico del balcone pensile* No. 3. zu erkennen.

Hier wird sich am besten die Erwähnung von **Apotheken** einfügen, deren man drei in Pompeji zu kennen meint, die eine an der Straße vom herculaner Thor gegenüber dem zweiten Brunnen an der einen Ecke der kleinen dreiseitigen Insula, deren Nebengäßchen man *Vico del farmacista* getauft hat, die andere in der *Strada dell' abbondanza* dem Chalcidicum gegenüber und die dritte im *Vico delle terme Stabiane* gegenüber der *Casa di Sirico*. Das Aushängeschild der erstern zeigt eine Schlange mit einem Pinienapfel im Maul, bekanntlich das heilige Thier des Asklepios und der Hygieia, welche aber bei der vielfachen Verwendung der Schlangen in Pompeji in ganz anderer Bedeutung in diesem Falle die Apotheke nur sehr unsicher bezeichnen würde (vgl. auch Hlb. S. 10 f.). Fest steht die Bedeutung des Ladens durch die Auffindung einer Menge von Arzneien, Täfelchen, Pillen, eingetrockneten Flüssigkeiten in Gläsern und dergleichen mehr. Das merkwürdigste Stück, das hier aufgefunden wurde, ist ein jetzt im Museum befindlicher Arzneikasten von Bronze mit verschiedenen Fächern und mit einer Schublade unter denselben, in welcher ein kleiner Salbenlöffel, und ein Porphyrplättchen zum Reiben der Salben lag. Die zweite und dritte Apotheke sind durch in ihnen aufgefundene Arzneien wie die erste bestimmt.

Droguen und Arzneien fand man ferner in einem Hause der *Strada dell' abbondanza*; außer ihnen aber eine Anzahl interessanter chirurgischer Instrumente, weshalb man glaubt, in diesem Hause habe ein Arzt oder Chirurg gewohnt. Das Haus eines angeblichen andern Chirurgen an der *Strada consolare*, ist schon früher (S. 243.) besprochen worden; chirurgische Instrumente sind übrigens einzeln in noch mehren anderen Häusern gefunden worden. Eine *tonstrina*, d. i. das Local eines **Barbiers** will man in dem feinen Stadtviertel, in der *Strada di Mercurio* neben der Fullonica in einem gar bescheidenen Stübchen von nur 3,30 $\times$ 2,15 M. Größe erkennen, welches eine Steinbank an der einen Wand, zwei Nischen darüber und einen gemauerten Sitz in der Mitte hat, von dem man glaubt, daß er für die Kunden während des Barbierens gedient habe.

Zu den am sichersten nachgewiesenen Geschäftszweigen gehören die
Farbenhandlungen, deren man mehre an verschiedenen Stellen der
Stadt gefunden hat und unter welchen diejenige in der *Casa del granduca di
Toscana* No. 62. im Plane das meiste Interesse in Anspruch nimmt. In den
drei Läden an der Straße fand man außer einer Reibschale mit ihrem Pistill
viele Stücke Bimstein, welche oben halbrund gearbeitet sind, um beim Reiben
bequem in der Hand zu liegen, ferner große Stücke Asphalt, ein Gemisch
von Asphalt und Pech, reines Pech sowie Harz und sodann ein Stück gelben
Okers, in welchem sich Stücke Harz befinden, endlich von Farben Oker in
verschiedenen Farbenabstufungen, Blau, Rauchschwarz und zwei Arten Weiß.
Faßt man alle diese Gegenstände zusammen, so ergiebt sich, daß sie sich
auf die Bearbeitung und den Anstrich von Holzwerk beziehn, welches mit
dem Bimstein glatt gerieben, mit dem Pech und Asphalt gegen Feuchtigkeit
geschützt und mit der mit dem Harz vermischten Farbe ähnlich wie mit
Lackirfarbe angestrichen wurde. Zum Malen von Bildern, wie man, auf
die Enkaustik hinweisend, gemeint hat, konnte die so praeparirte Farbe nicht
dienen[*]. Von einer zweiten Farbenhandlung an der *Strada consolare*
sprechen die Ausgrabungsberichte vom 20. October 1770; hier wurden namentlich angemachte Farben in thönernen Schalen gefunden, welche auf verkohlten hölzernen Brettern standen, und ganz Ähnliches ist wiederum unter
dem 27. October 1808 aus ungefähr derselben Gegend, gegenüber dem Hause
des Pansa berichtet. Auch unter den neuesten Funden ist ein Laden eines
Farbenhändlers in der *Strada degli Olconj*[*]. Die in diesen Läden ver-
kauften Farben als Material der in Pompeji besonders geübten Kunst erinnern uns, daß man auch die Werkstatt eines Künstlers, eines Bildhauers gefunden zu haben meint. Dieselbe (No. 107. im Plane) liegt in der
Nähe des bedeckten Theaters unmittelbar hinter dem kleinen, dem Jupiter
Milichius zugeschriebenen Tempel (S. 88.), dessen Thonstatuen vielleicht
das Werk unseres würdigen Meisters sind. In diesem Hause fand man außer
verschiedenen Geräthen zur Steinsculptur, ähnlich denen, welche noch heute
gebraucht werden, mehre Marmorstatuen, Hermen und Büsten, ferner aber
auch eine halb auseinandergesägte Marmorplatte mit darin steckender Steinsäge, verschiedene Tische mit verzierten Füßen, wie wir sie aus den Häusern
kennen, endlich einen unfertigen marmornen Mörser, also Gegenstände, aus
denen hervorgeht, daß der in Frage kommende Bildhauer nicht nur mit
höheren künstlerischen, sondern auch mit handwerksmäßigen Aufgaben beschäftigt gewesen ist[*]. Um so mehr sei noch ein Mal an den Meister
Steinhauer erinnert (vgl. S. 264., dessen Werkstatt von den Ausgrabungsberichten in der *Casa di Sallustio* vermuthet wird. Neben dem Bildhauer dürfen dann auch die Goldschmiede genannt werden. Die Läden
derselben glaubt man in der Straße hinter oder neben dem Chalcidicum, die
jetzt den Namen der *Strada dell' abbondanza* führt und früher *Strada degli
orifici* hieß, gefunden zu haben. Aus einer Inschrift, in der die *aurifices
universi* genannt werden, ersehn wir, daß die Goldschmiede eine Zunft oder
Corporation (*collegium*) bildeten, wie gleicherweise die Sackträger, die Maulthiertreiber, die Obsthändler und Andere, unter denen die Miethkutscher

crisiarii nicht zu vergessen sind, welche uns eine 1553 im stabianer Thore gefundene Inschrift kennen gelehrt hat, und welche nach dieser Inschrift außerhalb des genannten Thores ihre Station gehabt haben [36].

Eigentliche Kramläden sind in Pompeji nicht bekannt, nur den Laden eines Ölhändlers können wir in der *Strada Stabiana* nachweisen, in welchem die Thonbank mit einer Platte von Cipollin und grauem Marmor bedeckt und nach vorn mit einer runden Porphyrplatte zwischen zwei Rosetten verziert ist. In diesem Ladentisch sind acht Thongefäße eingelassen, in deren mehren man Oliven und verdicktes Öl fand. Eine neunte große Vase stand in der Ecke des Ladens, wo auch ein Heerd gefunden wurde, sowie eine kleine Cisterne ebenfalls für Öl. Auf dem gemauerten Repositorium fand man den angeklebten Fuß eines Bronzegefäßes und in dem Laden einige Gold- und Silbermünzen.

Auch wenigstens eine Handelsgärtnerei ist in Pompeji bekannt. Dieselbe (No. 51. im Plane) liegt am *Vico della maschera* und giebt sich als das was sie ist leicht zu erkennen. Es handelt sich nämlich um Nichts als um einen Garten mit wohlerhaltener, durchaus regelmäßiger Beetanlage, welcher nicht, wie andere ähnliche Gärten, zu irgend einer Wohnung gehört, sondern ein Grundstück für sich bildet, in dessen linker vorderer Ecke neben dem Eingange von der Straße ein einziges Zimmer, die Wohnung des Gärtners, sich befindet. Dieser Wohnung gegenüber ist rechts vom Eingange von der Straße her der Rand des ersten Beetes mit zwölf halben, d. h. ihres obern Endes beraubten Amphoren eingefaßt, welche, dicht neben einander flach in den Boden eingelassen, augenscheinlich als Blumentöpfe gedient haben. In ihnen mag der Mann entweder Pflanzen zum Verkauf gehalten oder auch die Ansaat seiner Sämereien besorgt haben. Es giebt wenig anheimelndere und unseren Einrichtungen so sehr entsprechende Dinge in Pompeji wie diese kleine Handelsgärtnerei.

Genaueres als über die bisher kurz aufgeführten Erwerbzweige und die Locale, in denen sie betrieben wurden, können wir über zwei Gewerke beibringen, erstens über Bäckerei und zweitens über Tuchwalkerei.

Es sind, auch abgesehen von den Privatbäckereien in mehren Häusern Pompejis, wie z. B. in der *Casa del Labirinto* (S. 304.), schon seit lange mehrfache gewerbmäßig betriebene Bäckereien aufgefunden und zum Theil bereits oben besprochen, so diejenige im Hause des Sallust und die im Hause des Pansa, zu denen um unter vielen durch die neueren Ausgrabungen aufgedeckten nur noch einige zu nennen eine dritte am *Vico storto* und eine vierte an der *Strada degli Augustali* in der *Casa di Marte e Venere* kommt, in deren Ofen eine große Anzahl allerdings fast ganz verkohlter, aber sonst sehr gut erhaltener Brode gefunden worden ist. Dicht neben der Bäckerei im Hause des Sallust an der Straße zum herculaner Thor liegt die bedeutendste in Pompeji, welche der Besitzer im eigenen ganzen Hause betrieb (No. 17. im Plane). Diese und die in ihr aufgefundenen Mühlen und anderen Geräthe und Einrichtungen mögen als Beispiel und Muster bei einer genauern Betrachtung dienen, während die folgende Fig. 187. von derjenigen an der *Casa di Sallustio* eine Ansicht nach photographischer Aufnahme bietet,

22*

aus welcher die Einrichtung eines der in Pompeji, wo man in der Regel mit Holzkohlen geheizt hat, seltenen, aber doch auch in Privathäusern, in denen sie aus thönernen Rohren bestehn, keineswegs unerhörten Schornsteine s. Reg. VII. Ins. 12 zwei Beispiele und Ins. 3.) [87] auch ohne weitere Erläuterung klar werden wird.

Fig. 187. Ansicht einer Bäckerei und Mühle.

An der Straßenfront liegen rechts und links vom Eingang 1 Fig. 188. zwei Läden, die aus drei Räumlichkeiten 2, 3, 4 und 5, 6, 7 bestehn, jedoch keine Verbindung mit dem Innern des Hauses haben, in denen also unser Bäcker nicht sein eigenes Geschäft betrieb, sondern die er anderweitig vermiethete. Die Bäckerei in Pansas Hause hangt dagegen mit einem Laden zusammen, so daß es zu viel behauptet ist, wenn einige Schriftsteller angeben, keine Bäckerei habe ihre Waare im Hause feilgehalten, sondern das Brod sei auf tragbaren leichten Tischen im Forum verkauft worden, wie ein Gemälde aus Pompeji (Hlb. No. 1497.) es darstellt. Das Atrium unserer Bäckerei 8, in welchem rechts die Treppe in das obere Stockwerk 9 liegt, zeigt vier starke Pfeiler um das Impluvium als Träger der Decke, welche nach sicheren Anzeigen nicht ein schräges Dach, sondern eine Terrasse oder ein rundumlaufender großer Balcon war. Zu beiden Seiten des Atrium liegen je zwei Cubicula 10, 11 und 12, 13, das letzte ist mit gemauerten, aber nicht mehr vorhandenen Tischfüßen versehn gewesen. In der Mitte des Hintergrundes liegt ein Gemach in der Form eines Tablinum 14, natürlich hier nicht in der That ein solches, sondern einer geräumiger Vorplatz, durch welchen man in die Werkstatt selbst eintritt. Der Hauptraum dieser Werkstatt hinter dem Vorplatz das Mühlenhaus 15, ist 10,20 $\times$ 8 M. groß und enthält als ersten Gegenstand von großem Interesse vier Mühlen b, welche in Form eines verschobenen Vierecks gegen einander gestellt sind, um den Raum weniger zu beengen, als sie bei einer den

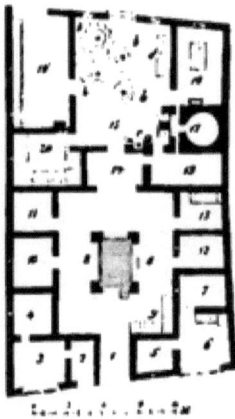

Fig. 188. Plan einer Bäckerei.

Wänden parallelen Stellung gethan haben würden. Zur Würdigung dieser Maschinen muß voraus bemerkt werden, daß, obwohl um die Zeit, um welche es sich hier handelt, Wassermühlen bereits bekannt waren, welche ein Epigramm der griechischen Anthologie poetisch preist und Vitruv ganz klar beschreibt, Windmühlen nicht erfunden, und alle Vorrichtungen zum Mahlen des Getreides lange Zeit sehr unvollkommen waren, so daß Orte wie Pompeji, welche kein fließendes Wasser in ihren Ringmauern hatten, auf den Gebrauch von Mühlen angewiesen waren, die entweder durch Menschenkraft oder die von Zugvieh getrieben wurden. Derartige Mühlen sind überhaupt die ältesten; schon bei Homer drehen die Sclavinnen die Handmühle, welche das noch ältere Instrument zum Zerdrücken des Getreides, Mörser und Stößel, verdrängt hatte. Daß namentlich in Italien das Zerstoßen des Getreides das Ursprüngliche ist, wird uns bezeugt und liegt schon in dem Namen *pistor*, des Bäckers, der zugleich Müller ist. Wann das ungleich vorzüglichere Princip, das Korn durch Reibung großer Steine zerdrücken zu lassen, aufgekommen sei, ist nicht genau zu ermessen, vielleicht dürfen wir annehmen, daß die Neuerung in Rom erst in der Zeit ein- und durchdrang, als daselbst eigene Bäcker aufkamen, während früher jede Haushaltung ihr eigenes Brod mahlte und backte oder, noch richtiger, als einen Mehlbrei kochte. Es wäre nicht unmöglich, daß die Einführung der Bäckerzunft in Rom im Jahre 480 der Stadt (271 v. u. Z.) wenn nicht mit der von irgend welchen Mühlen überhaupt, so doch von stehenden Mühlen in größerem Maßstabe zusammenhinge, welche offenbar eine große Reform in der Brodbereitung hervorrufen mußten, indem erst sie im Stande waren, wirklich feines Mehl zu liefern. Mühlen wie die in unserer Bäckerei gefundenen scheinen die um diese Zeit allgemein gebräuchlichen gewesen zu sein und fanden sich ebenso, nur z. Thl. weniger gut erhalten, in den anderen Bäckereien Pompejis. Die folgende genauere Betrachtung wird zeigen, daß

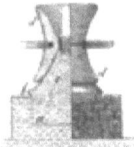

diese Maschinen, obwohl mit unseren Mühlen verglichen noch unvollkommen, doch sinnreich genug construirt waren und im Stande, ein ziemlich feines Product zu liefern. Die Abbildung Fig. 189. zeigt eine Mühle halb rechts in äußerer Ansicht, halb links im Durchschnitt. Die Grundlage bildet ein schweres, scheibenförmiges Gemäuer *a*, auf welches vielleicht, denn vorgefunden hat man dies an keiner Mühle in Pompeji eine rundumlaufende Rinne *b* aus Haustein aufgesetzt gewesen ist,

Fig. 189. Mühle

in der sich das fertige Mehl, welches mit den Händen herauszunehmen war, sammelte. Auf diesem flachliegenden Gemäuer erhebt sich in dasselbe eingelassen ein kegelförmiger Stein *c* mit etwas geschwungenen Profillinien. Dieser bildet den einen Reiber, der andere besteht aus einem ausgehöhlten Doppelkegel oder Doppeltrichter *d* in Form unserer Sanduhren, welcher über den festen Conus gestürzt ist und um denselben gedreht wird. Der obere Trichter diente, um das zu mahlende Getreide aufzunehmen, welches durch die beide Trichter verbindende Öffnung hinabgleitend, bei der Umdrehung des Apparats allmählich zerrieben wurde und als Mehl in die Rinne des Grundsteins fiel. Nachdem so das Grundprincip nachgewiesen ist, sind noch einige feinere Einzelheiten zu betrachten, deren Kenntniß wir dem glücklichen Umstande verdanken, daß Mazois bei der Ausgrabung der hier näher beschriebenen Mühle anwesend war, und die gleich zu nennenden, aus Eisen gebildeten Theile freilich von Rost fast ganz zerfressen, jedoch durchaus erkennbar vorfand, was bei keiner andern Mühle der Fall ist.

Zunächst würde es beinahe unmöglich gewesen sein, den gegen 2 M. hohen Doppeltrichter um den feststehenden untern Reiber zu drehen, wenn beide aus rauhem vulcanischen Stein gearbeitete Theile mit ihrer gesammten

Fläche auf einander gelegen hätten. In den feststehenden untern Reiber ist daher ein starker eiserner Zapfen *a* Fig. 190. eingelassen, während die Öffnung des Doppeltrichters an ihrer schmalsten Stelle durch eine dicke, von fünf Löchern durchbohrte Scheibe *b* von demselben Metall verschlossen ist. In das mittelste und größte dieser fünf Löcher paßte der feste Zapfen des untern Reibers und folglich bewegte sich

Fig 190.
Eiserner Zapfen
und Drehscheibe.

der steinerne Doppeltrichter um diesen Zapfen, während das Getreide durch die vier kleineren Löcher zwischen die Reiber fiel. Indem nun so der obere Reiber um ein Geringes von dem untern gehoben war, entstand zwischen beiden ein enger Zwischenraum, welcher vermöge der geschwungenen Profillinie der Reiber oben und unten etwas weiter, bei dem Punkte *c* Fig. 189. am engsten war. Hier war es also, wo eigentlich das Korn zerdrückt und zerrieben wurde, und diesem Punkte fiel es in Folge der Erweiterung des Zwischenraumes nach oben um so lebhafter zu. Wäre der Zwischenraum von oben bis unten gleich weit gewesen, so hätte man nur dann feines Mehl erhalten, wenn die Steine sich fast ganz berührt hätten, und dann wäre die Reibung so groß gewesen, daß sie nur durch die doppelte oder dreifache Kraft hätte überwunden werden können, die jetzt erforderlich erscheint, abgesehn davon, daß die ganze Operation durch den langsamern Zufall des Getreides unsäglich verlangsamt worden wäre. Die Vorrichtung zum Bewegen des obern Reibers besteht aus hölzernen Balken, welche entweder am Zusammenstoß der beiden Trichter eingelassen waren, wie dies bei unserer Mühle und einigen anderen, in der Form etwas abweichenden, pompejanischen der Fall war, oder welche in einer etwas complicirtern Weise, welche wir aus einem Sarkophagrelief im Vatican 95 kennen, mit dem obern Theile des Reibers verbunden waren. An diesen Balken oder Stangen schoben nun Menschen, natürlich meistens Sclaven, und diese Arbeit war die härteste von allen, welchen die Sclaven sich zu unterziehn hatten, so daß man sie zur Strafe für Vergehungen in die Mühlen sandte. Jedoch übertrug man die Drehung der Mühle in vielen Fällen auf Thiere, Esel oder Maulesel 96, und daß dies auch in unserer Bäckerei sowie in derjenigen in der *Casa di Sallustio* und den anderen pompejanischen der Fall gewesen sei, läßt sich erstens daraus schließen, daß der Umgang um die Mühlen, wie Plan und Ansicht es umgeben, gepflastert, während im Übrigen der Fußboden mit Estrich belegt ist, zweitens daraus, daß sich neben dem Mühlhause in 16 der Stall mit der steinernen Krippe befindet, in welchem Mazois einige Reste von Maulthierknochen fand. Die Art, wie die Thiere an die Balken der Mühle angespannt wurden, finden wir freilich nur in roher Weise in dem oben (Fig. 184. S. 334.) mitgetheilten Aushängeschild einer Bäckerei, genauer in dem erwähnten Sarkophagrelief dargestellt. Es begreift sich, daß wenn man die Balken, an denen geschoben oder gezogen wurde, in ein Kammrad vervollständigte, man dieses auf die einfachste Weise mit einem Wasserrade in Verbindung setzen konnte. Das ist die Einrichtung, welche Vitruv beschreibt.

Rechts von den Mühlen liegt bei 17 im Plane der Backofen, von dem Fig. 191. einen Durchschnitt giebt. Aus diesem ist ersichtlich, mit welcher Sorgfalt man die Hitze des Ofens zu benutzen strebte, indem der eigentliche innere gewölbte Ofen *a* von einem ringsum wohl verschlossenen viereckigen Vorraum *b* umgeben ist, der die erhitzte Luft festhielt. Durch *d* zog der natürlich auch bei Holzkohlenheizung und dem Backen des Brodes entstehende Qualm und Dampf ab, *e* ist der Aschenbehälter. Mit Holzkohlen aber muß hier, wo von einem Schornstein keine Spur ist, geheizt worden sein. Der

Fig. 191. Durchschnitt des Backofens.

Backofen steht vermöge einer mäßigen Öffnung *c* mit den beiden anstoßenden Zimmern 18 und 19 auf dem Plan in Verbindung. In dem erstern dieser Zimmer sieht man die gemauerten Füße eines großen Tisches, dessen hölzernes Blatt verkohlt war, und der offenbar zum Formen des Brodteiges diente. Das geformte Brod wurde durch die erwähnte Öffnung *c* links in den Vorraum des Backofens gebracht, wo der Bäcker dasselbe empfing und in den innern Ofen schob. War es gar gebacken, so wurde es durch *e* rechts weiter in das durch einen wenn auch nur gewöhnlichen Mosaikfußboden ausgezeichnete Kühlzimmer 19 gebracht. Neben dem Backofen stehn neben einander zwei halb eingemauerte Gefäße von Thon, *f* im Durchschnitt Fig. 191., welche, rechts und links von einer Brunnenöffnung *e* Fig. 188. gelegen, wahrscheinlich Wasser zum Befeuchten des halbgaren Brodes enthielten, um seine Rinde glänzender zu machen. In dem Raum des Mühlensaales scheint auch die Hauptbereitung des Brodteiges vor sich gegangen zu sein, *d* (Fig. 188.) bezeichnet gemauerte Füße eines sehr niedrigen Tisches oder des Backtrogs, in dem man den Teig knetete, der zur Abwägung und Formung in das anstoßende Zimmer getragen werden mochte. Über dem Brunnen und dem Wasserbehälter war ein jetzt nicht mehr sichtbares und bei Mazois (II. 19.) undeutlich überliefertes Bild in zwei Zonen; die obere (IIIb. No. 85.) wird Vesta zwischen den Laren darstellen, in der untern sind die bekannten zwei symbolischen Schlangen gemalt. In dem Stalle 16 ist eine gemauerte Tränke, welche durch die Wand in das Nebenzimmer 20, offenbar das Schlafzimmer des Mühlensclaven, wenn nicht zugleich, nach den Fragmenten eines Heerdes zu schließen, die Küche oder ein zweiter Backraum reicht und von diesem aus mit Wasser versehn worden zu sein scheint. — Abbildung von Broden, wie sie in Pompeji gebacken wurden, sind im artistischen Theile in dem für die Malerei bestimmten Capitel unter anderen Gegenständen der Stilllebengemälde mitgetheilt.

Ehe die Bäckerei ganz verlassen wird, um der Werkstatt der Tuchbereiter einen Besuch zu machen, sei noch bemerkt, daß man hinter dem Hause der Figurencapitelle (*capitelli figurati*, No. 61. im Plane) an der *Strada degli Augustali* die Werkstatt eines Kuchenbäckers *pistor dulciarius*) aufgefunden hat, welche deutlicher als durch die kleineren Mühlen (*pistrilla*) und den Doppelofen dadurch bezeichnet wird, daß man in dem Locale mehre Kuchen- oder Tortenformen und selbst zwei Kuchen noch vorfand, welche ins Museum gebracht sind; der eine stellt eine Art von Krone dar. Eine ähnliche Zuckerbäckerei ist in dem Hause No. 71. im Plane.

Die Fullonica oder Tuchwalkerei, an der Straße des Mercur No. 40. (No. 29. im Plan), entdeckt 1825 und hauptsächlich 1826 ausgegraben ⁎⁎, ist in allen zum Geschäftsbetrieb wesentlichen Theilen eben so gut erhalten wie die Bäckerei, und nimmt ein fast eben so bedeutendes Interesse in Anspruch wie jene. Der Plan des ganzen Gebäudes Fig. 192. ist so einfach, daß man sich mit einem flüchtigen Blick in demselben zurecht zu finden vermag. An der vordern Straßenfronte liegen links vom Haupteingange vier Läden 1, 3, 5, 6 ohne Zusammenhang mit dem Innern des Hauses, die also vom Eigner vermiethet waren und zwar die beiden ersten mit einem hintern Ladenzimmer 2 und 4, diese und der dritte außerdem mit einem oder mehren Zimmern im obern Geschoß, wie sich aus den Treppen ergiebt. Neben dem sehr geräumigen Hausflur 8 liegt ein durch ein Fenster von der Straße her erleuchtetes Gemach 7, welches man nur sehr uneigentlich als *cella ostiarii* betrachten darf, welches vielmehr bestimmt gewesen scheint, um die eingehenden Bestellungen und Arbeiten in Empfang zu nehmen. Etwas weiterhin am

Hausgang ist in 9 ein ganz räthselhaftes Kämmerchen von nur 1 ⬜ Meter Größe, welches wohl ein Fenster auf den Hausflur, aber keine Thür hat.

Fig. 192. Plan der Fullonica.

An diesen Zimmern vorbei gelangt man in das Atrium 10, oder vielmehr in den Raum, der unrichtiger, wenigstens uneigentlicher Weise gewöhnlich mit diesem Namen bezeichnet wird, eigentlich aber als Peristyl zu betrachten ist. Der breite Umgang um das Viridarium wird von zwölf massiv gemauerten Pfeilern getragen, über denen wahrscheinlich, nach heutzutage in einer Ecke stehenden Schäften zu urteilen, die man zertrümmert auf dem Boden fand, eine obere Säulenstellung sich erhob, welche eine Gallerie vor den Zimmern des ersten Stockes bildete. Zwischen den Pfeilern dem Eingang gegenüber befindet sich das Puteal c und ein Wasserwerk bestehend aus einer Marmorschale b in der Mitte, deren Fuß noch jetzt erhalten ist, und in die von beiden Seiten Wasserstrahlen aus gebogenen bleiernen Röhren hineinfielen, während an den Pfeilern links ein kleiner Flußgott mit strömender Urne (IIIb. No. 1011.) gemalt ist, dem rechts eine weibliche Figur mit einem Becken, aus dem Wasser sprudelte (IIIb. No. 1059.), entsprach. Das überlaufende Wasser wurde unter der muschelförmig gestaltet gewesenen und in Stücken aufgefundenen Schale durch ein unregelmäßig gestaltetes Bassin aufgefangen. An dem mit a bezeichneten Eckpfeiler befanden sich

dem Kunstwerthe nach geringe, dem Gegenstande nach interessante Gemälde (Hb. No. 1502.), welche verschiedene Scenen, Vorrichtungen und
Geräthe der Tuchwalkerei darstellen und in das Museum in Neapel gebracht

sind. Auf dem ersten derselben Fig. 193. sitzt im Vordergrunde eine reich bekleidete
Frau, welche einer jungen
Arbeiterin ein Stück Zeug
eingehändigt zu haben und
ihr Unterweisung zu geben
scheint, um dasselbe zu nähen
oder zu flicken. Im Hintergrunde ist ein hochgeschürz-
ter und nur mit der Tunica
bekleideter Arbeiter beschäftigt, einen Mantel mit purpurnem Saum auszubürsten
oder mit einer Striegel aufzu-
kratzen, während ein zweiter,
ebenso bekleideter, aber mit

Fig. 193 Gemälde aus der Fullonica.

Olivenlaub bekränzter die Räucherpfanne und das Drahtgestelle herbeiträgt,
über welches die Stoffe zum Schwefeln gelegt wurden. Minervens, der Göttin
der Handarbeit, heilige Eule
sitzt auf diesem Drahtgestelle.
Ein zweites Bild (Fig. 194.)
zeigt uns vier in vieler Beziehung seltsam genug aus-
sehende Arbeiter, beschäftigt
die Stoffe in runden Bütten oder
Kummen zu waschen. Der mittelste, doppelt so groß als seine
Genossen gebildete Arbeiter tritt
das Zeug mit den Füßen aus
und stützt sich dabei mit den

Fig. 194 Gemälde aus der Fullonica.

Händen auf eine niedrige Mauer, welche, nischenartig behandelt, diesen
Raum von anderen abzugrenzen scheint. Drei fernere, klein dargestellte
Arbeiter, ein kahlköpfiger Alter und zwei junge, stehn in ähnlichen Bütten,
aus welchen sie das mit den Füßen gewalkte Zeug mit den Händen her-
vorziehn. Auf der andern Seite des Pfeilers sah man ein drittes Bild, in
welchem eine Vorsteherin mehren Arbeitern Befehle ertheilte, während im
Hintergrunde auf einer wie im ersten Bilde unter dem Boden hangenden
Stange Tuch zum Trocknen aufgehängt ist. Ein viertes Bild endlich (s.
Fig. 195.) stellt die Zeugpresse dar, welche um so weniger einer Erklärung
bedarf, je genauer dieselbe mit den bei uns gebräuchlichen fast in jeder
Beziehung übereinstimmt.

Andere Gemälde an den Wänden und Pfeilern dieses Raumes sind bei

Helbig No. 190. 390. registrirt; sie haben mit der Fullonica als solcher Nichts zu thun und können daher, als an und für sich nicht bedeutend, übergangen werden.

Auch über die um das Peristyl gelegenen Zimmer nur wenige Worte. Das erste am Eingange links 11 scheint ein zweites Zimmer zum Annehmen der Bestellungen zu sein, da es sich mit einem kleinen Fenster, gleichsam einem Schalter gegen den Hausflur öffnet. Von der einfachen Decoration sind besonders zwei jetzt fast verloschene Bilder zu nennen, welche leichte Wagen, den einen von zwei Hirschen (Artemis, Hlb. No. 246.), den andern von zwei Pfauen (Hera, Hlb. No. 169 b.) gezogen darstellen. Der Fußboden besteht aus dem in Pompeji so gewöhnlichen weißen Mosaik mit schwarzer

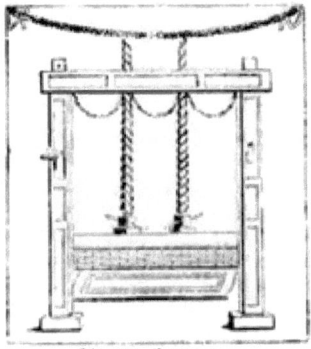

Fig. 195 Zeugpresse.

Borde. Dies Zimmer öffnet sich zugleich in das anstoßende Gemach 12, eine Exedra, welche wiederum mit einem Cubiculum 13 in Verbindung steht. Der jetzt fast bis zur Unkenntlichkeit zerstörte Gemäldeschmuck der Exedra ist ziemlich reich, aber ohne sonderlichen Kunstwerth, die beiden nennenswerthesten Hauptbilder auf den Wänden rechts und links zeigen Aphrodite und Adonis (Hlb. No. 338.) und Theseus als Sieger über den Minotauros (Hlb. No. 1213.). Ein drittes (Hlb. No. 223.) ist nicht sicher erklärt. An der linken Seite des Peristyls liegt zuerst ein oecusartiges großes, hohes und sehr luftiges Gemach 14, dessen eine ruinöse Wand durch einen modernen Strebepfeiler gestützt wird, wiederum mit weiß und schwarzem Mosaikfußboden, im Übrigen aber mit kaum nennenswerthem Schmuck. Die Vermuthung liegt sehr nahe, daß hier ein Haupttheil der Werkstatt, das Trockenzimmer, nicht ein Salon zu erkennen sei. Sodann folgen zwei kleine Cubicula 15 und 17, je mit einem Procoeton 16 und 18, das erstere mit seinem Vorzimmer drei Stufen über den Peristylgang erhöht. Den Hauptraum 19 des folgenden Complexes von Räumlichkeiten nimmt eine Privatbäckerei ein, in der ein großer Backofen d steht, an den die gemauerten Füße des Backtisches c sich anlehnen und vor dem sich ein gemauerter offener Heerd f befindet, der uns zeigt, daß man den Raum zugleich als Küche benutzte. Vor dem Back- und Küchenzimmer ist ein schmaler Gang 20, mit der Treppe zur Gallerie, und neben der Bäckerei ein ganz schmuckloses Zimmer 21, das wohl als Speisekammer oder Vorrathszimmer zu gelten hat. Über die Bedeutung und Bestimmung der vier unter sich verbundenen Räume am Ende des Peristyls läßt sich nicht absprechen, sicher ist nur, daß in 25 ein Vorplatz des Posticum zu erkennen ist, und wahrscheinlich, daß in 24 der Abtritt war. Die beiden Räume 22 und 23 scheinen ohne Zweifel zur Werkstatt gedient zu haben, 22 ist der Hauptraum, 23 ein von

diesem nur durch Brüstungsmauern abgesondertes Cabinet, in welchem die
Presse aufgestellt gewesen sein mag, und dessen Fußboden einen Fuß höher
liegt, als der Rest. In 22 werden die übrigen Manipulationen des Aus-
bürstens u. dgl. mit dem gewaschenen Zeuge vorgenommen worden sein.
An der Hinterwand des Peristyls befinden sich vier große gemauerte Wasserbehälter 26, deren erstes und letztes höher liegen als die mittleren von
gleichem Niveau und die unter einander verbunden sind, so daß die Flüssigkeit aus dem einen in den andern ablief. Sowie an Erhebung über den
Boden unterscheiden sie sich auch an Tiefe, der erste ist 1,15 M., der letzte
nur 0,50 M. tief. Das hohle Mauerwerk dieser Behälter bildet vor denselben eine ziemlich breite Estrade, welche man an der Seite des höchst
gelegenen Behälters links auf einer Treppe besteigt. Am rechten Ende der
Estrade ist in 27 eine Reihe von sechs jener kleinen Zellen angebracht,
welche das eine der oben betrachteten Gemälde (Fig. 194.) zeigt, und deren
Zweck, die Aufnahme der Waschbütten bestimmt nachgewiesen
werden kann. Daß die großen Behälter einen andern Zweck hatten, ist
wohl klar; am wahrscheinlichsten wurden sie zur Färberei gebraucht. Vor
den großen Wasserbehältern liegt links im Niveau des Viridarium ein unregelmäßig gestaltetes Becken für Wasser 28, während links zwischen der
Treppe und einer niedrigen Mauer ein Abfluß der Wasserrinne angebracht ist,
welche den Peristylhof umgiebt. Am Ende des linken Peristylganges finden
wir endlich bei 29 noch einen isolirten und zwar im Niveau des Bodens liegenden Behälter ungewisser Bestimmung, am wahrscheinlichsten einen Brunnen.

Ein sehr bezeichnender Raum ist das gewölbte Zimmer 30 rechts am
Peristyl, wenigstens waren bei der Ausgrabung die jetzt nur noch in Spuren
erhaltenen Gegenstände, welche seinen Charakter bestimmen, noch sehr wohl
erhalten[*], nämlich außer einer Cisternenöffnung an der linken Wand eine
große gemauerte Wanne und an der rechten ein Steintisch zum Ausschlagen
der Wäsche mit dem noch heute in Italien und auch sonst gebräuchlichen
Schlagholz. Es ist dies also das eigentliche Waschzimmer, welches sich
auch noch durch die beträchtliche Quantität von Seife zu erkennen giebt,
die man in demselben gefunden hat. Ein kleines Schlafzimmer 31 mit
seinem Procoeton 32 bildet den Schluß der Räume um das Peristyl. Neben
diesen Zimmern führt eine Thür in eine Seitenabtheilung des Hauses, welche
das korinthische Atrium 33 und neben dem eigenen Eingang 34 links ein
Schlafzimmer 35, rechts ein Sclavenzimmer 36 und den Treppenraum 37
umfaßt. In dem Atrium steht vor dem Impluvium ein Puteal aus gebranntem Thon b, hinter demselben eine Basis oder ein niedriger mit weißem
Marmor bekleideter Altar und hinter diesem ein zweites Puteal. Durch
dünne Scherwände ist der Umgang des Atriums in mehre Abtheilungen getrennt, welche auf dem Plane angegeben sind, deren Zweck aber nicht zu
errathen ist. Endlich muß im Peristyl des Haupthauses noch eine kaum
mannshohe nach vorn geöffnete Ummauerung 38 erwähnt werden, welche
geringe Fragmente von Steinblöcken enthält, so daß nicht angegeben werden
kann, welchen Zweck diese Einrichtung hatte, wenn hier nicht etwa eine
Presse stand.

Ansicht der Gräberstrasse von aussen her.

Eine zweite, aber ungleich kleinere Tuchwalker- oder Wäscherwerkstatt haben die Ausgrabungen von 1862 im *Vico del balcone pensile*, No. 81.
im Plane, zu Tage gefördert, welche sich durch Heerde mit Kesseln und
eine Wanne zum Waschen des Zeuges in ihrer Bestimmung zu erkennen
giebt. Auch das Zimmer zum Aufhängen der gewaschenen Stoffe mit den
Löchern für die zum Aufhängen dienenden Latten ist noch nachweisbar.
Hier wurde die vortreffliche Bronzestatue gefunden, welche das Titelbild
darstellt, und auf welche im artistischen Theile zurückgekommen werden
soll; da diese Werkstatt mit einem durchaus nicht unansehnlichen Hause
in Verbindung steht, mag das kostbare Kunstwerk, was man früher glaubte
verneinen zu müssen [2], in der That dem Walker gehört haben, der einst
hier gewohnt hat.

Dritter Abschnitt.

Die Gräber und Grabdenkmäler.

So wäre sie denn durchwandert die Stadt der Lebenden, und abermals
stehn wir an dem Thore, durch das wir sie betreten haben. Wir durchschreiten das Thor, denn es bleibt noch ein Besuch bei den Wohnungen
der Todten, die Betrachtung eines Theils der Stadtanlage von Pompeji übrig,
welcher das mannigfaltigste Interesse sowohl in antiquarischer wie in künstlerischer Rücksicht in Anspruch nimmt, der vor dem herculaner Thor gelegenen Gräberstraße. Da diejenigen Gebäude, welche außer Grabdenkmälern und dem zu ihnen Gehörigen an dieser Straße stehn, die Villa des
Diomedes, die s. g. des Cicero, das Haus der vier Mosaikpfeiler, die Läden
und Schenken zu beiden Seiten theils genauer, theils wenigstens im Vorübergehn besprochen worden sind, so bleiben jetzt nur diejenigen Monumente
zu besichtigen, welche mit der Todtenbestattung in directem Zusammenhang
stehn. Eine Ansicht der Gräberstraße in ihrem gegenwärtigen Zustande, von
der Villa des Diomedes gegen das Thor aufgenommen, ist dieser Seite vorgeheftet; Fig. 196, S. 352, ist ein Specialplan der Gräberstraße, zu dem im
Allgemeinen nur zu bemerken ist, daß die Theile zwischen *A. A* den Ausgrabungen des vorigen Jahrhunderts [1755, 1756, 1757, dann besonders
1763—1762], diejenigen zwischen *B. B* hauptsächlich denjenigen der Jahre
1812 und 1813 angehören.

Zur Erläuterung der nun folgenden Monumente sind nur wenige allgemeine Vorbemerkungen über die römische Todtenbestattung nöthig. Es ist
schon früher bemerkt, daß die Zwölf Tafeln sowohl das Begraben wie das
Verbrennen der Todten in der Stadt untersagten, denn früher war es Sitte,
die Todten im eigenen Hause zu bestatten, während nach dem Verbote man
sich einen Platz außerhalb der Stadt, vorzugsweise an den Heerstraßen erwarb, um auf demselben das Grabmal zu errichten. Ein solcher Platz
konnte auch von Seiten der Commune als Auszeichnung für verdiente und
angesehene Personen geschenkt werden, wovon uns Beispiele in Pompeji

vorliegen, während nur für die Allergeringsten, namentlich für die niedrigsten Sclaven und für hingerichtete Verbrecher ein öffentlicher Begräbnißplatz, in Rom am Esquilin, vorhanden war. Die religiös gebotene Sorgfalt für die Todten in Verbindung mit dem Verlangen nach Pomp und Pracht und dauerndem ehrenvollen Andenken ließ die Gräber mit der größtmöglichen Schönheit und Eleganz ausführen, so daß wir selbst in dem kleinen Pompeji eine Reihe äußerst stattlicher Grabdenkmäler finden, welche architektonisch zum Theil zu den besten Monumenten der Stadt zu rechnen sind, während in der Hauptstadt ein ungleich bedeutenderer Luxus und eine wunderbare Pracht in den Grabmonumenten entfaltet wurde und namentlich die Grabmäler der Kaiser zu so colossalen Bauwerken erweitert wurden, daß sie mit den Gräbern der Pharaonen, den aegyptischen Pyramiden, wetteifern können, und daß, wie männiglich bekannt, z. B. eines, das Grabmal Hadrians, in späterer Zeit zu einer eigenen Festung, der berühmten Engelsburg umgewandelt werden konnte.

Über die Sitten der Bestattung in Rom und der römisch gebildeten Welt selbst sei nur das gesagt[33], daß, während in der ältesten Zeit die Beerdigung des unverbrannten Leichnams Sitte gewesen sein soll, welche in einzelnen Familien beibehalten wurde, und von der auch in Pompeji Beispiele vorliegen, in der historisch bekannten Zeit das Verbrennen der Todten der allgemeinere Gebrauch war und erst in der spätern Zeit, namentlich unter den Antoninen, mehr und mehr wieder dem Beisetzen der unverbrannten Körper in Särgen und Sarkophagen wich, einer Sitte, der wir einen eigenen reichen Kreis von Kunstwerken, eine Kunstwelt für sich, in den Sarkophagreliefen verdanken. Verbrannt wurden die Leichen auf Scheiterhaufen, welche in einem eigenen, für diese bestimmten, meistens wohl ummauerten Raume errichtet wurden. Dieser *ustrinum* genannte Raum befand sich entweder als zu dem Areal der Grabstätte gehörend und in diesem Falle nur für die Familie bestimmt, der die Grabstätte eignete, an oder neben dem Grabmal, oder das *ustrinum* war ein für den allgemeinen Gebrauch bestimmter, ummauerter Raum, wie ein solcher neben Privatustrinen in Pompeji vorhanden ist und um so sicherer für andere Orte angenommen werden muß, als Inschriften vorhanden sind, welche entweder das zu dem Grabmal gehörende Ustrinum ausdrücklich nennen oder aussagen: »an diesem Grabe darf kein Ustrinum angebracht werden«. Nach der Verbrennung der Leichen wurden die Knochen gesammelt, mit Wein und Milch begossen, und nachdem sie wieder getrocknet waren, in eine Urne, sei es von Thon, sei es von Stein oder Glas oder Metall, nebst Spezereien, oft auch mit Flüssigkeiten, namentlich Wein und Öl gelegt. In mehren Urnen Pompejis fand man neben den Knochen auch Münzen, die jedoch in diesem Falle wohl nicht auf das Fährgeld für Charon zu beziehn sind, welches man unverbrannt Beerdigten in den Mund zu stecken pflegte, sondern die man hier eher als Andenken, vielleicht auch als Merkmal des Datum der Bestattung zu betrachten hat. Die Urnen wurden im Innern der Grabmäler in Nischen aufgestellt, deren entweder nur eine vorhanden war, wenn das Grab ein Einzeldenkmal sein sollte, oder deren mehre, oft sehr viele angebracht

waren, wenn viele Urnen der Mitglieder einer Familie in einem gemeinsamen Grabmal beigesetzt werden sollten. Bei großer Zahl der Urnen,
welche namentlich dadurch stark anwachsen konnte, daß manches Familien-
haupt außer für sich und die Seinen, auch für seine Freigelassenen Raum
in dem Grabe haben wollte, half man sich durch Steinbänke, welche die
Mauern des Grabes innen unter den Nischen umgaben, und auf welche man
die Urnen hinstellte. Wuchsen solche gemeinsame Grabmäler einer Familie
oder auch einer Corporation zu einer beträchtlichern Zahl von Nischen in
den Wänden an, so nannte man sie *columbaria*, wegen ihrer Ähnlichkeit
mit Taubenschlägen. In den öffentlichen großen Grabmälern in Rom hatte
sich ein armer Sclave, der ein eigenes Grab nicht bezahlen konnte, eine
Nische, *olla* genannt, für seine Urne zu kaufen, und diese *ollae* waren selbst
Gegenstände von Geschenken, welche sich die Ärmeren unter einander machten, wie dies Inschriften beweisen. Denn unterhalb der einzelnen *olla* wurde
in diesem Falle eine kleine Inschrift angebracht, welche den Namen dessen
enthielt, dessen Gebeine in der Urne lagen und welche im Schenkungsfalle
zugleich als Schenkungsurkunde abgefaßt wurde. Bei Privatgräbern dagegen
wurde die Grabschrift außen, der Straße zugewendet angebracht, wie man
dies in Pompeji an einer Fülle von Beispielen sehn kann. Wenn nun
schließlich noch bemerkt wird, daß die Grabmäler in der Regel mit einer
das Areal bezeichnenden Mauer eingehegt waren, so dürfte Alles voraus-
bemerkt sein, was zum Verständniß der folgenden Einzelbetrachtung und zur
Vermeidung von Wiederholungen nöthig erscheint; vieles Einzelne wird man
am besten den Monumenten gegenüber kennen lernen.

Der wichtigste und am vollständigsten bekannte Begräbnißplatz in Pompeji ist die s. g. Gräberstraße vor dem herculaner Thor, es ist aber in mehr
als einer Beziehung werth hervorgehoben zu werden, daß man auch vor
anderen Thoren der Stadt Gräber gefunden hat, so vor dem von Nola, vor
dem Sarnusthor[44]) und angeblich auch vor dem stabianer Thore[45]). Den
ältern oskischen Begräbnißplatz hat man bisher nicht aufgefunden, und die
übrigen erwähnten bieten an Monumenten so wenig Bedeutendes, daß wir
uns nun ausschließlich mit demjenigen vor dem herculaner Thore befassen
dürfen. Nur das muß allerdings hier hervorgehoben werden, daß Minervini
Bull. Nap. n. s. III. p. 57. ff.) den Begräbnißplatz vor dem von ihm
»nolaner« genannten Thor[46], als denjenigen von Alexandrinern erwiesen
hat, denen auch die Einführung des Isiscultus in Pompeji, und zwar in den
letzten Zeiten der römischen Republik zugeschrieben wird.

Den früher bereits rasch vollendeten Weg von der Villa des Diomedes
(*V. D.* auf dem Plane) bis zum Thore (*H. T.*) durchwandern wir jetzt noch einmal, um die Grabdenkmäler und die zu diesen in näherer oder entfernterer
Beziehung stehenden Monumente kennen zu lernen. Der erste Gegenstand,
der unsere Aufmerksamkeit auf sich zieht, ist der *Villa suburbana* gegenüber
die 1774 aufgedeckte Grabstätte der Familie des M. Arrius Diomedes, 1 auf dem Plane.

Auf einem gemeinsamen Unterbau von *opus incertum* erheben sich mehre
Denkmäler; zunächst zwei kleine Cippen, welche ganz rohen Hermen ohne

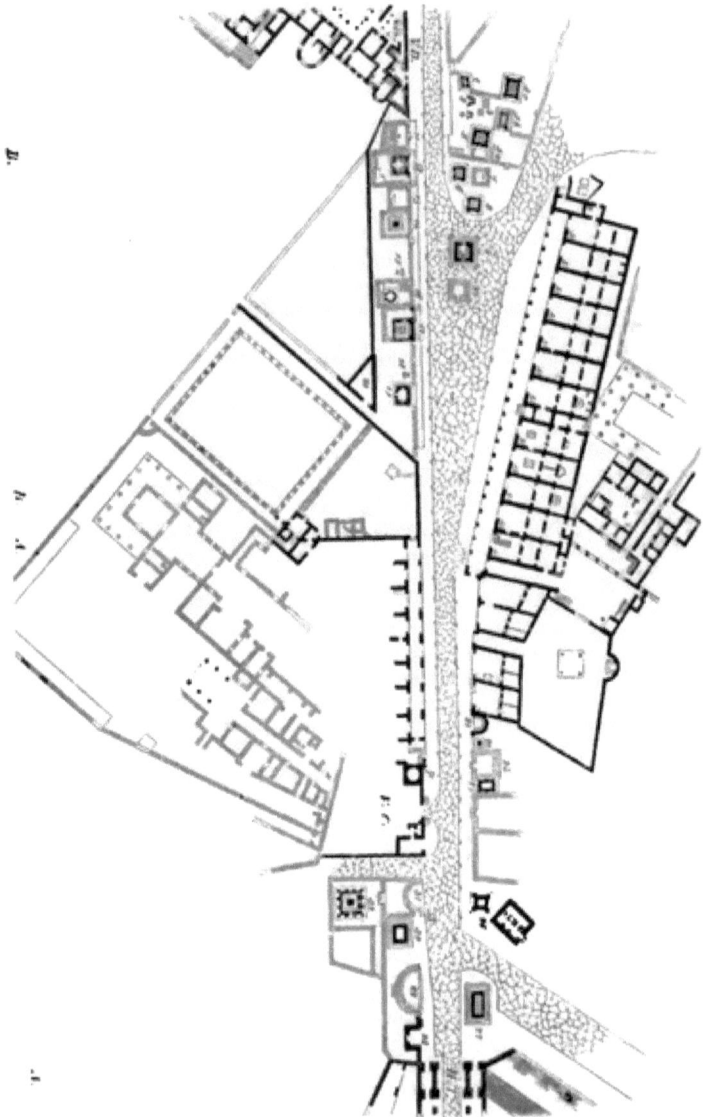

Fig. 196 Plan der Gräberstraße.

Gesichter ähneln. Diese Hermencippen, welche weiterhin noch in einem
andern Beispiel näher zu betrachten sein werden, scheinen Pompeji eigen
zu sein, sind wenigstens bisher aus der Umgegend nicht bekannt. Die hier
in Rede stehenden Denksteine bezeichnen nach ihren Inschriften (Mommsen
No. 2357. und 2355.) die Ruhestätten zweier einzelner Glieder des Haushalts des Diomedes. Dann folgt das Hauptmonument in Form eines zwei-
säuligen Tempelchens mit jetzt nicht mehr erhaltenem flachem Giebel, auf

Fig 197 Grabstätte des M. Arrius Diomedes.

dessen geschlossener Doppelthür zwei Fasces mit den Beilen die höhere
obrigkeitliche Würde des Gründers dieser Grabstätte bezeichnen. Namen
und Stand desselben, M. Arrius Diomedes, Freigelassener der Arria, Vorsteher (magister) der Vorstadt Augustus Felix, lernen wir aus der Inschrift
über der Doppelthür (Mommsen No. 2355.) kennen, während eine vierte
Inschrift an der Mauer des Unterbaues Mommsen No. 2356. wieder einem
einzelnen Familiengliede, hier einer Tochter des M. Arrius gilt.

Rechts neben diesem Monumente, aber etwas hinter demselben zurück-
liegend und durch eine Mauer, welche bis zu dem dahinter liegenden namenlosen Grabe sich fortsetzt, von demselben getrennt, finden wir ein zweites
Monument, 2 auf dem Plane, in Form einer giebelgekrönten Nische, in der
die Spuren einer von Stuccorelief gebildeten Figur in den eingeritzten Contouren unter Guirlanden erkennbar sind und welches nach der Inschrift
(Mommsen No. 2354. die Ruhestätte des zwölfjährigen N. Velasius Gra-
tus bezeichnet. Hinter diesem Monumente liegen bei 3 auf dem Plane
zwei sehr zerstörte und namenlose Grabmäler in Form gemauerter Pfeiler
auf einem die gewölbte Grabkammer enthaltenden Fundament. Namenlose
Hermencippen stehn in nicht unbeträchtlicher Anzahl in der Nähe. Auf

ein äußerst kleines und inschriftloses, nichts desto weniger in Form eines
Tempelchens mit einem Cippus gearbeitetes Grab, 4 auf dem Plane, links
auf der folgenden Abbildung a, folgt das von seinem Freigelassenen, Meno-
machus, errichtete Monument des Rechtsduumvirn und Quinquennalen L. Ceius Labeo aus der Menenischen Tribus, 5 auf dem
Plane, welches zu den am wenigsten geschmackvollen von Pompeji gehört.

Fig. 198. Grab des L. Ceius Labeo.

Dasselbe ist in *opus incertum* erbaut und mit Stucco überkleidet; es bildet
zuerst eine glatte Basis, welche nach vorn die heute ganz unkenntliche
Copie der im Museum befindlichen Inschrift Mommsen No. 2351. trägt,
über dieser erhebt sich ein von Pilastern eingefaßter Würfel, welcher nach
der Vorderseite a zwei ebenfalls nicht mehr erkennbare Porträtreliefs in
Festons zu beiden Seiten eines Korbes zeigt, an der Seitenfläche nach der
Stadt b in der Mitte zwei jetzt gänzlich zerstörte Reliefdarstellungen, deren
erstere einen Gerüsteten neben einem Pferde zum Gegenstand hatte, während
die andere, schon bei der Ausgrabung fast gänzlich zerstört, nur die Beine
eines wie es scheint gleichfalls Gerüsteten erkennen läßt. Zu beiden Seiten
sind die Felder mit gitterförmiger Stuccatur sehr dürftig angefüllt. Dieser
reliefgeschmückte Würfel diente als Basis von mittelmäßigen Statuen, welche
aus grobem Material gearbeitet und mit feiner Tünche überzogen einen Mann
in der Toga und eine reichlich bekleidete Frau, wahrscheinlich Ceius Labeos
Gemahlin darstellen, was wir um so bestimmter annehmen dürfen, da auch
die fragmentirte Inschrift der Frau (Mommsen No. 2352.) im Museo Nazionale aufbewahrt wird. Die Statuen waren von dem theilweise zerstörten
Basenwürfel herabgestürzt und sind im Museum, doch stehn vier nicht bessere
Statuen ohne Kopf, deren Herkunft nicht nachgewiesen werden kann, jetzt
an den Unterbau dieses Grabmals und des dahinter befindlichen 5 b angelehnt. Dicht neben diesem wenig imposanten Grabe liegt ein in antiquarischer wie in artistischer Beziehung viel interessanteres Monument, dasjenige des M. Alleius Luccius Libella und seines Sohnes, 6 auf dem
Plane. Ehe jedoch von ihm gesprochen wird, müssen der Vollständigkeit

wegen noch ein paar sehr zerstörte Monumente hinter dem Grabmal des
Ceius Labeo 5 *a*, *b* und *c* auf dem Plane erwähnt werden. Man gelangt
zu ihnen auf einer die gemeinsame Mauer durchbrechenden engen Treppe,
deren Stufen fast ganz zerstört sind. Das erste dieser Monumente ist eine
bis 1,25 M. über dem Boden erhaltene Umfassungsmauer, nach hinten und
der rechten Seite von achtzehn schmalen gewölbten Öffnungen durchbrochen,
wie sie uns noch mehr als ein Mal begegnen
werden. Links ist eine breite Thür, rechts gegenüber eine schmalere Öffnung, die 0,60 M.
über dem Boden und ohne Treppe, wohl nur
für ein Fenster gelten kann. An diese Seite
grenzt das Monument 5 *b*, ein viereckiger
Unterbau von *opus incertum*, mit einer halb
unter das Niveau des Bodens vertieften Grabkammer im Innern, zu der von hinten eine
niedrige Öffnung führt. Über diesem Unterbau erhebt sich ein kleinerer Oberbau gleicher Construction mit Stucco überkleidet und
etwa 1,30 M. hoch erhalten, mit einer zweiten Kammer im Innern, zu der die Öffnung
auf der linken Seite liegt. Hinter diesem
Monumente stehn neben einander zehn Hermencippen aufrecht an Ort und Stelle, während hinter dem ganz ähnlich construirten,
ebenfalls sehr zerstörten und namenlosen
Grabmal 5 *c* ihrer drei am Boden liegen.

Fig. 199.
Das Grabmal der beiden Libella.

Gehn wir nun, die Straße weiter hinaufschreitend zu dem Denkmal des
Libella. Dasselbe (Fig. 199.) erhebt sich ohne Unterbau in Form eines einfachen, aber in vollkommen tadellosen Proportionen gehaltenen Altars von
feinem und hartem weißem Travertin, aber nicht Marmor, von dem Trottoir
der Straße. Aus der Inschrift (Mommsen No. 2350), welche ganz gleichlautend auf der Haupt- und der Nebenseiten wiederholt ist, ergiebt
sich, daß M. Alleius Luccius Libella der Vater Aedil, Rechtsduumvir, Präfect und Quinquennal, sein Sohn, obwohl bereits im 17. Jahre verstorben,
Decurio von Pompeji, und daß die Gemahlin des Libella, die ihrem Gemahl
und ihrem Sohne dies Monument hat aufrichten lassen, öffentliche Priesterin
der Ceres war, deren Tempel bisher in Pompeji noch nicht hat nachgewiesen
werden können. In jeder Weise haben wir es also hier mit einer vornehmen und angesehenen Familie zu thun, von deren Geschmack und Bildung
das einfach schöne Monument eben so deutlich Zeugniß ablegt, wie von
ihrem Ansehn zwei in der Inschrift erwähnte Umstände. Erstens, daß der
junge Libella so früh schon Decurio geworden war, was um so mehr be-
deuten will, da wir Ciceros Antwort auf die Bitte um Unterstützung bei der
Bewerbung um eine Decurionenstelle in Pompeji kennen: es sei leichter in
Rom Senator als in Pompeji Decurio zu werden. Als ein ferneres Zeugniß
von dem Ansehn der Familie muß es uns gelten, daß nach der Inschrift der

Platz für das Monument diesen verdienten Bürgern von der Stadt geschenkt
wurde (*locus monumenti publice datus*). Nicht unbemerkt darf übrigens bleiben, daß dieses Monument kein eigentliches Grab ist, da es massiv und
ohne Grabkammer gebaut ist; da jedoch die Inschrift dasselbe nicht als
Cenotaph bezeichnet, wie ein weiterhin stehendes Grabmal ausdrücklich
genannt wird, so ist kaum anzunehmen, daß die beiden Libella auswärts
gestorben seien, vielmehr wird die Grabkammer wahrscheinlich als eine unter-
irdische zu betrachten sein.

Hinter diesem Grabmal befindet sich ein ummauerter viereckiger Raum,
mit kleinen pyramidal auslaufenden Thürmchen auf den Ecken, deren zwei
erhalten sind, 7 auf dem Plane, den man vielfach als Umfassung von Gräbern ärmerer Bürger oder Einwohner, wie sich eine ähnliche Einfassung auf
der andern Seite der Gräberstraße findet, angesprochen hat, ohne doch jemals nur die leiseste Spur von Gräbern darinnen zu finden. Ungleich wahrscheinlicher ist daher in diesen vier kahlen Mauern ein Privatustrinum zu
erkennen, dessen Zugehörigkeit zu einem bestimmten Grabe freilich nicht
nachgewiesen werden kann.

An der Ecke der sich hier abzweigenden Straße in die Vorstadt liegt

ein auf dem Plane mit S bezeichnetes erst begonnenes Grabmal, welches aus zwei Lagen
großer roh behauener weißer
Kalksteine auf einer breiten Unterlage besteht. Ehe wir uns auf
die an interessanten Monumenten ungleich reichere rechte Seite
hinüberbegeben, betrachten wir
noch das mitten auf der Kreu-
zung der beiden Straßen belegene, ebenfalls mit einem Privatustrinum 10 verbundene Grabmal, 9 auf dem Plane. Die

Fig. 200. Das Grab mit der Marmorthür.

äußere Form dieses aus kleinen Tuffsteinen meist in *opus reticulatum* regelmäßig erbauten Grabes (Fig. 200.), welches, da es namenlos ist, nach seiner

bemerkenswerthen Thür den Namen des Grabes mit
der Marmorthür (*colla porta marmorea*) erhalten hat,
ist einfach, aber sein Detail mannigfaltig genug, um unsere Aufmerksamkeit auf einige Zeit zu fesseln. Wir finden nämlich hier zum ersten Male auf unserer Rundschau
ein Grabgebäude mit einer vollständigen und wohlerhaltenen Grabkammer, welche leider heutzutage unzugänglich
ist, so daß wir für die folgenden Einzelheiten auf frühere
Berichte angewiesen sind. Die Marmorthür, welche die
Grabkammer verschließt (Fig. 201.), dreht sich wie die
Zeichnung deutlich erkennen läßt, auf starken bronzenen,

Fig. 201.
Marmorthür.

in die Ober- und Unterschwelle und zwar in Kapseln von gleichem Metall

eingelassenen Zapfen, wurde durch das Anziehn einer bronzenen Handhabe
geöffnet und durch das Vorschieben eines in Spuren erhaltenen Riegels
und eines mit dem Schlüssel zu öffnenden Schlosses geschlossen. Das
Innere bildet eine durch ein kleines Fenster *a* (Fig. 202.) von oben her
beleuchtete und mit einem Tonnengewölbe gedeckte Kammer, in welche
man über zwei Stufen *b* hinabsteigt, und welche im Hintergrunde eine giebelgekrönte Nische *c* für den ersten oder hauptsächlichen Aschenbehälter des

Fig. 202. Grabkammer des Grabes mit der Marmorthur.
Quer-   und   Längendurchschnitt.

Stifters enthält, wie aus der Abbildung ersichtlich. Das in dieser Nische
stehende größere Gefäß von Alabaster enthielt wirklich verbrannte Knochen.
Um die ganze Grabkammer läuft eine Steinbank *d*, welche andere Aschen-
gefäße von Glas, von Marmor und von Thon, und außerdem mehre bronzene
Lampen trug, mit denen wahrscheinlich an den Feralien, dem römischen
Allerseelenfeste, das Grab beleuchtet wurde. In dem viereckig ummauerten
Platze 10 hinter diesem Grabe kann man nur das zu demselben gehörende
Ustrinum, nicht Ruinen eines *sacellum* der wegbeschützenden Götter, der
dii viales, erkennen.

Wir wenden uns jetzt zurück auf die andere Seite der Straße, welche
mehr und besser erhaltene Monumente darbietet. Gleich das erste derselben, 11 auf dem Plane, ist von beträchtlichem Interesse. Es ist ein durch
eine giebelgekrönte Thür über drei Stufen betretbares, rings ummauertes,
aber unbedecktes Triclinium für die Leichenmahle, welche den Schluß
der Bestattung bildeten, erbaut dem Cn. Vibius Saturninus aus der faler-
nischen Tribus von seinem Freigelassenen Callistus, wie die in den Giebel
eingemauerte Inschrift M. No. 2349. (Copie der alten) aussagt. Die nachstehende Innenansicht zeigt dies jetzt viel mehr zerstörte Monument so, wie
man es bei der Ausgrabung fand, eigentlich restaurirt ist aber außer der
Decoration Nichts als die kleine runde, jetzt theilweise zerstörte Basis eines
Opferaltars. Die Wände waren einfach, aber graciös bemalt, doch ist von
der Malerei jetzt so gut wie Nichts mehr vorhanden; die Bänke für die
Theilnehmer am Mahle so gut wie der Tisch in ihrer Mitte bestehn, wie
in manchem Triclinium in Privathäusern oder deren Gärten (z. B. im Hause
des Sallust, s. S. 267.), aus stuccoüberzogenem Mauerwerk, ebenso das

kleine runde Piedestal, in welchem ein Opferaltar für die Libationen während des Mahles schwer zu verkennen ist. Hinter der Mauer des Triclinium

Fig. 203. *Triclinium funebre.*

zieht die gemeinsame aus Tuffsteinen in *opus incertum* erbaute und bis
an das Peristyl der Villa des Cicero fortgeführte Einfassung der Gräberstraße hin.

An dies Triclinium, in welchem, wie bereits in der Einleitung angegeben, mehre Gerippe gefunden worden sein sollen, die wohl in das Gebiet

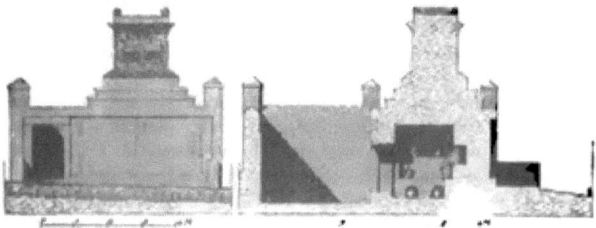

Fig. 204. Grab der Naevoleia Tyche.
Ansicht   und   Durchschnitt.

der Fabel gehören, grenzt eines der in jeder Beziehung bedeutendsten Grabmäler Pompejis, das der Naevoleia Tyche. Aus seinem Grundriß, 12 auf
dem Plane, sowie aus der Ansicht Fig. 204. links erkennt man, daß dasselbe
aus einer Umfassungsmauer aus Haustein mit einer Thür nach der Straße
besteht, innerhalb welcher Umfassungsmauer sich eine Grabkammer erhebt,
die ein Monument in Altarform abschließt. An der Vorderseite des Altars
ist unter dem Reliefporträt der Gründerin und über einem ein Todtenopfer

darstellenden Relief in eleganter und reicher Arabeskenumrahmung die Inschrift (Mommsen No. 2346.) aingebracht, welche in erster Linie unsere Aufmerksamkeit erheischt.   Sie lehrt uns Folgendes: Naevoleia Tyche, die Frei-

Fig. 205. Inschrift und Relief am Grabe der Naevoleia Tyche.

gelassene eines Luccius Naevoleius hat dies Grabmal sich und dem Augustalen und Paganen (Gemeinderath der Vorstadt L. Munatius Faustus, sowie ihren und seinen freigelassenen Sclaven und Sclavinnen bei Lebzeiten
errichtet.   Dem Munatius Faustus aber haben die Decurionen unter Zustimmung des Volkes wegen seiner Verdienste die Ehre des Bisellium zuerkannt
(s. Figg. 205. und 207.).
    Man sieht also zunächst, daß das Grabmal das gemeinsame der ganzen
Familie der Naevoleia war und demgemäß hat das Innere der Grabkammer
(Fig. 204. rechts) früheren Berichten gemäß, denn heutzutage ist davon
auch nicht viel mehr zu sehn, eine ähnliche Einrichtung wie die in dem
kurz vorher besprochenen Grabe mit der Marmorthür.
In einer Nische im Hintergrunde ist der Platz für eine
Aschenurne, welche als die der Gründerin gelten mag,
andere Nischen in den Seitenwänden sind für kleinere
Gefäße bestimmt, während eine umlaufende Steinbank
deren mehre von größeren Dimensionen und einige Lampen trug.   Von den Aschengefäßen sind nur drei, von
denen in Fig. 206. eines als Probe mitgetheilt wird, von
speciellerem Interesse, denn während die übrigen von
Thon sind und gewöhnliche Formen zeigen, bestehn
diese drei aus Glas, welches in einer bleiernen, unge-
fähr gleich gestalteten Kapsel steht, die gewöhnliche Art, Glasgefäße in
Gräbern gegen etwaige äußere Verletzungen zu schützen.   Obgleich nun

Fig. 206. Aschenurne

diese Gefäße keineswegs zu den besseren Arbeiten in Glas gehören, von
denen sich ein Meisterstück in einem später zu besuchenden Grabe gefunden hat, so sind sie wegen ihres vollkommen erhaltenen Inhalts merkwürdig genug. Sie enthalten oder enthielten, so wird nämlich von Früheren überliefert, die verbrannten Knochen, schwimmend in einer aus Wasser,
Wein und Öl gemengten Flüssigkeit, welche als bei ihrer Auffindung halb-
dick, aber durchsichtig, in einem Falle röthlich, in den anderen gelblich
geschildert wird.

Das in der Inschrift erwähnte Bisellium des L. Munatius Faustus ist
zum Andenken seiner Ehrenauszeichnung, über deren Bedeutung bei der
Besprechung der Theater das Nöthige gesagt ist, auf der einen Seite des
Altars in Relief dargestellt, während die andere Seite ein Schiff darstellt,
an dem die Segel gerefft werden. Über das Bisellium wäre höchstens das

Fig. 207 Relief vom Grabe der Naevoleia Tyche.

Eine zu bemerken, daß der in der Mitte vor demselben stehende Schemel
die Bedeutung dieser Doppelsitze für eine Person recht augenscheinlich
macht. Das Schiff dagegen ist verschieden gedeutet worden. Nicht wenige
Schriftsteller über Pompeji sehn in demselben eine allegorische Hinweisung
auf den Tod als das Einlaufen in den Hafen nach den Stürmen des Lebens,
indem sie sich auf eine Stelle Ciceros (de senect. 19. 71.) berufen, in welcher
der Blick auf das Grab mit dem Blicke des Reisenden verglichen wird, der
nach langer Fahrt sich dem Gestade und Hafen nähert. In der That aber
ist nach Analogie anderer Grabsteine in diesem Schiffe Nichts zu erkennen,
als ein Denkmal des Geschäftes, welches einer der hier Begrabenen, am
wahrscheinlichsten Munatius Faustus trieb, als Gegenstück von dessen Bisellium das Relief erscheint. Munatius scheint Kaufmann gewesen zu sein,
und mag ein eigenes Schiff zur See gehabt, vielleicht selbst geführt haben.

Das Relief endlich unter der Inschrift und dem ansehnlichen Porträt
der Naevoleia zeigt uns das Todtenopfer, zu welchem die Sclaven und Sclavinnen oder die Freigelassenen der Naevoleia Opferspenden herzutragen.

Hart neben diesem Grabe der Naevoleia und der Ihrigen liegt das Grab
der Familie Istacidia (Fig. 208.), einer in Pompeji sehr angesehenen.
Es besteht wie der Grundriß 13 auf dem Plane verglichen mit der umstehenden Ansicht lehrt, aus einer einfachen Ummauerung, innerhalb deren

mehre Hermencippen mit den Inschriften Mommsen No. 2411. und 2345.,
aufgerichtet sind. Einer derselben ist in seinem obern runden Theil nach
hinten als ein menschlicher Kopf mit
langen Haarflechten behandelt, wovon
wir weiterhin noch ein Beispiel finden werden. Vor dem einen Cippus
ist eine Vase in den Boden eingelassen, um die Spenden aufzunehmen.
Das Grab bietet in seiner Einfachheit
kein besonderes Interesse, wenn nicht
das, uns die Mannigfaltigkeit der alten
Grabstätten zu zeigen. Eine Besonderheit bietet die Inschrift an der
Frontmauer der Straße (Mommsen No.
2343.), in so fern sie die Maße des
von dieser Familie gekauften Begräbnißplatzes: *pedes XV in agro, pedes
XV in fronte,* d. h. von 15 Fuß Tiefe
und gleicher Breite, enthält, eine Maßangabe, welche bei diesem festum-
mauerten Raume zur Bestimmung des
Verhältnisses des römischen Maßes

Fig. 208. Grab der Familie Istacidia.

zu dem unsern nicht ohne Bedeutung ist, obgleich sie keineswegs den einzigen Anhalt bietet. Die genauesten Messungen und Vergleichungen hat
Mazois angestellt (*Ruines de Pompéi* I. p. 12 f.), als deren Resultat sich
ergiebt, daß 15 römische Fuß sind = 13' 10⅝" franz. Maß, also 1 röm.
Fuß = 10" 10⁴/₁₅''' oder 287 Millimeter.

    Das folgende Grabmal No. 11 auf dem Plane hat wiederum ein größeres
eigenes Interesse und muß
zu den zierlichsten Monu-
menten seiner Gattung ge-
zählt werden, obgleich es von
Einigen überschätzt wird.
Wahr ist es, daß ein reinerer
Geschmack in diesem Denk-
mal herrscht, als in man-
chen anderen, aber den Adel
der Einfachheit und Reinheit
der Verhältnisse des Grab-
altars der Libella erreicht
dies Cenotaphium des
Augustalen C. Calven-
tius Quietus nicht. Das-
selbe besteht, wie die (restaurirte) Abbildung (Fig. 209)

Fig. 209. Grabaltar des C. Calventius Quietus

zeigt, innerhalb einer nach der Straße zu niedrigen, nach hinten erhöhten

und giebelartig abgeschlossenen, von kleinen Pfeilern mit Relief flankirten
Ummauerung aus einem Altar auf drei Stufen und einem viereckigen Unterbau. Die Hauptfaçade des Altars nach der Straße zu trägt die Inschrift
[Mommsen No. 2342.], aus der wir den erwähnten Namen und Stand des
Calventius Quietus, sowie ferner erfahren, daß ihm die Decurionen unter
Zustimmung des Volkes wegen seiner Munificenz das Bisellium zuerkannt
haben. Dies ist denn unterhalb der Inschrift in Relief gebildet fast ganz
so, wie das Bisellium des Munatius Faustus am Grabe der Naevoleia
und wie dieses mit dem Schemel vor der Mitte des Doppelsitzes. An den
beiden Nebenseiten des Altars sind Eichenkränze mit Bändern, das sind
bürgerliche Kronen (*corona civica*, gebildet, welche für verschiedene Verdienste, namentlich aber für Lebensrettung von Bürgern ertheilt wurden,
weshalb vielfach bei ähnlichen Reliefen im Kranze steht *O. C. S. = ob civem
servatum* oder *ob cives servatos*. Welcher Art Calventius' Verdienste waren,
wissen wir eben so wenig, als worin seine Munificenz sich offenbarte, obgleich es nahe liegt, in Bezug auf letztere an den Neubau der Stadt nach
dem Erdbeben zu denken, bei dem der Bürgersinn mancher reichen Pompejaner sich, wie wir gesehn haben, so glänzend kundgab, und bei dem

Fig. 210. Reliefe vom Grabe des Calventius

eben hierfür diesen Bürgern mehr als eine Ehrenauszeichnung zu Theil
wurde. Die Inschrift und Reliefe umgebende Einfassung von Arabesken ist
freilich ziemlich reich, aber stumpf und schwer gearbeitet, während Basis
und Krönung des Altars als fein genug gegliedert gelten dürfen, wie Gleiches
von mehren anderen der in Haustein ausgeführten Monumente gesagt werden
kann, welche sich durch Reichthum, Eleganz und Geschmack der Ornamentirung vor den Monumenten auszeichnen, bei denen ein geringeres Material
verwendet und der verhüllende Bewurf zum Träger der Ornamente gemacht
ist. Der hintere Giebel der Umfassungsmauer enthält, jetzt am besten von
dem Nachbargrabe aus sichtbar, eine von schwebenden Flügelfiguren, wohl
Victorien getragene und unten von Löwenklauen gestützte Gedenktafel, auf
der jedoch die Inschrift fehlt. Die kleinen Thürmchen oder Pfeiler der
Umfassungsmauer waren mit Stuccoreliefen geziert, welche jetzt fast gänzlich

abgefallen und nur noch in ihren eingerissenen Umrißlinien halbwegs erkennbar sind.

Die Gegenstände der interessantesten dieser Reliefe, welche nach früheren, freilich ungenügenden Abbildungen in den Figg. 210. und 211.,
mitgetheilt werden, sind: Oedipus vor der Sphinx in dem Augenblick, wo
er, dem Sinne des berühmten Räthsels
nachdenkend, den Finger an die Stirn
legt, während am Fuße des Felsens,
auf dem die Sphinx hockt, die Leichen
der von ihr getödteten thebanischen
Jünglinge liegen. Sodann wahrscheinlich Theseus im Labyrinth nach Besie-
gung des Minotauros (s. Fig. 210.).

Das dritte Relief Fig. 211. ist, in
so fern es richtig verstanden und erklärt
worden, von besonderer Bedeutung, indem es uns eine Sitte der Todtenbestattung vergegenwärtigt. Der Scheiterhaufen, auf welchem die Leiche lag,
war von dem nächsten Angehörigen zu

entzünden, und dies geschah, um den begreiflicher Weise unsäglich schmerz-
lichen Eindruck zu vermeiden, welchen der Anblick des geliebten Todten
in dem Augenblick hervorrufen mußte, wo er der Zerstörung auf immer
anheimfallen sollte, hinterrücks
mit abgewandtem Gesichte. Es
scheint, daß die Figur unseres
Reliefs, welche als eines der officiellen Klageweiber zu erklären
sehr oberflächlich ist, eine Frau
oder Tochter in dem Augenblick
darstellt, wo sie die Fackeln an
den Holzstoß legt, die Fackeln,
denn obgleich nur die in der
rechten Hand gehaltene noch jetzt
ziemlich deutlich ist, wird aller
Wahrscheinlichkeit nach der über
die Schulter in der linken Hand
gehaltene schon früher halbzer-
störte Gegenstand ebenfalls eine
Fackel und nicht eine Vase sein,
wie von Anderen gesagt worden ist.

Fig. 212. Rundes Grabmal.

An dieses durch das Fehlen der Grabkammer als Cenotaph bezeichnete
Grabmal grenzt ein erst mit einer, wie man annimmt provisorischen Mauer
umzogener Raum, 15 auf dem Plane, in welchem erst später Monumente
oder Gräber angelegt werden sollten, in dem aber wenigstens ein Hermen-

cippus am Boden liegt, und auf diesen Raum folgt ein von den bisher betrachteten in einer Beziehung abweichendes, aber inschriftloses Familien-
begräbniß, 16 auf dem Plane. Dasselbe besteht innerhalb einer mit kleinen
reliefgeschmückten Thürmen versehenen Mauer aus einem runden und stumpf-
pfen Thurm, zu dessen von der Straße abgewendetem jetzt vermauertem Eingang man auf einer in Fig. 212. durch die Thür sichtbaren steinernen Treppe
emporsteigt. Der runde Thurm auf viereckiger Basis ist von außen mit
Stucco bekleidet, und enthält, abermals nach früheren Berichten über das

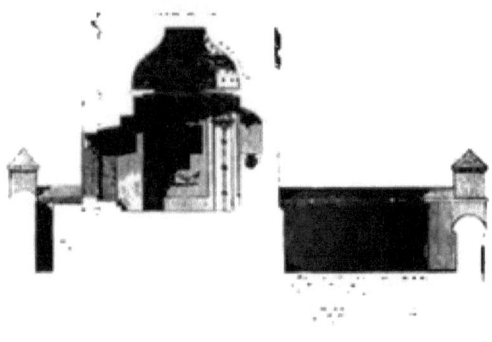

Fig. 213. Grabkammer des runden Grabmals.

jetzt unzugängliche und wohl gänzlich ausgeräumte Monument, die mit kleinen, aber zierlichen Gemälden (Arabesken) verzierte und 2 M. weite Grabkammer mit drei Nischen, welche Lampen und die in den Boden ganz eingemauerten Urnen einschließen. In einer derselben fand man noch die verbrannten Knochen. Am merkwürdigsten ist die geschweifte Wölbung der
Decke, deren Profilirung in antiken Monumenten ohne ein zweites Beispiel
sein dürfte, wohl aber in der türkischen Architektur wiederkehrt. Der flache
Boden dieser Decke soll mit einem ziemlich roh
gemalten Gesichte (etwa einem Gorgoneion?) verziert
sein oder gewesen sein, für eleganter gelten die
übrigen einfachen Malereien, deren Charakter sich
einigermaßen aus der Zeichnung in Fig. 213. erkennen läßt. Die Thürmchen auch dieser Umfassungsmauer, in welche in der Mitte der Frontseite eine unbeschriebene Tafel eingelassen ist, sind,
wie erwähnt, nach der Seite der Straße hin mit Reliefen in Stucco verziert. Diese Reliefe, von denen
eines einen schwebenden Genius, das zweite eine
Opferceremonie darstellt, bieten weder ihrem Gegen-
stande, noch ihrer Ausführung nach ein besonderes Interesse, nur ein drittes

Fig. 214.
Relief vom runden Grabmal.

ist von größerer Bedeutung. Es stellt eine Frau dar, welche eine Taenie
'Binde auf das Gerippe eines auf Steintrümmern liegenden Kindes zu breiten im Begriffe ist s. Fig. 214. . Warum und mit welchem Rechte man
freilich diese Darstellung vielfach auf eine Scene des Erdbebens vom Jahre
63 bezogen hat, ist schwer anzugeben.

Unmittelbar neben diesem Grabmal befindet sich dasjenige, 17 auf dem
Plan, welches gewöhnlich G r a b d e s S c a u r u s genannt wird, obgleich dieser

Bezeichnung wesentliche
Bedenken entgegenstehn,
so daß es gerathen sein
wird, von jeder Nomen-
clatur abzusehn *). Das
Hauptinteresse dieses
1812 aufgefundenen Grab-
mals, von dessen keines-
wegs schöner Form Fig.
215. eine Gesammtansicht
bietet, besteht in den
Gladiatorenreliefen,
welche bei Besprechung
des Amphitheaters hin-
reichend genau betrachtet
worden sind, um sie und
damit das ganze Grab
hier nach dieser Erwäh-
nung zu übergehen. Die
Art, wie diese Reliefe auf
die Umfassungsmauer und
die Stufen der Inschrift-
basis, welche wahrschein-

Fig. 215. Grab mit den Gladiatorenreliefen.

lich eine Statue trug, vertheilt sind, erkennt man aus der Abbildung ohne
weitern Nachweis.

Ein wenig weiterhin liegt ein Grab, 19 auf dem Plan, welches denjenigen des Calventius Quietus und der Naevoleia Tyche am meisten gleicht,
indem es aus einem altarförmigen Monumente besteht, welches sich über
zwei Stufen auf einem viereckigen Unterbau von glattbehauenen Tuffquadern
erhebt. Auf seiner Hinterseite hat es einen jetzt vermauerten Eingang.
Man sagt, dies Grabmal sei bei der Verschüttung erst im Aufbau begriffen
gewesen, und bezeichnet es demnach als *sepolcro in costruzione*; doch ist an
demselben jetzt Nichts zu entdecken, das für diese Ansicht bewiese. Neben
diesem Grabe steht ein im Plane mit 15 bezeichneter Hermencippus von
Marmor, an welchem man die wunderliche Form dieser Pompeji eigenthümlichen Monumente aus der umstehenden Abbildung recht genau kennen
lernen kann. Die Hinterseite (rechts) zeigt deutlich, daß mit dem obern
runden Theil ein menschlicher Hals und Kopf gemeint ist, der hier wie in
anderen Beispielen wie Haare mit auf den Schultern herabfallenden Flechten

gearbeitet ist, während das Gesicht 's. die Vorderseite links' entweder wie in diesem Falle ganz fehlt oder durch die Inschrift ersetzt wird, die sich hier auf dem untern Theile findet, deren Erläuterung sich aber nicht füglich in der Kürze geben läßt [99]. Nach dem Grabe No. 19 wird die Folge der Gräber auch auf dieser Seite der Straße unterbrochen, und wie auf der andern Seite die früher erwähnten Läden und Schenken, tritt hier nach einem dreieckigen, ummauerten Raume 20 auf dem Plane, der sich an das Peristyl der Villa Ciceros anlehnt, deren Eingang mit V.C. auf dem Plane neben einer Cisterne P bezeichnet ist, eine ebenfalls früher erwähnte Reihe von Kaufläden und Schenken an die Straße heran, die vielleicht zu der Villa

Fig 216. Ein Hermencippus.

gehören. Den ummauerten dreieckigen Raum 20, dessen Mauer wie diejenige des Grabmals 5 a und des großen unten Fig. 221. von einer Reihe kleiner neben einander stehender Bogenöffnungen durchbrochen ist, hat man ohne genügenden Grund den oskischen Begräbnißplatz genannt, oder man hat in ihm das Ustrinum für die Gräber erkannt, welche kein eigenes hatten. Daß der Platz seinem ganzen Habitus nach sich zu diesem Zwecke wohl eignet, läßt sich eben so wenig läugnen, wie man in Abrede stellen kann, daß ein öffentliches Ustrinum an einer Gräberstraße nöthig war, an der höchstens zwei Privatustrinen nachgewiesen werden können. Andere suchen jedoch das Ustrinum weiter nach dem Thore zu neben dem s. g. Grabe der Mamia in einem ummauerten Platze, dessen Mauern mit Stierschädeln und mit Masken geziert sind, und in dem man nach einigen Angaben verbrannte Knochen gefunden hätte, während es sich nach genaueren Berichten um die Gerippe von hier begrabenen Leichen handelt [100]. Noch andere Ansichten über diesen Platz werden unten berührt werden. Erst jenseits der briderseitigen Läden und Schenken und der hier zur linken Hand der zur Stadt Hinaufgehenden herantretenden Häuser der Vorstadt, wie desjenigen der vier Mosaikpfeiler, beginnen die Grabmonumente wieder. Wir fahren mit unserer Betrachtung derselben zunäcbt auf der linken Seite der Straße nach der Stadt fort.

Der erste Gegenstand, dem wir hier neben den Kaufläden der Vorstadt begegnen, ist ein nischenförmig überwölbter Sitz, 21 auf dem Plane, dessen Ansicht die folgende Abbildung (Fig. 217. darstellt. Wir werden später auf der andern Seite der Straße zwei unbedeckte, halbkreisförmige Sitze finden, die in bestimmter Beziehung zu Grabdenkmälern stehn; diese Beziehung darf man auch für diesen Sitz annehmen und ist dadurch berechtigt, denselben in der Folge der Grabdenkmäler zu betrachten. Diese Nische ist ein gar angenehmer Sitz, theils wegen der Aussicht auf die schönen gegenüberliegenden Monumente und über dieselben hinaus auf das prachtvolle Gebirge, theils weil derselbe vermöge einer einfach sinnigen Einrich-

tung im Winter Wärme, im Sommer Schatten gewährte. Die Öffnung der
Nische liegt nämlich fast genau gegen Süden (SSW) und die Nische selbst
ist so tief, daß die hochstehende Sommersonne wie in der Abbildung Fig. 217,
den Schatten der Wölbung auf die Bank im Hintergrunde wirft, während
sie bei tieferem Stande im Winter ungehindert die Nische mit ihren warmen
Strahlen erfüllen kann. Die Ornamentik der Nische ist bizarr, namentlich

Fig. 217. Halbkreisförmige Grabnische.

gilt dies von den Pilastern, welche die Öffnung einfassen, und welche in
einer Doppelstellung über einander ohne trennende Balken aus einander her-
vorspringen. Die Malerei im Innern wird als ehemals gefällig geschildert,
denn jetzt ist die ganze Auskleidung bis auf die Stuccoornamente des Ein-
gangsbogens, welche die Abbildung zeigt, zerstört: eine Restauration ist im

Mus. Borb. vol. XV. tav. 25. gegeben; der Grund der Wölbung war blau, die muschelförmig behandelte Halbkuppel weiß, die Wandfelder, auf denen in natürlichen Farben kleine Thiere gemalt waren, roth gegründet, die dieselben trennenden Streifen oder Pfeiler dagegen schwarz gefärbt, während das leichte Ornament auf ihnen sich goldfarbig abhob. Das Giebelfeld der Nische umfaßt eine kleine, aber unbeschriebene Gedenktafel.

Das an diese Nische grenzende Grabmal, 22 auf dem Plane, ist namenlos und an sich auch wenig ausgezeichnet, in demselben aber wurde das schönste Werk in Glas gefunden, welches wir bisher neben der Portlandvase aus dem Alterthum besitzen. Es ist eine Vase von dunkelblauem Glase mit weißer Reliefdarstellung bakchischer Scenen in reichem Laubwerk, deren Abbildung und Besprechung im artistischen Theile nachgetragen werden soll. Hier genügt zu bemerken, daß das Grab von diesem Glasgefäß den Namen der *Tomba del caso di cetro blu* erhalten hat. Auf dieses Grabmal folgt nach einer leeren Ummauerung, 23 auf dem Plane, das der Guirlanden (*T. delle ghirlande*), 24 auf dem Plane, so genannt von den Verzierungen in Stucco an den Seiten, welche die nachstehende Abbildung (rechts) erkennen läßt. Das Grabmal besteht aus einem einfachen, auf einer Basis stehenden Mauerwürfel, an dem Pilaster vorspringen, vier an der Front, drei an den Seiten, zwischen denen die Guirlanden hangen. Neben diesem ebenfalls namenlosen Grabmal erkennt man auf dem linken Theile der Abbildung eine in *opus reticulatum* gemauerte Grabeinfassung, 25 auf dem Plane, in welche ein äußerst enger Eingang zwischen zwei kleinen altarförmigen Cippen hindurchführt. Innerhalb der Mauer sind nur ein

Fig. 218. Grabmal der Guirlanden.

paar namenlose Hermencippen gefunden worden. Von diesem Punkte bis zu der links in die Vorstadt führenden Straße sind vor Alters noch drei, jetzt bis auf die Fundamente zerstörte Monumente gewesen, über welche Näheres nicht zu sagen ist. Hart an der Ecke der Gräber- und der erwähnten Vorstadtstraße gegenüber der Basis der Reiterstatue 27 befindet sich das erst in neuerer Zeit gänzlich aufgedeckte, obgleich seit 1763 bekannte Cenotaph des Aedilen Titus Terentius Felix aus der Menenischen Tribus 26 auf dem Plan, dem nach Aussage der Inschrift (Mommsen No. 2337.) nicht allein der Platz zum Grabmal öffentlich geschenkt, sondern zu dessen Bestattung, sowie zur Aufrichtung des Monumentes die Stadt Pompeji 2000 Sesterzen 93½/, Thlr.) bezahlt hat. Mit Beihilfe dieser Summe hat seine Gattin, Fabia Sabina, Probus' Tochter, das Grabmal errichtet.

Bei dem Thore, *H.T.* auf dem Plane, dem wir uns auf der linken Seite der Straße genähert haben, wenden wir unsere Schritte wieder der rechten Seite derselben zu, um den Rest der Monumente vom Thore abwärtsgehend zu betrachten. Das erste Denkmal, welches sich uns nahe am Thore bietet, ist jene Nische, in der man das Gerippe eines Soldaten gefunden haben will (vgl. S. 26.', 29 auf dem Plane, und welches man deshalb mit dem populären Namen eines Schilderhauses belegt hat. Die Beschaffenheit des kleinen Bauwerks aber, Fig. 219., brachte Mazois dahin, in ihm vielmehr ein Sacellum oder eine Aedicula für die *dii viales* als ein Schilderhaus zu erkennen. Es ist, wie der Grundriß auf dem Gesammtplan der Gräberstraße erkennen läßt, eine viereckige und überwölbte Nische, an deren Seitenwänden steinerne Bänke angebracht sind, während in der Hinterwand eine viereckige

Vertiefung sich befindet und in der Mitte ein jetzt zerstörter kleiner viereckiger, mit Hörnern an den Ecken verzierter Altar stand. Daß dies allerdings für ein Schilderhaus nicht passe, ist klar genug, und der Umstand allein, daß der kleine Altar zerstört wurde und verschwunden ist, in Verbindung mit dem angeblichen Funde des Gerippes erklärt die oft, ja bis auf den heutigen Tag wiederholte Annahme. Mazois' Gedanke ist an sich nicht unwahrscheinlich, eine doppelt vor-

Fig. 219. Grabnische des M. Cerrinius.

gefundene Inschrift aber, an dem Altar und auf einem Cippus, der in der viereckigen Nische der Hinterwand aufgerichtet war und sich jetzt im Museum befindet (Mommsen No. 2315., läßt keinen Zweifel übrig, daß ein Drittes wahr sei. Die Inschrift sagt aus, daß dies Capellchen die Ruhestätte des Augustalen M. Cerrinius Restitutus sei, welchem die Decurionen diesen Platz geschenkt haben. Hierdurch wird auch auf die Bedeutung der oben besprochenen größern halbrunden Nische ein neues Licht geworfen. Jeden etwa noch übrigen Zweifel über die wirkliche Bestimmung der Nische beseitigt die frühe Nachricht bei Winckelmann im Sendschreiben § 46., welcher beide Inschriften an Ort und Stelle sah, sowie der Ausgrabungsbericht vom 13. Aug. 1763. Dieser weiß auch von keinem auf dem kleinen altarförmigen Stein gemachten Funde und erwähnt nur in der Nische im Hintergrunde das mit der Inschrift versehene Piedestal einer nicht aufgefundenen Statue, wodurch der Nachricht bei Gell, Pompeiana 1521 S. 94. und 109., daß der Altar einen bronzenen Dreifuß getragen habe, der jetzt in das *cabinet secret* des Museums geschafft sei, so ziemlich jede Glaubwürdigkeit entzogen wird.

Weiter hinausschreitend, befinden wir uns vor einer symmetrisch ange-
ordneten Gruppe von Monumenten, bestehend aus zwei großen unbedeckten
halbrunden Sitzen von Stein, welche ein jetzt zerstörtes Grabmal einfassen,
29, 30, 31 auf dem Plane. Die beiden Sitze von 6 M. Breite sind Grabdenkmäler in der Art wie die bedeckten Nischensitze, wie dies aus den
Inschriften derselben hervorgeht. In der Mitte des erstern No. 29) fand
man die Inschrift (Mommsen No. 2316.), welche das Monument als das des
Aulus Veius bezeichnet, der Rechtsduumvir und aus der Bürgerschaft gewählter Militärtribun gewesen, und welchem der Platz durch Decurionendecret unter Zustimmung des Volkes geschenkt ist. Die Lehne aber des
zweiten Sitzes trägt in ihrer ganzen Ausdehnung in großen und schönen
Buchstaben eine Inschrift (Mommsen No. 2318.), welche aussagt, daß der
Mamia, Publius' Tochter, der öffentlichen Priesterin (der Ceres), dieser Ort
zum Begräbniß durch Decurionendecret gegeben sei. Nach dieser Inschrift
hat man das hinter diesem Sitze befindliche, jetzt zerstörte Grabmal, 32
auf dem Plane, irrig das der Mamia genannt. Beide Sitze sind sorgfältig

Fig. 220.   Grabmäler des A. Veius, des M. Porcius und der Cerespriesterin Mamia.

gearbeitet und nach vorn mit zwei Löwentatzen abgeschlossen, wie sie als
Abschluß auch an dem Sitze auf dem Forum triangulare und an der untersten
Cavea des kleinen Theaters vorkommen. Das zwischen diesen Sitzen ein-
gefaßte zerstörte Grab, dessen eigentliche Inschrift fehlt, namentlich zu be-
stimmen befähigt uns ein neben dem Sitze der Mamia eingepflanzter In-
schriftstein (Mommsen No. 2317.), der offenbar nur auf dies Grabmal Bezug
haben kann und in alterthümlicher Schrift aussagt, daß dem M. Porcius ein
Platz von 25 □Fuß zum Begräbniß verliehen sei, mit welchem Maße der
Platz des Grabmals stimmt. Neben dem Sitze der Mamia führt eine kleine
Straße zu unten zu besprechenden Monumenten und wohl auch in die Vorstadt, jenseits welcher Straße in einer eigenen Ummauerung, 33 auf dem
Plane, ein anderer Inschriftstein gefunden wurde, der ein besonderes Interesse bietet. Es ist augenfällig, daß überwiegend die meisten Gräber an
dieser Straße angesehenen Personen angehören und daß die Plätze größtentheils von der Stadt geschenkt sind. Auf diesen Umstand bezieht sich die
erwähnte Inschrift (Mommsen No. 2314.) und über ihn klärt sie uns völlig
auf, indem sie bezeugt, daß auf Befehl des Kaisers Vespasian der Tribun
T. Suedius Clemens nach Einsicht der Rechtsverhältnisse (causis cognitis)
und nach Aufnahme der Maße die von Privaten besessenen Plätze der Ge-

meine von Pompeji zurückgegeben habe. Wir sehn also, daß die Räume
der Haupttheerstraße von den Pompejanern zu Begräbnißplätzen ihrer ange-
sehensten Bürger und Beamten ausersehen waren, und daß, weil an derselben schon manches Privatgrab stand, eine Art von Expropriation von
Seiten der Centralgewalt in Rom durch einen außerordentlichen kaiserlichen
Commissar vorgenommen werden mußte, über deren Vollzug die Urkunde
Zeugniß ablegt. Finden sich noch Privatgräber an der Straße, so darf angenommen werden, daß deren Bestand auf besonderen Rechtsverhältnissen
beruhte, und vorausgesetzt, daß sie im Laufe der Zeit, wenn Pompeji nicht
die große Katastrophe ereilt hätte, öffentlichen hätten weichen müssen. Es
ist nicht unmöglich, daß auf eine solche Umwandelung die theils zerstörten,
theils unvollendeten Grabmäler zu beziehn seien, welche ihres Ortes bemerkt worden sind.

Neben dem Sitze der Mamia zweigt sich, wie gesagt, eine kleine Straße
der Vorstadt ab, an der ein großes, jetzt zerstörtes Grabmal liegt, welches
man gewöhnlich als das der Mamia bezeichnet, 32 auf dem Plane.

Innerhalb der Umfassungsmauer dieses Grabmals aber sind verschiedene
Inschriften und Grabcippen (Mommsen No. 2319—2322. 2324—2326. 2330.)
gefunden worden, welche verschiedenen Personen, darunter (No. 2319.) einer
zweiten öffentlichen Cerespriesterin Istacidia, angehören und beweisen, daß
das Grabmal ein gemeinsames, vielleicht ein priesterliches war. Das Grab
selbst bestand aus einem tempelartigen Bauwerk mit Pilastern auf erhöhter
Substruction und lag innerhalb einer von kleinen Bogen durchbrochenen
Umfassungsmauer, wie die Gesammtansicht Fig. 221. zeigt, während Fig. 222.
links den Durchschnitt und rechts die Restauration vorführt. Aus dem
Durchschnitt ersieht man, daß in den Mauern Nischen für Urnen sich befanden, während ein großer Steinpfeiler in der Mitte die Büsten der Verstorbenen oder Grablampen tragen mochte. Die Angabe Gells (Pompeiana
1821 S. 109.), daß umher an den Wänden Statuen gestanden haben, ist
nicht verbürgt. Allerdings sind in dem ganzen Bereich der auf dem Plane
mit 26—32 bezeichneten Gräber bei den zu verschiedenen Zeiten (1763,
1812 und neuerlich vorgenommenen Ausgrabungen nicht wenige Statuen
und Fragmente von solchen gefunden worden und zwar sowohl männliche
in weiten Togen wie weibliche in vornehmer und reicher Tracht; allein die
Angaben über die Fundstellen sind in den Tagebüchern der Ausgrabungen
zu unbestimmt oder für uns jetzt zu schwer genau zu ermitteln, als daß es
möglich sein sollte von den erwähnten Bildern das eine diesem, das andere
jenem Grabe zuzuweisen [167]. An dem Eingange der Straße, welche rechts
neben dem Sitze der Mamia zu diesem Grabe führt, war eine große Schlange,
das Bild des *genius loci* angemalt, unterhalb dessen ein Ziegel vorsprang,
auf welchen man kleine Opfergaben niedergelegt haben mag. Jetzt ist dies
Alles vollkommen zerstört. Diese Straße aber führt nicht nur zu dem genannten Grabe, sondern zu mehren von eigenen Mauern umgebenen Abtheilungen dieses antiken Friedhofes, in denen man außer mehren Inschriften
(Mommsen No. 2327—2336. auf Hermencippen, auch Statuen und Statuenfrag-
mente, einige mehr oder weniger zerstörte nicht sehr erhebliche Monumente

und einige mit Thonplatten bedeckte Gräber in der Erde, in denen ganze
Gerippe (also von Begrabenen) sowie verbrannte Knochen aufgefunden wurden.

Fig. 221. Großes Grabmal an der Nebenstraße.

Die Mauern dieser Abtheilungen waren theils mit Masken, theils mit Stierschädeln decorirt. In den ersteren hat man verkehrter Weise ein Zeichen
sehn wollen, daß dieser Platz zum Begräbniß von Schauspielern gedient habe,
während die Masken nach mehrfacher Analogie nur als ein allgemeines
Grabessymbol, die abgeworfene Maske des Lebens gelten können. Noch

Vor S. 323.

Zwei Marmortische.

ungleich verkehrter hat man die mit den Stierschädeln decorirte Abtheilung
sogar zum Viehbegräbnißplatz (*sepolcro dei bestiami*) machen wollen, während
in Wahrheit diese Bukranien, wie sie oft zur Verzierung von Altären und
sonstigem heiligem Geräthe verwendet wurden, eben auch Nichts sind, als

Fig. 222. Durchschnitt und Restauration des großen Grabmals.

ein auf Opfer hinweisendes Symbol. Der Annahme einiger Schriftsteller,
dieser Platz sei das Ustrinum gewesen, steht hauptsächlich die Auffindung
von Gräbern in demselben entgegen; doch mag auch das öffentliche Ustrinum hier gewesen sein. Den Eingang zu der ersten dieser Abtheilungen
durch eine eigene Thür läßt die Ansicht Fig. 221. erkennen.

Fünftes Capitel.
Die monumentalen Reste und Zeugnisse des Verkehrs und des Lebens.

Erster Abschnitt.
Mobilien, Geräthe und Gefäße.

Bei der Beschreibung einer Anzahl der bemerkenswerthesten pompejaner
Häuser ist allerdings hier und da auch des in den verschiedenen Zimmern
gefundenen und für ihre Bestimmung charakteristischen Hausraths im weitesten Sinne, der gemauerten Bettstellen, der in die Wände vertieften oder
an denselben befestigt gewesenen Schränke und Bretter, der Speisesophas,
Geldkisten, dann auch der in ihnen gefundenen Candelaber, Kessel, Lampen
u. s. w. gedacht; allein das ist doch mehr gelegentlich geschehn, und zwar
aus dem bedachten Grunde, um einerseits die sich immer wiederholenden

Verzeichnisse wichtiger und unwichtiger Geräthe und Gefäße zu ersparen, welche die Lectüre der Fundberichte bis zur Unleidlichkeit ermüdend machen, und nun andererseits die hier in Frage kommenden Gegenstände in einer systematisch geordneten Auswahl zu vollständigerer Übersicht bringen zu können, als es bei der Verflechtung in die Darstellung der Häuser in ihrer architektonischen Anordnung und in ihrer künstlerischen Decoration möglich gewesen wäre. Hier soll nun versucht werden, von dem ganzen antiken Hausrath aller und jeder Art, welcher die Häuser in Pompeji erfüllte, eine so vollständige Anschauung zu geben, wie dies innerhalb gewisser, nothwendig einzuhaltender Grenzen thunlich ist.

Beginnen wir mit dem, was wir Mobilien nennen, obgleich deren Manches, wie die gemauerten Bettstellen in Pompeji eben nicht mobil gewesen ist, so muß constatirt werden, daß deren Funde nicht so zahlreich und bedeutend gewesen sind, wie man vielleicht vermuthen mag. Der Grund hiervon ist ein doppelter. Erstens ist natürlich alles aus vergänglichen Stoffen, namentlich alles aus Holz Verfertigte bis auf verhältnißmäßig geringe Reste verkommen und untergegangen, und erst das neueste conservative Verfahren bei der Ausgrabung hat auch von diesen Dingen Manches so weit erhalten, daß es entweder durch neue Nachbildung ersetzt oder in Gyps abgegossen werden konnte. Von ein paar in Gypsabgüssen erhaltenen merkwürdigen Gegenständen werden demnächst die ersten überhaupt gemachten Abbildungen vorgelegt werden. Aber Alles, was man auf diese Weise hat gewinnen können und Alles, was man in der Zukunft noch gewinnen mag, wird gegenüber der Masse des rettungslos verlorenen Holzwerks immer wenig bleiben, und das trifft besonders die Mobilien; denn daß Holz mit verschiedenen Verzierungen aus anderen Stoffen, Elfenbein, Metall und dergleichen auch im Alterthum das Hauptmaterial der Möbelschreinerei gewesen sei, braucht kaum gesagt zu werden. Dazu kommt aber noch ein Anderes. Es ist nämlich eine Thatsache, daß das Mobiliar der Alten ungleich einfacher und weniger mannigfaltig war als das unsere, indem namentlich die vielerlei Schränke und Commoden, die unter wechselnden Namen und Bestimmungen unsere Häuser erfüllen, als Mobilien fast ganz fehlen, und entweder durch eingetiefte oder angehängte Wandschränke oder durch kofferartige Kasten ersetzt wurden. Mit Tischen, Sitzen, sophaartigen Lagern, Betten und Kasten ist im Grunde das antike Mobiliar erschöpft, wobei freilich innerhalb dieser Kategorien Mannigfaltigkeit nicht ausgeschlossen ist, und auch nicht bestritten werden soll, daß Das und Jenes über dieselben hinausgeht, wovon der Schrank mit einer Klappe in dem kastenartig vertieften Boden, welcher, nach antiken Resten genau restaurirt und deshalb ohne Thür, weil man diese nicht gefunden hat, im Localmuseum der *porta della marina* ein sehr bemerkenswerthes Beispiel darbietet.

Möge die Rundschau in den Mobilien Pompejis von denen der Schlafzimmer ausgehn. In diesen findet man in der Regel nur die Bettstelle, am gewöhnlichsten, wie bereits mehrfach bemerkt, in einem Alkoven der Hinter- oder einer Seitenwand, welcher, wie das Beispiel des halbrunden Cubiculum in der Villa des Diomedes uns lehrt, wohl durch eine an einer Stange und

Ringen hangenden Gardine verschlossen wurde. In anderen Fällen mag man ein Geräth, welches wir eine »spanische Wand« nennen würden, wie auch wir das thun, um die Lagerstatt oder das Bett gestellt haben. Ein solches Geräth, wohl eines der in seiner Erhaltung merkwürdigsten ist der Bettschirm, welchen Fig. 223, nach einer Zeichnung des Verfassers darstellt, für welche demgemäß auf alle mögliche Nachsicht gerechnet werden muß. Es kann freilich nicht verbürgt werden, daß dieselbe, deren Gypsabguß im Localmuseum steht, in einem Schlafzimmer aufgefunden worden ist, allein ihr Zweck kann kein anderer gewesen sein, als den wir mit dergleichen Geräthen verbinden. Dies antike Stück, welches uns die drei Theile des Schirmes a b (in der Abbildung unsichtbar, hinter a) und c zusammengelegt zeigt, besteht aus einem festen, ziemlich massiven Holzrahmen, der auf der halben Höhe durch einen Querbalken getheilt wird. Da, wo dieser Quer-

Fig. 223 Bettschirm.

balken in den Hauptpfosten eingezapft ist, ist der letztere mit einem bronzenen Knopfe verziert, der jetzt fest auf dem Gyps haftet. In diese feste Umrahmung sind nun feine hölzerne Stäbe senkrecht und wagerecht eingespannt, welche je drei Quadrate in der Breite und ihrer vier in der Höhe jeder der beiden Abtheilungen bilden und auf ihren Schneidungspunkten mit Knöpfen aus weißem Knochen verziert sind, die ebenfalls auf dem Gyps haften. Weiter spannen sich noch feinere hölzerne Stäbe in den Diagonalen durch die eben beschriebenen Quadrate, und endlich ist der Grund des Rahmens von hinten her mit starkem zwilligartigem Zeuge gefüllt, dessen Textur sich auch im Gypsabguß noch erkennen läßt. — Die antiken Bettstellen waren von Holz, mit Bronze oder auch mit Elfenbein und natürlich in sehr verschiedenem Grade einfach oder reich verziert. Ganz aus Metall gearbeitete Bettstellen, wie sie jetzt in Italien üblich sind, scheinen in Pompeji nicht oder nur sehr selten vorgekommen zu sein, wenigstens sind deren keine vorgefunden worden. Dagegen sind einige Fragmente elfenbeinerner Bettgestelle, namentlich gedrechselte Füße, aufgefunden und früher schon erwähnt, so daß man, die leichte Zerstörbarkeit dieses Materials erwägend, auf eine nicht gar zu seltene Verwendung desselben schließen darf. Von dem Kopfende einer hölzernen Bettstelle ist ebenfalls ein Gypsabguß, den die folgende Figur ebenfalls nach einer Zeichnung des Verfassers wenigstens einigermaßen vergegenwärtigen wird, in dem Localmuseum an der *porta della marina* vorhanden. Der halbrund gebogene Ablauf oben und die mit fünf Spiegeln 'Pannelen' verzierte Fläche darunter wird wohl Jeden an manches Ähnliche bei uns erinnern. Die Breite dieses Bettkopfes scheint darauf hinzuweisen, daß dasselbe für zwei Personen bestimmt war. Bei einem andern

Bettkopfe daselbst sind die Ornamente, theils grade Linien, theils blattartige
Zierrathe von Knochen eingelegt und haften auf dem Gypsabguß. Am

häufigsten aber findet man die
Bettstelle durch Mauerwerk hergestellt, und zwar als eine gewöhnlich etwa 2 M. lange, 1 M. breite
und nur 0,50 bis 0,70 M. hohe
Stufe, deren vorderer Rand zuweilen etliche Finger breit erhöht ist.
Auf diese gemauerte Unterlage
wurden die Matratzen oder Decken

Fig. 224. Kopfende eines hölzernen Bettes.

und Kissen gebreitet. Daß im Schlafzimmer und in seinem Procoeton, wo
ein solches vorhanden war, noch einige andere Mobilien, Sitze, Waschtische
und Kleiderkisten, sowie dergleichen für Kostbarkeiten, die man in den
innersten Gemächern verwahrte, gestanden haben, ist natürlich anzunehmen,
obgleich von denselben Nichts vorgefunden ist, ausgenommen den gemauerten Waschtisch im halbrunden Cubiculum der Villa des Diomedes (S. 327.). An
den Wänden sind sehr häufig die Löcher gefunden worden, in denen Bretter
befestigt waren. Die nicht selten in verschiedenen Räumen der Häuser in
Resten aufgefundenen großen Kisten bezeichnet man wohl mit Unrecht durch
die Bank als Geldkasten; es mögen auch ganz andere Dinge, namentlich
Kleidungsstücke in ihnen bewahrt worden sein. Die Scharniere von solchen
Kisten und wohl auch anderen Mobilien, wurden gewöhnlich aus Knochen
und zwar aus jenen in unübersehbarer Zahl aufgefundenen Knochenröhren
gebildet, welche man früher als Flötenstücke bezeichnete, und deren wirkliche Bestimmung erst ganz neuerlich nachgewiesen, auch bei einem restaurirten Modell eines kleinen Kastens im Localmuseum an der *porta della
marina* in praktische Anwendung gebracht worden ist [103]. Zwei besonders
schöne Exemplare erzbeschlagener Kisten, welche den neueren Ausgrabungen verdankt werden, stehn im Museum zu Neapel in dem letzten Bronzezimmer, wo auch die beiden gleich zu erwähnenden Speisesophus aufbewahrt werden. Ihre Ornamentik ist so reich und fein, daß ihre Darstellung in diesem Buch in Holzschnitt oder Lithographie nicht wohl möglich
gewesen ist.

Besser erhalten sind uns die Mobiliargegenstände der Wohn- und Eßzimmer, welche in Sitzen und Tischen bestehn. Die antiken Sitze, Stühle
und Sessel sind uns in Malereien in anmuthigster und reichster Mannigfaltigkeit überliefert, so daß wir eine lange Reihe von Formen in denselben
verfolgen können. Diese beginnen bei dem einfachen lehnenlosen Klapp-
stuhl, dessen Beine in der Regel als Thierbeine gestaltet, dessen Sitz aus
einem Stück Leder, Leinen oder Wollenzeug über Gurten gebildet ist, treten
sodann als feste Sessel mit vier in leichter Säulenform gestalteten Füßen
und gradem Sitzbrett und als eben solche mit ausgerundetem Sitz auf; ihnen
folgen Klappstühle mit schräge zurückliegender Lehne, welche gerundet und
oben geschweift dem Körper die bequemste Stütze bieten mußte, die man
sich denken kann. Endlich, um nur die Hauptformen anzuführen, da das

Eingehn auf das Einzelne in's Endlose führen würde, schließen sich die
s. g. Throne (solia), die eigentlichen Armlehnstühle mit hoher und grader
Lehne, weitem, von Armstützen begrenztem Sitz an, welche als die Sitze von
Göttern und vornehmen Personen vorkommen. Die Bisellien, über deren
Bedeutung bereits gesprochen ist, mögen der Vollständigkeit wegen noch
einmal erwähnt werden. Von dem ganzen Reichthum dieser Formen ist
in Natura in Pompeji nur sehr Weniges gefunden; daß Holz begreiflicher
Weise grade für Stühle und Sessel das Hauptmaterial war, hat deren Untergang bedingt. Von gewöhnlichen lehnelosen Sitzen seien als Beispiele die
beiden in Fig. 225. folgenden von Bronze angeführt, der eine in perspectivi-

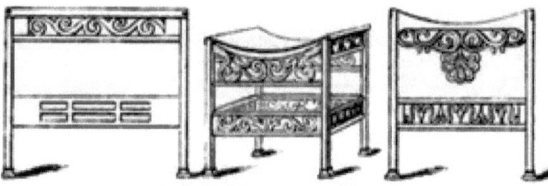

Fig. 225. Zwei Sessel von Bronze.

scher, der andere in geometrischer Ansicht von zwei Seiten gezeichnet
Die geschmackvolle Art der einfachen Verzierung ergiebt sich aus der Abbildung; nur auf die Schweifung des Sitzes möge aufmerksam gemacht werden, welche das Sitzen auf diesen Sesseln selbst ohne Polster bequem macht.

Fig. 226. Zwei Bisellien.

Zwei bronzene Bisellien stellt die Abbildung Fig. 226. dar; auch bei ihnen
genügt die Zeichnung, um den Charakter des Ornaments zu erkennen;
die in demselben hervortretenden Pferdeköpfe mögen auf ritterlichen Stand
deuten. Die in Herculaneum gefundenen sellae curules gehn uns hier
nicht an.
        Nächst den Sitzen erwähnen wir die Ruhebetten und Sophas lecti,
die wir ebenfalls in großer Fülle und in sehr zierlicher Gestalt aus Bildwerken kennen, in Natura dagegen in Pompeji nur selten gefunden und in diesen

Ausnahmefällen bereits angeführt haben (s. z. B. S. 280.. Den neueren Ausgrabungen werden die schon erwähnten drei prachtvollen *lecti tricliniares* Speisesophas verdankt, welche als Hauptschaustücke im letzten Bronze-

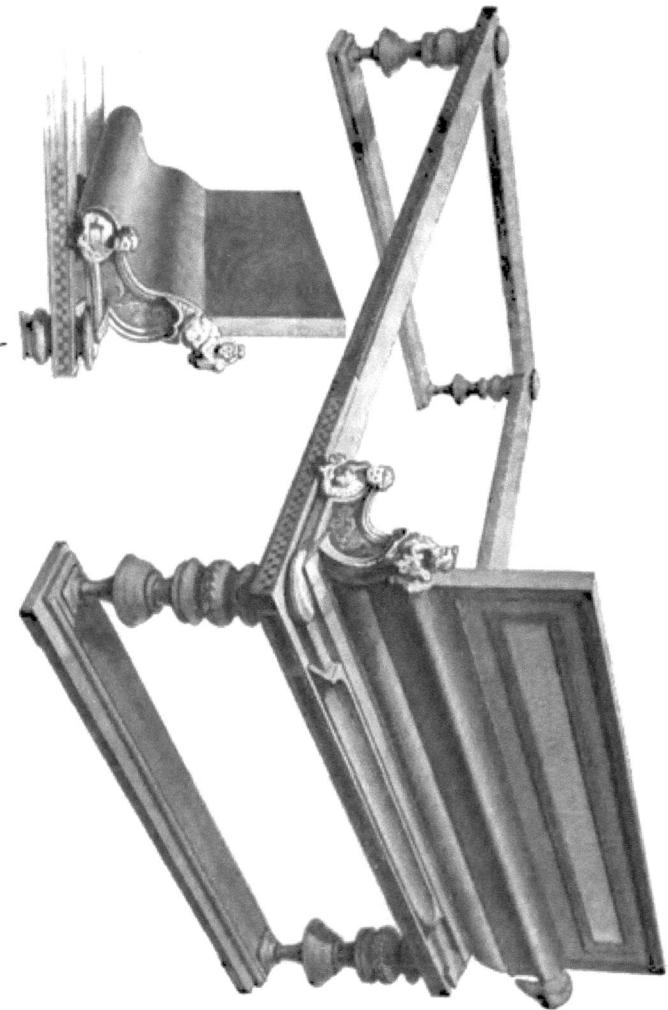

Fig. 227. *Lectus tricliniaris.*

zimmer des neapeler Museums stehn und von denen Fig. 227. das eine, wie
es nach seiner Restauration dasteht, nach photographischer Aufnahme wiedergiebt. Das ganze Gestell und das Kopfende ist von Holz, welches, natürlich verkohlt, in einem so vorzüglichen Zustande der Erhaltung aufgefunden
worden ist, daß man es ganz nach dem antiken Muster hat wiederherstellen
können. Es war beschlagen mit feingetriebener Bronze (nur die Halbfiguren
am Kopfende sind gegossen) und diese mit silbernen Ornamenten ausgelegt.
Von solchen zierlichen Ruhebetten und Speisesophas sind außer den Fragmenten bronzener, mit Silber eingelegter Bekleidung auch solche mit elfen-
beinernen Füßen gefunden worden. Sie waren entweder beweglich oder mit
den Füßen in den Boden eingelassen und so befestigt, und wurden beim Gebrauche über einer Gurtenspannung mit beweglichen, zum Theil matratzen-
artigen, zum Theil pfühlartigen Polstern, auf welche man den linken Arm
stützte, belegt. Als einfache Form der Ruhebetten können wir die lehnelosen Bänke betrachten, die wir gemauert in einigen Häusern im Atrium,
oder den Alae, von Bronze im Tepidarium der kleineren Thermen fanden.
Über diese und über die von den zierlichen *lecti* von Holz und Metall sehr
verschiedenen gemauerten Triclinien, wie sie in manchen Häusern sich fanden, ist Nichts zu sagen.

Viel seltener sind in Kunstwerken Tische dargestellt, wovon der hauptsächliche Grund in der geringern Mannigfaltigkeit des Gebrauchs gelegen
ist. Sitze brauchten die Alten ungefähr so viel wie wir, obgleich sie bei
mehr Gelegenheiten lagen als wir es thun; Tische hatten sie weit weniger als wir, die wir in Eß-, Sopha-, Spiel-, Toiletten-, Schreib- und
anderen Tischen eine ganze Heerschaar besitzen. Eßtische hatten die Alten
in ihren Triclinien natürlich, und zwar in recht verschiedener Form, mehr-
füßig und einfüßig, und von sehr verschiedener zum Theil großer Kostbarkeit. Die einfachsten Eßtische sind die gemauerten Monopodien, wie derjenige im Hause des Sallustius (oben S. 267.) und der andere im Triclinium
funebre (oben S. 357.), auf deren massiven Fuß man ein Blatt von glattem
Holz oder auch eine Steinplatte legte. In hölzernen Tischen wurde, in
Material und Verzierung, ein zum Theil fabelhafter Luxus entfaltet, und
auch die steinernen sind, wenn sie aus weißem oder farbigem Marmor gearbeitet wurden, großentheils ebenfalls gar kostbare Prachtmobilien, welche
außer als Eßtische, namentlich auch als Schautische für kostbare Gefäße
dienten. Dieser Zweck kann bei den schönsten der wenigen in Pompeji
gefundenen Marmortische vorausgesetzt werden, von denen die folgende
Figur 228. links das besterhaltene Prachtexemplar aus dem Hause des kleinen
Mosaikbrunnens, rechts ein kostbares Fragment, einen Fuß in Gestalt einer
meisterhaft gearbeiteten kauernden Sphinx aus dem Hause des Fauns darstellt. Andere sind weniger reich und schön decorirt, jedoch bestehn ihre
Füße meistens wie in dem vollständigen Beispiel aus stilisirten und tektonisch
behandelten Thier- meistens Löwenklauen. Derartige Tische haben meistens
ihren Platz im Tablinum, etwas anders gestaltet finden wir sie im Atrium,
vielfach über einem Puteal hinter dem Impluvium mit dem augenscheinlichen Zweck, die Schöpf- und Wassergefäße oder diejenigen Gegenstände

aufzunehmen, die man im Wasser kühlen wollte. Hier sind sie oftmals ganz
einfach mit zwei durchgehenden Füßen und schlichtem dickem Blatt. In
anderen Fällen dagegen, von denen die diesem Capitel vorgeheftete Ansicht
zwei Beispiele bietet, und zwar ein ganz erhaltenes aus der *domus Sirici*
und ein besonders prächtiges ohne Blatt aus der *domus Corn. Ruß*, sind die

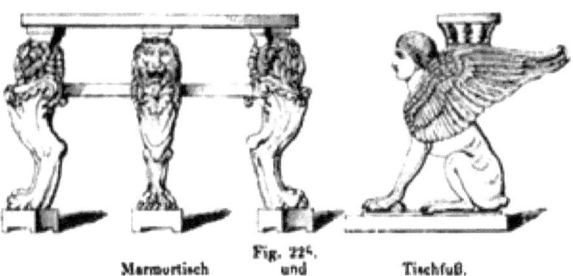

Marmortisch   Fig. 226.   Tischfuß.
                    und

durchgehenden Füße reich mit Sculptur verziert, und stellen über den stützenden Löwentatzen, die sich auch hier wiederholen, die Leiber und Köpfe mehr
oder weniger fabelhafter geflügelter Thiere dar, während sie auf der Mittelfläche oft mit einem Füllhorn, wie in dem Beispiel aus der *domus Sirici*,
oft mit verschiedenen Ornamenten, wie in dem andern, verziert sind. Ein
merkwürdiges Beispiel steht in der *domus Octavii primi* No. 54. im Plane,
ganz erhalten wie der Tisch in der *domus Sirici*, aber an den Breitseiten unten
zwischen den geflügelten Löwenklauen anstatt mit den gewöhnlichen Ornamenten mit interessanten kleinen Reliefen verziert, darstellend zwei Mal
einen Hund neben einem Baum und einen solchen, der einen Eber gepackt
hat. Auch die, an den Innenseiten besser erhaltenen Farbenspuren sind
bemerkenswerth: an den Flügeln der Löwenfüße sind reichliche Reste von
rother und gelber, an den großen Eicheln des einen Baumes von grüner Farbe.

Putztische hatten die Alten ebenfalls, jedoch sind uns deren keine erhalten. Eine eigene leichte Art von Tischchen stellen die bronzenen Dreifüße (gelegentlich Vierfüße) dar, welche freilich ursprünglich den Küchen-
geräthen angehören und zur Aufnahme von Kesseln bestimmt waren, die
aber, wie in den folgenden Beispielen, zum Theil von solcher Zierlichkeit
und Eleganz sind, daß sie für diesen ursprünglichen Zweck wenig geeignet
erscheinen, vielmehr sich nur als leichte Tische mit losem Blatt darstellen,
die man im Wohnzimmer, im Tablinum oder Atrium stehn hatte, um dies
und das aus der Hand zu legen, oder um Blumenvasen oder einzelne Prachtgefäße darauf zu stellen. Durch kein Beispiel wird das klarer bewiesen,
als durch den Vierfuß *c* in Fig. 229., den man von den Dreifüßen durchaus
nicht trennen kann; denn hier ist die Tischplatte von *rosso antico* mit um
den Rand umlaufender bronzener Verzierung erhalten, und in sie sind die
vier Füße eingezapft. Ein verwandter Gebrauch der Dreifüße zum Schmucke
des Speisesaales ist schon homerisch und für Pompeji wird er mit dadurch

bestätigt, daß diese Mobilien nicht in der Küche, sondern in Wohnräumlichkeiten aufgefunden sind. Von den beiden mitgetheilten Probeexemplaren
von Dreifüßen zeichnet sich das eine *a*, welches aus dem Isistempel stammt
und dem Cultus diente, durch große Zierlichkeit und reichen Schmuck aus,
während das andere *b* durch eine Vorrichtung zum Höher- und Niedriger-
stellen interessant ist, welche sich bei dem Vierfuß wiederholt. Die Beine

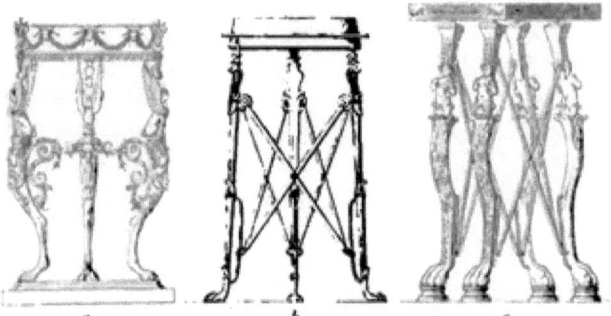

Fig. 229. Dreifüße und Vierfuß von Bronze.

sind oben in Scharnieren beweglich, und die ebenfalls beweglichen Quer-
stäbe enden in einen Ring, der an einem Metallstab an den Beinen herauf
und hinunterläuft, so daß vermöge dieser Vorrichtung der Dreifuß bei breiter
Auseinanderstellung der Füße um ¹/₁ der Höhe seiner Beine erniedrigt, bei
engerer Fußstellung um so viel erhöht werden kann. Angesichts aller dieser
und vieler anderen antiken Tische kann die Bemerkung nicht unterdrückt
werden, wie viel reiner der Geschmack der Alten war als der moderne,
indem sie allen Schmuck auf die Füße und auf die Kante des Blattes verwendeten, nicht aber wie es seit der Renaissance geschieht, auf die Fläche
dieses letztern, welche zum Bestellen oder Belegen bestimmt ist, und auf
der das Ornament verschwindet oder für das Auge wenigstens unterbrochen
wird, sobald der Tisch seinen Zweck erfüllt, irgend Etwas zu tragen.

     Auch dürfte hier der Ort sein, die Bemerkung einzuschalten, zu der
die neuesten Ausgrabungen die Unterlage geliefert haben, daß nämlich, mag
der größte Theil der pompejaner Mobilien an Ort und Stelle oder in den
benachbarten Städten gearbeitet worden sein, man prächtigere Stücke weiter-
her, ja aus der Hauptstadt selbst bezog. Den Beweis liefert ein im Localmuseum von Pompeji aufbewahrtes Plättchen von Bronze, welches nebst
verschiedenen Ornamenten, unter denen zwei jugendliche gehörnte Dionysos-
köpfe hervortreten, zum Beschlag eines Mobiliarstückes von Holz diente und
die Inschrift C · CALPVRNIVS · ROMAE · F *ecit*; trägt.

     Daß außer den zum eigentlichen Mobiliar des Wohnhauses gehörenden
Tischen sich deren in jedem Haushalt, in Küchen, Anrichtezimmern, Bäckereien u. s. w. und in vielen Läden und Werkstätten noch manche andere

zu verschiedenem Gebrauch bestimmte Tische fanden, versteht sich so ganz
von selbst, daß es kaum erwähnt zu werden braucht, und auch daß diese
Tische, seien sie von Holz, seien sie gemauert und mit hölzernen oder steinernen Platten je nach dem Bedürfniß belegt, immer ganz einfach und praktisch waren, läßt sich nach den Beispielen, die wir in den Häusern vorgefunden haben, nicht bestreiten.

Einen wichtigen Platz unter den Mobilien des Wohnhauses nehmen die
Candelaber ein, wichtig sowohl in praktischem als in decorativem und
künstlerischem Betracht. Von keiner Art antiker Mobilien ist in Pompeji
eine so große Zahl und eine so große Mannigfaltigkeit aufgefunden worden,
wie von Candelabern, und in wenigen anderen zeigt sich die unermüdliche
und unerschöpfliche Erfindungsgabe der Alten so glänzend und erstaunlich,
wie in diesen Geräthen. Über die Candelaber kann man nicht reden, ohne
einige Worte über die antike Beleuchtung vorauszusenden. Dieselbe stand,
was die Production intensiven Lichtes anlangt, keineswegs auf einer hohen
Stufe der Ausbildung, namentlich deshalb nicht, weil bei dem die Benutzung
von Kerzen fast ganz ausschließenden Gebrauch der Lampen die Alten keine
jener Erfindungen gemacht hatten, durch welche wir, die Hitze der Flamme
concentrirend, die Verbrennung im Wesentlichen auf das aus dem Brenn-
material sich bildende Gas nebst der Verzehrung des Rauches beschränken.
Von Gläsern, welche die leuchtende Flamme umgaben, kommt nicht eine
Spur vor, und die antiken Lampen, selbst die größten und schönsten, sind
in ihrem Mechanismus grade so vollkommen und nicht vollkommener, als
die kleinen Lämpchen, die wir in unseren Küchen und Gesindestuben zu
verwenden pflegen. Denn jede antike Lampe besteht aus einem weitern,
gewöhnlich flachen, runden Behälter für das Öl und den dasselbe aufsaugen-
den Docht, welcher aus einer an das Ölgefäß angefügten Lichtschnauze
hervorsteckte. Grade dasselbe Princip zeigen noch heutigen Tages auch die
Stubenlampen besonders in Rom, die von den antiken nur darin abweichen,
daß sie von Messing gemacht und an einem den antiken Candelaber er-
setzenden Stiel hinauf und hinabschiebbar sind. Wer diese römischen *lumi*
aus Erfahrung kennt, der weiß, wie schlecht sie ihm (namentlich ehe er
sich an sie gewöhnt und civilisirte Lampen vergessen hatte) geleuchtet
haben, mochten sie auch mit drei und vier Flammen brennen, welche, um
nicht trotz der Verwendung von Olivenöl erster Qualität, unerträglich zu
dunsten, klein gehalten werden müssen, in jedem Luftzuge flackern und im
Winde auslöschen. Was von diesen modern-antiken, das gilt ebenso von
den wirklich antiken Lampen, und namentlich gilt das, daß man auch bei
deren kleinen Flammen in der Vervielfachung dieser das einzige Mittel
zur Steigerung der Beleuchtung besaß. Wollte man ja einmal eine größere
Flamme brennen lassen, so mußte man für einen Rauchfang über derselben
Sorge tragen, wovon uns in der immerbrennenden Lampe des Kallimachos
im Tempel der Polias in Athen, bei der der Rauchfang als ein Palmbaum
gestaltet war, ein interessantes Beispiel überliefert ist. Die Vervielfältigung
der Flammen erreichte man nun entweder, wie wir dies z. B. in den kleineren Thermen gefunden haben, durch die Aufstellung einer größern Anzahl

von Lampen mit einer Flamme oder Lichtschnauze, welche mit einem aus
dem Griechischen entlehnten Ausdruck *myxa* hieß und der einflammigen
Lampe den Namen *monomyxos* gab, oder durch die Vervielfältigung der
Lichtschnauzen an einer Lampe, welche man nach deren Zahl mit den Namen
dimyxos (zweischnauzig) oder *bilychnis* (zweiflammig), *trimyxos* (dreischnau-
zig) oder *trilychnis* u. s. f. belegte. Als das einfachste Material erscheint
gebrannter Thon, neben dem jedoch vielfach auch Bronze verwendet wurde.
In beiden Hauptmaterialien, Thon und Bronze, zu denen gelegentlich edlere
Metalle kamen, finden wir die Lampen von der allereinfachsten Form sich
durch eine fast unübersehbare Reihe von Ornamenten bis zu äußerst zierlichen und schönen Kunstwerken erhebend, wobei natürlich die Blüthe der
Entwickelung der Bronze zufällt. In der folgenden Abbildung Fig. 230. ist
eine Reihe pompejanischer und herculanischer Lampen zusammengestellt,
in der die Hauptstufen des Aufsteigens sowohl in Bezug auf die Zahl der
Flammen wie desjenigen von der einfachsten Form bis zur kunstvollsten
veranschaulicht werden.

Fig. 230. Lampen von Thon und Bronze.

Die einfachste Grundform der antiken Lampe vergegenwärtigt das
Lämpchen *a* aus gebranntem Thon. Derartige Lämpchen sind in unübersehbarer Masse in allen Theilen des weiten Römerreichs gefunden, sind in
der Regel von nicht glasurtem, einmal gebranntem Thon, sehr oft in der
einfachsten Weise dadurch verziert, daß mit einem scharfen Instrument auf
den Deckel oder den Bauch des Ölbehälters Kreise, Spiralen oder sonstige

Linien eingerissen, oder dadurch daß diese Linien mit einer blaßrothen Farbe aufgetragen sind. Von den beiden Löchern in der Lampe dient dasjenige im Bauch, welches, wie wir sehn werden, bei besseren Lampen mit einem oft sehr hübsch verzierten Deckel verschlossen wird, zum Eingießen des Öles, dasjenige in der Schnauze für den Docht. Zu diesen beiden natürlich immer vorhandenen Löchern kommt oft noch ein viel kleineres drittes am Anfang der Schnauze, welches entweder zum Herausstochern des Dochtes, oder viel wahrscheinlicher noch dazu diente, um den nöthigen Luftdruck zu vermitteln, falls die Ölöffnung durch einen Deckel verschlossen war. Zu den einfachen Verzierungen dieser kleinen Thonlampen gesellt sich sehr oft noch der unter dem Fuß eingestempelte Name des Fabrikanten, wie dies beispielsweise das Lämpchen *b* zeigt. Dieser Name steht entweder, wie hier, im Nominativ und allein PVLCHER, oder mit einem F (*fecit*) hinter sich, oder steht im Genetiv allein, z. B. TITINI, des Titinius Lampe oder Machwerk, oder was man sonst ergänzen will, oder auch mit vorhergehendem OF., d. h. *officina*, Fabrik, z. B. OF · ATIMETI, Fabrik des Atimetus. — Die Lämpchen *a* und *b* vergegenwärtigen, wie gesagt, die gewöhnliche Grundform, welche wir noch vielfach wiederfinden werden, welche aber nicht so ausschließlich sich findet, daß daneben nicht andere, zum Theil verwandte Formen vorkämen. Als Beispiel einer solchen diene das Lämpchen *c*, bei dem die Schnauze als runde Spitze verlängert und der Griff seitwärts angebracht ist. Auf ihr erscheint nun auch zuerst eine jener figürlichen Verzierungen, welche fast den ganzen Kreis darstellbarer Gegenstände umfassen, und welche insbesondere eine fast vollständige und sehr mannigfaltige mythologische Folge enthalten, in welcher eines der wesentlichsten Interessen der antiken Lampen liegt. Auf diesem Lämpchen ist ein kampfbereit stehender Gladiator in flachem Relief angebracht, wogegen das in gewöhnlicher Weise gestaltete Lämpchen *d* ein palmettenartiges Ornament zeigt, in dessen Mitte das Ölloch durchgebohrt ist. Unter *e* ist ein in mehrem Betracht interessantes Beispiel einer *dilychnis* von Bronze in der Oberansicht mitgetheilt, welche sich von der in der Folge noch vorzufindenden gewöhnlichsten Form der zweiflammigen Lampen dadurch unterscheidet, daß bei ihr die Schnauzen einander gegenüber liegen, anstatt wie gewöhnlich neben einander. Der Grund hierfür ist darin zu suchen, daß diese Lampe zum Hängen an Kettchen bestimmt war, welche in die als Haken behandelten ornamentalen Gänseköpfe auf den Schnauzen eingehängt wurden. Eine ganz besondere Wichtigkeit erhält diese im Übrigen sehr einfache Doppellampe dadurch, daß sie die erste war, in deren Schnauze man, wie später bei mehren anderen, den Docht steckend fand, wie dies die Abbildung zeigt. Dieser antike Docht besteht aus gehecheltem, aber nicht gesponnenem Flachs, der zu einer Art von Strick zusammengedreht ist, und verdankt seine Erhaltung der Berührung mit dem Metall, einem Umstande, der auch sonst noch manchen leicht zerstörbaren Gegenstand in Pompeji hat auffinden lassen, wie z. B. leinene Geldbeutel, das wollene Futter von Bronzehelmen u. dgl. m. Einen reicher verzierten bronzenen Dimyxos der gewöhnlichen Form stellt *f* dar: sein Griff ist als Adler gestaltet und auf der Decke seines Ölbehälters, aus dem die

beiden Lichtschnauzen neben einander entspringen, ist die Büste einer Luna
vor der Mondsichel ausgetrieben, welche zugleich als ein Beispiel dieser mythischen Darstellungen dienen mag, und bei der auf die nach damaliger Sitte
als Perücke gestaltete Haartracht aufmerksam gemacht werden möge. Ehe
zu weit in der aufsteigenden Entwickelung der Ornamente fortgeschritten
wird, sind ein paar an sich einfache vielflammige Lampen g, h zu betrachten,
von denen die erstere sehr deutlich den Übergang der gewöhnlichen Form
mit neben einander stehenden Lichtschnauzen zu der kreisförmigen Stellung
der Flammen zeigt, welche sich bei der zweiten Lampe h findet. Bei ihr
ist der mit dem Kranze verzierte Theil der Ölbehälter, das Loch zum Eingießen liegt rechts, das kleine Loch für die Luft nach vorn. Dadurch, daß
dies nur einmal, nicht aber bei jedem Flammenloch vorhanden ist, wird sein
angegebener Zweck recht deutlich. Ein anderes Beispiel einer ringförmigen
Hängelampe mit mehr Verzierung ist mit n α und β bezeichnet; die drei
nach innen stehenden Zapfen sind durchbohrt und in ihnen waren die Ketten
zum Aufhängen befestigt. Die Löcher zum Öleingießon sieht man oben
neben dem Silenskopf, hinter dem ein kleiner Griff angebracht ist. Unter i
folgt ein kleines, aber sehr anmuthig und reich gestaltetes Bronzelämpchen
in der Oberansicht, dem weiterhin unter k ein anderes in der Seitenansicht
beigefügt ist, während bei l und bei m zwei jener nicht seltenen Lampen
abgebildet sind, welche bei sehr einfach gestaltetem Körper einen mehr oder
weniger reich, hier im einen Falle durch einen kräftig modellirten Löwen-
kopf, im andern durch einen Pferdekopf ornamentirten Griff zeigen. Außer
dem Körper und dem Griff der Lampe bietet nun besonders noch der Deckel
oder der Deckelknopf des Ölbehälters Gelegenheit zu kunstreicher Gestaltung, wovon o ein Beispiel ist. Hier steht auf dem Deckel ein leichtgegür-
teter Jüngling, der sich im vollen Laufe gleichsam nach einem mit ihm um
die Wette laufenden umblickt, und der zugleich als Halter des Häkchens
dient, mit dem man den Docht stocherte. Ein ungleich anmuthigeres Exemplar eines sehr gefällig gestalteten und durchweg mit großem Geschmack
verzierten Dimyxos finden wir bei p. Hier stellt der Deckelknopf eines jener
allerliebsten Genrebilder der antiken Plastik dar, welche noch immer nicht
gehörig zusammengestellt und gewürdigt sind, ein Flügelknäbchen, das mit
einer Gans ringt, an deren Fuß zugleich das Kettchen hangt, mit welchem
der Deckel an den Griff befestigt ist. Das Vorbild der kleinen Gruppe, oder
genauer gesprochen die Grundgedanken derselben, bietet ein Werk des
Boëthos, welches Plinius anführt, und welches auch in Marmor nachgebildet
auf uns gekommen ist. Eine ziemlich reich verzierte größere dreiarmige
Hängelampe ist mit q bezeichnet, und endlich sind unter r, s, t und u vier
Lampen von besonderer Form zusammengestellt, welche zeigen, daß der
Geschmack in der Gestaltung dieser Geräthe grade nicht immer sich auf
gleicher Höhe hielt. Die Abbildung r zeigt eine dreiflammige Lampe, bei
der für die zweite und dritte Flamme ein Nebenlämpchen dem Körper der
Hauptlampe unorganisch genug angeflickt ist, s eine schiffartig geformte vielflammige Lampe, t eine Lampe in Form eines menschlichen Kopfes, bei
dem die abnehmbaren Haare als Ölöffnung und der maskenartig verzerrte

Mund für den Docht diente, endlich *e* eine ähnliche Lampe in Maskenform in drei Ansichten. Diese Spielerei kommt in ähnlicher Weise ziemlich häufig vor, während, ungleich sinniger, auch die Form des Schneckenhauses, indem dieses umgekehrt aufgehängt wurde, nicht selten zu Lampen verwendet worden ist.

Doch nun zurück zu den Candelabern, zu deren Würdigung diese Abschweifung in der Besprechung der pompejanischen Mobilien nothwendig war, um die Zwecke der Candelaber deutlich zu machen. Die Durchmusterung der Lampen hat gezeigt, daß die meisten zum Hinstellen eingerichtet sind; das Hinstellen konnte nun freilich wohl auf den bloßen Tisch erfolgen, aber in diesem Falle wäre die Flamme so niedrig gewesen, daß ihr Licht sich nur auf einen kleinen Kreis erstreckt haben würde. Man mußte also Untersetzer für die Lampen haben, welche man auf den Tisch stellen konnte. und diese Untersetzer erscheinen entweder in Form niedriger Tischchen oder Dreifüße, oder als die einer Hauptclasse der Candelaber, diejenigen, welche etwa einen Fuß bis anderthalb hoch sind. Aber nicht allein auf den Tisch wollte man Lampen stellen, es galt viel häufiger die Erleuchtung des ganzen Zimmers. Wollte man nicht Hängelampen verwenden, so mußte man höhere Stände für die Lampen haben, und diese Stände sind die zweite Hauptclasse der Candelaber, diejenigen, welche 3—5 Fuß hoch von Bronze, in noch viel größeren Massen, die jedoch gewiß nicht zu häuslichem Gebrauche, sondern besonders wohl für Tempel oder für Paläste der Großen auch von Marmor gebildet, zugleich zu den schönsten Mobiliarstücken des Alterthums gehören. Die folgende Auswahl von Lampenfüßen, kleineren und größeren Candelabern wird zur Vergegenwärtigung dieser Geräthe genügen. Von den vier Lampenfüßen Fig. 231. sind zwei gewichtig

Fig. 231. Lampenfüße von Bronze.

und zwei leicht und elegant. Der Vorzug dieser antiken Lampenfüße, bei denen meistens Thierfüße, einmal Delphine als Stützen der Platte benutzt sind, vor den meisten der sehr ähnlichen modernen Füße der *lampes à modérateur* besteht in der Klarheit, mit der die zum Tragen bestimmten Theile diese ihre Function ausdrücken, während wir nur zu oft in dieser Beziehung ganz gedankenlos verfahren und künstlerisch betrachtet Unmögliches schaffen.

Noch ungleich größer ist die Mannigfaltigkeit und zugleich die Anmuth der Formen bei den kleinen Candelabern, von denen nachstehend fünf als Proben ausgewählt sind, welche, wenngleich sie eine sehr kleine Auswahl aus der Fülle des Vorhandenen bilden, doch im Stande sein werden, eine ungefähre Vorstellung von diesen Geräthen zu geben. Die kleinen oder

Leuchtercandelaber, wie man sie nach der Analogie unserer auf den Tisch zu stellenden Leuchter und Armleuchter nennen könnte, sind wie diese zunächst nach der Lampenzahl zu unterscheiden, welche sie zu tragen bestimmt sind. Die Abbildung giebt in *a* einen einlampigen, in *b* und *d* zweilampige, in *c* einen vierlampigen und in *e* einen fünflampigen Candelaber, so daß der letzte, mit fünf Bilychnen behängt, mit 10 Flammen leuchtete. Ferner kann man diese Leuchtercandelaber insgesammt nach der Form in zwei Hauptclassen eintheilen, in solche, die rein tektonische Formen verwenden, wie in Fig. 232. *a* und *c*, und solche, die in freierer Weise vegetabile und ausnahmsweise thierische oder menschliche Formen benutzen, wie in *b*, *e* und *d*. Die ersteren stehn den großen Candelabern am nächsten, bei denen man als die Haupttheile Fuß, Schaft und Platte unterscheidet, die als Träger der Ornamentik erscheinen. Bei der andern Art findet sich freilich ebenfalls in vielen Fällen Fuß, Schaft und Platte, wie in *b* und *e*, in vielen anderen ist aber entweder der Fuß im eigentlichen Sinne aufgegeben wie in *d* oder ist die Platte ganz weggelassen wie in *e*, bei welchem als Baum gestalteten Candelaber die fünf Lampen an Ketten von den Zweigen hangen. Bei der Anmuth aller dieser Exemplare verdient doch ohne Zweifel *a* als tektonisch, *d* als freier gestaltetes Geräth den Preis, wogegen *b* einem leisen Tadel nicht recht organischer Verbindung des Fußes mit dem Schaft schwerlich entgehn wird.

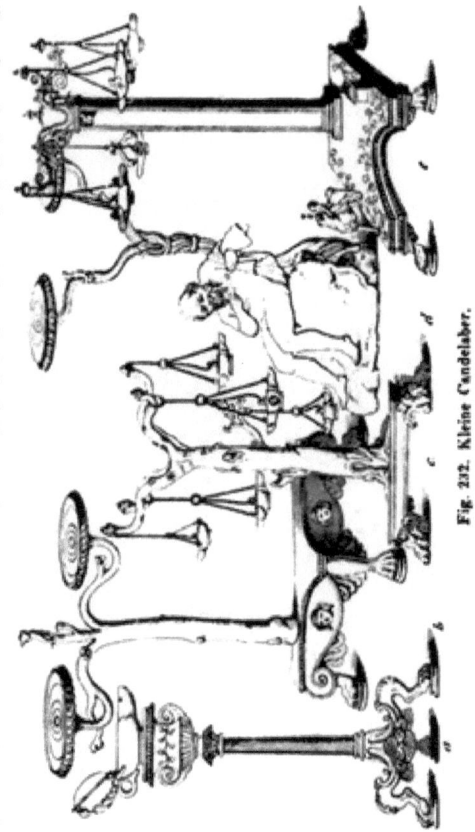

Fig. 232. Kleine Candelaber.

25 *

Noch etwas anders gestaltet sich die Aufgabe bei den großen Candelabern, welche frei im Zimmer auf den Boden oder auch in Wandnischen gestellt wurden, in denen einige Exemplare gefunden worden sind, bestimmt die Räume im Allgemeinen, kaum aber dieselben sehr energisch zu beleuchten, weshalb die großen Candelaber in der Regel nur für eine, zwei bis höchstens drei Lampen, die freilich mehrflammige sein konnten, auf ihren Platten oder Tellern Raum bieten. In Fig. 233. sind drei ganze Candelaber und einige Repräsentanten der drei schon oben genannten Haupttheile, Fuß, Schaft und Knauf oder Platte zusammengestellt, auf welche bei der folgenden Beschreibung zu verweisen ist. In seiner Gesammtheit spricht der Candelaber seine Bestimmung, das Licht hoch emporzuheben, mit seiner leichten Schlankheit auf das Vortrefflichste aus. Nicht eine Last zu heben und zu stützen ist der Candelaber bestimmt, deshalb konnte ein Schaft so dünn und lang genommen und auf dem zierlichen Fuße erhöht werden. Dieser meistens aus Thierklauen, aber auch aus vegetabilen Elementen zusammengesetzte Fuß ist wieder nur diesen leichten Stengel zu tragen im Stande, der möglicher Weise aus einer natürlichen vegetabilen Stütze hervorgegangen und deshalb auch zuweilen nach ihrem Schema gearbeitet (siehe Fig. 233. das Schaftstück bei g, in der Regel aber nach diesem Grundschema, wie alle Säulen, weiter stilisirt und zu einer canellirten Säule geworden ist, aus der in der überwiegenden Mehrzahl der Fälle und in den besten Exemplaren ein, natürlich ebenfalls stilisirter, Blumenkelch emporblüht, dem das Licht der Lampe entstrahlt. Die Abweichungen von diesem als normal zu betrachtenden Schema sind bei allen drei Theilen mannigfaltig genug, um eine etwas genauere Betrachtung zu rechtfertigen. Im Fuße sind die Verschiedenheiten nicht so bedeutend wie im Knauf. Zunächst werden durchgängig drei Stützpunkte festgehalten, welche selten durch andere Glieder als Thierfüße dargestellt werden. Am häufigsten sind Löwenklauen verwandt, seltener die Hufe grasfressender Thiere, wie in e Fig. 233., noch seltener Pflanzentheile, namentlich Baumwurzeln. Vegetabile Theile werden dagegen meistens in verschiedenem Grade des Reichthums zur Verbindung der drei Thierfüße verwendet, ein Beispiel ihres Fehlens sieht man bei dem Candelaber a, ein anderes bei demjenigen c, bei dem sie einem praktischen Bedürfniß weichen mußten, das überhaupt zum Nachtheil der Form in diesem Candelaber durchherrscht. Sehr zierlich dagegen ist das vegetabile Ornament mit dem animalen in dem Candelaberfuß verbunden, von dem e eine Oberansicht bietet, einfacher in dem Fuß des Candelabers b, sehr reich und prachtvoll dagegen in dem bei f in der Seitenansicht mitgetheilten Candelaberfuß. Die so gestalteten Füße lassen nun den Schaft des Candelabers entweder unmittelbar aus ihrer Mitte emporschießen, oder sie sind mit einer Scheibe, einem Teller (Diskos) bedeckt, aus dessen Mitte sich der Schaft erhebt. Ein Beispiel eines solchen Fußes zeigt in der Seitenansicht der Candelaber a, ein anderes in der Oberansicht derjenige d, ein drittes, aber nicht mustergiltiges Beispiel der Candelaber c. Es ist wohl einleuchtend, daß die Candelaberfüße ohne Deckplatte den Vorzug verdienen, weil aus ihnen der Schaft am meisten organisch entspringt, doch läßt sich nicht läugnen, daß wieder die Platte der Kunst des Ciseleurs den schönsten Anlaß zu getriebenen, eingeritzten und eingelegten Ornamenten (Damascenerarbeit) darbot, und daß diese Gelegenheit

Fig. 233. Große Candelaber

in geistreicher Weise benutzt ist. Verwandt mit dieser Art von Füßen, aber

am wenigsten mustergiltig sind diejenigen, von welchen *l* eine Probe ist,
und bei denen sich die Platte in ein flach glockenförmiges Glied verwandelt
hat, dem der Ausdruck des Emporhebens fast ganz abgeht. Wesentlich abweichend von der Form dieser bronzenen Candelaber sind diejenigen der
großen marmornen, von denen eine Reihe von Prachtexemplaren auf uns
gekommen ist. Bei ihnen ist der Fuß dem Material gemäß massiver, als
ein dreiseitiger Altar auf niedrigen Löwenfüßen gestaltet, dessen drei Flächen
mit bedeutungsvollen Reliefen verziert wurden. Und ebenso ist der Stamm
dicker; entweder als Stengel oder Stamm mit Blättern behandelt, wie in *g*
oder mit Relief oder auch von fast rund herausgearbeiteten Figuren umgeben,
endlich die Platte gelegentlich zur Aufnahme einer größern Fackel oder eines
sonstigen Feuers ausgeweitet. Doch kann hierauf nicht näher eingegangen
werden, da in Pompeji dergleichen Geräth nicht vorkommt.

Der Schaft der bronzenen Candelaber ist in der überwiegenden Mehrzahl der Fälle eine schlanke canellirte Säule, seltener eine nicht canellirte
wie in dem Candelaber *c* und dem, dessen Fuß bei *l* abgebildet ist, noch
seltener als Baumstamm gestaltet wie der Schaft bei *g*. Mit dem Fuße verbindet den Schaft eine leichte Basis, welche in der Mehrzahl der Fälle, am
musterhaftesten bei dem Candelaberfuße bei *f* aus mehren Reihen von
Blättern mit leichtem Überfall besteht, gleichsam den Wurzelblättern des
schlanken Blüthenstieles. Bei anderen Candelabern ist dies Bindeglied zwischen Fuß und Schaft zum Nachtheil des Organischen ins Kurze gezogen,
aber nur in sehr seltenen Fällen verfehltermaßen in der Gestalt der eigentlichen Säulenbasis behandelt und niemals vergessen. Daß das Bindeglied bei
Füßen mit der Deckplatte kleiner sein dürfe, als bei solchen ohne diese,
leuchtet von selbst ein. Endlich der Knauf und die Platte. Die Blüthen-
kelchform ist bei Candelabern mit canellirtem Schaft für den Knauf ohne
Frage die beste und naturgemäßeste, die ihr nahe verwandte Vasenform weniger zu loben. Bei Candelabern mit vegetabilem Schaft muß natürlich der
Knauf der Natur des Stengels folgen, was in einfachster Weise durch Darstellung von Zweigen geschieht, welche die Platte tragen; ein einfaches Beispiel ist bei *i*. So wie der Anfang des Schaftes mit dem Fuß, so muß das
Ende oder die Spitze desselben mit dem Knauf verbunden werden, was am
besten wie bei *a* und *h* durch Glieder geschieht, welche die stilisirte Blumen-
natur des Knaufs tragen und sich ihm unten gleichsam wie der Fruchtboden
und die Kelchblätter den Kronenblättern der Blume anlegen. Andere Verbindungen, sei es durch reine architektonische, sei es durch animale Glieder,
verdienen weniger Lob, und so anmuthig die Schaftspitze des Candelabers *b*
mit der Sphinx, welche vergrößert in der Seitenansicht bei *m* wiederkehrt,
auch erscheinen mag, so kann sie doch der tektonischen Idee nach nicht tadellos genannt werden. Ganz verwerflich erscheinen aber Vermittelungen des
Schaftes und des Knaufes wie die, wovon *k* ein geschmackloses Beispiel ist.
Schließlich sei noch auf die Vorrichtung zum Verlängern und Verkürzen bei
dem Candelaber *c* hingewiesen. Man sieht, daß der Schaft aus dem Fuße
gelöst werden kann, indem zwei große Scharniere in demselben, wie es die
Zeichnung darstellt, geöffnet werden; ferner, daß der Schaft selbst aus zwei

in einander steckenden Theilen besteht, von denen der obere emporgehoben und durch einen an einem Kettchen hangenden durch seinen durchlöcherten Stiel gesteckten Pflock beliebig hoch oder tief gestellt werden kann. Schön wird Niemand diesen Candelaber finden.

Mit den Sitzen, Tischen, Dreifüßen, Leuchtern und Candelabern nebst Lampen und Hängelampen ist das ständige Mobiliar des pompejanischen Wohnzimmers und Salons erschöpft. Von solchen Mobilienstücken oder Geräthen, welche zeitweilig in diesen Räumen aufgestellt wurden, sind nur etwa noch die Feuerbecken oder Kohlenpfannen und tragbaren Öfchen und Heerde zu nennen, welche im Winter, da wo man nicht etwa durch Hypokausten geheizte hohle Fußböden und Wände hatte, was in Pompeji außer in Baderäumen nicht vorkommt, unsere Öfen ersetzen mußten, und grade so gut und so schlecht ersetzt haben werden, wie die ganz verwandten Kohlenbecken dies thaten und thun, welche vor noch nicht langer Zeit den ganzen Heizapparat im modernen Süditalien ausmachten, übrigens besser sind als ihr Ruf durch manchen modernen Reisenden. Diese Kohlenbecken, deren je eines in beiden Thermen schon erwähnt wurde, sind so einfach construirt, daß Abbildungen derselben unnöthig sein würden, wenn zur Mittheilung einiger Proben nicht doch die anmuthige Verzierung veranlaßte. Sie bestehn wie aus Fig. 234. ersichtlich aus einer gewöhnlich runden Platte

Fig 234. Bronzene Feuerbecken.

mit einem entweder grade oder geschweift aufsteigenden Rande, welcher mit verschiedenen getriebenen oder eingegrabenen Ornamenten verziert wird. Auf die Platte werden unverbrennliche Stoffe, in der Regel Ziegel- oder Bimsteinstücke gelegt, über diese ein Rost von Eisenstäben, auf welchen man die glühenden Holzkohlen schüttete. Das Ganze wird von vier Füßen getragen, die, wie sich dies beinahe von selbst versteht, durch Thierklauen dargestellt werden, und bildet, obgleich gewöhnlich, doch mit Ausnahmen, an Zierlichkeit und Eleganz hinter den Candelabern nicht allein, sondern auch hinter Sitzen und Tischen zurückstehend, doch ein Stück, welches sich dem hübschen Mobiliar harmonisch einfügt und die modernen *scaldini* höchlich überragt. Von den kleinen tragbaren Heerden von Bronze wird besser bei Durchmusterung der Küchengeräthe gesprochen werden, denn als bloße Heizapparate haben diese schwerlich gedient. Ehe wir uns zu diesen wenden, muß noch kurz der Mobiliardecoration, wenn man so sagen darf, der Atrien gedacht werden, welche außer in den schon erwähnten und abgebildeten an den Impluvien stehenden, mehr oder weniger reich und

geschmackvoll gestalteten Tischen, Puteaten, Wasserbecken und Springbrunnen, in Candelabern, Sesseln, Stühlen und Bänken und außerdem noch

gelegentlich in kleinen Altären besteht,
von denen ein paar Beispiele in der
Beschreibung der Häuser erwähnt worden sind, abgesehn von den mehrfach
vorhandenen Geldkisten und von gelegentlich vorhanden gewesenem Sta-
tuen- oder Hermenschmuck. Das marmorne Wasserbecken Fig. 235. in
flacher Kraterform wurde in einem
Hause gegenüber dem Chalcidicum gefunden und ist das schönste seiner Art
in Pompeji.

Fig. 235. Marmornes Wasserbecken.

Die Einrichtung der Küchen war, so weit es sich aus den monumentalen Resten beurteilen läßt, einfach genug. Die in der Regel und mit
nur sehr seltenen Ausnahmen gemauerten Heerde, über denen nur in ganz
einzelnen Fällen ein Heerdmantel angebracht ist, welcher den Rauch auf-
fing und in die Esse leitete, während gewöhnlich mit rauchlos brennenden
Holzkohlen geheizt worden sein wird, diese Heerde machten nur ein Kochen
auf der Platte über freiem Feuer möglich, über welches die Kochgeschirre
auf Dreifüßen gestellt wurden. Von den gewöhnlichen Heerden braucht nach
dem Gesagten nicht näher geredet zu werden, dagegen müssen hier jene
kleinen tragbaren Öfen und Heerde oder Feuerbecken erwähnt werden,
die freilich schwerlich zum eigentlichen Kochen oder Backen der Speisen
dienen konnten, und deshalb auch schwerlich in der Küche ihren Platz

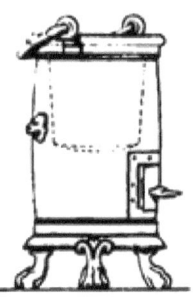

fanden, sondern welche zum Warmhalten oder Wie-
dererwärmen der Speisen allein geeignet scheinen,
und aller Wahrscheinlichkeit nach im Triclinium oder
in dem mehrfach, wie bei der Häuserbeschreibung
bemerkt wurde, mit dem Triclinium verbundenen Au-
richte- oder Servirzimmer standen. Es sind hier zwei
Hauptformen zu unterscheiden. Die erstere, welche,
mit Ofen bezeichnet, Fig. 236. vergegenwärtigt, besteht aus einem auf drei Löwenfüßen stehenden Cylin-
der von Eisenblech mit einem beweglichen Henkel
zum Tragen an seinem obern Rande. In diesen Cylin-
der ist von ober her ein kupferner Kessel von fast
$\frac{2}{3}$ der Höhe des Ofens hineingelassen (s. die punktirte

Fig. 236. Ofen.

Linie', so daß für die Kohlen darunter nur wenig Raum
verblieb. Diese wurden durch die kleine Thür, deren Griff einen Gänsekopf
bildet, hineingethan, und für den nöthigen Luftzug um sie brennend zu erhalten war dadurch gesorgt, daß man weiter oben ein paar mit Löwenköpfen verkleidete Löcher anbrachte, die Rauch abzuführen gewiß nicht bestimmt sein
konnten. Man sieht recht deutlich, daß es sich bei diesem Ofen um ein
Instrument zum Erhitzen der Gegenstände handelt, die man in den Kessel

that, und nicht um einen Heizapparat für ein Zimmer. Das Gleiche gilt von den kleinen Heerden oder Kohlenbecken, welche Fig. 237. darstellt. Sie bestehn wie die Feuer-becken aus einer Feuerplatte mit umgebendem Rande, der jedoch doppelt und oben verschlossen, eine rundumlaufende Rinne für Wasser bildet. Wird nun das Innere des Feuerbeckens mit

Fig. 237. Heerde von Bronze.

glühenden Kohlen gefüllt, so mußte, wie leicht einzusehn, das umgebende Wasser schnell erwärmt werden, und die obere Fläche der erhitzten Röhre oder Rinne konnte zum Aufstellen heiß zu haltender Schüsseln dienen, während immerhin auch die aufsteigende Gluth des Feuerbeckens zu gleichem Zwecke verwendet worden sein mag. Zu gleicher Zeit konnte man das kochende Wasser benutzen, welches durch einen Hahn abgezapft wurde. In aller Einfachheit zeigt der niedlich verzierte Heerd rechts in Fig. 237. diese Einrichtung, während derjenige links noch um ein Geringes vervollkommnet erscheint. Er gleicht im Ganzen einem kleinen Befestigungswerk mit einem Zinnenkranz, welcher als Ornament für derlei Heerde und Feuerbecken ganz besonders beliebt war, so daß ein ähnliches bei einem der in Fig. 234. abgebildeten Feuerbecken, sowie bei dem Heerdchen rechts und bei den Feuerbecken der Thermen sich wiederholt. An den vier Ecken dieses Heerd-chens erheben sich kleine, ebenfalls zinnenbekränzte Thürme, welche mit einem Klappdeckel verschlossen sind; wurde dieser zurückgeschlagen, wie es bei dem einen Thürmchen in der Abbildung ersichtlich ist, so konnte man ein Gefäß etwa mit zu erwärmender Brühe unmittelbar in das heiße Wasser stellen, welches zu anderweitigem Gebrauche durch den an der linken Fläche erkennbaren Hahn abgezapft wurde.

Verwandt im Princip, aber abweichend in der Form und von compli-cirterer Einrichtung ist der Heerd, den Fig. 235. in Ansicht und Durch-schnitt darstellt. Die Grundlage bildet auch hier eine von vier Sphinxfüßen getragene Feuerplatte mit einfachem Rande, in dem fünf Handhaben befestigt sind. Gegen das eine Ende hin endet diese Platte rechtwinkelig, gegen das andere ist sie einerseits halbkreisförmig, andererseits durch ein rundes, tonnenförmiges Bronzegefäß abgeschlossen. Der halbrunde nach vorn offene Abschluß bildet das eigentliche Feuerbecken und ist von dem Wassergefäß mit doppelten Wänden umgeben, auf dessen Rande drei Schwäne als Träger eines überzusetzenden Kessels stehn. Während also das Wasser ringsum kochte, strahlten die Kohlen auch nach oben ihre durch die Wände con-centrirte Hitze aus, deren Benutzung in diesem Falle augenscheinlich und eben dadurch in anderen Fällen wahrscheinlich ist. Mit dem halbrunden Wassergefäß, dessen Hahn in Maskenform gearbeitet ist, steht, wie der Durch-schnitt zeigt, der tonnenförmige Behälter im Zusammenhange, der mit einem Klappdeckel verschlossen und mit einer Oeffnung in Maskenform nahe dem obern Rande versehn ist. Es scheint, daß durch das Feuer in dem halb-runden Kohlenbecken das Wasser auch in dem größern Gefäß zum Kochen

gebracht wurde und daß die Öffnung zum Ablassen des Dampfes diente,
denn als bloßes Reservoir kann das größere Gefäß wegen seiner ganz freien

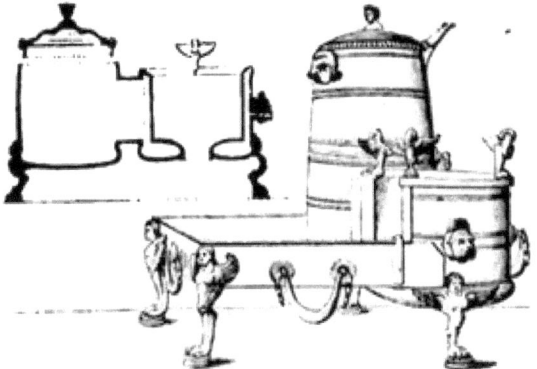

Fig. 238. Heerd von Bronze.

Verbindung mit dem halbrunden nicht gelten. War sein Deckel zurückgeschlagen, so konnte man ein passendes Gefäß mit der zu erwärmenden
Speise in das heiße Wasser stellen. Der viereckige Vorraum mag zum Ab-
stellen der erhitzten Geschirre gedient haben.

Eine nicht uninteressante Erscheinung unter diesen Geräthen zur Bereitung warmer Speisen und Getränke bildet ein in Pompeji gefundenes
Gefäß von Bronze zur Bereitung des unter dem Namen der Calda aus Wasser,

Fig. 239. Gefäß von Bronze zur Bereitung der Calda.

Wein und Honig zusammengesetzten und sehr beliebten warmen Getränkes.
Die Construction desselben wird aus der vorstehenden Abbildung, welche
Ansicht und Durchschnitt vereinigt, leicht klar werden. Das Ganze ist ein

auf drei Füßen ruhendes terrinenartiges, einem russischen Samowar am meisten gleichendes Gefäß mit zwei Henkeln, durch dessen Bauch von oben nach unten ein mäßiges Rohr von Bronze führt, welches unten mit einem siebartigen Rost geschlossen, zur Aufnahme der glühenden Kohlen bestimmt war; den umgebenden, mit dem Getränke angefüllten Raum des Gefäßes verschließt ein abnehmbarer ringförmiger Deckel, der den Kohlenbehälter offen läßt, während der an einem Scharnier bewegliche spitze Deckel, den die Ansicht geschlossen, der Durchschnitt zurückgeschlagen zeigt, das ganze Gefäß bedeckt.　An der Hinterseite desselben ist eine vasenartig erweiterte Röhre angebracht, welche in den für die Flüssigkeit bestimmten Raum führt und durch welche das allmählich abgezapfte Getränk nachgegossen werden konnte; zum Abzapfen dient ein Hahn an der Vorderseite, mit dem ein nach oben führendes Rohr in Verbindung steht, durch welches der Dampf entweichen und Luft eintreten konnte.

　　Hier wird nun eine Auswahl von Küchengeschirren am natürlichsten folgen, bei denen um so weniger Erklärung nöthig ist, je mehr dieselben mit den bei uns gebräuchlichen übereinstimmen.

Fig. 240. Verschiedene Küchengeschirre von Bronze.

　　In der untersten Reihe steht zunächst links *a* ein Kessel oder Topf auf dem niedrigen dreifüßigen Gestell, mit dem er über die auf der Heerdplatte glühenden Kohlen gestellt wurde.　Dieselbe Aufstellung ist bei allen Koch-, Brat- und Backgeschirren wiederholt zu denken, weshalb auch kein antiker

Topf oder Tiegel Füße hat. Die Größe der Dreifußgestelle wechselt natürlich mit derjenigen der Geschirre, welche sie zu tragen bestimmt sind. Ein geräumiger Kessel ist bei *b* als Beispiel vieler ähnlichen abgebildet und neben ihm bei *c* und *d* zwei verschiedene Eimer, welche von der gewöhnlich im Haushalt gebrauchten Sorte, keineswegs Prachtstücke wie der unten beizubringende sind. Ihre Verzierungen sind einfach, und doch wie viel reicher als an irgend einem modernen Eimer; der erstere hat im Henkel einen Ring zum Anhängen, und neben den Ringen, in denen sich dieser Henkel bewegt, sind Zapfen angebracht, durch welche das Niederschlagen des Henkels auf den Bauch des Gefäßes verhindert wird. Der zweite Eimer hat einen Doppelhenkel, durch welchen das ruhige Tragen desselben erleichtert wird und der, niedergelegt wie in der Abbildung, genau auf den Rand paßt und diesen abzuschließen scheint. An dem oben querüberlaufenden Stabe hangen drei Schöpfkellen, eine größere mit kurzem Stiel *e*, und zwei andere kleinere mit längerem in einen Schwanenkopf endenden Stiele *q* und *u*. Die erste Schöpfkelle kann als in der Küche gebraucht gelten, die beiden anderen waren bestimmt, um Wein oder andere Flüssigkeiten aus den tiefen und nicht sehr weiten Amphoren, in denen dieselben aufbewahrt wurden, herauszuschöpfen. Auf der Platte des Tisches liegt eine Casserole *f* und über dieser sind bei *o* und *p* zwei flache Bratpfannen aufgehängt, welche sich durch einen spitzen Ausguß für die Sauce im Gebrauche bequem erwiesen haben werden. Eine andere flache Pfanne mit zwei Handgriffen ist mit *r* bezeichnet. Auf der Tischplatte folgt bei *g* ein Gefäß, welches wahrscheinlich zur Aufbewahrung eines trockenen Küchenmaterials gedient hat, mit einem Klappdeckel versehn ist und sich durch den elegant als handlicher Delphin gestalteten Griff auszeichnet. Ein sehr einfacher Topf ohne Griff steht bei *h*, zwischen den Bratpfannen hangt bei *i* eine kleine viereckige Pfanne mit vier flachen Löchern, sowie weiterhin bei *t* eine größere mit 29 Löchern jedoch ohne Handhaben steht, welche beiden Instrumente wohl zum Eierbacken gedient haben werden. Neben der größern Pfanne ist ein zierliches Töpfchen *l* mit wohl verschließendem Deckel aufgestellt und rechts von demselben eine niedliche Kanne *k*, welche sich vor anderen ihres Gleichen, die unten folgen, durch einen Klappdeckel und vor unseren Kannen durch den einfach zierlichen Griff auszeichnet. An das Töpfchen *l* lehnt sich auch ein flacher runder Löffel *m*, den wir als Löffel zum Begießen der Braten betrachten mögen, während den Schluß zwei Eßlöffel *n* und *e* machen, von denen der Stiel des letztern in einen Ziegenfuß endet. In der Mitte des Stabes oben hangt bei *s* noch eine Pastetenform, welche, wie die meisten Geräthe der Art, muschelförmig gestaltet und auf dem Grunde mit einem Gesichte Gorgoneion verziert ist. Andere derartige Formen ahmen mancherlei kleinere Fleischgerichte nach, einen Hasen, ein Spanferkel, Huhn u. dgl. m. und haben vielleicht nicht immer für süße Kuchen und Pasteten, sondern für sülzeartige Speisen gedient.

Die 211. Figur enthält eine kleine Sammlung von Geräthen des Küchengebrauchs, wie Siebe, Durschschläge oder Schaumlöffel, dazu bei 1 noch eine Schöpfkelle in perspectivischer Seitenansicht; 2, 3, 4, 5 sind eigentliche

Siebe oder Durchschläge, welche zum Umwenden und Abschäumen des kochenden Fleisches gedient haben, und bei denen besonders nur die zierlichen Figuren zu bemerken sind, welche die Durchlöcherung darstellt. Bei No. 3 hat sich der Fabrikant Victor (*Victor fecit*, auf der Handhabe genannt. Das Geräth No. 6 in Ansicht *a* und Durchschnitt *b* ist einem Gebrauch bestimmt gewesen, für den wir keine eigentliche Analogie haben, dem Abklären des Weines nämlich, der vermöge der eigenthümlichen

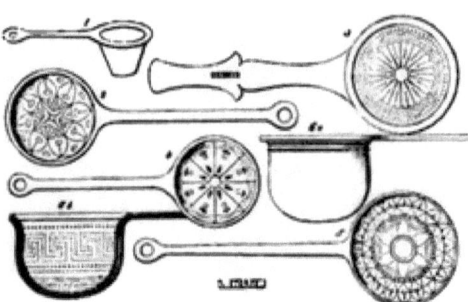

Fig. 241. Siebe von Bronze.

antiken Behandlungs- und Bewahrungsart leicht einen Bodensatz bekam. Um diesen abzuklären, bediente man sich des mitgetheilten Geräthes, welches aus einem von einer soliden Kelle umgebenen und lose in dieser an eigenem Stiele liegenden Siebe besteht. Schöpfte man nun mit dem ganzen Geräth den Wein im unklaren Zustande und hob sodann den innern Sieb heraus, so blieb in der Kelle die geklärte Flüssigkeit zurück.

Fig. 242. Kannen von Bronze.

Die Kannen, von denen die Figuren 242. und 243. Proben darstellen, gehören zu den am mannigfaltigsten gebrauchten und demgemäß gestalteten Geräthen des Alterthums. Schon bei uns giebt es eine Reihe von verschieden verwendeten und verschieden gestalteten Kannen von der Waschkanne bis zum Sahnekännchen hinab, im Alterthum aber mußten Kannen außerdem fast allen den Zwecken dienen, für welche wir Caraffen und Flaschen verwenden, woraus sich ihre viel größere Mannigfaltigkeit leicht begreifen läßt. Ein eingänglicheres Studium der sehr verschiedenen Formen antiker Kannen, als es hier bei der Fülle zu betrachtender Gegenstände

möglich ist, ist mehr als manches Andere geeignet, uns ein Bild von dem
praktischen Sinn der Alten zu geben, mit welchem sie' ihre Geräthe dem
Gebrauch gemäß und für diesen bequem gestalteten; denn nach der Größe
und Weite des Bauches, des Halses, des Ausgusses, nach der Gestalt und
Lage des Henkels läßt sich in den meisten Fällen der Gebrauch errathen.
In Fig. 242. darf No. 1 vermöge seines dünnen röhrenartigen Ausgusses
wohl für eine Ölkanne gehalten werden, mit der man das Öl in das Mittel-
loch der Lampen natürlich in feinem Strahle goß.   No. 2 und 4 gelten für
jene kleinen Wasserkannen, aus denen man bei Tisch den Gästen nach jedem
Gange die Hände begoß, damit sie dieselben in einem untergehaltenen
Becken wüschen.   Die größere Kanne No. 3 in der Mitte darf man als eine
Weinkanne betrachten.   Ihre etwas seltsame Verzierung ist aus dem Thier-
reich entnommen; auf dem Rande sitzt, als oberer Griff zum Tragen des
Gefäßes bestimmt, ein Adler auf seiner Beute, einem Reh, den eigentlichen
untern, beim Einschenken in der Hand ruhenden Griff bildet der obere
Theil eines Schwanes oder einer Gans, welche sich zum Fluge zu erheben
im Begriff ist.   Wie bequem beide Griffe in die Hand fallen, kann man freilich nicht an der Zeichnung, sondern nur am Original wahrnehmen.   Der
ehemalige Gebrauch der letzten schlichten Kanne No. 5 mag dahinstehn,

sie wird aus der Küche stammen.
Dagegen gehört die links in Fig. 243.
stehende nur kleine Kanne sicher
dem Gebrauche in den Zimmern des
Herrn oder seiner Familie an, wenn
dieselbe nicht vielleicht noch vor-
nehmerer Bestimmung, dem Tempel-
dienste gewidmet war.   Die eigenthümliche Form lernt man erst dann
ganz würdigen, wenn man das Geräth in der Hand hält und bemerkt
wie genau man die Menge der aus-

Fig. 243. Kannen von Bronze.

zugießenden Flüssigkeit in seiner Gewalt hat.   Man nimmt das Gefäß für
eine Weinkanne.   Ob die andere rechts stehende gleichen Zweck hatte, wie
man nach ihrem bakchischen Ornament, namentlich dem ausdrucksvoll modellirten Satyrkopfe, aus dem der Henkel entspringt, schließen will, muß
ungewiß bleiben; der weite Hals und der breite Ausguß lassen eher an eine
Wasserkanne denken.   Hier sei noch bemerkt, daß die Henkel der meisten
Kannen sich an Schönheit ja Kunstwerth der Arbeit weit über die Schönheit der wenn auch äußerst zweckmäßig gestalteten Kannen selbst erheben;
auch sind sie, die man häufig in größerer Zahl allein aufgefunden hat,
ohne daß man dabei an die Zerstörung und den Verlust der zugehörigen
Kannen zu denken hätte, die Producte anderer Hände als die Kannen,
welche der gewöhnliche Kupferschmied anfertigte, der dann bei dem feineren
Bronzearbeiter den passenden und ihm oder seinem Auftraggeber gefallenden
Henkel fertig kaufte oder bestellte und sei es durch Löthung, sei es durch
Vernietung mit dem Körper seines Gefäßes verband.

Recht sinnreich ist die Construction der zierlichen Schnellwagen oder
Desemer, welche in Pompeji gäng und gebe waren, wie sie es noch heute
in Italien sind, und von denen Fig. 244. etliche Probestücke bietet. Das
einfache Princip dieser Geräthe ist wie bei unseren Decimalwagen das der
ungleichen Schenkel, an dem kürzern hangt der zu wägende Gegenstand,
an dem längern wird das
in allen Fällen gleich
bleibende Gewicht auf
einer Scale bald näher an
den Aufhängungspunkt,
bald entfernter von dem-
selben gerückt. Einige
dieser Wagen (2, 4, 5)
haben nur Haken, an
denen der zu wägende
Gegenstand aufgehängt
wurde, andere bieten nur
eine Schale, in welche
man denselben legte, bei
noch anderen, wie den

Fig. 244. Schnellwagen.

Nummern 1 und 3, finden sich Schale und Haken verbunden. Bei diesen und
ähnlich bei No. 2 findet man zwei merkbar verschiedene Aufhängungspunkte
für den zu wägenden Gegenstand, den einen ferner vom Schwerpunkte des
Wagebalkens, den andern näher an demselben. Bei diesen Wagen aber
ist auch eine doppelte Scale auf beide Seiten des langen Schenkels ein-
gegraben, von denen die eine dem äußern, die andere dem innern Aufhängungspunkte des zu wägenden Gegenstandes entspricht, so daß auch die
erstere Scale kleinere, die andere größere Werthe und Differenzen bietet.
So zierlich diese Geräthe an sich schon sind, hat doch das im Ornamen-
tiren nie müde werdende Alterthum noch auf Gewichte und Wagschalen
besondern Fleiß verwendet; die Gewichte erscheinen in der einfachsten
Form als Eicheln oder kleine Vasen (No. 4 und 5), häufiger aber noch als
Köpfe von Göttern oder Menschen, so in No. 3 als Satyrbüste, in No. 1
und 2 als weibliche, wie es scheint Porträtköpfe. Bei anderen Wagen sind
Mercurs-, auch Bacchusköpfe oder Kaiserköpfe, sowie sonstige Menschen-
bilder als Gewichte verwendet. Von der Ornamentirung der Wagschalen
ist rechts in der Abbildung ein einfaches Beispiel mit concentrischen Doppel-
kreisen und ein schmuckvolleres mitgetheilt, welches einen mit einem Bock
ringenden Satyrn in Relief in seiner Mitte zeigt.

Hier mag ein Geräth seinen Platz finden, welches aus den Regionen
von Küche und Keller stammt, in denen wir uns jetzt bewegen, eine Laterne Fig. 245. Die Veranlassung zum Gebrauch von Laternen liegt bei der
früher beschriebenen Beschaffenheit der antiken Lampen, die jeder irgend
lebhaftere Windzug verlöschen mußte, so nahe, daß darüber Nichts zu sagen
ist; nur das sei bemerkt, daß, weil Laternen fast überall vorkommen, wo
im Freien Beleuchtung geschafft werden sollte, ihr Gebrauch ein sehr aus-

gebreiteter sowohl im Privatleben wie im Heer- und Seewesen war, und
daß die Laternen aus verschiedenen Materialien, Holz, Bronze, Thon, vielleicht auch edlen Metallen verfertigt und mit Glas, geöltem Leinen oder
Horn, Blasen, Häuten je nach Bedürfniß geschlossen wurden, sowie sie auch
viereckig und cylindrisch, wie das hier ausgewählte Beispiel aus Herculaneum,

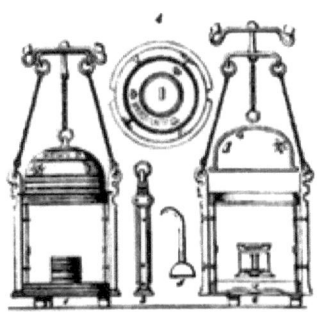

Fig. 245. Laterne aus Bronze.

vorkommen. Die Abbildung zeigt diese
Laterne in der Ansicht 1 bei ge-
schlossenem und im Durchschnitt 2
bei aufgezogenem Deckel. Wenn
noch bemerkt wird, daß der Boden
und der obere Rand, auf welchem der
Deckel ruht, nur durch die zwei
Stützen verbunden wird, welche die
Zeichnung darstellt, in deren Ringen
die Kette zum Tragen befestigt ist,
und deren wir eine in grader Ansicht
bei 3 finden, wenn wir sodann darauf hinweisen, daß, wie aus der
Zeichnung ebenfalls hervorgeht, das
Licht im Innern von einer Lampe aus-
ging, deren fest aufzusetzender, im Durchschnitt 2 gehoben gezeichneter
Deckel das Verschütten des Öles verhinderte, daß ferner der bei 4 in der
Oberansicht mitgetheilte Deckel von verschieden gestalteten Löchern durchbohrt ist, um der Luft Zutritt und dem Rauch Abzug zu gestatten, endlich, daß bei 5 der Dämpfer oder Lichtverlöscher dargestellt ist, so ist damit gesagt was gesagt werden mußte. Auf dem Deckel ist eine Inschrift
von allerdings zweifelhafter Lesung (s. Mommsen No. 6305. 13.) eingeritzt,
in welcher man jedoch den Namen des einstmaligen Eigenthümers wohl nicht
ohne Wahrscheinlichkeit zu erkennen glaubt.

Außer den in Beispielen mitgetheilten einfachen oder mäßig verzierten
Geräthen und Gefäßen ist noch eine beträchtliche Zahl wirklicher Prachtgefäße in den verschütteten Städten aufgefunden worden, von denen wenigstens zwei Proben mitgetheilt werden mögen, ein Eimer und ein Krater,
zwei Gefäße, welche an eleganter und geschmackvoller Pracht bei aller Einfachheit und Zweckmäßigkeit so ziemlich zu den vorzüglichsten unter Ihres-
gleichen gehören dürften. Schon die Gesammtform des folgenden, übrigens
aus Herculaneum, nicht aus Pompeji stammenden Eimers ist gefällig und
schön, noch mehr aber nehmen die an seinen Füßen und um seinen Rand
angebrachten Ornamente unsere Bewunderung in Anspruch. Die Stützen
werden von den beliebten Thierklauen gebildet, welche hier jedoch, wie auch
in anderen Beispielen, in ein geflügeltes Fabelthier auslaufen, welches sich
dem Bauche des Gefäßes anlegt. Den Rand bildet ein feiner Arabesken-
streifen, aus vegetabilen Elementen mit eingefügten Thiergestalten bestehend,
und über demselben ein reiches geflochtenes Band, jenes sinnige Ornament,
welches die antike Kunst überall anwendet, wo ein Umfassen und Umspannen
ausgedrückt werden soll. Die beiden Henkel, welche hier wie bei früher

betrachteten Eimern angebracht sind, um dem Schwanken des Gefäßes ent-
gegenzuwirken, entspringen aus anmuthigen Rosetten, welche zwei Masken
mit Diadem und Weinlaubbekränzung,
vielleicht den geflügelten Dionysos darstellend, einfassen. Die Inschrift auf den
Henkeln (M. No. 6305. 5.), *Corneliaes
Chelidonis*, bietet den Namen der Ei-
genthümerin in einer unregelmäßigen,
aber auch in Pompeji noch sonst vorkommenden Genetivform. Übertroffen
wird die Schönheit und elegante Pracht
dieses Eimers noch durch den in Fig. 217.
abgebildeten Krater, welcher in Pompeji in einem Hause an der Straße der
Abundantia, gegenüber dem Seiteneingange in das Gebäude der Eumachia
gefunden worden ist. Die Krateren
waren die Gefäße, in denen nach bekannter antiker Sitte der Wein mit
Wasser gemischt, und aus denen er mit
der Schöpfkelle geschöpft wurde. Der
hier abgebildete von 0,54 M. Höhe ist
eben so tadellos und zweckmäßig in
seiner Gesammtform, wie zierlich in

Fig. 246. Prachteimer.

seinen Ornamenten, welche zum Theil ausgetrieben, zum Theil mit Silber
eingelegt sind, nach einer Technik, in welcher
die Alten den höchsten Grad der Vollkommenheit
erreicht haben. Um die Gestaltung der Stelle,
welche den Fuß mit dem Gefäße verbindet (*a*)
recht zu verstehn, muß bemerkt werden, daß sie
dadurch bedingt wird, daß in der Regel Krater
und Fuß oder Untersatz aus zwei Stücken bestanden, daß der Krater einen kleinen Fuß für sich
hatte, und daß deshalb der Untersatz in einen
Teller oder eine Platte zur Aufnahme dieses Fußes
enden mußte. Danach wird man das Schema des
Untersatzes vollkommen billigen, wenngleich bei
diesem Geräth Krater und Fuß ein Stück bilden,
so daß die gewöhnliche Trennung nur künstlerisch
und formell festgehalten ist.

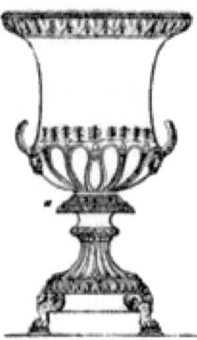

Fig. 247. Krater.

So mannigfaltig nun auch die Geräthe und Gefäße von Bronze waren,
so konnten sie doch nicht jeglichem Gebrauche dienen, und andere Materialien mußten zur Herstellung anderer Geräthe verwendet werden. Diese
Materialien waren Thon und Glas. Es ist allerdings richtig und geht schon
aus dem bisher Gesagten hervor, daß die ausgebreitete und ausgebildete
Bronzetechnik dem Thon und dem Glas manche Anwendung, die sie in

anderen Zeiten und Orten hatten, entzog; aber entbehren konnte man weder
das eine noch das andere. Zum Aufbewahren des Weines wurden z. B.
ständig thönerne Amphoren verwendet und alle jene Geräthe und Geschirre,
in denen man Säuren bewahren oder aus denen man Säuren genießen wollte,
mußten von Thon oder Glas an-
gefertigt werden. Die Thongeschirre stehn freilich, vergleicht
man sie mit dem, was in Pompeji in Bronze geleistet wurde,
oder was Griechenland früher
in Thon producirt hatte, auf
einer niedrigen Stufe oder der
Stufe des Verfalls. Das Material

Fig. 218. Trinkgefäß und Schüssel von Thon.

selbst, mit Mennig oder Zinnober
gefärbter Thon, ist allerdings noch vorzüglich zu nennen, sehr fein ge-
schlemmt, fest, rein und in Folge dessen oft von erstaunlicher Leichtigkeit
bei lebhaft rother Farbe; aber weder in den Gefäßformen noch in der Ornamentik ist Besonderes geleistet. Unter den Formen treten mehr oder weniger
flache Schüsseln und Trinkgeschirre, wovon Fig. 248. Proben giebt, am
meisten hervor, die Ornamente aber bestehn in flach aufliegenden Relief-
arabesken, welche mit dem Gefäße zusammen in der Form gepreßt wurden
und welche meistens in der Zeichnung und Composition besser als in der
Ausführung, in schweren und stumpfen Formen gerathen sind.

Von Thongeschirren zeigt Fig. 249. zwei Amphoren zur Aufbewahrung
des Weines *a*, *b*, beide aus dem Hause des großen Mosaik, die eine in der
gewöhnlichen schlich-
ten, die andere in ei-
ner etwas gewähltern
Form, namentlich mit
eleganteren Henkeln.
Diese Amphoren, un-
fähig allein zu stehn,
wurden an die Wand
des Kellers gelehnt,
wie man sie in der Villa
des Diomedes gefun-
den hat, auch gelegent-
lich mit dem spitzen
Ende in den Boden
gesteckt. Aus Thon
besteht auch die tiefe
Schüssel mit umlaufen-

Fig. 219. Gefäße aus Glas und gebranntem Thon.

dem Arabeskenornament und das flache Trinkgefäß Fig. 218., welches unterhalb
eines glatten Randes und eines Eierstabes zunächst mit einer Reihe einzelner
Blätter verziert ist, zwischen denen die Inschrift *Bibe amice de meo*, strinke,
Freund, von meinem Weine!« steht, einer der vielfachen ähnlichen Sprüche

auf solchen Trinkgeschirren. Zu unterst besteht das Ornament wieder aus einzelnen Blättern, an denen zwei Kaninchen nagen und zwischen denen zwei Hunde Eber oder nach Anderen Wölfe verfolgen. Endlich finden wir an der einen uns zugewendeten Seite einen Frauenkopf zwischen zwei Caduceen (Mercursstäbchen) von eigenthümlicher Form. Reicher konnte eine Sammlung gewöhnlicher Glasgefäße (Fig. 249.) ausgestattet werden. Hier sind zuerst von Flaschen bei *c* ein cylindrisches Flaschenpaar mit Henkeln in einem Tragbehälter von Thon, bei *o* eine kleinere kugelige Flasche ebenfalls mit einem Henkel, also eigentlich kannenartig gestaltet, mit engerem Halse als die vorigen Exemplare, in *l* und *p* dagegen zwei henkellose, also eigentliche Flaschen, die eine in anmuthiger, die andere in wunderlicher Gestalt, deren Zweck und Bedeutung schwer zu ermessen sind, endlich bei *q* ein amphorenförmiges zierliches Gefäß, wohl für feines Öl bestimmt, vereinigt. Kosmetischen Zwecken wird auch das kugelförmige Gefäßchen *k* mit kurzem engem Halse und zwei kleinen Henkeln gedient haben; unter dem sogleich zu betrachtenden Badegeräth befindet sich ein ähnliches Gefäß von Bronze für die in's Bad mitzunehmende Salbe, und ein sicheres Salben- oder Ölfläschchen von dem Toilettetisch einer Pompejanerin ist das Fläschchen von buntfarbig in Zickzack- oder Wellenornamenten verziertem Glase bei *s*, eines der verkehrter Weise so genannten Thränenfläschchen. Der Trichter bei *h*, das zierliche Henkelgefäßchen bei *r*, sowie der bei *n* abgebildete Heber bedarf keiner Erklärung. Verwandt ist das bei *g* abgebildete fragmentirte Geräth, welches an seiner untern Fläche von sechs Löchern durchbohrt ist, um den dicklichen Satz des Weines nicht mit durchzulassen. Bei *d*, *e* und *f* stehn drei Trinkgläser, welche mit aufgeschmolzenen Reliefverzierungen versehn sind, nach einer Technik, in der man im Alterthum, wie noch weiterhin gezeigt werden wird, Erstaunliches leistete. Endlich finden wir bei *m* eine flache Schale und bei *i* eine größere dergleichen auf einer Unterschüssel; es ist möglich, aber nicht gewiß, daß diese Geschirre zum Auftragen von Brühe dienten.

Reichlich vertreten sind in den Funden von Pompeji auch die zur Kosmetik, zur Toilette und zum Putz dienenden Gegenstände, von denen die folgenden Abbildungen eine kleine Auswahl enthalten. Fig. 250. stellt einen in den kleineren Thermen gemachten Fund von Badegeräthschaften dar. Dieselben sind auf einen Metallring, unseren Schlüsselringen ähnlich, gezogen, welcher elastisch ist und dessen Trennung in das Ornament zweier Thierköpfe fällt, welche in einen Apfel oder in eine Kugel beißen. Am zahlreichsten vertreten ist dasjenige Geräth, welches uns am fremdartigsten erscheint, die Badekratze nämlich (*strigilis*), welche die Alten nöthig hatten, um das Fett, die Salben und Öle vom Körper abzuschaben, mit welchen sie sich einzureiben

Fig. 250. Badegeräthschaften.

und zu bestreichen liebten. Und zwar sowohl nach dem Baden wie auch bei

den Übungen auf dem Ring- und Turnplatze, bei denen sich auf das Öl noch
Staub und Schmutz legte, so daß eine Strigilis als das einzige mögliche
Werkzeug der Reinigung erscheint, obgleich es den Nachtheil hatte, daß
man durch häufigen Gebrauch leicht Schwielen bekam. Die Gestalt dieser
Instrumente ist aus der Zeichnung (Innen- und Seitenansicht) wohl klar
genug, um ein längere Beschreibung unnöthig zu machen; an einem Handgriff ist ein halbhohler Haken befestigt, dessen Schärfe über die Haut geführt
wurde, so daß sich das abgeschabte Öl in der Höhlung sammelte. Das Vorhandensein einer Mehrzahl dieser Instrumente überhob den Besitzer der Reinigung derselben während des Gebrauchs; diese war Sache des den Herrn
begleitenden Sclaven. Neben den Badekratzen hangt einerseits ein Salbbüchschen mit aufgeschraubtem Deckel, andererseits eine Patera, deren Innen-
und Seitenansicht außerdem beigegeben ist, und welche der Badende gebraucht
haben mag, um sich nach dem Schwitzbade im Caldarium mit dem lauen
Wasser des Labrum zu begießen.

Die folgende Abbildung enthält eine Sammlung von Gegenständen der
weiblichen Toilette, zu der nur sehr wenige Bemerkungen zu machen sind,

Fig. 251. Toilettegeräthschaften.

während diejenigen, welche sich für die Toilette und den Schmuck der antiken Damen näher interessiren, auf Böttigers »Sabina« und Beckers Gallus,
3. Aufl. III. S. 114 ff. verwiesen werden mögen.

Bei a, l, m und n finden wir Spiegel, und zwar in a, l, n die runden
Handspiegel von Metall, welche überwiegend im Gebrauch waren, obwohl
auch viereckige Spiegel vorkommen, wie das Beispiel bei m (in modernem
Rahmen) lehrt, und Wandspiegel ebenfalls nachweisbar sind. Gewöhnlich
aber bediente man sich der runden Handspiegel von Metall, meistens von
Erz, hie und da auch von edlen Metallen, bei denen die Rückseite und der
Stiel der Ornamentik Raum und Anlaß boten. Die Rückseite wurde bei den
Römern freilich nur mit einfachen Linien, Arabesken oder sonstigen rein
decorativen Ornamenten in eingerissenen oder erhabenen Figuren verziert
(siehe n), während die Rückseite der irrthümlich für Pateren gehaltenen
Spiegel bei den Etruskern mit einer Fülle zum Theil der vortrefflichsten
Figurencompositionen bedeckt wurden; den Stiel dagegen findet man auch
bei Spiegeln aus Pompeji in mannigfaltiger Weise gestaltet und geschmückt,
wie die mitgetheilten drei Beispiele zeigen, deren eines eine nackte auf einer

Schildkröte stehende Figur zum Träger hat, während der Stiel des zweiten
nur einfache Ornamentglieder zeigt und der des dritten aus einer Maske entspringt und in einen Schwanenkopf hakenförmig endet.   Neben den Spiegeln
stehn bei *e* und *s* ein paar Schminknäpfchen, das eine von Glas, durch welches man das vielgebrauchte Material, ein Stückchen rother und ein kleineres
weißer Schminke erkennt, das andere von Elfenbein mit einem, Eros darstellenden Relief verziert.   Die Kämme *d, i, k* erkennt Jeder ohne Beschreibung, es ist nur zu bemerken, daß die weiten (Pferde-) Kämme *d, k* von
Bronze sind, während der Staubkamm *i*, der den modernen durchaus gleicht,
wie diese aus Knochen besteht.   Auch das Ohrlöffelchen *b* erklärt sich selbst.
Den beiden Büchschen von Elfenbein *f, h* kann nur frageweise ein Zweck
angewiesen werden, für das eine ist er durch hineingelegte moderne Steck-
nadeln angedeutet, bei dem andern mit dem Stöpsel wird er in Aufbewahrung einer feinen Salbe bestanden haben.   Bei *g* endlich ist eine Auswahl
von Haarnadeln von Elfenbein zusammengeordnet, deren Köpfe in verschiedener Weise und mit verschiedenem Geschmack verziert sind.   Am anmuthigsten erscheinen unstreitbar die weiblichen Figürchen, welche Aphrodite darstellen, auch ungleich passender zum Schmuck eines schönen Kopfes als
eine Gemse oder eine offene Hand oder dergleichen armselige, nur zum Theil
durch symbolische Bedeutung der dargestellten Gegenstände motivirte Spiele-
reien mehr, über welche die moderne Darstellung von solchen Gegenständen
sich fast nie erhebt.

Die eigentlichen Stücke der Kleidung und des Schmuckes, Fibulae,
Ringe, Spangen, Hals- und Armbänder, Ohrringe u. dgl. sind so unsäglich
mannigfaltig, daß hier unmöglich eine nur irgendwie die Verschiedenheit
ihrer Formen erschöpfende Darstellung versucht werden kann, ohne weit
über den Raum hinauszugehn, welcher diesem Abschnitt im ganzen Werke
angewiesen werden darf, weswegen die Betrachtung einiger Hauptstücke
der Geschmeide- und Goldschmiedearbeit für den artistischen Theil ver-
spart wird.

Zweiter Abschnitt.

Waffen und sonstige Instrumente.

Dem in dem vorigen Abschnitt betrachteten Mobiliar und Hausgeräthe
wird in diesem Abschnitt eine kurze Übersicht über die sonstigen Geräthschaften beigefügt, welche in Pompeji gefunden worden sind; der Abschnitt
umfaßt freilich nicht ganz Gleichartiges, aber zu einer weitergehenden Theilung ist der Stoff doch nicht reich genug.

Am reichlichsten vorhanden sind die Waffen, von denen jedoch die
zuerst zu behandelnden Kriegerwaffen nicht aus Pompeji, sondern fast durchgängig aus griechischen Gräbern stammen.   Sie mußten trotzdem hier aufgenommen werden, um ihren großen Unterschied von den in Pompeji und
namentlich in der Gladiatorencaserne gefundenen Gladiatorenwaffen recht
augenfällig zu machen.

Von den Gladiatorenwaffen unterscheiden sich die Kriegerwaffen, von
denen Fig. 252. eine Auswahl der am meisten charakteristischen darbietet,
außer durch das Fehlen einiger besonderen Theile, welche bei jenen durch
die eigenthümlichen Kampfarten bedingt wurden, durch die Bank durch
große Einfachheit und Schmucklosigkeit, die dem Schmuck und Putz der

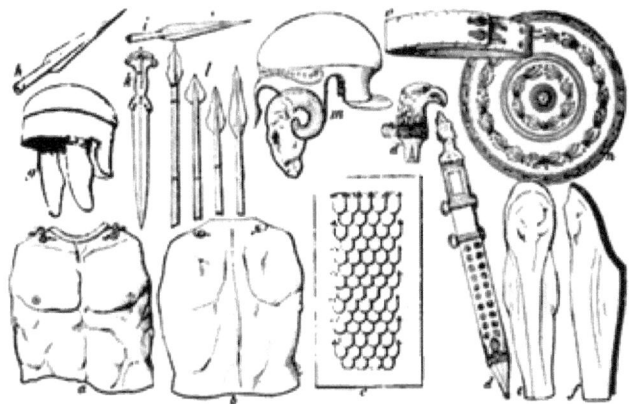

Fig. 252. Kriegerwaffen

Gladiatorenwaffen gegenüber einen sehr würdigen und wohlthuenden Eindruck macht. Bequem und zweckmäßig mußten die Waffen des ernsten
Kriegers sein, der die Schlachten des Vaterlandes schlug oder die Ordnung
in den Städten erhielt; jene feilen Sclaven und Schlachtopfer einer blut-
gierigen Menge mochten sich putzen und schmücken bei ihren elenden Klopf-
fechtereien, wie man das Opferthier schmückte, das zur Schlachtbank geführt
wurde. Wir finden in Fig. 252. zunächst einen Erzpanzer in der Vorder-
und in der Hinteransicht a und b. Er besteht aus zwei Hälften, deren
eine die Brust, die andere den Rücken deckte, und welche über der Schulter
mit einer Spange, hier in Form einer Schlange, an den Seiten unter den
Armen durch Doppelscharniere verbunden wurden, welche die Zeichnung
andeutet. Die Hauptformen des Körpers sind in dem Erz des Panzers sorgfältig ausgetrieben, damit er nicht irgend drücke und die Bewegungen lähme.
Man sieht, daß hierdurch zugleich jener widerwärtig steife und schwerfällige
Eindruck fast ganz gehoben wird, den mittelalterliche Harnische und moderne
Kürasse machen. Den Unterleib und die Oberschenkel schützte ein doppelter
in Falten gelegter oder in Streifen zerschnittener und mit Erzplatten benie-
teter Lederschurz, welcher zugleich jeder Bewegung Raum ließ. Bei c ist
diesem Erzpanzer die Probe eines im Museum von Neapel aufbewahrten
Schuppenpanzers von Knochen beigefügt, der allerdings sich nicht mehr ganz
zusammenfügen läßt, dessen Construction aus kleinen Knochenplatten, welche
durch einen Riemen aneinandergeheftet wurden, man jedoch aus der Probe

hinreichend erkennen kann.   Während die Brust und der Leib des Kriegers
vom Panzer und Lederschurz geschützt wurde, welchen letztern ein um die
Nabelgegend gelegter metallener Ring oder Gürtel o verstärkte, blieben die
Arme zur unbehinderten Bewegung des Angriffs und der Abwehr ganz nackt;
bekanntlich wurden sie aber nebst dem Hals und dem ganzen übrigen Ober-
körper durch den Schild gedeckt, den man am linken Arm trug, und der
je nach der Waffengattung in verschiedener Größe und Form erscheint.   Die
Abbildung n stellt einen mäßig verzierten runden Schild parma dar, wie
ihn die Reiterei und das leichtbewaffnete Fußvolk zu tragen pflegte.   Ein
Medusenhaupt, das beliebte und passende Emblem des Schildes, schmückt
die Mitte auch dieser Parma.   Von den Schutzwaffen des Hauptes, den Helmen und Sturmhauben, sind zwei Exemplare verschiedener Art g und m
aufgenommen, von denen das erstere g, eine einfache Sturmhaube mit beweglichen Backenlaschen, aus Pompeji stammt.   Für sie genügt der Hinweis
auf die Zeichnung; dagegen ist in Betracht des Helmes m, der diesen Namen
im eigentlichen Sinne verdient, und der aus den Ruinen des antiken Locri
in das Museum von Neapel gebracht ist, wenigstens das hervorzuheben, daß
er von der Form der s. g. korinthischen Helme, wenngleich weniger hoch
ist, als diese zu sein pflegen.   Diese Helme haben nicht bewegliche in
Scharnieren wie die Sturmhaube g), sondern elastische Backenlaschen, vermöge deren sie in zwei Stellungen auf dem Kopfe gehalten werden, entweder zurückgeschoben, der Art, daß die hier als Widderköpfe gestalteten
Backenlaschen sich den Schläfen- und den Backenknochen anlegten und
aller Druck vom Schädel entfernt wurde, oder dergestalt über das Gesicht
gezogen, daß die Backenlaschen die Wangen bis zum Kinn bedeckten, die
Erzzunge vorn am Helm sich auf die Nase legte, und diese gegen einen
Schwerthieb schützte, während die Augen aus den Öffnungen hervorsahen,
welche zwischen den Backenlaschen und dem Nasenschutz angebracht sind.
Um diese tiefe Lage des Helmes, der somit eine Art von Visirhelm wurde,
zu ermöglichen, ist endlich jener Einschnitt oder jene Einbucht im untern
Rande hinter den Backenlaschen nöthig, in welche sich das Ohr legte.   Selbstverständlich trug man den Helm in der erstern Stellung auf dem Marsch
und im Lager, in der andern im Kampfe und man sieht, wie zweckmäßig
eine solche Einrichtung und mit wie einfachen Mitteln sie erreicht ist.
Außer der Brust, dem Leibe und dem Kopfe bedurften namentlich die Beine
einer Schutzwaffe, weil man dieselben mit dem Schilde nicht zu decken ver-
mochte.   Seit der ältesten Zeit bediente man sich daher der Beinschienen
 knemides, ocreae , deren e und f ein Paar der einfachsten in doppelter
Ansicht darstellt.   Sie reichten, wie die Austreibung der Hauptformen des
Beines zeigt, vom Knie bis zum Fußgelenk, waren meistens so viel elastisch
gearbeitet, daß sie sich ohne zu drücken an das Bein anlegten, an dem sie
durch mehre hinten querübergeschnallte Riemen oder durch eine Schnürung
der beiden Kanten gehalten wurden.

Noch ungleich einfacher als die Schutzwaffen sind die zum Angriff bestimmten, Lanzen, Speere, Schwerter, Dolche und Messer.   Hier ist nur
an den Unterschied der langen Stoßlanzen der schweren Infanterie und der

kurzen und leichten Wurfspeere des leichten Fußvolks und der Reiter zu
erinnern, und auf die Abbildung zu verweisen, welche sechs verschiedene
Lanzen- und Speerspitzenformen bei *h*, *i* und *l* darstellt, da hier zu weitläufigen Einzeluntersuchungen über die Gestaltungen der römischen Speere
nicht der Raum ist. Das Schwert *d* steckt in seiner Scheide, welche an
den beiden Ringen an Riemen umgeschnallt oder richtiger, über die Schulter gehängt wurde. Der Griff ist hier zerstört, weshalb daneben der Griff
eines andern Schwertes *d'* in Form eines Adlerkopfes beigefügt ist. Endlich
zeigt *k* ein kurzes Schwert oder eine Art Dolch außer der Scheide, von
dessen Griff ebenfalls nur der innere, aus Bronze bestehende Theil erhalten
ist, während die beiden Elfenbein- oder Hornplatten fehlen, die, mit den in
der Zeichnung erkennbaren Stiften aufgenietet, dem Griff erst die nöthige
Dicke und Handlichkeit verliehen.

Ganz anders erscheinen die Gladiatorenwaffen; reich verziert, fast
überladen stechen sie sichtbar gegen die ernste Einfachheit der Kriegerwaffen
ab. In der 253. Figur sind drei Gladiatorenhelme in drei verschiedenen
Ansichten zusammengestellt, aus denen sowohl die eigenthümliche Construction wie die Ornamentirung derselben ersehn werden kann. Anlangend die
Gesammtform unterscheiden sich diese Gladiatorenhelme von den eng an

Fig. 253. Gladiatorenhelme.

den Kopf anliegenden Kriegerhelmen namentlich durch den schwerfälligen,
schirmartigen, weitabstehenden Rand, der sich bei allen Exemplaren in
etwas verschiedener Gestalt wiederfindet. Sodann ist aber besonders das
eigenthümliche Visir das unterscheidende Merkmal, das jeden Gladiatorhelm
vor dem Militärhelm auszeichnet. Wir kennen diese Visire bereits aus den
früher betrachteten Reliefen und Gemälden, welche Amphitheaterkämpfe
darstellen, hier können wir von der Art der Construction Einsicht nehmen.
Die Visire bestehn aus vier Stücken, zwei massiven Platten, welche den
untern Theil des Gesichtes deckten, und zwei mit vielen Öffnungen durch-
bohrten Platten, welche sich vor dem obern Theile des Gesichtes befanden,
das Durchsehn ermöglichten, indem sie zugleich jeden Schwerthieb parirten,
und in den unteren am Helm mit Scharnieren befestigten Platten, sowie in
dem Schirm des Helmes befestigt wurden, wie dies namentlich durch den
mittlern Helm in der Vorderansicht klar wird. Seitwärts legt sich über die
Verbindung der oberen und unteren Theile noch eine kleinere Platte, welche

den wohlgezielten Hieb in diese Verbindung parirte, und welche bei dem
Helm links am deutlichsten zu erkennen ist.

Die Verzierung der Gladiatorenhelme ist doppelter Art, zunächst diejenige, welche ihnen durch Roßhaar oder Federbüsche verliehen wird, und
sodann die eigentlich künstlerische durch ausgetriebene und aufgenietete
oder aufgelöthete Reliefe. Der erste Helm links hat wahrscheinlich niemals
einen Busch getragen, sein Buschträger (crista) endet in einen Greifenkopf;
die Crista des mittlern Helms wird mit wallendem Roßhaarbusch geziert
gewesen sein, zu dessen Aufnahme die Crista oben hohl und mit kleinen
Löchern am Rande durchbohrt ist, durch die man Metallstifte oder Fäden
zum Befestigen des Busches steckte. Bei dem ersten und dritten Helm
endlich ist seitwärts am Kopfe ein schneckenförmig gewundener Behälter
angebracht, in welchen jederseits entweder ein emporstehender Roßhaar-
oder ein Federbusch gesteckt wurde.

Zur Reliefverzierung bieten fast alle einzelnen Theile des Helmes ge-
eigneten Raum. Zunächst findet man die Crista mit Figuren geschmückt
und zwar am ansehnlichsten bei dem rechts stehenden Helm, dessen Crista
vorn einen bärtigen Krieger in Hochrelief, seitwärts eine Arabeskenverzierung
mit Greifen in Flachrelief zeigt. Verziert wird sodann der eigentliche an
den Kopf anliegende Theil mit einem Medusenkopf nach vorn bei dem
Helm rechts, mit einem weiblichen Gesicht nach vorn und Delphinen an
der Seite bei dem Helm links, mit einem ganz umlaufenden figurenreichen
Relief, welches verschiedene Scenen des Sieges und der Unterwerfung der
Besiegten enthält, bei dem mittlern Helm. Ein besonders ausgezeichneter
Prachthelm im Museum von Neapel [104] enthält an den genannten Theilen
verschiedene Scenen der Zerstörung Troias. Reliefgeschmückt erscheinen
endlich die verschiedenen Visirplatten, und zwar die Verbindungsplatten bei
dem Helm rechts und dem mittlern, die unteren massiven Platten bei demjenigen rechts, während diese bei den beiden anderen Helmen glatt sind.

In mehren dieser Ornamente treten bakchische Scenen oder Elemente
des bakchischen Cultus hervor, welche an theatralische Schauspiele erinnern,
zu denen die Gladiatorenkämpfe freilich nur sehr uneigentlich gehören.
Dieselben Elemente herrschen sehr bestimmt vor in den Verzierungen anderer
Waffen der Gladiatoren, namentlich in den meistens sehr reich ornamentirten
Beinschienen, von denen in der nachstehenden Abbildung Fig. 254. links
ein Exemplar als Probe mitgetheilt ist. Hier bilden sechs Theatermasken,
oben und in der Mitte angebracht, den hervorstechenden Theil des Relief-
schmuckes, der in seiner Gesammtheit nicht erörtert werden kann, weil
dazu ein ganz unverhältnißmäßiger Raum nöthig sein würde. Neben dieser
Beinschiene ist eine ähnlich gestaltete Armberge abgebildet, eins jener Waffenstücke, welches die Rüstung der Gladiatoren von derjenigen der Krieger unterscheidet. Diese Armberge schützte, angeschnallt wie die Beinschienen, den
rechten Oberarm, während der linke den Schild trug, von dessen verschiedenen Formen die früher betrachteten Reliefe eine Anschauung vermittelt
haben. Ein ganz eigenthümliches Schutzwaffenstück, welches ausschließlich
den Retiariern zukommt, den s. g. galerus zeigt die Abbildung rechts [105].

Der vorgewölbte Theil schloß sich der Schulter und dem Oberarm an, während die diesen Theil umgebende und aufsteigende Platte mit den Reliefköpfen den Hals deckte. Befestigt war dieser Galerus an dem Ärmel des linken Armes und mit einer Schnur um die Brust, und so finden wir ihn in mehren Darstellungen der Retiarier von diesen getragen.

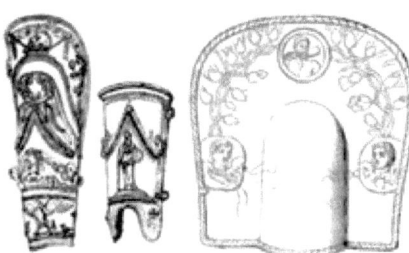

Fig. 254. Beinschiene, Armberge und Galerus.

Diese Schutzwaffen sind jedenfalls die am meisten charakteristischen Theile der Gladiatorenrüstung; die meisten ihrer Angriffswaffen, unter denen der Dreizack des Retiarius und das winkelig gebogene Schwert, die *sica* des Thrakers, welche sich in dem Tropaeon aus der Gladiatorencaserne (Bull. Napol. n. s. I. tav. 7. gemalt finden, am eigenthümlichsten sind, erscheinen im Übrigen nicht so sehr abweichend von den gewöhnlichen Formen, daß es nöthig wäre, sie hier im Einzelnen vorzuführen. Auch sind die meisten derselben auf dem schon oben S. 165. mitgetheilten Relief mit Amphitheaterkämpfen, so weit nöthig erkennbar. Bei Vergleichung dieser Reliefe bemerkt man, daß die Speere ganz die gewöhnliche Form haben, die Schwerter sich nur durch den glockenförmig erweiterten Handschutz von den Soldatenschwertern unterscheiden, und daß die Tridente der Retiarii, leichte dreispitzige Speere, die einzigen Angriffswaffen sind, welche wesentlich nur von Gladiatoren geführt wurden.

Von Pferdegeschirr, welches hier zunächst Erwähnung verdient, sind nur einige Fragmente gefunden worden, wie überhaupt Alles, was auf Reit- und Fuhrwesen Bezug hat, in Pompeji selten ist. Proben von pompejaner Pferdegeschirren sind im Mus. Borb. vol. VIII. Taf. 32. abgebildet. Von einem Wagenrade ist es gelungen, einem im Localmuseum der *porta della marina* aufgestellten Abguß zu gewinnen.

Von den ziemlich mannigfaltigen Opfergeräthschaften der Alten ist nur Weniges in Pompeji aufgefunden oder bekannt gemacht, und das Wenige ist nicht bedeutend genug, um ein näheres Eingehn auf dasselbe an diesem Orte zu rechtfertigen. Bekannt sind einige Kannen *simpula*, in denen die beim Opfer gebrauchten geweihten Flüssigkeiten getragen wurden, in ihren Formen nicht wesentlich von oben mitgetheilten Kannen abweichend; ferner etliche Pateren oder flache Opferschalen, mit denen man die erwähnten Flüssigkeiten auf das Opfer ausgoß; sie sind in doppelter Hauptform bekannt, mit einem längern Stiel oder Handgriff, welcher erwünschte Gelegenheit zur Ornamentirung bietet, oder mit zwei Henkeln. Auch ein paar Weihrauchbüchschen (*thuribola, thymiateria*) werden im Museum bewahrt, einfach cylindrische Gefäßchen mit einem Scharnierdeckel an Ketten hangend. Etwa noch vorhandene Opfermesser, Beile und Sistra sind nicht bekannt gemacht und unter der Masse des Geräths im Museum schwer aufzufinden.

Keine andere Stelle als diese war ausfindig zu machen, um von den in Pompeji gefundenen Sonnenuhren zu sprechen, welche als normale Repraesentanten dieser interessanten Monumente gelten dürfen. Von den fünf in Pompeji gefundenen Sonnenuhren [106], deren eine, welche auf der Lehne des halbrunden Sitzes auf dem Forum triangulare stand, bereits erwähnt worden ist, sei als Beispiel diejenige, welche in den größeren Thermen gefunden wurde [s. S. 192.], ausgehoben, indem dieselbe sich nicht allein durch ihre oskische Inschrift und durch die besonders gewählte Ausstattung mit Löwentatzen und Ornamenten auszeichnet, sondern vor allen anderen durch die vollkommene Erhaltung des Zeigers wichtig ist.

Ohne daß hier auf eine Erörterung der antiken Zeitmesser, Wasser- und Schattenuhren, eingegangen werden könnte, wird das, was zum Verständniß

Winter . . . .

Sommer . . . .

Fig. 255. Sonnenuhr.

des in der vorstehenden Figur in doppelter Ansicht dargestellten Instrumentes nöthig ist, sich in wenig Worten sagen lassen. Die Fläche, auf welche der Schatten des Zeigers (gnomon) fällt, ist wie ein Kugelabschnitt ausgehöhlt und mit graden Linien eingetheilt, welche als Radien in dem Punkte zusammenlaufen, in welchem der Gnomon horizontal befestigt ist. Jeder sieht, daß sie die Zeiteintheilung bezeichnen, welche in anderen Exemplaren mit Zahlzeichen an ihren Endpunkten markirt ist. Wir finden rechts wie links von der Mittagslinie ihrer je fünf; außerdem aber sehn wir diese Radien von drei Kreislinien geschnitten, welche, antiken Zeugnissen nach, sich auf die verschiedenen Jahreszeiten und die Länge des Gnomonschattens in denselben beziehn; die oberen Linien dienten bei niedrigem, die unterste bei hohem Sonnenstande, also jene im Winter, diese im Sommer. Diese *hemicyclium* genannte Art von Sonnenuhren wird auf die Erfindung des Chaldaeers Berosus zurückgeführt.

Bei weitem das meiste Interesse gewähren nächst dieser Sonnenuhr der Betrachtung, außer den wenigen Fragmenten von musikalischen Instrumen-

ten, — denn nur solche, auffallender Weise nicht ein ganzes Stück, ist in
Pompeji gefunden worden — diejenigen, welche zu technischen Zwecken
gedient haben. Hier ist denn in Eisen und Bronze die allergrößte Fülle
vorhanden, beginnend bei Acker- und Gartengeräthen aller Art von der
Radehacke bis zum Baummesser, die Instrumente mehr als eines Handwerks,
besonders Tischlerwerkzeuge Fuchsschwanzsäge und Hobel, Hammer und
Bohrer u. s. w. Vollständig aufgefunden sind auch die Werkzeuge des
Bildhauers, von dem schon früher berichtet worden ist. Aber alle diese
Geräthe entsprechen, abgesehn von ein paar unwesentlichen Abweichungen
in der Form so vollkommen den heutzutage, besonders den in Italien gebrauchten, daß es völlig überflüssig ist, sie näher zu beschreiben oder vollends abzubilden. Nur einen Zirkel, der bei der Bildhauerei diente, theilen
wir zur Probe unter der kleinen Auswahl von pompejanischem Meßgeräth
mit, welche Fig. 256. enthält, und welches dem unsern so ähnlich ist, wie
ein Ei dem andern, was übrigens das Interesse an diesen Gegenständen nicht
vermindern kann.
Wir finden zu un-
terst einen zusam-
menlegbaren Maß-
stab von einem rö-
mischen Fuß, wel-
cher durch Punkte
auf der einen Seiten-
fläche in zwölf Un-
cien, durch Punkte
auf der untern Kante
in sechzehn Digiti,
die beiden gewöhn-
lichen Theilungen

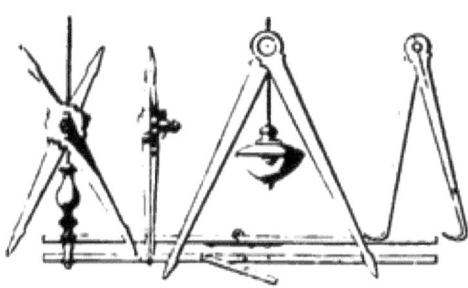

Fig. 256. Meßgeräthe.

des Fußes, getheilt ist. Den kleinen Halter, durch welchen der auseinander-
gelegte Maßstab gesteift, und der, wenn der Maßstab zusammengeklappt
ist, zurückgeschlagen wird, bemerkt und versteht man wohl ohne weitern
Nachweis aus der Zeichnung. In der Mitte der Figur ist ein einfacher Zirkel,
innerhalb dessen Schenkeln ein Bleigewicht (Senkblei, Loth, *perpendiculum*)
größern Calibers, sowie zwischen den Schenkeln des Halbirzirkels links ein
solches kleinern Calibers und von zierlicher Gestalt gezeichnet. Rechts ist
ein Zirkel mit gebogenen Spitzen (Tasterzirkel, von denen die eine lose ist,
aus der Bildhauerwerkstatt abgebildet, wo er zur Messung von krummen
Flächen diente, und zwar mit nach innen gekehrten Spitzen zur Messung
convexer, mit nach außen gekehrten Spitzen zur Messung concaver Gegenstände. Zum Verständniß der Anwendung ist etwa noch zu bemerken, daß
die beiden Schenkel wie die Schneiden einer Scheere neben einander liegen,
so daß der jetzt rechts befindliche links, der linke rechts stehn konnte, in
welcher Stellung sodann durch Umdrehung der einen Spitze die beiden Spitzen
einander zugekehrt waren. Dieselbe Einrichtung der Lage beider Schenkel
in zwei Ebenen zeigt die Seitenansicht des Halbirzirkels links, über den nur

hervorgehoben werden mag, daß er in jeder Weite durch die in der Seitenansicht deutliche Stellschraube befestigt werden konnte. — Mehr noch als
diese Meßgeräthe werden Manche die chirurgischen Instrumente interessiren,
deren Abbildung aus mehren, für die Kundigen leicht ersichtlichen Gründen
ohne specielle Beschreibung in diesem Buche bleiben muß. Es möge deshalb
genügen anzugeben, daß wir nach der ausführlichen, von Fachleuten übrigens nicht in allen Theilen unangefochten gebliebenen Erörterung Benedetto
Vulpis im Museo Borbonico vol. XIV. zu tav. 26. und Quarantas zu vol. XV.
tav. 23. bei *a* und *a'* zwei Ansichten eines *speculum magnum matricis*, bei *c*
eine Seitenansicht eines einfachen *speculum ani*, zwischen ihnen und der
Knochenzange bei *d* und *f* diejenigen zweier feiner Pincetten, ferner bei *e*
ein Löffelchen und bei *b* eine einfache Sonde, sowie rechts bei *g* eine gebogene Zange vor uns haben, welche zum Ausziehn von Knochensplittern,
zum Halten der Adern beim Unterbinden und zu derlei Zwecken gedient
haben mag. Den Schluß bildet bei *h* ein Katheter.

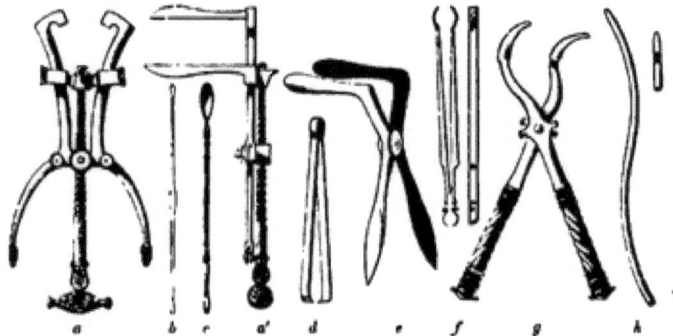

Fig. 257. Chirurgische Instrumente.

Sechstes Capitel.

Zeugnisse des Verkehrs und des Lebens nach Inschriften *).

MHOLCONIVM
PRISCVM·II·VIR·I·D·
Fig. 254. Inschrift; Wahlempfehlung.

Sowie überhaupt neben den litterarischen und monumentalen Überlieferungen des Alterthums die epigraphischen, welche in gewissem Sinne
zwischen den beiden anderen stehn, an Bedeutung und Interesse keineswegs
die letzte Stelle einnehmen, so darf man Gleiches getrost auch von den Inschriften Pompejis oder wenigstens von zweien der gleich zu nennenden drei
Classen derselben behaupten. Die erste Classe, die in Stein gehauenen Urkunden, deren manche schon im Verlaufe der vorhergehenden Darstellung
gelegentlich berührt worden sind, bieten freilich, ohne daß ihnen damit ihre
Bedeutung abgesprochen werden soll, kein specifisch hervorragendes Interesse,
welches sie über die zahlreichen ähnlichen Urkunden anderer Colonien und
Municipien erhöbe. Das was wir aus diesen Steinschriften über das Verhältniß der Colonie zur Hauptstadt, über ihre communale Verfassung und
Verwaltung, über ihre Magistrate, Priesterthümer und Stände, über Ehren-
auszeichnungen verdienter Bürger u. s. w. lernen können, dies Alles ist
uns auch sonsther vielfältig überliefert und bezeugt, und darauf hier näher
einzugehn würde wenig geeignet sein. Was wir aus diesen Urkunden für die
Baugeschichte der Stadt vor und nach dem Erdbeben von 63 n. Chr. entnehmen
können, ist früher benutzt worden, darauf also hier nicht zurückzukommen.

Anders verhält es sich mit den beiden anderen Classen der pompejaner
Inschriften, den an die Wände öffentlicher und privater Gebäude mit bald
rother, bald schwarzer Farbe angemalten (dipinti [107], in einzelnen Fällen mit
Kohle angeschriebenen, und den ebendaselbst außen und im Innern in den
Stucco eingekratzten graffiti [108]. Allerdings sind auch diese nicht einzig
in ihrer Art; man hat, abgesehn von der Schwesterstadt Herculaneum, auch
sonst noch angemalte, so gut wie eingekratzte Inschriften, zum Theil — es
seien nur die Ausgrabungen am Palatin in Rom erwähnt **) — in beträchtlicher Anzahl und von nicht geringem Interesse aufgefunden. Allein schon
ihrer bloßen Zahl nach nehmen die pompejaner dipinti und graffiti einen
hervorragenden Platz ein, und ihrem Inhalte nach verdienen sie die ein-
gehendste Betrachtung in eben so hohem Grade wie irgend welche anderen.

---

*). Die Quellennachweise mußten hier unter dem Text gegeben werden. Die im Text
hinter den einzelnen Inschriften stehenden Zahlen beziehn sich auf das Corpus Inscriptionum Latinarum vol. IV.

**) Garrucci pl. 30 und 31.

Einer solchen Betrachtung sind nun freilich in einem Buche, wie dieses
ist, sehr enge Grenzen gezogen, und zwar nicht allein aus äußerlichen und
räumlichen Gründen. Mit einer bloßen Sammlung dieser Inschriften oder
der Wiedergabe und Ergänzung der von Anderen gemachten Sammlungen,
von der ohnehin gewisse, hier nicht näher zu bezeichnende Theile ausgeschlossen bleiben müßten, welche sich zur Mittheilung an ein nicht gelehrtes
Publikum nicht eignen, mit einer solchen Sammlung würde einem nicht gelehrten Leserkreise gewiß sehr wenig gedient sein; ausführliche Erklärungen
und Erörterungen — und nicht wenige dieser Inschriften erheischen solche —
würden mir wahrscheinlich von den meisten Lesern dieses Buches auch sehr
wenig gedankt werden. Und somit bleibt Nichts übrig, als eine ausgewählte
Zusammenstellung solcher *dipinti* und *graffiti*, welche, sei es an und für sich
verständlich, sei es durch eine beigefügte Übersetzung und ein paar kurze
erläuternde Bemerkungen allgemein verständlich zu machen sind. Die durch-
gängige Hinzufügung einer Übersetzung, so mannigfaltige Schwierigkeiten
dieselbe bieten mochte, wurde für Pflicht erachtet; mögen die hier angedeuteten Gesichtspunkte von einer billigen Beurteilung dessen, was gegeben
und was nicht gegeben, auch wie es gegeben, erwogen werden.

Ehe wir auf die *dipinti* und *graffiti* näher eingehn, muß in Betreff aller
pompejanischen Inschriften bemerkt werden, daß in denselben die drei Sprachen erscheinen, welche nach einander und wohl auch neben einander in
Pompeji gesprochen worden sind: die oskische, die griechische und die lateinische. Die oskischen Inschriften, jedenfalls in ihrem Hauptbestande die ältesten, in die Zeit der Autonomie Pompejis vor dem Bundesgenossenkriege und
der Gründung der sullanischen Colonie (85 v. u. Z.) hinaufreichenden, müssen
hier ganz bei Seite bleiben; wer sie sucht, findet sie gesammelt und erläutert in Mommsens Unteritalischen Dialecten S. 185—189. und in Fiorellis
Monumenta epigraphica Pompeiana Heft 1., in denen sie in erster Ausgabe
1854 in Facsimiles in der originalen Größe, freilich für den Preis von 150 lire,
publicirt sind, während sie in einer zweiten Ausgabe in 8°. 1856, wenn auch
nicht facsimilirt, leicht zugänglich sind. Nachträge neuerdings aufgefunde-
ner, wie z. B. die Wegebauinschrift aus dem stabianer Thor (s. S. 53. und
Anm. 19., die Inschrift an der Sonnenuhr aus den größeren Thermen (s.
S. 192. und S. 411.) u. a., hat das *Bulletino archeologico Napolitano*, welches als *Italiano* leider! mit dem zweiten Jahrgange zu erscheinen aufgehört hat, gebracht, und bringt seitdem Fiorellis *Giornale degli scavi*.

Was zweitens die griechische Sprache anlangt, so scheint es nach Maßgabe der Inschriften, daß dieselbe in Pompeji nicht so verbreitet gewesen
ist, wie man nach anderen Spuren griechischer Bildung und Kunst glauben
sollte. Allerdings ist Griechisch in den Schulen ohne allen Zweifel gelehrt
worden, und wenn nichts Anderes, würden die gar nicht selten in die
Wände eingekratzten griechischen Alphabete dies beweisen. Diese rühren
von Kindern her, welche sie auf ihrem Wege in die Schule und aus der
Schule in die Wände eingekritzelt haben, wo wir sie meistens, wenn nicht
durchgängig, zwei bis drei Fuß über dem Boden, also auf der Höhe finden,
welche den Kleinen am bequemsten war. Hier sind sie in einfacher Folge

α β γ δ u. s. w. angeschrieben, theils vollständig, theils auch unvollständig, von links nach rechts und auch von rechts nach links[*]), je nachdem Zeit, Geduld und Wissen des kleinen Schreibers ausreichten. Hier sei denn auch gleich angeführt, daß sich in ähnlicher Weise auch das lateinische Alphabet nicht selten findet, einzelne Male wohl noch aus republikanischer Zeit stammend und mit dem X schließend (2514. sqq.)[**], in anderen Fällen so, daß der Schreiber von vorn und von hinten anfangend die ersten und die letzten Buchstaben abwechselnd setzte, so: A X B V C u. s. w. oder A B V C T D S E R F I Q, was vielleicht auf eine Manier in den Schulen, das Alphabet in und außer der Reihe zu lehren, schließen läßt (2541. p. 166.). Auch die gelegentlich in Graffiti vorkommenden grammatischen (Declinations-) Übungen[***]) finden wohl am besten an diesem Orte ihre Erwähnung. — Die übrigen griechischen Inschriften außer den erwähnten Alphabeten sind von geringem Belange, die eingehauenen ganz selten[****]); die angemalten und eingekratzten bieten meistens nur Namen, theils einzelne, theils in größeren Folgen, von denen abgesehn werden kann[†]), hier und da, echt griechischer, aus den Vaseninschriften überaus bekannter Sitte entsprechend, mit einem rühmenden καλός »schön« oder »schön ist« verbunden, aber meistens mit lateinischen Buchstaben geschrieben: calos Hermeros, calos Paris u. s. w.[††]). Von den wenigen längeren Inschriften ist von besonderem Interesse die folgende, welche von einem Ladeneingange in der *Strada degli Orconj* den Thermen gegenüber in die große Eingangshalle des Museum in Neapel geschafft ist; sie (733.) lautet, mit großen und deutlichen rothen Buchstaben angemalt, mit Hinweglassung orthographischer Fehler:

'Ο τοῦ Διός παῖς καλλίνικος Ἡρακλῆς
'Ενθάδε κατοικεῖ· μηδὲν εἰσίτω κακόν.

also etwa:

Der Sohn des Zeus, der siegesfrohe Herakles
Bewohnt dies Haus, nichts Böses komme hier herein!

Die Verse sind auch sonsther bekannt[109]), und an sie knüpft sich eine Anekdote von Diogenes dem Cyniker, der, als er diesen Spruch über der Thür eines Hauses las, fragte, wo denn der Hausherr hineingehn solle! — Zwei andere längere griechische Inschriften[†††]) sind noch nicht entziffert und werden vielleicht nie entziffert werden.

Die überwiegende Masse der angemalten sowohl wie der eingekratzten Inschriften ist lateinisch, und zwar stammen wiederum die meisten aus beiden Classen unzweifelhaft aus der Zeit kurz vor der Verschüttung, also aus der

---

[*]) *Corp. Inscr. Lat. a. a. O. p. 164.*
[**]) Vgl. Bücheler N. Rhein. Mus. XII. S. 246 f., Ritschl, *Priscae Latinitatis monumenta epigraphica*, tab. 17. No. 24.
[***]) Garrucci Taf. 17. No. 1. und 4., Taf. 26. No. 26.
[****]) Über die alexandrinischen Grabinschriften vgl. Not. 96.
[†]) Vgl. Bücheler a. a. O. S. 245 f.
[††]) Bücheler a. a. O. und Mommsen N. Rh. Mus. V. S. 462.
[†††]) Garrucci Taf. 2 No. 5, und N. Rhein. Mus. XVII (1862) S. 140. mit der dazu gehörigen Tafel.

letzten Periode Pompejis. Allerdings lassen sich nicht ganz wenige *dipinti* bis in die Zeit des Bundesgenossenkrieges hinaufdatiren, und beweisen, daß schon damals die Geschäftssprache in Pompeji lateinisch war. Diese älteren Inschriften [*], welche zum Theil erst durch das Abfallen der sie verhüllenden Tünche späterer Perioden zum Vorschein gekommen sind, stehn mit oskischen Inschriften gemischt auf den soliden Tuffpilastern der älteren Bauwerke Pompejis, nicht auf dem Stucco, mit welchem in der letzten Periode Alles überzogen worden ist; sie unterscheiden sich in den Buchstabenformen, in den Namen, in orthographischen und grammatischen Archaismen von denen der jüngern Zeit. Von Graffiti ist das älteste Beispiel eine Inschrift in der Basilika (1842.), welche bis in das Jahr der Stadt 676 (78 v. u. Z.) hinaufgeht, Dipinti zeigen die Daten 707 urb. (47 v. u. Z.) (60.), 708 urb. (46 v. u. Z.) (60.), 751 (3 v. u. Z.) (2450.), 771 (17 n. Chr.) (1552.), andere die Jahre 18, 19, 21, 25, 29, 37, 47, 58 n. Chr., noch andere weisen durch sprachliche Archaismen auf eine frühere Periode hin [**]; aber die große Masse der auf den Stucco gemalten und in denselben eingekratzten Dipinti und Graffiti gehört, wie gesagt, der letzten Periode der Stadt nach dem Erdbeben von 63 an, und grade diese eröffnen uns einen überaus interessanten Blick in das Leben und Treiben der antiken Stadt, welches durch die Verschüttung abgeschnitten wurde.

Über die Sitte oder Unsitte die Mauern und Wände öffentlicher und privater Gebäude zu beschreiben haben wir reichliche Zeugnisse in den Schriften der Alten; in welcher erstaunlichen Ausdehnung man aber derselben huldigte, hat uns so recht deutlich erst Pompeji gezeigt, wo an gewissen Orten eines besonders lebhaften Verkehrs, in der Basilika, im Theatercorridor und im Amphitheater die Masse der Schreibereien so groß ist, daß sie schon den Alten den an den drei genannten Orten bis auf kleine Varianten übereinstimmend eingekratzten Vers (1904. 2461. 2457.) [***] eingab:

Admiror paries te non cecidisse ruinis,
Qui tot scriptorum taedia sustineas.

(Wand, ich wundere mich, daß du nicht hinsinkest in Trümmer,
Die du zu tragen verdammst so vieler Hände Geschmier.)

Beide Classen, die Dipinti sowohl wie die Graffiti gehn so recht unmittelbar aus dem täglichen Leben hervor; dennoch besteht zwischen ihnen ein wichtiger Unterschied. Die Dipinti, allermeist an die Außenwände der Gebäude, nur in öffentlichen Gebäuden auch im Innern, angemalt, leicht mit dem gefügigen Material flüssiger rother oder schwarzer Farbe herzustellen und vielfach, vielleicht in der Regel von der Hand öffentlicher Schreiber (s. S. 422.), zeigen uns große, nicht selten mehr als fußgroße, dicke und deutliche Buchstaben (vgl. z. B. Fig. 255. an der Spitze dieses Capitels);

---

[*] Vergl. Mommsen, Unterital. Diall. S. 116,
[**] Bücheler a. a. O. S. 247.
[***] Hr. Dr. Zangemeister theilte mir dazu folgende naive Parallele vom Palatin mit; da steht unter vielen Inschriften, größer als alle anderen:

πολλοὶ πολλὰ ἐπέγραψαν ἐγὼ μόνος· οἱ κ ἐπ᾽ἐγράφην.

(Viele schrieben hier Vieles, nur ich habe Nichts hier geschrieben.)

sie sind, meistens ohne Mühe und schon in größerer Entfernung zu lesen
und waren für die Öffentlichkeit bestimmt. In ihnen spiegelt sich also das
öffentliche, besonders das communale Leben; Wahlempfehlungen machen
ihren Hauptbestandtheil aus, daneben Anzeigen, namentlich amphitheatra-
lischer Spiele, dann auch zu vermiethender Localitäten, verlorener Sachen
und dergleichen Dinge, welche leicht und schnell von den Vorübergehenden
gelesen werden sollten.

Anders die Graffiti, welche mit einem Nagel oder einem analogen spitzen
und scharfen Instrument in den zum Theil sehr harten und spröden Stucco
eingekratzt werden mußten, und welche daher selten aus großen, und wohl
fast nie, wenigstens nicht durchgängig, aus mehr als etliche Zolle großen,
dünnen, mehr oder weniger lang gezogenen, oft aus ganz kleinen, gekritzelten,
schwer, zuweilen gar nicht lesbaren Buchstaben einer sehr wenig kalligra-
phischen Cursivschrift bestehn, zu der nicht selten allerlei an Kunstwerth
mit der Schönheit der Schrift wetteifernde Zeichnungen sich gesellen (vergl.
die Proben weiterhin. In diesen Graffiti, welche die Wände sowohl im
Innern der Gebäude, in Zimmern, Gängen, Küchen u. s. w., wie außen in
Anspruch nehmen, hat das Leben der Individuen mit allen seinen Eindrücken,
hat gute und schlechte Laune, Scherz, Witz, Neckerei und bis zum bittersten
Hohn gesteigerter Spott, Übermuth und Langeweile in Versen und Prosa
ihren Ausdruck gefunden; da finden wir Lesefrüchte aus Dichtern, Stücke
von Rechnungen, Fragmente von Briefen, Erinnerungen an Gladiatorenspiele, Empfehlungen von Gasthäusern und Kneipen und Reminiscenzen aus
deren Treiben, gute und schlechte Lebensweisheit, Grüße und Liebesseufzer
neben Verwünschungen und Denunciationen bunt neben einander, kurz Alles
und Jedes, was in irgend einem Augenblick die Seele irgend eines alten
Pompejaners bewegte, oder dessen schriftlicher Ausdruck einen Zweiten zu
einer Entgegnung, gelegentlich einen Dritten zu einer Duplik anregte. Waren
nun auch viele dieser Graffiti — gewiß nicht alle — bestimmt, von Anderen
gelesen zu werden, so kann man ihnen doch den Charakter der Öffentlichkeit, welchen die Dipinti tragen, im Allgemeinen absprechen und sie als
den Spiegel des Privatlebens bezeichnen. Um so werthvoller aber sind sie
für uns, denen sie einen Einblick in die Intimitäten dieses seit achtzehn
Jahrhunderten erloschenen Privatlebens gestatten, wie ihn kaum irgend eine
andere Überlieferung des Alterthums zu vermitteln im Stande ist.

Beginnen wir unsere Umschau in diesem Schatze von antiken Lebens-
äußerungen mit den Dipinti. Die größte Zahl derselben besteht, wie gesagt,
aus Wahlempfehlungen, durch welche die Aufmerksamkeit der Wahlberechtigten auf den einen oder den andern Candidaten für das Duumvirat oder
die Aedilität (denn meines Wissens kommen nur diese vor) von Seiten dessen
oder derjenigen gelenkt werden sollte, welche eben ihn in einer dieser obrigkeitlichen Stellungen zu sehn wünschten. Denn keineswegs sind es die in
den Wahlcomitien stimmberechtigten Bürger selbst, oder nur sie, von denen
diese Wahlempfehlungen ausgegangen sind, im Gegentheil finden wir unter
denen, welche sie angeschrieben haben oder haben anschreiben lassen, außer
nicht wenigen, welche sich Clienten der Empfohlenen nennen, was an sich

wohl Nichts beweisen würde, Weiber, Kinder und Sclaven oder Freigelassene, kurz Leute, welche mit den Wahlabstimmungen gewiß Nichts zu thun und selbst keine Stimmen abzugeben hatten*).

Die gewöhnliche, einfache aber vollständige Form dieser Wahlempfehlungen ist diese: sie enthält 1. den Namen des Empfohlenen, 2. das Amt, zu dem er empfohlen wird, und 3. den Namen dessen oder derer, von denen die Empfehlung ausgeht, mit der Formel: *Orat Vos Faciatis* (»bittet Euch, daß Ihr macht, wählt«), welche gewöhnlich nur mit den Anfangsbuchstaben O V F und zwar mit diesen in einer Sigle (zusammengezogen) geschrieben ist, und deren richtige Auflösung und Erklärung sich erst in neuerer Zeit durch die Auffindung einiger ganz ausgeschriebenen Beispiele hat feststellen lassen**). Früher wurde sie stark mißverstanden, indem man die Buchstaben O V F ergänzte: *Orat Vt Faveat* (»bittet, daß er gewogen sei«) und darin die Anrufung des Patrons durch einen Clienten, eines Reichen und Angesehenen durch Arme und Hilfsbedürftige zu erkennen meinte, woraus man sodann weiter folgerte, diese Anrufungen möchten wohl an den Häusern der angerufenen Patrone gestanden haben. Dieser falschen Ansicht verdanken, wie schon früher im Vorbeigehn erinnert worden ist (S. 236.), die Häuser des Modestus, des Pansa, des Sallustius, des Pomponius, des Iulius Polybius u. a. m. ihre populären, aber ohne Frage ihnen nicht zukommenden Namen. Eine ganz normale, einfache Wahlempfehlung würde dem Gesagten nach z. B. folgendermaßen abgefaßt sein: *M. Holconium Priscum duumvirum iuri dicundo orat vos faciatis Philippus*. Aber diese Formel ist keineswegs die alleinige oder auch nur überwiegend häufige, sie wird im Gegentheil sehr vielfach abgeändert und erweitert***). Unter den Abänderungen ist die geringfügigste, wenn statt *orat* das gleichgeltende *rogat* oder *petit* gesetzt wird, oder wenn statt der Bitte: *orat vos faciatis* die einfache Aufforderung: *facite* steht, wobei nicht selten der Name des Auffordernden weggelassen wird, auf den es ja in der That auch weniger ankam, als auf denjenigen des Empfohlenen, auf welchen die öffentliche Aufmerksamkeit gelenkt werden sollte. Setzt der Empfehlende seinen Namen hinzu, so geschieht das wohl meistens, weil er glaubt, damit seiner Empfehlung irgendwelchen Nachdruck zu geben. Dies wird namentlich gelten, wenn eine geschlossene Mehrzahl von Personen, eine Zunft oder eine Bruderschaft die Empfehlung ausspricht.

Solchen Inschriften verdanken wir zugleich ein kleines Verzeichniß von Gewerben und Gewerken, Zünften und Collegien (Bruderschaften) in Pompeji, deren wir folgende nachweisen können****): die *offertores* (Färber), *pistores* (Bäcker), *clibanarii* (Topfkuchenbäcker), *aurifices* (Goldschmiede), *pomarii* (Obsthändler), *lignarii* (Holzhändler), *plostrarii* (Stellmacher), *salinenses* (Salinenarbeiter), *piscicapi* (Fischer), *agricolae* (Bauern), *forenses* (Marktleute), *muliones* (Maulthiertreiber), *saccarii* (Sackträger), *fullones* (Zeugwalker) nebst

---

*) Vgl. Garrucci, Bull. Napol. n. s. I. p. 151 sq. C. I. L. a. a. O. p. 10.
**) Vgl. C. I. L. a. a. O. p. 9.
***) Vgl. C. I. L. a. a. O. p. 9 sq.
****) Bull. Napol. n. s. I. p. 150, vgl. den Index zum C. I. L. a. a. O. p. 256. Abschnitt XI.

einem *lanifricarius* (1190.) *) (Wollenwäscher), *caupones* (Schenkwirthe),
tonsores (Barbiere), *unguentarii* (Salbenköche), einen *perfusor* (Parfümeur und
einen *formacator* (Ofenheizer); daneben die Collegien der *Venerei* und *Isiaci*.
Erwähnen wir sodann noch, daß ein gewisser Phoebus mit seiner Kundschaft
(*cum emptoribus*) (103.); ein Valentinus, buchstäblich »mit seine Lehrlinge«
(*cum discentes suos*) (275.) und Sema mit ihren Kindern (*cum pueris*) (668.)
Wahlempfehlungen hat ausgehn lassen, und daß so gut wie die Ballspieler
(*pilicrepi*) zu einer Wahl aufgefordert werden (1147.), die Schläfer, und zwar
»sämmtliche Schläfer« (*dormientes universi*) (575.) und in einem andern Falle
alle Spättrinker (*seribibi*) (581.) sich zu einer Empfehlung zusammengethan
haben, so bekommen wir ein heiteres Ende unserer kleinen Liste, der wir
nur etwa noch hinzuzufügen haben, daß ein Mal erklärt wird »sämmtliche
Pompejaner« (*Pompeiani universi*) (1122.) stimmen für den und den.

Wie sich Gesellschaften oder auch Einzelne als Empfehlende nennen,
tritt auch gelegentlich der Ausdruck des Wunsches mit *cupit* oder *cupiunt*
an die Stelle der Bitte oder Aufforderung, was an dem Sinne der ganzen
Sache um so weniger ändert, als sich gelegentlich die Formel: *cupidissime
orat eos faciatis* findet.   Alle diese Bitten, Aufforderungen und Wünsche richten sich öffentlich an die Wahlberechtigten, seien dies die in den Comitien
stimmberechtigten Bürger, sei es das Collegium der Decurionen, nachdem,
wahrscheinlich unter Tiberius, das Wahlrecht oder ein Theil desselben von
der Bürgerschaft auf jenes Collegium übertragen worden war **). Es ist nun
schon gesagt, daß die Namen und der Stand sehr vieler der Empfehlenden
jeden Gedanken an ihr eigenes Stimmrecht ausschließt; die gewöhnlichen
Formeln der Empfehlungen sprechen nicht hiergegen, und nur das nicht
selten vorkommende *facit* oder *faciunt*, auch *fecit* (»macht« oder »machen«,
»hat gemacht, gewählt«) könnte wie die öffentliche Stimmabgabe eines Wahlberechtigten oder wie eine Erklärung über sein Suffragium aussehn, doch
wechselt diese Formel unter sonst ganz gleichen Umständen entweder mit
den anderen, oder ist mit ihnen verbunden (*rogat et facit*), so daß wir ihr
schwerlich eine besondere Bedeutung beizulegen haben ***). Hervorgehoben
zu werden verdienen dagegen insbesondere die Fälle, in denen sich die Bitte
oder Aufforderung nicht an die Gesammtheit der Wähler, sondern an einen
Wahlberechtigten, dessen Namen genannt werden, mit der Formel *fac*
oder *fac facias* (»mache!«), einzelne Male auch *fave* (426.) (»begünstige«)
wendet, wovon die neueren Ausgrabungen mehre Beispiele geliefert haben.
So liest man: *Modestum aed[ilem] Pansa[a] fac facias* (1071.) oder *Cuspi
fac Fadium aed[ilem]* (1069.) oder [*Post]umium Modestum Sirice fac facias*
(805.) (also: Pansa oder Cuspius — d. i. desselben Pansa bekannter Ge-
schlechtsname — oder Siricus mache zum Aedilen den Modestus oder Fa-
dius) u. s. w.   Ein besonders merkwürdiges Beispiel ist: *Sabinum aed[ilem]*

---

*) Giorn. d scavi fasc. 14. p. 46. vgl. 15. p. 51. u. 55.
**) Vgl. Bull. Napol. n. s. II. p. 51. Becker-Marquardt, Röm. Alterthümer III.
S. 319. C. I. L. a. a. O. p. 11.
***) Vgl. Garrucci Bull. Napol. n. s. I. p. 150. Note 3. p. 151. C. I. L a. a. O.

Procule fac et ille te faciet 635. * »Proculus, mache den Sabinus zum
Aedilen, und er wird dich [seinerseits dazu] machen«]. Mit großer Wahrscheinlichkeit ist angenommen worden** , daß in diesen Fällen die Inschriften sich an die Besitzer der Häuser wenden, an deren Wände neben
der Haus- und Hinterthür die Aufforderung gemalt ist, wonach denn freilich
das Haus des Pansa sich als ein ganz anderes herausstellt, als dasjenige,
welches populärerweise mit diesem Namen belegt ist.

Die bisher besprochenen Modificationen sind nun freilich nicht die einzigen, welche die Wahlempfehlungen aufzuweisen haben. Zunächst müssen
wir die mannigfaltigen Lobsprüche und Anpreisungen hervorheben, welche
bald in einzelnen Buchstaben, deren Sinn bei ihrer unzählbar häufigen
Wiederholung jeder alte Wähler verstand wie wir ihn verstehn , bald ganz
ausgeschrieben den Namen der Candidaten hinzugefügt werden***]. Der aller-
häufigste Lobspruch ist V · B d. i. *virum bonum*; er war so gewöhnlich, daß
Seneca schrieb: *omnes candidatos viros bonos dicimus* [alle Candidaten nennen
wir vortreffliche Männer], demnächst folgt ein *dignus*, *dignissimus est* [er ist
würdig, sehr würdig], *dignus rei publicae* [würdig der öffentlichen Beamtung],
probissimus und *verecundissimus* (Ehrenmann]; durch: *iuvenis integer, inno-
cuus, frugi, egregius* [junger Mann von gutem Ruf], *bonus civis* [guter Bür-
ger], *omni bono meritus* [in jeder Weise verdient] u. dgl. m. setzen sich
diese Lobsprüche fort, welche sich gelegentlich verdoppeln und verdreifachen,
mit einem *cupidissime rogat* [bittet auf's dringendste] des Schreibers verbinden und so bis zu beträchtlicher Emphase anwachsen können. In allen
diesen Fällen aber bleibt die Verhandlung zwischen den pompejaner Wahlberechtigten und den einzelnen Einwohnern, welche auf die Wahlen einen
Einfluß zu gewinnen suchen, dem sie so oder so einen Nachdruck geben.
Nur in ein paar einzelnen Fällen, welche besondere Beachtung verdienen,
finden wir eine, man kann nicht sagen Einmischung, wohl aber Hinein-
ziehung einer höhern Autorität in den Wahlkampf der Colonie. Schon
früher ist eine Inschrift zu Tage gekommen [668.], welche einen Iulius
Simplex zur Aedilität empfiehlt und in deren einzelnen Buchstaben V · A · S
man die Worte *votis Augusti susceptis* und in diesen eine Hinweisung auf
den Wunsch des Kaisers selbst vermuthete****]; die neueren Ausgrabungen
haben uns aber zwei Mal denselben Tribunen T. Suedius Clemens, den
kaiserlichen außerordentlichen Commissar, dessen Wirksamkeit in Beziehung
auf Gräberexpropriation schon früher erwähnt wurde [oben S. 370.], in die
Wahlangelegenheiten Pompejis hineingezogen gezeigt, indem seine mächtige
Empfehlung für einen Candidaten in die Wagschale geworfen wird; denn
an eine directe Einmischung dieses hochgestellten Mannes ist auch hier
sicherlich nicht zu denken. Um nicht zu tief in Einzelheiten zu gerathen,
welche hier doch nicht erledigt werden können, muß es genügen, den Wort-

---

*) Vgl. *Procule Frontoni tuo officium commoda*. No. 820.
**) Vgl. Kiessling im Bull. d. Inst. 1862. p. 94., Fiorelli im Giorn. d. scav. fasc. 15.
p. 120.
***) Vgl. C. I. L. Index p. 253 sq. »candidatorum laudes«.
****) Bull. Nap. n. s. I. p. 151. Note 27., vgl. Bull. d. Inst. 1865. p. 183 sq.

laut der in Rede stehenden Inschriften in einer unten stehenden Note*)
mitzutheilen. Als Besonderheiten führen wir demnächst noch an, daß neben
demjenigen, welcher, und zwar als öffentlicher Schreiber, der dies Geschäft
jahrein, jahraus besorgte**), die Wahlempfehlungen angeschrieben zu haben
angicbt *scripsit; scriptor*, in einigen Fällen auch noch der genannt ist,
welcher eine ältere Inschrift überweißt hat *dealbante; dealbator*, 1190. 222.),
um für die neuen den nöthigen Platz herzustellen. Dem entsprechend finden
wir denn auch an nicht wenigen Stellen mehre solcher Inschriften über einander gemalt, und mehr als eine ältere, zum Theil von den auf den Tuff
gemalten, ist erst dadurch sichtbar geworden, daß die Überweißung, welche
die jüngeren trug, abgeblättert ist.

Daß die ständig sich wiederholenden Ämter des Aedilen oder Duumvirn,
zu denen der und der empfohlen wird, und daß die fast eben so ständigen
Lobsprüche, die wir oben kennen gelernt haben, daß endlich das immer
wiederkehrende *orat vos faciatis, rogat, cupit, facit* in Siglen und Abkürzungen oder mit einem einzigen Buchstaben für jedes Wort geschrieben ist,
wird Niemand Wunder nehmen; viel auffallender ist die Thatsache, daß
auch die Namen der Empfohlenen gelegentlich und nicht ganz selten mit
den bloßen Anfangsbuchstaben bezeichnet sind, so daß wir Inschriften finden,
welche fast nur aus einzelnen Buchstaben bestehn***); und dennoch scheint
diese Thatsache nicht wegzuleugnen, und sie mag sich daraus erklären, daß
die in solchen Inschriften Empfohlenen besonders stadtbekannte und vielleicht grade zur Zeit einer Wahl besonders oft genannte Personen waren,
deren Namen eben alle Welt im Munde führte, so daß es genügte P·P·P·
M·E·S· zu schreiben, um die Vorübergehenden an P. Paquius Proculus
und M. Epidius Sabinus zu erinnern. — Hiermit dürfte über die Eigenthümlichkeiten dieser Wahlempfehlungen, ohne natürlich den reichen Stoff
zu erschöpfen, das Hauptsächliche und so viel mitgetheilt sein, wie sich
ohne gelehrte Einzelerörterungen überhaupt mittheilen und zum Verständniß
bringen läßt, und somit wenden wir uns zu der zweiten Classe der Dipinti,
den Amphitheateranzeigen.

Dieselben bilden, wie ebenfalls schon erwähnt, nächst den Wahlempfehlungen die am häufigsten vertretene Art der pompejanischen Dipinti. In
ihrer einfachsten Art enthalten diese an verschiedenen Orten der Stadt zum
Theil ganz gleichlautend wiederholten Programme den Namen der zum Auftreten bestimmten Gladiatorenfamilie, den oft lange vorher angesetzten Tag

---

*) Schon seit längerer Zeit bekannt war die Inschrift 791.; : M. *Epidium Sabinum
ex sententia Suedi Clementis d. i. d. o. e. f.*; die beiden neuerlich gefundenen lauten (769.) :
M. *Epidium Sabinum d. i. die o. e. f. dig. est.* kleiner. ‖ *defensorem. coloniae. ex. sententia.
Suedi. Clementis. sancti. indicis* ‖ *consensu. ordinis. obmerita* so! ‖ *eius. et. probitatem. dignum
reipublicae. faciat* ‖ *Sabinus. dissignator. cum. plausu. facit.* Und (1059.): M. *Epidium* ‖ *Sabinum* ‖ *II. vir. iur. dic. o. v. f. dignum. iuvenem* ‖ *Suedius. Clemens. sanctissimus* ‖ *iudex. facit.
vicinis. rogantibus.* Vgl. noch Bull. d. Inst. 1865. p. 181. und C. I. L. a. a. O. p. 11.
**) Henzen, Archaeolog. Zeitung v. 1846, S. 295. C. I. L. a. a. O. p. 10.
***) Vgl. Bull. Nap. a. s. l. p. 6 sq.

des Auftretens, sowie fast regelmäßig den Beisatz, daß eine Thierhetze *venatio* mit den Gladiatorenkämpfen verbunden und daß das Zeltdach *vela* ausgespannt sein werde. Eine Anzeige in dieser einfachsten Form ist z. B. diese, welche am Album des Gebäudes der Eumachia [s. S. 118.] und fast buchstäblich wiederholt an einer Wand in der *Strada degli Augustali* [1189. und 1190.] stand: *A. Suettii Certi aedilis familia gladiatoria pugnabit Pompeis pridie Kalendas Iunias, venatio et vela erunt.* Eine andere fragmentirt erhaltene Anzeige [1181.] des Auftretens der Gladiatoren des Ti. Claudius Verus schließt mit den Worten: *qua dies patientur*, d. h. »wenn das Wetter es erlaubt«, womit also auf eine als möglich vorausgesehene Störung und eine etwa dadurch nöthig werdende Verschiebung des Schauspiels sehr begreiflicher Weise hingedeutet wird. Dergleichen mochte aber dem schaulustigen Pöbel nicht genehm sein, und danach begreift es sich nicht minder leicht, daß wieder durch eine andere Anzeige (1180.) ausdrücklich erklärt wird, das Schauspiel werde stattfinden *sine ulla dilatione* »ohne jeglichen Aufschub«.

Es ist schon bei der Besprechung des Amphitheaters [S. 151 f.] darauf hingewiesen worden, daß die ursprünglich mit feierlichen Bestattungen allein verbunden gewesenen Gladiatorenkämpfe später, wie jedes andere Schauspiel mit Gebäudeeinweihungen und allen anderen Veranlassungen verknüpft wurden, bei denen überhaupt dem Volke ein Schauspiel veranstaltet wurde. Die Anzeige derjenigen Spiele, welche bei der Einweihung der kleineren Thermen [*dedicatione thermarum*] gegeben wurden, ist schon bei der Beschreibung dieser [S. 178.] erwähnt worden, hier ist noch hinzuzufügen, daß die Anzeige [1177.] ähnlich wie andere weiter den Inhaber der zum Kampfe bestimmten Gladiatorenbande [*familia gladiatoria*], hier den Cn. Alleius Nigidius Maius nennt, neben dessen Namen dann eine dankbare Hand geschrieben hat: *Maio principi coloniae feliciter*, d. h. Heil dem Maius dem Stadtältesten! Ein solcher Zuruf an den Festgeber verbindet sich auch mit anderen dergleichen Anzeigen; demselben Maius, der hier aber als Quinquennal wie dort als Ältester des Decurionencollegs bezeichnet ist, gilt er in einer Anzeige, die man in der *Strada di Nola* fand (1179.: *Maio quinq. feliciter*), in einer dritten in der Gladiatorenanzeige gefundenen Anzeige (1186.) lautet der hinzugefügte Zuruf . . . . *o procurator[i] felicit[er]* und mag sich an den Vorsteher der pompejaner Gladiatorenschule richten, denn die Vorsteher der Gladiatorenschulen führten den Titel *procurator*[*]. Aber unendlich emphatischer ist der Zuruf an den Festgeber, wahrscheinlich Ampliatus, neben einer andern, an demselben Orte gefundenen Anzeige (1181.), wo wie es scheint derselbe *totius orbis desiderium* und *munificus ubique* [»des Weltalls Liebling« und »überall freigebig« genannt wird, Worte die an des Kaisers Titus erhabenen Lobspruch *amor et deliciae generis humani* [»Liebe und Wonne des Menschengeschlechts«] erinnern. Außer der Anzeige, welche die Einweihung der Thermen angeht, ist noch eine solche, allerdings nur in den Ausgrabungstagebüchern und nicht durchaus zuverlässig überliefert,

---

[*]. Vgl. Friedlaender, Darstellungen aus der Sittengesch. Roms II. S. 203. 5.

welche (1150. abermals von Cn. Nigidius Maius als Priester des Augustus veranstaltete Gladiatorenspiele mit der Einweihung des Altars einer Göttin ungewissen Namens, wahrscheinlich aber der Clementia in Verbindung bringt, außerdem aber erklärt, dieselben werden gefeiert *pro salute .... Caesaris Augusti liberorumque eius* zum Heile des Kaisers, wahrscheinlich Claudius, und seiner Kinder *'*. In ähnlicher Weise zeigt ein anderes Programm (1196. Spiele an, welche *pro salute domus Augusti* zum Heile des kaiserlichen Hauses gegeben werden sollen. Schon früher S. 172., ist erwähnt worden, daß manche Anzeigen auch die Zahl der zum Kampfe bestimmten Gladiatorenpaare enthalten, hier sei noch nachgetragen, daß eine daselbst angeführte Anzeige (1179.) *gladiatorum paria XXX et eor um supp ositicios)* 30 Paar Gladiatoren und »Hilfsgladiatoren, Stellvertreter«) erwähnt, welche letzteren für die Gefallenen mit deren Besiegern zu kämpfen hatten **). Dieselbe Anzeige verheißt, daß die Spiele drei Tage dauern sollen.

Während, wie es scheint, die sechs Inhaber von Gladiatorenbanden, die wir bisher aus Pompeji kennen ***), Pompejaner gewesen sind, was von fünf derselben als sicher gelten darf, während ihre Mannschaften also wahrscheinlich in dem uns bekannten *ludus gladiatorius* (S. 169.) gehaust haben, kommen, allerdings nicht in öffentlichen Anzeigen, sondern in Graffiti, welche Erinnerungen an gesehene Spiele enthalten (1421. 1422. 1174. und sonst.), neronische Gladiatoren (*Neronianus* vor, und Neros Name in Verbindung mit Spielen ist auch in einem Dipinto in dem *Vico del lupanare (delle terme Stabiane)* neuerdings zum Vorschein gekommen (1190. . Diese neronischen Gladiatoren sind wohl ohne Zweifel Mitglieder der oder einer kaiserlichen Bande, deren Existenz wir sonsther kennen ****) ; auch wissen wir, daß es nicht nur in Rom, sondern auch in den Provinzen und namentlich auch in Capua kaiserliche Gladiatorenschulen gab. Die capuaner Bande war von Iulius Caesar eingerichtet und ihre, auch in pompejaner Graffiti (z. B. 1152. 1770.) vorkommenden Glieder heißen Iuliani, sowie andere kaiserliche Gladiatoren als Augustani (z. B. 1330. 1379. 1350. bezeichnet sind. Ob aber die Mitglieder der kaiserlichen Banden in Pompeji gekämpft haben, oder ob die Graffiti Reminiscenzen von in Rom oder etwa in Capua gesehenen Kämpfen enthalten, muß dahinstehn. Dasselbe gilt von einem angeblich, nicht gewiß in Pompeji gefundenen, jetzt im Museum von Neapel bewahrten Graffito (2506.), welcher ein interessantes Beispiel eines s. g. *libellus gladiatorius* enthält, d. h. des Programms eines Gladiatorenkampfes oder der vom Festgeber geordneten Verzeichnisse der zum Kampfe bestimmten Gladiatorenpaare, welche vielfach abgeschrieben, in den Straßen verkauft, ja nach aus-

---

*) Vgl. wegen der wahrscheinlichsten Ergänzungen des lückenhaft und entstellt überlieferten Textes Zangemeister in der Archaeolog. Zeitung von 1865. S. 88 f. und Mommsen das. S. 90. Daß Garrucci den Altar der Amentia statt der Clementia geweiht werden läßt, darf auch hier nicht unerwähnt gelassen werden.

**) S. Henzen in d. *Atti dell' accad. pontif. Rom.* XII p. 120.

***) C. I. L. s. a. O. p. 70., es sind diese: Cn. Alleius Nigidius Maius, [Ti.] Claudius Verus, N. Festius Ampliatus, ... Lucretius Valens, N. Popidius Rufus und A. Suettius Certus.

****) Friedlaender a. a. O. S. 202 ff.

wärts versandt wurden. Der hier in Rede stehende *libellus*, bezüglich auf zwei Kämpfe, in denen in Pompeji sonst nicht nachweisbare Kampfarten vorkommen*), oder genauer gesprochen, das in ihm copirte Original scheint vor den Spielen aufgeschrieben und nachher mit der Bezeichnung der Sieger (*V[ictor]*) und Besiegten '*M[ortuus]*' versehn worden zu sein, woraus es sich am einfachsten erklärt, daß der Sieger nicht immer vor dem Besiegten genannt ist, wie dies in allen dergleichen Schriftstücken der Fall zu sein pflegt**). Auf andere Graffiti mit Erinnerungen an das Amphitheater und Nachklängen aus den dortigen Kämpfen wird weiterhin zurückgekommen werden.

Was neben den Wahlprogrammen und Gladiatorenanzeigen noch von Dipinti an den Wänden von Pompeji vorkommt, trägt durchaus den Charakter des Einzelnen. Die schon früher (oben S. 335.) mitgetheilte Anzeige am Gasthause »Zum Elephanten« und die oben (S. 416.) angeführte griechische Inschrift aus der *Strada degli Olconj* können hier kaum zählen, zu ihnen gesellt sich zunächst noch folgende Inschrift. Der Besitzer der *Casa di Sirico*, *Strada delle terme Stabiane* No. 16., offenbar ein Kaufmann, in dessen Schwelle, wie seines Ortes erwähnt, in Mosaik die Worte *Salve lucru'm'* »sei gegrüßt, Gewinn« eingelegt sind, hat seiner Hausthür gegenüber an die Wand unter einem Paar ganz riesenmäßiger Schlangen mit großen rothen Buchstaben anmalen lassen (813.):

> *Otiosis locus hic non est, discede morator.*

(»Hier ist kein Ort für Nichtsthuer, hinweg Müßiggänger.«) Eher lassen sich als eine Classe öffentlicher Kundgebungen, obgleich nur durch zwei Exemplare vertreten, die Vermiethungsanzeigen anführen. Die eine verloren gegangene und in der Überlieferung an mehr als einem Punkte nicht ganz verläßliche (138.) lautet:

INSVLA · ARRIANA
POLLIANA · CN · ALLEI NIGIDI · MAI
LOCANTVR · EX · K · IVLIS · PRIMIS · TABERNAE
CVM · PERGVLIS · SVIS · ET · CENACVLA
EQVESTRIA · ET · DOMVS · CONDVCTOR
CONVENITO · PRIMVM · CN · ALLEI
NIGIDI · MAI · SER.

Im Häuserquartier der Arria Polla im Besitze des Cn. Alleius Nigidius Maius werden vermiethet von den nächsten Iden des Juli an Tabernen mit ihren Vorbauten und nobeln Oberstuben oder *et vestibula* (?) Mommsen, C. I. L. a. a. O.) und ein ganzes Haus. Der Abmiether hat sich zu benehmen mit des Cn. Alleius Nigidius Sclaven.

Die zweite, am 8. Februar 1766 gefundene und jetzt im Museum von Neapel aufbewahrte (1136.) sagt aus:

IN · PRAEDIS · IVLIAE · SP · F · FELICIS
LOCANTVR

---

*) Mit Wahrscheinlichkeit lassen sich folgende Bezeichnungen von Kämpfern entziffern: Threx, Mirmillo, Oplomachus, Essedarius, Dimachaerus.

**) Vgl. C. I. L. a. a. O. p. 163.

BALNEVM · VENEREVM · ET · NONGENTVM · TABERNAE · PERGVLAE
CENACVLA · EX · IDIBVS · AVG · PRIMIS
IN · IDVS · AVG · SEXTAS · ANNOS · CONTINVOS · QVINQVE
S · Q · D · L · E · N · C

»In dem Grundstück der Iulia Felix, des Spurius Tochter, werden vermiethet ein Balneum venereum und neunhundert (?) *. Läden, Buden, Ober-
zimmer vom nächsten 14. August bis zum sechsten 14. August auf fünf
Jahre hinter einander«. Die Siglen der letzten Zeile sind überaus verschieden
erklärt worden. Winckelmann **), dem Andere gefolgt sind, welche das Original nicht kannten, haben den Anfang einer Wahlempfehlung: A · SVET-
TIVM · VERVM · AED, welche sich unter der in Rede stehenden befindet
und mit der Miethanzeige natürlich Nichts zu thun hat, ungehöriger Weise zu
derselben gezogen und nun erklärt: *si quis dominum loci eius non cognoverit
adeat Suettium Verum aedilem* (wer die Herrin dieses Ortes nicht kennt, der
wende sich an den Aedilen Suettius Verus); Andere, welche die Trennung
richtig vornahmen ***), erklärten entweder: *si quis domi lenocinium exerceat
ne conducito* oder *si quem deceat locatio eorum nos conuenito* »wer im Hause
ein schmutziges Gewerbe betreibt, wird nicht angenommen« oder »wenn Jemand Lust zur Abmiethe hat, so wende er sich an uns«). Die neueste Erklärung, welche aber eben so wenig unbestritten geblieben, ist von Fiorelli ****):
si quinquennium decurrerit locatio esto nudo consensu (nach Ablauf der
fünf Jahre wird die Vermiethung wenn nicht gekündigt worden stillschweigend verlängert).

Diese kleine Reihe der für die Öffentlichkeit bestimmten Dipinti möge mit
einer aus voraugusteïscher Zeit stammenden, gegen das Ende nicht sicher lesbaren Anzeige eines Diebstahls in der Theaterstraße (64.) geschlossen werden:

VRNA AENIA PEREIT · DE · TABERNA
SEIQVIS · RETTVLERIT DABVNTVR
HS LXV · SEI · FVREM
DABIT · VNDI⸗
IMVAPIIC

(eine eherne Urne ist aus einem Laden fortgekommen; wenn sie Jemand
zurückbringt, so werden bezahlt 65 Sest. 3 Thaler], wenn den Dieb, so
wird bezahlt . . . . .«).

Durchaus nicht den Charakter der übrigen für die Öffentlichkeit bestimmten Dipinti trugen ein paar gemalte Inschriften, welche sich aber auch
der Form nach von den bisher besprochenen dadurch unterscheiden, daß sie
sich in Gemälden befinden; eine derselben ist jene Briefadresse an M. Lu-

---

*) Die Lesart *nongentum* steht unbedingt fest, desto unsicherer ist die Bedeutung;
die in der Übersetzung gegebene bisher allgemein befolgte Erklärung ist weder der Form
noch der Sache wegen wahrscheinlich.
**) Sendschreiben §. 59 , Orelli 4324.
***) Rosini Dissert. isag. p. 1. cap. 10. p. 63 sq.; Guarini Fasti doumv. p 199.
****) Bull. Nap. n. s, II. p. 23 sq. mit einem Zusatz von Garrucci, der diese Erklärung
nur als möglich passiren lassen will, während sie Mommsen bei Orelli-Henzen III. p. 169
und zum C. I. L. a. a. O. als juristisch unmöglich bezeichnet.

cretius (879.), die ihres Ortes bei Besprechung der nach ihr genannten *Casa di Lucrezio* S. 277. erwähnt worden ist; eine andere, welche uns mit Übergehung von noch etlichen nicht besonders bedeutenden, den Übergang zu den Graffiti bahnen mag, steht als Text auf einer halb aufgerollten, gemalten Bücherrolle (1173.) und lautet unter Nichtberücksichtigung der orthographischen Eigenthümlichkeiten, in den ersten beiden Versen (deren erster an einer andern Stelle als Graffito wiederholt ist 3199.):

> *Quisquis amat valeat, pereat qui nescit amare,*
>   *Bis tanti pereat quisquis amare vetat.*

     (etwa: Heil sei Jedem, der liebt, weh dem, der Liebe nicht kennet,
        Doppelt verwünscht sei der, welcher die Liebe verbeut.)

     Zwei folgende Verse sind so unsicher entziffert, daß sich ihr Sinn allenfalls, aber auch dies kaum, errathen läßt, so daß hier von ihnen abgesehn werden muß.

     Sowie wir die Dipinti mit diesen Versen schließen, ist die Übersicht über die Graffiti mit den metrischen Inschriften zu eröffnen. Unter diesen eingekritzelten Versen findet man zuerst nicht ganz wenige Lesefrüchte aus lateinischen Dichtern, zum Theil nur abgerissene Worte und einzelne Reminiscenzen, wie mehrfach (1252. 2361. 3198.) die ersten Worte des Verses *arma virumque cano Troiae qui primus ab oris* und (1841.) *quisquis es, amissos hinc iam obliviscere Graios* aus Vergils Aeneis I. 1. und II. 148.), auch (1672. und sonst) das Wort *conticuere*, welches als das erste des Verses *conticuere omnes intentique ora tenebant* ebendaher (II. 1.) gelten kann, ferner (1524. 1527.), *rusticus est Corydon* und (1952.) *carminibus Circe socios mutavit Ulixis* aus dessen Eclogen (II. 56. und VIII. 70.), *Aeneadum genetrix* (3072. aus Lucretius (I. 1.) u. m. a.; theils ganze Distichen *), deren Lesart übrigens, obgleich die älteste auf uns gekommene, der in den Handschriften überlieferten keineswegs immer vorzuziehen ist, was sich sehr leicht daraus erklärt, daß diese Verse aus dem Gedächtniß gewiß nicht immer der Höchstgebildeten angeschrieben worden sind. Beispielsweise finden wir die Verse aus Ovids *Ars amandi* I. 475 f. in der Basilika von Pompeji (1895.) in dieser Gestalt wieder:

> *Quid pote tan durum saxso aut quid mollius unda?*
>   *Dura tamen molli saxsa cavantur aqua.*

     (Was ist härter als Stein, und was ist weicher als Wasser?
     Aber der härteste Fels wird von dem Wasser gehöhlt.)

So hat ein Anderer ebendaselbst (1893. 1894.) zwei Verse Ovids (*Amores* I. 77 f.) mit zweien des Properz (V. 5 17 f.), der Ähnlichkeit des Inhaltes nach zu einem Ganzen verbunden, noch ein Anderer wieder an demselben Orte (1950.) zwei andere Verse des Properz (IV. 16. 13 f.) mit einigen nicht vorzüglichen Abweichungen von unserer handschriftlichen Lesart wiederholt.

     Neben diesen Erinnerungen aus bekannten Dichtern und zwar überwiegend oft aus Vergil und weiter aus erotischen Gedichten, finden wir nun aber an den Wänden Pompejis nicht wenige andere Verse, welche an bekannte nur entfernter anklingen und noch andere, von denen wir es dahin-

---

*) S. Bücheler, N. Rhein. Mus. XII. S. 251 f.

gestellt sein lassen müssen, ob sie der Schreiber auch selbst gedichtet, oder
wie jene anderen aus fremden, uns nur nicht bekannten Poesien entlehnt
hat. Auch von solchen Versen mögen hier ein paar Proben folgen. Wiederum aus der Basilika, die überhaupt am meisten derartige Inschriften aufzuweisen hatte, ist dies aus allerlei ovidischen, properzischen und anderen
Reminiscenzen zusammengesetzte Distichon (1928.):

> *Scribenti mi dictat Amor mo n)stratque Cupido.*
> *'Ah' peream, sine te si deus esse velim.*
> (Mir spricht Amor vor und mich belehret Cupido.
> Weh' mir, wünscht ohne dich selber ein Gott ich zu sein.

Sehr zierlich, und bis auf einen metrischen Fehler eines guten Dichters
würdig, aus dem es eine nicht genau wiedergegebene Reminiscenz sein mag,
ist folgendes Distichon (1619.), welches an den Thürpfeiler eines Hauses im
Vico dei soprastanti eingekratzt ist:

> *Alliget hic auras si quis obiurgat amantes*
> *Et retet assiduas currere fontis aquas.*
> (Binde den Wind hier an wer Liebende suchet zu trennen
> Und verbiete des Quells murmelnden Wellen den Lauf.

Überaus schmachtend hat sich der Verliebte ausgedrückt, der folgende
Verse (1837.) mit Anklängen an Tibull (II. 6. 17—22.) und Vergil (Ecl. II. 7.)
in der Basilika angeschrieben hat:

> *Si potes et non eis cur gaudia differs,*
> *Spemque fores et cras usque redire iubes?*
> [Er]go coge mori, quem sine te vivere coges.*
> *Munus erit certe non cruciasse boni*
> *Quod spes eripuit spes certe reddet amanti . . . .*

etwa: Kannst du mich lieben und willst es doch nicht, was vertröstest du stets mich,
Nährest die Hoffnung und sprichst: kehre nur morgen zurück?
Heiße mich sterben, den ach' ohne dich du zwingest zu leben,
Dank verdienst du gewiß, quälest du länger mich nicht.
Was Enttäuschung entriß, giebt Hoffen dem Liebenden wieder . . . .)

Den dritten Pentameter hat der Unglückliche in seiner Rührung vergessen. Andere aber hat sein Erguß zu etlichen malitiösen Bemerkungen
veranlaßt, welche unter den obigen, von einer Hand geschriebenen Versen
stehn; der Erste schrieb in vortrefflicher Orthographie *Qui hoc leget nunc
quam postea aled legat et nunquam sit salvos* (wer dies liest, möge niemals
nachher etwas Anderes lesen und es gehe ihm nie gut), ein Zweiter fügte
bei: *qui supra scripsit* (der oben geschrieben hat), und ein Dritter bekräf-
tigend: *vere dicis* (du hast recht).

Eben so schmachtend wie der vorige, eben so rabbiat geberdet sich der
folgende unglückliche Verliebte, welcher seinen Zorn über die Göttin der
Liebe selbst in diesen Versen ebenfalls in der Basilika (1524.) ausschüttet:

> *Quisquis amat veniat; Veneri volo frangere costas*
> *Fustibus et lumbos debilitare deae:*
> *Si pot is] illa mihi tenerum pertundere pectus,*
> *Cu[r] ego non possim caput ill i] frangere fuste?*

Komme hierher, wer liebt: der Venus will ich die Rippen
Brechen mit Prügeln und ihr weidlich die Schenkel zerbläun;
Kann mir jene das zärtliche Herz im Busen zerreißen,
Warum könnt' ich ihr nicht den Kopf mit Prügeln zerbrechen!;

ja sein Eifer hat ihn sogar, wie man sieht, den zweiten Pentameter verfehlen
und durch einen Hexameter ersetzen lassen. — Ziemlich kräftig verwünscht
seinen Nebenbuhler auch ein Liebender, welcher diese Verse (1645.) an den
schon erwähnten Pfeiler im *Vico dei soprastanti* angeschrieben hat:

> *Si quis forte meam cupiet rio lare puellam,*
> *Illum in desertis montibus urat Amor.*
> (Wer mein Mädchen verführt . . .
> Den versehre die Lieb' einsam im rauhen Gebirg.)

Eine merkwürdige Parallele dazu findet sich zwei Mal dicht neben einander in Rom an einem der Bögen am *clivus Victoriae* an der Südseite des
Palatin angeschrieben (C. I. l.. a. a. O. Anmerkung , und zwar mit dem vorgesetzten Namen Cresce[n]s:

> *Quisque meum f . . . . rivalis amicam*
> *Illum secretis montibus ursus edat!*
> (Wer mein Mädchen verführt . . .
> Den im öden Gebirg fresse der gräuliche Bär!)

Aber nicht blos Liebesseufzer und Verwünschungen sind in Versen an
die Wände Pompejis geschrieben, auch ganz andere Interessen geben sich
gelegentlich in Hexametern oder Pentametern kund; so z. B. wenn einer
dem L. Istacidius (die Istacidier gehören zu den Vornehmen in Pompeji)
wiederum in der Basilika (1880.) zuruft:

> *L. Istacidi! At quem non ceno barbarus ille mihi est.*
> (L. Istacidius! Wer mich zu Tische nicht lädt, gilt mir als roher Gesell!)

wozu sich folgende daselbst (1937.) in Prosa geschriebenen Worte: *quisque
me ad cenam vocavit e alcat*} (»Heil dem, der mich zur Tafel ruft!«) in Gegensatz stellen, Beides Zeugnisse des auch in Pompeji florirenden Parasitenthums.

Nicht ganz so leicht verständlich wie Anderes und noch schwerer in
Übersetzung wiederzugeben sind die folgenden von indirecter in die directe
Anrede übergehenden Verse , die, in Schlangenwindungen *) (s. 1595.) an dem
Eingang eines Privathauses der *Strada di Nola* angeschrieben (jetzt im Museum) die Schlangenspiele eines gewissen Sepumius (wohl eines Gauklers
oder Kautschukmannes) der Bewunderung empfehlen und den Leser auffordern, die Wage des Rechts oder des Urteils stets gleichschwebend zu
halten, d. h. gerecht zu urteilen über des Sepumius Künste, möge er Büh-
nenliebhaber oder Liebhaber von Pferden (des Circus) sein :

> *Ser[pentis lusus si quis sibi forte notarit*
> *Sepumius iuvenis quos fac[i]t ingenio:*
> *Spectator scaenae sive es studiosus e[q]uorum*
> *Sic habeas [lan]ces semper ubiq[ue] pares].*

(also etwa: Wer sie jemals gesehn die Schlangenspiele des jungen
Sepumius, die er künstlich zu spielen versteht
Seist du der Bühne Freund, seist du Liebhaber der Rosse,
Stets doch halte du gleichschwebend die Schalen des Rechts.)

---

*) Siehe C. I. l.. a. a. O. nach Garrucci tav. VI. No. 1.

Neben den Hexametern und Pentametern treten ferner unter den Poesien
an den Wänden Pompejis nicht ganz selten iambische Senare auf, von denen
hier, theils weil die meisten nur mangelhaft entziffert sind, theils aus anderen, hier nicht zu erörternden Gründen, nur ganz einzelne Proben ausgehoben werden können. Das interessanteste Stück in freilich nicht durchgeführten oder etwas wild gewordenen Senaren ist das folgende mit »Räthsel« überschriebene aus der Basilika (1877.), von dem es uns nicht wundern
darf, wenn wir es nicht ganz verstehn, da es ja schon den alten Pompejanern zu rathen geben sollte:

Zetema.

Mulier ferebat filium similem sui;
Nec meus est nec mi similat sed
Vellem esset meus
Et ego: voleba'm] ut meus esset.

Räthsel.

Es trug ein Weib ein Kindchen, das ihr ähnlich war;
Nicht ist es meines, noch auch gleicht es mir,
Doch wollt ich, es wär' meines.
Und ich: auch ich wollte, daß es meines wär'*).

Wohl dem Wortlaute, aber nicht so ganz ihrer innern Bedeutung nach sind
die folgenden, communistisch lautenden Zeilen in einem Hause der *Strada
di Nola* (1597.) klar:

Communem nummum dividendum censio est,
Nam noster nummus magna[m] habet pecuniam.

(Die gemeine Casse zu vertheilen hat man Lust,
Denn unsere Casse hat gewaltig vieles Geld.)

Dagegen können wir über den Sinn des folgenden Verses aus dem Peristyl
der *Casa di Olconio* (s. S. 256. C. I. L. 2069.) nicht zweifelhaft sein:

Morum si quaeres sparge miliu'm] et collige.

(etwa: Langweilst du dich, streu' Hirsen aus und lies sie auf!**)

mit welchem grade nicht sehr witzigen Einfall eines müßigen Kopfes wir
von diesen pompejaner Versen Abschied nehmen, um uns den in Prosa abgefaßten Graffiti zuzuwenden ***), unter denen wir freilich noch allerlei rhyth-

---

*) Die Erklärungsversuche, die aber zu keiner Lösung geführt haben, sind im C. I.
L. a. a. O. angeführt. Hr. Stud B. Rogowicz in Halle sandte mir brieflich (d. d. 30. 1. 74.)
einen nicht unwahrscheinlichen Lösungsversuch, welcher sich in der Übersetzung nicht
wiedergeben läßt, da er auf ein Wortspiel in dem Worte *sui* (= gen. von *suus* und dat. von
sus) hinausläuft, nach welchem *filius similis sui* auch = *porculus* sein könnte. Daß es eine
mulier ist, welche diesen *filium similem sui* trägt, ist für die eigentliche Bedeutung des Räthsels gleichgiltig, vermehrt aber den Doppelsinn in dem *ferre* (scil. in ventre). Hr. Prof.
Lange schlägt folgende Restitution der von dem Schreiber entstellten Verse vor:

Mulier ferebat filium similem sui;
Nec meus est nec mi similis, at esset meus.

Der vierte Quasivers ist Zusatz des Schreibers.

**) Anders Minervini, Bull. Ital. II. p. 55. und Fiorelli, Giorn. d. scav. fasc. 2. p 90,
tav. 11. No. 6.

***) Die Citirung der Nummern des C. I. L. bei jedem einzelnen Graffito ist über-
flüssig erschienen.

mischen Anklängen, daktylischen so gut wie iambischen begegnen, die aber,
wenigstens in ihrer Gesammtheit, Nichts als Prosa sein wollen.

In der Fülle der in Prosa abgefaßten Graffiti Weg und Steg zu finden
ist nicht leicht, und man weiß in der That nicht, wo man anfangen soll,
um sie in Auswahl zur Übersicht zu bringen. Denn wie sie im buntesten
Durcheinander an gewissen Wänden stehn, so greift auch ihr Inhalt vielfältig in einander über, wenn man ihn nach gewissen Classen eintheilt.
Und dabei geräth man außerdem in Gefahr bei Dingen, welche von allem
Systematischen und Steifen so entfernt wie möglich sind, den Eindruck des
Steifen und Pedantischen hervorzurufen. Allein in irgend einer Ordnung
muß man denn doch vorgehn, und so sei versucht, wie weit wir kommen,
indem wir an die metrischen Graffiti möglichst nahe anknüpfen, während
es vielleicht eben so nahe gelegen hätte, bei den kürzesten und einfachsten
Inschriften, d. h. den sehr vielen bloßen Namen anzufangen und von ihnen
zu den längeren und inhaltreicheren emporzusteigen. Die Anknüpfung aber
geschieht wohl am besten, wenn wir etliche Liebesergüsse voranstellen. So
z. B. das sententiöse und metrische Sprüchlein 1883.: *Nemo est bellus nisi
qui amavit mulierem* . . . . 'wer nie ein Liebchen hatte, ist kein braver Mann'.
An einer andern Stelle schmachtet Einer: *amans animus meus* 'mein Herz
ist voll Liebe', hat ein Zweiter das Wort »Psyche« (»Seele«, Liebchen) so
angeschrieben, daß die Schnörkel des Ψ ein Herz bilden, welches das ganze
Wort einfaßt s. C. I. L. a. a. O. tab. XXVII. 15.. Der Liebeszurufe mit
dem griechischen καλός, wenn auch in lateinischen Buchstaben geschrieben,
wurde schon gedacht; ihnen entsprechen am nächsten diejenigen mit dem
lateinischen Bravoruf *euge*; so *euge Issa*, *Cerialis euge* u. A. und auf dasselbe Gebiet gehört es, wenn schöne Mädchen selbst Aphroditen genannt
werden, *Aphrodite Issa*, *Aphrodite Augustiana* u. dgl. m. Ein zärtlicher
Abschiedsgruß im Theatercorridor (2414.) lautet: *propero, vale mea Sava(?)
fac me ames* (ich scheide 'eile', lebe wohl, meine Sava, und liebe mich);
ein verschmähter Liebhaber schrieb 3042.): *crudelis Lalage quae non um* . . . .
'grausame Lalage, die du nicht geliebt . . . .'. Sehr rührend wird die Liebe
zweier Unfreien unter den Schutz der Venus Pompeiana gestellt in dieser
Zeile 2457.) aus dem Theatercorridor: *Methe Cominiaes atellana amat Chrestum
corde, sit utreisque Venus Pompeiana propitia et semper concordes veivant*
(Methe, der Cominia Sclavin, die Schauspielerin liebt Chrestus von Herzen,
sei ihnen Beiden die pompejanische Venus gewogen und mögen sie stets in
Eintracht leben'. Eine Denunciation ist die folgende Zeile (2060., in dem
Atrium eines Hauses an der *Strada dell' abbondanza*: *Romula hic cum Sta-
phylo moratur* 'hier giebt sich Romula mit Staphylus Rendezvous'.

Zu den verliebten gesellen sich dann andere Zurufe und Grüße, so unzählbare mit *vale*: *Lucide vale, Crispe vale, Acti vale amicus* u. s. w., andere
mit *ave* (have): *Egloge have*, wieder andere mit *salutem*: *Vettius Cranio
salutem, Gemellus Cezernin(a)e salutem*; und eben so häufige mit *feliciter*
(Glück auf!), nicht nur an Privatpersonen gerichtet wie *Claudio Vero feliciter, duobus Fabis feliciter* u. A., sondern auch an Standespersonen, wie in
iudicis Augusti feliciter, defensoribus coloniae feliciter und den Kaiser selbst

(2460.): *Augusto feliciter.* Daneben ferner: *felix Atamas felix, faustus felix Florus.* A. *Veius M. f. felix* u. dgl., auch ein Mal *o felicem me* (»ich Glücklicher«); auch der oft gebrauchte Segensspruch *bonum faustum felix* (»Glück, Heil und Segen« ohne bestimmte Adresse und wiederum *felix est Ianuarius Fuficius qui hic habitat* »der hier wohnt«) mit einer sehr speciellen, sowie der Neujahrwunsch (2059.) *Ianuarius* [*Kalendas*] *nobis felices multis annis* (»Neujahr sei uns viele Jahre glückliche«. Aber auch das Gegentheil dieser Glückwünsche und Segenswünsche findet sich nicht minder oft, Verwünschungen im Allgemeinen oder bestimmter Personen, so *vae tibi* (»wehe dir«), *Nucerinis infelicia* und *Vei Barca tabescas* (»gehe zu Grunde«) im Amphitheater; ferner *Samius Cornelio suspendere* (»daß dich hängen« in der Basilika, oder wenn einer daselbst angeschrieben hat: *Agato Herenni servus rogat Venerem . . . .* (»A., Herennius' Sclave, bittet die Venus . . . .«) und ein Anderer darunter setzte: *ut pereat rogo* (»daß er sterbe, bitte ich«).

Zu den An- und Zurufen stellen sich sodann die gar nicht seltenen Briefe und Brieffragmente in natürliche Nachbarschaft, welche, vielleicht als Concepte wirklicher Briefe, vielleicht, in einigen Fällen gewiß, nur als der in diese Form gefaßte Ausdruck dessen zu gelten haben, was die Seele des Schreibenden bewegte und bekümmerte. Ein solches Fragment aus der Küche der *Casa di Apolline e Coronide* (1991.) lautet: *Aelius Magnus Plotillae suae salutem. Rogo domina* (»A. M. seiner Plotilla Gruß! Ich bitte dich, Herrin«. Weiter stand Nichts da, der Schreiber mag hier unterbrochen worden sein und hat später nicht fortgefahren. Ein ähnlicher Anfang des Briefes vielleicht eines Mädchens an ihren Schatz ist (1695.): . . . . *Paguro suo salutem.* Vielleicht kann man auch als Brieffragment die folgende nichts weniger als höfliche Anrede (in dem Eingang eines Hauses des *Vico del balcone pensile,* 2013.) betrachten: *Nicerate, rana succula, qu'ae* amas *Felicione'm*] *et ad porta'm' deducis, illud tantum in mente habeto . . . .* (etwa: »Nicerate . . . ., welche du den Felicio liebst und ihn an die Thür verlockst, dies Eine bedenke doch wenigstens« . . . .). Indem wir ein paar längere, aber von Garrucci unsicher überlieferte, neuerlich nicht wieder aufgefundene Briefe bei Seite lassen, führen wir noch die beiden naivsten dieser Briefe an. Im Hausflur der *Casa del orso* (1651.) steht: *Victoriae suae salute*[m]. *Zosimus Victoriae salutem. Rogo te ut mihi sue c'ur'r'as aetati meae; si putas me aes non hab'e're . . . .* (»Seiner Victoria Gruß! Zosimus grüßt Victoria. Ich bitte dich, daß du mir zu Hilfe kommest, meiner Jugend; wenn du bedenkst, daß ich kein Geld habe« . . . .). Das erste *Victoriae suae salutem* steht getrennt von dem Texte, gleichsam als Adresse, die Orthographie ist vielfach fehlerhaft. Aus der Basilika, jetzt im Museum ist dies (1552.): *Pyrrhus Chio conlegae sal'utem'. Moleste fero quod audivi te mortuom; itaque vale.* (»Pyrrhus seinem Collegen Chius Gruß. Ich bin betrübt, daß ich gehört habe, du seiest gestorben. So gehabe dich denn wohl!«

Im Gegensatz und zum Theil in schneidendem Gegensatze gegen die Gemüthlichkeit und Gutmüthigkeit dieser Briefe stehn die Äußerungen von Neckerei, Spott, Lästerung, welche sich sehr zahlreich finden, und welche sich bis zu den gröbsten Schmähungen und Beleidigungen steigern. Die allermeisten dieser Inschriften liegen auf einem Gebiete, von dessen Wiedergabe hier ganz abgesehn werden muß, so daß man deren Gesammtheit nach dem sehr Wenigen, das hier mitgetheilt werden kann, nicht zu beurteilen im Stande ist. Von der Denunciation der Rendezvous des Staphylus und der Romula ist schon oben gesprochen; in einer andern Inschrift, abermals in der Basilika (1948.) wird einem mit Namen genannten Mädchen (Lucilla) ein schmutziges Gewerbe nach gesagt, wieder in einer andern daselbst (1919.): *Oppi emboliari fur furuncule* der genannte, wahrscheinlich ein Possenreißer des Mimus, als »Dieb, Spitzbube!« angeredet. Unter dem mancherlei Spott ist beispielsweise auch dieser, allerdings nicht ganz sicher überlieferte [*], daß einer ein)(hingezeichnet mit den begleitenden Worten: *Miccionis statum considerate* (seht euch des Miccio Beine an), und endlich treffen wir auch auf offenbar karrikirte Porträts mit Namenbeischrift, von denen Fig. 259. wenigstens eine Probe (1910.) bietet, da sich dergleichen in Worten nicht wiedergeben oder umschreiben läßt. Der Name ist Peregrinus.

Fig. 259. Karrikatur.

Von ganz besonderem Interesse ist der Wiederhall des öffentlichen Lebens in diesen privaten Inschriften; denn anders kann man es doch füglich nicht nennen, wenn sich fünf Wahlempfehlungen und Wahlprogramme in den Stucco der Säulen und Wände der Atrien und Peristyle im Innern von Privathäusern eingekratzt finden [**], die hier für die Öffentlichkeit in keiner Weise bestimmt gewesen sein können. Auf den besondern Inhalt dieser zum Theil etwas modificirten Wiederholungen der für die Öffentlichkeit bestimmten Dipinti kann hier nicht eingegangen werden; interessant ist vor Allem die Thatsache im Ganzen, welche deutlich zeigt, wie lebhaft bewegt das öffentliche communale Leben zu Zeiten in Pompeji war, und wie die Wahlkämpfe die Gemüther erregten.

Neben ihnen dann, und zwar in ganz besonderer Ausdehnung, die Kämpfe des Amphitheaters, deren Reminiscenzen eine ziemlich starke Classe der Graffiti abgeben. Auch hier muß auf das Eingehn in das Einzelne verzichtet werden; von einigen dieser Inschriften, welche uns die ausgegebenen *libelli* mit den zum Kampfe geordneten Gladiatorenpaaren vergegenwärtigen, ist schon oben bei Gelegenheit der Dipinti gesprochen worden; andere und neben ihnen vielfache, wenn zum größten Theile auch sehr rohe Zeichnungen, welche Gladiatoren verschiedener Waffengattungen, häufig, ja meistens mit ihren Namen, in den verschiedensten Scenen und Studien der Kämpfe, gegen einander angehend, siegreich und besiegt, triumphirend und gefallen darstellen, mochten als werthe Erinnerungen an die gesehenen Herrlichkeiten der heißgeliebten Spiele dienen. Auch von diesen Zeichnungen ist Fig. 260. ein Pröbchen, welches zugleich zu Vergegenwärtigung des Schriftcharakters

---

[*] S. Zangemeisters Bemerkung zu C. I. L. a. a. O. No. 2416.

[**] Zangemeister Bull. d. Inst. 1865. p. 153 sq.

der Graffiti dienen kann.   Rechts steigt ein Bewaffneter mit einer Palme in der Hand, also jedenfalls ein Sieger, vielleicht ein Gladiator, eine Treppe, vielleicht eine solche des Amphitheaters herab, die beiden Personen links

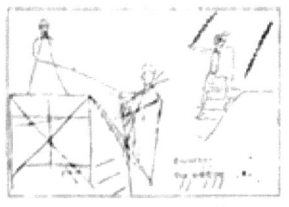

sind weniger sicher zu erklären, möglicherweise stellen sie einen Magistrat oder den Procurator auf dem Tribunal und den Herold dar. Unsicher ist auch die Bedeutung der jetzt verlorenen Inschrift 1293. : *Campani victoria una cum Nucerinis periistis* (Campaner Capuaner, ihr seid in einem Siege mit den Nucerinern umgekommen). Sie ist, schon seit langer Zeit und neuerdings wieder auf jenen Conflict im Amphitheater von Pompeji bezogen worden,

Fig. 260   Graffito mit Bild.

von dem oben S. 18 f. berichtet worden. In eine nähere Untersuchung des Grundes oder Ungrundes dieser Annahme kann hier nicht näher eingetreten werden.

Sowie die Erinnerungen aus dem öffentlichen Leben finden sich auch diejenigen aus dem Leben des Hauses und der Familie in nicht geringer Zahl an den Säulen und Wänden im Innern der Häuser angeschrieben, neben ihnen auch etliche aus dem Treiben der Gesellschaft. Ein Stück einer Buchführung über Schweinefett und Knoblauch haben wir schon früher 'S. 257. in der *Casa di Olconio* kennen gelernt; Ähnliches findet sich auch sonst; ferner Verzeichnisse von Kleidungsstücken, wie z. B. *K. XII. Maias tunica pallium nonis Mais fascia. VIII idus Maias tunicae III* (od. 18. April eine Tunika ein Pallium, d. 7. Mai eine Binde, den 6. Mai drei Tuniken), welche vielleicht, in einem Falle wohl gewiß zur Wäsche gegeben, oder zu solcher vom Walker und Wäscher angenommen sind; Buchführung über Schusterarbeit und dergleichen mehr. Von besonderem Interesse ist uns der Einblick in eine antike Spinn- oder genauer gesprochen Webestube, ein Ergastulum der Sclavinnen eines Hauses, welcher uns das Verzeichniß von elf Mädchen verschafft, deren Namen nebst den von ihnen zu lösenden Aufgaben (*pensa*, geschrieben *pesa*) wahrscheinlich ein *dispensator*, d. i. ein Aufseher des Ergastulum an eine Säule, und zwar des Peristyl, nicht des Atrium, wo die Webstühle zu stehn pflegten, in dem Eckhause der *Strada della Fortuna* (di Nola) und des *Vico degli scienziati* geschrieben hat (1507.). In diesem Verzeichniß heißt es:

VITALIS TRAMA PHSV
FLORHNTINA PHSA · III
AMARVLLIS PHSV, TRAMA · IIT · STAMHN
IANVARIA SVPTH PHSA III IIT · STA' PHS DVA S
HHRACLA · PHSV STAMHN
MARIA PH STAMHN
LALAGH PHS STAMHN
IANVARIA PH · TRAMA
FLORHNTINA PHSV TRAMA

DAMALIS TRAMA PHSV
S . . . RVSA TRAMA PHSV
PAPTIS, PHSV TRAMA
DORIS, PHSV STAMIN

Wenn dazu bemerkt wird, daß *stamen* den verticalen Aufzug am — aufrecht stehenden — Webstuhle, *trama* den schräge gekreuzten Aufzug, *subte*(*men*) die Kette des Gewebes bezeichnet und *pensum* die zum Spinnen zugewogene Wolle, so kann von einer Übersetzung des ganzen Verzeichnisses abgesehn werden; es ist nur noch auf die zum Theil sehr poetischen Namen dieser Mägde (Damalis, Doris, Lalage z. B.) aufmerksam zu machen, unter denen aber die Maria nicht etwa Maria zu lesen und als Christin oder Jüdin zu betrachten ist, sondern Mária, als Femininum zu Márius. Aber auch anderen häuslichen Notizen begegnet man. Mit feierlicher Angabe des Consulats ist auf der Wand des Atrium eines Hauses in der *Strada della Fortuna* (*di Nola*) die Geburt eines Eselchens am 6. Juli im Jahre 753 Roms = 29 n. Chr. registrirt (1555.) so:

L · NONIO ASPRENATE
A · PLOTIO COS ASELLVS NATVS
PRIDIE NONAS · CAPRATINAS

An einem andern Orte wahrscheinlich die Geburt von Lämmern im Jahre 784 R. = 30 n. Chr. notirt. Auch sehr vergängliche persönliche Leiden finden wir inschriftlich verewigt, so wenn Jemand der Mitwelt kundthat und der Nachwelt, letzterer freilich ohne Absicht, hinterließ, daß er den Schnupfen habe (*pituita me tenet*). Aus dem geselligen Leben aber ist eine Erinnerung folgende Notiz über ein Ballspiel in der Basilika (1936.): *Amianthus, Epaphra, Tertius ludant cum Hedysto. Iucundus Nolanus petat, numeret Citus et Stacus Amianth*(*o*), in welcher die Rollen an die sieben Theilnehmer vertheilt werden, die ersten vier sollen den Ball schlagen, der fünfte ihn holen und die zwei letzten die Gänge zählen. Aus einem Ballspiel stammt auch (das. 1926.) der an sich gutmütige Spott über den schon hier genannten Epaphra, von dem es heißt *pilicrepus non est* (ist kein Ballspieler) und der eine sehr stadtbekannte Persönlichkeit gewesen zu sein scheint, in mehren Graffiti wieder vorkommt und sich die größten Abscheulichkeiten nachsagen lassen muß.

Diesen häuslichen und geselligen Inschriften fügen sich diejenigen an, welche sich auf Wirthshäuser und Schenken und das Leben in ihnen beziehn. Die Anzeige des Wirthshauses »zum Elephanten« haben wir oben (S. 335.) kennen gelernt; hier sei zunächst erinnert, daß sich hier und da in den Straßen Empfehlungen von Wirthshäusern, Schenken oder Läden eingekratzt finden, z. B., allerdings nicht sicher (2324.): *L. Sentius Celsus adeas Liani* (?) *taberna*(*m*) *ad dex*(*tram*) . . . (»besuche des L. Taverne rechts« an der und der Straße); auch die Worte *taberna*(*m*) *Appii* sind wohl das Fragment einer solchen Empfehlung, eine dritte anderer Art, so interessant sie ist, muß hier übergangen werden [*]. Ferner finden wir in mehren Hospitien, namentlich

---

[*] Vgl. C I. L. a a. O. No 1751. und N. Rhein. Mus 1862. S. 138. mit Taf. 1.

28 *

in dem schon früher (S. 335.) erwähnten im *Vicolo di Eumachia* No. 15, an
den Wänden der Cubicula eine Menge von Namen, welche ein Fremden-
buch vertreten; so manches Interessante sich in diesen Namen, in den Angaben über Stand und Herkunft findet *), wir müssen, um gelehrte Erörterungen zu vermeiden, daran vorübergehn. Ohne Commentar aber versteht
Jeder den folgenden Stoßseufzer eines Verliebten (2146.) aus demselben
Wirthshause: *Vibius Restitutus hic solus dormivit et Urbanam suam desi-
derabat* (»V. R. schlief hier allein und sehnte sich nach seiner Urbana« .
Aus der Schenke stammen aber beispielsweise folgende Inschriften: unter
einem Bilde im Innern einer Schenke, auf welchem ein Soldat dem Schenk-
sclaven den Becher reicht, steht (1291. : *da fridam pusillum* (»gieb kalten
Trunk!«), eine andere jetzt zerstörte Inschrift an demselben Orte ebenfalls
mit einem Bilde (1292.) lautete: *adde calicem Setinum* (»thu ein Maß Setiner-
wein hinzu«, nämlich zu dem Gemisch, das dem Gaste nicht stark genug
sein mochte). Hier wird es erlaubt sein, der Ähnlichkeit des Inhalts wegen
eine Inschrift nicht von einer Wand, sondern von einer 1763 in Pompeji
gefundenen Weinamphora (2776.) anzufügen: *presta mi sinceru m' sic te amet
quae custodit h]ortu[m] Venus* (»gieb mir reinen Wein, so liebe dich Venus,
welche den (Wein-) Garten schützt«), Worte, die der Gast zum Vignarolen
spricht, welcher ihm Wein ausschenkt. Von einem starken Durst legt folgende Inschrift aus der Basilika (1519.) Zeugniß ab: *Suavis vinaria sitit, rogo
vos, et valde sitit* (»Suavis dürstet nach ganzen Flaschen, ich bitte euch, er
dürstet gewaltig« **), der hinzugefügt ist: *Culpurnia tibi dicit vale* (»Calpur-
nia (die Schenkin) sagt dir: wohl bekomm's!«). Die interessanteste dieser
Schenkinschriften aber ist die neuerdings im Atrium der *Casa del orso*
gefundene (1679.), welche so lautet: *Edone dicit: assibus hic bibitur, dipun-
dium si dederis meliora bibes, quantus ?) si dederis vina Falerna bibes* (»Edone
[= Hedone, das ist die Kellnerin] sagt: hier trinkt man für ein As; giebst
du ein Doppelas, so wirst du bessern Wein trinken; wenn du viere bezahlst,
trinkst du Falernergewächs«), denn dies scheint der Sinn zu sein, da die
Lesung oder Erklärung des *quantus*, das eine Unregelmäßigkeit in den Satz
bringt, nicht über allen Zweifel erhaben ist; die Bedeutung des Ganzen
ist klar, und prächtig ist, wie der edle Falernerwein am Schlusse die poetischen Anklänge der ganzen Inschrift in einen regelrechten Pentameter
sammelt.

Wir beschließen diese kleine Übersicht mit der Erwähnung der wenigen
Notizen über Juden und Christen in Pompeji, welche sich bisher gefunden
haben. Daß Juden in Pompeji gelebt haben, ist bei dem schwunghaften
Handel, welchen die Stadt betrieb, an sich wahrscheinlich genug, die positiven Beweise aus Inschriften aber sind noch ziemlich vereinzelt. Was sich
von ihnen hat auftreiben lassen, hat Garrucci im Bulletino Napolitano n. s.

---

* Zangemeister, Bull. d. Inst. 1865, p. 179 sqq.
** Die Übersetzung folgt der Erklärung Jahns, Jahrbb. des Alterth. Vereins im
Rheinlande XIII. S. 106 , aber vergl. denselben in Ber. d. k. sächs. Ges. d. Wiss. IX. S. 196.
Note 32. *Suavis* kann auch fem. und als Schenkin bezeichnet sein.

II. p. 8. zusammengestellt, doch ist von seinen Beweisstücken das Vorkommen eines anscheinend semitischen Namens *Meroab* in einer der schon oben (S. 416. Note ⁺⁺⁺) erwähnten griechischen, nicht entzifferten Inschriften nur schwach, viel bedeutender die mehrfache Wiederholung des Wortes *cerpus* in Dipinti, da dieses eine aus Juvenal (Sat. 14. vs. 104.) u. A. bekannte Bezeichnung der Juden ist, welche sich schwerlich anders wird erklären lassen. Ganz vereinzelt, aber kaum zu bezweifeln ist die Erwähnung von Christen in einer mit Kohle geschriebenen Inschrift in dem Hause No. 26. des *Vico dei lupanari* (679.). Zum größten Theile verwischt läßt sie mit der nöthigen Sicherheit nur das einzige, aber wohl entscheidende Wort [C]HRI-STIAN . . erkennen, welches speciell auf die neronische Christenverfolgung zu beziehn, wie dies geschehn ist, allerdings kein genügender Grund vorliegt. — Eine unzweifelhaft christliche Lampe, welche nach Annahme der Akademiker von ·Herculaneum im Jahre 1756 in Pompeji gefunden sein soll, gehört dem vierten christlichen Jahrhundert an *), kann also zur Lösung der Frage über die Anwesenheit von Christen in Pompeji in keiner Weise benutzt werden.

*) Garrucci Bull. Napol. n. s. II. p. 8. s. E.

III.

Zweiter oder artistischer Haupttheil.

Einleitung und Allgemeines.

Die bisherigen Betrachtungen hatten die Darstellung und Erläuterung
der Monumente Pompejis zum Gegenstande, sofern sie von dem öffentlichen
oder privaten Leben der alten römischen Landstadt Zeugniß geben; einer
Betrachtung und Beurteilung von künstlerischem und technischem Standpunkt sind dieselben im ersten Haupttheile dieses Buches nicht unterworfen
worden, obgleich es nicht wohl möglich war, eine Reihe von Monumenten
der bildenden Künste und der Ornamentik bei der antiquarischen Besprechung nur zu nennen und nicht auch zum Theil wenigstens zu beschreiben. Die Aufforderung zu artistischem Eingehn auf diese Werke und
Leistungen der bildenden Künste lag dabei so nahe, daß dasselbe planmäßig
von der Hand gewiesen werden mußte, um die Einheitlichkeit der antiquarischen Betrachtung nicht zu unterbrechen und für die artistische dieselbe
Einheitlichkeit und Übersichtlichkeit zu wahren. Allein die Schwierigkeit,
das Artistische vom Antiquarischen völlig zu trennen, verdient deshalb hier
besondere Hervorhebung, weil sie für die Stellung und das Verhältniß der
Kunst zum Leben bezeichnend ist.

Sowie überhaupt in allen künstlerisch begabten Zeitaltern im Gegensatz
zu rein oder überwiegend praktischen wie das unsere, die Kunst sich nicht
vom öffentlichen und privaten Leben trennen läßt, wie sie das ganze Leben
durchdringt und eine nothwendige Erscheinungsform des Lebens ist, so war
dies auch in der antiken Welt der Fall. Die Kunst war auf allen Punkten
bereit, den Bedürfnissen des Lebens entgegenzukommen, sich an jene anzu-
lehnen, sie zum Anlaß ihrer Production zu machen, und das Leben bot
seinerseits der Kunst tausendfältige Gelegenheit, sich an allen den Gegenständen zu offenbaren, welche dem Bedürfnisse dienten. Weil die Kunst
nichts Unnützes schuf, gab ihr das Leben die Möglichkeit, das Nützliche
künstlerisch zu gestalten, oder umgekehrt: weil das Leben sich nicht begnügte, das Nützliche nur nützlich und zweckmäßig zu verfertigen, sondern
dasselbe zugleich angenehm, zierlich, schön haben wollte, so brauchte sich

die Kunst nicht vom Leben zu trennen und auf Productionen zurückzuziehn,
welche keinem reellen Gebrauche bestimmt, also im Sinne des praktischen
Lebens unnütz waren. Eine solche Verbindung des Lebens und der Kunst
kann aber verändert werden, je nachdem Leben und Kunst, Zweck und Form
einander gleichstehn und als ebenbürtig erscheinen, je nachdem das Leben
sich begnügt, in seinen Bedürfnissen und Zwecken die Anlässe und Gelegenheiten des freien künstlerischen Schaffens zu bieten, oder je nachdem die
Praxis so weit siegt, daß sie sich allerdings von der Kunst nicht lossagt,
wohl aber die Kunst als das Secundäre, als dienende, ihren Zwecken untergeordnete betrachtet. Dieser Zustand ist es, welcher mit Nothwendigkeit
zur Trennung, zur Lossagung der Kunst vom Leben führt. Zweckmäßig-
keitsrücksichten, Rücksichten auf Schein und Glanz, daneben auch wohl
solche auf Wohlfeilheit, beginnen über die Rücksicht auf gediegene Schönheit des Stoffes und der Form zu siegen, die Production der Kunst wird
unfrei, und nicht lange, so zieht sich die Kunst von dem ihr verleideten
Gebiete der Bedürfnisse des Lebens zurück. Der Zustand einer vollständigen
Durchdringung der Bedürfnisse des Lebens mit der Schönheit der Kunst-
gestaltung spricht uns aus den Resten der Blüthezeit Griechenlands nicht
minder als aus den Hervorbringungen der Gothik und der Renaissance an,
der Beginn der Trennung der Kunst vom Leben tritt uns in Pompeji entgegen. Noch ist die Trennung nicht erfolgt, aber sie ist vorbereitet, und
schon hat das rein praktische Handwerk die Kunst aus dem Gebiete der
gewöhnlichen Bedürfnisse des Lebens zu verdrängen begonnen.

Kaum durch irgend ein Merkmal wird eine solche Zeit bestimmter ge-
kennzeichnet, als durch die Verwendung der Tünche in der Baukunst.
Das wahrhaft künstlerische Zeitalter schafft Materialbauten, das heißt,
es bildet seine Bauformen seinem Material gemäß, gründet die Formgebung
seiner Monumente auf das Wesen seiner Materialien, welche es nie verhüllt
und den Blicken zu entziehn trachtet, sondern als das sein Werk Bedin-
gende frei vor unsere Blicke hinstellt. Das gilt in gleicher Weise von den
Kalktuff- und Marmorbauten des alten Hellas, mögen die letzteren auch
wie die Tempel in Sicilien und in Paestum, um ihnen eine edlere Färbung
zu geben, mit feinstem, weißem, zum Theil bemaltem Stucco überzogen
sein, welcher jedoch nicht Träger der Formen ist oder sein soll, und es gilt
von den verschiedenen Bruchstein- und Ziegelbauten unseres Mittelalters.
Ein unkünstlerisches Zeitalter dagegen baut schematisch, ohne Rücksicht
auf das Material, und, da das Material einmal für allemal die Formen und
Gliederungen des Baues bedingt und beherrscht, da es sich, zur Formgebung
verwendet, nie negiren läßt, so wird es negirt, indem man materiell einen
formlosen Kern construirt und alle Form und Gliederung der verhüllenden
Tünche anheimgiebt. Das ist ein Unwesen, aus dem Unsolidität, Mangel an
Präccision, Stilmengerei und Manier mit zwingender Nothwendigkeit folgen,
oder welches, wie ein feiner Kenner [110] sich ausgedrückt hat, »die Formen
auf die Länge immer demoralisirt«. Unser Zeitalter ist diesem Unwesen mit
allen seinen Consequenzen von Geschmacklosigkeit verfallen, aber fast nicht
besser ist diese Anwendung der Tünche in Pompeji wenn auch nicht in den

früheren Perioden, so doch ganz gewiß in der letzten, namentlich aber in
der Zeit nach dem Erdbeben von 63 gewesen, wo allein die geringere Masse
verschiedener Vorbilder vor der Höhe der Manier und der Stilmengerei unserer Tage bewahrt hat. Pompeji, in seinen älteren Perioden, von denen
noch einige öffentliche Gebäude und nicht wenige Privathäuser als Zeugnisse auf uns gekommen sind, solid und ernst, wenn auch nicht großartig,
aus Haustein und Bruchstein erbaut, ist in seinem neuen Aufbau nach dem
Erdbeben eine getünchte und gemalte Stadt geworden. Die Folgen hiervon
treten uns vielfältig, sehr deutlich, so, um gleich hier ein bestimmtes Beispiel anzuführen, im Peribolos des Venustempels entgegen, dessen ursprünglich ionische Säulen mit dorischem Gebälk (siehe Fig. 58.), um sie mit
dem korinthischen Stil des restaurirten Tempels in eine Art von Übercin-
stimmung zu bringen, in der Weise, welche Fig. 261. zeigt, übertüncht und

Fig 261. Übertünchtes dorisches Gebälk vom Venustempel.

bemalt wurden, und dadurch überaus schwerfällig und unharmonisch erscheinen. Jetzt ist übrigens von der Übertünchung der Capitelle und des Gebälks
Nichts mehr zu sehn, nur die dicke Stuccobekleidung der Säulenschäfte ist
geblieben und diese läßt allerdings dadurch, daß sie nicht bis zum Halse
der ursprünglichen Capitelle hinaufgeführt ist, auf die einstmalige Anfügung
höherer Capitelle, eben der in der Abbildung dargestellten korinthisirenden
schließen. Besonders deutlich ist dies an der ersten Säule rechts im Seiten-
umgang zu beobachten. An der Übertünchung, wie sie die aus Mazois'
Werk entlehnte Fig. 261. darstellt, ist jedoch, dem Zeugnisse Mazois' gegenüber nicht zu zweifeln. Von der Architektur aus aber verbreitet sich Stil-
und Regellosigkeit zunächst in die mit jener am nächsten verbundene
Ornamentik, diese möge der plastischen oder der malerischen Technik
angehören; und daß auf diesem Gebiete in Pompeji sehr vieles höchst Bedenkliche vorliegt, wird schwerlich selbst der am wenigsten streng Urteilende
läugnen wollen. Mit der Ornamentik im engern Sinne steht dann wieder
die Wandmalerei in naher Verbindung, und daß auch in dieser, wo sie mehr
selbständig auftritt, Alles in Allem genommen ein beträchtlicher Grad von

Flüchtigkeit, Äußerlichkeit und Nachlässigkeit eingebrochen ist, wird wohl auch allgemein zugestanden werden, wodurch die Anerkennung mancher sehr erfreulichen Leistungen weder ausgeschlossen werden soll noch ausgeschlossen wird. Isolirter bleibt die Plastik, wenn sie einmal, wie dies in Pompeji der Fall ist, aus ihrer alten engen Verschwisterung mit der soliden Architektonik verdrängt und durch die Malerei ersetzt ist. Es kann uns deswegen auch nicht Wunder nehmen, wenn uns in Pompeji auf dem Gebiete der Plastik weniger ausgesprochen Eigenthümliches begegnet, als auf demjenigen der Ornamentik und Malerei. Die zum Theil vortrefflichen Monumente älterer Perioden kommen hier nicht in Frage, betrachten wir aber die nachweislich und wahrscheinlich aus der letzten Periode stammenden Tempel-, Porträt- und Decorationsstatuen, so werden uns viele derselben allerdings deutlich genug wahrnehmen lassen, daß sie aus einer Zeit sinkender, nachahmender und äußerlicher Kunstübung stammen. Allein weder sie noch alle plastischen Monumente Pompejis zusammengenommen sind die eigentlichen Träger des Charakters pompejaner Kunst, der vielmehr hauptsächlich von der Malerei und Ornamentik getragen wird.

Es ist wohl schon hieraus einleuchtend, daß man in Pompeji keine Meister- und Musterwerke der Kunst zu suchen hat. Dies gilt in aller Strenge von den Productionen der letzten Zeit nach dem Erdbeben, also von der überwiegenden Mehrzahl der architektonischen, ornamentalen und malerischen Monumente; aber auch unter den älteren Werken sind nur wenige, welche auf einen hohen künstlerischen Werth Anspruch machen können, und ist keines ersten Ranges, ausgenommen etwa ein paar Bronzen und das große Mosaik der Alexanderschlacht, welches aber auch nur deswegen uns als ein Höchstes in seiner Art erscheint, weil uns von der Meisterwerken antiker Malerei kein einziges erhalten ist. Dennoch bleibt für uns die Kunstproduction Pompejis wichtig und interessant genug, und dennoch ist deren Betrachtung in technischer und aesthetisch-artistischer Weise vielfach lehrreich, um so lehrreicher, je mehr uns verloren gegangen ist. Um dieser Belehrung willen haben wir den Monumenten Pompejis die volle Aufmerksamkeit künstlerischer Betrachtung zuzuwenden.

Was zunächst die Frage nach der Zeit der Monumente anlangt, so vertreten die Bauwerke sehr verschiedene Epochen. Die Mauern sind, wie schon im ersten Theile bei ihrer Besprechung gesagt worden, nebst einigen Thoren sehr alt, in ihren Grundbestandtheilen gewiß mit der Gründung der Stadt gleichzeitig, in ihren oberen Theilen aus der zweiten Periode; den griechischen Tempel kann man in das fünfte vielleicht in das sechste Jahrhundert v. u. Z. setzen; in die samnitische Periode fallen, um nur einige der wichtigeren öffentlichen Bauten zusammenfassend noch einmal zu nennen, die Propylaeen des Forum triangulare, die *Curia isiaca*, die südliche Forumcolonnade, die Façade der Basilika, die älteren Theile des Venustempels, das Puteal auf dem Forum triangulare u. a. m.; in die ältere römische vor dem Erdbeben sind einige der jüngeren Thore, die Basilika in ihrem Wiederaufbau, endlich wohl das eine und das andere Grabmal zu rechnen, und ebenso kann man die drei Perioden in den Wohnhäusern nachweisen, deren

älteste aus großen Blöcken von Sarnostein erbaut sind, während diejenigen
der zweiten Periode der Hauptsache nach Nocerastein und die jüngsten Ziegel und vulcanische Brocken als Material zeigen. Endlich gehören manche
Gebäude in ihrem letzten Zustande als Neubauten oder Umbauten der Zeit
nach dem Erdbeben vom Jahre 63 an; so z. B. bezeugtermaßen der Isistempel (S. 100), so ohne Zweifel die Gebäude an der Ostseite des Forum,
dessen erneuerter Säulenumgang und so wohl auch der Tempel des Jupiter
und andere Bauwerke.

Von Sculpturwerken ist wirklich Altes und Alterthümliches gar nicht
vorhanden; die Mehrzahl der Monumente wird dem letzten Jahrhundert Pompejis angehören, die Thonstatuen, manche Steinsculpturen, z. B. der Bakchos am Isistempel und manche Porträt- und Ehrenstatue werden aus der
Zeit nach dem Erdbeben stammen. Und dasselbe wird der Hauptsache nach
von der Malerei gelten, von der schwerlich Vieles über die Kaiserzeit hinaufzudatiren ist, während die große Masse der Decorationsmalerei wohl sicher
den letzten Decennien der Stadt angehört. Sollten endlich unter den Geräthen und Gefäßen, die wir kennen gelernt haben, wirklich Sachen sein,
welche bei der Verschüttung über ein halbes Jahrhundert alt waren, so müßten
das seltene Ausnahmen sein, die sich in den wenigsten Fällen feststellen
lassen werden.

Fragen wir sodann nach den Urhebern der Monumente, so ist es schwer,
hierauf eine bestimmte Antwort zu finden. Thatsache ist zunächst, daß sehr
wenige fremde Künstler bezeugt sind; ein Dioskorides von Samos als Ver-
fertiger des Theatermosaiks in der Villa des Cicero, ein Herakleitos, ein
fragmentirter Name .... achos, auch ein Mosaikarbeiter, sind alle genannten
Künstler. Daß aber überwiegend nicht einheimische Künstler in Pompeji thätig
gewesen seien, ist an sich sehr wahrscheinlich, theils deswegen, weil in
mehren der umliegenden Orte ein reger Kunstbetrieb blühte, so daß es auffallend wäre, wenn nicht die reicheren und prachtliebenden unter Pompejis
Bürgern die Künstler der Nachbarstädte, namentlich der griechisch bevöl-
kerten, herbeigerufen hätten, theils weil ein so massenhafter Aufbau wie
der Pompejis nach dem Erdbeben, immer Künstler und Handwerker von
nah und fern herbeilockt, die um so zahlreicher beschäftigt werden mußten,
je rascher man die Stadt aus ihren Trümmern sich erheben zu sehn wünschte.
Es ist aber unmöglich zu sagen, welche Bauwerke, Sculpturen oder Malereien
von einheimischen pompejaner Künstlern, welche von auswärtigen gemacht
sind. Denn weder das überall hervortretende griechische Element, noch das
römische, welches die Anlagen und Decorationen im Ganzen durchdringt,
giebt uns hier einen Anhalt, da die pompejaner Bürgerschaft schon lange
von griechischer Bildung durchdrungen sein mußte, ehe die römischen In-
stitutionen dem ganzen Leben ihren Stempel aufdrückten, und da die römische
Bildung, insbesondere auch die Kunstbildung auf der griechischen, zumal auf
derjenigen der Periode nach Alexander beruht.

Anlangend endlich die Gattungen der Monumente, sind in Pompeji
ziemlich alle Hauptzweige der antiken Kunsttechnik von der Architektur
hinab durch Sculptur und Malerei, durch Steinschneiderei, Metall- und Glas-

arbeit bis zu den Hervorbringungen des Handwerks vertreten. Indem wir diese nach den technischen Gattungen gesondert und geordnet durchmustern, müssen wir uns streng auf die Beschreibung und Erörterung der pompejanischen Kunstmonumente beschränken und aus dem weiten Gebiete der alten Kunstwissenschaft nur das und nur so viel herbeiziehn, wie zur Erklärung und Beurteilung der Monumente Pompejis nöthig erscheinen wird.

Erstes Capitel.
Die Architektur und das Bauhandwerk.

Erster Abschnitt.
Material und Technik.

Die verschiedenen Gattungen der Gebäude Pompejis, welche wir im ersten Haupttheil kennen gelernt haben, müssen in dem Abschnitt, welcher von dem Material und der Technik der pompejaner Architekten und Baumeister handelt, deshalb noch einmal in das Gedächtniß zurückgerufen werden, weil diese Gattungen auf die Wahl der Materialien und auf die Art der technischen Verarbeitung wenigstens einigen Einfluß ausgeübt haben. Im Allgemeinen findet sich freilich in Pompeji wie in der ganzen Welt dasjenige Material zu den Bauten verwandt, welches am Orte selbst oder in nicht zu großer Entfernung zu gewinnen war, und sowie das in seinem Pentelikos marmorreiche Attika in seinen öffentlichen Monumenten fast nur Marmorbauten aufzuweisen hat, wie in anderen Gegenden Griechenlands bald Sandstein (wie auf Aegina) bald Kalkstein und Tuff gebrochen und verbaut wurde, so sind in Pompeji hauptsächlich solche Gesteinarten verwendet, welche in der Nähe gewonnen wurden und noch heute nachweisbar sind. Hier sind nun aber die drei verschiedenen, schon mehrfach erwähnten Bauperioden der Stadt, die sich auch in ihrem Material unterscheiden, in Rücksicht auf dieses nochmals genau in's Auge zu fassen. Die älteste Periode verwendete das zunächst gelegene Material, den Sarnostein, einen aus dem Wasser des Flusses selbst niedergeschlagenen Kalkstein von sehr grobem, stalaktitenartigem Gefüge und von brauner Farbe, welcher sorgfältig und so gut es gehn wollte behauen und geglättet wurde. Auf ihn folgte in der zweiten Periode der ungleich feinkörnigere, durch sein Gefüge und seine graue Farbe von jenem leicht zu unterscheidende Tuffstein, welcher in den Bergen bei Alfaterna bricht und zu Lande aus einer immerhin ansehnlichen Entfernung herbeigebracht werden mußte, aber sich als ein sehr vorzügliches, auch zur feinern Formgebung geeignetes Material erweist, dessen Verwendung offenbar der höchsten Blüthezeit des selbständigen Pompeji angehört. Die dritte, römische Periode der Stadt verwendete von Bruchsteinen vorzugsweise vulcanische Producte, welche man vom nahen Vesuv herbei-

führte, harte Lava von schwärzlich grauer Farbe, vulcanische Schlacken und
Bimsstein, welche beiden letzteren Materialien jedoch lediglich in Stücken
und Brocken in dem s. g. *opus incertum* neben Tuff und Ziegeln verwendet
wurden. Daneben einen feinen weißen, fast marmorartigen Travertin (besonders in Säulen wie denen der restaurirten Forumsporticus), dessen Ursprungs-
ort nicht bekannt ist, und endlich Marmor, seltener (worauf weiterhin zurück-
gekommen werden soll) in großen Stücken und Tafeln als in kleineren
Brocken und Fetzen. Mit diesen Materialien wurde nun in den verschiedenen
Perioden Pompejis verschieden, allerdings in der ersten und zweiten in verwandter Art gebaut. Für die älteste Zeit, aus der uns, da der griechische
Tempel so gut wie völlig zerstört ist, keine öffentlichen Monumente als die
unteren Theile der Mauer und die ihres Ortes bezeichneten Thore erhalten

Fig. 262. Probe einer innern Mauer aus der ältesten Periode.

sind, müssen wir uns hauptsächlich an einige Privathäuser halten, die freilich in den jüngeren Perioden erweitert und vielfach umgebaut worden, in

Ansicht der Façade der Casa del chirurgo.

denen aber, zum Theil bedeutende, Stücke der ältesten Construction erhalten
sind. Hier, wie in den Stadtmauern
und Thoren finden wir für die Façu-
den und Hauptmauern sowie für
die Pfeiler, an welche sich Mauern
anderer Construction anlehnen, den
Sarnokalkstein in ziemlich bedeutenden regelmäßig behauenen Quadern verwendet, und diese Quadern, wie das auch der griechischen
Bauweise der ältern und der Blüthezeit entspricht, ohne jeglichen Mörtel auf einander geschichtet, durch
die genaue Fugung und die eigne
Last zusammengehalten. Das schönste Muster dieser ernsten und kraft-
vollen Bauweise bietet uns außer dem
stabianer Thor die Façade der *Casa
del chirurgo* (s. die beiliegende Ansicht). Daneben finden wir in inneren Mauern eine mit einigen Variationen auftretende zweite Bauweise,
von welcher Fig. 262. aus einem
Hause der Reg. VII, Ins. 3. als charakteristisches Muster gelten kann.
Hier finden wir aus großen Quadern.
die theils hoch gestellt, theils querüber gelegt sind, gleichsam ein Gerippe der Wand aufgeführt und die
Zwischenräume mit kleineren Steinen ausgefüllt, zu deren Verbindung
Kalk verwendet ist. In unserem
Beispiele sind auch diese kleineren
Werkstücke Sarnostein und regelmäßig behauen, in anderen Fällen
bestehn sie aus unregelmäßigen
mit vielem Cemente verbundenen
Brocken und haben das Ansehn von
opus incertum. Es wird nicht zu bezweifeln sein, daß diese Bauweise
später, als diejenige aus reinen großen Quadern sei und dem Ende der
ersten Periode angehöre.

　　Die zweite Periode behielt für
die Façudenmauern den Haustein-
quaderbau bei, nur verwandte sie

Fig. 263. Probe des Gesteins und der Bauweise der ersten und zweiten Periode

ihr neues und schöneres Material in weniger mächtigen Blöcken, wie sich
dies am leichtesten aus Façaden wie z. B. derjenigen des Hauses des Spurius
Mesor (Reg. VII. Ins. 3.) Fig. 263. erkennen läßt, deren drei unterste Lagen der
ersten und deren obere Lagen der zweiten Periode angehören. Die Feinheit und
Güte des Steines, von dessen Charakter man sich aus dem vortrefflichen Quaderbau mit feinstem Fugenschnitt und glatt geschliffener Oberfläche von der
Façade eines links neben der Fullonica belegenen Hauses der *Strada di Mercurio*, welche die beiliegende Ansicht nach photographischer Aufnahme darstellt, eine Vorstellung machen kann, diese Güte des Steines erlaubte dabei,
aus ihm Ornamente, auch figürliche zu hauen, wie dies nicht allein an den
weiterhin zu betrachtenden ionischen Capitellen z. B. der Propylaeen des
Forum triangulare, sondern in noch weit reicherer Gestaltung an den Pfeiler-
capitellen mehr als einer Thür von Privathäusern, am reichsten an der s. g.
Casa dei capitelli figurati (No. 61. im Plane) zu erschn ist. Für die inneren
Mauern wandte dagegen diese Periode eine wohlfeilere und bequemere Technik an, indem sie dieselben aus kleinen Stücken Nocerasteins, den Ab-
fällen der größeren Quadern und aus Lavabrocken herstellte, welche zum
Theil auch Abfälle der großen Blöcke sein mögen, mit denen man damals
die Straßen zu pflastern begann, endlich aus Bimsstein und anderen vulcanischen Schlacken, das Ganze mit reichlichem und zu großer Festigkeit
erhartendem Caemente verbunden. In der Art der Façadenmauern wurden
auch die dieser Periode angehörenden öffentlichen Monumente gebaut, die
hier nicht wieder aufgezählt werden sollen, da es genügt, an die oberen
Theile der Mauern, an die Façade der Basilika und an die älteren Theile
des Venustempels beispielsweise zu erinnern, während die Thürme der Mauern die Manier der inneren Häuserwände zeigen. An den Privatbauten wurden die Mauern mit Stucco bekleidet, welcher jedoch durch seine Feinheit,
Härte und Glätte sich wesentlich von demjenigen der dritten Periode unterscheidet und vor den Arbeiten in diesem auch in den Formen sich durch
Reinheit der Linien und Eleganz der Profile in Friesen und Carniesen auszeichnet und der im Innern der Häuser die Wände mit einer Nachahmung
von verschieden gefärbten Quadern mit glatt vertieften Fugen bedeckt, eine
Decorationsweise, welche sich nie in den in der dritten Periode erbauten oder
restaurirten Häusern findet, deren Wände die Träger der eigentlichen Malereien sind. Für die zweite Periode ist die vornehme *Casa del Fauno*, wie
dies schon bei ihrer Besprechung hervorgehoben wurde und hier erinnert sein
mag, neben der *Casa di Sallustio* fast durchweg das schönste Muster.

Die Gebäude der dritten Periode zeigen durchaus die römische Bauweise
mit der einzigen Eigenthümlichkeit sehr reichlicher Verwendung vulcanischer
Materialien (Lava-, Bimsstein- und Schlackenbrocken) des Vesuv.

Die Römer bauten seit alter Zeit mit Mörtel, entweder mit Lehm oder
mit einem sorgfältig bereiteten Kalkmörtel, in den Puzzuolanerde gemischt
wurde und der vermöge dieses Zusatzes zu außerordentlicher Härte und
Festigkeit gelangte. Eben diese Vorzüglichkeit des Mörtels veranlaßte im
Alterthum eine andere, namentlich massenhaftere Verwendung desselben als

Ansicht der Façadenmauer eines Hauses der zweiten Periode.

bei uns, und zwar so, daß in manchen Mauern mehr steinhart gewordener
Mörtel, als Werkstein sich findet.   Die verschiedenen Arten zu mauern und
ihre technischen Bezeichnungen hier zu beschreiben und zu erklären würde
viel zu viel Raum in Anspruch nehmen; auch ist in Pompeji keine so große
Verschiedenheit der Bauweise bemerkbar, vielmehr sind die meisten Mauern
aus unregelmäßigen Steinblöcken und Brocken und mäßig viel Mörtel in
opus incertum erbaut und durch Ziegelpfeiler verstärkt, von denen gleich
nochmals geredet werden soll.   Eine nicht selten nachweisbare, ziemlich
große Gleichgültigkeit in Bezug auf das Technische ist bei der offenbaren
Eile, mit welcher viele Theile der Stadt nach dem Erdbeben vom Jahre 63
wieder erbaut wurden, und bei der durchgehenden Sitte der Übertünchung
begreiflich genug, ja man könnte die Leichtigkeit der Bauweise schon durch
die vielen Erdbeben, denen Süditalien, namentlich die Gegend um den Vesuv
ausgesetzt war und ist, sogar wohl motivirt nennen.   Bemerkt werden muß
hier noch, daß der Mörtel der dritten Periode in Pompeji sich zu seinem
Nachtheil von demjenigen der zweiten Periode und sonstigem antiken Mörtel
unterscheidet, indem er nicht die Härte und Festigkeit hat wie jener.   Da
nun der rohe Kalk, den man hier und da in der Stadt gefunden hat, alle
vorzüglichsten Eigenschaften dieses Materials in sich vereinigt, auch da, wo
er naß geworden ist, steinharte Klumpen gebildet hat, so kann die geringere
Güte des Mörtels nur entweder zu starker Sandbeimischung oder geringer
Güte der Puzzuolana oder endlich nachlässiger Zubereitung beigemessen
werden.

Außer dem einheimischen Bruchstein, welcher als das eigentliche Con-
structionsmaterial vorweg behandelt wurde, verwandte man in Gegenden,
welche nicht selbst kostbares Material wie die verschiedenen Sorten Marmor
besaßen, und so auch in Pompeji, aber erst in seiner letzten Periode, besonders zur Herstellung der feiner gegliederten und die eigentliche Ornamentik tragenden Theile an öffentlichen und Privatgebäuden aus der Fremde
näher oder entfernter her eingeführte Materialien, namentlich weißen Marmor und marmorartigen weißen Travertin, während in Rom in den jüngeren
Zeiten mit den seltensten, kostbarsten und aus den entferntesten Gegenden
mühselig herbeizuschleppenden farbigen Marmorn und sonstigen Steinen ein
Luxus getrieben wurde, der unsere Vorstellungen weit übersteigt.   Von
solchem Luxus ist nun freilich in Pompeji nicht die Rede.   Marmor aber,
italischer von Luna und selbst griechischer ist auch hier nicht grade selten,
obgleich kein Beispiel seiner Verwendung zu einem ganzen Bauwerk vorhanden ist.   In dem Localmuseum der *porta della marina* hat Ruggiero
mehre Tafeln mit Proben der in Pompeji gebrauchten Marmor-, Alabaster-
und sonstigen Steinarten anbringen lassen und wir finden diese Steinarten
in öffentlichen wie in Privathäusern wieder; von Marmor sowohl ganze Säulen
(z. B. im Gebäude der Eumachia und Pilaster oder Halbsäulen wie im
Senaculum und am Triumphbogen, als auch Capitelle, Täfelungen, Thür-
einfassungen, Friese und andere Glieder, zum Theil in vortrefflicher Behandlung.   Auch zur Fußbodenplattung wurde in öffentlichen und Privatgebäuden farbiger Marmor verwendet, der übrigens meistens in unregel-

mäßigen Platten, Plättchen und Stücken vorkommt, was darauf hinzudeuten
scheint, daß man sich zerbrochener Tafeln älterer Gebäude oder des Abfalls
bediente, der etwa in Rom bei der Herstellung von Prachtbauten übrig blieb
und in die Provinzen verkauft worden sein mag [11].

Endlich ist unter den Baumaterialien neben dem kostbarsten noch insbesondere das wohlfeilste und ordinärste zu nennen, die Thonziegel, welche
weniger häufig in Griechenland als in Italien gebraucht wurden und auch
in Pompeji oft genug zu finden sind. Die antiken Ziegel unterscheiden sich
von den unseren theils durch die Form, durch geringere Dicke bei größerer
Flächenausdehnung, theils sehr zu ihrem Vortheil durch eine ungleich sorgfältigere Bereitung, zu der Vitruv ausführliche und nicht uninteressante Vorschriften mittheilt, und in Folge derselben durch größere Festigkeit und
schönere Farbe. In Pompeji sind die Thonziegel seltener zu ganzen Bauwerken wie z. B. dem s. g. Triumphbogen und dem Schwibbogen auf dem
Forum, häufiger mit leichten Bruchsteinen gemischt und verbunden verwendet
worden, und zwar entweder so, daß ganze Theile, wie Thürpfeiler u. a. aus
ihnen construirt sind, theils so, daß sie lagenweise mit den Bruchsteinen
wechseln, wobei sie offenbar dazu dienen, grade Schichtungen herzustellen
und den Pfeilern und Mauern größere Festigkeit zu geben. Diese Verbindung ist fast ständig, wo *opus reticulatum* und *incertum* auftritt. Endlich
muß man auch zugeben, daß Ziegel als Flickmaterial und Aushilfe, wo
bessere Materialien zu kostspielig oder, wie bei dem raschen Aufbau der
Stadt, nicht sofort zur Stelle waren, verwendet worden sind. So z. B. in
der Colonnade des Forum, im Pronaos des Jupitertempels, im Säulenschiff
der Basilika, wo überall neben einer Mehrzahl von Säulen aus Haustein
deren einzelne aus Ziegeln stehn, deren Material durch die Alles verhüllende
Tünche unsichtbar gemacht ist. In diesen Fällen, namentlich in den Mauern
gemischter Construction, in Treppen und Fußböden in Privathäusern, nicht
in den Pfeilern, sind die Ziegel meistens nichts Anderes, als die Stücken
zerbrochener oder beim Brennen zersprungener großer Dachziegel, wodurch
bewiesen wird, daß man auf die Verwendung eines billigen Baumaterials,
mochte dasselbe auch nicht viel taugen, sehr bedacht war. Eine principielle
Verwendung der Thonziegel als formbestimmendes Hauptmaterial wie in unserem Mittelalter ist in Pompeji nirgend, und schwerlich irgendwo in der
antiken Welt nachweisbar, obwohl keineswegs überall dies Material versteckt
und übertüncht, sondern in bekannten Beispielen vortrefflich behandelt, geschliffen und polirt zur Schau gestellt ist. Über die Verwendung des Thons
zur Ornamentik wird weiter unten gesprochen werden.

Mit dem Maurerhandwerk verband sich in allen Privatbauten Pompejis
und in den meisten öffentlichen das des Zimmermanns, und Holz, besonders
Fichtenholz, daneben, wie die Untersuchungen der Kohlen ergeben haben,
in geringerem Umfange Nußbaum-, Kastanien-, Eichen- und Buchenholz
wurde überall in großer Masse verwendet, namentlich in den oberen Geschossen, die deshalb, wie bereits verschiedentlich bemerkt, fast durchgängig
zerstört sind. Von Holz construirte man so ziemlich alles Decken- und
Dachwerk in Privathäusern wie in öffentlichen Gebäuden; Wölbungen kom-

men außer in den Thermen, in den Thorbogen, in den Corridoren der
Theater und des Amphitheaters und in beschränktem Maßstabe in einigen
Privathäusern (S. 218. 255. 287.) und Grabmälern nicht vor, was um so
mehr bemerkt zu werden verdient, als in der Durchführung der Wölbung
der bedeutendste Fortschritt der römischen Architektur gegen die griechische
liegt; aber auch gerade Steinbalkendecken sind höchstens in ganz einzelnen
Ausnahmen und in geringen Dimensionen nachweisbar, kein Tempel, keine
der öffentlichen Hallen in Pompeji hatte eine solche, sondern die Decke
wie der Dachstuhl war von Holz und wahrscheinlich mit lebhaften und
glänzenden Farben bemalt. Woher die alten Pompejaner das viele und
starke Langholz genommen haben, welches zu diesen Decken und zu den
Architravbalken über den Tablinum- und Ladenöffnungen nöthig war, welche
nicht selten bis zu 5 M. Spannweite zeigen, ist bis auf die neueste Zeit
eine nicht zu beantwortende Frage gewesen. Denn wenn Italien zu jenen
Zeiten auch kein so holzarmes Land war, wie es jetzt ist, müssen größere Balken auch damals theuer genug gewesen sein, um zu dem wohl-
feil hergestellten Mauerwerk besonders der letzten Periode im Mißverhältniß
zu stehn. Die sorgfältigen Untersuchungen des Architekten Ruggiero haben
auch hier Aufklärung geschafft und gezeigt, daß man in der That in dem
römischen Pompeji die Anwendung ganzer Balken von den angedeuteten
Dimensionen zu umgehn und eine bedeutende Holzersparniß mit fester Construction zu verbinden wußte. Die Balken bestanden eben nicht aus einem
Stück, sondern waren aus zwei hochkantig gestellten Bohlen (*a*) vorn und
hinten und aus einer darunter liegenden wagrechten Bohle (*b*) so etwa zusammengesetzt, wie es die folgende Skizze eines Durchschnitts Fig. 264. zeigt.
Das Innere des so zusammengesetzten, eben so wohlfeilen wie soliden Balkens wurde mit Mauerwerk in Bruchsteinen mit viel Cement (*c*) und zuoberst
Ziegeln ausgefüllt. Man erneuert die betreffenden Gebälke
jetzt auf dieselbe Weise mit dem besten Erfolge. Von Holz
bildete man ferner die zum Theil ausgedehnten Gallerien,
von denen das bedeutendste öffentliche Beispiel in der Gladiatorencaserne, sehr ansehnliche aber auch in den Peristylen
mancher Privathäuser zu finden sind. Von Holz waren meistens in den Häusern und in einigen öffentlichen Gebäuden
die Treppen bis auf die in der Regel von Stein gearbeiteten

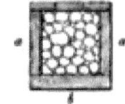

Fig. 264.
Durchschnitt
eines Balkens.

untersten Stufen, welche vielfach den sichersten Anhalt zum Nachweis des
Vorhandengewesenseins des Ortes und der Beschaffenheit der Treppen bieten; sodann die Thüren, wenigstens ständig in Privathäusern, meistens aber
auch in öffentlichen Gebäuden, weshalb sie auch überall fehlen; sicher
in der Regel auch die Fenster, deren Existenz nicht mehr bezweifelt
werden kann und an vielen Orten nachgewiesen ist. Nur in Ausnahmefällen, wie z. B. in den Thermen und in einigen Privathäusern finden sich
metallene Fensterrahmen und Sprossen. Nicht von Holz waren dagegen die
Fußböden, sondern diese stellte man aus Estrich und aus den verschiedenen
Arten von Mosaik her, die sich vom rohesten bis zu den wundervollen
Mosaikgemälden erheben, die bereits genannt und weiter unten zu besprechen

sind. Über die roheren Arten, welche man in Pompeji fast überall findet, sei hier nur kurz bemerkt, daß den Ausgangspunkt eine auf den geglätteten Boden ausgegossene und auf demselben geebnete Gyps- und Mörtelmasse bildet, welche nach einer in Signia (Segni) gemachten Erfindung entweder nur mit zerstoßenen Ziegeln oder einem sonstigen Stoff gefärbt wurde, und dadurch ungefähr das Ansehn rothen Granits erhielt, indem zugleich die Festigkeit erhöht wurde (opus Signinum), oder in welche man, wie wir dies nach der Auffindung eines unvollendeten Fußbodens ganz genau beurteilen können, nach vorgezeichneten Linien vor der völligen Erstarrung verschieden gestaltete Ziegel- oder Steinstückchen incrustirte, mit denen verschiedene Linien und Figuren hergestellt wurden (vgl. Zahn II. 96.). Dies ist bereits ganz das Princip des in Griechenland erfundenen Mosaiks (Lithostroton), welches in Rom seit Sullas Zeiten in Gebrauch kam, und von diesem einfachsten Mosaik bis zum vollendetsten Gemälde ist in Pompeji eine fast ununterbrochene Reihenfolge nachweisbar, indem die in den Gypsmörtelgrund eingelegten Steine denselben immer mehr verschwinden machen, während in ihnen die Figuren und Linien immer reicher und mannigfaltiger, sodann diese Steinwürfel immer kleiner, die Zeichnungen dadurch fleißiger werden, indem man ferner die Steinwürfel farbig, oft sehr vielfarbig wählte, und sie endlich etwa in der Art eines Stickmusters so nahe und unmittelbar an einander rückte, daß der Grund, in dem sie alle haften, vollkommen verschwindet. Beispiele, durch welche man sich die aufsteigende Reihe vergegenwärtigen kann, die aber in Verkleinerung und ohne Farben hier nicht wiederholt werden können, finden sich in Zahn's Ornamenten und Gemälden 2. Folge auf den Tafeln 56. 79. 96. 99.

Fig. 265. Fragment einer Zimmerthür.

Um aber über die Fußböden und Mosaike das Zimmerhandwerk nicht aus den Augen zu verlieren, ist zu bemerken, daß, was uns in den verschütteten Städten sei es im verkohlten Zustand oder Abdruck oder in Nachbildung, überliefert ist, in structiver Beziehung als gut, selbst vortrefflich behandelt anerkannt werden muß, wofür namentlich die weit ausladenden Gallerien Zeugniß ablegen und was bei den weiten Spannungen mancher Decken, z. B. im bedeckten Theater, im Senaculum und sonst vorausgesetzt werden muß. Allerdings ist das Balkenwerk in Privathäusern, da wo es nicht in der oben näher angegebenen Weise zusammengesetzt ist, meistens einfach, ja sogar ziemlich roh bearbeitet, selbst nicht überall regelmäßig viereckig verschnitten, allein dies wird dadurch erklärt und entschuldigt, daß das Meiste durch verschiedene Verschalungen und Verputze den Blicken entzogen war. Auch mehre der in Gypsabguß erhaltenen Thüren sind Nichts weniger als zierlich gearbeitet, wogegen z. B. die gemalte blinde Thür im hintern Gange des Gebäudes der Eumachia (oben S. 116.) und diejenige im Hause des Sallustius (S. 266.) wohl geeignet sind, uns von dem Zimmerhandwerk einen günstigen Begriff zu geben. Ganz besonders aber zeigt uns das ebenfalls im Gypsabguß erhaltene Fragment einer breiten Thür aus dem Innern eines Privathauses, von dem die obenstehende Zeichnung [112] (Fig. 265.) wenigstens eine Vorstellung geben wird, die Arbeit der pompejaner Schreiner in sehr vortheilhaftem Lichte.

Metalle findet man fast an allen Orten im Bau verwendet, an welchen wir dieselben gebrauchen, und auch die Art des Gebrauchs stimmt mit der unserigen bis auf wenige Ausnahmen z. B. die bronzenen Thürangeln überein. Bemerkt muß jedoch werden, daß gegen sonst bekannte Sitte des Alterthums das Eisen in Pompeji eine über die Bronze überwiegende Verwendung fand, und daß, was uns von Schlosserarbeit in Schlössern und Schlüsseln überliefert ist, so sinnreich es construirt sein mag, in auffallender Weise durch Schwerfälligkeit und selbst Rohheit gegen die meisten sonstigen Handwerkerarbeiten in Pompeji contrastirt, was zum großen Theile damit zusammenhangt, daß noch nicht eine einzige Schraube — so wenig wie eine Feder — in Pompeji gefunden worden ist, vielmehr Alles, was an- und aufgeheftet wurde, mit durchgetriebenen und an der Spitze umgeschlagenen Nägeln und Stiften befestigt erscheint [113].

Über die Ornamentik wird im Einzelnen später zu reden sein, hier muß nur im Allgemeinen bemerkt werden, daß die Anwendung des Marmors zu derselben in den Privatwohnungen Ausnahmen bildet, während die Ausschmückung der Häuser durch plastisch behandelten Stucco in den älteren Häusern und durch Wandmalerei in den Häusern der jüngern Periode die Regel ist.

Nach dieser zur Vergegenwärtigung des Wesentlichen wohl genügenden, gedrängten Übersicht über die in Pompeji gebrauchten Baumaterialien und die Art ihrer Verwendung ist der folgende Abschnitt bestimmt zu vergegenwärtigen, was die pompejaner Architekten und Baumeister in formeller und stilistischer Beziehung geleistet haben.

Zweiter Abschnitt.

Stil und künstlerischer Werth der Bauwerke in Pompeji.

In demjenigen, was einleitend über den Standpunkt, den die Kunst in Pompeji einnimmt, Allgemeines gesagt worden, ist im Grunde das Urteil über Stil und künstlerischen Werth der Bauwerke Pompejis bereits mit einbegriffen. Eine Zeit wie diejenige, aus der die neue Stadt Pompeji stammt, baut und bildet nicht nach einem festen, einheitlichen, alle Kunstbewegungen beherrschenden Princip, sie hat deshalb auch, genau gesprochen, keinen

eigenen Stil, keine Kunstform, welche aus dem Volksbewußtsein mit Nothwendigkeit so und nicht anders entspringt, und welche deshalb in jeder einzelnen Schöpfung sich offenbart, sondern eine solche Zeit ist, milde ausgedrückt, die des Eklekticismus. Und doch, wenn wir unter Stil die Kunst-
darstellung gemäß der eigensten und individuellen Anschauung eines Künstlers, eines Volkes oder eines Zeitalters verstehn, so geht auch den architektonischen Leistungen der Pompejaner ein Stil, ein gemeinsamer Charakter,
ein eigenthümliches Gepräge, und zwar überwiegend dasjenige der Anmuth
und Heiterkeit nicht ab, obgleich dies, streng genommen nur von den
Schöpfungen der letzten Zeiten gilt, denen gegenüber die verhältnißmäßig
nicht zahlreichen Bauwerke der früheren Perioden stilvoller, einfacher und
ernsthafter erscheinen, sowie sie auch im Material solider sind. Die aus
classischen Zeiten überlieferten Formen liegen auch den jüngsten Schöpfungen
der pompejaner Architekten zum Grunde, aber deren strenge Anwendung
und principielle Durchführung war diesem leicht lebenden Völkchen viel zu
ernst und einförmig; deshalb wird die Norm und das Gesetz überall überschritten, und es entsteht eine Regellosigkeit, welche der strenge Kunst-
richter, der den Maßstab des reinen Princips anlegt, freilich in derselben
Art verurteilen mag, wie Vitruv gegen die Phantasiearchitektur eifert, welche
in seiner Zeit in der Decorationsmalerei herrschend zu werden begann, eine
Regellosigkeit, welche aber nichts desto weniger vielfach den Reiz besitzt, den
die Überschreitung strenger Formen und Gesetze durch geistvolle und mun-
tere Menschen fast überall im Leben auszeichnet. Daß freilich auch hier zu
weit gegangen werden kann, daß von der Überschreitung der Regel, von
dem Verlassen des Princips bis zur Verwilderung nicht gar viele Schritte
sind, wer wollte das leugnen; auch in Pompeji finden wir in einigen der
jüngsten Monumente Ausschweifungen, welche als Ausartungen und als
mindestens der Beginn verwilderter, des innern Haltes barer Formgebung
erscheinen. Man könnte eine sehr lange Liste von unglücklichen und unrichtigen Motiven aufstellen, doch mag es genügen, einige der hauptsächlichsten hervorzuheben. Hiermit werde die Umschau unter den Monumenten
Pompejis begonnen, um dann zu Mustergiltigerem fortzuschreiten.

  Eines der häufigsten schlechten Motive, welches aus dem Streben nach
Mannigfaltigkeit und Heiterkeit, der Furcht vor Eintönigkeit recht deutlich
hervorgeht, und das hier um so mehr hervorgehoben zu werden verdient,
weil es von uns Modernen mit Vorliebe nachgeahmt wird, ist die abwech-
selnde Bekrönung sich wiederholender Wandfelder zwischen Pilastern mit
flachdreieckigen und flachgewölbten Giebeln, von der in den früheren Zeichnungen zwei Beispiele mitgetheilt sind, das eine in der Mauer des Peribolos
des s. g. Quirinustempels (s. die Ansicht zu S. 91.), das andere in der als
Album benutzten Seitenwand des Gebäudes der Eumachia [Fig. 76. S. 117.].
Dieses letztere Gebäude, welches im Übrigen manches Hübsche aufzuweisen
hat, wie namentlich z. B. die schöne und reiche Thüreinfassung von Marmor mit Arabesken, welche jetzt im Museum von Neapel den Eingang zum
ersten Statuenzimmer bildet (s. die Probe weiterhin), enthält in abgeschrägten
Kragsteinen unter der Dachschräge des Giebels über der Nische am Ende

des offenen Mittelschiffs (siehe Fig. 268.) einen recht häßlichen Fehler, der sich jedoch ähnlich an anderen römischen Bauwerken, z. B. sogar an der Vorhalle des Pantheon in Rom wiederholt. Zweimal sicher, vielleicht noch öfter kehrt eine Durchschnei-
dung eines graden Zwi-
schengebälks durch einen
runden Bogen, der unter
dem Gebälk keine organi-
sche Stütze hat, wieder, am
Triumphbogen (Fig. 26., vgl.
Mazois III. pl. 41. Fig. 3.)
und noch auffallender am
Purgatorium des Isistempels
(Fig. 66.). In der Grabro-
tunde Fig. 217. springt ein
anderer Fehler in die Augen,
daß nämlich zwei Pilaster

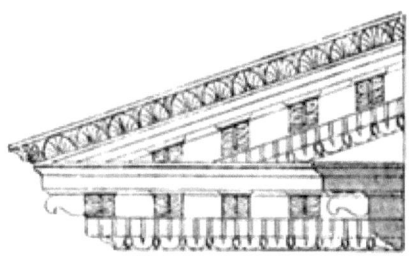

Fig. 266.   Giebel mit abgeschrägten Kragsteinen.

ohne Zwischengebälk über einander gestellt sind. Auf den ohne Stütze unorga-
nisch aus der glatten Wand schwer ausladenden Carnies in mehren Sälen beider Thermen (s. Fig. 116. und die Ansicht zu S. 201.) ist schon früher (S. 183. u. 201.) hingewiesen worden. Sehr gewöhnlich und viel zu häufig, um in einzelnen Beispielen angeführt zu werden, ist der arge Verstoß theilweiser Canelli-
rung der Säulen, welche den Begriff der Canellur aufhebt, den Ausdruck des Aufstrebens des Säulenschaftes, welcher so glücklich in ihrer Canellirung gegeben ist, vernichtet. Die Nichtcanellirung des untersten Drittheils der Säulen oder die Wiederausfüllung der Canellur durch Rundstäbe (s. den Peribolos des Isistempels und des Venustempels in den Ansichten zu S. 73. u. S. 95.) ist zum großen Theil eine praktische Folge der Überkleidung mit Stucco; eine Sicherung der die Säule umgebenden Stuccomasse gegen die äußeren Verletzungen, welche bei lebhaftem Verkehr beinahe unvermeidlich sind. Traurig, daß moderne Künstler, auch ohne daß eine solche äußere Noth sie treibt, diesen schlimmen Fehler in gedankenloser Nachahmung des nicht mustergiltigen Alterthums so oft wiederholen. Noch auffallender wird der Verstoß gegen das Princip der Säulen, wenn die Schäfte im untern Drittheil dicker gehalten und zugleich nicht canellirt sind, womit sich dann sehr oft noch das verschiedenfarbige Bemalen der Säulen verbindet. Unterbreche man die aufstrebende Verticale des Säulenschaftes durch eine nicht durchgeführte Canellur oder durch verschiedene Stärke des Schaftes oder durch eine Färbung des untern Drittheils, immer handelt man gegen die Natur und das innerste Wesen der aus dem Boden aufstrebenden Stütze und trübt oder zerstört den Ausdruck ihrer Function. Einen ähnlichen Fehler finden wir an vielen Wänden nach außen, bei denen das untere Drittheil oder die untere Hälfte aus einer ganz glatten Stuccomasse besteht, während nach oben der Bewurf in derselben Art, wie bei uns geschieht, in Hausteinform, aber freilich nirgends als eine mächtig aussehn sollende Rustica, wie an manchen modernen Bauwerken, behandelt ist. So gut wie

durch unvollständige Canellirung der Begriff der Säulenfunction, wird hierdurch der Begriff der Wandfunction, das Umbiegen und Umschließen, getrübt, abgesehn davon, daß in Hausteinbauten, die doch nachgebildet sind,

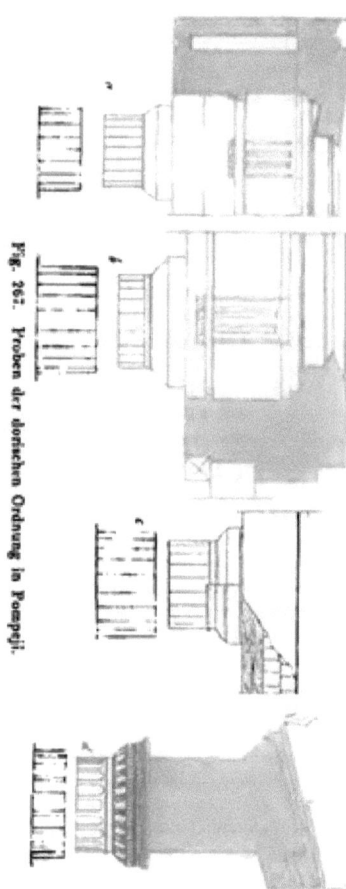

Fig. 267. Proben der dorischen Ordnung in Pompeji.

Niemand so Etwas machen könnte.
Finden sich diese und eine Reihe
anderer, scheinbar kleinerer, aber
aus derselben Quelle, der Princip-
losigkeit, fließender Fehler, welche
übrigens nur Fachkenner würdigen
könnten und die deshalb übergangen werden sollen, in öffentlichen
Bauten, so ist begreiflicher Weise
die Regellosigkeit in den Privatbauten noch viel bedeutender und
steigert sich zu völliger Geschmacklosigkeit, wie z. B. der Bekleidung
von Säulen und Pfeilern mit Mosaik
oder in ihrer Bemalung mit einem
schuppenförmigen vielfarbigen Ornament oder in Herstellung von
Dingen, wie die Mosaikbrunnen in
den nach diesen Brunnen genannten Häusern (*Case della prima e seconda fontana a musaico*, oder in
der *Casa del granduca* oder derjenigen *di Lucrezio* und anderen). Doch
genug von diesen Dingen; bei dem
Versuch, eine Übersicht über die
gesammten Bauformen in Pompeji
zu gewinnen, wird am besten von
den altclassischen Ordnungen, der
dorischen, ionischen und korinthischen und deren Modificationen in
Pompeji begonnen werden.

Es zeugt von gutem Geschmack
und richtigem Gefühl, daß die einfache dorische Ordnung durchgängig zur Herstellung der Säulengänge
um die großen Plätze verwendet
ist.   Dorisch ist die Colonnade
des Forum triangulare, des Forum
civile, der Gladiatorencaserne, der *Curia isiaca* genannten Halle; auch die
größeren Peristyle der Privathäuser gehören dem Dorismus an.   Nichtsdestoweniger muß die mehrfach aufgestellte Behauptung, der Dorismus
herrsche in Pompeji vor, angesichts des Zustandes der Monumente, welcher
aus der letzten Periode stammt, bestritten werden, denn die überwiegende

Verwendung der korinthischen und einer korinthisirenden Misch- oder Phantasiegattung ist augenfällig. Von den Bauwerken in dorischer Ordnung, welche freilich nirgend in ihrer ganzen Würde auftritt, verdient das älteste Monument dieser Gattung, die Colonnade des Forum triangulare, das meiste Lob (Fig. 267. *a*, vgl. für die Einzelheiten Mazois III. 10.). Die Säulen sind fast 7 (6⅞) untere Durchmesser hoch und 3 Durchmesser von einander entfernt, eine Leichtigkeit, welche, obgleich sie bei classischen Tempelmustern vor der makedonischen Zeit nicht vorkommt, aus dem Zweck der Säulen, einen großen Platz luftig zu umgeben und ein nur leichtes Dach zu tragen, sich gar wohl vertheidigen läßt, und welche dadurch um so harmonischer erscheint, daß auch das Gebälk verhältnißmäßig leicht (1¾ untere Säulendurchmesser hoch) genommen ist. Die leider später mit Stucco überkleideten Säulen von Travertin sind vom Boden aus canellirt, sehr wenig verjüngt (⅛ u. D.) und ohne Entasis (Schwellung) sowie ohne den energisch markirten Hals guter griechischer Vorbilder in das Capitell übergeführt, dessen Echinus selbst im Verhältniß zu dem leichten Gebälk mit etwas zu wenig Ausladung straff zur dünnen Plinthe aufsteigt. Dem Schein der Leichtigkeit zu Liebe ist der Epistyl(Architrav)balken der Länge nach in zwei gleiche Hälften zerschnitten, von denen die untere um ein geringes zurückliegt, was nicht gebilligt werden darf. Die in gutem Verhältniß ausladende Dachschräge (Geison) ist einfach, aber nicht makellos profilirt. Die Streben des Daches ruhten auf ihr und in der Hintermauer einfach auf, eine Construction, welcher das Umstürzen der Säulen beim Erdbeben wesentlich mit zur Last fällt. Die einzelnen Blöcke des Gebälks waren in einander eingefugt, weshalb jeder Block an seinem linken Ende einen auch in der Abbildung Fig. 267. *a* sichtbaren Falz zeigt; die Angabe, sie seien im Innern durch einen durchgehenden hölzernen Balken verbunden gewesen, scheint nach dem, was sich noch controliren läßt, irrig zu sein.

Über den wohl nicht viel jüngern Dorismus der s. g. *Curia isiaca* läßt sich nur unvollständig urtheilen, da das Gebälk verloren ist, und die Elemente nicht bekannt sind, auf denen Mazois' Reconstruction (III. 11.) mit zerschnittenem Architrav und ohne Fries beruht. Nur das ist gewiß, daß die Säulen (von 7¾ u. D.) unverhältnißmäßig schlank und die Intercolumnien (von 6⅓ u. D., Säulen 0,38 M., Intercolumnien 2,31 M.) zu weit sind, so daß lange nicht der harmonische Eindruck entsteht, den die Colonnade des Forum triangulare macht. Die Capitelle sind auch hier schwächlich, die Plinthen leicht, aber stark ausladend.

Die auch in ihren ältesten Theilen, d. h. an der Südseite jüngere Colonnade des Forum civile (Fig. 267. *b*, vgl. Fig. 24.), welche nach der Erbauungsinschrift aus der Zeit unmittelbar vor dem Bundesgenossenkriege stammt [116], erscheint, so wie sie jetzt zum Theil wieder aufgerichtet ist und wie sie Fig. 268. in einer nach photographischer Aufnahme gezeichneten Probe darstellt, in den genau 5 untere Durchmesser hohen, 3 u. D. von einander entfernt stehenden ganz canellirten Säulen nicht ohne Würde und Kraft, aber wiederum mit zu schwächlichen Capitellen ausgestattet und im Gebälk, auch wenn man dasselbe als Zwischengebälk betrachtet (s. oben S. 60.) dadurch

fehlerhaft, daß der Architravbalken fast ganz unterdrückt und ihm gegenüber
Fries und Krönung schwerfällig ist. Interessant ist es, mit den ursprünglichen
Säulen an der Südseite die der Restauration angehörenden an der Westseite

Fig. 268 Probestück der altern Forumcolonnade von der Südseite.

zu vergleichen, von denen, wie sie ebenfalls in neuerer Zeit zum Theil
wieder aufgerichtet sind, Fig. 269. nach photographischer Aufnahme eine Probe

giebt. Sie sind aus weißem Travertin erbaut und schließen sich in ihren Dimensionen natürlich den vorbildlichen älteren an, doch sind sie gänzlich uncanellirt und es läßt sich bezweifeln, ob sie später canellirt worden wären,

Fig. 289. Probestück der restaurirten Forumcolonnade von der Westseite.

wenn nicht die Verschüttung die Arbeit unterbrochen hätte. Denn erstens ist auch der Fries glatt und ohne die Triglyphen, welche die älteren Friesstücke zeigen, und zweitens ist die Canellur auch am Halse nicht angelegt, wie dies bei dem Aufbau der Säulen zu geschehn pflegte, um nach den Maßen dieses Anfangs die fertige Säule zu canelliren.

Etwas leichter erscheint wiederum der Säulenumgang der Gladiatorencaserne (Fig. 267. e, vgl. Fig. 114.), dessen Säulen um $3\frac{1}{2}$ u. D. von einander entfernt stehn und mit ihrer Höhe von $6\frac{3}{4}$ u. D. die fehlende Würde durch Eleganz ersetzen, so daß man einen Sinn für einen harmonischen Totaleffect bei dem Baumeister erkennt. Daß hier aber wiederum der Fries wie beim Forum der Architrav fehlt, ist eben so wenig zu loben; daß sich das Dach unmittelbar auf den Architravbalken legt, bringt ein gedrücktes Aussehn hervor. Die ursprünglich aus Tuff gehauenen, leichten Capitelle sind durch Tünche vollends verdorben und in ganz nichtssagende Glieder aufgelöst.

Einen andern Fehler finden wir in den aus später Zeit stammenden s. oben S. 178. dorischen Säulen, welche zwei Seiten des Hofs der kleineren Thermen umgeben. Sie sind nämlich wie die neuen Säulen des Forum ohne Canellirung, dagegen ihrer Höhe nach durch zweifarbigen Anstrich halbirt, so daß Begriff und Eindruck der frei tragenden Stütze bei ihnen so ziemlich aufgehoben erscheint. Uncanellirt ist auch noch die ionische Votivsäule im Venustempel (s. oben S. 97.), was hier beiläufig bemerkt werden möge, und sind mehrfach die dorischen Peristylsäulen in Privathäusern. Dagegen kommen dorische Säulen mit Basen noch durchaus nicht vor.

Vielleicht die merkwürdigsten von allen dieser Art sind die vierzehn Säulen, welche das Peristyl in der Villa des Diomedes umgeben (Fig. 267. d,), indem sie in ihren Capitellen und Gebälken die Gliederschemata plastisch ausgeführt zeigen, welche den Gliedern zum Grunde liegen und meistens nur mit Farbe in leichten Contouren auf dem glatten Kern angegeben sind. Wenn dies einerseits ein interessantes Beispiel der Dauer älterer Tradition ist, so darf doch auch nicht verkannt werden, daß das Bewußtsein der Bedeutung der Ornamente nicht mehr lebendig war, so daß zwar das Ornament des Echinus und der Sima, der s. g. Eierstab (Blätterkyma), richtig und am richtigen Orte ist, während das Ornament der Plinthe ohne Analogie und Verständniß erscheint. Dazu kommt, daß die Canellur zwischen den Hohlkehlen Stege stehn läßt, was den beiden jüngeren Ordnungen, nicht aber der dorischen zukommt.

Außer zu Gebäuden scheint die dorische Ordnung selten verwandt worden zu sein, die Grabmäler und die Geräthe wie Candelaber u. dgl. gehören den anderen Ordnungen an oder gehn in ihrer Formgebung von ihnen aus; einen wie schönen Dorismus man aber gelegentlich doch findet, zeigt der oben [S. 90. Fig. 51.] abgebildete Altar des s. g. Tempels des Jupiter Milichius, welcher dem berühmten Grabmal des Lucius Cornelius Scipio Barbatus im Vatican an die Seite gestellt werden kann.

Die ionische Ordnung ist am seltensten in Pompeji und findet sich in ihrer ganzen Reinheit und dem Reichthum ihrer Gliederung, in welchem sie in den Monumenten der Blüthezeit Griechenlands uns entgegentritt, nicht ein einziges Mal. Das relativ vorzüglichste Monument finden wir auch hier wie bei der dorischen Ordnung wieder in einem der ältesten Bauten, den Propylaeen des Forum triangulare, von denen Fig. 31. ,S. 69.' eine Ansicht giebt. Diese Halle zeichnet sich sowohl im Ganzen durch schöne Verhältnisse von den meisten Bauwerken Pompejis aus, wie auch die Säulen (Fig. 270. a) im Einzelnen von feinem Sinn und Verständniß der Formen und von dem Herrschen einer guten Tradition zur Zeit der Erbauung dieser Propylaeen Zeugniß ablegen. Die Basis ist in ihrer Gliederung durchaus

Fig. 270. Proben der ionischen Ordnung in Pompeji.

richtig gedacht, wenngleich ein wenig straff und trocken gehalten, der Schaft, der übrigens in seinem untern Theil ausgefüllte (nicht ausgehöhlte, sondern nur durch Linien bezeichnete) Canellur hat, kräftig, ohne schwer zu sein, das Capitell aber, welches Fig. 271. in einer nach photographischer Aufnahme gezeichneten Probe darstellt, deren Eigenthümlichkeiten in Fig. 270. kaum erkannt werden können, weicht von classischen Mustern ziemlich weit ab, verdient aber um so mehr Beachtung, als ihm so ziemlich alle ionischen Capitelle aus den früheren Bauperioden Pompejis, auch diejenigen in Privathäusern entsprechen. Hervorgehoben zu werden verdient, daß an den Pro-

Fig. 271. Ionisches Capitell von den Propylaeen des Forum triangulare.

pylaeen des Forum triangulare wie an anderen Gebäuden 'z. B. auch am Venustempel alle Capitelle durch diagonale Stellung der Voluten die Gestalt von Eckcapitellen haben, ein Umstand, den man, so wenig er zu billigen ist, wohl aus dem Streben nach vermehrter Zierlichkeit ableiten darf. Das

Gebälk ist einfach, findet aber in dem jetzt zerstörten Tempel am Ilissos in Athen ein durchaus classisches Vorbild.

Weit zurück steht hingegen, was sonst in ionischer Ordnung in Pompeji gebaut und hinlänglich erhalten ist, um beurteilt werden zu können. Zunächst ist bei einem der aus der ältern Periode stammenden Bauwerke, dem Venustempel, wenngleich an einem seiner jüngeren Theile, dem Peribolos nämlich die schon einmal (oben S. 97.) berührte Seltsamkeit hervorzuheben, daß die Säulen, welche vor ihrer durch Tünche bewerkstelligten Umwandlung ionisch waren, ein dorisches Gebälk mit Triglyphen und Tropfenregula tragen, weshalb man früher auch die durch den Stucco verhüllten Säulencapitelle für dorische gehalten hat. Eine parallele Verbindung ionischer und dorischer Ordnung kehrt in der Stuccodecoration eines Zimmers der *Casa di Sallustio* wieder [113].

Die Cellasäulen des Jupitertempels (Fig. 270. *b*) haben gedrückte Basen und ein durch das fast gänzliche Fehlen des Polsters schwächliches, durch schwerfällige Voluten steifes Capitell und der leichten Schlankheit ermangelnde Schäfte, bei denen die Art, wie die Canellur über der Basis unmittelbar aufsetzt, sehr hart und unangenehm berührt; jedoch ist hier wenigstens noch kein fremdartiges Element beigemischt, wie dies bei den Pilastercapitellen der Basilika (Fig. 270. *c*) der Fall ist. Diese nehmen schon Einiges [Blätteransätze und eine Blume vor dem Polster und der Plinthe] aus der korinthischen Ordnung auf und bahnen jene Mischgattung an, welche man mit dem Namen des compositen Capitells oder der römischen Ordnung zu bezeichnen, und für welche man den Bogen des Titus in Rom als das früheste Beispiel anzugeben pflegt. Wenn nicht Alles trügt, so haben wir in den Säulen des Pronaos des Jupitertempels (Fig. 270. *d*) ein, wenn auch nur wenig früheres Beispiel dieser aus Elementen des Ionismus und der korinthischen Ordnung gemischten Gattung vor uns. Freilich sind die Voluten abgeschlagen, aber der Bruch und die Fläche derselben bezeugt ziemlich unzweifelhaft deren einstiges Vorhandengewesensein.

In Privatbauten ist die ionische Ordnung selten, jedoch immerhin nachweisbar; ein recht gefälliges Beispiel aus der *Casa dei capitelli figurati* finden wir bei Zahn II. 36., ein anderes weniger anmuthiges aus der *Casa dei capitelli colorati* daselbst 19.; nicht minder ist das Peristyl in der *Casa del imperatore Giuseppe II.* ionisch. Auch bei den Grabmälern sind die Elemente des Ionismus seltener (und dabei nie ganz rein) verwendet, als man es bei der alten sepulcralen Bedeutung dieser Ordnung erwarten sollte.

Am häufigsten findet sich in ganz Pompeji in öffentlichen und Privatbauten die korinthische Ordnung, freilich auch sie, die heitere Blüthe der Marmorarchitektur, selten ganz rein, meistens mit Elementen vermischt, welche von der geistreichen Launenhaftigkeit der Baumeister und von der Beschränkung durch das Material zugleich Zeugniß geben. Am reinsten und elegantesten in Verhältnissen und Ausführung erscheinen uns die Capitelle von Marmor im Gebäude der Eumachia (Fig. 272. *a*), ähnlich die am s. g. Grabmal der Mamia (Fig. 222.), gegen welche die Formen der Stuccocapitelle in der Basilika (Fig. 272. *b*) und die sehr ähnlichen des Venustem-

pels sich stumpf und schwer ausnehmen, welcher Eindruck durch die Verhältnisse des ganzen Gliedes noch vermehrt wird.   Weniger fein als die

Capitelle der Eumachia
sind die Steincapitelle
des   Quirinustempels
(Fig. 272. e, und vergl.
Mazois IV. 12.), am
weitesten von der Norm
entfernt die Pilaster-
capitelle von Stucco im
Isistempel Fig. 272. d),
welche mit ihren ein-
fachen Blättern und
den nackten Voluten
recht dürftig aussehn,
sowie auch die Basis,
welche die zwei Polster
fast ohne Hohlkehle
auf einander gelegt hat,
überaus schwächlich ist.

Fig. 272. Proben der korinthischen Ordnung in Pompeji.

Mit der Vergegenwärtigung der Monumente der drei altclassischen Ordnungen an den pompejaner Monumenten ist aber erst eine Hälfte von dem
gethan, was zu thun ist, wenn man sich von den in Pompeji auftretenden
Bauformen unterrichten will. Der lebendige Geist des Schaffens und Bil-
dens im Sinne der Zeit offenbart sich viel deutlicher in dem Erfinden neuer
Formen, als in der Reproduction der alten und überlieferten, bei denen es
mit Neuerungen im Einzelnen immer mißlich steht. Es ist freilich sehr
möglich, daß der Rigorismus in der Kunst sich geneigt fühlen mag, die
vielfachen Erfindungen, von denen jetzt zu reden, in Bausch und Bogen als
unclassisch, als Spielerei einer ungeschulten Phantasie, als Ausgeburt der
Laune zu verwerfen; legt man aber einen billigern Maßstab, als den der
starren Classicität an die heiteren Schöpfungen der campanischen Architekten,
beurteilt man diese nach dem Werthe des in ihnen liegenden Formgefühls,
der Sinnigkeit und des Verständnisses der Functionen, so wird sich Manches
finden, was unserer Billigung und, recht benutzt, unserer Nachahmung durchaus würdig ist. So namentlich viele der zahlreichen und mannigfachen s. g.
Phantasiecapitelle von Stein und Stucco, gelegentlich auch von gepreßtem
Thon, von denen in der folgenden Abbildung eine kleine Auswahl der vorzüglichsten zusammengestellt ist, und von denen sich die einen an Formen
und Elemente der ionischen (3, Fig. 273.), andere an die der korinthischen
(1, 2, 4, 6, 7, 8) Ordnung anlehnen, während einzelne entfernt an den
Dorismus erinnern (z. B. die Capitelle der Säulen im Xystus des Sallust
Fig. 273. 5, vergl. Mazois II. pl. 37. 2.), aber alle den Zweck und die Functionen des Säulen-, resp. Pilastercapitells mehr oder weniger klar, bündig,
geschmackvoll ausdrücken und nur eine Minderzahl diesem echt künstlerischen
Kriterium nicht genügt, wie namentlich solche Capitelle, welche, sei es

Köpfe, sei es halbe Figuren, in ihre Gliederung aufnehmen, welche allen
architektonischen Grundgedanken aufheben (vgl. Mazois II. Frontisp. und
Taf. 36. 2.). Was von den Capitellen, gilt fast ebenso von den anderen

Fig. 273.   Phantasiecapitelle.

Gliedern der Privatbauten, in Gebälken, Täfelungen und sonstigen Einzelheiten; in Maßen und Verhältnissen, in Anlage und Ausführung findet sich
so viel Geschmack und feiner Sinn, daß sich eine Mustersammlung von großem
Reichthum zusammenstellen ließe, wenn nicht die Beschränkung des Raumes
und der technischen Mittel hier Verzichtleistung geböte. Daß neben den
mustergiltigen Schöpfungen auch Verirrungen, Beispiele von Mangel an Geschmack, von Dürftigkeit oder von wirklicher Regellosigkeit der Phantasie
vorkommen, wer könnte das verkennen und wen könnte das in Erstaunen
setzen. Müssen wir doch vielmehr diese alten Baumeister bewundern und
voll Ehrfurcht zu ihnen emporschauen, in denen der Geist der Form und
des Princips vielleicht mehr thatsächlich als bewußt, jedenfalls aber in echt
künstlerischer Weise so lebendig war, daß sie für e i n e Gestaltung, die wir
ihnen mit Sinn und Verstand ablauschen, deren ganze Reihen aus der eigenen
Phantasie hervorbrachten. Und hier dürfte es nun auch am Orte sein, mit
besonderem Nachdruck dessen zu gedenken, was den Architekten Pompejis
zu unvergänglichem Ruhme gereichen wird, nämlich die bewunderungswürdig
malerische Anlage der Privathäuser. In der That kann man sich nicht leicht
etwas Reizenderes und Anmuthigeres denken, als die perspectivischen Durchsichten dieser Wohnungen vom Hausflur durch die Atrien, Tablinen, Peristylien und Xysten mit dem Schmuck der Säulen, der farbigen Wände, der
marmornen Tische, Springbrunnen, Piscinen, Brunnennischen. Und wenn
diese inneren Ansichten in ihrer Mehrzahl noch jetzt im höchsten Grade
mannigfaltig, reich ohne Überladung, farbig ohne Buntheit sind, so müssen

sie im Alterthum noch ungleich lebhafter und reicher gewirkt haben, als
jetzt, wo alle Räume der fehlenden Decken wegen im gleichmäßig hellen
Lichte daliegen. Freilich haben im Alterthum geschlossene Thüren oder
Vorhänge den Blick vielfach beschränkt; allein wenn man sich diese Thüren
oder Vorhänge im Tablinum geöffnet denkt und nun im Geiste aus dem
halbschattigen Atrium durch das bedeckte Tablinum hinausschaut in das
lichte Peristylium mit den grünenden und blühenden Gärten, den sprin-
genden und fließenden Wassern, den luftgen, farbigen Säulengängen, dem
gelegentlichen Schmuck plastischer Decorationen und zierlicher Mobilien,
so ergiebt sich ein Ganzes nicht allein von der reizendsten und behaglich-
sten Wohnlichkeit für das südliche Klima, sondern von wahrhaft künstlerischer Schönheit und Harmonie.

Dritter Abschnitt.

Die Decoration und Ornamentik.

Die letzten Bemerkungen im vorigen Abschnitte führen ganz von selbst
auf eine etwas nähere Erörterung des Systems der Decoration und Ornamentik,
oder richtiger der verschiedenen, in historischer Entwickelung auf einander
gefolgten Systeme. Denn nur einem ganz flüchtigen Beschauer kann die
Decorationsweise der pompejaner Gebäude gleichartig erscheinen, wer etwas
genauer zusieht und prüft, wird sich der durchgreifendsten Verschiedenheiten und unschwer auch dessen bewußt werden, daß in denselben Älteres
und Jüngeres vorliegt, wenngleich man nicht im Stande ist, so ohne Weiteres die historische Abfolge der einzelnen Decorationsweisen zu erkennen
und festzustellen. Dies in umfassender, scharfsinniger und überzeugender
Weise gethan zu haben ist das Verdienst von A. Mau [116], dessen Ergebnisse daher im Folgenden, so gut es ohne auf zu viel Einzelheiten einzugehn
und ohne die Unterstützung von Abbildungen möglich ist, zusammengefaßt
werden sollen.

Von der Decorationsweise der ältesten Periode können wir uns keine
Vorstellung machen, es ist von ihr Nachweisbares nicht erhalten; chrono-
logisch feststellbar ist nur diejenige der beiden letzten Jahrhunderte Pompejis und auch hier der älteste Stil als solcher nur in so fern als er sich im
Innern der Basilika findet, auf deren Wand, wie schon früher (oben S. 123.)
bemerkt worden, eine aus dem Jahre Roms 676 (= 78 v. u. Z.) stammende
Inschrift eingekratzt ist. Wie viel älter als dies Datum die Decoration der
Basilika sei und ob die eine und die andere Wand in Pompeji in eine noch
frühere Zeit hinaufreiche, ist nicht zu erforschen; für uns vertritt die Basilika zusammen mit der *Casa di Sallustio* und der *Casa del Fauno* (vgl. oben
S. 262. und 305.) den ältesten Stil der Decoration, welcher, wie einzelne
Überbleibsel in nicht wenigen anderen Gebäuden beweisen, einstmals weit
verbreitet war, aber von jüngeren Decorationsweisen verdrängt worden ist,
und zwar an mehren Stellen in der Art, daß man deutlich die historische
Abfolge zu erkennen vermag. Diese älteste Decorationsweise besteht in einer

plastisch in Stucco ausgeführten Nachahmung der Wandbekleidung
mit Tafeln mehrfarbigen Marmors, für welche man die Vorbilder in
Griechenland und Kleinasien fand, während in Italien um diese Zeit die
Incrustation der Wände mit wirklichem Marmor noch nicht eingeführt war
und, wie ebenfalls schon früher bemerkt (oben S. 217.), in Rom zuerst von
Mamurra, dem Zeitgenossen Caesars, etwa ein Menschenalter nach dem nach-
weisbaren Datum der Basilika angewendet wurde. Eine Schilderung dieser
Decoration im Einzelnen würde hier zu weit führen; es sei daher nur im
Allgemeinen bemerkt, daß dieselbe, wie sie sich am besten erhalten und am
strengsten durchgeführt in der *Casa di Sallustio* vorfindet, ganz entsprechend
der oben in der Ansicht zu S. 445. abgebildeten, ohne Zweifel gleichzeitigen
Mauer aus Noceratuff aus der *Strada di Mercurio*, zu unterst mit einem
Sockel beginnt, über welchem mehre Lagen von quaderartig behandelten,
zu unterst größeren, zu oberst kleineren Rechtecken folgen; über diesen
liegt ein doppelt gegliederter friesartiger Streifen, welchen der stark vorspringende, für diesen Stil ganz besonders charakteristische Stuccocarnies
krönt, auf welchen schon mehrfach in der Beschreibung der Häuser aufmerksam gemacht worden ist und der in Stein ausgeführt als Bekrönung
der aus vorrömischer Zeit stammenden Thüren der größeren Thermen an dem
Vico delle terme Stabiane (*del lupanare*) sowie sonst noch in einzelnen Beispielen
aus derselben Periode wiederkehrt. Oberhalb dieses Carnieses ist die Wand
glatt und nur durch verschiedene Farben felderweise eingetheilt, endlich
zu oberst mit einem schmalen und einfach gegliederten Carnies abgeschlossen.
Etwas weniger streng behandelt und wahrscheinlich etwas jünger ist dieselbe
Decorationsweise in der *Casa del Fauno* angewendet, in der sich einzelne
Elemente finden, welche auf Eigenthümlichkeiten der folgenden zweiten Art
der Decoration hinweisen und an welche diese offenbar angeknüpft hat.

Diese zweite Decorationsweise, für welche die *Casa del Laberinto* (oben
S. 304.) das beste Muster bietet, ahmt eben so gut wie die erste die Incrustation der Wände mit Marmor nach, allein nicht mehr plastisch, sondern lediglich durch Malerei; dies bezieht sich sowohl
auf den Sockel und die Quadern der Wand mit dem sie umgebenden glatten
Streifen, über welchen die Mitte durch Schattenlinien als erhoben gebildet
ist, wie auf den charakteristischen Carnies oberhalb der Quaderlagen und
alle sonstige Gliederung der Wandflächen. Oberhalb des Carnieses setzt
sich die Wand theils in liegenden Rechtecken (Marmortafeln nachahmend)
fort, theils zeigt sie größere Flächen, auf denen die ersten kleinen Land-
schaftsbilder auftreten. Weitere Modificationen dieser Decorationsweise bestehn darin, daß man, um den engen Raum der Zimmer scheinbar zu erweitern, Säulen auf die Wände malt, und zwar so, daß sie entweder auf dem
Fußboden oder auf dem Sockelstreifen aufsetzen, während zwischen ihnen
die gemalten Marmortafeln entweder einfacher gefärbt werden oder einfarbigen (z. B. gelben oder rothen) Wandflächen weichen, welche in einer
letzten Entwickelung dieses Stiles, an welche die dritte Decorationsweise
anknüpft, sich nur bis zum Carnies erheben, während oberhalb desselben
die Wand himmelblau gefärbt ist, so daß es scheinen soll, die Wand erhebe

sich nur bis zum Carnies und oberhalb desselben sehe man in's Freie. Auch ziehn sich hier und da oberhalb des Carnieses Guirlanden von Säule zu Säule und in anderen Fällen (z. B. in der *Casa del Laberinto*) ist oberhalb des Carnieses eine Porticus von schlanken Säulchen gemalt, in welcher offenbar die ersten Elemente der Darstellung der phantastischen Architekturen der späteren Decorationsweisen enthalten sind. Noch näher kommt diesen späteren Stilarten die Darstellung vollständig entwickelter Architekturen in der Wanddecoration, wovon sich abermals ein Beispiel in dem genannten Hause (in dem *oecus corinthiacus* 43 im Plane Fig. 174.) findet, denen sich einige andere an die Seite stellen. In diesem Stile beginnt auch die verticale Eintheilung der Wand vermöge der Säulen oder der weiter entwickelten Architekturen in drei, bei längeren Wänden in fünf Felder, von denen das mittelste das breiteste ist und später der Träger des Hauptbildes wird, während die Nebenfelder meistens schwebende Figuren zeigen. Wenn bei dieser Eintheilungsweise die Darstellung von scheinbaren Quadern zwischen den Säulen aufgegeben und die Wand in glatten Feldern behandelt wird, wovon einzelne Beispiele in Pompeji vorliegen, so führt dies unmittelbar in die spätere Decorationsweise hinüber.

Diese, die dritte in der ganzen Reihenfolge, tritt in drei Variationen auf, von der man keine älter oder jünger, als die andere zu nennen Ursache hat, während sie sich alle drei von der jüngsten Decorationsweise unterscheiden, welche der Periode nach dem Erdbeben von 63 angehört. Gemeinsam ist ihnen, daß sie die Nachahmung von Marmor durchaus aufgeben, welche erst in dem jüngsten Stile, hier aber auf den bloßen Sockel beschränkt wieder auftritt. Und eben so fehlt ihnen durchaus eine dem jüngsten Stil eigenthümliche Art von bunt bemaltem Stuccocarnies, welcher an den Stellen wieder erscheint, wo er sich im ältesten Stile findet, aber von wesentlich anderen Formen ist. Die erste Art der dritten Decorationsweise, zugleich die einzige in Pompeji weit verbreitete, hat einen schwarzen, mit hellen, ganz regelmäßigen Linien geschmückten Sockelstreifen; der mittlere Theil der Wand wird theils durch dünne, aber immer noch, wenngleich nicht in Stein structiv mögliche Säulen von heller Farbe oder in anderen Beispielen durch dieser Stilart eigenthümliche sehr schlanke, anmuthig gegliederte Candelaber in drei Felder mit größerem Mittelfelde getheilt, welches zur Aufnahme eines Hauptbildes bestimmt aber nicht immer mit einem solchen geschmückt ist. Auf den Säulen liegt eine Art von oft in bunten Farben gemaltem Architrav, der eher den Charakter eines Frieses trägt. Bei breiten Wänden werden zwei äußerste Felder nur durch weiße Streifen abgetheilt, innerhalb der Säulen oder Candelaber die Wandflächen mit einem verschieden gefärbten Saum eingefaßt. An dem obern Theile der Wände finden sich phantastische Architekturen, welche aber, bald weiß auf rothem, bald blaugrau auf weißem oder gelbem Grunde, sorgfältiger gemalt sind, als in dem jüngsten Stile. Die Verdünnung und Erleichterung aller architektonischen Glieder und Formen in diesem Stile bildet dessen fundamentalen Unterschied gegen die zweite Decorationsweise; dieser muß daher auch hier besonders hervorgehoben werden, während auf eine ganze Reihe von Variationen dieser Stilart und

auf eine nähere Auseinandersetzung der beiden anderen gleichzeitigen aber
nur selten auftretenden Stilarten, welche den Grundcharakter der ersten theil-
len, ohne Weitläufigkeit nicht näher eingegangen werden kann. Die jüngste
Decorationsweise endlich, welche zugleich als die Hauptträgerin der eigentlichen, erst in einem spätern Capitel näher zu besprechenden Wandmalerei
erscheint, setzt an die Stelle der verhältnißmäßigen Einfachheit der dritten
eine überwuchernd reiche Entwickelung phantastischer Architekturen, welche
allerdings besonders an die Vorbilder anknüpft, welche die zweite Decorationsweise darbietet, aber diese ohne Rücksicht auf structive Möglichkeit
und auf die Herstellung bestimmter, in sich zusammenhangender Bauformen
umgestaltet. An die Stelle der kleinen Systeme von ein paar Säulchen oder
der kleinen Durchsichten in einen angrenzenden Raum treten ganze Gebäu-
lichkeiten von mehren Stockwerken mit Treppen und Balconen, Bogen- und
Säulengänge, luftige Perspectiven. Hier lassen nun den Maler ihrer Phantasie Zaum und Zügel schießen, die Mannigfaltigkeit der Formen, die meistens aus vegetabilen Elementen componirt sind, ist unübersehbar, es ist eine
Architektonik, in der, wie sie von keinem Material bedingt und geregelt
wird, sich Rohrsäulen, Festonsgebäude, Rankenbogen ins Schrankenlose nach
allen Richtungen und in zwei- und dreifachen perspectivischen Durchsichten
aufbauen. Der Reichthum des Einzelnen entspricht dem der Hauptformen,
da ist kein Pflanzenelement, kaum eine Thiergestalt, welche nicht benutzt
würde; Geräthe und Gefäße aller Art und endlich menschliche Gestalten als
Statuen und Statuetten behandelt oder auch (was am wenigsten reinen Geschmack verräth) als Bewohner dieser luftigen Gebäude, müssen sich dem
Ganzen einfügen, welches in lebhaften und bunten Farben wie spielend mit
kecker Hand hingezaubert wird. Einzelne Beispiele können hier nicht mehr
herausgehoben, Stufen der Entwickelung nicht unterschieden werden, die
Zahn'schen Blätter II. 3. 6. 13. 23. 33. 43. 53. 73. 63. 83. bieten sich auch
demjenigen, welcher die Originale nicht studiren kann, zu einer genußvollen
und fast nicht abzubrechenden Betrachtung dar.

Nach der Vergegenwärtigung der Gesammtdecoration pompejanischer
Wände, welche, wie gezeigt wurde, nur in der ältesten Stilart einen architek-
tonisch-plastischen Charakter trägt, während sie in den spätern in einen archi-
tektonisch-malerischen und zuletzt einen fast ganz malerischen übergeht,
ist zur Ergänzung dessen, was im zweiten Abschnitte dieses Capitels über
den Stil der eigentlichen Bauformen gesagt worden, noch ein Blick auf die
Ornamentik im engern Sinne zu werfen, welche sich mit den Baugliedern
m. o. w. nahe verbindet und von ihren Grundformen ausgehend sich bis zu
m. o. w. selbständiger Bedeutung erhebt. Voraus zu bemerken ist dabei,
daß der gegenwärtige Stand der Forschung auf diesem Gebiet eine streng
historisch gegliederte Darstellung noch nicht zuläßt und daß man sich genügen lassen muß eine ältere von einer jüngern Periode zu unterscheiden.

Die ältere Periode, dieselbe, welcher die Quaderbauten aus Noceratuff
und die erste und zweite Decorationsweise angehören, zeigt sich wie in
diesen, so auch in der Ornamentik ernster, einfacher und strenger als die
spätere. Sie legt ihrer ornamentalen Gestaltung von Thür- und Fenster-

einfassungen, Thürbekrönungen, Carniesen und Simsen hauptsächlich die
Formen des ionischen Baustiles zum Grunde oder wendet diese in ganzer
Reinheit an, was besonders von den Thürbekrönungen und von den Carniesen gilt, welche nach dem Schema des ionischen Geison Dachtraufe) mit
darunter liegendem glattem Friese und getragen von Mutulen und Zahnschnitten gestaltet sind. Als ihr Material verwendet diese Periode auch im
Ornament entweder Tuff, aus welchem sie plastisch z. B. auch die Löwenklauen an der Schola auf dem Forum triangulare und diejenigen im kleinern
Theater sowie die Atlanten daselbst in der ihres Ortes näher besprochenen
kräftigen Weise hergestellt hat, oder, und zwar in ganz überwiegendem
Maße Stucco. Diesen aber weiß man in der ältern Zeit so zu bereiten, daß
er im Material und folgeweise in den Formen sich, wie dies schon bei der
Besprechung einzelner Beispiele hervorgehoben worden, bedeutend und sehr
zu seinem Vortheile von demjenigen der spätern Periode unterscheidet.
Materiell ist er von der größten Feinheit und Härte und demgemäß läßt er
sich formell mit der Feinheit und Sauberkeit behandeln, welche an den aus
ihm hergestellten Gliederungen und Ornamenten, Eierstäben, Zahnschnitten,
Perlenstäben, Voluten an Capitellen unsere volle Bewunderung erregt. Dabei
wird dieser Stucco niemals in der Dicke und Massenhaftigkeit aufgetragen
wie derjenige der spätern Periode, sondern stets, wo er nicht selbständiger
Träger der Form ist, wie z. B. in Säulenüberzügen, Füllungen u. dgl. fein
und dünn, so daß er Nichts von den Formen verhüllt, denen er lediglich
eine edlere Oberfläche zu geben bestimmt ist, als die, welche das Baumaterial darbietet. In welchem Umfange die ältere Periode ihren trefflichen
Stucco in freier Modellirung, in welchem dagegen in Anwendung mecha-
nischer Behandlung durch das Formholz oder durch Aufpressung hölzerner
Formen gestaltet hat, läßt sich genau noch nicht feststellen, daß jedoch bei
durchlaufenden Gliedern, Eier- und Perlenstäben u. dgl. mechanische Mittel angewendet worden sind, läßt sich gar nicht bezweifeln und an manchen Beispielen bestimmt darthun, während uns andererseits wiederum eine überraschend
weitgehende freie Modellirung entgegentritt, welche aus leichten Ungleichheiten
in wiederholten Gliedern und Ornamenten unwidersprechlich nachgewiesen
werden kann. Farbe hat die ältere Periode in der Ornamentik ungleich weniger und in ungleich geringerer Mannigfaltigkeit angewendet, als die spätere.
Was diese betrifft, ist zunächst in Betreff des zur Ornamentik verwendeten Materiales zu bemerken, daß während der heimische Kalktuff aufgegeben wird, wofür, wenn auch immer nur in dem bescheidenen Umfange,
auf den schon früher (oben S. 414. u. 447.) hingewiesen worden, Marmor an
die Stelle tritt. Die Güte dieses unvergleichlichen Materiales macht sich nun
freilich in der Schärfe und Reinheit der Formen und in einem Reichthum
und einer Feinheit der Gestaltung auch der Ornamentik dieser Periode geltend, der Geschmack aber ist nicht mehr derjenige der ältern Periode und
an die Stelle der frühern eleganten und sinnigen Einfachheit tritt vielfach
auch hier wie in der gesammten Decoration das Spielende, Phantastische,
hier und da Überladene. Als eines der vorzüglichsten Beispiele der pompejanischen Marmorornamentik, an welchem ihre Vorzüge und ihre Mängel

Fig. 274. Thüreinfassung.

gleich deutlich zu Tage treten, darf die schon mehr-
fach genannte Thüreinfassung aus dem Gebäude der
Eumachia gelten, von welcher Fig. 274. ein Stück nach
Zahn II. Taf. 16. darstellt.

Aus einer in sinniger Weise den Fußpunkt bildenden, durch einige niedergeschlagene Wurzelblätter noch
näher charakterisirten Reihe von Akanthusblättern entwickelt sich eine mit bald rechts bald links geschwungenen Spiralen reich und kräftig aufsteigende s. g.
Arabeske, deren Blätterwerk hauptsächlich auch dem
Akanthus entlehnt ist, während in den Windungen der
Spiralen verschieden stilisirte Blumen liegen und hier
und da Früchte an eigenen Stielen hervorschießen, zu
denen Maiskolben wie gleich unten, Mohn oder Gra-
naten und Trauben die Vorbilder geliefert haben. Diese
Arabeske an sich wird man gewiß namentlich auf der
hier mitgetheilten linken Seite, denn auf der rechten
ist sie stellenweise etwas magerer als gut erfunden
und fein ausgeführt anerkennen dürfen, während ihr
jedoch die in sie eingestreuten mannigfaltigen und zum
Theil sehr ungeschickt ausgeführten und angebrachten
Thiere, Hasen oder Kaninchen, Mäuse, vielerlei Vögel,
Schlangen und Eidechsen, mancherlei Insecten, Käfer,
Schmetterlinge, Heuschrecken, Fliegen, nebst Schnecken
u. dgl. durchaus nicht zu erhöhter Zier gereichen, sondern so verständig der Grundgedanke der Belebung solchen Blätterwerks sein mag, als eine dürftig erfundene
und zum Theil häßliche Spielerei erscheinen.

Neben dem Marmor und verwandten Gesteinarten
(s. oben S. 117.) bleibt der Stucco das Hauptmaterial der
Ornamentik, welcher aber nicht auf die Herstellung
einzelner architektonischen und plastischen Glieder und
Schmuckstücke beschränkt blieb wie, abgesehn von der
Wandbekleidung mit Marmornachahmung, in der frühern Periode, sondern zu ganzen und ausgedehnten
Decorationen verwendet wurde, wie sie ganz besonders aus dem Hofe der
größeren und den Badersäumen beider Thermen bekannt und ihres Ortes
(oben S. 182 ff. und 196 ff.) näher beschrieben worden sind und wie sie sich

weiter z. B. im Isistempel am s. g. Purgatorium, aber auch an der einen
und der andern Wand von Privathäusern wiederfinden, von denen letzteren
eines der schönsten Beispiele im Museum zu Neapel im zweiten Saale der
Ornamente aufzusuchen ist.

Wie in diesen wesentlich malerisch gehaltenen und mit den gemalten
übereinstimmenden Decorationen wirken auch bei den einzelnen Stuccoornamenten dieser Periode an Sockeln, Einfassungen, Bekrönungen, Capitellen,
Carniesen und Simsen lebhafte Farben in ungleich höherem Maße mit der
plastischen Gestaltung zusammen, als in den Ornamentgliedern der frühern
Zeit, wie dies nicht blos aus einem Theil der auf S. 462. abgebildeten Capitelle sondern ganz vorzüglich aus dem auf S. 234. abgebildeten Sacrarium
selbst in der nichtfarbigen Nachbildung ersehn werden kann. Die Formen
selbst aber haben nicht blos an Classicität, sondern auch an Schärfe, Eleganz,
Feinheit bedeutend verloren und sind eben so oft plump wie spielend und
kleinlich und viel häufiger als früher auf mechanischem Wege, durch Auf-
pressen und das Formholz hergestellt. Und auch das Material selbst, obgleich dem meisten modernen Stucco, namentlich dem in unseren Privathäusern verwendeten weit überlegen ist in auffallendem Grade geringer als
dasjenige der frühern Periode. Je mehr nun dieser massenhaft angewendete
und dick aufgetragene Stucco Alles überwuchert und sich zum fast alleinigen
Träger der Formgebung und Ornamentik aufwirft, er von dem mit dem voll-
sten Rechte gesagt worden ist, »daß er auf die Länge des Formen immer
demoralisire, desto gerechtfertigter ist es, wenn man von einer übermäßigen
Tünchewirthschaft in den letzten Zeiten Pompejis redet, wodurch man sich
nicht braucht abhalten zu lassen gleichzeitig den aus dem Zusammenwirken
der Stuccoornamentik und der Farbe hervorgegangenen glänzenden und heitern Gesammteindruck der pompejanischen Decoration anzuerkennen.

Das dritte Material der plastischen Ornamentik ist der Thon, welcher
modellirt oder in Formen gepreßt und dann gebrannt zu solchen Ornamenten verwendet wurde, welche besonders der Nässe ausgesetzt waren. Aus
gebranntem Thon bestehn deshalb besonders die Verzierungen an den Außen-
seiten der Gebäude und namentlich diejenigen des Daches, die Akroterien,
die Stirnziegel, die Ausgüsse der Regenrinnen und des Impluvium, Brunnenmündungen, die Atlanten im Tepidarium der kleineren Thermen, aber auch
einzeln Capitelle und Simse. Im Allgemeinen jedoch ist gebrannter Thon in
Pompeji nur selten verwendet worden und seinem Material nach wohl nie
zu Gesichte gekommen, sondern meistens mit einer dünnen Stuccolage überzogen und dann, selten ohne diese Stuccogründung bemalt worden.

Wenn man schließlich die ganze pompejanische Ornamentik überschaut,
darf die eine Bemerkung nicht unausgesprochen bleiben, daß sich in ihr
mit den architektonischen Grundformen in auffallend geringem Maße die
höhere, namentlich die figürliche Plastik verbindet. Für die jüngere Periode
erklärt sich dies einfach daraus, daß in ihr der ganze Charakter der Decoration durchaus malerisch ist; aber auch für die ältere ist dieselbe Thatsache
zu constatiren und wohl nur aus der Beschränktheit der Mittel einer kleinen
Stadt zu erklären. Immerhin ist es auffallend, daß in Pompeji, wo doch so

Manches in dorischer Ordnung gebaut ist, sich keine einzige mit Relief geschmückte Metope findet. Ob dieselben bemalt oder durch Farbe ornamentirt gewesen sind, läßt sich nicht mehr nachweisen. Eben so ist nicht die
geringste Spur vorhanden, daß irgend einer der Giebel der Tempel und
öffentlichen Gebäude plastischen oder gar statuarischen Schmuck getragen
habe und nicht minder fehlt der Reliefschmuck an Statuenbasen und Altären,
den einzigen im s. g. Quirinustempel ausgenommen. Überhaupt ist das Relief
in Pompeji selten und auch die statuarische Plastik, so vielfach ihre Werke
decorativ aufgestellt worden sind, erscheint aus der nähern Verbindung mit
der Architektur vollkommen gelöst.

Zweites Capitel.

Die Plastik.

Es ist schon früher bemerkt worden, daß die Plastik in ihrer ganzen
Ausdehnung nicht eigentlich die Trägerin des Charakters der Kunst in Pompeji sei. Dennoch darf sie in diesen Betrachtungen nicht übergangen oder
vernachlässigt werden, und zwar aus mehr als einem Grunde. Erstens nämlich gehören ihre Werke doch nicht allein mit zu dem Ganzen dieser ver-
sunkenen kleinen Welt, sondern es finden sich unter denselben, wenn auch
nicht eben viele, so doch immerhin einige Stücke, welche als Muster in ihrer
Art eine eingehende Betrachtung erheischen und lohnen, und die allgemeinste
Aufmerksamkeit erregen würden, wenn sie auch nicht in Pompeji gefunden
wären, Stücke, welche sich, wo nicht dem Besten, das wir überhaupt von
antiker Kunst besitzen, jedenfalls dem Bessern ebenbürtig anreihen, und
welche sich namentlich neben Allem, was das wesentlich vornehmere und
an plastischen Kunstwerken ungleich reichere Herculaneum hat zu Tage
fördern lassen, getrost sehn lassen können. Dazu kommt zweitens, daß die
plastischen Monumente aus Pompeji uns mancherlei lehren, was uns unser
übriger Antikenbesitz entweder gar nicht oder doch nicht in der Ausdehnung
und Klarheit zu lehren im Stande ist. Das gilt schon von manchen technischen Eigenthümlichkeiten, wie z. B. von der Bemalung und Vergoldung
der Statuen, welche an den pompejaner Sculpturen vermöge der Art ihrer
Erhaltung sich vollständiger nachweisen lassen, als an den meisten übrigen
Antiken; ganz besonders aber tritt auch bei den plastischen Monumenten
in Pompeji das Interesse in den Vordergrund, welches, wie schon früher
hervorgehoben wurde, allem Pompejanischen seinen eigenthümlichen Werth
verleiht, das Bekanntsein der Bestimmung, der Aufstellung, der Zusammengehörigkeit mit Anderem. Die Werke der Bildhauerei nehmen in unserer
modernen Welt einen verhältnißmäßig so untergeordneten Platz ein, daß es

denen, welche auf diesem Gebiete nicht besondere Studien gemacht haben, schwer wird, sich ein richtiges Bild von der ganz verschiedenen Stellung zu entwerfen, welche die Plastik in der antiken Welt einnahm. Es ist uns freilich geläufig genug geworden, daß die Alten einen überschwänglichen Reichthum plastischer Kunstwerke besaßen, wohl wissen wir, daß manche kleine griechische Stadt mehr Statuen aufweisen konnte, als viele unserer Hauptstädte, daß das kaiserliche Rom neben seiner lebenden noch eine andere Bevölkerung von Stein und Erz hatte; allein so wenig wie überhaupt erweckt in diesem Falle das Anhören von abstracten großen Zahlen eine lebendige Vorstellung. Und wenn wir die Masse von Sculpturen überblicken, welche als geringe Reste dessen, was einst vorhanden war, zu Tausenden unsere Museen füllen, so mag uns das freilich vergegenwärtigen, wie groß der Reichthum der Alten gewesen ist, allein nun werden wir andererseits nicht wissen, wo wir diesen Reichthum, der ja doch im Alterthum nicht wie bei uns in Museen zusammengehäuft war, in der lebendigen antiken Welt unterbringen sollen. Freilich wird der Gelehrte hier wohl nicht in Verlegenheit gerathen; die Bilder dessen, was an plastischen Werken z. B. die Akropolis von Athen, was die Altis von Olympia, der delphische Tempelbezirk, um nur diese zu nennen, umschloß, sind ihm lebendig, er weiß auch, wie viel man, um ein anderes Beispiel anzuführen, in Rom aus den Trümmern der Thermen des Caracalla oder aus denen des Palastes des Hadrian in Tivoli gezogen hat; allein dem Nichtarchaeologen diese Bilder, zu denen ihm die Analogien fehlen, klar und anschaulich zu machen, wird nicht in allen Fällen leicht gelingen. Auch hier, wie auf anderen Punkten, bietet nun Pompeji, so weit sein Besitz plastischer Werke hinter dem mancher anderen Stadt gleichen Umfangs zurückstehn mag, eine erwünschte Vermittelung concreter Anschauungen. Schreitet der Kunstfreund durch die Ruinen der pompejanischen Tempel und Capellen und man kann ihm sagen, daß in den Cellen, dem Pronaos, den seitlichen Nischen, dem Peribolos außer den geweihten Cultusbildern noch so und so viele Weihe- und Ehrenbildsäulen standen, sieht er auf dem Forum die Stellen und Postamente, wo, abgesehn von Statuen zu Pferd und vielleicht in Wagen, ganze Reihen von Porträtstatuen verdienter Bürger standen (ihrer vierzehn allein an der westlichen Langseite des Forum civile), folgt er uns durch die Straßen der Stadt, durch die öffentlichen Gebäude, durch die Grabmonumente und wir können ihm überall nachweisen: hier sind so und so viele Nischen und Fußgestelle für Statuen, oder er sieht ihrer noch manche, wie im Pantheon, im Gebäude der Eumachia, in der Gräberstraße im Original oder im Abguß vor sich; betritt er dann ein Privathaus nach dem andern und es kann ihm, sei es aus noch an Ort und Stelle Vorhandenem, sei es aus den Fundberichten, nachgewiesen werden, wie auch hier Hauscapellen, Atrien, Peristyle, Brunnennischen u. s. w. mit Statuen geschmückt und erfüllt waren: so gewinnt er auf einen Schlag nicht allein eine Übersicht über die Fülle der hier vorhanden gewesenen Sculpturwerke, sondern er sieht eben so schnell, wo er diesen Reichthum unterzubringen und einzuordnen hat, und begreift auf einem solchen Rundgange, wie dieser Reichthum an plastischen Kunstwerken aus dem idealen Lebensbedürfnisse der Alten naturgemäß entsprang und wie mit demselben hausgehalten wurde. Und das ist kein Geringes.

Wenigstens eben so wichtig aber ist ein Zweites. Unser Urteil über ein Sculpturwerk wird sich nicht unerheblich nach Maßgabe seiner Bestimmung zu modificiren haben; Anforderungen, welche wir z. B. an ein Tempelbild oder an ein öffentliches Weihebild stellen müssen und dürfen, sind andere als die, welche wir einer, wenn auch mythologischem, also idealem Kreise angehörigen Decorationsstatue gegenüber erheben werden; anders wirkt ein Sculpturwerk in prächtigen architektonisch umschlossenen Räumen, anders in traulicher häuslicher Umhegung, verschieden auf dem säulenumgebenen Marktplatz und im lauschigen Winkel eines grünenden und blühenden Gartens oder dem plätschernden Brunnen nachbarlich gesellt. Was hier in einem Falle paßt und grade das Rechte trifft, das kann im andern Falle sehr unpassend und verkehrt sein. In unseren Museen aber stehn die antiken Statuen unterscheidungslos durch einander, ihre einstmalige Bestimmung und Aufstellung läßt sich in den wenigsten Fällen erweisen, und ist sehr oft viel schwieriger festzustellen, als man gewöhnlich weiß und glaubt. Und so hat sich denn für die Beurteilung der Antike ein gewisser Durchschnittsmaßstab ausgebildet, mit dem wir wenn auch nicht grade unterscheidungslos messen, aber doch sehr vielen Werken schwerlich ganz gerecht werden. Hier bieten nun die pompejanischen und herculanischen Monumente wenigstens einigermaßen ein Correctiv. Freilich sind auch sie jetzt mit wenigen Ausnahmen von ihren ursprünglichen Aufstellungs- und Fundorten entfernt und in das Museum von Neapel zusammengetragen, ein unvermeidlicher Übelstand, dem man je eher je lieber durch Rückversetzung von Abgüssen an Ort und Stelle begegnen sollte; allein auch bevor dies geschehn sein wird, kann man diese Rückversetzung wenigstens im Geiste bewirken, da die meisten Fundstätten bekannt sind; und fast in jedem Falle ist es möglich, unter den Sculpturen aus Pompeji Tempel- und Cultusbilder, Weihestatuen (Anathemata), Bilder des häuslichen Cultus, öffentliche Ehrenstandbilder, Grabstatuen, Brunnenfiguren und sonstige Decorationsarbeiten sicher nachzuweisen und demgemäß an ihre Beurteilung individuellere Maßstäbe anzulegen als an die große Masse der Antiken, denen die Analogie des hier Gewonnenen ebenfalls, in gewissen Grenzen wenigstens, zu gute kommt.

Wer diese Gesichtspunkte bei der Durchmusterung der pompejaner Sculpturen festhält, dem werden diese ohne Zweifel ein mannigfaltiges Interesse erwecken, welches in der künstlerischen Freude an dem wahrhaft Schönen und Gediegenen, das uns besonders unter den Bronzewerken begegnet, seinen natürlichen Gipfel findet.

Beginnen wir mit einigen technischen Erörterungen in weiterm Sinne dieses Wortes, d. h. mit solchen, die sich auf das Material, die technische Behandlung und die Kunstformen der pompejaner Sculpturwerke beziehn, so finden wir von Materialien am häufigsten weißen Marmor, griechischen und italischen, aber keinen farbigen, sodann Bronze verwandt, seltener Thon, der außer in kleinen Statuetten wohl nur in den Telamonen des Tepidarium der kleineren Thermen (S. 163.), in den Statuen des s. g. Tempels des Jupiter Milichius (S. 90.) und in ein paar Statuen oder Statuetten von Komikern nachweisbar ist, welche 1762 gefunden, jetzt im Museum von Neapel sind [117] (abgeb. Mus. Borb. XIV. 37.). Kleine Statuetten von Terracotta, welche in Griechenland eine ganze Kunstwelt für sich ausmachen und vielfache Verwendung hatten, sind in Pompeji verhältnißmäßig wenig zahlreich. Die Römer machten dergleichen Sigilla lieber von Bronze und zwar in mehr oder weniger enger Verbindung mit Geräthen und Gefäßen, von denen auch die meisten in Pompeji gefundenen stammen. Von der ganz seltenen Verwendung des Tuffs und der reichlichen des Stucco ist im vorigen Capitel gesprochen worden; edle Metalle endlich finden wir in den Producten plastischer Goldschmiedekunst, auf welche weiterhin in einem eigenen Capitel über das Kunsthandwerk zurückzukommen sein wird. Daselbst soll auch ein ganz vereinzeltes Bleigefäß mit Reliefen näher erörtert werden. Irgend namhafte Arbeiten künstlerischer Art in Elfenbein und Knochen sind aus Pompeji nicht bekannt; dagegen ist eine große Merkwürdigkeit nach Maßgabe der Ausgrabungsberichte (Hist. Ant. Pomp. I. 1. p. 186. cfr. Add. pars II. p. 151.) am 4. März 1766 im Isistempel gefunden worden, nämlich eine weibliche Statue, deren Kopf und Extremitäten von Marmor gearbeitet sind, und die so lagen, daß man deutlich sah, der Körper habe aus Holz bestanden. Das ist ein s. g. Akrolith [118], und zwar fast der einzige, von dem auch nur Stücke, die widerstandsfähigen Marmortheile, aus dem Alterthum auf uns gekommen sind.

Von irgend welcher technischer Besonderheit in der Sculptur des Marmors in Pompeji ist Nichts zu sagen, dagegen verdient allerdings hervorgehoben zu werden, daß viele der in allen Perioden der Ausgrabung aufgefundenen Marmorstatuen, wenn auch bei weitem nicht alle, mehr oder weniger reichliche Spuren von Bemalung und von Vergoldung zeigten und zum Theil noch heutigen Tages deutlich erkennen lassen. Wohl das merkwürdigste Beispiel einer durchgeführten polychromen Behandlung eines Marmorwerkes bietet die am 22. März 1873 in einem Hause an der *Strada Stabiana* (Reg. I. Ins. 2.) gefundene Gruppe der Venus und Spes von griechischem Marmor. Die 1 M. hohe Göttin steht, oberwärts nackt, das Himation vom linken Arme hinten herum über die rechte Hüfte und die Beine gezogen, mit dem linken Arm auf die Spesfigur gelehnt. Ihr H a a r ist g e l b mit einem darinliegenden weißen Bande, Augen, Brauen und Wimpern sind s c h w a r z, das H i m a t i o n außen g e l b wie das Haar mit einem w e i ß e n, vielleicht einst rosa gefärbten Saume, innen jetzt weiß, aber mit deutlichen Resten von b l a u g r ü n e r Farbe in der Tiefe der Falten und von einem v i o l e t e n Saume. Die Spes trägt einen g r ü n e n Chiton und g e l b e Chlamys; Haar und Augen nebst Brauen und Wimpern sind s c h w a r z. An der Venus ist höchst bemerkenswertherweise am Nackten keine Spur von Farbe; nur in den Nasenlöchern und im Nabel ist etwas Roth, dagegen nicht an den Lippen. Das Gleiche gilt von der Spes. Der Apfel, welchen die Venus in der linken Hand hält, ist g e l b, das Sandalenband am allein sichtbaren linken Fuße war farbig, aber ungewiß wie gefärbt.

Der Fels, auf welchem die Spes steht, ist schwarz. Die Farbe ist technisch sehr roh aufgetragen und haftet auch nicht eben fest an der Oberfläche des Marmors. Gefunden wurde diese jetzt im Museum zu Neapel zu suchende Gruppe in einer vollkommen erhaltenen Nische im Peristyl des genannten Hauses, welche außen mit Marmor bekleidet, innen mit einer lebhaft blauen Draperie ausgemalt ist. An der Venus sind die Hände antik roh restaurirt und auch ihr Kopf, obgleich von demselben Material wie der Körper ist schlecht aufgesetzt, indem die Flächen im Halse geglättet sind. Vielleicht gehört auch er nicht zu dem ursprünglichen Werke. Nächst dieser Gruppe dürfte eine Venus genannt werden, welche nach den Ausgrabungsberichten (s. Hist. ant. Pomp. I. t. p. 165. und Add. I. ii. p. 149.) am 16. Februar 1765 im Isistempel gefunden wurde. Sie stellt nach der genannten Quelle die Göttin oberwärts nackt, wie aus dem Bade gekommen, und die nassen Haare ausdrückend dar, welche gelb gefärbt waren, während sie ein vergoldetes Halsband trägt und gleicherweise ihre Brustwarzen und, merkwürdiger Weise der obere Theil ihres Bauches vergoldet ist, das Gewand dagegen, welches sie von den Hüften abwärts umhüllt, lebhaft dunkelblau gefärbt [118]. Auf eine archaistische Artemisstatue mit gelbem Haar und bemalten Gewandsäumen (unten Fig. 278.) muß weiterhin zurückgekommen werden. Von den Statuen mit Farbenspuren und Vergoldung, welche im Fortunatempel und im Gebäude der Eumachia gefunden worden sind, ist früher berichtet worden (S. 67. und 117.); die Farbe findet sich hier an Haaren und Gewändern, nicht am Nackten, und dasselbe gilt sowie von mehren anderen Statuen, die hier einzeln aufzuzählen nicht lohnt, auch von der 1853 gefundenen des M. Holconius Rufus [120], welche rothgefärbtes Haar, purpurne Toga und schwarze Fußbekleidung hat. Ist nun auch die Thatsache, daß man im Alterthum überhaupt die Marmorstatuen in ziemlich hohem Grade bemalte, bekannt und nicht mehr zu bestreiten, kann also das Vorkommen bemalter Statuen in Pompeji durchaus nicht als etwas Eigenthümliches gelten, so gehören die pompejaner Exemplare doch immerhin zu denen, bei welchen die Farbe am sichersten und reichlichsten vorhanden ist, und sie sind deshalb nicht uninteressant; in weit höherem Grade würden sie dies sein, wenn es erlaubt wäre, aus der Art und dem Grade ihrer Bemalung und Vergoldung für das ganze Alterthum giltige Schlüsse abzuleiten, was aber, gegenüber der Thatsache wechselnder Sitte in verschiedenen Zeitaltern bestritten werden muß.

Auch von technischen Besonderheiten in der Behandlung der Bronze ist Nichts zu sagen; Erwähnung verdient aber die ganz eigenthümliche, zum Theil lebhaft blaue Patina vieler, aber lange nicht aller pompejaner Bronzen, welche am auffallendsten bei dem 1853 in der s. g. *Casa del citarista* gefundenen Apollon (Fig. 279.) ist, auf welchen zurückzukommen sein wird, während sich von ihr z. B. an dem schönen Narkissos (siehe das Titelbild) keine Spur findet. Manche Bronzen von Pompeji, namentlich die Fragmente von Reiterstatuen, von denen früher gesprochen worden ist, zeigen reichliche Spuren von Vergoldung, welche jedoch bei Erzstatuen im Alterthum etwas sehr Gewöhnliches ist. Auch von der technischen Behandlung des Thones ist nichts

Besonderes anzugeben, auffallend wäre höchstens, daß die pompejaner Thonstatuen nicht mehr Reste von Farbe zeigen, als es der Fall ist.

Was dann zweitens die unter den pompejaner Sculpturwerken vertretenen
Kunstformen anlangt, so ist, da die Statuen und Statuetten in Nichts von
denen anderer Fundorte abweichen, zunächst etwa auf die dreifache in Pompeji vorkommende H e r m e n form aufmerksam zu machen, deren eine, roheste
Art schon S. 366. bei Besprechung der Grab-
monumente als ganz specifisch pompejanisch
bezeichnet worden ist. Die beiden anderen
Arten dagegen sind auch aus anderen Fundorten nicht selten nachweisbar. Die erstere
derselben, die überall gewöhnlichste, besteht
aus einer Büste, welche von einem viereckigen, meistens nach unten mehr oder
weniger verjüngten und mit viereckigen
Armansätzen versehenen Pfeiler getragen
wird, und bietet eine namentlich für das
Porträt, bei dem es auf die Hervorhebung
dessen, was am Menschen das Individuellste
ist, des Kopfes ankommt, sowie da, wo es
sich um engen Anschluß an die Architektur, an die Wand sowohl wie an den Mauer-
und Thürpfeiler handelt, aesthetisch vollkommen berechtigte, ja ganz vorzügliche
Kunstform dar, sofern sich die vordere
Fläche des Pfeilers zur Aufnahme einer Inschrift, sei es des Namens der dargestellten
Person, sei es z. B. eines besonders denk-
würdigen Ausspruches derselben oder eines
ihren Charakter bezeichnenden Satzes aller-
bestens eignet. Von den mancherlei Por-
trätthermen dieser Art, welche aus Pompeji
bekannt sind, wird es genügen diejenige
des C. Cornelius Rufus als ein vorzügliches
Beispiel hervorzuheben, welche Figur 275.
mit einem Theile des Atrium, in welchem

Fig. 275. Herme des C. Cornelius Rufus.

sie noch jetzt vor dem einen Antenpfeiler des Tablinum steht, darstellt, um
zugleich zu zeigen, wie harmonisch diese Art der Aufstellung wirkt. Auch
für Götterbilder, bei denen es aus irgend einem Grunde, wie z. B. der Aufstellung an Thürpfeilern oder als Grenzsteine wegen, nur auf die Bezeichnung
der Gottheit durch die Hervorhebung des Bezeichnendsten und Wesentlichen
ankam, ist diese Hermenform seit alter Zeit vielfach und so auch in Pompeji nicht selten angewendet worden, und zwar ist sie vollkommen berechtigt, wenn und so lange die Köpfe in vollkommener Ruhe ohne die Hervorhebung einer besondern Bewegung des Gemüthes dargestellt werden. Dasselbe kann jedoch nicht gelten, wenn in den Köpfen das Gegentheil eintritt,

d. h. wenn in denselben eine bestimmte gemüthliche Situation, sei es Freude oder Trauer ausgesprochen ist, wie in nicht wenigen Beispielen unter den pompejaner Hermen. Denn hier stellt sich zwischen der Bewegtheit des Kopfes und der starren Ruhe des in ungefährer Länge und Breite des Körpers den Kopf tragenden Pfeilers ein Widerspruch heraus, welcher das Ganze wie unfertig oder wie in die Gebundenheit der Versteinerung zurückgesunken erscheinen läßt.

Die Gefahr eines solchen Eindruckes wächst bei der zweiten, ebenfalls in Pompeji nicht seltenen, obgleich keineswegs auf Pompeji beschränkten Form der Hermen, das ist diejenige, welche anstatt nur einen Kopf auf den Pfeiler zu setzen, große Theile des Oberkörpers, sei es bis zum Nabel, sei es bis zu den Hüften hinab in natürlichen Formen bildet und nur die Beine und Füße durch einen so oder so gestalteten Pfeiler ersetzt. Ein Beispiel einer solchen Herme in dem Peribolus des Venustempels ist schon S. 97. Fig. 61.) besprochen worden, andere finden sich im Peristyl der *Casa di Lucrezio* (s. die Ansicht vor S. 291.) und auch sonst noch. Es ist das eine schwer zu rechtfertigende Kunstform, welche bei engem Anschluß an die Architektur wie im Venustempel erträglich sein mag, die aber beinahe unerträglich wirkt, wenn sie selbständig hingestellt oder gar, wie in der *Casa di Lucrezio*, genreartig in lebendige Beziehung zu anderen Wesen gesetzt wird. Jene Herme z. B. im genannten Hause, welche einen jungen Satyrn darstellt, der einer Ziege, — man begreift bei seiner Angewurzeltheit in den Boden nicht wie —, ihr Junges genommen hat, und an dessen Schaft nun die alte Ziege mit vollem Naturalismus emporspringt, ist geradezu eine Geschmacklosigkeit, und das in diesem Falle ganz Unorganische des blättergeschmückten Pfeilers tritt uns auffallend und peinigend entgegen.

Neben den Statuen und Hermen, der vollen und der abgekürzten Form des Rundbildes, ist sodann der im ganzen, wie schon bemerkt, wenig zahlreichen Reliefe zu gedenken, die wir zum Theil ornamental verwendet an Ort und Stelle, von Marmor und anderem Stein so dem Altar des Quirinustempels und an Grabmälern, von Stucco an manchen, hier nicht abermals aufzuzählenden Orten gefunden haben, während auch im Museum noch etliche lose Platten bewahrt werden [121], welche ähnlichen Zwecken gedient haben werden. Neben diesen ist besonders der eigenthümlichen Form von beiderseits mit Reliefen geschmückten, bald runden, bald halbmondförmig oder wie eine Amazonenpelta gestalteten Marmorscheiben zu gedenken, welche nicht selten in den Privathäusern gefunden worden sind, und von denen Fig. 276. ein paar Beispiele zeigt. Man hat diese Scheiben, und zwar die halbmond- und amazonenschildgestaltigen ganz außer Acht lassend, früher für Wurfscheiben (Disken) gehalten und sich hauptsächlich nur gefragt, ob sie wirklichem Gebrauche gedient haben oder nur Schaustücke gewesen sein mögen, deren Form aus der Reminiscenz des wirklichen Gebrauchs herstamme. Schon die von Rund abweichende Form nicht weniger dieser Scheiben konnte das Irrige dieser Annahme zeigen, die wirkliche Bestimmung zeigt sich erstens daraus, daß sie zum Aufhängen eingerichtet sind und ist zweitens aus ihrer Darstellung in anderen Kunstwerken, Reliefen und Ge-

mälden erwiesen worden, welche sie in der That an Zweigen heiliger Bäume
oder an Bauwerken frei schwebend aufgehängt zeigen. Es sind s. g.
Oscillen [122], welche zum bedeutsa-
men Schmuck zunächst an heiligen,
in Pompeji aber wohl auch an profanen Gegenständen aufgehängt wurden und demgemäß meistens in den
Peristylien und Viridarien gefunden
worden sind, wo sie in den Intercolumnien des Säulenumgangs vom
Architravbalken, vielleicht auch von
Baumästen herabgehangen haben
mögen. Reliefe von Bronze kommen
nur als Decoration von Geräthen
und Gefäßen vor und sind bei der
Besprechung dieser schon erwähnt
worden.

Endlich sei der Masken gedacht,
welche theils in symbolisch ornamen-
talem Sinne, z. B. an der Umfassungsmauer des gemeinsamen Begräbnißplatzes hinter dem s. g. Grabe
der Mamia (oben S. 372.) verwendet
worden sind, und welche anderntheils eine rein decorative und zwar
sehr eigenthümliche Bestimmung
hatten, in welcher man sie z. B. an
dem Mosaik- und Muschelbrunnen
der *Casa della prima fontana a musaico* findet. Hier sind an den beiden
Pfeilern, welche die Nische einfassen
und ihre Wölbung tragen, zwei Masken, eine nicht näher bestimmte
tragische und eine des Herakles mit
dem Löwenfell angebracht, deren
Mund und Augen ganz geöffnet sind;
aber nicht etwa zum Ausgießen von
Wasser, sondern, so vermuthet man
wenigstens, um das Licht von in die
Masken gestellten Lampen heraus-
strahlen zu lassen. Die Richtigkeit
dieser Annahme kann allerdings nicht
verbürgt werden, allein unwahrscheinlich ist sie nicht, und diese

Fig. 276. Oscillen von Marmor.

geschmacklose Spielerei der Geschmacklosigkeit des Ganzen dieser antiken
Rococcobrunnen durchaus würdig und angemessen.

Um nun die pompejaner Sculpturen ihrem Gegenstande und ihrer Bestimmung nach, so weit die letztere bekannt ist, zur Übersicht zu bringen,
wird mit den mythologischen Bildwerken am natürlichsten zu beginnen sein,
und unter diesen wiederum mit den Tempelbildern.

Es versteht sich von selbst, daß alle Tempel und Capellen in Pompeji
ihr Cultusbild gehabt haben, denn ohne ein solches ist, ganz einzelne und
besonders motivirte Ausnahmen abgerechnet, überhaupt kein antiker Tempel
zu denken; nachzuweisen aber vermag man von den pompejaner öffentlichen
Cultusbildern nicht eben viele. Von dem aus dem griechischen Tempel
(S. 79.) fehlt jede Spur; ob die schöne Büste des Zeus oder Jupiter, von
der schon bei Besprechung des Jupitertempels (S. 52.) die Rede gewesen,

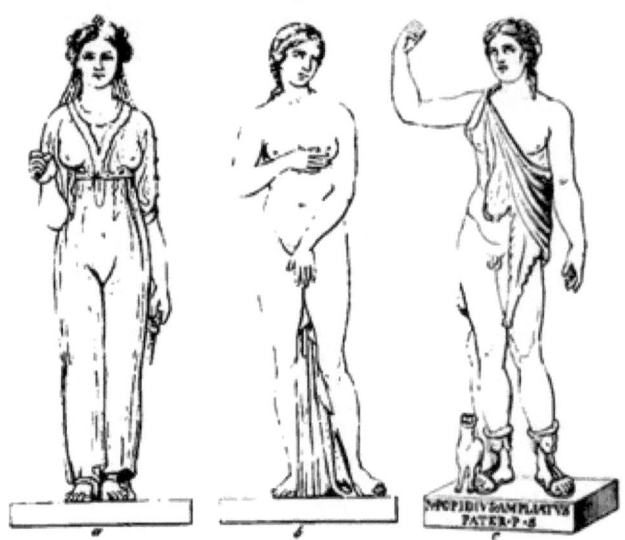

Fig. 277. Tempel- und Weihebilder.

in der That demselben ja überhaupt Pompeji angehört, ist, wie a. a. O.
bemerkt worden, zweifelhaft; verloren ist das Cultusbild des s. g. Venustempels (S. 93 f.), denn daß die im Peribolos des Venustempels gefundene
Statue Fig. 277. b das Cultusbild aus diesem Tempel sei, ist ganz unwahrscheinlich, und ebenso fehlt uns dasjenige des Tempels der Fortuna Augusta
(S. 86 f.), nicht minder dasjenige des s. g. Quirinustempels (S. 91 f.) und
dasjenige aus dem Sacellum im s. g. Pantheon bis auf einen Arm mit der
Weltkugel (S. 109.); dagegen ist die Concordia Augusta (denn so wird man
sie nennen dürfen) aus dem Sacellum im Gebäude der Eumachia (S. 117.),
wenn auch ohne Kopf, auf uns gekommen [123], ebenso sind es die Bilder
von Thon aus dem s. g. Tempel des Jupiter Milichius, von welchen die

männliche schon S. 90. Fig. 53. in Abbildung mitgetheilt worden; das erhaltene Cultusbild des Isistempels (wenn es das Cultusbild ist) zeigt Figur
277 a. Damit ist der Vorrath der erweislichen Cultusbilder aus den öffentlichen Tempeln und Sacellen erschöpft, und nicht eben viel bedeutender ist
derjenige von Statuen, welche doch wohl als geweihte in den Nischen, Seiten-
capellen und dem Peribolos der verschiedenen Tempel standen, wie die schon
erwähnte Venus im Venustempel, außer welcher noch ein Hermaphrodit [124]
von Marmor und der obere Theil einer vortrefflichen schießenden Artemis
von Bronze [125] (abgeb. Mus. Borb. VIII. 59 b.) im Bereich des s. g. Venustempels gefunden worden sind, ungerechnet die mehrfach schon erwähnte,
noch an Art und Stelle befindliche Herme. Aus der Nische außen an der
Hinterwand der Cella des Iseum stammt die Fig. 277. c abgebildete sehr

unbedeutende Marmorstatue eines
mit Epheu bekränzten Bakchos [126],
welche laut der Inschrift an dem
Plinthos N. Popidius Ampliatus
der Vater von seinem Gelde geweiht hat; außer ihr ist als hier
gefunden noch eine Satyrstatue [127]
zu erwähnen, ebenfalls ein mittelmäßiges Stück Arbeit, obgleich
besser gedacht und componirt als
ausgeführt. Von einer Büste der
Minerva, die in dem s. g. Tempel
des Jupiter Milichius gefunden
worden, ist früher (S. 91.) berichtet; in den übrigen Tempeln sind
Weihebilder, nachweislich mythologischen Gegenstandes, nicht
aufgefunden worden.

Nächst den Tempelbildern ziehn
die Bilder des häuslichen Cultus
die Aufmerksamkeit auf sich, ja
sie verdienen dieselbe in gewissem
Sinne in höherem Grade, als jene,
da sie viel mehr eine Besonderheit
Pompejis bilden. Auf die verschiedenen Hauscapellen und Nischen
für häusliche Götterbilder ist schon
in der Einleitung zu der Beschreibung der Häuser und in diesen
da, wo sie sich fanden, aufmerksam gemacht worden, auch sind
ebenda schon einige Bilder selbst
angeführt worden, wie z. B. die

Fig. 275. Archaistische Artemisstatue.

Florastatuette aus der *Casa del Fauno*, zu der die oskische Inschrift gehörte

(S. 309.). Unter den nun hier zu nennenden verdient in mehr als einer Hinsicht den ersten Platz die in der vorstehenden Fig. 278. abgebildete, schon oben
erwähnte Statue der Artemis. Ihre Herkunft aus Pompeji ist freilich nicht
unbestritten [128], allein über ihre Auffindung in der Hauscapelle eines der
jetzt leider wieder verschütteten Häuser an dem südlichen Abhange der Stadt
im Theaterquartier sprechen die Ausgrabungstagebücher [129] so bestimmt und
ausführlich, daß dagegen die Zweifel verstummen müssen. Die Art der Aufstellung, wie es scheint in einer eigenen Aedicula im Peristyl eines großen

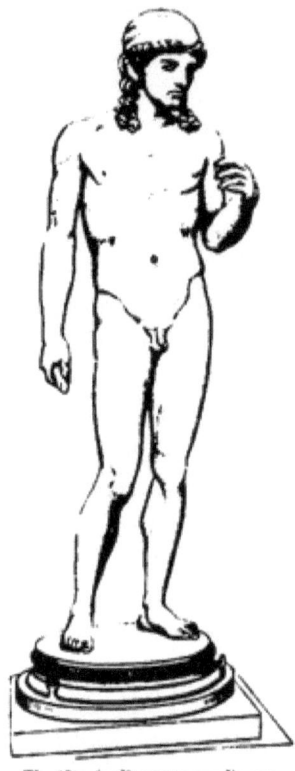

Hauses auf einer aus Ziegeln hergestellten, aber mit mehrfarbigen Marmorplatten
bekleideten Basis, ist das zunächst Bemerkenswerthe an dieser Statue, zweitens verdient sie die größte Beachtung als das
einzige, allerdings wohl nicht echt alterthümliche, wohl aber hieratisch-archaisti-
sche statuarische Werk, welches wir bisher aus Pompeji kennen, und drittens
wegen der sehr reichlichen Färbung, von
der schon oben S. 474. im Allgemeinen
gesprochen worden ist. Etwas genauer sei
hier nur bemerkt, daß die gelben Haare,
in denen ein weißer Reifen mit rothen
Rosetten liegt, wohl (matt) vergoldet gewesen sein werden; die Gewandsäume,
das Köcherband, die Sandalenriemen sind
roth (oder rosa) gefärbt gewesen, was noch
heute in m. o. w. sicheren Spuren erkennbar ist. Dagegen bemerkt man auch hier
am Nackten keine Farbe. Dieser Statue
stellt sich als nicht minder auch kunstgeschichtlich interessant zur Seite die 1853
am 8. November in dem nach ihr *Casa
del citarista* (nach einem Bilde *Casa d' If-
genia*, richtig *domus Popidii Secundi Augustiani*, genannten Hause der *Strada Stabiana* (Plan No. 115.) gefundene lebensgroße Bronzestatue eines Apollon [130], von
welcher Fig. 279. eine nach einer Photographie gemachte Darstellung giebt. Diese
Statue, auf deren künstlerischen und kunstgeschichtlichen Werth zurückgekommen

Fig. 279. Apollonstatue von Bronze.

werden soll, und welche in der gesenkten Rechten das Plektron hält, so daß
kein Zweifel sein kann, daß sie mit der Linken, in welcher noch ein Apparat
zur Befestigung erhalten ist, die Lyra gehalten hat, die aber spurlos verloren ist, stand an der Ecksäule im Peristyl des genannten Hauses, freilich
nicht in einem häuslichen Heiligthum, wie die eben besprochene, so daß

wir nicht mit Bestimmtheit sagen können, daß sie dem Cultus der einstmaligen Bewohner gedient habe, welche sie auch als ein bloßes Schaustück
besessen haben mögen, obgleich sie den Charakter hat, der Cultbildern besonders zuzukommen scheint.

In einer Aedicula dagegen wurde, falls nämlich den Angaben Finatis
im Mus. Borbon. Vol. II. zu tav. 23., der über das Datum der Auffindung
(1808 statt 1811, d. 6. April nach Hist. ant. Pomp. I. III. p. 54. sq.) irrt,
mehr als dem nicht ganz genauen Fundberichte zu trauen ist, eine zweite,
kleinere bronzene Apollonstatue von sehr jugendlichen und zarten Formen
gefunden, von welcher der Umriß Fig. 280. a wenigstens der Composition
nach eine Vorstellung geben kann. Das Haus, in welchem sie stand (Plan
No. 26.), scheint von einem besonders eifrigen Verehrer des Apollon bewohnt gewesen zu sein, denn auch in den Gemälden desselben, welches
nach diesen und der Statue den Namen *Casa d'Apolline* führt, ist diese
Gottheit mehr als ein Mal dargestellt. Die jetzt im Museum befindliche

Statue [131] zeigt den Gott an
einen schlanken Pfeiler lässig
angelehnt, sein Spiel unter-
brechend, als wolle er mit
sanft geneigtem Haupte den
Bitten des vor ihm Opfernden
horchen. Sie ist von zierlicher, vielleicht etwas glatter
Arbeit und von einer so vortrefflichen Erhaltung, daß
selbst noch einige der silbernen Saiten an ihrer Lyra un-
gebrochen sind. Diesen beiden bronzenen Statuen des
Apollon gesellt sich eine dritte
von griechischem Marmor,
von der freilich nur der Körper antik ist [132] (abgeb. mit
den Ergänzungen Mus. Borb.
XII. tav. 56.), welche aber

Fig. 280. Bronzene Götterbilder aus Privathäusern.

ebenfalls aus einem Privathause stammen soll und füglich ein Cultusbild gewesen sein mag. Auch in dieser Statue scheint der Gott, welcher mit über den
Kopf gelegtem Arm an einen Baumstamm gelehnt ist, an welchem sein Köcher
hangt, sich gnädig zuhörend den an ihn gerichteten Gebeten zu neigen. In dem
s. g. Hause der Isis und des Osiris, welches nach seinen Gemälden auch das
Haus der Tänzerinnen (*Casa delle danzatrici*, Plan No. 3 a.) heißt, fand
man in der Aedicula, in der auch ein kleiner Altar stand, die bronzenen
Statuetten der beiden genannten aegyptischen Gottheiten nebst der des Harpokrates mit dem Finger auf dem Munde, ein Beleg mehr dafür, wie tief
bereits damals der fremdländische Cult in die römische Welt eingedrungen
war. Häuslichen Cult hat wahrscheinlich ebenfalls die in Figur 280. b

dargestellte kleine Bronzegruppe des Bakchos und eines Satyrn [137] gedient,
obgleich sie nicht in ihrer Aedicula, sondern in Leinwand gewickelt und
mit anderen Gegenständen in einen kupfernen Kessel verpackt, dann aber
bei der Flucht weggeworfen im s. g. Hause des Pansa gefunden wurde
s. S. 290.). Der Gott, den sein dienender Begleiter zutraulich umfaßt, hat
wiederum den Charakter der gnädigen Bezugnahme auf die ihm Opfernden
oder zu ihm Betenden, welchen man als den dem Cultusbilde angemessen-
sten wird anerkennen müssen, obwohl sich nicht läugnen läßt, daß, wie schon
die Artemis Fig. 278. beweist, auch solche Bilder dem Cultus gedient haben,
welche sich in Situationen befinden, die den Gedanken an eine unmittelbare
Beziehung des Bildes zu dem anbetenden Sterblichen ausschließen. Eben
dieser Umstand ist auch der Anlaß, die wenn auch noch so kleine Liste
häuslicher Cultusbilder hier zu schließen, um nicht als solche Statuen anzuführen, welche sich in dieser Bestimmung weder durch sich selbst, noch
durch die leider nur in wenigen Fällen hinreichend genauen Fundberichte
erweisen lassen. Der Vorrath mythologischer Bildwerke aber ist damit
nicht erschöpft, eine größere Zahl derselben, als die bisher verzeichneten,
diente erweislich anderen, als den bisher besprochenen Zwecken, und von
ihnen wiederum lassen sich ziemlich viele positiv als Brunnenfiguren erweisen. Es ist schon früher (S. 211.) der Brunnenfiguren im Allgemeinen
gedacht worden, zu denen von den Statuen in unseren Museen viel mehre
gehören, als Mancher ahnen mag. Eine ganze Reihe derselben ist freilich
unverkennbar, indem sie gradezu die Brunnenmündung selbst bilden und
so oder so den Ausguß des Wassers vermitteln, sei es, daß sie aus Gefäßen
oder Schläuchen den Wasserstrahl auszugießen scheinen, oder daß ein von
ihnen gehaltenes Thier oder auch eine Maske diesen ausspie. Eine bei
diesen Statuen irgendwo, meistens sehr sinnreich, angebrachte Durchbohrung,
welche das Wasserrohr von Blei oder Bronze aufzunehmen bestimmt war,
läßt die Gattung erkennen, zu welcher sie gehört haben; bei anderen aber
fehlt dies sicherste Kennzeichen, welches entweder mit den Theilen, an
denen es sich befand, verloren gegangen ist, oder auch sich nicht unmittelbar an der Statue selbst fand, sondern an ihrer Basis, einer Stütze oder
sonstwie in entfernterer Verbindung. Noch andere Statuen von etwas anderer Erfindung besorgten weder das Ausgießen des Wassers selbst, noch
standen sie zu demselben in so naher Beziehung, wie die erwähnten, dennoch hatten sie mit dem Wasser von Impluvien und Piscinen zu thun, wie
Beispiele aus Pompeji und Herculaneum zeigen, und gewinnen bei einer
solchen Aufstellung außerordentlich an lebendigem Charakter und an Anmuth der Erfindung. Alles in Allem genommen gehören die Brunnenfiguren
sehr verschiedenen Kreisen an; es giebt mythologische sowohl wie nicht
mythologische. Die ersteren sind vorzugsweise, aber keineswegs ausschließlich, dem bakchischen Kreise entnommen, die anderen reine, zum Theil
allerliebst erfundene Genrebilder im eigentlichen Sinne des Wortes, wie die
zehn Knabenfiguren aus Bronze von Herculaneum (Mus. Borb. Vol. l. 45.,
II. 22. und III. 11.., welche aus Gefäßen den Wasserstrahl ausgießen oder
einen Fisch oder eine Maske halten, aus der er hervorspringt. Bei ihnen

soll man ja nicht nach irgend einem mythologischen Namen suchen, und ihnen würde man mit der gezwungenen Beilegung eines solchen großes Unrecht thun.

Herculaneum sowohl wie Pompeji haben Brunnenfiguren aller Art, von Marmor und Erz, aus mythologischem Kreise und aus dem des Alltagslebens in nicht geringer Zahl geliefert, welche durch die Analogie, welche sie zu anderen Statuen liefern, von ganz besonderem Werth und einer Durchmusterung durchaus würdig sind. Die folgende kleine Auswahl mag die verschiedenen Klassen zur Vorstellung bringen. Zunächst einige Proben solcher Figuren, welche direct als Wasserausgüsse dienten. Wie schon gesagt sind hier ganz besonders die Figuren des bakchischen Kreises beliebt, namentlich Silene und Satyrn mit dem Weinschlauch oder der Amphora, bei denen das Ausgießen aus eben diesem Schlauche oder Gefäße, mögen sie dasselbe auf der Schulter oder unter dem Arme tragen, mögen sie den Schlauch im seligen Rausche oder im trunkenen Schlafe auf den Boden fallen gelassen, oder die Amphora, um auszuruhen, auf einen Pfeiler oder Baumstumpf gelegt haben, als natürliches, oft aber mit trefflichstem Humor behandeltes Motiv erscheint. Auch in Pompeji sind derartige Brunnenfiguren

nicht selten; einem alten Silen mit dem Weinschlauche sind wir schon in der Brunnennische der *Casa di Lucrezio* (S. 251.) begegnet, ein Satyr mit demselben Geräthe aus der s. g. Villa des Cicero ist auch schon erwähnt; einen zweiten Silen von Marmor, welcher in der Brunnennische der *Casa del granduca* aus einem auf einen Baumstamm gelegten Gefäße das Wasser ausgoß, zeigt Fig. 251. *a*; auf ein zweites Motiv in der Composition dieser Gestalt braucht angesichts der Abbildung wohl nicht besonders hingewiesen zu werden.

Neben den Personen des bakchischen Kreises eignen sich natürlich Flußgötter und Quellennymphen in ganz besonderer Weise zu Brun-

Fig. 251. Brunnenfiguren.

nenfiguren; auch davon bietet Pompeji ein Beispiel in der ziemlich hübsch gearbeiteten Nymphe, welche Fig. 251. *b* darstellt [14]; bequem auf einem Felsen sitzend scheint sich diese oberwärts nackte Figur die eine Sandale zu lösen, während sie behaglich auf das aus ihrer umgestürzten Urne rinnende und in dem Bassin zu ihren Füßen gesammelte Wasser blickt, bereit, demnächst badend in das kühle und klare Naß zu tauchen. Sinniger konnte eine Brunnenfigur kaum erfunden werden; es ist aber gar nicht unwahrscheinlich, daß mehr als eine Statue der im Bade kauernden oder eben dem

Bade entstiegenen und die feuchten Haare trocknenden Aphrodite in ganz ähnlicher Weise am Rande von Wasserbecken aufgestellt gewesen ist.

In einer bedeutenden Zahl anderer Brunnenfiguren wird das Motiv des Wasserausgießens weniger nahe begründet, so daß dieses als etwas mehr

Zufälliges, ja zum Theil als nicht vollkommen passend erscheint. Besonders beliebt war es, den Wasserstrahl durch irgend ein Thier ausspeien zu lassen, sei es daß dieses allein stand, wie aus Pompeji z. B. ein kleiner bronzener Stier oder ein marmorner Löwe [125], sei es daß derselbe von einer menschlichen Figur gehalten wurde oder sonstwie mit derselben in Zusammenhang stand. Von der erstern Art ist die, freilich nicht mythologisch zu benennende, zierliche Gruppe eines Knaben mit einer gefangenen Ente Fig. 252. Dieselbe stand in der *Casa della piccola fontana a musaico* im

Fig. 252.
Brunnenfigur.

Bassin des Viridarium selbst, und das hübsche Motiv der Composition ist offenbar, daß der Knabe sich von seiner Verfolgung des Thieres zu weit hat fortreißen lassen und nun sich erstaunt rings von Wasser umgeben sieht. Von der andern Art besitzen wir eine

Fig. 253. Herakles mit dem Hirsch, Bronzegruppe aus der *Casa di Sallustio.*

Probe in der meisterhaften Bronzegruppe des Herakles mit dem Hirsch,
Fig. 283., welche wie früher (S. 265.) schon erwähnt, auf dem Rande des
Impluvium in der *Casa di Sallustio* stand, und die jetzt im Museum zu
Palermo, durch Gypsabgüsse aber weithin bekannt ist. Über die Meister-
lichkeit, mit welcher die Situation ausgedrückt ist, zu reden, scheint nicht
nöthig; die Art wie der noch jugendliche und mit gutem Grunde schlanker
als gewöhnlich gebildete Held das im raschesten Laufe ereilte Thier, welches
des schönern Anblicks wegen aus einer Hirschkuh in einen männlichen Hirsch
verwandelt ist, zu Boden gewor-
fen und niedergedrückt hat, und
dasselbe am Geweih gepackt,
vollkommen in seiner Gewalt
hat, konnte nicht natürlicher und
zugleich nicht schöner und ge-
fälliger dargestellt werden; darüber, ob der Gedanke, daß der
überwältigte Hirsch zum Ausspeien des Wasserstrahls benutzt
ist, in gleichem Grade schön
und anmuthend zu nennen sei,
dürften die Meinungen getheilt
sein. Endlich haben wir auch
von solchen Brunnenfiguren,
welche mit dem Wasserausgießen
selbst direct Nichts zu thun
haben, wenigstens ein mögliches,
wenn auch nicht durchaus sicheres Beispiel in dem meisterhaften
kleinen bronzenen Faun oder
Satyrn, Fig. 264., welcher der
Casa del Fauno den Namen gegeben hat, der aber, wie S. 312.
schon bemerkt wurde, nicht aufgestellt am Impluvium, sondern
an dessen Rande, vielleicht nur
zufällig liegend gefunden wurde.
Er mag aber dennoch zu dem,
wie a. a. O. angeführt, mit einem
Springbrunnen versehn gewesenen Impluvium und dessen Wasser in Beziehung gestanden haben, wie denn auch sonst Satyrn
in ähnlicher Weise aufgestellt
wurden, welche man sich im
Walde lebend, an Buchesrande

Fig. 264. Tanzender Faun von Bronze aus der
Casa del Fauno.

mit den Nymphen schäkernd, zum Rauschen der Quellen ihre Flöte blasend

oder unter demselben sanft entschlummert dachte und sie demgemäß bildete
Sei aber dieser Satyr Brunnenfigur gewesen oder nicht, das ist für seine
künstlerische Würdigung gleichgiltig, und der Werth der Statue bleibt in
allen Fällen ein sehr hoher. Es giebt gewiß nicht viele Kunstwerke, welche
die ausgelassene Lust des bakchischen Taumels so vergegenwärtigen wie dieser sehnige Alte, der, ganz Bewegung und Elasticität, über den Boden da-
hintanzt, als gäb's keine körperliche Schwere, und als sei die Arbeit aller
angespannten Muskeln des ganzen Körpers Nichts als Lust und Behagen.
Den hat der Geist seines Gottes ergriffen und hebt und treibt ihn, daß er
sich und die Welt vergißt; und daß wir dennoch sehn wie er arbeitet, daß
hier kein Schweben und leichtes Schweifen, sondern ein tüchtiges Auftreten
und Schwenken der Glieder dargestellt ist, das ist vom Künstler vortrefflich
ersonnen, der uns eben ein Bild der derben Sinnlichkeit vor Augen führen
will, und dieses in allen Zügen bis hinab zu den unverhüllten Zeichen halb-
thierischer Natur meisterhaft durchgeführt hat.

   Von anderen Statuen mythologischen Gegenstandes ist auch in Pompeji
zufolge der mangelhaften Überlieferung des Standortes bei der Auffindung die
ursprüngliche Bestimmung wenigstens nicht mit Sicherheit nachweisbar; bei
mehren derselben, namentlich denen von Marmor, ist ein bloßer Decorations-
zweck der Atrien, Peristylien oder Viridarien, dem sonst auch Genrebilder
dienten, nicht unwahrscheinlich, in ein paar Beispielen in der *Casa di Lu-*
crezio (S. 252.) sogar nachweisbar; andere, namentlich kleinere von Bronze
mögen, wie es von dem gleich zu erwähnenden Silen erweislich ist, als
Träger von Geräthen und Gefäßen oder als deren Verzierungen in der Art

gedient haben wie der Si-
len an dem kleinen Can-
delaber Fig. 232. *d* oder
der bakchische Knabe auf
dem Panther an demjeni-
gen daselbst *e*, oder aber
wie die Figuren auf den
Lampendeckeln in Fig.
230. *o* und *p*. Für den
Rest mag sich die ur-
sprüngliche Bestimmung
zum Theil noch aus den
Ausgrabungstagebüchern
auffinden lassen, zum
Theil bleibt er zu erra-
then.

   In Fig. 285. *a b c*
sind drei der besseren
Marmorstatuen dieser Art

Fig. 285. Idealbildwerke aus Marmor.

vereinigt; *a* zeigt den schon in der Ansicht vor S. 281. klein in der Gesammt-
umgebung der *Casa di Lucrezio* abgebildeten Satyrn, welcher mit der über
den Kopf erhobenen Hand die Strahlen der Sonne abzublenden scheint, um

besser in die Ferne sehn zu können, ein, wie a. a. O. gesagt, lebensvoll erfundenes und auch nicht schlecht ausgeführtes Bild; mit b ist eine jetzt im Museum befindliche jagende Artemis bezeichnet[136], deren Fundort nicht genauer bekannt ist. Die Composition, welche sich übrigens ähnlich nicht selten wiederholt, ist vortrefflich, der Eifer der Göttin der Jagd und ihr rasches und doch nicht angestrengtes Daherschreiten, welchem der Hund in vollem Laufe kaum zu folgen vermag, sind sehr wohl ausgedrückt; nur könnten die Formen weniger derb und die Arbeit ausgeführter sein. Das Haar der Göttin und der Felsen, über welchen der Hund daherstürmt, zeigen deutliche Spuren rother Bemalung. Unter c ist eine kleine aus dem Bade gestiegene und ihr Haar trocknende Aphrodite bezeichnet, von der es nicht feststeht, ob sie mit der oben S. 474. erwähnten identisch sei (s. Anm. 119.). Ein paar andere nach Gegenstand und Ausführung gleich interessante Marmorfiguren aus mythologischem Kreise, welche nach England verzettelt worden sind, bringen die Monumenti ed Annali d. Inst. 1857 tav. 40. und 1855

Fig. 256. Idealbildwerke aus Bronze.

tav. 11. Die erstere zeigt einen auf einem Esel liegenden betrunkenen, die zweite einen von einem Hunde angegriffenen Satyrn.

Unter den größeren Bronzewerken (d. h. nicht Sigillen) darf vor Allem der vortreffliche schießende Apollon[137] Fig. 256. b nicht fehlen, von dessen sehr merkwürdiger Auffindung die Ausgrabungstagebücher[138] ausführlich berichten. Der Körper und die Arme wurden nämlich getrennt gefunden, jene 1817 nahe beim Forum, diese etwa ein Jahr darauf unter einem der Thürme an der Nordseite der Stadtmauern von einem Jäger, der einen Fuchs in dieses Ausfallthor verfolgte. Vereinigt haben die Theile bestens gepaßt, und die Statue ist wie aus einem Guß. Gewöhnlich denkt man diesen Apollon als Erleger der Niobiden, doch ist dafür kein wirklich haltbarer Grund vorhanden; denn die Zusammengehörigkeit derselben mit der im Venustempel gefundenen Halbfigur der Artemis, welche eine Art von Grund der genannten Ansicht abgeben würde, ist in mehr als einer Hinsicht überaus problematisch. Jedem andern seiner zahlreichen Gegner kann der sehr jugendlich und schlank gebildete Gott eben so gut gegenüber gedacht werden, wie der unglücklichen Familie der Niobe. Kleiner, aber nicht minder vortrefflich ist die Nike Fig. 256. a, welche in der Linken nicht jenes ihr

moderuerweise gegebene, nicht sicher zu bestimmende Geräth, sondern wahrscheinlich einen Palmenzweig und mit der jetzt fehlenden erhobenen Rechten
einen Kranz oder eine Siegerbinde gehalten haben wird. Der rasche und
leichte Flug der Göttin ist in ihrer Körperhaltung wie in den Motiven der
Gewandung sehr wohl ausgedrückt.

Zwei wahre Perlen der Bronzebildnerei haben die neueren Ausgrabungen
zu Tage gefördert. Erstens den hiernächst (Fig. 267.) nach einer Photographie gezeichneten Silen, welcher in dem Hause des N. Popidius Priscus
(*Casa dei marmi*, Plan No. 71.) gefunden, als Gefäßfuß gedient hat, und

zwar so, daß das fragmentirt mitgefun-
dene Gefäß in dem von ihm mit der
Linken emporgehaltenen Ringe stand.
Es ist einfach unmöglich, das mühsame,
alle Kräfte des Körpers in Anspruch
nehmende Emporstützen einer schweren
Last und den vollen und dabei derben
Eifer, mit welchem der dickbäuchige
Alte dies Geschäft besorgt, besser aus-
zudrücken, als es hier geschehn ist, und
zwar mit Wahrnehmung nicht allein der
hauptsächlichen, sondern einer ganzen
Reihe feinerer Motive der Bewegung,
wie dasjenige des rechten Armes, welcher das Gleichgewicht herzustellen sucht,
das Andrücken des bärtigen Kinnes an
die Brust, die Stellung der Füße. Seltsam,
daß sich mit dieser untadelhaft ausgeführten, vortrefflichen Composition eine
ganz ungereimte Erfindung zur Aufnahme
des von der Figur getragenen Gefäßes
verbindet. Dieses nämlich stand, an
und für sich fest genug, zwischen den
drei Palmetten des emporgehaltenen Rin-
ges; allein diese Palmetten entspringen
so unorganisch wie möglich aus dem

Fig. 267. Silen, von Bronze.

Ringe, der von einer Schlange gebildet
wird, und dieser wird von dem Silen
an einem Punkte seines Umkreises gefaßt und so mit seiner Belastung gehoben, was wiederum statisch und mechanisch ein Ding der reinen Unmöglichkeit auch dann sein würde, wenn der Ring nicht aus einem biegsa-
men Schlangenkörper bestünde, namentlich bei der Schwere der Last, welche
eine so große Anstrengung des Trägers erfordert, wie die hier bei der Größe
des Gefäßes mit gutem Grunde dargestellte. Es dürfte schwer sein, ein zweites Beispiel aus der verwandten Antike aufzufinden, in welchem sich der
feinste künstlerische Geschmack mit einem ähnlichen Mangel an Takt und
Gefühl verbände, während wir Modernen freilich zu Hunderten derglei-

chen Erfindungen machen, gegen welche diese hier noch als musterhaft gelten muß.

Frei selbst von dem leisesten Tadel ist dagegen die wie schon früher gesagt in einem Hause des *Vico del balcone pensile* gefundene, in jeder Hinsicht bewunderungswürdige Bronzestatue, deren nach einer Photographie gemachte Abbildung das Titelblatt dieses Buches schmückt, und welche, wenn sie nicht die Krone aller bisher in Pompeji gefundenen Kunstwerke ist, jedenfalls nebst dem tanzenden Satyrn der *Casa del Fauno* und dem Herakles mit dem Hirsch der *Casa di Sallustio* die Dreiheit der trefflichsten Kunstschöpfungen aus der verschütteten Stadt bildet, jene Dreiheit, die man allein Werke fast des ersten Ranges nennen darf. Der Name, welcher dieser unbeschreiblich weichen und dabei dennoch frischen, lieblichen Jünglings-gestalt zu geben ist, steht auch heutigen Tages nach vielfachen Erörterungen noch nicht über allen Zweifel fest; daß kein Dionysos gemeint sei, wie man zuerst nach der Auffindung meinte und wie von einigen Seiten auch jetzt noch angenommen wird, ist kaum noch zu bezweifeln. In einem gelehrten und geschmackvollen Aufsatze hat Minervini [139], dessen Resultaten sich auch Fiorelli [140] in allem Wesentlichen angeschlossen hat, gute Gründe für die Benennung derselben als Narkissos geltend gemacht, und dieser Name ist jetzt der am allgemeinsten gebrauchte, der auch ohne Zweifel Manches für sich hat; dennoch stehn ihm ein paar, scheinbar allerdings sehr neben-sächliche Umstände entgegen, das Ziegenfell nämlich, das von der linken Schulter des Jünglings herabhangt und um seine linke Handwurzel ge-schlungen ist, und der Kranz mit Beeren [wahrscheinlicher von Epheu als von Myrte], welcher sich durch sein Haar schlingt, Einzelheiten, welche Minervini freilich bei Narkissos zu rechtfertigen versucht hat, welche aber so recht doch nicht mit dieser Erklärung zusammengehn wollen. Grade diese Einzelheiten scheinen wieder auf den dionysischen Kreis hinzuweisen, und ihnen gegenüber ist zur Erklärung der Statue wohl der Gedanke an einen Satyrn ausgesprochen worden, welche in ihren edelsten Gestaltungen nicht allein in ganz ähnlicher Zartheit und weicher Jugendblüthe, sondern auch ohne jegliches thierische Abzeichen [Spitzohren und Ziegenschwänzchen] vorkommen, durch welches sie sonst bezeichnet zu sein pflegen. Ob aber irgendwo ein Satyr mit einer so zierlichen Fußbekleidung nachweislich ist, wie sie unser Jüngling trägt, ist sehr fraglich, und Gleiches dürfte von Pan (Diopan) gelten, welchen der neueste Erklärungsversuch [141] in dem Jüngling erkennen möchte. Hiernach würde auch diese Erklärung, wenigstens vor der Hand nicht durchaus genügen, obgleich an der gelegentlich rein mensch-lichen und jugendschönen Bildung des Pan allerdings nicht gezweifelt werden kann, und es ist vielleicht am gerathensten, einstweilen auf eine bestimmte Nomenclatur, welche sich unberechtigter Weise festsetzen könnte, zu ver-zichten, was um so mehr erlaubt sein wird, da es vollkommen möglich scheint, die Statue in ihrer Composition und in ihrem Kunstwerthe zu ver-stehn und zu würdigen, ohne ihr einen bestimmten Namen zu geben. Die Stellung des Jünglings ist nämlich nicht, wie man gesagt hat, aus dem Spielen mit einem neben dem Jüngling am Boden befindlich gewese-

nen, aber auch nicht in der geringsten Spur nachweisbaren und auch dem
Raume nach auf der Basis kaum unterzubringenden Thiere (einem Panther)
zu erklären, sondern unverkennbar die eines Lauschenden.   Den Schritt an-
haltend steht die reizende Gestalt vor uns, und so hat sie offenbar schon
eine Weile gestanden, und deshalb die linke Hand leicht auf die Hüfte
gestützt; das Haupt ist mehr träumerisch als sinnend zur Seite geneigt, die
rechte Hand mit ausgestrecktem Zeigefinger und Daumen, die anderen Finger eingeschlagen, erhoben nach der Richtung, wohin auch der Kopf sich
neigt und woher der Ton zu kommen scheint, auf den der Jüngling, fern
von gespannter Aufmerksamkeit, vielmehr mit einer gewissen Versunkenheit
horcht, der also kein plötzlicher, rasch vorübergehender sein kann, sondern
als ein dauernder zu denken ist, wie ein ferner Gesang.   In der Meinung,
die Statue stelle Narkissos dar, hat man gemeint, es sei der Ruf der Nymphe
Echo, auf welchen der schöne Träumer lausche; das hat etwas sehr An-
sprechendes, um so mehr als Philostrat (Imag. I. cap. 23.) einen gemalten Narkissos mit ähnlich erhobener Hand beschreibt, allein diese Annahme hat
doch ihr Bedenkliches, obgleich sie immer noch viel besser ist, als die
andere, Narkissos sei hier gleichzeitig auf die Echo horchend und sich im
Quell bespiegelnd gedacht; denn dies Letztere ist gewiß so wenig ausgedrückt, wie sich ein solches doppeltes Motiv mit der Klarheit des plastischen
Ausdrucks vertragen würde.   Doch sei es Echos Ruf, sei es der Schlag der
Nachtigall oder das Rauschen eines Quells oder endlich menschlicher Gesang,
der des Lauschers Ohr trifft, so viel dürfte feststehn, es sind süße Töne,
die zu ihm dringen, und denen hingegeben er das Haupt wie selbstvergessen
sinken läßt und wie verzaubert in einer Stellung verharrt, die lieblicher und
anmuthiger nicht erfunden werden konnte, möge man die zarte Wellenlinie
der Umrisse oder die feinen Contraste der tragenden und getragenen Theile,
des zurückgezogenen rechten Armes mit gesenkter Schulter und des aufgestützten linken mit der höhern Schulter in's Auge fassen.   Diese scheinbar
so natürliche Stellung ist mit einer Feinheit erfunden und in der ganzen
Composition durchgeführt, daß sie des größten Meisters würdig erscheint
und daß sie das Auge des Beschauers nicht wieder losläßt, er möge die
Statue in der Vorder- oder in der Hinteransicht oder in einem der beiden
Profile vor sich haben.   Und in gleichem Maße liebenswürdig sind die Formen, sind die Verhältnisse, ist die Weichheit der Einzelbehandlung, welche
weit eher an Fleisch und blühend zarte Haut, als an Bronze denken läßt.
Es ist freilich keine erhabene Schönheit, eher eine sinnliche, aber von der
höchsten Reinheit und Unschuld, und rein und unschuldig sind auch die
Züge des Köpfchens mit seiner zierlichen Lockenumrahmung und ist der
zwischen Träumen und Sinnen, zwischen Lächeln und leiser Wehmuth
schwebende Ausdruck des reizenden Antlitzes.   Möge die Statue, deren
Schönheit allerdings an die Schilderung des Narkissos bei Kallistratos (Statuen 5.) auffallend erinnert, den Namen Narkissos behalten, möge sie einen
andern noch besser begründeten bekommen, unvergänglicher Ruhm und
eine der ersten Stellen in unserem ganzen Antikenschatz ist ihr für alle
Zeit gewiß.

Von diesem Meisterstück haben wir einen starken Schritt abwärts zu thun, um uns die letzte Klasse mythologischer Rundbilder in den bereits oben erwähnten Hermen in wenigstens einigen Proben zu vergegenwärtigen, welche, ursprünglich sicher Cultusbilder, in Pompeji soviel wir wissen ausschließlich Decorationszwecken dienten, entweder an Thüreingängen oder in Atrien und Peristylien an den Pfeilern, in Gärten an den Mauern der Laubengänge oder endlich in der Art aufgestellt, wie wir es im Hause des Lucretius

Fig. 288.   Hermenbüsten von Marmor.

finden. Von den mythologischen Büsten, die wohl ohne Zweifel alle auf Hermenschäften gestanden haben, sind in Fig. 266. ein paar der besten, zwei einfache und ein Doppelkopf zusammengestellt.

Die erste Stelle an Kunstwerth nimmt unter ihnen die Marmorbüste eines bärtigen alten Satyrn ein, denn so und nicht etwa Silen ist der Kopf zu nennen, merkwürdig sowohl durch den Gegenstand, da jugendliche Satyrn wenigstens viel gewöhnlicher sind, wie durch die Ausführung. Mit deutlichen Zeichen der Thierheit, mit Hörnchen unter dem struppigen mit Epheu bekränzten und von einer Taenie, deren Enden auf die Schultern herabhangen, durchschlungenen Haar, aus markirten Zügen sinnlich hervorlächelnd, stellt uns dieser alte Satyr, ein würdiges, wenn auch modificirtes Gegenstück zu dem tanzenden, ein Bild mitten aus dem taumelnden Festzuge des Weingottes vor die Seele, in welchem alle Leidenschaften, von der überschwänglichsten Begeisterung des Gemüthes bis zur rohsten Sinnlichkeit, entfesselt sind. Ein edleres Bild aus demselben Kreise bietet die an zweiter Stelle gezeichnete Marmorbüste, welche wohl mit Unrecht für weiblich gilt, während sie keinen Andern darstellt, als den jugendschönen, fast weiblich weichen, dabei aber ernsten Dionysos selbst, und in ihrer strengen Haltung von allen Hermenbüsten Pompejis am meisten an die ursprüngliche Cultusbestimmung erinnert. An dritter Stelle ist eine jener Doppelhermen abgebildet, welche ursprünglich an Scheidewegen aufgestellt waren und in denen nach den verschiedensten Beziehungen und religiösen Ideen zwei Wesen gleichsam zu einer beide Individualitäten ergänzenden Einheit combinirt sind. Die hier in Rede stehende Doppelherme von Marmor zeigt einerseits das Gesicht der Athena, andererseits einen Kopf, der für den der Demeter gehalten wird, vielleicht jedoch mit größerem Recht für den einer apollinischen, und deshalb lorbeerbekränzten Artemis gehalten werden dürfte. Einen ähnlichen Doppelkopf von Bronze, allein von ungleich kleineren Dimensionen, welcher, wie mehre andere in einem Schranke des zweiten Bronze-

zimmers im Museum von Neapel aufbewahrte, wohl als das Ornament eines
Geräthes oder Gefäßes gedient hat, giebt Fig. 289. wieder. Er ist bei aller
Kleinheit ein Meisterwerk lebendigen Ausdrucks und scharfer Formgebung,
welches in einem Satyrn und einer Satyrin die unver-
hüllteste sinnliche Lustigkeit ausspricht.

Vergegenwärtigt uns schon die erste Klasse pompejanischer Sculpturen einen Reichthum an plastischen
Kunstwerken, welcher in der modernen Welt fast so
unmöglich wie in der antiken nothwendig und durch
die idealen Lebensbedürfnisse gefordert erscheint, so
darf man nicht vergessen, daß man in ihnen die Masse
der Sculpturen, die eine antike Stadt vereinigte, und
auf welche in der Einleitung hingewiesen worden ist,
erst zur Hälfte kennt. Als eine sehr zahlreiche Klasse
gesellen sich den mythologischen Bildwerken die
Porträt- und Ehrenstatuen, beinahe die einzige Gat-

Fig. 289.
Doppelkopf von Bronze.

tung, die wir außer decorativen Sculpturen besitzen,
die aber selbst in Pompeji reichlicher vertreten ist,
als in sehr vielen, um nicht zu sagen den meisten modernen Städten,
die größten nicht ausgenommen. Erhalten ist uns hier freilich verhältnißmäßig nicht eben Vieles; an die Statuen im Fortunentempel (S. 87.),
diejenigen der Livia und des s. g. Drusus im Pantheon (S. 109.) und die
Statue der Eumachia (S. 116.), welche ihres Ortes erwähnt wurden, möge
hier noch einmal erinnert werden, ebenso an die in Fragmenten aufgefundene bronzene Reiterstatue in der Basilika, deren Stücke, darunter der treffliche Kopf des Pferdes, jetzt im Museum sind [142]. Von einer andern bronzenen Reiterstatue, welche vielleicht den Ehrenbogen am Eingang des Forum
geschmückt hat, ist der fragmentirte Reiter, welcher Caligula darzustellen
scheint, ebenfalls im Museum [143], wogegen von den Statuen, welche den
Schwibbogen des Forum und die großen Postamente zu seinen Seiten zier-
ten, Nichts aufgefunden worden ist. Dasselbe gilt von den sämmtlichen
kleineren Postamenten des Forum civile, von denen nur mehre, nicht alle,
die Namen der verdienten Bürger zeigen, deren Standbilder sie einst trugen,
und wiederum dasselbe von der einen Basis im Forum triangulare, auf welcher nach der Inschrift (Mommsen No. 2225.) die Statue des M. Claudius
Marcellus stand. Fragmentirt wurde die Ehrenstatue des T. Suettius Clemens in der Gräberstraße, besser erhalten eine unbekannte ähnliche 1816
östlich vor der Stadtmauer gefunden, welche nun im Museum ist [144]. Von
der Statue des Holconius, welche neuere Funde in der Strada degli Oleonj
zu Tage gefördert haben, ist schon oben gesprochen worden. Aber auch
mit den hier angeführten Ehrenstatuen ist der Vorrath derselben, welchen
Pompeji einst besessen, noch lange nicht erschöpft; ob wirklich auf dem
Forum triangulare die Ehrenstatue des M. Claudius Marcellus vereinzelt gestanden hat, ist ungewiß, daß das Theater weitern Sculpturschmuck als die
einzige Statue des Holconius S. 136.) gehabt habe, geht theils aus den aufgefundenen Inschriften hervor, theils wird es durch die Analogie des Thea-

ters von Herculaneum bestätigt, welche uns vielmehr annehmen läßt, daß allein der nicht vollendete Umbau der Theater das Fehlen eines reichern Statuenschmuckes bedingte. Und wie zahlreich müssen nicht überhaupt in allen öffentlichen Gebäuden nach Maßgabe der zu ihrer Aufnahme bestimmten Nischen und Piedestale, die bei ihrer Beschreibung verzeichnet worden sind, die Ehrenstatuen gewesen sein; denn daß es solche waren, ist doch weitaus am wahrscheinlichsten, obgleich der Gedanke an die Bildnisse berühmter Staatsmänner und Redner auch nicht ausgeschlossen ist. Rechnet man aber auch nur die nachweisbaren und mit ziemlicher Sicherheit zu vermuthenden Bildwerke dieser zweiten Klasse zusammen, so erhält man eine Zahl von Ehren- und Porträtstatuen, welche offenbar die Zahl ähnlicher Bilder auch in unseren Hauptstädten übersteigt.

Als Proben aller dieser Statuen mag es genügen, die beiden aus dem Sacellum des Pantheon in Zeichnung Fig. 290. mitzutheilen, von denen die eine, inschriftlich gesichert (Mommsen No. 2214.), Augustus' Gemahlin Livia als dessen Priesterin, wie man annimmt, darstellt, während die andere in heroischer Tracht ohne nachweislichen Grund den Namen des Drusus trägt. Auf Einzelheiten, welche diese Werke augusteïscher oder kurz nachaugusteïscher Zeit merkwürdig machen, kann hier nicht eingegangen werden.

Fig. 290. Ehrenstatuen der Livia und des sg. Drusus aus dem Pantheon.

Als dritte Klasse der in Pompeji aufgefundenen und vorhanden gewesenen Sculpturen endlich sind die Darstellungen aus dem nicht individuellen

wirklichen Leben, mit einem gebräuchlichen Worte die Genrebilder zu betrachten, welche der Privatliebhaberei und Laune ihre Entstehung verdanken,
in Privathäusern aufgestellt waren, wie bei uns die Gyps- oder Biscuitsta-
tuetten, und die wie diese gewöhnlich von kleinem Maße sind. Wir finden
diese Genrebilder in Marmor, Bronze und Thon und in ihnen eine ziemliche
Reihe von Momenten und Situationen, die mehrfach in Beziehung zu dem
Orte der Aufstellung stehn. Leider ist hier nur sehr Weniges, welches in
Abbildungen wiederholt werden könnte, publicirt, es können also als Beispiele dieser Art außer den schon erwähnten zwei Schauspielerstatuen von
Terracotta nur die Bronzestatuetten zweier Jünglinge genannt werden, welche
mit Trinkhörnern (Rhyta) in den erhobenen Händen im Tanzschritt sich be-
wegen, abgeb. Mus. Borb. XII. 25., ferner die Marmorstatuette eines schlafenden Fischerknaben, abgeb. Mus. Borb. IV. 54., welche am Rande des
Wasserbeckens in der *Casa della seconda fontana a musaico* liegend gefunden

Fig. 291. Fischer, Genrebild von Bronze.

wurde, die kleine Bronzestatuette eines
unartig weinenden Kindes, abgeb. Mus.
Borb. XIII. 25., diejenige eines mit einer
Amphora tanzenden Alten, der nicht
Silen zu sein scheint, abgeb. daselbst.
Als Probe dieser Genrebilder möge außer
dem bereits unter den Brunnenfiguren
Fig. 252. beigebrachten Knaben mit der
Ente die in der nebenstehenden 291.
Figur abgebildete Bronzestatue eines
Fischers dienen, der am Rande des schon
mehrfach genannten Bassins in der *Casa
della seconda fontana a musaico* saß und in
demselben zu angeln schien. Die Statue ist
eben so schätzenswerth durch den deutlichen Ausdruck der Situation eines Menschen, welcher die Angel in's Wasser
hält und mit gespanntem Blick auf das

Nahen der Beute sieht, wie sie als ein Beispiel der den Aufstellungsorten
angepaßten Darstellungen dieser Genrebilder interessant und belehrend ist.
Aus der Maske am Sitze der Figur ergoß sich ein Wasserstrahl.

Von einer Verzeichnung der pompejaner Reliefe ihrem Gegenstande nach
wird abgesehn werden dürfen, während ein Schlußwort zur künstlerischen
und kunsthistorischen Würdigung der Plastik in Pompeji am Orte sein wird.
Auf den Versuch der letztern ist ein besonderer Nachdruck zu legen, weil
Nichts uns einen so sichern und objectiven Maßstab der aesthetischen Würdigung eines Kunstwerkes giebt, als seine kunsthistorische Betrachtung und
Bestimmung. Nun trägt zum guten Glück eine nicht unbeträchtliche Zahl
von pompejaner Sculpturwerken, von denen hier auszugehn sein wird, ein
wenigstens innerhalb eines reichlichen halben Jahrhunderts festes historisches
Datum, und etliche sind noch bestimmter datirbar. Es ist hier natürlich
von solchen Statuen die Rede, welche entweder ihrer Lebenszeit nach be-

kannte Personen (Mitglieder der kaiserlichen Familie oder aus Inschriften datirbare Pompejaner) darstellen, oder welche zu Gebäuden gehören, deren Erbauungszeit aus Inschriften mehr oder weniger genau bekannt ist. Die demnach erweislich jüngsten Sculpturen sind diejenigen aus dem Iseum, dessen Wiedererbauung von Grund aus nach dem Erdbeben vom Jahre 63 feststeht. Nun könnten freilich die hier gefundenen Statuen dem ältern Bau des Tempels angehört und in dem neuen wieder aufgestellt worden sein, allein das ist in keiner Weise wahrscheinlich, denn daß sie sehr mittelmäßige römische Arbeiten seien, ist allgemein anerkannt. Am meisten gilt dies von dem erweislich jüngsten, dem eben so geistlos wie oberflächlich gearbeiteten Bacchus (Fig. 277. c), von dem sich jedoch die anderen im Bereiche des Tempels gefundenen Statuen in Nichts wesentlich zu ihrem Vortheil unterscheiden. Ferner würden auch die Thonstatuen aus dem s. g. Tempel des Jupiter Milichius das Erdbeben, welches den benachbarten Isistempel von Grund aus ruinirte, schwerlich überstanden haben; auch sie dürfen wir demnach mit Wahrscheinlichkeit in die letzte Periode der Stadt setzen, und es läßt sich nicht läugnen, daß auch sie, namentlich die weibliche, durch übermäßig lange Proportionen und manche sonstige Mängel sich mit den Statuen aus dem Iseum füglich zusammenordnen lassen. Alle diese Werke mögen denn auch in Pompeji selbst gefertigt worden sein und geben uns grade keine hohe Vorstellung von der hier in der letzten Periode herrschenden Kunstfertigkeit. Diesen jüngsten Arbeiten reihen sich dann zunächst die ebenfalls der Restaurationsepoche Pompejis angehörenden Statuen und Reliefe aus dem Tempel der Fortuna Augusta, dem s. g. Quirinustempel, dem Gebäude der Eumachia, dem s. g. Pantheon, ferner die Reiterstatue des Caligula, die Ehrenstatuen des T. Suettius Clemens, des Holconius und andere, namentlich in der Gräberstraße gefundene, an. Sie sind von ungleichem Werth, allein auch die besten derselben, zu denen die Togafigur des angebl. Cicero aus dem Fortunentempel und die gerüstete des Holconius gehören, können doch auf kein weiteres Lob als auf dasjenige einer gewissen Tüchtigkeit der Arbeit Anspruch machen, an der es anderen, wie manchen der langgezogenen und oberflächlich behandelten Statuen von der Gräberstraße, auch noch gebricht. Nimmt man diese Sculpturen als Maßstab an, so wird man nicht zweifeln können, daß eine ganze Reihe der früher genannten, z. B. die Venusfigur 277. b, die Artemis Fig. 255. b, der Silen und die Nymphe Fig. 251. a und b, sowie die Gruppe von Faun und Satyr in der *Casa di Lucrezio* (S. 252.], von Bronzen wohl auch diejenige Fig. 260. b, endlich noch eine Anzahl hier nicht genannter und in der That ganz untergeordneter Sculpturwerke, Statuen sowohl wie Büsten und Reliefe, keiner andern Periode als der genannten nach dem Erdbeben angehörten.

Mit dieser ziemlich breiten Masse mehr oder weniger mittelmäßiger Sculpturwerke uns hier länger zu befassen, lohnt so wenig die Mühe, wie ihre Betrachtung in Natura, interessanter und wichtiger sind die Fragen, welche sich an einige andere Statuen und Reliefe knüpfen. Zunächst an die hieratisch-archaistischen; denn für wirklich alterthümlich hat keine von den pompejaner Sculpturen zu gelten, welche mehr oder weniger bestimmt alterthümliche Formen zeigen. In erster Reihe steht hier die Artemis Fig. 278. Es ist wahr, daß die Merkmale der Nachahmung des alterthümlichen Stiles grade bei dieser Statue weniger fühlbar und augenfällig hervortreten, als bei manchen anderen archaistischen Arbeiten, und daß man grade sie eher als manche andere für ein Originalwerk alter Kunst halten könnte, dessen Auffindung in Pompeji dann eine ganz besondere Merkwürdigkeit sein würde. Allein vorhanden sind gewisse Kennzeichen dennoch, und man wird sicherer gehn, wenn man auch diese Statue für archaistisch (d. h. nachgeahmt alterthümlich), als wenn man sie für archaisch (echt alt) hält. Ihr gesellt sich am nächsten die Statuette einer s. g. Venus Proserpina (abgeb. Mus. Borb. IV. 51.), bei der aber keinerlei Zweifel sein kann, daß sie kein archaisches Originalwerk sei, und ferner kommen ein paar marmorne Oscillen mit Relief in Betracht (oben Fig. 276. vgl. Mus. Borb. X. 15. und 16.), deren erstes in sehr bestimmter Weise nachgeahmt alterthümlich ist, während die Reliefe des zweiten Oscillum eigentlich nur noch Spuren alterthümlicher Formbehandlung zeigen, welche der absichtlich so arbeitenden Hand eines späten Künstlers zuzuschreiben gewiß Nichts im Wege steht. Wenn endlich Einige in der Gruppe des Dionysos und seines Satyrn (Fig. 280. b) ebenfalls Spuren des Archaismus haben erkennen wollen, so ist ihnen durchaus nicht beizustimmen; was hier steif und beschränkt ist, kommt auf Rechnung spätern Ungeschicks, nicht auf diejenige früher Gebundenheit in der Formgebung. Gegenüber diesen archaistischen Sculpturen entsteht nun die Frage nach ihrer wahrscheinlichen Periode. Es ist Thatsache, daß die Nachahmung älterer Kunst, des wenn man so sagen darf, kirchlichen Stils, in Griechenland ziemlich früh begonnen und nicht unbeträchtliche Ausdehnung angenommen hat; nicht minder aber ist bekannt, daß bei weitem die größte Mehrzahl archaistischer Werke, die wir besitzen, aus der römischen Kaiserzeit stammt, in welcher besonders Augustus und später wiederum Hadrian eine starke Liebhaberei für die Producte der alterthümlichen Kunst besaßen, welche natürlich von allen denen getheilt wurde, die irgendwie Hofluft athmeten oder mit den tonangebenden Kreisen in Verbindung standen. Echt alterthümliche Kunstwerke sich anzuschaffen war aber nicht Jedermanns Sache, und so erwuchs eine nicht unbeträchtliche Fabrikation der Nachahmung. Dieser und damit der augusteïschen und nachaugusteïschen Epoche nun auch die pompejaner archaistischen Arbeiten zuzuweisen, wird schwerlich etwas Wesentliches im Wege stehn.

Auf den ersten Blick möchte es scheinen, als sei auch der bronzene Apollon Fig. 279. einfach unter die Zahl der archaistischen Werke zu rechnen, da bei ihm allerdings gewisse Züge eines Strebens nach alterthümlicher Strenge hervortreten. Allein diese Statue wird mit gutem Bedacht erst hier und gesondert von anderen aufgeführt; denn sie ist ein kunstgeschichtlich sehr merkwürdiges Stück und geht wahrscheinlich nebst einigen anderen ihr mehrfach verwandten Statuen auf die unteritalische Schule des Pasiteles zurück, dessen Hauptthätigkeit in die Zeit des Pompejus fällt, und dessen Charakter durch große Sorgfalt einerseits und gelehrtes Studium und Nachbilden älterer Werke andererseits, bestimmt wird, während noch etwa ein gewisses trocken correctes akademisches Wesen hinzukommen mag, welches schon darin seine Spur hinterlassen hat, daß wir in seinem Schüler Stephanos und wiederum in dessen Schüler Menelaos die ersten Künstler finden, welche sich in Inschriften an ihren uns erhaltenen Werken ausdrücklich Schüler eines Meisters (des Pasiteles resp. des Stephanos) nennen. Mit diesen Werken zunächst und dann mit einigen anderen offenbar verwandten ist der pompejaner Apollon vergleichend zusammengestellt worden [145] und zwar so gewiß mit Recht, daß wenn er bei seiner hohen Vortrefflichkeit als ein mögliches Originalwerk des Hauptes dieser Schule, des Pasiteles selbst angesprochen wird, kaum ein wesentlicher Grund hiergegen anzuführen sein möchte.

Griechischer Kunstübung, auf deren Gebiet dieser Apollon hinübergeführt hat, und einer blühenden Periode derselben wird man sodann ohne allen Zweifel die vier schönsten Bronzen Pompejis, den Silen, den Herakles mit dem Hirsch, den tanzenden Satyr und den s. g. Narkissos, zuschreiben, obwohl es schwerlich möglich sein wird, ohne positiven Anhalt die Schulen oder gar die Meister zu nennen, welchen diese Werke ihren Ursprung verdanken.

Der Herakles mit dem Hirsch ist im eigentlichen Grunde keine originelle Composition; die Darstellung findet sich einigermaßen ähnlich schon in einem alterthümlichen Kunstwerk, und noch mehr mit unserer Gruppe übereinstimmend in mehren Werken der ausgebildeten Kunst, welche wahrscheinlich auf eine Metope am Tempel von Olympia zurückgehn. Von einer sclavischen Nachahmung dieses oder eines andern ältern Musters ist aber bei der pompejaner Gruppe eben so wenig wie von absolut neuer Erfindung die Rede; die schlanken Formen des Helden können füglich auf ein Muster unter den Werken des Lysippos hinweisen, von dem wir wissen, daß er die zwölf Arbeiten des Herakles in Bronzegruppen dargestellt hat. In eine nähere Verbindung als hier geschehn, darf man aber die pompejaner Gruppe mit dem Namen des großen Meisters der jüngern sikyonisch-argivischen Schule nicht bringen, dessen die Composition durchaus würdig erscheint. Auch der Silen und der Satyr entsprechen dem Geiste dieser Schule mehr, als dem irgend einer andern der blühenden griechischen Kunst; aber man hüte sich, in dergleichen Combinationen zu weit zu gehn, um so mehr, je weniger bestimmten Anhalt wir zur Vergleichung sowohl des Silen, der einzig in seiner Art und speciell für den Zweck erfunden ist, dem er diente, wie des Satyrs, zu dem sich andere Bildwerke des bakchischen Kreises in Parallele stellen lassen, mit Werken aus dem Kunstkreise des Lysippos haben, oder zu ermessen im Stande sind, wie die aufgeregt schwärmenden Satyrn des Praxiteles, deren Vorhandengewesensein uns allein überliefert ist, ausgesehn haben mögen. Denjenigen, welche Praxiteles für den eigentlichen Meister einer weichen und sinnlich reizenden, wenn auch von seelischen Affecten belebten Schönheit halten, mag es verführerisch nahe liegen, bei dem Narkissos den Namen dieses Meisters auszusprechen; aber auch hier wird eine vorsichtige Zurückhaltung gerathen sein, und wird es genügen in dieser Statue eines der schönsten auf uns gekommenen ganz und gar

griechischen Werke der besten Zeiten zu erkennen. Auch die beiden Apollon-
statuen Fig. 250. *a* und Fig. 286. *b* wird man wohl ohne besondern Zweifel
als griechische Arbeiten, wenn auch von weniger hohem Range anerkennen,
ohne damit die Periode ihrer Entstehung näher bestimmen zu wollen; eine
Originalarbeit ist schwerlich weder der eine noch der andere.

Was die Marmorwerke anlangt, so ist schon früher bemerkt worden,
daß die Herme im Peribolos des Venustempels (Fig. 61. S. 97.) von vortrefflicher Arbeit sei, welche einen griechischen Meißel verrathe; es ist Etwas
von jener fast undefinirbaren Wärme und Frische in ihren Formen, welche
man auch bei den besseren römischen Sculpturen vergebens sucht; wesentlich dieselben Eigenschaften und den Charakter griechischer Arbeit legt u. A.
Gerhard (Neap. ant. Bildw. No. 427.) einem satyresken Hermaphroditen bei,
der 1817 am Forum von Pompeji (nach Anderen ebenfalls im Bereich des
Venustempels) gefunden ist, der aber im Museum nicht mit Sicherheit zu
identificiren ist. Jedoch genug, da es zu weit führen würde, alle einzelnen
Sculpturwerke hier aufzuzählen, welche in bessere als die römische Kunstzeit hinaufgehn mögen, und da am wenigsten im Zusammenhange dieser
Darstellung feinere und tiefer eingehende kunsthistorische Untersuchungen
der pompejaner Monumente am Orte sein würden. Die Überzeugung, daß
griechische Kunst in nicht ganz unbeträchtlichem Maß auch in Pompeji
verbreitet war, wird man schon aus der hier gegebenen kleinen Übersicht
entnehmen können, zugleich sich aber auch der Wahrnehmung nicht entziehn, daß das Griechenthum grade in dem Kunstzweige am stärksten hervortritt, welcher mit dem specifisch Pompejanischen den wenigst innigen
Zusammenhang hat, in der, wie schon in der Einleitung hervorgehoben ist,
aus der organischen Verbindung der gesammten bildenden Kunst am meisten
losgelösten Plastik.

Drittes Capitel.

Die Malerei.

Je weniger die Plastik für die Kunst in Pompeji specifisch charakteristisch ist, in desto höherem Grade ist es die Malerei; denn einmal ist in der
That die Malerei in Pompeji in ganz überwiegendem Maße geübt worden,
und sodann müssen uns, wie schon in der allgemeinen Einleitung (S. 4.)
gesagt worden ist, während die pompejaner Sculpturwerke in der Masse der

uns erhaltenen antiken Sculpturen fast verschwinden, die pompejanischen Wandgemälde nebst denen von Herculaneum und verhältnißmäßig wenigen anderen die ganze, unwiederbringlich verlorene Malerei der Alten vertreten. Sie gewinnen dadurch in der That eine Bedeutung, welche nicht zu hoch, kaum hoch genug angeschlagen werden kann, und wir werden zugestehn müssen, daß wir trotz der vielfachen Beschäftigung mit diesen Schätzen doch noch weit davon entfernt sind, dieselben in jeder Weise und nach allen Richtungen ausgebeutet zu haben. Daß freilich die Wandgemälde Pompejis uns eine nur unvollkommene Vorstellung von der Malerkunst der Griechen geben können, das versteht sich von selbst; sehn wir auch davon ab, daß sie, die Producte einer kleinen Provincialstadt aus einer Periode der Malerei, welche der gleichzeitige Plinius als diejenige der »sterbenden Kunst« bezeichnet, keine Meisterwerke sind, daß wir also die Herrlichkeit dessen, was die großen Künstler schufen, etwa nur in derselben Art aus ihnen zu erkennen oder zu ahnen vermögen, wie wir im Stande sind aus den gleichzeitigen Sculpturen der römischen Periode Pompejis z. B. auf die des Parthenon oder gar auf die untergegangenen Meisterwerke eines Phidias, Praxiteles, Skopas, Lysippos zu schließen, sehn wir auch zunächst hiervon ab, so bleibt es Thatsache, daß die Gemälde Pompejis in keiner Weise vermögen, uns die verschiedenen alten Schulen in ihren gewaltigen Unterschieden überwiegender Zeichnung (der sikyonischen) oder überwiegenden Colorits (der ionischen Schule), vorherrschend großartiger und tiefsinniger Composition (der älteren attischen Meister) oder vorherrschend vollendeter und lieblicher Formgebung (der Enkausten, des Apelles, Protogenes u. A.), zu vergegenwärtigen. Die Anerkennung dieser Thatsache soll aber unsere Werthschätzung dieser Gemälde nicht verringern, sondern nur bestimmen und regeln, damit wir nicht Ansprüche erheben, die nicht erfüllt werden können und, in diesen Ansprüchen enttäuscht, geringer von den Schätzen der alten Stadt denken, als billig ist. So gut wie man, eine gleich mangelhafte Überlieferung in der Plastik angenommen, aus etlichen hundert Gruppen, Statuen und Reliefen aus dieser Zeit, von etwa gleichem Werthe mit den pompejaner Malereien, freilich gewiß nicht die ganze Herrlichkeit der alten Sculptur zu ermessen vermöchte, wohl aber durch ein genaues Studium dieser Bildhauerwerke in Beziehung auf die Gegenstände und ihre Auffassung und die Art ihrer Darstellung, in Beziehung auf die Eigenthümlichkeit ihrer Formgebung und die Technik der Alten mehr lernen würde, als aus allen, von keiner monumentalen Anschauung unterstützten, schriftlichen Nachrichten und Urteilen zusammengenommen, ja so gut man erst durch die Anschauung auch nur eines halben Dutzends antiker Statuen und Reliefe fähig wird, die Nachrichten und Urteile der Alten überhaupt zu verstehn: so gut bilden die pompejaner Gemälde die einzige feste Grundlage unserer Vorstellung von der Malerei der Alten überhaupt. Zeugnisse genug hierfür sind jene seltsamen Ansichten und Meinungen, die vor der Entdeckung alter Bilder über die Malerei im Schwange waren, der man z. B. entweder jede Perspective unsinnig genug absprach, oder der man höchstens eine der Perspective chinesischer Bilder ähnliche zugestehn wollte; die reliefartig componiren und in

32*

einer abstracten oder auch conventionellen Farbgebung befangen sein sollte,
und was dergleichen mehr war.   Jetzt erscheint uns dies freilich ziemlich
absurd, jetzt ist, wir dürfen es behaupten, unser geistiges Auge geschärft
und geübt genug, um die vergangene Herrlichkeit der griechischen Malerei
ahnungsvoll zu erschauen, und die schriftlichen Nachrichten zu würdigen;
aber was hat denn unsere Blicke geschärft und geübt, unser Urteil geläutert
und uns einen Maßstab in die Hand gegeben, wenn nicht der Schatz alter
Malerei in Pompeji und Herculaneum?

Niemand kann eine Folge pompejanischer Gemälde, sei es auch nur in
farbigen Nachbildungen, so wenig genau diese den Charakter dieser alten
Bilder wiedergeben mögen, betrachten, ohne inne zu werden, daß die alten
Griechen und ihre Schüler, die Römer eben so sehr im Besitze des Sinnes
für das eigentlich Malerische waren, wie sie der Sinn für das Plastische vor
allen Völkern alter und neuer Zeit auszeichnet.   Wir finden diesen malerischen Sinn, mögen wir nun die Blicke auf die Gegenstände, auf deren
Auffassung und Composition, auf die Form- und Farbgebung richten.   Wenn
das Princip der Plastik in der Form, so liegt das Princip der Malerei in
der Farbe; und wenn aus dem Grundprincip der Plastik sich als das Wesen
ihrer Darstellung die reale Bildung jeder einzelnen tastbaren Form als solcher
ergiebt, welche die in sich abgeschlossene Sonderexistenz jedes plastischen
Kunstwerkes, ja jedes Theiles eines solchen bedingt, so ergiebt sich aus
dem Grundprincip der Malerei als das Wesen ihrer Darstellung das Ineins-
bilden des in seiner Beziehung zum Ganzen aufgefaßten Einzelnen.   Und
grade die harmonische Gesammtwirkung jedes pompejanischen Bildes, stelle
es eine einzelne Gestalt auf einfarbigem Hintergrunde dar, wie die vielen
schwebenden Figuren, oder eine große Gruppe von Gestalten mitten in landschaftlicher oder architektonischer Umgebung, wie in vielen mythologischen
Compositionen, diese harmonische Gesammtwirkung jedes Bildes selbst bei
nachlässig behandelten und sogar mangel- oder fehlerhaften Einzelheiten beweist für den eminent malerischen Sinn der Künstler, welche diese Gemälde
schufen.   Nicht weniger offenbart sich dieser Sinn in dem Colorit, das, ohne
natürlich der Tiefe und Gluth unserer Ölmalerei fähig zu sein, und ohne sich
mit der feinnüancirenden Abtönung in den Halbschatten unserer Malerei
messen zu können, doch so harmonisch gewählt und behandelt ist, daß wir
wohl häufig den Eindruck des Lebhaften und Glänzenden, nie aber den des
Grellen und Bunten empfangen.   Und endlich zeigen sich die Künstler der
pompejaner Gemälde (und das dürfen wir bei den großen griechischen Mei-
stern in noch höherem Maße voraussetzen) auch dadurch als echte Maler,
daß sie ihren Gestalten ein glühendes, pulsirendes Leben, eine feurige Seele
einzuhauchen verstehn, die namentlich aus den mit bewußter Kunst oder mit
bestimmter Manier, wie man es nennen möge, behandelten Augen spricht,
diesen Lichtern des menschlichen Antlitzes, deren Reiz und Zauber die
Sculptur zum größten und besten Theile darzustellen verzichten muß.

Wenn man aber die pompejanische Malerei gerecht würdigen will, darf
man bei ihren technisch vorzüglichen Leistungen so wenig wie bei den nicht
wenigen flüchtig und selbst nachlässig gemalten Bildern vergessen, daß alle

unter dem Gesichtspunkte der Decorationsmalerei betrachtet werden wollen, wie ja eine große Menge derselben, die Darstellung von Pflanzen mancherlei Art, Gebüschen, Laubgängen u. dgl., dann auch Landschaften, Genrebildchen, Stillleben, endlich die die phantastischen Architekturen gleichsam als ihre Bewohner belebende unmenschlichen Figuren mehr oder weniger eng in die in einem frühern Capitel geschilderte Gesammtdecoration der späteren Stilarten verflochten und ihre organischen Bestandtheile sind. Nun ist allerdings nicht zu läugnen, daß den größeren Compositionen, besonders denen mythologischen Gegenstandes, ein höherer ideeller Charakter zugesprochen werden muß, als den eben erwähnten reinen Decorationsmalereien; man kann hierbei als bezeichnende Äußerlichkeit die feste Umrahmung dieser Bilder geltend machen, welche sie aus der Wandfläche abhebt und welche auf's bestimmteste ihr Hervorgehn aus an den Wänden aufgehängten Tafelgemälden einer ältern Kunst erkennen läßt[116]. Gleichwohl haben auch diese Bilder nicht den Charakter selbständiger, für sich bestehender Kunstwerke, sondern sie geben die Beziehung zu der Gesammtdecoration der Wand, für welche sie gemalt sind, so wenig auf, wie andererseits die Gesammtdecoration als Umrahmung des Hauptbildes den Zusammenhang mit diesem verläugnet. Aus diesem decorativen Zweck und Charakter auch der Hauptbilder erklärt sich, wenngleich nicht allein, so doch zum guten Theile die Wahl der in ihnen dargestellten Gegenstände, welche bei aller Mannigfaltigkeit doch keineswegs einem weiten Kreise angehören, sondern, wie ein gründlicher Kenner sagt, der Hauptsache nach nur die Mythen begreift, welche durch wiederholte Behandlung der Dichter und Künstler zu einem Gemeingut der gebildeten Welt, zu einer Art »mythologischer Scheidemünze« geworden waren. Denn es ist ja natürlich, daß wir die Räume, in denen wir uns täglich bewegen, mit einem Bilderschmuck bekannter und lieber Darstellungen versehn, durch welche wir, ohne zum Nachdenken oder zum gelehrten Studium aufgefordert oder genöthigt zu sein, uns angenehm und leicht erregt fühlen. Und wenn wir in den pompejaner Wandgemälden eine vorwiegend auf das Anmuthige und sinnlich Reizende gerichtete Auffassung und Darstellung finden, so hat auch das nicht am wenigsten seinen Grund in dem decorativen Grundcharakter, welcher dem Großartigen und dem tragisch Erhabenen seinem innersten Wesen nach abgeneigt ist.

Ehe nun auf die einzelnen Fragen über die pompejaner Bilder eingegangen wird, mögen noch ein paar allgemeine Bemerkungen hier ihren Platz finden, welche für ihre Beurteilung, sei es für den, welcher sich an Ort und Stelle befindet, sei es für den, welcher auf Abbildungen allein angewiesen ist, wesentlich sind. Die allermeisten Hauptbilder, wenige der neuerdings ausgegrabenen und derjenigen, welche ganze Wände bedecken, ausgenommen, sind ausgehoben und in das Museum von Neapel gebracht worden, wo sie in älterer Zeit in der abscheulichsten Weise aufgestellt waren, während eine neue Aufstellung auch nicht für alle günstigen Platz und günstiges Licht hat schaffen können. Daß man die Gemälde aus den Wänden, zu denen sie gehörten, entfernt hat, muß als in den meisten Fällen nothwendig anerkannt werden; eine weitere leidige Thatsache aber ist, daß sehr viele un-

mentlich der früher gefundenen Bilder sehr schlecht behandelt, nicht selten
wiederholt mit ungeeignetem Firniß überstrichen und somit, zum Theil bis
zur Unkenntlichkeit, entstellt und verschmiert sind. Dazu kommt, daß eine
ganze Reihe der angewendeten Farben, durch die Feuchtigkeit, der sie Jahrhunderte lang ausgesetzt waren, angegriffen, jetzt durch Licht und Luft
rasch verändert werden, ein Übelstand dem man erst in der neusten Zeit,
wie man hofft, mit dauerndem Erfolge entgegen zu wirken gelernt hat.
Wer also an Ort und Stelle das Wesen der Farbengebung studiren will,
der halte sich mehr an die wenigen aus neueren Ausgrabungen stammenden
noch in Pompeji befindlichen Bilder, als an die in den Sälen des Museums
aufgestellten, denen gegenüber man farbiger Nachbildungen aus der Zeit
besserer Erhaltung, so unvollkommen sie sein mögen, nicht entrathen kann,
wobei jedoch die höchste Vorsicht in der Prüfung zu empfehlen ist. Denn
leider hat sich in allen Publicationen und in allen den zahllosen Copien,
welche tagtäglich im Museum von Neapel gemacht und an die Reisenden
verkauft werden, eine Behandlung festgesetzt, welche weder von der Zeichnung noch von dem meistens viel zu brillant oder zu zart behandelten Colorit der alten Bilder eine rechte Vorstellung giebt. Den in Pompeji ver-
bliebenen Bildern gegenüber vergesse man aber ein Anderes nicht. Allerdings sieht man diese noch innerhalb des ganzen Raumes und der ganzen
Umgebung, für welche sie gedacht sind, allein man sieht sie, und zwar mit
sehr wenigen Ausnahmen alle, in einer ganz andern Beleuchtung. Jetzt
sind fast alle Räume offen, das hellste Sonnenlicht herrscht so gut wie
überall; für dieses volle, helle Tageslicht und diese allseitige Beleuchtung
ist aber kein pompejaner Bild bestimmt gewesen, denn auch diejenigen,
welche in Atrien und Peristylen sich befanden, waren in sehr gebrochenem
Licht und von oben her entschieden beschattet, so daß sie nur Seiten- und
halbes Oberlicht hatten. Noch ungleich weniger beleuchtet waren die Gemälde in den verschiedenen Zimmern, ja es ist in vielen Fällen schwer zu
sagen, woher sie überhaupt die nöthige Beleuchtung empfingen. Denn die
Annahme eines Oberlichts durch die geöffnete Decke, welche ein geistreicher
Kenner ausgesprochen hat[117]), ist mit einzelnen Ausnahmen (s. z. B. S. 255.)
deshalb unzulässig, weil fast überall ein oberes Stockwerk nachweisbar, dagegen eine Vorrichtung, welche auf eine geöffnete Decke schließen ließe,
nur ganz selten nachweisbar ist. Hoch angebrachte Fenster mögen zum
Theil dem Lichte Zugang verschafft haben, allein in den allermeisten Zimmern waren auch diese bestimmt nicht vorhanden, und in diese drang nur
sehr gebrochenes Licht aus dem an sich schon schattigen Atrium oder Peristyl; noch andere scheinen ganz auf künstliche Beleuchtung angewiesen gewesen zu sein (S. 275.). Allein wie dem auch war, so viel steht fest, daß
wir die Bilder, ja die gesammte Decoration in Pompeji heutzutage, wo alle
Bedeckung von oben fehlt, in ganz anderer und viel grellerer Beleuchtung
sehn, als sie die Alten sahen, ein Umstand, dem mit aller Sorgfalt Rechnung
getragen werden muß. Wie ganz anders die Malereien bei einer schattigen
Bedachung von oben, als bei allseitiger Beleuchtung wirken, davon kann
man sich am besten in einigen der neuerdings mit vollen Schutzdächern

versehenen Räumen, wie z. B., um nur diesen einen zu nennen, in dem
großen Triclinium No. 27 der *Casa di Meleagro* (Plan S. 270.), überzeugen, wo ein ähnliches Licht herrscht wie das, in welchem die Alten die
Bilder malten und sahen.   Denkt man sich hier Alles frischer und lebhafter
in der Farbe, so wird man hier am ehesten ungefähr den Eindruck erhalten,
den die pompejaner Malerei im Alterthum hervorbrachte.

Sprechen wir nach diesen allgemeineren Betrachtungen nun zuerst von
der materiellen Technik der Malerei in Pompeji.

Von den verschiedenen technischen Arten der Malerei bei den Alten,
welche unter die beiden Hauptgattungen der Tafel- und der Wandmalerei
fallen, ist uns in den pompejanischen Gemälden nur die letztere, die Malerei
auf die Tünche der Wände erhalten.   Damit soll nun allerdings durchaus
nicht bestritten werden, daß man in Pompeji auch Staffeleibilder auf Holz gemalt habe, wofür schon die zweimalige Darstellung der Malerei auf Tafeln [118])
Zeugniß ablegt; allein, da uns dergleichen Bilder, wie gesagt, aus Pompeji
nicht erhalten sind, so kann ja muß hier ganz und gar von den Erörterungen abgesehn werden, welche sich auf die Tafelmalerei der Alten, ihre
Technik und ihre Resultate beziehn, und die Darstellung auf das beschränkt
werden, was über die Wandmalerei in Pompeji bisher erforscht und neuerdings in unumstößlicher Weise festgestellt worden ist.

Es ist bei dem lebhaften Interesse, welches die ganze gebildete Welt
an den pompejanischen Wandmalereien nahm und nimmt, sehr begreiflich,
daß man dieselben von Anfang ihres Bekanntwerdens an in jeder Weise und
nach allen Richtungen hin, in Beziehung auf den Grund, auf die Farben-
materialien, auf deren Auftrag vielfältig untersucht hat.   Die Bilder selbst
in ihrer unübersehbaren Menge und Mannigfaltigkeit boten diesen antiquarischen und artistischen und die aufgefundenen Farben, sowie Stücke von
halb oder ganz zerstörten Bildern daneben noch chemischen Untersuchungen
ein wenn auch nicht überall ausreichendes, so doch ziemlich reichliches
Material, und dennoch müssen wir gestehn, daß die nur selten mit der
nöthigen Unbefangenheit und technischen Kenntniß angestellten Untersuchungen vielfach zu ganz unrichtigen Ergebnissen geführt haben.   So von
den chemischen Untersuchungen mehr als eine derjenigen, welche, an Ge-
mäldefragmenten vorgenommen, außer Acht ließen, daß auf diesen ein Conservationsfirniß haftete oder daß sie modernerweise mit Wachs oder auch
Wasserglas überzogen worden waren, während diejenigen Untersuchungen,
welche sei es an den unverfälschten Rohmaterialien, sei es an unverdorbenen
Gemäldestücken vorgenommen sind, Resultate geliefert haben, welche mit
den Ergebnissen der Untersuchungen über die Maltechnik in vollster Übereinstimmung stehn.   Es steht nämlich, um es kurz zusammenzufassen, fest,
daß in Pompeji bei den Wandgemälden außer Rauchschwarz nur anorganische,
mineralische und ausschließlich solche Farbenstoffe verwendet sind, welche
auch jetzt bei der Frescomalerei angewendet werden, nicht ein einziger,
welcher nach antiken Aussagen und technischer Erfahrung sich (wie vege-
tabilische und animalische Farbenstoffe und von den mineralischen z. B.

Bleiweiß mit dem Fresco nicht verträgt, und daß sich in den Gemälden selbst niemals irgend ein Bindemittel, weder thierischer Leim noch Eistoffe noch Wachs hat entdecken lassen.

Liegt hierin ein erstes und unzweideutiges Zeugniß dafür, daß die pompejaner Wände in ihrer Gesammtheit *a fresco* gemalt sind, so finden wir ein zweites in der Zubereitung des Bewurfes, welcher mit dem modernen Frescobewurf im Princip durchaus übereinstimmt und sich nur dadurch zu seinem Vortheil von diesem unterscheidet, daß er, meistens ungleich sorgfältiger und aus besserem Material bereitet, als der moderne, ungleich stärker (2 bis 2½ Mal so dick) aufgetragen werden konnte, woraus sich für die Malerei selbst die gewichtigsten Vortheile ergeben und woraus sich zugleich Eigenschaften der pompejaner Fresken erklären, welche an ihrer wahren Natur haben zweifeln lassen. Die genauesten Vorschriften für die Bereitung des für Frescomalerei bestimmten Mauerbewurfes giebt Vitruv (VII. 3. 5.), nach welchem außer der ersten groben Berappung der Wand nicht weniger als drei Lagen Sandmörtel und auf diese wieder drei Lagen Marmormörtel aufgetragen werden müssen, in welchen in der untersten Lage dem Kalke grobe, in der zweiten feinere und in der obersten ganz feine Marmorstücke beizumischen sind. Jede dieser sechs Lagen Mörtel soll auf die untere aufgetragen werden, grade wenn dieselbe zu trocknen beginnen will und die letzten drei müssen mit dem Schlagholz festgeschlagen werden, damit sich ihre Masse so viel wie möglich verdichte. Als Erfolg dieser sorgsamen Bereitung des Bewurfes bezeichnet Vitruv (a. a. O. § 7.), daß in ihm weder Risse noch andere Fehler entstehn können, während die so beworfenen Wände vermöge ihrer durch das Schlagen verdichteten und durch den Glanz der Marmortheilchen glatten Masse auch nach dem Auftrage der Farbe einen leuchtenden Schimmer behalten. — Nun giebt es noch heutigen Tages antiken Mauerbewurf, welcher genau nach diesen Vorschriften hergestellt ist; in Pompeji dagegen ist man vielfach von denselben abgewichen, theils wohl wegen der Eile des Aufbaus nach dem Erdbeben, theils aus Sparsamkeitsrücksichten. So ist der Marmorstucco häufig nur in zwei anstatt in drei Lagen aufgetragen, hier und da nur in einer einzigen und auch diese findet sich durch eine sehr dichte und harte Schicht ersetzt, welche aus Kalk und zerstoßenen Scherben rother Thongefäße besteht, um von anderen Eigenthümlichkeiten ordinärer Wände zu schweigen. Nichtsdestoweniger ist auch der geringere Stucco in Pompeji und ohne Zweifel der meiste, den wir dort hergestellt finden, weit vorzüglicher als der meiste moderne, in den besseren Gebäuden ist die Bedeckung der Sandmörtellagen mit Marmorstucco vorherrschend und während der moderne Frescobewurf etwa 0,03 M. stark zu sein pflegt, ist derselbe in Pompeji selbst bei einfacher decorirten Wänden 0,04— 0,05 M., bei den meisten besser bemalten Wänden 0,07 bis 0,08 M. dick, was nothwendig ein längeres Naßbleiben des alten als des modernen Bewurfs zur Folge haben mußte, also das Malen *a fresco* wesentlich erleichterte und namentlich die Herstellung ungleich größerer Flächen in einem Stücke möglich machte, als sie der modernen Frescotechnik möglich ist.

Dieser Umstand einerseits, eine mangelhafte Kenntniß des Frescover-

fahrens und seiner Resultate andererseits erklärt es, daß von vielen Schriftstellern über Pompeji und seine Wandgemälde die Technik der letzteren verkannt und die an ihnen hervortretenden Erscheinungen unrichtig gedeutet
worden. Es lohnt jetzt nicht mehr die Mühe, auf diese Irrthümer und ihre
Geschichte näher einzugehn, wer sich dafür interessirt, möge auf die 2. Auflage dieses Buches II. S. 151 ff. verwiesen werden. Die volle und ganz
unbezweifelbare Wahrheit über die Technik der pompejaner Wandmalereien
hat der Maler Otto Donner in seiner Einleitung (Die erhaltenen antiken
Wandmalereien in technischer Beziehung) zu Helbigs Buch über die Wandgemälde der vom Vesuv verschütteten Städte Campaniens gelehrt. Das Resultat seiner Untersuchungen hat Donner selbst in den folgenden Worten
ausgesprochen:

1. daß wenn auch nicht absolut alle, doch ein großer, ja bei weitem
der größte Theil jener Wandmalereien, und zwar sowohl die
farbigen Gründe als auch die auf denselben und auf weißen Gründen stehenden Ornamente, Einzelfiguren und abgegrenzten Bilder *a fresco* gemalt sind;

2. daß diese Technik die weitaus vorherrschende ist, die Leim-
farben- und Temperamalerei dagegen eine sehr untergeordnete
Stelle einnimmt und sich mehr aushülfsweise als selbständig angewendet findet;

3. daß enkaustische Malereien absolut nicht vorkommen.

Dies Resultat muß hier genügen. Es ist freilich, zumal für denjenigen,
welcher sich an Ort und Stelle befindet und sich von Allem durch den
Augenschein überzeugen kann, von sehr hohem Interesse, das Verfahren der
pompejaner Maler im Einzelnen zu verfolgen und eine Menge technischer
Feinheiten und Kunstgriffe derselben kennen zu lernen, hier aber muß von
allen diesen Einzelheiten mit Verweisung auf die Donner'sche Schrift abgesehn werden. Denn da alles Richtige und Beste, welches wir über die
pompejaner Frescotechnik wissen, auf den Untersuchungen und den überaus
feinen Wahrnehmungen Donners beruht und Alles von ihm in lichtvoller
und umfassender Weise mitgetheilt worden ist, so würde hier nur das von
ihm Gesagte wiederholt werden können, wovon selbstverständlich keine Rede
sein kann. Nur die eine Bemerkung möge hier einen Platz finden, daß
während die ganz überwiegende Masse der pompejaner Bilder jeden Schlages
unmittelbar auf die frische Tünche der Wand gemalt sind, sich einige wenige
Beispiele nachweisen lassen (s. Donner S. LXIV. ff.), daß Bilder fertig, auf
eigenen Stuccotafeln gemalt und in die Wände eingesetzt worden sind, darunter möglicherweise das eine oder das andere, welches aus einer ältern
Wand herausgeschnitten worden ist. Wenn man früher eine viel größere
Zahl von Fällen dieser Art annahm, so erklärt sich dies daraus, daß man
die viele Bilder umgebende Einputzfuge mit einer Einsatzfuge verwechselte.
Eingeputzt sind nämlich nicht wenige Bilder, und zwar so, daß entweder
große, vom Sockel bis zum Fries oder bis zu einem bestimmten, scharf gegliederten Wandabschnitte reichende Bilder zuerst gemalt und nachher die

Wand vollends beworfen und bemalt worden ist oder daß, und dies ist bei den kleineren, umrahmten Mittelbildern auf größeren Wandflächen der Fall, die Wand völlig beworfen und bemalt, der Platz für das Mittelbild aber ausgespart oder der Stucco an dieser Stelle wieder ausgeschnitten und durch frischen Grund ersetzt wurde, um dem Maler den ganzen Vortheil frischer Tünche darzubieten. In beiden Fällen wurde dann entweder die umgebende Wand gegen das Bild oder das Bild gegen die Wand eingeputzt, was vielfach mit der höchsten Sauberkeit und Meisterschaft, nicht selten aber auch so geschehn ist, daß eine ganz feine Fuge übrig blieb oder daß eine solche im Laufe der Jahrhunderte entstand. Diese Einputzfugen liegen aber stets im je nachdem spitzen oder stumpfen Winkel zur Wandfläche, während die wenigen wirklich eingesetzten Bilder von einer rechtwinkeligen Fuge umgeben sind.

Indem es vorbehalten bleibt, das, was über den technischen Werth der pompejaner Wandmalereien und über gewisse Eigenschaften und Eigenthümlichkeiten derselben zu sagen ist, weiterhin mit den Erörterungen über ihren Stil und ihre künstlerische Bedeutung zusammenzufassen, mögen hier zunächst die Gattungen der Bilder übersichtlich zusammengestellt werden, wobei von der reinen Decorations- und Ornamentmalerei abzusehn ist. Von dieser ist früher (oben S. 461.) gesprochen worden und es verdient in Betreff ihrer nur noch hervorgehoben zu werden, daß auch bei ihr so gut wie bei der plastischen Herstellung in Stucco, die ganze oder theilweise Schablone beinahe niemals angewendet, sondern Alles aus freier Hand höchstens unter Anwendung von Lineal und Zirkel ausgeführt wurde, wovon man sich leicht dadurch überzeugt, daß bei durchgehenden Ornamenten mit wiederkehrenden Formen, diese fast niemals ganz genau auf einander passen, sondern stets leise Verschiedenheiten zeigen. Vereinzelte Ausnahmen können hier kaum in Anschlag kommen und sind gewiß nicht im Stande, den bedeutenden Eindruck von Leichtigkeit und Sicherheit der Hand bei diesen alten Decorationsmalern in uns herabzustimmen. Sehr gewöhnlich nimmt die Nachlässigkeit des Machwerks nach oben hin zu, und zwar nach Maßgabe des hier immer ungünstiger werdenden Lichtes; augenscheinlich sind an einer und derselben Wand mehre Hände beschäftigt gewesen, und während ein mehr oder weniger künstlerisch gebildeter Mann die Hauptbilder und die schwebenden Figuren der Nebenfelder gemalt hat, hat ein blos handwerkermäßig geschickter Gehilfe die Umrahmungen und das architektonische Ornament hergestellt, ein Verfahren, welches an und für sich, ganz besonders aber bei der Massenproduction gerechtfertigt erscheint, durch welche in wenigen Jahren ganz Pompeji mit Gemälden bedeckt worden ist.

Innerhalb der gesammten Decoration der Wände nun sind diejenigen Gemälde zu suchen, von deren verschiedenen Classen jetzt gehandelt werden soll. Es ist schon früher darauf aufmerksam gemacht worden, daß mit der Entwickelung der die Wandfläche eintheilenden und umrahmenden Arabeskenarchitektur die Entwickelung der die Hauptflächen der Wand schmückenden Bilder so ziemlich Hand in Hand geht. Da wo wir in den einfachsten Decorationen entweder die leeren Wandfelder oder auf diesen ein ganz winziges Figürchen, in den etwas reicheren etliche Medaillons, Landschaften und Stillleben fanden, da finden wir in reicher entwickelten Decorationen die mythologischen Hauptbilder, die unten näher zu betrachten sein werden. Hier sei nur in Beziehung auf die allgemeine Anordnung bemerkt, daß das Mittelfeld der Hauptfläche eine größere Composition zu enthalten pflegt, während die beiden oder auch bei einer Fünftheilung der ganzen Wand die vier Seitenfelder entweder einzelne Figuren oder schwebende Gruppen, einzeln auch Medaillons zeigen. Als recht normale Beispiele können die Zahn'schen Blätter II. 13. 23. 33. 43. 53. gelten. Das stufenweise bedeutendere Hervortreten dieser Bilder in den Feldern der Mittelfläche im Anschluß an die kleineren Mittelbilder läßt sich sehr deutlich in den Zahn'schen Blättern II. 53. 43. 63. 13. 33. 23. und 3. verfolgen. Von ganz kleinen Dimensionen wachsen hier die Bilder zu immer größeren; in den Blättern 53. und 43. erscheinen sie geradezu nur als ein Theil der Gesammtdecoration, in den Blättern 23. und namentlich 3. dagegen ist die übrige Decoration, so reich sie in 23. erscheint, nur der Rahmen für das mythologische Hauptbild, das in 23. Achill auf Skyros, in 3. die Bestrafung der Dirke darstellt.

　　Durch Erwähnung dieser mythologischen Haupt- und Nebenbilder der mittlern Wandfläche sind jedoch die Figurencompositionen noch keineswegs erschöpft. Auch Sockel und Friese sind mit ihnen geziert; wo immer eine Fläche hervortritt, eine Tafel oder eine Pfeilerfläche in der Gliederung der Sockel, ein Gliederstreif im Friese, da treten uns Einzelfiguren und Figurengruppen, Jagden, Kämpfe, Wettrennen und dergleichen in zum Theil scherzhafter Behandlung entgegen, indem Genien, Eroten und Kinder die handelnden Personen sind. Mythologische oder wenigstens im mythologischen Costüm gehaltene Genrebilder und solche im eigentlichen Sinne wechseln hier mit einander ab, und neben ihnen erscheinen Landschaften und Seestücke, Blumen- und Fruchtstücke, erscheint Stillleben in jedem Winkelchen, das die Ornamente frei lassen.

　　Als erste Classe der pompejaner Gemälde mögen die landschaftlichen und Architekturansichten mit mehr oder weniger Staffage genannt werden, welche sich je nach ihrer Ausdehnung zum Theil an den untergeordneten Stellen der Sockel und Friese, zum Theil in den Feldern der Hauptfläche der Wände finden. Es wird schon aus dieser Angabe einleuchten, daß die Landschaften gemäß den Stellen, die sie einnehmen, wie von sehr verschiedenem Umfang und Maßstabe, so von sehr ungleicher Bedeutsamkeit sind, mit welcher die Behandlungsweise ungefähr parallel geht. (Vergl. das Verzeichniß b. Hlb. S. 365 ff.) Die Reihe beginnt, um von noch geringfügigeren Gegenständen, etlichem Gebüsch, einem Baum, neben dem ein Thier weidet, und dergleichen meistens in der allerflüchtigsten Manier Hingeworfenem zu schweigen, mit Bildchen wie das, welches in vorstehender Fig. 292. aus hundert ähnlichen als Probe ausgehoben ist, und

Fig. 292. Kleine Landschaft.

welche etliche Baulichkeiten mit ein paar Bäumen und gelegentlich eine Fernsicht auf Hügel, Wald oder, wie in dem mitgetheilten Bildchen und so, mit sehr
begreiflicher Vorliebe in vielen anderen, auf das Meer enthalten, oder welche,
wesentlich als Seestücke gefaßt, ein dahinruderndes Schiff oder deren zwei,
vielleicht neben einer Landzunge oder vor einer Insel zeigen, auf welcher
ein Tempel oder ein Säulengang oder sonst ein Gebäude steht. Auch Staffage findet sich in solchen Bildern, seien es ein paar Hirten mit etlichen
Thieren, oder sei es ein Opfernder, welcher sich einem ländlichen Heiligthum
nähert, oder seien es launige Scenen. So zeigt uns z. B. ein kleines, allerdings aus Herculaneum stammendes Bild (IIIb. No. 1368.) ein Stück Ufer des
Nil, aus dem ein Krokodil hervorlauert; ein Esel mit ein paar Flaschen-
körben auf dem Rücken scheint trinken zu wollen, ohne das Krokodil zu
bemerken, dem er grade in den Rachen läuft, während sein Treiber ihn aus
Leibeskräften am Schwanz zurückzuziehn sich bemüht.

Etwas ausgedehntere Bilder geben sodann wesentlich Veduten, namentlich vorzugsweise Hafenansichten und weitläufige architektonische Perspectiven mit Brücken, Tempeln, Säulenhallen, weiten Plätzen, ja ganzen Stadttheilen, nur daß man hier nicht wirkliche Ansichten real vorhanden gewesener
Baulichkeiten verstehe, sondern phantastisch gesteigerte Abbilder einer Architektonik, welche die Küsten des Golfs von Neapel zieren möchte. Wirkliche Ansichtsbilder real vorhandener Gegenden scheint dagegen Vitruv
(VII. 5.) in den *carietatibus topiorum* zu verstehn, welche die ältere Wandmalerei darstellten *ab certis locorum proprietatibus imagines exprimentes*. Als
Probe bietet Fig. 293. eins der
weniger ausgedehnten und weitläufigen, dagegen besser gemalten Bilder dieser Art, welches eine mit mancherlei Tempeln und Hallen bedeckte Felseninsel darzustellen scheint.
Andere Bilder haben einen mehr
ländlichen und idyllischen und
durch das Überwiegen der Vegetation, der Bäume und Büsche
über die Baulichkeiten selbst
etwas landschaftlichern Charakter. Auch in diesen Gemälden fehlt die Staffage nicht, ist
vielmehr häufig recht stark vertreten; Spaziergänger, Hirten,
Landleute, Opfernde, gelegentlich auch Kinder beleben die

Fig. 293. Vedute, Felseninsel.

mehr ländlichen Scenerien, Fischer mit Angeln und Netzen, Seefahrer in Ruder-
und Segelschiffen die Hafenveduten. Diese Bilder entsprechen nun ganz offenbar der Art von vedutenmäßiger Landschaftsmalerei, welche der römische Maler
Ludius (richtiger wahrscheinlich S. Tadius) unter Augustus in Schwang ge-

bracht hat, und von der Plinius XXXV. 116—117. Folgendes berichtet.
»Auch Ludius zur Zeit des Augustus soll nicht um seinen Ruhm betrogen
werden, indem er zuerst eine höchst anmuthige Art von Wandmalerei ein-
führte: Villen und Hallen und Gartenanlagen, Haine, Wälder, Hügel,
Wasserbehälter, Gräben, Flüsse, Ufer, wie sie Jemand nur wünschen mochte;
dazu mancherlei Figuren von Spazierengehenden, in Schiffen Fahrenden und
von Menschen, welche ihre Landgüter zu Esel oder zu Wagen besuchen,
ferner Fischende, Vogelsteller, Jäger, Leute auf der Weinlese. Unter seinen
Werken befinden sich z. B. schöne Villen mit sumpfigem Zugange, wo die
Männer keck die Frauen auf die Schultern genommen haben und nun unter
ihrer Last zaghaft schwanken, und manches Witzige der Art von feinstem
Salz. Er malte auch zunächst in unbedeckten Räumen Seestädte vom reizendsten Anselm und zwar mit äußerst geringem Aufwande.«

Zu eigentlicher landschaftlicher Stimmung erheben sich nur sehr wenige
Bilder selbst unter den ausgedehntesten, wie jenes bei Zahn II. 60. abgebildete, welches 10×5 Fuß Ausdehnung hat; aber ganz absprechen kann man
diese, sei sie von moderner Sentimentalität auch noch so fern, den alten
Malern nicht, ja, in einigen der später zu betrachtenden Bilder mythologischen Gegenstandes finden wir die handelnden Personen in einer landschaftlichen Umgebung, aus welcher wirklich landschaftliche Stimmung hervor-
klingt, die mit der dargestellten Handlung in einem bewußten Zusammenhange steht. Um, auch ohne
einer weiterhin zu gebenden
etwas nähern Besprechung
der antiken Landschaftsmalerei vorzugreifen, deutlich
zu machen, was unter der
wenigstens halbwegs land-
schaftlichen Stimmung mancher pompejanischen und
herculanischen Bilder zu
verstehn sei, möge nur das
eine Beispiel Fig. 294. (Hlb.
No. 1561.) aus einer Reihe
ähnlicher hervorgehoben
werden. So vedutenmäßig
und stimmungslos der Vor-
dergrund mit seiner planlo-
sen oder wenigstens seltsamen und unklaren Architektur ist, so ganz anders wirkt
die Felsenwildniß im Mittel-
und Hintergrunde, die Ge-
birgsschlucht, an der sich

Fig. 294. Beispiel einer ausgedehntern Landschaft.

Pappeln oder Cypressen hinaufziehn, welche, hinter dem entferntesten Gipfel
verschwindend, uns auf eine größere Ausdehnung dieser, nur von ein paar

Hirten mit ihren Heerden oder einem Fischer am rauschenden Bache be-
suchten und von diesen mit den Bildern ländlicher Gottheiten geschmückten
Gebirgseinsamkeit hinweisen. Hiermit ist besonders die verwandt componirte
Landschaft mit einem Wasserfall Mus. Borb. XI. 26. (Hlb. No. 1558.) zu ver-
gleichen, ebenso die in den *Pitture d'Ercolano* I. 46. und besonders die das.
III. 53. abgebildete Landschaft.

Als letzte Classe der Landschaftsmalereien sind die mit mythologischer
Staffage belebten zu nennen. Um auch hier ein Beispiel nicht fehlen zu
lassen, ist in Fig. 295. ein Bild gewählt, welches die am felsigen Meeresufer
dem Meerungethüm zur Beute ausgesetzte Andromeda und den für sie das
Ungeheuer bekämpfenden Perseus darstellt (Hlb. No. 1184.). Diese mythologische Scene ist kaum als die Hauptsache in diesem Bilde anzusprechen,
wenigstens hat der Künstler mit entschiedener Vorliebe die öde Felsenküste
mit ihrer abgestorbenen Vegetation und dem gegen die Klippen brandenden
Meere dargestellt, und es fragt sich, ob die mythologischen Personen nicht
in dem Sinne als recht eigentliche Staffage angebracht sind, um die Stimmung von wüster Einsamkeit in dem Beschauer lebendiger hervorzurufen,

als der Maler sich dies ohne
ein solches Beiwerk zu thun
getraute. In ähnlicher Weise
sind manche andere Bilder
gemalt, in denen sowohl den
Dimensionen wie der Aus-
führung nach die handelnden
Personen gegen die Land-
schaft zurückstehn, z. B. Perseus die Medusa enthauptend
(Hlb. No. 1152., aus Herculaneum), und dasselbe kann
man von den am Esquilin
gefundenen, übrigens durchaus griechischen, mindestens
in die Zeit des Pompejus
hinaufreichenden Odyssee-

Fig. 295. Historische Landschaft.

landschaften [149] sagen, »in denen wir«, um mit einem feinen Kenner [150] zu
reden, »so nachlässig ihre Ausführung, welche in vielen Stücken selbst hinter der unserer Tapeten zurücksteht, auch sein mag, »die vollkommenste
Übereinstimmung der landschaftlichen Scenerien mit der dargestellten Handlung finden; die Bilder sind stumme Poesie, ganz und gar aus Homer heraus componirt, aber trotzdem überwiegt in ihnen das Landschaftliche, so
daß wir sie mit demjenigen auf eine Linie stellen müssen, was wir historische Landschaft nennen«. Auf die antike und besonders die in Pompeji
vertretene Landschaftsmalerei wird nochmals zurückzukommen sein, nachdem die anderen Gattungen der Malerei besprochen sind, mit welchen sie
sich verbindet.

Fast ausschließlich den untergeordneten Stellen in der Decoration gehören, wie die kleinen Landschaften, die als zweite Classe zu bezeichnenden Genremalereien an. Bei der niedrigsten Art derselben, dem Stillleben, den Frucht- und Blumenstücken (Illb. S. 404 ff.) ist dies durchaus der Fall, wenn man jene kleinen Bildchen in den allerbescheidensten Decorationen auf der Mitte der Hauptwandfläche abrechnet. Von den sehr zahlreichen Darstellungen dieser Art kann in der nebenstehenden 296. Fig. nur eine kleine Auswahl vorgelegt werden, welche aber vielleicht dennoch im Stande sein wird, die Gegenstände, die Composition und die Ausführung dieser Bildchen wenigstens einigermaßen zu vergegenwärtigen. Was die Gegenstände anlangt, finden wir so ziemlich alle diejenigen wieder, welche unsere modernen Maler dieses Genres darzustellen lieben, jedoch ist eine überwiegende Häufigkeit eßbarer, für Küche und Tafel bestimmter Dinge und eine besonders liebevolle Behandlung dieser nicht zu verkennen. Es ist deshalb auch nicht als Zufall zu betrachten, daß in Fig. 296. unter fünf Bildchen vier in dieses Gebiet gehören. Von geschlachteten und zubereiteten Thieren, wie das gerupfte Huhn und der ausgeweidete Hase in *a*, hätte noch ein ganzer Speisezettel von Fleischwaaren allein aus dem s. g. Pantheon (s. S. 110.), vom Schinken bis zur wohlpräparirten Wachtel vorgeführt werden können, sowie gebunden daliegende Zicklein, Lämmer, Schweinchen, Hähne; neben den Fischen in *b* eine beträchtliche Auswahl anderer nebst Hummern, Krebsen, Austern, Muscheln, Polypen; neben dem Brod und den Eiern in *c* verschiedene Backwerke; neben dem Korbe voll Feigen in *e* noch Äpfel, Granatäpfel, Weintrauben, Kirschen und kleinere Beeren in Gefäßen und, wenn nicht Alles trügt, so sehr dies dem bisher in der Geschichte unserer Obstsorten Angenommenen widersprechen mag, auch Orangen [54], ferner Champignons, Zwiebeln, gelbe Rüben, Rettige u. dgl. mehr. Ebenso sind die Gefäße in *d* nur ein einzelnes Pröbchen verwandter Gegenstände; allerlei sonstiger Hausrath aus Küche und Keller, Wohn- und Studirzimmer, z. B. aus letzterem Schreibmaterialien und Bücherrollen, neben denen mehrfach kleine Haufen Münzen liegen, hätten ebenfalls zu Gebote gestanden. In Beziehung auf die Composition darf nicht übersehn werden, daß die alten Maler gegen die unserigen im Nachtheil sind, sofern wir der-

Fig. 296. Stillleben.

artige Bilder aus ungleich größeren Massen zusammenzusetzen pflegen; auch
in der Anordnung können die pompejaner Maler mit den unseren nicht riva-
lisiren, welche vielmehr mit liebenswürdiger Naivetät verfuhren, ohne eben
viel zu stellen und zu legen. Von der Laune, welche sich gelegentlich in
den besseren modernen Bildern dieser Art regt, sind nur sehr vereinzelte
Beispiele aus Pompeji anzuführen, doch fehlen auch diese wenigstens nicht
ganz. So wirkt es, um nur eines anzuführen, humoristisch, wenn von zwei
Seitenstücken auf einer Wand das eine Hahn und Henne in größtem Behagen
des Zusammenlebens darstellt, das andere den gar kläglich gebunden liegenden Hahn. Auch in der Ausführung kann den neueren Künstlern, welche
schon durch die Ölfarbe den alten Wandmalern überlegen sind, der Preis
nicht abgesprochen werden, obgleich nicht zu verkennen ist, daß der effectvolle Naturalismus, welcher die Vorzüge dieser niedern Gattung der Malerei
ausmacht, auch in Pompeji so wenig fehlt, wie jene allerlei Lichter und
Reflexe in und auf Gläsern, Metallgegenständen und Anderem.

Von Blumenstücken ist keine Probe mitgetheilt, weil diese durch die
Bank herzlich unbedeutend sind, und Nichts enthalten, was sich nicht leicht
Jeder ohne Abbildung vorstellen könnte. Compositionen, Bouquets, Kränze und
dergleichen selbständige Bilder kommen nicht vor, denn jene dünnen Festons
in den Decorationen und in ein paar Genrebildchen, z. B. dem mit den
kranzwindenden Genien im s. g. Pantheon, kann man nicht rechnen. Im
Übrigen beschränkt sich die Darstellung auf einzelne Blumen und Blumen-
pflanzen wie Iris, Lilien, Rosenstöcke und etliche andere, welche zu bestimmen man Botaniker sein müßte. Nicht zu vergessen sind auf diesem Gebiete die Darstellungen von Laubengängen, Boskets und Gärten, wie z. B. im
Xystus des Sallust, Bilder, welche eine Fülle von Pflanzen, belebt von bunten Vögeln, aber das Ganze in rein decorativer Manier und ohne Stimmung
darstellen; vgl. z. B. Mus. Borb. XII. tav. *A. B.*

Auch die Darstellungen aus dem Thierleben sind viel unbedeutender
als die unserer Künstler; ein solches liebevolles Eingehn auf das Leben und
Treiben der sich selbst überlassenen Thiere, wie das unserige, ein so feines
Herausfühlen ihrer Eigenthümlichkeiten und des Humors, der in den Erlebnissen dieser Welt liegt, ist offenbar nicht die Sache der Alten gewesen.
Und dergleichen finden wir nicht allein nicht in Pompeji, sondern schwerlich irgendwo noch im ganzen Kreise der antiken Kunst, so sehr dieselbe
sich mit der Darstellung einzelner Thiere beschäftigt und so bewundernswür-
dige Thiergestalten sie geschaffen hat. Wenn aber auch die pompejanische
Malerei hier nicht das Höchste geleistet hat, so hat sie doch dies Feld keineswegs unangebaut gelassen (vgl. IIIb. S. 398 ff.); früchtepickende Vögel,
weintraubennaschende Hasen, schwimmende Fische und dergleichen fehlen
auch unter den selbständigen Bildchen, von denen allein hier die Rede sein
kann, so wenig, wie selbst einige feiner beobachtete Scenen des Thierlebens,
z. B. ein kleiner Hund im Streite mit einem größern und einer Katze um
ein Stück Fleisch (IIIb. No. 1606.), eine Schlange, welche sich gegen eine
Maus aufbäumt und diese mit dem Blicke bannt, so wenig endlich wie
einige größere Bilder in der Art des in Fig. 297. wiederholten,, welches in

mäßig ausgeführter Landschaft einen Löwen darstellt, der zwei voll Entsetzen
fliehende Stiere jagt oder jenes schon früher (S. 243. erwähnte ausgedehnte Bild, welches der *Casa della caccia* den Namen gegeben hat, und

Fig. 297. Thierstück.

von dem schon a. a. O. die auch von Anderen getheilte Vermuthung ausgesprochen wurde, daß die Thierhetzen im Amphitheater manche derartige
Scenen zur Anschauung gebracht haben und so dieses Bild so gut wie das
oben mitgetheilte und wie jene Bilder an der Brüstungsmauer der Arena
des Amphitheaters (S. 157.) angeregt haben mögen. Ein eigenthümliches Interesse erregen zwei in einem Hause des *Vico d'Eumachia* als Gegenstücke
gemalte große Thierbilder, von welchen das eine ziemlich sicher und daher
wahrscheinlich auch das andere aus der Thierfabel geflossen ist[157]. Jenes
(IIb. No. 1554.) stellt einen wahrscheinlich krank daliegenden Löwen dar,
vor dem ein Hirsch mit vorsichtig vorgestelltem linken Vorderfuße wie zu
augenblicklicher Flucht bereit steht, während im Hintergrunde ein Leopard
eine Gazelle verfolgt. Der Inhalt der Darstellung stimmt deutlich genug
mit der in verschiedenen Wendungen überlieferten Fabel vom kranken Löwen
überein. Für das Gegenstück, welches einen Bären darstellt, der sich mit
einem Eber zum Kampf anschickt, während im Hintergrund ein grimmig
blickender Löwe liegt, ist eine Parallele in der antiken Thierfabel nicht erhalten, doch würde sich eine solche leicht im Geiste bekannter Geschichten
erfinden lassen.

Steigen wir von diesen untergeordneten Kreisen in diejenige des Men-
schenlebens auf, so finden wir das eigentliche Genre, die realistische Darstellung einzelner Scenen aus dem täglichen Thun und Treiben in nicht
ganz unbeträchtlicher Zahl. In diese Classe sind jene schon früher (S. 346.)
mitgetheilten und besprochenen Bilder aus der Fullonica zu rechnen, welche
die verschiedenen Acte der Tuchbereitung und Tuchwäsche darstellen, ferner
die oben angeführten Bilder einer Malerin, die in ihrem Atelier, von zwei
Frauen belauscht, eine Dionysosherme copirt IIb. No. 1443.), und eines
Porträtmalers in parodischer Auffassung (IIb. No. 1537.). In einem Hause
in Pompeji, in welchem außer einem Weinschank vielleicht ein unehrliches
Gewerbe getrieben wurde, fand man die Wände des Gastzimmers mit Malereien bedeckt, in welchen verschiedene Scenen aus dem Leben dieses
Hauses geschildert sind. So zeigt das eine, um nur ein paar gut erhaltene Beispiele herauszuheben, ein Gelage von Personen ziemlich niedern

Standes, die, um einen kleinen runden dreifüßigen Tisch sitzend, unter
lebendiger Unterhaltung aus Bechern Wein trinken, den ihnen ein kleiner
Bursche kredenzt (Hlb. No. 1504. 5.', das andere Bild, welches Fig. 298.
darstellt (Hlb. No. 1457.), lehrt uns zugleich eine nicht uninteressante Spe-
cialität des pompejanischen Alterthums kennen, einen auch noch in einem

andern Bilde ähnlich wie-
derkehrenden Weinwagen
nämlich, auf dem der Wein
in einem großen Schlauch vor
das Haus des Käufers oder
Eigners gefahren wird. Diesen Schlauch müssen wir uns
aus einer nicht unbeträchtlichen Zahl von Thierfellen
zusammengenäht und durch
die große vorn emporgebun-
dene Öffnung gefüllt denken.
Zum Ablassen des Weines
in die Amphoren, in denen

Fig. 298. Weinwagen, Genrebild.

man ihn im Keller aufbewahrte, bedient man sich einer röhrenförmigen
Öffnung am hintern Theile des Schlauches, welche aus dem Bein eines
Felles gebildet scheint. Das Zusammenfallen des großen Schlauches durch
die fortschreitende Entleerung ist merkbar angedeutet, und ein guter Gedanke ist es, die Pferde losgeschirrt darzustellen, um damit anzudeuten,
daß der Wagen vor diesem Hause lange anhalten, vielleicht ganz abgezapft
werden soll. Da hier nicht alle Bilder dieser Art angeführt werden können,
so möge nur noch der bei höchster Rohheit der Darstellung gegenständlich
nicht uninteressanten Scenen auf dem Forum (Hlb. No. 1469.) gedacht und
auf alle die Bilder hingewiesen werden, die Helbig (S. 356 ff.) unter der
Überschrift: »römisch-campanisches Genre« zusammengestellt hat.

Neben ihnen ist eine zweite Art von Genrebildern zu nennen, welche
sich in Composition und Ausführung von der erstern stark unterscheiden,
indem sie, zum Theil selbst auf die Brustbilder der dargestellten Personen,
immer aber auf wenige Figuren beschränkt, durch ideale Auffassung, Reiz
und Anmuth der Erscheinung sich auszeichnen und eben so fein und sorgfältig wie diejenigen der erstern Classe meistens roh und nachlässig gemalt
sind. Helbig (S. 332 ff.) hat sie als »hellenistisches Genre« von dem
römisch-campanischen unterschieden und ihrer eine ziemlich bedeutende Zahl
(No. 1409—1462.) zusammengestellt, aus der nur ein paar Beispiele angeführt
werden mögen. So zeigt ein allerliebstes Bildchen (Hlb. No. 1425.), welches
mehrfach, am besten aber bei Ternite I. 5. abgebildet und in mehren unter
einander verwandten Wiederholungen nachweisbar ist, das Brustbild einer
jungen Dame, welche eine offene Schreibtafel in der linken, den Griffel in
der rechten Hand nachdenklich an die Lippen gelegt hält, als besinne sie
sich und schwanke, ob sie eine zärtliche Botschaft dem geschriebenen Worte
anvertrauen solle oder nicht, während eine Zofe ziemlich schelmisch hinter

der Herrin wartend hervorschaut, aus deren Mienen wir abnehmen können,
daß die Schöne sich doch endlich entschließen werde. Nicht allzu verschieden ist dem Grundgedanken nach der Gegenstand eines ebenfalls von Ternite I. 1. mitgetheilten Bildes, welches eine als Muse erklärte, in tiefes
Nachdenken versunken sitzende junge Dame darstellt, die in der That Nichts
als Muse charakterisirt, die vielmehr alle Zeichen reiner Menschlichkeit trägt
und über eine Herzensangelegenheit zu meditiren scheint. Ferner gehört in

diese Classe reiner Gen-
rebilder eine kleine Reihe
von Bildern, in denen
Eros als handelnde Per-
son auftritt; denn in allen
diesen Fällen sind die
kleinen Flügelknaben
rein allegorisch zu fassen.
So, wenn in einem Bilde,
welches seines Ortes
schon in der *Casa di
Meleagro* erwähnt wurde
(IIIb. No. 1429.), Eros
sich vertraulich plau-
dernd und nachlässig an
das Knie einer leicht be-
kleideten und üppigen
Schönen lehnt, so, wenn
er auf einem andern des-
selben Hauses (IIIb. No.
1430.) der Schönen das
geöffnete Schmuckkäst-
chen entgegenhält (vgl.
S. 272. u. 275.); so end-

Fig. 299. Erotenverkauf.

lich, wenn in mehrfach wiederkehrenden und ebenfalls schon mehrfach erwähnten Bildern Eros mit einem schönen Mädchen fischt (IIIb. No. 348 ff.).
Hier bedeutet der Eros im ersten Falle Nichts als die Schönheit der Dame,
deshalb ist er lässig wie sie, im zweiten den Liebreiz, der sie schmückt, im
dritten die Anmuth, welche die schönen Mädchen überall hin begleitet;
Aphrodite ist in keinem dieser Fälle in der Frau zu erkennen. Und das
auch die Erotenverkäufe in zwei berühmten Wandgemälden, von denen das
eine (IIIb. No. 624.) aus Stabiae stammt, das andere (IIIb. No. 625.) aus
der *Casa dei capitelli colorati* in Fig. 299. aus Zahn II. 58. wiederholt ist,
in das Gebiet dieser allegorischen Genrebilder gehören, hat schon Otto
Jahn in seinen Archaeol. Beiträgen S. 211—221. ausführlich und geistreich nachgewiesen und begründet. In dem hier mitgetheilten Bilde werden
einer schönen, erhabenen Frau, die in trübem Nachdenken auf einen Pfeiler
gelehnt ist, von einem alten Vogelsteller Erotchen zum Verkaufe angeboten,
ganz so wie man etwa Tauben zum Verkauf anbieten würde. Zwei sitzen

33 *

noch in dem Käfig, einen holt der Händler bei den Flügeln heraus, um ihn
anzubieten, während ein vierter sich hinter der Schönen versteckt hat und
muthwillig hervorschaut und ein fünfter, auf den ihr Blick gerichtet ist,
ihr mit zwei Kränzen entgegenfliegt. Ist auch dies merkwürdige Bild und
das andere verwandte noch nicht völlig im Einzelnen erklärt, so dürfen wir
doch deren Sinn im Allgemeinen als dahin feststehend betrachten, daß den
Schönen manche Liebe zur Auswahl geboten wird, und daß vielleicht die
Dame in unserem Bilde nach einem Verlust oder in unerfüllter Sehnsucht
den ihr dargebotenen Liebesgöttern gegenüber denkt: der, den ich meine,
ist es nicht! Ob sich nicht unterdessen doch der rechte heimlich bei ihr
eingeschlichen hat, mag dahinstehn.

Zu den auf eine Person beschränkten Genrebildern gehört ferner auch
eine Reihe jener schwebenden Figuren, welche die Mitte der Nebenfelder
der Hauptfläche der Wand rechts und links vom mythologischen Mittelbild

Fig. 300.   Tänzerinnen.

oder auch die Mitte aller Felder der Hauptfläche schmücken; unter ihnen
auch jene mit Recht hochberühmten Tänzerinnen, welche aus der s. g.
Villa Ciceros vor dem herculaner Thore stammen (Hlb. No. 454. 457. 1904,
6, 7, 21, 25, 31, 37, 39,) und zu dem Vorzüglichsten gehören, was die
Malerei in den verschütteten Städten geleistet hat. Man hat für diese wundervollen Gestalten, deren Fig. 300. eine der großartigsten und eine der lieb-
lichsten (Hlb. No. 454. u. 1901.) wiederholt, auf mythologischem Gebiete
Erklärungen gesucht und einzelne derselben als Bakchantinnen gedeutet; mit
Unrecht; es sind menschliche Tänzerinnen, vielleicht selbst aus einer der

niederen Schichten der Gesellschaft, welche jene im Alterthum so vielgepriesenen kunstvollen mimischen Tänze ausführen, die wir nur mit den höchsten Leistungen unseres Ballets vergleichen können. Die ganze Folge ist von Ternite neu herausgegeben und von Welcker mit einer tief eindringenden Erklärung versehn.

In das Gesammtgebiet des Genre, aber freilich eines mythologisch eingekleideten Genre gehören sodann die sehr zahlreichen Bilder, in denen Genien oder Eroten, kurz kleine Flügelknaben in allen möglichen menschlichen Verrichtungen, zum Theil selbst sehr prosaischen erscheinen. Von mythologischem Gehalt kann bei ihnen nicht die Rede sein, die dargestellten Handlungen fließen in keiner Weise aus einem symbolischen Begriff dieser Flügelknaben, man nenne sie wie man will, sondern die Maler haben nur, wie das auch in nicht wenigen Reliefen, namentlich Sarkophagreliefen geschehn ist, der größern Anmuth der Form und der Heiterkeit wegen diese für erwachsene Menschen gesetzt. So finden wir diese Genien jagend (Illb. No. 807 ff.', fischend, auf Wagen fahrend (Illb. No. 779 ff.), musicirend, tanzend, Kränze windend (Illb. No. 799 f.), das Mühlenfest der Vestalia feiernd Illb. No. 777., s. oben S. 110.), so finden wir sie, um ein paar Beispiele recht augenscheinlichen Inhalts zu wählen, in zwein nachstehend wiedergegebenen Bildchen aus Herculaneum als Schreiner ein Brett zurechtsägend Illb. No. 805.' und gar als Schuster beschäftigt Illb. No. 804.).

Fig. 391 Mythologische Genrebilder.

Als eine eigene Abtheilung der Genrebilder kann man endlich die von Helbig S. 349 ff. gesammelten ziemlich häufigen Darstellungen von Theaterscenen betrachten, die gewiß keiner andern Kategorie von Malerei sich leichter oder nur so leicht einfügen, wie dieser. Bestimmte Scenen bekannter Stücke sind in den allerseltensten Fällen, wenn überhaupt mit Sicherheit, erkennbar, die dargestellten Handlungen sind nicht immer klar, am wenigsten die tragischer Scenen, in vielen Fällen jedoch, namentlich in Scenen der Komoedie, wie z. B. in der folgenden, als Probe mitgetheilten (Illb. No. 1468.), so ausdrucksvoll gegeben, daß man über den Inhalt im Allgemeinen nicht zweifelhaft sein kann. In dem nachstehenden Bilde, in welchem offenbar ein Kriegsmann, wenn auch nicht der *miles gloriosus* des Plautus, die Hauptperson bildet, sind noch die rechts und links sitzenden alten Männer zu bemerken, welche nach Wieseler's gewiß richtiger Erklärung die Theaterpolizei darstellen und als

deren Platz wir uns die Nischen des Proscenium (s. S. 145.) zu denken
haben.

Fig. 302. Komoedienscene.

Hiernach bleiben als die letzte und Hauptabtheilung der Gegenstände
pompejanischer Bilder die mythologischen zu besprechen übrig, welche
meistentheils auf den Hauptstellen der Wände, in der Mitte der großen
Flächen des Mittelfeldes ihren Platz finden. Hier ist die Fülle so groß, daß
für alles Einzelne auf die beiden schon mehrfach angeführten Bücher Helbigs, die »Wandgemälde aus den vom Vesuv verschütteten Städten Campaniens« und die »Untersuchungen über die campanische Wandmalerei« verwiesen werden muß, deren ersteres die Bilder gegenständlich geordnet in
einer bis zu den Ausgrabungen von 1868 vollständigen Zusammenstellung
enthält, während das zweite auf eine Reihe von Fragen über diese Malereien
näher eingeht, welche im Folgenden ebenfalls kurz berührt werden sollen.
Um es aber auch in Betreff der Gegenstände und der Composition der Bilder
nicht bei der bloßen Citation bewenden zu lassen, soll versucht werden,
dieselben zu einer ganz summarischen Übersicht zu bringen, zu der sich am
leichtesten wird gelangen lassen, wenn auch hier wieder Classen unterschieden
werden, als welche sich bieten 1. mythologische Einzelfiguren, 2. kleinere meistens schwebende Gruppen, als deren Unterabtheilung die allegorischen Darstellungen betrachtet werden können, und 3. größere Compositionen.

Die größte Menge der mythologischen Einzelfiguren sind schwebende
Gestalten in der Art der oben angeführten Tänzerinnen. Es begreift sich
leicht, daß man zu diesen vorzugsweise solche Personen wählte, bei denen
das Fliegen oder das Schweben in lebhaftem Tanze, der von der Erde empor-
strebt oder leicht über dieselbe hineilt, und bei denen eben deshalb das Weg-
lassen des Bodens im Gemälde ebenfalls natürlich, nicht als bloße Licenz
erscheint. Nike, Psyche, Horen, allerlei Genien und Nymphen und daneben

Personen des bakchischen Kreises, Bakchantinnen, Maenaden, Satyrn, Kentauren u. a. dgl. bilden den Hauptstamm dieser Gemälde. Jedoch sind die Einzeldarstellungen keineswegs weder auf schwebende Gestalten noch auf Personen der angedeuteten Art beschränkt, fast alle Gottheiten des Olymp sind nachweisbar und finden sich je nach dem Grundcharakter ihres Wesens stehend, thronend oder gelagert, seltener in Hanelung als in derjenigen Ruhe, welche das Cultusbild auszeichnet und als Gegenstand der Verehrung erkennen läßt. Mehre dieser göttlichen Einzelpersonen haben aus dem angedeuteten Grunde ein großes Interesse, und wenngleich und manche unbedeutende Darstellung auf diesem Gebiete entgegentritt, so fehlen doch auch wirklich großartige und schöne Gestalten auf demselben nicht, ja wir finden selbst solche, die neben den berühmtesten Statuen als wahre Grundlagen unserer Kenntniß der Darstellung griechischer Gottheiten betrachtet werden können, wovon man sich durch einen Blick auf die hierneben abgebildete Demeter aus der *Casa dei Dioscuri* (Illb. No. 176., gewiß eine der bedeutendsten und würdigsten Darstellungen dieser Göttin, wel-

Fig. 303. Demeter.

che wir aus dem Gesammtgebiet der alten Kunst besitzen, leicht selbst überzeugen kann. Außer den auf der Mitte der Wandfläche frei schwebenden und den ebenfalls auf der Mitte von Wand- und Pfeilerfeldern, statuenartig auf leicht angedeuteter Basis als selbständige Gemälde für sich stehenden und sitzenden mythologischen Einzelfiguren erscheinen solche noch mehr mitten in der architektonischen Decoration in der Art, wie auch menschliche Personen, als Bewohner der luftigen Tempelräume, oder endlich sind sie in die Decoration selbst verschmolzen und als Statuen oder Statuetten behandelt auf Consolen, Kragsteinen, Carniesen und anderen Gliedern angebracht und in diesem Falle entweder in der Farbe des Materials gehalten, aus dem sie verfertigt erscheinen sollen, oder wenigstens durch ein bescheidenes und mit der übrigen Decoration harmonirendes Colorit als das bezeichnet, was sie darstellen sollen, als Kunstwerke, Sculpturen, nicht als die lebendigen Wesen selbst.

Die zweite Classe, welche die kleinen Gruppen umfaßt, ist mit der

ersten Art mythologischer Einzelfiguren am nächsten verwandt, indem diese
kleinen Gruppen fast nur in der Mitte der Wandflächen und zwar meistens
in den Seitenfeldern schwebend gebildet und aus dem Kreise gewählt sind,
der oben bei den schwebenden Einzelfiguren bezeichnet worden ist. Über
den künstlerischen Werth dieser Bilder, unter denen sich die reizvollsten
Sachen befinden, ist später zu reden, hier, wo es nur auf eine Übersicht des
Stofflichen ankommt, müssen als Gegenstände dieser schwebenden Gruppen
außer den mythologischen auch noch die allegorischen genannt werden, welche
gewöhnlich so componirt sind, daß eine geflügelte Person eine zweite trägt,
welche die Attribute hält. In der Weise finden wir die Poesie, die Musik,
das Leierspiel, den Segen des Friedens und Anderes dargestellt (vgl. Hlb.
No. 1952 ff.)

Was nun endlich die größeren mythologischen Compositionen anlangt,
ist schon früher bemerkt, daß sie aus einem bei aller Mannigfaltigkeit beschränkten und abgesehn von den bei Helbig als »römisch-campanische Sacralbilder« richtig ausgesonderten, einem von Poesie und früherer Kunst durch-
gearbeiteten Kreise von Gegenständen stammen, sowie daß der sinnliche
Reiz auf die Wahl der Stoffe bedingend eingewirkt hat. Reine Göttergeschichten sind verhältnißmäßig seltener, als Darstellungen aus der Heroensage; was sich von Göttergeschichten findet, gehört überwiegend, aber freilich nicht ausschließlich, dem bakchischen Kreise an. Die Erziehung des
Bakchoskindes durch den alten Silen, Scenen aus dem Umherschweifen des
Gottes mit seinem Chor von Satyrn und Bakchantinnen, besonders seine Auffindung der von Theseus verlassenen Ariadne sind mehrfach dargestellte
Gegenstände, ja die verlassene und die aufgefundene Ariadne gehören zu
den am häufigsten gemalten. Neben den bakchischen Scenen kehren Zeus'
Liebschaften mit Leda, Danaë, Europe, auch Ganymedes' Entführung oder,
genauer gesprochen, die Vorbereitungen zu derselben vielfach wieder, während Ganymedes' Entführung selbst in einem Stuccorelief im Tepidarium
der kleineren Thermen (S. 183.) gebildet ist. Auch auf den Iomythus bezügliche Monumente fehlen nicht. Ebenso findet sich mehrfach Apollons Verfolgung der Daphne, welche im Augenblick, wo sie der Gott erreicht, in
einen Lorbeerbaum verwandelt wird; häufig ist Ares' und Aphrodites Liebe
dargestellt und beinahe noch häufiger Adonis, der, vom Eber verwundet, in
Aphrodites Armen verblutet. Auch anderer Götter Liebschaften fehlen nicht,
so die des Poseidon mit einer allerdings nicht zu benennenden Nymphe, Hermes und ein ebenfalls nicht sicher zu bezeichnendes Mädchen, Selene und
Endymion sind mehrfach dargestellt, auch Zephyros und Chloris (Hlb. No. 971.),
ein Bild, welches wegen seines in älteren Berichten gepriesenen, jetzt freilich nicht mehr bemerkbaren, sanften Helldunkels auch artistisch zu den
merkwürdigsten gehört. Mag aber der eine oder der andere Gott die Hauptperson des Bildes sein, in zehn Fällen gegen zwei oder drei wird eine Liebes-
scene den Gegenstand ausmachen, grade so wie in der spätern Poesie alle
anderen Thaten der Götter und ihre vielfachen Kämpfe über der Erzäh-
lung ihrer Liebschaften und galanten Abenteuer beinahe vergessen worden sind.

Ungleich vielseitiger gestalten sich die Darstellungen aus dem Gebiete der Heroensage, obgleich doch auch hier nicht unbemerkt bleiben darf, daß gewisse erotische, sinnlich reizende oder sentimentale Gegenstände mit ganz besonderer Vorliebe häufig wiederholt worden sind. Gegen ein Exemplar eines Kampfes des Herakles, des Theseus, des Meleagros oder Perseus, gegen ebenso einzeln dargestellte Scenen aus den homerischen Gedichten können wir ganze Reihen von Bildern stellen, welche den an der Quelle hinschmachtenden Narkissos, die von Perseus befreite Andromeda, die von Theseus verlassene Ariadne, die von Hippolytos abgewiesene Phaedra oder auch Herakles bei Omphale, das Urteil des Paris zum Gegenstande haben.

Jedoch ist, wie gesagt, auf dem Gebiete der Heroensage diese Behandlung derartiger Stoffe nicht in dem Grad überwiegend, wie auf dem der Göttergeschichten, und es läßt sich eine ziemlich umfangreiche Gallerie heroischer Thaten und Leiden aus pompejanischen und herculanischen Gemälden zusammenstellen. Auch hier können indessen nur im Allgemeinen die Kreise angedeutet werden, aus denen die Stoffe gewählt sind, und einige der wichtigsten Gemälde hervorgehoben werden. Von Herakles' Thaten, beginnend mit seinem Erwürgen der seine Kindheit bedrohenden Schlangen, sind mehre dargestellt, so der Löwenkampf, der erymanthische Eber, die stymphalischen Vögel, Prometheus' und Hesiones Befreiung; von seinen sonstigen Erlebnissen außer etlichen Liebschaften (Omphale, Auge) nur wenige. Zu den vorzüglichsten Bildern gehört Herakles' Auffindung seines Söhnchens Telephos von der Auge, der ausgesetzt und von einer Hirschkuh gesäugt worden war (IIb. No. 1143.); ein anderes, wenngleich weit unbedeutenderes Bild zeigt den kleinen Telephos auf des Vaters Knien, während die treue Hirschkuh, der der Knabe einen Zweig hinhält, zur Seite steht (IIb. No. 1144.). Aus den Bildern dieses Kreises giebt Fig. 304. als ein Beispiel eine

Fig 304. Herakles im Löwenkampfe.

Darstellung von Herakles' Kampf gegen den Löwen von Nemea IIb. No. 1124., ein Bild, welches sich durch die kräftige und naturtreue Zeich-

nung und die lebendige Wahrheit der Composition empfiehlt. Die Art, wie
der Held hier den unverwundbaren und deshalb weder mit der Keule noch
mit Pfeil und Bogen zu besiegenden Löwen gepackt hat, um ihn durch den
Druck der gewaltigen Arme zu ersticken, findet sich wenigstens ähnlich auf
einer Reihe gemalter Vasen dargestellt, ferner auf den Münzen mehrer Städte,
sowie in geschnittenen Steinen, so daß hier jedenfalls ein berühmtes Original
zum Grunde liegt. Unter den Bildern, welche Herakles' Liebe angehn, sei
noch ein Mal auf das schöne, große Gemälde in der *Casa di Lucrezio* (oben
S. 260. Illb. No. 1140.) verwiesen und eine mehrfach mit geringen Variationen wiederholte Composition hervorgehoben, welches den Helden von Wein
und Liebe bezwungen darstellt (Illb. No. 1137—39.).

Unter Theseus' Thaten tritt natürlich der Kampf mit dem Minotauros
in seinen verschiedenen Scenen besonders hervor, während aus dem Kreise
der Argonautensage in seinem ganzen Umfange Phrixos und Helle nicht
selten, der Bau der Argo, der Raub des Hylas vereinzelt und Medea im
Begriff ihre Kinder zu tödten in ein paar Bildern dargestellt ist, auf welche
noch in einem andern Zusammenhange zurückzukommen ist. Zu den früher
allein bekannten Niobidenbildern in der *Casa dei Dioscuri* (oben S. 302.
Illb. No. 1154.) haben die neueren Ausgrabungen ein neues, in manchem
Betracht interessantes in dem Hause No. 52. des großen Planes, sowie ein
sehr schönes Gemälde auf einer weißen Marmortafel hinzugefügt [132]. Aus
dem Sagenkreise der kalydonischen Jagd oder ihrer Helden, der Atalante
und des Meleagros sind einige, aber nicht bedeutende Bilder erhalten. Von
den häufigen Darstellungen von Perseus und Andromeda ist schon gesprochen; außer der Befreiung der Andromeda ist mehrfach eine Scene wiederholt, in welcher Perseus der Geliebten das Haupt der Medusa im Quell zeigt.
Auch seine Kindheitsgeschichte, wie er mit seiner Mutter Danaë im Kasten

auf Seriphos angetrieben
ist, fehlt nicht in mehr-
fachen Wiederholungen,
auf welche nochmals zu-
rückzukommen ist. Sehr
selten sind Bilder aus dem
thebanischen Sagen-
kreise, aus Oedipus' und
seiner Söhne tragischer
Geschichte, s. Illb. No.
1155 f.; häufiger dage-
gen solche des troischen
Krieges und aus den
ihm vorhergehenden und
ihm folgenden Begeben-
heiten, wie sich das aus
der Berühmtheit der Poe-
sien dieses Stoffes sehr
wohl begreifen läßt. Aus

Fig. 305. Achills Erziehung.

den vorbereitenden Begebenheiten haben wir, um nur die wichtigsten Scenen
zu nennen: nächst dem Mauerbau Ilions durch Apollon und Poseidon (oben
S. 255. Illb. No. 1266.), mehrfach, wie schon bemerkt, das Parisurteil, Paris' und
Oenones Liebe, Paris' und Helenas Begegnung, Iphigeniens Opferung, von
der noch einmal die Rede sein wird, Achills Jugendgeschichte. So glaubt
man seine Eintauchung in die Styx in einem Gemälde in der *Casa dei
Dioscuri* (oben S. 300.) zu erkennen, dessen Deutung freilich begründeten
Zweifeln unterliegt (s. Illb. No. 1390.); sicher ist dagegen mehrfach wiederholt die Erziehung des jungen Helden durch den weisen Kentauren Cheiron, namentlich seine Unterweisung im Leierspiel, und zwar in einer der
effectvollsten und schönsten Compositionen, welche Fig. 305. vergegenwärtigen mag, obwohl ein Hauptreiz derselben, das Colorit, durch welches der
herrliche, lichte Jünglingskörper sich von dem dunkeln, fast braunen Leibe
seines halbthierischen Lehrers abhebt, uns leider verloren geht. Auch die
Entdeckung des jungen Helden auf Skyros unter den Töchtern des Lykomedes durch Odysseus' List ist mehrfach zu einer der wirkungsvollsten Compositionen verarbeitet (s. Illb. No. 1296 ff.).

Von den von Homer selbst besungenen Begebenheiten des eigentlichen
Kampfes gegen Troia eignen sich nur wenige zur bildlichen Darstellung,
weshalb wir deren auch verhältnißmäßig nur wenige von der Kunst überhaupt dargestellt finden. Aber ganz fehlen sie auch in Pompeji nicht; das
s. g. Haus des tragischen
Dichters bietet zwei Bilder
aus dem Kreise der Ilias,
welche ihres Ortes (S. 251.)
angeführt worden sind.
Das eine derselben, welches
Fig. 306. vergegenwärtigt,
die Wegführung der Briseïs
aus Achilleus' Zelte, gehört
in jeder Beziehung zu den
für die pompejanische
Wandmalerei charakteristischen Gemälden. Auch an
den kleinen troischen Cy-
clus in der Porticus des
Venustempels (oben S. 99.)
braucht nur zurückerinnert
zu werden. Einige zum
Theil interessante Bilder
(Illb. No. 1316—18. c) stellen Thetis bei Hephaestos
dar, welcher ihr die neuen
Waffen für ihren Sohn ge-

Fig. 306. Briseïs' Wegführung.

schmiedet hat, deren Überbringung in mehren Wiederholungen (Illb. No.
1319 ff.) sich anschließt, und möglicherweise wenigstens ist der einsam in

seinem Zelte zur Laute singende Achill in einem Bilde der *Casa dri capitelli colorati* (Hlb. No. 1315.) zu erkennen.

Von den nachhomerischen Begebenheiten sind nicht so viele gemalt, wie
man bei ihrer poetischen Berühmtheit erwarten sollte; auszuzeichnen sind
besonders einige Darstellungen des Orestes auf Tauris (Hlb. No. 1333 ff.)
und einige Bilder aus der Odyssee, von denen eines, Kirke und Odysseus,
schon früher (S. 239 f.) besprochen worden ist. Hier sei noch der in einigen

Fig. 307. Odysseus und Penelope.

Wiederholungen (Hlb. No. 1331 ff.)
vorkommenden Begegnung der Penelope mit Odysseus gedacht, von denen
Fig. 307. das Exemplar aus dem
Pantheon darstellt.

Während alle bisher besprochenen Bilder, denen sich noch eine
ganze Menge anderer anreihen ließe,
direct oder indirect aus griechischen
Quellen geschöpft sind, ist zum
Schlusse noch der sehr bemerkenswerthen Thatsache zu gedenken, daß
die aus römischen Dichtern, aus nationaler Sage und Geschichte entlehnten Stoffe von der alleräußersten
Seltenheit unter den Gemälden der
verschütteten Städte sind. Alles was
sich mit einiger Sicherheit auf dies Gebiet beziehen läßt, beschränkt sich auf
folgende Gegenstände [134]: Aeneas'

Waffnung (Hlbg. No. 1352., zweifelhaft), dessen Verwundung (oben S. 265. Hlb.
No. 1353.) und die Wölfin mit den Zwillingen (1354.) Als einziges Geschichts-
bild kommt der Tod der Sophonibe (aus der *Casa di Giuseppe II.*, Hlb. No.
1355.) hinzu. Vereinzelt mag noch einiges Andere der Art zu Tage kommen; allein gewiß wird der gesammte Bestand des nicht aus griechischen sei
es poetischen, sei es künstlerischen Quellen Abzuleitenden allezeit ein sehr
geringer bleiben.

Diese Thatsache möge uns nun zu einer etwas genauern Betrachtung
der für die pompejaner Gemälde nachweisbaren oder zu vermuthenden Quellen
und Vorbilder hinüberführen.

Daß in einer kleinen campanischen Landstadt nicht Künstler ersten
Ranges, viel eher Handwerker die Decoration der Privathäuser und die mit
denselben verbundenen Figurenbilder malten, ist so einleuchtend, daß besondere Beweise dafür anzuführen gar nicht nöthig ist. Daß nun aber diese
handwerksmäßigen Künstler die vielen bedeutenden, geistvollen und reizenden Compositionen nicht oder wenigstens zum kleinsten Theile erfunden
haben, versteht sich wohl ebenfalls von selbst. Bei einigen wirklichen Originalen, wie den vier herculanischen Monochromen von Alexandros von

Athen und dem pompejanischen Mosaik von Dioskorides von Samos ist der
Künstlername beigeschrieben. Auch ist es uns von alten Schriftstellern bezeugt, daß die Maler dieser Zeit sich vielfältig mit der Herstellung von
Copien berühmter Meisterwerke befaßten. Man braucht ferner nur die zahlreichen Darstellungen eines Gegenstandes, eben so viele Wiederholungen
desselben Grundgedankens der Composition zu betrachten, um sich zu überzeugen, daß wir es nicht mit Originalen im eigentlichen und höchsten Wort-
sinn zu thun haben. Freilich ist es auf der andern Seite wieder viel zu viel
gesagt, wenn ein geistreicher Kunsthistoriker die pompejanischen Wandgemälde mit den Kupferstichen nach berühmten Gemälden vergleicht, welche
unsere Zimmer schmücken; denn diese wollen und sollen doch nur ihr Original, soweit es eine andere Technik erlaubt, genau reproduciren, und es
fragt sich, ob es in Pompeji auch nur eine einzige genaue Copie eines ältern
Bildes giebt. In Beziehung auf die nur ein Mal vorhandenen Compositionen
muß diese Frage allerdings unbeantwortet bleiben; wenn sich aber unter
den vielen Wiederholungen eines und desselben Gegenstandes (z. B. Narkissos, Andromeda, Adonis, Ariadne u. a. nicht zwei völlig übereinstimmende, ja kaum zwei finden, denen die feineren Motive der Composition in
ihrem ganzen Umfange gemeinsam wären, so ist es augenscheinlich, daß von
Copien im eigentlichen Sinne des Wortes, oder gar von Vervielfältigungen
wie durch den Kupferstich nicht die Rede sein kann. In welchem Verhältniß der Abhängigkeit von ihren Originalen dann aber die pompejanischen
Gemälde stehn, und welche diese Originale gewesen sein mögen, das ist
eine der interessantesten Fragen, auf welche jedoch nur eine im Allgemeinen
sich haltende und im Besondern sehr unvollständige Antwort möglich ist.
Denn, so auffallend dies auf den ersten Blick erscheinen mag, nur für ganz
vereinzelte Bilder ist es möglich, bestimmte Vorbilder und das Verhältniß
zu diesen Vorbildern als Copie und freie Nachbildung mit größerer oder
geringerer Wahrscheinlichkeit zu vermuthen [153]. Am meisten Übereinstimmung
herrscht, und zwar mit Recht, in der Annahme, daß die in drei Wiederholungen (IIIb. No. 1262—64.) vorhandene Darstellung der auf den Mord
ihrer Kinder sinnenden Medea auf ein litterarisch überliefertes Meisterwerk,
die Medea des Timomachos von Byzanz zurückgehe. In dem wohl erhaltenen pompejaner Exemplar aus der *Casa dei Dioscuri* (1262.), von welchem
das zweite im s. g. Pantheon (1263.) eine schlecht erhaltene Replik zu sein
scheint, besitzen wir die ganze Composition, rechts Medea, links die auf
einer viereckigen Basis in aller Unbefangenheit spielenden, von dem weiß-
bärtigen Paedagogen überwachten Knaben. Von dem herculaner Exemplare
(1264.) ist nur Medea erhalten. Denn die Ansicht, daß dies Bild und ebenso
das Original des Timomachos auf die Figur der Medea beschränkt gewesen
sei, ist auf's bündigste widerlegt. Die Medea dieses dritten Exemplares
aber, welche Fig. 308. vergegenwärtigt, ist, so genau sie im Übrigen mit
derjenigen des pompejaner Bildes in Zeichnung und Farbe übereinstimmt,
vor dieser nicht allein durch einen lebhafter pathetischen Ausdruck des
Gesichtes ausgezeichnet, sondern unterscheidet sich von ihr auch in bedeutsamer Weise in der Haltung der Hände. Die pompejaner Medea nämlich

hat das in der Scheide steckende Schwert in der Linken und legt die Rechte
an den Griff, als wolle sie eben die Mordwaffe ziehn; die herculanische dagegen hält die Hände gefaltet und preßt, wie in tief-
ster, aber verhaltener gemüthlicher Erregung die Spitzen
der beiden Daumen gegen einander, während das Schwert
in der Scheide mit dem Griffe zwischen ihren Händen
ruht und an ihren linken Arm gelehnt ist, also nicht
zur unmittelbar folgenden That bereit gehalten wird.
Es kann nun kaum einem Zweifel unterliegen, daß dies
letztere Motiv dem Originale des Timomachos entspricht,
nicht allein, weil als dessen Hauptvorzug der Ausdruck
des Seelenkampfes der Medea hervorgehoben wird, der
in dem herculaner Bilde mit mehr zur Geltung kommt,
als in dem pompejaner, und weil das Motiv der verschränk-
ten Hände weit besser zu der gesammten Haltung der
Gestalt paßt, sondern auch weil die Anwesenheit des
Paedagogen jeden Gedanken an die unmittelbar bevor-
stehende That der grausigen Mutter ausschließt, auf
welche doch das Motiv des Ziehenwollens des Schwertes
hinweist. Man sieht also aus der Vergleichung der beiden Repliken, daß jedenfalls in einer derselben —
wahrscheinlich der pompejaner, und zwar nicht zu ihrem

Fig. 308. Medea nach
Timomachos.

Vortheil — mit einem Hauptmotiv des Originales eine tief greifende Veränderung vorgenommen worden ist.

Mit der relativ größten Wahrscheinlichkeit darf man zweitens die Com-
position der Danaë auf Seriphos (IIIb. No. 119—121.) auf ein Original des
Artemon zurückführen; aber auch hier zeigt sich in den drei bekannten
Exemplaren das freie Schalten der pompejaner Maler oder ihrer unmittelbaren
Vorbilder (s. unten) mit der Überlieferung, indem nur ein Bild (119.) der
mit dem Knaben Perseus dasitzenden Danaë zwei Jünglingsgestalten, Fischer,
gegenüberstellt, während die beiden anderen Exemplare die Darstellung auf
Danaë beschränken und eines derselben (121.) den Perseusknaben als Wickel-
kind darstellt.

Weiter ist die Zurückführung der durch Perseus befreiten Andromeda
(IIIb. No. 1186—89.) und der von Argos bewachten Io (131—34.) auf Originale des Nikias von Athen versucht worden. Daß dieselbe sehr wohl
möglich sei, kann man nicht läugnen, aber als beweisbar wird man sie kaum
anerkennen dürfen. Jedenfalls, gehn diese Bilder auf Originale des Nikias
zurück, so stehn namentlich die Maler der Iobilder, wie wir sie in Pompeji
finden, ihrem Vorbilde frei gegenüber, indem sie, wie sich aus einer auf
dem Palatin in Rom gefundenen Replik beweisen läßt, sehr zu ihrem Nach-
theile die Composition zusammenzogen und die Figur des heranschleichenden
Hermes wegließen, wodurch das Gemälde so ziemlich jede dramatische Span-
nung verliert.

Es sei ferner erwähnt, daß man bei dem Cyclus von Scenen aus der
Ilias im s. g. Venustempel an Originale des Theon von Samos, bei der Ent-

hauptung der Medusa (IIIb. No. 1182.) an ein Vorbild des Timomachos,
bei dem Achill auf Skyros (IIIb. No. 1296 ff.) an ein solches des Athenion
von Maronea, bei der Hesione (1182.) und den Europebildern (124 ff.) an
Originale des Antiphilos von Alexandria, bei den von Satyrn beschlichenen
Bakchantinnen (521 ff. 559 ff.) an ein solches des Nikomachos von Theben,
bei dem Stieropfer (1411.) an das Vorbild eines Gemäldes des Pausias von
Sikyon oder seines Schülers Aristolaos gedacht, auch in den Darstellungen
des Orestes auf Tauris (1333 f.) auf allerdings nur zum Theil (in der Gruppe
der gefesselten Jünglinge) bewahrte Reminiscenzen wiederum eines berühmten Originales des Timomachos geschlossen hat, ohne daß alle diese Zurück-
führungen für mehr als möglich gelten können. Wenn wir daher auch in
diesen Fällen den Grad der Freiheit
nicht beurteilen können, mit welchem
die pompejaner Maler ihre Vorbilder
behandelten und ihren Zwecken oder
auch ihrem Vermögen nach umgestalte-
ten, so ist endlich noch des Iphigenien-
opfers Fig. 309. aus der *Casa del poeta
tragico* zu gedenken, in welches Bild,
wie übrigens nicht minder in die Reliefdarstellung derselben Scene an einem
runden Fußgestell in Florenz, ein Motiv, dasjenige des im tiefsten Schmerze
verhüllt dastehenden Agamemnon aus
einem hochberühmten Bilde des Timanthes von Kythnos übergegangen ist,
während die ganze übrige Composition
mit derjenigen des genannten Meisters
Nichts gemein hat.

Fig. 309. Iphigenienopferung.

Dieses Bild ist aber zugleich so
ziemlich das einzige, welches in Com-
position, Zeichnung und Colorit den Charakter der ältern griechischen Kunst
bewahrt hat; mögen noch einige andere sei es in der Zeichnung, sei es in
der Farbe oder in den Grundmotiven Nachklänge aus den früheren Perioden
der Kunst entdecken lassen, im Allgemeinen zeigen die pompejaner Bilder
in jeder Hinsicht den Charakter der hellenistischen Periode, d. h. der Zeit
von Alexander d. Gr. abwärts. Dieses und daß nicht minder die ganze
Weise der Decoration, deren integrirenden Bestandtheil die mythologischen
Mittelbilder ausmachen, an die Entwickelung der Kunst der hellenistischen
Periode anknüpfen, darf als das vollkommen gesicherte und höchst wichtige
Ergebniß der Helbig'schen Untersuchungen gelten.

Dabei verdient nun aber volle Beachtung das, was sich über das Verhältniß der pompejaner Bilder zu den hellenistischen Originalen feststellen
läßt. Schon nach allgemeinen Wahrscheinlichkeitsgründen, welche durch
einige Sonderuntersuchungen bestätigt worden sind, muß man schließen, daß
dieses Verhältniß kein unmittelbares sei, daß die Wandmaler in Pompeji

nicht direct die ursprünglichen Schöpfungen der griechischen Maler repro-
ducirten, welche sie möglicherweise selbst garnicht einmal gesehn hatten,
sondern daß ihnen diese Compositionen durch verschiedene Mittelstadien,
Copien und Nachbildungen zugegangen sind, die von bedeutenderen Mittel-
punkten des Kunsttreibens dieser Zeit aus verbreitet wurden und denen
manche Umwandelung zuzuschreiben sein wird, welche auf den ersten Blick
das freie Eigenthum der pompejaner Maler zu sein scheint. Es ist z. B.
wahrscheinlich, daß auf eine solche Mittelstufe die Verschiedenheit in der
Wiedergabe der Medea des Timomachos zurückgeführt werden muß, von der
oben die Rede gewesen ist. Nur würde man wohl zu weit gehn, wenn man
den pompejaner Malern jede Freiheit und Selbstthätigkeit in der Ab- und
Umwandelung ihrer Vorbilder absprechen und jede Variante derselben Composition als in den unmittelbaren Vorbildern der Künstler in Pompeji zurückführen wollte.   Viele der Varianten besonders in den am häufigsten wiederholten Gegenständen sind theils so wenig tiefgreifend, theils lassen sie sich
aus den besonderen Umständen, unter welchen die eine und die andere Replik
erscheint, so wohl erklären, daß man gewiß nicht irrt, wenn man sie als
das Eigenthum der pompejanischen Maler betrachtet. Dies gilt z. B. von
der Verschiedenheit der vorherrschenden Farbe der einzelnen Bilder, welche
— obgleich über diesen Punkt die Forschung eigentlich erst begonnen ist —
oft mit der Gesammt- oder Grundfarbe der Decoration in Übereinstimmung
steht und derselben harmonisch angepaßt ist; das gilt wohl auch von etwas
verschiedenen aber an sich gleichgiltigen Stellungen und Bewegungen der
verschiedenen Wiederholungen derselben Figur, von Zusätzen und Aus-
lassungen von Nebendingen und vielleicht auch von Nebenpersonen. Genau
freilich den Grad der Selbständigkeit und der Abhängigkeit der pompejaner
Maler ihren Vorbildern gegenüber zu bestimmen ist für jetzt nicht möglich
und wird wohl um so weniger je möglich sein, je weniger genau wir nicht
allein die Originale und die Vorbilder kennen, sondern auch das wahrscheinlich sehr verschiedene künstlerische Vermögen der einzelnen Maler zu
ermessen im Stande sind.

Wenn aber die größere oder geringere künstlerische Freiheit der pompejaner Maler gegenüber ihren Vorbildern und wenn das nähere oder ent-
ferntere Verhältniß derselben zu den Originalen den Satz nicht aufzuheben
vermag, daß den pompejaner Wandgemälden Originale der hellenistischen
Tafelmalerei zum Grunde liegen, so muß doch um die Beziehungen der
Nachbildungen zu den Originalen richtig zu fassen wohl beachtet werden,
daß es sich bei den Wandgemälden stets nur um die Reproduction einer
Auswahl aus den Originalschöpfungen der Diadochenzeit handeln kann. Eine
ganze Kategorie von Gegenständen, die grauenhaften, tief tragischen und
pathetischen mußten, wie schon früher bemerkt, als zur Decoration von Privat-
zimmern ungeeignet bei Seite gelassen werden und sind in der That mit
ganz wenigen Ausnahmen vermieden worden. Auch sehr ausgedehnte und
figurenreiche Compositionen eigneten sich nicht zum Schmucke der kleinen
Zimmerwände, auf denen sie nur in sehr verjüngtem Maßstabe hätten wiedergegeben werden können; sie sind daher vermieden und es giebt kein pompe-

janer Bild, das eine ziemlich beschränkte Figurenzahl überschritte. Andererseits fehlt bisher jede Spur der Nachahmung mancher auf einzelne Figuren beschränkter Werke grade der berühmtesten Meister der Zeit Alexanders und seiner Nachfolger, eines Apelles und Protogenes, ohne Zweifel aus dem Grunde, daß die pompejaner Künstler die Unmöglichkeit begreifen mochten, mit ihren technischen Mitteln Bilder nachzuahmen, deren Hauptwerth in der vollendeten Durchführung und der virtuosen Handhabung einer von der ihrigen ganz verschiedenen Technik und in dem Resultat derselben, glänzendem Colorit und feiner Nüancirung bestand. Dahin gehört es auch, daß Lichteffecte, welche nach bestimmten Zeugnissen in der hellenistischen Periode der Malerei mit Liebe behandelt worden sind, sich in den pompejanischen Wandmalereien so selten wiederfinden, daß gradezu nur zwei Bilder desselben Gegenstandes, Pero, welche ihrem Vater Kimon im Kerker die Brust reicht (Hlb. No. 1376. und Giorn. degli scavi di Pomp. N. S. II. tav. 3.), wobei ein schmalerer oder breiterer Streifen Sonnenlichtes durch ein hohes Fenster in den Kerker fällt, als solche genannt werden können, in welchen die Darstellung eines Lichteffectes versucht, aber nicht einmal durchgeführt ist, indem der Sonnenstrahl auf die Beleuchtung der Figuren kaum einen Einfluß ausübt. Wenn das Gegentheil, d. h. eine fein abgetönte und effectvolle Beleuchtung von älteren Beobachtern bei einem Bilde behauptet wird, welches (Hlb. No. 974.) Zephyros' und Chloris' Hochzeit darstellt, so ist davon jetzt Nichts oder so gut wie Nichts mehr zu sehn; nur das was auch Helbig angiebt, ein dunkeles Colorit wie im Dämmerlicht im ganzen Bilde, helleres Licht am Horizonte, läßt sich allenfalls noch wahrnehmen. Und wenn Zahn (II. 20.) von dem Ledabilde (Hlb. No. 144.) sagt, der Hintergrund sei in einem sehr warmen Tone, wie bei einer Vision gehalten, so kann man das heutzutage auch nicht mehr controliren und wird den Ausdruck nicht grade sehr praecis und anschaulich nennen wollen. Jedenfalls sind solche Bilder sehr vereinzelte Ausnahmen. Ebenso läßt sich nur ein einziges Bild (Hlb. No. 1300.) nennen, in welchem die Personen einen Schlagschatten auf den Boden werfen. Offenbar liegen dieser Erscheinung, auf welche bei der Besprechung der Landschaftsmalerei zurückgekommen werden muß, technische Schwierigkeiten zum Grunde, welche den pompejaner Frescomalern Beleuchtungseffecte besten Falls in andeutender Weise zu behandeln gestatteten und sie dieselben daher auch da vermeiden ließen, wo dies nur mit einer gewissen Unnatur möglich war, wie z. B. bei dem flammenden Heerde des Hephaestos (Hlb. No. 259.), der keinerlei Feuerschein wirft. Andere Effecte wie Reflexe, Spiegelungen und diejenigen, welche durch durchsichtige oder halbdurchsichtige Medien (Glas, dünne Gewandstoffe u. dgl.) hervorgebracht werden, finden sich dagegen und sind mit größerem oder geringerem Geschick ausgebeutet.

Um nun zu einer allseitig gerechten Würdigung der pompejanischen Wandgemälde unter künstlerischen Gesichtspunkten zu gelingen, müssen nicht nur die schon im Vorhergehenden angedeuteten Beschränkungen, welche der decorative Zweck und die Frescotechnik den Malern auferlegten, sondern auch die Bedingungen erwogen werden, unter welchen die Bilder ge-

sehn wurden. Es ist schon oben (S. 502 f.) daran erinnert worden, daß diese
Bedingungen, namentlich diejenigen der Beleuchtung vollkommen verschieden
waren von denjenigen, unter denen wir die Bilder sei es an Ort und Stelle,
sei es im Museum sehn und auf einzelne Localitäten, wie das große Triclinium der *Casa di Meleagro* hingewiesen worden, wo die Gemälde unter ungefähr der antiken entsprechenden Beleuchtung gesehn werden. Hier möge
noch hervorgehoben werden, daß das Licht in sehr vielen Zimmern, stark
gedämpft und indirect einfallend, ein höchst ungünstiges war, ein solches
unter dem eine große Menge Feinheiten der Ausführung gar nicht hätten
gewürdigt werden können und daß es daher nur natürlich und verständig
genannt werden kann, daß die Maler auf solche Feinheiten von vorn herein
verzichteten. Aber auch die eigenthümlich neutrale oder ganz allgemein
gehaltene Beleuchtung, unter welcher die gesammten Gegenstände, ganz
abgesehn von den fehlenden Lichteffecten und Schlagschatten, gemalt sind,
dürfte sich aus den Beleuchtungsbedingungen erklären, unter welchen die
Bilder gemalt und gesehn wurden. Je bestimmter aber in unserer modernen
Malerei Beleuchtung und Lichtführung durchgebildet sind, um so auffallender
unterscheiden sich von modernen Bildern diese antiken Wandgemälde, in
welchen Licht und Schatten wesentlich auf das Maß beschränkt sind, welches
zur Modellirung der Körper und Formen nothwendig ist, ja es kann in dieser
Behandlungsweise der Grund liegen, warum die antiken Bilder manchem
modernen Auge nicht im eigentlichsten Sinne malerisch behandelt erscheinen
und warum man von einem mehr plastischen als malerischen Charakter derselben, allerdings mit Unrecht, geredet hat.

Wenn man, um den allerdings sehr ungleichen künstlerischen Werth
der pompejaner Bilder durchgreifender als für jeden einzelnen Fall zu bestimmen, nach Classen oder Kategorien sucht, in welche sie sich ordnen
lassen möchten, so wird man, wie bisher die Forschung steht, auf eine zum
Ziele führende Unterscheidung älterer und jüngerer, selbst nur der Periode
vor und nach dem Erdbeben von 63 angehörender Bilder verzichten müssen.
Daß die überwiegende Masse aller Gemälde sowie diejenige der malerischen
Gesammtdecoration der letzten Periode der Stadt angehöre, kann einem
Zweifel nicht unterliegen. Die Annahme, daß nicht wenige Bilder in die
fertigen Wände eingesetzt seien, und die weitere, daß diese oder doch die
vorzüglichsten unter ihnen, wie z. B. die großen und schönen Bilder in der
Casa di Lucrezio (oben S. 280 f.) aus einer frühern und bessern Kunstzeit
stammen, ist, wie ebenfalls schon bemerkt, als widerlegt zu betrachten.
Mit den älteren Decorationsweisen (oben S. 464.) sind Bilder überhaupt nicht
verbunden, die absolute Chronologie aber der verschiedenen jüngeren Decorationsweisen steht nicht fest und daher diejenige der mit ihnen verbundenen
Bilder eben so wenig. Nur das Eine darf man als feststehend betrachten,
daß alle diejenigen Malereien, welche nicht auf griechische Vorbilder zurückgehn, also diejenigen, welche Helbig als »römisch-campanische Sacralbilder«
bezeichnet und diejenigen, welche er unter dem Titel: »römisch-campanisches
Genre« zusammengestellt hat (oben S. 514.), zu denen noch die Landschafts-
und Prospectmalereien nach der Manier des S. Tadius (oben S. 505.) kom-

men, durch die Bank von dem geringsten künstlerischen Werthe sind und fortan
nicht mehr in Betracht zu ziehn sind. Was aber die ganze übrige Masse, der auf
griechische Vorbilder zurückführenden Gemälde anlangt, für welche übrigens
beiläufig die nicht uninteressante Thatsache bemerkt werden möge, daß ihr
künstlerischer Werth mit der Größe und dem Reichthum der Häuser, in welchen
sie sich finden, keineswegs in dem Verhältnisse steht, daß man in kleinen Häusern die geringeren, in großen und reichen Häusern die besseren Bilder zu suchen
hätte, so ist in Betreff des eigentlich Technischen der Malweise wiederum auf
Donners (a. a. O. S. CXII ff.) feine Untersuchungen zu verweisen, deren Ergebnisse nur wiederholt werden könnten. Geht man von hier zur Prüfung
der Bilder unter weiteren Gesichtspunkten über, so ergiebt sich ihr sehr
ungleicher Werth auch in Betreff der Wahl des Gegenstandes und seiner
Auffassung, der Composition, der Zeichnung, des Colorits oder welche Seite
der künstlerischen Ausführung man immer in's Auge fasse. Und wenn man die
Betrachtung und Vergleichung auch auf die einzelnen Gattungen, die oben
unterschieden worden, so bleibt auch hier die bezeichnete Ungleichheit sehr
fühlbar. Um mit den Figurenbildern, besonders den mythologischen zu beginnen, findet man in den Gegenständen auch innerhalb des schon früher
im Allgemeinen bezeichneten Kreises interessante und bedeutende neben
gleichgiltigen und trivialen, ernste und würdige, nicht allein neben den überwiegenden heiteren und leicht anmuthigen, sondern neben recht ordinären
und schmutzigen. Im Allgemeinen aber wird man in der großen Mehrzahl
der Fälle eine sehr glückliche Wahl des Gegenstandes anerkennen müssen,
rede man von seinem geistigen Gehalt und Interesse oder von seiner klaren
und vollständigen Darstellbarkeit und Abgeschlossenheit, oder von seiner
Anlage zur formalen Schönheit. Es sind nur sehr wenige Gemälde vorhanden, welche nicht eine in sich vollendete oder sich vollendende und deshalb aus sich selbst verständliche und erklärbare Handlung enthielten, die,
bei vorausgesetzter Kenntniß der allgemeinen mythologischen Grundlage,
selbst für uns keines Commentars bedürfen und eines solchen natürlich noch
viel weniger für den alten Beschauer bedurften, welcher vermöge der zeit-
genössischen Poesie, welche wie die Kunst aus hellenistischer Quelle schöpfte
und sich vielfach an die Darstellungen der Kunst anlehnte, mitten in den
Kreisen des Mythus lebte, welchen die Gemälde schildern. Durchaus vermieden, ja dem gesunden und gleichsam instinctiven Sinn der Alten für die
Grenzen jeder Kunst vollkommen fremd ist jene symbolisch-allegorische
Malerei, welche unsere moderne Kunst auf bedenkliche Abwege zu führen
droht. Überall ist mit dem Idealismus der Auffassung der gesundeste Naturalismus der Darstellung verbunden, wobei es allerdings nicht verkannt werden
darf, daß den alten Malern in ihrem von vorn herein aus idealen und realen
Elementen gemischten Mythus ein Gebiet offen stand, welches uns Modernen größtentheils verschlossen ist und durch kein Analogon ersetzt wird.
Auch auf die Composition äußert die glückliche Wahl und die frische und
natürlich einfache Auffassung des Gegenstandes ihren Einfluß. Man hat,
wie schon berührt wurde, vielfach von einer plastischen oder gar einer relief-
artigen Compositionsmanier der alten Malerei geredet; dieselbe läßt sich aber

34 *

in der That so wenige der wirklichen Vorzüge oder Vortheile malerischer
Composition über die plastische entgehn, daß man das sogenannte plastische
Compositionsprincip, wenn man nur wirklich weiß, um was es sich bei diesem
handelt, schwer würde nachweisen können. Die reliefartige Composition
aber vollends kann man höchstens in dem halbwegs archaisirenden Iphi-
genienopfer Fig. 309. finden; aber auch mit diesem müßte man größere
Veränderungen vornehmen, als gemeinhin bis in die neuste Zeit geglaubt
wird, um es als ein gutes Relief zu componiren. Das was man das plastische
Compositionsprincip der pompejanischen Malereien genannt hat, besteht aber
außer in der schon oben charakterisirten Behandlung von Licht und Schatten
in nichts Anderem als in der großen Klarheit und Einfachheit der Compositionen, welche wahrhaftig kein Mangel und keine Schwäche, sondern ein
großer Vorzug vor der Verworrenheit und Unklarheit vieler modernen Compositionen ist. Wenn ferner die Figuren in Haltung und Bewegung, im
Nackten, wie in der Gewandung, abgesehn von den ganz flüchtig gemalten
Bildern und abgesehn ferner von einigen häufig wiederkehrenden Proportions-
fehlern, z. B. im Verhältniß der Köpfe zur Körperlänge, praecis gezeichnet und
sauber modellirt sind, so würde man das unmalerisch nur dann nennen können,
wenn man behaupten wollte, der rechte Triumph der Farbe müsse mit nachlässiger Zeichnung und Modellirung verbunden sein, was angesichts der großen
Coloristen der Renaissance schwer durchzuführen sein möchte. Allerdings
sind in den pompejaner Bildern gehäufte und unnöthige Verkürzungen mit
wunderbar feinem Takt und unaussprechlicher Geschicklichkeit vermieden,
aber unmalerisch würde man das doch wiederum nicht nennen dürfen, da trotzdem keine Stellung und Bewegung zu kühn erscheint und ihre Mannigfaltigkeit den höchsten Grad erreicht. Wie sehr in der That die alten Maler
Pompejis sich des Vorzugs malerischer Darstellung gegen die plastische in
der Composition der Bewegungen bewußt waren, das vermögen den Denk-
enden allein schon die schwebenden Figuren und Gruppen lehren, welche
plastisch eben so unmöglich wären, wie sie nur einer Malerei möglich waren,
die nicht durch die Ängstlichkeit realistischer Motivirung, wie unsere moderne, eingeengt war. Diese Tänzerinnen, diese Bakchantinnen, diese Kindergestalten schweben uns entgegen oder an uns vorbei aus dem einfarbigen
Grunde der Wand, diese Satyrn oder Bakchanten umarmen die schönen,
üppigen Genossinnen, tragen sie, schwingen sie empor, diese Kentauren ga-
loppiren dahin, sei es gemächlich eine anmuthige Bakchantin auf dem Rücken
wiegend, sei es von ihr zu rascherem Laufe gespornt, sei es mit ihr musicirend; aber wie! nicht mit Anstrengung vom Boden emporspringend, nicht
von Flügeln oder von einer kümmerlich verstandesmäßig hinzugethanen Wolke
unterstützt: sie schweben wie von innerem Schwunge getragen, als hätte die
Bewegung und Leidenschaft des Gemüthes die Schwere des Körpers überwunden, als höbe und schwänge sie die unendliche Lust des Daseins. Und
doch sind sie nicht Schatten- und Nebelbilder, doch erscheinen sie im vollen
Farbenglanze des Lebens, und doch macht eben dieses pulsirende und glü-
hende Leben in den schönen von leichtflatternden Gewändern umrahmten
Körpern uns dieselben glaublich und begreiflich, ohne daß wir nach den

materiellen Bedingungen fragen. Diese Compositionen sind malerisch und zwar im eminentesten Sinne. Und nicht minder malerisch sind die großen, gedrängten und vielfach bewegten Gruppen wie die Wegführung der Briseïs oder wie Achills Entdeckung auf Skyros oder der Dionysos als Kind auf dem Stierwagen aus der *Casa di Lucrezio* oder die Säugung des Telephoskindes durch die Hirschkuh und so noch viele andere, die hier nicht abermals aufgeführt werden können. Mag hier jene Vertiefung der Gründe fehlen, deren wir uns rühmen, plastisch ausführbar sind diese Compositionen nicht, sondern sie beruhen auf der Harmonie der Farbe, auf deren Gegeneinander- und doch Zusammenwirken. Mit ungleich größerem Rechte als man den pompejaner Bildern eine plastische Compositionsweise nachsagt, kann man behaupten, daß fast die gesammte spätere Reliefbildnerei durch Aufnahme malerischer Compositionsweise verdorben worden ist; doch gehört es nicht hierher, dies weiter zu verfolgen und wurde nur bemerkt, um es erklärlich zu machen, daß wenn man die pompejaner Gemälde nach diesen malerisch componirten Reliefen beurteilt, man sie plastisch componirt gefunden hat.

Ein plastisches Element der Composition hat man ferner noch darin sehn wollen, daß die Hintergründe und Umgebungen der Personen in Figurencompositionen nur beiläufig und untergeordnet behandelt seien. Zunächst ist diese Behauptung so in Bausch und Bogen keineswegs zuzugestehn, vielmehr muß hier sehr genau unterschieden werden. Es giebt Bilder genug, in denen die genannten Dinge nicht wesentlich untergeordneter behandelt sind, als sie ein g u t e r moderner Maler behandeln würde, dem es darauf ankommt, seine Figurencomposition als die Hauptsache, die Umgebung als die Nebensache erscheinen zu lassen. Es braucht nur an fast alle Darstellungen von Andromeda's Befreiung, an die Bilder erinnert zu werden, in denen Perseus der Befreiten das Haupt der Medusa im Spiegel der Quelle zeigt, an die mehrfachen Wiederholungen der verlassenen Ariadne, an mehr als einen Narkissos in der Einsamkeit am Quell, an Gemälde wie dasjenige mit dem Raub des Hylas (Illb. No. 1260.), oder das schöne Orestesbild im Hause des Popidius Secundus (Hlb. No. 1333.), in Beziehung auf welches Helbig (Ann. 1865 p. 330 ff.) auch über das Beiwerk und seine malerische Bedeutung gute Bemerkungen macht, sowie an manches Andere. In diesen Bildern, um von denen zu schweigen, welche auf der Grenze der beiden Gattungen: Landschaft mit Staffage und Figurenbild mit landschaftlichem Hintergrunde stehn, in denen die Umgebung die Situation und ihre Stimmung entweder bedingt oder aufklärt, oder wo vollends, wie in dem Hylasraub, das Landschaftliche gewissermaßen die Deutung, den innersten Sinn der persönlichen Begebenheit enthält, kurz in allen den Fällen, wo die Landschaft oder die sonstige Umgebung mehr als äußerlich mit dem Hauptgegenstand zusammenhangt, ist die Umgebung freilich nicht zu selbständiger Bedeutung gesteigert, was ein unbedingter Fehler sein würde, wohl aber mit dem ganzen Naturalismus behandelt, der sie zum integrirenden Theil der Composition erhebt. Wo aber dagegen die Umgebung gleichgiltig für die Handlung, wo sie unbedeutend an sich ist, wie z. B. ein Zimmer eines Hauses, in dem eine Begebenheit spielt, die auch in einem andern spielen

könnte, da ist diese Umgebung selten ganz unterdrückt, wohl aber leichthin
gehalten, mehr angedeutet als ausgeführt. Mag man, unfähig zu erkennen
von wie feinem Takt der alten Maler dies zeugt, die Aufmerksamkeit nicht
auf unerhebliche Nebendinge ablenken zu wollen, ein solches Verfahren,
welches übrigens auch große moderne Künstler eingehalten haben, mangelhaft finden, aus einem unmalerischen', aus einem plastischen Compositionsprincip wird man es mit Fug nicht ableiten dürfen.

Als ein plastisches Element in der antiken Malerei überhaupt, besonders
aber in den pompejanischen Wandgemälden hat man es endlich bezeichnet,
daß der Ausdruck in den Köpfen mangelhaft und gleichgiltig wie die Einen,
bescheiden und zurückhaltend wie die Andern sagen, vorgetragen sei. Auch
diese Behauptung ist nur sehr theilweise richtig; ganz abgesehn von der
antiken Malerei schlechthin und von dem, was sie in nicht wenigen Bildern
namhafter Meister, eines Parrhasios, Timanthes, Aristides u. A. an Höhe
des ethischen und pathetischen Ausdruckes geleistet hat, finden wir unter
den pompejanischen Bildern genug Beispiele eines sehr energisch dargestellten
Ausdrucks des Gefühles und der Leidenschaft in den Köpfen, um zur Zurück-
weisung jener Behauptung in ihrer Allgemeinheit berechtigt zu sein. Es
braucht nur, um sehr Bekanntes zu nennen, an die Medea, an den Achill
bei der Wegführung der Briseïs, an die Theilnehmer an Iphigeniens Opferung, an den Orest und Pylades, an den Thoas und selbst an den Wächter
neben ihm in dem so eben (S. 533.) angeführten Orestesbilde erinnert zu
werden. Trotzdem kann man zugestehn, daß in der großen Mehrzahl der
Fälle der Ausdruck in den Köpfen minder lebhaft, minder fein ist, als er
in moderner Malerei sich zeigt, man darf hervorheben, daß namentlich die
leiseren Schwingungen des Gemüthes in Freude und Wehmuth sich äußerst
selten auf den Gesichtern spiegeln. Wenn dies aber ein Mangel ist, so sollte
man sich doch ja hüten, diesen Mangel ohne Weiteres als ein Princip,
oder gar als ein plastisches Princip der Malerei anzusprechen. Denn es liegt
doch offenbar viel näher anzunehmen, daß Unvermögen, einen feinen seelischen Ausdruck in die Köpfe zu legen, die gleichgiltigen und ausdrucks-
losen Gesichter erzeugt hat, wenn man sieht, daß die Darstellung heftiger
Gemüthsbewegungen nicht blos angestrebt, sondern, als die relativ leichtere,
gelungen ist. Aber sei immerhin die Mäßigung im Ausdruck ein Princip
der alten Malerei, so ist damit noch lange nicht bewiesen, daß es ein plastisches Element sei, um so weniger, als wir von der früher allerdings allgemein
geglaubten These von der Ruhe als dem Princip plastischer Composition mit
Fug und Recht merklich zurückgekommen sind. Und wenn wir, wie gesagt, die
heftigen Bewegungen der Seele unumwunden in den pompejaner Wandgemälden dargestellt und nur die leiseren Erregungen mangelhaft ausgedrückt finden,
während umgekehrt in der Plastik der Alten ein Abdämpfen im Ausdruck gewaltiger Leidenschaften behauptet wird, und eine gar nicht zu beschreibende
Feinheit in der Darstellung milder Gemüthsbewegungen und Stimmungen un-
bestreitbare Thatsache ist, wo bleibt da das Vergleichbare? wo die Begründung
der Thesis, der mangelhafte oder bescheidene Ausdruck in den Köpfen pompejanischer Gemälde beruhe auf einem plastischen Princip der alten Malerei?

Wenden wir weiter unsere Aufmerksamkeit auf das Colorit, so ist schon gesagt, daß die Eigenthümlichkeit der Frescotechnik jene Gluth und Zartheit des Colorits der Ölmalerei nicht zuließ, so daß man die pompejaner Bilder nicht mit modernen Ölgemälden, sondern nur mit dergleichen Fresken überhaupt vergleichen darf. Auch ist nicht zu vergessen, daß wir das Colorit bei den allerwenigsten pompejaner Bildern in seinem ursprünglichen Zustande sehn, da manche Farbe nach der jahrhundertelangen Lage im Feuchten bald nach der Ausgrabung bleicht oder ganz verändert wird und da alle älteren Bilder mit einem Conservationsfirniß überzogen sind, der, namentlich indem sich Staub in ihm festgesetzt hat, den Farben viel von ihrer natürlichen Lebhaftigkeit nimmt. Im Übrigen fehlt innerhalb der Scala der Frescofarben gewiß keine Stufe von der sattesten bis zur lichtesten Farbe, und gerade durch bewußte und absichtliche Zusammenstellung der Gegensätze sind die vortrefflichsten Effecte erzielt. So z. B. in dem in Fig. 305. mitgetheilten Bilde von Achills Erziehung, wo der Gegensatz in der lichten, blühenden Carnation des halbgöttlichen Knaben und den schweren braunrothen Tinten in dem Körper seines halbthierischen Lehrers nicht effectvoller dargestellt sein könnte; so ebenfalls in den schwebenden Gruppen der Bakchanten und Bakchantinnen. Wenn hier die männlichen Körper fast bronzefarben gehalten sind, so mag man darin eine Nachahmung der von südlicher Sonnengluth gebräunten Hautfarbe, welche man noch heute an neapolitanischen Fischern und Lazaronen sieht, erkennen; wenn aber die weiblichen Körper daneben, was keineswegs etwa in gleichem Maße der heutigen Wirklichkeit entspricht, von der durchsichtigsten Klarheit des Teints sind, ohne daß sie als wesentlich verhüllter, also geschützter gegen Luft und Sonne gegeben werden, so wird man nicht wohl umhin können, in der gegensätzlichen Färbung des einen Geschlechts und des andern eine bewußte Absicht des Malers, ein bestimmtes Streben nach Effect des Colorits zu erkennen. Und dies um so mehr, da ein solches Princip der Carnation in der ganzen alten Malerei gewaltet zu haben scheint, und in allerrohester Weise noch in den älteren gemalten Thongefäßen auftritt, auf denen die Männer schwarz und die Weiber und Kinder weiß gemalt sind.

Wenn die Farbgebung in der Behandlung und Combinirung dieser Gegensätze, welche sich ähnlich im Verhältniß des Nackten zur Gewandung wiederfinden, als sehr durchdacht erscheint, so äußert sich in der Zusammenstellung der Farben in größeren Compositionen ein höchst bedeutender Sinn für das Harmonische. Fast niemals wird man Farben neben einander finden, welche das Auge unangenehm berühren, der Accord der Farbe, den die moderne Optik berechnet hat, tritt uns auf überraschende Weise aus den besseren pompejanischen Gemälden entgegen. Deshalb sind, wie ebenfalls schon früher erwähnt, die guten Bilder, so farbig sie sein mögen, niemals bunt und grell, und nur die Tiefe und Sättigung besonders in den Schattenpartien können wir vermissen, wobei indessen nicht übersehn werden darf, daß erstens die gesammte Farbenscala des Fresco bedeutend höher steht, als die der Ölmalerei und daß zweitens die schon besprochene Rücksicht auf die mangelhafte Beleuchtung vieler Zimmer die Maler abhalten mußte,

dunkele Töne und Farben anzuwenden, auch wenn sie ihnen zu Gebote
standen.

Was die anderen Gattungen in der Malerei in Pompeji anlangt, dürfte
denselben mit den Bemerkungen, welche die mitgetheilten Proben begleiten,
in der Hauptsache genug gethan sein. Nur über die Landschaftsmalerei,
besonders auch insofern sie sich mit Figurencompositionen verbindet, mögen
hier noch einige allgemeine Betrachtungen Platz finden. Von dem Urteil
eines berühmten Kunsthistorikers, welches den pompejaner Landschaftsmalereien den Charakter Poussin'scher Bilder zuspricht, wird man am besten
ganz absehn, da ihre ganz überwiegende Masse in Erfindung und Ausführung
viel zu unbedeutend ist, um mit eines so bedeutenden Meisters Werken überhaupt verglichen werden zu können. Wenn man ferner das Gebiet der Landschaftsmalerei so eng umgrenzt, wie dies ein bedeutender zeitgenössischer
Aesthetiker thut (Vischer, Aesth. § 698.), welcher da sagt, die Landschaftsmalerei idealisire eine gegebene Einheit von Erscheinungen der unorganischen und vegetabilischen Natur zum Ausdruck einer geahnten
Seelenstimmung, wenn man mit diesem Aesthetiker die freie landschaftliche
Composition als schön nicht eigentlich das Wahres verwirft, und die künstlerische Schöpfung des Landschaftsmalers darauf anweist, der realen Natur
gegenüber von einem mit oder ohne Suchen gefundenen Standpunkte in der
Weise der Zufälligkeit das Bild eines schönen Ganzen zur Anschauung zu
bringen; wenn man, immer noch mit Vischer, wo möglich Alles Menschen-
werk, alle Baulichkeiten, falls sie nicht durch Verfall den Ton eines Natur-
werks erhalten haben, wenn man ferner, wo möglich alle Staffage bis auf
einzelne Thiere, vor Allem aber Menschen von dem Landschaftsbilde ausschließt, falls diese sich nicht bescheiden, nicht anders aufzutreten, denn in
der Bestimmtheit, in welcher sie selbst als Kinder der Natur erscheinen, so
daß ihre Erscheinung mit der umgebenden Natur in einen Eindruck aufgeht,
wenn wir also mit einem Worte eigentlich nur das genrehaft realistische
Stimmungsbild als rechtes Landschaftsgemälde anerkennen: dann freilich
werden wir unter Allem, was wir in Pompeji Landschaftliches finden, kein
einziges echtes Landschaftsbild anzuerkennen vermögen, dann aber werden
wir nicht Pompeji allein und nicht den Alten allein die Landschaftsmalerei
absprechen müssen, wie das oft genug geschehn ist, sondern davon werden
wir uns auch gezwungen sehn, die ganze moderne s. g. historische oder
heroische Landschaft, die Poussins, Cl. Lorrain, Koch, Reinhardt u. A.,
und natürlich vor Allen den Vollender dieser Richtung, Preller, zu negiren.
Schränkt man aber das Gebiet der Landschaftsmalerei durch einen puristi-
schen Schematismus der Gattungen nicht so ein, anerkennt man, daß der
Landschaftsmaler nicht auf ein Nachahmen der gegebenen Natur, sondern
auf ein Schaffen in ihrem Sinne angewiesen sei, anerkennt man die frei
componirte ideale, die historische, die mehr oder weniger staffirte Landschaft,
diejenige, welche mit spannender, pathetisch bewegter oder idyllisch stiller
menschlicher Staffage zusammen componirt ist, sieht man auch noch in bedeutsamen landschaftlichen Hintergründen von Figurenbildern ein Moment
der Landschaftsmalerei, dann wird die Sache etwas anders stehn, dann wird

man sagen müssen, daß es unter den pompejaner Gemälden allerdings wohl keine vollendeten Muster, aber sehr gewiß unverkennbare Vertreter mehr als einer Gattung der Landschaftsmalerei giebt. Auf die vedutenartigen Prospecte und die von diesen sich absondernden, mit mehr Stimmung ausgeführten Bilder, von denen oben (S. 508 f.) gesprochen wurde, soll hier nicht wieder zurückgekommen werden, auch über die Landschaften mit dem Landschaftlichen untergeordneter heroischer Staffage (S. 510.) ist hier höchstens noch hinzuzufügen, daß ihrer einige durch bedeutungsvolle Stimmung, andere durch weitere Ausführung sich auszeichnen. Hier möge die Aufmerksamkeit besonders auf die landschaftlichen Hintergründe von Figurencompositionen gelenkt werden, sofern diese mit dem Gegenstande der dargestellten Begebenheit in mehr oder weniger stimmungsvoller Übereinstimmung stehn. Wenn hier nun auch auf die starr überhangenden Felsen am öden Strande des Meeres, unter denen die verlassene Ariadne erwacht, kein besonderes Gewicht gelegt wird, oder auf die stille Einsamkeit, in welcher Perseus seiner Andromeda das grauenvolle Geheimniß des Medusenhauptes im Quell zeigt, oder diejenige hoch am Gebirg, in welche sich Ares und Aphrodite mit ihrer Liebe zurückgezogen haben, und auf manches Andere der Art, so möge doch auf ein paar recht schlagende Beispiele hingewiesen werden. Da ist ein Bild (Ant. di Ercol. V. 135. Roux II. 40.), welches Narkissos am Quell darstellt. Der Jüngling schmachtet noch nicht nach seinem Bilde, er hat sich in seinem selbstischen Trieb in die Einsamkeit zurückgezogen, die er nachlässig, träumerisch, an den Rand des Quells gelagert, genießt. Und wie ist diese Einsamkeit in der Landschaft ausgedrückt! Vorn der im Felsenbecken gefangene Quell von einem Baume leicht beschattet, im Hintergrunde eine Fernsicht von Bergen begrenzt, durch eine weite Ebene von uns getrennt. Dort hinten mag das Leben sich bewegen, hier im Vordergrunde ist es so heimlich, so still, so träumerisch wie in der Seele des Jünglings, der diese Einsamkeit gesucht hat. Das Hylasbild (Hlb. No. 1260.) ist schon erwähnt worden; mag dasselbe in den Nachbildungen (Ant. di Ercol. IV. 31. Mus. Borb. I. 6. Roux II. 22.) in der Ausführung modernisirt sein (das Original ist allerdings in der Ausführung gering und jetzt ganz verdorben), in der Composition und Intention des bedeutenden Landschaftlichen ist es antik. Die Geschichte des von den Quellennymphen geraubten Hylas ist ungefähr die von Goethes Fischer; jene wunderbare Sehnsucht, die das schwärmerische Gemüth hinabzieht in die räthselhafte Tiefe des klaren kühlen Naß, liegt zum Grunde. Und wie ist das Landschaftliche dieses Bildes! Es ist ein schattig dichter Wald, eine Waldeinsamkeit, in der nur Echo's Ruf ertönt; unter überhangenden Büschen funkelt das krystallene Quellbecken so recht, daß wir die Labung, die süße Lässigkeit dieses Ortes empfinden. Hier ist's, wo die schönen, üppigen Daemonen der Waldesstille und der Fluthenkühle den Jüngling ergreifen und ihn umarmend hinabziehn, daß er nicht mehr gesehn wird. Diese beiden Beispiele werden zeigen, um was es sich handelt, und genügen, um auf Verwandtes aufmerksam zu machen, welches man um so bereitwilliger anerkennen wird, wenn man davon absieht, daß das Landschaftliche in der Ausführung gewöhnlich weniger vorzüglich als

das Figürliche ist, und daß das Fehlen des Helldunkels dem Eindruck, den die
landschaftlichen Umgebungen historischer Bilder bei satterer Behandlung auf
uns machen würden, starken Abbruch thut. Denn das Fehlen einer stimmungs-
vollen Beleuchtung der Landschaft, auf welche die moderne Landschaftsmalerei
just das allergrößte Gewicht legt und in welcher sie selbst in solchen Bildern,
welche in den Formen des Terrains oder der Vegetation wenig oder keinen
landschaftlichen Reiz bieten, ihre Triumphe feiert, bezeichnet die Grundver-
schiedenheit aller antiken, nicht blos der pompejanischen Landschaftsmalerei
von der modernen, während man, wenn man Alles zusammen faßt, was von
antiker Landschaftsmalerei auf uns gekommen ist, und namentlich die vorzüglichsten Muster derselben, die am Esquilin gefundenen Odysseelandschaften
(s. Anm. 149.) mit in's Auge faßt, in Betreff der Entwickelung des Terrains,
der Vegetation, des Zusammenwirkens von Land und Wasser, der Übereinstimmung der Landschaft mit der Staffage in s. g. historischen Landschaften
wie die Odysseebilder, oder den landschaftlichen Hintergründe historischer
Bilder mit den menschlichen Handlungen nicht von principiellen, sondern
nur von graduellen Unterschieden der antiken von der modernen Landschaftsmalerei reden kann. Damit aber, daß die antike Landschaftsmalerei überwiegend oder allein auf das topographische und plastische Element der Landschaft, auf die Formen des Terrains und der Vegetation gerichtet war, hangt
es zusammen, daß so ziemlich alle antiken Landschaften wie von einem sehr
hohen Standpunkt aus aufgenommen scheinen, von dem aus sich die Gegend
übersichtlicher und weiter in ihrer Formation entwickeln läßt, als von einem
tiefern, während bei diesem die Lufttöne und Beleuchtungseffecte mehr zur
Geltung kommen und wesentlicher werden, als bei jenem. Was aber die
pompejaner Landschaften betrifft, muß man sich in die mangelhaft ausgedrückten Absichten und Gedanken des Künstlers hineindenken, um auch
aus ihnen beurteilen zu können, in wie fern den Alten die Landschaftsmalerei
aufgegangen war, in wie fern nicht. Allerdings kann man aus den wenigsten
pompejaner Landschaftsbildern erkennen, welchen Grad eines liebevollen und
hingegebenen Studiums der unorganischen Natur im Terrain und der Vegetation die antiken Künstler besaßen; wenn sich aber nicht läugnen läßt,
daß die pompejanische Landschaftsmalerei sich innerhalb eines gewissen und
nicht sehr weiten Kreises der Gesammtgattung hält, so wird man dies, soweit wir bisher zu einem Urteil berechtigt sind, wohl von der gesammten
antiken Landschaft anzuerkennen haben. Denn so wenig wie ein stimmungs-
voll beleuchtetes wird sich wohl jemals ein antikes Landschaftsbild finden,
welches die Natur in ihrer Abgeschlossenheit in sich, schwerlich eines, welches sie uns so zeigt, wie sie das moderne, aber ganz besonders das nor-
dische Gemüth am tiefsten ergreift, so wie sie ist, »wo der Mensch nicht hin-
kommt mit seiner Qual«. Aber so faßte nicht allein der in glücklicher Sinnlichkeit leichter als wir lebende antike Mensch die Natur nicht auf, von
einer solchen sentimentalen Anschauung weiß auch der heutige Südländer
Nichts. Dem modernen Südländer ist und dem Alten war in noch ungleich
höherem Maße die Natur der Schauplatz des menschlichen Thuns und Treibens, der Schauplatz, dessen Behaglichkeit, Schönheit, Großartigkeit er wohl

zu schätzen weiß, den er aber nicht außer Beziehung zu sich selbst aufzu-
fassen versteht. Und deshalb setzt nicht allein die antike Landschaftsmalerei
die Natur stets in directe Beziehung zum Menschen und seinem Thun und
Treiben, seiner Freude und seinem Leid, sei dies in genrehaft idyllischer,
sei es in historisch-pathetischer Weise, sondern fast dasselbe gilt von den
modernen südlichen Nationen, während jene andere Art der Landschaftsmalerei, welche man freilich wohl nicht die höchste, aber vielleicht die
reinste nennen darf, nicht sowohl ein Product des modernen Geistes schlechthin, als vielmehr der Hauptsache nach diejenige des germanischen Gemüthes
ist. Während wir demnach in den vorzüglichsten Werken der deutschen
und nordischen Landschaftsmalerei im engern Sinne keine Analoga zu der
antiken Landschaft finden, werden uns diese in den Arbeiten italienischer
und französischer Künstler, namentlich der älteren in weitem Umfange entgegentreten, wenn wir nur mit Verstand zu vergleichen wissen.

Viertes Capitel.

Die Mosaiken.

Fig. 310. Mosaikschwelle.

Als eine eigene Abtheilung der Malerei sind noch die vollkommensten
Hervorbringungen einer in ihrem Ursprung freilich durchaus unmalerischen
Technik, die Mosaiken, zu betrachten, über deren primitive und geringe
Gattungen bereits oben (S. 449 f.) die nöthigen Andeutungen gegeben sind.
Wie hoch hinauf die Erfindung und Anwendung des *opus Signinum* und
anderer untergeordneten Arten zur Herstellung ebenso dauerhafter wie rein-
licher und schmucker Fußböden geht, können wir nicht nachweisen; es ist
aber nicht uninteressant, daß wir die Stadien der Vervollkommnung, welche
diese Technik durchlief, bis sie zu vielfarbigen und ausgedehnten Figurencompositionen verwendet wurde, in Pompeji so ziemlich alle neben einander
nachweisen können, in demselben Pompeji, welches auch das höchste auf uns
gekommene Meisterwerk dieser Gattung oder wenigstens eines der vollkommensten, die diesem Capitel in farbiger Nachbildung beiliegende Alexanderschlacht und noch manche andere der Technik nach vielleicht noch vorzüglichere Mosaiken bewahrt hat. Die verschiedenen Entwickelungsstufen der

musivischen Technik lassen sich allerdings ohne die Mittheilung einer ganzen
Folge farbiger Nachbildungen nicht zur Anschauung bringen, und es muß
für solche außer auf die Zeichnungen in den *Antichità di Ercolano*, welche
in dem Werke *Pompéi et Herculaneum* von Roux (deutsch Hamburg bei
Meißner 1841) Band IV. nachgebildet sind, auf die nicht schwer zugäng-
lichen Zahn'schen Publicationen verwiesen werden; die Blätter 56. 79. 96.
und 99. der zweiten Folge enthalten ausreichende Proben. Aus solchen
Proben sieht man, wie der Anfang damit gemacht wird, daß man in den
rothgefärbten Stucco mit weißen Steinchen einfache Linien und mathema-
tische Figuren einlegt (96.), daß man sodann den ganzen Grund mit weißen
Steinchen bedeckt, in welche man mit dergleichen schwarzen zunächst gradlinige (96. unten), sodann auch Figuren in krummen Linien einfügt, oder
wie man, das Verhältniß umkehrend, den schwarzen Grund mit weißen
Figuren ziert (96. links); daß ferner die Muster, die fast wie Stick- oder
Häkelmuster erscheinen, immer reicher und mannigfaltiger werden, ohne
daß man andere Farben als weiß und schwarz verwendet (96.), daß ganz
allmählich andere Farben zugezogen werden wie z. B. bei Zahn 56. in aller-
bescheidenster Weise ein helles Blaugrau, bis endlich nach Aufnahme der
Vielfarbigkeit die allerreichsten Muster in sechs, sieben und noch mehren
Farben, von denen Zahn 79. und 99. noch keineswegs die vollendetsten
bringt, in einer fast unzählbaren Menge kleiner Steine, ähnlich den zahllosen
Stichen einer Stickerei, dargestellt werden.

Die Anwendung des Mosaiks zur Darstellung verschiedener Gegenstände,
die Mosaikmalerei, welche der eigentlichen Malerei möglichst nahe zu kommen strebt, tritt nachweislich zuerst in der Zeit des wachsenden Luxus unter
den Nachfolgern Alexanders auf. Da die erste und wenn auch nicht ausschließlich, so doch besonders zu billigende Anwendung die zu Fußböden
ist, so begreift sich der etwas wunderliche Gegenstand des ältesten Mosaiks,
von dem Erwähnung geschieht, von Sosos von Pergamos. Es war nämlich
nichts mehr und nichts weniger als der Kehricht eines Speisezimmers, den
der Künstler in farbigen Thonwürfeln im Fußboden nachbildete, daneben
freilich auch ein Gefäß mit trinkenden und sich sonnenden Tauben, welches
in zwei Nachahmungen aus der Villa Hadrians und in Neapel auf uns gekommen und in vielen modernen Kunstwerken, Broschen und dergl. nachgebildet ist. Aber schon um die Mitte oder gegen das Ende des 3. Jahrhunderts werden uns große Figurendarstellungen in Mosaïk genannt; so war
in den Fußböden eines colossalen Prachtschiffes Hierons II. von Syrakus, an
denen 300 Arbeiter ein Jahr lang arbeiteten, der ganze Mythus von Troia
in Mosaiken dargestellt. In der römischen Kaiserzeit kam die Mosaikmalerei
immer mehr in Aufnahme und wurde in allen Provinzen geübt, so daß auch
wir noch außer in Italien in entfernten Theilen des Weltreiches, in Frank-
reich, England, den Rhein- und Donauländern (Cöln, Weingarten, Nennig,
Trier, Salzburg) nicht weniger wie in Afrika (Constantine) zum Theil nicht
unbedeutende Mosaikgemälde aufgefunden haben. Auch begnügte sich die
Prachtliebe und der Luxus nicht mehr mit Mosaikfußböden, sondern übertrug
diese Technik auf Gemälde an Wänden, so in Pompeji z. B. in der *Casa*

di Apolline und, was jedenfalls eine Geschmacklosigkeit ist, an Pfeilern und Säulen, wie wir dergleichen in Pompeji ebenfalls schon kennen gelernt haben.

Als Material dieser Malereien erscheinen Würfel oder genauer gesprochen Stifte von farbigem Thon, von Stein, Marmor, später von kostbaren Steinarten selbst Edelstein, sodann auch von gefärbtem Glas. Diese Würfel oder Stifte werden, wie gesagt, in eine Unterlage von feinem und sehr hart werdendem Stucco ungefähr in der Art hart neben einander eingesetzt wie wir die Stiche in unseren Stickereien, den Stramingrund gänzlich bedeckend, aneinanderreihen. Wenngleich nun freilich die Mosaikmalerei vor unserer Stickerei den einen großen Vortheil hat, wirkliche Rundungen dadurch darzustellen, daß die Stifte durchgeschlagen, abgerundet, verschiedenartig gestaltet werden, so kann sie doch die unendliche Mühseligkeit der Technik so wenig jemals ganz verläugnen, wie es ihr möglich ist, die feinen Übergänge und Nüancirungen der Farbe, ihr Verschmelzen und Abtönen, diese Stärke und diesen höchsten Vorzug der Malerei zu erreichen oder zu ersetzen. Es giebt kein Mosaik und kann keines geben, welches nicht einen mehr oder weniger entfernten Standpunkt des Betrachtenden erforderte, um in voller Schönheit zu wirken; wogegen freilich wiederum zugestanden werden muß, daß namentlich die Mosaiken aus farbigem Glas eine Sattheit und zugleich einen klaren Farbenglanz besitzen, den nur die Glasmalerei zu übertreffen vermag. Zur Farbenpracht gesellt sich, um das Mosaik ganz besonders zur Decoration von Fußböden zu empfehlen, die Dauerhaftigkeit, indem natürlich die den Glas-, Stein- oder Thonstiften einhaftende Farbe niemals verwischt und selbst durch häufiges Begehn der Fußböden nur äußerst langsam abgeschliffen werden kann und bei neuer Politur stets auf's neue in alter Pracht hervortritt.

Von den pompejaner Mosaiken ist eine Reihe der bedeutenderen schon bei Besprechung der Häuser, in denen sie sich fanden, erwähnt, so daß hier eine nochmalige Aufzählung nur ermüden könnte. Es scheint deshalb gerathen, anstatt eine kleine Reihe flüchtig zu besprechen, unsere ganze Aufmerksamkeit dem Hauptwerke, der Alexanderschlacht 's. das beiliegende farbige Blatt, zuzuwenden. Als das schönste Muster decorativen Mosaiks darf dasjenige von der Schwelle des Atrium im Hause des Faun (vgl. S. 311.) gelten, welches an der Stirn dieses Abschnittes (Fig. 310.) nachgebildet ist.

Von allen die Krone ist aber die Alexanderschlacht, deren Entdeckung am 24. October 1831 in der *Casa del Fauno* (S. 313.), es ist nicht zu viel gesagt, eine neue Periode in unserer Erkenntniß der antiken Malerei eröffnet hat. Schrieb doch Goethe am 10. März 1832 an Hrn. Prof. Zahn, der ihm eine farbige Zeichnung mitgetheilt hatte, unter Anderem: »Mit- und Nachwelt werden nicht hinreichen, solches Wunder der Kunst richtig zu commentiren, und wir genöthigt sein, nach aufklärender Betrachtung und Untersuchung, immer wieder zur einfachen, reinen Bewunderung zurückzukehren.« Und daß dieses Lob nicht zu hoch gestimmt sei, bezeugt die gleichmäßig hohe Bewunderung aller Kenner, mögen sie Künstler oder Kunstgelehrte sein, die sich darüber haben vernehmen lassen. Ihrer ist eine große Zahl; Italiener, Franzosen, Engländer, Schweden, Deutsche haben mit einander gewetteifert, dieses Gemälde zu erklären und zu würdigen, mancherlei Wunderliches und Verfehltes im Ganzen und im Einzelnen ist über dasselbe geschrieben worden, aber auch manches Vortreffliche, Tiefeindringende. Die ganze Literatur kann hier nicht angeführt werden, es muß genügen, drei Abhandlungen von Landsleuten zu nennen, welche die Palme errungen haben, ohne daß der Werth mancher fremdländischen Arbeit geläugnet werden soll; den Aufsatz von Gervinus in seinen kleinen histor. Schriften VII. S. 435—457., die Besprechung von O. Müller in den Göttinger gel. Anzeigen 1834 S. 1181—1196., und die kürzere, aber nicht minder vorzügliche Abhandlung Welckers in seinen kleinen Schriften III. S. 460—475.

Von der größten Wichtigkeit ja unumgänglich nöthig zum Verständniß der Composition ist zunächst die Feststellung des Gegenstandes. Es genügt hier nicht, gegenüber ganz verfehlten Erklärungen, auf die nicht näher eingegangen zu werden braucht, irgend eine der Perserschlachten Alexanders anzunehmen, sondern man muß auf's bestimmteste daran festhalten, daß die Schlacht bei Issos gemeint und im Wendepunkt der Entscheidung dargestellt sei. In mehren Berichten über diese Schlacht wird das persönliche Zusammentreffen der Könige, des Alexander und Dareios, sowie namentlich bei Qu. Curtius III. 27. der Umstand hervorgehoben, daß, nachdem mehre persische Große, welche sich schützend vor dem Großkönig auf seinem Kriegswagen aufgestellt hatten, vor den Augen desselben gefallen waren, Dareios der persönlichen Gefangenschaft nur dadurch entging, daß er seinen Königswagen, dessen Gespann in Unordnung gerathen war, verließ, ein ihm bereitgehaltenes Pferd bestieg und auf diesem entrann. Diese, und nur diese Scene, mag sie eine historische Wahrheit oder eine sagenhaft ausgeschmückte Geschichte sein, enthält den Schlüssel unseres Bildes und besonders die Erklärung für das in so auffallender Weise neben dem Königswagen in den Mittelpunkt der Composition gestellte Pferd. Mit unwiderstehlicher Gewalt ist Alexander an der Spitze seiner Reiter herangedrungen, schon ist der Königswagen des Dareios gewendet, einer der edelsten Perser, der hier für jene Mehrzahl derselben gewählt ist, und in dem wir nach der Auszeichnung durch seine Tracht den Feldherrn und Bruder des Königs, Oxathres erkennen dürfen, obgleich diesen die historischen Berichte nicht nennen, deckt den Rückzug. Da stürzt sein Rappe, von einer makedonischen Lanze getroffen, zusammen, und ehe der Reiter sein Roß ganz verlassen kann, braust Alexander heran; Nichts achtet er's, daß ihm der Helm vom Haupte gestürzt ist, Nichts, daß er nach den historischen Berichten selbst im Schenkel verwundet ist, mit dem Stoß seiner gewaltigen Lanze durchbohrt er den Perserfeldherrn. Entsetzen und panischer Schrecken faßt die Perser, die allen Widerstand aufgeben und, die Lanzen auf die Schulter geworfen, in wilder Flucht dahineilen. Mit der äußersten Anstrengung treibt der Wagenlenker des Königs sein in Unordnung gerathenes und bäumendes Viergespann; vergebens! nur eine Hoffnung den König zu retten bleibt, einer seiner edlen Begleiter ist vom Pferde gesprungen, das er dem König überlassen will. »Darius aber«, um mit den schönen Worten Welckers fortzufahren, »wendet auf seinem Wagen sich um, sieht die Rettung mit dem Rücken an, vergißt sich und die Schlacht über dem Gefühl und der Pflicht eines Königs und eines Bruders gegen den sinkenden Feldherrn und Beschützer, und streckt den Arm nach seinem Getreuen aus. Dieser Arm begleitet eine Rede, und die Worte des Erhabenen, die das Getümmel verschlingen würde, sind im Bilde vernehmlich, und geben ihm eine Größe, wodurch das Grausenhafte der Scene gemildert und die fürchterliche physische Gewalt des Augenblicks wie von einem Genius der Kunst gezügelt wird. Dem Sieger, der in ruhiger fester Haltung vordringt und nun nahe daran ist, die Drohung wahr zu machen, die er ausgesprochen haben soll, den Darius in der Schlacht selbst zu tödten, wird durch diese königliche Haltung und menschliche Größe ein so gutes Gegengewicht gegeben, daß das Mitleid nicht weniger als die Furcht sich reinigt durch die Kunst, ja daß der Unterliegende eigentlich als der Sieger erscheint. Indem die Entscheidung der Schlacht in ihrem rechten Mittelpunkte klar vor uns liegt und die eingreifenden, malerisch so kräftigen Einzelheiten in einfacher, weise gewählter Mannigfaltigkeit sich vor unseren Blicken ausbreiten, reißt doch die magische Gewalt des großen und schönen und so würdig und ansprechend ausgeführten Gedankens Sinn und Theilnahme überwiegend zu sich hin.« Auf Einzelheiten des Costüms, auf den Ausdruck und die Porträtähnlichkeit in den Köpfen, welche unsere kleine Nachbildung nicht wiedergeben kann, und keine der bisherigen Publicationen genügend wiedergiebt, kann hier nicht eingegangen werden, nur auf einige meisterhafte Züge in der Composition sei hingewiesen. Welch ein feiner Tact zeigt sich darin, daß die siegreich andringenden Makedonier nur ein Drittheil, die fliehenden Perser zwei Drittheile des Bildes einnehmen, wodurch zugleich die Hauptpersonen in die Mitte gerückt werden. Wenn der Reiterangriff, der die Schlacht entscheidet, in seiner vollen Wucht und Gewalt zur Anschauung kommen sollte, so durfte er nicht dadurch geschwächt werden, daß der Maler die Situationen der Andringenden persönlich verschieden motivirte, ein gleichmäßig unwiderstehliches Heranbrausen der Schaar ist hier das einzige Ausdrucksvolle; ein solches läßt aber große Mannigfaltigkeit nicht zu. Deshalb genügt hier der kleine Raum. In den Personen des geschlagenen Heeres aber mußten die verschiedenen Abstufungen des Eindrucks gemalt werden, wenn das Bild der Flucht wahr sein sollte; panischer Schrecken, Entsetzen, Zorn, Theilnahme für den sinkenden Feldherrn, für den bedrohten König mußte in den verschiedenen Individuen dargestellt werden und ist in ihnen dargestellt. Und dazu mußte ein breiteres Feld in Anspruch genommen werden. Wie vortrefflich ist es gedacht, daß Alexander den Helm verloren hat, der neben ihm an der Erde liegt. Indem der Künstler so sich die Gelegenheit verschaffte, das Porträt des großen Eroberers ungestörter, namentlich sein mähnenartig emporgebäumtes Haar darzustellen, legt er durch diesen Zug in diese Figur den Ausdruck des Ungestümen, der kaum durch ein anderes Mittel so gut erreicht werden konnte. Wie effectvoll ist der Gegensatz des gestürzten Pferdes, welches die Katastrophe herbeiführt, und des zur Flucht des Königs bereitgehaltenen; wie tief durchdacht ist es, Darcios, der sich selbst vergißt, zunächst von solchen Personen umgeben darzustellen, die voll Aufopferung auch nur an

den bedrohten König, nicht an sich denken; jenem Wagenlenker, der auf
seine Weise in seiner Pflichterfüllung aufgeht, und noch ungleich mehr dem
edlen Perser, der, indem er sein Roß dem König bietet, als ein sicheres
Opfer, wie fest und kräftig! vor uns steht. Aber man wende den Blick
wohin man will, man studire das Gemälde nach allen Seiten und in allen
Einzelheiten, ausstudiren wird man es nicht, und ganz gewiß immer wieder
zu der reinen Bewunderung zurückkehren, welche Goethe für das Bild in
Anspruch nahm.

Es leuchtet nun wohl ein, daß dieses Gemälde geeignet ist, uns von
der antiken Historienmalerei den höchsten Begriff zu geben, und daß, da
es das einzige auf uns gekommene von hunderten ist, es nicht zu viel gesagt war, wenn oben behauptet wurde, von diesem Bilde datire eine neue
Periode in unserer Kenntniß der alten Malerei. Sehr natürlich und gerechtfertigt erscheint der Wunsch, den Urheber dieser Composition zu kennen.
Mit völliger Gewißheit können wir ihn nicht nennen, Alexanders Schlachten
waren ein häufiger Vorwurf der Kunst; aber die größte Wahrscheinlichkeit
spricht nicht für einen Maler, sondern eine Malerin, Helena, Timons
Tochter, aus Aegypten [Alexandria], von der uns eine »Schlacht bei
Issos« bezeugt ist. Vespasian versetzte das Gemälde nach Rom, was für
seinen Ruhm zeugt und es doppelt begreiflich macht, wie man in Pompeji
grade damals, vielleicht unter Vespasians Regierung dazu kam, dasselbe in
Mosaik zu copiren. Es ist wahr, unser Gefühl sträubt sich dagegen, einer
Frau dies gewaltige Bild, diese Stärke in der Thiermalerei, und besonders
in der höchsten Hitze des Kampfes zuzutrauen; »aber«, sagt Welcker, »wie
die Geschichte nicht wenige Frauen vom Geist der Deborah und Telesilla
kennt, so weist sie auch seltene Malerinnen nach, die den Neid der ersten
Maler ihrer Zeit erweckten.« Nicht unwahrscheinlich ist es auch, daß die
Borde des Gemäldes zwischen den Säulen der Exedra (s. S. 313. f.), welche
einen Fluß mit Hippopotamus, Krokodil, Ichneumon, Ibissen, kurz den Nil
darstellt (Mus. Borb. VIII. 45.), und zum Gegenstande gar nicht paßt, eine
Erinnerung an die Heimath der Künstlerin, Aegypten, bilden soll. Denn
daß die Wahl des Gegenstandes dieser Borde zufällig sei, wird man nicht
glauben.

Fünftes Capitel.

Die untergeordneten Kunstarten und das Kunsthandwerk.

Nachdem die drei eigentlichen bildenden Künste in ihren Hervorbringungen und Leistungen in Pompeji durchmustert worden sind, bleibt
zum Schluß noch eine Betrachtung der untergeordneten Kunstarten und des
Kunsthandwerks übrig, welche, obgleich sie der Consequenz wegen in einem
eigenen Capitel behandelt wird, sehr kurzgefaßt werden kann, da Manches
schon im antiquarischen Theil erwähnt worden, und da des Hervorragenden
und Bemerkenswerthen nicht gar Vieles vorhanden ist.   Eine der wichtigsten
der Plastik verwandten Kunstarten, die Stempelschneiderei zur Herstellung
von Münzen, ist in Pompeji gar nicht geübt worden [136]; weder in der Zeit seiner
Autonomie hat Pompeji Münzen geschlagen, wie andere Städte Campaniens,
z. B. Capua, Nola, in welche die griechische Sitte früher und tiefer eingedrungen war, noch hatte unser Städtchen in römischer Zeit eine Prägestätte.
Römische Münzen sind freilich in Pompeji in Menge gefunden worden, aber
Niemand wird erwarten, diese hier besprochen zu finden.   Auch die Steinschneiderei ist kaum der Rede werth; daß die verhältnißmäßig wenigen und
mit einer früher S. 31. erwähnten Ausnahme unbedeutenden Gemmen,
welche man in Pompeji gefunden hat, Arbeiten einheimischer Werkstätten
seien, ist unerweislich und selbst kaum wahrscheinlich.   Wenn daher auch
das Dutzend geschnittener Steine hier nicht einzeln angeführt, besprochen
oder abgebildet ist, so wird das keine Lücke in der Beschreibung Pompejis
geben.   Eine Probe ist in der 314. Figur mitgetheilt; es ist ein geschnittener Siegelring, welcher einen Frauenkopf darstellt und in der *Strada degli
Augustali* gefunden wurde.   Von diesem und den wenigen anderen aber
Anlaß zu einer Darstellung der alten Steinschneiderei und Gemmenkunst zu
nehmen, würde außerhalb des Planes dieses Buches liegen.   Es bleiben demnach eigentlich nur zwei Arten der Technik, welche hier eine etwas ein-
gänglichere Betrachtung erheischen und lohnen, die Metallarbeit einschließlich
der Goldschmiedekunst und die Glasurbeit.

In Bezug auf die Metallarbeit kann es sich wesentlich nur um die Ornamentik handeln, deren uns zwei technische Hauptarten entgegentreten, die
Toreutik und die Empaestik.   Erstere hat es mit der Herstellung plastischer
Ornamente in Relief und in ganzen Figuren zu thun und hangt auf's innigste
mit der Plastik selbst zusammen, von der man sie nur des geringern Umfangs und des weniger selbständigen Charakters ihrer Arbeiten wegen trennen
kann.   Wir begegnen dieser Art der Metallarbeit an fast allen Geräthen und
Gefäßen, welche sich über die Befriedigung des bloßen Bedürfnisses erheben,
und wir sind ihr an den Bisellien, Sesseln, Lampen, Candelabern, Dreifüßen, Eimern, Krateren, Heerden, Waffen begegnet.   An diesen Geräthen
und Gefäßen schafft sie das Ornament entweder in ausgetriebenen oder in
gegossenen Formen, und zwar wieder bald aus einem Stück mit dem Haupt-
werk, bald durch Herstellung selbständiger Schmucktheile, welche aufge-

nietet oder aufgelöthet wurden. In den Formen schließt sich diese Metallarbeit wesentlich allen denen der übrigen Ornamentik und Plastik an, beginnt
mit einzelnen vegetabilen Formen, erhebt sich durch die s. g. Araberke zum
Figurenrelief und endet in der Darstellung der kleinen Rundbilder, welche
sich z. B. als Deckelverzierungen mehrer Lampen, an Candelabern und sonst
in Fig. 230. 232. 233.) finden.   Nicht selten verbindet sie mit der Herstellung der plastischen Form den Schmuck der Versilberung und Vergoldung,
wie denn auch die Herstellung von Ornamenten bronzener Geräthe aus getriebenem Silber und Gold nicht eben selten ist.   Selbständigkeit der Erfindung und Formgebung wird man bei diesem untergeordneten Kunstzweige
in der Regel weder erwarten noch finden, obgleich allerdings einzelne größere
Prachtgefäße aus dem Alterthum auf uns gekommen sind, welche die Hand
wirklicher Künstler verrathen.   Ohne uns aber grade Neues und Unerhörtes
zu bieten, liefert uns die plastische Metallarbeit in Reliefen und Statuetten
eine Fülle interessanter, zum Theil namhaften Kunstwerken im Kleinen
nachgebildeter Gegenstände aus den verschiedenen Kreisen der Objecte der
alten Kunst.   Denn weder mythologische Bildwerke fehlen in dieser Reihe,
noch Genrebilder aus dem täglichen Leben, ja, bei dem Verlust so unendlich
vieler der großen Vorbilder muß uns mehr als eine dieser kleinen Nachbildungen zur Ausfüllung einer Lücke der kunstgeschichtlichen wie der
gegenständlichen Monumentenreihe dienen.

Im Allgemeinen darf zur Veranschaulichung der Producte der pompejaner
Toreutik wohl auf die Abbildungen derselben in früher mitgetheilten Figuren
(229—247. 252—254.) verwiesen werden; doch schien es zweckmäßig, hier
noch einige der schönsten Muster der verschiedenen Hervorbringungen dieses
Kunstzweiges in einer etwas größern Abbildung (Fig. 311.) zu vereinigen.
Hier finden wir zuerst a vgl. b) das überaus reiche und mit reinster Schärfe
getriebene Ornament eines prächtigen Eimers, welcher dem in Fig. 246. abgebildeten herculanischen ähnlich, aber in Pompeji gefunden ist.   Bei c ist
ein vorzüglich schöner Gefäßhenkel abgebildet, der allein gefunden worden
und wahrscheinlich noch nicht an ein Gefäß geheftet gewesen ist (vgl. oben
S. 398.).   Das Hauptornament bildet ein medusenartiger Kopf, der aber
nicht nur von Schlangen umgeben ist, welche unter dem Kinn in einen
Knoten sich verschlingen, sondern auch von Delphinen oder anderen Fischen,
während zugleich auf seinen Wangen ein paar Flossenansätze liegen, welche
bei Köpfen von Seewesen gefunden werden.   Mit einer schlanken Arabeske
geschmückt steigt der eigentliche Griff empor, welcher sich oben, wo er
sich dem Rande der Kanne anzulegen bestimmt war, in zwei Arme theilt,
die in Ziegenköpfe auslaufen, während in der Mitte ein breiter Haken sich
zurückbiegt, auf welchem der Daumen beim Gebrauche der Kanne gelegt
werden sollte.   Bei d (vgl. e) ist das vorzügliche Relief von dem Kelche
eines Candelabers wiederholt, der in seiner Gesammtheit schon in Fig. 233. a
abgebildet ist.   Vier Greife, welche in lebensvollster Gruppirung einen Stier
und einen Hirsch überwältigt haben, bilden das hoch ausgetriebene und sehr
rein und scharf gezeichnete und modellirte Ornament.   Endlich ist, als das
vorzüglichste Muster dieser ganzen kleinen Reihe bei f (vgl. g) das ganz

Fig. 311. Muster toreutischer Arbeiten.

besonders hoch getriebene Relief eines ebenfalls schon früher (Fig. 253. in
seiner Gesammtheit abgebildeten Gladiatorenhelmes ausgehoben.   In der Mitte
steht in amazonenhafter Gestalt die siegreiche *Dea Roma*, den einen Fuß auf
einen Schiffsschnabel gestützt, die Lanze in der Rechten, das Schwert in
der Linken; neben ihr knien zwei Figuren mit Cohortenzeichen, hinter
denen gefesselte Gefangene stehn, während an den Enden reiche Tropaeen
errichtet sind, an denen ein paar Victorien eben noch feindliche Schilde zu
befestigen im Begriffe sind.   Auf den übrigen Theilen des Helmes treten
bakchische Ornamente hervor, doch findet sich auch Athena im Kampfe
mit einem schlangenfüßig gebildeten Giganten. — Während auf analoge
Kunstproducte aus edlen Metallen demnächst bei der Besprechung der Goldschmiedekunst zurückgekommen werden soll, dürfte hier der Ort sein, jenes

Fig. 312. Bleigefäß mit Reliefen.

schon oben S. 473, erwähnte Bleigefäß mit Reliefen in einer Abbildung
(Fig. 312.) mitzutheilen und etwas näher zu besprechen.   Seine Bestimmung
ist nicht sicher bekannt, doch hat es wahrscheinlich zur Aufnahme von
Wasser, wenn nicht etwa von Korn oder dem Ähnlichem gedient.   Die
Natur des Materials zeigt hier sofort eine interessante Einwirkung auf die
Art der aufgepreßten Ornamente, welche man in Bronze oder edeln Metallen
vergeblich suchen würde.   Außer mit diesen ornamentalen Müschelchen, hufeisenförmig gezogenen und rautenförmig gestellten Ornamenten ist das Gefäß
noch mit zwei Reihen von Medaillons geziert, von denen fünf in größerer
Abbildung der Gesammtansicht beigefügt sind; dieselben zeigen theils mythologische Figuren und Köpfe, theils Thiere; unter jenen finden wir eine

jagende Artemis und eine Athena, welche eine kleine männliche Figur auf der Rechten erhebt, während ihr gegenüber ein Bildhauer mit dem Schlägel in der Hand sitzt; wahrscheinlich ist Athena Ergane (als solche ohne Aegis und Gorgoneion) zu verstehn als der göttliche Beistand werkschaffender Kunst. Das dritte Medaillon zeigt eine nicht sicher erklärte noch auch bei der Zerstörung des Attributs der rechten Hand erklärbare stehende männliche Figur, der der Adler beigegeben ist (einen Zeus Areios?), das vierte einen Herakleskopf. Unter den Thieren finden wir außer dem mitgetheilten Adler einen laufenden Löwen und einen von einer schwebenden Nike bekränzten Stier, wie er auf den Münzen mehrer unteritalischen Städte wiederkehrt. — Jedoch kehren wir zur Bronzearbeit zurück.

In anderer, beschränkterer Weise, dennoch ebenfalls in weitem Umfange wirkt und schafft die zweite Art derselben, die Empaestik. Ihre Technik ist der unseres Niello und unserer Damascenerarbeit verwandt, indem sie in den Grund des zu schmückenden Geräthes Ornamente verschiedenen, meist edleren Metalls incrustirt oder einlegt. Man begegnet diesem Kunstzweige besonders bei den größeren Candelabern und bei den Prachtgeräthen, wo er sich auf dem Gebiete der Ornamentik im engern Sinne hält, vielfach verschlungene Linien, Laubwerk, Guirlanden, Arabesken mit eingestreuten Thiergestalten herstellt, ohne sich bis zur Figurenzeichnung oder zur Herstellung bedeutsamer Compositionen zu erheben. Innerhalb ihres Ornamentgebietes dagegen schafft die Empaestik mit so vielem Geschmack, so unerschöpflicher Phantasie, einer so großen Correctheit und Sauberkeit des Einzelnen, daß sie uns die größte Bewunderung abnöthigt. Bei vielen Geräthen verbinden sich beide Arten der Ornamentirung, die plastische und die in eingelegter Arbeit, und zwar so, daß, während jene die schmuckvolle Herstellung der schärfer bestimmten Glieder, wie z. B. des Fußes übernimmt, diese sich auf den größeren Flächen des Geräthes, wie den Kraterbäuchen oder den Disken der Candelaber, verbreitet und dieselben gleichsam mit einem Geäder kostbarer Zierrathe durchzieht. Die Art, wie die beiden Arten der Metallornamentik sich in das Kernschema des zu decorirenden Geräthes theilen, zeugt von dem feinsten Geschmack, bewahrt auf der einen Seite vor Unkräftigkeit in der tektonischen Gliederung, auf der andern vor Überladung und Schwerfälligkeit und sollte so sehr wie irgend Etwas Gegenstand der eingänglichsten Studien unserer Metallarbeiter und Goldschmiede sein. Der Mangel dieser feinen Anwendung der einen und der andern Art der Ornamentik ist nicht am wenigsten Grund der Schwerfälligkeit der Geräthbildnerei unserer Zopfzeit und des Rococo.

Nächst der Bronzearbeit bleibt zunächst die ganz nahe verwandte, und nur im Material und den aus diesem fließenden Consequenzen verschiedene Goldschmiedekunst zu betrachten. Schon bei mehren früheren Gelegenheiten ist erwähnt worden, daß in Pompeji zahlreiche Goldschmiede arbeiteten und daß nicht unbeträchtliche Funde von Schmucksachen in Pompeji gemacht worden sind, obwohl augenscheinlich sehr Vieles grade von diesen Habseligkeiten der alten Bewohner bei der Flucht hat gerettet werden können und somit uns verloren gegangen ist. Leider ist von dem vielen Vorge-

fundenen nur sehr Weniges bisher veröffentlicht, und wenn auch in den
Büchern, welche Fundberichte enthalten, außerdem Manches erwähnt
wird, so geschieht dies in so kurzer Weise, daß man aus diesen vielen
Notizen nur einen trockenen Katalog zusammenstellen könnte. Es muß
daher genügen, unsere Betrachtung auf eine kleine Auswahl charakteristischer Arbeiten zu beschränken, von denen Zeichnungen mitgetheilt werden
können. Die erstere Abbildung Fig. 313. zeigt eines jener großen 22 Unzen

wiegenden Armbänder von gediegenem
Golde, welche, wie früher erwähnt, in
dem Hause des großen Mosaik gefunden
worden sind. Dasselbe ist in Schlangenform gearbeitet, welche, wie kaum eine
andere sich zu diesem Zwecke empfiehlt.
Der Kopf der Schlange ist gegossen, die
Augen sind von Rubin eingesetzt und die
Zunge wird durch ein bewegliches Gold-
blättchen gebildet. Der spiralförmig ge-
ringelte Körper dagegen ist mit dem Hammer getrieben, um größere Elasticität zu
haben, während alle Einzelheiten, die
Zähne im geöffneten Rachen, die Schup-
pen am Hals und Schweif auf's sorgfäl-

Fig. 313. Großes Armband.

tigste ciselirt sind. Derartige Bänder in Schlangenform wurden um das
Handgelenk, um den Oberarm und um das Fußgelenk getragen: ihrer
Größe nach wird unsere Schlange zum Schmuck des Oberarms gedient
haben. Eine ähnliche findet sich in der folgenden kleinen Sammlung von
Goldschmiedearbeiten Fig. 314. wieder, welche jedoch nicht flach ausgetrieben, sondern halbrund gearbeitet und wahrscheinlich zum Schmuck des
Handgelenks bestimmt gewesen ist. Für alle Arten von Ringen ist die
Schlangenform eine so natürliche und naheliegende, daß es uns nicht wundern wird, in unserer kleinen Sammlung auch zwei in dieser Gestalt gearbeitete Fingerringe zu finden, den einen als das vollständige Thier, welches
den Kopf emporhebt, als wollte es sich von dem Finger loswinden, den
andern weniger geschmackvoll aus zwei Schlangenköpfen zusammengesetzt.
Ein dritter Fingerring, in den eine Hyacinthgemme zum Siegeln gefaßt ist,
zeigt die einfache Form des Siegelringes, welche auch bei uns gebräuchlich
ist. Die Bedeutung des Frauenkopfes der Gemme ist schwerlich festzustellen; mythologischem Gebiete scheint derselbe nicht anzugehören. Oben
links und ganz unten in Figur 314. sind zwei der am häufigsten in den
pompejanischen Ausgrabungen vorgefundenen Arten von Ohrringen mitgetheilt; die eine (oben) ist aus zwei Perlengehängen an einem dünnen Draht-
häkchen von Gold gebildet; die andere Art zeigt in zwei Ansichten die Form
eines Ausschnittes aus einem Apfel oder einer Orange und scheint besonders
beliebt gewesen zu sein, weil derartige Ohrringe bereits in beträchtlicher
Menge gefunden sind. Fremdartiger als die bisher betrachteten Schmuckstücke erscheinen uns die beiden größten der nachstehenden Figur, näm-

lich das freilich nicht in Pompeji, sondern *Sta. Agata dei Goti* gefundene,
hier aber in Ermangelung eines mittheilbaren pompejaner Schmuckstückes
verwandter Art aufgenommene Halsband, welches aus einem äußerst feinen
Geflecht elastischen Golddrahtes besteht, welches durch ein mit zwei Fröschen
auf der Platte verziertes Schloß zusammengehalten wurde, und an dem ein
und siebenzig kleine Goldgehänge befestigt sind, welche den Hals strahlen-
förmig umgeben, woher diese sehr häufig in Gemälden vorkommenden Hals-
bänder den Namen der *monilia radiata* (Strahlenhalsbänder erhielten.   Wenn

uns dieses durch die äußerste
Zartheit seiner Arbeit ausgezeichnete Halsband nur
in seiner besondern Form
fremd erscheint, so haben
wir für das darüber abge-
bildete Schmuckstück, welches ebenfalls um den Hals
getragen wurde, unter un-
seren Schmucksachen keine
Analogie. Es ist dies eine
sogenannte *bulla*; an dem
in scharfen Schraubengän-
gen gewundenen elasti-
schen Draht, welcher um
den Hals ging und hinten
mit ein paar Haken in
einander griff, hangt vorn
an einer verzierten dünnen
Platte eine linsenförmige
Kapsel, die eigentliche
Bulla. Dieselbe diente zur
Aufbewahrung der Amu-
lette, durch welche man
allerlei Krankheiten und
Zauber und den bösen Blick
abzuwenden glaubte, und
wurde von Gold hauptsäch-
lich von den Sprößlingen
edler Geschlechter in der
Jugend getragen und nach

Fig. 314. Verschiedene Schmucksachen von Gold.

glücklicher Vollendung der Jugend beim Eintritt in das reifere Alter den
schützenden Laren geweiht. — Von derjenigen Arbeit der pompejaner Goldschmiede, welche sich, Figuren bildend, der eigentlichen Plastik nähert, bietet
die erste Probe eine Heftnadel, mit der man das Obergewand zusammensteckte;
auf eine nähere Besprechung der seltsamen Gestalt eines, wie es scheint, dem
bakchischen Kreise angehörenden, aber mit Fledermausflügeln versehenen Genius, welcher das Ornament bildet, kann hier nicht eingegangen werden; zu

bemerken ist nur noch, daß unter den leider nicht veröffentlichten Bildchen von Gold sich vorzugsweise Kindergestalten finden, welche nach dem Maßstabe zu beurteilen sind, den wir an die niedere Metallarbeit überhaupt anzulegen haben. Ihren Gipfel erreicht die pompejaner Goldschmiedekunst in den Producten, mit welchen sie sich dem Gebiete des Bronzearbeiters nähert, welches oben geschildert wurde, in der Verfertigung von Gefäßen mit Ornamenten und Figuren in getriebenen Reliefen, zu denen die edlen Metalle ihrer großen Dehnbarkeit wegen sich besonders eigneten. In der beifolgenden Ansicht sind drei silberne Becher aus Pompeji in ganzer Gestalt und von den beiden mit Figuren geschmückten die Reliefe in größerer Zeichnung zusammengestellt, welche demjenigen, der solche bewunderungswürdige Arbeiten des Alterthums nicht in den Originalen kennt, wenigstens einigermaßen von denselben eine Vorstellung vermitteln können. Der erste dieser Becher ist an sich einfach mit vier einander zu je zweien entsprechenden Rebzweigen verziert, welche aber mit eben so vielem Geschmack um den Körper des Gefäßes geordnet sind, wie sie sich durch feine und reine Modellirung auszeichnen. Ist schon dieses kein alltägliches Stück Arbeit, so wird es doch an Interesse weit übertroffen durch die beiden anderen Geschirre. Auf dem erstern derselben ist eine Apotheose Homers dargestellt, welcher in der Mitte der Vorderseite von einem mächtigen Adler emporgetragen wird, während die allegorischen Gestalten der Ilias mit dem Helm, Schild und Speer links und der Odyssee mit der Schiffermütze und dem Ruder ausgestattet rechts zur Seite auf den feingeschwungenen Arabesken sitzen, welche nach hinten das ganze Bildwerk schließen. Eine an mehren Stellen aufgehängte Guirlande umzieht den Rand des Gefäßes über der Darstellung, zwei Schwäne (der eine fast ganz zerstört), die Vögel Apollons, erheben sich mit dem Dichter zu den himmlischen Höhen des Olymp. Über die Sinnigkeit der Composition im Ganzen und im Einzelnen und über den Adel der Formen ist angesichts der gelungenen Zeichnung zu reden nicht nöthig. So erfreulich aber auch dieses Kunstwerk sein mag, es wird doch an Schönheit noch weit übertroffen durch den dritten Becher, einen von zwei ganz ähnlichen, zusammengehörigen und zusammen nebst noch zwölf anderen, weniger ausgezeichneten und mancherlei anderen Dingen gefundenen, und zwar gegen Ende März 1835 in dem nach diesen ausgezeichneten Gefäßen so genannten Hause der Silbergeschirre (*Casa dell' argenteria*) in der *Strada di Mercurio* [No. 27. im Plan]. Wahrlich, es lohnt sich, den Ort und das Datum dieses Fundes zu registriren, denn diese Becher sind ein Höchstes in ihrer Art, dem sich nicht eben Vieles der gleichen Gattung aus dem Alterthum an die Seite stellen kann. Die Figuren sind auf das Bewunderungswürdigste bis zu fast vollkommener Rundung in hohem Relief ausgetrieben, auf's feinste und zarteste modellirt, von den lebensvollsten Formen und dem gelungensten Ausdruck. Der Gegenstand ist ziemlich einfach; auf beiden Bechern ist je ein Kentaur und eine Kentaurin gebildet, welche mit den Hinterbeinen sitzend, vorn erhoben oder wie sich erhebend einen kleinen Eros als Reiter auf dem Rücken tragen, ein Motiv, das auch sonst noch in verwandten Darstellungen sich wiederholt. Jedoch ist das-

Muster von Arbeiten in getriebenem Silber.

selbe jedesmal variirt. Bei den männlichen Kentauren des in der Abbildung
wiederholten Bechers ist der kleine Eros eben im Begriffe aufzusteigen,
während sich der Kentaur, der einen mächtigen Thyrsos auf der linken
Schulter und den dionysischen Kantharos in der Rechten trägt, aufmerksam
zu seinem kleinen Reiter herumwendet, offenbar bereit aufzustehn, sobald
das Knäbchen fest oben sitzen wird. Bei der Kentaurin der Kehrseite hat
der Reiter seinen Platz schon eingenommen und scheint sie mit erhobenem
linken Händchen, mit dem rechten ein um ihren Arm geschlungenes Fell
ergreifend, gleichfalls zum Aufstehn anzutreiben. Auch sie, welche ein Lago-
bolon in der Rechten trägt und mit der Linken Trauben in dem Bausch
ihrer Fellbekleidung zusammenhält, wendet sich zu dem Kleinen zurück,
als wolle sie mit ihm über seinen Eifer scherzen. Den Hintergrund bildet
dort ein portikenartiges Bauwerk, auf welchem eine Reihe Vasen aufgestellt
ist, hier ein knorriger Baum links und eine Statue des Dionysos auf hohem
Postamente rechts. An dem andern Becher hält der bequem auf dem Rücken
des Kentauren sitzende Knabe eine Kithara und der Kentaur selbst außer
einem Pinienzweige eine Syrinx, während die Kentaurin aus einem Trinkhorn Wein in eine flache Schale fließen läßt und ihr kleiner Reiter gleichfalls ein Trinkgeschirr handhabt. — Zu dem Ganzen dieser Becher ist noch
zu bemerken, daß dieselben mit einer glatten Silberplatte im Innern gleichsam gefüttert sind, durch welche die hineingegossene Flüssigkeit verhindert
wird, sich in den Höhlungen der ausgetriebenen Reliefs zu fangen; so sind
diese kostbaren Gefäße auch für praktische Zwecke brauchbar, keineswegs
bloße Schaustücke.

Der Schluß unserer pompejanischen Betrachtungen sei mit einem Meisterwerk der Glasarbeit gemacht, einer Technik, in welcher die Alten kaum
minder Bewunderungswürdiges leisteten als in der Toreutik. Nach Plinius
wurde das Glas dreifach bearbeitet, entweder geblasen oder gegossen oder
caelirt, d. h. mit schneidenden Instrumenten angegriffen oder geschliffen.

Fig. 315. Glasgefäß mit Relief.

Die beiden letzteren Arten der Technik kommen auch vereinigt vor und
zwar namentlich bei der Herstellung der Gefäße mit Relief, von denen die
berühmte Portlandvase den ersten Rang behauptet, während die hier abgebildete, in dem nach ihr genannten Grabe *tomba del vaso di vetro blu*

S. 366.) gefundene Amphora den Platz zunächst dieser einnehmen dürfte. Wie
in der Regel bei diesen Gefäßen besteht der Grund oder der Kern aus einem
farbigen und durchsichtigen Glasfluß, der in diesem Falle vom schönsten
satten Dunkelblau ist, während das aufgeschmolzene und sodann zur Schär-
fung der Formen geschliffene und caelirte Relief opak, undurchsichtig, in
dem gegenwärtigen Falle rein weiß ist. Die Composition dieses Reliefs ist
eben so reich wie seine Ausführung zierlich und elegant ist. Über einem
schmalen sockelartigen Streifen, der weidende Thiere enthält, sind einander
gegenüber zwei bakchische Masken angebracht, die eine männlich, die andere
weiblich. Hinter denselben erheben sich starke Reben, welche ihr mit anderem Laubwerk, Blumen und Früchten verschlungenes Rankengeflecht um
den ganzen Bauch des Gefäßes spinnen, indem sie zwei Figurencompositionen umrahmen. Diese beiden Figurencompositionen zeigen idealisirte und
durch Genien dargestellte Scenen der Weinlese in etwas verschiedener Auffassung, beide Male jedoch unter heiterer Musikbegleitung. Einerseits rechts
in Fig. 315. schwingt in der Mitte begeistert ein Knabe den Thyrsos, indem
er zu dem Takte der Musik der von zwei sitzenden Genossen geblasenen
Hirten- und Doppelflöte die frischgepflückten Trauben, die ein Vierter im
Gewandbausch zuträgt, mit den Füßen austritt; andererseits nimmt die Mitte
eine Darstellung des heitern Weingenusses unter der Musik einer Lyra ein,
während zu beiden Seiten ein Knabe, mit dem Pflücken der Trauben beschäftigt, auf einem hohen Postamente steht. Das heitere und bewegte
Leben dieser Reliefe und die reizende Fülle der sie umrankenden Arabesken
erinnert gewiß Jeden an Goethes Vers:

> Sarkophage und Urnen verzierte der Heide mit Leben;

das ganze Gefäß aber, welches auf einem eigenen losen Fuß aufrecht gehalten wurde, eines der vollkommensten seiner Art, bietet einen erfreulichen
Schluß der artistischen Betrachtungen der Denkmäler Pompejis.

Anhang.

Anmerkungen.

1) zu S. 3. Mancher, der Italiens »ewigblauen Himmel« nur aus Büchern kennt, wird vielleicht geneigt sein, die zerstörenden Einflüsse der Witterung auf die ausgegrabenen Monumente Pompejis zu unterschätzen; ich halte es dem gegenüber und um die richtige Vorstellung zu vermitteln, daß das aufgegrabene Pompeji auch unter dem campanischen Himmel dem sichern, wenn auch langsamen totalen Untergang entgegengeht, nicht für überflüssig, einerseits hervorzuheben, daß ich im Winter 1860 daselbst etliche ganz gewaltige, klatschende und spülende Gewitterregen erlebte, gegen welche der bisher den Ruinen gegebene Schutz sehr geringfügig erscheint, und andererseits zu constatiren, daß in den Ausgrabungsberichten und den Rapporten über die in Pompeji vorgenommenen Arbeiten gar nicht selten nicht allein von schlechtem Wetter, Sturm, Regen, ja Schnee und Frost die Rede ist, durch welche die Arbeiten unterbrochen worden, sondern auch von thatsächlich bedeutenden Verletzungen der Ruinen durch das Wetter, welche beträchtliche Wiederherstellungsarbeiten nöthig gemacht haben. Ich will nur Einiges des hier Einschlagenden aus den Tagebüchern der Ausgrabungen (Historia antiquitatum Pompeianarum ed. Fiorelli) ausheben. So heißt es 1778, 3. Januar: »des fast unaufhörlichen Regens wegen sind die Arbeiter verwendet worden, Erde aus einigen unterirdischen Räumen [Kellern der Häuser an der Westseite] auszuräumen, und nur wenn es das Wetter erlaubte, ist an der Ausgrabung der Hauptstraße fortgefahren worden.« 1784, 12. Februar: »vorigen Montag stürzte die Mauer des in der Ausgrabung begriffenen Hauses vor dem Isistempel zusammen. Es war dies die Wirkung des Druckes des von den großen Regengüssen geschwollenen Erdreichs.« 1759, 8. Januar: »die Arbeiterschaft ist verwendet worden, um den Schnee aus den Höfen und Zimmern fortzuschaffen, wo Gemälde sind, um größeren durch den Frost angerichteten Schaden zu vermeiden. Der Frost hat nicht so sehr die Gemälde als den Marmor angegriffen.« 1800, 3. Januar — 9. Mai: »die Arbeiterschaft ist beschäftigt worden, die unter den Einflüssen des Frostes herabgefallenen Gemälde wegzuschaffen, der Frost hat an den Gebäuden großen Schaden gethan und die Arbeiter haben die Ausgrabungen von Unkraut und Schutt gereinigt.« 1803, 11. Februar: »es wird fortgefahren den durch heftige Regen und Schneegestöber von den Mauern losgerissenen Bewurf fortzuschaffen; auch manche Gemälde haben gelitten, und man muß sie mit eisernen Klammern befestigen, um einigermaßen zu helfen.« 1803, 3. September: »in vergangener Nacht hat das gewaltige Wasser, welches in der Campagne von Mezza Torre bis zur Meierei des Irace ein See schien, indem der Fluß ein tüchtiges Stück ausgetreten war, das Soldatenquartier (Gladiatorencaserne) bis wenige Zolle unter der Mündung des Brunnens [d. h. ziemlich zwei Fuß hoch!] ausgefüllt, und es ist ein Wunder, daß hier nicht Alles zusammengestürzt ist.

Die Orchestramauer des bedeckten Theaters ist gänzlich auf den Boden gestürzt, d. h. diejenige, welche die Orchestra von der Scene trennt. Sie war fünf Palm hoch. Ein Wasserstrom, der von dem Keller des Isidoro herkam, hat diese große Meierei zu Boden geworfen, die Straße mit Erde gefüllt und sich dann in den Fluß ergossen. Ein anderer Wasserstrom ist von der Meierei des Irace hergekommen und hat die ganze Straße verdorben, auf welcher man von der Porticus des Theaters zum Tempel emporstieg, indem er dieselbe so auffüllte, daß man wegen der 15 Palm hohen Verschüttung durchaus nicht durchdringen konnte» u. s. w. 1814, 10. Februar: »die Mauer, welche die Basilika gegen Abend abschließt, war außen mit grandiosen Grottenarchitekturgemälden und Figuren in der Mitte derselben verziert. Die starken Fröste der letzten Tage haben diese fast alle herabgestürzt, ungeachtet die gewöhnlichen Vorsichtsmaßregeln, die Ränder der Gemälde gegen die Wand verkitten zu lassen, ergriffen worden waren.« Und weiterhin: »die Gemälde in dem noch nicht lange aufgefundenen Hause nahe bei dem nördlichen Thore bleiben noch sehr feucht, und die unausgesetzten Regengüsse werden sie endlich noch ganz einweichen. Und obgleich ich die Verkittung an ihren Rändern hatte vornehmen lassen, hat der starke Frost, der in der Nacht von Samstag auf Sonntag eintrat, dieselben fast alle herabstürzen gemacht. Ich hatte auch angeordnet, daß die gewöhnlichen Ziegeldächer über ihnen angebracht würden, diese aber haben sich so gut wie vollkommen unwirksam erwiesen, da die Bilder schon mit Wasser getränkt waren« u. s. w. 1816, 5. Januar: »im Amphitheater und zwar in dem Corridor zur Linken an der Morgenseite ist am 2. d. M. durch den unaufhörlichen Regen ein Bogen eingestürzt, welcher zwei Treppen der innern Stufenreihe mit sich gezogen hat, während alle die übrigen weiter hinauf liegenden den Einsturz drohen. Einstweilen haben wir sie zu stützen versucht, aber ich bin der Meinung, es werde am besten sein, sie ganz wegzunehmen, ehe sie zusammenbrechen, um so wenigstens die Stücke zu retten, um dieselben später wieder an ihren Platz bringen zu können.«

Und wie auch unverständige und ruchlose Menschen bei der Zerstörung und Beschädigung mitgeholfen haben, davon mögen, — abgesehn von den mehrfach in den Tagebüchern erwähnten kleineren Diebstählen und abgesehn ferner von der Thatsache, daß in Pompeji sehr viele Wände durch eingekratzte moderne Namen verunziert und beschädigt, glücklicher Weise aber zugleich zu Schandmalen der Verletzer geworden sind, — ein paar bemerkenswerthe Beispiele angeführt werden. So heißt es unter dem 12. November 1763 wörtlich: »es ist dem Don Camillo Paderni (das ist der Director des Museum!) befohlen worden, er solle nicht wagen, Hand an die antiken Gemälde zu legen, welche sich bei den Ausgrabungen finden, ohne erst an Seine Majestät Bericht erstattet zu haben, da es dem besagten Paderni nicht zukomme zu entscheiden, welche Bilder aus den Ausgrabungen weggenommen werden und welche daselbst verbleiben sollen, indem der König mit Entsetzen (con orrore!) vernommen hat, daß viele dieser antiken Gemälde zertrümmert worden sind.« Damit vergleiche man folgende Notiz (Addenda p. 146.): 1764, 25. Januar (also später!) »aus einem Attest des Antonio Scognamiglia, des Oberaufsehers, legalisirt durch den Notar Jennaco von Torre dell' Annunziata geht hervor, daß auf Befehl des Don Camillo Paderni die Bilder, welche er für unnütz hält, zerstört worden sind, indem man mit dem Stucco, auf welchen sie gemalt sind, mit Spitzhacken herunterschlug.« Siehe auch: Winckelmann, Nachrichten v. d. neuesten Entdeckungen anno 1764 §. 70.: »daß diejenigen Gemälde, welche nicht beträchtlich geachtet werden . . . . . auf ausdrücklichen Befehl der Regierung zersetzet und verderbet werden, damit dieselben nicht in fremde Hände gerathen«. Unter d. 12. December wird berichtet: »Don Camillo Paderni erhielt Erlaubniß nach Rom zu gehn« (etwa »fern von Madrid darüber nachzudenken«? — 1792, 23. November: »in vergangener Nacht von Donnerstag auf Freitag hat man nahe bei dem Thor der Stadt in dem s. g. Hause des Chirurgen vier Bilder von den Wänden geschnitten (und gestohlen) nämlich die folgenden: in dem Zimmer, wo man ein Bild abzunehmen beschäftigt ist, welches einen Maler darstellt, der ein Idol copirt: einen Kopf; in dem anstoßenden Hofe und zwar im Tablinum: eine Wachtel: endlich in dem letzten Hofe in dem Zimmer mit blauen Wänden: eine der Bakchantinnen und einen Kopf. Das Ganze ist mit Geschicklichkeit gemacht und der Raub davongetragen worden; die Nacht war sehr rauh durch Regen und Wind.« 1815, 16. Juni heißt es unter Anderem: »jetzt, wo die Arbeiten für die Ausgrabungen dieser alten Stadt aufgehört haben, ist dies Local (das Amphitheater) so gut wie alle die übrigen verlassen und der Willkür ungebildeter Menschen anheimgegeben, und leicht könnte es vorkommen, daß, indem man von dem Holzwerk stiehlt (mit dem die Wölbungen gestützt waren', man Einstürze des Gebäudes selbst hervorriefe, abgesehn von der Gefahr, daß irgend ein Neugieriger bei einer solchen Gelegenheit zum Opfer werde.« — 1816, 28. December ist unter Anderem Folgendes verzeichnet: »die unbegrenzte Freiheit, mit der jede beliebige Zahl von Personen in diese königlichen Ausgrabungen eindringen kann, bringt sehr häufig das Ärgerniß mit sich, diese kostbaren Monumente mißhandelt zu finden. Vergangenen Montag kam Herr Architekt Bonucci hierher und sah mit Verdruß, daß an den Säulen des Vestibüls der Porticus des Theaters die Brunnenmaske (an einer dieser Säulen, heruntergerissen und auf die Erde geworfen, eine der mit Blei vergossenen Klammern, mit der sie befestigt gewesen, gestohlen war. Die Aufseher versicherten, es sei ein österreichischer Soldat der Schuldige, und dasselbe ist auch des folgenden Tages weiter bestätigt worden« u. s. w. Vielleicht noch pikanter ist das Folgende. Unter dem 25. Mai desselben Jahres heißt es in den Addenda (S. 277.): »am 24. des laufenden Monats gegen 5 Uhr italienischer Zeitrechnung begaben sich einige Officiere der österreichischen Truppen, welche hier auf dem Durchmarsche sind, nach Pompeji, und indem sie das kleinere' Theater besichtigten, nahmen sie einige bronzene Buchstaben der Inschrift mit, welche daselbst in den Fußboden eingelassen ist. Als aber der Sergeant der (in Pompeji als Wache befindlichen' Veteranen die Sache dem kurz darauf eingetroffenen General mittheilte, ließ derselbe jene kommen und zwang sie, ihren Raub an die Wächter abzugeben.« Der Schluß dieser Notiz ist schwerlich genau, wenigstens ist es gewiß, daß die entwendeten Buchstaben nicht wieder an Ort und Stelle gebracht wurden, was doch geschehn sein würde, wenn man derselben habhaft geworden wäre, sondern daß sie durch neue ersetzt wurden sind, die man als solche nebst dem Stücke des Fußbodens, in welchem sie befestigt sind, noch heutzutage erkennen kann. Dabei ist aber der Name des Duumvirn, welcher hier genannt wird, aus Unkunde verändert worden: der Ausgrabungsbericht (Hist. Ant. Pomp. Vol. I. 1. pag. 50.) und ebenso Mazois IV. p. 56. und Taf. 35. u. A. geben ihn richtig M·OCVLATIVS·M·F· u. s. w., jetzt aber lautet er M·OLCONIVS·M·F· und ist in dieser Form nicht selten (auch bei Mommsen 2212.) publicirt worden, während doch der in den Mauerinschriften Pompejis unzählbare Male und auch in Steinschriften mehrmals vorkommende Name mehrer Holconii ohne Ausnahme mit anlautendem H geschrieben ist. Die gestohlenen Buchstaben sind CVLAT; in die Lücke setzte man LCON, und so wurde aus O[culat]ius O[lcon]IVS. Von einer zweiten Verletzung derselben Inschrift durch österreichische Soldaten, welche ein R und ein O wegnahmen, wissen die Addenda zu 1809. 15. April zu berichten, s. Hist. Ant. Pomp. I. III. p. 231.

2) zu S. 25. Was im Text über die Beschaffenheit der Decke gesagt ist, unter welcher Pompeji begraben liegt, beruht auf mannigfaltigen eigenen Beobachtungen, welche besonders an den Orten der neuen und gegenwärtigen Ausgrabungen, welche gleichsam Querschnitte des Terrains darbieten, unschwer angestellt werden können, und mit deren Resultat dasjenige genau übereinstimmt, was Mich. Arditi, einer der besten früheren Directoren der Ausgrabungen über diesen Gegenst.nd schreibt. In den Addendis zu den Berichten vom Jahre 1809 d. 28. Februar (Hist. Ant. Pomp. I. III. p. 227.) heißt es: »Jedermann weiß, daß das antike Pompeji bedeckt wurde von einem Regen von Rapilli und über diesem von einer Schlamm-

lava (*lava barosa*), so genannt von den Naturforschern, weil sie aus Erde und
Wasser zusammengesetzt ist; weiter liegt darüber, nur wenige Palm stark, die
bebaubare Erde«, u. s. w. Andere wollen anders beobachtet haben, und ganz
besonders complicirt klingt die Beschreibung, welche Guilelmo Bechi im 1. Bande
des Mus. Borbon. 1814, Anhang S. 10. entwirft. Hier heißt es: »Die Stadt
Pompeji ist bedeckt von vulkanischer Asche und Rapilli, welche durch einander
gemischt sind. Diese Lagen von Asche und Rapilli liegen, da wo sie geblieben
sind, wie der Vesuv sie ausgeworfen hat, folgendermaßen. Auf der Oberfläche
des antiken Bodens findet sich eine etwa einen Palm hohe Lage von sehr schwarzer
und sehr feiner Asche, sodann eine Lage Rapilli von etwa 9—10 Palm Stärke,
darauf eine zweite Lage Asche etwa ¹⁄₁ Palm dick und über dieser eine zweite
Lage Rapilli, ebenfalls ¹⁄₁ Palm stark; ferner folgt eine dritte Lage Asche von
1¹⁄₂—2 Palm Mächtigkeit, über welcher wiederum eine dritte Rapillischicht von
¹⁄₂ Palm liegt, so wie über dieser die vierte und letzte Lage Asche von 4¹⁄₂—5
Palm Stärke sich findet, während endlich die bebaubare Erde 5—6 Palm stark
den Schluß macht. Alle diese Lagen vulkanischer Producte liegen wellig und den
Erhebungen und Senkungen des Bodens folgend, ohne daß zwischen denselben
auch nur die leiseste Spur von Vegetation sich zeigte, ein klarer Beweis, daß die
ganze Decke von jener ersten gräßlichen Verschüttung herrührt.« Dies letztere
ist vollkommen richtig; wo aber Herr Bechi und Andere die vielerlei Schichten
beobachtet haben, möchte nicht leicht anzugeben sein.

3) zu S. 26. Ein sehr merkwürdiger Fall ist in den Ausgrabungsberichten
von 1757 unter dem 30. August verzeichnet. »In dem Corridor eines Hauses
mit Fußboden von gestampfter Erde und nicht beworfenen Mauern fand man ein
menschliches Gerippe; allein die Knochen lagen nicht an ihrem richtigen Orte,
sondern durch den ganzen Raum zerstreut. Man fand ferner das Skelett eines
Hundes, und da jener Corridor von Verschüttungsmasse fast ganz leer, und die
menschlichen Knochen angenagt gefunden wurden, so ist daraus zu schließen,
daß der Hund an diesem Orte länger am Leben geblieben ist, als der Mensch,
und daß er sich einige Zeit von dessen Leichnam ernährt hat.«

4) zu S. 26. Dies geht aus den nüchternen Aufzeichnungen in den Tagebüchern der Ausgrabungen unwiderleglich hervor; die Funde der Skelette sind
immer mit Sorgfalt verzeichnet und zwar, weil sie gewöhnlich mit solchen von
Werthgegenständen, Münzen und Schmuck verbunden sind, also von Dingen,
welche viele Jahre hindurch den eigentlichen Gegenstand des Suchens und Nach-
grabens ausgemacht haben; auch die Situationen der Skelette, sofern sie irgend
charakteristisch waren, sind zum Theil mit großer Genauigkeit verzeichnet (vgl.
z. B. H. A. P. 1812, 1. Febr.), meistens aber alles Andere eher, als romantisch.
Die Geschichte mit der Schildwacht ist einfach Fabel, in der Grabnische links
neben dem Thor wurde überhaupt kein Skelett gefunden, eben so wenig in der
Halbkreisnische an der andern Seite der Gräberstraße und wiederum eben so wenig
in dem Triclinium funebre (vgl. Hist. Ant. Pomp. 1763, 13. August: s. g.
Schilderhaus; 1775, 14. und 28. Januar: Triclinium funebre: 1811, 14. December: Halbkreisnische). Einige in der That interessante Vorkommnisse kennen
dagegen die romantischen Erfindungen über Skelettfunde nicht, so z. B., was
H. A. P. 1757, 14. Juni angeführt ist, wo man acht Skelette unter Mauertrüm-
mern fand oder was 1818, 5. und 9. Mai berichtet wird, daß man nämlich am
Forum nahe beim Jupitertempel ein Skelett unter einer umgestürzten Marmorsäule
fand. Thatsachen, mit welchen mit zu den besten Beweisen für das mit der Verschüttung gleichzeitige Erdbeben gehören.

5) zu S. 26. Eine ähnliche Geschichte, die ich nicht zu bezweifeln vermag,
obwohl die Ausgrabungsberichte auch von ihr Nichts wissen, wird in dem
II. Bande des Mus. Borbon. angehängten Relazione degli scavi S. 3. berichtet.
Hier heißt es wörtlich: »in einem Laden (außen an den älteren Thermen) fanden
sich zwei Skelette, augenscheinlich einander umarmend, aus der Beschaffenheit von

deren Knochen sich auf die Verschiedenheit ihres Geschlechts schließen ließ, sowie aus der Frische ihrer vollständig erhaltenen Zähne auf die Frische ihrer Jugend.«

6) zu S. 27. So wird außer von neueren Schriftstellern erzählt in den Ausgrabungsberichten von 1765 d. 5. Juni, H. A. P. I. t. p. 172.

7) zu S. 27. Der ausführliche Fundbericht vom 12. December 1772 steht H. A. P. I. t. p. 265. 69. Beiläufig sei hier bemerkt, daß in den verschiedenen Räumen der s. g. Villa des Arrius Diomedes nach Ausweis der Fundberichte (1771, 9. März, 1773, 6. Februar. 13. Februar, 29. Mai, 1774, 30. Juli, 29. October. 5. November; außer den hier in Rede stehenden 18 noch weitere 15 menschliche Skelette nebst demjenigen einer Ziege und eines Hundes gefunden sind.

8) zu S. 28. Ganz ähnliche Funde wie die hier in Rede stehenden hat man gar nicht selten schon in früherer Zeit gemacht; Skelette über den Rapilli und in der Aschenlage und zum Theil in dieser abgeformte Leichen sind z. B. verzeichnet H. A. P. I. t. p. 272. von 1773, 13. Februar »man erkennt gut, daß die Personen, denen diese Skelette angehörten, nachdem sie den Fall der Rapilli überwunden hatten, in der Aschenüberschwemmung umgekommen sind«), I. ii. p. 33. 1766, 9. November (ebenso), p. 36. 1787, 3. Juni und 14. Juni (zwei und acht Skelette über den Rapilli), p. 59. 1795, 13. Mai (zwei Skelette ebenso), I. iii. p. 78. f. 1612, 1. Februar (drei Skelette, 12 Palm über dem Boden in der Asche; »alle drei Skelette hatten in der Asche die Abdrücke der Körper, welche sie bekleidet hatten, zurückgelassen, aber man hat kein ganzes Stück davon aufheben können, weil, als man es versuchte, Alles gleich zerfiel«) u. dgl. m.

9) zu S. 30. Vgl. Winckelmann, Sendschreiben §. 25., Fiorelli im Giornale degli scavi fasc. 2. p. 60. sq. Die oft angeführte Inschrift Mommsen No. 3612. sollte man schon deshalb aufhören mit Martorelli. Reg. theca calam. p. 37., Winckelmann u. A. auf die antiken Nachgrabungen in Herculaneum zu beziehn, weil sie gar nicht daher stammt und auf Herculaneum nicht entfernt Bezug nimmt. Richtig faßt die abdita loca, die hier erwähnt werden, unter Anderen O. Müller, Handb. d. Archaeol. §. 251. 5.

10) zu S. 30. Vgl. Mommsen, Inscript. R. N. p. 112. und Fiorelli, Giornale degli scavi di Pompei fasc. 2. p. 57. Hier wir deine Notiz mitgetheilt, welche im Jahre 638 von Pompeji redet, und zwar als von einer »Stadt Campaniens, die nun zerstört ist« (urbs Campaniae nunc deserta). Mit Recht bezieht Fiorelli diesen Ausdruck nicht auf Altpompeji, von dem nur einige der oberen Theile der höchsten Gebäude aus der Verschüttung hervorragt haben können, sondern auf den Flecken, vielleicht müssen wir sagen das Städtchen Neupompeji, von dessen Ruinen in der Gegend des alten, aber weiter gegen den Vesuv hin zahlreiche Spuren gefunden worden sind. Vgl. noch Bull. dell' Inst. v. 1565, p. 234. sq., wo Grabcippen aus dem 3. Jahrhundert unserer Zeitrechnung angeführt werden.

11) zu S. 31. Vgl. Fiorelli a. a. O. S. 58. und 59.

12) zu S. 31. Fiorelli a. a. O. S. 59.

13) zu S. 31. Fiorelli a. a. O. S. 60.

14) zu S. 32. Die Belege sind in den Tagebüchern der Ausgrabungen aktenmäßig vorhanden; außerdem ist aber hier ganz besonders auf einen in der Hist. Antiquitt. Pomp. I. Add. p. 177. ff. mitgetheilten Bericht vom Director der Ausgrabungen M. Arditi vom Juli 1807 zu verweisen, welcher, als es sich unter Joseph Bonaparte um die Wiederinangriffnahme der Ausgrabungen handelte, für diese einen wohldurchdachten, überaus lesenswerthen Plan entwarf, nach dem im Wesentlichen auch unter der folgenden Herrschaft Murats (1808—1815) gearbeitet wurde, und bei dieser Gelegenheit über die frühere Wirthschaft eben so klar wie bitter sich ausläßt.

15) zu S. 33. Merkwürdiger Weise äußert sich Winckelmann in s. Sendschreiben 32. ff. über die Methode der Ausgrabungen, namentlich das Wiederverschütten der gefundenen Gebäude nicht so ungünstig wie man erwarten sollte. sehr unzufrieden aber war mit der ganzen Wirthschaft Kaiser Joseph II., der 1769

den 7. April mit dem Könige (seit 1768 mit Josephs Schwester Caroline vermählt)
und der Königin die Ausgrabungen besuchte. Der interessante Bericht über diese
Anwesenheit Josephs in Pompeji steht Hist. Ant. Pomp. I. i. p. 225. sq. und
ist pikant genug, um wenigstens Einiges daraus auszuheben. Gleich in dem ersten
Bauwerke das er besuchte, der Gladiatorenkaserne, ärgerte sich der Kaiser darüber, daß man nicht alle Erde aus dem Innern fortgeschafft, sondern nur einen
Gang rund um den Hof ausgegraben hatte, darauf machte man ihm blauen Dunst
vor, indem man »für ein paar Tage die Zahl der Arbeiter vermehrt hatte«, um
vor dem Kaiser etliche Zimmer auszugraben. Da fand man denn reiche Beute,
der gegenüber Joseph den Zweifel aussprach, ob man nicht alle diese Dinge expreß
hingelegt habe, um sie vor ihm zu finden, worüber er dann freilich eines Bessern
belehrt wurde. Auf diese Weise aufmerksam gemacht, wie reiche Schätze Pompeji
berge und nachdem er noch das unfertig ausgegrabene Theater besucht hatte, fragte
er den Director La Vega, wie viele Arbeiter bei den Grabungen verwendet würden.
»Als er darauf gehört hatte, es seien ihrer 30, sagte er zum Könige, wie er erlauben könne. daß eine solche Arbeit so nachlässig betrieben werde.« Als man
ihm beruhigen wollte, indem man ihm sagte, nach und nach werde Alles ausgegraben werden, antwortete der Kaiser, »dies sei ein Werk, an welches man
3000 Menschen stellen sollte, und ihm scheine, daß weder in Europa noch
in Asien, noch in Afrika oder Amerika ein ähnliches Werk sei, welches dem
Königreich zu ganz besonderem Glanze gereiche . . . . . . Auch die Königin
zeigte sich mit diesen Dingen sehr unzufrieden und drängte den König vereint
mit dem Kaiser, größern Eifer hinter dieselben zu bringen.« »Den Isistempel
lobte der Kaiser sehr, »hörte aber nicht auf. den König mit den kräftigsten
Mitteln anzuspornen non cessava di stimolare con le maniere le piu forti il Rè,
er möge auf diese Dinge größern Werth legen.« Darauf führte man ihn zum
Thore der Stadt (dem von Herculaneum, und er war wiederum sehr unzufrieden,
daß nicht auch hier gearbeitet werde. Er fragte ferner, was es mit jenen Gebäuden auf sich habe, welche er nicht gesehn, und von denen man sage, sie seien
wieder verschüttet. Als man ihm dieses bestätigte, wandte er sich an den König
mit der Frage, wie er dergleichen erlauben könne. Die Art wie dieser arme Junge
(Ferdinand war damals 15 Jahre alt) und wie seine Beamten sich verlegen ent-
schuldigten, ist wahrhaft kläglich. — Josephs Feuereifer und seine Sticheleien
haben übrigens nicht viel geholfen, obgleich die Königin Caroline (denn daß sie
regierte, weiß Jeder) etwas mehr Eifer in die Sache zu bringen wußte. Elende
Knickereien und eine Menge halber Maßregeln haben aber gleichwohl noch lange
die Ausgrabungen in sehr langsamem Gang erhalten.

16) zu S. 35. In dem officiellen Ausgrabungsberichte im letzten (XV.) Bande
des Museo Borbonico wird S. 4. in der Note der damalige Obervorsteher Fürst
Sangiorgio Spinelli als derjenige genannt, dem die neue Methode horizontaler Nachgrabungen verdankt werde, allein darauf möchte ich nicht zu viel geben, da bekanntlich nicht nur im bourbonischen Neapel nützliche und schöne Erfindungen
unterer Beamten den Spitzen der Behörden gut geschrieben werden. Wahrscheinlich ist einer der höchst achtbaren noch heute thätigen Gelehrten von Neapel der
wahre Erfinder der neuen Methode; nach dem Bull. Arch. Nap. N. 8. 1. p. 140.
wäre es der Architekt Gaetano Genovese gewesen.

17) zu S. 36. Das ganze Areal der Stadt innerhalb der Ringmauern berechnet
Fiorelli auf 646,826 □M., den bis 1872 ausgegrabenen Theil auf 221,353 □M.,
so daß das Verhältniß des aufgegrabenen zu dem noch bedeckten Theile der Stadt
sich wie 1 zu 2,22 stellt.

18) zu S. 40. Das altröm. Joch (jugerum) hat 2528,3951 □M. Grundfläche:
die Zahl der Häuser ältester Art in dem bekannten Stücke ist 56, für die mehre
Jahrhunderte vor der samnitischen Periode liegende Gründung nimmt Fiorelli die
Hälfte, also 43 an, die Grundfläche des ausgegrabenen Theiles ist = 221,353 □M. :
2 jugera für jedes Haus gerechnet und die 2 jugera des noch jetzt erkennbarer

Weise dem griech. Tempel gehörenden Bodens (*forum triangulare*) hinzugezählt ergiebt für 43 Häuser 222,195.76** □M, also nur 1115 □M. mehr als das ausgegrabene Stück der Stadt Grundfläche enthält.

19) zu S. 53. Näheres nebst dem Plane des Thores im Bull. arch. Napol. N. S. I. p. 186. tav. 5. fig. 10. Über die oskische Wegebauinschrift das. p. 51. und in den Memorie della R. Accad. Ercolanese vol. VII. appendice, Huschke, Oskische Sprachdenkmäler S. 150. und Nissen, Das Templum S. 195.

20) zu S. 68. Noch fühlbarer wird die Größe dieser Höhenverschiedenheit, wenn man das Niveau der heutigen Landstraße südlich von Pompeji von ca. 10 M. über Meer als annähernd dasjenige des Fußes des pompejaner Hügels von der Höhe beider Orte abzieht. Das Forum liegt 23,60 M., das Forum triangulare 15 M. über der Straße, der Unterschied ist also mehr als ¹⁄₃ der Gesammthöhe des erstern, mehr als die Hälfte derjenigen des zweiten Punktes. Hiermit wolle man zusammenhalten. daß, um die Bezeichnung » Arx « für das Forum triangulare aufrecht zu erhalten, höhnisch gesagt worden ist, nach der im Texte vorgetragenen »Theorie« hätte die Arx in Rom nicht auf dem capitolinischen Hügel sein können. »weil der Palatin um 10 Fuß höher ist«. Nach Becker, Röm. Alterth. I. S. 385. u. 416. ist der capitolinische Hügel (Fußboden der Kirche v. Araceli) 151. der Palatin (Fußboden der Kirche S. Bonaventura) 160 Fuß über dem Meeresspiegel: die 9 (10, Fuß Unterschied sind also = ¹⁄₁₅ der erstern und = ¹⁄₁₆ der zweiten Höhe, d. h. nahezu verschwindend, was man doch von mehr als ¹⁄₃ resp. ¹⁄₂ der Gesammthöhe der beiden pompejaner Höhepunkte wohl nicht wird behaupten wollen.

21) zu S. 70. Nach Nissen, Das Templum S. 204. wäre »dieses v. g. *reinte*« bestimmt gewesen, »die Göttin vor Evocation zu bewahren und auf dem Wege aus der Stadt heraus zu fangen und festzuhalten«. Da eine ähnliche Einrichtung wohl kein zweites Mal zu finden ist, dürfte es schwer sein, über das Begründete oder Unbegründete dieser Ansicht abzusprechen.

22 zu S. 77 (wo die Notenzahl nach den Worten »Die Gründe der Abweichung von der im Allgemeinen gültigen West-Ostrichtung der Orientirung sind für die griechischen Tempel noch nicht erforscht« stehn sollte,. Vgl. Nissen, Das Templum S. 176., wo auf den vorhergehenden Seiten die bisher ausgesprochenen Annahmen aufgezählt und als unhaltbar erwiesen sind.

23, zu S. 76. Vgl. bei Nissen a. a. O. den ganzen VI. Abschnitt: Orientirung des Templum. Wenn derselbe S. 155. sagt: die Richtung der Tempelaxe entspreche dem Sonnenaufgang am Gründungstage des Tempels, d. h. dem Geburtstage des in demselben verehrten Gottes, S. 169. aber drei Classen von Tempeln unterscheidet, nämlich: 1) Tempel, deren Längsaxe in unmittelbarer Relation zum Sonnenaufgange steht, also Tempel, deren Axe zwischen 57—122° und 236—301° liegt, 2) Tempel, deren Längsaxe außerhalb der Auf- und Untergangszone der Sonne liegt, deren Queraxe aber in Sonnenaufgang und -untergang fällt, die also in 146.47—211.12° und 327.28—32.33° liegen und 3) Tempel, deren Längenaxe sowohl als Queraxe keinerlei Beziehung zur Sonne hat, die also zwischen 211.12° und 236.37°, 302° und 327.25°, 32° und 57.55° und 146.47° liegen«, so wird man, so lange diese dritte Classe von Tempeln nicht erklärt oder unter bisher noch nicht gefundene Gesichtspunkte der angenommenen Regel gebracht ist. nicht behaupten dürfen, daß das ganze scharfsinnig erdachte und fein ausgeführte System fertig sei.

24) zu S. 62. Die Ausgrabungsberichte Hist. Ant. Pomp. I. III. p. 190.) sprechen unter dem 21. Januar 1817 von der Auffindung einer sehr schönen Kolossalbüste des Zeus nebst anderen zu derselben gehörigen Fragmenten, allein sie geben als deren Material Alabaster an und unterscheiden diesen von anderen Fragmenten von Marmor, welche an demselben Tage und in den Wochen vorher ebendaselbst gefunden worden sind. Nun ist der schöne Zeuskopf, von dem die Abbildung im Mus. Borb. vol. V. tav. 9. kaum die flüchtigste Vorstellung giebt, welcher sich dagegen nach der auf Grund einer Photographie gemachten Abbildung

in meinem Atlas der griech. Kunstmythologie Taf. I. No. 3. und 4. wird beurteilen lassen, entschieden nicht von Alabaster, sondern von griechischem Marmor, also, wenn jene Angabe richtig ist, mit dem im Jupitertempel gefundenen nicht identisch. Dafür gilt sie indessen sowohl in Gerhards und Panofkas wie in Finatis Verzeichniß der neapeler Sammlung dort No. 101., hier No. 465.', während Fiorelli mündlich ihre pompejaner Herkunft bezweifelte.

25) zu S. 107. Vgl. Amicone, Registro etc. Hist. Ant. Pomp. vol. III. fasc. 1. p. 31. und 32.

26) zu S. 108. Die Ausgrabungstagebücher wissen von diesem Funde Nichts.

27) zu S. 117. Vgl. Hist. Ant. Pomp. vol. I. fasc. 3. p. 210.

28) zu S. 121. Vgl. Bull. dell' Inst. v. 1871 p. 254. und Giornale degli scavi di Pompei, N. S. II. p. 277. und 390. Anmerkung.

29) zu S. 124. Vgl. Hist. Ant. Pomp. vol. I. fasc. 3. p. 113. f., 136.

30) zu S. 126. Vgl. Hist. Ant. Pomp. a. a. O. S. 143, 145.

31) zu S. 129. Das Nähere in den Ausgrabungsberichten von 1788, Hist. Ant. Pomp. vol. I. fasc. 2. p. 41. f. und in den Addenda p. 168., aus welcher letztern Stelle ersichtlich ist, daß der Name des Gebäudes von Romanelli ausgegangen.

32) zu S. 140. In den Ausgrabungsberichten (Hist. Ant. Pomp. I. 1. p. 51.' findet sich 1792 unter dem 14. November nur dieses angemerkt: Vollständig aufgedeckt wurde der Raum im Theater, welcher sich unter dem Fußboden der Bühne befand, und hier sind verschiedene Fragmente der Schäfte entdeckt worden, welche den Vorhang unterstützten.

33) zu S. 146. In mehren deutschen und französischen Schriften wird dieser durch sehr viele eingekratzte Inschriften wichtige gewölbte Corridor als Gasse oder Gäßchen, vicolo, vicoletto del Teatro, ruelle du théâtre u. s. w. bezeichnet; es verdient aber hervorgehoben zu werden, daß derselbe sicher keine Gasse, sondern eben ein gewölbter Gang ist.

34) zu S. 150. Die im Texte berührte, einleuchtend richtige Erklärung der Inschriften auf den Theatersesseln ist gleichzeitig und unabhängig von einander von Wieseler in seinen »Theatergebäuden und Denkmälern des Bühnenwesens«, Göttingen 1851. und von Henzen in den Ann. dell' Inst. vol. XX. (1848) p. 278., XXII. (1850) p. 356. 'vgl. Wieseler a. a. O. S. 117.' gegeben worden. Nur in Betreff der Tessern mit der Inschrift »Hemikyklia XI·IA« gehn die Ansichten der beiden genannten Gelehrten aus einander, indem der Erstere unter den Halbkreisen die nicht in Cunei zerlegten untersten Sitzstufen 'die *infima cavea*', Henzen dagegen die eben so wenig im Sinne der *cunei* in Abtheilungen zerfällten Sitze der *summa cavea* versteht. Im Texte S. 151. ist der Grund angedeutet, warum nur die letztere Ansicht für richtig gelten kann.

35) zu S. 151. Über die Amphitheater und Gladiatorenkämpfe, sowie Alles was damit zusammenhangt, ist jetzt besonders auf das Buch von Ludw. Friedländer: »Darstellungen aus der Sittengeschichte Roms«, Leipzig 1864. Band II. S. 156. ff. zu verweisen.

36) zu S. 153. Siehe das Verzeichniß bei Friedländer a. a. O. S. 342—385.

37) zu S. 155. Über das Amphitheater von Capua vgl. besonders die neueren Untersuchungen im Mus. Borbon. vol. XV. mit den Tafeln 37—39. und 41. (von Rucca' und s. Friedländer a. a. O. S. 349.

38) zu S. 158. Friedländer a. a. O. S. 327. hält dies für das absichtlich winkelig gebogene Schwert, die sica des Thrax, welche unter den Waffen, aus denen die Tropaeen aus der Gladiatorencaserne (Bulletino arch. Napol. 1853 tav. 7. No. 13. und 14.) zusammengesetzt ist, allerdings unzweifelhaft vorkommt; ich muß diese Ansicht aber auch jetzt für bestimmt unrichtig halten.

39) zu S. 160. Über die Bauinschrift und die im Text erwähnte, namentlich von Friedländer a. a. O. geltend gemachte Schwierigkeit vgl. R. Schöne, Quaestionum Pompeianarum specimen p. 10.

40) zu S. 162. Eine neue Abbildung nach Zeichnungen von Morelli von 1822 und den im Museum befindlichen Resten s. im Mus. Borbon. vol. XV. tav. 29, u. 30.

41) zu S. 163. Wir kennen aus Pompeji bis jetzt im Ganzen sechs Gladiatorenfamilien; s. die Namen ihrer Inhaber oben S. 424 Note ***.

42) zu S. 166. Ebenso in der neuern Abbildung Mus. Borbon. vol. XV. tav. 30.

43) zu S. 165. Ein Kampf mit Bären wird in einer Anzeige einer Venatio ausdrücklich erwähnt, indem es dort heißt: *et Felix ad ursos pugnabit.* Bull. Napol. 1853, p. 125.

44) zu S. 168. Vgl. Mus. Borbon. a. a. O. tav. 27—30. p. 6. und die dort citirten Schriften.

45) zu S. 169. Von neueren Schriftstellern über Pompeji, soweit solche in Betracht kommen, ist meines Wissens nur E. Breton auch in der neuesten (3. Auflage seines Buches: Pompeia, Paris 1870, bei der Benennung *quartier des soldats* für die Gladiatorencaserne stehn geblieben und hat dieselbe zu rechtfertigen versucht; gewiß vergebens.

46) zu S. 171. Die neueste Berechnung der wahrscheinlichen Zahl von Zuschauern, welche im Amphitheater von Pompeji Platz fänden und welche auf über 20,000 veranschlagt worden war, ist von Fiorelli in seiner Relazione sugli scavi di Pompei dal 1861 al 1872 Appendice p. 14. angestellt. Das Resultat ist 12,807, und zwar so, daß wenn man für jeden sitzenden Zuschauer 0,55 M. Breite des Sitzplatzes rechnet, auf den 6753,29 laufenden Metern der Sitzreihen in den drei Caveen 12,327 Personen Platz fänden, zu denen auf den obersten kleinen *cathedrae* (s. oben S. 160.) möglicherweise noch 540 Personen hinzugekommen sein können. Die Fiorelli'sche Zahl ist wahrscheinlich eher noch etwas zu hoch als zu niedrig, da es scheint, daß bei ihrer Berechnung auf die zwei großen Mittellogen an den Längseiten der *infima cavea* (s. oben a. a. O.) keine Rücksicht genommen worden ist.

47) zu S. 172. Vgl. Hist. Ant. Pomp. vol. I. fasc. 1. p. 212.; über den Fund von 34 menschlichen Gerippen das. 218.: außer diesen kommen noch einige vereinzelte Gerippe in den Ausgrabungsberichten der Gladiatorencaserne vor, die Zahl von 63 aber kommt aus ihrer Summirung nicht heraus.

48) zu S. 173. Über den Fund dieses Eisens vgl. die Ausgrabungsberichte Hist. Ant. Pomp. a. a. O. S. 197.; von dem Umstande, den mehre neuere Schriftsteller angeben, man habe in diesem Eisen die Gerippe von drei Unglücklichen gefunden, welche zur Zeit der Verschüttung im Stock saßen, wissen die Fundberichte Nichts. Das ist auch eine von den Sensationsfabeln über Skelettfunde.

49) zu S. 173. Abgebildet im Bulletino arch. Napolit. N. S. vol. I. tav. 7.

50) zu S. 174. Fiorelli hat in seinem Giornale degli scavi di Pompei Anno 1862, Heft 14. p. 80. auf die Stelle in Ciceros Epist ad Atticum X. 16. tom. 3. p. 605. ed. Orelli, Zürich 1845 aufmerksam gemacht, in welcher die Centurionen dreier in Pompeji stationirter Cohorten erwähnt werden (*centuriones trium cohortium, quae Pompeis sunt.* Mag das nun die ganze Besatzung gewesen sein oder nicht, in jedem Falle ist es eine sehr ansehnliche Zahl Truppen, die doch wahrscheinlich kasernirt waren, so daß wir in ihrer noch zu suchenden Caserne wohl ein beträchtliches Gebäude kennen lernen werden.

51) zu S. 175. Vgl. besonders die neuesten Zusammenstellungen in Beckers Gallus, 3. Aufl. von Rein, Leipzig 1863. III. S. 68—114. Marquardt, Röm. Privatalterthümer I. S. 277 f.

52) zu S. 175. Vgl. das Nähere über diese von nicht Wenigen für antik genommene Zeichnung bei Marquardt a. a. O. S. 283 ff.

53) zu S. 176. Vgl. Schöne, Quaest. Pomp. specim. p. 5 sq.

54) zu S. 185. Vgl. Schöne a. a. O. p. 22. und s. die Abbildung einer solchen Thonplatte mit den Zapfen (*tegula mammata*) bei Breton, Pompeia 3. Aufl. p. 193.

55) zu S. 189. Vgl. Schöne a. a. O. p. 30 sq.

56) zu S. 190. Über die größeren, auch die stabianer genannten Thermen hat Minervini im Bulletino arch. Napol. N. S. Jahrg. II. (1855) p. 45., III. p. 55., IV. p. 77. 91. 95., V. p. 103, 113. VI. p. 125, 130, eine Reihe von Artikeln veröffentlicht, welche den Fortschritt der Ausgrabungen begleiteten. Außerdem findet sich in dem Prachtwerk der Gebrüder Niccolini, Le case ed i monumenti di Pompei, im 2. Heft eine Beschreibung der größeren Thermen, neben der außer den grade für dies Gebäude besonders unzulänglichen Ausgrabungsberichten (Hist. Ant. Pomp. vol. II. fasc. 3.) die sehr genaue und sorgfältige Beschreibung von Michaelis in der Archaeolog. Zeitung 1859 No. 124. in Betracht kommt, sowie neuestens Marquardt a. a. O. S. 301 ff. und Schöne a. a. O. p. 13 sqq.

57) zu S. 198. Vgl. meine Griech. Kunstmythologie, Bd. II. (Zeus) S. 177.

58) zu S. 205. Vgl. Schöne a. a. O. p. 11.

59) zu S. 206. Vgl. außer in der Archaeolog. Zeitung a. a. O. noch die weiter eingehende Rechtfertigung das. 1860, Anzeiger S. 115* f., wo auch auf die Latrine am Forum eingegangen ist.

60) zu S. 212. In Betreff der reichen Litteratur über die bauliche Anlage und Einrichtung des antiken, namentlich des römischen Wohnhauses wird es genügen auf Beckers Gallus, 3. Ausg. von Rein Bd. II. S. 171. ff., Marquardt a. a. O. S. 220 ff. und das daselbst Angeführte zu verweisen. Auf eine eingehende Erörterung der von diesen Gelehrten vorgetragenen, von den meinigen vielfach abweichenden Ansichten habe ich dieses Ortes verzichten müssen.

61) zu S. 219. Über Alles, was die Hauseingänge in Pompeji betrifft, ist besonders zu vergleichen Ivanoff in den Ann. d. Inst. 31. p. 52. sqq. mit Mon. VI. tav. 25.

62) zu S. 220. Ein Beispiel führt Minervini Bull. Napol. I. p. 29. a. E. an, wo er zugleich von dem Vorkommen einiger anderen ohne nähere Angabe spricht.

63) zu S. 220. Hiervon finden sich zwei Beispiele bei Mazois, Ruines de Pompéi vol. II. pl. 11. No. 3. und 5.

64) zu S. 221. Es wird dies wohl aus den Erörterungen über die antiken Schlösser und Schlüssel bei Marquardt a. a. O. S. 235 ff. hervorgehn, welche im Allgemeinen allerdings ohne Zweifel das Richtige treffen, obgleich die Modelle in einigen Einzelheiten von M.'s Darstellung abweichen.

65) zu S. 244. Hist. Ant. Pomp. vol. I. fasc. 1. p. 249. und 251., fasc. 2. p. 156.

66) zu S. 249. Hist. Ant. Pomp. vol. II. fasc. 1. p. 116.

67) zu S. 253. Minervini im Bullettino Italiano vol. I. p. 18. sqq. Fiorelli im Giornale degli scavi fasc. 1. p. 13. sqq. Die im Text erwähnten Malereien sind zum Theil in den diesen Beschreibungen beigegebenen Tafeln abgebildet.

68) zu S. 269. Dies Bild ist allerdings neuerlich von Osedechens, Unedirte ant. Bildwerke, Heft 1. unter der Überschrift: Europa und Theophane ganz anders erklärt worden; die Gründe aber, aus welchen ich mich dieser Erklärung nicht anschließen zu dürfen glaube, habe ich in meiner Griech. Kunstmythol. III. Bd. Heft. 2. (Poseidon Cap. XI. Theophane entwickelt.

69) zu S. 276. Siehe Wieseler, Ann. d. Inst. 1857. p. 164. und 165. ff.; Berichte der k. sächs. G. der Wissenschaften 1864. S. 161.

70) zu S. 277. Von diesem Hause giebt es eine ganz besonders eingängliche und gelehrte Beschreibung von Minervini in dem Prachtwerke der Gebr. Niccolini: Le case ed i monumenti di Pompei, vgl. außerdem Mus. Borbon. vol. XIV. tav. A. B.

71) zu S. 299. Vgl. Mus. Borb. vol. V. relazione degli scavi p. 7. Hist. Ant. Pomp. II. II. p. 214.

72) zu S. 300. Über den Grund der verschiedenen Erhaltung dieser Bilder vgl. Donner in der Einleitung zu Helbigs Wandgemälden S. LXXXVI f.

73, irrig 74) zu S. 313. Amicone giebt in der Hist. Ant. Pomp. III. r.

p. 114. eine andere Fundstelle dieser Goldsachen, ebenso die Relaz. d. scavi im Mus. Borb. vol. VIII. S. 14.

74, irrig 75' zu S. 314. Vgl. Hist. Ant. Pomp. II. 11. p. 251.

75) zu S. 325. Siehe Hist. Ant. Pomp. vol. I. tab. 1. 'Villa der Iulia Felix) und tab. 2. (s. g. Villa Ciceronis).

76) zu S. 334. Vgl. Ivanoff in den Annali dell' Inst. XXXI. p. 102. f., Fiorelli im Giorn. degli scavi fasc. 1. p. 9. tav. 2.

77) zu S. 334. Abgebildet in Beckers »Gallus« 3. Aufl. III. S. 28.

78) zu S. 335. Ueber die Venus Pompeiana sind die epigraphischen Zeugnisse zusammengestellt von Mommsen im N. Rhein. Mus. V. S. 457. ff.; es handeln von dem Cultus dieser Göttin und ihrem Beinamen »Fisica« Garucci im Bull. Napol. N. S. II. p. 17. und Minervini das. III. p. 58., sowie Preller in seiner römischen Mythologie S. 394. Dieser erklärt den Beinamen »fisica« als gleichgeltend dem griechischen φυσική und als identisch mit einem auch sonst bezeugten Beinamen der Göttin »felix« in der Bedeutung einer Göttin weiblicher Fruchtbarkeit. Wenn dies auch von allen bisher aufgestellten Erklärungen die wahrscheinlichste ist, so scheint auch sie mir alle Zweifel noch nicht zu heben.

79) zu S. 335. Vgl. Näheres b. Helbig. Wandgemälde S. 490. No. 1601. und in den das. angeführten Schriften.

80) zu S. 335. Vgl. Fiorelli im Giorn. d. scavi fasc. 13. p. 24., 14. p. 25. f.

81) zu S. 336. Vgl. Fiorelli im Giorn. d. scavi fasc. 15. p. 86.

82) zu S. 336. Vgl. Hist. Ant. Pomp. I. 111. p. 20.

83) zu S. 335. Vgl. Näheres bei Donner. Einleitung zu Helbigs Wandgemälden S. cv. ff., besonders S. cvii.

84) zu S. 335. Vgl. Fiorelli im Giorn. d. scavi fasc. 3. e 4. p. 105.

85) zu S. 338. Vgl. Hist. Ant. Pomp. I. 11. p. 79. sqq., 29. Marzo — 18. Giugno und p. 84, 16. Settembre. In einem jetzt glücklicherweise wie sein Verfasser vergessenen, nichtsnutzigen Büchlein von Stanislao d'Aloë (unter dem Bourbonenregiment Secretär der Direction des Museum und der Ausgrabungen mit dem Titel: »Die Ruinen von Pompeji, aus dem Französischen«. Berlin 1854, ist S. 6. angegeben, man habe in dieser Bildhauerwerkstätte mehre Marmorstatuen in den verschiedensten Graden der Vollendung gefunden. Bei dem großen Interesse, welches eine Einsicht in die Technik der Alten bei der Marmorsculptur hat, habe ich mir im Jahre 1859 in Neapel und Pompeji alle erdunkliche Mühe gegeben, diese Stücke zu sehn, bin ihretwegen von Pontius zu Pilatus geschickt worden, um schließlich von einem Unterbeamten, der Mitleid mit mir empfand, zu erfahren, was mir später durch Fiorelli bestätigt worden ist, daß die ganze Angabe auf barer Erfindung des genannten Ehrenmannes beruhe.

86) zu S. 339. Vgl. Bull. Napol. N. S. II. p. 25.

87) zu S. 340. Vgl. Fiorelli, Relazione degli scavi dal 1861 al 1872 p. 12. 17. 20. 39.

88) zu S. 343. Abgebildet bei Pistolesi Il Vaticano descritto IV. tav. 46. und in den Berichten der königl. sächs. Gesellschaft d. Wissensch. 1861. Taf. 12. 2.

89 zu S. 343. Darauf bezieht sich die naiv gemüthliche, neben der Abbildung eines die Mühle drehenden Esels eingekratzte Inschrift in einem von den neueren Ausgrabungen bloßgelegten Gemach am Palatin in Rom: labora aselle quomodo ego laborari et proderit tibi (arbeite Eselchen, wie ich arbeitete, und es wird dir nützlich sein), wie der von der Mühlenarbeit befreite Sclave seinem Esel zuruft. Vgl. Garucci, Graffiti de Pompéi pl. 25. und 30. Über Alles was das Müller- und Bäckerhandwerk angeht, siehe besonders Jahn in den Berichten der k. sächs. Ges. der Wiss. a. a. O. S. 340. ff.

90) zu S. 344. Eine ausnahmsweise eingehende und verständige Beschreibung der Fullonica steht in der Hist. Ant. Pomp. II. 1. p. 143. sqq. Über Kunstdarstellungen der Handwerke, welche sich auf die Bekleidung beziehn, vgl. Jahn a. a O. S. 371.

91) zu S. 348. Vgl. Hist. Anf. Pomp. II. 1. p. 150.

92) zu S. 349. Siehe Fiorelli im Giorn. d. scavi fasc. 14. p. 59. und fasc. 15. p. 83.

93) zu S. 350. Vgl. Beckers »Gallus« 3. Aufl. III. S. 368. ff. Marquardt, Röm. Privatalterthümer I. S. 374. ff.

94) zu S. 351. Vgl. d. Inschriften bei Mommsen Inscr. R. Neap. No. 2362. bis 2376.

95) zu S. 351. Vgl. Mommsen a. a. O. No. 2377.

96) zu S. 351. Unbegreiflicherweise redet Minervini a. a. O. p. 69. von der Nachbarlichkeit des Isistempels und dieses Begräbnißplatzes von Alexandrinern, denen er die Einführung des Isisdienstes in Pompeji übrigens wohl mit Recht zuschreibt. Der Begräbnißplatz ist vor dem nolaner Thor (vgl. den kleinen Plan vor S. 39.), welches nach einem S. 53. berührten Umstande auch den Namen -Isisthor« (Porta Isidis) führt; vgl. Mommsen a. a. O. p. 357. No. 76—83. Daß von diesem Thore der Isistempel ungefähr so weit entfernt ist, wie in Pompeji überhaupt Eins vom Andern entfernt sein kann, muß Jeden ein Blick auf den genannten Stadtplan lehren.

97) zu S. 355. Über die Bedeutung dieses Titels, welcher ohne Weitläufigkeit hier weder übersetzt werden konnte noch erklärt werden kann, vergl. Becker-Marquardt, Römische Alterthümer III. S. 356. ff.   Als Rechtsduumvirn des Jahres 26 n. Chr. kennen wir den M. Alleius Luccius Libella aus der Inschrift Mommsen No. 2267.

98) zu S. 365. Den im Text angeführten Namen trägt dies Grabmal nicht allein noch in Bretons Pompeia p. 87., sondern auch in den verschiedenen Plänen Fiorellis. Den ersten Einspruch gegen denselben erhob Millin in seinem Tombeaux de Pompéi 1813 p. 51., den bestimmtesten Mommsen, welcher in den Inscr. R. Neap. zu No. 2341. behauptet, diese fragmentirte Inschrift, welche auch unsere Fig. 215. an Ort und Stelle zeigt, gehöre zu dem s. g. Grabe des Scaurus, die Inschrift des Scaurusgrabes dagegen, No. 2339., sei viel näher am Thore, nahe bei dem s. g. Grabe der Mamia gefunden, Beides mit Berufung auf von ihm ausgezogene Stellen der damals noch ungedruckten Tagebücher der Ausgrabungen vom 22. August und 15. September 1812. Allein in den jetzt gedruckt vorliegenden Tagebüchern, Hist. Ant. Pomp. I. III. p. 92—94. lauten die Worte anders, als bei Mommsen. Mommsen zieht zu 2339. aus: trovata la iscrizione di Scauro levandosi la terra aranti i sepolcri detti di Mamia e di Scauro; allein in den gedruckten Tagebüchern ist das Grab der Mamia nicht erwähnt, wohl aber wird die Scaurusinschrift sehr unzweifelhaft auf das Grab mit den Gladiatorenreliefen bezogen: si comprende dalle misure, che questa restava collocata nel aspetto principale del piedistallo posto sul sepolcro rivestito con istucchi figurati, che descrissi col mio rapporto de' 22 del passato Agosto. Das aber ist das Grab mit den genannten Reliefen. Weiter heißt es daselbst: nel levarsi la terra aranti ai monumenti sepolcrali scoperti ultimamente per rinvenire il marciapiede che accenai nel mio rapporto di sabato . . . . . si è trovata una lastra di marmo u. s. w., folgt die Scaurusinschrift. Diese monumenti sepolcrali scoperti ultimamente aber sind das Grab mit den Gladiatorenreliefen und sein Nachbar, und das Trottoir vor denselben ist unter dem 5. September p. 93. erwähnt. Dazu kommt, daß das Grabmal der Mamia und alle benachbarten 1763 und 1764 ausgegraben worden sind (s. Hist. Ant. Pomp. I. 1. p. 152 sqq.), so daß sich nicht recht begreift, wie man an dieser Stelle 1812 hätte eine Inschrift finden sollen. Allein dem gegenüber darf nicht vergessen werden, daß in der Hist. Ant. Pomp. an dem oben genannten Orte p. 92. unter dem 22. August 1812 unzweideutig berichtet ist, daß man die Inschrift Mommsen 2341. an dem Würfelaufsatz des Grabes mit den Gladiatorenreliefen fand, daß hier folglich die Scaurusinschrift nicht gewesen sein kann. Diese Widersprüche vermag ich nicht zu heben, und auch das Plaidoyer im Museo Borbonico vol. XV. zu tav. 27—30. p. 6. gegen Millin und für die Zugehörigkeit

der Scaurusinschrift zu dem Grabe mit den Gladiatorenreliefen löst diese Widersprüche nicht, die ich hier erwähnen mußte, um zu zeigen, daß ich nicht leicht-
sinnig von einer durch Mommsen festgestellten topographischen Bestimmung ab-
gegangen bin, ohne doch gleichwohl zu der gäng und geben Nomenclatur des
Grabes mit den Gladiatorenreliefen zurückzukehren.

99) zu S. 366. Vgl. Mommsen im N. Rhein. Mus. V. S. 462.

100) zu S. 366. Vgl. Hist. Ant. Pomp. I. t. p. 236, (*si son trovati degli
scheletri ricoperti con tegole*), p. 241. und I. t. Addenda p. 117. Allerdings
ist an diesen beiden letzteren Stellen nicht von Skeletten, sondern von verbrannten
Knochen (*osse bruciate*) die Rede, allein man fand dieselbe in Gräbern in der Erde,
deren eines einen hölzernen, mit Ziegelplatten gedeckten Sarg (*un arca, che si
conserva ancor formato da una cassa di legno rivestita di fabbrica e coverta con tegole*)
enthalten hatte. Neben den Knochen wurden s. g. Thränenfläschchen und andere
den Todten in das Grab mitgegebene Gegenstände gefunden.

101) irrthümlich übersprungen.

102 zu S. 371. Vgl. Hist. Ant. Pomp. I. it. Addenda p. 112. sqq.

103) zu S. 376. Vgl. Giorn. degli scavi fasc. 13. p. 6. f. und die Abbildung auf tav. 3.

104 zu S. 409. Abgeb. b. Niccolini, Le case e le pitture di Pompei, Ca-
serma dei gladiatori III. 19—21. u. danach b. Heydemann, Iliupersis auf einer
Trinkschale des Brygos, Berl. 1866 Taf. 3.

105) zu S. 409. Über den Galerus und die den Gladiatoren eigenthümlichen
Waffenstücke überhaupt vgl. außer Garrucci im Bull. Napol. N. S. I. p. 113. sqq.,
tav. 7. II. p. 134., was Friedländer in seinen Bildern aus der Sittengeschichte
Roms II. S. 196. gesammelt hat.

106) zu S. 411. Über die pompejaner Sonnenuhren überhaupt und die hier
mitgetheilte insbesondere vgl. Minervini im Bull. Napol. N. S. III. p. 35. sq. 105. sq.

107) zu S. 114. Die Dipinti sind jetzt bis zu den Funden des Jahres 1869
vollständig im IV. Bande des Corpus Inscriptionum Latinarum unter der Überschrift
Tituli picti p. 1—75.) von Zangemeister gesammelt, der auch in seiner Praefatio
über die früheren zerstreuten Publicationen derselben und deren sehr verschiedenen
Werth genau Rechenschaft ablegt.

108) zu S. 411. Die Graffiti, »Graphio Inscripta« füllen den bei weitem
größten Theil des Corpus Inscriptionum Latinarum vol. IV. (p. 76—167.). Auch
von ihren früheren Publicationen ist in der Praefatio p. VIII. §. 20. sqq. Alles
gesagt, was hier zu sagen wäre.

109) zu S. 116. S. Clem. Alexand. Strom. VII. p. 302. und vgl. O. Jahn,
Archaeolog. Beiträge S. 149. Note.

110) zu S. 439. Jacob Burckhardt, Der Cicerone S. 54.

111) zu S. 448. Vgl. M. Ruggiero, Studi sopra gli edifizi e le arte mec-
caniche dei Pompeiani, Napoli 1872 p. 7.

112 zu S. 451. Auch Ivanoff hat von dieser Thür eine Zeichnung gemacht,
s. Ann. dell' Inst. XXXI. tav. d'agg. E. No. E., doch glaube ich, daß die meinige
den Charakter der Zierlichkeit und Schärfe der Formen besser vergegenwärtigt.

113) zu S. 451. Vgl. Ruggiero in dem in Anm. 111. genannten Schriftchen
p. 13. sqq.

114 zu S. 455. Vgl. G. de Petra im Giornale degli scavi di Pompei N. S.
II. p. 236. und die daselbst mitgetheilte Bauinschrift.

115) zu S. 460. Vgl. Giornale degli scavi di Pompei N. S. II. p. 392.

116 zu S. 463. Im Giornale degli scavi di Pompei N. S. II. p. 386. und
p. 438. sqq. in seinen Osservazioni intorno alle decorazioni murali di Pompei, bei
denen nur die zur Verständigung dessen, welcher diese schönen Untersuchungen
nicht an Ort und Stelle verfolgen kann, höchst wünschenswerthen Illustrationen
schwer entbehrt werden.

117 zu S. 473. Siehe Gerhard und Panofka, Neapels antike Bildwerke
No. 261. und 267.

118) zu S. 473. Vgl. O. Müllers Handb. d. Archaeol. §. 84. Anm. 1.

119) zu S. 474. Wie sich diese Statue zu der bei Bernoulli, Aphrodite
S. 295. No. 1. verzeichneten verhalte, kann ich nicht nachweisen; ich glaube,
daß B. in der Note 1. Verschiedenes mit einander vermengt hat. Die von
ihm angeführte Figur soll ein rothes, nicht ein blaues Gewand haben, während
auch Stark, Berichte der k. sächs. Ges. d. Wissensch. von 1860 S. 71, von
einem blauen Gewande derselben Figur redet, nicht minder Clarac im Texte des
Mus. de sculpt. zu No. 1323.

120) zu S. 474. Vgl. Hist. Ant. Pomp. II. p. 568 sq.

121 zu S. 476. Vgl. bei Finati: Il regal Museo Borbonico I. p. 241.
No. 6., p. 242. No. 9., p. 243. No. 12. 13., p. 244. No. 17. 18., p. 245.
No. 21., p. 247. No. 27. 30., p. 249. No. 38., p. 250. No. 39. 41., p. 251.
No. 47., p. 253. No. 58. 61., p. 254. No. 64., p. 256. No. 68., p. 259.
No. 81. bis, p. 260. No. 82. 83., p. 261. No. 89. 90. 91., p. 262. No. 95. 96.,
welche aus Pompeji stammen sollen, wenn alle diese Angaben Glauben verdienen,
was für nicht wenige, namentlich für Sarkophagreliefs, sehr begründeten Zweifeln
unterliegen dürfte.

122) zu S. 477. Vgl. K. Bötticher, Der Baumcultus der Hellenen S. 80. ff.
und Fig. 8.

123) zu S. 478. Im Museum von Neapel, s. Gerhard und Panofka a. a. O.
No. 386., Finati a. a. O. No. 455.

124) zu S. 479. Gerhard und Panofka a. a. O. No. 427., Finati a. a. O.
No. 342.

125) zu S. 479. Finati a. a. O. No. 72.

126) zu S. 479. Gerhard und Panofka a. a. O. No. 432., Finati a. a. O. No. 98.

127) zu S. 479. Gerhard und Panofka a. a. O. No. 411., Finati a. a. O. No. 86.

128) zu S. 480. Vgl. Finati a. a. O. No. 357., besonders aber Mus. Borbon.
II. zu tav. 8., wo in möglichst ausdrücklicher Weise die pompejaner Herkunft bestritten und eine zufällige Grabung zwischen Torre del Greco und Torre dell' Annunziata als diejenige genannt wird, welche zum Funde dieser Statue geführt habe.

129) zu S. 480. Siehe Hist. Ant. Pomp. I. 1. p. 111., 19 Luglio 1760,
wo die Statue so genau beschrieben ist, daß über ihre Identität mit der in Rede
stehenden nicht der geringste Zweifel übrig bleiben kann; vgl. Winckelmann,
Geschichte der Kunst III. 2. §. 11., der freilich daselbst I. 2. §. 11. angiebt,
die Statue sei in Herculaneum ausgegraben worden.

130) zu S. 480. Vgl. Hist. Ant. Pomp. II. p. 583., Bull. arch. Napol.
N. S. II. p. 65. sq., Mus. Borbon. XV. tav. 33.

131) zu S. 451. Finati a. a. O. No. 66.

132) zu S. 481. Finati a. a. O. No. 331.

133) zu S. 482. Finati a. a. O. No. 68.

134) zu S. 483. Finati a. a. O. No. 353.

135) zu S. 484. Der Stier bei Finati a. a. O. No. 71., abgeb. Mus. Borbon.
XIV. tav. 53., der Löwe bei Finati No. 172.

136) zu S. 487. Finati a. a. O. No. 350. bis.

137) zu S. 487. Finati a. a. O. No. 9.

138) zu S. 487. Hist. Ant. Pomp. I. III. p. 211. sq.

139) zu S. 489. Bullettino arch. Ital. anno II. p. 9. sqq.

140) zu S. 489. Giornale degli scavi fasc. 11. p. 60. sqq.

141) zu S. 489. Von O. Benndorf im Bullettino dell' Inst. 1866. p. 9.

142) zu S. 492. Bei Finati a. a. O. No. 57. oder 59.

143) zu S. 492. Bei Finati a. a. O. No. 51.

144) zu S. 492. Bei Finati a. a. O. No. 446.

145) zu S. 497. Von Kekulé, Die Gruppe des Künstlers Menelaos in Villa

Ludovisi, Lpz. 1570, besonders S. 25. ff.; vgl. m. Gesch. d. griech. Plastik II. S. 343. f.

146) zu S. 501. Vergl. Helbig, Untersuchungen über die campanische Wandmalerei, Lpz. 1873, besonders S. 122. ff.

147) zu S. 502. Burckhardt, Der Cicerone S. 54.

148) zu S. 503. Eine Malerin, welche eine Bakchosherme copirt (Hlb. No. 1443.), ist abgebildet Mus. Borb. VII. 3. und sonst, und ein scherzhaftes Bild, welches einen Portraitmaler in seinem Atelier und an der Staffelei in Pygmaeengestalt darstellt (Hlb. No. 1537.) bei Zahn I. 56., Mazois II. p. 68. und sonst.

149) zu S. 510. Zwei Proben derselben sind abgeb. in der Archaeol. Zeitung von 1552 Taf. 45. und 46.

150) zu S. 510. Brunn, Die philostratischen Gemälde, im 4. Suppl.-Bd. der N. Jahrbücher für Philologie 1861 S. 293. Vgl. außerdem Helbig, Untersuchungen über die campan. Wandmalerei, besonders S. 217. ff.

151) zu S. 511. In dem mit No. 51. bezeichneten Laden an der *Strada Stabiana*, wo nicht nur ich und ein mich begleitender, damals in Florenz lebender Freund unter anderen Früchten auch diese erkannte, sondern dieselbe auch Minervini, Bull. Napol. N. S. I. p. 59. anerkennt (*uma melogranata presso ad un' arancia*). Ich habe dergleichen noch ein oder zwei Mal wiedergefunden, aber die Fundorte nicht notirt.

152) zu S. 513. Vgl. Helbig, Untersuchungen über die campan. Wandmalerei S. 92. und Wandgemälde S. 395. No. 1534.

153) zu S. 522. Publicirt von Gaedechens im Giornale degli scavi di Pompei N. S. II. tav. 9. mit p. 238 sq.

154) zu S. 524. Vgl. Helbig, Untersuchungen über die campan. Wandmalerei S. 4 f.

155) zu S. 525. Vgl. Helbig, Untersuchungen über die campan. Wandmalerei S. 140 f.

156) zu S. 545. Unerwähnt bleiben soll hier jedoch nicht, daß nach Ausweis der Ausgrabungstagebücher, Hist. Ant. Pomp. II. p. 38. man geglaubt hat, im Jahre 1521 in Pompeji einen halben Prägestock gefunden zu haben, der einen Frauenkopf zeigte, ähnlich denen der Münzen von Neapel, Metapont und anderen Städten; was daraus geworden ist und ob man die zweite Hälfte gefunden hat, weiß ich nicht, muß aber das Letztere bezweifeln.

Register.

(Bearbeitet von stud. phil. K. Kant.)

*

(In dies Register werden nur diejenigen wichtigeren Einzelheiten aufgenommen, welche im Inhaltsverzeichniß nicht leicht zu finden sind.)

A.

Abklarung des Weines, Sieh zur 397. 403.

Abtritte, öffentliche, am Forum civile 67. im Gebäude der Eumachia 115. in den kleineren Thermen 177. in den größeren Thermen 206.

Abzugscanal, im Hause des Holconius 258.

Abzugsöffnungen, im Trottoir, für Regenwasser 57.

Achilles, auf Skyros, Wandgem. in der Casa di Modesto 239. in der Casa della caccia 242. im Hause des Holconius 259. in der Casa del centauro 294. im Hause des Siricus 287. in der Casa del questore 299. vgl. 523. 527. Waffnung, Wandgem. in der Casa del questore 302. zur Laute singend, Wandgem. im s.g. Venustempel 99. in der Casa del questore 299. und Briseïs, Wandgem. in der Casa omerica del poeta tragico 251. 523. und Cheiron, Wandgem. in der Casa della toletta dell' Ermafrodito 242. in der Casa di Lucrezio 278. 523. 535. als Kind (?) Wandgem. in der Casa del questore 299. 523. Gesandtschaft der Griechen an Achill, Wandgem. im s. g. Venustempel 99. 523.

Admetos und Alkestis, Wandgem. in der Casa omerica 251 s. Apollon.

Adonis, Wandgem. in der Casa di Modesto 240. in der Casa della toletta dell' Ermafrodito 241. im Hause del Holconius (?) 259. in der Casa di Meleagro 274. in der Casa del questore 300. im Hause des Popidius 319. 321. in der Fullonica 388. vgl. 520.

aedituus 103.

aegyptische Gottheiten, Wandgem. im Isistempel 102.

Aeneas, Inschrift 91. verwundet, Wandgem. im Hause des Siricus 285. und Venus, Wandgem. in der Casa del centauro 294. vgl. 524.

aerarium ? 119.

Aesculap, Statue des ? 90.

Afrika, allegor. Wandgem. im Hause des Lucretius (? 278 s. Weltheile.

agger 12.

Aichungsblock am Forum civile 66.

Akratos, auf einem Panther reitend, Mosaik in der Casa del Fauno 313.

Akrolith, ein, in Pompeji 473.

Aktaeon, bestraft, Wandgem. in der Casa di Sallustio 269. und Artemis, Wandgem. in der Casa della caccia 243.

alae 216. 229.

album, am Herculanerthor 52. am Gebäude der Eumachia 118. in den kleineren Thermen 178.

aleatorium 234.

Alexanderschlacht, großes Mosaik in der Casa del Fauno 314. 541.

Alexandriner in Pompeji 351. 566.

Alkoven 230.

Allegorien 531. in Genrebildern 520.

Alphabete, von Schulkindern angeschrieben 415.

alveus, im Caldarium der kleineren Thermen 187. der größeren Thermen 203.

Amazonenkampf, Wandgem in der Casa omerica 251. im Hause des Siricus 287.

ambitus des röm. Hauses 216.

ambulatio, am Forum triangulare ? 69. in den kleineren Thermen 178.

Amor, s. Eros.

Amoretten, s. Eroten.

Amphiprostylos 75.

Amphitheater, Verbot der Spiele in demselben unter Nero 18. Wandgem. in einem Privathause 19.

Amphoren 402. 554.

Amulette 551.

angelndes Mädchen und Eros, Wandgemälde in der Casa della caccia 242. in der Casa omerica 252 in der Casa di Meleagro 272. im Hause des Lucretius 279. vgl. 515.

antae 74. 220.

antepagmenta 220.

Aphrodite (Venus), Weihebild 95. 474. 478. Kopf 95. aus dem Bade gestiegen, Marmorstatue 487. Wandgem. in der Casa della caccia 242. im Hause des Lucretius ? 282. mit Taube, Wandgem. in der Casa omerica 251. und Eros, Wandgem. in der Casa omerica 252. in der Casa di Meleagro 274. im Hause des Lucretius 279. und Eroten, Wandgem. im Hause des Lucretius 279. s. Adonis, Aeneas, Ares.

apognaea 235.

Apollon, lebensgroße Bronzestatue des, aus dem Hause des Popidius 317. 474.

490. 496. 497. kleine Bronzestatue des,
aus der Casa di Apolline 481. kolossaler
Kopf des, an der Orchestra des größern
Theaters 135. Marmorstatue des, 451.
Wandgem. im Hause des Siricus 285.
schießender, Bronsefigur, 487. 497.
bei Admet (?), Wandgem. in der Casa
della caccia 243. Leier spielend,
Wandgem. im Hause des Epidius Rufus
262. des Popidius 318, in der Casa del
questore 298. und Daphne, Wandgem.
in der Casa omerica 251. im Hause des
Holconius 255. in der Casa di Meleagro 274.
in der Casa di Lucrezio 282. in der Casa
del questore 300. vgl. 520. auf dem
Greif, Stuccorelief im Tepidarium der
kleineren Thermen 183. und Poseidon,
Ilions Mauern bauend 283. 523. mit einem unbestimmbaren Geliebten,
Wandgem. in der Casa della caccia 243.
in der Casa di Meleagro 276. in der Casa
del questore 301.
apodyterium der kleineren Thermen 179.
der größeren Thermen 197. 201. 204.
apotheca des röm. Hauses 262.
Apotheken 337.
Arabesken, in der Ornamentik 468.
archaistische Bildwerke in Pompeji 496.
Architekturmalerei 507.
area des römischen Hauses 219.
Ares (Mars), Stuccorelief im Isistempel 105.
gemalte Statue im Hause des Siricus 285.
Wandgem. in der Casa del questore 298.
und Aphrodite, Stuccorelief im Isistempel 104. Wandgem. im Hause des
Lucretius 269. 272. des Siricus 287. des
Popidius 317. vgl. 520.
Argonautensage, Scenen aus der, in
Wandgem. 522.
Argos, s. Io.
Ariadne, verlassene, Wandgem. in der
Casa omerica 251. 252. im Hause des
Holconius 259. in der Casa di Meleagro
274. in der Casa del Laberinto 305. in
der Villa suburbana 327. vgl. 520. s. Bak-
chos, Theseus.
Arion, Wandgem. in der Casa del que-
store 300.
Arm mit Weltkugel, Fragment einer Kaiserstatue 109.
armarium in der Casa di Meleagro 271.
Armband, goldenes, in Schlangenform
313. 550.
Armbergen der Gladiatoren 409.
Armlehnstühle 377.
Artemis (Diana), archaistische Statue 474.
480. 496. Wandgem. im Hause des Siricus
287. schießende, bronsene Halbfigur im
s. g. Venustempel 95. 479. Relief auf einem
Bleigefäß 548. jagende, Marmorstatue
467. Wandgem. in der Casa della caccia
243. in der Casa omerica 252. von Hirschen gezogen, Wandgem. in der Fullonica 347. s. Aktaeon, Athena.
Artemon 526.
Artorius Primus, M., Architekt 124. 132.
135.
Arzneien 337.

Arzneikasten, bronzener 337.
Arzt 337.
Aschenurnen 350. gläserne, in bleierner
Kapsel 359. Inhalt der 350. 360.
Athena (Minerva), Büste der, im s. g.
Tempel des Iupiter Milichius 90. 91. Re-
lief an einem Bleigefäß 549. und Ar-
temis (?), marmorne Doppelherme 491.
Atlanten, stützende, am kleinen Theater
147. in den kleineren Thermen 183. Wand-
gem. in der Casa di Meleagro 275.
atriensis, cella des 224.
atrium des röm. Hauses 223.
Audienzzimmer des röm. Hauses 229. 265.
Auguralkreuz 77.
augustales 17.
Augusteum (?) 92. 107. 111.
Augustus felix, Vorstadt von Pompeji
17. 35. 41.
Ausdruck in den Wandgem. 500. 534.
Ausgrabungsweise, neuere, in Pompeji
35. 38. 574.
Aushängeschilder 334.
aulaea 282.

B.

Backformen 396.
Backofen 258. 263. 343 f.
Badegeld 178.
Badegeräthschaften 403.
Badezimmer, des röm. Hauses 234. im
Hause des Nonius 248. in der Casa del
Laberinto 305. in der Casa del Fauno 310.
im Hause des Popidius 319. in einem
dreistöckigen Hause 323. in der Villa
suburbana 328. in der Fullonica 347.
Bäckereien 339. die bedeutendste in Pom-
peji 339. ihre Einrichtung 340. die in der
Casa del Laberinto 305. in der Casa di
Sallustio 263. 339. in der Casa di Pansa
291. 339.
Bäckerladen 334.
Bänke von Bronze im Tepidarium der klei-
neren Thermen 184. vgl. 379.
Bakchantin, Wandgem. im Hause des
Siricus 287. in der Casa del questore 300.
302. vgl. 527.
bakchisches Tropaeon, Errichtung eines, Wandgem. im Hause des Lucretius 250.
Bakchos (Dionysos, Bacchus), bärtiger,
Hermenkopf 312. bekränster, Marmorstatue im Isistempel 102. 479. jugend-
licher, Marmorbüste 491. und Satyr,
Bronzegruppe in der Casa di Pansa 290.
452. 496. Wandgem. in der Casa del questore 298. 302. und Ariadne, Doppelherme in der Casa di Lucrezio 282. Wandgem. im Hause des Holconius 259. des
Popidius 319. vgl. 520. und Silen,
Wandgem. im s. g. Venustempel 99. und
Knabe, Wandgem. in der Casa di Meleagro 274. vgl. 520. epheubekränz-
ter, Wandgem. in der Casa del chirurgo
245. auf dem Wagen, Wandgem. in
der Casa di Lucrezio 280.
Balken, zusammengesetzter 449.
Balkenlage des Atrium 224.

Ballspiel 435.
Barbierstube 337.
Becher, silberne, mit Relief 552.
Beinschienen, der Krieger 407. der
Gladiatoren 409.
Beleuchtung in den Wandgem. 530. Art
der 529. 538. Steigerung der 529.
Bemalung der Statuen 91. 117. 473. 480.
bestiarii 167. 168.
Bettbeschläge von Bronze 254. 275.
Bettgestellfüße von Elfenbein 310. 375.
Bettschirme 375.
Bettstellen 375, gemauerte 376.
Bibliothekzimmer des röm. Hauses 234.
Bidental am Forum triangulare 71.
Bildhauerwerkstatt 338. 565.
Bisellien 136. 377. Relief am Grabe der
Naevoleia Tyche 360.
Bleigefäß mit Relief 473. 548.
Blumenbeete 231.
Blumenstücke 512.
Bowle, zur Bereitung der Calda 394.
Bratpfannen 396.
Brennöfen, in Töpfereien 336.
Brettspiel 335.
Briefe, in Inschriften 432.
Briseïs, s. Achilles.
Brode, gemalt 344. 511. verkohlte 339.
Brodverkauf 340.
Brüderschaften 'collegia' 429.
Brunnenfiguren 209. 211. 482.
bulla, goldne, für Amulette 551.

C.

Calda 394.
caldarium der kleineren Thermen 181.
der größeren Thermen 203.
Caligula, Reiterstatue des ? 492.
Canal, der des Sarnus, erbaut von Domenico Fontana 31. 103.
Canäle 57. 255.
Canellirung der Säulen 453.
cantharus des Brunnens 208.
Capitelle 297.
capreoli 224.
capsa 179.
capsarius 179. Zimmer des, in den klei-
neren Thermen 179. in den größeren ? 200.
cardo 77. cardines 220.
Casserole 396, silberne 315.
castellum an der Wasserleitung 208. 209.
cavaedium des röm. Hauses 216. 225.
cavea 134.
cenacula 216. 217. 232.
Ceres, s. Demeter.
Chalcidicum 114.
Chemikalien, Fabrik von 337.
Cheiron, s. Achilles.
Chirurg 337.
choinix 66.
Christen in Pompeji 436.
Chryseïs' Einschiffung, Wandgem. in der
Casa omerica 251.
Cicero, M. Tullius, Statue im Fortunatempel 16. 87. Inschrift 87. 88.
Ciceros Ansiedlung in Pompeji 16.
cisiarii (Cabrioletkutscher) 57. 339.

Colonisirung Pompejis durch Sulla 16.
Colonnade am Forum civile 59.
Colorit in den Wandgem. 535.
columbaria 551.
Comoedienscenen in Wandgem. 278. 279.
300. 517.
compluvium 216. 225. 227.
Compositionsmanier in den Wandgemälden 531.
Concordia Augusta, Statue der ? 117. 474.
cunisterium (?) das, der größeren Thermen 197.
Conversationszimmer, des röm. Hauses 231. der kleineren Thermen 178.
Corinthicum atrium 227. 260. 295. 298.
Cornelius, C. Rufus, Herme des, 475.
corona civica, Relief 362.
Corridore 229.
coryceum ?. der größeren Thermen 199.
Coulissen 114.
crista 409.
cubicula 216. 230.
Cultusbilder in Tempeln 74. 478. in
Privathäusern 479.
cunei der Theatersitzstufen 135.
curatores 18.

D.

Dach des Atrium 224 ff.
Daedalos und Pasiphaë, Wandgem. 337.
in der Casa della caccia 242. in der Casa
di Meleagro 271. und Ikaros, Stuccoreliefe in den größeren Thermen 198.
Danaë, Wandgem. im Hause des Holconius ? 259. und Eros, Wandgem. in
der Casa della caccia 242. nach Artemon,
Wandgem. 526, vgl. 520. 522.
Daphne, s. Apollon.
Deckenwölbung, die, im Tepidarium
der kleineren Thermen 183. geschweifte,
im runden Grabmal 361. s. Tonnengewölbe.
decumanus 77.
decuriones 17. 100. 112.
Demeter 'Ceres', Wandgem. in der Casa
del questore 258. 519. s. Hermes.
Denunciationen in Inschriften 431. 433.
destrictarium ? das, der größeren Ther-
men 197. 207.
Diana, s. Artemis.
Dichter (?) und zwei Mädchen, Wand-
gem. in der Casa del chirurgo 245.
Dichterreminiscenzen in Inschriften
427.
Diebstahlsanzeigen in Inschriften 426.
Dionysos, s. Bakchos.
Dioskorides von Samos, Mosaikkünstler
525.
Dipteros 76.
dispensator 244.
displuviatum atrium 227. Beispiel eines,
in Pompeji 240.
Docht, antiker 384.
Dolche 408.
Dolien, thönerne, im Hause des Holco-
nius 259.
Doppelhaus 283. 292. 304. 308. 315.
Dreifüße 350.

Dreizack der Gladiatoren (retiarii) 163.
165. 410.
Droguen 337.
Druaus, Statue des (?) im s. g. Pantheon
109. 493.
Durchschläge 396.
duumviri iuri dicundo 18. 112.

E.

Eberjagd, die kalydonische, in Wand-
gem. 522.
Echinos 81.
Eimer 396, prachtvoller 400. 546.
Einputzfugen der Fresken 505.
elaeothesium, das, in den kleineren
Thermen (?) 179, in den größeren (?) 200.
Elephantenwirthshaus 335.
Empaestik 549.
Endymion, s. Selene.
Enkaustik fehlt in Pompeji 505.
Erdbeben im J. 63 n. Chr. 19.
ergastulum 231.
Erker 232.
Eros in Genrebildern 515, auf den Bo-
gen gestützt, Stuccorelief im Tepidarium
der kleineren Thermen 183, und schöne
Dame, Wandgem. in der Casa di Me-
leagro 272. 275. 515. und Psyche,
Wandgem. in der Casa di Meleagro 275,
im Hause des Lucretius 250, s. Aphrodite,
angelndes Mädchen, Danaë, Pan, Paris.
Erot mit Gans, Lampenornament (nach
Horthus) 385.
Eroten, Wandgem. im s. g. Pantheon
106. 109. 110, in einem Privathause 239.
im Hause des Nonius 246, in der Casa
omerica 252, im Hause des Holconius 257,
im Hause des Epidius Rufus 261, in der
Casa di Sallustio 269, in der Casa di Me-
leagro 272, im Hause des Lucretius 275,
280, (Winzer) 282. (tanzend und musicirend) in der Casa del questore 300, vgl.
515. 517. Stuccorelief in den größeren
Thermen 200. 202. Marmorstatuetten im
Hause des Lucretius 282. s. Aphrodite.
Erotennest, Wandgem. in der Casa omerica 252, im Hause des Holconius 255.
Erotenverkauf, Genrebild 515.
Eßtische 379.
Eßwaaren, gemalt 110. 256. 290. 511.
Europas Entführung, Wandgem. in der
Casa omerica 251, im Hause des Holconius 258, in der Casa di Sallustio 269,
in der Casa del Laberinto 305, vgl. 526. 527.
exedra, die, des röm. Hauses 231, in den
kleineren Thermen 178, in den größeren
Thermen (?) 199. 200, besonders schöne
im Hause des Siricus 255, in der Casa
del Laberinto 307.

F.

Fackelträgerin, Relief 363.
Färber 259. -laden 337.
Fahrstraße 55, versperrte 56.
Fahrverkehr in Pompeji 57.
Fallgatter als Verschluß der Thore 51. 53.

Farben, chemische Untersuchung der 259.
503.
Farbenhandlungen 338.
Farbenharmonie in den Wandgem. 500.
535.
Farbstoffe, rohe 338, angemachte 338.
fauces 222. 229.
Faun, meisterhafte Statuette eines 312. 485.
497, (s. Satyr. und Nymphe, Wand-
gem. im Hause des Lucretius 279, in der
Casa del Fauno 312.
favissae (Kellerräume) im Jupitertempel
82. 88.
Fensteröffnung am Hause des Epidius
Rufus 261.
Fensterrahmen, aus Holz und Metall
180. 184. 328. 449.
Fensterscheiben 180. 184. 185. 186. 328.
Fensterverschluß, mit Luftdurchzug
306.
Feuerbecken 391. 393.
Figuren, schwebende in Wandgem. 516.
515. 532.
Fingerringe 550.
Fischer, angelnder. Bronzestatue 494.
-knabe, Marmorstatuette 494.
Flaschen 403.
Flötenspielerin, Thonstatue 151.
Flora, Bronzestatuette in der Casa del
Fauno (?) 309. Inschrift 309.
Flur des röm. Hauses 222.
Flußgott, Wandgem. 305. 345.
fornacator, in den Bädern 188. 420.
fornax, die, in den kleineren Thermen 195.
Fortuna Augusta, Statue aus dem Fortuna-
tempel 87. Wandgem. in der Casa del
questore 298. bronzene Büste in der Casa
del questore 299. s. Hermes.
Frau, ein Kindergerippe schmückend,
Stuccorelief am runden Grabmal 365.
sinnende, Genrebild 515. mit Schreibtafel,
Genrebild 514.
Frauenbad in den kleineren Thermen 185.
in den größeren Thermen 201.
Frescomalerei 504. 505.
Fries im tablinum der Casa di Meleagro 272.
frigidarium, das, der kleineren Thermen
181. der größeren 201.
fullones 114. 419.
Fullonica, die, 344.
Fußboden 449. von Mosaik, im s. g.
Venustempel 96.
Fußeisen 172.

G.

Gästezahl bei Tisch 230.
Galatea, s. Polyphem.
galerus der retiarii 409.
Ganymedes, Wandgem. in der Casa di
Meleagro 272. Stuccorelief im Tepidarium
der kleineren Thermen 183, vgl. 520.
Gardinen 273. 314, an Bettstellen 327. 375.
Garkoch, Laden eines 332.
Garten des röm. Hauses 230. 231, sehr
anmuthiger, an der Casa di Sallustio 267.
Gefängniß, öffentl. am Forum civile 68.

Geldkisten 216, in der Casa del questore 297. 299, in der Casa del Laberinto 305. 306.
Gemäldezimmer des röm. Hauses 234.
Gemmen 34. 545. 550.
Gemüsegarten 242. 262. 290.
Genien in Genrebildern 517.
genius loci 206. 335. familiaris 212.
Gesellschaftszimmer des röm. Hauses 231.
Getränke, Spuren auf den Ladentischen 333.
Gewichte 129. 244. 399.
Gladiatorenbanden, pompejanische 163. 424. kaiserliche 424.
Gladiatorenhelm 404. 548.
Gladiatorenkämpfe urspr. auf dem Forum 58. Entwicklung 152. Relief 165 ff. 365.
Gladiatorenlibelle in Inschriften 424. 433.
Gladiatorenprogramme in Inschriften 423.
Gladiatorenschenke (?) 335.
Gläser, zum Trinken 403.
Glasarbeit 553. Technik der 553.
Glaskorallenhalsband 313.
Glasgefäß 331. prachtvolles, mit Relief 368. 553.
Glasgeschirr 403.
Glückwünsche in Inschriften 431.
Götterattribute, Wandgem. im Hause des Siricus 286.
Götterliebschaften in Wandgem. 520.
Goldgefäß in der Casa di Sallustio 269.
Goldschmiede 335.
Goldschmiedekunst 549.
Goldschmuck, aus der Casa omerica 219.
Gossen 57. eine am Forum civile 59.
grammatische Übungen in Inschriften 416.
Greife an einem Candelaberkelch 546.
Griechisch, in den Schulen Pompejis gelernt 415.
Grobschmiedewerkstatt 335.
Gruppen, schwebende, Wandgem. 212.
Gürtel des Kriegers 407.

H.

Haarnadeln 405.
Häuserfaçaden 51. 215. 297. 333.
Hahn einer Wasserleitung 209.
Halbsäulen, gekoppelte in der Basilika 125.
Halsband, goldnes 251. 551.
Handelsgärtnerei 339.
Handmühlen 341.
Handwerkerzünfte 341. 419.
Harpokrates, Statue des 160. 483.
Hauskapelle 234. 235.
Hausflur 221. prächtigster in Pompeji 311.
Hausgottheit, s. Laren, Schlangenbilder.
Hausrath 374.
Hausthür, des röm. Hauses 219. Gypsabguß einer verkohlten 222.
Hebebäume 336.
Heerde, kleine, in Läden 333. tragbare 391. 392. dreifacher mit Kesseln 337.
Heerstraße, Bau und Einrichtung 11.

Heftnadel 551.
Heizapparat, in den kleineren Thermen 188. in den größeren 203.
Heizung, mit Holzkohlen 181. 340. 343. 391.
Hektor und Paris (?), Wandgem. in der Casa del questore 301. Hektors Schleifung, Wandgem. im s. g. Venustempel 99.
Helena, die Malerin der Alexanderschlacht 544.
Helenas Entführung, Wandgem. in der Casa omerica 251.
Helldunkel 520. 529. 538.
Hellenistisches Genre 514.
Hellenistische Vorbilder der pompej. Wandgem. 527 ff.
Helm, des Kriegers 407. des Gladiatoren 408.
hemicyclium 411.
Henkel von Gefäßen 394. 546.
Hephaestos (Vulcan), Wandgem. 286. und Thetis, Wandgem. in der Casa di Meleagro 271. im Hause des Siricus 285. vgl. 523.
Hera (Iuno), Statue 90. Maske, im Hause des Lucretius 281. Wandgem. daselbst 279. in der Casa del questore (?) 298. von Pfauen gezogen, Wandgem. in der Fullonica 347. s. Zeus.
Herakles, Wandgem. im Hause des Holconius 255 und Telephos, Wandgem. in der Casa di Meleagro 272. 521. und Omphale, Wandgem. in einem Privathause 239. im Hause des Lucretius 280. des Siricus 285. und Nessos, Wandgem. in der Casa del centauro 296. Löwenkampf, Wandgem. 521. und die kerynitische Hirschkuh, Bronzegruppe als Brunnenfigur in der Casa di Sallustio 265. 485. 497.
Heraklessage, Scenen aus der, in Wandgem. 521.
Herculaneum, Art und Weise der Verschüttung 2. 22.
Hermaphrodit, ziegenohriger, Marmorstatue im s. g. Venustempel 95. 479. satyresker, Marmorstatue 498. und Silen, Wandgem. im Hause des Holconius 259. und Panisk, Wandgem. in der Casa di Meleagro 272. in der Casa del questore 298. Toilette des, Wandgem. in dem gleichnam. Hause 241.
Hermen: im Peribolus des Venustempels 97. 498. im Hause des Nonius 248. im Hause des Lucretius 281. in der Casa del Fauno 312. vgl. 475. 491.
Hermencippen 351. 353. 361. 365. 368. 371.
Hermes (Mercur) und Demeter, Wandgem. in der Casa di Meleagro 271. und Fortuna, Wandgem. in der Casa del questore 297. und Mädchen 520.
Heroensage in Wandgem. 521.
Hesione Wandgem. 527.
Hestia, Symbol 276. Wandgem. 286. 305. 344.
hibernaculum 234.
Hieroglyphentafel im Isistempel 163.
Hinterthür des röm. Hauses 232.

Hippolytos und Phaedra, Wandgem. in einem Privathause 239, im Hause des Nonius 246, in der Casa del questore 301.
Hirt und Mädchen, Wandgem. in der Casa di Meleagro 275.
Hohlmaße für trockene Gegenstände und Flüssigkeiten 66.
Holconius Rufus, Statue im großen Theater 136, 474, 492.
Holz, als Baumaterial 448. Malerei auf 503.
Holzkohlen als Heizungsmittel 184, 290, 340, 343, 391, 392.
Holzmöbel 374.
Holztafelgemälde, falsche Annahme 290.
Holzwerk, Erhaltung von 38, 374.
Homer, Apotheose des, Relief an einem silbernen Becher 532.
Honiggetränke 333, 394.
Horen, Wandgem. in einem Privathause 239, in der Casa della caccia 242, im Hause des Holconius 255.
horologium 72.
hortus des röm. Hauses 216.
Hospitien 335, 436.
Hygiea, Statue der (?) 90.
Hymenaeus, Wandgem. in der Casa di Meleagro 274.
Hylasraub, Stuccorelief in den größeren Thermen 198. Wandgem. 322, 533, 537.
Hypaethraltempel 76.
hypogaea 235.

I.

ianua des röm. Hauses 219, 220.
Ikaros, s. Daedalos.
imbrices 224.
impluvium des röm. Hauses 216, 226, 283.
incertum, opus 46.
inquilini, Miethwohnungen für, 291.
Instrumente 412, chirurgische 244, 337, 413, musikalische 411, des Tischlers 412.
interpensivae 224.
Io, Wandgem. in der Casa del questore 301, und Isis, Wandgem. im Isistempel 102, und Argos, Wandgem. im Isistempel 102, im s. g. Pantheon 110, in der Casa di Meleagro 272, im Hause des Popidius 319, vgl. 520, 526.
Iphigenia, Opferung der, Wandgem. nach Timanthes in der Casa omerica 252, 527. auf Tauris, Wandgem. im Hause des Holconius 259, vgl. 532.
Isiaci 104, 420.
Isis, Statue 102, 479, Statuette 481, Thor der (?) 53, s. Io.
Isispriester, Wandgem. im Isistempel 102, Fluchtversuch bei der Verschüttung 27, 104.
Iuno Populona 91.
Iuno, s. Hera.
Iupiter, s. Zeus.

J.

Jagd, Wandgem. in der Casa della caccia 243.
Jahreszeiten, s. Horen.
Josephs II. Besuch in Pompeji 560.
Juden in Pompeji 436.

Jüngling, vor einem barbar. phryg. König, Wandgem. im Hause des Siricus 287, des Popidius 318.
Jünglinge, tanzende, Bronzestatuetten 494.

K.

Käfig, für wilde Thiere (?) in der Casa del centauro 296.
Kämme 405.
Kämpfer oder Heroen, schwebende, Wandgem. in der Casa omerica 252.
Kallimachos, Lampe des 382.
Kannen 396 ff.
Karrikaturen bei Inschriften 433.
Keller 82, 86, 235, 246, 295.
Kessel, zum Kochen 290, 335, 392, 395.
Kimon und Pero, Wandgem. 529.
Kind, weinendes, Bronzestatuette 494.
Kiste, hölzerne, mit Bronze beschlagen 257, 293, 376.
Klappladen am Fenster 255.
Klappstühle 376.
Kleiderkisten 376.
Klio, Wandgem. im Hause des Holconius 529.
Knabe mit Ente, Brunnenfigur 454, und Affe, Wandgem. in der Casa del questore 302.
Knaben, spielende, Wandgem. im Hause des Lucretius 282.
Knochenröhren als Scharniere 376.
Kochgeschirre 395.
Kohlenbecken 391, 393, ehernes, in den kleineren Thermen 184, bronzenes, in den größeren Thermen 199.
Kostbarkeiten, reicher Fund an, in der Casa del Fauno 313, Gemach für, in der Casa del centauro 296.
Krater, prachtvoller 401.
Krieger mit kühner Verkürzung des Gesichts, Wandgem. in der Casa del questore 302.
Kriegerwaffen 405.
Kronleuchter in der Casa di Sallustio 269.
Kronos Saturnus, Wandgem. in der Casa del questore 298.
Kuchenbäcker 344.
Küche des röm. Hauses 231, 392, die große in der Gladiatorencaserne 172, die im s. g. Pantheon 110, in der Casa di Sallustio 266.
Küchengarten 232, 262, 290.
Küchengeschirr 255, 395.
Kuppelgewölbe aus Töpfen 336.
Kvaistur (Quaestor) 13.
Kyparissos, Wandgem. im Hause des Lucretius 278.

L.

Labyrinth, Wandgem. im Hause des Lucretius 281. Mosaik in der Casa del Labérinto 307.
Labrum, das, im Caldarium der kleineren Thermen 185, 186, der größeren Thermen 203.
Laconicum 185, 191.
Ladenbank, geinauerte, mit eingelassenen Amphoren 264, 332, 339.
Ladentische 332.

Ladenverschluß 334.
Lampen, reicher Fund in den kleineren
  Thermen 179.
lanista 163.
Lanzen 405.
Laren, Symbole der 211. Wandgem. 209,
  212, 256.
lares compitales 209.
Laternen 399.
Leben, geselliges, in Inschriften 434.
lectus tricliniaris 378.
Leda, Wandgem. in der Casa della caccia
  242, im Hause des Popidius 317, und
  Tyndareos (?), Wandgem. in der Casa
  omerica 252, vgl. 529.
Lehnstühle 377.
Leichenabgüsse 28.
Leichenbestattung 349.
Leichenmahle, Triclinium für 357.
Lesche am Forum civile 67.
Leto (?), Wandgem. im Hause des Siricus 287.
Lichte 382.
Lichteffecte in den Wandgem. 529.
Lichtgottheiten, Wandgem. in einem
  Privathause 239, im Hause des Holconius (?)
  258, im Hause des Epidius Rufus 262.
Liebesäußerungen in Inschriften 427,
  428, 431 436.
Livia, Statue der, im s. g. Pantheon 109, 493.
Livineius Regulus 17, 19.
Localgottheiten, pompejanische, Wand-
  gem. im s. g. Pantheon (?) 110.
Localmuseum in Pompeji 28, 38, 54.
locarii 136.
Löffel 396, silberne 293.
Löwe, von Eroten gebändigt, kostbares
  Mosaik in der Casa del centauro 297.
  meisterhaft verkürzt, Mosaik in der Casa
  del Fauno 314.
Löwenfüße, stützende, am kleinen Thea-
  ter 147, an einem Grabmal 370 an einem
  Marmortisch 271, 300, 379, 380.
Ludius, s. Tadius.
Luna, Lampenornament 385, s. Selene.
Lupanare 335.

M.

macellum (Schlachthaus?) 108, 111.
maenianum des röm. Hauses 232, der
  Casa del balcone pensile 232.
Magazine 54, 322.
Mahlzeit, Wandgem. in der Casa di Me-
  leagro 272.
Malerin in ihrem Atelier, Genrebild 245,
  513, 569.
Mamurra 217.
mansio 12, 42.
Manuscripte, Reste von 288.
margines 12, 57.
Marcellus, M. Claudius, Ehrenstatue 72,
  492.
Marmorbekleidung der Wände 115,
  117, 119, 217, 301.
Marmorblock, für die Steinsäge vorge-
  zeichnet 115.
Marmorthür 356.
Marmortisch, prachtvoller 379.

Marquisen an den Läden 57.
Mars, s. Ares.
Marsyas, flötend, Wandgem. im Hause
  des Epidius Rufus 262, in der Casa di
  Meleagro 275.
Maßangabe in einer Inschrift 361.
Maßstab 412.
Meddix, oskische Behörde 13, 53, 70.
Medea, Wandgem. im s. g. Pantheon 110,
  in der Casa del questore 302, nach Timo-
  machus 523.
Meeresufer in der Nähe Pompejis, jetzt
  und im Alterthum 9, 22 Mosaik in der
  Casa del Fauno 313.
Meleagros und Atalante, Wandgem. in der
  Casa del centauro 296, in der Casa di
  Meleagro 271, vgl. 522.
Melpomene, Wandgem. im Hause des
  Holconius 259, des Lucretius 275, in der
  Villa suburbana 330.
Mercur, s. Hermes.
Metalle im Bau verwendet 451, edle, in
  der Plastik 473.
Miethanzeigen in Inschriften 233, 425.
Miethwohnungen 220, 232.
Milchläden 334.
milliaria 12.
Minerva, s. Athena.
Minos und Skylla, Wandgem. in der Casa
  del questore 300.
Mörtel 446.
Mosaikhund in der Casa omerica 222, 250.
Mosaikmaske aus der Casa della caccia
  243.
Mosaikschwelle 541.
Mühlen 341 ff, 344.
Mühlenfest, Wandgem. im s. g. Pan-
  theon 110.
muscaria 247.
Musen, Wandgem. im Hause des Holco-
  nius 259, des Epidius Rufus 262, des
  Siricus 285.
Musikalischer Wettstreit, Wandgem. im
  Hause des Siricus 287, des Popidius 319.

N.

Nachgrabungen in Pompeji im Alterthum
  3, 30, 58, 63, 117, 148, 150, 243, 253, 255,
  269, 295.
Nägel zur Befestigung der Thonplatten 99,
  der Stuccoverkleidung 311, kupferne, an
  einer Hausthür 311.
Narkissos, Bronzestatue (?) 319, 459, 474,
  und Titelbild. Wandgem. in der Casa omerica 252, im Hause des Holconius 259, in
  der Casa di Meleagro 274, im Hause des
  Lucretius 279, 282, in der Casa del questore
  299, 301, in der Villa suburbana 327, vgl.
  537.
Neptun, s. Poseidon.
Nereïde, Wandgem. im Hause des Holconius 258, in der Casa di Meleagro 275, im
  Hause des Lucretius 278, in der Casa del
  centauro 297.
Nike (Victoria), Bronzestatue 457. Wandgem. in einem Privathause 239, in der Casa
  della caccia 242, im Hause des Lucretius

279. des Siricus 287. in der Casa del questore 298.
Nikias von Athen 526.
Nil, Mosaikbodrle 544. Wandgem. 508.
Niobe, die Kinder der, an gemalten Drei-
füßen in der Casa del questore 302. 522. in
dem Hause No. 52 im Plane 522.
Nisseus Hypothese über den Grundplan
Pompejis 39.
Normalmaß, öffentliches, am Forum ci-
vile 66.
Nymphe Brunnenfigur 483. Wandgem. in
den größeren Thermen 197. Stuccorelief da-
selbst 200.

O.

Odyssee, Scenen aus der, in Wandgem.
110. 239. 524.
Odysseelandschaften, in Rom gefunden.
538.
oecus des röm. Hauses 231. aegyptisch-ky-
zikenischer ?. in der Casa di Meleagro 274.
prachtvoller in der Casa di Pansa 289. in der
Casa del questore 301. in der Casa del La-
berinto 307.
Oedipus und Sphinx, Relief am Grabe des
C. Calventius Quietus 363.
Oedipussänge, Scenen aus der, in Wand-
gem. 522.
Ölfläschchen 403.
Ölhändler 339.
Ölkanne 388.
Ofen, tragbarer 392.
offector 259. 419.
Ohrlöffelchen 405.
Ohrringe 550.
Okeanosmaske, kolossale, im Apodyte-
rium der kleineren Thermen 180. gemalte,
im Hause des Holconius 253.
ollae 351.
Opfergeräthschaften 410. 398.
Opferkannen 410.
Opferscene, Wandgem. in der Casa della
caccia 243. im Hause des Epidius Rufus 261,
in der Casa del questore 301. vgl. 527. Re-
lief am Altar des s. g. Quirinustempels 92.
Opferschalen 410.
Opisthodon 74.
orchestra 134.
Orestes und Pylades vor Thoas, Wandgem.
im Hause des Popidius 319. 524. 533. nach
Timomachos 527.
orgiastischer Tanz (?), Wandgem. im
Hause des Nonius 248.
Oscillen 477. archaistische 496.
Osirisstatue 481.
oskische Behörden 13. 17. 196.
oskische Inschriften 48. 53. 55. 66. 69. 129.
192. 196. 309. 312. 411. 415.
ostiarius des röm. Hauses 222. cella des
204. 207.
ostium des röm. Hauses 222.

P.

Palaestra in den größeren Thermen 191.
192. 196.

Palladienraub, Wandgem. im s. g. Ve-
nustempel 99.
Pan und Eros, Wandgem. in der Casa di Me-
leagro 274.
Pansa, C. Cuspius, Statue im Amphithea-
ter 156.
Panzer aus Erz 406.
Parastas 74.
Parfümeriehandlung 336.
Paris, sich rüstend ?, Wandgem. in der
Casa di Meleagro 275. und Eros, Wand-
gem. in der Casa del chirurgo 215. im Hause
des Nonius 246. des Holconius 254. in der
Casa del Labyrinto 306. und Oinone,
Wandgem. 523. und Helena, Wandgem.
in der Casa di Sallustio 269. in der Casa di
Meleagro ? 271. im Hause des Lucretius
281. vgl. 523. s. Hektor, Helena.
Parisurteil, Wandgem. im Hause des Hol-
conius 259. in der Casa di Meleagro 275. im
Hause des Popidius 318. vgl. 523.
parma 407.
Pasiphaë, s. Daedalos.
Pasiteles, unteritalische Schule des 496.
patellarii, dii 211.
patera 404. 410.
penariae 216.
Penaten, Wandgem. 212.
pergula am Forum civile 64. pergulae des
röm. Hauses 216. 232.
Peribolos 78.
Peripteros 75.
Peristyl 223. des röm. Hauses 230. 231. 306.
Pero, s. Kimon.
Perseus und Andromeda, Wandgem. im
Hause des Holconius 255. in der Casa di
Meleagro 271. in der Casa del questore 302.
mytholog. Landschaft 510. vgl. 522. 526.
die Medusa enthauptend, mytholog.
Landschaft 510. 527.
Perspectiven, architektonische, in den
Wandgem. 95. 505.
pessuli 220.
Pferdegeschirr 419.
Pferdestall 318.
Phaedra, s. Hippolytos.
Phantasiecapitelle 90. 461.
Phrixos, Wandgem. im s. g. Pantheon 110.
und Helle, Wandgem. in der Casa di Mo-
desto 240. in der Casa omerica 251. im Hause
des Holconius 257. in der Casa di Sallustio
269. in der Casa di Lucrezio 279. vgl. 522.
Pietas, Statue der ? 117.
pinacotheca des röm. Hauses 234.
piscina 230. der kleineren Thermen 181. 189.
der größeren Thermen 196. 201. 205.
pluteus 242.
Polyphem und Galatea, Wandgem. in der
Casa della caccia 243 (zwei) . in der Casa di
Lucrezio 278. 279.
Pompeji, Bedeutung des Namens 9. in seiner
letzten Zeit offene Stadt 45. 51. Areal 560.
ponderarium 43.
populares, dii 211.
porta regia des Theaters 143.
Porticus des röm. Hauses 230. 231. der größeren Thermen 196.
Portraitmaler, parodisches Genrebild 513.

Poseidon Neptun, Wandgem. in der Casa del questore 298. und Nymphe, Wandgem. 520. und Apollon, Wandgem. 285. 523.

postes 220.

posticum des röm. Hauses 232.

Prachtgefäße 400.

praecinctiones des Theaters 135.

praefurnium in den kleineren Thermen 188. in den größeren 203.

Presse 310. 346.

Priamos, um Hektors Leiche bittend, Wandgem. im s. g. Venustempel 99.

Priesterin und Schlange, Wandgem. 302.

Privathäuser, Nomenclatur 236.

procoeton des röm. Hauses 236.

Pronaos 74.

Proportionsfehler in den Wandgem. 532.

Prostylos 75.

prothyrum 222.

Prytaneum ?. 111.

Pseudodipteros 76.

Puteal am Forum triangulare 71.

Putzgeräthschaften 404.

Putatische 380.

Q.

Quellbrunnen 207, 235. 319

R.

Raderspuren im Pflaster 56.

Räthsel in Inschriften 130.

Rampe am Hause des Epidius Rufus 260.

Rapilli 25.

Rechnungen in Inschriften 257, 434.

Reichthum der Bevölkerung Pompeji's 9. 331.

Reiterstatue in der Basilika 126. 492. Fußgestelle am Forum civile 65, 368.

Reliefe 476.

Repositorien in Läden 333.

reticulatum, opus 112.

Riemerwerkstatt 336.

römisch-campanisches Genre 514.

römische Behörden in Pompeji 17.

Romulus, Inschrift 91, und Remus, Wandgem. 521.

Ruhebank, kostbare 280.

Ruhebetten 377.

S.

sacellum sacrarium, des röm. Hauses 235, im Hause des Epidius Rufus 261.

Sackgassen am Forum civile 61, 107.

Salbenlöffel 337.

Salbfläschchen 403.

Salbbüchschen 404. 405.

Sarnus, Wandgem. in der Casa del Laberinto 305.

Saturnus, s. Kronos.

Satyr, Stuccorelief in den größeren Thermen 198. Marmorstatue im Isistempel 479. im Hause des Lucretius 282. 486. kleine Bronzestatue als Brunnenfigur aus der Casa del Fauno 485. Marmorbüste eines alten S. 491. Wandgem. im Hause des Lucretius 278. schlafend, Wandgem. in der Casa della toletta dell' Ermafrodito 242. betrunken, auf einem Esel liegend, Marmorfigur 487. von einem Hunde angegriffen, Marmorfigur 487. mit Kantharos, Wandgem. im Hause des Popidius 316. und Bakchantin, Wandgem. im Hause des Popidius 320. in der Villa suburbana 327. vgl. 527. und Knabe (und Mädchen), Wandgem. in der Casa di Meleagro 274. und Silen, Stuccorelief in den größeren Thermen 198. und Satyrin, bronzene Doppelherme 492. s. Faun.

scena 134, stabilis 143. ductilis 144

Schachbretter in Aushängeschildern 335.

Schauspieler, Thonstatue 151. 494

Schautische 380.

Scheiterhaufen, Anzündung des, Relief am Grabe des C. Calventius Quietus 363.

Schenkeninschriften 436.

Schiebethüren 223.

Schiff, Relief am Grabmal der Naevoleia Tyche 360.

Schild des Kriegers 407.

Schildwache, angebl., am herculaner Thor 26. 51. 369. 558.

Schlafzimmer, des röm. Hauses 216. 230. das schönste in Pompeji 327.

Schlagschatten in den Wandgem. 529.

Schlangenbilder 212. 276. 290. 303. 305. 335. 337. 344. 371. 425.

Schlösser 221. 254

Schmiedewerkzeug 336.

Schminknäpfchen 405

Schmückung eines Jünglings durch Mädchen, Wandgem. im Hause des Siricus 255.

Schmucksachen 254. 550.

Schnellwagen 129, 399.

Schöpfkellen 396.

schola auf dem Forum triangulare mit schöner Aussicht 72.

Schornsteine 340.

Schrank, restaurirter 374.

Schreibzeug, Wandgem. in der Casa omerica 252. im Hause des Lucretius 277. 281.

Schüsseln 402.

Schule, öffentl. am Forum civile (?) 64.

Schulkinder 415.

Schuppenpanzer 408.

Schusterwerkstatt 336.

Schwert des Kriegers 408, des Gladiators 410.

Schwibbogen am Forum civile 65.

Sclavenzimmer des röm. Hauses 231.

Seifenfabrik 336.

Selene und Endymion, Wandgem. 239. im Hause des Holconius 255, des Lucretius 278, des Siricus 287. in der Casa del questore 299. vgl. 520.

Sentenzen in Inschriften 427.

sera 220, 253.

Serapeum ?. 111.

Sessel 376.

sica, die, des Thrakers 410.

Siebe 396

Siegelringe 545, 550

Signinum, opus 450.

Silbergeschirr 552.

Silen, Brunnenfigur aus dem Hause des Lu-

cretius 251 aus der Casa del granduca 483.
497. als Gefäßfuß, Bronzefigur (387.) 488.
mit einer Amphora tanzend (?) Bronze-
statuette 494. und Satyr (?) Wandgem.
in der Casa di Meleagro 274. mit dem
Bakchoskinde, Wandgem. im Hause
des Holconius 253. in der Casa di Meleagro
274. in der Casa del questore 300.
Sitzstufen im Theater 148.
solarium des röm. Hauses 216.
solia 206. 377.
Sommertriclinium 230.
Sonnenuhr, vom Forum triangulare 72.
aus dem Venustempel 97. aus den größeren
Thermen 192. 196. 411.
Sophas 377.
Sophoniba, Wandgem. 524.
Sosos von Pergamos, Mosaikkünstler 540.
Speere 408.
Speisesopha 313. 375.
Speisezimmer des röm. Hauses 230.
Spes, s. Venus.
sphaeristerium des röm. Hauses 234. in
den größeren Thermen (?) 195.
Sphinx, als Tischfuß 314. 379. an einem
Candelaberkelch 389. Wandgem. in den
größeren Thermen 198. Relief 363.
Spiegel 404.
Spielzimmer des röm. Hauses 234.
Springbrunnen 256. 273. 281. 301. 302.
311. 313. 316.
Stadtcasse, aufbewahrt im Iupitertempel
(?) 82.
stationes 12.
Steinhauer 264. 335.
Steinmetzzeichen in den Mauerquadern
46.
Steinschneiderei 545.
Stempelschneiderei, fehlt in Pompeji
545.
Stilllebenmalerei 110. 303. 511.
Stoa poekile am Forum civile (?) 67.
Stockwerke der Privathäuser, im Alter-
thum 215. 217. 231. 322 ff. jetziger Zustand
37. 38.
strigilli 197. 403.
Stuccateurwerkstatt 336.
Stühle 376.
Sturmhaube 407.
sudatorium, in den kleineren Thermen
185. 187. in den größeren Thermen 203.
Suettius, T. Clemens 18. 370. 421. Statue
desselben 492.
Sulla, P. Praefect in Pompeji 16.
suspensura 185. 187.

T.

tabernae argentariae am Forum civile 64.
107.
tablinum 216. 229. 299.
Tadius, S., Landschaftsmaler 508. 530.
Tänzerinnen, Wandgem. 252. 516.
Tafelmalerei 503.
Talismane am Hause 335. im Hause 291.
Tauben, Mosaik in der Casa del Fauno 312.
tegulae 221. colliciarum 225. mammatae 563.
Telamonen s. Atlanten.

telonium 130.
Tempelanlage. griechische 74. römisch-
italische 77.
Tempelbilder 478.
Temperamalerei 280. 503.
tepidarium der kleineren Thermen 182.
Art seiner Erwärmung 182. das der größe-
ren Thermen 202.
Terracotta in der Plastik 90. 151. 473.
tesserae 136. 150.
testudinatum atrium 247.
tetrastylum atrium 226.
Theateranzeigen in Inschriften 418. 422.
Theaterpolizei 145. ihre Sitze im größern
Theater zu Pompeji 144. vgl. 517.
Theaterprobe, Mosaik in der Casa ome-
rica 251.
Theaterreminiscenzen in Inschriften
433.
Theaterscenen in Wandgem. 517.
Theatervorhang 140.
Thermopolien 42. 116. 332. 511.
Theseus und Ariadne, Wandgem. in der
Casa della caccia 242. in der Casa di Mele-
agro 274. Sieger des Minotauros, Mo-
saik in der Casa del Laberinto 307. Wand-
gem. in der Fullonica 347. vgl. 522. Relief
am Grabmale des C. Calventius Quietus 363.
Thetis mit den Waffen des Achill, Wandgem.
im s. g. Pantheon 110. in der Casa di Me-
leagro 274. in der Casa del questore 300. s.
Hephaestos.
Thiere als Wirthshauszeichen 334.
Thierkämpfe, Wandgem. an der Brüstung
der Arena im Amphitheater 157.
Thierstücke 279. 512.
Thongeschirre 402.
Throne 377.
Thür, die, des röm. Hauses 219. 220 ff. 451.
blinde 229. im Gebäude der Eumachia 116.
in der Casa di Sallustio 266. drei vermau-
erte 288.
Thüreinfassung, ornamentirte, im Ge-
bäude der Eumachia 465.
Thürschlösser 221. versilberte 315.
tigilli 224.
tigni colliciarum 224.
Timanthes 527.
Timomachos von Byzans 525. 527.
Tische 379.
Todtenopfer, Relief am Grabe der Nae-
voleia Tyche 359. 360.
Töpfe 396.
Töpferei 336.
Töpferladen (?) in der Casa di Pansa 291.
Toilettegeräthschaften 291. 404.
Tonnengewölbe 187. 200. 235. 248. 357.
tonstrina 337. in den kleineren Thermen (?)
179.
Toreutik 546.
trabeculae 224.
trabes 224.
Traufrinne, elegante 228. 314.
Treppen von Holz 449. von Stein am Fo-
rum civile 60.
Tribus, Theilung der Bevölkerung Pompejis
in drei Tr. (?) 9. 119.
Trichter 403.

triclinium des röm. Hauses 230. im s. g. Pantheon ?. 109. funebre 357. fenestratum, s. Wintertriclinium.
Trinkgefäße 402.
Trinkgelag, Genrebild 513.
Trinkgläser 403.
Triton und Eros, Wandgem. in der Casa omerica 251. - en, Stuccorelief im Apodyterium der kleineren Thermen 180.
Trittsteine auf den Straßen 56.
Trottoir 57. hoch über der Fahrstraße 56.
Troische Sage, Scenen aus der, in Wandgem. 99. 522 526.
Tuchwalkerei, große 344. kleine 349. Scenen aus der, Wandgem. in der Fullonica 346.
Tünche, ihr Vorwalten in Pompeji 439.
Tuscanicum atrium 221. 253. 265.
Tyndareos, s. Leda.

U.

unctores 152.
Urania, Wandgem. im Hause des Holconius 259. und Pallas, Wandgem. in der Villa suburbana 330.
ustrinum 350. öffentliches ? 366. 373.

V.

Veduten 508.
velum 133. 137. 160. 161. Vorhang 223.
venationes 153. 161. 167.
venereum des röm. Hauses 234. in der Casa di Sallustio ? 265.
Venus und Spes, Marmorgruppe 473. s. Aphrodite.
Venus Pompeiana, Hauptgöttin von Pompeji 17. 61. 335. 565. Wandgem. in der Casa omerica (?) 251. in der Casa del questore 302. in der Casa del Laberinto 305.
Venus - Proserpina, archaistische Statuette 496.
Vergoldung der Marmorstatuen 473.
Verkohlung des Holzwerkes u. s. w. in Pompeji 25. 374.
versura 144.
Verwünschungen in Inschriften 429.
Vesta, s. Hestia.
Vestaheiligthum ?. 111.
Vestalia Mühlenfest., Wandgem. im s. g. Pantheon 110. 111.
vestibulum des röm. Hauses 219.
Victoria, Altar im Senaculum ? 113. s. Nike.
Vierfüße 380.
Viridarium, gemalt 301.
vomitorium 135.
Vorhang im Theater 140.
Votivgliedmaßen von Erz und Stein im Iupitertempel ? 82.
Vulcan, s. Hephaestos.

W.

Wäscherwerkstatt 344. 349.
Waffentropaeen, Stuccorelief in den größeren Thermen 202.

Wagen des Apollon und der Artemis, Wandgem. in der Villa suburbana 327.
Wagenrad 410.
Wagner, Werkstatt eines 335.
Wahl des Gegenstandes in den Wandgem. 531.
Wahlempfehlungen in Inschriften 414. 418.
Wandgemälde, ihre Bedeutung für die Beurteilung der antiken Malerei 4. 525.
Waschtisch, gemauerter 327. 376.
Wasser, Einfluß auf den Zustand der Ruinen 26. 555. aus dem Alterthum ? 209.
Wasserbecken, marmornes 392.
Wasserkanne 395.
Wasserleitung in Pompeji 190. 194. 206. 207 ff.
Wassermühlen im Alterthum 341.
Webstube 434.
Wegebauinschrift, oskische 53. 55. 59. 561.
Weihrauchbüchschen 410.
Weihrauchhandlung 336.
Weinamphoren 308. 330. 334. 402.
Weinhandlung 334.
Weinkanne 395.
Weinkeller 330.
Weinlese, Relief auf einem Glasgefäß 554.
Weinschlauch 514.
Weinwagen, Genrebild 514.
Welttheile, allegor. Wandgem. in der Casa di Meleagro 271.
Wintertriclinium 230.
Wirthshäuser 42. 146. 312. 335. 436. 514.
Wirthshausempfehlungen in Inschriften 435.

X.

xystus des röm. Hauses 230. 231.

Z.

Zeichnung der Figuren in den Wandgem. 532.
Zeltdächer 133. 137. 160. über dem Compluvium 228.
Zephyros und Chloris, Wandgem. 520. 529.
Zeugpresse 346.
Zeus (Iupiter), Statue (?) 90. Kolossalbüste 82. 561. Maske im Hause des Lucretius 251. Stuccorelief in den größeren Thermen 195. Wandgem. im Hause des Lucretius 279. von Nike bekränzt, Wandgem. in der Casa del questore 299. Zeus und Heras heilige Hochzeit, Wandgem. in der Casa omerica 251. seine Liebschaften in Wandgem. 520.
Ziegel als Baumaterial 448.
Ziegelbedachung 225.
Zirkel 412.
Zuckerbäckerei 344.
Zwölf Götter, Wandgem. an einer Straßenecke 212.